LEO TOLSTOI

EINE BIOGRAPHIE

Viktor Schklowski

LEO TOLSTOI

EINE BIOGRAPHIE

Europaverlag
Wien · München · Zürich

Übersetzung aus dem Russischen von Elena Panzig,
übernommen vom
Verlag Volk und Welt, Berlin – DDR 1980

Umschlag und Einband von Wilhelm Kögl

Lektorat Peter Aschner

Lizenzausgabe für den Vertrieb in Österreich, der Bundesrepublik Deutschland
und der Schweiz
Printed in Austria
Fotosatz Bergler
Druck Elbemühl Wien
ISBN 3-203-50784-6

Inhalt

ZWEITER TEIL

DRITTER TEIL

VIERTER TEIL

FÜNFTER TEIL

DEM ANDENKEN
BORIS MICHAILOWITSCH EICHENBAUMS
GEWIDMET

EIN WORT VOM AUTOR

Zur Biographie von Leo (Lew Nikolajewitsch) Tolstoi* liegt in unserem Lande ein außerordentlich umfangreiches Werk vor. Reichhaltiges Material, das früher den Forschern unzugänglich war, ist gesammelt und überprüft worden. Tolstois Tagebücher wurden herausgegeben und mit Kommentaren versehen. Seine Briefe sind erschienen. Eine Vielzahl von Erinnerungen wurde veröffentlicht. Die redaktionellen Beiträge zur neunzigbändigen Jubiläumsausgabe stellen das letzte Wort nicht nur der Tolstoiforschung, sondern auch der Literaturwissenschaft der Welt dar. Es gibt chronologische Verzeichnisse über Tolstois Leben und Werk. Von N. N. Gussew für die Biographie L. N. Tolstois zusammengetragenes, außerordentlich bedeutsames, umfassendes und überprüftes Material steht der Öffentlichkeit zur Verfügung.

Dennoch besitzen wir keine zusammenhängende Tolstoi-Biographie. Der letzte, vierte Band des Werkes von P. I. Birjukow ist 1923, vor mehr als vierzig Jahren, erschienen. Die alten Biographien wurden von Menschen geschrieben, die Lew Nikolajewitsch Tolstoi zwar persönlich gekannt hatten, jedoch nicht über das Material verfügten, das uns heute offensteht. Außerdem verstanden die Autoren sich entweder als Schüler Tolstois, die sein Leben als mählichen Aufstieg eines großen Schriftstellers zum Verständnis Gottes ausleuchteten, oder als Liberale, die hochgestochene Reden an die Stelle einer Analyse setzten und die Widersprüche, die so vieles im Leben Tolstois bestimmt hatten, zu verschleiern suchten. Die leitenden Richtpunkte meiner Arbeit waren W. I. Lenins Beiträge über Tolstoi. Der erste, *Lew Tolstoi als Spiegel der russischen Revolution***, ist 1908 als Resonanz auf die Feierlichkeiten zum achtzigsten Geburtstag des Dichters erschienen.

* In der Folge wird, wie in der russischen Originalausgabe und anderen fremdsprachigen Ausgaben, die im Deutschen sonst unübliche Schreibweise »Lew« statt »Leo« beibehalten.

** Alle vorkommenden Zitate mit Ausnahme der von Marx, Engels und Lenin wurden für diese Ausgabe neu übersetzt.

Hier wird das Wirken des Schriftstellers erstmals in direkte Beziehung zur Vorbereitungsepoche der ersten russischen Revolution gesetzt, werden die »schreienden Widersprüche« seines Werkes als Spiegelungen der Widersprüche der Epoche selbst verstanden.

Im Leben Tolstois, dem dieses Buch gewidmet ist, äußerten sich diese Widersprüche häufig in kleinlichen Kollisionen, im seltsamen Unverständnis der Seinen ihm gegenüber, in seiner Verzweiflung, seinen Versuchen, sich von der Familie abzuschirmen, in zwei Etagen zu leben, die eigenen Wünsche einzuschränken. Doch die Geschichte brach in das Leben auf Jasnaja Poljana ein. Tolstoi zog sich Schüler heran und hoffte damit, im Volke vorhandene Begabungen zu retten; diese Kinder aber, die er so großartig beschrieben hat, verarmten, verließen das Dorf oder verletzten die Grenzen des herrschaftlichen Hofes, der Sofja Andrejewna Tolstaja überstellt war.

Ich bin bemüht, scharfe Urteile zu mildern, kann jedoch nicht umhin, von der großen Tragödie dieses großen Mannes zu sprechen, der ein halbes Jahrhundert und länger die Gedankengänge der gesamten Menschheit beherrschte, die Zukunft aber nicht zu sehen vermochte, der um die Unvermeidlichkeit der Revolution wußte und sich bemühte, die Augen vor dem Morgen zu schließen, indem er von Gewaltverzicht sprach.

Ich möchte zeigen, daß Tolstoi sich in seinen belletristischen wie in seinen publizistischen Werken stets gleichbleibt. Doch ist dieser Mann innerlich in einer Weise voller Widersprüche, wie es Menschen an einer Zeitenwende immer sind. Er ist widersprüchlich wie der Held einer griechischen Tragödie.

Der enorme Erfahrungsschatz des genialen Künstlers, die Größe seiner Inspiration, seine Analyse menschlicher Empfindungen und der Gegensätze zwischen persönlichem Gefühl und historischer Notwendigkeit – all das erweckte in Tolstoi enormes Mißtrauen gegen alles Hergebrachte, führte ihn dazu, alle Masken herunterzureißen. Er hat die höchste Stufe des Realismus erreicht; wie Lenin sagt: »Die Epoche, in der sich ein von den Fronherren bedrücktes Land auf die Revolution vorbereitete, bedeutete dank Tolstoi, der sie genial beleuchtete, einen Schritt vorwärts in der künstlerischen Entwicklung der gesamten Menschheit.«

Die soziale Revolution sagte ihr Ja zu Tolstoi, sie ließ seine großen Werke zum geistigen Besitztum aller werden in ihrem Kampf gegen eine Gesellschaftsordnung, die Millionen und aber Millionen Menschen zu Rechtlosigkeit, zu unmenschlich schwerer Fron, zu Armut und Unwissenheit verurteilte.

Aus meinem Studium der Tagebücher Tolstois und der Memoiren

von Zeitgenossen ergibt sich zwangsläufig eine freie Art der Darstellung; allerdings entferne ich mich nirgends von verbrieften Tatsachen und habe mich bemüht, in meinem Buch über Tolstoi Selbstreflexion nach Möglichkeit zu vermeiden.

Bedeutende Hilfe leisteten mir das an Material reiche Werk von N. N. Gussew und die gedankenträchtigen Arbeiten B. M. Eichenbaums, insbesondere der letzte Band seines Buches *Lew Tolstoi* und sein Beitrag *Zu Lenins Anschauungen über Tolstois historische Bedeutung.* Eine reiche Quelle bildeten für mich auch Editorenbeiträge der Jubiläumsausgabe, insbesondere die von N. K. Gudsi.

Meinen herzlichen Dank den Freunden und Genossen, die mir mit Ratschlägen und Hinweisen bei der Arbeit behilflich waren: I. L. Andronikow, P. G. Bogatyrjow, J. G. Oxman, L. D. Opulskaja. Für ständige Hilfe während der Arbeit an meinem Buch und während der Vorbereitung zum Druck habe ich meiner Frau, S. G. Schklowskaja, zu danken.

»Was für ein Monolith, wie? Was für ein Koloß! Das, mein Lieber, ist ein Künstler ... Und – wissen Sie, was noch erstaunlicher ist? Vor diesem Grafen hat es keinen echten Bauern in der Literatur gegeben.« Dann sah er mich mit zusammengekniffenen Augen an und fragte: »Wen kann man ihm in Europa gleichsetzen?« Er gab sich selbst die Antwort: »Niemanden.«

(Aus M. Gorkis *Erinnerungen an Lenin*)

Erster Teil

Von einer grünen Polsterbank, die später mit schwarzem Wachstuch bezogen wurde

Lew Nikolajewitsch Tolstoi spielte gern »Frage und Antwort«, legte Familienjournale an. Auch zu Hause verspürte er eher Lust zum Schreiben als zum Sprechen.

Seine Tochter Tatjana besaß ein Fragenbuch, eine Art Fragebogen über das Leben der riesigen Familie in einem Haus, das ständig umgebaut wurde. Auf die erste Frage: »Wo sind Sie geboren?« lautet Lew Tolstois Antwort: »Auf Jasnaja Poljana auf einer ledernen Polsterbank!«

Diese Polsterbank steht heute noch im letzten Arbeitszimmer Lew Nikolajewitschs in einer Ecke.

Im August 1828, in einem anderen Haus, wovon nicht einmal mehr das Fundament steht, kam auf dieser Polsterbank der vierte Sohn der Eheleute Nikolai Iljitsch Tolstoi und Maria Nikolajewna, geborene Fürstin Wolkonskaja, zur Welt.

Das Möbel war damals mit grünem Saffianleder bezogen und mit goldköpfigen Ziernägeln beschlagen. Es hat acht Beine, drei Schubkästen und statt einer Rückenlehne drei Polster; seine Seitenlehnen sind gepolstert und gebogen, in jeder steckt ein Ausziehbrett als Bücherablage.

Ein bequemes häusliches Stück Eichenmöbel, vermutlich eine Handarbeit hauseigener Tischler. Der Bezug war ursprünglich aus Leder, später aus schwarzem Wachstuch.

Dem Hauswesen Tolstois stand seine Gattin Sofja Andrejewna vor, eine Frau, die zwar Ordnung schätzte, jedoch durchaus nicht die Ansicht vertrat, daß Dinge zeitlebens im Status ihres Entstehens verharren müßten, besonders beliebte Dinge nicht.

Von allen Dingen in seinem Haus liebte Tolstoi vermutlich die Polsterbank am meisten. Diesem Möbelstück war es beschieden, das Floß zu sein, auf dem er von der Geburt bis zum Tode durchs Leben fahren sollte. In den Schubkästen lagen Manuskripte, die er vor den Augen ihm zwar nahestehender, jedoch allzu ruheloser Menschen bewahren wollte. Auf dieser Polsterbank wurden Tolstois Brüder und fast alle seine Kinder geboren.

Was wäre noch zu sagen über das Zimmer, das Tolstoi vor mehr als fünfzig Jahren verlassen hat?

Ein Tisch von mittleren Ausmaßen. Ich hatte Gelegenheit, seine Fächer aufzuziehen. Darin lag Schlosserwerkzeug eines Mannes, der körperliche Arbeit liebte.

An den Wänden Photographien, ein großer Stich, die Sixtinische Madonna, und direkt darüber, das Bild teilweise verdeckend, auf ärmlichen Holzregalen das enzyklopädische Wörterbuch von Brockhaus und Efron. Die Bände sind nicht zerlesen; Randbemerkungen pflegte Lew Tolstoi mit ganz feinen Bleistiftstrichen in Bücher zu hauchen; er verdarb sie nicht.

Und noch ein paar kleine Tische. Eine ärmliche Petroleumlampe und dürr gepolsterte Sessel aus heller und dunkler Eiche, im ganzen drei. Der eine hat unten eine kleine Delle und ein Kreuzzeichen, es stammt vermutlich vom Hausherrn selbst.

Dieser Sessel beherbergte unter dem Sitzfutter einen Umschlag mit Briefen Lew Tolstois an Sofja Andrejewna. Auf dem Umschlag stand: »Sofern ich nicht anders über diesen Brief entscheide, ist er nach meinem Tode S. A. auszuhändigen.« Hier muß er auch sein *Teufel*-Manuskript*, das er vor seiner Frau verheimlichte, versteckt haben.

Als Sofja Andrejewna 1907 die Möbel mit dunklem Wachstuch beziehen ließ, holte Tolstoi den grauen Umschlag mit den Briefen hervor und übergab ihn zur Aufbewahrung Obolenski, dem Mann seiner Tochter Maria. Nach Tolstois Tod wurde der Umschlag Sofja Andrejewna ausgehändigt; er enthielt zwei Briefe, den einen hat sie zerrissen, der andere ist erhalten geblieben. Er handelt von Tolstois Absicht, Jasnaja Poljana zu verlassen.

Es ist ein armseliges Zimmer mit abgescheuerten Dielen, nicht übermäßig wohnlich und mit einem Geheimkabinett daneben.

Es ist das letzte Zimmer, worin Lew Tolstoi gelebt hat und aus dem er fortgegangen ist. Dieser Raum ist mit seinem ganzen Leben verbunden, wiewohl er als junger Mann oft von hier fortreiste. Aber es ist ein ungeliebtes Zimmer. Ein Schriftsteller, der sich hier vor sehr langer Zeit aufgehalten hatte, sagte, in diesem Raum blickten die Dinge einen an wie ein treu ergebener, aber nicht mehr geliebter Hund, der sterben möchte, weil sein Herr ihn nicht mehr braucht.

* Das Manuskript aus dem Jahre 1889 ist unvollendet geblieben.

Vom Seitenflügel, mit dessen Umbau Sofja Andrejewna fünfzig Jahre lang beschäftigt war

Ich schreibe keinen Reiseführer, ich versuche einfach, die Zimmer, in denen Tolstoi gelebt hat, ins Gedächtnis zurückzurufen. Es sind traurige Räume. Da ist das Arbeitszimmer. Ein großer Raum mit Parkettboden und einem großen Bogenfenster. Zusammengewürfeltes Mobiliar, altertümliche Spiegel, zwei Flügel, nachgedunkelte Bildnisse minderer Qualität mit ungenauen, schwer lesbaren Angaben, Gutsherrenmalerei, hausgemachte Arbeiten leibeigener Maler, gleich daneben das Tolstoiporträt von Kramskoi.

In Sofja Andrejewnas Räumen Bettstellen mit gedrechselten Kullerchen und viele kleine Photographien, Zeichnungen, Zierschächtelchen: wie man vor siebzig Jahren eben wohnte. Hier lebte und wirkte sie, die Frau, die einem großen Haushalt vorstand, die kochte, nähte, Mahlzeiten in Auftrag gab, die sich grämte, eifersüchtig war, die davon träumte, daß ihre Söhne schreiben würden, daß sie selbst schreiben würde, daß ihre Jugend und die Liebe ihres Mannes zu ihr zurückkehren würden, sie, Sofja Andrejewna Tolstaja, die Frau, deren Schuld einzig darin bestand, 1844 im Hause des Hofmedikus Andrej Jewstafjewitsch Bers und seiner Ehefrau Ljubow Alexandrowna, geborene Islawina, zur Welt gekommen, 1862 Tolstois Ehefrau geworden zu sein, Kinder von ihm geboren zu haben, um das erträumte Glück ihrer Kinder ebenso besorgt zu sein wie um ein ganz gewöhnliches Glück für ihren Mann und mit ihm nicht glücklich werden zu können.

Sie fungierte in diesem Hause als Botschafterin der Wirklichkeit, sie erinnerte daran, daß die Kinder leben müßten »wie alle Welt«, daß Geld da sein müsse, daß Töchter verheiratet werden müßten, Söhne Gymnasium und Universität zu absolvieren hätten. Daß man sich nicht mit der Regierung anlegen dürfe, weil einem sonst Verbannung drohe. Man hatte ein berühmter Schriftsteller zu sein, ein weiteres Buch in der Art von *Anna Karenina* zu schreiben, müßte, wie es Dostojewskis Frau tat, die Bücher im Selbstverlag herausbringen, außerdem habe man sich in der »großen Welt« zu bewegen, nicht aber unter »dunklen«, seltsamen Existenzen. Sie verkörperte den gesunden Menschenverstand ihrer Zeit, zeitbedingte Vorurteile, war aber zugleich die Frau, die der sechzehn Jahre ältere Tolstoi für sich zurechtgebogen hatte. Sie liebte ihn kummervoll, neidvoll und ehrgeizig. In ihr hatte Tolstoi manche seiner Mängel großgezogen, nachdem er sie ihr übereignet hatte, wie man jemand einen Schlüssel anvertraut.

Sie wollte Großes. Sie wollte selbst Bücher schreiben. Interessante Leute in ihrem Salon sehen, Klavier spielen. Doch verstand Lew Tolstoi sogar vom Klavierspiel mehr als sie.

Dabei war sie eine vielbeschäftigte Frau. Der Gutshof namens Jasnaja Poljana war ihr Werk und ihr Stolz. Dort schäumte das Leben. Lew Tolstoi, eine der gewaltigsten Persönlichkeiten der Menschheitsgeschichte, veränderte sich viele Male.

Viele Male erkaltete die Liebe zu seiner Frau und flammte wieder auf.

Er schrieb über sie, entzückt von ihrem Anblick auf der alten Polsterbank, dem Möbelstück, worauf er zu Welt gekommen war. Sie trug das dunkelviolette Kleid, das er aus den ersten Ehetagen an ihr kannte. Er glaubte, das Glück gefunden zu haben.

Zu anderen Zeiten litt er darunter, daß er weder sein Leben endgültig umzuformen noch seine Frau zu ändern vermochte.

Er konnte nicht fortgehen.

Sofja Andrejewnas ganzer Stolz war ihr Haus. In einer der ersten Biographien Tolstois aus den letzten Jahren des vorigen Jahrhunderts finden wir folgende Beschreibung:

»Künstliche Teiche und ein Park runden einen wahrhaft bescheidenen Besitz ab, der seinerzeit lediglich einen Teil eines grandiosen Ganzen darstellte. In den vierziger Jahren unseres Jahrhunderts vernichtete ein Feuer das alte Herrenhaus, nur zwei einstöckige Seitenflügel blieben erhalten. In dem einen werden die zahlreichen Gäste des jetzigen Besitzers, Graf Lew Nikolajewitsch Tolstoi, untergebracht, der andere dient ihm selbst und seiner Familie als bescheidene Heimstatt. Dieser zweite Seitenflügel wurde im vergangenen Jahrzehnt viele Male erweitert und umgestaltet. Den Anbauten mangelte es an jeglicher Anmut, wie übrigens auch dem Hauptgebäude. Auch jetzt deutet das Fehlen der Symmetrie auf die Grenze zwischen dem ererbten alten Bau und den schlichten Anbauten der letzten Jahre hin.«

Hierzu meldet Sofja Andrejewna als Hausherrin Protest an, und sie hat recht, wenn sie über den Besitz aussagt: »Er war nie zuvor so grandios; im Gegenteil, Lew Nikolajewitsch hat ihn durch Landkäufe vergrößert und Seitenflügel angebaut.«

Sofja Andrejewna verteidigte den guten Ruf des Nestes, das sie selbst gebaut hatte; sie hatte emsig daran gewirkt und ihr ganzes Leben darin verbracht. Das Dorf selbst mochte sie nicht, weil es dort keine Straßenlaternen gab. Das selbsterschaffene Haus liebte sie zur Sommerszeit. Zur Winterszeit liebte sie es auch, aber von Moskau aus.

Sie schreibt: »Auf Jasnaja Poljana hat es niemals einen Brand gegeben. Unter dem Fürsten Wolkonski, Lew Nikolajewitschs Onkel, wurden zwei Seitenflügel aus Ziegeln errichtet und das Fundament für ein großes Haus angelegt. Als Graf Nikolai Iljitsch Tolstoi nach dem Tode seines Großvaters die Fürstin Maria Wolkonskaja heiratete, ließ er in Hast und Eile jenes große Holzhaus aufrichten, worin dann seine große Familie, bestehend aus der alten Mutter, zwei Schwestern, der Ehefrau und fünf Kindern, lebte, nicht mitgezählt verschiedene Gnadenbrotempfänger, Verwandte und sonstige Hausgenossen. Als Lew Nikolajewitsch schon erwachsen war, etwa zweiundzwanzig oder dreiundzwanzig Jahre alt [in Wirklichkeit sechsundzwanzig – V. Sch.], spielte er recht häufig Karten; nachdem er ein paar kleinere Güter verkauft, seine Spielschulden jedoch noch immer nicht beglichen hatte, schrieb er dem Gatten seiner Schwester, Graf Valerian Petrowitsch Tolstoi, er möge das Haus in Jasnaja Poljana auf Abbruch verkaufen. Das Haus wurde an den Gutsbesitzer Gorochow veräußert.«

Vorher war das Gebäude unversorgt geblieben und zu Bruch gegangen. Lew Tolstoi kamen fast die Tränen, wenn er an das auf fremdem Grundbesitz stehende moderne Haus dachte; allerdings kaufte er es nicht zurück, weil er nicht an Gegenständen hing. Seine Selbstvorwürfe des luxuriösen Lebens wegen sind unter Berücksichtigung einmal des damaligen Lebensstandards, zum anderen seiner Gewohnheiten zu betrachten. Tolstoi war recht anspruchslos; Bettlaken zum Beispiel brachte erst Sofja Andrejewna mit ihrer schlichten Mitgift 1862 ins Haus. Bis dahin schlief Tolstoi unter einer kattunbezogenen Decke ohne Laken, noch früher pflegten die Brüder Tolstoi, wenn sie sich auf ihrem Besitz trafen, auf Stroh zu nächtigen.

Hingegen liebte Lew Tolstoi den Park, die Rasenflächen, die Bäume, die er selbst und auch seine Frau gepflanzt hatten.

Allein sein Apfelgarten nahm zweiundsechzig Dessjatinen ein, er gehörte zu den größten Europas.

Der hundert Dessjatinen große Park besteht aus Resten der vom jungen Tolstoi nicht verschleuderten Haine und Anpflanzungen.

Obwohl schon zu Lebzeiten des Grafen von seinen Kindern stark ausgeholzt, ist er heute noch groß.

Groß und alt.

Vom Park als Rest eines Verhaus

Neben Lew Nikolajewitschs Wohnhaus steht noch heute eine große Ulme*, mit einer Glocke daran, die früher zur Mittagszeit geläutet wurde. Die kupferne Glocke hängt noch unversehrt, allerdings jetzt schräg. Bäume wachsen ja, auch die Ulme ging in die Breite, umwuchs die Glocke mit ihrer Rinde und begann sie zu verschlingen. Der Baum behandelt die Glocke wie eine Wunde. Bäume lassen ja Verwundungen mit Rinden zuwachsen, und so entstehen zuweilen Hohlräume darunter.

Dieser Hohlraum wird dann mit Kupfer ausgelegt sein.

Jasnaja Poljana mit all seinen Wäldern wandelte sich im Laufe der Jahrhunderte. Sein Name soll entstanden sein, weil hier viele Eschen** wuchsen; das könnte stimmen, zumal unweit ein Dorf namens Jassenki liegt.

Die Wälder rings um das Anwesen bildeten einst Festungssperren und Verhaue.

Schwarzerdesteppe griff mit schmalen Fingern ins Gourvernement Tula.

Hier begannen dichte Wälder, bereits durchwachsen mit Dörfern, sozusagen auf abgeholzten Lichtungen.

Die Ränder der Wälder aber blieben bestehen als Schutzsperren gegen die Tataren.

Hier gibt es Laubwälder mit schönem Unterholz. Man ließ beim Schlagen mindestens mannshohe Baumstümpfe stehen, der Baum hing teilweise noch am Stumpf, fiel, seinen Restkern biegend, zur Erde und breitete das Schlangengewirr seines Astwerkes aus. Man ließ je einen Baum südwärts, einen nordwärts, einen westwärts und einen ostwärts fallen. In den angeschlagenen, herabgebogenen Bäumen blieb ein Rest Leben, durch sie hindurch fädelten sich Haselnuß, Brombeere, Himbeere und Junghölzer, und das Grüngewirr wurde von einem Netz aus Dürrästen durchsteppt. Solche Wälle hießen Waldverhaue.

Sie waren zehn bis fünfzehn Kilometer breit. Manchmal teilten sie sich, um Wiesen zu umgehen, manchmal verliefen sie in Doppellinien. Wo der Baumbestand spärlich war, wurden Gräben gezogen oder Zäune aufgestellt.

* Inzwischen mußte sie der Säge weichen, weil sie verdorrt war. An ihre Stelle wurde ein junger Baum gepflanzt.

** Jassen = Esche.

Das Anwesen Jasnaja Poljana könnte sich in die Koslowaja-Sperre hineingekeilt haben.

Hinter solchen Sperren wurden Bauern und adelige Ackerbürger angesiedelt, auch eine Sperrwache gab es. Pfade anlegen, Reisig sammeln, Holz schlagen war hier verboten. Als grünes Geflecht lagen die Sperren da, dahinter strömten Flüsse.

An der Upa stand der steinerne Kreml der Stadt Tula. Die Upa mündet in die Oka, hinter deren blauem Gürtel die Stadt Serpuchow liegt.

Otschakow war gefallen, die Krim besetzt; die Krimkrieger hörten auf, Rußland zu berennen. Die Waldsperren verschwanden. Wurden verkauft, wurden zu Gütern.

Mitten im Gehölz zufällig erhaltener gebliebener Haine und Anpflanzungen steht das karge Haus mit seinen abgewetzten Dielen, mit der Bibliothek in den billigen Schränken aus Esche. Ringsumher rauschen die Bäume des großen Gartens und Waldes, sorgsam und liebevoll angereichert und gepflegt. Daran vorbei führte eine Straße. Nach Süden; Armeen zogen darauf, Herrscher mit ihren Suiten, Pilger ließen hier ihre müden Sohlen schlurfen, Fuhrleute gingen auf weite Tour.

Jasnaja Poljana war ein Ort mit einem finsteren Hausherrn, der fortwollte und nicht konnte. Hätte die Ulme vorm Haus fortgehen wollen, hätte man ihre Wurzeln eine nach der anderen abschlagen müssen, damit ihre Lebensfäden abrissen. Ein Fortgehen war nur aus blutgetränktem Erdreich möglich.

Lew Tolstoi wurde an einem Scheidepunkt der Geschichte geboren. Er kannte das Morgen nicht und war sich bewußt, daß das Heute dem Gestern nicht glich, er war Vergangenheit ohne Zukunft und litt unter einer gewaltigen Sehnsucht nach der Zukunft.

Bedeutende Menschen werden durch die Widersprüche ihrer Zeit geformt. Sie verlassen die alte Welt brausend, wie der Terek von den Bergen des Kaukasus stürzt, oder geruhsam, wie die Wolga dahingleitet.

Erste Erinnerungen

Lew Tolstoi gedachte seines Vaters und seiner Mutter auf verschiedene Weise, wenngleich er beide mit gleicher Innigkeit liebte; er wog die beiden Zuneigungen gegeneinander ab, umgab seine Mutter, die er kaum wahrgenommen hatte, mit einer poetischen Aureole.

Er schrieb: »Übrigens geht es mir nicht nur bei der Mutter so, alle

Personen aus meiner Kindheit – vom Vater bis zu den Kutschern – erschienen mir als ausnehmend gute Menschen. Wahrscheinlich hat mein rein kindliches Liebesgefühl wie ein leuchtender Strahl die besten Eigenschaften (die ja immer da sind) aus den Menschen herausgeleuchtet, und daß diese Menschen mir außerordentlich gutartig erschienen, kam der Wahrheit viel näher, als wenn ich nur ihre Mängel wahrgenommen hätte.«

So schrieb Lew Tolstoi 1903 in seinen Memoiren. Er hat sie mehrmals begonnen und wieder liegenlassen, beendet hat er sie nicht.

Die Menschen schienen einander zu widersprechen, die Erinnerungen stritten gegeneinander, denn sie lebten im Gegenwärtigen.

Erinnerungen verwandelten sich in Gewissensbisse. Doch Tolstoi liebte Puschkins Dichtung *Erinnerung:*

> Mein Leben lese ich mit Abscheu und voll Scham,
> Vergieße bittre heiße Reuetränen
> Und fluche mir entsetzt in abgrundtiefem Gram.
> Doch keine Schuld werd ich abwaschen können.

»An der letzten Zeile«, schreibt er, »würde ich nur eines ändern, nämlich: anstelle von ›Schuld‹ würde ich einsetzen: ›Keine Schande werd ich abwaschen können‹.«

Er wollte sich schuldig bekennen, und er bekannte sich schuldig des Ehrgeizes, der vulgären Hemmungslosigkeit; als Jüngling pries er seine Kindheit. Er sagte, die achtzehnjährige Zeitspanne zwischen Heirat und geistiger Geburt ließe sich vom weltlichen Standpunkt aus sittlich nennen. Sowie er aber von Privatem, vom Familienleben spricht, bekennt er sich schuldig der egoistischen Sorge um die Familie und um die Vergrößerung seines Vermögens.

Wie schwer es doch ist, zu wissen, worum Tränen zu vergießen und wo Selbstvorwürfe am Platze wären!

Tolstoi besaß ein mitleidloses, lückenlos rekonstruierfähiges Gedächtnis, er behielt Dinge, an die sich keiner von uns zu erinnern vermag. Seine Erinnerungen begann er so:

»Hier sind meine ersten Erinnerungen, solche, die ich zeitlich nicht einordnen kann, weil ich nicht weiß, was vorher, was nachher war. Von einigem weiß ich nicht einmal, ob ich es im Traum oder im Wachen erlebt habe. Da sind sie. Mir sind die Arme an den Körper gebunden, ich möchte sie frei bekommen, es gelingt mir aber nicht. Ich schreie und weine, mein Geschrei ist mir selbst zuwider, doch ich kann nicht aufhören. Über mich gebeugt stehen Leute, ich weiß nicht mehr, wer, und all das spielt sich im Halbdunkel ab, so viel aber weiß ich, es sind zwei Personen, und mein Schreien macht Eindruck auf sie: Sie sind besorgt ob meines Geschreis, doch sie binden mich nicht los, obwohl ich es ja will, und ich schreie noch lauter. Sie denken, es müsse so sein (ich meine, daß ich eingebunden bin), während ich weiß, daß es nicht zu sein braucht, und ihnen das beweisen will; und ich vergehe fast vor Gebrüll, das mir selbst widerwärtig, aber ununterdrückbar ist. Ich spüre die Ungerechtigkeit und Grausamkeit, nicht der Menschen, die ja Mitgefühl mit mir äußern, sondern des Schicksals, und ich bemitleide mich selbst. Ich weiß nicht, was es war, und ich werde es auch nie erfahren: ob man mich bis zum Hals in die Wickelbinde eingepreßt hat, als ich ein Säugling war, und ich versuchte, die Arme freizuzerren, oder ob man mich einwickelte, als ich das erste Lebensjahr schon hinter mir hatte, damit ich nicht am Milchschorf herumkratzte; vielleicht habe ich eine Vielzahl von Eindrücken, wie es im Traum geschieht, zu einer einzigen Erinnerung gerafft; so viel jedenfalls stimmt, dies war mein erstes und stärkstes Erlebnis. Und gegenwärtig ist mir nicht mein Schreien, nicht die Qual, sondern das Komplizierte und Widersprüchliche des Erlebnisses. Ich will meine Freiheit, die keinen Menschen stört, trotzdem quält man mich. Sie leiden mit mir, aber sie binden mich ein. Und ich, um den es doch geht, bin schwach, sie aber sind stark.«

Im alten Leben der Menschheit, während ihres langen Schlummers, in der sich allmählich erhellenden Nacht fesselten Menschen einander durch Eigentum, Gatter, Kaufbriefe, Erbschaften und Wickelbänder.

Tolstoi mühte sich sein Leben lang um Befreiung; er brauchte Freiheit.

Menschen, die ihn liebhatten – die Frau, die Söhne, andere Verwandte, Bekannte, Freunde –, sie alle fesselten ihn mit Wickelbändern.

Er wand sich aus den Fesseln.

Die Menschen fühlten mit ihm, verehrten ihn, befreiten ihn aber nicht. Sie waren stark wie die Vergangenheit, er aber strebte zur Zukunft.

Heute gerät die Vorstellung vom eingebündelten Säugling, der aussah wie eine in Balsambinden gewickelte Mumie, bereits in Vergessenheit. Der Säugling von heute mit seinen freien Strampelbeinchen verweist auf ein ganz anderes Kinderschicksal.

Tolstois erste Erinnerung ist die an eine unnötige Freiheitsberaubung.

Eine andere Erinnerung ist eine freudige.

»Ich sitze im Badezuber, mich umgibt ein seltsamer, neuartiger, nicht unangenehmer säuerlicher Geruch einer Substanz, womit man mein nacktes Körperchen abrubbelt. Ich denke, es wird Kleie gewesen sein, vermutlich wurde ich täglich im Zuber gebadet, das Neue des Erlebnisses Kleie jedoch machte mich wach, und ich erlebte zum erstenmal bewußt meinen kleinen Körper mit den Rippen, die ich sah, und den glatten, dunklen Zuber und die Arme meiner Kinderfrau mit den hochgekrempelten Ärmeln und das warme, dampfende, mich ängstigende Wasser und das Plätschern und ganz besonders die glatten, nassen Zuberränder unter meinen streichelnden Händen, und ich lernte das alles lieben.«

Die Erinnerung an das Baden ist die Spur, die der erste Genuß hinterlassen hat. Diese zwei Erinnerungen sind der Beginn einer Aufgliederung der Welt durch den Menschen.

Tolstoi stellt fest, er habe seine ersten Lebensjahre »gelebt, und zwar wonnevoll gelebt«, jedoch war seine Umwelt unaufgegliedert, somit gibt es auch keine Erinnerungen daran. Er schreibt: »Nicht genug, daß Raum, Zeit und Ursache Denkformen sind und daß des Lebens Kern außerhalb dieser Formen liegt, nein, unser ganzes Leben besteht in immer stärkerer Unterordnung unter diese Formen und in der darauffolgenden Befreiung davon.«

Außerhalb einer Form gibt es keine Erinnerung. Es formt sich, was sich berühren läßt.

»Alles, woran ich mich erinnere, findet im Bettchen, in der Kammer statt, weder Gras noch Laub, weder Sonne noch Himmel existieren für mich.«

Dergleichen erweckt keine Erinnerung, die Natur existiert gleichsam nicht. »Wahrscheinlich muß man aus der Natur fortgehen, um sie zu sehen, ich aber war Natur.«

Wichtig ist nicht nur, was den Menschen umgibt, wichtig ist auch, was er aus seiner Umgebung herauslöst und wie er dies tut.

Oftmals wird des Menschen Bewußtsein von Dingen bestimmt, die er scheinbar gar nicht wahrnimmt.

Wenn wir uns dem Werk eines Schriftstellers zuwenden, liegt uns daran, zu erfahren, welchen Kunstgriff er anwendet, um Teile aus einem Ganzen zu schälen, damit wir später dieses Ganze neu rezipieren können.

Tolstoi befaßte sich sein Leben lang damit, aus dem großen Strom der Erscheinungen auszusondern, was er in seinem Weltanschauungssystem unterbringen konnte; als er sein Selektionsverfahren änderte, änderte er auch die Selektionsobjekte.

Betrachten wir die Gesetze der Aufgliederung etwas genauer.

Der kleine Junge wird eine Etage tiefer zu Fjodor Iwanowitsch, also zu seinem Bruder, umquartiert.

Das Kind verläßt, was Tolstoi »seit Ewigkeiten Gewohntes« nennt. Das Leben hat gerade begonnen; dieweil es keine andere Ewigkeit gibt, besitzt das bisher Erlebte Ewigkeitswert.

Der Junge muß sich von der primär greifbaren Ewigkeit trennen, »weniger von Menschen wie Schwester, Kinderfrau oder Tante, sondern von Bettchen, Betthimmel und Kopfkissen«.

Die Tante wird erwähnt, lebt jedoch vorerst in einer nichtaufgegliederten Welt.

Man nimmt ihr den Kleinen weg, zieht ihm einen warmen Kittel mit einem am Rücken festgenähten Hosenträger über, und das trennt ihn mit scharfem Schnitt gleichsam »für immer von dort oben«.

»Und da nahm ich zum erstenmal nicht alle jene wahr, die mit mir oben gewohnt hatten, sondern die Hauptperson, mit der ich gelebt hatte, an die ich mich aber nicht erinnerte. Es war die Tante Tatjana Alexandrowna.«

Die Tante bekommt einen Vornamen, einen Vatersnamen, später wird sie als mittelgroß, untersetzt und schwarzhaarig beschrieben.

Das Leben setzt ein, als schwere Aufgabe, durchaus nicht als Spiel.

Die *Ersten Erinnerungen* wurden am 5. Mai 1878 begonnen und wieder liegengelassen. 1903 möchte Tolstoi Birjukow, der beabsichtigt, für die französische Gesamtausgabe eine Biographie zu schreiben, helfen und nimmt erneut die Arbeit an den Kindheitserinnerungen auf. Er beginnt mit einem Gespräch über Reue und mit einem Bericht über seine Vorfahren und seine Brüder.

In seine Kindheit zurückkehrend, analysiert er jetzt nicht nur das Auftreten des Bewußtseins, sondern auch die Schwierigkeit der Berichterstattung.

»Je weiter ich mit meinen Erinnerungen vorankomme, um so fragwürdiger erscheint mir die Art, sie niederzuschreiben. Ereignisse und meinen jeweiligen Seelenzustand zusammenhängend zu beschreiben, ist mir nicht möglich, weil ich mich weder an Zusammenhänge noch an Kontinuitäten der Seelenzustände erinnern kann.«

Alte Wurzeln

Général-en-chef Fürst Wolkonski war einsam und erfolgsarm; Empörung, Stolz, Neid stellten sich trennend zwischen ihn und die neue Regentschaft.

Er verschanzte sich hinter einem Tor, das zwischen zwei weißen Türmen hing; die Torflügel öffneten sich selten für einen Gast.

Hier, im weitläufigen Garten, wurde der Bau eines schloßartigen Hauses ausgeklügelt; die Seitenflügel aus Ziegeln und das Hauptgebäude in der damals üblichen Art: der Unterbau aus Ziegeln, der verputzte Oberbau aus Holz. Die Seitenflügel waren gebaut, der *Général-en-chef* jedoch, wiewohl ein vermögender Mann, schaffte das Hauptgebäude nur bis zum ersten Stockwerk. Das Haus ging in den Besitz seiner Tochter Maria Nikolajewna über.

Tolstoi deutete das Wesen seines Großvaters zu verschiedenen Zeiten auf verschiedene Weise. Beschrieb er den alten Fürsten Wolkonski, den Herrn auf Lyssyje Gory, berichtete er in seinen Konspekten zunächst davon, wie der Alte einen Säugling, den eine Magd von ihm geboren hatte, durch den Verwalter ins Waisenhaus abschieben ließ. Dieses Detail fehlt in der endgültigen Fassung.

Tolstoi möchte den alten Wolkonski aus dessen Epoche herausschälen. Er versieht den Fürsten mit klarem Verstand und Hochmut, bringt jedoch zugleich mit Hilfe von Wolkonskis Traum dessen glühenden Neid auf Potjomkin zum Ausdruck. Der Fürst ist stolz und gescheit; die Bauern verehrten ihn, sagt Tolstoi.

Tolstois Großvater hatte ein schweres Leben: Er mußte unter Paul I. den Abschied nehmen, ohne das Recht auf Pension und das Tragen der Uniform; später schickte man ihn als Gouverneur nach Archangelsk, wo er zum General der Infanterie ernannt wurde. Sein Dienst dort währte jedoch nur kurze Zeit, dann wurde er in den Ruhestand versetzt, diesmal mit Pension und Uniformrecht. Mit sechsundvierzig Jahren war er bereits a. D. und tat fortan keinen Staatsdienst mehr.

Während seiner Dienstzeit als Gouverneur in Archangelsk unterstand ihm auch die Insel Spitzbergen, die von den russischen Seefahrern »Grumant« genannt wurde.

Als Wolkonski auf sein Gut zurückgekehrt war, nannte er eines der entlegeneren Dörfer Grumant.

Die Bauern der näheren Umgebung verwandelten den Namen in »Ugrjumy«*. Das Dorf Grumant muß nach Tolstois Beschreibung ein wunderschönes Fleckchen Erde sein, doch fiel ihm auf, daß Wortumwandlungen, die das Volk vornimmt, stets sinnvoll sind. Das altrussische Wort für Düsternis hatte noch Puschkin verwendet.

Der alte Wolkonski muß, meinem Empfinden nach, voll Düsternis gewesen sein.

Das Haus stand lange Zeit unfertig da, verfiel langsam und wurde

* Düsternis.

nur kurze Zeit vollständig genutzt; es war den Besitzern zu groß und wurde veräußert.

Die alten russischen Gutshäuser sind schön; allerdings standen sie nicht lange, und selten wurde ihr Bau vollendet. Man erinnere sich nur an die Beschreibung von Manilows Haus in den *Toten Seelen.*

Die Möbel sind nicht fertig bezogen, manche Sessel sind mit Bastmatten bedeckt, neben einem hocheleganten Leuchter steht auf dem Tisch ein grünspaniges, talgbekleckertes Unding. Manilow glaubt, noch alles zu Ende zu bringen, es liegt aber auf der Hand, daß das Haus nie vollendet werden wird.

Die alten Bauten aus der Zeit vor Katharina II. waren schlicht. In einem Romanfragment beschreibt Tolstoi das alte Jasnaja Poljana und das Haus des Gutsherrn Michail Babojedow.

»Der Hof war groß, er lag auf dem Berg, etwas seitlich, unter zwei Fichten. Und das Haus, zwei Balkengebinde aus Lindenstämmen in Doppelverbund, hatte eine hohe, überdachte Vortreppe. Er selbst bewohnte das Haus nicht, sondern tat Regimentsdienst . . .«

Schmucke russische Herrenhäuser entstanden in der zweiten Hälfte des 18. Jahrhunderts, als die Adligen nach absolvierter Dienstpflicht auf ihre Besitztümer zurückkehrten.

Tolstoi nahm an, der einstöckige Ziegelbau sei von Wolkonski für das Hausgesinde gedacht gewesen. Wahrscheinlicher ist, daß es sich dabei um das Herrenhaus der vorherigen Gutsbesitzer handelte. Sein schloßartiges Haus vollendete Wolkonski nicht, wenn er auch das Tor errichten, Alleen und Teiche herrichten, Orangerien bauen und einen Garten anlegen ließ.

Ein Orchester aus leibeigenen Musikanten spielte morgens in der Mitte der Gartenanlage, während der General mit seiner Tochter seinen Morgenspaziergang machte.

Nach dem Tode des alten Fürsten zerfiel das Orchester, die Musikanten kehrten zu ihrem Beruf zurück, wurden wieder Gärtner und Diener. Die Musik am Herrenhof verstummte.

Dann wurde das Haus verkauft. Rein zufällig gleichsam, als Folge eines Spielverlustes beim »Stoß«. Tolstoi notierte in seinem Tagebuch vom 28. Januar 1855: »Zwei Tage und zwei Nächte ›Stoß‹ gespielt. Das Ergebnis läßt sich denken: Das ganze Haus in Jasnaja Poljana ist verspielt.«

Dieser Zufall war von langer Hand vorbereitet. Das Haus ging über die Verhältnisse der Wolkonski-Enkel, wenngleich Lew Tolstoi nicht die Absicht hatte, es zu verkaufen; statt dessen verkaufte er schuldenhalber Erbdörfer, Getreide, Pferde und Wald, jedesmal mit Verlust, weil er sich das Geld von den Käufern im voraus erbat.

Aber selbst unter der Schuldenlast schrieb er an seinen Bruder Sergej Nikolajewitsch am 28. März 1852 aus der Staniza Starogladkowskaja:

»Das Jasnaja-Haus – nicht weil es für mich auch nur einen Pfifferling nominellen Wert hätte, sondern weil ich der Erinnerungen wegen daran hänge – verkaufe ich unter gar keinen Umständen, es ist der letzte Gegenstand, von dem zu trennen ich mich je entschließen würde.«

Ein Mittagsmahl im großen Haus

Lew Tolstois Vater, ein verarmter Oberstleutnant a. D., verwendete die Mitgift seiner Frau, um das Haus nahezu fertigzubauen, ohne es jedoch zu möblieren. Das Jahr 1832 brach an.

Über Tolstois Vater wissen wir ziemlich viel; an die Mutter erinnert sich Tolstoi nicht, er wob sich die Erinnerung an sie aus dem Besten, das er im Leben kennengelernt hatte, er schuf sie sich zart, verträumt, liebreich.

Maria Nikolajewna Wolkonskaja war sentimental und verträumt, dabei aber von großer Willensstärke; mit ihren Freundinnen, zwei aus England gebürtigen Schwestern, redete sie nicht nur von zärtlicher Freundschaft, sie verheiratete beide auch und setzte ihnen eine unerhört hohe Mitgift aus: Die eine bekam 50.000, die andere 75.000 Rubel.

Das Haus ist unvollendet geblieben.

Es ist so riesig, daß man meint, die Zimmer nicht zählen zu können. Nun soll von einem unauffälligen Tag in diesem Hause, von einem Mittagsmahl der Familie im großen Saal und nebenbei von den Schicksalen der Menschen erzählt werden.

Man versammelt sich in Erwartung der Essensstunde im Salon. Hier stehen: ein Sofa, ein runder Tisch, Armsessel aus Eiche und Mahagoni. An den Wänden einander gegenüber zwei Stehspiegel. Der schlicht ausgestattete Raum spiegelt sich, als sei er aus zwei Teilen in die geschnitzten Goldrahmen gefügt.

Der Vater, Nikolai Iljitsch, hat soeben noch in seinem Arbeitszimmer auf der mit grünem Saffianleder bezogenen Polsterbank geruht. Jetzt kommt er in weichen Schaftstiefeln ohne Absätze herein, tritt mit raschen Schritten auf eine alte Dame, seine Mutter, zu, schaut sie mit gütigen, schönen, traurigen Augen an, reicht mit eleganter männlicher Bewegung dem Lakaien seine Tabakspfeife. Die alte Dame, ehemalige Gouverneursgattin, lächelt dem Sohn zu, er küßt ihr die Hand. Sie, Pelageja Nikolajewna, küßt den Sohn auf die Stirn.

Der geliebte Sohn, Geschäftsmann mit festem Griff, ersetzt ihr den gutherzigen Tausendsassa, ihren seligen Gatten.

Lew Tolstois Familienstolz konzentriert sich in der Erinnerung gleichsam auf Großmutters Geschlecht, die Gortschakows. Die Großmutter war die Tochter des Ältesten der Fürstenfamilie.

Die Tolstois waren weniger vornehm. Lew Tolstoi wußte in ihrer Geschichte nur ungenau Bescheid.

Soviel war bekannt, daß der erste Graf Tolstoi, Pjotr Andrejewitsch, klug und perfide, ein mutiger Mann und unzuverlässiger Freund gewesen war; er starb im unmenschlichen Kerker des Solowezker Klosters, wo die Häftlinge durch Prügel und Hunger gebrochen wurden.

Über den Großvater, Ilja Andrejewitsch, schreibt Lew Tolstoi in Form einer Punkt-für Punkt-Analyse:

»*Vermögen:* zerrüttet, bedeutende Besitztümer, Nachlässigkeit, wunderliche Vorhaben, Inkonsequenzen, dummer Pomp.

Gesellschaftlich: Ehrgeiz, Gutmütigkeit, Ehrerbietung allem Vornehmen gegenüber.«

Verzichten wir auf konsequente Verfolgung der Aufzeichnungen. Weiter heißt es:

»*Geistig:* Dumm, total ungebildet.«

Ilja Andrejewitsch Tolstoi war nicht total ungebildet, er hatte das Marine-Kadettenkorps absolviert, zuerst in der Flotte, später im Preobrashenski-Regiment Dienst getan und den Brigadiersrang erdient, was für einen vornehmen Mann von mittleren Geistesgaben die höchste Erfolgsstufe bedeutete.

Ilja Andrejewitsch war seiner Frau treu, liebte Pomp und großzügige Gastfreundschaft.

In Moskau, der tafelfreudigen Stadt, genoß er den Ruf, Störe von enormen Ausmaßen auf den Tisch bringen zu können, eine Tafelfreude, die er als Ästhetikum behandelte. Die Zerrüttung seiner Vermögensverhältnisse geschah unmerklich, sie wurde durch den Brand von Moskau beschleunigt.

Er reichte als Kompensationsforderung für seine verbrannte Habe eine Rechnung in übertriebener Höhe ein, die nicht voll beglichen wurde.

Patriotische Heldentaten beim Verlassen der brennenden Stadt scheint er nicht vollbracht zu haben, er fiel aber auch nicht unangenehm auf.

Nun galt es, um eine Position vorstellig zu werden. 1815 erhielt er den Posten des Gouverneurs von Kasan. Durch Kartenspiel, Gastfreundschaft, herrschaftliche Nachlässigkeit, Querelen mit dem Adelsmarschall des Gouvernements geriet er alsbald in Schwierigkeiten. Es heißt, er habe nur vom Steuerpächter Geldzuwendungen akzeptiert, von diesem keinen Obolus anzunehmen, wäre geradezu Freidenkertum gewesen.

Seine Pelageja Nikolajewna nahm zwar am Hintereingang Schmiergelder entgegen, tat es aber ohne Sinn und Verstand.

Die Übergriffe des Gouverneurs waren unbedeutend, man beschuldigte ihn lediglich einer »verdächtigen Sorglosigkeit in den ihm von Amts wegen unterstehenden Lokalitäten« wie auch »einer offensichtlichen Schwäche sowie eines Mangels an Kenntnissen im Amt«.

Er starb 1820 unerwartet, als gerade eine Untersuchung gegen ihn lief.

N. N. Gussew bestreitet in seinem Buch die Möglichkeit eines Selbstmordes und führt hierzu eine Vielzahl von Beweisen an.

Der Sohn des Gouverneurs stand von heute auf morgen vor dem Nichts, verantwortlich für die verwöhnte Mutter, mit einer Erbschaft, welche die Schuldenlast nicht aufwiegen konnte.

Er war gezwungen, in den Staatsdienst einzutreten, um dem Schuldgefängnis zu entgehen.

»Wo bleibt denn das Essen?« ruft Nikolai Iljitsch, der Hausherr und Sohn des inmitten von Gleichgültigkeit und Vorwürfen verstorbenen Gouverneurs.

Der Kammerdiener meldet, es werde sofort serviert.

Die glanzlose, dunkelrote Tür öffnet sich, sie ist nicht gestrichen, sondern gespachtelt und lasiert. Im hohen Türrahmen erscheint der Majordomus, Foka Demidowitsch, im blauen Gehrock mit an den Schultern gefältelten Ärmeln. Er dient schon lange in diesem Haus – im Orchester des Fürsten Nikolai Sergejewitsch Wolkonski hat er Violine gespielt.

Jetzt hebt Foka Demidowitsch wichtig die Brauen, als setze vor seinen Augen ein großes Orchester zu einer Symphonie an, und spricht knapp, stolz, verhalten und feierlich: »Es ist serviert!«

Alles erhebt sich und wandelt zum großen Saal: voran die schöne alte Frau mit dem langen Kinn, mit einfrisierten Rüschen und violetter Kopfschleife. Sie erlebt als gewohnte Erscheinung die Wiederaufnahme des feierlich-regelmäßigen Lebensstils, der durch den allzu frühen Tod des Gouverneurs von Kasan unterbrochen worden war.

Ihr zur Seite schreitet ein fröhlicher, gutgebauter Mann mit traurigen Augen und leichten Bewegungen, der Sohn Nikolai Iljitsch. Sein Leben setzte mit militärischen Glücksfällen ein, Freundschaften mit gescheiten Leuten kamen hinzu. Dann nahm alles ein jähes Ende. Ruhm und Ehre mieden ihn, Freunde kamen ums Leben, aber auch das Unwetter schlug einen Bogen um ihn. Danach kam die Heirat, eine kluge Gattin und gut geratene Kinder.

An Vaters weiße Hand schmiegt sich das Bäckchen des fünfjährigen Ljowa-Heulerchens. Er hat helles Haar, leuchtende blaugraue Augen, Mund und Kinn sind trotzig, die Bäckchen rosig.

Im Gehen zwickt der Vater zärtlich und zersteut-liebevoll mit zwei Fingern des ausgestreckten Armes die Wange des Kindes. Die Füßchen des Knaben sind bemüht, mit der Prozession Schritt zu halten, damit die Liebkosung andauere.

Ljowa ist noch klein. Die Mädchen spielen Puppen mit ihm, manchmal muß er selbst Puppe sein. Noch vor kurzem nannte man ihn dabei »Süßerchen«, wiegte ihn, pummelte ihn ein, spielte mit ihm Doktor wie mit einer Puppe. Unlängst noch ist er dabei sogar eingeschlafen. Jetzt aber ist er drauf und dran, in den Sattel zu steigen. Unterricht hat er nicht mehr bei seiner Tante, sondern beim deutschen Hauslehrer, und seine Finger sind mit Tinte bekleckst.

Dem Ältesten der Familie Tolstoi hinter Nikolai Iljitsch folgt die Gräfin Alexandra Iljinitschna Osten-Sacken, blauäugig, blondhaarig, anmutig, eine Fünfunddreißigerin in teurem, nachlässig gehaltenem, wenig gepflegtem Gewand. Sie ist gutherzig, religiös, ziemlich reich und ein Vogel ohne Nest. Sie ist gütig zu Kindern und Dienstboten und sehnt sich nach dem Kloster.

Ihr Gatte, Graf Osten-Sacken, wohlbestallter Ostseeadel, litt an Verfolgungswahn. Er versuchte seine Frau auf einer Reise zu erschießen, versöhnte sich dann durch Vermittlung eines Pastors mit ihr, beim Wiedersehen brachte er sie durch falsche Vorspiegelungen dazu, ihm die Zunge zu zeigen, und wollte sie ihr mit einem Rasiermesser abschneiden. Er quälte und ängstigte seine schwangere Gattin, ihr Kind wurde tot geboren. Jetzt schreitet Alexandra Iljinitschna durch die Tür wie die anderen, ganz gelassen, und sie lächelt nach rechts, zu Toinette, die neben ihr geht.

Toinette – Tatjana Alexandrowna Jergolskaja – hält die weiße Hand der Gräfin in ihrer kleinen, kräftigen, bräunlichen Linken, lauscht ihrem wohlvertrauten Gezwitscher und hört dennoch nichts. Ihr ganzes Leben verbrachte sie neben dem Mann ihrer Liebe, Nikolai Iljitsch Tolstoi, doch kein einziges Mal brachte sie es fertig, mit ihren schwarzen Achataugen in seine lieben, traurigen Blauaugen zu blicken. Auch jetzt schreitet er ihr voran und schaut nicht sie an, sondern seine Mutter.

Acht Jahre lang lebte Tatjana ohne jeglichen Zwist unter einem

Dach mit Maria Nikolajewna Wolkonskaja-Tolstaja. Maria starb. Weitere sechs Jahre vergingen. Der Witwer hielt um Tatjanas Hand an, er bat sie, seinen Kindern eine Mutter zu sein und ihn niemals zu verlassen. Sie waren damals beide schon vierundvierzig. Sie aber hatte so unendlich oft davon geträumt, daß ihr Entschluß sekundenschnell ausgesprochen war. Sie notierte: »Das erste Ansinnen lehnte ich ab, das zweite versprach ich zu erfüllen, solange ich lebe.« Die Notiz liegt im Sekretär in einem perlenbestickten Portefeuille.

Hinter Tatjana Jergolskaja und der Gräfin Osten-Sacken trapsen in ungleichem Schritt die drei großen Söhne des Grafen mit ihren Jungherrenfüßen in den schweren hausgeschusterten Stiefeln. Sie werden geleitet von Fjodor Iwanowitsch Rössel, einem Deutschen aus Sachsen, der stark ist und glatzköpfig, ein gutmütiger, nestloser Vogel, unehelicher Sohn eines Bürgers, unausgelernter Schuhmacher und aus seiner Heimat Vertriebener. Er wird hier, auf Jasnaja Poljana, bestattet werden und hinter der Kirchhofsumfriedung liegen, zugehörig und fremd zugleich, Tausende Werst entfernt von der Heimat und durch eine Umzäunung getrennt von jenen, die zeit seines Lebens seine Weggefährten waren.

Man geht und plaudert. Der einfallsreiche Nikolai, der gutherzige Sergej, Dmitri, den der Wind seines Temperaments mal hierhin, mal dorthin weht. Mit ihnen Maria Nikolajewna, die jüngste Tochter Nikolai Iljitschs, bei ihrer Geburt starb die Mutter. Jetzt ist sie ein kleines, munteres, hübsches Mädchen. Sie wird, noch jung, ihren Cousin Valerian Petrowitsch Tolstoi heiraten, vier Kinder von ihm zur Welt bringen, eine unglückliche Ehe führen, ihren Gatten verlassen, sich in Turgenjew verlieben und enttäuscht werden. Danach wird sie sich in einen Ausländer, in dem Vicomte Victor de Kleen, verlieben, ins Ausland gehen, noch eine Tochter zur Welt bringen und schließlich den Schleier nehmen.

Wer also ist hier glücklich? Wer ist befriedet in diesem lichten Hause, an diesem sonnigen Sommertag?

Vielleicht ist es die alte Dame Pelageja Tolstaja, wenn sie des Abends neben ihrem geliebten ritterlichen Sohn ihre Patiencen legt.

Glücklich sind die Kinder.

In Lew Tolstois Memoiren erscheint die Zeit der Kindheit von Glück umfächelt, ihm aber war, als sei das Glück nur eben aufgetaucht und gleich wieder verschwunden, als er die Augen öffnete und sich umsah.

»Jede Familie durchlebt Zeitspannen ohne Krankheiten und Todesfälle, wo die Familienmitglieder ruhig dahinleben. Eine solche Periode muß, wie ich glaube, meine Mutter in der Familie ihres Mannes bis zu ihrem Tode durchlebt haben. Niemand starb, niemand wurde ernstlich krank, die angeschlagenen Vermögensverhältnisse des Vaters besserten sich. Alle waren gesund und fröhlich und vertrugen sich gut. Der Vater brachte alle zum Lachen mit seinen Geschichten und Scherzen. Ich habe diese Zeit nicht mehr miterlebt. Als ich anfing, meiner selbst bewußt zu werden, hatte Mutters Tod das Leben unserer Familie bereits geprägt.«

Das Mittagsmahl wurde als Höhepunkt des Tages zelebriert.

Draußen, vor den großen, feierlichen Fenstern mit den weit offenen Flügeln breiten sich Obst- und Blumengarten aus, Heckenrosenbüsche glühen im Blütenüberfluß, ausländische Rosensorten leuchten rot in den Blütenherzen, bläßlich an den Rändern. Etwas weiter weg sieht man eine Wiese, die eine, abgemähte Hälfte schimmert silberhell, die ungemähte bräunlichgrün.

An den beschnittenen Linden der Allee sitzen gelbe Blütentupfen, sie sind heuer ein wenig spät dran. Dort, hinter den Wiesen, ist der Roggen angegilbt, wie verblichen, dahinter blauen Wälder, und satter als das Blau der Wälder ist das des Himmels.

Zwischen Höfen und Korndarren fließt breit der nesselgrüne Strom der Hanffelder über alte, gutgedüngte Böden. Mitten hindurch schreitet ein Bauernweib, und es scheint, als schwömme sie, man sieht nur ihr feuerrotes Kopftuch und die Sarafanträger, dort muß ein Pfad das Hanffeld teilen. Weiter hinten tritt der Buchweizen in die Milchreife. Bienen, wie aus puschligen, schwarzen und sonnengelben Scheibchen gebastelt, fliegen zwischen Blumen umher. Hinter den Säulen des großen Hauses grünen im Himmelsblau die Eichen des großen Hegewaldes und Teile des Waldverhaus, jener grünen, zum großen Herrensitz umgewandelten Grenzlinie.

Noch weiter hinten schimmern weiß Birken, die Erde darunter ist bläulich getönt. Jede Handbreit Land ist hier jedem wohlvertraut, jeder sieht da draußen nicht nur, was dort ist, sondern alles, was geruhsam abgeschritten, abgefahren wurde.

Alles steht zum besten. Auf dem Tisch der alten Gouverneurswitwe liegt eine goldene Tabatiere mit dem Bildnis ihres vergötterten Gatten, verstorben in Kasan während eines Untersuchungsverfahrens, ohne Schande und Urteil.

Wenn es irgendwelche Fehltritte gegeben hat, so waren es gewöhnliche, menschliche, vergessene. Maria Nikolajewna ist gestorben, verklungen sind ihre schweren Schritte, sie kommt nicht mehr ins Zimmer, sie tritt mit ihrem schwerfälligen Gang und den zurückgeworfenen Schultern nicht mehr zu ihrem Manne, lächelt nicht mehr alle an mit ihrem strahlenden Blick.

Sie starb, wurde beweint, begraben, ersetzt, ist Erinnerung geworden. Der jüngste Sohn, das »Süßerchen«, hat sie fast gar nicht gesehen, er wird es sein, der am längsten an sie denken wird.

Über die Mittagstafel ist ein hausgewebtes Tischtuch gebreitet, ein wenig rauh, aber appetitlich und groß. Die Sonne blitzt in den feinen Gläsern mit Kwas, gelbe Lichtreflexe zittern an den hohen Stuckdecken. Die kleinen Kinderhände streichen über die hölzernen Besteckgriffe: man hat Hunger.

Die Sonne blinkt.

Hinter Großmamas Platz steht Tichon – ehemals hat er Flöte gespielt in Großvaters Orchester, jetzt zwinkert er den Kindern zu und treibt Unfug mit dem Teller in seiner Hand.

Großmama blickt sich um. Tichon steht da wie ein hausgemachtes Marmorbild, den gelblichen Teller leicht an den blauen Servierrock gedrückt.

Süßerchen ist noch ganz klein. Er baumelt unter dem Tisch heftig mit seinen dicken Beinchen in den weißen Garnstrümpfen, die Praskowja Issajewna gestrickt hat. An den Füßen trägt er grobes Schuhwerk mit Seidenschleifen, gearbeitet von dem tauben Schuster Alexej.

Jeder weiß alles von jedem.

Die Speisen sind ganz schlicht und gewöhnlich: Kohlsuppe, Grütze, gebackene Pellkartoffeln, Kohlrüben, Huhn mit Gurken, Quark mit saurer Sahne, Plinsen, dünnes Gebäck, »Reisig« genannt.

Hinter den Stühlen der Herrschaften stehen Lakaien – ehemalige Flöten, Oboen, Celli, Violinen, Bratschen, Trommeln vom verstummten Orchester des Großvaters Wolkonski.

Nach beendetem Mittagsmahl wird Ljowa Praskowja Issajewna in ihrem kleinen Zimmer besuchen.

Der blaue Dunst des Räucherwerks von Otschakow

Das alte, von Lew Tolstois Vater erbaute Haus ist längst abgerissen, das Fundament in den Erdboden gesunken, große Bäume sind dort gewachsen, deren Kronen sich hoch über die Stelle erheben, wo ehemals das Dach den Saal mit den zwei Fensterreihen deckte.

Aber Tolstoi hing an den Erinnerungen an das alte Haus. Er dachte ein wenig vorwurfsvoll daran und baute das Idyll der ehemaligen kurzweiligen Pracht in seine Erzählungen über das inzwischen zeitferne Leid ehemaliger Dienstboten ein.

Praskowja Issajewna war im alten Haus Beschließerin und hielt für die Kinder stets Näschereien und Geschichten bereit. Sie behandelte sie immer, wenn sie sich bei ihr einstellten, als liebe Gäste und plauderte mit ihnen von alten Zeiten und vom tapferen General, dem Großvater der Kinder, wie er bei Otschakow gegen die Türken gekämpft hatte.

Sie hatte einstmals Foka Demidowitsch geliebt, als Großvaters großes Orchester noch musizierte und Foka darin die zweite Violine spielte. Foka trug Kniestrümpfe, Schnallenschuhe, eine gepuderte weiße Perücke, ganz wie der Herr selbst, sie aber, die junge Pascha, die dralle Lachtaube, war frisch vom Dorf auf den Herrenhof gekommen. Später erhielt sie ein Paar Schuhe und wurde Kinderfrau bei Maria Nikolajewna. Sie begegnete Foka häufig, verlor ihr Herz an ihn, ging zum General mit den strengen Augenbrauen und bat schüchtern um Erlaubnis, Foka heiraten zu dürfen.

Der General warf seinen perückenlosen, schwarz-grau melierten Kopf in den Nacken, nannte Pascha eine Undankbare und verbannte sie zur Strafe als Viehmagd in ein Steppendorf. Nach sechs Monaten durfte sie zurückkommen; wieder war sie barfuß und in Streifendrillich, sie fiel dem General zu Füßen, flehte, ihr die dumme Grille zu vergeben, und wurde wieder in Gnaden und Freundlichkeit zum Herrenhause zugelassen. Sie diente dann noch zwanzig Jahre. Aus Pascha wurde Praskowja Issajewna; sie trug eine Haube auf dem Kopf, und als ihr Fräulein heiratete, bekam sie von ihr den Freibrief überreicht und eine Jahresrente von 300 Rubel verheißen. Beides wies Praskowja zurück. Sie blieb im Haus, wo der mittlerweile ergraute Foka, nun schon ohne Perücke, immer noch in Diensten stand. Sie war und blieb Beschließerin. Von ihrer alten Liebe sprach sie wie von einer Dummheit, sie hatte ihr Gefühl verschlossen und den Schlüssel weggeworfen.

Sie hatte mancherlei erlebt, sie sah ihr Fräulein gnädige Frau werden und wunderte sich sehr, daß diese ihrer englischen Freundin ganze Dörfer mit leibeigenen Bauern zum Geschenk machen wollte.

Eine Herrin fürwahr mit gutem, festem Charakter. Das Dorf zu verschenken, gestatteten ihr die Anverwandten nicht, nun, so verschenkte sie eben 75.000 Rubel.

Damen haben auch kein leichtes Leben. Nehmen wir zum Beispiel das Fräulein Tatjana Alexandrowna Jergolskaja, eine Dame, wie sie im Buche steht, Enkelin des Fürsten Nikolai Iwanowitsch Gortschakow – aber arm, arm. Keine Heirat war zustande gekommen. Gut nur, daß Maria Nikolajewna, die gütige Seele, sie im Hause behalten hatte, aber eigenes Glück wurde Tatjana Alexandrowna nicht zuteil.

»Praskowja Issajewna, wie hat Großpapa gekämpft? Zu Pferde?« erkundigt sich Ljowa.

»Ganz verschieden, zu Pferde und auch zu Fuß. Dafür war er ja *Général-en-chef.*«

Und Ljowa betrachtet alle die Dinge, mit denen das Zimmer vollgestopft ist, und plappert seinen Kinderunsinn herunter: »Wenn ich erst General bin, heirate ich eine wunderschöne Jungfrau, kaufe mir ein Reitpferd, einen Fuchs, bestelle mir ein Haus aus Glas und lasse die Verwandten von Fjodor Iwanowitsch aus Sachsen herkommen.«

Praskowja Issajewna nickte mit ihrer Haube und spricht dazu: »Aber ja, mein lieber junger Herr, natürlich.«

Dann öffnet sie ihre hellblaue Truhe – der Kleine sieht auf der Unterseite des Deckels das aufgeklebte Bildchen von einer Pomadenbüchse, eine Zeichnung vom Bruder Serjosha und die Darstellung eines Husaren – und kramt für den Jungen eine Feige und ein Stück Zuckerkaramel hervor. Darauf holt sie aus der Truhe ein Räucherstäbchen, entzündet am Ikonenlämpchen einen Fidibus, daran wiederum das Stäbchen und schwingt es sachte hin und her.

»Siehst du, mein Lieber, das ist noch Räucherwerk aus Otschakow, als unser Herr Großpapa, Gott hab ihn selig, gegen die Türken marschierte, brachten sie's von dort mit. Da, nur so ein kleines Stückchen ist noch übriggeblieben.« Die alte Frau seufzt.

Vom Fanfarenberg der Prahlhänse

»Die Mädchen nehmen wir später auf den Berg mit«, flüstern die Jungen, »es ist weit bis dorthin.«

Man sieht ihn nicht von hier aus.

Dort leben Leute, die sich weder anzupassen noch zu biegen oder zu bücken brauchen, dort wird niemals getuschelt, und kein Mensch schließt eine Tür ab.

Die Bauernhäuser haben sämtlich Schornsteine, und kein Hund, der nicht einen Wolf stellte und erlegte.

So sprach eines Abends der wunderherrliche Bruder Nikolenka, Gegenstand von Ljowas ständigem Entzücken. Der Zwölfjährige verkündete aller Welt, er wisse ein Geheimnis, würde dieses erst gelüftet, so würden alle Menschen glücklich werden, es würde keinerlei Mißhelligkeiten mehr geben, keiner wäre mehr böse auf einen anderen, und alle Welt würde sich liebhaben, alle Menschen würden Märchenbrüder werden. Vermutlich hatte Nikolenka in der väterlichen Bibliothek von den Mährischen Brüdern gelesen oder von ihnen gehört, die das Leben von Gerechten führten und deren Besitz allen gemeinsam war; in der Sprache der Kinder wurden sie zu »Märchenbrüdern«, das Wort gefiel ihnen; auch Ameisen, deren lange Pfade im Gras sie gut kannten, hießen bei ihnen Märchenbrüder.

Lew Tolstoi sah bis zu seinem Tode gern den Ameisen zu; in seinem letzten Lebensjahr freute es ihn, auf der Bank zu sitzen und das pausenlos emsige und verträgliche Zusammenleben der Ameisen zu beobachten.

Die Kinder hatten sogar ein Spiel erfunden, das »Märchenbrüder« hieß. Es »bestand darin, daß wir uns unter Stühle setzten, uns hinter Kisten und Tüchern verschanzten und, eng aneinandergeschmiegt, im Dunkeln saßen«.

Im Hause Tolstoi erinnerten sich die Älteren an Freimaurer, wenn sich in Freimaurerlisten späterhin auch weder der Name des Großvaters, des *Général-en-chef,* noch der von Tolstois Vater fand. Das Freimaurertum existierte unter dem Verbot der kaiserlichen Herrscher, die die Freimaurerlogen aufgelöst hatten. In mündlichen Legenden, fast schon zu Märchen geworden, reinigten sich Freimaurerüberlieferungen, wie Flüsse sich reinigen, die sich, rasch strömend, zwischen Wiesen hindurchschlängeln, wobei sie Unrat an den Ufern zurücklassen und flacher werden.

Die Aufnahmeregeln der Freimaurer sahen komplizierte, seltsame und geheimnisvolle Riten vor.

Die Kinder mit ihrer lebendigen Phantasie strebten ein anderes Leben an, ein Leben voll Menschenliebe und Güte, frei von schandbaren Geheimnissen und Drohungen, ein Leben, das sich dem Blick wie dem Verständnis gleichermaßen offen darböte.

Nikolenka erklärte, es gebe eine Vereinigung der Märchenbrüder und es gebe auch Aufnahmebedingungen, und die seien die folgenden:

1. Man müsse sich in eine Ecke stellen und dürfe an keinen Eisbären denken.

Ljowa hatte bereits in verschiedenen Ecken in verschiedenen Zimmern gestanden und sich die größte Mühe gegeben, an keinen Eisbären zu denken, es aber nicht fertiggebracht.

2. Man müsse, ohne fehlzutreten, eine Dielenritze entlanggehen.

3. Man dürfe ein ganzes Jahr keinen Hasen zu Gesicht bekommen, weder lebend noch tot noch gebraten auf dem Tisch. Und dann müsse man noch schwören, niemandem die Geheimnisse der Märchenbrüderschaft zu verraten.

Wenn die Märchenbrüder zusammenkommen, wenn sie alle einen

Eisbären und alles Schlechte vergessen, wenn sie alle guten Menschen geworden sind, wird Nikolenka ein grünes Stäbchen nehmen, auf dem ein Geheimnis geschrieben steht; dieses Stäbchen werden alle miteinander an den Rand der Schlucht beim großen Hegewald tragen, es auf dem Hügelkamm am Wege vergraben und sich hernach zum Fanfarenberg der Prahlhänse begeben, um dort ein gutes Leben zu führen, wo es weder Große noch Kleine gibt, wo alles offen ausgesprochen wird, wo niemand tuschelt und niemand zu weinen braucht.

Dann würde man jeden Wunsch erfüllt bekommen, die Wünsche aber müßten vorher bekanntgegeben werden. Sergej wünschte sich, Pferde und Hühner aus Wachs kneten zu können. Dmitri wünschte, nicht kneten, sondern zeichnen zu können, alles ganz groß. Ljowa, dem Kleinen, fiel nichts ein, und so wünschte er sich, auch alles zeichnen zu können, aber ganz klein.

Das wichtigste war, auf den Fanfarenberg der Prahlhänse zu gelangen, dort könnte man sich immer noch den allerallerschönsten Wunsch einfallen lassen.

Wo der Berg stand, wußten die Kinder nicht, vermutlich lag er hinter dem unübersehbar großen, gelbglänzenden Roggenfeld oder noch weiter, hinter dem blauen Wald.

Der Berg war so weit weg, daß er, so hoch er auch war, sich doch nicht über den Wald erhob.

Man konnte zu ihm nur gelangen, wenn man den langen Weg gemeinsam ging.

Ljowa war klein wie eine Ameise; das einzige, was er begriff, waren Liebe und Zärtlichkeit. Er wurde zum Mitglied der Märchenbrüderschaft für sein ganzes Leben, er sehnte sich danach, den Weg zur Kindheit zu finden, sich an die Menschen zu schmiegen wie an die eigenen Lieben, auf niemanden böse zu sein, nicht an den überflüssigen Eisbären, dessen Name Eitelkeit ist, zu denken.

Die Kinder führten viele Gespräche miteinander, die älteren belauschten die Unterhaltungen des ehemaligen Musikanten und leibeigenen Jungherrendieners Nikolai mit Fjodor Iwanowitsch, dem Deutschen.

Bald ist es Nacht. Nikolai hat die Kleider und Schuhe der Söhne zusammengerafft, er hält sie auf den Armen, um sie zum Bürsten und Putzen mitzunehmen, Fjodor Iwanowitsch hat schon seine Zipfelmütze aufgestülpt und einen Blick zum Fenster geworfen, noch ist es draußen nicht ganz finster. Er schlägt aus dem Feuerstahl einen Funken in den Zunder, zündet damit ein Schwefelhölzchen an und damit wieder eine Kerze, dann legt er sich ins Bett und zieht die Decke bis zum Hals hoch.

Die Kinder schlafen schon oder sind kurz vorm Einschlummern. Ljowa hat ein Spieltierchen neben sich aufs Kissen gelegt, er schaut lange zu, wie gemütlich es daliegt, wie schön es ruhen kann; dann schläft er mit ihm zusammen ein.

Nikolai Iwanowitsch und Fjodor Iwanowitsch sind alte Freunde und plaudern zur Nachtzeit gern ein wenig miteinander.

Den ganzen Tag war Nikolai auf den Beinen und hatte die verschiedensten Anweisungen zu erfüllen. Er war gutmütig, jeder hetzte ihn nach Belieben umher, abends aber wurde er gesprächig, er räsonierte dann viel und prahlte. Er sah auch gern zu, wenn Fjodor Iwanowitsch aus Bristol-Karton allerlei Schächtelchen klebte und sie mit Goldpapier verzierte. Mit Vorliebe erzählte er, wie der Großvater Lew Tolstois, der *Général-en-chef,* auf seinem Herrensitz gelebt, wie er den Park vor dem Wohnhaus rings um die alte Ulme, ein Überbleibsel der Hegewälder, angelegt hatte. Ihren Stamm konnten nur drei Paar Männerarme umfassen. Rundherum standen kleine Bänke und Notenpulte, Lindenalleen stießen keilförmig auf den Baum zu.

Des Morgens pflegte Fürst Nikolai Sergejewitsch herausgeputzt mit seiner Tochter im Garten zu erscheinen, stets glattrasiert, das Batistweiß der Manschetten und des Jabots von einer heutzutage unbekannten Reinheit, die Lippen hart, die Augen schwarz, die Brauen buschig, die Nase hager.

»Wir waren acht Mann im Orchester, alle im Kamisol, in Kniestrümpfen und Schnallenschuhen, mit Perücke, alle mit Noten, und auch ich guck in meine Noten, weil ich ja die Flöte gespielt hab.

Rundum Flieder und Heckenrosen in Blüte, alle Wege schön mit Sand bestreut, geharkt und von keines Menschen Fuß betreten.

Wir legen unsere Noten zurecht und husten uns frei.

Da kommt auch schon der Fürst, und wir fangen an, Haydn zu spielen. Dann gehen wir auseinander, der eine strickt Strümpfe, der andere macht Gartenarbeit. Jeder hat sein Amt. Ich zum Beispiel, weil's grade ins Gespräch paßt, ich hab die Schweine gefüttert, hatte meine Beschäftigung. Jetzt ist keine Ordnung mehr, die Herrschaften halten die Zügel nicht mehr straff. Die Jagd mochte unser General nicht, er liebte Blumen und Treibhauspflanzen, und wenn ich mal so sagen darf, sind denn die Schweine heutzutage noch Schweine? Auch die Bauern sind arm geworden, möchte ich mal sagen.«

Die Fenster sind ganz schwarz, der rostrote Kerzenschein spiegelt sich darin. Fjodor Iwanowitsch erzählt von nachbarlichen Angelegenheiten, bei den Islenjews sieht es gar nicht gut aus, Alexander Michailowitsch steckt bis über die Ohren in Spielschulden, wie die ihre Angelegenheiten regeln wollen, ist ganz und gar unklar.

Flüsternd bereden die beiden, daß die Islenjew-Kinder unter dem Namen Islawin figurieren, Graf Koslowski hingegen hatte Sofja Petrowna, der geborenen Gräfin Sawadowskaja, keine Einwilligung zur Scheidung geben wollen, auch verlange er dafür, daß er die Kinder der Islenjews auf dessen Namen als legitime eintragen läßt, 100.000 Rubel für jedes Kind, soviel aber würden sie nie und nimmer zusammenbekommen, selbst wenn sie den gesamten Besitz verkauften. Da hat Alexander Michailowitsch nun schon mal 300.000 gewonnen – und gleich ist's ihm wieder unter den Händen zerronnen.

Auch bei den Temjaschews steht es nicht zum besten. Reich ist Temjaschew, vornehm ist er, mit Gortschakow verwandt ist er auch, seine Töchter aber sind unehelich geboren, und sollte er sterben, werden seine Erben die armen Mädel natürlich sofort auf die Straße setzen.

Die Kerze brennt, die beiden alten Männer plaudern miteinander von fremden Angelegenheiten und sind sich völlig einig: Wenn sie könnten, wie sie wollten, würden sie alles ganz anders einrichten.

Bei den Tolstois stehen die Dinge nicht schlecht. Die Schulden von der Geschichte in Kasan konnten dank der reichen Heirat beglichen werden. Es gibt Hoffnungen und Sorgen.

Fjodor Iwanowitsch ist eingeschlafen, Nikolai löscht die Kerze und entfernt sich leise. Auch die älteren Söhne schlafen ein.

Beim Morgenspaziergang werden die älteren den jüngeren berichten, was sie gehört haben. Sie tun gewaltig überlegen und reden kraus. Heraus kommt, daß alles rundherum verkehrt ist und nichts richtig läuft. Jedermann steckt in Prozessen, auch Papa prozessiert, aber er ist stolz, er mag in seinem Hause keine Beamten empfangen, er läßt ihnen durch Foka Geld im Umschlag hinausbringen. Wenn die Herren Beamten angefahren kommen, geht Papa nicht zu ihnen hinaus.

Daheim ist es sehr schön.

Aber irgendwo ist es noch schöner.

Bloß wo?

Jagd, Gedichte und Praktiken

Lew Tolstoi liebte seinen Vater und erinnerte sich gut an ihn; er nahm ihn in seinen Memoiren in Schutz, wenn er ihn auch etwas tiefer stellte als die Mutter.

Häufig wird versucht, Nikolai Rostow – aus *Krieg und Frieden* – mit Tolstois Vater, Nikolai Iljitsch, zu identifizieren. Es ist falsch, ein literarisches Werk unmittelbar den realen Fakten anzupassen und so zu konstruieren, daß Übereinstimmungen erzielt werden.

Über Nikolai Iljitsch Tolstoi, wie wir ihn von Erinnerungen her kennen, muß bei aller Einsicht in die Unvollkommenheit von Vergleichen gesagt werden, daß er eine kompliziertere Persönlichkeit war und über Rostow stand.

Nikolai Rostow ist auf seine Art und ohne heilige Schauer der herrschenden Macht ergeben. Am Ende von *Krieg und Frieden* figuriert er im Traum Nikolenka Bolkonskis als der Mann, der auf Araktschejews Befehl aufständische Dekabristen erschießen läßt.

Nikolai Iljitsch war ein recht kluger Geschäftsmann, ein geschickter Prozessierer, er verstand es, Affären zu seinen Gunsten zu entscheiden. Am meisten aber schätzte er das Untätigsein, mit dem er sich seine Unabhängigkeit bewahrte.

Diese Art von Stolz entdeckte Tolstoi bei seinem Vater erst später. »Nicht genug, daß er unter Nikolai in keinerlei Staatsdienst stand, auch seine Freunde waren sämtlich genauso freie Männer, die in keinem Staatsdienst standen und sogar ein wenig gegen die Regierung frondierten. Während meiner ganzen Kindheit und selbst meiner Jugend unterhielt meine Familie zu keinem einzigen Beamten Beziehungen. Selbstverständlich begriff ich als Kind nichts davon, so viel aber verstand ich, daß mein Vater sich nie und vor niemandem erniedrigt und niemals seinen schlagfertigen, fröhlichen und häufig spöttischen Umgangston geändert hat. Und dies Gefühl für persönliche Würde, das ich an ihm erlebte, machte meine Liebe und meine Begeisterung für ihn noch größer.«

Man ließ seine Affären mit Behörden durch Vertrauenspersonen regeln und hielt sich damit die Hände sauber, wenngleich die Affären kompliziert, zuweilen sogar zweifelhafter Natur waren.

Die Adelshäuser waren freie Heimstätten.

Genauer gesagt, es verbot sich von selbst, ihr Gleichgewicht zu erschüttern.

Die Kinder suchten den Vater auf. Dieser saß mit seiner Tabakspfeife auf der grünen Polsterbank, er liebkoste seine Söhne, zuweilen ließ er sie zwischen seinen Rücken und die Lederpolster krabbeln, während er sich weiter mit dem in der Tür stehenden Verwalter unterhielt.

Eines Tages, Jasykow war gerade zu Gast, setzte der Vater dem kleinen Ljowa so lange zu, bis dieser zwei kürzlich auswendig gelernte Puschkin-Gedichte, *An das Meer* und *Napoleon,* aufsagte.

Lew zeichnete sich schon als Kind durch ein ungewöhnliches Gedächtnis aus. Eins der Gedichte war einhundertundzwanzig, das andere sechzig Zeilen lang. Demnach hatte er einhundertundachtzig Zeilen eines schwierigen dichterischen Textes behalten und sagte sie frei und mit überschwenglicher Betonung auf.

Lew Tolstoi weiß sich zu erinnern, daß der Vater verblüfft war über die tiefe Empfindung, die aus der Deklamation des Sohnes sprach. Er lauschte aufmerksam bis zum Schluß, dann wechselte er einen Blick mit Jasykow, seinem langjährigen Freund.

Sie hatten Botschaften aus der großen Welt ihrer Vergangenheit gelauscht.

Alles steht zum besten; gleich werden die Freunde zur Jagd ausreiten. Der Tag ist friedlich; die Tore des Anwesens sind geschlossen, nichts und niemand wird die Ruhe stören, außer Erinnerungen.

Die Dichtung, die Lew deklamiert hatte, bezieht sich auf Napoleon, die Verse *An das Meer* beziehen sich auf Lord Byron. Für den Vater ist die napoleonische Zeit, die Geschichte ihrer Kriege, ein Teil seiner eigenen Lebensgeschichte.

Nikolai Iljitsch Tolstoi war mit siebzehn Jahren in den Militärdienst getreten. Zu jener Zeit war ein naher Verwandter seiner Mutter, Nikolai Iwanowitsch Gortschakow, Kriegsminister, dessen Bruder Andrej Iwanowitsch wiederum General einer aktiven Armee, dem Nikolai Iljitsch Tolstoi als Adjutant beigegeben wurde. Er machte die Feldzüge von 1813 bis 1814 mit, geriet 1814 in französische Gefangenschaft, lebte eine Zeitlang in Paris und wurde 1815 durch die russischen Truppen befreit.

Das napoleonische Thema ist das Jugendthema der Menschen von damals; das Thema Byrons, das den Versen Puschkins zugrunde liegt, ist die Geschichte einer Enttäuschung, es erzählt von großen Hoffnungen und tiefer Sehnsucht.

Nikolai Iljitsch stand in Verbindung mit Dekabristen.

Seine besten Freunde, Islenjew und Koloschin, waren Dekabristen. Graf Nikolai Iljitsch indessen ist nichts weiter als ein guter Sohn und verständiger Hausherr.

Die Verse, die Ljowa aufsagte, erzählen von anderen Dingen:

Der Sturm brach los, die Völker zogen
Zuhauf, vom Joch sich zu befrein,
Und ihre grimmen Flüche flogen
Dem Unterdrücker hinterdrein.

Napoleon ist ein Feind der russischen Armee, ein besiegter Feind. Napoleon ist Jugenderinnerung, aber er ist auch ein Feind der Revolution, ein Gegner der edlen Wunschträume eines Rousseau und anderer Menschen der Revolution, deren Bücher in den Schränken des großen Herrenhauses stehen.

Nikolai Iljitsch ist ein gutherziger, doch wenig literaturbeflissener Mann; die Adelskultur des Hauses wird durch die Gattin Maria Nikolajewna vertreten, der Stolz des Hauses aber ist Großmama Gortschakowa.

Von Büchern wird im Herrenhause wenig Gebrauch gemacht, was dies angeht, ist das Haus provinziell. Doch auch Moskau ist still geworden, und Nikolai Iljitschs alte Freunde, die Dekabristen, werden nicht so bald aus der Verbannung zurückkehren.

Der kleine Sohn Ljowa deklamiert Puschkins Gedicht *An das Meer:*

Leer ward die Welt . . . Vom Schicksalswalten
Sind nirgendwo die Menschen frei,
Woher auch deine Rufe schallten –
Dort, wo das Wohl blüht, Wache halten
Aufklärung oder Tyrannei.

Der Oberstleutnant a. D. hat nicht darüber nachgedacht, wie das Leben seines kleinen, pummeligen Söhnchens Ljowa in einer leeren Welt voller Wachbajonette verlaufen würde.

Der Junge deklamiert ausdrucksvoll und hat offensichtlich ein gefühlvolles Gemüt.

Draußen vor den Fenstern ist ein schöner Tag, blinkende Spinnwebfäden schweben durch die Luft. Schön ist es, Freunde um sich zu versammeln und auf die Jagd zu reiten, den Hasen oder den Fuchs zu hetzen, dem klingenden Hundegebell zu lauschen, übers Feld zu galoppieren, den Kopf frei von lästigen Gedanken.

Innerhalb der Grenzen seines Anwesens ist ein Adliger auf der Jagd ein freier Mann.

Wodurch eigentlich ist Nikolai Iljitsch schuldig geworden?

Er verzichtete doch auf den Dienst in der Armee Nikolais I., er verachtete Leute, die in Sibirien Dekabristen quälten, doch hinderte seine Verachtung ihn nicht, ohne Abstriche zu leben.

Er hat sich schuldig gemacht, indem er, der Gutherzige, Anständige, Gebundene die straffen Fesseln des Wickelbandes nicht spürte.

Lew Tolstoi sah seinen Vater durch eine poetische Brille. »Ich erinnere mich an seine Fahrten in die Stadt und an das verblüffend schöne Bild, das er bot, wenn er den Gehrock und enge Beinkleider angelegt hatte. Am deutlichsten aber ist er mir auf der Hetzjagd gegenwärtig. Ich sehe noch seine Ausritte vor mir. Später schien es mir immer so, als hätte Puschkin den Ausritt des Ehemannes in seinem *Graf Nulin* danach beschrieben.«

Die Jagdgesellschaft reitet vom Hof. Auf guten Pferden sitzen des Vaters bevorzugte Jäger: Petruscha und Matjuscha, kraftstrotzende, geschickte Weidmänner. Beide ledig, beide beim Gesinde unbeliebt, beide im Besitz des Freibriefes, bewohnen sie im Parterre des Herrenhauses jeder ein eigenes Zimmer. Auf den Fensterbrettern stehen Porzellannippes: Hunde, Pferde, Affen; die Kinder betrachten diese Dinge mit neidvollen Augen.

Da reiten sie, Petruscha und Matjuscha, hinter ihrem Herrn die lange Dorfstraße entlang in den flott aufgewirbelten Staubwolken, die Barsoihunde laufen mit ideal gewölbtem Rücken und wirken wie gemalt.

Mit Ruf und Hetzpeitsche schaffen die Jäger Ordnung in der quirlenden Meute bunter, hitziger Hunde.

Aber da nimmt schon das Feld die Jagdgesellschaft auf. Wind weht den Männern entgegen. Das lebende Gold der Haferschläge flattert wie wild im Wind, einer schulterbebenden Zigeunerin gleich.

Am Waldrand werden die Meuten getrennt. Die Hetzhunde schütteln sich, sie laufen in leichtem Trab, schwanzwedelnd und Witterung aufnehmend. Schon gibt die Meute Laut. Das Gebell wird immer stärker und anhaltender und verschmilzt in der Ferne zu jubelndem Getön.

Die Stimmen der Hetzhunde vereinigen sich zum Chor und entschwinden in der Ferne.

Auf dem Feld aber knirschen Roggenähren unterm Sichelschlag. Im dichten Bestand sind nur die gebeugten Rücken der Schnitterinnen und die geschwungenen Ährenbündel in ihren Händen zu sehen.

Lew Tolstois Liebe zur Jagd begann in der Kindheit und hielt bis zu seinem Tode an. Erst an der Schwelle des Greisenalters überkam ihn, wenn er beim Waldspaziergang einen Hasen aufstöberte, neben der Jagdleidenschaft auch Zärtlichkeit zu dem Tierchen, und er schrie ihm fröhlich und ermunternd zu. Der Hase aber rannte in wilder Flucht davon, als stünde noch das Herrenhaus mit den Säulen da, als lebten auf Jasnaja Poljana noch immer Meuten scharfer, stimmgewaltiger Hunde, als tönten noch die Hörner der Jäger durch den Wald.

Das Haus der Tolstois sah nicht viele Gäste in seinen Mauern, man empfing nur Nachbarn und auch von diesen nur die ehrwürdigsten. Dort weilte als Gast Alexander Michailowitsch Islenjew, Adjutant bei Generalmajor Orlow, ein Mann mit Verbindungen zu Dekabristen, reich und in ungeordneten Verhältnissen, der zukünftige Großvater von Sofja Andrejewna Bers, verehelichter Tolstaja, und von Tatjana Kusminskaja.

Doch auch andere achtbare Herrschaften besuchten Jasnaja Poljana, so N. W. Kirijewski und S. I. Jasykow, der Pate des kleinen Lew, ein Mann, der penetrant nach Tabak roch und von einmaliger Häßlichkeit war; er hatte, so schien es, eine viel zu weite Gesichtshaut und zuckte damit in seltsamen Grimassen.

Häufig kam ein gewisser Ogarjow; die Kinder wußten nicht, daß dessen Ehefrau ihres Vaters Geliebte war. Der schwerreiche Junggeselle Temjaschew kam wegen seiner geradezu exaltierten Schwärmerei für Nikolai Iljitsch.

Tolstoi erzählt: »Es war an einem Winterabend nach dem Tee, man würde uns bald ins Bett schicken, und mir fielen auch schon die Augen zu, als plötzlich aus dem Dienerzimmer in den Salon, wo alle saßen und nur zwei Kerzen brannten und Halbdunkel herrschte, durch die offenstehende große Tür mit raschem Schritt, auf weichen Sohlen ein Mann eintrat und sich in der freien Mitte des Salons auf die Knie plumpsen ließ. Die brennende Tabakspfeife mit dem langen Stiel in seiner Hand schlug gegen den Boden, Funken stoben hoch und beleuchteten das Gesicht des Knieenden: es war Temjaschew.«

Temjaschew und Vater zogen sich ins Zimmer mit der grünen Polsterbank zurück und hielten dort eine Beratung ab. Im Hause Tolstoi tauchte ein neues Wesen auf, ein Mädchen mit breitem, sommersprossigem Gesicht, das Dunetschka gerufen wurde.

Dunetschka hatte eine eigene Kinderfrau, eine lange Alte mit zerknittertem Gesicht.

Beide waren ein Teil einer großen Abmachung zwischen Temjaschew und Tolstoi.

Es ging einzig um Temjaschews Töchter, geboren von einer Frau aus dem Gesinde, die dem Herrn nicht angetraut war. Temjaschew konnte den Kindern auf die übliche Art keine Erbschaft hinterlassen. Seine direkten Erben waren seine Schwestern, ihnen vermachte er laut Testament alle seine Güter, Pirogowo aber, wo er selbst wohnte, verkaufte er fiktiv an Nikolai Tolstoi.

Die Abmachung war schwierig. Auf den Namen Nikolai Tolstoi wurde ein Schuldschein in Höhe von 116.000 Rubel als Außenstand in Gutsangelegenheiten an den Vormundschaftsrat ausgestellt.

Außerdem hieß es, daß Nikolai Tolstoi an Temjaschew persönlich bereits 184.000 Rubel in bar gezahlt habe. Beide Geschäftspartner banden einander durch verschiedene Dokumente, die Tolstoi verpflichteten, den noch ausstehenden Betrag an die Mutter der Temjaschew-Töchter auszuzahlen.

Es ist zu erwähnen, daß die Gesetzgebung veraltet war und von aller Welt umgangen wurde. Daher erwies sich die Erbschaftssache um Pirogowo letztlich als ungenau formuliert.

Islenjew gehörte zu den Wechselinhabern, die die Auszahlung der Pirogowo-Gelder gewährleisten sollten, und er zahlte ebenso wie Glebow als dritter Vertragspartner.

Lew Tolstoi weiß sich zu erinnern, daß sich Jasykow als vierter Beteiligter das Geld angeeignet hatte.

Das ganze Geschäft war günstig: Pirogowos realer Wert übertraf die Kaufsumme um ein beträchtliches, das Gut wurde in Gesprächen als Goldgrube bezeichnet.

In Moskau

Das Leben auf Jasnaja Poljana floß geruhsam dahin, die Kinder wuchsen heran. Ljowa war kein »Süßerchen« mehr, er war zum Jungen geworden, jetzt nannte man ihn seiner Empfindlichkeit wegen liebevoll Ljowa, das Heulerchen.

Des Vaters Angelegenheiten standen so großartig, daß er nach der glücklichen Wendung mit der Temjaschew-Erbschaft und dem Kauf des Gutes Pirogowo mit seinen Söhnen und der jüngsten Tochter nach Moskau zog.

Die Familie verließ Jasnaja Poljana am 10. Januar 1837.

Lew Tolstoi notierte diese Geschehnisse aus der Erinnerung heraus, er wußte nicht mehr, ob sie im Herbst oder im Winter gereist waren, konnte sich nur darauf besinnen, daß Petruschka, Vaters Kammerdiener, unterwegs eine Fähe erspäht und den grauen Barsoirüden Shiran hinterhergehetzt hatte, der das Tier aber nicht zu fassen bekam. Erhalten geblieben ist jedoch eine Notiz von Tatjana Jergolskaja, daß es Winter gewesen sei. Man reiste mit sieben Kutschschlitten, mit eigenen Gespannen und mit Bauernpferden. Großmutters Schlitten fuhr gesondert. Großmutter fürchtete sich, umzukippen, darum war ihr Schlitten mit breiten Flügeln versehen, auf jedem stand ein Kammerdiener von Papa.

In Serpuchow wurde übernachtet. Die Ausspannung hatte ein gemauertes Bogentor, Großmutters pompöser Schlitten ging nicht hindurch, die alte Dame mußte von der Straße aus in die Stube geführt werden.

Moskau erreichte man am nächsten Tag. Da lag sie, die goldköpfig betürmte, stille Stadt unter ihrer von Schlittenkufen noch nicht zerrissenen Schneedecke, menschenreich, lebendig. Die Leute waren verschieden gekleidet, die Häuser verschieden hoch, Hunderte davon mit Säulen, mit Löwen an den Toren; Saatkrähen saßen auf den Kirchenkreuzen. Weithin sichtbar stand der von Häusern unverdeckte Kreml. Für die Kinder war das alles ein ungeheures Erlebnis.

Es war ein schöner Tag. Lew Tolstoi erinnerte sich an sein Entzücken angesichts der Moskauer Kirchen und Häuser. Das Entzücken wurde dem Knaben durch den Unterton von Stolz, der in des Vaters Erklärungen mitschwang, gleichsam eingegeben.

Man mietete eine Wohnung, auch das war etwas Neues. Die ganze Familie siedelte sich auf der Pljustschicha an; der Hausbesitzer hieß Stscherbatschow, das Haus stand gegenüber der Kirche der Gottesmutter von Smolensk. Es stand frei im Hof, seine Vorderfront bildete einen spitzen Winkel zur Straße, die ebenso für sich zu leben schien wie das Haus.

In diesem Hause wohnte die Familie anderthalb Jahre. Die Kinder gingen mit Fjodor Iwanowitsch spazieren, schlossen Bekanntschaft mit Moskauer Altersgenossen.

Hier erblickte Lew Tolstoi zum erstenmal Menschen, die keine Ahnung hatten, was Nikolai Iljitsch Tolstoi darstellte und wer seine Kinder waren.

Auf dem Lande wußten die Leute um sämtliche Geschichten und Kümmernisse, die die Herrschaften im großen Hause miteinander verflochten, und die Menschen aus dem fernen Dorf waren einem aus dem Herrenhaus vertraut; jede Rauchsäule, die aus einem Schornstein stieg, kam aus einer wohlbekannten Kate.

Hier in Moskau wurden die Tolstoikinder auf der Straße von keinem Menschen gegrüßt. Die Nachbarn gleich nebenan waren ebenfalls Fremde. Lew wußte nicht, wann sie geboren waren, wieviel Kinder sie hatten. Nicht bekannt war auch, wie diese Leute ihre Kinder behandelten.

Es gab Häuser aus Ziegeln in den Straßen, aber noch mehr Häuser aus Holz und viele vornehme Villen mit Gärten. Dazumal konnte man in Moskau Annoncen mit folgendem Text lesen: »Zu vermieten: Haus mit Garten nebst Heuwiesen, am Fluß gelegen, mit sämtlichen Nutzrechten, ausgenommen dem der Jagd.«

Das Stadtgebiet wurde durch Knäuel von Bäumen aufgelockert, die im Sommer grün, im Winter weiß waren; Karossen, Kutschschlitten, Bauernschlitten fuhren durch die Stadt. Eine Masse von Straßenhändlern bot auf Tragbrettern ihre Waren feil.

Großmama forderte für die Führung des Hauses einen Stil, der dem Grafentitel der Familie entsprach. Sie regte an, Fjodor Iwanowitsch zu kündigen und einen Franzosen zu engagieren, wie es in anderen Häusern üblich sei.

Lew Tolstoi berichtet in seinem Buch *Kindheit* von Karl Iwanowitsch, wie er aus Anlaß seiner Kündigung eine Rechnung einreicht, für ausstehendes Gehalt und für Geschenke, die er für die Kinder aus Karton und weißem Papier geklebt hat, für alles und jedes kann er Rechnungen vorlegen. Auch wird er vorstellig, den Gegenwert für eine goldene Uhr ausbezahlt zu bekommen, die ihm einst als Geschenk versprochen, aber nicht geschenkt worden war.

Die Aufstellung der Rechnungen beanspruchte viel Zeit, und der Freund des Deutschen, der alte Nikolai, besprach sie mit ihm und weinte dabei, mit dem Gesicht zur Wand, bittere Tränen.

Angesichts des Hausherrn behielt der Deutsche zunächst seinen stolzen Mut und fing an, seine Verluste aufzurechnen, dann brach er in Tränen aus und sprach, er sei bereit, auch ohne Lohn weiter zu dienen, weil er mit ganzer Liebe an den Kindern hänge. Er blieb im Hause.

Seine Lebensgeschichte ist in Tolstois Buch *Kindheit* beschrieben und weitergeführt, dort figuriert Fjodor Iwanowitsch Rössel als Karl Iwanowitsch.

Die Geschichte wurde natürlich geändert.

Beim Schreiben reflektiert der Schriftsteller das Leben, jedoch tut er es nicht sofort und nicht immer genau. Er ist ein Spiegel, den das Leben selbst blankpoliert hat. Er spricht aus, was er versteht, das Verständnis aber vermitteln ihm die Lebenserfahrungen anderer Menschen.

In der Stadt war alles kompliziert und furchterregend. In der Stadt hatte man »Anstand« zu wahren, die Kinder lernten neue Manieren, sie lernten, sich zu verbeugen, sie beobachteten, wie verschieden die Herrschaften in verschiedenen Straßen miteinander sprachen.

Es war dazumal Mode, Kinder elegant, aber volkstümlich herauszuputzen; sie trugen eine Art taillierter Mäntel aus Tuch. Den kleinen Lew hielten fremde Leute zuweilen für ein gutgekleidetes Kind aus dem Volke, und er begriff, daß das Volk sich über die Herrschaften lustig machte und sie »Herrlein« nannte.

In Moskau war der Tag immer voll ausgefüllt. Die Jungen lernten in der Hofremise reiten, anstelle der dörflichen Hocke wurde ihnen die elegante städtische Sattelhaltung beigebracht. Auch Lew tat mit; einmal fiel er vom Pferd, man sagte ihm, einem weichen Kinderkörper mache das nichts aus, und setzte den Unterricht fort. Er hat diese Begebenheit später mit Vergnügen in seinem *Das neue Alphabet – Russisches Lesebuch* erzählt, weil er fand, man sei ganz richtig mit ihm verfahren.

Die Kinder hatten sich an die Stadt gewöhnt. Plötzlich traf die Nachricht ein, Temjaschew liege gelähmt darnieder; und seine

Schwester Natalia Alexejewna Korjakina habe eine Anzeige erstattet, worin sie Vater Tolstois Rechte anfocht.

Die Schwestern behaupteten als Erbinnen, die Abmachung betreffs Pirogowo sei fiktiv und entbehre jeder finanziellen Leistung, obwohl sämtliche Dokumente durch Kaufbriefe und Schuldverschreibungen belegt waren. Natalia Korjakina wandte sich im April 1837 an eine staatliche Behörde mit einer Klage, die sie damit begründete, ihr Bruder, A. A. Temjaschew, habe seine Abmachungen mit Tolstoi getroffen, als er bereits gelähmt gewesen sei.

Eine Eingabe jagte die andere. Die Klägerin verlangte eine Haussuchung beim Grafen Tolstoi, unter dessen Papieren sich angeblich aus Temjaschews Schatulle geraubte Wertsachen und Dokumente befinden müßten. Dies war nicht nur eine ernst zu nehmende, sondern auch ehrenrührige Beschuldigung.

Nikolai Tolstois Gesundheitszustand ließ in Moskau zu wünschen übrig, er litt an Kehlkopfblutungen. Eine Reise mußte Beschwernisse mit sich bringen, doch aus Pirogowo, dem neuen Besitz der Familie, trafen alarmierende Nachrichten ein: Der Gutsverwalter, W. S. Bobrow, Onkel der Temjaschew-Kinder, setzte seinen neuen Brotherrn brieflich davon in Kenntnis, daß die Korjakina ihm Drohbriefe schreibe, daß Temjaschew der Sprache und sämtlicher physischen Kräfte verlustig gegangen und seine Rückkehr ins Leben nicht zu erwarten sei. Die Schwester habe angeordnet, achtzugeben, daß kein Besitz veräußert würde, Gerüchte, daß das Gut verkauft sei, hätten als Lügen zu gelten, sollte dennoch etwas fehlen, würde der Fall entsprechend geahndet werden; den Anordnungen des Beauftragten von Madame Korjakina sei bedingungslos Folge zu leisten.

Frau Korjakina schickte ihre Leute zum Dorfältesten und zu anderen Einwohnern von Pirogowo. Außerdem wurden vier Bauern entsandt, die aufs Gestüt, die Tennen und das Herrenhaus als Besitztümer der Korjakina ein Auge haben sollten.

Sie wurden auch beim militärischen Generalgouverneur, Fürst Golizyn, mit einer Bittschrift vorstellig, darin es hieß, Nikolai Tolstoi habe die Erkrankung ihres Bruders ausgenutzt, die in den Verkaufsunterlagen angegebenen Summen seien in Wahrheit nie gezahlt worden, und die ganze Abmachung betreffs des Verkaufs von Pirogowo müsse als nicht finanziert und somit als ungesetzlich betrachtet werden.

Im Mai traf ein Brief von M. P. Glebow ein. Der gemeinsame Freund Temjaschews und Tolstois schrieb von einer Verleumdungsflut, die sich ausbreite, und beschwor Tolstoi, hart zu bleiben: »Sie und ich, wir waren die besten Freunde unseres Alexander Alexejewitsch. Auf Sie setzte er seine ganze Hoffnung bei der Erfüllung seiner heiligen Verpflichtung. Von uns hängen Wohlstand und Zukunft seiner Waisen ab, folglich müssen wir unter allen Umständen jedes Mittel einsetzen, um zum Ziele zu kommen, und wir müssen uns dem drohenden Unwetter mutig entgegenstellen, zumal Ihre Tugenden und Ihr von niemandem befleckter guter Ruf Sie den verbreiteten Verleumdungen gegenüber voll und ganz unantastbar machen.«

Nikolai Tolstoi nahm sämtliches im Hause vorhandene Bargeld und reiste zwecks Klärung der Dinge zu Temjaschew nach Tula. Möglich, daß ihm eine bislang unerledigte Zahlung eingefallen war, jedenfalls steckte er eine beträchtliche Geldsumme ein.

Am Abend des 19. Juni 1837 verließ er Moskau. Mit ihm reisten sein junger Kammerdiener und Jäger Matjuscha und der alte Bediente Nikolai Michailow. Man fuhr rasch, sogar die Nacht durch. Die Entfernung von einhunderteinundsechzig Werst legte das Viergespann in knapp vierundzwanzig Stunden zurück.

Am Morgen des 21. Juni war der Oberstleutnant a. D. Tolstoi bereits unterwegs zu verschiedenen staatlichen Stellen in Tula, am Abend besuchten ihn gute Bekannte im Staatsdienst. Es erschienen: T. W. Miller als Inspektor der Medizinalverwaltung und der Arzt I. A. Woitow, außerdem die Beamten Wassiljew und Wosnessenski. Offenbar mußte nachgewiesen werden, daß Temjaschew alle Papiere im Vollbesitz seiner geistigen Kräfte übergeben hatte, womöglich auch mußte dem Kranken in Zeugengegenwart eine Bestätigung für die Gesetzlichkeit der Abmachung abverlangt werden.

Offenbar sollte in Gegenwart der Ärzte und Beamten ein Treffen mit Temjaschew herbeigeführt werden. Wassiljew begab sich ins Haus des Kranken und sah von dort aus Nikolai Tolstoi auf das Heim seines alten Freundes zugehen. Temjaschews Dienstboten sahen den Grafen kommen.

Ein paar Dutzend Schritte vor dem Haus jedoch stürzte er, man hob ihn auf und trug ihn ins Nachbarhaus, das dem Registrator Orlow gehörte. Dann erschienen die Ärzte, mit denen sich der Graf kurz zuvor in der Temjaschew-Angelegenheit beraten hatte.

Nikolai Iljitsch Tolstoi starb noch am gleichen Tag. Seine Papiere wurden beschlagnahmt. Das Bargeld blieb unauffindbar.

Eine Obduktion wurde für überflüssig erachtet.

So starb Lew Tolstois Vater, dahingerafft lange vor der Schwelle des Alters, mitten in Scherereien um das Besitztum seines Freundes und um den eigenen Besitz.

Die geschäftlichen Angelegenheiten der Adligen standen dazumal auf schwankenden Füßen und lagen in den Händen wenig gewissenhafter Leute, Papiere spiegelten nur selten die wahren Sachverhalte wider.

Der Fall Temjaschew galt als dunkle Angelegenheit. Lew Tolstoi beschreibt in seinen Erinnerungen, wie Petruscha und Matjuscha beschuldigt wurden: »Als mein Vater plötzlich verstorben war, bestand der Verdacht, diese Männer hätten ihn vergiftet. Anlaß für einen solchen Verdacht war, daß sämtliches Bargeld und alle Papiere, die der Vater bei sich gehabt hatte, geraubt worden waren; später wurden die Papiere, Wechsel und dergleichen, durch eine Bettlerin ins Moskauer Haus geschmuggelt. Ich glaube nicht, daß das zutrifft, obwohl es möglich ist.«

Auch die gute Freundin Nikolai Tolstois, die Jergolskaja, verdächtigte die beiden Kammerdiener des Mordes an ihrem Herrn. Offensichtlich waren es ihre Worte, die Lew Tolstois Schwester, Maria Nikolajewna, veranlaßten, das gleiche zu behaupten. Auch der Enkel des Grafen Nikolai Tolstoi, Sergej Lwowitsch, sprach davon.

In seinem Buch *Lew Nikolajewitsch Tolstoi. Materialien zur Biographie* widerlegt N. N. Gussew all das ausführlich auf Grund von Akten, die am Gericht von Tula erhalten geblieben sind.

Wie die von Gussew gesammelten Unterlagen aussagen, starb Nikolai Tolstoi in aller Öffentlichkeit, der Tod wurde diagnostiziert als »Folge eines Schlagflusses, begünstigt durch die nur knapp vierundzwanzigstündige Reise von Moskau nach Tula und durch seine Fußmärsche durch die Stadt des Morgens und am Tage, sowie schließlich durch den abendlichen Gang auf den Berg, der eine starke Wallung des Blutes bewirkte«.

An Tolstois Sterbetag war nur Matjuscha bei ihm, also Matwej. Die Ärzte, die Tolstoi untersuchten, erwähnten nichts von einer Vergiftung.

Uns aber beschäftigt etwas anderes: Lew Tolstoi selbst, der 1903 über das Vorkommnis schreibt, hält dergleichen für möglich. Was die überkommenen Unterlagen betrifft, so muß zugegeben werden, daß nicht nur die dubiosen, sondern auch die simpelsten Zivildaten ungenau festgelegt wurden. Zum Beispiel ist das Geburtsdatum der Schwester Lew Tolstois, Maria Nikolajewna, im Register der Dorfkirche von Kortschaki später nachgetragen worden, ebenso der Tod der Mutter, M. N. Tolstaja.

Lew Tolstoi hielt einen gewaltsamen Tod seines Vaters für durchaus denkbar und erklärte das Verbrechen der Kammerdiener so: »Solche Fälle kamen oft vor: Leibeigene, die von ihrer Herrschaft auffallend über andere erhoben waren, sahen sich statt in der Sklaverei plötzlich in einer gewaltigen Machtposition, sie wurden konfus und brachten ihre Wohltäter um. Ich weiß zwar nichts vom Wie und Warum, soviel weiß ich aber, daß dergleichen vorgekommen ist und daß Petruscha und Matjuscha genau solche konfus gewordene Menschen waren.«

Die Waisen

Das Haus auf der Pljustschicha erwies sich als Heimstatt von Sorge und Leid. Im Souterrain, wo sie in ihren niedrigen Personalkämmerchen hausten, bewisperten die Dienstboten mit Ach und Oh die Geschehnisse. Im ersten Stock hauste man nicht, dort wohnte in hohen Räumen die gräfliche Herrschaft, und dort war das Leid zu Hause. Mehr als alles in der Welt hatte die alte Gräfin ihren Sohn geliebt, der sie so umsorgte.

Sie lehnte sich gegen sein Ableben auf.

Sofja Andrejewna berichtet, Pelageja Nikolajewna habe angeordnet, die Tür zum Nebenraum offenzuhalten. Sie behauptete, ihren Sohn zu sehen, und unterhielt sich mit ihm.

Sie war Mutter gewesen und große Dame geblieben, sie benötigte jemanden, dem sie die Schuld an ihrem Unglück aufbürden konnte. Sie schrie schauderhafte Worte, verfluchte Gott, stieß Drohungen aus, sprang auf, durchmaß das Zimmer und sank um.

Die finanziellen Angelegenheiten der Familie waren verworren. Man bestellte Vormünder: die Gräfin Osten-Sacken, die Schwester des Verstorbenen, und dessen Freund S. I. Jasykow, einen frohsinnigen, überaus freundlichen und, wie es scheint, wenig gewissenhaften Mann; Lew Tolstoi bezeichnete ihn als Jesuiten.

Ungeachtet ihrer vierzig Jahre hatte die Gräfin Osten-Sacken recht geringe Geschäftserfahrung und war fassungslos über den Berg von Gerichtsakten und Schulden, den sie vorfand. Auch gab Madame Korjakina keine Ruhe und bestand unentwegt auf ihren Forderungen. Sie behauptete auf Grund dunkler Gerüchte, in der Wohnung des Verstorbenen sei eine Schatulle mit Effekten Temjaschews entdeckt worden, Bargeld und Schmuck seien daraus geraubt. Sämtliche Behauptungen fußten auf der Verärgerung der Erbin und auf ihrem Wissen um die Scheinpraktiken. Die Zahlungen waren zwar durch Dokumente auf die Namen Jasykow und Glebow belegt, aber diese Dokumente befanden sich tatsächlich unter den Papieren des verstorbenen Grafen Tolstoi.

Anzeigen liefen ein, Eingaben tauchten in sämtlichen Instanzen auf. Die Korjakina bestand auf Haussuchungen. Sie reichte eine Bittschrift an den Zaren ein, um das Gut Pirogowo unter Sequester stellen zu lassen.

Unruhe herrschte auch im Hause an der Pljustschicha. Die Vormünder waren sich einig, daß die Kinder unterrichtet werden mußten, man engagierte einen Franzosen namens St. Thomas, einen Mann, wie geschaffen zum Hofmeister: gebildet, anmaßend, überheblich. Er liebte es, Regeln und Pläne aufzustellen, schrieb an seine Zöglinge elegante Briefe mit Komplimenten und drohte, sie mit Ruten züchtigen zu lassen.

Fjodor Iwanowitsch pflegte die Kinder zur Strafe in die Ecke zu stellen, er klopfte ihnen mit dem Lineal auf die Finger; beides waren harmlos-häusliche Strafen. In der Ecke stehen war langweilig; Schläge mit dem Lineal taten weh. Fjodor Iwanowitsch prügelte, aber er verwundete nicht das Selbstgefühl. Er gehörte sozusagen zur Familie.

St. Thomas war ein Fremder und ließ ein Kind zur Strafe niederknien, er zwang den Sünder, um Vergebung zu bitten, und stand mit vorgewölbter Brust da.

Lew Tolstoi haßte diesen Mann, seinen Gehrock, den Geruch seines Parfüms, seine blumenreiche Sprache, seine manierierte Art, die Endsilben zu betonen.

Einmal wurde Lew eingesperrt und sollte den Hofmeister um Vergebung bitten. Der Junge war die ganze Zeit in einer Art Trance, er träumte von Ruhm, damit er sich an seinem Quäler rächen könne, er fluchte Gott.

Vor der verschlossenen Tür lief das gewöhnliche, sogar das feiertägliche Leben weiter, als wäre gar nichts geschehen. Erst als der alte Jungherrenwärter erschien, fühlte sich der Junge erleichtert. Der erfahrene Leibeigene tröstete ihn: »Wenn erst einmal gemahlen wird, wird alles zu Mehl.«

Für ein Kind aber ist es schwer, sich als Korn zu fühlen, das zwischen rauhen Mühlsteinen zermahlen, zu Mehl zerrieben wird.

Lew wußte, wie Korn zwischen Mühlsteinen aus Granit zermahlen wird. Ständig schwebte er zwischen Schlummer und Wachsein. Schließlich erkrankte er und wurde zu Bett gebracht. Er schlief vierundzwanzig Stunden hintereinander und genas.

Sechzig Jahre später, am 31. Juli 1896, schrieb Tolstoi in sein Tagebuch: »Allen geht es gut. Auf mir aber lastet Schwermut, ich kann mich nicht fangen. Ich fühle mich wie damals, als St. Thomas mich eingesperrt hatte und ich in meinem dunklen Kerker hörte, wie alle anderen lachten und guter Dinge waren.«

Lew hatte vorher nicht gewußt, wie sehr er seinen Vater und dessen zerstreute Güte und den etwas überständigen, nicht ganz durchschaubaren Frieden des großen Hauses liebte.

Unfreiheit und Ungleichheit bedrückten den jungen Grafen, den Sohn einer glücklosen, durch Mißerfolge zerstörten hochherrschaftlichen Familie.

Wickelbänder umwinden den Säugling. Wenn kein Vater da ist, zwingt einen die stumpfsinnig-feierliche Grausamkeit eines aufgeblasenen, wesensfremden Ausländers, sich vor Dingen zu beugen, die man nicht billigt.

Es gibt die sonderbarsten Kränkungen, aber wie auch immer sie sein mögen, sie sind und bleiben Kränkungen.

Moskau lag hinter den Zäunen, reizvoll: in weitläufigen Gärten, die fremden Menschen gehörten, sah man Blüten sich über Teiche und Statuen ranken. Zwischen der Bolschaja Bronnaja und dem Twerskoi-Boulevard lag ein Garten. Eines Tages gingen die Tolstoi-Jungen mit dem weißhaarigen Fjodor Iwanowitsch und Jusenka Koperwein, dem hübschen Töchterchen der Gouvernante von Islenjews Kindern, spazieren. In der Bolschaja Bronnaja entdeckten sie eine unversperrte Pforte und traten scheu in den Garten. Jusenka war ein bildhübsches Kind. Die Kinder erblickten kleine Boote, zierliche Brücken, kleine Lauben, Pfade, Alleen, Blumen, alles sorgfältig gepflegt und überaus schmuck.

Ein Herr kam ihnen entgegen und machte mit ihnen eine Bootsfahrt. Den Kindern gefiel das sehr.

Ein paar Tage später klopften sie wieder an die Pforte. Jusenka war nicht dabei. Ein Lakai erschien, fragte nach dem Begehr der Herrschaften. Die Jungen baten, dem Hausherrn auszurichten, die Grafen Tolstoi ersuchten darum, ihnen den Zutritt zum Garten zu gestatten.

Der Diener ging, kam nach einiger Zeit wieder und erklärte, der Garten sei Privatbesitz, Unbefugten sei der Eintritt untersagt.

1905 verzeichnete Tolstoi dies Vorkommnis als »zweite Lebenserfahrung«. In seinem Tagebuch hingegen notierte er am 19. April 1852: »Ich erinnerte mich an die Episoden mit Ostaschewskis Garten und bedauere, sie nicht in meiner Erzählung verwendet zu haben« (gemeint ist das Buch *Knabenjahre*). Somit existierten der starke Alltagseindruck und das seelische Erlebnis zwar künstlerisch unverarbeitet, jedoch wurden sie mehr als ein halbes Jahrhundert lang ununterbrochen berücksichtigt.

Tolstoi merkte sich auch den Namen Koperwein im Zusammenhang mit Schönheit und irgendeiner Unannehmlichkeit.

In seiner Erzählung *Hadschi Murat* begegnet Zar Nikolai I. auf einem Ball einem schönen Mädchen, der Tochter einer schwedischen

Gouvernante. Er führt sie in seine Loge; das Mädchen gesteht, ihr Leben lang in den Herrscher verliebt gewesen zu sein. Nach dem Rendezvous mit ihr bleibt beim Zaren »ein seltsames, unangenehmes Aufstoßen« zurück, ein Gefühl von Unzufriedenheit, womöglich sind es auch Gewissensbisse.

Die Demoiselle nennt ihren Namen, sagt, sie heiße Koperwein. Sie bittet um Beistand für ihre Mutter. Der mächtige Herrscher wandert mißvergnügt durch Petersburg und wiederholt den Namen: »Koperwein, Koperwein.«

Der Name lebte also fünfundsechzig Jahre im Gedächtnis Tolstois.

Die Kinder wurden von der Familie Schipow zur Weihnachtsfeier gebeten. Ebenda waren auch die jungen Fürsten Gortschakow, Neffen des Kriegsministers. Sie waren mit Lew Tolstoi großmütterlicherseits verwandt.

Zum Schluß bekamen die Kinder Geschenke. Die Gortschakows erhielten gediegene Gaben, die Tolstois billige Dinge.

Moskau verwies die jungen Gräflein auf ihren Platz auf der sozialen Stufenleiter. Sie verließen das Fest über die breiten Treppenstufen des gräflichen Hauses, in den Händen die billigen Sächelchen, die sie gleichsam von den übrigen Gästen trennten, sie gingen schlurfend und zählten die Stufen.

Der Tod der alten Gortschakowa

Gräfin Pelageja Nikolajewna Tolstaja, geborene Fürstin Gortschakowa, Tochter des Nikolai Iwanowitsch Gortschakow, war eine mäßig gescheite, wenig gebildete Frau, die das Französische gut, das Russische aber mangelhaft beherrschte; außerdem war sie verwöhnt – zuerst vom Vater, später vom Gatten.

Das Bildnis ihres Vaters, zur Zeit seiner Erblindung gemalt, hängt noch heute im Salon von Jasnaja Poljana. Auf dem Bild sitzt er im Schlafrock vor einer Kiste. Es geht die Sage, der schwerreiche Mann habe sein Vergnügen darin gefunden, Goldmünzen zwischen den Fingern gleiten zu lassen. Seine Diener tauschten das Gold nach und nach gegen Kupfer aus (wiewohl Gold doppelt so schwer ist wie Kupfer und ein Blinder den Gewichtsunterschied in der Hand zu spüren vermag).

Die Sage berichtet von großer Wertschätzung des Goldes und von der Vorstellung des Reichtums als Schatz. In Wirklichkeit war nach alter Rechnung ein Pfund Gold 300 Rubel wert, und die 125.000, die

Maria Wolkonskaja ihren Freundinnen gab, wogen, in Gold umgesetzt, 417 Pfund oder auch gut 10 Pud. Selbst wenn das Geld des Fürsten verloren ging, so büßte er durch sein Versagen als Geschäftsmann mehr ein. Vergleicht man aber Leute nicht nur nach ihren Einkünften, sondern auch nach ihren Schulden, so hätten die Schulden Nikolai Iljitschs, die schätzungsweise etwa 400.000 Rubel betrugen, in Gold umgesetzt nur auf einem Leiterwagen von zwei Pferden gezogen werden können.

In seinen Erinnerungen läßt Lew Tolstoi seine Verwandtschaft Revue passieren, und die Beziehungen zu den Gortschakows erscheinen ihm am wichtigsten. Er betont in seinen Memoiren, daß alle Gortschakows bei der Großmutter Besuche gemacht hätten, der Kriegsminister a. D. Nikolai Iwanowitsch, Andrej Iwanowitsch, die Söhne des Freidenkers Dmitri Petrowitsch: Pjotr, Sergej und Michail, den er Michail Sewastopolski nennt.

Der Großmutter Pelageja Nikolajewna wurde im Hause die größte Devotion entgegengebracht. Sie genoß eine derartige Rücksichtnahme, daß sie niemanden anzuschreien brauchte. Der Mensch benötigt aber eine Zielscheibe für seinen Zorn.

Für mißlungene Patiencen, schlechtes Wetter oder auch ohne jeden Anlaß piesackte die Großmutter ihre Kammerfrau Gascha; diese wiederum, als Frauensperson von unruhiger Gemütsart, keifte zurück und schrie hinterher das kleine Mädchen an, das ihr unterstellt war, sie zerrte ihre bejahrte, ehrwürdige Katze an den Ohren und warf sie beim Schwanz aus der Tür.

Eigentlich war die Großmutter eine gutherzige, wenn auch anmaßende Person, und wir sind ihr zu Dank verpflichtet, weil auf ihren Befehl weder Lew noch seine Brüder jemals mit der Rute gezüchtigt wurden. Ihr Hauswesen war ein dünkelhaft-wohlanständiges, und unter ihrem Dünkel litten unmittelbar die Katze, mittelbar aber die Kinder, denn sie waren ständig gezwungen, sich nach »echten« Aristokraten zu richten, die sich an den Hof hielten und dessen Privilegien genossen.

Trotzdem war es ein gräfliches Haus. Vornehme Leute kamen vorgefahren, Pjotr Dmitrijewitsch Gortschakow, Generalgouverneur von Sibirien, mit seinem Adjutanten, der mit seiner Leibesanmut und seinen Kavalleriebeinkleidern geradezu blendete, es kamen andere vornehme Leute, denn die Großmutter war die Tochter des ältesten Gortschakow, und die vornehme Welt von Moskau würdigte ihre hohe Abstammung.

Die Großmutter alterte sehr merklich. Sie ließ sich Romane von der Radcliffe vorlesen, Geschichten, die mit Beschreibungen von Klöstern, schrecklichen unterirdischen Verliesen, Morden, Gespenstern in Ketten vollgepfropft waren. Die Auflösung der Intrige führte jedesmal zum glücklichen Ende. Die mittelalterlichen Greuel und die schauerlichen Stiche, die die alte Gräfin betrachtete, milderten ein wenig ihr Leid.

Sie saß im tiefen Sessel, schnupfte aus einer goldenen Tabatiere, zu ihren Füßen hockte eine Gnadenbrotempfängerin, eine ehemalige Krämerin aus Tula. Sie lauschte dem unverständlichen Französisch und erzählte der Großmutter immer wieder dieselbe Geschichte: welch schöner Mann der selige Nikolai Iljitsch gewesen sei.

Den Tod des Sohnes verwand die alte Frau nur schwer. Diesen achtungsvollen, ritterlichen Sohn, der sein Leben hingegeben hatte, damit der Mutter die gewohnte Atmosphäre erhalten bliebe, den bildschönen Mann, ihr kostbarstes Juwel, für den keine Braut schön genug war, den bestattete man ohne die geringsten Ehren. Zur Beerdigung waren nur der älteste Enkel und eine Tante erschienen. Bestattet man so einen Edelmann? Hätte der alte Brigadier jemals zugelassen, daß sein Sohn so unter die Erde kam?

Die Gräfin zerbrach sich den Kopf über Lappalien, um hinterher das Wichtigste und Gewohnte zu betrauern. Sie trauerte auch um Jasnaja Poljana: dort hatte mir ihr ja das Glück gewohnt, dort hatte der reckenhafte Lakai Foka für sie das gelbe Kabriolett in den großen Hegewald gezogen. Er hatte den leichten, hochrädrigen Wagen in den Nußbaumhain gerollt.

Fjodor Iwanowitsch, der Deutsche, mächtig von Gestalt und weißhaarig, bog die hohen Nußbaumzweige herab. Pelageja Nikolajewna pflückte mit ihren weißen Händen die Nüsse von den rauhbeblätterten Zweigen, die Enkelkinder griffen mit ihren kleinen Händen danach, dann ließ der Deutsche den Zweig los, der rauschend himmelwärts stieg. Er war so grün am blauen Hintergrund, und man konnte sehen, daß noch viele Nüsse daran hingen. Man hätte meinen können, auch das Leben würde auf diese Weise verrauschen: Man bog es ihr entgegen, man gab es ihr in die Hände, doch es ging fort, das Leben. Die Kinder waren etwas seltsam geraten: Enkelsohn Ljowa sprang, weil er die ganze Familie frappieren wollte, vom ersten Stock aus dem Fenster. Gut nur, daß das Souterrain darunter nicht hoch war.

Alle Enkel hatten skurrile Ideen im Kopf. Toinette Jergolskaja war eine unzuverlässige Person, Alexandra Iljinitschna, obzwar die eigene Tochter, war, das muß zugegeben werden, noch unzuverlässiger, die konnte nichts anderes als sich immerzu bekreuzigen.

Man brachte die Enkelkinder zur Großmutter. Sie betrachteten erschrocken die aufgedunsene Frau, ihr glänzendes Gesicht mit der straffgespannten Haut, und lauschten ihren so fremdartig anmutenden leisen Reden.

Am Bett steht Großmamas goldene Tabatiere. Großmama kann nicht hinlangen, Gascha reicht sie ihr, Gascha ist ständig bei der Kranken.

Großmama behandelt ihre Kammerfrau jetzt hochfahrend und launenhaft, redet aber mit niemand anderem, denn sie spricht die Worte undeutlich aus, und nur Gascha weiß gleich, was sie meint.

Großmutter hat angefangen, ihre Kammerfrau ironisch mit »Sie« und »meine Liebe« anzureden und die Ausführung nie erteilter Befehle von ihr zu verlangen, damit füllt sie die Zeit ihrer beschwerlichen Schwäche.

Obgleich Gascha sich am Bett aufhält, läutet Großmama nach ihr und beklagt sich dann: »Wie kommt es nur, meine Liebe, daß Sie gar nicht erscheinen?«

Sie wurde immer schwächer. Hinter den geschlossenen Türen ertönte immer häufiger, wenn auch immer leiser, das fordernde Scheppern der Glocke am Bett und Gaschas brummige Stimme.

Eines Tages schwieg die Glocke.

Am 25. Mai 1838 war die Gräfin Pelageja Nikolajewna Tolstaja, geborene Fürstin Gortschakowa, im Alter von sechsundsiebzig Jahren sanft entschlafen.

Die alte Großmama war eine hochgeschätzte Person gewesen, man gedachte ihrer im Hause achtungsvoll, aber selten. Sie verlosch langsam in ihren Gemächern beim Legen altertümlicher, unmoderner Patiencen.

Die Kinder sahen sie nur zu bestimmten Stunden, es schien aber, als würde Großmama ewig existieren. Da geschah etwas Überraschendes.

Der kleine, blonde St. Thomas trat raschen Schrittes ein und sagte ohne Rücksicht auf die momentane Beschäftigung der Kinder und ohne jede Einführung: »Ihre Großmutter ist verstorben.«

Stille breitete sich im Hause aus. Sargträger erschienen, strichen mit gewohntem Taktgefühl an den Wänden entlang, traten behutsam aufs Parkett, brachten den Sarg und den mit Glanzstoff bezogenen Deckel; sie betteten Großmama hoch und ehrenvoll auf dicke, harte Polster. Die Großmama hatte eine Hökernase, ein strenges Gesicht, auf den weißen Haaren saß eine weiße Haube, um den Hals lag ein steifgestärktes weißes Dreiecktuch.

Für alle Kinder wurden eiligst neue Joppen aus schwarzer Halbwolle geschneidert und mit weißen Trauerlitzen benäht.

Leute kamen, flüsterten und bemitleideten die kleinen Grafen: »Jetzt sind sie ganz verwaist ... neulich der Vater, jetzt die Großmutter ...«

Die Kinder gingen ziemlich ungerührt umher, im Hause herrschte Stille, Tränen wurden kaum vergossen. Nur Gascha schluchzte, rannte auf den Boden, schloß sich ein, zerrte verzweifelt an ihren Haaren, verfluchte sich und behauptete, nur noch ihr Tod könne sie über das Hinscheiden ihrer Herrin hinwegtrösten.

Die neuen Vormünder

Nach dem Tode der Großmutter sollten die Ausgaben eingeschränkt werden. Man zog in eine andere Wohnung, doch die Lebensweise war großzügig, der Lohn der Hauslehrer betrug mehr als 8000 Rubel, manche Ausgaben wurden ungenau verbucht, zum Beispiel: »400 Rubel zweckentsprechend ausgehändigt« oder: »Ausfahrten und Geschenke – 1200 Rubel«.

Ausfahrten machte man mit eigenen Pferden; vermutlich verbargen sich hinter der Gesamtsumme der zweckentsprechenden Ausgaben und Geschenke weniger Ausfahrten als vielmehr Bestechungsgelder.

Im Februar 1841 erkannte das Kreisgericht von Krapiwna den verstorbenen Grafen Nikolai Iljitsch Tolstoi der von N. A. Korjakina erhobenen Anklage für unschuldig.

Die wichtigsten Angelegenheiten kamen ins reine. Alexandra Iljinitschna Osten-Sacken zog sich mit der Kammerfrau Gascha, die nach dem Tod der Großmutter in ihre Dienste getreten war, in ein Kloster namens Einsiedelei von Optina zurück. Die jüngeren Kinder, Dmitri, Lew und Maria, übersiedelten mit der Tante Tatjana Alexandrowna aufs Land, Nikolai und Sergej blieben in Moskau.

Das Jahr 1841 war ein Hungerjahr. Um einer Ausplünderung des Gutes vorzubeugen und die bäuerlichen Arbeitskräfte, die man benötigte, damit die Bauern ihre Fron weiterschleppen konnten, zu erhalten, verkaufte man das Dorf Nerutsch; der Erlös half den Bauern über das Schlimmste hinweg.

Alle Leute außerhalb des Herrschaftshauses lebten äußerst dürftig, sogar die Haferzuteilung für die Herrschaftspferde wurde eingeschränkt. Lew Tolstoi erinnert sich, wie leid es den Kindern um ihre Pferde tat, wie sie hinausliefen auf die Bauernfelder, Haferähren mit den Händen in die gehobenen Rockschöße streiften und an ihre lieben Pferdchen verfütterten.

In jenem Jahr war Hafer kein Pferdefutter, sondern menschliche Nahrung. Aber die Pferde standen nahe beim Herrschaftshaus und taten den Kindern daher mehr leid als die Bauern. Auch dem sonst so gerechten Dmitri und dem weichherzigen Lew, der erst viele Jahre später begriff, was er falsch gemacht hatte.

Man verlebte jeden Sommer auf Jasnaja Poljana, den Winter verbrachte man in Moskau. Auf dem Lande war es still und öde, dafür aber waren alle Dinge übersehbar, während das Leben in Moskau in allen Nähten krachte.

Im Herbst 1841 starb in der Einsiedelei von Optina die blauäugige Tante Alexandra Iljinitschna.

Sie ist auch dort beerdigt; auf ihrem Grab steht ein Stein mit darauf gemeißelten Versen, die vom Neffen Lew stammen. Man kann sie als das erste der Öffentlichkeit zugängliche Werk Tolstois betrachten.

O du, die du dem irdischen Dasein fortentschlafen
Nach einem Lebensweg verschleiert und verborgen,
Es nahm dich auf des Himmels stiller Hafen,
Dir wurde Ruh, beneidenswert und ohne Sorgen.
In Hoffnung auf der Neubegegnung lieblich Feier
Von treuen Neffen ward errichtet selber Stein,
Hoffend, daß du, die uns so wert und teuer
Aus Staub und Asche wiederkehrst zu neuem Sein.

Wir wollen uns hüten, anzunehmen, Erstlingswerke genialer Schriftsteller zeugten auf Anhieb von hervorragender Begabung. Kinderverse und Kinderstreiche unterscheiden sich im großen und ganzen nur wenig, sie sollten besser nicht bewundert werden, das heißt, wir sollten den Eindruck, den wir vom Erwachsenen gewonnen haben, nicht rückübertragen.

Nikolai war als einziger zum Zeitpunkt des Ablebens seiner Tante volljährig, aber als Universitätsstudent konnte er nicht die Vormundschaft über seine jüngeren Brüder übernehmen, zudem hätte das gegen die damaligen Gepflogenheiten verstoßen: ein Vormund mußte eine ältere Person sein. Es blieb nur noch die Tante Pelageja Iljinitschna, die bereits zu Zeiten des Gouverneursgrafen in Kasan mit einem gewissen Juschkow verheiratet worden war.

Juschkow war zwar eine liebenswürdige Erscheinung, aber ein perfider, bösartiger Scherzbold, ein schrulliger Kauz, der es liebte, die Aufmerksamkeit anderer um jeden Preis auf sich zu lenken.

Pelageja Iljinitschna war gutherzig, fromm, maßlos hoffärtig, gefühlvoll und träge. Ihr Gatte hatte vor Zeiten Tatjana Jergolskaja den Hof gemacht, und sie verhielt sich Tatjana gegenüber feindselig.

Was war Tatjana Jergolskaja für ein Mensch?

Lew Tolstoi erwähnt ständig ihre unendliche Güte, die Tatsache, daß sie niemals einen Menschen vor den Kopf gestoßen hat, daß sie von jedermann im Dorfe verehrt wurde. Indessen hatte sie daneben noch andere Eigenschaften, die Lew ebenfalls schriftlich fixierte.

Die Generation von Lew Tolstois Vater hatte Napoleon geschlagen und einen Aufstand gegen den russischen Imperator angezettelt. Diese Generation nährte die Hoffnung und das Vertrauen, das Schicksal der Welt in ihren Händen zu halten. An ihrer Erziehung hatten die Bücher der französischen Enzyklopädisten, die ihren Großvätern Kurzweil, ihren Kindern aber bereits Verhaltensregeln boten, einen bedeutenden Anteil. Es war die Generation der Sterne- und Plutarchleser. Die römische Geschichte galt als Vorbild für das Verhalten im Hier und Jetzt.

Lew Tolstois Mutter erzog ihren vergötterten Sohn Nikolai nach strengen Lebensregeln; sie verbot ihm, über kleine Mißhelligkeiten Tränen zu vergießen, und predigte ihm, für einen Knaben zieme sich allzuviel Empfindsamkeit ganz und gar nicht.

Die Männer, die von Soldaten auf den Senatsplatz geführt wurden, betrachteten sich als Schüler der Römer, sie lernten vom republikanischen Rom strenge Tugenden, von Sterne und Rousseau lernten sie die menschliche Seele begreifen.

Menschliche Schwächen waren bereits bekannt und eingestuft, jedoch nahm man an, es müßten, wenn es um den Sieg der Tugend gehe, die Schwächen überwunden werden.

Wir alle wissen um die Ehefrauen der Dekabristen, adlige Damen, die ihre Güter verließen, in Kutschschlitten ihren Männern in die Zwangsarbeitslager nachreisten und ihre Jugend in Sibirien vor den Gefängnistüren verbrachten.

Die schwarzhaarige, schwarzäugige Tatjana Jergolskaja hätte gut und gern darunter gewesen sein können, wenn das Schicksal, die Enthebung von den Dienstpflichten und seine ruhige Gemütsveranlagung Nikolai Iljitsch Tolstoi nicht an der Beteiligung am Dekabristenaufstand gehindert hätten.

Mädchen lasen ebenfalls römische Geschichte und begeisterten sich an dem, was der alte Tredjakowski als deren Übersetzer Gemeingut des Volkes nannte. Der Gedanke an große Taten, an einen Volksentscheid war im Fundament der römischen Geschichtsschreibung gleichsam eingemauert, die römische Geschichte galt als Vorbild für die Französische Revolution.

Die Jergolskaja hatte die römische Geschichte selbstverständlich auf französisch gelesen. Lew Tolstoi erzählte: »Sehr bezeichnend für ihr Wesen ist das Ereignis mit dem Lineal, wovon sie uns berichtete und dabei eine nahezu handtellergroße Brandwunde am Unterarm vorwies. Sie und ihre Geschwister hatten als Kinder die Geschichte von Mucius Scaevola gelesen und waren darüber in Streit geraten, ob wohl einer von ihnen den Mut aufbrächte, das gleiche zu tun. ›Ich tu's‹, hatte sie gesagt. ›Du doch nicht‹, war die Entgegnung Jasykows, meines späteren Paten, und er tat etwas für ihn Bezeichnendes: Er verbrannte ein Lineal über einer Kerzenflamme, bis es verkohlte und nur noch rauchte. ›Jetzt leg das an deinen Arm‹, sagte er. Sie streckte ihren weißen Arm aus – damals gingen die kleinen Mädchen immer dekolletiert –, und Jasykow legte das glühende Lineal daran. Sie zog die Brauen zusammen, zuckte jedoch nicht zurück, sie stöhnte erst auf, als das Lineal mit einem Hautfetzen vom Arm gerissen wurde. Als die Erwachsenen die Wunde entdeckten und Fragen stellten, gab sie an, sich die Blessur selbst beigebracht zu haben, weil sie habe erleiden wollen, was Mucius Scaevola erlitten habe.«

Die Liebe der Tolstoi-Kinder zu ihr, das hohe Maß an Sorge, die sie auf deren Erziehung verwendete, wären Grund genug gewesen, ihr Rechte einer Erzieherin einzuräumen, jedoch war sie eine entfernte Verwandte und Nikolai Nikolajewitsch nicht für sie eingenommen. Er schrieb am 12. September 1841 einen Brief an Wladimir Iwanowitsch Juschkow und bat sie im eigenen Namen und im Namen seiner Geschwister: »Wir bitten unsere liebe Tante, wir alle, ich, meine Brüder und meine Schwester, uns in unserem Leid nicht zu verlassen und die Vormundschaft zu übernehmen. Sie müssen sich das ganze Grauen unserer Situation vorstellen, liebwerter Herr Onkel. Um Gottes heiligen Willen, liebwerter Herr Onkel, geben Sie unserer Bitte statt, wir bitten Sie um Gottes und der verblichenen Großmutter willen.«

Vielleicht war geplant, die Kinder auf Jasnaja Poljana zu lassen, zumal Nikolai das zweite Studienjahr an der Universität zu Moskau absolvierte.

Pelageja Iljinitschna Juschkowa erklärte sich bereit zur Vormundschaft, bestand jedoch darauf, die Kinder mitzunehmen, weil ihnen dadurch leichtere Bildungswege offenstünden.

N. N. Gussew führt ein Fragment aus T. A. Jergolskajas Tagebuchaufzeichnungen an, die sich in der Handschriftenabteilung des Staatlichen Tolstoimuseums befinden. Sie notierte in Erinnerung an ihre Kollisionen mit der Juschkowa am 24. März 1850: »Mit jedem Tage überzeuge ich mich mehr und mehr, daß ihr Haß auf die Zeit ihrer Ehe zurückzuführen ist und daß sie mir niemals verziehen hat, daß ich in ihrem Gatten Liebesgefühle weckte.«

Der gleichen Ansicht war Sofja Andrejewna Tolstaja, die erwähnte, Juschkow habe in seiner Jugend Tatjana Jergolskaja einen Heiratsantrag gemacht, sei jedoch abgewiesen worden.

Pelageja Iljinitschna Juschkowa holte die Kinder persönlich ab. Auf der Upa wurden Schleppkähne vertäut, darauf Eßwaren und Gepäck verladen; und so fuhren sie davon, die leibeigenen Seelen: Tischler, Schneider, Schlosser, Tapezierer, Köche mitsamt der Familienhabe der Tolstois, auf der Upa in die Oka, die Oka trug sie zur Wolga nach Nishni Nowgorod, und weiter ging es die Wolga hinab nach Kasan.

Tatjana Jergolskaja schrieb an Juschkow: »... es ist barbarisch, mich von den Kindern trennen zu wollen, die ich fast zwölf Jahre lang mit der zärtlichsten Fürsorge überschüttet habe und die mir ihr Vater in der Todesstunde seiner Gattin anvertraut hat.«

Glühende Kohle versengte Tatjana Jergolskajas Herz und wurde vom Herzen weggerissen, als die Kinder ihre Reise antraten, von Dorf zu Dorf, aus armseligen russischen Dörfern in noch armseligere Tschuwaschenflecken, wo es sogar Schwierigkeiten bereitete, ein Obdach für die Nacht zu finden.

Tatjana Jergolskaja blieb von da für lange Zeit einsam.

Über die Stadt Kasan und ihre Universität

Die Stadt Kasan liegt am Zusammenfluß der Kama und der Wolga. Die Wolga macht an dieser Stelle einen Bogen und lenkt ihre größer gewordenen Wogen in nahezu rechtem Winkel gen Süden, zum Kaspischen Meer, zu den alten Heeres- und Handelsstraßen in Richtung Südost.

A. I. Herzen schreibt in seiner Skizze *Ein Brief aus der Provinz* (1836): »Sollte es Rußland vorbestimmt sein, wie der große Peter vorausgesehen, den Westen und Asien anzunähern und Europa mit dem Osten bekannt zu machen, dürfte Kasan zweifellos die wichtigste Karawanserei auf den Wegen des Ideenguts von Europa nach Asien und der asiatischen Charakterzüge nach Europa sein. Das begriff die Kasaner Universität. Wenn sie ihre Bestimmung einzig auf die Verbreitung europäischer *Wissenschaft* begrenzt hätte, wäre ihre Bedeutung zweitrangig geblieben; Kasan konnte lange weder die deutschen Universitäten noch unsere, zum Beispiel die Moskauer und die Derpter, einholen; jetzt aber ist seine Universität mit ihnen gleichgestellt, nimmt jenen eigenständigen Platz ein, der ihr ihrem Geburtsort nach zusteht. An ihren Lehrstühlen werden in großem Umfang orientalische Literaturen unterrichtet, und zwar oft von Asiaten; in ihren Museen gibt es mehr Gewänder, Handschriften, Antiquitäten, *chinesische, mandschurische, tibetische* Münzen als in europäischen Museen.«

Die Stadt Kasan war alter Besitz des russischen Reiches, von hier aus sollte die weitere Bewegung gen Süden einsetzen, hier wurden die am Ort ausgewählten Dolmetscher ausgebildet, die nach Mittelasien mitgehen sollten.

Nishni Nowgorod und Kasan waren die fernen Verbindungspunkte zwischen Rußland und dem Orient.

Zwischen alldem und den Nachfahren des ehemaligen Gouverneurs von Kasan bestanden Beziehungen.

Das Wappen der Familie Tolstoi mit seinen verworrenen, komplizierten Symbolen weist als glaubwürdigstes Detail das Bild des siebentürmigen Schloßgefängnisses auf, das in Konstantinopel steht. Zweimal hatte hinter den Mauern dieses äußerlich so hübschen Kergehäuses ein russischer Bojar, der spätere Graf Pjotr Andrejewitsch Tolstoi, gesessen, ein perfider, aber hartnäckiger Mann, mutig im Durchsetzen ihm erteilter Aufträge.

Der Lebensweg des Jungen, dem es oblag, nach Kasan zu ziehen, beim etwas kauzigen Oheim Juschkow, dem Obersten a. D., dessen in einen ausladenden Backenbart übergehender Schnauz noch immer schwarz war, zu wohnen, war nicht vom Zufall diktiert, wenn auch biographisch durch eine Serie familiärer Todesfälle bedingt. Ebensowenig zufällig war die spätere Bekanntschaft des jungen Mannes mit dem Kaukasus.

Auf dem Wege nach Erzerum ist Puschkin seinerzeit dem Leichnam Gribojedows, der in Teheran ermordet worden war, begegnet.

Die Schicksale russischer freiheitsliebender Schriftsteller und das Antlitz der kaukasischen Berge füllen die *Reise nach Erzerum.*

Der Dichter erkennt am Rande des Himmelsgewölbes die Wolken, die er vor zehn Jahren schon gesehen hat: »Es waren immer die gleichen, und sie waren immer an derselben Stelle. Das sind die Schneegipfel der kaukasischen Bergkette.«

Bald sollte Lew Tolstoi diese Berge erblicken, er würde sie zuerst für Wolken halten und dann staunend wahrnehmen, wie weit weg sie sind, dann würden sie für ihn zum Balsam der Seele werden.

Fahrten dorthin, gen Süd und Ost, waren die russischen Edelleute gewohnt, es waren Straßen der Kriege und des Exils. Die kaukasischen Berge wurden zum halben Gefängnis für Bestushew-Marlinski, Odojewski, Lermontow und viele andere. Konstantinopel war die

Stadt, zu der der Weg gleichsam direkt an Jasnaja Poljana vorüberführte, man mußte nur immer südwärts fahren, immer südwärts.

An der Universität zu Kasan genossen die mathematische Fakultät und die Fakultät für orientalische Sprachen besonders hohes Ansehen.

In der Stadt gab es eine Menge Bekannte, die Verbindungen zum ehemaligen Gouverneur waren ebenso konserviert worden wie ein schwacher Abglanz vom guten Ruf der Grafen Tolstoi.

Lew reiste in Begleitung seines persönlichen Bedienten, des Gesindejungen Wanjuschka; dieser war ein Geschenk der Tante Pelageja Iljinitschna an den dreizehnjährigen Neffen. Übernachtet wurde in der Equipage oder in Bauernkaten ohne Rauchabzug.

Stunden der Rast verschwatzte der Gesindejunge freundschaftlich mit seinem Herrn auf französisch. Halb Freund, halb Bedienter, war er bei Lew Tolstoi im Kaukasus, in Sewastopol und in Jasnaja Poljana, sein Leben lang nahm Lew Tolstoi aus Wanjuschkas Händen Waschwasser und Handtuch entgegen, zuweilen kopierte der Diener Tolstois Manuskripte mit seiner großen, halb kindlichen Schrift.

Boris Michailowitsch Eichenbaum ist aufgefallen, daß in *Knabenjahre* die Freunde seines Bruders den Helden im Scherz »Diplomat« nennen. In *Jugend* bleibt der Spitzname erhalten. Er wurde geboren aus dem Geschwätz der Großmutter, deren Phantasie ihr den Enkel als Diplomaten im Frack und mit hochmodern toupierter Frisur vorgaukelte.

Wenn sich noch als Zufall akzeptieren läßt, daß Lews ältester Bruder Nikolai nach einem Examensmißerfolg an der Universität Moskau in Kasan immatrikulierte, so ist es doch keinesfalls Zufall, daß man dort für den vierzehnjährigen Grafen Tolstoi Hauslehrer engagierte und ihn Türkisch, Tatarisch und Arabisch pauken ließ.

B. M. Eichenbaum schreibt in der Zeitschrift *Russkaja Literatura* in seinem interessanten Beitrag »Aus den Studentenjahren L. N. Tolstois«: »Vom Beginn der vierziger Jahre an gewann die ›orientalische Frage‹ besondere Popularität und Aktualität.« Nicht ohne triftigen Grund plante Lermontow, in sein *Märchen für Kinder* (1840) folgende Versstrophe einzufügen:

> Indessen sorgen wir uns emsig und geschäftig
> Daß Ruh und Friede sei in Landen, die uns fern,
> Ob auch des Sultans Arm über Ägypten stark und kräftig,
> Was Thiers wohl sagt und hört – wir wüßten's gar zu gern.
> Die Politik vernebelt alle Hirne äußerst heftig.

Gegen Mitte der vierziger Jahre spitzte sich die internationale Aktualität der »orientalischen Frage« zu. Nikolai I. bereitete einen Entwurf für die Aufteilung der »sterbenden« Türkei zwischen England und Rußland vor. Die Sache nahm derart ernsthafte Ausmaße an, daß Nikolai I. im Frühjahr 1844 zwecks Verhandlungen mit Königin Victoria und ihrem Außenminister, Graf Aberdeen, eine Reise nach London unternahm. So schürzte sich der komplizierte diplomatische Knoten, der Rußland später in den Krimkrieg hineinziehen sollte. An diesem Krieg nahm Lew Tolstoi teil, allerdings nicht als Diplomat.

Der Kaukasus war ein beliebtes Reiseziel für Beamte ohne abgeschlossene Ausbildung; sie hofften dort den Titel eines Kollegienassessors zu erwerben, um späterhin die Friedhöfe zu Tiflis mit bescheidenen Grabsteinen zu besiedeln.

In den Kaukasus wurden verbannte Polen, allzu einflußreiche Würdenträger und erfolglose Poeten geschickt.

Lew Tolstoi wurde an der Kasaner Universität nicht sofort als Student aufgenommen, jedoch bewilligte man ihm ein Zweitexamen, woraufhin man ihn aufnahm, vermutlich nach Bemühungen seiner Familie.

Die Enkel des seinerzeit in Ungnade gefallenen Gouverneurs waren in den Augen der Hautevolee von Kasan vornehme und hinreichend bemittelte Leute, denn die Schuldenlast des Großvaters war nicht auf sie übergegangen, während eine Verurteilung des alten Grafen ja durch sein Ableben gegenstandslos geworden war.

Lew Tolstoi benahm sich in Gesellschaft linkisch, scheu und zugleich kauzig.

Seine Studien an der Fakultät für orientalische Sprachen betrieb er mit wenig Eifer.

Er konnte sich trotz seiner verblüffenden Sprachbegabung weder fürs Arabische noch fürs Türkische erwärmen. Die orientalischen Sprachen wurden damals in der gleichen Weise gelehrt, wie man Arabisch an den fernen Medressen zu Buchara unterrichtete: Man schlug sich durch das Dickicht der Sprache ohne Rücksicht auf deren Geist, man lernte, als nähme man an einer Hetzjagd durch einen Wald teil oder, genauer, als wäre man im Moorboden eingesunken und zöge mühsam die Beine heraus.

Im Hörsaal nebenan hielt ein junger Professor der Jurisprudenz Vorlesungen, die den jungen Grafen anlockten.

Vor dem Umsatteln reiste er über die Sommerferien nach Jasnaja Poljana.

Die Reise auf den unbefestigten Landstraßen von Kasan nach Jasnaja Poljana war selbst mit einem eigenen Gespann weder einfach noch kurz.

Die Länge der Reise ist uns allein dadurch vorstellbar, daß Lew Tolstoi während der Rückfahrt nach Kasan den achtbändigen Roman *Der Graf von Monte Christo* von Alexandre Dumas vollständig auslas. Ganz gleich, wie gut oder wie schlecht es um seine Gesundheit oder um die Augen bestellt gewesen sein mochte, jedenfalls mußte er im rüttelnden Leiterwagen oder in einer Kate ohne Rauchabzug lesen.

Hinzu kam, daß er ja in die Sommerferien fuhr, folglich auf der Hinfahrt über aufgeschwemmte Frühjahrswege, zurück auf herbstlich aufgeweichten Straßen.

Aber er kehrte ja heim ins alte, große Haus, zur lieben Tante Tatjana Jergolskaja, mit der er lange Gespräche führte, er konnte wieder die Wälder von Jasnaja Poljana durchstreifen und altgedientes Hausgesinde sehen.

Die Welt um ihn herum veränderte sich.

Es war, als schlösse er seine Augen im Winter und öffnete sie im Frühjahr wieder. Und jedesmal vollzogen sich die Veränderungen auf Jasnaja Poljana gleichsam augenblicklich und stoßweise, und das kam daher, daß die Intervalle der Trennung von Jasnaja Poljana Perioden seiner Reifung waren. Daheim wirkte alles leiser und gedämpfter. Die Bauern berichteten ihm ohne Umschweife, unter den Vormündern lebe es sich schlechter als unter dem Herrn, man lebe beengter, dürfe fiskalische Wälder nicht mehr betreten und somit dort auch kein Brennholz oder Reisig holen. Vom Herrschaftswald schon gar nicht zu reden.

Einengende Vorschriften, strenges Regiment, auch die Fronarbeit war härter geworden.

Das Haus war vertraut, aber leer. Tatjana Alexandrowna wohnte im Hochparterre in Großmamas ehemaligem Zimmer. Der Raum war leer geworden: in der rechten Ecke befand sich ein Heiligenschrein mit Ikonen und dem großen, altertümlichen silberverkleideten Bildnis des Erlösers, links stand ein Nähtisch mit zahllosen, einzig für die Tante wertvollen Sächelchen darauf, in der Mitte des Raumes der Schlafdiwan der Tante, davor ein Tisch. Zwischen den Fenstern ein Spiegel, ein zierlicher Schreibtisch, am Fenster zwei Armstühle und ein sehr behaglicher Ohrensessel mit Gobelinstickerei.

Die Tante war gealtert; nach den Verwandten in Kasan erkundigte sie sich ohne rechte Wißbegier. Von gewissen Unannehmlichkeiten ihres lieben Neffen Lew schien die Gute nichts zu ahnen.

Auf ihrem Tisch lag ein Roman von der Radcliffe, nicht auf englisch, sondern auf französisch; ein mehrbändiger Roman aus kleinen, handlichen Büchern, mit zierlichen Stichen versehen. Die gute Tante erzählte selbst gar zu gern schaurige Geschichten und fragte auch den Neffen nach solche Begebenheiten aus.

Sie liebte Gesellschaftsklatsch, plauderte gern über Leute, die einander betrogen und Familien zerbrachen, ohne sie jedoch zu verdammen, im gleichen Atemzug gab sie dem Neffen seufzend den guten Rat, eine Liebesaffäre mit einer verheirateten Frau aus der guten Gesellschaft anzufangen, weil das den Charakter eines Mannes bilde und ihm den rechten Schliff verleihe.

Tantes Dienerin und Pflegerin war Glafira, ehemals Gascha; das Hausgesinde nannte sie, die alte Jungfer, bereits achtungsvoll Agafja Michailowna, auf der Straße wurde sie von jedermann gegrüßt.

Das Haus hinterm Fluß, wohin die Kinder mit Fjodor Iwanowitsch und Großmama zum Sahnetrinken und Quarkessen gefahren waren – Quark mit dem Beigeschmack von grobem Leinentuch –, jenes Haus also war stark gealtert.

Auf der staubigen Dorfstraße begegnete der Student aus Kasan seinem leibeigenen Bauern Mitka Kopylow. Er erkannte ihn nicht sofort.

Wenngleich noch jung, hatte Mitka schon einen Bart, an den Füßen trug er Bastschuhe rund zerrte einen einfachen Hakenpflug mit der Schar nach oben hinter sich her: er wollte pflügen.

Die Vormünder hatten die Ausgaben eingeschränkt. Mitka hatte man nach Tula ziehen lassen, wo er einen Teil seines Grundzinses erarbeitete. Mitka war ein ausgezeichneter Vorreiter, er verdingte sich bei Kaufleuten, damals brauchten auch die schon Vorreiter. Die Kaufleute kleideten ihren Vorreiter in seidene Hemden und Samthosen. So was von Verwöhnung!

Mitkas Bruder mußte, als die Zeit gekommen war, zum Militär, der alte Vater schaffte zwei Fronpachten nicht mehr. Mitka konnte nicht weiter in Tula arbeiten, weil die Familie sonst ihr Land verloren hätte. Deshalb war er in sein Dorf zurückgekehrt und hatte den Frondienst übernommen, weil es sein mußte.

Lew Tolstoi betrachtete Mitka: Wie ernst so ein Bauernleben doch war! Mit der Tante sprach der Student nicht darüber, er fuhr zurück nach Kasan.

Am 25. August 1845 schrieb er ziemlich unsicher an sie und teilte ihr den Entschluß mit, den er ihr mündlich nicht mitzuteilen gewagt hatte. Es galt, zu gestehen, daß er zwei ganze Jahre vergeudet und seine Vorsätze nicht ausgeführt hatte.

Der Siebzehnjährige schrieb: »Wenn auch verspätet, so schreibe ich dennoch an Sie; ich könnte Ihnen zu meiner Rechtfertigung eine

Menge vorschwindeln, indessen tue ich das nicht, sondern gestehe einfach, daß ich ein Tunichtgut bin, der Ihre Liebe nicht verdient. Und obgleich dieser es einsieht und Sie von ganzem Herzen lieb hat, besitzt er doch unendlich viele Mängel, zudem ist er ein derartiges Faultier, daß er es nicht fertigbekommt, Ihnen seine Liebe zu beweisen. Um der Liebe willen aber verzeihen Sie ihm. Nun sind wir schon drei Tage in Kasan. Ich weiß nicht, ob ich Ihre Zustimmung finde, aber ich habe die Fakultät gewechselt und auf Jurisprudenz umgesattelt. Ich finde, daß diese Wissenschaft sich leichter anwenden läßt und besser zu unserem privaten Leben paßt als andere; deshalb auch bin ich mit dem Wechsel zufrieden. Jetzt möchte ich Ihnen mitteilen, wie meine Pläne beschaffen sind und welche Art Leben ich zu führen beabsichtige. Gesellschaften werde ich überhaupt nicht besuchen. Ich werde mich zu gleichen Teilen mit Musik, Zeichnen, Sprachen und Vorlesungen an der Universität beschäftigen. Gebe Gott, daß ich genügend Ausdauer aufbringe, diese meine Absichten zu verwirklichen.«

An der juristischen Fakultät geriet Tolstoi an einen Professor Mejer. Diesem fiel sein neuer Student auf, und er gab ihm ein selbständiges Thema.

Zum erstenmal stand Lew Tolstoi unter dem Einfluß eines bedeutenden Menschen, den er verstand. Mejer stand mit dem Kreis um Belinski in Verbindung, kannte auch den jungen Tschernyschewski. Späterhin schrieb Tschernyschewski über Mejer, er habe zu den Männern gehört, die »eine seltene Erscheinung darstellten, nicht nur seiner unbeugsamen Ehrlichkeit und bedeutender Talente wegen, sondern auch, weil er mit stets gleicher Hingabe in den unbedeutendsten Positionen seine Pflicht erfüllte, während er eigentlich nur für die oberste Führung einer ganzen Nation geschaffen war«.

»Sie sprechen von Helden«, schrieb er weiter, »es gibt sie auch unter uns. O ja, wir haben Männer, auf die unser Land stolz sein kann. Jedoch ... warum kommen diese gewöhnlich allzu früh um? Und welch trauriges Zusammentreffen der Umstände mag bewirken, daß sie just zu der Zeit umkommen, wo sie am nützlichsten geworden sind?«

Zu dieser Zeit wurde Mejer von Kasan nach Petersburg versetzt. In Kasan hatte er eine juristische Sprechstunde aufgebaut, wo er in Gegenwart der Studenten reale Angelegenheiten klärte und Beratungen abhielt. Die Jurisprudenz erschien vor den Augen der Studenten nicht als akademische Disziplin, sondern als neue, lebendige Wissenschaft, die über die Vergangenheit wie über die Gegenwart gleich gut Bescheid wußte und die letztere bekämpfte.

1904 überprüfte Lew Tolstoi Mejers Biographie von P. I. Birjukow und versah sie mit Einschüben und Korrekturen; das Kapitel Kasan erhielt eine Ergänzung über das von Mejer vorgegebene Thema (»diese Arbeit nahm mich stark in Anspruch«); in einer Unterhaltung mit A. B. Goldenwejser (am 26. Juni 1904) sagte er: »... als ich in Kasan an der Universität war, habe ich im ersten Studienjahr wirklich nichts getan. Im zweiten Jahr fing ich an zu arbeiten. Damals lehrte dort Professor Mejer, er interessierte sich für mich und gab mir ein Thema zur Bearbeitung, einen Vergleich der *Instruktion* Katharinas II. mit *L'esprit des lois* von Montesquieu. Und ich weiß noch, daß diese Arbeit mich hinriß, ich fuhr aufs Dorf, las mich in Montesquieu hinein; diese Lektüre erschloß mir unendliche Horizonte, ich fing an, Rousseau zu lesen, und ließ die Universität fahren, gerade weil ich studieren wollte.«

Aus dem Lebenskreis Mejers, eines Mannes mit weitgespannten Anforderungen und weitgespannten Auffassungen, kehrte Lew Tolstoi noch einmal zurück nach Jasnaja Poljana, wo es allem Anschein nach rundherum geruhsam war, nur die Katen wurden immer älter und die Bauern immer ärmer.

Der Jüngling Tolstoi erbrachte auch an der juristischen Fakultät mangelhafte Studienleistungen, aber der kluge Professor wandte dem Studenten sein Augenmerk zu und äußerte sich über ihn in ein paar Worten, die bemerkenswert sind, weil sie in den Memoiren P. Pekarskis (»Studentenerinnerungen an D. I. Meyer« in dem 1859 in Kasan erschienenen Sammelband *Bruderschaft*) zu einem Zeitpunkt ausgesprochen wurden, als Tolstois Name noch nicht allzu bekannt war und Tolstoi in dem Band auch lediglich mit dem Buchstaben »T« bezeichnet wurde:

»Heute examinierte ich ihn und stellte fest, daß er nicht die geringste Lust zum Studium verspürt, was bedauerlich ist: Er hat so ausdrucksvolle Züge und so kluge Augen, daß nach meiner Überzeugung bei gutem Willen und Selbständigkeit eine bemerkenswerte Erscheinung aus ihm werden könnte«, sagte der Professor von Tolstoi.

Lew Tolstoi war damals bereits eine beeindruckende Erscheinung mit seinen nicht großen, jedoch leuchtenden graublauen Augen und den frühzeitig buschigen Brauen. Er hatte als Knabe in einem Roman von einem Helden mit zottigen Brauen gelesen, also rieb er seine Brauen mit Schießpulver ein und zündete sie an. Die Brauenhaare verbrannten und wuchsen sehr buschig nach, aber als es soweit war, hatte er seinen einst so geliebten Romanhelden vergessen.

Ich führe diese Episode an, obzwar sie von Nikolenka, dem Helden der *Knabenjahre,* und nicht von Lew Tolstoi selbst erzählt wird; doch

Tolstois Schwester erinnerte sich, daß der Bruder sich als Kind die Brauen beschnitten hatte. Mir erscheint dieses Detail charakteristisch und bemerkenswert, weil dieser Mann bereits als Kind an seiner Persönlichkeit modelliert hat.

Vom Lebensabschnitt der Analyse und der Regeln

Die Selbständigkeit, die Mejer meinte, gewann Tolstoi ganz plötzlich. Jener hatte ihm ja die Aufgabe gestellt, ein Referat über Katharinas II. *Instruktion* auszuarbeiten. Die Arbeit enthielt wenig selbständige Ergebnisse, es wurde eine Gegenüberstellung der *Instruktion* mit ihrer französischen Quelle. Daraus aber, wie Tolstoi im Kaukasus mit Büchern zu arbeiten und Konspekte abzufassen verstand, können wir ersehen, daß die Professoren in Kasan ihm allerhand beigebracht hatten.

Das Universitätsleben verlief nicht übermäßig sachbezogen. Tolstoi geriet hier und da in den Karzer, verbummelte Examina. Der Beginn seiner Tagebücher, die er von da an sein Leben lang führte, deckt sich zufällig mit einem Aufenthalt im Krankenhaus.

Dort sah er sich zum erstenmal ohne Dienstboten ganz auf sich selbst gestellt, und das spürte er sofort. Bis dahin war ja seine am Abend abgelegte Kleidung stets zum Säubern fortgebracht worden, morgens hatte er sie ausgebürstet und gebügelt wieder angezogen, beim Mittagessen stand immer sein Lakai hinter ihm.

Er war dabei, sich auf eigene Füße zu stellen.

Bei verschiedenen Menschen zeigen gleiche Ursachen verschiedene Wirkungen. Im Leben Lew Tolstois stießen verschiedene Kräfte aufeinander, als bekämpften sich verschiedene Magnetfelder; die Hauptsache war und blieb er selbst, der alle Dinge auf seine Art umschaltete. In mancherlei Hinsicht geschah ihm das gleiche wie seinen Brüdern, doch wurde etwas anderes aus ihm, etwas, das die Vergangenheit gleichsam in Frage stellte und ablehnte.

Allerdings schleppte sich die Vergangenheit hinter ihm her und erzeugte Widersprüche. Daher beginnt auch sein Tagebuch mit einer Analyse, nämlich einer bereits tolstoischen, wenn sie auch in einer Sprache abgefaßt ist, an der noch die Eierschalen der altmodischen Ausdrucksweise haften:

»17. März. Nun sind es schon sechs Tage, daß ich in die Klinik aufgenommen bin, und seit nahezu sechs Tagen bin ich fast zufrieden mit mir.

Hier bin ich völlig allein, niemand stört mich, ich habe keinerlei Bedienung, niemand hilft mir – folglich beeinflußt auch nichts Außenstehendes meinen Verstand und mein Gedächtnis, so daß sich meine Tätigkeit zwangsläufig entwickeln muß. Der hauptsächliche Nutzen jedoch besteht darin, daß ich klar ersehe: das liederliche Leben, das von den meisten Mitgliedern der höheren Gesellschaft als Resultat jugendlichen Alters angesehen wird, ist nichts anderes als das Resultat früher Lasterhaftigkeit der Seele.«

Damit beginnen Tolstois Tagebücher. Hier gibt er auch seine Analyse der *Instruktion* Katharinas II. und befaßt sich eigentlich schon mit wissenschaftlicher Arbeit. Aber acht Tage darauf gewinnt das Tagebuch andere Züge. Eine Eintragung vom 24. März lautet: »Ich habe mich in vielerlei Hinsicht geändert: jenen Grad der Vollkommenheit (in meinen Studien), den ich zu erringen gewünscht, habe ich indessen noch immer nicht erreicht.«

Er stellt für sein Leben sechs Regeln auf, zunächst speziell für die zu erledigende Arbeit:

»1.) Was dringend zu erfüllen ist, das erfülle, komme was da wolle. 2.) Was du auch tust, tu es gewissenhaft. 3.) Hole dir niemals Rat beim Buche, wenn du etwas vergessen hast, gib dir Mühe, dich zu erinnern. 4.) Zwinge ständig deinen Verstand, mit all seiner Kraft tätig zu sein. 5.) Lies und überlege stets laut. 6.) Geniere dich nicht, Menschen, die dich stören, deutlich zu sagen, daß sie dich stören; zuerst laß es sie nur fühlen, begreifen sie es nicht, entschuldige dich und sprich es deutlich aus.«

Der junge Mensch, von Frauen erzogen, der Jüngling, der von nichts und niemandem abhängig ist, der Stammgast an Spieltischen, der Ehrgeizige, Sinnliche, außergewöhnlich Talentierte leitet sich selbst an mit der Strenge eines Lehrers. Auf nichts anderes gestützt als auf seinen ungewöhnlich festen Willen, knetet er an sich herum wie an einem Lehmklumpen und macht trotz ungeheurer Schwierigkeiten einen anderen Menschen aus sich.

Die Epoche der Analyse und der Regeln setzt ein.

Viele junge Menschen stellen immer wieder von neuem ganze Lebensprogramme für sich auf, Programme, die sie durchführen wollen. Tolstois Absichten zeichnen sich dadurch aus, daß er schon als junger Mensch einen sehr starken Willen besaß. Er behandelte sich selbst fortwährend als Schüler, stellte sich Aufgaben, kontrollierte deren Fortgang und gab sich sogar so etwas wie Zensuren, und dies viele Jahre lang.

Die Regeln, die er aufstellte, beinhalteten die rechte Art, Karten zu spielen, mit Frauen umzugehen, einen Salon zu betreten, Bücher zu lesen. Nicht nur in seiner Arbeit, auch in bezug auf seine Charaktermängel lebte er nach Regeln, die er ständig verletzte.

Er machte sich das Leben außerordentlich schwer. Was für andere Leute Träumerei oder literarische Betrachtungen über die eigenen charakterlichen Mängel oder Geschwätz darüber waren, wurde für ihn zu schwerer Arbeit.

Er sieht sich einer Flut neuer Sünden gegenüber und stellt sich Aufgaben eines Tugendkämpen.

Dieser Mann darf nicht nach seinen Fehlern beurteilt werden, sondern danach, wie er die Fehler korrigiert und verarbeitet hat.

Damals begann er ernsthaft mit dem Lesen: Er las sich durch alle zwanzig Bände Rousseau, einschließlich des Musiklexikons. Rousseau war für die Menschen der französischen bürgerlichen Revolution ein Lehrer gewesen. Sie lernten bei ihm Selbstanalyse, das sorgfältige Hinwenden zum einzelnen Menschenleben, das Gespür für die Instabilität der alten sozialen Ordnung, die sie, dem Menschen gegenüber moralisch anspruchsvoll, vorerst als Instabilität veralteter Moralbegriffe verstanden.

Lew Tolstoi war seit langem schon Rousseau-Leser, jetzt aber trug er ein Medaillon mit einem Rousseau-Bildnis um den Hals. Er wollte die Welt verbessern, indem er sich selbst besserte.

Rousseau war ein überragender Denker, jedoch ein Mann, der die Welt als Verbindung zahlloser, gleichsam nur von sich selbst abhängiger Menschenschicksale betrachtete. Sein Bewußtsein wollte von sich aus das Sein umformen und betrauerte seine Unfähigkeit. Dieses Bewußtsein empfand keine Scham vor sich selbst, entblößte das Geheimste, in sich Verborgene und sprach Dinge aus, über die jahrhundertelang geschwiegen worden war. Rousseau glaubte, eine Schandtat sei überwindbar, sobald man alles, was über sie zu sagen war, in Worte faßte.

Im Prozeß einer angespannten Selbstanalyse reifte die Begabung des künftigen Schriftstellers.

Am schwierigsten ist es, mit dem Verstand nachzuvollziehen, wie sich ein genialer Dichter herausbildet.

Schwierig ist es ja schon, zu begreifen, wie eine Knospe am Baum entsteht, eine Erscheinung, die sich millionenfach wiederholt. Schwierig ist, zu begreifen, wie menschliches Bewußtsein überhaupt entsteht.

In den *Ersten Erinnerungen* schrieb Lew Tolstoi: »Zwischen einem fünfjährigen Kinde und mir liegt nur ein Schritt, zwischen einem Neugeborenen und einem Fünfjährigen eine ungeheure Entfernung. Zwischen dem Embryo und dem Neugeborenen gähnt ein Abgrund, was die Nichtexistenz und den Keimling trennt, ist kein Abgrund mehr, sondern Unfaßbares.«

Zwischen dem Jungen, der ein schlechtes Epitaph für den Grabstein seiner Tante geschrieben hat, und dem Lew Tolstoi als Autor von *Kindheit* und *Geschichte des gestrigen Tages* liegt eine unfaßbare Entfernung.

Nach welchem Programm sich die Verteilung der Begabungen unter den Gebrüdern Tolstoi vollzog, weshalb ausgerechnet Lew das Genie seines Volkes verkörperte, ist schwer zu begreifen.

Ich werde in diesem Buch keine Antwort darauf geben können, ich will lediglich aufzeigen, daß ein Bruchteil jenes Unfaßbaren überwunden wurde dank einem ungeheuren, tagtäglichen, wenig erschlossenen, wenngleich in den Tagebüchern verzeichneten Arbeitsaufwand.

Untersuchen wir das Bündel der Kraftlinien, die Tolstois Persönlichkeit durchdringen und verändern. Um die Vorgänge untersuchen zu können, müssen wir wissen, was Lew Tolstoi über seinen Bruder sagte.

Dmitri, der ein Jahr ältere, großäugig, stark, voll kauziger Einfälle, gleichgültig gegen seine Wirkung auf andere, kam mit vierzehn Jahren nach Kasan. Er war ein guter Schüler mit gleichmäßigen Leistungen. Er war hochgewachsen, rundrückig, langarmig und ein wenig skurril. Was für seine Altersgenossen Spaß oder Spiel war, wurde für ihn zum ernsthaften, tiefen Erlebnis.

Einer der Wohnstätten der Brüder Tolstoi gegenüber lag das Zuchthaus von Kasan. In der Osterwoche pflegte der Geistliche in der Zuchthauskapelle sämtliche Evangelientexte zu verlesen, der Gottesdienst dauerte dann außergewöhnlich lange. Dmitri war den an ihr Fußbrett geketteten Sträflingen gern behilflich beim Aufstellen ihrer Spendenkerzen am Altar oder beim Weitergeben ihrer paar Kopeken für eine Kerze.

Mit zwanzig hatte er fertigstudiert. Bei der Aufteilung des Vermögens erhielt Lew als der Jüngste, wie damals üblich, das Gut mit dem Wohnhaus, also Jasnaja Poljana, Sergej als Pferdeliebhaber das Gut Pirogowo mit dem Gestüt. Von den beiden restlichen Gütern erhielten Nikolai Nikolskoje-Wjasemskoje und Dmitri ein von der Perowskaja ererbtes Gut im Gouvernement Kursk.

Die Teilung vollzog sich in brüderlicher Liebe, die Geschwister vertrugen sich gut und waren nicht habgierig. Ihrer Schwester Maria stand zwar laut Gesetz nur der siebzehnte Teil des Gesamtvermögens zu, doch sie erhielt von den Brüdern den gleichen Anteil, sie bekam in Pirogowo 94 Deßjatinen Land und ließ sich dort ein Haus bauen.

Weil Jasnaja Poljana als relativ wenig ertragreiches Gut galt, erhielt Lew von seinen Brüdern zusätzlich noch bares Geld: von Sergej 1500, von Nikolai 2500 Silberrubel.

Zu jener Zeit konnten sich die Tolstois nicht vorstellen, daß der Besitz leibeigener Seelen unmoralisch ist. Lew schreibt darüber: »Der Gedanke, daß es dergleichen nicht geben dürfte, daß man sie freilassen sollte, kam in unseren Kreisen in den vierziger Jahren überhaupt nicht auf. Der ererbte Besitz an Leibeigenen war eine unumgängliche Bedingung, und alles, was man tun konnte, damit solch ein Besitz sich nicht zum Bösen wandelte, war, nicht nur um die materielle, sondern auch um die sittliche Lage der Bauern Sorge zu tragen.«

Dmitri war zwanzig und vertrat ganz ernsthaft die Ansicht, er sei außerstande, die Verpflichtung auf sich zu nehmen, sich um Moral und Sitten Hunderter Bauernfamilien zu kümmern.

Der Gefängnisgeistliche aber las Gogols *Auswahl aus meinem Briefwechsel mit Freunden.* Lew weiß sich zu erinnern, daß auch Dmitri die Briefe las.

Übrigens hat auch Lew sie später gelesen und hoch eingeschätzt.

Naiv und geradezu, wie Dmitri war, begab er sich zur hohen Obrigkeit und bat um ein Amt, wo er dem Volke nützlich sein könne. Er suchte sich seine künftige Bestallung nach dem Adreßbuch. Zufrieden mit seinem Amt wurde er indessen nicht.

Zwischen Dmitri und Lew bestanden Ähnlichkeiten. Lew war auch ein Suchender und änderte fortwährend seine Entschlüsse, weil er den passenden Platz im Leben finden wollte. Zuweilen meinte er, er müsse sein wie alle Welt, alle Welt aber waren die Adligen, folglich hatte man für eine elegante Aussprache des Französischen, für gepflegte Fingernägel und auf der Straße für Handschuhe Sorge zu tragen. Darin bestand das ideale *comme il faut.* Nach einer gewissen Zeit jedoch setzte Lews Begeisterung für Rousseau ein, wahrscheinlich nicht für Rousseau allein. Er hielt sich selbst für denjenigen, dem aufgegeben war, alles zu verändern. Zu jener Zeit kam ihm der Gedanke, der Adel sei besonders dazu ausersehen, die anderen Gesellschaftsstände anzuleiten: der Adlige sollte Handel treiben, sich an allem beteiligen, dies aber auf noble Weise tun.

Vom Studium der Philosophie hingerissen, ließ sich Lew Tolstoi einen Schlafrock aus Leinwand nähen. Nachts diente er ihm als Nachtgewand, am Tage befestigte er mit Spezialknöpfen Schöße daran; dieses Kleidungsstück und ein Paar Schlappen dünkten ihm die würdige Gewandung für einen Mann, der seine Wirtschaft umzuformen verpflichtet sei.

Aus solcher Stimmung heraus schrieb er einen Brief an die Tante. Er ist in der Erzählung *Der Morgen eines Gutsbesitzers* in veränderter Form erhalten geblieben. Der Autor des Briefes ist nicht nur der von Tolstoi erdachte Nechljudow, sondern zugleich der neunzehnjährige Tolstoi, der im dritten Studienjahr die Universität verließ. Zwar besaß Nechljudow siebenhundert Seelen, während Tolstoi bereits dreihundertunddreißig seiner Seelen verpfändet hatte, jedoch hielt Tolstoi sich wie Nechljudow für verpflichtet, berechtigt und mächtig genug, sich um das Glück seiner Leute zu sorgen.

»Ist es denn nicht Sünde, die Menschen aus Ehrgeiz oder Genußsucht geborenen Plänen zuliebe der Willkür ungehobelter Dorfältester und Verwalter preiszugeben? Und wozu soll ich in einer anderen Sphäre Möglichkeiten suchen, nützlich zu sein und Gutes zu tun, wenn sich mir eine so edle, glänzende und naheliegende Pflicht bietet? Ich fühle mich fähig, ein guter Gutsherr zu sein; um es aber in der Weise zu sein, wie ich es verstehe, bedarf es weder eines Kandidatendiploms noch jener Titel, die Ihr so innig für mich wünscht.«

Über die Gründe, die ihn bewogen, seine Studien an der Universität zu Kasan aufzugeben, berichtet er selbst:

»Die Vorlesungen unserer Professoren interessierten mich wenig. Zuerst studierte ich etwa ein Jahr lang orientalische Sprachen, erzielte jedoch sehr dürftige Erfolge. Ich gab mich mit heißem Herzen meinen Aufgaben hin, las unendlich viele Bücher, aber alles nur in einer Richtung. Wenn mich ein Problem zu interessieren begann, wich ich nach keiner Seite davon ab, ich war bemüht, alles zu erfahren, was just dieses Problem beleuchten konnte. Ebenso erging es mir auch in Kasan. Für meinen Abgang von der Universität gabe es zwei Ursachen: 1.) Mein Bruder hatte sein Studium beendet und war im Begriffe, abzureisen, 2.) So seltsam es sich anhören mag, eröffnete mir meine Arbeit an der *Instruktion* und *L'esprit des lois* (sie liegt vor mir) einen neuen Bereich selbständigen geistigen Wirkens, während die Universität mit ihren Anforderungen einer solchen Arbeit nicht nur nicht förderlich, sondern geradezu hinderlich war.«

So reiste also Lew Tolstoi mit großen Plänen nach Jasnaja Poljana. Das gesamte Haus zu bewohnen lag nicht in seiner Absicht. Er stellte die alte, grünledern bezogene Polsterbank mit den Kupfernägeln in sein Arbeitszimmer sowie zwei, drei Armstühle; vor dem Haus wurde ein Turngerüst aufgebaut, auf den Schreibtisch legte er seine Lebensregeln. Die Aufgaben, die er sich stellte, waren enorm, und ständig kamen neue hinzu. Er lernte Englisch, Latein und studierte Grammatik, außerdem stellte er ein Programm für zwei Jahre auf: »1.) Den gesamten Stoff eines Jurastudiums lernen, soweit er für die Abschlußprüfung der Universität benötigt wird. 2.) Praktische und zum Teil theoretische Medizin studieren. 3.) Sprachen: Französisch, Russisch, Deutsch, Englisch, Italienisch und Latein lernen. 4.) Landwirtschaft in Theorie und Praxis studieren. 5.) Geschichte, Geographie und *Statistik* studieren. 6.) Mir den Lehrstoff der Mathematik für Gymnasien aneignen. 7.) Eine Dissertation abfassen. 8.) Ein Mittelmaß an Fähigkeiten in Musik und Malerei erwerben. 9.) Regeln schriftlich aufstellen. 10. Mir gewisse Kenntnisse in den Naturwissenschaften aneignen. 11.) Aufsätze in sämtlichen zu studierenden Fächern abfassen.«

Vieles ist ausgeführt worden. Ernsthaft beschäftigte sich Lew Tolstoi mit der englischen Sprache, mit Musik und landwirtschaftlichen Problemen.

Letzteres erwies sich als das Schwierigste.

Lew Tolstoi befaßte sich sein Leben lang mit Analysen und analysierte die Welt durch das Prisma seiner selbst. Er hatte vor, ein Buch mit dem Titel *Vier Entwicklungsepochen* zu schreiben, schrieb *Kindheit* und *Knabenjahre* und begann an der *Jugendzeit* zu arbeiten, wobei er vorhatte, sein kaukasisches Material und die Lebensanalyse dieser Periode zu verwerten. *Die Kosaken* sind das Werk, mit dem seine Jugend abschließt. Aber auch *Der Morgen eines Gutsbesitzers* ist Jugend.

Tolstoi sagte sich, ein Roman müsse auf etwas anderem als auf einer Liebesgeschichte aufgebaut werden. In seinem Vorwort zum *Roman eines russischen Gutsbesitzers* heißt es: »Dies Vorwort wendet sich nicht an den Leser, sondern an den Autor. Das wichtigste Grundgefühl, das mich während des gesamten Romanablaufes leiten wird, ist die Liebe zum gutsherrlichen Dorfleben. Szenen, die in der Hauptstadt, in Gouvernementstädten, im Kaukasus spielen, müssen von diesem Gefühl, von der Sehnsucht nach einem solchen Leben durchwirkt sein.«

Das Sujet des Romans soll ein sittliches sein. Glück ist gleichbedeutend mit Tugend, Jugend gebiert Fehler, deren Berichtigung Glück ist. Im Bereich der Nebenthemen (oder Gedanken) werden Gefühle in gute und böse geschieden. Die guten: Mildherzigkeit, Freundschaft, Liebe zur Kunst; die bösen: Ehrgeiz, Berechnung, Leidenschaften, diese wiederum sind unterteilt in: Frauen, Kartenspiel und Wein.

Im *Roman eines russischen Gutsbesitzers* wird ein Zusammenstoß beschrieben zwischen dem Helden und einem Kulaken, der einen Leibeigenen des Helden beleidigt; damit endet abrupt die Skizze.

In *Der Morgen eines Gutsbesitzers* prallt der Gutsherr mit einem Bauern zusammen. Die Kollision erwächst nicht aus einem Kampf zwischen Gut und Böse, sondern daraus, daß der gute junge Mann unfähig ist, Gutes zu tun, und nicht weiß, worin das Gute eigentlich besteht.

Ein Thema wird angeschnitten, das Tolstoi nicht gewählt hatte – es hatte ihn gesucht und gefunden. Der junge Aristokrat findet sich als Waise im Dorf außerhalb seiner gesellschaftlichen Kreise wieder, das Dorfleben berührt ihn unmittelbar und nicht durch den Filter seiner adligen Familie.

Zwischen dem gutherzigen Herrn und seinen Bauern kommt es zur Kollision, ausgelöst dadurch, daß der Gutsherr beabsichtigt, die bäuerliche Wirtschaft in Schwung zu bringen und umzugestalten. Er hält es für seine Pflicht, mehr noch, er meint, niemand außer ihm sei dazu in der Lage.

Es ergibt sich aber, daß er überhaupt nichts tun kann, denn sogar die Leute aus seiner allernächsten Umgebung, das Hausgesinde, das er vom Vater übernommen hat, selbst seine Amme, alle sind sie gegen ihn.

Das Hausgesinde pflegt gemeinhin die Wirtschaft eines Gutsherrn zu lenken, da es zwischen ihm und den Bauern steht. Und es vertritt die Interessen einer bestimmten Gruppe der Bauernschaft, vor allem der wohlhabenden.

Darüber schrieben Wirtschaftler aus dem Adelsstand bereits im 18. Jahrhundert.

Auch später hat sich daran nichts geändert. Nachdem Dolly Oblonskaja auf ihrem heruntergewirtschafteten Gut eingetroffen ist, befaßt sich ein Ältestenrat, bestehend aus ihrer alten Kinderfrau und der Verwalterfamilie, mit dem Wiedereinrenken der verfahrenen Verhältnisse. Die Leute sitzen unterm Fliederbusch, trinken Tee und stimmen ihre persönlichen Interessen ab. Selbstverständlich steht die alte Wärterin subjektiv auf seiten der gnädigen Frau, sie bedauert diese vermutlich und verurteilt sie zugleich.

Schlechter standen die Dinge, wenn ein Gutsherr von Veränderungen der Besitzverhältnisse und der sozialen Beziehungen zwischen sich und seinen Bauern träumte.

Nechljudow – so heißt der Held, auf den Tolstoi mit der Absicht der Selbstbefreiung zeitweilig einen Teil seiner eigenen Interessen und Zweifel überträgt – lebt also auf dem Lande und betritt, mit Notizbuch und Bargeld versehen, die Dorfstraße. Die Menschen, mit denen er gleich reden wird, sind sein persönlicher Besitz, er kann ihnen Befehle erteilen. Er erwartet nicht viel von ihnen: Er möchte den Armen zu gewissem Wohlstand verhelfen, dem Mittelbauern unter die Arme greifen, im reichen Bauern eine Stütze finden, ihn zu seinem Partner machen, dessen Gelder mit seinem eigenen Geld vereinen und Land dazukaufen. Er möchte erreichen, daß die Bauern auf der Suche nach Erwerb nicht mehr zu Fuhrleuten werden, sondern daheim bleiben und sich vom Boden nähren.

Die Bauernhäuser sind baufällig, die Armenkaten halten sich kaum noch aufrecht. Nechljudow kann mit Bauholz aushelfen, außerdem hat er etwas erfunden, vielmehr erachtet er eine fremde Erfindung für anwendbar, nämlich neue Häuser zu bauen, »Gerardsche Steinhäuser«.

Aber Iwan Tschurisjonok, ein Bauer, der als Nachbar Tolstois tatsächlich in Jasnaja Poljana lebt, erbittet vom Herrn nur ein paar Stützstangen, um die total vermorschte Katendecke abzustützen. Das Gespräch spielt sich in des Bauern altersmürber Kate mit den abgesackten Ecken und der verfaulten Schwelle ab. Vor Zeiten waren Kate und Viehställe mit einem gemeinsamen Dach abgedeckt, jetzt sind davon nur noch Streben, Latten und verfaulte Strohfetzen übrig.

Die Bohlen um den Brunnen sind zerfallen, von Brunnenkasten und Laufrad stehen nur noch Reste. Über den Brunnen neigen sich zwei Weiden mit dürftigem, blaßgrünem Laub, auch sie sind geknickt. Iwan Tschurisjonok ist ein Mann in den besten Jahren, mit einem schönen, ausdrucksvollen Gesicht, seine dunkelblauen Augen blicken gescheit, gutherzig und sorglos, seine Beine aber sind krumm, die Haut an Hals und Händen ist rauh und ledern. Der schöne Mann läßt die Schultern hängen. Er trägt weiße Hosen aus Hanfleinen mit blauen Flicken an den Knien und ein schmutziges, an Rücken und Ärmeln durchgewetztes Hemd. Iwan Tschurisjonok bittet um fünf Stützstangen, obwohl er genau weiß, daß an seiner ganzen Kate nicht ein heiles Stück Holz mehr zu finden ist.

Die alte Kate bricht zusammen. Tschurisjonok selbst erzählt, wie die Balkendecke »ihr mit eins einen harten Hieb übern Rücken gedonnert hat [der Frau – V. Sch.], so daß sie bis in die Nacht dagelegen hat wie tot«.

Der Herr macht dem Bauern den Vorschlag, umzuziehen, in ein Haus mit Doppelwänden aus Ziegelsteinen und wärmender Zwischenschicht aus Erde. Der Herr lächelt ein triumphierendes, bescheidenes Kinderlächeln, weil er sich als Wohltäter fühlt.

Die Weiber erheben ein großes Geschrei. Tschurisjonok sieht nun selbst ein, daß nichts Gescheites herauskommen kann.

Zu einem Umzug hat er keine Lust: »Hier haben unsere Hanfschläge seit Urväterzeiten Dung geschluckt, und was wird dort sein? Alles Öde. Kein Flechtzaun, keine Getreidedarre, keine Scheune, nichts, rein gar nichts.«

Der Bauer klammert sich an sein Betteldasein, weil es zumindest »seit Urväterzeiten laufen tut«. Hier hat er seine Tenne, seinen Gemüseschlag, seine Weidenbäume.

Der Bauer möchte, daß man ihn in Frieden läßt.

Er geht zugrunde, obwohl er ein arbeitsamer Bauer ist.

Auf andere Weise geht Juchwanka Mudrjony zugrunde, desgleichen Dawydka Bely, der friedliche, freundliche Mensch, dem die Fähigkeit, zu arbeiten, von Natur aus abgeht.

Nur im sauberen Haus des Reichen, der Bienenstöcke besitzt und fünf Fuhrtroikas laufen hat, klappt alles.

Dem reichen Dutlow macht Nechljudow den Vorschlag: »Kauf doch mit mir zusammen einen Hain im fiskalischen Forst und noch Land dazu.«

Da verschwindet das milde Lächeln vom Gesicht des Alten. Er beteuert, er habe kein Geld für eine solche Erwerbung; daß er welches besitze, sei nichts als üble Nachrede, außer fünfzehn Rubel habe er überhaupt kein Geld.

Nechljudow geht unverrichteter Dinge davon.

Der Alte hat von seinem Standpunkt aus recht: Es steht ihm frei, dem Herrn etwas zu geben, aber vom Herrn etwas zurückzubekommen ist ihm verwehrt.

Wenn der Herr will, zahlt er das Vereinbarte, wenn nicht, läßt er es bleiben. Und wenn der Herr das Land zu veräußern geruht, bleibt die gegenseitige Absprache unberücksichtigt.

Nechljudow ist natürlich nicht Tolstoi, doch lebt Tolstoi hier irgendwo am Rande mit, und Nechljudow könnte sich durchaus als Tolstoi erweisen. Tolstoi aber schrieb in diesen Jahren immerfort an seine Brüder. Im März 1849 bat er Bruder Sergej, die Pferde zu verkaufen und die Teilung der Gontschurowka-Brache zu beschleunigen, weil er sie vermutlich ebenfalls zu verkaufen gedachte. Außerdem schrieb er an den Verwalter vom Waldverkauf, im April wiederum an Bruder Sergej wegen eines Verkaufs. Und an dieselbe Adresse vierzehn Tage darauf: »Sieh zu, daß Du mit den Kaufleuten bald irgendwie zu Rande kommst.«

Im Mai bittet er den Bruder, Malaja Worotynka, ein Vorwerk mit zweiundzwanzig Seelen, zu verkaufen, und gleichfalls im Mai fordert er, Land und Getreide sollten doch alsbald verkauft werden. Im Dezember des folgenden Jahres bemüht er sich um eine zweite Hypothek und schreibt an Tante Jergolskaja, schon wieder um Geld.

Er brennt lichterloh, er verkauft, er hastet und stiftet Verwirrung. Wer möchte schon einen solchen Herrn zum Kompagnon, zum Geschäftsgenossen? Dabei könnte ja Dutlow sein Geld verlieren.

Der Herr macht Dummheiten. Es ist Nacht, der Mond scheint, dem Diebsgesindel eine Warnung, solch eine helle Nacht. Der Herr aber schläft nicht, er spielt mit seinen großen Händen auf den verzogenen, vergilbten Tasten von Tantes Flügel, manchmal packt er den Hund und klatscht mit den gelben Hundepratzen auf den Tasten herum.

Er übt an der Turnstange, er hängt mit dem Kopf nach unten und spricht auch so mit seinem Verwalter, erteilt ihm so seine Befehle. Nun ja, der Herr ist ein guter Herr, aber Geld braucht er besser nicht zu sehen.

Herrensachen sind Herrensachen. Da ist's schon besser, man verzieht sich ins ferne Odessa als Fuhrmann.

Nicht Tolstoi sehnt sich danach, sein Nechljudow tut es. Er ist es, der gern der Fuhrmann Iljuschka wäre. Er träumt: »Er sieht Odessa und das ferne blaue Meer mit den weißen Segeln, und die Stadt Zargrad mit goldenen Häusern und weißbrüstigen, schwarzbebrauten Türkenfrauen, dort fliegt er hin, in die Luft gehoben von unsichtbaren Flügeln. Frei und leicht fliegt er weiter und immer weiter, und er sieht unten goldene Städte, von leuchtendem Strahlen übergossen, und den blauen Himmel sieht er mit vielen Sternen und das blaue Meer mit weißen Segeln darauf, und er genießt den Flug, und er fliegt fröhlich weiter und weiter.«

Er ist jung, er ist stark, er ist von Adel, bald wird er von der Heroldie seine Adelsbriefe erhalten, und wiewohl schon zur Hälfte vermögenslos, besitzt er immer noch Haus und Land. Er weiß in der Musik Bescheid, spricht verschiedene Sprachen, dennoch treibt es ihn fort, und wär' es ans Ende der Welt, er möchte fliegen, immer weiter und weiter, er sehnt sich danach wie jener arme Teufel bei Gogol, nichts mehr sehen zu müssen, gar nichts mehr.

»Setz dich zurecht, mein Kutscher, klinge, mein Glöckchen.«

Tolstoi liest

Auf Jasnaja Poljana befaßte sich Lew Tolstoi intensiv mit wirtschaftlichen Fragen; daß die Bauern so arm waren und das Gut keinen Gewinn abwarf, kam, so schien es ihm, daher, daß die Leute die Arbeit nicht richtig anpackten, falsch pflügten, säten und droschen und nicht das richtige Vieh züchteten.

Er selbst konstruierte und baute eine Dreschmaschine, von der im *Morgen eines Gutsbesitzers* die Rede ist. Die Maschine wurde vor den

Augen aller Dörfler erprobt, sie quietschte und rumpelte, drosch aber nicht, und die Bauern lachten.

Beim Nachbarn Gagarin auf dem Gut Sergijewskoje wurden Tiroler Zuchtkälber verkauft.

Lew Tolstoi fuhr hin, um die neue Rasse zu besehen.

Die Bullenkälber waren entzückend, stumpfnasig, braun das Fell, Ringe um die Augen, mit rosa Mäulchen, sie rochen kräftig und angenehm. Tolstoi blieb beim Verwalter über Nacht und erbat sich zum Einschlafen etwas zum Lesen, vielleicht griff er auch nach dem nächstliegenden Buch. Gedichte. Er begann zu lesen und las das Buch zu Ende, er fing wieder von vorn an, und so kam es, daß er bis zum Morgen kein Auge zutat. Es war Puschkins *Eugen Onegin.*

Das geschah, als Lew Tolstoi achtzehn Jahre alt war.

Das Buch war ihm im rechten Augenblick in die Hände gefallen, als er bereits denken konnte und Leseerfahrung hatte. Der junge Gutsbesitzer wurde um eine Erfahrung reicher: Alles, was er um sich herum sah, konnte nicht nur beschrieben, sondern auch auf dem Wege der Beschreibung mittels Analyse begriffen werden. Vermutlich kannte Tolstoi damals schon seinen Sterne, Zitate aus dessen Werken finden sich bei ihm nicht von ungefähr, Sterne hat ihn gelehrt, die Fäden des Guten und des Bösen, die im Leben so stark verflochten sind, zu entwirren.

Von Rousseau und Sterne hatte Tolstoi gelernt, menschliches Gefühl zu achten. Sterne allerdings spielt mit dem Gefühl, mit der Beschreibung, er betrügt den Leser, kokettiert mit seiner Überlegenheit ihm gegenüber, bremst künstlich den Handlungsablauf, indem er sich bei der Gefühlsbeschreibung aufhält. Er lehrt die Menschen, das Gefühl zu verstehen, aber auch die Handlung hintanzusetzen.

Bei Puschkin stehen hinter den Gefühlen des Eugen Onegin, der Tatjana, des Lenski nicht nur menschliche Empfindungen, sondern auch ernsthafte menschliche Beziehungen. Ein Plan der menschlichen Seele lag gleichsam auf dem Meßtischblatt des Landes und wurde in die Geschichte des Landes eingebaut.

Der Autor liefert verschiedene Interpretationen seines Helden, er nimmt es auf sich, über ihn zu urteilen, verfolgt sein Wachsen.

Die Nacht, die Tolstoi über dem *Eugen Onegin* verbracht hatte, war die Geburtsstunde eines neuen Verhältnisses zur Literatur, wobei er vom Lesenden zum Schreibenden wurde.

Sehr früh schon verlangte Tolstoi von der Literatur, daß sie erzieherisch wirken solle. Er erkannte die Seele, um sie umzugestalten.

Anfänglich hatte er recht naive Vorstellungen von seinen Aufgaben. Wir finden bei ihm ein Fragment mit der Überschrift *Wozu*

Menschen schreiben. Es ergibt sich: Sie schreiben, um gelesen zu werden. Sie lesen, um glücklich zu werden, um aber glücklich zu werden, muß man tugendhaft sein, Menschen zu vernünftigen Handlungen bewegen, nicht aber ihre Leidenschaften fördern, die sie zu unvernünftigen Handlungen verführen. Tugend heißt die Leidenschaften der Vernunft unterwerfen.

Das sind Zeilen, die ein Jüngling geschrieben hat. Dies scheint noch zum 18. Jahrhundert zu gehören.

Während der Überragende wächst, wendet er die ganzen Kulturschichten um, und beackertes Feld erweist sich für ihn als Neuland.

In seiner frühen Knabenzeit hatte Tolstoi ein recht mittelmäßiges Werk von D. N. Begitschew gelesen. Von einem klugen Journalisten namens Nikolai Polewoi gründlich redigiert, erschien es 1832 und hatte großen Erfolg. Darin wird das Leben des damaligen Adels auf verschiedenen Ebenen dargestellt, sein Titel lautet: *Familie Cholmski. Einige Züge der Sitten und der Art und Weise des Familien- sowie Einzeldaseins russischer Edelleute.*

Die Menschen in diesem Buch ähneln stark jenen aus Lew Tolstois Umgebung.

Es sind gescheite Leute, die sich für Musik und Kartenspiel begeistern, Duellanten, Liebhaber von Zigeunergesang, vor allem aber sind es erniedrigte Menschen.

Trotz seiner recht bescheidenen Qualität bewies das Buch Lew Tolstoi, daß ein realistischer russischer Roman durchaus denkbar war. Dieser Adelsroman steht zwischen dem Roman der Nachdekabristenzeit und dem neuen, dem Tolstoiroman.

Kunst wird durch gemeinsame Arbeit der ganzen Menschheit geboren, sie enthüllt augenblicklich, was uns eigen ist, aber auch das, was wir vom Mitmenschen erfahren haben. Sie verwertet frühere Beziehungen der Menschen untereinander, teilt ihnen jedoch auch bisher Unbekanntes über ihre Seele mit.

Tolstoi war entzückt, oder präziser, er war zutiefst betroffen von der uns Heutige naiv anmutenden Erzählung von Grigorowitsch *Anton der Pechvogel,* der Geschichte eines verarmten Bauern, und er schrieb 1893 aus Anlaß des fünfzigjährigen Schriftstellerjubiläums von Grigorowitsch an den fast schon vergessenen alten Mann: »Sie sind mir teuer ... besonders dank dem unvergeßlichen Erlebnis, das mir neben den *Aufzeichnungen eines Jägers* Ihre ersten Erzählungen vermittelt haben. Ich erinnere mich an die tiefe Rührung und das Entzücken, die mich erfaßten, als ich, damals ein Sechzehnjähriger, der nicht wagte, sich selbst zu vertrauen, Ihren *Anton der Pechvogel* kennenlernte und so die freudvolle Entdeckung machte, daß der russische

Mushik, unser Ernährer und, man möchte sogar sagen, Lehrer, beschrieben werden kann und muß ohne billigen Spott und nicht zum Zwecke der Landschaftsbelebung, nein, daß er beschrieben werden kann und muß in Lebensgröße, nicht nur mit Liebe, sondern mit Respekt und sogar mit andächtigem Herzbeben.«

Auch Lermontows *Ein Held unserer Zeit* gehörte damals zu Tolstois Lektüre, er las das Buch auf seine Art; vermutlich lernte er bei Lermontow, genaue geographische Beschreibungen anstelle romantischer Landschaften in ein Kunstwerk einzubauen und dem romantischen Helden den einfachen Menschen gegenüberzustellen.

Die russische Literatur gab Tolstoi sehr viel, indem sie ihn das Handwerkliche lehrte. Er begann zu schreiben inmitten eines ganzen Chors von großen und mittelmäßigen Schriftstellern.

Ihm fehlte Leben, ihm fehlte Biographie.

Was aber die Tiroler Kälber betrifft, die er zu kaufen beabsichtigte, so scheint er sie damals zwar nicht gekauft, die Absicht jedoch auch nicht aufgegeben zu haben.

Auf dem Gutshof

Es gab einmal eine Zeit, da die Dekabristenbewegung gleich einem riesigen Magneten über das Eisenstück Rußland hinstrich und das Beste aus dem Adel an sich zog. Tolstoi stellte absolut zutreffend fest, daß dieser Magnet die bäuerlichen Schichten unberührt gelassen hatte.

Umsonst ließ sich Dmitri Tolstoi, der Vertrauensvolle, von Gogol aufs Dorf schicken, um Gutes zu tun. Gogol selbst hatte ja geschrieben, die Geschichte blicke ihn mit dem Gesicht eines Postmeisters an und knurre: »Keine Pferde.«

Die Geschichte war abgeschlossen, die Bewegung war zum Stehen gekommen, die Besten waren umgebracht worden.

Der Traum aber wuchs.

Bestushew starb im Kaukasus, Puschkins Aleko war mit seinem Bären zu den Zigeunern gegangen, weg, weit weg, immer weiter, weil er nichts mehr sehen wollte, weit weg von der ungelösten Frage, was sie anfangen sollten mit ihrem Gewissen, mit Rußland, mit der Bauernschaft, sie, die sie jung waren und gut und stark.

Was treibt ihn aus dem Vaterhaus, was läßt ihn zum Heimatlosen werden? Doch nicht etwa Schulden!

Dostojewski, der sich selbst viele Male verraten hat, beschwor in seiner Rede zum Puschkinjubiläum die Schatten von Aleko und Eugen Onegin und sagte, der Heimatlose Rußlands brauche das Glück der ganzen Welt.

Lew Tolstoi hatte erst kürzlich in einem fremden Gefährt Platz genommen, als sein Cousin nach Sibirien reiste. Er allerdings fuhr zunächst nach Petersburg. Man schrieb Februar 1849.

Leise glitt der Schlitten, gefertigt in Jasnaja Poljana, gezogen von Pferden aus Jasnaja Poljana, durch die schneebedeckte Stadt. Weiß schimmerten die zugefrorenen Augen der Häuser. Weiß waren die Dächer. Weiß die Newa.

Lew Tolstoi wohnte in der Malaja Morskaja, Ecke Wosnessenski-Prospekt. Er suchte nach alten Bekannten und fand neue. Er stöberte den alten Freund Wolodja Miljutin auf, der als Gymnasiast den Tolstoibrüdern als letzte Neuigkeit mitgeteilt hatte, es »gebe keinen Gott«. Jetzt, nach zehn Jahren, war er Schriftsteller. Er schrieb: »Vollkommenheit besteht für den einzelnen Menschen wie für die gesamte Menschheit in harmonischer, allseitiger Entwicklung seiner Fähigkeiten und Kräfte und in lückenloser Befriedigung sämtlicher ihm von Natur und entwickelter Bildung eingegebenen Bedürfnisse. Mit anderen Worten, die wahre Berufung der Menschheit besteht in ununterbrochenem Streben nach Glück, nach Seligkeit, dem Streben danach, ihren Wohlstand in physischer, materieller, geistiger und sittlicher Beziehung zu entwickeln.«

Dieser Glaube trat an die Stelle des Gottesglaubens. Hinter den schlichten Worten verbirgt sich der aufbrodelnde Gedanke der sozialen Umgestaltung.

Damals war ein neuer Gedanke wie ein Magnet über Rußland hingestrichen, der Gedanke einer völligen Umgestaltung der Welt, der Umwandlung der Sklaven- und Nichtstuerstädte in Städte der Freiheit und der Harmonie. Das war die Idee der Weltumgestaltung, der neuen Liebe, neuer Produktionsverhältnisse. Das Wort »Sozialismus« wurde in Rußland laut, wenn man auch noch nicht genau wußte, was es bedeutete.

In Tolstois Tagebuchheften finden wir erregte, erstaunte Worte; Tolstoi grübelte über den Begriff der Volkskunst nach und schrieb: »Soll der höchste Gesellschaftskreis nur immer voranschreiten, auch das Volk wird nicht zurückbleiben; es wird zwar nicht mit dem höchsten Kreise verschmelzen, aber es wird ebenfalls vorankommen.«

Weiter schreibt er: »Wozu verfeinerte Dinge reden, wo so viele große Wahrheiten ausgesprochen sein wollen?« und fährt fort: »Sie suchten den Stein der Weisen und entdeckten eine Menge chemischer Verbindungen. Sie suchen nach Tugenden aus dem Gesichtswinkel des Sozialismus, will sagen, nach dem Fehlen von Lastern, und werden eine Menge nutzbringender moralischer Wahrheiten entdecken.«

Er meint den utopischen Sozialismus als System, das Dinge vorschrieb, die noch nicht entdeckt waren.

Auch Dostojewski schrieb über die Suche nach dem Stein der Weisen und über die Chemie: in seinen Aussagen im Petraschewzenprozeß, wo er versuchte, den Richtern die Unschädlichkeit von Utopien und deren Zukunftsferne zu beweisen.

Und auch Marx erwähnt ja das gleiche: »Die ersten Sozialisten (Fourier, Owen, Saint-Simon etc.) mußten sich – da die sozialen Verhältnisse noch nicht genug entwickelt waren, um der Arbeiterklasse die Konstituierung als politische Partei zu ermöglichen – auf Träume von der *Mustergesellschaft* der Zukunft beschränken und alle Versuche, wie Streiks, Koalitionen, politische Aktionen, verurteilen, die von Arbeitern unternommen worden waren, um ihre Lage etwas zu verbessern. Wenn wir aber kein Recht haben, diese Patriarchen des Sozialismus zu verleugnen, ebensowenig wie die modernen Chemiker das Recht haben, ihre Väter, die Alchimisten, zu verleugnen, müssen wir uns doch hüten, in ihre Fehler zurückzufallen, die, würden sie von uns begangen, unverzeihlich wären.«

Tolstoi ist Alchimist geblieben, ihn reizte wie der Stein der Weisen die Tugend, die alles in Gold des Glückes verwandeln sollte, ohne die Grundlagen der Gesellschaft anzutasten.

Er hielt Freundschaft mit W. A. Miljutin und schrieb 1849 aus Petersburg an den Bruder, er beabsichtige »für immer und ewig in dieser Stadt zu bleiben«. Er zählte seine neuen Bekannten auf, behauptete, sie seien denen in Moskau haushoch überlegen, er dachte an Staatsdienst und flehte, wie könnte es anders sein, um den Verkauf des Sawin-Waldes, um Vorschuß, gleichgültig, woher, um den Verkauf der Getreideernte.

Er bummelte in Petersburg, amüsierte sich mit Kostja, Konstantin Islawin, dem illegitimen Sohn Islenjews.

Konstantin war dilettierender Musiker von brillantem Talent. Mancherlei, was Tolstoi in seiner Jugend tat oder unterließ, geschah in Nachahmung Konstantins. Er notierte am 29. November 1851 in sein Tagebuch in Tiflis: »Meine Liebe zu Islawin hat mir ganze acht Monate meines Aufenthaltes in Petersburg verdorben. Ich war, wenn auch unbewußt, um nichts anderes bemüht, als ihm zu gefallen.«

Konstantin selbst, ein Mensch ohne Heimstatt, unfähig, sich eine Position in der Gesellschaft zu erobern, der Mann, der Sergej Nikolajewitsch Tolstoi nahezu neidvoll als »dräuenden Herrscher über dreihundertdreizehn Sklavenseelen zu Pirogowo« zu bezeichnen pflegte, erwies sich für Lew Tolstoi als Mephistopheles. Beide, Lew und Sergej, besaßen Leibeigene. Konstantin Islawin besaß lediglich Barmittel, die ihm der Vater auf verschlungenen Umwegen zukommen ließ.

Er gehörte zu Tolstois Kreisen, war aber völlig wurzellos. Er war der Onkel Sofja Andrejewnas, der künftigen Ehefrau Lew Tolstois, und wurde späterhin auf Jasnaja Poljana »Onkel Kostja« genannt.

Lew Tolstoi stattete seine Petersburger Zimmer mit Möbeln aus, was bei ihm selten vorkam, er gab sich dem Spiel hin, borgte sich Geld, stürzte sich in Schulden, zugleich aber reifte und schrieb er.

Er legte in Petersburg seine Kandidatenexamina ab, sogar mit Erfolg. So überdurchschnittlich seine Begabung und sein Gedächtnis auch waren, arbeiten mußte er doch. Er bestand zwei Prüfungen in Strafrecht und reiste plötzlich mit einem Deutschen namens Georg nach Jasnaja Poljana.

Im Mai hatte er sich seine Papiere zurückgeben lassen, nach Geld gesucht, hatte als Junker in den Ungarnfeldzug gewollt und verkroch sich statt dessen in Jasnaja Poljana.

Er versuchte, neu bewaffnet ins Leben einzudringen, zu überwinden, was Olenin die »unharmonische Vergangenheit« nennt. Er kehrte nach Jasnaja Poljana zurück, und was dann folgte, war Zigeunerjuchhei und Georgs Musizieren, aber auch, wie immer bei Tolstoi, Studium der neuen Musik.

Zunächst beobachtete er sich mißmutig und kindisch selbst, hielt sich selbst Strafpredigten, führte ein Strafjournal über sich.

Erwähnenswert ist, daß er immer über sich schrieb, wenn er unzufrieden war. Seine Tagebücher sind Aufzeichnungen von Fehlschlägen, Irrtümern, peinlichen Situationen. Seine Arbeit erwähnte er häufig, aber kurz. Daher ist man jedesmal überrascht, wenn von Geglücktem die Rede ist.

Nicht nur die Gutsnachbarn, auch die Brüder hielten Lew Nikolajewitsch für einen Hohlkopf.

Der Deutsche Georg wohnte in der Orangerie, die noch vom Großvater Fürst Wolkonski stammte. Dort wuchsen Pfirsichbäume, die Früchte reiften und hätten nach Tula oder Moskau verkauft werden können, statt dessen taten Zigeuner sich daran gütlich.

Der junge Graf ließ alte Gesindeleute kommen, man suchte und fand in deren Behausungen Violinen und Flöten, sie spielten eigentümliche Weisen, schlimmer als Zigeunergesang, Melodien ohne Worte.

Es ging laut zu in Tolstois Haus, Bruder Sergej kam mit Zigeunern angefahren, man sang, praßte und zechte. Sergej kaufte dem Chor gegen eine bedeutende Summe die Zigeunerin Mascha Schischkina ab, lebte lange Zeit mit ihr, heiratete sie schließlich. Beinahe hätte er auch Bruder Lew mit einer Zigeunerin verheiratet, zunächst aber brachte er ihm die Zigeunersprache bei.

Dazumal begeisterte man sich allenthalben für Zigeunergesang. Apollon Grigorjew sang zur Gitarre Zigeunerromanzen und komponierte selbst welche mit nur halb verständlichen Zigeunertexten. Mit ihm lauschte und sang leise ein Offizier der Pioniere, der künftige große Physiologe Setschenow, Lehrer Pawlows, des Schöpfers der Reflextheorie.

Auf Jasjnaja Poljana liebte man die Zigeuner. Der große Saal mit den zwei Fensterwänden füllte sich mit kraushaarigen Menschen, schwarze Augen funkelten, Gesichter schimmerten dunkelrot wie Ziegel. Alte Frauen fuchtelten mit den Armen und ließen schrille Stimmen ertönen, Männer wandelten umher, bekleidet mit hellblauen, die schlanken Taillen knapp umschließenden Kasacks, weiten Pluderhosen und Stiefeln, Frauen in fuchsfellgefütterten Atlascapes und leuchtenden seidenen Kopftüchern. Sie legten die Capes behutsam auf Stühle und zeigten ihre teuren, geschmackvollen, farbenfrohen altmodischen Gewänder.

Man plauderte und lärmte. Das Kommando hatte Bruder Sergej. Ein langhaariger Zigeuner setzte sich dann, schleuderte mit dem Bein die Gitarre auf seinem Schenkel zurecht, griff einen Akkord und gab die Melodie an:

»Wenn du, du mich, ach, hören könntest . . .«

Der Chor sang harmonisch und getragen die Begleitung.

Der anfänglich getragene Gesang wurde immer munterer, schwoll zu ungewöhnlicher Stärke an und zeugte von unnachahmlicher Kunstfertigkeit. Plötzlich verstummte er. Wieder erklang der erste Akkord, das gleiche Motiv wurde wiederholt von einer zarten süßen, melodischen Stimme, unter unglaublich originellen Verzierungen und Intonationen schwoll sie immer kraftvoller, immer nachdrücklicher an, dann übernahm, unmerklich einfallend, der Chor die Führung.

Tolstoi liebte Zigeunergesang und beschrieb ihn häufig und auf verschiedene Weise. Er lebte in den Intervallen zwischen den Anregungen, die ihm der Sturm des Zigeunergesanges zutrug. Er spürte darin die weite, freie Steppe, die Absage an alles Gewohnte, alles bereits Entdeckte, er spürte einen Zug, der über Verluste in Weite und Freiheit führte. Zehnmal konnte er ein Lied aufschreiben, allein und mit Georg, und er staunte immer wieder über die Mannigfaltigkeit der Weisen.

Er liebte es, wenn Zigeuner altertümliche, schöne russische Lieder sangen. Hierin deckte sich sein Geschmack mit den Neigungen der Brüder und Freunde, nur versuchte er vom ersten Augenblick an dahinterzukommen, was Musik war, indem er sie aufgliederte in die Rezeption des Musizierenden und die des Musikhörenden.

Eine Analyse betrifft das Wesen der Musik »auf dem Papier, auf dem Instrument und für unser Ohr«. Mit der ihm eigenen Gründlichkeit untersuchte Tolstoi »die Relation von Tönen in der Relation der Kraft« und erfand auch sogleich ein Schema für das Musikstudium, das er graphisch darstellte; es erinnert an die graphische Darstellung eines großen, verzweigten Industriebetriebes mit zahlreichen Filialen.

Seltsam, sich vorzustellen, daß parallel zur Tätigkeit des Theoretikers und Schematikers wilde Feste stattfanden und Zigeuner im Saal des großen, schlecht möblierten Hauses von Jasnaja Poljana sangen.

Sie sangen bis zum Morgen, bis die unverhängten Fenster sich aufhellten.

Eine Zigeunerin – Tolstoi erinnerte sich später in der Staniza Starogladkowskaja an sie – sprach unaufrichtige Liebesworte zu ihm.

Er erinnerte sich daran in jener trübsinnigen Stimmung, die der Inspiration voranzugehen pflegte.

Sein erstes literarisches Vorhaben war die *Erzählung aus dem Zigeuneralltag.* Über den Zigeunergesang sollte er fünfzig Jahre später schreiben, in seinem Theaterstück *Der lebende Leichnam.*

Wenn das Leben den Menschen nicht augenblicks erhebt, wird Sehnsucht nach bis dahin Unvollbrachtem erzeugt.

Tolstois Altersgenossen versuchten, ihre Sehnsucht mit Zigeunergesang und Kartenspiel zu kurieren. Ihre Fröhlichkeit war unfroh. Tolstoi quälte sich beim Anblick seines ach so fröhlichen, gescheiten und geliebten Bruders Nikolai.

Die Karten kamen, gingen, kamen wieder in den verschiedensten Kombinationen, fungierten gleichsam als Schicksal, sie schenkten sogar Schicksal, nämlich Hoffnung auf Gewinn. Sie stellten sich zwischen den Menschen und die unbarmherzige Zeit, und sie schützten den Menschen vor ihrem Zugriff.

Auf Jasnaja Poljana, im Kaukasus, in Sewastopol und Petersburg, überall spielte Tolstoi übermäßig viel. Nun, seine Tante, die Jergolskaja, legte Patiencen, auch das war ein Trost für einen Menschen mit unvollendetem mißlungenem Lebensweg.

Tolstoi mußte es zwangsläufig schwerfallen, sich zu vergessen, denn er lebte in einem Dorf, das er in- und auswendig kannte.

Die Zigeunerlieder verklangen. Auf den alten, intarsienverzierten Spieltischen mit ihren Mulden für Spielmarken lagen Karten. Die Kerzen waren verloschen.

Über den Parkbäumen schwebte zwischen aufeinanderprallenden und scheinbar stillstehenden Wolken die Sonne empor.

In der Lücke zwischen den Bäumen wolkte über Pflugscharen und frühlingshaft dürren Risten der Bauernpferde grauer Erdstaub. Dort pflügten sie: Iwan Tschurisjonok, Juchwanka Mudrjony, Dawydka Bely.

Abseits, hinter wohlgepflegten Pferden, zog Karp Dutlow, rotbärtig und finster, eine gerade Furche.

Tolstoi beabsichtigt, mit dem Schreiben zu beginnen. Er schreibt

Lärmvoll, sinnlos, bunt wechselten die Tage des jungen, kraftvollen, begabten Mannes, der zwischen Jasnaja Poljana, Tula, Moskau und Petersburg hin und her hetzte.

Er schwankte zwischen brodelnden Leidenschaften und einem Übermaß an Tugendhaftigkeit.

Auf sich selbst gestellt, erzog er sich mit außergewöhnlicher Strenge und erreichte nach zahlreichen Fehlschlägen zumindest soviel, daß er sich selbst klar zu erkennen vermochte.

Große Menschen nutzen das Material, sogar Andeutungen von Wissen, das ihnen ihre Zeit bietet, sehr intensiv.

Im vierten Teil des Romans *Familie Cholmski* von Begitschew beobachtet die lebenskluge Stiefmutter bei der Erziehung ihres begabten, aber leichtsinnigen Stiefsohnes Pronski, daß der junge Mann zu entgleisen droht.

»Pronskis Eintritt in die Armee war dadurch gekennzeichnet, daß er mehrere Male volltrunken war, 20.000 Rubel gegen Wechsel verspielte, zum Duell antrat und eine leichte Verwundung davontrug.«

Die Pronskaja hält ihrem Stiefsohn eine lange Gardinenpredigt und erklärt, wie notwendig es sei, »die Methode Franklins anzuwenden, der den Nutzen derselben an sich erprobt habe. Diese bestehe darin, seine eigenen Mängel und Laster aufmerksam unter die Lupe zu nehmen und hernach von Sonntag zu Sonntag Wochentabellen aufzustellen. In diesen sollte man einzelne Spalten für die bei sich selbst entdeckten Mängel reservieren und sich täglich vor dem Schlafengehen Rechenschaft darüber ablegen«.

Begitschews Schreibweise war ziemlich weitschweifig, ich fasse mich kürzer: Man kreuze jeden Abend das Laster an, dessen Opfer man tagsüber geworden ist.

Das erinnert irgendwo an ein Klassenbuch. Jedoch bietet die Pronskaja an gleicher Stelle die zehn Regeln Franklins an, eine Art verbesserter Zehn Gebote, die Mose unter gewaltigem Donner und Blitz auf dem Berge Sinai empfangen hatte.

Franklins Regeln beinhalten Nüchternheit, Sparsamkeit, Reinlichkeit, Gelassenheit usw. Pronski beginnt nach diesen Regeln zu leben: »Er erfreute sich blühender Gesundheit, war unentwegt tätig, zuverlässig in seinem Amte ... Er versah seinen Dienst mit viel Glück, so daß er mit fünfundzwanzig Jahren zum Obersten befördert wurde.«

Das naive Schema wird untermauert durch Franklins Gebet, das zitiert zu werden lohnt, weil sich darin die außerordentliche Ratio und eigentlich auch die Unfrömmigkeit des Quäkers Franklin offenbaren. Das Gebet beginnt: »O allmächtiges Wesen, mildtätiger Vater, barmherziger Mentor! Vermehre in mir das Gefühl für das Erkennen meiner eigenen Vorteile im Üben der Tugend. Festige in mir die Absicht, selbigen Gefühlen zu folgen.«

Uns fällt der erstaunlich direkte Hinweis auf die persönlichen Vorteile des Betenden auf.

Lew Tolstoi akzeptierte das System, weil es so gar nicht zu ihm paßte. Mühevoll zog er Tabellenlinien, sorgfältig beobachtete er sein Tun, wobei das und sein Wissen um sein eigenes Ich bis ins Unendliche über die Spalten des Franklinschen Tagebuches hinausragten.

Und doch war besagtes Tagebuch von großer Bedeutung, weil es Tolstoi zwang, sein Verhalten täglich aufzurechnen und somit seine zügellose Wesensart milderte.

Indessen standen Tolstois Selbsterkenntnis und Franklins bereits hundertjährige, typisch quäkerhafte und streng amerikanische Weisheit in schreiendstem Widerspruch zueinander. Tolstoi lebte nach einem System, zog aber die Bilanzen seines Verhaltens nach einem völlig anderen. Es war, als nähme jemand einen Zollstock zur Hand und wollte mittels dieser hölzernen Meßvorrichtung die Bewegung der Atome messen.

Lew Tolstoi darf nicht nach seinen Tagebüchern beurteilt werden, auch wenn sie wahrheitsgetreu sind: am wenigsten darf man sich auf die Zensuren verlassen, die er mit seinen Reuegefühlen sich ausstellte.

Blindes Vertrauen in seine Notizen wäre fehl am Platze, weil er als junger Mensch seinen Weg ausschließlich mit Schattenstrichen zeichnete: Gelungenes schimmerte nur leise durch wie ein beim schnellen Tippen hart angeschlagener Punkt.

Tolstois starker Wille, sein ungewöhnlicher, täglicher schriftstellerischer Fleiß, der ihn in Moskau, in der kaukasischen Staniza, auf den Bastionen von Sewastopol unter Beschuß wie auch später während der Wanderungen über die Alpen zum Schreiben anregte, findet in den Tagebüchern ebenfalls seinen Niederschlag, jedoch für gewöhnlich als Reuebekenntnis, weil er zu wenig geleistet habe.

Man kann nur staunen, wie wenig erfolgreich all seine Bemühungen waren. Er erlitt immer dann Niederlagen, wenn er Vernunft walten lassen wollte.

Im November 1850 trat er als Kanzleiangestellter Erster Klasse bei der Tulaer Deputiertenversammlung in den Dienst der Gouvernementsverwaltung. Damit setzte seine zivile Dienstkarriere ein, und das mußte sogar als Glücksfall gelten, weil Tolstois Abschlußzeugnis der Universität ebensoviel wert war wie das einer mittleren Lehranstalt und nur zur Einstufung in die Zweite Klasse berechtigte. Beziehungen verhalfen Tolstoi zur Ersten Klasse.

Was weiter werden sollte, blieb unklar. Der Dienst in Tula war für den jungen Grafen wenig attraktiv und obendrein eine magere Pfründe. Außerdem waren Tolstois Adelspapiere nicht in Ordnung, vermutlich waren einige Dokumente in Großvaters Haus beim Brand von Moskau verbrannt, denn auch Nikolai Iljitsch besaß sie nicht.

Lew mußte sich somit um die Ausstellung neuer Papiere bemühen. Daher der Brief an die Adels-Abgeordnetenversammlung zu Tula vom 18. Dezember 1850.

In der Anlage befanden sich Bescheinigungen zahlreicher Adliger zu Tula, die um die Zusammenhänge wußten, sowie »eine kurzgefaßte Stammtafel der Grafenfamilie Tolstoi«, die einen Fehler, genauer, eine Lücke enthielt.

Diese Bittschrift war der Auftakt zu einer Flut von Sorgen.

Zunächst blieb nur dies: mit Georg Musiktheorie zu studieren, aus Musikern des seligen Großvaters ein Orchester zusammenzustellen und der vornehme Anführer von Leuten zu sein, die ihren Platz im Leben verloren hatten, jedoch Kunstliebhaber waren. Es blieb, von Zeit zu Zeit nach Moskau zu reisen, bei vornehmen Bekannten und Verwandten großmütterlicherseits Visite zu machen und die Abende in den Zigeunerzelten bei Sokolniki zu beschließen.

Zu jener Zeit beschäftigte Tolstoi sich mit Lektüre und Schriftstellerei und vollendete seine literarische Erstlingsarbeit, die *Geschichte des gestrigen Tages.* Sie war ein Treffer, wurde allerdings erst vierundsiebzig Jahre später, nämlich im 1. Band der Jubiläumsausgabe, gedruckt und in den Anmerkungen lediglich als detaillierte Aufzeichnung von Ereignissen des 24. März 1851 gewertet.

Davor aber hatte Tolstoi sich vorgenommen, die Geschichte seiner Kindheit zu schreiben.

Der Januar 1851 brachte dem Kanzleiangestellten Lew Tolstoi eine Menge Sorgen und die Mühe, Ordnung in seine Psyche zu bringen. Im Verlauf dieses Monats trug er in sein Tagebuch nur acht kurze Notizen ein, die sich auf den ersten Blick nicht enträtseln lassen.

Es war geplant, eine Poststation bei Jasnaja Poljana zu pachten, was sich günstig darstellte bei eigenem Hafer und eigenen Pferden, und weil Tolstoi ja gleich daneben wohnte.

Das Geld fehlte.

Er wollte Fürst Stscherbatschow als Kompagnon gewinnen, nur war dieser ebenfalls ein verarmter Edelmann.

Der völlig in die Sackgasse geratene Tolstoi schmiedete Pläne und gliederte sie minutiös in Paragraphen.

Lew Tolstoi war damals leichtsinnig, unbeherrscht und voller Akribie. Wir lesen in einem Tagebuchauszug vom 17. Januar 1851: »Seit dem 14. führte ich mich unbefriedigend auf. – Zum Ball bei den Stolypins nicht gefahren; habe Geld verliehen und sitze ohne einen roten Heller da; alles nur, weil ich willensschwach geworden bin. *Regel: Mindestens fünfundzwanzig Silberkopeken beim Whist setzen.* – Geld habe ich überhaupt keines; dabei sind viele Wechsel fällig geworden; auch fange ich an zu bemerken, daß mein Aufenthalt in Moskau mir in keiner Hinsicht von Nutzen ist, zumal ich weit über meine Verhältnisse lebe. *Regel: Dinge beim Namen nennen. Vor Menschen, die oberflächlich über Gelddinge sprechen, meine finanzielle Situation nicht geheimhalten, im Gegenteil, sich darum bemühen, ihnen Einhalt zu gebieten und sie auf diesen Gegenstand hinzulenken.* – Um meine Finanzlage zu sanieren, habe ich drei sich mir bietende Mittel fast versäumt: 1). *Zu einem Kreis von Spielern Zutritt zu erlangen und, mit Geld versehen, zu spielen.* 2.) Zur Hautevolee Zutritt zu erlangen und, unter bestimmten Bedingungen, zu heiraten. 3.) *Eine Position ausfindig zu machen, die einen günstigen Dienst bietet.* Jetzt bietet sich ein weiteres Mittel: bei Kirejewski Geld borgen. – Keine der vier Möglichkeiten steht im Widerspruch zu den anderen, es gilt zu *handeln.* Aufs Land schreiben, man solle baldigst hundertundfünfzig Silberrubel absenden, zu Oserow fahren und ihm ein Pferd anbieten, weiterhin in der Zeitung annoncieren lassen. Zur Gräfin fahren und abwarten, in Erfahrung bringen, wie es mit Einladungen zum Ball bei den Sakrewskis steht, einen neuen Frack bestellen. *Vor dem Ball viel nachdenken und viel schreiben.* – Zum Fürsten Sergej Dmitrijewitsch fahren und über eine Stellung reden, auch zum Fürsten Andrej Iwanowitsch und um eine Stellung bitten. *Die Uhr ins Leihhaus bringen.*

Jewreïnow fragen, wo Kirejewski wohnt, und zu ihm fahren. Um halb zwei zu Jewreïnow, von dort, wie die Antwort auch ausfallen möge, zu Nikolai Wassiljewitsch.«

Aus den Vorhaben wurde nichts. Vermutlich gelang es ihm lediglich, die Uhr zu versetzen, hingegen ist nirgends zu ersehen, ob Lew Tolstoi zumindest die Adresse des Mannes, den er um Geld angehen wollte, erfahren hat.

Am 18. Januar schrieb er sein Beschäftigungsprogramm auf: »... zur Manege, zur Tschertowa, zu den Gortschakows, zum Fürsten Nikolai Michailowitsch. Gegen Abend die Bank halten. An der *Geschichte des gestrigen Tages* schreiben.«

Er schrieb nicht daran.

Er verliebte sich. Er kaufte ein Pferd, das er nicht benötigte. Dafür aber schrieb er eine Regel auf: *»Keinerlei Kaufpreis bieten für einen Gegenstand, den man nicht benötigt.«*

Dann zog ihn die Inspiration für seine *Geschichte des gestrigen Tages* in ihren Bann. Die kaum begonnene Arbeit ist nicht nur durch ihr Schicksal bemerkenswert, sondern auch durch die unerhörte innere Spannung, die mancherlei in der Literatur vorwegnahm und bereits ablehnte, was erst hundert Jahre später kommen sollte.

Tolstoi war zu jener Zeit Gegner der zeitgenössischen Literatur. Er schrieb:

»Jedermann beschreibt menschliche Schwächen und die Menschen von ihrer komischen Seite, beides wird auf fiktive Personen übertragen, zuweilen treffend, je nach dem Talent des Schreibenden, größtenteils unnatürlich.« Er meinte, wahrer Genuß würde einem erst zuteil, wenn man das fürchterliche Joch, die Angst, sich lächerlich zu machen, abzuschütteln vermöchte.

Die *Geschichte des gestrigen Tages* ist eine Art Beschreibung eines Besuches von Lew Tolstoi bei A. Wolkonski und dessen Gattin. Zwischen dem Buch und Tolstois Tagebuch besteht ein direkter Zusammenhang.

Unter allerlei Selbstbezichtigungen – der Feigheit, der Faulheit, der Streitsucht, des Mangels an Standhaftigkeit und Energie – schreibt Tolstoi: »Gab mich bei den Wolkonskis unnatürlich und zerfahren und konnte bis ein Uhr nicht die Tür finden. (Zerfahrenheit, Demonstrationsbedürfnis und Charakterschwäche.) *Studien für den 25.* Von zehn bis elf Uhr Tagebuch von gestern und Lektüre. Von elf bis zwölf Gymnastik. Von zwölf bis eins Englisch. *Beklemischew und Ber* von eins bis zwei. Von zwei bis vier Reiten. Von vier bis sechs Mittagessen. Von sechs bis acht Lektüre. Von acht bis zehn Schreiben. Etwas aus einer Fremdsprache ins Russische übersetzen, um Gedächtnis und Stil zu schulen. Den heutigen Tag mit sämtlichen Eindrücken und Gedanken, die er erzeugt, aufschreiben.«

Der 25. mißlang. Tolstoi stellte sich eine neue Aufgabe: »Um fünf aufstehen, bis zehn an der *Geschichte des heutigen Tages* schreiben.«

Am 26.: »Eine Stunde später als vorgesehen aufgestanden, gut geschrieben, ebenso gefochten, Englisch getrieben, hastig und *mich selbst betrügend.«*

Am darauffolgenden Tag »bis elf geschrieben, jedoch hastig.«

Am Ende der Aufzeichnung stehen die Aufgaben für den nächsten Tag: »Von acht bis neun Schreiben. Von neun bis elf Geschäfte. Von elf bis eins Lektüre. Von eins bis drei Reiten und Laufen. Von drei bis fünf Mittagessen. Von fünf bis acht Lektüre und Dampfbad. Von acht bis zehn Englisch. Am Morgen die Beschreibung des Vorabends beenden und morgen ins reine schreiben.«

Was verbirgt sich eigentlich hinter solchen hastigen, offensichtlich schuldbewußten Zeilen und der Aufzählung von Fehlschlägen?

Der Beginn eines Buches entstand, das der Autor selbst als Geburt eines neuen Genres einschätzt:

»Ich schreibe die *Geschichte des gestrigen Tages* nicht, weil der gestrige Tag etwa bemerkenswert gewesen wäre oder sich als bemerkenswert ausnehmen könnte, sondern deshalb, weil ich schon längst den Wunsch verspürt habe, von seelischen Verborgenheiten im Leben eines Tages zu erzählen. Gott allein weiß, wieviel verschiedenartige, unterhaltsame Eindrücke und Gedanken, aus denen solche Eindrücke geweckt werden, mögen sie auch dunkel und unklar sein, aber unserer Seele verständlich, sich durch einen einzigen Tag ziehen.

Ließen sie sich in der Weise erzählen, daß ich mich selbst mühelos lesen könnte und auch andere mich ebenso läsen wie ich selbst, könnte ein recht lehrreiches und unterhaltsames Buch entstehen, ein Buch von der Art, daß alle Tinte der Welt nicht ausreichte, es zu schreiben, und alle Drucker der Welt nicht, es zu drucken.«

Die Erzählung strömt in einheitlichem Fluß dahin und scheint nicht einmal grammatikalisch gegliedert zu sein.

Absichtlich ist jede Unterhaltsamkeit der üblichen Art daraus entfernt.

Der Gehpelz der Literatur hat hier sozusagen das Futter nach außen gekehrt.

Es könnte scheinen, als hätte Lew Tolstoi im Vorfrühling 1851 verwirklicht, was heute mit den Namen Proust und Joyce in Verbindung gebracht wird und was 1961 als »Antiroman« bezeichnet wurde.

Jedoch schafft er hier ein Werk, das sich eines Mikroskops bedient, um nicht nur Geschehnisse kleinen Formats zu vergrößern, sondern auch deren Beziehung zur Welt aufzuzeigen. Der Autor erschließt »seelische Verborgenheiten«.

Beginnen wir mit der Analyse. Den Strom des Bewußtseins zu unterbrechen, wird schwierig sein. Die im Seelischen verborgenen Gedanken sind noch nicht durch Logik in ein Abhängigkeitsverhältnis zueinander gebracht.

Ein junger Mann spricht mit einer Frau. Neben dem äußeren läuft ein innerer Dialog ab zwischen Frau und Mann, während der Körper des jungen Mannes seine private Verhaltenslinie einhält, wodurch beide Dialoge abirren.

Die Zeit ist auseinandergeschoben, erweitert, gleichsam verlängert: Während des Gespräches findet der Mann die Zeit, Formen fremdsprachlichen Denkens einzuschätzen, und versucht auf diese Weise, zu entdecken, was denn eigentlich in der Seele der sprechenden Frau vor sich geht.

Die Frau spricht zerstreut, sie strichelt mit Kreide aufs Tuch eines Spieltisches und zeichnet »eine weder durch die Mathematik noch durch die Malerei determinierte Figur, richtet den Blick auf ihren Mann, dann zwischen ihn und mich. ›Lassen Sie uns noch drei Robber spielen.‹ Ich war so vertieft in die Betrachtung nicht der Bewegungen, sondern der Summe dessen, was man Charme nennt und was sich nicht in Worte fassen läßt, daß meine Phantasie sich sehr weit verstieg und ich meine Worte nicht mehr in eine geschickte Form zu kleiden vermochte, ich erwiderte einfach: ›Nein, ich kann nicht.‹ Kaum hatte ich das gesagt, als ich es auch schon zu bereuen begann, d. h. nicht ich als Ganzes, sondern ein Teilchen von mir. Es gibt keine Handlung, die ein Teilchen des Herzens nicht verurteilt hätte; dafür findet sich aber auch immer eines, das ein Wort der Verteidigung spricht: Was macht es schon, wenn du erst nach Mitternacht zu Bett gehst, weißt du denn, ob dir jemals wieder ein so geglückter Abend bevorsteht? Dies Teilchen muß sehr beredt und überzeugend gesprochen haben (wenn ich es auch nicht wiederzugeben vermag), denn ich bekam einen Schreck und fing an, nach Argumenten zu suchen. Erstens ist es heute so vergnüglich nicht, sagte ich, sie gefällt dir überhaupt nicht, und du steckst in einer peinlichen Situation; zudem hast du schon gesagt, du könntest nicht, und hast damit an Prestige eingebüßt.

›Comme il est aimable, ce jeune homme!‹*

Der Satz, der meinem gedachten folgte, unterbrach meine Grübeleien. Ich fing an, mich dafür zu entschuldigen, daß ich nicht könnte,

* Wie liebenswürdig er ist, der junge Mann!

da man dabei aber nicht zu denken braucht, fuhr ich fort, mit mir selbst zu räsonieren: Ich habe es zu gern, wenn sie von mir in der dritten Person spricht. Im Deutschen gilt das als ungehörig, doch mir wäre es auch auf deutsch lieb. Warum findet sie für mich keinen passenden Namen? Man merkt ja, wie genierlich es ihr ist, mich mit Vornamen, Nachnamen und Titel anzureden. Sollte es etwa daher kommen, daß ich . . . ›Bleib doch zum Abendessen‹, sagte ihr Mann. In meine Überlegungen betreffs der Anrede in der dritten Person vertieft, merkte ich nicht, wie mein Körper höchst wohlerzogen um Nachsicht bat, weil er nicht bleiben könne, um gleich danach den Hut wieder abzulegen und sich in aller Ruhe im Sessel niederzulassen.«

Das Bewußtsein ist somit nicht ins Selbstbewußtsein des Menschen eingelagert, es existiert sozusagen in Einzelteilen.

Hier analysiert Tolstoi Gesetze, die diese Art von Unterbewußtsein lenken, und kommt über die Analyse zu Traumberichten. Er braucht keinen Traum von der Art, wie er gewöhnlich nach dem Erwachen erzählt wird.

Tolstoi überträgt keine Traumbilder in die Gedankensprache eines Wachen, er bringt den Traum selbst. Er analysiert die Unlogik des Traumes, kehrt damit ins Wachsein zurück und widerlegt die übliche Auslegung von Träumen.

Tolstois Leben verläuft auf vielerlei Ebenen.

Er hatte einen bereits erwähnten Feind, seinen Erzieher St. Thomas, jenen hübschen Franzosen, der davon träumte, eine reiche russische Dame zu ehelichen. Dieser Mensch hatte den Willen des Knaben brechen wollen und ihm eine schwere Beleidigung zugefügt; das geschah im Jahre 1838, somit dreizehn Jahre vor der Niederschrift der *Geschichte des gestrigen Tages.* Tolstoi erinnert daran in dem 1895 entstandenen Artikel »Scham« und in der Tagebucheintragung vom 21. Juli 1896.

In der Beschreibung des Traumes greift er erstmalig den Vorfall auf, der die Seele des Knaben verwundet hatte, und schafft zugleich eine neue Traumtheorie.

»›Morpheus, nimm mich in deine Arme!‹ Eine Gottheit, deren Priester ich liebend gern geworden wäre. Weißt du noch, wie jene Gnädige beleidigt war, als sie zu hören bekam: Quand je sui passé chez vous, vous étiez encore dans les bras de Morphée.*

Sie dachte, Morphée sei so etwas wie André oder René und ein komischer Name. Aber der Ausdruck ›dans les bras‹ ist hübsch, ich

* Als ich zu Ihnen kam, lagen Sie noch in Morpheus' Armen.

stelle mir das *dans les bras* ganz deutlich vor, besonders deutlich die *bras* selbst, die bis an die Schultern entblößten Arme mit Grübchen und Fältchen und ein unzüchtiges weißes Hemd. Wie schön doch Arme sind, besonders mit einem Grübchen!

Ich streckte mich. Weißt du noch, St. Thomas hatte uns immer verboten, uns zu strecken. Er sieht aus wie Diterichs. Wir sind zusammen ausgeritten. Es war eine feine Hetzjagd, als Gelke bei Stanowoi ›Faß!‹ schrie und der Hund Naljot allen anderen voraus das Tier faßte, noch dazu auf stachligen Stoppeln. Was war Sergej damals wütend! Er ist momentan bei der Schwester. Welch reizendes Mädchen ist doch unsere Mascha, eine solche Frau müßte man haben!

Morpheus auf der Jagd wäre ganz gut, nur müßte man nackt reiten, dann fände man auch eine Frau zum Heiraten. Uff, wie St. Thomas dahergaloppiert, am Hundeauftrieb rast für alle anderen schon die Gnädige los, sie sollte sich nicht so strecken, im übrigen ist das gut.

Hier muß ich ganz tief eingeschlafen sein. Ich sehe noch, wie ich hinter der Gnädigen her will, da, auf einmal, ein Berg, ich stoße und schiebe ihn fort, da fällt er um (ich hatte mein Kissen heruntergeworfen), und ich fahre nach Hause, Mittag essen. Nichts ist fertig, warum, weil Wassili seinen Spaß mit mir treibt (hinter der Trennwand fragt die Wirtin, was der Lärm soll, das Zimmermädchen antwortet ihr, ich höre das, darum träume ich es mit) – Wassili erscheint, eben wollen sie alle ihn fragen, warum das Essen nicht fertig sei, da sehen sie, daß Wassili ein Kamisol trägt und eine Schärpe über der Schulter; ich bekomme einen Schreck, sinke auf die Knie, weine und küsse ihm die Hände; es ist ebenso wonnig, als hätte ich ihre Hände geküßt, sogar noch wonniger.«

Wie stets bei Tolstoi ist die Analyse umfassend und läßt sich anhand seines gesamten Lebenslaufes überprüfen. Das Händeküssen steht hier außerhalb jeder Erotik, es hängt mit Tolstois Position auf Jasnaja Poljana zusammen, mit den Bauern und dem geträumten Lakaien Wassili, der hier in Generalsuniform erscheint (Schärpe).

1856 beschreibt Tolstoi den Traum noch einmal in seiner Erzählung *Der Schneesturm.* Der Schneesturm wütet, der Herr schläft und friert, die Glöckchen der Gespanne, die gemeinsam auf der Suche nach dem Weg sind, klingeln. Im Gestöber tauchen eine gezackte Festungsmauer und eine Häuserwand auf, da spielt Jasnaja Poljana mit hinein, denn hier wird der Teich erwähnt und die Tante mit all ihrem Egoismus der Liebe, zugleich aber ist es die Festung Belogorsk, denn die Menschen verirren sich in der Gegend, wo Pugatschow sein Unwesen getrieben und wo das Gefährt mit Grinjow die Richtung verloren hatte.

Die Bauern vertreiben sich die Zeit mit Märchenerzählen und Pfeifeschmauchen. Der Herr fürchtet sich vor einem Bauern: »Ich packe die Hand des Alten und beginne sie mit unaussprechlicher Wonne zu küssen, die Hand ist zart und süß.«

Ich möchte in Erinnerung bringen, woher das Bild dieser Hand stammt.

In eben dieser Gegend hatte Pugatschow den verirrten Grinjow aus dem Schneegestöber geführt, sich später als angeblicher Zar in der Festung Belogorskoje niedergelassen und von Grinjow verlangt, ihm die Hand zu küssen.

»Man brachte mich erneut zum Usurpator und zwang mich, vor ihm niederzuknien. Pugatschow streckte mir seine sehnige Hand entgegen. ›Küß ihm die Hand, küß ihm die Hand!‹ raunte es um mich. Aber ich hätte eher die fürchterlichste Marter über mich ergehen lassen mögen als eine so gemeine Demütigung.«

Pugatschow sagte mit kurzem Auflachen: »Seine Gnaden sind wohl vor Freude ganz und gar übergeschnappt.«

Jahre und Generationen sind seither vergangen, neue Wege wurden gesucht, aber eine Bauernhand küßt Tolstoi vorerst nur im Traum.

Ich sehe, ich habe mich in ein Traumgesicht eingemischt, kehren wir also zu Tolstois grundlegender Analyse zurück.

»Würde eine jener Damen meinen Traum träumen, die daran gewöhnt sind, Träume zu deuten, würde der Traumbericht folgendermaßen lauten: ›Ich sehe St. Thomas umherrennen, er rennt sehr lange, und ich sage im Traum zu ihm: ‚Warum laufen Sie so?‘, und er antwortet: ‚Ich suche eine Braut.‘ Du wirst sehen, meine Liebe, entweder heiratet er bald, oder es kommt ein Brief von ihm!‹

Bemerkenswert, daß Traumerinnerungen zeitlicher Abstufungen entbehren. Man erinnert sich an einen Traum, und man weiß, was man vordem geträumt hat. Ich bin am Morgen aufgewacht und hab' angefangen, mich darauf zu besinnen, was ich geträumt hatte: Mein Bruder und ich ritten wohl auf die Jagd und hetzten auf einer Insel eine Gattin von musterhafter Tugend. Nein, vorher noch, bevor wir ausgeritten waren, kam St. Thomas, um mich um Verzeihung zu bitten.«

»Im Laufe der Nacht wacht man (fast immer) mehrmals auf, jedoch nur die zwei untersten Bewußtseinsstufen der Seele erwachen: Körper und Gefühl. Dann schlafen beide erneut ein, die Eindrücke aber, die man beim Erwachen empfängt, fügen sich ungeordnet und unkontinuierlich in den Gesamteindruck des Traums. Wacht auch die dritte, die höchste Bewußtseinsstufe, das Begreifen, auf und man schläft dann wieder ein, teilt sich das Traumgesicht bereits in zwei Hälften.«

Später wird in *Krieg und Frieden* nachgewiesen, daß die Verallgemeinerung sich nicht nur auf das Träumen beziehen läßt, sondern auch andere Bewußtheitserscheinungen betrifft. Der Mensch entspricht durchaus nicht dem Bilde, das er von sich selber hat, häufig ist er derart verlogen und sucht nach Rechtfertigungen, daß er gleichsam aus sich, aus seinem Verstand heraustritt.

Das echte, vom Sein des Menschen abhängende Bewußtsein besteht nicht nur darin, was der Mensch in seinem Inneren selbst von sich hält. Tolstoi weist auch nach, daß das Bewußtsein des einzelnen, das eingelagert ist in die menschliche Gesellschaft, exakter ist.

Die Menschheit weiß mehr und besser über sich Bescheid als der einzelne Mensch.

Heute, insbesondere nach dem Erscheinen der neunzigbändigen Jubiläumsausgabe der Werke Tolstois, wissen wir, auf welche Weise die ungeheure Kraft dieses Mannes erzeugt wurde, die von der Zeit bereits erprobt, aber noch nicht ausgeschöpft ist.

Das Thema Traum und Fieberwahn im Dienste des Umdenkens der Wirklichkeit beschäftigt den Schriftsteller auch später. Er berichtet vom Traum seines Pierre Besuchow, vom Fieberwahn des Andrej Bolkonski, vom musikverflochtenen Traum des Petja Rostow, vom Traumgesicht des Nikolenka Bolkonski, das eine Neuauslegung des Dekabristenaufstandes und die Vorahnung künftiger Kollisionen enthält.

Er erzählt den Traum der Anna Karenina, die ihr mit der Eisenbahn verbundenes tragisches Los gleichsam vorausfühlt, jedoch nicht fähig ist, sich vom Schienenstrang ihres Lebens zu lösen.

Träume sind bei Tolstoi Analyseverfahren und münden in der Wirklichkeit. Wenn wir sie gelesen haben, ist uns, als erwachten wir und sagten uns: »Ach, so ist das!«

Es gibt drei gangbare Wege der Kunst.

Man kann sich in sich selbst zurückziehen und sich dort neu erschaffen. Der Mensch aber findet seine Fortsetzung in der Welt; seine Augen, seine Haut sind Kommunikationsmittel und keine Barrieren zwischen ihm und der Welt. Die Welt sendet ständig ihre Funksignale zu uns, sie umgibt uns, wird dadurch zu einem Teil von uns und läßt uns zu ihrer Fortsetzung werden.

Heute bauen wir Radioteleskope, sie empfangen Signale aus dem All, auf Wegen, worauf Wellen Millionen Jahre unterwegs sind.

Wir erweitern die Abstände zwischen den Masten der Radioteleskope um viele Kilometer und erweitern sozusagen unser Hirn, indem wir den Einfallswinkel vergrößern.

Der Weg nach innen bedeutet Beschränkung, es werden keine

Funksignale mehr empfangen, sondern Geräusche im Apparat, also Störungen.

Die Menschen, denen wir begegnen, die Flüsse, die an Städten vorbei in Ozeane strömen, die Raketenflüge über Ozeane lassen unser Leben umfassender werden.

Die Welt läßt sich nicht innerhalb des eigenen Ichs erproben, sondern nur durch Einpassen einer Welterkenntnis, eines von der Welt empfangenen Signalsystems in ein anderes.

Der zweite Weg ist schmaler.

Manche literarische Werke erzählen von außergewöhnlichen Vorkommnissen, Abenteuern und Konflikten.

Die Abenteuer wiederholen sich von Werk zu Werk. Damit lenken sie uns von einer neuen Welterkenntnis ab, sie führen statt zum Studium der Welt zum Studium der Schriftsteller als Stilisten und Schönschreiber.

Dabei gab es im Fernen Osten schon im Mittelalter ein geflügeltes Wort: »Schönschreiber sind allesamt Schwachköpfe.«

Der dritte Weg ist die Erweiterung des eigenen Ichs, und dieser führt zum Bau von Radioteleskopen.

Tolstoi modifizierte einen Gedanken von Sterne, indem er von einem Spinnennetz der Liebe sprach, das man um sich ausbreiten müsse, um alle Menschen darin zu fangen. Mit Sterne darin einig, gab er zu bedenken, daß eine echte Verbindung zwischen den Menschen im Mitfühlen bestehe. Für Sterne bestand das Leben aus einer Verflechtung des Guten – in Gestalt von Sensibilität und Sensualität, welch letztere er nicht bekämpfte.

Am 14. April 1852 schrieb Tolstoi in Kisljar ein Sterne-Zitat auf: »Wenn die Natur ihr Spinnennetz der Güte in der Weise geflochten hat, daß bestimmte Fäden der Liebe und bestimmte Fäden der Begierde in ein und dasselbe Stück eingeflochten sind, soll man dann das ganze Stück zerstören, indem man diese Fäden herauszupft?«

Er stellte der Niederschrift des Zitats die Worte voran: »Sterne gelesen. Begeisternd.«

Dieser Satz veränderte sich in der Tagebuchaufzeichnung vom 12. Mai 1856: »Ja, das beste Mittel für wahres Glück im Leben ist, wie eine Spinne, ohne irgendwelchen Gesetzen zu unterliegen, nach allen Seiten klebrige Fäden der Liebe zu spannen und alles darin zu fangen, was kommt: das alte Mütterchen, das Kind, die Frau und den Wachmann.«

Das Bild des Spinnennetzes wurde später zum Bestandteil des Denkens von Olenin, dem Helden der Erzählung *Die Kosaken.* Nur vermag Olenin nicht die Menschen, die er liebt, in seinem Netz einzufangen: In der Welt gibt es ja verschiedene Arten von Beziehungen, und sie beruhen nicht nur auf Liebe, sondern auch auf gemeinsamer Arbeit, gemeinsamer Moral, gemeinsamem Haß.

Sein ganzes Leben lang war Tolstoi bemüht, die Gesetze zu begreifen, nach denen die Welt erkannt wird, aber auch die Möglichkeiten ihrer Umgestaltung. Er wußte, die Welt will erst erkannt sein, dann umgestaltet. Es zog ihn in die Welt, ins Leben.

Wie der kleine Junge Ljowa seinerzeit die Tante verlassen und zum Erzieher gehen mußte, so verließ Tolstoi sein Jasnaja Poljana und ging unter Menschen. Ohne daß er den geringsten Widerstand geleistet hätte, konnte Bruder Nikolai Nikolajewitsch ihn mitnehmen.

Nikolai Nikolajewitsch diente in der 20. Artilleriebrigade, die damals als Teil des Kaukasischen Armeekorps am Terek bei Kisljar lag. Der Bruder hatte vorgeschlagen, zu reisen; zu verlieren gab es nichts, die Angelegenheit wurde am 1. Januar 1851 in Pokrowskoje, dem Gut ihrer Schwester Maria, wo Nikolai zu Gast weilte, entschieden.

Der Weg zum Kaukasus

Ohne bei der Tulaer Gouvernementsverwaltung wegen seiner Suspendierung vorstellig zu werden, ohne sich einen Paß ausstellen zu lassen, ohne seine Angelegenheiten in der Heroldie* zum Abschluß zu bringen, ohne mit der Tante zu sprechen, reiste Lew Tolstoi in den Kaukasus. Laut gemeinsamem Beschluß sollte das entweder eine Vergnügungsreise sein, oder Lew sollte in Tiflis in den Zivildienst eintreten, oder aber, und das lag am nächsten, in den aktiven Armeedienst.

Im Kaukasus wurde gerade eine Großoffensive vorbereitet.

Die vordem in der Defensive befindlichen russischen Truppen versuchten, die Kräfte des Imam Schamil, des Herrschers über Daghestan und das Tschetschenengebiet, zu zersplittern.

Man reiste von Jasnaja Poljana im leichten Reisewagen.

Die Straßen waren damals sehr holperig, Wagenfedern aus Stahl hätten der Beanspruchung nicht standgehalten, so daß die Gutsherren für längere Reisen häufig den leichten Tarantas vorzogen, dessen Vorder- und Hinterachsen weit auseinanderstanden. Auf den Seitenstangen der Räder lagen lange elastische Streben, darauf war der Sitz-

* Wappenprüfamt.

korb befestigt, der auf den Streben weich federte. Ging etwas am Gefährt entzwei, machte das nichts, alle Reparaturen konnten mit dem Beil erledigt werden, Material dazu fand sich in jedem Wald.

Nikolai hatte den Leibeigenen Aljoscha Orechow, Lew seinen Wanjuscha Suworow als Bedienung mit. Beide dienten später bei Lew und umsorgten ihn, denn Nikolai, dem Offizier, stand ein Bursche zu.

Der Platz hinter dem Sitzkorb war vollgepackt mit Reisekisten, Körben und Säcken. Was dort nicht hinpaßte, wurde vorn aufgeladen.

Im Sitzkorb verstaute man Jagdflinten und Reisetruhen mit Zucker, Rum und anderem Teezubehör.

Hausgemachter Fruchtlikör, den beide Brüder sehr schätzten, auch Säcke mit Nährmitteln wurden verladen.

Die Reisenden ließen den Fluß Woronka hinter sich, passierten die Stadt Tula, überquerten die Oka und erreichten Moskau, wo sie sich zwei Tage aufhielten.

Lew und Nikolai ließen sich auf eine Daguerrotypie aufnehmen, in einem Verfahren, das kürzlich von einem Mann namens Daguerre erfunden worden war. Das Bild erschien auf einer Metallplatte und wurde eingeätzt. Es erinnerte an unsere Klischees; fixiert wurde die Aufnahme gewöhnlich durch Versilbern. Eine Daguerrotypie zu betrachten war recht unbequem, am besten hielt man sie dabei schräg.

Sie schickten die Aufnahme der Tante, und so ist sie erhalten geblieben.

Auf der versilberten Platte ist ein sitzender Jüngling zu sehen, der eine gerade geschnittene Joppe trägt und sich auf einen Spazierstock stützt. Er ist jung, der Schnurrbart bedeckt noch nicht den kraftvollen Mund, über den tiefliegenden Augen hängen dichte Brauen, das breite Kinn ist ausrasiert, das dichte, nachlässig geschnittene Haar steht zu Berge. Daneben sitzt in eng anliegender Uniform ein Offizier, der Lew ähnlich sieht, er lächelt kaum merklich, wirkt ein wenig ironisch und schon vom Leben geprägt. Er ist ein Stück hinter Lew plaziert: er hat ja auch den Jüngeren ins Leben eingeführt.

Aus Kasan schrieb Lew der Tante und erzählte unter anderem von Moskau: »Ich war zum Volksfest in Sokolniki, das Wetter war abscheulich, daher habe ich keine der Damen der Gesellschaft, die ich gern gesehen hätte, getroffen. Ihren Worten folgend, daß ich ein *Mensch sei, der sich selbst erprobt,* begab ich mich unter die Plebs in die Zigeunerzelte.«

Auch besuchte er die Buchhandlung mit Leihbücherei am Kusnezki Most, die einem gewissen Wladimir Iwanowitsch Gotje gehörte. Auf Grund langjähriger Bekanntschaft hatte Tolstoi sich einige Bücher im voraus bestellt. Er ließ sie in Bastbehälter schichten und im Tarantas verstauen.

Man fuhr los. Außer dem üblichen Gepäck und den Büchern lagen in den Koffern schmucke Anzüge, für die der französische Schneider keinen Macherlohn erhalten hatte. Da Tolstoi in den Konspekten zu den *Kosaken* und in der veröffentlichten Erzählung ständig von einem Monsieur Capelle spricht, dem er 678 Rubel schuldig geblieben sei, können wir annehmen, daß das stimmt.

Einen der Anzüge zog Tolstoi sehr viel später in Tiflis an, bezahlt wurde er erst nach vier Jahren.

Der übliche Weg zum Kaukasus führte über Woronesh und das Land des Donheeres, die Brüder wählten jedoch den Umweg über Kasan.

Der Reisewagen begann seine Tour, die Tausende Kilometer lang war und länger als vier Wochen dauerte.

Man erreichte die erste Poststation; Geschirre wurden gewechselt und die ermüdeten verschiedenfarbigen Pferde durch frische ersetzt. Die waren zwar minderwertig, aber man bekam sie wenigstens anstandslos und ohne der Anweisung Schmiergeld beifügen zu müssen.

Nach vierzehn Tagen hatten die Brüder Kasan erreicht und verweilten hier lange.

Lew war drauf und dran, der reizenden Sinaida Molostwowa Herz und Hand anzutragen, als er mit ihr eines Abends im Garten saß. Beiden lagen Worte der Liebe auf den Lippen, beide ließen sie unausgesprochen.

In Kasan hatten sie eine gute Zeit: Es war, als wäre die Jugend zurückgekehrt, als hätten sie noch keine Fehler begangen, als wäre nicht manche Hoffnung, manch Glücksgefühl bereits begraben gewesen.

Der Dampfer – es gab damals erst recht wenige – sollte am 10. Mai abfahren. Man wartete auf sein Anlegen. Er kam, platschte mit seinen Radschaufeln durchs Wasser und verschwand mit dem Fluß um eine Landzunge. Die Brüder blieben noch fünf Tage in Kasan, ohne ein bestimmtes Ziel vor Augen zu haben.

Sie schrieben Briefe nach Hause. Lew berichtete seiner Schwester von Sinaida Molostwowa.

Der nächste Dampfer wurde in absehbarer Zeit nicht erwartet.

Tolstoi war dreiundzwanzig, sein Bruder siebenundzwanzig. Beide dachten nicht mehr an das grüne Stäbchen, sie hatten auch nicht mehr vor, den Fanfarenberg der Prahlhälse zu besteigen, dafür aber wartete der Kaukasus auf sie.

In der Soldatensprache hieß das Kaukasusheer zu jener Zeit »Himmelfahrtskommando«. Im Kaukasus begann die neue russische Offensive, Bäume wurden gefällt, man stieß ins Tschetschenengebiet vor und zerstörte Kordons.

Der Krieg, der schon allzu lange dauerte, sollte beendet werden.

Auf dem Reisebrief waren Daten und Termine vermerkt. Nikolai war Offizier, es wurde Zeit, an die Termine zu denken.

Sie beluden ihren Reisewagen und fuhren ab. Die Straße war schlecht, kaum getrocknet, dafür schon ausgefahren. Man schrieb Ende Mai nach dem alten Kalender.

Fünf Tage später kamen sie in Saratow an. Vom Reiseschmutz hatten beide Brüder mehr als genug. Sie gingen die Wolga besichtigen. Bald schrieb Lew in sein großes Reisetagebuch: »Ich hatte den Einfall, von Saratow bis Astrachan auf der Wolga zu reisen. Einmal, dachte ich mir, sei es besser, falls das Wetter ungünstig werden sollte, länger unterwegs zu sein, statt sich noch siebenhundert Werst im Wagen durchschütteln zu lassen; hinzu kamen die malerischen Ufer der Wolga, Träumereien, Gefahr, das alles ist angenehm und kann eine günstige Wirkung ausüben; ich kam mir vor wie ein Poet, erinnerte mich an Menschen und literarische Helden, die ich gern habe, und versetzte mich an deren Stelle – kurzum, meine Gedanken waren wie immer, wenn ich etwas Neues anrühre: Ja, jetzt erst fängt das richtige Leben an, was bisher war, ist nichts als ein dünnes Vorwort, das ebensogut hätte wegbleiben können.«

Der Entschluß war gefaßt.

Lew ging zur Moskauer Überfahrt und spazierte an Booten und Fähren entlang. Männer standen dabei, der Kleidung nach Treidler.

»Ist eins frei?« fragte Tolstoi, ohne das Wort »Boot« zu bemühen, hier gab es mehr davon als Droschken in Moskau auf der belebtesten Kreuzung.

»Was darf's denn sein, Euer Gnaden?« fragte ein alter Mann in grauem Bauernkittel, schafwollenem Hut und mit einem langen Bart.

»Ein Fährboot bis Astrachan.«

»Geht in Ordnung.«

Sie ließen sich Pferde nur bis zur Moskauer Überfahrt geben, rollten den Wagen eigenhändig auf das Fährboot, luden ihr Gepäck auf, stiegen mit ihren beiden Bedienten ein und mieteten drei Ruderer. Die Wolga führte Hochwasser, die Strömung trieb das Boot voran, der Wind von den Bergen blähte das zottige Segel, bei Windstille ruderten die Männer.

Zunächst sah man am rechten, hohen Ufer Geröll, Viehherden und Dörfer. Unter jungen Boulevardbirken kleiner Städte flanierten Männer mit Schirmmützen und Zylindern, in Kaftanen und Gehröcken, Frauen in weitärmeligen Kleidern.

Die Menschen schauten von den Boulevards auf die Wolga und gleichsam durch die Fähre hindurch, ohne sie zu bemerken. Es wimmelte auf dem Fluß von Booten, die ungeordnet und mit unterschiedlich gesetzten Segeln dahinfuhren, so daß man an eine Kreisstadt erinnert wurde, wo abends die Kuhherde in einer Staubwolke vom Felde heimkommt.

Die Menschen auf dem Boulevard warteten auf Dampferqualm.

Die Männer ruderten das Fährboot zur Flußmitte, das Ufer verschwamm, der Fluß wurde immer breiter. Der Winter, der in ganz Rußland Schneemassen gesammelt hatte, eilte mit all seinen Schneewehen, die Wiesen überflutend, die Ufer abspülend, zum Kaspischen Meer.

Wanjuscha hockte am Bug und betrachtete mit traurigen Augen den Fluß.

Im Frühjahr brach an der Wolga eine schöne, blaue Zeit an, die des Hochwassers – Lastkähne, würdevoll wie Kaufherren mit ihren Gattinnen beim Kirchgang, fuhren die Wolga hinauf, gezogen von Treidlern. Hoffärtig glitten sie dahin und pflügten das Wasser mit ihren breiten, ausladenden Bretterbrüsten.

Mitten auf der Wolga huschten, von mehreren Ruderpaaren getrieben, rasche Schleppboote dahin, beladen mit einem dünnen aufgerollten Tau. Die Boote machten halt und warfen Anker. Das Tau wurde lebendig und verschwand im Wasser. Nach langer Zeit erschien die Brust eines Lastkahns, dann das Deck, darauf kreisten Pferde um eine Winde, auf die sich das Tau aufwickelte. Der Lastkahn fuhr an den Anker heran, während das Schleppboot einen neuen Anker holte, der vom Lastkahn gehievt wurde.

So schleppte sich der Lastkahn, über den Flußgrund schrammend, Tausende Werst bis Petersburg, beladen mit Waren, viele tausend Pud schwer und in neue Bastsäcke verpackt.

Zuweilen tauchte weit vorn ein Dampfer auf und zerhackte mit seinen Radschaufeln die Wasserfläche etwa so, wie heute ein Traktor mit seinem breiten Raupenfahrwerk die Landstraße aufhackt.

Lastkähne, die man kannte, zogen vorüber, klein wie der, auf dem die Habe der Familie Tolstoi verladen worden war, als sie von Tula nach Kasan reiste, auch größere und ganz große.

Geteerte Lastkähne.

Blinkend mit ihrem frischen Holz, zogen gelblichweiße Kähne mit kleinen Häuschen auf dem hohen Deck vorüber.

An den Abenden suchten die Kähne die Ufernähe. Die Ruderer wählten ein Plätzchen zum Übernachten. Im Ufergebüsch sangen noch die Nachtigallen.

Es war, als sängen, wie Kirchen in Nebel gehüllt, die Büsche selbst.

Das Fährboot glitt sanft von einer Nachtigall zur anderen, als zöge ein dünnes Tau es am Anker des Nachtigallengesanges.

Man sammelte Bruchholz und von weither angespültes Treibholz, machte Lagerfeuer, übernachtete an den scheckigen Flammen, schlief auf Schafwollfilzen.

Morgens war es kalt, die Sonne kugelte aus dem Nebel hinter der Wolga. Auf dieser schier endlosen Reise holte sich Lew Tolstoi seinen Rheumatismus, den er lange Zeit im zischend über heiße Steine hinabrieselnden Heilwasser des Kaukasus kurierte.

Sehr zeitig ging man wieder an Bord. Die Sonne erwärmte das Wasser und kämmte den Nebel vom Gekribbel der kleinen Wellen.

Wanjuschka heizte am Bug des Fährbootes den Reisesamowar an, vermutlich noch ein altes Stück vom Vater.

Später würde Marka Chromoi, der Neffe des alten Kosaken Jepischka Sechin, versuchen, ihn Tolstoi abzubetteln, und mit Bleistift in schmeichlerischen Krakeln hinmalen: »Wage zu erbitten bei Euer Durchlaucht, falls solche Gnadenerweisung möglich, d. h. betreffs des Reisesamowares, will auch fürderhin Euch dienlich bleiben, sofern er ein altes Stück und zum Benutzen desselbigen kein Bedürfnis nicht bestehen tut.«

Lew Tolstoi hat in seiner Großzügigkeit, seinem unsteten Wesen und seiner Skurrilität den Gegenstand höchstwahrscheinlich verschenkt. In seiner Selbstbeurteilung betont er am 29. November 1851: »Heute ertappte ich meine Phantasie in flagranti: Sie malte sich aus, ich besäße viel Geld, verspielte und verschleuderte es, und meine Phantasie fand das äußerst vergnüglich.«

Er schreibt von seiner Phantasie, als wäre sie ein von ihm unabhängig existierendes Wesen.

Er konnte nicht zur Ruhe kommen und befahl seinem Wanjuschka häufig, ihm die Tabakspfeife zu reichen; nicht, weil er rauchen wollte, sondern weil »es mir gefällt, wenn er in Bewegung ist«.

Stille liegt über dem Fährboot, alles ruht. Graf Lew Nikolajewitsch Tolstoi raucht. Alles Unglück, großes Unglück, die ganze Arbeit, gewaltige Arbeit – alles steht noch bevor.

Der Rauch vom Samowar steigt als vertraute blaue Säule mit vertrautem Geruch über der Wolga empor.

Und wieder gleitet ein Dampfer dahin und läßt rasch zerschmelzenden schwarzen Qualm über den Fluß ziehen.

Lew Tolstoi hätte niemals über ihn geschrieben; auch nicht, wenn er die Skizze von der Wolgareise abgeschlossen hätte.

Technik interessierte ihn nicht. Moskau beschrieb er als verblüffter

Gutsbesitzer und stolzer, fleißiger Dörfler, voll Mitgefühl schrieb er über die Moskauer Droschkenkutscher; nur achtzehn Jahre fehlten ihm zu einem ganzen Jahrhundert, das er unweit von Tula verbrachte, der Stadt, die er rund tausendmal besuchte, wo er Dienst tat, bummelte und einkaufte, ohne sie wahrzunehmen, ohne zu bemerken, daß in Tula ein Werk stand, das Gewehre und Seitengewehre für die gesamte russische Armee herstellte, sowie Samoware und allerlei Galanteriewaren.

Die Bootsreise dauerte zwanzig Tage, folglich wurde mindestens zwanzigmal angelegt. Die Brüder Tolstoi erlebten einen Sturm, sahen verschiedene Völker.

Immer seltener wurden Dörfer und Kirchen, immer flacher die Ufer. Man nächtigte in Zarizyn, der Stadt längs der Wolga, durch die zu fahren man mehrere Stunden brauchte.

Das Boot glitt auf dem Wasser dahin. Da saß Nikolai Nikolajewitsch, der gelassene, liebenswerte und allseits beliebte Mann, und er wußte, sein Bruder hatte eine Flöte und ein englisches Wörterbuch bei sich, weil er lernen wollte. Ljowa war so ganz und gar ein windiger Junghund, er würde weder Flöte spielen noch englisch sprechen, dabei war er ein helles Köpfchen, es würde Spaß machen, mit ihm bei Kisljar auf die Jagd zu gehen, schade nur, daß er von der Jagd mit der Flinte nichts verstand.

Da saß Lew Tolstoi, jung, glattrasiert. Wanjuschka rasierte ihn unterwegs, er blätterte in Zeitschriften, las immer wieder Turgenjew, las aus der Zeitschrift *Sowremennik* dem Bruder Gedichte von Nekrassow vor, enträtselte unklar formulierte, jedoch durchschaubare Artikel über Frankreich.

Wanjuscha Suworow war voll Ungeduld auf neue Landstriche, wartete darauf, was weiter werden würde, er traute sich nicht, nach dem Ziel der Flußreise zu fragen.

Sie alle würden im Kaukasus erfahren, daß die Frösche dort nicht wie in Tula quakten. Alle würden sie sich dem Trunk ergeben, Lew reumütig, Nikolai, ohne darüber nachzudenken, Wanjuscha heimlich, und alle würden sie dasselbe trinken, den billigen kaukasischen Rotwein.

Wanjuscha war beinahe Tolstois Freund, dennoch würde Lew Tolstoi am 8. Oktober 1852 in sein Tagebuch eintragen: »Gestern Wanjuscha in die Kasernen geschickt wegen Grobheit.«

»In die Kasernen schicken«, »verfrachten« hieß soviel wie auspeitschen lassen.

Die Wolga floß dahin wie die Zeit, die Ufer boten wechselnde Bilder. Lew Tolstoi reiste, um sich zu ändern. Was bis dahin gewesen war, galt nur als Vorwort zum Leben. Jetzt machte das Leben Windungen wie der breite Fluß.

Ihrem Kahn entgegen und ihn überholend glitt das brettergefügte, bastverhüllte, verpichte oder einfach behobelte, bastwischgewirkte Rußland.

Keiner im Kahn ahnte, daß es je ein anderes Rußland geben würde.

Breit waren die Ufer. Gemächlich floß das Wasser, es sah aus, als nähme es niemals ein Ende.

Gekräusel auf dem Fluß zerteilte die Fläche wie Schriftzeilen ein Blatt Papier. Vielleicht würde das Bild nach Jahrzehnten aus der Erinnerung auftauchen.

Von einer Übernachtung zur anderen ging es wie von einem Schreibheft zum anderen.

In Astrachan rastete man zur Nacht, lauschte den Fröschen, schrieb einen Brief an die Schwester Mascha in Pokrowskoje.

In Astrachan wimmelte ein buntes Völkergemisch: Russen, Tataren, Kalmücken, sogar Inder; der Markt sah ganz fremdartig aus.

Man setzte über die Wolga, betrachtete das Schilfrohr, das hoch wie ein Hain den Himmel verhüllte.

Mietpferde zogen ihren Tarantas die fast schnurgerade Straße entlang nach Kisljar. Die ausgefahrene Straße stieß in die Steppe vor, der Baumbestand war jäh zu Ende. Die Steppe war zuerst grau, dann aschgrau, dann rot. Und dann bestand sie aus roten Sandfetzen im Wechsel mit kleinen Grasbüscheln.

Die Poststationen hatten keine Dächer. Unweit der Wolga wurde die Straße von einer anderen gekreuzt. Sie hieß von alters her »Räuberstraße«.

Schafherden, rostbraun bestaubt, unübersehbares rotbraunes Land.

In der Nacht sanken die Sterne herab bis aufs Gras, ganz so, als hätte jemand den Himmel wie eine Schlafdecke fest in die Erde gestopft oder als hielte der Himmel die ganze Steppe in seiner hohlen Hand.

Lew Tolstoi packte allmorgendlich mit Wanjuscha die Bündel und Koffer um, nahm recht bedachtsam Platz, saß schön gerade und ordentlich.

Der Bruder beobachtete ihn lächelnd.

Lew wußte die ganze Zeit genau, welcher Gegenstand sich wo befand, auch wo das Bargeld steckte und wieviel davon vorhanden war. Ihm schien alles recht praktisch und auf Dauer eingerichtet. Er rechnete seine Schulden nach und verzog schmerzlich das Gesicht, als ihm einfiel, wie er beim Schneider seine Entschuldigungen vorgebracht und wie sich auf dessen Gesicht Ergebenheit gemalt hatte.

Er berechnete, wieviel einzusparen war, damit er seine Schulden begleichen konnte, welche Summe er im Monat zum Leben ansetzen konnte, schlug zehn Rubel hinzu und begeisterte sich über soviel Ordnung.

Man fuhr los, der Kutscher, ein Nogaier, war neu, die Pferde sahen anders aus, kleiner, runder, zottig und beide von gleicher Fellfarbe.

Träumereien zogen mit Lew Tolstoi, träge Träume, exaltierte Träume, sie zogen mit, sie liefen, trappelten durcheinander wie die Pferdebeine. Vorstellungen, aus Büchern geboren: Lew würde sich als furchtlos und kühn erweisen, Englisch und Flötenspielen lernen, von einer Tscherkessin geliebt werden und ihr Französisch beibringen, sprach doch auch Wanjuscha diese Sprache.

Die Pferdekruppen hoben und senkten sich in unverändertem Rhythmus, das Hirn war umwölkt von Halbtraum und Halbwahn mit einer Spur Wirklichkeit. Sandverwehte, flach überdachte Poststationen wechselten einander ab. Das Gefährt schaukelte wie ein Badetrog mit einem Kleinkind oder voll Wasser, mit dem Bruder war nichts zu bereden, er wußte alles; mit Wanjuscha sprach Lew sowieso nur wenig.

Die Berge

Im Jahre 1851 dauerte Tolstois Reise in den Kaukasus vierzig Tage.

Er blieb dort zwei Jahre und sieben Monate.

Zehn Jahre schrieb er an seiner Erzählung *Die Kosaken,* von 1852 bis 1862.

Auch mit jungen Pferden geht es nicht immer schnell.

Man kann nur schreiben, nachdem man vieles begriffen und sich selbst in mancher Hinsicht verändert hat. Letztlich schrieb Lew Tolstoi nicht über sich, sondern über einen Mann, der ihm ähnlich ist, über Olenin.

Literatur ist zwar Wirklichkeit, aber Wirklichkeit, umgeformt und von Zufälligkeiten gereinigt. Tolstoi reiste, um zu schreiben, folglich sei es gestattet, hier ein paar Zeilen aus den *Kosaken* zu zitieren: »Je weiter sich Olenin vom Zentrum Rußlands entfernte, desto ferner empfand er alle seine Erinnerungen, und je näher er dem Kaukasus kam, um so froher wurde ihm zumute.«

Tolstoi entfernte sich von seinen Kreisen, er fühlte sich befreit vom

Vergangenen, die Vergangenheit aber reiste hinter seinem Rücken im Tarantas, wohlverpackt in seiner Habe, mit ihm.

Pferde wurden gewechselt, das Gefährt als Erinnerung und Erbe der Vergangenheit wurde umgespannt.

Man hatte die Gegend des großen Sandes erreicht, die Steppe schimmerte bald gelb, bald rötlich, Kameldorn tauchte auf. Man lud die Flinten, hier und da begegnete man bewaffneten Männern.

»Einmal am Spätnachmittag wies der Nogaier mit der Flechtpeitsche zu den Bergen, die hinter Regenwolken lagen. Olenin spähte gierig in die Ferne, das Wetter jedoch war trüb, und die Wolken verdeckten gut die Hälfte der Berge. Olenin erblickte etwas Graues, Weißes und Krauses, aber sosehr er sich auch mühte, er konnte beim Anblick jener Berge, über die er so viel gelesen und gehört hatte, nichts Schönes entdecken.«

Der Jüngling glaubte, Berge und Wolken ähnelten einander, und alles Gelesene und Gehörte seien nichts als Worte, Phantastereien etwa wie die Liebe zu einer Frau. »Jedoch am anderen Tage, als ihn die frühe Morgenfrische in seinem Reisewagen weckte, blickte er gleichgültig nach rechts. Der Morgen war ganz klar. Plötzlich sah er nur zwanzig Schritt entfernt – wie es ihm im ersten Augenblick schien – reinweiße Bergmassive mit zarten Konturen und die bizarre, deutlich gezeichnete, luftige Umrißlinie ihrer Gipfel und des fernen Himmels.«

Wer reiste dahin, wer erblickte, wer verstand es, die unendlich fernen, nahen, so dringend benötigten Berge zu sehen? Wozu sah man sie?

Nicht er allein hatte sie gesehen.

Zuerst war es Wanjuscha, der eher aufgewacht war.

»Ich guck sie mir auch schon lange an, ist das aber schön! Zu Hause glaubt's mir kein Mensch.«

Die Berge rückten immer näher, morgens ließen sie sich schon einzeln unterscheiden, und sie wirkten jetzt verschieden weit entfernt. Die Steppe aber blieb die gleiche, höchstens wurde sie noch röter und noch sandiger.

Da war auch schon der emsige Terek, der gebirgig rasche und steppenhaft breite Fluß. Bei Kisljar war die Straße mit hohen Pappeln bepflanzt, beiderseits murmelte in Gräben vom Terek abgeleitetes Wasser, eine Erdfestung zeichnete sich ab durch ein regelmäßiges Rechteck aus niedrigen Wällen und schilfbewachsenen Gräben.

In Kisljar hielten sich unsere Reisenden nicht auf, sie staunten nur über die Weinberge und die Meuten herrenloser Hunde.

In der Stadt lebten die verschiedenartigsten Menschen, jeder Stamm in seinem Viertel mit einem Wall drumherum. So waren Russen, Georgier, Kumyken, Nogaier, Tscherkessen, Kasantataren und Perser voneinander getrennt.

Die Gärten waren abgeblüht, aber noch eine winzige Spur transparent, die Weinberge blühten noch, es roch nach Wein, Hefe und Rauch von brennenden getrockneten Mistfladen. Von grünen Flachdächern herab äugten Ziegen auf den Tarantas.

In Kisljar wechselte man die Pferde.

Da floß er dahin, der trübe, breite Fluß, linker Hand lagen Treibsanddünen, mit gelbem und weißgrauem Reihergras, rechts breiteten sich Gärten aus, große russische Dörfer, von Gräben umzogen, mit Erdwällen und Flechtzäunen umgeben, die am oberen Rand Borten aus Schlehdorn trugen. Es waren Stanizen der Bergkamm-Kosaken, sie erstreckten sich längs des Waldstreifens und unterbrachen die Wälder wie Reimworte.

Die Stanizen begannen mit Schlagbäumen, Toren und Schilderhäuschen mit schwarz-weißen Schrägstreifen.

Das Schwarz-Weiß war durch Orange unterbrochen – wie die Uniform in Rußlands Armee. Aber das galt nur für die Häuschen. Über den Toren ragten klobige Kosakenwachttürme empor. Die Wachen spähten über den Terek hinüber zu den Aúlen des Tschetschenengebietes, die bis ans Ufer heranreichten. Flache Dächer, breite Schornsteine.

Das Tschetschenengebiet war eine befriedete, aber unsichere Gegend.

Noch ein Stück weiter erhoben sich steil die schroffen Abhänge der Kotschkalykowski-Gebirgskette, die Tschornyje Gory, und hinter einer zweiten Gebirgskette schneeweiße Gipfel mit rosiggelben, gleichsam scharfgeschliffenen Abspaltungen der sonnenhellen Eisdecke. Sie hatte noch keines Menschen Fuß betreten, von dort strömten Flüsse herab, sie waren wie die Zukunft, die alles prägte.

Im sandigen Uferboden sah man Fährten von Hirschen, Wölfen, Hasen und Fasanen. Hier und da eine vom Terek leergespülte Staniza, uralte Stadtruinen, verlassene Gärten, verwilderte Weinberge, alles mit Brombeergebüsch überwuchert.

Fast unmittelbar am Wasser standen auf Pfählen Schilderhäuser und gaben sich den Anschein, als belauerten sie nicht das unfriedliche Tschetschenengebiet, sondern beschützten die Gärten.

Aus dem Tarantas schauten zwei Männer heraus und wunderten sich sehr, in welche Gefilde es sie verschlagen hatte. Nikolai war nicht neugierig, er kannte das alles schon.

Diese Straße würde einst Olenin befahren. Über ihn schrieb Tolstoi, sich selbst beiseiteschiebend und in sich hineinspähend, nachdem er lange Betrachtungen angestellt hatte: »Wer von uns war nicht jung, wer hat nicht Freunde und sich selbst geliebt und Dinge von sich erwartet, die niemals eintrafen? Wer hat nicht in jener Jugendzeit plötzlich das mißglückte Leben abgeschüttelt, die alten Fehler ausradiert, sie mit Reuetränen ausgeweint und sich frisch, kräftig und rein wie eine Taube kopfüber in ein neues Leben gestürzt, wobei er sich dicht an der Schwelle der Befriedigung dessen wähnte, was im Herzen brodelte.«

Die Freiheitsideen der Dekabristen, ihr Traum, ihr Mut, ihr Hochgefühl von Sieg und Kraft wurden in Tolstois Generation von neuen Träumen abgelöst, die hinter sieben Bergen und tiefen Tälern lagen; solche Berge erzeugen Flüsse, tränken die Erde, sie waren Realität und doch nicht sämtlich sichtbar.

Ich habe hinter dem Terek die luftigen Berge des Kaukasus gesehen, die sich nicht oft blicken lassen, doch sind sie das A und O, sie erzeugen diesen Himmel, diesen Fluß, diese Menschen.

Die Zukunft schien bereits geboren zu sein.

Tolstoi schrieb im Konzept: »Auf seltsame Weise paßte sich die russische Jugend an das Leben während der letzten Herrscherperiode an. Die gesamte Kräfteaufwallung, die eingedämmte äußere Lebensaktivität floß in einen anderen Bereich – in innere Aktivität – und entfaltet sich dort um so ungehemmter und mächtiger. Gut veranlagte Naturen innerhalb der russischen Jugend kennzeichnete in den vierziger Jahren sämtlich dieses Gepräge des Mißverhältnisses zwischen innerer Entwicklung und ihrer Aktivitätsbefähigung, zwischen müßigem Räsonieren, uneingeschränkter Denkfreiheit, Kosmopolitismus und müßiger, jedoch flammender Liebe ohne Ziel und Objekt.«

Laßt uns Mitleid empfinden mit den uns verbundenen Menschen der Vergangenheit, gönnen wir ihnen, die so weit zu blicken vermochten und so kurzsichtig irrten, unsere Bewunderung.

Der Tarantas rollte im pudrigen Staub, knirschend bogen sich seine elastischen Tragstangen. Die Haare der Menschen waren wie Filz geworden. Schmutz lag auf den Nasenwurzeln, umrandete die Augen, verwandelte die stoppligen, unrasierten Wangen in dichte Bärte.

Der Tag war frühlingshaft klar, hinter den Staubwolken, dem Terek, dem dichten Uferbewuchs, den sich sanft erhebenden Laubwäldern standen Schneeberge, wie sie wohl bisher noch von niemandem beschrieben, sondern höchstens einem Buchgenius im Traum erschienen waren.

Der junge Mann fuhr, ohne zu wissen wohin.

Die Pferde trabten.

Kein Gespann auf der ganzen Welt, das kostbarere Fracht – nicht im Streitwagen, sondern im Tarantas mit Kissen – befördert hätte: Tolstoi fuhr, um zu denken und zu schreiben.

Die Staniza Starogladkowskaja. Enttäuschungen, Utopie, Jagd

In den *Kosaken* nennt Tolstoi sie Nowomlinskaja und vereint darin Züge verschiedener Stanizen.

Die 4. Batterie der 20. Artilleriebrigade, in der Nikolai Tolstoi Dienst tat, lag in der alten Staniza Starogladkowkskaja. Die Reisenden erreichten die Staniza am 30. Mai. Die properen Häuser standen auf hohen dicken Pfählen, Pappeln und Akazien schraffierten mit ihren Schatten die Straßen, Kürbisse schmückten die Flechtzäune, geputzte Fensterscheiben blinkten.

Gemustert ausgesägter Vortreppenschmuck, Säulchen, Sonnendächer, alles bunt bemalt, blitzblank, schmuck. Die hohen, gut erhaltenen Dächer dicht und verläßlich mit beschnittenem Schilf gedeckt.

Alles war vertraut und sah dennoch abweisend aus.

Tolstoi sah sich um und muß in den ersten Tagen fast verschreckt gewesen sein.

»Schreibe am 1. Juni 10 Uhr nachts in der Staniza Starogladkowskaja. Wie bin ich hierher geraten? Ich weiß es nicht. Wozu? Auch nicht.« Das steht im Tagebuch.

Starogladkowskaja gab seinem Heimweh neue Nahrung.

Aus Astrachan noch hatte er am 27. Mai 1851 an die Jergolskaja geschrieben: »Ich denke unaufhörlich an Sie und an alle Lieben, manches Mal mache ich mir Vorwürfe, weil ich ein Leben, das Ihre Liebe mir kostbar machte, verlassen habe, indessen habe ich es ja nur unterbrochen, um so größer wird die Freude sein, Sie wiederzusehen und in jenes Leben zurückzukehren.«

Er hoffte, die Trennung würde nur von kurzer Dauer sein.

Aus der Staniza schickte er einem Freund in Kasan, Alexander Stepanowitsch Ogolin, Sinaida Molostwowas zukünftigem Schwager, ein Gedicht. Ihm lag viel daran, auf diese Weise Nachricht über die Molostwowa zu erhalten. Die scherzhafte Form sollte seine Verlegenheit bemänteln.

Monsieur
Ogolin!
Säumet nicht,

Gebt Bericht
Auf diesen Gruß
Vom Kaukasus:
Seid Ihr gesund?
Sie alle und
Die Molostwowa?
Dankbar wäre
Tolstoi, Ljowa.

Aus dem Tagebuch ersehen wir, daß Tolstoi damals die Molostwowa liebte, sich nach ihr sehnte, von ihr träumte, ihr jedoch nicht einmal einen Brief schreiben konnte, weil er ihren Vatersnamen nicht wußte. Es kann aber auch sein, daß er sich absichtlich ins Schicksal fügte, denn den Vatersnamen hätte er leicht erfahren können, von Ogolin zum Beispiel.

Stargladkowskaja war eine reiche Siedlung, man sprach dort ein altväterisches und sehr schönes Russisch und dachte auf eine eigene Art. Auch aß man besonders. An Feiertagen kam Schweinefleisch und Stör auf den Tisch, Piroggen wurden mit Weintrauben und Schweinernem gefüllt, Wein konsumierte man eimerweise. Alltags aß man gekochte Dickmilch und Brotlaibe aus verbackener Hirsegrütze. Feiertags ging man in Seide und betreßt, tanzte Reigentänze und schlug Tamburins aus Karpfenhaut. Alltags kleidete man sich schlicht, trug aber auch dann reichen Waffenschmuck.

Alle waren wohlgenährt, gelassen und stolz.

Die Frauen trugen Hauben aus Satin und darüber in der Mitte geknotete Seidentücher.

Winters bekleideten sich die Kosakenfrauen mit Atlasmänteln aus Feh oder Katzenfell, mit Otter verbrämt, an den Füßen trugen sie Wollstrümpfe, blau mit roten Seitenpfeilen.

Weil Frühling war, hing oder lag die ganze Herrlichkeit zum Lüften auf den Flechtenzäunen.

Überm Terek stand Nebel. Die Berge waren nicht zu sehen, es war still, daß es aber auch ruhig war, konnte man nicht behaupten.

Zwischen der Staniza und den Bergen lag nur noch der Terek. Es gab ein Kosakensprichwort: »Der Terek schäumt, der Kosak träumt; der Terek ist zag, der Kosak wach.»

Auch Tolstoi blieb hier wach. Er schlief nicht, sehnte sich nach Kasan wie nach dem Paradies, nach Sinaida Molostwowa als versäumter Liebesgelegenheit, nach Katja, der Zigeunerin.

Eine Unterkunft wurde ihm nur ungern überlassen, er mietete sich im Hause eines reichen Kosaken nahmens Alexej Iwanowitsch Sechin ein. Dieser bediente sich einer städtischen Ausdrucksweise, war jedoch ein Ränkeschmied, der seinem eigenen Bruder einen Garten wegprozessiert hatte.

Später zog Tolstoi zu Sechins Bruder, der Jepifan hieß, jedenfalls stand es so im Register, in der Staniza rief man ihn »Jepischka«, in den *Kosaken* heißt er Jeroschka.

In der Staniza hatte jedermann seine Beschäftigung.

Der Terek pflegte im Sommer, wenn droben die Gletscher tauten, Hochwasser zu führen, dann wurde er wieder seicht, und die Abreken von der anderen Seite setzten zum Kosakenufer über, das sie als ihr Eigentum betrachteten.

Somit lauerte auch am linken Ufer ständig Gefahr. Wenn die Bauern auf die Äcker fuhren, teilten sie sich in Zehnergruppen, je zehn Pflüge wurden von zweirädrigen Karren mit wachhabenden Kosakenkindern darauf umstellt.

Das Pflügen war Frauenarbeit. Auf dem Wege zu den Großgärten wurden die Frauen von flintenbewaffneten Kosaken begleitet, zwischen den hohen Bäumen in den Gärten standen Wachposten.

Am Gemeindehaus hing eine Alarmglocke, zwischen den Stanizen standen Türme mit Pechfässern, um bei Gefahr die Nachbarn nachts durch Feuerzeichen, tags durch Rauch zu warnen.

Abends wurden sämtliche Tore verriegelt und Posten aufgestellt. Drüben am anderen Ufer verließ auch niemand seinen Aul, nur das Wild spazierte in den nächtlich stillen Wäldern umher und zog seine Pfade durchs betaute Gras.

Man lebte großartig hierzulande, die Erde trug reiche Früchte. Es gab eine Menge Melonen, Wein, Mais, Hirse und viel Vieh. Brotgetreide mußte häufig zugekauft werden.

Tolstoi hat in den *Kosaken* das Leben auf dem schmalen Streif waldreichen, fruchtbaren Bodens, der den Kosaken gehörte, beschrieben:

»Auf diesem fruchtbaren, waldreichen Landstrich mit seiner üppigen Vegetation lebt seit undenklichen Zeiten ein kriegerischer, wohlgestalter und wohlhabender Volksstamm, die Bergkamm-Kosaken.

Ihre Vorfahren, Altgläubige, flohen vor langer, langer Zeit aus Rußland und siedelten sich jenseits des Terek mitten unter Tschetschenen auf dem Bergkamm, dem ›Greben‹, dem ersten bewaldeten Bergrücken in der Großen Tschetschnja, an. Unter den Tschetschenen lebend, versippten sich die Kosaken mit ihnen und übernahmen Bräuche, Lebensweisen und Sitten der Bergbewohner; die russische Sprache aber und ihren alten Glauben wußten sie auch dort unverfälscht zu bewahren. Eine heute noch unter den Kosaken lebendige Überlieferung sagt, Zar Iwan der Schreckliche habe eine Reise zum Terek unternommen, die Ältesten vom Greben vor sein Angesicht gebeten, ihnen Land vom anderen Ufer zum Geschenk gemacht, sie ermahnt, Freundschaft zu halten, und versprochen, sie weder zu zwingen, russische Untertanen zu werden, noch ihren Glauben zu ändern. Heute noch pochen Kosakenfamilien auf ihre Verwandtschaft mit Tschetschenen, und Liebe zur Freiheit, zum Müßiggang, zu Raub und Krieg sind die Hauptzüge ihres Charakters. Rußlands Einfluß wirkt sich lediglich ungünstig aus: in Beschränkungen bei Wahlen, im Abnehmen von Kirchenglocken und in Gestalt stationierter und durchziehender Truppen. Der Kosak haßt instinktiv weniger den Dshigiten aus dem Gebirge, der seinen Bruder getötet hat, als den Soldaten, der bei ihm einquartiert ist, um die Staniza zu schützen, und seine Kate mit Tabaksqualm vollräuchert. Er respektiert seinen Feind, den Bergbewohner, und verachtet den Soldaten, den Fremdling und Unterdrücker. Die besten Waffen beschafft er sich vom Bergbewohner, die besten Pferde kauft er ihm ab oder stiehlt sie ihm. Ein Prachtbursche von Kosak brilliert mit seiner Kenntnis der tatarischen Sprache, und geht es einmal besonders lustig zu, spricht er sogar mit seinesgleichen tatarisch. Dennoch bildet sich dieses in einen entlegenen Erdenwinkel verschlagene, von halbwilden mohammedanischen Volksstämmen und von Soldaten umgebene Christenvölkchen ein, auf einer hohen Entwicklungsstufe zu stehen, und erkennt einzig den Kosaken als Menschen an, für alles andere hat es nichts als Verachtung übrig. Die meiste Zeit verbringt der Kosak an den Kordons, auf Feldzügen, auf der Jagd oder beim Fischfang. In seinem Hauswesen arbeitet er so gut wie niemals ... Die Frau betrachtet der Kosak als Werkzeug für seinen Wohlstand; einzig den Mädchen gesteht er ein müßiges Leben zu, das Weib zwingt er von frühester Jugend bis ins tiefste Greisenalter, für ihn zu arbeiten. Die Frau hat ihm auf orientalische Weise gehorsam und dienstbar zu sein. Dadurch gewinnt die Frau, die sich zwar äußerlich unterwirft, aber sich körperlich und sittlich intensiv entwickelt, wie es im Osten generell der Fall ist, unvergleichlich mehr Einfluß und Gewicht im häuslichen Alltag als im Westen. Ihr Fernbleiben vom gesellschaftlichen Leben und die Gewöhnung an schwere Männerarbeit verleihen ihr entsprechend mehr Gewicht und Macht im häuslichen Leben ... Die Frauen sind meistenteils kräftiger, klüger und wohlgestalter als die Kosaken ...«

Woher die Bergkamm-Kosaken kamen, ist uns nicht bekannt. Sie dürften sich von den Donkosaken abgezweigt oder aber irgendwann die Gegend um Rjasan verlassen haben.

Unter den Kabardiner Abgesandten, die bei Iwan dem Schrecklichen vorstellig wurden, war eine Kosakendelegation. Bergkamm-Kosaken hatten an der Seite der Zarenstreitmacht 1559 den Feldzug gegen das Schamchaltum* von Tarki mitgemacht. 1567 wurde an der Sunsha die Festung Tjorki errichtet.

In unserer Geschichte erscheinen die Kosaken urplötzlich als bereits gewachsene Kraft. Die Entstehung des Kosakentums vollzog sich vermutlich namenlos oder unter einem anderen Namen.

In alten Chroniken werden Flüchtlinge erwähnt, die die Grenzgemarkung der Fürsten überschritten, um im wilden Niemandsland umherzustreifen.

Die Bergkamm-Kosaken haben vermutlich recht, wenn sie in ihren von Jepifan wiedergegebenen Legenden behaupten, schon lang vor der Zeit Iwans des Schrecklichen am Kaukasus ansässig gewesen zu sein. In der Legende zollen sie Iwan dem Schrecklichen als großmächtigem Herrscher alle Achtung, verstehen sich jedoch nicht als seine Untertanen.

Zu jenen Zeiten wohnten sie am jenseitigen Ufer des Terek, auf der ersten Bergschwelle, dem »Kamm«. Später wechselten sie nach Absprache mit der russischen Regierung auf das andere Flußufer, zum fruchtbaren, aber gefahrvollen Landstrich, der den Saum des russischen Herrschaftsbereichs bildete.

Nach der Legende traf der Zar mit den Kosaken ein Abkommen und »begab sich wieder in sein Sibirien«.

Der Begriff »Rußland« war hierzulande recht nebelhaft, Sibirien wird vielleicht deshalb erwähnt, weil seine Eroberung auch mit Kosaken zusammenhängt.

Vielleicht siedelten sich die Bergkamm-Kosaken im Kaukasus zur gleichen Zeit an, wie der Sibirienfeldzug der von Stroganow angeworbenen Kosaken stattfand.

Während seines späteren Studiums der russischen Geschichte behauptete Tolstoi, die Russen würden vom Westen mit gutem Grund als Kosaken bezeichnet. Für das Volk ist der Kosak ein Wunschbild. Der Regentin Sofja war es nicht gelungen, die Krim zu unterwerfen, während Kosaken mehrmals ihren Fuß auf die Krim setzten. Die Festung Asow, die Zar Peter I. unter so ungeheuren Schwierigkeiten einnahm, wurde von Kosaken erobert und zwei Jahre lang gehalten.

Auch unter Peter I. kommt den Kosaken der Ruhm zu, die Wälle von Asow erstürmt und den Sieg über die türkische Flotte errungen zu haben.

* Kleines Fürstentum.

Tolstoi erblickt im Kosakentum ein Musterbeispiel für ganz Rußland: eine Bauernschaft ohne Adel.

So interpretiert er es sowohl in der Zeit der Vollendung der *Kosaken* als auch während seiner Arbeit an der Schule in Jasnaja Poljana.

Die Schule von Jasnaja Poljana, in die man kam und ging, wann man wollte, hatte kein bestimmtes Lehrprogramm und wurde gegründet, um begabte Kinder zu entdecken und heranzubilden. Sie war eine Art Kosakenschule, eine Art Einführung des Kosakenprinzips in die Pädagogik. Diese Lehranstalt mit ihrer Kinderschar ohne Obrigkeit ist der verwirklichte Traum vom Kosakenstaat.

Am Terek lebten die Menschen ohne Furcht vor Berg oder Fluß, auch wenn es Stanizen gab, deren Dächer bei Hochwasser niedriger lagen als der trübe, wildbewegte Flußspiegel. Das Wasser konnte durchbrechen und tat es auch, dann zogen die Stanizenbewohner vom Fluß weg und verließen die alten Weingärten und Gemüseschläge.

Die Regierung ließ die Kosaken weitgehend in Ruhe. Die alten Kosakentraditionen beruhten auf dem Leben in den Bergen und auf alten russischen Bräuchen, die hierzulande neue Züge angenommen hatten.

Am Rande Rußlands, hinter der Wolga, hinter der Sandsteppe, lebte eine Bauerngemeinde ohne Gutsherren und Popen. Hier gab es keine zerlumpten Armen, keine ausgemergelten Weiber, kein scheues Schielen zum Verwalter, hier schloß sich ein Befehl zum Auspeitschen von selbst aus, sogar Gütebeweise gab es nur selten.

Pugatschow soll ja nach seiner Niederlage die Absicht gehabt haben, zu den Bergkamm-Kosaken zu gehen.

Doch auch hier veränderte sich vieles.

Militär marschierte, Beamte nisteten sich ein, Geld kam auf, plötzlich gab es Knechte. Ein Kosak vom alten Schlag wurde zur Rarität. Jepifan Sechin war an die achtzig und erzählte selbst, als in Rußland die Zarin geherrscht habe, sei er schon kein Knabe mehr gewesen, folglich war er Ende des 18. Jahrhunderts bereits über zwanzig.

Tolstoi beschreibt ihn so: »Wenige Minuten später erschien in der Tür der Kate Onkel Jeroschkas Gestalt. Jetzt erst bemerkte Olenin den Riesenwuchs und den kräftigen Körperbau des Mannes; das rotbraune Gesicht mit dem schlohweißen Vollbart, kreuz und quer durchfurcht von greisenhaften, mächtigen Falten eines langen, mühseligen Lebens, vermochte den Eindruck nicht zu schmälern. Die Muskeln an Armen, Beinen und Schultern waren prall und faßrund wie sonst nur bei jungen Männern. Auf dem Kopf sah man unter dem kurzen Haar tiefe verheilte Narben. Der stämmige, sehnige Hals war wie bei einem Stier gitterartig von Falten überzogen. Die knotigen

Hände waren zerschunden und zerschrammt. Leicht und elastisch schritt er über die Schwelle, nahm die Flinte herunter, stellte sie in eine Ecke, schätzte mit hurtigem Blick die in der Stube gestapelte Habe ab und ging mit auswärts gedrehten Füßen auf gebogenen Riemensohlen lautlos in die Mitte der Stube. Mit ihm zusammen war ein starker, jedoch nicht unangenehmer Mischgeruch nach kaukasischem Rotwein, Wodka, Schießpulver und geronnenem Blut eingedrungen.«

Dieser kraftstrotzende Mann war einst im ganzen Heer berühmt gewesen. Jetzt sagte er zu Lukaschka: »Sind nicht mehr die wahren Zeiten, ihr seid nicht mehr das Volk, das ihr mal wart, Scheißkosaken seid ihr jetzt. Und die Russenhaufen, die sie hergetrieben haben! Die lassen uns alle bei Gericht hochgehen.«

Alles war Vergangenheit, der alte Kosak, der unwahrscheinliche Heldentaten vollbracht hatte, war zum närrischen Kauz und zum Gespött der Staniza geworden. Er wußte sich kein Plätzchen, wo man ihm zugehört hätte, er war ja nicht der alte Zigeuner aus Puschkins Poem *Die Zigeuner.* Nur Tolstoi hörte Jepischka zu; nur im Wald konnte der alte Weidmann, der alles wußte, alles begriff, sich frei machen vom Gespött und von allem, was ihm gegen den Strich ging, hier hielt er Freundschaft mit dem Wild, mit dem ganzen Wald, und er lehrte Tolstoi, die Welt zu verstehen und zu lieben.

Leibeigene gab es bei den Kosaken nicht, so daß Tolstoi mit seinem Diener in ihren Augen eine ungewohnte und wenig erfreuliche Erscheinung war. In der ersten Zeit redete man Schlechtes über ihn.

Auch die Bauern, die näher bei Kisljar lebten, hatten keinen Gutsherrn über sich, sie lebten in Freiheit, gingen mit ihren Meuten halbzahmer Hunde auf Wildschweinjagd, und weil die Flinten nicht für alle reichten, erlegte man die Tiere mit Bajonetten auf Stöcken.

Lew Tolstoi kehrte etwa zehnmal in die Staniza Starogladkowskaja zurück. In der ersten Zeit lebte er dort mit seinem Bruder. Nikolai hatte bei jedermann, bei Kindern, Freunden und Untergebenen, einen Stein im Brett. Er war erfolgreich, und als er zu schreiben anfing, schuf er sofort wundervolle Sachen. Jedoch hegte er keinerlei Wünsche, vor allem aber wollte er keinesfalls etwas darstellen, sein Leben waren Wein und Jagd.

Jagd und Wein brachten ihn und Jepischka einander nahe, und er lernte den alten Kosaken schätzen, der im Wald so prachtvoll Bescheid wußte, der die Jagdbeute auszumachen verstand und Tiergeschichten erzählten konnte.

Jepischka war es auch, der Nikolai zur Literatur führte. Über ihn schrieb Nikolai eine ausgezeichnete Skizze, *Jagd im Kaukasus.*

Iwan Turgenjew pflegte über Nikolai Tolstoi zu sagen, ihm fehle es nur an Mängeln, damit ein großer Schriftsteller aus ihm würde. Nikolai war der erste, der Jepischkas literarisches Porträt malte, mit breiten Pinselstrichen und großem Talent. Die Erzählung *Jagd im Kaukasus* erschien 1857 im *Sowremennik*. Auf diese Weise konnte Nekrassow den ältesten und den jüngsten der Brüder Tolstoi vorstellen.

Die Jagd ist wundervoll beschrieben. Dort, wo Jepischka poetisch wird, nimmt sie Züge eines Reckenkampfes an. Es ist, als brächten Kämpferheere Rudel von Tieren auf, als stampften Herden in die Kampflinie, als schwänge Kavallerie, vollzählig angetreten, ihre Säbel gegen das Wild.

In dieser Erzählung erscheint Jepischka als Hauptheld. Der Dichter Feth äußerte später, Nikolai Tolstoi habe diesen Charakter als erster »ertastet«.

Am Terek wurde mit der Flinte gejagt. Jepischka benutzte eine altertümliche Waffe mit langem Lauf und bediente sich nach Art der Tschetschenen besonderer Schießstützen.

Einen Vogel im Flug konnte Jepischka nicht herunterholen, das war mit seiner schweren, altertümlichen Flinte auch nicht möglich.

Die Jagd mit Hunden, die Lew Tolstoi über alles liebte, kannte man hierzulande nicht. Hier gab es weder Jagdhunde noch Barsois, wohl aber Hundeliebhaber. Der Offizier Sultanow begab sich als Kundschafter jedesmal ganz allein zu den Tschetschenen, im Wald aber begleitete ihn immer eine große Hundemeute, und seine Zuneigung gehörte ausschließlich den Hunden.

Andere Stanizenhunde lebten halbverwildert, sie jagten in den Wäldern auf eigene Faust, hängten sich als bunte Haufen an die Fersen der Jäger; sie waren unermüdlich, furchtlos und wild.

Zuerst pflegte Tolstoi zu sagen, wer türkischen Tabak gewohnt sei, könne den ordinären Knaster Marke Shukow keinesfalls mehr rauchen, und wer die Jagd mit Hunden kenne, finde keinen Spaß an der Flintenjagd.

Aber mit der Zeit zog sie ihn doch in ihren Bann. Sie ermöglichte es ihm, im Walde allein zu sein und ungestört, ohne von jemand unterbrochen zu werden, nachzudenken; diese Art Jagd befreite ihn von der Ironie.

Er lebte recht einsam in der Staniza, der Bruder war fortgereist, die Offiziere hielten ihn für eingebildet und pflegten keinerlei Umgang mit ihm, nur der Riese Jepischka erzählte ihm von alten Zeiten, lehrte ihn, auf seine Art zu leben, Wild mit dem Habicht zu jagen und Hirsche aufzuspüren.

Notwendigkeiten erscheinen häufig als Zufälle verkleidet; so etwa pflegte der Mann zu sagen, der zu jener Zeit die Geister beherrschte: Hegel.

Tolstois Reise in den Kaukasus war ein Zufall, der Zufall ließ ihn dort hängenbleiben, längere Zeit ohne Rang Dienst tun, mit dem ausgedienten Kosaken Jepischka Freundschaft schließen, jedoch war das für sein Leben notwendig, und er widersetzte sich diesen Zufällen nicht.

Vorher hatte er darüber nachgegrübelt, wie er sein Leben umgestalten, die Beziehungen zu seinen Bauern aufs rechte Gleis rücken könnte. Der Zufall, zuweilen als Schicksal bezeichnet, führte ihn zu den Bergkamm-Kosaken. Starkes Interesse zwang ihn immer wieder, nach Starogladkowskaja zurückzukehren.

Die Entstehungsgeschichte der Erzählung *Die Kosaken* ist lang. Während der zehn Jahre ihres Werdens lösten sich nicht verschiedene Varianten ab, sondern es veränderten sich Tolstois Lebensauffassung und Meinung über die Sitten im freien Kosakentum als neue Möglichkeit eines künftigen Lebensstatus für die gesamte Menschheit. Tolstoi suchte den Schlüssel dazu in der Darstellung des Lebens der Bergkamm-Kosaken, er las zu diesem Zweck die Bibel, die *Ilias;* das Wesentliche jedoch sagten ihm nicht die Bücher, nämlich, daß das Leben des arbeitenden Menschen schwierig und alles andere als einfach ist. Er mühte sich, dieses Leben zu gestalten.

Inzwischen langweilte er sich in der Staniza, allerdings anders, als Onegin sich in seinem Dorf langweilte. Der Unterschied war, daß die Staniza nicht Tolstoi gehörte, der Gutshof aber Onegin.

Tolstoi lebte in der Staniza zunächst wie ein Reisender, der in einem neuen Aufenthaltsort Erinnerungen an seine Vergangenheit und Zukunftsträume ansiedelt.

Er schrieb einen Brief an die Molostwowa, das Mädchen, von dem ihn Fluß und Wüstenstriche trennten, ohne ihn allerdings abzusenden; er wandte sich an sie nicht in einem Brief, sondern in einer Eintragung ins Tagebuch, er schrieb für sich selbst, ohne zu hoffen, irgendwann von jemand gelesen zu werden.

Er sprach davon, wie glücklich er in Kasan gewesen sei: »Ich würde nicht sagen, das kam daher, daß ich verliebt war. Ich wußte das nicht. Ich glaube, dieses Nichtwissen ist der wichtigste Wesenszug der Liebe und macht ihren ganzen Reiz aus.« Und er fährt fort: »Ich habe kein Wort von Liebe zu ihr gesprochen, bin aber überzeugt, sie weiß um meine Gefühle, und wenn sie mich liebt, schreibe ich es nur der Tatsache zu, daß sie mich verstanden hat.«

Der Schlüssel zu eines Menschen Schicksal dreht sich im Schloß, sein Bart aber findet die Lücken darin nicht. »Meine Beziehungen zu

Sinaida verblieben auf der Stufe reinen Zueinanderstrebens zweier Seelen.« Der Zufall wollte es, daß Tolstoi Sinaidas Vatersnamen nicht kannte, zufällig schrieb er den bewußten Brief nicht an sie; die Unabwendbarkeit des Schicksals führte ihn an der Frau vorbei und ließ ihn sich in ein Kosakenmädchen verlieben.

Im selben Atemzug, in dem er über Sinaida schreibt, erinnert er sich an seine Zigeunerin: »Katjas Lieder, ihre Augen, ihr Lächeln, ihre Brüste, ihre zärtlichen Worte sind noch frisch in meiner Erinnerung, wozu sollte ich sie ausmalen, ich will ja eine ganz andere Geschichte erzählen. Ich bemerke an mir die schlechte Angewohnheit, abzuschweifen. Eine verderbliche Angewohnheit. Selbst bei meinem Lieblingsschriftsteller Sterne sind, ungeachtet seines gewaltigen Erzähltalentes, Abschweifungen schwer zu ertragen.« Aber die Abschweifungen hören nicht auf: »Wer mit Zigeunern Umgang gepflegt hat, kann nicht umhin, Zigeunermelodien zu summen, ob das nun schlecht oder gut ist, jedenfalls macht es Freude, weil es die Erinnerung ungemein auffrischt.« Die Abschweifung geht weiter. Am Fenster der Kosakenhütte stehend, erinnert sich Tolstoi an Katjas Lied: »... jenes Lied, das Katja mir vorsprach, als sie auf meinem Schoß saß, just an dem Abend, als sie mir erzählte, sie liebe mich und schenke anderen nur deshalb ihre Gunst, weil der Chor dies verlange, sie werde aber keinem außer mir Freiheiten gestatten, vor die der Schleier der Verschwiegenheit gezogen werden müsse. An jenem Abend glaubte ich von ganzem Herzen jedem Wort ihres aalglatten Zigeunergeschwätzes, ich war guter Laune, kein *Gast* hatte mir Kummer zugefügt. Dafür liebe ich jenen Abend und jenes Lied.«

So träumte er und sang in der Staniza Starogladkowskaja das Zigeunerlied. Ein vorübergehender Kosak hielt es für ein Kalmückenlied und lachte Tolstoi aus, dieser aber hatte gedacht, der Kosak lausche mit Genuß. Tolstoi notiert: »... Jetzt war es aus, ich konnte nicht mehr träumen und nicht mehr singen.«

Die Beschreibung bewegt sich auf verschiedenen Ebenen: eine Reminiszenz an Kasan und eine Zigeunerin und allgemeine Betrachtungen über Abschweifungen und Zigeunerlieder, und in all das fließt als Realität die Staniza.

Lange noch sollte Tolstoi bei seinen Zuhörern Verständnis vermissen, viele Male sollte er lieben und nicht begreifen, wen er eigentlich liebte, viele Male sollte er noch eine Tür öffnen und im Zimmer nicht die finden, die er suchte. Und eines Tages würde er aufschreiben, wie ein Kosakenmädchen zum Volontär Olenin, der sie liebt und aus Tula zu ihr gereist kommt, sagt: »Scher dich fort, ich mag dich nicht mehr.«

Stary Jurt, Misserbijew, Fürst Barjatinski

Tolstoi war nach Stary Jurt im Terek-Gebiet geraten, wo sein Bruder mit Artillerietruppen zum Schutz von Kurgästen eingesetzt war und wo zwei Kompanien Infanterie und ein paar Geschütze standen.

Er litt an grundloser Schwermut, bedingt durch das Vorgefühl einer großen Arbeit, ohne recht zu wissen, was er schreiben und wie er leben würde.

»Früher dachte ich, es käme vom Nichtstun, vom Müßiggang. Nein, nicht der Müßiggang ist schuld, sondern meine Lage, durch die ich zu nichts fähig bin. Vor allem aber finde ich in keiner Beschreibung, nicht einmal in meiner Phantasie, etwas, das meiner Schwermut ähnlich wäre. Ich stelle mir vor, daß man über einen Verlust, eine Trennung oder eine betrogene Hoffnung betrübt sein kann. Ich begreife auch, daß man enttäuscht sein kann: Alles wird einem zuwider, man ist so oft in seinen Erwartungen enttäuscht worden, daß man nichts mehr erwartet. Das alles begreife ich, und hinter einer derartigen Schwermut verbirgt sich wiederum immer etwas Gutes.

Ich spüre meine Schwermut wohl, aber mir fehlen Verständnis und Vorstellung dafür. Zu bedauern wüßte ich nichts, zu wünschen habe ich auch so gut wie nichts, meinem Schicksal zu grollen besteht kein Anlaß, mir ist klar, wie schön es wäre, von der Phantasie zu leben, aber nein. Meine Phantasie malt mir nichts vor, ich habe keine Träume. Menschen zu verachten – auch darin liegt eine Art trüben Genusses –, nicht einmal dazu bin ich fähig, ich denke ja überhaupt nicht über sie nach; mal scheint mir, einer habe eine gute, einfache Seele, mal denke ich wieder, nein, besser nicht danach suchen, wozu sich Irrtümern aussetzen! – Enttäuschung ist es auch nicht, mir macht ja alles Spaß; das Unglück ist nur, daß ich mich viel zu früh an ernste Lebensdinge herangewagt habe, ich habe sie in Angriff genommen, als ich noch nicht reif dafür war, sie erst spürte und begriff; so fehlt mir ein starker Glaube an Freundschaft, Liebe, Schönheit, und ich wurde in wichtigen Lebensdingen enttäuscht, in Lappalien aber bin ich noch das reine Kind.«

Stary Jurt war eine Tschetschenensiedlung im Abschnitt Grosny, Gebiet Terek, und so lautete auch Tolstois Anschrift.

Stary Jurt lag an der Grenze des Tschetschenengebietes.

Jetzt ist die Quelle bei Stary Jurt versiegt. Trockene Steine schimmern grau über der Schlucht, unten steht, von Platanen umgeben, die Schule, die den Namen »Lew Tolstoi« trägt.

Tolstois außergewöhnlicher Fleiß beeindruckt uns auch diesmal. Er suchte in die Sprache der Menschen, unter denen er lebte, einzudringen, machte sich sehr präzise folkloristische Notizen, zuerst in darghinischer Sprache, und das ist nicht nur die Übung eines jungen, von romantischer Bergbegeisterung hingerissenen Offiziers, sondern auch eine Art Vorbereitung auf künftige Kaukasuserzählungen. Farbtöne der Folklore, immer wieder erprobt, sollten Tolstoi mehrere Jahrzehnte später helfen, den *Hadschi Murat* zu schreiben.

Häufig besuchte ihn Sado Misserbijew, ein junger Tschetschene; sein Vater war ein wohlhabender Mann, der sein Geld jedoch vergraben hatte, und der Sohn war gezwungen, sich mit Hilfe halsbrecherischer Tricks Geldmittel zu verschaffen.

Tolstoi berichtet, daß er »es fertigbringt, zwanzigmal sein Leben aufs Spiel zu setzen, um einen Gegenstand zu stehlen, der keine zehn Rubel wert ist; er tut dies nicht aus Geldgier, sondern aus Verwegenheit«.

Tolstoi war Gast in Misserbijews Haus, bekam einen kostbaren Säbel geschenkt und revanchierte sich mit der silbernen Uhr seines Bruders. Er brachte dem Tschetschenen bei, Gewinn und Verlust aufzuschreiben, weil dieser sich von jedermann übers Ohr hauen ließ.

Aber auch Tolstoi wurde übers Ohr gehauen. Als junger Volontär hatte er für seinen Lebensunterhalt höchstens zehn Rubel monatlich veranschlagt, und er wäre in Starogladkowskaja damit gut ausgekommen, aber er verspielte, ständig den Karten abschwörend und den Schwur immer wieder brechend, Hunderte Rubel. Nicht das Gewöhnliche darf uns bei Tolstoi verwundern – er spielte eben, weil alle Welt spielte –, sondern die außergewöhnliche Vielfalt seiner Interessen. Er beobachtete die Natur im Kaukasus, die Kosaken, seine Jagdgenossen, und das partriarchalische Kosakenleben ließ ihn das Bauerndasein überhaupt neu begreifen.

Unter den Offizieren gab es einen gewissen Knoring. Dieser interessierte Lew Tolstoi als beschreibungswürdiges Objekt für eine literarische Übung. Es folgt die verächtliche Beschreibung eines Mannes, durch den Tolstoi um ein Haar umgekommen wäre. Tolstois Angewohnheit, viele Menschen wie Nebenfiguren eines Romans zu behandeln, machte ihn im Leben oftmals wehrlos.

»Das Gesicht mit den ausladenden Jochbeinen ist breit und von seltsamer Weichlichkeit, es ist, was man bei Pferden als ›fleischigen‹ Kopf bezeichnet. Die Augen sind braun und groß und kennen nur zwei Arten der Veränderung: Lachen oder Normalstellung. Beim Lachen bleiben sie stehen, und ihr Ausdruck wird stumpf und sinnlos. Der Rest des Gesichtes entspricht jeder durchschnittlichen Paßbeschreibung.«

In Stary Jurt klagte Tolstoi: »Nun bin ich schon fünf Tage hier, und meine längst vergessene Faulheit hat mich erneut gepackt. Mein Tagebuch habe ich aufgegeben. Die Natur, auf die ich am meisten gehofft hatte, als ich mir vornahm, in den Kaukasus zu reisen, hat zunächst keinen Reiz für mich. Die Verwegenheit, die, so hoffte ich, sich hier bei mir entfalten würde, will sich ebenfalls nicht einstellen.«

Mit aller Gelassenheit dachte er an die Möglichkeit, hier sein Leben zu lassen. Wir lesen im Tagebuch vom 2. Juni 1851: »Wie stark komme ich mir allem gegenüber vor, durch meine feste Überzeugung, hier nichts anderes zu erwarten zu haben als den Tod; und im Moment denke ich mit Wonne daran, daß ich einen Sattel bestellt habe, auf welchem ich, mit einem Tscherkessenrock angetan, sitzen werde, und wie ich den Kosakenmädchen den Hof machen und verzweifelt sein werde, daß mein Schnauz links dürftiger ist als rechts, und ich busche ihn mir stundenlang vor dem Spiegel. Schreiben kann ich auch nicht. Alles in allem – blöd.«

Weiter folgt auf französisch eine Eintragung über fachliches Können, vorher heißt es auf russisch, wie schwierig es doch sei, heiße, lebendige, bewegliche Gedanken »in Krakeleien« zu übersetzen. Und es folgt der Ausruf: »Wohin soll man fliehen vor dem Handwerk?«

Die Todesgedanken waren aufrichtig, die Verzweiflung aber wurde zum Bestandteil seiner künstlerischen Erfahrung. Erst vierzehn Tage befand er sich im Kaukasus und wünschte bereits, sich zu verändern. Zunächst war er mit einer Sache einverstanden und notierte am 13. Juni nicht ohne Selbstzufriedenheit und Selbstvertrauen: »Mehrmals, wenn Offiziere vom Kartenspiel sprachen, hatte ich das Bedürfnis, zu beweisen, daß ich das Spiel liebe. Jedoch nehme ich mich zusammen, hoffe, ich werde, selbst wenn man mich auffordern sollte, ablehnen.«

Ihn beschäftigte sein Tagebuch. Sein Eintragungen verändern sich, sie werden greifbarer, sichtbarer: »Eine klare Nacht, ein frischer Windhauch zieht durchs Zelt und läßt die Flamme der blakenden Kerze schwanken. Ich höre von fern Hundegebell aus dem Aul und die Wechselrufe der Wachen. Es riecht nach vertrocknenden Eichen- und Platanenzweigen, aus denen der Verschlag gefügt ist. Ich sitze darin auf einer Pauke, von jeder Seite schmiegt der Verschlag sich ans Zelt, die eine Seite ist abgedichtet, dort schläft Knoring (ein unangenehmer Offizier), die andere Seite ist offen und völlig finster, mit Ausnahme eines Lichtstreifens, der auf das Bett meines Bruders fällt. Vor mir sehe ich die hell erleuchtete Seite des Verschlages, wo ein Revolver, ein Dolch, Säbel und Unterhosen hängen. Es ist still. Ich höre den Wind wehen, ein Insekt vorüberfliegen, ein paar Kreise ums Licht ziehen, einen Soldaten nebenan im Schlaf aufschluchzen oder ächzen.«

Tolstoi vollendete die Landschaftsbeschreibung nicht, er beklagt sich an der gleichen Stelle über den Mangel an Tinte. In dieser Unterkunft geschah es, daß Knoring den jungen Volontär Tolstoi im Spiel kahlrupfte.

Tolstoi hatte sich ziemlich lange zusammengenommen. Im *Hadschi Murat* ist beschrieben, was Butler in der Truppe von General Barjatinski vor seinem Spielverlust durchmacht: »Zweimal vielleicht trat Butler aus dem Zelte, die Hand in der Hosentasche um sein Portemonnaie gekrampft, schließlich widerstand er nicht länger und begann, ungeachtet des Wortes, das er sich selbst und seinen Brüdern gegeben hatte, zu pointieren.«

Tolstoi verarbeitet hier unmittelbar seine eigene schmerzliche Erfahrung. Er hatte tatsächlich den Brüdern sein Wort gegeben, nicht mehr zu spielen.

»Und noch keine Stunde war vergangen, als Butler, puterrot, schweißgebadet, kreidebeschmiert, auf beide Ellbogen gestützt, am Tisch saß und mit Hilfe der an den Ecken abgegriffenen Spielkarten und der Überträge die Höhen seiner Einsätze aufschrieb.«

Der unglückselige Spieler »... schrieb an den Bruder, bekannte seine Sünde und flehte, ihm ein letztes Mal fünfhundert Rubel zu schicken und mit der Mühle, die ihnen noch als gemeinsamer Besitz verblieben war, zu verrechnen«.

Somit können wir die Situation, in der Tolstois Spielverlust stattfand, genau rekonstruieren.

Mitten in solch verworrenem, amüsantem Leben sehen wir Tolstoi sich ruhevoll beschäftigen: Er beobachtete die Kosaken und las Historisches. Um Historisches über das Kosakentum zu erfahren, benötigte er die Geschichte ganz Rußlands. Er machte sich Notizen über seine tägliche Lektüre, um sich später Rechenschaft abzulegen, was er innerhalb einer Woche, eines Monats an Interessantem erfahren hatte.

Er betrachtete seine kaukasische Periode als die Zeit seines vehementesten Wachstums. Wir unsererseits können behaupten, daß es die Zeit seiner größten Arbeitsleistung war.

Der empfindsame Mann arbeitete hier in der Einsamkeit, auf sich selbst gestellt, im Bewußtsein des eigenen Wertes, sehr hartnäckig an seiner eigenen Persönlichkeit, ohne sein Interesse auf eigene Erlebnisse zu konzentrieren. Er schrieb nicht nur Kosakenlieder auf, er begriff auch die Gesetze, unter denen Volkslieder sich wiederholen, weil er wissenschaftliche Beobachtungen von außergewöhnlicher Präzision anstellte.

Knoring bekam einen Wechsel über fünfhundert Rubel, befristet bis zum 1. Januar 1852. Spielschulden galten als Ehrenschulden. Seinem Schneider schuldete Tolstoi etwa siebenhundert Rubel, aber es war durchaus denkbar, den Schneider nicht zu bezahlen, während unbezahlte Schulden im Regiment einen Mann aus seiner Gesellschaftsschicht eliminieren konnten.

Tolstoi zog sich in sich selbst zurück, verstärkte seinen Arbeitseifer und war schon drauf und dran, Jasnaja Poljana zu veräußern, um seine Spielschuld zu begleichen.

Zunächst hoffte er, im Kaukasus ganz von vorn anfangen zu können. Dazu brauchte er eine Stellung, womöglich beim Militär.

Sie zu erlangen, bedurfte es der Protektion. Am günstigsten war ein Dienst wie der von Mitgliedern der Hautevolee. Man hatte zu sein »wie alle Welt«, wie die Leute der gleichen Gesellschaftsschicht. Folglich mußte Fürst Barjatinski als Protektor gewonnen werden.

Wie Barjatinski zu Tolstoi stand, wissen wir nicht. Bekannt ist nur, daß Tolstoi am 17. August aus der Staniza Starogladkowskaja an Tante Jergolskaja schrieb: »Vor vierzehn Tagen habe ich mich von Nikolenka getrennt; er ist jetzt im Lager bei den heißen Quellen, ich sitze in seinem Hauptquartier. Im September kommt er zurück. Viele raten mir, hier in den Staatsdienst zu treten, ganz besonders Fürst Barjatinski, dessen Protektion alle Türen öffnet.«

Diese optimistische Bemerkung beruhte auf einer Mitteilung, die Bruder Nikolai nach Lews Beteiligung an einem militärischen Überfall machte: »Fürst Barjatinski hat sich sehr günstig über dich geäußert, du scheinst ihm zu gefallen, er möchte dich anwerben.«

Der Spielverlust hatte Tolstoi verunsichert. Seine Briefe an die Tante wirken widerspruchsvoll, er fiel von einem Extrem ins andere, den Verlust hielt er geheim, doch hatte er kein Geld, um nach Tula zurückzukehren, aber auch keines, um im Kaukasus zu bleiben.

Er schrieb an die Jergolskaja aus Stary Jurt, vermutlich ohne neue Informationen in seinen Dienstangelegenheiten erhalten zu haben: »Wenn Gott will, werden wir uns in vier oder fünf Monaten in Jasnaja einfinden und unsere friedlichen Plaudereien wieder aufnehmen. Wir brauchen Sie so sehr für unser gemeinsames Glück, daß Gott Sie uns erhalten wird. Ich bin fest entschlossen, hier im Kaukasus zu bleiben und Dienst zu tun. Ich weiß noch nicht, ob es Militärdienst oder Zivildienst beim Fürsten Woronzow werden wird, das wird meine Reise nach Tiflis entscheiden.«

Zugleich verschenkte Tolstoi sein Klavier an Schwester Mascha und Schwager Valerian, folglich hatte er tatsächlich nicht die Absicht, für immer zurückzukehren.

Die Rettung mußte an Ort und Stelle kommen. Ohne Titel, ohne

Orden nach Tula zurückzukehren hieße jedes Prestige einbüßen und zur gesellschaftlichen Null herabsinken. Aus dem Kaukasus hatte man mit Ruhm und Ehren zurückzukommen. Tolstois Lage war um so schwieriger, als ihn ja niemand in den Kaukasus geschickt hatte, er war aus freien Stücken hingereist und, in der Hoffnung auf Protektion, dort hängengeblieben.

Fürst Barjatinski aber erinnerte sich nicht an Tolstoi.

Der Spielverlust gehörte zu jenen Zufällen, die sich bei Tolstoi häuften; der Versuch, die Protektion des Fürsten zu erlangen, endete zwar mit einer bitteren Niederlage, war aber kein Zufall.

Tolstoi war nach Kasan als ganz junger Mensch und als Mitglied der Provinzaristokratie gekommen, seine Brüder waren dem Provinziellen gegenüber in gewissem Grade abgehärtet, er aber strebte danach, *comme il faut* zu sein, und vertrat die feste Überzeugung, ein Mann, der sich auf der Straße ohne Handschuhe sehen lasse, sei ein Dreck. Bruder Nikolai lachte ihn aus, Lew aber sprach nur nach, was ihm im Hause der Juschkowa beigebracht worden war.

Im Kaukasus das Leben eines Beherzten zu führen, der sich vor nichts fürchtet, war dazumal eine Schwärmerei, die jeder nachzufühlen vermochte; dieses Leben durfte nur nicht über Gebühr ausgedehnt werden.

Lew Tolstoi war der Überzeugung, seine Kenntnisse des Französischen, sein Grafentitel und die Tatsache, daß er auf der Straße Handschuhe trug, seien Grund genug, damit Fürst Barjatinski, mit dem er ein paar gemeinsame Bekannte hatte, ihn protegierte. Zur selben Zeit jedoch las er Rousseau und Sterne, schriftstellerte und besaß ein Gespür für Menschen, er verfügte sogar über etwas Erfahrung im Dorfleben und verachtete einen Barjatinski.

Dieser wurde später im *Überfall* ironisch und neidvoll zugleich beschrieben: »Ein paar Minuten später erschien auf der Vortreppe ein Mann, nicht gerade groß, aber außerordentlich gut aussehend, er trug einen Waffenrock ohne Epauletten und ein weißes Ordenskreuz... Die Stimme des Generals, alle seine Bewegungen sprachen dafür, daß sich dieser Mann seines hohen Wertes wohl bewußt war.«

Die Freunde des Volontärs, die Adjutanten, hatten ihn so plaziert, daß der General ihn im Vorübergehen bemerken mußte; dies war erniedrigend, aber unumgänglich: »An der offenen Tür zum Adjutantenzimmer vorüberschreitend, bemerkte der General meine so wenig uniformgemäße Gestalt und wandte derselben seine erlauchte Aufmerksamkeit zu. Nachdem er meine Bitte angehört, sprach er sich im Sinne vollständiger Zustimmung aus und zog sich ins Arbeitszimmer zurück.«

Die Ironie ist gleichermaßen gegen den Bittsteller wie gegen den General gerichtet.

Barjatinski war ein Mann seiner Kreise, er hatte es vielmehr zu sein, mit ihm waren die Träume von einer Position verknüpft, die zu erstreben Tolstoi lange Zeit belastete und zu der er erst in seinen *Sewastopoler Erzählungen* und in *Krieg und Frieden* Distanz nahm.

Er war nicht imstande, in den Kreisen um Barjatinski, Woronzow, Gortschakow Fuß zu fassen.

Neben ihm existierten Leute wie die Tuschins, Chlopows, Koselzows als real handelnde Offiziere. Tolstoi glaubte, sich von ihnen distanzieren zu müssen, wenngleich ihm schwante, daß diese Leute die eigentliche Kraft der Armee darstellten. Das Verständnis dafür finden wir in den *Sewastopoler Erzählungen,* in seinen Briefen aber schrieb er wie ehedem mehr über den Fürsten M. D. Gortschakow als über Kornilow oder Nachimow, Männer, die sich Gortschakow gegenüber real behaupteten und ausschließlich deshalb die Stadt zu verteidigen vermochten.

Tolstois Zufallsbegegnung mit Barjatinski fesselte ihn an den Kaukasus und verwandelte so seine Reise in einen langwierigen Dienst, den er unter schwierigsten Bedingungen ableistete und der lange Zeit nicht rechtens als aktiver Armeedienst gewertet wurde. Er war Volontär, also Freiwilliger. Der Gedanke an Barjatinski ermutigte ihn zwar, band ihm aber wiederum die Hände.

In seiner Tagebucheintragung vom 3. Juli 1851 bekennt er, wie viel ihm an Barjatinski gelegen ist: »Habe bei einem Überfall mitgemacht. Auch da benahm ich mich nicht gut: handelte unbewußt und fürchtete mich vor Barjatinski. Im übrigen bin ich derart schwach, derart lasterhaft, habe so wenig Brauchbares geschaffen, daß ich mich dem Einfluß eines Barjatinski einfach unterwerfen muß.«

Der Mann, dessentwegen Tolstoi sich selbst verachtete, war für ihn in der damaligen Zeit unerreichbar.

Am 28. August 1851 wurde Tolstoi 23 Jahre alt, und er sah sich als Spieler, Feigling und Nichtskönner. »Habe Frauen gehabt, habe mich schwach gezeigt in vielen Fällen, im einfachen Umgang mit Menschen, in der Gefahr, im Kartenspiel, und stecke noch immer voll falscher Scham. Habe viel gelogen. Bin, Gott weiß wozu, nach Grosnaja gefahren, Barjatinski habe ich dabei nicht aufgesucht.«

Tolstoi verachtet Barjatinski und zürnt ihm selbst in Tiflis noch, wenn er an den Fürsten zurückdenkt, den Mann, auf dessen Wohlwollen er immer noch hofft, wobei er den Abstand zwischen sich und ihm bereits deutlich sieht.

Der Überfall und die Gerechtigkeit

Mitte 1851 beteiligte sich Lew Tolstoi, der irreguläre Armeeangehörige, unter dem Kommando des Fürsten Barjatinski am Überfall eines russischen Armeetrupps auf mehrere Aule der Tschetschenen. *Der Überfall* wirkt wie eine Sammlung von Aufzeichnungen eines Kriegskorrespondenten. Ein Mann zieht ohne bestimmten militärischen Auftrag, ohne militärische Aufgaben in den Krieg, in eine Schlacht.

Ein echter Militär, der alte Hauptmann Chlopow, der vermutlich den Offizier Chilkowski, einen Kameraden Tolstois von den Uralkosaken, darstellen soll, verhält sich zu dem Wunsch Tolstois, als Freiwilliger an militärischen Operationen teilzunehmen, wie folgt.

Der Freiwillige sagt: »Darf ich mit Ihnen kommen?« Hauptmann Chlopow erwidert: »An sich dürfen Sie schon, bloß mein Rat wäre, lassen Sie's lieber. Wozu wollen Sie ein Risiko eingehen?«

Chlopow will den jungen Mann davon abhalten, sich in die Schlacht einzumischen. »Wollen Sie wissen, wie's in Schlachten zugeht? Dann lesen Sie Michailowski-Danilewskis *Beschreibung eines Krieges,* ein ausgezeichnetes Buch, dort ist alles ausführlich beschrieben, wo welches Armeekorps stand und wie die Schlacht verlief.«

»Gerade das aber interessiert mich nicht.«

»Ja, was denn sonst? Wollen Sie etwa bloß mal sehen, wie Menschen umgebracht werden? Zweiunddreißig, da hatten wir hier schon mal einen Zivilisten, einen gebürtigen Spanier, glaube ich. Zwei Feldzüge hat er mit uns mitgemacht, in seinem blauen Umhang. Dann hat er ein Ding abgekriegt, der mutige Junge. Hier kannst du keinem imponieren, mein Guter.«

Der Zivilist im blauen Umhang figuriert als ironisch interpretierter Vertreter der Kriegsromantik alter Zeiten. Michailowski-Danilewski ist ein Autor jener offiziellen Kriegsgeschichtsschreibung, gegen die Tolstoi später beharrlich und offen polemisierte und die er in *Krieg und Frieden* widerlegt.

Tolstois eigener Gesichtspunkt ist analytisch. Er will dahinterkommen, was Mut eigentlich ist, warum Menschen in den Kampf ziehen, warum sie den Tod riskieren.

Während der Arbeit am *Überfall,* dessen Arbeitstitel »Brief aus dem Kaukasus« hieß, schrieb er am 31. Mai 1852 in sein Tagebuch: »Habe nicht geschlafen, habe über den Mut geschrieben. Die Gedanken sind gut, die Sprache ist aus Faulheit und schlechter Angewohnheit nicht ausgeformt.«

Die Erzählung beginnt mit einer Analyse des Begriffs »Mut«. Zitiert wird ein Ausspruch Platons, der Mut als »Wissen um das, was zu fürchten sei und was nicht« definiert. Demgegenüber steht Chlopows Definition: »Mut beweist, wer sich benimmt, wie es sich gehört.«

Tolstoi hält des Hauptmanns Definition für richtig, weil sie eine Verhaltensnorm anstelle einer Wissensnorm bietet.

Zu fürchten ist zu verschiedenen Zeiten Verschiedenes, mit anderen Worten, es sind graduell verschiedene Risiken einzugehen. Das analytische Grundelement ist für Tolstoi in dieser Entwicklungsperiode selbstverständlich. So beginnt zum Beispiel eine Variante des *Holzschlages* mit einer Analyse der Kriegführung im Kaukasus: »Im Kaukasus existieren drei Arten der Kriegführung: Überfall, Belagerung von Festungen oder, richtiger, befestigter Aule und Festungsbau im feindlichen Herrschaftsbereich.«

Nachdem er die beiden ersten Arten analysiert hat, schließt er die Beschreibung ab, indem er die dritte, den Bau von Festungen, aufgliedert – in Rekognoszieren und Holzschlagen, das äußerst mühevoll ist, jedoch »die langwierigste, arbeitsaufwendigste und nützlichste Beschäftigung der hier stationierten Truppen«.

Er liefert keine Photographien von Ereignissen, sondern Analysen. Seine Berichte nahern sich den physiologischen Berichten jener Zeit, das heißt den beschreibenden Abschnitten in Erzählungen und Beiträgen von Marlinski, Dal oder Turgenjew, den Skizzen Nekrassows. Tolstoi geht jedoch noch einen Schritt weiter, indem er der umfassenden Analyse des realistischen Romans den Weg bereitet.

Der Krieg, dargestellt als Episode, als Überfall, erschließt verschiedene Typen des Mutes. Da ist der Mut Chlopows, der des jungen Fähnrichs Alanin, der in einer überflüssigen Attacke umkommt und mehrere Soldaten in den Tod hetzt, da ist der gockelhafte Mut des Offiziers Rosenkranz, der stolze, auf Schau berechnete Mut General Barjatinskis, der, während eine Granate vorbeizischt, zur entgegengesetzten Seite blickt und gelassen lächelnd etwas auf französisch sagt. All das sind Analysen menschlichen Verhaltens im Kriege.

Als Leitgestalt für sich selbst wählte Tolstoi eine neutrale Position, ähnlich jener, die er später Pierre Besuchow zuwies, der Privatperson, die sich in Zivilkleidern mitten in einer gewaltigen Schlacht aufhält und alles sieht, weil sie frei ist vom offiziellen Irrsinn, von einer volksfeindlichen Kriegsauffassung, von dem, was gewöhnlich als »gesunder Menschenverstand« bezeichnet wird und eigentlich eine Ansammlung zeitbedingter Vorurteile, die Schlacke veralteter, noch nicht liquidierter, vom Beharrungsvermögen am Leben erhaltener Beziehungen ist.

Des Generals Anordnungen sind schlampig und äußerst selbstsicher und lösen Truppenbewegungen aus. Tolstoi sagt: »Das Bild war wahrhaft imposant. Mir als Neuling und als Unbeteiligtem an der Operation verdarb allerdings etwas den Gesamteindruck, das mir überflüssig erschien – das ganze Hin und Her, die Begeisterung, das Geschrei. Unwillkürlich kam mir der Vergleich mit einem Menschen in den Sinn, der mit einer Axt blindlings durch die Luft fuchtelt.«

Man könnte meinen, im besonderen Einzelfall erkläre sich dieser Eindruck damit, daß die Tschetschenen sich gegen Überfälle nicht zu verteidigen pflegten, um die zurückweichenden russischen Truppen hinterher grausam zu verfolgen. Tolstoi jedoch verwendet dieses Beschreibungsverfahren späterhin immer, und es ist nicht satirisch, sondern moralisch entlarvend zu verstehen.

Es lehrt uns, im Alltäglichen Falsches zu entdecken. Seine Analyse enthüllt nicht nur die Grausamkeit des Krieges, sondern auch die sinnlos grausame Vernichtung menschlicher Arbeit.

In allerkürzester Form beschreibt er einen Aul: »Langgestreckte, saubere Hütten mit falschen Lehmdächern und hübschen Schornsteinen lagen auf unebenen, steinigen Hügeln, zwischen denen sich ein Flüßchen schlängelte.«

Der Aul ist menschenleer, aber sauber und hübsch, ich würde sagen, er ist zweckmäßig angelegt und erfreulich anzusehen. Mit wenigen Zeilen wird die Umgebung einer menschlichen Wohnstätte gezeichnet: »Man erblickte grüne Gärten mit gewaltigen Birn- und Pflaumenbäumen in strahlendem Sonnenlicht, auf der anderen Seite ragten seltsame Schattenbilder empor, es war der Friedhof, mit senkrecht stehenden hohen Grabsteinen und langen Holzstangen mit Kugeln und bunten Fahnen an den Spitzen (das waren Grabmäler von Dshigiten*).«

Der Aul ist still, eigenartig und hübsch. Auf einen Befehl, mit lässigem Generalslächeln ausgesprochen, setzt die Zerstörung ein.

Der Krieg wird als Sinnlosigkeit dargestellt. Der Mut des Leutnants Rosenkranz und der des Jünglings Alanin fußen auf verschiedenen, aber gleichermaßen falschen Konventionen.

Tolstoi entfernte aus seiner Skizze mit aller Sorgfalt, was er als »Satire« bezeichnete, vor allem, was die Zensur nicht passiert hätte, außerdem wollte er vermeiden, seinen hohen Chef, den Fürsten Barjatinski, zu reizen. Dennoch ist dessen nähere Umgebung herabsetzend wiedergegeben.

Andeutungsweise wird erwähnt, daß der Generalstab eines relativ kleinen Armeeteils dreißig Herren zählt: »Sie alle müssen, ihren

* Verwegene Reiter, ursprünglich auch Kämpfer bei den kaukasischen Bergvölkern.

Dienststellungen nach zu urteilen, die ich, was durchaus möglich ist, durcheinandergebracht habe – ich bin ja kein Militär –, äußerst wichtige Männer gewesen sein. Kein Mensch bezweifelte das, nur der Hauptmann, der Streithammel, behauptete, es seien sämtlich Strohköpfe, die anderen Leuten bloß im Wege stünden und selber nichts leisteten.«

Da der Hauptmann von allen Figuren am ausführlichsten beschrieben ist und die Analyse des Begriffs Mut als Grundpfeiler der Erzählung von ihm ausgeht, dürfte diese Bewertung unwiderruflich sein.

Verworfen wurde ein Abschnitt über die Plünderung des Auls, über den Mord an einer Frau und auch die Begegnung mit dem General, als dieser seine erlauchte Aufmerksamkeit der »so wenig uniformgemäßen« Gestalt des Erzählers zuwendet.

Ausgelassen ist der Abschnitt über einen Sachsen, der ohne ersichtlichen Zweck in den Kaukasus gereist war: »Was der wohl mit kaukasischen Bergbewohnern abzumachen hat?« Nicht verwertet wurde ein für Tolstoi sehr wichtiger Abschnitt: »Auf wessen Seite ist das Gefühl für Selbsterhaltung und folglich die Gerechtigkeit: auf der jenes zerlumpten Menschen, jenes Dshemi, der, als er den Trupp herannahen hört, fast nackt aus seiner Hütte stürzt, ein Bündel brennenden Strohs auf einen Stock spießt, damit herumfuchtelt und verzweifelt schreit, damit jeder von dem drohenden Unheil erfahre. Er hat Angst, daß sein Mais zertrampelt wird, den er im Frühjahr ausgesät und mit soviel Mühe bewässert hat, daß der im Vorjahr aufgeschichtete Heuschober abbrennt wie seine Hütte, worin seine Väter und Urväter gelebt haben.« Dieser Dshemi »reißt mit einem Fluch auf den Lippen seine alte Flinte von der Wand, die drei oder vier Schuß daraus treffen sämtlich ins Ziel, und er rennt den Andersgläubigen entgegen ... In ohnmächtigem Zorn, unter Verzweiflungsschreien reißt er sich den zerschlissenen Kaftan vom Leib, wirft die Flinte zu Boden, zieht die Papacha tief in die Augen, stimmt den Sterbegesang an und stürmt, den Dolch in der Faust, Hals über Kopf den Bajonetten der Russen entgegen.«

Die Analyse des Mutes geht in eine Analyse des Zwecks, der Gerechtigkeit eines Krieges über.

Der Krieg an sich ist ungerecht.

Wenn man ihn beschreibt, sollte man sich auf die Empfindungen des Dshemi, der sein Haus verteidigt, stützen.

Der gesunde Menschenverstand des Jahres 1852 hinderte Tolstoi daran. Der Weg zur absolut wahrheitsgetreuen Darstellung war noch weit und ließ sich nur unter Aufgabe der Vergangenheit beschreiten.

Tolstoi sollte zum neuen und präzisen Verständnis dessen, was er in seiner Jugend gesehen hatte, erst auf der Schwelle zur Revolution gelangen, die er weder begriff noch akzeptierte, jedoch erspürte.

Sein Hadschi Murat sollte das Schicksal des Dshemi, der gegen die Bajonette anrennt, wiederholen. Und derselbe Tolstoi, der den Gewaltverzicht predigte, sollte die inspirationsstarke Erzählung vom Hadschi Murat schreiben, der selbst dann noch kämpft, als er schon das Bewußtsein verliert.

Diese Erzählung wurde ein halbes Jahrhundert nach dem *Überfall* vollendet.

Im Manuskript des *Überfall* gibt es folgende Szene:

»Der General ritt in den Aul; augenblicks wurden die Sperrketten verstärkt und verschoben, und keine Kugel flog mehr.

›Je nun, Oberst, mögen die Leute nur brennen und plündern, ich sehe ja, daß sie schreckliche Lust dazu haben‹, sagte er lächelnd.

Stimme und Tonfall waren genauso, also ordnete er bei einem Hausball an, die Tafel zu decken, nur die Worte waren andere. Sie glauben nicht, wie effektvoll der Kontrast zwischen Lässigkeit und Einfachheit und der kriegerischen Atmosphäre wirkt.

Dragoner, Kosaken und Infanterie schwärmen im Aul aus. Hier stürzt ein Dach ein, eine Tür wird aufgebrochen, dort fangen ein Zaun, eine Hütte und ein Heuschober zu brennen an, der Rauch durchzieht die frische Morgenluft, hier schleppt ein Kosak einen Sack Mehl oder Mais, ein anderer einen Teppich und zwei Hühner, ein dritter eine Schüssel und eine Metallkanne mit Milch, ein vierter hat einen Esel mit allerlei Habe beladen; jetzt bringen sie einen fast nackten, verschreckten uralten Tschetschenen, der nicht mehr fliehen konnte.«

Doch fünfzig Jahre werden vergehen müssen, bevor zu Ende gesprochen wird, was geschah, obgleich auch im *Überfall* mancherlei empfunden und lyrisch erraten ist.

Im *Hadschi Murat* ist die Zerstörung eines Auls wie folgt beschrieben. Tolstoi verwendet übrigens den Namen eines Mannes, der ihm seinerzeit geholfen hat, Sado.

»In seinen Aul zurückgekehrt, fand Sado seine Hütte zerstört: das Dach eingestürzt, die Tür und die Säulchen der kleinen Veranda verbrannt, das Hausinnere verdreckt. Sein Sohn aber, jener hübsche Junge mit den blitzenden Augen, dessen Blicke damals so begeistert an Hadschi Murat gehangen hatten, war getötet und wurde auf einem mit einer Burka bedeckten Pferd zur Moschee gebracht. Ein Bajonett hatte ihm den Rücken durchbohrt. Die würdig aussehende Frau, die Hadschi Murat während seines Besuches bedient hatte, stand jetzt mit zerzaustem Haar im zerfetzten Hemd, das ihre alten, schlaffen Brüste sehen ließ, bei der Leiche des Sohnes, kratzte sich das Gesicht blutig und wehklagte ununterbrochen. Sado ging mit den Verwandten, Schaufel und Hacke in der Hand, das Grab für den Sohn ausheben. Der alte Großvater hockte an der Mauer der zerstörten Hütte, schälte die Rinde von einem Stöckchen und stierte dumpf vor sich hin. Er war soeben von seinen Bienenstöcken gekommen. Die zwei kleinen Heuschober dort waren niedergebrannt, die von ihm selbst gepflanzten und gehegten Aprikosen- und Kirschbäume abgeknickt und angekohlt, vor allem aber waren sämtliche Stöcke samt den Bienen darin verbrannt. Wehklagen von Frauen drang aus allen Häusern und vom Platz her, wohin noch zwei Tote gebracht worden waren. Die kleinen Kinder heulten mit den Müttern. Das hungrige Vieh brüllte nach Futter, das es nicht gab. Die größeren spielten nicht, sondern blickten aus erschrockenen Augen auf die Erwachsenen.

Die Alten beteten und beschlossen einstimmig, Boten zu Schamil zu entsenden, um ihn um Hilfe zu bitten, und machten sich unverzüglich an die Wiederherstellung des Zerstörten.«

Sinnlose Grausamkeit bringt die Einwohner eines Auls dazu, sich an Schamil um Hilfe zu wenden. Nikolai I. vermehrte die Zahl der Feinde Rußlands.

Der Weg nach Tiflis und die ersten Eindrücke

Den September 1851 verbrachte Lew Tolstoi in der Staniza Starogladkowskaja. Er gig auf die Jagd, machte Kosakenmädchen den Hof, trank, schrieb, übersetzte, fuhr zur Festung Grosnaja und nach Stary Jurt.

Aber die Zeit war reif, sich für eine Stellung im Staatsdienst zu entscheiden. Nikolai reiste nach Tiflis, allein in der Staniza zu bleiben wäre allzu trübsinnig gewesen.

Also fuhren die Brüder zusammen. Der Weg war weit, weil die Berge von Schamil besetzt waren. Man fuhr zunächst in nordwestlicher Richtung bis zur Staniza Jekaterinogradskaja, dann südwärts über Wladikawkas, die Darjal-Schlucht, den Kreuzpaß. Sieben Tage dauerte die Reise, die ersten hundert Werst waren reizlos, man sah nur Ebene, gleichförmige Terekwellen, bekannte Stanizen.

Wladikawkas bot sich den Reisenden dar, umringt von schwarzgrünen Eichen- und Buchenwäldern, die von den Berghängen bis in die Vororte der Stadt reichten. Der Terek strömte weitläufig über flaches, graues Kieselgestein, das er von den kaukasischen Bergen mitführte. Die Straßen waren mit den gleichen Steinen gepflastert und erinnerten an seichte Flußstellen.

Die Straße führte durch eine sich mählich verengende Ebene. Der Terek rauschte immer lauter, die Berge rückten näher zueinander und preßten den raschen Fluß zwischen die Handflächen ihrer Hänge. Dann rauschte der Terek nicht mehr, sondern brüllte in einer Felsenschlucht. Die Straße quetschte sich auf Bergvorsprüngen dahin und bestand bald aus Split, bald aus behauenem Felsgestein.

Unten strömte der eilige, grollende, aus Wellen zusammengedrehte Wasserlauf, darüberhin spannte sich der Himmel.

Tolstoi fuhr auf den Spuren Puschkins und Lermontows.

Andere Schluchten mündeten in die Felsschlucht, runde Türme verschlossen sie. Es war eng und finster.

Buschwerk klammerte sich an die Berge, oben blitzten kleine Gletscher, wie weiße Fließspuren. Die Straße wechselte auf bebenden Brücken von einem Terekufer zum anderen. Dann öffneten sich die Berge.

Die Siedlung Kasbek liegt 1705 Meter über dem Meeresspiegel. Ringsherum sind Berge, mittendrin der von weitem so gewaltige, vom ewigen Eis beschliffene Kasbek. Auf dem Vorsprung eines schwarzen Berges steht ein kleines Gotteshaus mit spitzem Dach, Wolken drängen sich in der Schlucht zusammen und ziehen zwischen dem Berg und dem Gotteshaus hindurch, dehnen sich über Steinbrocken, spannen sich über den Gebirgssattel wie weiße Gerten.

Tolstoi stieg zum Gotteshaus hinauf. Es war klein, verwahrlost, Steine lagen davor, an den Giebeln waren Auerochsen eingemeißelt.

Man fuhr weiter. Die Straße verengte sich von neuem, der ewige Schnee lag nun unmittelbar daneben, vor Anstrengung gekrümmt, kletterte die Straße am Nordhang der Wasserscheide zum sichtbaren Kreuz am Krestowy, dem Kreuzpaß, empor.

Das Kreuz wurde immer gewaltiger, es war aus Stein gefügt und sehr groß.

Kälte und Stille nahmen zu. Die Straße löste sich vom Terek, die Bäche verstummten, schweigend lag das Eis da, die Luft war transparent.

Das Panorama war so überwältigend, daß das Ohr nach einem Laut dürstete, der dem visuellen Eindruck gleichkäme, aber die lautlose Stille rundum blieb.

Die Straße führte jetzt abwärts. Irgendwo murmelte Wasser, die Schneemassen rückten auseinander. In zwei Werst Tiefe schimmerte der Faden eines Flußlaufes, die Berge bekleideten sich mit einer dürftigen Grasnarbe; auf schmalen, waagrechten Bergpfaden zogen über graugelbliches Gras Schnüre gelbweißlicher Schafherden.

Etwas darunter tauchten Gärten und Haine auf.

Wieder rauschte Wasser, nun schon lauter.

Und bald vernahm das Menschenohr Vogelgezwitscher.

Das liebliche Georgien entbot den Reisenden seinen Willkomm. Nach Duscheti erblickten sie das ehrwürdige, altersgeschrumpfte Städtchen Mzcheta mit dem Gotteshaus aus dem 11. Jahrhundert.

Vor Tolstois Füßen lagen einzelne Seiten eines mit fremden Lettern geschriebenen Geschichtsbuches.

Zwei Flüsse, die trübe Kura und die blauweiße Aragwa, flossen ineinander, neben einer Brücke, die noch aus der Römerzeit stammte, hoch oben ragte das uralte Gotteshaus, das Lermontow in seinem Poem *Mzyri* beschrieben hatte.

Die Kirche krönte den Berggipfel, der sich in ihrem Inneren entblößt zeigte und das Allerheiligste war, denn einstmals war der Berggipfel eine Opferstätte gewesen.

Bis an die steinigen Ufer der Kura haspeln sich die Häuser von Tiflis.

Stille war und Hitze. An einen fernen Felsen schmiegte sich, einem Falken gleich, ein bunter Ziegelbau, eine Festung. Fünf Brücken schwangen sich über die rasche Kura, eine schwimmende Mühle drehte ihre hölzernen Räder über dem Wasser.

Die Stadt wimmelte von Equipagen, Pferden, Kamelen, bunten Menschenknäueln. Mit ihren breiten Balkonen hingen die Häuser über den Straßen, die zu dreieckigen Plätzen führten.

Unter den Kuppeln einer in den Felsen eingebauten Badeanstalt schoß ein flacher Strahl trüben, seifenlaugenähnlichen grünen Wassers in das steinerne Flußbett. Frauen wuschen auf den Steinen mit den Füßen Teppiche; es hieß, ein in diesem Wasser gewaschener Teppich gewinne an Wert.

Auf engen, steilen Straßen stiegen gemächlich kleine Esel, mit Tragekörben bepackt, bergan.

Büffel, die schweren Schädel mit den gelbbläulichen Hörnern in den Nacken geworfen, zogen eine hochrädrige Arba, in ihren gelassenen, hochliegenden grauen Augen spiegelten sich der blaue Himmel und die spärlichen Wolken.

Am Stadtrand standen wie in Kisljar niedrige Häuser mit Flachdächern. Im nördlichen Teil der Stadt sah man europäisch anmutende Bauten mit großen Fenstern. Das Statthalterpalais befand sich gegenüber dem Theatergebäude.

Auf dem Basar blühte der Handel an offenen Ständen.

Handwerker saßen in Werkstätten mit weit geöffneten Fensterläden direkt auf dem Fußboden und arbeiteten.

An einer Brücke wurde Silber geschmiedet und ziseliert, wurden Schuhwerk und Sättel genäht, gewaltige Kessel verzinnt.

In den geradenwegs auf die Schaumkronen der Kura zustrebenden Häusern, in den schmalen Gassen sah man die Färber, die Hemdsärmel hochgekrempelt, Saffian und Ziegenleder färben. Ihre Arme waren bis hoch hinauf dauerhaft imprägniert: gelb, rot oder blau.

Das Gesamtbild war bunt, üppig und reizvoll.

Nikolai Tolstois Blicke schweiften müde darüber hin, er kannte das alles bereits. Lew und Wanjuschka kniffen die Augen zu, geblendet von der Sonne, vom Gelb der noch belaubten Bäume, von den schreienden Farben der Gewänder.

Man muß nicht aus einer stillen Stanzia kommen, um von Tiflis' Anblick überrascht zu sein.

Tolstoi schrieb an die Tante nach Tula: »... nach der siebentägigen Reise, die entsetzlich langweilig war, weil es nahezu an jeder Station an Pferden fehlte, und ungemein schön wegen der Anmut der Gegend, die wir passierten, erreichten wir am 1. Tiflis.«

Der November brach an: der Monat der Früchte, des jungen Weins, des Korns in den Schütten.

Bemühungen um einen Posten

Man sollte annehmen, ein junger Graf, der über bestimmte Rechte verfügte, eine mittlere Lehranstalt absolviert hatte, nachweislich keiner Geheimgesellschaft angehörte und zudem der Bruder eines an der gleichen Front eingesetzten Offiziers war, müßte mühelos irgendwo unterzubringen sein.

Am Tag nach der Ankunft in Tiflis meldete Tolstoi sich zwecks Vorstellung bei General Eduard Wladimirowitsch Brimmer, dem Chef der Artillerie im Kaukasischen Sonder-Armeekorps.

Er trug einen Anzug aus dem Schneideratelier Scharmer, dem besten in Petersburg, außerdem hatte er sich in Tiflis für zehn Rubel einen *Chapeau claque* gekauft und erweckte gewiß den Eindruck eines sehr anziehenden, wenn auch schüchternen jungen Mannes.

Er wies seine Papiere vor. General Brimmer studierte sie mit deutscher Gewissenhaftigkeit und verweigerte dem Besucher die Aufnahme in den Militärdienst. In den Papieren fehlten die Suspendierung vom Zivildienst und die Adelsbescheinigung von der Heroldie.

Der General bemerkte wohlwollend und höflich, man müsse erst die Papiere aus Petersburg abwarten. Tolstoi war zunächst der Ansicht, die Papiere, die Nikolai in Starogladkowskaja vergessen hatte, würden ausreichen. Der Urlaub des Bruders war abgelaufen, er fuhr in die Staniza zurück und ließ Lew mit sehr mageren Geldmitteln allein.

Das Wetter hielt sich hervorragend, in der von Gärten und Weinbergen umkränzten Stadt war es, obwohl bereits Mitte November, sommerlich warm.

Leo Tolstoi wartete vierzehn Tage. Die Angelegenheit schien sich nicht besonders schwierig anzulassen, zumal er glücklicherweise einem entfernten Petersburger Bekannten, dem Fürsten Georgi Konstantinowitsch Bagration-Muchranski, begegnete.

Dieser verfügte in Tiflis über Beziehungen, aber er war nur Kollegienrat, und das war ein reichlich unbedeutender Titel. In Georgien konnte auch jemand Kollegienrat werden, der überhaupt keine Bildung besaß. Der Fürst war zwar höchstwahrscheinlich gebildet, dennoch hatte sein Titel in Tiflis keinen imponierenden Klang.

Bagration machte Tolstoi mit der Fürstenfamilie Tschawtschawadse bekannt, wo er eine berühmte georgische Schönheit, eine Freundin der Familie Woronzow namens Manana Orbeliani, kennenlernte, die er später in *Hadschi Murat* beschrieb. Die Bekanntschaft vollzog sich auf aristokratischem Parkett.

Da Tolstoi aber ohne Geld dasaß, geriet er in Bedrängnis: Er hatte am rechten Kura-Ufer in der deutschen Kolonie für fünf Silberrubel pro Monat zwei hinreichend saubere Zimmer gemietet, mit seinem Wirt sprach er deutsch. Er spazierte über den Jerewaner Platz, betrachtete das kleine Theater und wartete auf seine Papiere. Nach Starogladkowskaja zurückzureisen war unmöglich, weil dort eine unbeglichene Schuld wartete, nach Tula zu fahren ging nicht, weil er fast ein Jahr Kaukasus hinter sich hatte, ohne einen Titel oder eine Auszeichnung erworben zu haben, er hätte sich geschämt vor dem Holzhändler, der ihm den Wald billig abgekauft hatte, oder vor dem Gutsnachbarn; er schämte sich vor Leuten, die ihn überhaupt nichts angingen.

Er wollte sein wie alle Welt. Aus dem Kaukasus hatte man mit Kriegsruhm, sei es auch mit bescheidenem, zurückzukehren, man mußte Taten vorweisen können.

Lew Tolstoi war sich noch nicht ganz klar darüber, daß er durchaus anders war als alle Welt.

Seiner literarischen Arbeit maß er keine besondere Bedeutung bei. An die Tante schrieb er: »Wissen Sie noch, gutes Tantchen, daß Sie mir einst rieten, Romane zu schreiben? Jetzt bin ich also Ihrem Rat gefolgt, und meine Beschäftigung, von der ich Ihnen erzähle, ist literarischer Natur. Ich weiß nicht, ob mein bisher Geschriebenes jemals das Licht der Welt erblicken wird, aber mir macht die Arbeit Spaß, zudem befasse ich mich so lange und so hartnäckig mit ihr, daß ich sie nicht mehr missen mag.«

Er arbeitete damals an der zweiten Variante der *Kindheit.*

Die Tante tröstete ihren Pechvogel von Neffen liebevoll, indem sie schrieb, auch das sei schließlich Arbeit.

Tolstoi kränkelte. Er schrieb an den Bruder, daß er kein Geld für Apotheke und Arzt habe und nicht wegfahren könne. Bat, ihm hundertvierzig Rubel zu schicken.

Er spielte damals hingebungsvoll Billard und verspielte alles, was er besaß, an den durchtriebenen Markör. Er war von der neuen Leidenschaft genauso gepackt, wie er sich sein Leben lang jeder Sache voll und ganz widmete.

Scham wegen seiner lächerlichen Situation, Gedanken an den Tod, aber auch Sorge um seinen linken Schnauz, der nicht so imposant wirkte wie der rechte, Träumereien von dem großartigen Anblick, den er als Reiter im neuen Tscherkessenrock bieten würde, all das quälte den jungen Mann, er stand ja im vierundzwanzigsten Lebensjahr.

Freunde hatte er keine. Er lernte den Apothekergehilfen, einen verbannten Polen, näher kennen und hoffte vergeblich, daß der Oberbefehlshaber der Front, Barjatinski, ihm helfen würde.

Seine Brüder beantworteten seine Briefe entweder mit Schweigen oder nur oberflächlich. Einzig die Jergolskaja antwortete liebenswürdig und ohne jede Ironie auf seine langen Episteln voll unerfüllter Hoffnungen und Zweifel.

Nikolai Nikolajewitsch war ein echter Tolstoi. Alle vier, die drei Brüder und die Schwester, waren leidenschaftlich, begabt, unbeständig und absolut unfähig fürs Geschäftliche. Am praktischsten veranlagt war vielleicht Sergej Nikolajewitsch, er pflegte seine Jagd, seine Begeisterung für Zigeuner und die langwierige Romanze mit seiner Zigeunerin, tat alles mit so herrenhaft leichter Hand und mit solcher Denkklarheit, daß sogar Kaufleute seinem Wunsche nachkamen und darauf verzichteten, abgelaufene Wechsel zu präsentieren; sie wußten, die Tolstois waren nicht arm, sondern lebten nur in zerrütteten Verhältnissen, die sich eines Tages bessern würden.

Sergej amüsierte sich über den gefühlvollen Wortreichtum in Lews Briefen an die Tante, er begriff nicht, daß es ja nur innere Monologe waren. Lew beeilte sich, Briefe gleichen Inhalts an verschiedene Adressen zu senden; Sergej erkannte nicht, daß sein Bruder damit seine literarische Arbeit fortsetzte und die Briefe eine Art Neuauflage seiner Gedanken waren.

Tolstoi wußte, daß er ein Herr war, ein großer Herr sogar, ein Verwandter der Gortschakows, jemand, der tun und lassen konnte, was er wollte. In Tiflis aber mußte er den Bittsteller spielen, war er ein Mann mit schandbar knappen Finanzen.

Am 15. Dezember schrieb er an die Jergolskaja: »Habe soeben Ihren Brief erhalten, liebste Tante ... ich sage nur, ich habe vor Glück geweint wie ein Kind ...«

Es folgen Klagen über Geldmangel, Ratschläge an Sergej, wie er sein Leben einrichten solle, Worte der Hoffnung auf die bald eintreffenden Papiere, die ihm den Armeedienst ermöglichen würden.

An Sergej schrieb er am 23. Dezember 1851 einen langen Brief, worin er sich im Scherz der Eitelkeit und der Angeberei vor Oberstleutnant Alexejew bezichtigt, aber auch den Fürsten Barjatinski erwähnt.

»Ihn lernte ich bei dem Überfall kennen, an welchem ich unter seinem Kommando teilnahm, später verbrachte ich mit ihm einen Tag in der gleichen Befestigung, zusammen mit Ilja Tolstoi, den ich hier traf.«

Es folgen Worte der Enttäuschung: »Diese Bekanntschaft macht mir keine besondere Freude, denn Du begreifst, auf welcher Stufe sich die Bekanntschaft zwischen einem Junker und einem General abspielen kann.«

Tolstois Armeezugehörigkeit als gemeiner Soldat brachte ihn in die Situation eines Verbannten oder Degradierten, jedenfalls dachte man später in Pjatigorsk nicht anders über ihn.

Die Gelegenheit, mit Barjatinski zu sprechen, ihm bescheiden und quasi en passant gemeinsame Bekannte in Erinnerung zu rufen, konnte für Tolstoi die Rückkehr in seine Sphäre bedeuten. Aber Tolstoi gehörte ihr bereits nicht mehr an. Er sollte das später begreifen lernen. Im Juli 1853 sollte er in Pjatigorsk der geliebten Schwester Mascha und deren Mann, dem Vetter V. Tolstoi, begegnen. In sein Tagebuch sollte er verwundert eintragen, daß man ihm auch dort kühl entgegenkomme, er sich schwer tue und sich frage: »Bin ich etwa für diesen Kreis nicht geschaffen?«

Zunächst jedoch beschäftigten ihn ganz und gar die fehlenden und so notwendigen Papiere.

»Versuche, im Deputiertenrezeß in Erfahrung zu bringen, ob meine Suspendierungsanordnung abgeschickt ist; sollte dies nicht der Fall sein, möge es umgehend erledigt werden. *Äußerst wichtig*«, schrieb er an Sergej.

Der Brief endet mit Grüßen, ein paar Worten in der Zigeunersprache und der Mitteilung: »... der wichtigste Mann nach Schamil, ein gewisser Hadschi Murat, hat sich dieser Tage der russischen Regierung ergeben. Er war der größte Dshigit des gesamten Tschetschenengebietes und mußte eine solche Gemeinheit begehen.«

Später sollte Tolstoi diese Meinung revidieren.

Er pflegte zu sagen, er habe nichts als Pech in allen Dingen, offenbar müsse es einen Kobold geben, der ihn ständig bedränge und alle seine Vorhaben zunichte mache.

Wohl hatte Nikolai die Papiere geschickt, nur fehlte dabei die Bescheinigung der Suspendierung vom Zivildienst. Hieran war Nikolai schuldlos, Lew hätte sich schon in Tula darum kümmern müssen, aber er hatte ja gedacht, in Kürze zurückzukehren.

General Brimmer, auf den Tolstoi seine Hoffnungen setzte, stellte sich krank und war nicht zu sprechen. Fürst Bagration wurde zum Fall Tolstoi beim Chef des Hauptstabes, General Wolf, vorstellig. Dieser versprach, sich für die Angelegenheit einzusetzen, doch wurde seine Kanzlei über die Feiertage geschlossen. Fürst Barjatinski, auf den Tolstoi hoffte, war verreist.

Jedermann distanzierte sich von Tolstois dienstlichen Angelegenheiten.

Sein Geld war endgültig aufgebraucht, am 3. Jänner aber traf ein unklar formuliertes Dokument ein, das besagte, der Feuerwerker 4. Klasse Tolstoi, hier nicht mehr als Kollegienregistrator bezeichnet, habe sich zu seiner Batterie zu begeben.

Das Gesuch auf Zulassung zum Militärdienst, von Tolstoi am 31. Dezember 1851 unterschrieben und in eine neutrale Mappe gelegt, ist erhalten geblieben. Dabei liegt der Rapport des Chefs der Artillerie, der besagt, daß Tolstoi gemäß seinem Gesuch nach bestandener Prüfung, »befristet bis zu der im Inspektionsdepartement des Kriegsministeriums stattgehabten Überprüfung der Dokumente über seine Abstammung, als freiwilliger Feuerwerker 4. Klasse der Batterietruppe, 4. Batterie, von mir in den Militärdienst aufgenommen wird«.

Zunächst triumphierte Tolstoi. Er schrieb an seinen Bruder Sergej einen langen Brief und riet darin auch dem leichtfertigen Bruder Dmitri, in den Kaukasus zu reisen, um dort Dienst zu tun. Über seine Angelegenheiten gab er folgende Auskunft: »... Ich kann behaupten, daß ich eine Heldentat vollbracht habe, ich habe meinen Aufnahmebefehl mitgenommen, jetzt sitze ich den ganzen Tag zu Hause, lese, schreibe und warte auf Geld.«

Er ahnte noch nicht, welchen Streich der Kobold der adligen Unpräzision und Verantwortungsflucht der Beamten ihm gespielt hatte.

Im Grunde hatte General Brimmer Tolstoi durchaus nicht in den Militärdienst aufgenommen, er hatte dessen Papiere an das Militärdepartement weitergereicht, nachdem er dem lästigen Bittsteller mit deutscher Akkuratesse einen formellen schriftlichen Bescheid gegeben hatte.

Hiernach beteiligte sich Tolstoi an ernst zu nehmenden Kampfhandlungen, er kämpfte neben seinem Bruder im dichten Nebel vor einem Tschetschenen-Aul, stand an einem Geschütz, das von der feindlichen Artillerie bewegungsunfähig geschossen wurde, der Zug, dem er zugeteilt war, schoß seinerseits ein feindliches Geschütz bewegungsunfähig. Jedoch konnte er weder Orden noch einen Dienstgrad erwarten, weil er nicht der Armee zugerechnet wurde, sondern lediglich »quasi dazugehörte«, »bis zu der stattgehabten Überprüfung«; vorläufig wanderten seine Papiere von Instanz zu Instanz, und er bemühte sich um Protektion.

Ein paar Monate später schrieb die Jergolskaja höchst verwundert, wieso er sich schon wieder um die Aufnahme in den Militärdienst bemühe, wo er doch nach seinen eigenen Worten bereits dabei sei.

Tolstoi antwortet in etwas verschleierter Form.

Vorläufig gewährte ihm sein Kobold eine unerwartete Gunst. Am 6. Januar kam von Nikolai ein Brief, dem angerissene Wechsel, ausgestellt auf Knoring, beilagen. Lews Freund, Sado Misserbijew, hatte in Stary Jurt um diese Wechsel gespielt, hatte gewonnen, die Wechsel zu Nikolai gebracht und gefragt: »Was meinst du, ob dein Bruder sich freut, daß ich das gemacht habe?«

Tolstoi begann seinen Brief an die Jergolskaja mit der Beschreibung, welche Wonnetränen er vergossen habe beim Lesen ihres Briefes. Hiernach teilte er mit, er habe am Abend, bevor die Wechsel kamen, ein heißes Gebet zum Himmel gesandt und meinte nun, ein Wunder sei ihm widerfahren.

Tolstois damalige Frömmigkeit, zeitweilig exaltiert, dann wieder skeptisch-wachsam, sprengte durchaus nicht den Rahmen der Einstellung von seinesgleichen und seiner Zeit zur Religion.

Er pflegte zu beten, bevor er auf der Jagd einen Schuß abgab. In diesem Falle war die Angelegenheit wesentlich ernster. Gott selbst mußte wohl neben Sado gesessen und die Wechsel, deren Frist am 1. Januar ablief, zurückgewonnen haben.

Der Brief endet mit einem Anliegen: »Bitte, wollen Sie in Tula einen sechsschüssigen Revolver und eine Spieldose besorgen lassen, wenn es nicht zu teuer kommt, über ein solches Geschenk würde er sich sehr freuen.«

Sado seinerseits hatte Tolstoi versprochen, für ihn das beste Pferd zu stehlen. So konnte Tolstoi an Sergej schreiben: »Die Tante wird Dir erklären, wieso Dich, wenn ich nach Rußland zurückkomme, ein Geschenk erwartet, ein herrliches Kabardinerpferd von einem Dir unbekannten Mann.«

So sind die Briefe aus Tiflis prallvoll mit Sorgen, Mühen, Mißerfolgen und Hoffnungen.

Inzwischen entstand die *Kindheit* Seite um Seite, Kapitel um Kapitel; und was Tolstoi seinen Verwandten über sich mitteilte, war nichts als Schaum, der auf seinem wahren Leben dahintrieb.

Er steckte in täglicher, ununterbrochener Arbeit, die in vielerlei Strömen dahinfloß, Gold aus goldhaltigem Sand herauswusch, einer Arbeit, die immer klarer, immer einfacher wurde und ganz anders geartete Werke vorbereiten half.

Anfang 1852 fühlte sich Tolstoi fast glücklich. Er reiste aus Tiflis ab mit einem versiegelten Umschlag, worin sich, wie er meinte, der Befehl zur Aufnahme ins Militär befand; er durfte also in die Staniza Starogladkowskaja fahren, die für ihn schon zur Heimstatt geworden war.

Dort wußte er einen schnee- und reifbedeckten Wald und Schnee an den Ufern des Terek, der die roten Sanddünen zudeckte.

Dort wartete Onkel Jepischka mit der langen Flinte, dort gab es Kosakenmädchen, die gelassen, anmutig, ganz ohne Furcht und ohne Geschäftigkeit die Straße entlangschritten.

In Tula suchte man nach dem Geschenk für Sado und barmte, weil Lew schon wieder spielte.

Einen Revolver fand man nicht, eine Spieldose wurde mit viel Mühe aufgestöbert. Maschas Gatte, V. P. Tolstoi, gab seine her.

Lew erhielt sie Ende März 1852. Er notierte: »Die Spieldose ist da, und nun tut es mir leid, sie Sado zu schicken. Blödsinn! Ich schicke sie mit Bujemski.«

Die Spieldose blieb lange in der Familie Misserbijew und verschwand erst 1917, als weiße Kosaken die Tschetschenen überfielen und den Aul ausplünderten.

Wir dürfen Tolstoi nicht übelnehmen, daß es ihm um die Spieldose leid tat, er war nicht schlechter als andere, er war besser, aber er verstand es, seine Zweifel zu analysieren und zu fixieren. Im Bergland von Ossetien, unweit von Zej, sah ich einen Wasserfall. Tagsüber rauschte das Wasser von oben herab, nachts aber hing es als gewaltiger, gebuckelter, dabei ziemlich schlanker, im Mondlicht blinkender Eiszapfen da.

Lew Tolstoi verstand es, seine Gefühle einzufrieren, um sie besser beobachten zu können, daher verstand er auch zu bereuen.

Er wußte bei jedem Menschen, folglich auch bei sich selbst, über Dinge Bescheid, die wir über uns selber zu erfahren vermeiden.

Leiden und Freuden in der Staniza Starogladkowskaja

Am 14. Januar 1852 kehrte Tolstoi in die Staniza Starogladkowskaja zurück.

Von unterwegs schrieb er lange Episteln an Tante Jergolskaja und Bruder Sergej. Darin träumte er von Jasnaja Poljana, davon, wie im alten Haus das Leben auf altbewährte Bahnen zu lenken sei, als wäre seither keine Zeit vergangen. Die Tante würde an Großmamas Stelle treten, Agafja an die von Praskowja Issajewna, die Tante würde Ljowa ausschimpfen, weil er mit den Händen aß, und Nikolenka, weil er mit ungewaschenen Händen zu Tische kam.

In Starogladkowskaja traf Lew Nikolenka nicht an, er war im Kriegseinsatz. Das erfuhr Lew von zwei Männern aus dem Gesinde von Jasnaja Poljana: Dmitri und Alexej. Beide berichteten außerdem, die Frau Tante sei gesund, die Herren Brüder gingen auf Jagd. Sie hatten mit zwei Pferden Vorräte gebracht, vermutlich war es nicht viel, und außerdem vier Hunde: zwei Vorstehhunde, Katai und Posor, den schwarzen Bullenbeißer Bulka und Pomtschischka, dessen Rasse mir unbekannt ist. Die beiden Pferde vor dem Leiterwagen hießen Woronaja und Pegaja. Die Scheckenstute Pegaja hatte Nikolai Tolstoi bereits für fünf Rubel verkauft, demnach waren die Pferde nicht besonders gut.

Die beiden Gesindeleute nahm Lew Tolstoi unter seinen Befehl. Ich erzähle von ihrem Schicksal, weil es für uns von Interesse sein dürfte.

Lew Tolstoi war ein widersprüchlicher Charakter, erschaffen von seiner Zeit, erzogen in einem adligen Hause, wo man seine Bauern weder prügelte noch quälte, sich dem Hausgesinde gegenüber jedoch offensichtlich anders verhielt. Lew Tolstoi war zum Beispiel der Ansicht, zum Militär abzugeben sei stets ein Mann aus dem Hausgesinde, nie ein Bauer. Ihm war klar, daß man Foka und Praskowja ungerecht behandelt hatte, bevor er aber nach Sewastopol reiste, hatte er beabsichtigt, den alten, sehr geachteten Nikolai Winnikow, einen Mann aus dem Hausgesinde, den Freund von Fjodor Iwanowitsch (dem Karl Iwanowitsch aus *Kindheit*) mitzunehmen, und nur geschwankt, ob es recht sei, den alten Mann von seiner Familie zu trennen.

Nach einigem Schwanken hatte er Dmitri mitgenommen, einen offensichtlich erfahrenen Diener, wenngleich mit einigen Fehlern behaftet, die er mit Nikolai und Lew Tolstoi teilte. Wein war in Starogladkowskaja billig, dort trank jeder.

Lew Tolstoi schrieb über Alexej nur wenig, indessen finden wir im Tagebuch am 18. April 1852 die Eintragung: »Schrecklich faul und apathisch . . . Alexej muß abgestraft werden.«

Dmitri begleitete Tolstoi auf der Expedition, die in der Erzählung *Der Holzschlag* beschrieben ist, später nahmen beide an den Kampfhandlungen bei Sewastopol teil. Am 31. März 1852 schrieb Tolstoi in sein Tagebuch: »Dmitri säuft; wenn sich morgen das gleiche wiederholt, lasse ich ihn abstrafen.«

Er saß, zutiefst gerührt, über der Lektüre von *Anton der Pechvogel,* er weinte in seinen Briefen an die Tante, jedoch meinte er genau wie sein Bruder Dmitri, daß er für seine Bauern die höchste Respektsperson sei und verpflichtet, sie mit allen erreichbaren Mitteln zu lenken und zu leiten.

Der Halbsoldat Tolstoi hatte während seines Aufenthaltes in der freien Kosakenstaniza drei Bediente. Den Kosaken gefiel das nicht. Tolstoi notierte im Tagebuch, in der Staniza werde über ihn erzählt, er habe einen seiner Diener zu den Soldaten gegeben, weil dieser einen Hund erdrosselt habe.

Verbittert spricht Tolstoi von Verleudmung, und natürlich hatte es dergleichen nie gegeben.

In dem Krähwinkel Starogladkowskaja war Tolstoi der Aleko und Jepischka der alte Zigeuner. Tolstoi lernte die menschlichen Beziehungen neu zu sehen. Das lehrten ihn die Staniza Starogladkowskaja und der Sewastopol-Feldzug, als er sich davon überzeugte, daß Soldaten und Bauern nicht geschlagen werden durften, daß ein Reich, das durch Prügel zusammengehalten wird, auf wackeligen Beinen steht und Schmach und Niederlagen erleiden muß.

Nikolai war ein gescheiter, freidenkender, außerordentlich talentierter Mann; als er jedoch Lew nach Tiflis schrieb, Gesindeleute aus Jasnaja Poljana seien angekommen, zählte er lediglich deren Namen auf, von den Hunden hingegen teilte er mit, sie seien gesund. Als Nikolai nach seinem Ausscheiden aus dem Militärdienst Starogladkowskaja verließ, um nach Jasnaja Poljana zurückzukehren, nahm er die Vorstehhunde mit, wofür Jepischka ihn offenherzig als Schwein bezeichnete, denn er war gerade dahinter gekommen, wie praktisch die Begleitung von Rassehunden bei der Jagd im Schilf, im Wald und im Dickicht war.

Das war in jener alten, unruhigen, sogenannten Vorreformzeit, in der Periode, als Rußland noch nicht in der revolutionären Situation war, durch die zwar nicht das Imperium gestürzt, jedoch immerhin die Leibeigenschaft vernichtet wurde, wenn auch nur verbal.

Der Terek strömte emsig dahin, Reif lag auf dem Schilf, Schneepulver fiel auf die verblichenen Grashalme, erste Fröste griffen nach Schlehen und wilden Weinbeeren und machten sie süß.

Tolstoi und Jepischka streiften mit Katai und Posor, mit Pomtschischka und dem Bullenbeißer Bulka mit den weißen Zähnen, weißen Pfoten und der schwarzen Schnauze, dem die Blicke der hageren, verwilderten Stanizenköter voller bedingungsloser Hochachtung folgten, durch den Wald.

Undeutlich, wie mit Schnee zugeschüttet, gingen die Tage dahin.

Tolstois Briefe aus dieser Zeit klingen nahezu verzweifelt, an die Jergolskaja schrieb er sentimental, an Sergej leicht beleidigt. Mit dem Recht des Älteren hielt Sergej dem leichtfertigen Jüngsten Gardinenpredigten.

Den Dienst versah Tolstoi recht und schlecht. Er mußte eine Haubitze in den Aul Kersel begleiten; er diente damals bei der Gebirgsartillerie, schwere Kanonen konnten im Kaukasus nicht bewegt werden, weil die Feldzüge ja nicht auf regulären Straßen geführt wurden. Die Geschütze wurden mit der Hand gezogen und gerollt, ihre Geschosse hatten keine stärkere Wirkung als moderne Handgranaten.

Die Bergbewohner besaßen ihre eigene, aus England importierte Artillerie. Ihre Gewehre hatten eine größere Schußweite als die Feuersteinflinten der russischen Armee, die noch so konstruiert waren wie zur Zeit Peters I. So eine Flinte war für Salvenschüsse geeignet und von der veralteten Linientaktik übriggeblieben. Für den Gebirgskrieg war sie wenig tauglich, die Tschetschenen schossen auf Distanz mit Zielstützen; Offensiven waren ausschließlich dank der Disziplin der russischen Soldaten, der Standhaftigkeit der Armee und der Artillerie möglich.

Die Schlachten entbrannten langsam. Irgendwo in London oder Paris sprach man von Rußlands Offensive gegen den Osten, man kämpfte um die Meerengen, um den Balkan, den Nahen Osten; Schamil hielt die große russische Armee auf, band sie an den Kaukasus, die Belebung der Kämpfe im Kaukasus kündigte den Krieg im Osten, den Angriff Englands und Frankreichs gegen Rußland an.

In der Einöde von Starogladkowskaja empfand man das Ganze eher als eine Serie einzelner Feldzüge, doch die Armee wurde größer, ihre Operationen wurden energischer.

Im Februar nahm Tolstoi an einer verhältnismäßig großen Aktion teil: Bedeutende Truppenteile der russischen Armee bewegten sich aufeinander zu, schlugen Schneisen, zerstückelten das widerspenstige Tschetschenengebiet. Es gab schwere Kämpfe, Geschütze wurden über vereiste Flüsse gezogen, die Verluste waren beträchtlich.

Tolstoi hielt sich gut im Kampf, war aber unzufrieden mit sich, er hoffte, wahre Wunderdinge zu vollbringen, während er bloß ein tapferer Soldat war. Er glaubte, nicht genügend Mut bewiesen zu haben.

Das Artilleriegefecht vollzog sich im Nebel; die weittragenden Geschütze der Bergbewohner trieben die Artilleristen aus ihren Stellungen, ein Geschütz aus Nikolais Batterie wurde bewegungsunfähig geschossen, ein Pferd tödlich getroffen. Nikolai wollte das Pferd nicht mitsamt dem Zaumzeug liegenlassen und erreichte, daß dem Kadaver das Zaumzeug unter Beschuß abgenommen wurde. Er selbst blieb ruhig, Lew, der nicht beschossen wurde, war aufgeregt. Er notierte: »Ich war stolz, doch stützte sich mein Stolz nicht auf Taten, sondern auf die feste Hoffnung, daß ich zu allem fähig sei – daher mangelte es meinem äußerlichen Stolz an Sicherheit, Festigkeit und Beständigkeit, von extremer Überheblichkeit verfiel ich in Überbescheidenheit. – Mein Zustand öffnete mir bei Gefahr die Augen. – Ich liebte es, mir einzubilden, ich sei der Gefahr gegenüber kaltblütig und völlig gelassen. Bei den Operationen vom 17. und 18. war ich es jedoch nicht.«

Tolstoi folgert, sich über Bevorstehendes sicher zu sein, sei Selbstbetrug, man dürfe sich nur dort vertrauen, wo man sich bereits bewährt habe.

Das war eine große Enttäuschung.

Seine Beförderungsangelegenheit zog sich in die Länge und wurde immer verworrener: Er konnte weder den Militärdienst quittieren noch beim Militär bleiben, es hatte Gelegenheiten gegeben, das Georgskreuz verliehen zu bekommen, man hätte es ihm auch gegeben; einmal jedoch trat er es an einen Soldaten ab, das andere Mal versäumte er, ins Schachspiel vertieft, die Parade und handelte sich anstelle der Auszeichnung Arrest ein.

Alles war verworren wie Tierfährten im Walde.

Tolstoi sah genau, daß er erfolglos war, nahm aber an, wahres Glück sei Selbstverleugnung, bedeute, anderen Menschen Gutes zu tun.

Er lebte anders als die anderen, er sah, was andere nicht sahen, er liebte auf eine Art, die er weder im Tagebuch noch in Briefen erwähnen mochte. Aus späteren Aufzeichnungen und Mitteilungen an seine Frau geht hervor, daß er im Kaukasus eine geistliche Exaltation durchgemacht habe und genial gewesen sei.

Er hatte seine eigenen Freuden, und keine geringen. Eines Tages ging er mit den Vorstehhunden und Bulka auf die Jagd, es war am 20. Oktober 1852. Ein Keiler zieht sich, wird er von Hunden angegriffen, ins Dickicht zurück, er stellt sich so, daß er seinen Rücken gedeckt weiß, und beißt wild um sich. Ein Keiler gehört bei der Jagd mit der Flinte zu den gefährlichsten Tieren.

Tolstoi machte einen Keiler in dichtem Gestrüpp aus, das alte Tier schleuderte die Hunde in alle Richtungen und schlitzte dem tapferen Bulka den Bauch auf. Tolstoi brannte ihm aus solcher Nähe eins über, daß die Borsten verkohlten. Er hatte Mut bewiesen und war mit sich zufrieden. Er schrieb an die Tante: »In den 18 Monaten, die ich im Kauskasus verbracht habe, bin ich ein besserer Mensch geworden. Ich will mich bemühen, die noch verbleibenden zwei nutzvoll zu verbringen ... Um meine Gesundheit steht es gut, die Arbeit ist die gleiche wie immer, die Jagd genieße ich nach wie vor. Vergangene Woche habe ich einen Keiler erlegt, stärkere Freude habe ich bisher noch nie empfunden.«

Der treue Bulka überstand die schwere Verwundung. Später schrieb Lew Tolstoi eine Erzählung darüber.

Vor dem Glücksfall

Am 29. März 1852 focht Tolstoi am Morgen, benutzte dabei Rapier und Maske, die ihm aus Jasnaja Poljana geschickt worden waren, aß dann zu Mittag, schrieb, darauf überkamen ihn Reuegefühle. Ihn marterte die Kleinlichkeit seines Lebens, die zu verachten er die Kraft aufbrachte, er warf sich Mangel an innerer Harmonie vor, hoffte aber zugleich tatsächlich, über den gewöhnlichen Leuten zu stehen. Er schrieb: »Ich bin alt [er war vierundzwanzig – V. Sch.], die Zeit meiner Entwicklung ist entweder vorüber oder geht gerade zu Ende; aber immer noch quälen mich Begierden, nicht nach Ruhm, Ruhm will ich nicht und verachte ihn; sondern danach, großen Einfluß auf Glück und Nutzen der Menschen zu nehmen. Werde ich denn wirklich mit diesem unerfüllten Wunsch verlöschen? Es gibt Gedanken, die ich nicht einmal mir selbst gegenüber äußere, sie sind so kostbar für mich, daß ohne sie alles vorbei wäre.«

Er war stets bestrebt, sich unmittelbar ins Leben einzuschalten, es zu verändern, er wußte nicht, wie es zu verändern war, und er hielt seine Gedanken geheim, weil er sie noch nicht vollends für sich selbst erschlossen hatte. Ich glaube, er war selbst seinem Tagebuch gegenüber zurückhaltend, er fürchtete das, was er als »Turgenjewsche Ironie mit sich allein« bezeichnete, er durchdachte das, was er in der Staniza erlebte, nicht vollends. Der Schmerz wegen kleinlicher Fehlschläge verletzte ihn und ließ ihn mit vierundzwanzig sich alt fühlen.

Ihm schien, er schreibe nicht gut genug: »Ich habe mit Lust und Liebe an der Erzählung geschrieben; jetzt aber verachte ich mein Werk, mich selbst und all jene, die es lesen werden; wenn ich dieses Werk nicht hinwerfe, dann nur in der Hoffnung, die Langeweile zu vertreiben, handwerkliche Fertigkeit zu erwerben und Tatjana Alexandrowna eine Freude zu bereiten.«

Es war, als verheimlichte er vor sich selbst, wie teuer ihm sein Werk war und wie große Hoffnungen er darauf setzte. Er konnte seinen Platz im Leben nicht finden, er war ja in der Tat ein Mann ohne Position, ohne Titel, denn er, der in einer Gutsbesitzerfamilie geboren war, erzogen wie alle Welt, der womöglich schlechter als viele andere lebte, er war durch sein Unbefriedigtsein ein Mensch der Zukunft.

Vermutlich war seine Situation auch für seine Umgebung belastend, zumal der junge Herr Graf von schroffer Wesenart war und es gern sah, wenn man ihm grollte.

Er jagte mit dem Offizier Sultanow, den die Bergbewohner Satan nannten und die Vorgesetzten verschiedener Verdrehtheiten halber dreimal zum Gemeinen degradiert hatten; es war ein Mensch, der keine Erinnerung an seine Vergangenheit besaß und keine Verzweiflung mehr kannte, wenn er auch einst mit Lermontow befreundet gewesen war; nun streifte er mit Hunden durch die Wälder, und hätte er seine Hunde nicht geliebt, wäre er nichts weiter als ein schlechter Mensch gewesen. Die Jagd hielt Sultanows Ehrgeiz am Leben.

Mit Jepischka war es einfacher. Tolstoi hörte ihm allabendlich zu, sobald er die Arbeit an der *Kindheit* beendet hatte. Schon verspürte er Lust, eine kurze, im Kaukasus spielende Erzählung zu schreiben, aber er hielt sich zurück, weil es nicht anging, von einer Arbeit zur anderen zu wechseln; er gab sich ganz der Lektüre Buffons hin, jenes altertümlichen Naturforschers, der es verstand, außergewöhnlich einfach und erschöpfend über Haustiere zu schreiben, gemächlich und voll Vertrauen auf den interessierten Leser.

Die Tage vertröpfelten, geschmolzenem Reif im Walde gleich, Zeile folgte auf Zeile, eine löste die andere ab.

Tolstoi entschloß sich zu einer Kur in Kisljar. Er hatte sich kindischerweise an Rosinen überessen und litt an Zahnweh.

Kisljar stand in voller Blütenpracht: Die Mandelbäume verblühten gerade, an den Apfelbäumen brachen die Knospen auf, rosige und weiße Blüten überstreuten die Erde der durch Wälle in eintönige Quadrate geteilten Stadt.

Tolstoi schrieb, las langweilige, dumme Bücher; sie lenkten die Aufmerksamkeit ab, ohne die Entwicklung des inneren Denkprozesses zu blockieren. Er ging mit Barsois auf Jagd, erlegte jedoch keinen einzigen Hasen und haßte seitdem Barsois. Eines Nachts spazierte er bis zum Meeresstrand. Es war finster, vor ihm dehnten sich dunkle Wassermassen und verschwanden in der Finsternis. Am Morgen kehrte er an die gleiche Stelle zurück, sie erwies sich als ein Sumpfrand. Er ging weiter, trank Meerwasser, fuhr, die Flinte in der Hand, auf einem Tatarenschiff und unterhielt sich mit Bauern. Diese berichteten ihm, welch große Sehnsucht sie nach Rußland hätten; ihre Geschichten klangen pathetisch und wirkten unnatürlich. Lew Tolstoi hatte Tränen in den Augen. Einem alten Bauern war seit vierzig Jahren die Rückkehr nach Rußland verwehrt, er war erstarrt: »Ja, einfach so, ganz wie ein Baum, nur das Herz flattert *wie eine Taube.*«

Es war Zeit, nach Pjatigorsk zur Kur zu fahren und Menschen zu sehen. Pjatigorsk war schon häufig beschrieben worden. Tolstoi kannte es von Puschkin, von Lermontow. Es war wie ein Besuch bei Verwandten, die einen noch nicht kennen. Er borgte sich Geld von Alexejew, dem Batteriechef, und reiste mit Bujemski, dem jungen, ihm treu ergebenen Offizier, der seine Manuskripte abschrieb.

Das Geld war knapp. Er mietete in der kabardinischen Vorstadt für sich und Wanjuschka um zwei Rubel zwei Zimmer mit Vollpension. Auch Bulka war mit; Tolstoi hatte vergeblich versucht, ihn in Starogladkowskaja zurückzulassen.

Seltsam, wie sehr sich Tolstoi von allen und jedem angegriffen glaubte. Ihn schmerzte es mittlerweile schon körperlich, den Soldatenmantel anzulegen, ein solches Kleidungsstück war ja gleichbedeutend mit Strafe, dabei hatte es ihn so viel Mühe gekostet, es zu bekommen.

Da ging er hin, der junge Tolstoi in seinem Soldatenmantel, der schwarze Bullenbeißer trudelte hinter ihm drein, ein Offizier schlug nach dem Hund, doch der Soldat Graf Tolstoi hatte kein Recht, für das Tier einzustehen.

Er schrieb Tag für Tag und strich mitleidslos aus, er besuchte die Alexander-Galerie und sah den Damen beim Tanzen mit Offizieren zu; als Dirigent fungierte Saschka, der Barbier aus dem Hospital.

In Pjatigorsk wußte jedermann alles von allen. Lew schrieb an Sergej einen langen Brief über Pjatigorsk, es wurde eine druckreife satirische Skizze.

Schreiben ist schwer, für Tolstoi ganz besonders. Er hatte bereits eine harte Schule hinter sich, den großen Wald der Literatur durchwanderte er nicht auf breiten Wegen, sondern auf schmalen Pfaden; er kannte Sterne, Buffon, er las alte Zeitschriften und auf neue Art die russischen Klassiker, zog Vergleiche zwischen sich und seinen Zeitgenossen, Schriftstellern wie Turgenjew, Gontscharow, vielleicht auch Panajew, und meinte, diesen Männern an Begabung unterlegen zu sein.

Er warf sich auf die »Generalisierung«, will sagen, auf das Unterordnen sämtlicher Details unter einen einzigen Leitgedanken, dann wieder auf »Vereinzeltes«, also auf Details. Er mußte die gesunde Mitte finden: Alles Laub in einem Wald besteht aus Blättern, dennoch gleichen sich keine zwei Blätter.

Wir wissen von der Ungleichheit der Blätter, ohne sie miteinander zu vergleichen. Ein Mensch will beschrieben sein wie ein Blatt. Daß es sich um ein Eichenblatt handelt, ist das Generelle, die Hauptsache; soll aber über einen Menschen geschrieben werden, muß von einem einzigen die Rede sein, gleichermaßen generalisiert wie detailliert. Tolstoi war begeistert von der Ungleichheit der Menschen und bestrebt, verschiedene Charakterzüge zu einer einheitlichen Vorstellung zu vereinen.

Ein Buch entstand. Wanjuscha erkrankte. Tolstoi schrieb das Buch um.

Es gab sehr verlockende Träume. In seinem Bestreben, sich ins lebendige Leben einzuschalten, träumte Tolstoi verstärkt von einem Roman über einen russischen Gutsbesitzer. Er schrieb am 3. August 1852, nachdem er Aristoteles gelesen hatte: »In meinem Roman werde ich das Übel der Regierungsform Rußlands darlegen, und sollte ich es befriedigend finden, werde ich mein weiteres Leben der Aufgabe widmen, einen Plan auszuarbeiten für eine aristokratische, selektive, mit der monarchischen vereinte Regierungsform, gegründet auf reale Wahlen. Das wäre ein Ziel für ein tugendhaftes Leben.«

Der Artilleriegefreite ohne vollgültige Papiere, verloren in wilden Gegenden, der auf der Promenade neidvoll auf Offiziere und andere Menschen blickte, die er ihrer Kleidung wegen für anständig hielt, träumte davon, das Leben nach Art des Adels umzugestalten.

Das wundert uns nicht. Petraschewski hatte ja der Adelsversammlung kurz vor seiner Inhaftierung ein Projekt vorgelegt, wie auf Adelsgütern mit Hilfe von Phalansterien* die Erträge zu erhöhen wären.

* Genossenschaften, innerhalb deren nach einem Plan des utopischen Sozialisten Fourier die Menschen von Geburt an leben und arbeiten sollten.

Das erste Buch war schließlich abgeschlossen und abgeschickt. Tolstoi machte der Jergolskaja Mitteilung davon.

Im Mai 1852 schrieb er ihr aus Pjatigorsk: »... Meine literarischen Arbeiten kommen peu à peu voran, wenn ich auch noch nicht daran denke, etwas zu veröffentlichen. Eine Sache, die ich schon vor langer Zeit begann, habe ich dreimal umgearbeitet und beabsichtige, es noch einmal zu tun, damit ich zufrieden sein kann; es mag aussehen wie das Webwerk der Penelope, doch das bedrückt mich nicht, ich schreibe nicht aus Ehrgeiz, sondern weil ich Geschmack daran finde und Vergnügen und darin Nutzen sehe, darum arbeite ich eben.«

Penelope, die hier erwähnt wird, war die Gattin des königlichen Irrfahrers Odysseus: Sie versagte sich sämtlichen Freiern unter dem Vorwand, sie müsse zuerst fertigweben, was sie sich vorgenommen, nachts aber löste sie auf, was sie am Tage gewebt hatte. Tolstois Arbeit hingegen kam voran. Das kam der Tante zu Ohren. Genau zur gleichen Zeit, als Tolstoi vom Verkauf seiner Dörfer schrieb, teilte er ihr mit:

»Lange war ich nicht so überbürdet wie heute: ich habe acht Briefe zu expedieren, meinen Roman, den ich heute nach *Petersburg* absende, sowie mein *Gesuch* und die *Vollmacht,* und zu alldem kommt hinzu, daß ich heute noch zu den Eisenquellen reise.«

Doch die Tante pickte den wichtigsten Punkt des Briefes treffsicher heraus und antwortete am 26. Juli: »Endlich, mein lieber Junge, ist Penelopes Arbeit abgeschlossen. Dein Roman ist fertig und nach Petersburg geschickt. Unter welchem Titel wird der erscheinen, und in welcher Sprache ist er geschrieben?«

Es fällt schwer, zu glauben, daß die Frau, die Tolstoi am nächsten stand und seines Erfolges derart sicher war, fragte, wo die eben erst fertiggeschriebene Arbeit erscheinen werde, und nicht wußte, ob sie russisch oder französisch geschrieben sei.

Die Zeit verrann langsam. Am 4. Juli hatte Tolstoi sein schlecht kopiertes Reinmanuskript an den *Sowremennik,* die beste Zeitschrift der damaligen Zeit, und zwar an Nekrassow persönlich gesandt und ein ziemlich kurzes, kühles und bestimmtes Schreiben beigefügt.

»Meine Bitte wird Sie so wenig Mühe kosten, daß, wie ich überzeugt bin, Sie sie nicht ablehnen werden. Prüfen Sie beigefügtes Manuskript, und falls es zur Veröffentlichung ungeeignet ist, schicken Sie es an mich zurück.«

Weiter folgten die Bitte, die Arbeit nicht willkürlich zu zerstückeln, und lobende Worte: »Ich bin überzeugt, daß ein erfahrener und gewissenhafter Redakteur, der besonders in Rußland ständig Mittler zwischen Verfassern und Lesern ist, immer im voraus den Erfolg eines literarischen Werkes und die Meinung des Publikums darüber bestimmen kann.«

Der Mann, der diesen Brief schrieb, kannte seinen Wert; immerhin war er unsicher genug, den Gegenwert für eventuelles Rückporto beizufügen.

Nachdem der Brief abgeschickt war, reiste Tolstoi zunächst nach Pjatigorsk und kehrte dann nach Starogladkowskaja zurück; nichts war richtig geklärt.

In der Staniza war die Sterblichkeit in den Truppen rapide angestiegen. Eine Parade war angesetzt, man erwartete jenen General Brimmer, den Tolstoi so lange belästigt und der sich so wenig um ihn gekümmert hatte.

Übungen fanden statt. Tolstoi war als Wachhabender eingeteilt.

Für den 17. August war die Parade angesetzt. Tolstoi war sehr erschöpft, er schrieb in sein Tagebuch: »Disziplin ist nur für Eroberer notwendig.«

Er wollte kein Eroberer sein. Er wollte Kosak sein, er wollte schreiben und jagen.

Am 28. August notierte er: »Ich bin vierundzwanzig und habe bisher nichts geschaffen, ich spüre, daß ich mit gutem Grund schon seit acht Jahren gegen Zweifel und Leidenschaften anrenne. Was aber ist meine Bestimmung? Das wird die Zukunft zeigen. Drei Schnepfen geschossen.«

Tags darauf bekam er ein Schreiben von Nekrassow, kurz, aber billigend.

Über das Manuskript heißt es: »Es ist in solchem Grade von Interesse, daß ich es drucken werde. Ohne die Fortsetzung zu kennen, kann ich mich nicht bündig äußern, jedoch scheint mir, der Autor habe Talent.«

Es folgen präzisere Äußerungen: »Auf jeden Fall bilden die Tendenz des Autors, die Einfachheit des Inhalts und der Realismus unbestreitbare Vorzüge dieses Werkes.«

Ohne den Namen des Autors zu kennen, empfahl Nekrassow immerhin, das Werk nicht mit Initialen, sondern mit dem vollen Namen zu signieren.

An diesem Tag notierte Tolstoi: »Mit Nikolenka auf der Jagd gewesen; einen Fasan und einen Hasen geschossen.«

Darauf folgt eine kurze Notiz über den Inhalt eines widerwärtigen Schreibens von Konstantin Islawin: ». . . und vom Redakteur, und das freute mich bis zur Verblödung. Von Geld kein Wort. Morgen Briefe schreiben: an Nekrassow, an Bujemski – und schriftstellern.«

Am 30. August schrieb Tolstoi keinen Brief. Am 5. September erst heißt es im Tagebuch: »Einen Brief an Nekrassow geschrieben«; abgeschickt wurde er aber erst am 15. September.

Inzwischen schickte Nekrassow, da von Tolstoi keine Antwort kam, einen zweiten, vom 5. September datierten Brief; dies Schreiben ist sehr ernst zu nehmen. Das Manuskript war bereits gesetzt und für Heft 9 des *Sowremennik* vorgesehen. Hier Nekrassows Beurteilung: ». . . Nach aufmerksamer Lektüre der Korrektur, nicht des blind geschriebenen Manuskriptes, fand ich die Erzählung sehr viel besser, als sie mir beim erstenmal erschienen war. Ich kann entschieden sagen, daß der Autor Talent hat. Diese Feststellung dürfte für Sie als Anfänger zur Zeit von größtem Gewicht sein.«

Weiter hieß es, die Zeitschrift mit dem Abdruck erscheine am folgenden Tag.

Tolstoi hatte Nekrassow seinen vollen Namen mitgeteilt, vordem hatte er mit den Initialen L. N. T. gezeichnet. Er hatte noch nicht erfaßt, was geschehen war. Ihn ärgerte, daß der Redakteur kein Wort von Geld verlauten ließ, Geld aber brauchte er womöglich schon morgen, weil alle seine Reserven erschöpft waren.

Die *Kindheit* wurde unglaublich schnell gedruckt. Ohne Einmischung der Zensur ging es selbstverständlich nicht ab. Sie verbot, in Werken der Belletristik religiöse Dinge zu erwähnen, darum hängt im Drucktext über Nikolenkas Bett kein Heiligenbildchen, sondern »ein Bild meiner lieben Mama«. Die Zensur strich auch einiges ganz, zum Beispiel die Geschichte der Natalja*.

Tolstoi schrieb an Nekrassow einen außergewöhnlich scharfen Brief, schickte ihn nicht ab, hielt ihn aber fürr sehr wichtig, weil ihm schien, er beeise damit seine Selbständigkeit. Er wollte in der Literatur seine Unabhängigkeit wahren. Statt dieses Briefes schrieb er einen neuen, höflichen an Nekrassow, der unhöfliche wurde als Beweis persönlicher Unabhängigkeit an den Bruder abgesandt.

In dienstlicher Beziehung war Tolstois Situation unerträglich geworden; zweifellos hatte er eine Menge falsch gemacht; zuerst war er um Dispens eingekommen, dann – in der Hoffnung auf Beförderung – hatte er seinen Antrag wieder zurückgezogen. Die Rettung kam von Jasnaja Poljana und durch die alten Beziehungen zu Gortschakow.

Nach der strahlenden Ouvertüre zu Tolstois literarischen Erfolgen änderte sich abrupt das Verhalten zu ihm. Sergej änderte den Ton seiner Briefe und bat den Bruder schlicht und einfach um Entschuldigung. Die Jergolskaja fing an, russische Literatur zu lesen, sie nahm

* Die Frau aus dem Gesinde, der Tolstois Großvater die Heirat verboten hatte.

sich Panajew vor und gewann die Überzeugung, ihr Ljowa schreibe sehr viel besser.

Sergej schrieb, er fürchte, dem Bruder könne der Erfolg zu Kopf steigen. »Meine Angst aber kommt daher, daß selbst ich, warum weiß ich nicht, stolz darauf bin, daß Du schreibst.«

Er berichtete Tolstoi, wie sehr man ihn lobte, bekannte, die Erzählung zweimal gelesen zu haben, glaubte, sie gefalle ihm, weil er alle »darin befindlichen Personen« kannte, doch wurde das Werk allüberall gelobt.

Sergej tat die Absicht kund, selbst in den Kaukasus zu reisen, riet Lew, nach seiner Beförderung in den Offiziersrang zu ihm zu kommen, um in Moskau, Petersburg oder Odessa oder, wenn die Behörden es gestatteten, auch im Ausland mit ihm zusammenzuleben. Er sprach davon, daß alles anders geworden sei; die einzige Frage, die er an Lew stellte, war, ob er noch Karten spiele.

Lew antwortete im Ton des Älteren, er spiele nicht Karten und würde nicht schlechter schreiben, als er damit angefangen habe, denn er beabsichtige, überhaupt nicht mehr zu schreiben.

Ermutigt durch den literarischen Erfolg und durch Nekrassows Brief, schrieb Tolstoi im Juli 1853 an den Fürsten Barjatinski in einem Brief, der anfangs in seiner Schärfe einer Herausforderung zum Duell nahezu gleichkommt, aber höchstwahrscheinlich nicht abgeschickt wurde: »Es könnte seltsam, sogar dreist anmuten, daß ich mich in einem Privatbrief unmittelbar an Sie, den General, wende. Doch ohne Rücksicht darauf, wie ich oder Sie das auffassen, habe ich das gleiche Recht, von Ihnen Gerechtigkeit zu verlangen, wie Sie von mir, ich habe ein Recht darauf, daß Sie mich anhören, ein Recht, das nicht von Ihrem Wohlwollen herrührt, das ich seinerzeit genoß, sondern von dem Übel, das Sie mir, vielleicht ungewollt, angetan haben.«

Er schrieb weiter: ». . . Ich muß auf einige Einzelheiten eingehen«, legte in Kürze den Ablauf seines Militärdienstes dar und begann mit einem Vorwurf: »Im Jahre 1851 empfahlen Sie mir, in den Militärdienst einzutreten.«

Er gab zu, daß ein Mensch dem anderen einen Ratschlag nicht zum Vorwurf machen dürfe, doch hatte Barjatinski ihm ja geraten, unter seinem Kommando in Dienst zu treten.

Tolstoi hatte sechzehn Monate in der Armee gedient, zwei Jahre lang an Feldzügen teilgenommen, der Gegner hatte mit einer Kanonenkugel das Rad des Geschützes, das Tolstoi befehligte, getroffen. Der Zug, den Tolstoi kommandierte, hatte ein feindliches Geschütz bewegungsunfähig geschossen. Tolstoi war zwar zum Militär gerechnet, aber trotz zweimaligen Vorschlags weder ausgezeichnet noch befördert worden. Er sah sich gezwungen, seinen Verwandten klarzumachen, wieso er als Soldat Dienst tat, man setzte ihm mit Fragen zu, ob er etwa zum Gemeinen degradiert worden sei. »All das kann von einer Position wie der Ihren lächerlich erscheinen, ich jedoch, glauben Sie mir, durchlebe häufig schwere Minuten, wenn ich daran denke.«

Tolstoi fordert Dispens vom Armeedienst.

Im fernen Kaukasus wußte er, während er mit Jepischka durch den Wald streifte, noch nicht, wer er eigentlich war. Ein Jahrzehnt mußte vergehen, bevor er sich seiner selbst bewußt wurde, in der Gestalt Olenins Distanz zu sich selbst schuf und sich gleichsam über sich selber erhob. Dazu bedurfte es der Jahre von Sewastopol, mußte er sich des Mißerfolgs der Armee Nikolais bewußt werden und Bekanntschaft mit den Männern um den *Sowremennik*, Nekrassow und Tschernyschewski, schließen, dazu war die kurze Freundschaft mit Turgenjew notwendig.

Um den Kaukasus richtig sehen zu lernen, mußte Tolstoi in sein Jasnaja Poljana zurückkehren, alles neu durchdenken, sich in eine Bäuerin verlieben, Kindern Lesen und Schreiben beibringen und sich nach Veränderungen des Lebens sehnen.

Dann würde er Olenin als ein lebendiges Wesen verstehen, ähnlich einem Hirsch, einer Mücke; würde er in ihm Lebenszeichen sehen und auf dem Umweg über den Wald, den Hirsch von seinen alten Gedanken abkommen: Wie war mit Gortschakow und mit seinem Adelsstand zu verfahren?

Jahrzehntelang strebte Tolstoi von sich selbst und seinem Milieu fort und zum Volk, und als er beim Volk angelangt war, identifizierte er sich mit den Bauern.

Mit vierundzwanzig Jahren stand er am Beginn seines Weges, noch lag alles in ihm verborgen, hatte er sich nur über die Kindheit ausgesprochen.

Dem Staat, der Macht war er wahrscheinlich stärker verbunden als Nikolai Iljitsch, sein Vater, der noch die Dekabristen erlebt hatte; für den Sohn waren sie bereits Legende.

Man schrieb das Jahr 1853. Tolstoi wartete darauf, zur Beförderung vorgeschlagen zu werden; dafür hätte er in Petersburg eine Prüfung ablegen müssen. Er wünschte aber eine Beförderung an Ort und Stelle. Er schrieb an Bruder Sergej: »Man müßte sich nur an eine Person von Rang beim Stab des Feldzeugmeisters in Petersburg wenden, dort muß auch meine Eingabe liegen. Ob Du vielleicht über die Gortschakows den Weg zu so einem Menschen finden könntest?« S. D. Gortschakow war Tolstois Onkel dritten Grades (in *Kindheit* figuriert er als Fürst Kornakow) und Direktor der Ersten Expeditionsabteilung bei der Depositenkasse. Mit dessen Kindern war Tolstoi befreundet und hatte an einem Weihnachtstag die Erniedrigung erleben müssen, daß diese schöne Geschenke, die Tolstois dagegen minderwertige Dinge erhielten. Der Bruder suchte Andrej Iwanowitsch Gortschakow auf; der alte Herr staunte, daß sein Neffe so lange unbefördert geblieben war, und versprach, sich schriftlich für ihn einzusetzen; zur gleichen Zeit hatte Lew Tolstoi schon seinen Dispensrapport eingereicht.

Der Ausbruch des Kriegs zwischen Rußland und der Türkei verhinderte den Dispens.

Zar Nikolai I. verstand sich als Diktator Europas, er hatte Österreich vor dem ungarischen Aufstand »gerettet«, stand mit an der Spitze der Heiligen Allianz, die das alte Regime in Europa schützte, unterhielt persönliche Verbindungen zu England, unterstützte die Türkei, als diese auf zunehmenden ägyptischen Beistand stieß. In der Annahme, zwischen Frankreich und England müsse ewige Fehde bestehen, weil England Napoleon bis zu seinem Ableben auf St. Helena festgehalten hatte und Napoleon III. der Neffe Napoleons des I. war, und in der Meinung, daß Preußen und Österreich von ihm abhingen, erklärte Nikolai I. der Türkei den Krieg, zum Schutze der Bulgaren, Serben und Rumänen. Der Krieg begann mit einem offensichtlichen Erfolg: Die türkische Flotte wurde in der Seeschlacht von Sinop zerschlagen.

Tolstoi wußte: Oberbefehlshaber der für die Besetzung der Donau-Fürstentümer vorgesehenen Truppenteile war sein entfernter Verwandter, Teilnehmer an der Schlacht von Borodino, Fürst Michail Dmitrijewitsch Gortschakow.

In der Familie Gortschakow genoß Tolstois Großmutter, Pelageja Nikolajewna, außergewöhnliche Verehrung.

Lew kannte den Bruder des Oberbefehlshabers, Sergej, am besten von allen Gortschakows. Seinem Brief an ihn fügte er ein Gesuch an Michail Dmitrijewitsch bei. Fürst Sergej antwortete außerordentlich freundlich (am 17. Oktober): »Mein liebwerter Graf Lew Nikolajewitsch! Heute erhielt ich Ihren Brief aus Kisljar mit dem beigefügten Schreiben betreffs Ihrer Versetzung zur aktiven Armee. Der Brief an meinen Bruder Michail ist bereits geschrieben und wird zusammen mit Ihrem Schreiben am 19. abgesandt – was sich daraus ergibt, weiß ich nicht, jedenfalls habe ich in verwandtschaftlichem Tone geschrieben ... Unbegreiflich ist mir eins, warum bist Du nicht Junker, warum nur Feuerwerker und noch dazu bloß 4. Klasse ...«

Zum Schluß wünschte der Fürst Geduld und Glück.

Geduld hatte Tolstoi auch nötig, weil sich ein anderer Umstand herausstellte: ihm fehlte der Auszug aus der Heroldie. Aber schließlich kam alles in Ordnung, dank der mächtigen Protektion wurde er zur Donauarmee versetzt und zum Fähnrich befördert.

Zweiter Teil

»Kindheit«

Wie Tolstoi vor seinem Aufenthalt im Kaukasus an *Kindheit* gearbeitet hat, ist aus den Tagebüchern nicht ersichtlich. Mit der Umarbeitung bereits abgefaßter Varianten begann er im Kaukasus, in der Staniza Starogladkowskaja. Die ersten Entwürfe erinnern nicht an das Buch, das wir kennen.

Es beginnt in Form eines Briefes an einen vertrauten Freund. Der Autor ist unglücklich und rechtfertigt sich. Es wirkt wie der Anfang eines Romans in Briefen. Der erste Abschnitt ist mit den Initialen G. L. N. unterzeichnet, was sich als nachlässige Unterschrift »Graf Lew Nikolajewitsch« entziffern läßt. Der Nachname fehlt, hier schreibt ein Mann für sich selbst, seinen Titel, den Namen und Vatersnamen weiß er, der Nachname wird hinzugedacht.

»Sie scheinen mir ernstlich böse zu sein, weil ich die versprochenen Aufzeichnungen nicht sofort übersandt habe. – Sie schreiben mir: ›Bin ich denn dies bißchen Vertrauen nicht wert?‹ –, ›Sollte meine Wißbegier tatsächlich beleidigend auf Sie wirken?‹ Sie lassen sich zu Reflexionen über die Wißbegier hinreißen und behaupten, sie könne zwei entgegengesetzte Gründe haben: Neid, also den Wunsch, eine schwache (schlechte) Seite zu entdecken, und Liebe, also den Wunsch, eine gute Seite zu entdecken, und was Sie sonst noch für feinsinnige Betrachtungen aus diesem Anlaß anstellen. Unglücklicherweise ist es mir vollkommen gleichgültig, welcher Art Ihre Wißbegier ist und die all jener, denen Sie meine Aufzeichnungen zeigen könnten, ich stehe dazu wie jener unschuldig zum Tode Verurteilte, der nicht um Freispruch bat, sondern nur darum, daß seine Rechtfertigung angehört werde.« Zu jener Zeit schrieben viele über ihre Kindheit oder schickten sich an, es zu tun, um das Leben mit dem unverbrauchten Blick eines Kindes zu betrachten.

Lew Tolstois Anliegen war weiter gespannt, er hatte vor, nicht nur die Kindheit, sondern vier Entwicklungsetappen zu beschreiben. Seine Pläne waren auf Jahrzehnte berechnet.

Zugleich aber wechselte er, nachdem er mit einer komplizierten Ereignisreihe eingesetzt hatte, die das Fundament des Gesamtwerkes bilden sollte, zum Einfachsten über.

In den üblichen Kindheitsromanen verläßt der Held sein Zuhause infolge eines Unglücksfalles, seltener aus Abenteuerlust, häufiger, weil er unehelich geboren ist und es am gemeinsamen Tische der Leute seines Kreises keinen Platz für ihn gibt.

Candide und Tom Jones, der Findling, sowie Oliver Twist sind uneheliche Kinder. Auch die Helden des ersten Entwurfes der *Kindheit* sind es, in Gestalt von Tolstois Nachbarn, den Islawins, im Buch Islenjews, und es leben die Träger zweier Familiennamen unter einem Dach; die Mutter der kleinen Helden hat ihren angetrauten Ehemann verlassen und ist zum Vater der Kinder gegangen, die Großmutter hat Mitleid mit ihrer Tochter. Die Familie lebt, von vornehmem Schweigen umgeben, ihre gesellschaftliche Stellung ist zwielichtig.

Tolstoi gab diese traditionelle Lösungsart Stück für Stück auf. Unehelich geboren ist bei ihm nur noch der deutsche Hauslehrer Karl Iwanowitsch, die Familie selbst ist die denkbar durchschnittlichste. In *Kindheit* sind ein paar Tage aus dem Leben einer Durchschnittsfamilie und gewöhnliche, unaufhebbare Unglücksfälle, die sich durch keinen juristischen Akt vermeiden lassen, gestaltet.

Tolstoi wählte den Weg, der rund um den Menschen führt, er wünschte, vielmehr mußte einfach herausfinden, warum die Familie Tolstoi, die vier Brüder und ihre Schwester, an sich gutartige Menschen, unglücklich waren.

Er schält das Schicksal einer ganzen Generation heraus.

Dieses Schicksal begreifen hieß sich in sich selbst zurückziehen, hieß ein Experiment von außergewöhnlicher Kraft durchführen.

Tolstois Lebensjahre im Kaukasus sind fruchtbar, aber verworren.

Ihn band an den Kaukasus ein Dienstverhältnis, das formal gar nicht bestand, ein Gefreitenrang, den er nicht erhalten hatte. Daneben aber war er privilegierter Soldat: Seine Freunde waren Offiziere, vom gesellschaftlichen Status her, wenn dieser auch ungeklärt erschien, stand er über ihnen und verspielte bedeutende Summen an sie, wiewohl er seine Schulden nur mühsam bezahlte.

Er hätte ohne weiteres den kommandierenden General, Fürst Barjatinski, als Bekannten ansprechen können – zugleich aber war er gemeiner Soldat.

Diese eigentümliche ständige Schwebesituation ermöglichte ihm eine Abart von Freiheit. Er ließ sich bei Übungen nur selten blicken, er durfte reisen, viele Male kehrte er in die Starogladkowskaja zurück, war zweimal in Pjatigorsk, lebte lange in Tiflis, und die Zeit verging in hoffnungslosen Bemühungen.

Dadurch lastete auf seinem Leben seine seltsame, schwer zu beschreibende Sprunghaftigkeit; er war ein ewiger Wanderer, er suchte einen Platz, wohin er sein Haupt legen könnte, oder wünschte wenigstens, sein Haupt zu verlieren in jenen Wäldern, wo Häupter so leicht verlorengingen.

Er lernte Feldzüge kennen, auch die Mühen beim Herauszerren von Geschützen aus vereisten Flüssen, erlebte Kämpfe, das Risiko der Gefangennahme und die eigentümliche Not eines Mannes, der nie weiß, wieviel Geld er ausgeben darf. Er war ein Mensch mit verlorener Adresse, eine Selbstverbannter, der in einer Kosakenstaniza wuchs, wie Bäume wachsen, vorausgesetzt, sie erreichen die rechten Reifejahre.

Jahre des Zweifels, der Selbstanalyse, der Tagebuchaufzeichnungen, ständiger Zweifel an der Zukunft, alles kam Tolstoi zugute, als er zu schreiben anfing, als er zeitweilig mit allem brach, was ihn hätte umgeben sollen.

Seine Arbeitsleistung in diesem Zeitabschnitt war unvorstellbar. Er trat 1852 in der Septembernummer des *Sowremennik* als Schriftsteller auf, der nicht nur die Form beherrschte, sondern auch seine Zeit auf neue Art gestaltete.

Daß die Literatur die Welt, die Wirklichkeit widerspiegelt, liegt auf der Hand. In der Welt gibt es außer der Welt selbst nichts, wer etwas anderes widerspiegeln oder ausdrücken wollte, müßte für sich selbst eine Welt mit anderen physikalischen und biologischen Gesetzen erschaffen.

Wenn wir jedoch von Widerspiegelung sprechen, werden wir unsicher in unseren Entscheidungen, ob der Schriftsteller widerspiegelt, was heute mit ihm geschieht, oder ob er Eindrücke sammelt und sie erst später widerspiegelt, wenn er für sie die rechte Form gefunden hat.

Unklar bleibt, was passiert, wenn ein Schriftsteller nicht über das Heute schreibt. Was drückt er dann aus? 1.) den heutigen Tag, den Tag der Niederschrift oder 2.) den im Werk dargestellten Tag, oder 3.) analysiert er sowohl den heutigen Tag als auch das Künftige, das ihm außerhalb der Kunst Unerschlossene?

Tolstois Schaffensprozeß ist ein wichtiger Bestandteil seiner Biographie, wir erfahren, in welcher Weise er gearbeitet hat, wie er zu seinen Erfolgen gekommen ist, was wir von ihm lernen können.

Genialität läßt sich nicht erlernen; Fleiß, systematisches Arbeiten, Aufrichtigkeit sich selbst gegenüber, Selbstüberwindung hingegen durchaus.

Verständlich ist, daß jemand, der über sich selbst schreibt, gleichzeitig über uns und über andere schreibt und damit über die Welt, die ihn erzeugt hat, und über die Welt, die er mit seiner Kunst erzeugt, Auskunft gibt.

Die Welt der Kunst wiederholt auf komplizierte Weise die Welt der Wirklichkeit. Die Gesetze der Kunst sind bei aller Freiheit der Formen durch die Geschichte determiniert und gestalten diese nicht nur, sondern helfen sie entschlüsseln. Sie helfen, die Geschichte der menschlichen Seele zu enträtseln. Daher überleben sie nicht nur den Menschen, der das Werk geschrieben hat, sondern zuweilen sogar soziale Epochen, den Zusammenbruch von Zivilisationen, den Bevölkerungswechsel auf Kontinenten und den Untergang von Atlantis.

Wir wollen die Aktualität beileibe nicht zu niedrig einstufen. Große Kunst ist häufig hochaktuell. Sophokles wurde zu einer Strafe verurteilt, weil er Tausende von Zuschauern seiner Tragödie zu Tränen gerührt und in Verzweiflung gestürzt hatte, als er ihnen die Situation ihres Landes vor Augen führte.

Hochaktuell ist Horaz.

Dantes *Göttliche Komödie* ist aktuell wie eine Tageszeitung, vorausgesetzt, es hätte zu jener Zeit eine solche gegeben. Er erzählt vom Untergang zweier Verliebter, die die unbekannte Welt der Leidenschaft durchleben. In der Hölle besichtigt er die Feuerschlünde, in die seine noch lebenden Widersacher gestürzt werden sollen.

Aktuell war Puschkin, wofür er mit Ruhelosigkeit bezahlte.

Aktuell waren Lermontow und Gogol, wofür beide ihr Leben lassen mußten.

Kindheit und *Die Kosaken* wirken betont inaktuell.

Kindheit entstand, als der Autor mit vierundzwanzig seine Greisenhaftigkeit beweinte, die beschriebenen Ereignisse jedoch erst zehn Jahre zurücklagen.

Die Kosaken wurden zehn Jahre nach dem Aufenthalt in Starogladkowskaja in Jasnaja Poljana abgeschlossen.

Wo also liegt hier die Aktualität?

Es gibt sie aber.

Bevor wir die Unvermeidlichkeit einer Themenwahl und die Unmöglichkeit, sie zu ändern, erklären, noch einige Worte über die literarische Meisterschaft, wie man sie erwirbt, indem man sie neu schafft.

Eine Generation bringt der nächsten das Sprechen bei, Mütter tun es, Väter, Kameraden und Menschen auf der Straße. Später staunen die Alten, weil die Jugend anders spricht als die vorangegangene Generation. Die Worte haben sich verschoben, um neue Begriffe ausdrücken zu können.

Eine Generation lehrt die nächste die Kunst; ferne Reihen unserer Vorfahren in der Kunst vermitteln uns nach Jahren ihre Leistungen, aber unweigerlich in verändertem Zustand.

Die Behauptung, ein Schriftsteller sei absolut originell, ist ein ebensolcher Nonsens wie die, ein Kind habe völlig selbständig eine eigene Sprache erfunden und lesen gelernt.

Soviel ich weiß, war das bei Tarzan der Fall, aber Tarzan ist die Hauptfigur eines dummen Buches*.

Lew Tolstoi hatte sehr viel gelesen, viel gehört, ohne eigens hinzulauschen. Später stellte er Listen von Büchern, aus denen er gelernt hatte, zusammen: wir finden dort die Bibel und arabische Märchen, Bylinen, also russische Heldenlieder, und Namen halbvergessener Schriftsteller.

Er war in der Literatur des 18. Jahrhunderts zu Hause, las Zeitschriften, die wir vergessen haben. Puschkins erster Lesestoff waren die Hefte seines Vaters, der seine Lieblingsgedichte abschrieb und russische Poesie im Zigeunergesang wiederfand. Als Kind las er bereits Rousseau.

Rosseau und Sterne erschlossen die menschliche Seele; allerdings konnten sie damit die Menschheit nicht glücklich machen.

Werke von Sterne übersetzte Tolstoi in Starogladkowskaja als Übung im Englischen Kapitel um Kapitel.

Wenn ein Schriftsteller einen anderen studiert, bedeutet das nicht, daß er ihn kopiert, daß er sich ins künstlerische Dasein des anderen einmengen will, wie Entladungen der Obusleitung sich ins Fernsehgeschehen einblenden.

Rousseau und Sterne jedoch setzten Richtpunkte für eine Zeit, als bei den Menschen das Interesse für ihr Innenleben erwachte und sie ihre häuslichen Gespräche, kommerziellen Interessen, Erbschaftsangelegenheiten, ehelichen Zerwürfnisse als das Alpha und Omega der Welt betrachteten.

Die Emotion war erschlossen und wurde mit dem Staat, der veralteten mittelalterlichen Gelehrsamkeit, dem Nachhall der Feudalzeit konfrontiert.

Sterne lehrte seine Zeitgenossen, darauf zu achten, wie sie sich bewegten, wie widerspruchsvoll ihre Gedanken waren. Er lockerte die Form des alten englischen Romans, gab ihn der Lächerlichkeit preis und zersplitterte ihn in Tausende von Abschweifungen. Er nahm eine neue Wissensposition ein.

In seiner Ironie spiegelte sich die Zeit gleichsam gebrochen und des gleichmäßigen Flusses beraubt, weil sie bereits keine Achtung vor sich selbst mehr hatte; an die Revolution aber, die schon nahe war, glaubte Sterne nicht.

* Geschrieben von William Burroughs.

Während Tolstoi zur Herbst- und Winterszeit in einer bunt ausgemalten Kosakenkate in der Staniza saß und Sterne übersetzte, wurde ihm sein eigenes Anliegen bewußt.

Schmelzend legten sich Schneeflocken aufs Schilf, die Berge wurden braun, der Terek trat über die Ufer, Tolstoi verliebte sich und vergaß dabei sein Zuhause, rief sich hastig zur Ordnung, sehnte sich nach den Papieren aus der Heroldie oder wenigstens nach dem Rang eines Fähnrichs, zog sich in die Wälder zurück und ging auf die Jagd.

Er fühlte sich stark mit der Vergangenheit verbunden. In dem Buch, an dem er schrieb, wandte er sich im Vorwort auf altväterische Art an seine Leser: »Um aufgenommen zu werden in die Reihen meiner auserwählten Leser, verlange ich gar wenig: Seid empfindsam, d. h. seid zuweilen fähig, von Herzen mitzuleiden und selbst ein paar Tränen zu vergießen über eine ausgedachte Person, die ihr liebgewonnen habt, und euch von Herzen über sie zu freuen und euch nicht zu schämen, daß ihr eure Erinnerungen liebhabt, daß ihr fromm seid, daß ihr beim Lesen meiner Erzählung nach Stellen sucht, die euer Herz anrühren, nicht aber nach solchen, die euch zum Lachen bringen, damit ihr nicht aus Neid den Kreis der Edelleute verachtet, selbst wenn ihr nicht dazugehört, sondern denselben gelassen und unvoreingenommen betrachtet, und ich nehme euch auf in die Reihen der Auserwählten.«

Das schrieb ein Aristokrat, der Menschen, welche einfachen Standes, aber fromm und empfindsam sind, zum Lohn für ihre Tugenden nachsichtig auffordert, mit ihm zusammen darüber zu staunen, wie die Welt eingerichtet ist.

In den ersten Entwürfen zum Vorwort geht es um Bekenntnisse eines Menschen, der alles verloren hat und sich vor seinem vertrautesten Freund zu rechtfertigen sucht, indem er erläutert, warum er so ist: »Ich bin unglücklich, und wenn ich nicht ganz und gar schuldlos daran bin, so bin ich doch nicht schuldiger an meinem Unglück als andere Unglückliche.«

Tolstoi strich die Klagen aus, beließ aber die Erinnerungen und die Sehnsucht. Das gesamte Timbre der Erzählung ist Enttäuschung ohne Verurteilung. Das Timbre der *Knabenjahre* ist noch verbitterter; *Jugendzeit* ist nicht bis zum Schluß gelungen, weil Tolstoi zu jener Zeit selbst noch nicht entschieden hatte, wofür er seine handelnden Personen verurteilte, womit er unzufrieden war.

Er wich aus dem Heute in das glückliche Gestern aus. In *Kindheit* gibt es einen Abschnitt, in dem Tolstoi stolz, aber gleichsam mit fremden Worten spricht. Es ist das 18. Kapitel: »Der Fürst Iwan Inwanowitsch«.

Fürst Iwan Iwanowitsch Kornakow – Prototyp ist Gortschakow, Tolstois angeheirateter Verwandter großmütterlicherseits – wird hier mit außergewöhnlicher Hochachtung und ohne die Andeutung einer Kritik beschrieben: »Er war ein Mann von etwa siebzig Jahren, groß von Wuchs, im Militärrock mit großen Epauletten, unter dessen Kragen ein großes, weißen Ordenskreuz hervorsah, mit offenem, gelassenem Gesicht. Die ungebundene und gleichzeitig einfache Art, sich zu bewegen, verblüffte mich.«

Der Fürst ist nicht sehr gescheit, nur oberflächlich gebildet, weiß nichts von zeitgenössischer Literatur, versteht es, darüber zu schweigen oder den Gesprächspartner mit bedeutungslosen Bemerkungen abzuspeisen, aber er ist ein Gortschakow und gehört somit zu den allerhöchsten Kreisen.

Erinnern wir uns, daß Tolstois Vater seiner Mutter, der geborenen Gortschakowa, eine Zärtlichkeit entgegenbrachte, die Tolstoi als »kriecherisch« bezeichnet.

Der Charakter des Iwan Iwanowitsch, der schattenlos und ohne Analyse geboten wird, steht in der *Kindheit* einzig da.

Sämtliche anderen Charaktere in *Kindheit* treten in ihrer Widersprüchlichkeit auf. Niemand ist ausschließlich gut oder böse, jeder ist gut und böse auf seine Art, höchstens die Mutter ist als Engel in himmelblauem Dunstschleier gemalt.

Die als Vater des Helden gestaltete Person enthüllt sich auf komplizierte Weise.

Spieler, bezaubernder Gesellschafter, Freund des Komponisten A., d. h. Albabjew, »ein Mann des vorigen Jahrhunderts ... war er von einer der Jugend jenes Jahrhunderts eigenen, nicht faßbaren, ritterlichen, unternehmungslustigen, selbstsicheren, liebenswürdigen, maßlosen Art«.

Die Analyse des väterlichen Charakters nimmt zwei volle Kapitel in Anspruch, das 3. und 10. Im 3. Kapitel ist er der zärtliche Vater, der ungeschickt wirtschaftende, wenngleich fleißige Gutsbesitzer, der vom ehrerbietig gelangweilten Verwalter gelenkt wird. Im 10. Kapitel erscheint er schon modifizierter: »Im Alter bildeten sich bei ihm eine unumstößliche Meinung über bestimmte Dinge und feste Lebensregeln heraus, beides jedoch einzig auf praktischer Grundlage: Handlungen und eine Lebensweise, die ihm Glück oder Vergnügen brachten, befand er für gut und meinte, so und nicht anders müßte jedermann jederzeit verfahren.«

Menschen, ja selbst Landschaften werden dynamisch und aus dem Gesichtswinkel eines analytisch Interessierten dargestellt.

In *Kindheit* ist der Hauptheld und Erzähler, der Knabe Nikolenka, ein gutherziges Kind, er liebt seine Mutter, hängt an den Bediensteten, in seinem Schmerz am Sarg der Mutter jedoch überlegt er, was er wohl für einen Eindruck dabei mache.

Von Anfang an wird die Welt in ihren Widersprüchen gezeichnet, zunächst beinahe humorvoll. Der kleine Junge wacht auf, weil über seinem Bettchen der deutsche Hauslehrer, Karl Iwanowitsch, mit einer Klatsche aus Zuckerhutpapier eine Fliege erschlägt. Das Kind fühlt sich zuerst vor den Kopf gestoßen, ist aber dann aufgewühlt von der Güte des Alten, dann muß es weinen, darauf denkt es sich einen Traum aus; die ganze Welt des Kindes erschließt sich in Widersprüchen, in Ironie.

Die Welt ist nicht nur rührend, sie ist auch bedauernswert – sinnlos und gewohnheitsmäßig grausam. Der deutsche Lehrer kennt höchstens zwei, drei Bücher, die *Geschichte des Siebenjährigen Krieges,* den *Traktat über die Düngung von Ackerböden* und einen vollständigen Lehrgang der Hydrostatik. Außer diesen Büchern liest er nur noch die *Sewernaja Ptschela* und hat sich dennoch beim Lesen die Augen verdorben.

Das Dienstmädchen, das die Mutter des Helden bedient, hat man von ihrem Liebsten getrennt, beide im selben Hause alt und grau geworden. Sie alterten in ihrer Trennung und im Glauben, an einer Schuld zu tragen.

Lustig und abwechslungsreich ist die Jagd, die angeführt wird vom Vorreiter Turka, der die Herrschaft in aller Seelenruhe verachtet. Die Welt wurde nicht von Herrschaften eingerichtet, doch sie leben darin in lässiger Langeweile.

Die Mutter wurde vom Vater verlassen, die Gouvernante, vermutlich vom Vater verführt, haßt den Deutschen.

Man kann für solche Leute Mitleid empfinden, aber man möchte nicht unter ihnen leben. Man bekommt Lust, sie zu ändern.

Die Menschen erschließen sich dem Leser nach und nach, wie sich einem der Gefährte einer langen Reise erschließt. Sie werden erkennbar, aber sie ändern sich nicht. Tolstoi achtet am meisten die Fähigkeit der Menschen, sich zu ändern und somit geistig zu wachsen.

Daher ist in seinem Buch das Sujet, die Summe der biographischen Abläufe unwesentlich.

Nur Karl Iwanowitsch, der Sachse, hängt auf rührend komische Weise mit der Geschichte, mit der weiten Welt zusammen; durch Lebensereignisse des unehelich Geborenen, der als Handwerksgeselle in Napoleons Armee kämpfte, desertierte und heimatlos wurde. Indessen könnte die ganze Geschichte ebensogut ein Phantasiegespinst von Karl Iwanowitsch sein.

Bei der Analyse bedient sich Tolstoi des Mikroskops, dessen Objektiv er auf die Geheimnisse der Menschenseele richtet.

Er entdeckt winzigste Teilchen menschlichen Seins, begreift dadurch die Welt neu und sucht nach neuen Wegen, sie zu verändern.

Nicht zufällig wurde das Buch über Kindheit und Knabenjahre eines Aristokraten in Nekrassows Zeitschrift veröffentlicht. Tolstoi nahm gleichsam Abschied von seiner Vergangenheit, er riß sich mittels neuer Erkenntnisse von ihr los.

Die Geschäftigkeit, die ungezielte Ironie Sternes fehlen bei ihm.

In *Yoricks empfindsame Reise* zersplittert Sterne auf parodistische Art seinen Bericht in kleine Kapitel. An den Türen der Remise spielen vier Kapitel. Der Autor jongliert mit der Handlungsdürftigkeit seines Romans und setzt gegen dessen Starrheit den raschen Emotionsfluß.

Seine erste Erzählung brachte Tolstoi eine Entdeckung, die er später ausnahmslos anzuwenden pflegte: Er schrieb in kleinen Kapiteln, und jedes enthält seine eigenen handelnden Personen, seine eigene abgeschlossene Geschichte und gewöhnlich auch jedesmal einen neuen Handlungsort. Das Kapitel »Der Lehrer Karl Iwanowitsch« berichtet von einem alten Mann, gesehen mit den Augen eines kleinen Jungen. Er steckt voll verschiedenster Eindrücke ein und desselben Menschen. Die handelnden Personen sind die gleichen, aber das Kapitel spielt an zwei Handlungsorten: im Schlafzimmer und im Unterrichtszimmer.

Das 2. Kapitel, »Mama«, spielt im Salon, die Mutter wird eingeführt, die Schwestern des Helden und die Gouvernante Maria Iwanowna. Hier wandelt sich der im ersten Kapitel noch erfundene Traum Nikolenkas schon in ein Vorgefühl für das Sterben der Mutter. Am Schluß des Kapitels legt die Hausfrau »sechs Stückchen Zucker für einige würdige Bediente aufs Tablett«, womit ein Übergang zum Thema Gesinde gegeben ist.

Im 3. Kapitel, »Papa«, wird ein Gespräch zwischen dem Vater und dem Verwalter wiedergegeben. Beide reden von ein und derselben Sache, den eigentlichen Sinn des Gespräches jedoch verrät erst eine Analyse der Gestik.

Hier erfährt der Junge, daß die Familie nach Moskau reisen wird. Die Schlußvignette des Kapitels: Nikolenka küßt des Vaters Lieblingsbarsoi – die Hündin Milka.

»›Milotschka!‹ sagte ich, während ich das Tier liebkoste und seine Schnauze küßte. ›Wir fahren bald weg; leb wohl! Wir sehen uns nie wieder.‹«

Die ersten vier Kapitel nehmen zwanzig Druckseiten ein. Fünf

Handlungsorte lösen einander ab, die Terrasse, wo das Gespräch mit dem Hund stattfindet, eingerechnet.

Außerdem enthalten sie die Aussicht aus dem Fenster des Unterrichtszimmers, die wir als sechsten Handlungsort, eine Art Übergangsort, mitzählen dürfen, weil die Handlung bald darauf aus dem Haus in den Garten und in den Wald verlegt wird.

Welterscheinungen werden zuerst nur erwähnt, später ausführlich aufgerollt. Die Welt existiert, mit einem Seitenblick erfaßt, schon bevor der Autor sie aufmerksam untersucht. Jedes kleine Kapitel ist in sich abgeschlossen, der Schluß eines jeden aber kettet sich an den Beginn des nächsten und enthält bereits ein Kettenglied des folgenden Kapitels.

Das ist von Tolstoi bewußt so gestaltet. Die Länge der Kapitel und deren Abgeschlossenheit bezeichnet Tolstoi im Tagebuch als seine Entdeckung, und er verlangt von sich, daß jeder Abschnitt in sich abgeschlossen sei: »Die Manier, in kleinen Kapiteln zu schreiben, die ich von Anfang an anwende, ist die günstigste. Jedes Kapitel hat nur einen Gedanken, nur eine Emotion zum Ausdruck zu bringen.« Darunter steht in Versalien: »ARBEIT. LITERARISCHE REGEL«.

So zieht Tolstoi die Bilanz seines ersten großen literarischen Treffers von 1852.

Die kleinen Kapitelnovellen enthalten freie Analysen des Autors, lexikalisch und syntaktisch begrenzt durch kindliche Wahrnehmung, obwohl er weit über deren Möglichkeiten hinausgegangen ist.

Zur Sprache seines Werkes sagt Tolstoi in seinem Wort an den Leser: »Meiner Meinung nach ist die Persönlichkeit des Autors, des Schriftstellers (Verfassers) – antipoetisch, da ich aber in Form einer Autobiographie geschrieben habe und wünschte, bei Ihnen ein möglichst starkes Interesse für meinen Helden zu wecken, war ich auch darauf bedacht, daß das Buch nicht vom Autor geprägt sei, daher vermied ich sämtliche auktorialen Verfahren wie gelehrte Ausdrücke und Satzfolgen.«

Die *Kindheit* ist so komponiert, daß die Erzählung in einen Zeitraum von drei Tagen zusammengepreßt ist: Der erste Tag ist der 12. August auf dem Lande, es folgt der Umzug, der die Aufnahme in die Hautevolee vorbereitet, darauf ein Tag in Moskau, der dritte Tag ist die Rückkehr aufs Land zum Sarg der Mutter.

Drei Tage werden zu sieben Monaten eines Kinderlebens ausgedehnt.

Charakterisierende Kapitel wie »Grischa«, »Der Fürst Iwan Iwanowitsch«, »Was für ein Mensch mein Vater war« gehen über diese einfache, zeitlich bedingte Aufeinanderfolge hinaus.

Die Abschweifungen aber sind so beschaffen, daß sie, ohne den Handlungsfluß zu stören, ihn durch Darstellung von Vergangenem erweitern.

»Der Flüchtling«

Nachdem Lew Tolstoi als Flüchtling in Starogladkowskaja gelandet war, begann er mit der Niederschrift seiner Skizze *Noch ein Tag (Auf der Wolga).*

Ihm war die Erinnerung an seine Bootsfahrt sehr wertvoll, er empfand sie als einen der schönsten Tage seines Lebens; der Begriff »ein Tag« ist hier ganz offensichtlich nicht wörtlich zu nehmen. 1904 sagte Tolstoi zu D. P. Makovický: »Darüber hätte man ein ganzes Buch schreiben können.«

Warum hat er dieses Buch nicht geschrieben? Vermutlich fehlte der innere Entschuß über das Wie: Er hätte es etwa in der Art der *Geschichte des gestrigen Tages* abfassen können, es wäre dann ein Buch über einen Menschen geworden; es sollte aber zugleich ein Buch über den gewaltigen Strom werden und über das Land, das er durchfließt.

Tolstoi beherrschte sein Handwerk noch nicht recht, die Reise beginnt mit dem Mieten des Bootes; offenbar sollte die Handlung ganz folgerichtig ablaufen.

In der Staniza zog ihn neues Material in seinen Bann.

Er wollte Skizzen über den Kaukasus schreiben. Onkel Jepischka sollte ursprünglich das Material dafür liefern. Es sollte fast ein ethnographisches Werk werden. Aber Tolstoi schrieb bereits an der *Kindheit,* zeigte Interesse für Charaktere; Jepischka selbst interessierte ihn als außergewöhnliche Persönlichkeit.

Eine Tagebucheintragung vom 2. Oktober 1852 lautet: »Nach dem Essen geschlafen, gelaufen, an Tatjana Alexandrowna geschrieben, Jepischka genossen.«

Es folgt eine kurze Notiz: »Jepischka ... Kosakenreigen mit Gesang und Schießerei, Schakalweibchen und schöne Sternennacht – wunderbar. Ein besonderer Charakter. Einen halben Bogen geschrieben – gut.«

All das ist für ihn von zweitrangiger Bedeutung, im Vordergrund stehen umfassende Pläne für einen Roman über einen russischen Gutsbesitzer, auch wenn es diesen Plänen nicht beschieden war, verwirklicht zu werden.

Am 13. Oktober notierte er: »Möchte Kaukasusskizzen schreiben als Stilübung und wegen Geld.« Sie zu schreiben scheint in seinen

Augen eine unendlich weniger wichtige Beschäftigung zu sein als die Arbeit am Roman. »Die Idee des Romans ist eine glückliche, möglich, daß er nicht gerade perfekt ausfällt, doch wird er immer ein nützliches und gutes Buch bleiben. Darum muß daran gearbeitet werden, und zwar ununterbrochen.«

Eine Skizze muß genaueste Wirklichkeitstreue aufweisen.

Tolstoi möchte die Wirklichkeit genau widergeben und den Ausspruch widerlegen, der da besagt: »Ein Wort ist längst nicht fähig, Vorstellungen zu vermitteln, die Wirklichkeit auszudrücken aber ist noch schwieriger. Die getreue Wiedergabe der Wirklichkeit ist für das Wort ein Stein des Anstoßes.«

Die damalige russische Literatur hatte bereits manche bedeutenden Skizzen hervorgebracht. Hierzu gehören Turgenjews *Aufzeichnungen eines Jägers;* überhaupt spielte Turgenjew zu jener Zeit in Tolstois Leben eine große Rolle. Dennoch wollte Tolstoi anderes und mehr erreichen, er wollte die Analyse, die große Hinwendung der Kunst zu Moral und Wissenschaft.

Das militärische Milieu, in das Tolstoi als Mann ohne Rang und Titel geriet, stellte ihn dem gemeinen Soldaten gleich, später setzte es ihn neben den Soldaten an das gleiche Wachfeuer.

In der Staniza betrachteten die Leute den Offiziersbruder in Zivil ohne besondere Wertschätzung. Nur Zechkumpane, darunter der Exkosak Jepifan Sechin, suchten seine Nähe. In Jepifan sah Tolstoi den freien, durch keinerlei Verlogenheit der Zivilisation gebundenen Menschen.

Er erwies sich als einer, der nicht nur viel wußte, nicht nur Informationsquelle oder Rhapsode war, nach dessen Worten sich allerlei aufschreiben ließ, sondern als Charakter, der zu dem bereits angebrochenen Tag im Widerspruch stand, dem Tag, der dem Kaukasus den verschärften Kampf gegen die Tschetschenen und den Zerfall des Kosakentums bescherte.

Jepischka war für Tolstoi mehr als der alte Zigeuner für Puschkin.

Ferne Berge sah der Schriftsteller vor sich, sie trugen Ruhe und Verworrenheit in sein Gemüt.

Ruhe, weil sie seine alten Spielverluste, die alten Verfehlungen auszulöschen schienen.

Zugleich aber gaukelte ihm seine Phantasie gewaltige Verluste vor – das Zerwürfnis mit dem Volk.

Die Liebe, die er in seinem Skizzenentwurf negierte, erwies sich als ebenso real wie die Berge.

Die Liebe, Jepischka, die Berge, das Kosakentum, all das in seiner Widersprüchlichkeit gesehen und durch Gemütsbewegung erforscht, zwangen Tolstoi, *Die Kosaken* zu beginnen, ohne seinen Skizzenentwurf auszuführen und ohne den Roman zu vollenden, der die Bedeutung und die Pflichten des russischen Gutsbesitzers dogmatisch festlegen sollte.

Die Kosaken handeln von der Liebe, vom Kaukasus und vom Autor selbst. Je weiter die Arbeit daran fortschritt, um so mehr wurde Olenin Tolstoi selbst, weil der Autor begann, sich selbst innerhalb der Welt zu begreifen.

Das Hauptthema wird in Form einer eigenartigen Ballade eingeführt, die irgendwie mit Kosakenliedern im Zusammenhang steht; eine Mariana tritt auf, und zweirädrige Karren mit gemetzelten Kosakenleibern darauf nähern sich.

Lassen wir die erste Variante der Dichtung auf uns wirken und fügen wir hinzu, daß das gesamte Gedicht mit den Worten: »(Widerwärtig). 1853, am 16. April. Tscherwljonnaja« abschließt. Tscherwljonnaja ist der Name einer Staniza am Terek.

He, Mariana, hinterm Berge
Schallen Schüsse, künden Glück:
Laß die Arbeit, laß das Werken,
Die Kosaken kehr'n zurück!
Geh mit Salz und Brot sie grüßen,
Schmücke dich mit aller Pracht,
Und den Liebsten darfst du küssen
Eine ganze lange Nacht.
An die Füße zieh betreßte
Schuh und bunte Strümpfe an,
Um den Hals binde das beste
Schmuckwerk mit den Münzen dran,
Die in hellem Silber flimmern
Auf dem roten Festgewand.
Laß den Scheitel zierlich schimmern
Und im Zopf das Seidenband.

Noch fehlt hier ein Held, der von außen hinzukommt. Es dominiert das Motiv der zurückgekehrten und gefallenen Krieger.

Seinen Versuch, in Versform zu schreiben, begründet Tolstoi mit Stiltraining; es ist aber fast sicher, daß die bei ihm ungewöhnliche Gedichtform sich darauf zurückführen läßt, daß die Bergkamm-Kosaken wie ein Lied auf ihn wirkten. Nicht ohne Grund behaupten Verfasser alter Reiseskizzen in ihren poetisch ungeschickten Schriften, die Frauen der Bergkamm-Kosaken erinnerten an Opernsänger und bewegten sich wie auf der Bühne.

Das schmucke, fremdartige, ungebrochene Leben hat Tolstoi wohl eine liedhafte Beschreibung abverlangt. Nun war der Autor aber vorbelastet durch sein eigenes Schicksal und wünschte zu verstehen, was er sah. Er begann zu fragen, er wandte sich an die Alten. Der reale Jeroschka wurde zu einer Art Leitfigur, zum Sprecher der Erzählung.

Im Entwurf ist ein Offizier als Hauptfigur vorgesehen. In den Vorentwürfen hat er ständig wechselnde Namen: Gubkow, Dubkow, Rshawski. Er ist als russischer Offizier in den Kaukasus gekommen. Leute wie er, auf der Suche nach einem anderen Leben oder wenigstens nach einer anderen Leidenschaft, nach doppelter Entlohnung und nach Begegnungen mit schönen Kosakenmädchen, gab es viele.

Tolstoi wollte aber einen Roman über einen flüchtigen Kosaken schreiben.

»Der Flüchtling« blieb lange Zeit sein Titel.

Der Flüchtling war natürlich Lukaschka (in den Konspekten Kirka), der einen Offizier verwundet hatte und in die Berge geflohen war; ein Flüchtling war indessen auch Olenin, der Moskau verlassen hatte.

Hadschi Murat flieht vor Schamils Tyrannei aus den Bergen; vor der Tyrannei Nikolais I. in die Berge fliehen möchte der alte Soldat Awdejew, der Spießruten laufen mußte, er flieht aber nicht, weil er von einer verirrten Kugel getötet wird.

Die Kugel war gar nicht verirrt, und nicht die Tschetschenen sind schuld an Awdejews Tod.

Der Kommandeur der linken Flanke, Fürst Barjatinski, genoß durchaus nicht die Liebe seiner Truppen; dennoch ist im *Hadschi Murat* mancherlei nicht nur in künstlerischer Hinsicht, sondern auch im Verhalten Tolstois zu seinen Helden verändert dargestellt.

Im *Hadschi Murat* verhält sich die Truppe feindselig zu dem jungen General Barjatinski, der mit der Woronzowa, der Schwägerin des Statthalters, ein Verhältnis hat. Damit die Tschetschenen mit ihren weittragenden Geschossen den Schlummer der Woronzowa in ihrem Tuchzelt nicht stören, gibt Barjatinski den Befehl, die Horchposten weiter nach vorn zu verlegen, was Soldaten und Offiziere zu unmißverständlichen Äußerungen über die Dame veranlaßt.

In den *Kosaken* gibt es zwei Haupthelden – Olenin und Jeroschka. Jeroschka ist ein Säufer; als Vertreter des alten Kosakentums hat er keinen Platz in der neuen Staniza.

Eine Zeitlang hatte Tolstoi vorgehabt, Jeroschka zu verjüngen, ihn dreißig Jahre alt, zu seinem Freund und zum Altersgenossen des jungen Kosaken, des Nebenbuhlers des Offiziers, zu machen. Aber die Zeit läßt sich ebensowenig rückwärts schicken wie der Terek.

Der junge Offizier der aktiven Armee und Seine Majestät Nikolai I.

In Erwartung seiner Beförderung reiste Tolstoi mit den rosigsten Hoffnungen nach Tula.

Bei Nowotscherkassk, im Donheergebiet, riet ihm ein Postmeister, lieber nicht weiterzufahren, um nicht die ganze Nacht umherirren zu müssen.

Der Himmel hing tief und schwarz herab, die Steppe war weiß, in der Ferne drehten dunkle Windmühlen schwerfällig ihre Flügel. Der Wind wühlte in den Schweifen und Mähnen der Pferde, Schneewehen strichen über den Weg. Tolstoi befahl, unentwegt weiterzufahren.

Alexej Orechow riet, umzukehren, aber da kam eine Kuriertroika mit drei großartig aufeinander abgestimmten Glöckchen gefahren.

Ob nun der Klang der Glöckchen so schön war oder ob der Kutscher sich von den frischen Schlittenspuren verlocken ließ, jedenfalls fuhr man weiter.

Es waren drei Kuriertroikas, hinten saßen die Kutscher, rauchten und erzählten sich was.

Eine lange Irrfahrt im Schneesturm begann, die Tolstoi später in einer Erzählung beschrieben hat.

Der junge Gutsherr schlummerte ein wenig, wurde wieder wach, sah Schlitten, schlief erneut ein und sah seinen Gutshof, den Teich. Die Fuhrleute saßen im Schneesturm auf dem Schlittenboden, die Bauernpelze gegen den Wind aufgestellt, rauchten und erzählten sich ein Zaubermärchen.

Da fuhr er hin, der junge Gutsherr, träumte Puschkinträume aus der *Hauptmannstochter,* küßte eine Bauernhand, wie Grinjow einst gezwungen war, Pugatschows Hand zu küssen.

Der Schlitten war ganz und gar mit Schnee bedeckt. Die Pferde waren rechts schlohweiß eingefärbt. Das Beipferd trabte. »Nur an den eingefallenen, hastig atmenden Flanken und den hängenden Ohren merkte man ihm an, wie erschöpft es war.«

Gegen Morgen, als der Himmel sich orange und rötlich streifte und später die runde rote Sonnenscheibe durch graublaue Wolken am Horizont spähte und sich schimmerndes, sattes Azurblau ausbreitete, erreichten die Fuhrleute ein Wirtshaus und hatten Tolstoi aus der Patsche geholfen.

Der Herr hatte sich unterwegs einsichtig verhalten, hatte sich gefügt, hatte – wenn man die ersten hitzigen Minuten nicht mitzählte – darauf vertraut, daß die Fuhrleute ihm heraushelfen würden.

So verirrte sich Tolstoi häufig in seinem Leben und hatte sich von Jugend auf angewöhnt, darauf zu vertrauen, daß ihm ein Bauer helfen würde, der mußte den Weg ja kennen.

Im Februar 1854 traf Tolstoi auf Jasnaja Poljana ein. In Tula erwartete ihn die Nachricht von seiner Beförderung zum Fähnrich. Er fuhr zu seinen Nachbarn, machte Visiten, besuchte auf dem Gut Sudakowo seine Bekannten, die Arsenjews.

Auf Jasnaja Poljana trafen sich alle drei Brüder Tolstoi. Alle hatten sich stark verändert.

Nikolai war abgemagert. Dmitri hatte sich lange Koteletten und einen Schnauz wachsen lassen, war von allen am besten gekleidet, schien jedoch erbittert. Sergej war wie stets gelassen.

Die Brüder übernachteten in dem geräumigen Haus ohne große Umstände, im Stroh auf dem Fußboden.

Dann fuhren sie nach Moskau und ließen sich zusammen auf einer Daguerreotypie aufnehmen.

Lew nahm auf dem Wege zur aktiven Armee die weite Strecke über Kursk mit einem Abstecher auf Dmitris Gut Stscherbatschowka in Richtung Poltawa, Balta, Kischinjow.

Bis ins Gouvernement Cherson fuhr man auf einer großartigen Schlittenbahn, dann wurde es wärmer, man ließ den Schlitten zurück und reiste die tausend Werst bis zur Grenze mit Wechselpferden auf verschlammten Wegen. Tolstoi war in strahlender Laune; ihn betrübten nur seine beträchtlichen Geldausgaben. Jetzt schien die Geschichte endlich in die rechten Bahnen zu kommen: Der Ururenkel jenes Pjotr Tolstoi, des Gesandten, der in Konstantinopel im siebentürmigen Schloß gefangengehalten wurde, war unterwegs in den Krieg gegen die Türken. Der ehemalige Student der Universität Kasan, der orientalische Sprachen studiert, der ehemalige Feuerwerker, der an Kämpfen gegen Schamil teilgenommen hatte, war unterwegs, um die Beziehungen zwischen Rußland und dem Orient ihrem Ende und der endgültigen Entscheidung zuzuführen, schließlich hatte ja die Türkei seit eh und je hinter Schamil gestanden.

Man munkelte bereits vom feindlichen Verhalten Frankreichs. Der Sohn des Teilnehmers am siegreichen Krieg gegen Napoleon I. würde demnach Napoleon III. begegnen.

Alles mußte gut werden. Tolstoi war unterwegs, um unter dem Kommando seines brillanten Verwandten mütterlicherseits, M. D. Gortschakow, zu dienen.

Der Soldatenrock war abgelegt; zu beeilen brauchte sich Tolstoi nicht, allerdings fürchtete er, den Sieg zu versäumen.

Mitte März traf er in Bukarest ein und war baß erstaunt über die

Stadt mit der französischen Komödie, der italienischen Oper, der Musik auf den Boulevards und der Eiscreme in den Cafés. Laut seiner Aussage nahm ihn der alte Fürst Michail Dmitrijewitsch freundlich auf, allerdings muß er in seinem Brief an die Tante ein wenig zurückstecken: »Sie begreifen, daß ein so vielbeschäftigter Mann keine Zeit hat, mich im Kopf zu behalten.« Seine Cousins, die Kinder des Fürsten Sergej Dmitrijewitsch, gefielen Tolstoi sehr. Über den jüngsten schrieb er: »Das Pulver hat er nicht erfunden, besitzt aber eine Menge Edelsinn und Herzensgüte.«

Der Krieg ließ sich günstig an, die Truppen hatten die Donau überschritten und vier Festungen genommen.

Tolstoi ließ sich Paradeuniform, Helm und Halbsäbel schicken, er legte große Sorgfalt an den Tag. Zunächst tat er Dienst als Adjutant beim General Adam Ossipowitsch Sershputowski; dessen Sohn Ossip, kurz Oska genannt, war bereit, ihn unter seine Fittiche zu nehmen. Oska machte später Karriere. Er diente nur kurz als Secondelieutenant der Leibgarde in der berittenen Artillerie, wurde Flügeladjutant, Regimentskommandeur, Generalmajor-en-suite usw. Er stieg auf wie eine leichte, gut mit Pulver gefüllte Rakete.

Lew Tolstois Lage war nach wie vor unbestimmt und zweifelhaft. Schon wieder war ihm wie damals, als er anderes Spielzeug bekam als die Gortschakows. Sehr bald schon notierte er: »Es war mir heute unangenehm, zu erfahren, daß Ossip Sershputowski einen Streifschuß abbekommen und man Seiner Majestät über ihn Meldung erstattet hat. Neid . . . und noch dazu wegen solch einer Lappalie und auf eine solche Wanze!« Das war am 6. Juli 1854.

Tags darauf schloß er seine Selbstbeurteilung wie folgt: »Ich bin dermaßen ehrgeizig, und mein Ehrgeiz wurde bisher so minimal befriedigt, daß ich oft befürchte, ich könnte, hätte ich die Wahl zwischen Ruhm und Tugend, den ersteren wählen.«

Und außerdem: »Sogenannte Aristokraten wecken Neid in mir.«

Er hatte es schwer mit den Gortschakows. Ihn verband mit der Familie eine alte Kinderfreundschaft, er wartete darauf, von ihnen anerkannt zu werden. Indessen geschah es, daß D. Gortschakow, den er zum Essen eingeladen und über den er nahezu verliebt geschrieben hatte: »Am Abend war D. Gortschakow bei mir, die Freundschaft, die er mir bewiesen, führte zu jenem wundervollen Aussetzen des Herzschlags, das nur echtes Gefühl bei mir auszulösen pflegt, was schon lange nicht mehr der Fall war«, nicht erschienen war. Das Mittagsmahl mißlang, außer Gortschakow war auch der Doktor der Einladung nicht gefolgt.

Tolstoi war weiterhin beharrlich. Schon im Vorgefühl seines

Ruhmes notierte er, von seiner ständigen Liebe zu Lebensregeln getrieben: »1. Sein, was man ist: a) den Fähigkeiten nach Literat, b) der Geburt nach Aristokrat.« Seine eigene Lage kränkte ihn empfindlich, wie in der zweiten Sewastopoler Erzählung spürbar wird.

Dennoch gab es schon mancherlei neu zu durchdenken. In Tolstois Familie mochte man Nikolai I. nicht, glaubte aber, Rußland sei in militärischer Hinsicht der mächtigste aller Staaten. Über die Korruption und Veruntreuung von Staatsgeldern wußte man natürlich Bescheid. Daß das ganze Reich stahl, daß es militärisch zurückgeblieben und nicht mehr mächtig, sondern schwach war, sollte Tolstoi schon bald bei Sewastopol erfahren.

Nachrichten aus der Welt der hohen Politik erreichten den jungen Offizier nur langsam, lange Zeit war er optimistisch gestimmt.

Die Truppen standen jenseits der Donau bei der Festung Silistria, deren Mauern unterminiert waren; man wartete auf die Sprengung und die darauffolgende Erstürmung. Alles schien dafür zu sprechen, daß die Operation von Taten brillanten Heldenmutes gekrönt sein würde.

An dieser Stelle zeigte sich der Krieg Tolstoi zunächst nur von weitem. Er schrieb an die Tante: »Die vor meinen Augen hingebreitete Gegend ist nicht nur prachtvoll, sondern für uns alle enorm interessant. Abgesehen von der Donau mit ihren Inseln und Ufern, die einen in unserer, die anderen in türkischer Hand, ist die Stadt greifbar deutlich sichtbar, ebenso die Festung und die kleinen Forts von Silistria... Offen gestanden, bereitet es mir ein eigentümliches Vergnügen, zuzusehen, wie Menschen einander totschlagen, dennoch habe ich morgens und abends von meinem *Fuhrwerk* aus stundenlang nichts anderes beobachtet. Und nicht nur ich allein.«

Man wartete auf das Raketensignal zur Sprengung.

Die Festung mußte fallen; indessen forderte Österreich, das in der Flanke der russischen Armee stand und ihr gegebenenfalls den Weg abschneiden konnte, den Abzug der russischen Truppen aus den Donaufürstentümern.

Nikolai I. gab nach, zog seine Truppen zurück und überließ die Bulgaren ihrem Schicksal. Die Türken stellten die Donaufürstentümer wieder her. Siebentausend bulgarische Familien versuchten, den Türken zu entfliehen.

Tolstoi schrieb: »Wenn wir eine bulgarische Siedlung verließen, folgten uns die Türken auf dem Fuße, und mit Ausnahme von für den Harem tauglichen jungen Frauen wurde alles vernichtet. Ich fuhr aus dem Lager in ein Dorf, um Milch und Obst zu holen, auch dort war die gesamte Bevölkerung abgeschlachtet.«

M. D. Gortschakow war jedesmal außerordentlich betrübt, wenn er Abgesandte der Unglücklichen empfing; er sprach persönlich mit jedem einzelnen, versuchte, sie zu überzeugen, daß er Flüchtlingen mit Vieh und Fuhrwerken die Passage über die Brücke nicht gestatten könne, und mietete auf eigene Kosten Boote zum Übersetzen auf das russische Ufer.

Für den diplomatischen Fehlschlag des Zaren zahlten zunächst die Bulgaren einen blutigen Preis.

Rußland sah sich nicht nur der Türkei, sondern auch England, Frankreich und sogar Sardinien gegenüber; Österreich und Preußen wahrten eine feindselige Neutralität.

Nirgends ließen sich Truppen abziehen, sie waren überall unentbehrlich. Die englische Flotte streifte an Rußlands Grenzen umher, überfiel, wenn auch erfolglos, die Stadt Petropawlowsk-Kamtschatski, bombardierte Solowki, ließ sich bei Kronstadt blicken, besetzte die Alandsinseln im Bottnischen Meerbusen, drang ins Schwarze Meer ein und führte bei Jewpatorija auf der Krim eine Landung durch.

Für Widerstandsaktionen mangelte es an Eisen und Pulver.

Die Leute, die die Armee befehligten, waren in der Tat nicht fähig, das Pulver zu erfinden.

Der Zar nahm an den Kriegshandlungen nicht teil, ließ sich aber bei Paraden und Manövern von Kriegsbegeisterung hinreißen: eines Tages drang er mit dem Pallasch* in die Reihen der Truppe ein und zertrümmerte den Lederhelm eines Soldaten. Der Ärmste blieb am Leben, war jedoch ein wenig konsterniert.

Man kann nicht sagen, Nikolai I. sei nicht mutig gewesen; er war stolz und verträumt. Rußlands diplomatischer Fehlschlag beunruhigte und bedrückte ihn, er wußte, daß die zur aktiven Armee entsandten Komplettierungen erst nach sechs Monaten und auf die Hälfte reduziert am Bestimmungsort eintrafen, er wußte um die Diebstähle, um die Unfähigkeit der Kommandeure und konnte doch nichts daran ändern, weil er nicht nur Schöpfer des Regimes war, sondern auch dessen Konsequenz.

Der Krieg griff bereits nach dem Kai am Zarenpalast.

Niemand braucht zu denken, für die Alliierten sei der Krieg gegen Rußland leicht gewesen. Sie erlitten bedeutende Verluste, nicht nur durch unsere Waffen, sondern auch infolge von Krankheiten. England bangte um seine Besitzungen in Indien. Die russischen Truppen erwiesen sich als standhaft, die russischen Generäle hingegen als außergewöhnlich unfähig. Hinzu kam, daß das Land rundherum ausge-

* Schwerer Degen.

plündert war und die kläglichen Reste nun herhalten sollten, um den Krieg zu führen.

P. W. Annenkow notierte im Konspekt seiner Memoiren *Zwei Winter in Provinz und Dorf vom Jänner 1849 bis August 1851:* »Die Räubereien am Fiskus und insbesondere an den Soldaten und der gesamten Kriegsausrüstung hatten gegen Ende der Regierungszeit geradezu römische Ausmaße angenommen.«

Annenkow denkt an die Niedergangsepoche des Römischen Reiches, als Diebstähle ein Privileg des Adels waren. Weiter führt er geradezu unwahrscheinliche Fälle an, wie z. B. in der russischen Armee vierzig Pferde im Wert von 4000 Rubel pro Tier gestohlen und dafür Pferde zu 175 Rubel untergeschoben wurden. Gleich daneben steht die Bemerkung: »Diese Heldentat und andere, ihr gleichende wurde übertroffen von Zuständen, die sich später in den Waffenarsenalen, im Fouragewesen, in den Lazarettversorgungsdepots, beim Staatsetat usw. abspielten.«

Tolstoi schreibt über solche Dinge recht zurückhaltend. In seinem Tagebuch erwähnt er kurz »sinnlose Übungen« und bezeichnet die Bewaffnung der russischen Soldaten als »nutzlos«.

Die Armee war mit Feuersteingewehren aus den Zeiten Peters I. ausgerüstet. Unter Peter, unter den Kaiserinnen Elisabeth und Katharina, in der Zeit Napoleons glichen die Waffen der russischen Armee denen der ausländischen Truppen; gegen Ende der Regentschaft Nikolais I. verfügte Rußland über so gut wie gar keine Dampfschiffe auf den Ozeanen, verschwindend wenig weittragende Gewehre (Stutzen) und überhaupt keine schnellfeuernde Artillerie.

Tolstoi notierte am 2. November 1854: »Der Gegner hat 6000 Stutzen eingesetzt, nur 6000 gegen 30 (Tausend). Und wir wichen zurück, nachdem wir etwa 6000 mutige Männer verloren hatten. Wir mußten ja zurückweichen, denn gut die Hälfte unserer Truppen hatte infolge Unwegsamkeit keinen Artillerieschutz, und es gab, Gott weiß warum, keine Schützenbataillone. Schrecklicher Mord. Er wird die Seelen vieler belasten!«

Die Schlachten begannen günstig und endeten mit Niederlagen. Das lag an der ungeeigneten Zusammensetzung des Oberkommandos, an der Unfähigkeit, sich des Kartenmaterials zu bedienen, und an der mangelhaften Ausrüstung der Truppen. Staatseigentum wurde ganz offiziell veruntreut. Bei Sewastopol mußten die Kommandeure, um vom Rentamt den Sold für ihre Truppenteile zu erhalten, acht Prozent der Gesamtsumme als Schmiergeld entrichten. Ein Abzug von nur sechs Prozent galt als besondere Freundlichkeit.

Die Armee war durch und durch von Veruntreuungen zerfressen, ihre Helden aber starben. Kornilows Tod mag als Selbstmord erscheinen, weil er an seinem Todestag seine Uhr abgenommen und sie jemandem zwecks Übergabe an seinen Sohn gegeben hatte.

Über Schmiergelder und Diebstähle sprachen Menschen, die am kommenden Tag sterben mußten, in aller Ruhe.

Die meisten Diebstähle leistete sich die Intendantur, ihr folgte die Stufenleiter abwärts die gesamte Armeeführung. Gewisse Ausnahmen gab es im Kaukasus, wo die Soldaten in Artels wirtschafteten und nur die Soldtruhe dem dienstältesten Offizier unterstand.

Über die Situation in der aktiven Armee schrieb Tolstoi in einer Schrift, die er vorbereitete (sie trägt keinen Titel und wurde höchstwahrscheinlich nicht eingereicht): »Um es in einem Vergleich zum Ausdruck zu bringen: In keiner Armee Europas wird der Soldat kärglicher versorgt als in der russischen, nirgends gibt es solch mißbräuchliche Bestechungen, die dem Soldaten die Hälfte dessen rauben, was ihm zusteht ...«

Die Truppen erhielten Uniformtuch minderer Qualität, Wintermäntel gab es überhaupt nicht.

Als in Sewastopol Wintermäntel eintrafen, erwiesen sie sich von derart miserabler Qualität, daß sie, zu einem Haufen gestapelt, verrottend weithin die Luft verpesteten.

Überall wurde unkontrolliert und ungestraft gestohlen. Man stahl sogar die Ziegelsteine, die für die Nordbefestigungen vorgesehen waren, so daß nur ein dünnes Mäuerchen aufgeführt werden konnte.

Gestohlen wurde das gesamte Schanzzeug, Hacken, Spaten, Brechstangen. Schuldige waren nicht aufzufinden. Als Ingenieur Totleben seinen Entwurf des Befestigungssystems um Sewastopol zu verwirklichen begann, mußte der steinige Grund zunächst mit Holzschaufeln abgetragen werden. Man eilte Hals über Kopf nach Odessa, bei Privathändlern gab es keine Hacken. »Spaten hingegen wurden bei Händlern aufgestöbert, 4246 Stück«, und auf Fuhren nach Sewastopol gebracht.

Zuerst war Tolstoi sich nicht bewußt, wie prekär die Situation und wie schwach die Armee war.

Am 16. September notierte er: »Die Landung bei Sewastopol quält mich. Selbstsicherheit und Verweichlichung sind die hervorstechendsten traurigen Eigenschaften unserer Armee, die sie mit allen Armeen allzu großer und starker Staaten gemein hat.«

Dies ist eine Analyse vom Standpunkt eines Offiziers, obendrein eines privilegierten, denn Soldaten, ja sogar Offiziere des aktiven Dienstes waren durchaus nicht verweichlicht, wie Tolstoi vom Kaukasus her wußte. In der Analyse behauptet er außerdem, das zaristische Rußland sei nicht nur ein großer, sondern auch ein starker Staat.

Tolstoi und noch ein paar Offiziere erachteten es für nützlich, eine Vereinigung zur Verstärkung von Bildung und Aufklärung innerhalb der Truppen zu gründen.

Am 17. September notierte er: »Der Plan für die Zusammensetzung der Vereinigung beansprucht mich stark.«

Bald schon wurde beschlossen, statt einer Vereinigung eine Militärzeitschrift zu gründen, zunächst sollte sie *Soldatski Westnik*, Soldatenbote, heißen, später bescheidener *Wojenny Listok*, Kriegsblatt. Ihr Ziel war, den positiven Geist der Truppen aufrechtzuerhalten; die Probenummer war entworfen, eine Vignette gezeichnet. Tolstoi schrieb dafür zwei Kurzskizzen: *Wie russische Soldaten sterben* und *Onkel Shdanow und der Kavalier Tschernow*.

Beide Arbeiten flossen später in die Erzählung *Der Holzschlag* ein.

Für die Herausgabe fehlte es an Geld. Hauptmann A. D. Stolypin und Tolstoi beschlossen, Geld zu besorgen. Tolstoi ließ deshalb das Haus auf Jasnaja Poljana verkaufen. Der Zeitschriftentwurf trat seinen Weg durch die Instanzen an, er wurde vom Oberbefehlshaber der Front, M. D. Gortschakow, der ihn an den Kriegsminister weiterleitete, gutgeheißen. Im November legte der Minister ihn Seiner Majestät vor, und der Entscheid, wahrscheinlich ein mündlicher, wurde an Gortschakow übersandt.

Um die russische Armee stand es zu der Zeit schlecht, und es war zu erwarten, daß Nikolai I. für die Initiative seiner Offiziere ein gewisses Interesse bekundete. Für Seine Majestät aber war das System das Wichtigste auf Erden, er selbst war ein Teil davon, er konnte mit dem System untergehen, es aber nicht ändern.

Der Entscheid lautete deshalb wie folgt: »Indem Seine Majestät der wohlgemeinten Absicht, die der Edition der genannten Zeitschrift zugrunde liegt, volle Gerechtigkeit widerfahren lassen, geruhen Seine Majestät, die Edition derselben für unangebracht zu halten, da sämtliche militärische Aktionen unserer Streitkräfte beinhaltenden und zur Publikation in Zeitschriften und Zeitungen vorgesehenen Beiträge zuvörderst in der Zeitung *Russki Invalid* abgedruckt und erst hieraus für die Veröffentlichung in Periodika entlehnt werden können. Zugleich erteilen Seine kaiserliche Majestät den Herren Offizieren der Ew. Durchlaucht anvertrauten Streitkräfte die Erlaubnis, ihre Beiträge dem *Russki Invalid* zur Publikation einzureichen.«

Es hatte niemals für jemand ein Verbot bestanden, Material im *Russki Invalid* zu veröffentlichen.

Für Tolstoi bedeutete das eine glatte Abfuhr. Er erkundigte sich am 19. Dezember schriftlich bei Nekrassow, wann *Die Aufzeichnungen eines Markörs* und *Knabenjahre* im *Sowremennik* erscheinen würden. Er erklärte, er hätte die Sachen gern gedruckt gelesen, um sie danach zu vergessen, denn er habe neues Material in der Hand: »An Material habe ich ungeheure Mengen. Gegenwartsmaterial militärischen Inhalts, gesammelt und aufbereitet nicht für Ihre Zeitschrift, sondern für den *Soldatski Listok,* von dessen Gründungsversuch in der Südarmee Sie in Petersburg vielleicht gehört haben. Auf mein Projekt hin genehmigten Seine Majestät huldvollst, unsere Beiträge im *Invaliden* zu publizieren!«

Bereits am 2. November (der Brief hatte Tolstoi noch nicht erreicht) teilte Nekrassow mit, *Knabenjahre* sei im Oktober 1854 erschienen, allerdings stark von der Zensur berupft. Im gleichen Schreiben entschuldigte er sich dafür, daß die *Aufzeichnungen eines Markörs* ihm zuerst nicht gefallen hätten, er habe die Erzählung dann im Druck gelesen und sich überzeugt, wie gut sie sei. Er übermittelte einen Gruß von Turgenjew, teilte dessen Anschrift mit und empfahl, Sendungen für die Redaktion des *Sowremennik* an Turgenjew oder Panajew zu richten.

So geschah es, daß ein Vorhaben, das von Tolstoi speziell für die Armee und die Verteidigung geplant war, für diese Armee als unbrauchbar erklärt und die Sorge um die Zukunft Rußlands folgerichtig in die Hände von Menschen gelegt wurde, an deren staatstreuer Einstellung die Regierungsstellen mit Recht zweifelten.

Tolstoi war ratlos; er wußte nicht, wie und für wen er leben sollte; nur schwer fand er seinen Platz innerhalb Rußlands. Es kann gut sein, daß sich dies in der großzügigen Unordnung seines Alltags niederschlug.

Ihn bedrückte der Mißerfolg mit der Zeitschrift und alles, was er um sich herum beobachtete.

Er war stolz auf Nekrassows Lobesworte und zugleich verzweifelt. Er schrieb: »Jede Wahrheit ist ein Paradoxon. Direkte Schlußfolgerungen des Verstandes sind fehlerhaft, sinnlose Schlußfolgerungen aus Erfahrungen sind fehlerlos.«

Er mußte die Erfahrungen der alten Zeit, seine Vorurteile, seinen Verstand aus dem Spiel lassen. Die Erfahrungen des Krimkrieges standen im Widerspruch zu allem.

Aber er gab seinen Traum von der Herausgabe einer Militärzeitschrift nicht auf.

Notiz vom 10. Oktober: »Die Zeitschrift kommt langsam voran. Dafür fange ich allmählich an, mir die Hörner abzustoßen.«

Am 21. Oktober: »In Sewastopol hängt alles noch immer am seidenen Faden. Das Probeblatt wird heute fertig, und ich sehne mich schon wieder danach, zu reisen. Mein ganzes Geld im Kartenspiel verloren.«

Ende 1854 steht er bereits in Sewastopol unter Feuer, ein paar Monate darauf auf der vierten Bastion, dem gefährlichsten Punkt.

Seine ersten Aufzeichnungen sind karg und rührend.

»Gestern barst ein Geschoß neben zwei Kindern, die auf der Straße Pferdchen spielten, der Knabe und das Mädchen umarmten sich und fielen zusammen zu Boden.«

Er arbeitete. Am 24. Juni 1855 stellte er Regeln für seine schriftstellerische Arbeit auf: »... ein Programm aufstellen, ins unreine schreiben und abschreiben, ohne jede Periode auszufeilen. Das eigene Urteil ist falsch, es lohnt sich nicht; liest man es oft, verschwindet der Reiz der Neuheit und das Überraschende, und man streicht häufig, was gut ist und nur infolge häufiger Wiederholung schlecht erscheint.« Zwei Tage später notierte er:

»*Bin fertig mit der Frühlingsnacht,* sie kommt mir nicht mehr so gut vor wie vorher.«

Seine Tage waren prallvoll mit Arbeit; unbegreiflich, wie er es schaffte, nicht nur zu schreiben, sondern auch zu redigieren und zu streichen.

Als Artillerist war er verpflichtet, sich bei bestimmten Geschützen aufzuhalten, doch sehen wir ihn und seinen Freund Stolypin bei tollkühnen und militärisch anscheinend überflüssigen Ausfällen. Nach einem Gespräch über seine dienstlichen Mißerfolge notierte er: »War schwach genug, mich von Stolypin zu einem Ausfall verleiten zu lassen, obwohl ich jetzt darüber nicht nur froh bin, sondern bedauere, nicht mit der Sturmkolonne mitgegangen zu sein.«

Gleich darauf folgt die Notiz: »Die militärische Karriere ist nichts für mich, je eher ich davon loskomme, um mich ganz der literarischen hinzugeben, um so besser.«

Im März 1855 fleht er die Jergolskaja an, ihm Geld zu schicken: »Ich glaube, ich habe Ihnen die ersten Tage meines Krimaufenthaltes bereits beschrieben. Im großen und ganzen war es angenehm, ich war beschäftigt durch den Dienst, das allgemeine Interesse für den Krieg hatte auch mich erfaßt; seit Neujahr aber, nachdem ich das Geld für die Zeitschrift, die dann nicht zustande kam, erhalten hatte, wurde meine Lebensführung unnütz und unmoralisch.«

Aber schon tröstet er die Tante wieder, er sei »noch nicht in die Lage geraten, in der er ... sich vor der Abreise in den Kaukasus befunden ... und wohin er wieder gelangen könnte.« Er hoffte auf einen Spielgewinn, der es ihm nicht nur ermöglicht hätte, sämtliche Schulden zu begleichen, sondern auch den verpfändeten Besitz auszulösen, er sehnte sich danach, seinen Bauern den Freibrief zu schenken.

Ihn belastete weniger der Spielverlust als die erniedrigende Notwendigkeit, Verwandte um Geld anzugehen, sie anzuflehen, alles mögliche zu verkaufen, um das Geld aufzutreiben, ihn belasteten die Mitleidssprüche der Tante, die Vorwürfe der Brüder und die herablassende Halbbereitschaft von Schwager Valerian, ihm dienstbar zu sein.

Bei alledem ist Tolstoi der Mann, der mit seinen kleinen Kanonen aus ungedeckter Stellung den Gegner mit Kartätschen zurückschlägt, der tagelang unter dichtem Artilleriefeuer auf der Bastion liegt, der Mann, der sich der Faulheit und Apathie bezichtigt und in dieser Zeit an *Jugendzeit* arbeitet, den *Holzschlag* beendet und die *Sewastopoler Erzählungen* schreibt.

Nachrichten aus der Staniza Starogladkowskaja

Vergangenheit vergeht nicht. Der junge Offizier, der sich wünschte, daß die Gortschakows mit ihm wie mit ihresgleichen verkehrten, war gleichzeitig befreundet mit Jepischka und trug in seinem Herzen Erinnerungen an die Staniza Starogladkowskaja.

Es sei ein Brief von A. S. Ogolin angeführt, den er am 6. September 1854 an Tolstoi schrieb. Wir dürfen annehmen, daß das Schreiben schon im Oktober in seinen Händen war. Hier ein paar Auszüge daraus:

»16. September 1854

Morgens. Staniza Starogladkowskaja

Liebwertester Lew Nikolajewitsch!

Seien Sie tausendmal bedankt für Ihren Brief, der mich versichert, daß Sie Ihre alten Kameraden fürwahr nicht so rasch vergessen. – Sie wünschen von unserem Leben und Streben ausführlich unterrichtet zu sein, nun, so sei es: Alexejew baut ein riesiges Haus, mit Kinderzimmern, Mädchenkammern usw., scheint allen Ernstes heiraten zu wollen. Den Winter über gedenkt er wieder eine Reise nach Moskau zu unternehmen und sagt, an deren Ende müsse etwas Entscheidendes kommen. Ich bin jetzt in Starogladkowskaja eingetroffen, sitze von morgens bis abends in den Gärten herum und vertilge Weintrauben. In den nächsten Tagen jedoch habe ich mich bei einem Zug in Kurinskoje zu melden. Bei uns im Kaukasus wird nichts unternommen, wir führen jetzt einen Defensivkrieg, alle Offensiven sind untersagt. Ihnen ist gewiß schon zu Ohren gekommen, wie flott Schamil in Georgien gewirtschaftet hat: Etwa 1500 Menschen hat er gefangengenommen (vor allem Frauen und Kinder, die gerade bei der Feldarbeit waren), dazu drei Fürstenfamilien, und hat sich hiernach unter den Augen unserer zwanzig Bataillone ungestraft heimbegeben. Da können Sie sehen, wie man sich bei uns auszeichnet, Sie dürfen uns beneiden. – Vor kurzem haben Tschetschenen in einer Stärke von 5000 Mann einen Überfall auf den Aul Usti-Su unternommen (an der neuen Schneise, die wir 1853 geschlagen haben), sie führten zwei Geschütze mit; als sie sich auf die Entfernung eines Kartätschenschusses dem Aul genähert hatten, eröffneten sie das Feuer, unter anderem waren es über 2000 Mann unserer Kavallerie, die sich auf das Plateau stürzten, wo Vieh weidete, und es hinter Metschik trieben.

Großmutter Ulita summt mir ins Ohr (ich sitze hier und schreibe, und sie steht mit gefalteten Händen vor mir): ›Und schreib ihm, sag ich, wie's ihm denn gehen mag, und, sag ich, grüß ihn auch schön.‹ Das Zobelchen sitzt nach wie vor im Triclinium* und schielt zu uns herüber. Eine liebe Alte, ich werde immer gern an sie zurückdenken! Nikita und ich, wir sprechen oft von Ihnen: Er sieht Sie ja bereits als Flügeladjutanten, der mit dem Siegesrapport davongaloppiert. Leben Sie wohl, ehrenwerter Graf, bitte mir nachzusehen, daß ich Ihnen eine Menge Unsinn vorgeschwatzt hab, und ich bitte nicht zu vergessen

Ihren alten Regimentskameraden
A. Ogolin«

Der Name Ulita ist in den *Kosaken* verewigt. Sie hatte eine Tochter mit dem Spitznamen »Zobelchen«; diese muß irgendwie etwas mit der Frau zu tun haben, die Tolstoi niemals vergessen und in der Erzählung unter dem Namen Mariana beschrieben hat.

Als Zobelchen ein Wort über den jungen Offizier erlauschte, der im Kriege kämpfte, warf sie nur einen Seitenblick hinüber und sagte nichts dazu. Jedoch selbst das hält der ehemalige Kamerad für berichtenswert.

Der Secondelieutenant eines Zugs Gebirgsartillerie mit Namen Lew Tolstoi, der sich in Sewastopol aufhielt, vertraute seinem Tagebuch an, er sei traurig, weil an der Landungsbrücke Grafskaja leise Musik spiele und Trompetenklänge zu ihm drängen.

Aufs Geländer gestützt, stand am Kai Fürst Golizyn mit irgendwelchen Herrschaften.

* Altrömischer Begriff: Speisezimmer, Speisetisch.

Der Offizier war jung. Er hatte eine unglückliche Liebe hinter sich, von der er nicht loskam.

Sewastopol sah malerisch und traurig aus. Die Sonne versank hinter den englischen Batterien. Am 26. November 1854 schrieb Tolstoi: »Leutnant Titow hat in der Nacht mit zwei Berghaubitzen die Deckung verlassen und längs ihrer [der feindlichen – V. Sch.] Gräben geschossen. Es heißt, das Stöhnen in den Gräben sei in der 3. und 5. [Bastion – V. Sch.] zu hören gewesen. Sieht aus, als würde ich mich bald auf den Weg machen. Kann nicht sagen, ob ich es mir wünsche oder nicht.«

Das war am Vorabend seines neuen Buches, der *Sewastopoler Erzählungen.*

»Sewastopol im Dezember«

Als Ergebnis der geplanten Gründung einer Militärzeitschrift durch einige mit Tolstoi befreundete Artillerieoffiziere der Südarmee entstanden die *Sewastopoler Erzählungen.*

Ursprünglich waren die Skizzen für Militärangehörige gedacht, Anfang Januar 1855 aber versprach Tolstoi dem *Sowremennik,* allmonatlich zwei bis fünf Bogen Text zu liefern, und schickte Nekrassow eine thematische Aufstellung, ohne die Autoren zu nennen: »Ein Brief über die Barmherzigen Schwestern«, »Erinnerungen an die Belagerung von Silistria«, »Brief eines Soldaten aus Sewastopol«.

Vorgesehen war eine selbständig redigierte Militärzeitschrift, getarnt mit dem Umschlag des *Sowremennik.* Nekrassow schrieb am 27. Januar 1855 an Tolstoi: »Ihren Brief mit dem Vorschlag betreffs der Militärbeiträge habe ich erhalten und beeile mich, Sie davon in Kenntnis zu setzen, daß ich nicht nur bereit, sondern erfreut bin, Ihnen im *Sowremennik* völlig freie Hand zu lassen – Ihrem Geschmack und Ihrem Talent vertraue ich mehr als dem meinigen.«

Aus Tolstois Tagebuch erfahren wir, daß am 27. März der Anfang der Skizze *Sewastopol bei Tag und bei Nacht* geschrieben wurde. Aus dem Anfang entstand die selbständige Skizze *Sewastopol im Dezember,* während der zweite Teil weggelassen wurde und die Grundlage der Erzählung *Sewastopol im Mai* bildete.

Bei *Sewastopol im Dezember* ist das Material, die Thematik an sich absolut vorherrschend. Der Autor möchte in erster Linie die Kriegsatmosphäre einfangen. Die Erzählung ist als Stadtbesichtigung eines unbekannten, interessierten, kürzlich erst angereisten Mannes angelegt. Der Erzähler hat keine eigenen Züge, im direkten Sinn des Wortes führt er durch die Geschichte.

Vor uns breitet sich eine besondere Landschaft aus, die sachliche Landschaft eines Reiseberichtes.

Das Morgenrot beginnt eben den Himmelsbogen über dem Sapunberg rot zu färben; die dunkelblaue Meeresfläche hat das nächtliche Dunkel von sich geworfen und erwartet den ersten Sonnenstrahl, um in fröhlichem Glanze aufzublitzen; von der Bucht ziehen Kälte und Nebel herüber; Schnee ist keiner gefallen, alles ist schwarz, doch der scharfe Morgenfrost prickelt einem im Gesicht und knirscht unter den Füßen, das ferne, ununterbrochene Meeresrauschen, in das sich zuweilen dröhnende Schüsse aus Sewastopol mischen, zerteilt die Morgenstille. Von den Schiffen schlägt es dumpf acht Glasen.

Die Landschaftsbeschreibung wiederholt sich auffallend bei veränderter Beleuchtung ganz am Schluß der kleinen Erzählung. Der Handlungsablauf wird durch den Landschaftskreislauf ersetzt; damit wird hervorgehoben, daß die Stadt belagert ist.

Früher Abend. Die sinkende Sonne taucht auf aus grauen Regenwolken, die den Himmel verhüllen, und übergießt plötzlich mit blutigrotem Licht die nun violetten Wolken, die grünliche, von kleinen Wellen gleichmäßig schwankende Meeresfläche voller Schiffe und Boote, die weißen Gebäude der Stadt, die Menschen auf den Straßen. Eine Regimentskapelle auf dem Boulevard spielt eine altertümliche Walzermelodie, sie schallt über das Wasser, und die Schüsse von den Bastionen führen mit der Musik einen eigentümlichen Zwiegesang.

Die Konfrontation des Krieges mit dem Alltagsleben der Stadt, dem friedlichen Dasein in der Garnison und den friedlichen Interessen der Menschen zieht sich durch die gesamte Erzählung und wird zum Schluß künstlerisch aufgelöst.

Die morgendliche Aktivität der Stadt ist mit geruhsamer Akribie gezeichnet: »... Irgendwo marschiert waffenklappernd eine Wachablösung vorüber, hier eilt ein Arzt zum Lazarett, dort kommt ein junger Soldat aus einer Erdhütte gekrochen, wäscht sein sonnenbraunes Gesicht mit eisigem Wasser, wendet sich zum rotüberstrahlten Sonnenaufgang und verrichtet, sich hastig bekreuzigend, sein Gebet; drüben schleppt sich ein zweirädriger Kamelkarren knarrend zum Friedhof, wo die blutbesudelten Leichen, die ihn fast bis obenhin füllen, beerdigt werden sollen.«

Tolstoi schreibt vom tragischsten Ereignis der Epoche und unterschlägt dabei nichts, aber er baut seinen Bericht so auf, daß kriegsbedingte Details alltäglich erscheinen und der Alltag quasi dominiert. Die Erwähnung der ungewöhnlichen Tiere vor dem zweirädrigen

Karren, der Kamele, die die Toten zum Friedhof ziehen, scheint das Grauen des Vorgangs zu mildern, führt uns zu gelassenem, sachlichem Verhalten diesem Sterben gegenüber.

Der Berichterstatter macht den Leser darauf aufmerksam, daß er bei dem eigentümlichen Nebeneinander von Lager- und Stadtleben, von schöner Stadt und schmutzigem Biwak einen unangenehmen Eindruck empfängt.

Tolstoi aber schreibt von Außergewöhnlichem wie von Gewöhnlichem, wählt sorgfältig Fakten und Einzelheiten aus. Er berichtet kurz vom mickrigen Trainsoldaten, der drei braune Pferde so ruhig und gleichgültig zur Tränke führt, als befände er sich in Tula oder Saransk.

Vom Krieg wird ohne Furcht und Hast gesprochen; einmal ist die Rede von den tadellos weißen Handschuhen eines Offiziers, der die Straße entlanggeht, vom Gesicht eines rauchenden Matrosen und eines Mädchens, das »aus Angst, ihr rosa Kleid naß zu machen, von Stein zu Stein über die Straße hüpft«.

Der Krieg wird als etwas Alltägliches dargestellt, zugleich aber auch durch das Prisma von Hospital, Amputationen, von Menschen nach einer Amputation und wirren Reden einer Frau, der beide Beine überm Knie abgenommen wurden. Und erst nach diesen in ihrer Bestimmtheit extremen Eröffnungen über den Krieg, erst nachdem gezeigt wurde, wie ein für die Operation Vorbereiteter unter Chloroform »wie im Fieberwahn sinnlose, zuweilen simple, rührende Worte spricht«, wird flüchtig und nahezu feierlich eine Beerdigung erwähnt. »Ihnen könnte vielleicht auch ein aus der Kirche kommender Leichenzug begegnen mit einem Offizier im rosa Sarg, Musik und flatternden Kriegsfahnen.«

Sogleich verwischt Tolstoi die Beschreibung, indem er »Schüsse von den Bastionen« ins Bild bringt.

Der Leser wird in eine andere Welt eingeführt. Der Schriftsteller sagt: »Die Beerdigung wird Sie wie ein schönes militärisches Schauspiel anmuten, die Schüsse wie sehr schöne kriegerische Klänge, und Sie werden weder mit dem Schauspiel noch mit den Klängen den klaren, auf sich selbst bezogenen Gedanken an Qual und Tod verbinden, wie Sie es vorher auf dem Verbandplatz getan haben.«

Die Qualen einzelner Menschen sind dem Gedanken der Verteidigung Sewastopols untergeordnet.

Der Berichterstatter durchquert die Stadt; an die Stelle des munteren Treibens tritt die Landschaft vor der Front. Und wieder folgt eine genaue Wegbeschreibung mit Wörtern wie »nach rechts« und »nach oben«.

»Nachdem Sie eine weitere Barrikade passiert haben, gehen Sie durch ein Tor nach rechts und steigen auf der breiten Straße bergan. Hinter der Barrikade sind die Häuser beiderseits der Straße unbewohnt, es gibt keine Ladenschilder, die Türen sind mit Brettern vernagelt, die Fensterscheiben ausgeschlagen, hier ist eine Hausecke weggerissen, dort ein Dach zertrümmert. Die Häuser wirken wie Veteranen, die mancherlei Unbill und Not durchgestanden haben, und blicken Ihnen stolz und eine Spur verächtlich entgegen. Unterwegs stolpern Sie über herumliegende Geschosse und fallen in wassergefüllte Bombentrichter. Sie treffen und überholen Trupps von Soldaten, Vorposten, Offizieren, ab und zu begegnet Ihnen eine Frau oder ein Kind, nur trägt die Frau kein Hütchen mehr, sondern ist ein Matrosenweib in einem alten Schafpelz und Militärstiefeln.«

Der Berichterstatter beobachtet, wie plötzlich der Selbsterhaltungstrieb wach wird, aus dem Bewußtsein heraus, sich in der vordersten Linie zu befinden.

»Eine nahe vorüberpfeifende Kanonenkugel oder eine Bombe überrascht Sie unangenehm, als Sie gerade bergan steigen. Sie begreifen unversehens – ganz anders als vorher –, was an den Schußgeräuschen, die Sie in der Stadt gehört haben, eigentlich dran ist.«

Der Leser folgt dem Berichterstatter und begeht einen Irrtum, als er sich fürchtet und glaubt, er sei bereits direkt an der Front, doch beruht seine Furcht auf einem Fehlschluß.

»Sie glauben, ganz in der Nähe den Einschlag eines Geschosses zu hören, und vernehmen von allen Seiten verschiedene Kugelgeräusche, bienengleich summende, pfeifende, schnelle oder wie eine Saite wimmernde, Sie hören das schreckliche Dröhnen eines Geschützes, das Sie alle erschüttert und entsetzlich furchterregend auf Sie wirkt.

Das ist sie also, die vierte Bastion, das ist er, der furchtbare, wahrhaft schreckliche Ort! denken Sie und empfinden dabei ein klein wenig Stolz und Befriedigung, Ihre Angst bezwungen zu haben. Doch Sie werden enttäuscht sein: Das ist noch nicht die vierte Bastion. Es ist die Jasonowsche Schanze, ein vergleichsweise ungefährlicher und durchaus nicht schrecklicher Ort. Um zur vierten Bastion zu gelangen, müssen Sie den schmalen Laufgraben nach rechts einschlagen, den der Infanteriesoldat dort gerade gebückt entlangläuft.«

Die fürchterliche vierte Bastion selbst erweist sich als harmlos und alltäglich. Die Menschen kämpfen, schieben ihre Tabakspfeife in die Tasche, kauen ihr Dörrbrot zu Ende, ehe sie sich ans Geschütz begeben und den Platz einnehmen, von dem eben ein Toter oder Verwundeter fortgebracht wurde.

Die erste veröffentlichte Skizze Tolstois löste eine außergewöhnlich starke Resonanz aus und fand allgemein Anerkennung. Sie sollte ins Französische übersetzt werden, damit sie in der Brüsseler Zeitung *Le Nord* veröffentlicht werden konnte, auch erschien im *Russki Invalid* ein Nachdruck, allerdings unvollständig.

Der Feldzug von Sewastopol erstand vor aller Augen völlig neu; direkte Hinweise auf den erstaunlichen Heldenmut der Truppen fehlten in der Skizze fast gänzlich, gegen Ende aber, vor der Schlußlandschaft, zeigt Tolstoi, ohne die Befestigungen Sewastopols zu beschreiben, was die belagerte Stadt befähigte, sich zu halten: »Erst jetzt sind die Berichte von der ersten Zeit der Belagerung, als es in Sewastopol noch keine Befestigungen, keine Truppen, keine physische Möglichkeit gab, die Stadt zu halten, und als dennoch nicht der geringste Zweifel bestand, daß sie sich dem Feinde niemals ergeben würde, Berichte aus Zeiten, als Kornilow, jener einem Hellenen würdige Held, die Truppe abritt und sprach: ›Eher sterben wir, Jungens, als daß wir Sewastopol aufgeben‹, und unsere Russen, unfähig, Phrasen zu dreschen, antworten: ›Eher sterben wir! Hurra!‹, erst jetzt also sind all diese Berichte für euch keine herrliche historische Überlieferung mehr, sondern beglaubigte Tatsache.«

Sewastopol im Dezember ist das Werk eines sozusagen unsichtbaren, transparenten Autors mit verkapptem Stil und verhaltenem Ausdrucksgefühl; der künstlerische Reiz des Werkes beruht auf der Konfrontation der Begriffe. Ein Künstler übernahm die Rolle, fremde Heldentaten zu zeigen. Fälle wie dieser, wo des Autors persönliches Erleben aus dem Bericht eliminiert ist, sind selten.

»Sewastopol im Mai«

Die zweite Sewastopoler Erzählung zeigt die bereits belagerungsgewohnte Stadt; die Einführung ist eigenwillig. Der erste Absatz vermittelt wirksam eine Vorstellung der Zeit.

»Sechs Monate schon sind vergangen, seit die erste Kanonenkugel von den Bastionen Sewastopols pfiff und die Erde auf den Schanzen des Feindes aufriß, seitdem sind Tausende von Bomben, Kanonen- und Gewehrkugeln pausenlos von den Bastionen in die Schützengräben und aus den Schützengräben auf die Bastionen geflogen, und der Todesengel ist unentwegt darüberhin geschwebt.«

Der zweite Absatz behandelt Ehrgeiz und Tod; zwei zufällig benachbarte, in ihrer Bedeutung jedoch weit entfernte Begriffe prallen aufeinander: »Tausendfach wurde hier menschlicher Ehrgeiz gekränkt, tausendfach befriedigt und genährt, tausendfach in den

Armen des Todes zur Ruhe gebracht. Unendlich viele Sterne wurden an Uniformen geheftet, unendlich viele wieder abgenommen, unendlich viele Ahnen- und Wladimirorden, rosa Särge und Leichentücher aus Leinwand gab es!«

Es folgt eine stark geraffte Beschreibung Sewastopols aus der Sicht der Franzosen und des Feindeslagers aus der Sicht der Verteidiger:

»Und immer der gleiche Lärm kommt von den Bastionen, nach wie vor – unwillkürlich zitternd und in abergläubischer Furcht – spähen die Franzosen an klaren Abenden aus ihrem Lager hinüber zur zerklüfteten schwarzen Erde der Bastionen von Sewastopol, zu den dort huschenden schwarzen Gestalten unserer Matrosen, und sie zählen die Schießscharten, aus denen die gußeisernen Kanonenrohre zornig ragen; immer noch beobachtet der Marineunteroffizier vom Telegraphenturm aus durchs Fernohr die bunten Gestalten der Franzosen, ihre Batterien, die Zelte, die Kolonnen, die sich auf dem Seljonaja Gora bewegen, die Rauchwölkchen, die aus den Schützengräben puffen, und immer noch reißen sich buntscheckige Menschenmengen gleichermaßen eifrig danach, ihre verschiedenartigen Wünsche an diese verhängnisvolle Stätte zu tragen.«

Die geruhsame, feierliche Sprache erzählt Fürchterliches, Mutiges und gewohnt Verhängnisvolles. Die Einleitung schließt mit dem Nachweis der Sinnlosigkeit des Krieges. Sie ergibt sich aus dem Vorschlag, jede Seite solle doch jeweils einen Soldaten vorschicken. Sollen die beiden sich doch prügeln.

»Eine solche Überlegung scheint zwar paradox, an ihr ist aber etwas dran. In der Tat, welcher Unterschied bestünde zwischen einem Russen, der gegen einen Vertreter der Alliierten kämpft, und achtzigtausend, die zum Kampf gegen achtzigtausend antreten? Warum nicht hundertfünfunddreißigtausend gegen hundertfünfunddreißigtausend? Warum nicht zwanzigtausend gegen zwanzigtausend? Warum nicht zwanzig gegen zwanzig? Warum nicht einer gegen einen? Das eine ist durchaus nicht logischer als das andere. Im Gegenteil, das letztere ist sehr viel logischer, weil es menschlicher ist.«

Tolstoi wendet hier zum erstenmal den Kunstgriff an, einen Erzähler einzuführen, um das traditionsgebundene Verständnis für Übliches und Gewohntes zu zerstören. Der Autor steht außerhalb der Kette üblicher Reflexionen; sein Ziel ist es, den Krieg als Irrsinn, als tiefste Unrechtmäßigkeit zu zeigen.

Wenn jede Anstrengung auf der einen Seite mit einer ebensolchen Anstrengung auf der anderen beantwortet wird, wenn die wahnwitzige Menschheit keine Abrüstung will, warum ersetzt sie dann nicht den Untergang Hunderttausender durch ein Duell zwischen zweien?

Tolstoi versucht, Vorurteile aufzuräufeln wie verfilzte Wolle, er müht sich, der Menschheit das Gespür für das Wahre, den »gesunden Menschenverstand« zurückzugeben, die Geschichte als Akkumulation von Irrtümern zu zeigen.

In seinem Werk spricht er zum Leser wie ein Erwachsener zu einem streitsüchtigen Halbwüchsigen.

Seine schriftstellerische Methode hat sich sehr verändert.

In der ersten Sewastopoler Erzählung ist der Bericht streng und gerafft, der Mensch ist im Panorama des Berichtes verborgen. Zwischen den beiden Erzählungen liegen tiefe Enttäuschung und die Verurteilung der Politik des Zaren. Der Berichterstatter selbst ändert sich, nachdem er einige Vorurteile der Vergangenheit abgeworfen hat.

Wir können keinen direkten Bogen schlagen zwischen Tolstois Tagebüchern, diesen an ihn selbst gerichteten Aufzeichnungen, oder einem Brief an eine bestimmte Person und dem Kunstwerk, das die Allgemeinheit anspricht.

Was Menschen miteinander und mit sich selber reden, ist – für Tolstoi wie auch für uns nach der Lektüre der *Sewastopoler Erzählungen* – unwahr, sei es auch nur deshalb, weil sie innerhalb der alten, unharmonisch aufgebauten Welt sprechen.

Was sie über sich selbst denken, ist ebenfalls unwahr, weil sie sogar hier, am Vorabend des Todes, an einem sinnlosen Aristokratismus hängen, weil sie hoffen, zu überleben, berühmt zu werden und Kreuze verliehen zu bekommen. Letztlich wird alles widerlegt, nicht nur durch den Tod. Tolstoi wächst in der Erzählung, das Schicksal vieler überschauend, über sich selbst hinaus.

Die Wahrheit dieser Erzählung liegt in der Widerlegung alles bisher Gewohnten, in der Widerlegung dieses Krieges, dieser Gesellschaftsordnung. Es gibt in der Erzählung keine toten, wirkungslosen Stellen, und ich würde sogar sagen, es gibt keine Landschaft.

Der Himmel ist dem Sinngehalt untergeordnet. Er ist für die verschiedenen handelnden Personen jedesmal anders und zugleich unbegreiflich und menschlich. Die aristokratischen Offiziere blicken aus dem Fenster, sehen die Nacht über Sewastopol, reden miteinander, mit ihrem Mut prahlend, über den Himmel und den Krieg:

»›Sieh da, es puffelt schon in der Nähe des Logements! Oho! Ist das eine von uns oder von *ihm?* Da ist sie geplatzt‹, sprachen sie, im Fenstergeviert liegend, und betrachteten die flammenden, in der Luft sich kreuzenden Flugbahnen der Geschosse, die Blitze der Schüsse, die den dunkelblauen Himmel sekundenlang erleuchteten, den weißen Pulverrauch und lauschten dem immer stärker anschwellenden Geschützfeuer.

›Quel charmant coup d'oeil*! Nicht wahr?‹ sagte Kalugin, seinen Gast auf das wahrhaft malerische Schauspiel aufmerksam machend. – ›Weißt du, manchmal kann man einen Stern nicht von einer Bombe unterscheiden.‹

›Ja, ich dachte gerade, das sei ein Stern, auf einmal sank er herab, jetzt ist er geplatzt, und der große Stern dort – wie heißt er doch? – sieht haargenau aus wie eine Bombe!‹«

Der Himmel ist von Bomben erleuchtet, Sterne sind vermischt mit Bomben; am Schluß der Praskuchin-Handlung wandelt sich der Bombenstern und wird zum Tod, zur Realität, zur Widerlegung der leichten Plauderei über Krieg und Mikrowahrheit.

Die Tagebucheintragungen leben zwar, werden aber durch die Analyse der Erzählung widerlegt.

Tagebucheintragungen über die Aristokratie, darüber, wer sich Aristokrat nennen dürfe, sind in der Erzählung nicht als Grundelement enthalten, sondern im wahrsten Sinne des Wortes aufgehoben, das heißt eingeschränkt und erläutert.

Auf dem Kriegsschauplatz geht das gewöhnliche Leben seinen Gang, es wird fortgesetzt in nichtigen, neidvollen Zweifeln an der eigenen Vollwertigkeit. Wer ein Aristokrat ist, diese Frage allein erscheint sogar an diesem Ort wichtig.

Altgewohnte, von der Gesellschaftsordnung erzeugte Eitelkeit blendet die Menschen; verführt »... den bekannten mutigen Marineoffizier Serwjagin, der ebenfalls dem Kreis der Aristokraten angehören möchte. Und der berühmte Draufgänger schob seinen muskulösen Arm, mit dem er oft auf die Franzosen eingeschlagen hatte, auch unter Serwjagins Ellbogen, dessen nicht allzu guten Ruf Praskuchin zur Genüge kannte.«

Soziale Ungleichheit reglementiert Menschen, die, frei von dieser Manie, in Würde leben und sterben könnten. Zwei Männer, Praskuchin und Michailow, die sich sogar jetzt über ihre Ungleichheit die Köpfe zerbrechen, verlassen ihre Stellung und sind bereits in scheinbarer Sicherheit. Da hören sie den Ruf des Postens: »Mörser!«

»Michailow sah sich um. Als heller Punkt schien eine Bombe in ihrem Zenit stehengeblieben zu sein, in einer Stellung, wo sich eine Richtungsbestimmung entschieden verbot.

Michailow ließ sich auf den Bauch fallen. Praskuchin bückte sich instinktiv bis zur Erde und kniff die Augen fest zu; er vernahm nur, wie die Bombe irgendwo ganz in der Nähe auf den harten Erdboden klatschte. Nach einer Sekunde, die ihm eine Stunde zu währen

* Frz.: Welch reizender Anblick!

schien, war die Bombe noch nicht explodiert. Praskuchin schrak zusammen bei dem Gedanken, grundlos Angst gezeigt zu haben, vielleicht war die Bombe weit entfernt niedergefallen, und ihm war es nur so vorgekommen, als zischte ihr Zünder ganz in der Nähe. Er öffnete die Augen und sah mit egoistischer Befriedigung, daß Michailow, dem er zwölf Rubel fünfzig schuldete, viel tiefer noch als er und dicht an seine Füße geschmiegt auf dem Bauche lag. Da aber stieß sein Blick ganz kurz auf den leuchtenden Zünder der Bombe, die einen knappen Meter entfernt herumwirbelte.

Kaltes, alle anderen Gedanken und Gefühle ausschließendes Entsetzen umkrallte sein ganzes Sein, er schlug die Hände vors Gesicht und kniete sich hin.

Eine weitere Sekunde verging, ein Augenblick, in dem eine ganze Welt von Gefühlen, Gedanken, Hoffnungen und Erinnerungen an seinem inneren Auge vorüberhuschte.«

Der Tod stand ganz dicht daneben.

Die zwölf Rubel fünfzig wurden bereits erwähnt. Der jetzt bäuchlings plattliegende Michailow hatte nicht vergessen, das Praskuchin, der noch kniete, beim Preferencespiel zwölf Rubel fünfzig an ihn verloren und bisher nicht bezahlt hatte, was ihn jedoch nicht hinderte, Praskuchin im Verhältnis zu sich selbst als Aristokraten zu betrachten.

Hohes und Niederes sind in der Erzählung sorgfältig vermischt. Die Analyse wechselt regelmäßig von Michailow zu Praskuchin über. Die Zeit ist durch Angst verdichtet, sie dauert real an. Michailow überlegt: ». . . Da hab ich mich nun zur Infanterie versetzen lassen, um an der Kampagne teilzunehmen zu können; hätte ich nicht besser beim Ulanenregiment in T. bleiben und die Zeit mit meiner Freundin Natascha verbringen sollen . . . und jetzt das hier! Und er begann zu zählen: eins, zwei, drei, vier, und orakelte, wenn die Bombe bei einer geraden Zahl explodierte, würde er am Leben bleiben, bei einer ungeraden würde er getötet werden. Alles ist aus! Bin erledigt! dachte er, als die Bombe explodierte (er wußte nicht, ob es bei einer geraden oder ungeraden Zahl geschehen war), und verspürte einen Schlag und einen heftigen Schmerz am Kopf. ›Herrgott, vergib mir meine Sünden!‹ sprach er, schlug die Hände überm Kopf zusammen, erhob sich und fiel besinnungslos auf den Rücken.«

Der Mann scheint tot zu sein, fährt aber fort mit der Analyse, gleich hier wird sein Tod widerrufen: »Das erste, was er bei wiedergekehrtem Bewußtsein fühlte, war das über die Nase rinnende Blut und der Schmerz im Kopf, der immer mehr abklang. Das kommt, weil mich meine Seele verläßt, dachte er – was wird *dort* sein? Herrgott!

Nimm meine Seele in Frieden auf! Eins nur ist merkwürdig, sinnierte er, daß ich im Sterben so deutlich die Schritte der Soldaten und das Schießen höre...

Jemand faßte ihn um die Schultern. Er versuchte, die Augen zu öffnen, und erblickte über sich den dunkelblauen Himmel, ganze Nester von Sternen und zwei Bomben, die, einander überholend, über ihn hinwegflogen; er sah Ignatjew, Soldaten mit Bahren und Gewehren, den Grabenwall, und auf einmal war ihm klar, daß er sich noch nicht im Jenseits befand.

Ein Stein hatte ihn leicht am Kopf verwundet.«

Praskuchin meint in der ersten Sekunde nur eine Prellung zu haben und haspelt ebenfalls eine Gedankenkette ab. Es sind gleichsam verdichtete Gedanken Tolstois, jedoch herabgesetzt und entblößt. Praskuchin erinnert sich: an die Schuld in Petersburg, die beglichen werden muß, an eine Zigeunermelodie, an die Frau, die er geliebt, an einen Mann, der ihn vor fünf Jahren beleidigt und dafür nicht bezahlt hat (ein solcher Mann, den Tolstoi wahrscheinlich durch eine Lappalie vor den Kopf gestoßen hatte, lebte in Tolstois Erinnerung). Vor dem inneren Blick des Mannes huscht sein ganzes Leben in Form kleingehackten Mülls vorüber; er bekommt unter gewaltigem Geknatter einen Stoß, läuft, stolpert, fällt und meint nur einen Streifschuß abbekommen zu haben.

An ihm vorüber laufen Soldaten. »... ein, zwei, drei Männer, und da, mit hochgeschlagenem Mantelsaum, ein Offizier.« – Er zählt die Männer. Ein innerer Monolog zieht vorüber, außerordentlich glaubwürdig für den Leser. Wir erleben in der letzten Sekunde vor dem Sterben eine Illusion des Lebens.

Das Zählen irrt ab. Die Gedanken werden durch körperliche Empfindungen verdrängt. Noch lebt Praskuchin: »... raffte alle Kraft zusammen und wollte rufen: Nehmt mich mit!, statt dessen aber entrang sich ihm ein so gräßliches Stöhnen, daß er vor sich selber erschrak. Darauf hüpften vor seinen Augen seltsame rote Flammen auf und ab, ihm war, als häuften die Soldaten lauter Steine auf ihn; das Flammengehüpfe wurde immer schwächer, die Steine drückten ihn immer schwerer. Er strengte sich an, die Brocken auseinanderzuschieben, streckte sich und sah, hörte, dachte und spürte nichts mehr. Ein Splitter war ihm mitten in die Brust gedrungen und hatte ihn getötet.«

Welche Art Wahrheit verbirgt sich im Schicksal eines Mannes, der so unruhig lebt und so trügerisch stirbt?

Tolstoi strebt zur Wahrheit wie niemand vor ihm; er hält sie, die Wahrheit, für den eigentlichen Helden seines literarischen Werkes.

»Nun habe ich gesagt, was ich sagen wollte; aber jetzt kommen mir schwere Bedenken. Vielleicht hätte ich das lieber nicht sagen sollen. Vielleicht gehört das, was ich gesagt habe, zu jenen bösen Wahrheiten, die unbewußt in der Seele eines jeden schlummern und nicht ausgesprochen werden dürfen, damit sie keinen Schaden anrichten, so wie man den Bodensatz des Weines nicht aufschütteln soll, um den Wein nicht zu verderben.

Wo kommt das Böse, das vermieden werden soll, in der Erzählung zum Ausdruck? Wo das Gute, dem nachgeeifert werden soll? Wer ist darin der Bösewicht, wer der Held? Alle sind gut und alle schlecht. Weder Kalugin mit seinem brillierenden Mut *(bravour de gentilhomme)* und seiner Eitelkeit als Motor all seines Tuns noch Praskuchin, der hohle, harmlose Mann, auch wenn er auf *dem Schlachtfeld für Glaube, Thron und Vaterland fällt,* noch Michailow mit seiner Schüchternheit und seinen beschränkten Anschauungen, noch Pest, dies Kind ohne feste Überzeugung und Grundsätze – keiner kann als der Bösewicht oder der Held der Geschichte bezeichnet werden.

Der Held meiner Geschichte, den ich mit allen Fasern meines Herzens liebe, den ich in all seiner Schönheit nachzugestalten mich mühte und der immer schön war, schön ist und sein wird, ist die Wahrheit.«

Was für eine Wahrheit ist gemeint, und worin unterscheidet sich Tolstois Wahrheit von jener, die sich einem beliebigen mutigen Offizier im Kampf um Sewastopol offenbarte? Welche Mittel hat Tolstoi angewandt, um die Wahrheit zum Helden der Erzählung zu machen?

Die Analyse und die Konfrontation. Die Unwahrheit des Krieges wird im Waffenstillstand sichtbar.

»Auf unserer Bastion und über dem französischen Schützengraben sind weiße Fahnen gehißt, dazwischen liegen im blühenden Tal verunstaltete Leichen mit bloßen Füßen, in Grau und Blau, die von Arbeitern zusammengetragen und auf Fuhren geladen werden. Ein widerwärtiger, penetranter Leichengeruch erfüllt die Luft. Aus Sewastopol und aus dem französischen Lager sind Massen von Menschen herbeigeströmt, sich das Schauspiel anzusehen, sie streben mit wohlwollender Neugier aufeinander zu.«

Als Wahrheit erweist sich nicht der Krieg, sondern der Friede, der auf so einfache Weise eintreten kann.

Die Menschen reden friedlich und wohlwollend miteinander, scherzen und lachen. Franzosen und Russen bemühen sich, einander zu verstehen, Offiziere plaudern miteinander, getrieben von Trägheit oder von der Denkweise, die einem aristokratischen Kavallerieoffizier eigen ist und die Tolstoi als »französischen Friseurjargon« bezeichnet.

Der Waffenstillstand aber wird nur zwecks Bergung der Leichen ausgerufen.

Eine andere Trägheit führt den Krieg, nämlich die Trägheit der verfaulten Staaten. Tolstoi meint pathetisch:

»Ja, auf der Bastion und über den Schützengräben sind weiße Fahnen gehißt, das blühende Tal ist mit stinkenden Leichen gefüllt, die herrliche Sonne senkt sich vorm transparenten Himmel dem blauen Meer zu, und das blaue Meer wogt leise und glitzert in den goldenen Sonnenstrahlen. Tausende von Menschen drängen sich, schauen, sprechen miteinander, lächeln einander zu. Und diese Menschen, alles Christen, die sich zum gleichen erhabenen Gesetz der Liebe und Selbstaufopferung bekennen, sehen, was sie angerichtet haben, ohne von Reue ergriffen vor dem auf die Knie zu fallen, der ihnen das Leben gegeben und in jedes Herz außer der Furcht vor dem Tod auch die Liebe zum Guten und Schönen eingepflanzt hat, und sie sinken einander nicht unter Tränen der Freude und des Glückes wie Brüder in die Arme. Nein!«

Damit aber ist die Widerlegung des Krieges noch nicht abgeschlossen.

Am Ende der Erzählung kommt ein erregendes, erschütterndes Bild.

Ein Zehnjähriger pflückt zwischen den Leichen hellblaue Feldblumen, die über die ganze unheilvolle Ebene verstreut stehen. Das Kind geht dahin, das Gesicht mit dem Blumenstrauß verdeckend, verharrt bei einem kurz, aber abschreckend beschriebenen Toten, berührt mit dem Fuß seinen erstarrten Arm. »Der Arm schwankte und sank in seine frühere Stellung zurück. Der Junge schrie plötzlich auf, steckte das Gesicht in die Blumen und rannte atemlos in die Festung zurück.«

So besiegte Tolstoi den Krieg.

Auf diese Weise entfernte er sich von den Gortschakows, vom Karrieretraum, von fernen idyllischen Traumbildern, von der hervorragend und zugleich ungenau rekonstruierten Kindheit des Nikolenka Irtenjew.

Sieben Jahre danach, als Tolstoi in den Wirbeln der ersten Streitereien mit der jungen Sofja Andrejewna zappelte und sich noch nicht in *Krieg und Frieden* vertieft hatte, streifte er das Netzgewirr aus Lappalien ab und fragte sich in der Nacht zum 18. Juni 1863, die ihm Augenblicke voll bitterer, unnützer Eifersucht und noch keine alles überschattende künftige Inspiration bescherte: »Wo bin ich, so, wie ich einmal war, den ich lieb hatte, den ich kannte, der zuweilen ganz nach außen tritt und mich selbst freut und schreckt?«

Ein Mensch gelangt im künstlerischen Schöpfungsakt zur Menschheit und begreift deren Erfahrungen, deren Werk, die Irrtümer und die Inspirationen.

Tolstoi freute und schreckte es, wenn er sich über sich selbst und über Ruhm, Wünsche, Glücksfälle und Spielverluste erhob.

In Sewastopol wurde aus dem Fähnrich der Secondelieutenant und zugleich ein großer Schriftsteller; denn alles, was er sah, woran er teilnahm, zwang ihn als Schriftsteller, nachzudenken, Gedanken zu zerstören, um den neuen Helden in der Literatur, die Wahrheit, mitten darin zu entdecken.

Hinter den provisorischen Befestigungen von Sewastopol, hinter den spärlich auf die Kanonade der Alliierten antwortenden russischen Kanonen, unter Sternen und Bomben wurde eine neue künstlerische Methode geboren.

Später eroberte sie die ganze Welt – durch die Wahrheit.

»Sewastopol im August 1855«

Groß von Wuchs, von glatter Haut, immer noch ein schöner Mann, den Militärmantel, der die zunehmende Fülle verhüllte, über den Schultern, wandelte Zar Nikolai I. einsam die Uferstraße in Sankt Petersburg entlang. Wie konnte man sich vor den Franzosen, vor der dampfgetriebenen Flotte Englands, vor den Bomben schützen?

Was bot Schutz vor einer Landung, die dicht bei Petersburg erfolgen konnte? Etwa die Eisdecke auf dem Finnischen Meerbusen?

Wir wollen keinen Roman schreiben, nicht über die Gedanken der handelnden Personen herumrätseln. Der Zar war erschlafft und wußte nicht, welche Formalitäten für seinen Exodus aus dem Palais in den Tod zu erfüllen waren.

Er wanderte durch das seltsamerweise schlecht beheizte Palais, schlief auf einem Feldbett unter seinem Uniformmantel und wußte, wie falsch sein ganzes Leben verlaufen war; er ritt aus zur Truppenparade.

Um halb vier Uhr am 18. Februar 1855 wurde über dem Winterpalais eine schwarze Fahne am Fahnenstock hochgezogen: der Zar war nach schwerem Todeskampfe verschieden. In der Stadt wurde gemunkelt, er habe sich erkältet, vor allem aber hieß es, er sei auf eigenen Befehl vergiftet worden.

So starb der Mann, den Schewtschenko mit dem Spitznamen Nikolai Hemmschuh bedacht hatte und den Tolstoi später Nikolai Stockschwinger nannte.

Tolstoi hat diesem Zaren die unsinnige kalte Grausamkeit, den Zerfall der Armee, die schandbare Niederlage von Sewastopol und den Ausverkauf des russischen Waffenruhmes niemals verziehen.

Nikolai war tot, das Staatssystem aber blieb unverändert: Bestechungen wurden durch Bestechungen kompensiert, Diebstähle waren von vornherein eingeplant, der einzige, der sich nicht schmieren ließ, war vermutlich Gogols Akaki Akakijewitsch, der ohne Mantel in der grimmen Kälte herumlief.

Am 25. August notierte Tolstoi: »Sterne am Himmel. Sewastopol wird bombardiert, im Lager wird musiziert. Habe nichts Gutes geleistet, im Gegenteil, habe Korsakow im Kartenspiel gerupft.«

Vorher standen ein paar Worte über den Himmel, die Nacht und dazu »Gott, sei uns gnädig« im Tagebuch.

Die Zeit des Falls von Sewastopol ist für Tolstoi eine Zeit der Verzweiflung.

Am 2. September notierte er: »Sewastopol ist aufgegeben, ich war gerade an meinem Geburtstag dort. Arbeitete heute an der Beschreibung, gut. Schulde Rosen 300 Rubel und habe ihn angelogen.«

Vor seinen Augen hatte sich ein großes historisches Ereignis abgespielt. Auch wurde er zum Augenzeugen, sogar zum Beteiligten an der Geschichte.

Als Literat bekam er den Auftrag, einen offiziellen Rapport über die letzte Bombardierung und über die Einnahme Sewastopols durch die alliierten Truppen aufzusetzen. Er baute den Frontbericht aus Rapporten sämtlicher Artillerieoffiziere aller Bastionen zusammen.

In der Notiz »Einige Worte zu *Krieg und Frieden*« schreibt er: »Ich bedauere, die Rapporte nicht abgeschrieben zu haben. Sie waren Musterbeispiele jener naiven, unvermeidlichen Kriegslügen, aus denen Beschreibungen zusammengebaut werden.«

Er vermutete, viele seiner Kameraden, von denen die Rapporte stammten, »werden sich amüsieren, wenn sie daran zurückdenken, wie sie auf Befehl von oben etwas schrieben, was sie gar nicht wissen konnten«.

Die Verworrenheit des Krieges, der Widerstand des Feindes, der nicht zuließ, daß man dem Willen der Heeresleitung nachkam, Divergenzen zwischen Kriegsrealität und Kriegsschablonen gaben Tolstoi die Worte ein: »Jedermann weiß, daß in unseren Armeen dieses Amt des Verfassens von Heeresberichten und Rapporten größtenteils von unseren Ausländern ausgeübt wird.«

Der während des Krieges prosperierende Baron Berg, ein Baltendeutscher, der in den Schlachten völlig überflüssige, jedoch in die Statutenparagraphen betreffs Auszeichnungen passende Handlungen vollführte, hätte tatsächlich solche Rapporte tadellos verfassen können.

Mit der Ablehnung solcher Rapporte schloß Tolstoi am 27. Dezember 1855 seine Erzählung.

Der Tod Nikolais I., die Hoffnungen auf neue Reformen, die Rückkehr von Dekabristen, eine gewisse Toleranz der Presse gegenüber versetzten die liberale Gesellschaft Petersburgs in eine derartige Exaltation und Redesucht, daß man hätte meinen können, das Land habe den Krieg nicht verloren, sondern gewonnen. Die Helden wurden mit Reden, Verbeugungen und Galadiners empfangen und sofort wieder vergessen.

Man erwartete eine Monumentalerzählung Tolstois über die Räumung Sewastopols. Er schrieb auch eine Erzählung, aber eine andere als erwartet. Die Niederlage von Sewastopol hatte allerlei Erinnerungen in ihm geweckt, er gedachte der Dekabristen, der Kriege von 1812 und von 1805, er griff weit zurück in die Zeitläufte, um Handlungsfreiheit zu bekommen.

In dieser Weise verfahren Heerführer bedeutender Kriege; bei Mißerfolgen klammern sie sich nicht an zufällige Grenzlinien, sondern lösen sich von der Verfolgung, formieren ihre Truppen um, kontrollieren die frontparallelen Verbindungswege im Hinterland und richten sich auf neue Defensiven und Offensiven ein.

Die Erzählung *Sewastopol im August 1855* ist erfüllt von tiefster Traurigkeit, Gelassenheit und einer außergewöhnlichen inneren Aufrichtigkeit. In dieser Erzählung löst Tolstoi für sich selbst Probleme, die er später, abgeklärter geworden, nicht mehr so treffend und richtig hätte lösen können.

Nicht Aristokraten waren es, die das Schicksal der Defensiven bei Sewastopol bestimmten, und das nicht allein, weil sie minderwertig waren, auch nicht, weil ihnen der Mut gefehlt hätte: Widerstand leisteten Menschen aus einer anderen sozialen Substanz, gewöhnliche Offiziere, bescheidene Marineoffiziere. Der strenge Kornilow und der sich betont schlicht gebende Nachimow, Sohn eines provinziellen Fabelschreibers.

Elf Monate nagten die vereinigten Armeen Europas an den provisorischen Befestigungen Sewastopols, siebenundsiebzig Stunden ohne Pause währte die Bombardierung; am 25. und 26. August setzte der Gegner zusätzlich Salvenfeuer ein. Sewastopol wurde aufgegeben, doch die Kräfte der Alliierten waren erschöpft, und das Kriegsende sah anders aus, als sie es erhofft hatten.

Sewastopol im August 1855 schrieb ein Mann, der die Niederlage, an der er keine Schuld trägt, nicht verzeihen konnte.

Die Erzählung bereitet den Weg für *Krieg und Frieden.* Die Menschen dieser Erzählung erinnern an die Sieger von 1812.

In *Sewastopol im August 1855* wird die Wirklichkeit des Verhaltens aufgezeigt, zugleich werden jene Männer gerühmt, die, im Glauben, Widerstand sei unmöglich, weiterhin ihre Pflicht erfüllten. Ein verwundeter Offizier, ein kräftiger, gesunder Mann, kehrt aus einem Lazarett Simferopols nach Sewastopol zurück: »Die Schüsse waren bereits sehr deutlich, häufig und scheinbar ganz nahe zu hören, besonders dann, wenn keine Berge dazwischen lagen oder der Wind sie herübertrug. Bald war es, als erschütterte eine Detonation die Luft, was ihn unwillkürlich zusammenzucken ließ, dann wieder folgten weniger starke Geräusche wie Trommelwirbel rasch aufeinander, hier und da von unglaublichem Getöse unterbrochen, oder aber alles verschmolz zu einer Art rollenden Geknatters, Donnerschlägen ähnlich, wenn ein Gewitter seinen Höhepunkt erreicht und der Platzregen gerade zu prasseln beginnt.«

Der Offizier hastete vorwärts, ihm entgegen aber kamen Fuhrwerke, die Proviant nach Sewastopol gebracht hatten und nun Soldaten in grauen Mänteln, Matrosen in schwarzen Uniformmänteln, griechische Freiwillige im roten Fes und bärtige Reservisten zurücktransportierten.

Der Offizier hatte es eilig, in das Gewittergetöse zu gelangen, und betrachtete die Entgegenkommenden »mit erboster Gleichgültigkeit«.

Bei Sewastopol dann wird eine andere Szene gezeigt: Ein Garnisonssoldat ißt eine Wassermelone und spricht zu einem anderen, der auf dem Wege in die Stadt ist:

»›Gräßlich ist's da, Bruderherz, geh lieber gar nicht erst hin, laß dich lieber hier irgendwo ins Heu fallen, bleib ein paar Tage liegen, da bist du besser dran.‹

Der Soldat zündete sein Pfeifchen an, zog die Mütze und machte sich auf den Weg nach Sewastopol.

›Der hätte lieber hier warten sollen‹, sagte überzeugend und in gedehntem Tonfall der andere und polkte weiter an seiner Melone.

›Ist ja doch alles egal‹, murmelte ein Vorübergehender, der sich zwischen den Rädern des Wagengewimmels hindurchzwängte, ›da werde ich mir wohl auch 'ne Melone zum Abendbrot kaufen, wo die Leute schon so reden.‹«

Die Schlußfolgerung ist alltäglich: Vor dem Sterben sollte der Mensch essen, überhaupt sollte man weiterleben, dem Tod entgegengehen aber sollte man auch.

Zwei Brüder gehen dem Tod entgegen. Der eine, Wolodja, ist jung; für sich selber überraschend, vergleicht Tolstoi ihn mit einem Rosenstrauch. Der andere, Michail, erinnert an einen abgeblühten Heckenrosenstrauch. Außerordentlich mild, ja mütterlich beschreibt Tolstoi das Gesicht des Jungen und dessen Körperbau.

Wolodja hat unterwegs im Kartenspiel verloren und muß sich überwinden, das dem Bruder zu beichten. Es handelt sich um acht Rubel; der Bruder gibt ihm das Geld, allerdings nicht ohne Vorwürfe.

So begegnen sich die Brüder Koselzow. Schweigend fahren sie zusammen. Wolodja ist gekränkt, die Kränkung verwandelt sich in fast kindliche Träumereien. Tolstoi greift häufig zu diesem Mittel, um die Wirklichkeit zu enthüllen, er vergleicht sie mit einem Traum, mit Hoffnungen oder Wunschvorstellungen.

Und so sehen die Träume des jüngeren Koselzow aus:

»Schon nützt kein Schießen mehr, Schluß, aus, es gibt für mich keine Rettung: auf einmal aber stürzt mein Bruder mit dem Säbel in der Hand vorwärts, ich packe mein Gewehr, und wir rennen zusammen mit den Soldaten los. Franzosen stürzen sich auf Michail. Ich laufe hin, töte einen Franzosen, dann noch einen und rette den Bruder. Ich werde am rechten Arm verwundet, packe das Gewehr mit der linken Hand und laufe trotzdem weiter; der Bruder aber fällt, von einer Kugel getroffen, neben mir. Ich bleibe kurz stehen, beuge mich, so richtig traurig, zu ihm hinab, richte mich auf und rufe: ›Mir nach! Rache! Ich habe meinen Bruder über alles geliebt‹, sage ich, ›und habe ihn verloren, Rache, Untergang den Feinden oder Tod für uns alle hier auf der Stelle!‹ Alles schreit durcheinander und stürzt mir nach. Und da kommt die ganze französische Armee an, Pélissier persönlich ist dabei. Wir töten sie alle; aber schließlich werde ich zum zweitenmal und dann zum drittenmal verwundet, und ich falle, tödlich getroffen, zu Boden. Dann kommen alle zu mir gelaufen. Gortschakow kommt und fragt mich nach meinen Wünschen. Ich sage, ich wünschte mir nur, man möge mich neben meinen Bruder legen, weil ich im Tode bei ihm sein möchte. Man trägt mich zum blutüberströmten Leichnam des Bruders und bettet mich daneben. Ich richte mich ein wenig auf und sage nur: ›Ja, ihr habt zwei Männer, die ihr Vaterland wahrhaft geliebt haben, nicht zu schätzen gewußt, und nun sind beide gefallen . . . Gott verzeih euch!‹, und dann sterbe ich.

Wer weiß, wie weit diese Träume Wirklichkeit werden!«

Gewöhnlich pflegt Tolstoi absolute Divergenzen zwischen Traum und Wirklichkeit zu zeigen. Hier werden die tragisch zugespitzten Wunschträume Realität.

Die Brüder Koselzow lernen als erstes das kriminelle Sewastopol kennen, die spießbürgerliche Selbstzufriedenheit von Dieben, die vor dem Sturm die Beute untereinander aufteilen.

Der Sturm liegt irgendwo in ferner Zukunft, sie aber leben, wie es sich für höhere Offiziere geziemt. Sie zählen Geld und werden als Menschen so gut wie gar nicht charakterisiert; sehr viel aber wird über die Requisiten des Diebsdaseins gesagt.

»Die Brüder fanden den Offizier an einem Klapptisch mit einem Glas kaltem Tee und Zigarettenasche drin, vor einem Tablett mit Wodka und vertrockneten Kaviar- und Brotkrümeln; er saß in einem gelblich schmuddeligen Hemd da und zählte an einem großen Rechenbrett einen gewaltigen Stoß Geldscheine. Bevor jedoch von der Persönlichkeit des Offiziers und seinen Worten die Rede ist, soll ein forschender Blick auf das Innere seiner Unterkunft geworfen werden, damit wir ein klein wenig über des Mannes Lebensweise und Beschäftigung erfahren. Die Unterkunft war neu, geräumig, stabil aus Buschwerk geflochten und komfortabel eingerichtet, mit geflochtenen und mit Rasenstücken gepolsterten Tischchen und Bänken, wie sie sonst nur für Generäle oder Regimentskommandeure gebaut werden; die Seitenwände und die Decke waren gegen herabrieselndes Laub mit drei Wandbehängen abgedeckt, die überaus häßlich, aber neu und sicherlich teuer waren. Auf dem Eisenbett unter dem mittleren Behang mit einer Amazone darauf lagen eine feuerrote Plüschdecke, ein schmuddeliges, aufgeplatztes Lederkissen und ein Waschbärpelz; daneben auf dem Tisch befanden sich ein Spiegel im Silberrahmen, eine silberne, grausig verschmutzte Bürste, ein zerbrochener Hornkamm voll pomadeverklebter Haare, ein silberner Leuchter, Likörflaschen mit riesigen rotgoldenen Etiketten, eine goldene Uhr mit einem Bild Peters I., zwei goldene Ringe, eine Schachtel mit Medizinkapseln, eine Brotkruste, durcheinandergeworfene alte Spielkarten, unter dem Bett standen leere und volle Porterflaschen.«

Wolodja Koselzow gerät sofort in eine Batterie bewegungsunfähig geschossener Geschütze, wo überhaupt nichts so ist, wie man es ihm in der Schule beigebracht und vorgeführt hat. Ein alter Marinekanonier schreitet mit dem jungen Offizier die Batterie ab wie einen Gemüsegarten und bereitet die eigentlich unmögliche Defensive vor.

Wolodja verändert sich vor der Schlacht: »Das kindliche, verschreckte, beschränkte Gemüt wurde plötzlich mannbar, klarsichtig, und neue, lichterfüllte Weiten eröffneten sich ihm.«

Danach führt Tolstoi uns den Kriegskomfort eines Unterstandes vor:

»Über dem Unterstand waren ununterbrochen Schüsse zu hören, allerdings nicht allzu laut, ausgenommen die einer dicht daneben stehenden Kanone, die den Unterstand so stark erschütterte, daß Erdreich von der Decke rieselte. Im Unterstand selbst war es still, einzig die Soldaten, noch befangen durch die Anwesenheit des neuen Offiziers, sprachen ab und zu leise miteinander, wenn es darum ging, ein wenig beiseite zu rücken, oder wenn einer Feuer für die Pfeife brauchte; irgendwo zwischen den Steinen nagte eine Ratte; hin und wieder stieß Wlang, der seine fünf Sinne noch nicht wieder beisammen hatte und scheu um sich blickte, einen lauten Seufzer aus. Wolodja auf seinem Bett, in dem mit Menschenleibern vollgestopften und von einer Kerze beleuchteten Winkel, empfand jenes Gefühl der Geborgenheit, das er aus der Kindheit kannte, wenn er beim Versteckspiel in einen Schrank oder unter Mutters Rock gekrochen war und atemlos gelauscht, sich vor dem Dunkel gefürchtet, zugleich aber ein seltsames Wonnegefühl empfunden hatte. Ihm war ein bißchen bange und zugleich froh zumute.«

Tolstoi analysiert Wolodjas Zustand zusammen mit dem des »entkräfteten, hungrigen, verlausten Soldaten, der auf dem nackten Fußboden der Nikolajew-Batterie lag«. Das geschieht in Form eines Gebets, gleichsam verdeckt und abgeschirmt hinter Religiosität.

Der ältere Koselzow, Michail, fühlt sich in der Stellung wie zu Hause. Die Soldaten akzeptieren ihn als ihresgleichen und vertrauen seinem Mut. Das Kartenspiel beginnt, und gleich geht unter den betrunkenen Offizieren ein Gelage mit Gezänk los. Sie sind müde, für sie »gibt es einzig die Freude, die das Vergessen und die Tilgung des Bewußtseins bringen«. An gleicher Stelle sagt Tolstoi unverhüllt, was vom Sujet her einen Überraschungseffekt hätte erzielen können: »Auf dem Grunde der Seele eines jeden ruht jener edle Funke, der aus ihm einen Helden macht; doch dieser Funke ist es müde, ständig hell zu glimmen – die verhängnisvollen Minute braucht nur anzubrechen, und er wird grell aufflammen und große Taten beleuchten.«

Der Sturm rückt näher. In der Batterie wird Wolodja von allen Männern freundlich aufgenommen, außer von dem unnatürlich patriotischen Offizier Tschernowizki, der zuviel edle Gefühle von sich gibt. Junker Wlang hängt mit den schwärmerischen Blicken seiner guten Augen an dem Offizier. Das Los entscheidet, daß Wolodja zur Malachowhöhe abrücken muß. Hier lernt er den gelassenen Soldatenmut kennen und begegnet einem Mann, der unter Beschuß das Erdreich überm Pulvermagazin feststampft. Wolodja läßt Melnikow, einen alten Soldaten, hinübergehen, um zu erfragen, was es mit der schwarzen Gestalt auf sich habe. Melnikow erhebt sich, »tritt zu der schwarzen Gestalt und bleibt überaus lange, ebenso gleichmütig und reglos neben ihr stehen«.

»›Einer von der Pulverkammer, Euer Wohlgeboren!‹ sagt er, als er zurückgekehrt ist: ›Eine Bombe hat im Pulvermagazin eingeschlagen, deshalb tragen Infanteristen Erde hin.‹« Melnikow kommt es nicht darauf an, den Namen des Mannes zu erfahren, ihm ist dessen Tätigkeit, der Auftrag wichtig: Darin liegt ja die Antwort auf die Frage, wer er sei.

Da sitzen die Soldaten im Unterstand, und ein junger, kraushaariger Soldat jüdischer Abstammung hat eine Kugel aufgehoben, klopft sie mit dem Messerknauf platt und schneidet aus dem Blei eine Art Georgskreuz. Das überreicht er Melnikow.

Die Männer haben keine Angst. Die Zeit rückt weiter: »Punkt zwölf begann der Sturm auf die Malachowhöhe.«

Kurz umrissen wird die Landschaft um Sewastopol mit der noch im Bau befindlichen Kirche, den Säulen, den Uferstraßen mit dem grünenden Boulevard auf dem Berge; die Zeit scheint für diese Stadt nicht zu existieren. Über sie kriecht schwarzer Dampferrauch, längliche, weiße, Wind ankündigende Wolken ziehen drüber hin, während Knäuel aus dichtgeballtem, weißem Rauch immer wieder die gesamte Linie der Befestigungen entlang hochschießen. Schließlich wird auch dem letzten klar: Das bedeutet Sturm. Und auf der Malachowhöhe wird die französische Fahne gehißt.

Michail Koselzow hat im nächtlichen Kartenspiel alles verloren; ihm wird der Beginn des Sturms gemeldet, er sieht die ängstlichen Gesichter der Männer seiner Kompanie, da flammt in diesem Durchschnittsmenschen der heroische Funke auf, und endlich handelt er, wie er es sich sein ganzes Leben lang erträumt hat.

»Das Angstgefühl übertrug sich unwillkürlich auch auf Koselzow: es lief ihm kalt über den Rücken.

›Die Schwarz-Redoute ist genommen‹, sagte ein junger Offizier zähneklappernd. ›Es ist alles aus!‹

›Blödsinn‹, sagte Koselzow böse, zog, in dem Wunsch, sich durch eine Geste den nötigen Auftrieb zu geben, seinen kleinen, stumpfen Säbel und schrie: ›Vorwärts, Leute! Hurraaa!‹

Seine Stimme war wohltönend und laut und feuerte ihn selber an. Er rannte den Laufgraben entlang, etwa fünfzig Soldaten liefen ihm schreiend hinterher. Als sie miteinander das offene Gelände erreicht hatten, flogen die Kugeln buchstäblich hageldicht, zwei trafen ihn, wohin sie aber trafen, was sie anrichteten, ob sie ihn gestreift oder verwundet hatten, das festzustellen, fehlte ihm die Zeit. Vorne, in den Rauchschwaden, waren bereits blaue Uniformröcke und rote Hosen zu sehen und Rufe zu hören, die nicht russisch klangen; ein Franzose stand auf der Brustwehr, schwenkte seine Mütze und schrie etwas. Koselzow war überzeugt, daß er fallen werde, und nichts anderes war die Quelle seines Mutes. Er rannte vorwärts und nur vorwärts. Ein paar Soldaten überholten ihn, andere tauchten irgendwoher seitwärts auf und rannten mit. Sein Abstand zu den blauen Röcken, die vorn zu ihren Schützengräben zurückrannten, blieb der gleiche, jedoch gerieten unter seine Füße schon Verwundete und Tote. Am vordersten Graben angelangt, verschwamm alles vor seinen Augen, er fühlte einen Schmerz in der Brust, ließ sich auf die Bankette nieder, blickte durch die Schießscharte und sah mit großer Genugtuung Scharen blauer Röcke ungeordnet zu ihren Schützengräbern stürzen und übers ganze Feld verstreut Tote liegen und Verwundete in roten Hosen und blauen Röcken herumkriechen.«

Wolodja schießt auf der Malachowhöhe mit Kartätschen, rennt im Rauch von einem Mörser zum anderen und vergißt jede Gefahr. Er fällt in der Schlacht.

Damit schließt Tolstoi scheinbar die Geschichte der Verteidigung von Sewastopol. Die Männer haben getan, was sie nur konnten, sie haben sogar Dinge vollbracht, von denen man nur träumen kann. Aber sie wurden besiegt, Reden an ihren Gräbern sind unmöglich, was sie brauchen, ist einzig die Liebe ihres Volkes.

Erst der Räumungsbefehl für Sewastopol erzeugt bei den Männern Angst. Während der Defensive konnte die Angst unterdrückt werden, jetzt entsteht sie gesetzmäßig und folgerichtig:

»Das zweite Gefühl war die Angst vor der Verfolgung. Die Leute glaubten sich schutzlos, sobald sie die Plätze verlassen hatten, an denen sie zu kämpfen gewohnt waren, jetzt im Finstern ballten sie sich furchtsam am Kopf der im starken Wind schwankenden Brücke. Infanterieregimenter stauten sich und stießen mit den Bajonetten aneinander, Fuhrwerke und Reservisten drängten sich dazwischen, berittene Offiziere mit Befehlen bahnten sich einen Weg, Einwohner und Offiziersburschen mit Gepäck, das nicht passieren durfte, weinten und flehten; räderrasselnd schlug sich die Artillerie eilig zur Bucht durch. Obwohl alle mit den verschiedenartigsten Dingen beschäftigt waren, wohnte doch der Selbsterhaltungstrieb und der Wunsch, dem entsetzlichen Ort des Todes so schnell wie möglich zu entrinnen, im Herzen eines jeden.«

Was läßt sich an Heldengräbern, die nutzlos sind, sagen, welche Trostworte könnte man sprechen?

Tolstoi findet die notwendigen Worte:

»Fast jeder der Soldaten zog, über die Brücke ans andere Ufer gelangt, die Mütze und schlug das Kreuz. Hinter diesem Gefühl aber stand ein anderes, lastendes, saugendes, tiefergreifendes: ein Gefühl gleichsam von Reue, Scham und Wut. Fast alle Soldaten, die von der

Nordseite her zur geräumten Stadt hinüberblickten, seufzten aus bittertraurigem Herzen und drohten den Feinden.«

Auf solch einer Höhe zu verharren ist unmöglich.

Um sie zu erklimmen, war Tolstoi gleichsam aus sich selbst herausgetreten. Vor ihm erstreckte sich ein Weg durch Gewohntes; er sollte erst noch ein berühmter Schriftsteller werden, Erfolge verbuchen, Enttäuschungen seiner Leser erdulden. Er mußte versuchen, zu werden wie alle Welt, nun, ein wenig anständiger vielleicht, was nicht allzuviel verlangt war. Ihm stand bevor, weltweiter Mittler zu werden, den Westen zu bereisen, persönliches Glück zu suchen, und es sollte eine Weile dauern, bis er jene Höhe der Selbstverleugnung und des Menschenverständnisses erreichte, wie sie die russischen Truppen erklommen hatten, als sie von der brennenden, nicht durch ihre Schuld aufgegebenen Stadt Sewastopol Abschied nahmen.

Nach der Kanonade

Fäden aus Zartheit und Grobheit sind ebenso wie Richtiges und Falsches in einem jeden Leben derart verflochten, daß es unmöglich ist, einen Faden aus dem Geflecht zu ziehen, ohne das Gewebe des lebensverwobenen Systems zu beschädigen. Das wußte bereits Sterne; Lew Tolstoi liebte diesen Sterneschen Gedanken.

Einzelne Fäden aus dem Lebensgewebe Tolstois auszusondern, ist schwierig. Wir lassen uns allzusehr von literarischen Analogien beeindrucken; zuerst vergleichen wir Tolstoi oder einen anderen Genius mit Dingen, die ihm nahestehen, deren Wirkung auf ihn und umgekehrt seine Wirkung auf sie uns verständlich scheint (meist scheint es tatsächlich nur so). Dann bekommen wir genug davon und greifen nach fernliegenden Bezugspunkten; auch sie erschöpfen sich, häufig erweisen sie sich als näherliegender als gewohnte Bezugspunkte oder scheinen zumindest so. Wir ziehen Vergleiche zwischen Gedanken Tolstois und Proudhons, wir möchten ihn in der Nähe von Riehl, Urussow und Paul de Kock wissen. Und was kommt dabei heraus?

Vermutlich liegt es daran, daß die Arbeitsweise eines Schriftstellers der anderer Menschen nicht gleichzusetzen ist, denn Lew Tolstoi arbeitete allein, fast in einer Einsiedlerzelle, ohne Sekretär sogar, doch war er durch Literatur und Sprache mit der Welt verbunden. Seine Arbeit ist Allgemeingut, er drückt den Zeitgeist aus, und von einer seiner Seiten führt direkt oder mittelbar ein Weg zu Herzen, ein etwas verschlungenerer zu Proudhon, wir können von da zu Riehl und Urussow gelangen, Tolstoi selbst aber ist ganz real auf den Pfaden

Rousseaus geschritten, nur mit dem Unterschied, daß er mehr sah als Rousseau.

Ich verzichte auf den Versuch, in die Tiefen der Literatur zu loten, um weniger Perlen als vielmehr Schwämme von Konvergenzen herauszufischen.

Das Werk selbst stellt ein bestimmtes Bauwerk, eine bestimmte Struktur – um einen heute beliebten Ausdruck zu gebrauchen – dar; die einzelnen Elemente eines Werkes lassen sich ausschließlich innerhalb dieser Struktur bewerten, sie sind durch sie gedanklich neu formuliert: für jedes Faktum ist wichtig, wie es entstand, existierte, sich änderte und in der vorgegebenen Struktur funktioniert.

Einzig im künstlerischen Anliegen des Autors liegt die Entschlüsselung seines Werkes. Es ist ja kein Bauwerk einer Biene, sondern das Schriftstück eines Menschen, ein auf ein Ziel gerichtetes Werk, dessen Gesetze bald ins Unterbewußte abgleiten, bald wieder ins Bewußtsein zurückkehren. Im Endergebnis existiert das Werk zwar als bewußt gebaut, jedoch nicht bis ins kleinste gedeutet, es läßt sich später anhand anderer, zur Erkenntnis der Welt strebender Bauwerke entschlüsseln.

Uns fällt es schwer, Tolstois Tagebücher zu lesen.

1825 schrieb A. S. Puschkin aus dem Dorf Michailowskoje an den Fürsten Wjasemski:

»Warum beklagst Du den Verlust von Byrons Aufzeichnungen? Da ist was drauf gepfiffen! Gott sei gelobt, daß sie verlorengegangen sind. Er beichtete in seinen Gedichten unfreiwillig, hingerissen von Poesiebegeisterung. In Prosawerken, mit kühlem Blute geschrieben, hätte er gelogen und wäre listig gewesen, mal bemüht, durch Aufrichtigkeit zu brillieren, mal seine Feinde anschwärzend. Man hätte ihn dabei ertappt, wie man Rousseau ertappt hat, und dann hätten Bosheit und Verleumdung von neuem triumphiert. Laß die Neugier der Menge und halte Dich allein an das Genie. Moores Tat ist besser als seine Lalla Rookh (in poetischer Hinsicht). [Es geht darum, daß der Dichter Moore Byrons Memoiren verbrannt haben soll – V. Sch.] Wir kennen Byron zur Genüge. Wir haben ihn auf dem Throne des Ruhmes gesehen, in Seelenqualen, im Sarge im auferstehenden Griechenland – was hast du davon, ihn auf dem Nachttopf sitzen zu sehen? Die Menge pflegt Bekenntnisse, Memoiren etc. gierig zu lesen, weil sie sich in ihrer Gemeinheit über die Erniedrigung des Erhabenen, die Schwächen des Mächtigen freut. Die Enthüllung jeder Schweinerei versetzt sie in Entzücken. *Er ist klein wie wir, er ist widerwärtig wie wir.* Ihr lügt, ihr Niederträchtigen: Er ist klein und widerwärtig, aber nicht wie ihr – anders! Seine eigenen Memoiren zu schreiben ist verlockend und macht Spaß. Niemanden liebt man so, niemanden kennt man so genau wie sich selbst. Ein unerschöpflicher Gegenstand.«

Ich füge, so gut ich kann, Tolstois Leben nach Briefen, Tagebüchern und Werken zusammen. Tolstoi selbst äußerte, die Werke sagten mehr über einen Schriftsteller aus als die Tagebücher. Sie enthüllen das Ziel des Schreibenden.

Aber auch biographische Fakten sind wichtig, sie präzisieren Notizen, registrieren Relationen, sie pausen das Leben des Betreffenden auf die Landkarte seiner Epoche, zeigen, was er an Persönlichem, an Allgemeinem, aber auch von ihm selbst Erlebtem mitbringt.

Also kehren wir, wie es in altmodischen Romanen heißt, zu unserem Helden zurück. Dieser fuhr als Kurier unterm Novemberhimmel die vom Krieg zerfurchte Straße von der Krim nach St. Petersburg entlang.

Fuhrleute staunten sehr über den jungen Offizier, der wie ein Herr einen Lakaien mit sich führte, aber die Pferde schonte und verbot, sie abzuhetzen.

Der Wagen unseres Kuriers überholte langsam vorankriechende, mit stöhnenden Verwundeten vollgestopfte, zersplitterte Arbas und zweirädrige Fuhrwerke, die scheckig und gesprenkelt waren von den vielen schmutzigen Verbänden.

Der Krieg war verstummt, in der Steppe aber war noch keine Stille eingezogen.

Schreie, Stöhnen, Fluchen, schweres Knarren durchschnitten das Land.

Vor der Endstation Petersburg besuchte Tolstoi seinen Bruder Dmitri, den zu verurteilen ihm längst zur Gewohnheit geworden war.

Die Brüder Tolstoi waren einander unähnlich, zuweilen aber wirkten sie wie ein Mensch in verschiedenen Zuständen. Möglich ist aber auch, daß Lew Tolstoi sie in seinen Memoiren so gezeichnet hat.

Nikolai, der Älteste, hochbegabt, tolerant allen Menschen gegenüber, hielt sein Lebensziel geheim. Sergej, ein Mann ohne jedes Streben, lebte geruhsam dahin. Dmitri, Asket von Natur, wollte sein Dasein von der Wurzel her verändern. Das gelang ihm nicht, weil er selbst ein von Leidenschaften besessenes, grausames, überhebliches Geschöpf seiner Zeit war, dessen Wahrheiten und Lebensregeln bereits abgestorben waren.

Alle miteinander und jeder für sich waren sie hochgeborene Edelleute aus Krapiwna.

Unmittelbar neben ihnen lebte Mascha, Dmitris Ehefrau ohne Trauring, die er aus einem Bordell geholt hatte, dazu der von den Brüdern ungeliebte Großcousin und Schwager, der Ehemann der

Schwester Maria Nikolajewna, Graf Valerian Petrowitsch Tolstoi. Dieser Mann, eine alltägliche Erscheinung, ungierig, unböse, auf die übliche Weise verderbt, belastete Lew Tolstoi, er begegnete ihm häufig und ertrug ihn jedesmal nur schweren Herzens.

Jetzt saß Valerian Petrowitsch trübsinnig am Bett seines grausam hinsterbenden Schwagers Dmitri.

Lew löste Valerian ab, doch auch er konnte die Last des Sterbens seines Bruders nur schwer ertragen und reiste bald weiter.

Kurz vor seinem Ende wurde Dmitri unruhig, bekam keine Luft mehr, bat den Arzt und den Priester, ihn nach Jasnaja zu bringen. Man verabreichte ihm Tropfen. Er wurde ruhig, bat, ihn wenigstens in Jasnaja zu bestatten, schlummerte ein und wachte nicht wieder auf.

Mascha wurde von Tolstoi unter dem Namen Maria Nikolajewna in seinen Roman *Anna Karenina* aufgenommen; er zeichnet sie am Bett des sterbenden Nikolai Lewin sitzend, der, im Roman als Nihilist gestaltet, von einem Weg zum Kommunismus über Artels träumt.

Von Orjol nach Moskau reiste Tolstoi mit der Eisenbahn, die noch nagelneu war und ihr erstes Jahrfünft noch nicht hinter sich hatte. Tolstoi bezeichnete sie als »Gußeisenpferd«.

Den Winter 1855/56 verbrachte er in Petersburg.

Die Stadt hatte sich seit Tolstois letztem Aufenthalt im Jahre 1849 verändert. Über ihr schwebte, den Flechteinband der Baugerüste abstreifend und gewölbt wie ein Ei im Eierbecher, die jugendlich golden schimmernde Kuppel der Isaakskathedrale am blauen Himmel, jener dalmatinischen Kathedrale, die Katharina II. und Paul I. bauen ließen und Nikolai I. beinahe vollendet hätte. Unter den Rädern der Lastfuhrwerke dröhnte das Kopfsteinpflaster auf der Fontanka. Leise war es auf dem Newski-Prospekt, der erst kürzlich mit hölzernen Achtecken gepflastert worden war.

Über Petersburg schrieb Tolstoi am Beginn seiner Erzählung *Die Dekabristen* ausführlich und ironisch pompös.

Die Einführung der Erzählung wirkt gewaltig wie ein Triumphbogen. Hier schildert der Autor die ruhmreiche Periode, was zwei Buchseiten in Anspruch nimmt und nicht in extenso zitiert werden kann – ich empfehle sehr, es in der Werkausgabe nachzulesen.

Ironisch spricht Tolstoi von der Epoche der Exaltationen, als die Menschen sich freuten, der Tyrannei Nikolais I. quasi ohne ihr Dazutun entronnen zu sein, und nicht begriffen, daß ihrer Freude die Heldentat der Dekabristen, die ja nicht gegen Leichen gekämpft hatten, bitter genug entgegenstand.

Ihr stand auch entgegen, daß die Dekabristen Sieger über Napoleon I. waren, die Liberalen jedoch Zeitgenossen der Niederlage, die wir durch Napoleon III. erleiden mußten.

Ich führe den Anfang der Einleitung an:

»Das geschah kürzlich, während der Regentschaft Alexanders II., zu unserer Zeit, der Zeit der Zivilisation, des Fortschritts, der *Probleme,* der Renaissance Rußlands usw, usf., zu jener Zeit, als das siegreiche russische Heer aus der in Feindeshände ausgelieferten Stadt Sewastopol zurückkehrte, als ganz Rußland anläßlich der Vernichtung der Schwarzmeerflotte Triumphe feierte und Moskau, die legendäre weiße Schöne, die Reste der Schiffsbesatzungen begrüßte, ihnen zum glücklichen Ereignis gratulierte, einen guten Becher russischen Wodkas kredenzte, auch Brot und Salz nach gutem russischen Brauch, und sich tief vor ihnen verneigte.«

Die feierliche Periode steigert sich im Tonfall immer mehr, zugleich aber gebiert die pathetische Woge Worte der Bitterkeit: »... Als zornesdräuende Kommissionen aus Petersburg gen Süden stürmten, Kommissariatsbösewichter zu fangen, zu entlarven und hinzurichten, als in sämtlichen Städten Diners mit Trinksprüchen zu Ehren der Helden von Sewastopol stattfanden und eben diese Männer, die Krüppel mit abgerissenen Armen und Beinen, die auf Brücken und Straßen bettelten, mit lächerlichen Almosen abgespeist wurden ...«

Die Satzperioden werden immer geschlossener und wortreicher. Ein Satz, der unter anderem einen Steuereinnehmer Kokorew erwähnt, der sich damals durch seine Reden und Artikel einen Namen gemacht hatte, umfaßt etwa vierzig Zeilen. Darin klappern die damals so feierlichen Worte mit spöttischem Geschepper hintereinander her wie leere Eisenbahnwaggons.

Die Einleitung endet: »Der diese Zeilen schreibt, hat nicht nur zu jener Zeit gelebt, er gehörte auch zu jenen, die aktiv an ihr mitwirkten. Nicht nur, daß er mehrere Wochen in einem Unterstand von Sewastopol gesessen hat, er hat über den Krimkrieg ein literarisches Werk geschrieben, das ihm großen Ruhm einbrachte, worin er anschaulich und ausführlich darstellte, wie die Soldaten von den Bastionen ihre Gewehre abschossen, wie auf Verbandplätzen Verwundete versorgt und Tote in Friedhofserde bestattet wurden. Nachdem er solcherart Heldentaten vollbracht hatte, reiste der Schreiber dieser Zeilen ins Zentrum des Reiches, wo er die Lorbeeren seiner Taten erntete. Er wurde Augenzeuge der großen Begeisterung in beiden Metropolen des Landes und des ganzen Volkes und verspürte am eigenen Leibe, wie Rußland es versteht, wahre Verdienste zu belohnen ... Daher ist der Schreiber dieser Zeilen wohl in der Lage, jene große, unvergeßliche Zeit gebührend einzuschätzen. Doch nicht darauf kommt es an.«

Enttäuschung über ein solches Kriegsende, das Gefühl, nichts würde vollendet werden, Scham über sich selbst, bitterer Stolz und der Schmerz eines Mannes, der aus dem Schoße eines zu gewaltigen Heldentaten fähigen Volkes hervorgegangen ist, bilden die Bausteine dieses seltsamen Absatzes, dieses Triumphbogens, errichtet am Beginn einer Straße, die nicht zum Ruhm, sondern zur Ironie führt.

Der Roman berichtet von der Ankunft eines Dekabristen. Er heißt Pierre, seine Frau Natascha. Hier also reisen die beiden Helden aus *Krieg und Frieden* in ihre Zukunft, nachdem sie Jahrzehnte der Verbannung übersprungen haben. Sie werden begrüßt von Illusionen und von einer Generation, die nichts durchgemacht und die ganze Zeit verredet und verdiniert hat.

Vom Sapunberg hatte Tolstoi auf das brennende Sewastopol geblickt und dabei das brennende Moskau von 1812 gesehen. Ihn überkam der Wunsch, all dies zu überprüfen.

Er war siebenundzwanzig Jahre jung.

In Petersburg nahm er zunächst Logis im Hotel, besuchte am folgenden Tag I. S. Turgenjew, dem er die Erzählung *Der Holzschlag* gewidmet hatte. Die beiden Schriftsteller, deren jeder um den Wert des anderen wußte, tauschten sofort kräftige Freundschaftsküsse.

»Er ist sehr gut«, schrieb Tolstoi an seine Schwester.

Stellen Sie sich einen jungen Mann vor, der nahezu drei Jahre im Kaukasus, zwei Jahre im Krieg zugebracht und vordem auf dem Lande gelebt hatte. Sechs Jahre zuvor hatte er in Petersburg Zeitschriften gelesen, sich für *Paulinchen Sachs* von Drushinin, Erzählungen von Grigorowitsch, für Botkins *Spanienbriefe,* Nekrassows Verse, womöglich auch für Feths Werke begeistert. Nun waren alle diese Männer plötzlich zu seinen begeisterten Berufskollegen und gleichsam zu Gleichaltrigen geworden.

Er hatte Niederlagen gesehen und war aus rattenwimmelnden Unterständen ins feindliche Feuer emporgestiegen. Und da empfingen ihn die Stille Petersburgs, das Holzpflaster auf dem Newski, worauf leise Kutschen rollten, und der Newski selbst, den Gogol beschrieben hatte.

Auch jetzt war Tolstoi weniger arm, sondern lebte vielmehr in zerrütteten pekuniären Verhältnissen. Geld hätte er fortwährend, womöglich schon gestern, gebraucht, er flehte ständig, man möge verkaufen, was man wolle und wie man wolle, nur Geld solle man ihm senden. In Petersburg war er nach einem gewaltigen Spielverlust gelandet. Aber er hatte Manuskripte mitgebracht, den abgeschlossenen

Schneesturm, der Nekrassow begeisterte, er überlas den Beginn vom *Roman eines russischen Gutsbesitzers.*

Er spürte seine Unerschöpflichkeit, seine Jugend. Er wußte seine *Knabenjahre,* den *Holzschlag, Sewastopol im August 1955* und den *Schneesturm* im Druck, er schrieb an *Jugendzeit.*

Als er später, 1875, an diese Arbeiten zurückdachte, schien ihm, als hätte er sie innerhalb eines Jahres geschrieben und sofort veröffentlicht.

Die Nachricht vom Ableben Dmitris erreichte ihn bei der Ankunft, erschütterte ihn aber nicht sofort. Er hatte dieses Ereignis ja erwartet, und es wurde überblendet von Ruhm und von Tagen voller Hast.

Am 2. Februar 1856 notierte Tolstoi in Petersburg: »Bruder Dmitri ist tot. Ich erfuhr es heute.«

Und schon geht es weiter mit Sachlichem: »Morgen Papiere ordnen, an Pelageja Iljinitschna und den Dorfältesten schreiben und den *Schneesturm* ins reine übertragen, Mittagessen im Schachklub, weiterschreiben an *Schneesturm,* am Abend kurzer Besuch bei Turgenjew, früh am Morgen eine Stunde Spaziergang.«

Solch eiliges Zurückgreifen auf Sachliches sollten wir Tolstoi nicht zum Vorwurf machen. Dieser Mann marterte sich selbst mit seiner Konsequenz, trieb sich von einer Arbeit zur nächsten.

Hierzu die Aussage eines Zeitgenossen. Tolstois Tante zweiten Grades, Alexandra Andrejewna Tolstaja, gehörte, vermutlich angelockt durch Neugier auf Berühmtheit, zu seinen neuesten Bekanntschaften.

Sie wohnte im Anitschkow-Palais als Erzieherin der Enkelin Nikolais I. Sie war also eine Nachbarin Turgenjews. Als Lew vor Jahren Petersburg zum erstenmal besucht und sich auf die Kandidatenexamina vorbereitet hatte, war er der Gräfin Alexandra nicht begegnet. Sie nahm ihn als Verwandten erst zur Kenntnis, als sein Name in aller Munde war. Sie war eine noch nicht alte, hinreichend gescheite Frau mit überaus aristokratischem Gebaren und einem jetzt regen Interesse für Tolstoi.

Die Gräfin berichtet: An jenem Tage, als Tolstoi die Nachricht vom Ableben des Bruders bekam, fand in ihrem Hause eine Soiree statt, zu der auch er eine Einladung erhalten hatte. Er ließ ihr die Nachricht zukommen, der Tod seines Bruders hindere ihn, zu erscheinen.

Am Abend kam er vorgefahren, ». . . und auf die empörte Frage, weshalb er gekommen sei, antwortete er: ›Weil das, was ich Ihnen heute morgen geschrieben habe, nicht der Wahrheit entspricht. Sie sehen, ich bin gekommen, folglich konnte ich es.‹«

Außerdem fuhr er von der Soiree ins Theater, und als er heimkam, »wütete die Hölle in seiner Brust«.

Er schützte sich vor der Lüge, die ihn hinderte, bereits Gesehenes, und sei es in übertriebener Weise, zu begreifen, durch die Grausamkeit der Wahrheit.

Die ganze Welt, die diesmal vor Tolstois Augen in Petersburg erstand, entquoll gleichsam dickem Nebelgewirk und verdichtete sich. Er entdeckte in der Stadt eine Menge interessanter, berühmter und bemerkenswerter Menschen. Jetzt glich seine Lebensweise der jener Leute, die er einst beneidet hatte.

Das war die Zeit grandioser Einleitungen. Die Erzählung *Zwei Husaren* setzt ebenso feierlich ein wie *Die Dekabristen.*

Noch wußte Lew Tolstoi nichts über das Morgen, vielleicht sah er es voraus, indem er das, was geschah, verachtete.

Um sein Verhältnis zum offiziellen zaristischen Rußland stand es durchaus nicht zum besten. Sein Lied von der Niederlage des 4. August war dem Großfürsten bekannt. Der Autor war äußerst unbeliebt, zumal das Lied auch in die Truppen gesickert war.

Er übersetzte am 1. Januar 1857 ein Andersen-Märchen und notierte, Botkin, der es gelesen, habe es nicht gefallen.

Es handelt sich zweifellos um das Märchen *Des Kaisers neue Kleider,* denn nur an dieses erinnerte sich Tolstoi später vielfach, wenn er meinte, der Literatur obliege es, nachzuweisen, daß der Kaiser nackt ist.

Das alte Reich mit der neuen, noch unfertigen Kathedrale und dem bereits fertigen Denkmal des Herrschers, der den Krieg verloren hatte, mißfiel Tolstoi.

Im April 1856 schrieb er: »Eines der Hauptübel, die im Laufe der Jahrhunderte in den verschiedenartigsten Gestalten an Umfang zunehmen, ist der Glaube an Vergangenes. Geologische und historische Umwälzungen sind unumgänglich.« Daher stehen ihm auch ästhetische Umwälzungen nahe.

Er lehnte »Häuser mit griechischen Säulen« ab, das heißt jenen Neoklassizismus, der an Ministeriumsgebäuden und in den Granitsäulen der Isaakskathedrale seinen Ausdruck fand.

Was aber gefiel dem Tolstoi jenes Zeitabschnitts?

Am 2. Januar 1857 schrieb er: »Am Morgen Belinski gelesen, und er fängt an, mir zu gefallen.«

Am 4. Januar: »Der Beitrag über Puschkin ist wundervoll!«

Am 6. Januar: »Sprach von Belinski zu der dummen Trine Wjas.«

In der Jubiläumsausgabe finden wir die »dumme Trine Wjas« entschlüsselt als »dumme Trine Wjasemskaja«, wo der Genus angepaßt ist, doch nennt zum Beispiel Puschkin in seinen Briefen den Mann Smirdin eine »dumme Trine«. Die weibliche Form, auf einen Mann angewandt, galt als besondere prägnante Definition der Dummheit. Wjasemski, der Lermontow ablehnte, Belinski haßte, war in Tolstois Augen eine komplette »dumme Trine«.

Die Wahrheit aber sucht ihn lediglich in der Analyse oder im Traum heim. Am 17. Oktober 1856 notierte er: »Träumte, ich hätte entdeckt, was Belinskis Ansicht hauptsächlich beinhaltet: Soziale Gedanken sind nur dann gerechtfertigt, wenn sie bis zu Ende poussiert werden.«

»Poussieren« bedeutet bei ihm so viel wie durchsetzen. Zuweilen träumte Tolstoi in französischer Sprache: Französisch war ja die Sprache seiner Kindheit. Als alter Mann sprach er darüber.

Aber er sollte seine Gedanken noch lange nicht zu Ende durchsetzen, konnte seine sozialen Gedanken noch lange nicht rechtfertigen.

Sie wurden zu Ende »poussiert« im Jahr seines Todes, in Petersburg, durch die Arbeiterdemonstrationen in den Vorstädten und auf dem Newski-Prospekt, als Menschen der Gerechtigkeit, der Revolution entgegenstürmten und Kompromisse und die scheinbare Unmöglichkeit des Widerstandes vergaßen.

Noch begriff Tolstoi die Zukunft nicht, soviel aber wußte er: Würden die Bauern nicht befreit, würde es binnen drei Monaten einen Aufstand, eine Revolution geben. Als einer von wenigen begriff er die revolutionäre Situation, die über Rußland heraufzog. Er, der Gutsherr, der Adlige, fürchtete die Revolution. Sie würde ihm seinen Grund und Boden nehmen, und er meinte, sie würde das ohne jede Gegenleistung tun; zugleich aber lehnte er sich gegen Granitsäulen auf, die sinnlos stützten, was historisch schon Vergangenheit war.

Von Belinski, der für Annenkow, Botkin, Turgenjew akzeptabel war, von Drushinin hingegen abgelehnt wurde, führte ein schnurgerader Weg zu Tschernyschewski, derauf seiten des Neuen stand; dieses Neue aber lehnte Tolstoi ab.

Bei Begegnungen mit Tschernyschewski, der seine *Skizzen über die Gogol-Periode der russischen Literatur* veröffentlichte, Arbeiten, die einen Keil in die literarische Öffentlichkeit Rußlands trieben, lehnte Tolstoi den Mann ab. Doch die weitaus beste Publikation über Tolstoi blieb auf Jahre hinaus Tschernyschewskis *Kindheit, Knabenjahre. Kriegserzählungen – geschrieben von L. N. Tolstoi.*

Wohl war Tolstoi noch nicht gänzlich geprägt, Tschernyschewski aber erahnte schon seine gesamte Linie, indem er schrieb: »Das Augenmerk des Grafen Tolstoi ist vor allem darauf gerichtet, wie Gefühle und Gedanken sich aus anderen Gefühlen und Gedanken entwickeln; es reizt ihn, zu beobachten, wie eine Empfindung, die unmittelbar einer bestimmten Situation oder einem Erlebnis entspringt, dem Einfluß von Erinnerungen und der Kraft phantasiebedingter Kombinationen unterliegend, in andere Empfindungen übergeht, zu ihrem Ausgangspunkt zurückkehrt und immer weiter wandert, sich im Verlauf der gesamten Erinnerungskette verändernd; wie ein Gedanke, aus einer primären Empfindung geboren, zu anderen Gedanken hinübergleitet, weiter und immer weiter vorandrängt, Traumbilder mit realen Empfindungen und Reflexionen über Gegenwärtiges verschmelzen läßt.«

Tschernyschewski hat Tolstois Werk ein für allemal präzise definiert, indem er dessen Kern als »Dialektik der Seele« bezeichnete. Tolstois Begreifen des Menschen in seiner Entwicklung und einer Erscheinung in ihren Widersprüchen brachte ihn in Konflikt mit seiner unmittelbaren Umgebung. Tolstoi war ein Fremder für seinesgleichen und ein Freund für Fremde; er hatte eine Aversion gegen Tschernyschewski, hörte ihm jedoch aufmerksam zu und erinnerte sich noch Jahrzehnte später an Gespräche mit ihm.

Über jede Lebensperiode Tolstois ließe sich ein ganzes Buch schreiben, besonders aber über die vorliegende. Wieder arbeitete Tolstoi an den *Kosaken,* beendete den *Schneesturm,* schrieb *Zwei Husaren,* setzte den Schlußpunkt unter *Sewastopol im August 1855* und unter *Jugendzeit.* Er eröffnete eine neue Periode in der Geschichte der Weltliteratur und war doch selbst ein unbehauster und sehr unglücklicher Mensch. Er konnte keinen Partner finden, konnte weder zu den Rasnotschinzen*, die sich des *Sowremennik* bemächtigten, noch zu jenen, die *l'art pour l'art* predigten, Zugang finden.

Es wollte sich nichts recht fügen im Leben der Brüder Tolstoi und ihrer Schwester. Dmitri war schon tot, und der Verlust hatte die Familie gleichsam enger zusammengeführt. Im März teilte Lew Bruder Sergei mit, die Publikation der *Kriegserzählungen,* der *Kindheit* und der *Knabenjahre* müßte etwa tausend Rubel einbringen. Man könne etwas dazuborgen und ins Ausland reisen. Er teilte mit, er habe bereits an Bruder Nikolenka geschrieben: »Wenn wir es einrichten könnten, alle zusammen zu reisen, wäre das großartig.«

Lew Tolstoi spürte, daß er einen bedeutenden Lebensabschnitt ab-

* Ursprüngliche Bezeichnung für die Angehörigen der mittleren Stände, dann um die Mitte des 19. Jahrhunderts für die diesen Schichten entstammende Intelligenz, die im gesellschaftlichen und kulturellen Leben Rußlands eine stark kritische Haltung gegen den Zarismus einnahm (u. a. Belinski, Tschernyschenski, Dobroljubow).

geschlossen hatte, mancherlei mußte neu durchdacht werden. Mitten im Erfolg ist er unzufrieden mit sich und befragt den Bruder: »Wie hat Dir *Der Schneesturm* gefallen? Ich bin unzufrieden damit, ernsthaft. Dabei hätte ich jetzt Lust, vieles zu schreiben, bloß in diesem verdammten Petersburg fehlt mir dazu effektiv die Zeit.«

Der Brief trägt eine zwar scherzhaft gemeinte, aber doch nahezu dokumentarische Unterschrift: »Dein Bruder G. L. Tolstoi« – das heißt »Dein Bruder Graf Lew Tolstoi«.

Tolstoi besucht die Stätten Rousseaus und seiner Helden

Mit welchem geistigen Gepäck reiste Tolstoi ins Ausland?

Er trug sich lange mit seinen Plänen. Noch schrieb er an den *Kosaken,* tief in seinem Inneren aber keimte bereits das Buch, das mancherlei abschließen sollte, die *Auferstehung.*

Diesen Gedanken werde ich am Schluß des Buches zu Ende führen, jetzt sei nur gesagt: Das Thema der *Auferstehung* ist nicht der sittliche Fall einer Frau, die zur Dirne wird. Die Welt Nechljudows vor dessen vermutlicher Auferstehung ist die der gemeinsten Prostitution, als einzige findet Katjuscha einen noblen Ausweg aus der gemeinen Welt.

Rousseau und Tolstoi besaßen beide den Blick dafür, daß die Welt, in der sie lebten, keine gute, keine achtenswerte Welt war.

Das bezieht sich nicht auf die Welt von Jasnaja Poljana, jenes Dorfes, das für Tolstoi eine würdige, aber gefährdete Welt blieb. Eine Welt echter Beziehungen war für ihn ein für allemal jene Staniza, wo Olenin mit Onkel Jeroschka sprach.

Der Tolstoi der *Kosaken*-Periode wußte um seine späteren Entschlüsse und wußte es auch wieder nicht.

Beim Erforschen von Tolstois Leben und Werk könnten wir alle Fäden verwirren, wollten wir sämtliche Quellen aufzählen, die Einfluß auf ihn besaßen.

Das Ende des Jahres 1856 traf Tolstoi in Unrast und Unentschlossenheit an, verloren im Irrgarten einer – vorwiegend brieflichen – Liebesaffäre mit der Arsenjewa; er hatte mit ihr gebrochen, indem er sie in seinem Brief vom 14. Januar mit den kühlen Worten überrumpelte: »Liebwerte Valeria Wladimirowna, daß ich mir selbst und Ihnen gegenüber schreckliche Schuld auf mich geladen habe, ist zweifellos wahr.« Der Brief schließt mit der Mitteilung: »Dieser Tage reise ich nach Paris, und wann kehre ich nach Rußland zurück? Das weiß Gott allein.«

Tolstoi verließ sein Land, als dort alles drunter und drüber ging und nur eines klar war: Wenn von sämtlichen Bauern auf Jasnaja Poljana auch nur einer der Herrschaft vertraute, war das schon viel.

Außerdem riß er vor Schwierigkeiten des literarischen Lebens aus.

Freundschaftliche Beziehungen verbanden ihn mit W. Botkin, A. Drushinin und P. Annenkow, den drei Theoretikern, die dem Wahlspruch »l'art pour l'art« huldigten und damit gegen die Artikel Nikolai Tschernyschewskis argumentierten. Es waren überaus beredte Männer.

Schon am 4. Dezember 1956 finden wir in Tolstois Notizbuch einen Gedanken fixiert, der gegen diese Theorie und zugleich gegen die Religon gerichtet ist.

»Wir suchen in *l'art pour l'art* unsere Rettung. Ist das denn nicht das gleiche Mysterium wie das der Religion, dessen Quellen wir, gleichsam müde geworden, zeitweilig nicht zu suchen beschlossen haben?«

Schlußfolgerungen können widersprüchlich sein. Tolstoi korrespondierte mit Botkin und Annenkow, über Tschernyschewski schrieb er am 11. Januar, vor seiner Abreise: »... Es erschien Tschernyschewski, gescheit und hitzig.«

Tolstoi reiste, ausgerüstet mit guten Kenntnissen der französischen und der deutschen Sprache, in der Absicht, sein Englisch zu perfektionieren und mit dem Italienischen anzufangen. Er war vorbereitet auf die Reise, und sie war ein ganz natürliches Unternehmen; in seinen Kreisen waren Auslandsreisen gang und gäbe, nur er war bislang nicht dazu gekommen. Jetzt war die Reise eigentlich unumgänglich geworden.

Wann und wie er zurückkehren würde, wußte er allerdings nicht. Ohne sich in Warschau aufzuhalten, fuhr er bis Paris durch, schrieb einen Brief an Botkin und verband dabei in einem Satz zwei Namen, die einander damals schon ferngerückt waren.

»Gestern bin ich in Paris angekommen, lieber Freund Wassili Petrowitsch, und habe Turgenjew und Nekrassow hier vorgefunden. Sie irren beide in einer Art Finsternis umher, grämen sich, klagen über das Leben, sind müßig und leiden, wie es aussieht, unter ihren respektiven Beziehungen.«

Tolstoi glaubte, er werde die Erzählung vom Musikanten Kiesewetter, die später unter dem Titel *Albert* erschien, zum Leitmotiv seiner nächsten Arbeit machen.

Seine Gedanken kreisten ständig um dieses Thema, und er sagte, es sei »im Verlauf der Fahrt derart gewachsen, daß es schier unerträglich erschien«.

Paris faszinierte ihn durch seine Fröhlichkeit, die tollen Bälle, seine Museen, wo er »an das Chevalereske« glauben lernte, und die Bildergalerien.

Er fühlte sich wohl in Frankreich und meinte, es gebe vermutlich keinen einzigen Menschen, »der unbeeindruckt bliebe, wenn er die soziale Freiheit spürte, die den größten Reiz des Lebens hierzulande bildet und über die sich keiner, der sich nicht erlebt hat, ein Urteil erlauben kann«.

Bald schon stiegen Zweifel in ihm auf. Zunächst wurden sie überblendet durch ein Übermaß an Arbeit, Lektüre, durch Theaterabende und Italienischunterricht. Tolstoi entsetzte sich über den Kult um Napoleon I. und notierte nach einem Besuch des Dôme des Invalides: »Vergöttlichung eines Verbrechers, grauenvoll. Soldaten, Bestien, abgerichtet, jedermann zu beißen.« Er war entsetzt über die von Platitüden strotzenden Reden Napoleons III.

Obwohl intensiv mit Schreiben beschäftigt, reiste er mit dem kranken Turgenjew nach Dijon. Turgenjew notierte über Tolstois Arbeitsweise, er sitze nicht nahe beim Kamin, sondern »im Kamin drin, im heißesten Feuer – er schreibt fleißig, Seite um Seite füllt sich«. An Tolstois Arbeitsintensität verblüffte nicht nur der Eifer, sondern auch die Stetigkeit.

Unermüdlich widmete er sich dem neuen Leben. Am 6. April fuhr er, bei schlechtem Wetter, ohne sich vorerst seines Tuns bewußt zu sein, los, um einer Hinrichtung durch die Guillotine beizuwohnen.

Er fuhr zerstreut los, das Erlebnis aber sollte tragisch werden: »Ich habe mancherlei Grauenhaftes gesehen im Krieg und im Kaukasus, aber hätte man vor meinen Augen einen Menschen in Stücke gerissen, wäre das nicht so abscheulich gewesen wie diese raffinierte, elegante Maschine, die benutzt wurde, um einen kräftigen, frischen, gesunden Mann umzubringen ... Und die Menschenmenge ist so abscheulich, dieser Vater, der seiner Tochter auseinandersetzt, welch geschickten und handlichen Mechanismus man hier verwende usw. Menschengesetz – Blödsinn! Wahr ist, daß der Staat eine Verschwörung ist, nicht nur zur Ausbeutung, sondern hauptsächlich zur sittlichen Demoralisierung seiner Bürger ... Ich sehe in all der abscheulichen Verlogenheit nichts als Scheußlichkeit und Übel und will und kann nicht untersuchen, wovon worin mehr oder weniger steckt.«

Am 6. April heißt es kurz im Tagebuch: »Hals und Brust dick, weiß, gesund. Er küßte das Evangelium, und dann – der Tod, welch ein Widersinn!«

So köpfte die Guillotine Tolstois Glauben an die soziale Freiheit und Vernunft des Westens.

Am 7. April schreibt er: ». . . Plötzlich kam mir ein simpler, vernünftiger Gedanke – aus Paris wegzufahren.«

Er nahm Abschied von Turgenjew, ging von ihm und weinte. Damals hatte er diesen Mann ins Herz geschlossen. Er schrieb über ihn: »Er machte und macht aus mir einen anderen Menschen.«

Er begab sich an Stätten, die Rousseau geliebt hatte. Dort hoffte er Heilung zu finden von dem in Paris erlebten Schrecken.

So reiste er nach Genf, zunächst recht ungewohnt für ihn mit der Bahn. Am Ende der Strecke stieg er in die Postkutsche um und schrieb an Turgenjew: »Gestern abend um acht Uhr, als ich nach der ekelhaften Eisenbahnfahrt auf meinen offenen Sitzplatz des Postwagens umgestiegen war und die Straße, die Mondnacht, all die Töne und Düfte der Fahrt aufnahm, war es, als hätte eine sanfte Hand all meinen Gram und mein Leiden fortgewischt, oder besser, in jene stille, rührende Freude umgewandelt, die Sie kennen. Ich habe ganz recht getan, aus diesem Sodom fortzufahren. Um Himmels willen, reisen auch Sie irgendwohin, nur ja nicht mit der Eisenbahn. Sie ist für eine Reise dasselbe wie das Bordell für die Liebe, genauso bequem, aber auch genauso unmenschlich maschinell und eintönig.«

Über Clarens am Genfer See hatte Tolstoi schon als Kind viel gelesen. Er erblickte Landschaften, die er im Kopf hatte, besuchte Stätten, die er im Auge gehabt hatte, als er die Tante bat, ihm *Die neue Heloise* in die Staniza Starogladkowskaja zu schicken. Er überprüfte sich selbst und setzte seine Freunde in Erstaunen.

Turgenjew charakterisierte ihn damals in einem Brief an Annenkow: »In der Tat, Paris paßt so gar nicht zu seinem geistigen Gefüge; ein merkwürdiger Mann, ich bin einem solchen noch nie begegnet und begreife ihn nicht vollständig. Eine Mischung aus Poet, Kalvinist, Fanatiker, Junker – er erinnert an Rousseau, ist aber aufrichtiger, ein höchst sittliches und zugleich unsympathisches Wesen. Er hat vor, längere Zeit am Genfer See zu verweilen, indessen denke ich, ihn in vier Wochen in London zu sehen, wohin ich am 1. Mai neuer Zeitrechnung reisen werde.«

Verhunzt in einer Weise, wie ein goldener Rahmen ein herrliches Bild verhunzen würde, verunstaltet durch seine Uferstraße, bot das Gestade des Genfer Sees einen herrlichen Anblick. Tolstoi besang es und fand dabei neue Töne. Er blickte auf den See, schickte sich an, die Stätten abzuwandern, die Rousseaus Fuß betreten hatte, und begann auch schon seine Tagebuchaufzeichnungen zu Reisenotizen zu verknüpfen.

»... Der Léman in seinem leuchtenden Blau mit den weißen und fast schwarzen Tupfen der Segel und Boote erstrahlte auf drei Seiten vor unseren Augen; bei Genf zitterten dunkle, heiße Luftwellen auf der Weite des blendenden Sees, am Gegenufer stiegen steil die grünen Berge der Savoyer Alpen empor, mit weißen Häusern zu ihren Füßen – zerklüftete Felsen, die aussahen wie eine riesige weiße Frau in altertümlichem Gewand. Linker Hand, deutlich und nahe über rostroten Weinbergen, blinzelte aus dem dunkelgrünen Dickicht der Obstgärten Montreux mit der auf halber Höhe am Hang klebenden graziösen Kirche, und hart am Ufer Villeneuve mit den in der Mittagssonne gleißenden Blechdächern seiner Häuser, die geheimnisvolle Felswand bei Valais mit den übereinandergetürmten Bergmassiven, Chillon, weiß und kalt, dicht am Wasser und die vielbesungene bildhübsche kleine Insel gegenüber Villeneuve. Die spiegelglatte Fläche des Sees war kaum merklich gekräuselt, die Sonne strahlte senkrecht auf sein Hellblau, und die darauf verstreuten Segel schienen stillzustehen.

Seltsam, ich habe zwei Monate in Clarens zugebracht, jedesmal aber, wenn ich morgens, besonders jedoch gegen Abend nach dem Essen die Fensterläden öffnete, die der Schatten bereits berührte, und mein Blick den See traf und die vorn grünen und in der Ferne blauen Berge, die sich darin spiegelten, blendete mich diese Schönheit und wirkte unmittelbar mit der Gewalt des Niegesehenen auf mich. Sogleich bekam ich Lust zu lieben und spürte sogar Liebe zu mir selbst in mir, bedauerte Vergangenes, hoffte auf Künftiges, empfand das Dasein wieder als Freude, wünschte mir lange, lange zu leben, und der Gedanke an den Tod löste in mir kindlich poetischen Schrecken aus. Zuweilen gar geschah es, daß ich, allein im schattigen Gärtchen sitzend und unentwegt auf Gestade und See blickend, geradezu körperlich die Schönheit durch meine Augen in meine Seele strömen fühlte.«

Verblüffend an diesem Abschnitt ist, daß der Genfer See als »Léman« bezeichnet und damit am alten lateinischen Namen festgehalten wird. In einer für Tolstoi ungewöhnlichen Weise wird die Landschaft mit herrlichen literarischen Erinnerungen und den unmittelbar verwendeten Wörtern »Schönheit« und »poetischer Schrecken« belastet.

Mehr als zwei Monate verbrachte Lew Tolstoi an dem für ihn heiligen Ort. Aus Clarens schrieb er am 6. (18.) Mai an die Jergolskaja: »Habe soeben Ihren Brief, liebste Tante, erhalten, der mich, wie ich Ihnen in meinem letzten Brief schrieb, in der Umgebung von Genf antraf, in Clarens, in jenem Dorfe, wo Rousseaus Julie gelebt hat. – Ich versuche gar nicht erst, Ihnen die Schönheit dieser Gegend zu beschreiben, besonders jetzt, wo alles in Blättergrün und Blüten versinkt; soviel nur, es ist gänzlich unmöglich, den Blick von diesem See zu wenden, von seinen Ufern, und ich verbringe die meiste Zeit damit, diese Schönheit zu genießen, entweder beim Spaziergang oder einfach aus dem Fenster meines Zimmers.«

Tolstoi besuchte die Orte rund um den Genfer See. Aus Luzern schrieb er an Botkin, der Brief vom 27. Juni (9. Juli) fließt über von Anklängen an Rousseaus Briefroman. Er genoß die sich bereits verflüchtigende einfache Lebensweise der Schweizer. Botkin gegenüber sprach er vom »Schmerz einsamen Genießens«; er schrieb Briefe an Leser, die seinem Herzen nahestanden.

Ein Roman in Briefen war im Entstehen, ein Rest davon wurde zu der abgeschlossenen Erzählung *Luzern.*

Zunächst war *Luzern* ein langer Brief an Botkin, überbürdet mit Landschaftsbildern, die später eliminiert wurden. Der Konflikt besteht darin, daß ein Tiroler Wandersänger ein Lied singt und mit einer Gesellschaft kultivierter Leute konfrontiert wird. Man lauscht seinem Gesang, gibt ihm aber dann kein Geld dafür.

Tolstoi selbst hat sich in die Szene eingeschaltet, den Sänger zum Essen eingeladen, den Kellner, der sich als dritter dazusetzte, davongejagt.

Tolstoi wettert gegen die Verwilderung der Gesellschaft.

Das Thema von *Luzern* verdrängte zeitweilig die Erzählung über Kiesewetter, dessen Thema eine gewisse Ähnlichkeit und eine durchaus nicht zufällige, sondern durch zeitbedingte Zweifel hervorgerufene Übereinstimmung mit Dostojewskis lange zuvor entstandener *Netotschka Neswanowa* aufweist.

Ein großer Künstler verkommt in Schmutz und Erniedrigung und bleibt dennoch der Beste, Höchste und Reinste.

Tolstoi setzt sich für den Künstler vor Gericht ein, wo in der Erzählung auch die anderen Helden auftreten, die der erfrierende Künstler im Fieberwahn agieren läßt. Er ist verglüht, sie aber verglühen nicht; er spielt auf einer kostbaren Violine, die er in seine Arme preßt.

Kiesewetters Musik war Tolstoi kostbar. Solche Art Musik war einst in der alten Orangerie von Jasnaja Poljana erklungen und von ihm vernommen worden. Zuweilen hatte er sich selbst als zugrunde gegangen empfunden, und kein Zigeunersang hatte ihn darüber hinwegtrösten können, wie seine Brüder. Jedoch verlief sein Lebensweg nicht wie der Kiesewetters.

Er war verliebt in sein Bild von Rousseau. Monatelang pilgerte er die Ufer des Genfer Sees ab, aber anders als einstmals Rousseau.

Tolstoi war nicht allein, mit ihm wanderte der Knabe Sascha, ein Kind, das noch nicht einmal ein Stück Gepäck tragen konnte.

Nun wanderte er also über die Alpen, nachdem er an Jepischkas Seite durch die Vorgebirge des Kaukasus gewandert war. Die sentimentale Art der Naturbegeisterung war ihm nicht gegeben. Er überprüfte gleichsam Rousseaus Wahrnehmungen und hatte dabei wahrscheinlich das Buch in der Hand.

Ich empfehle dem Leser, nicht nur die berühmten Bücher Tolstois zu lesen, sondern sich Tolstoi zum Weggenossen seines Lebens zu machen. Die *Reisenotizen aus der Schweiz* sind ein Stück herrlicher Prosa. Der Autor hat sie beiseite gelegt und scheinbar vergessen; sie enthalten aber nicht nur Landschaftsbilder, sondern sagen auch viel über die Psyche ihrer Betrachter aus:

»Plötzlich verblüffte uns ein wundervoller, beglückender, reiner Frühlingsduft. Sascha lief in den Wald und brach Kirschzweige ab, sie aber rochen beinahe nach nichts; zu beiden Seiten standen grüne Bäume und blütenlose Büsche. Der süße, berauschende Duft jedoch wurde immer stärker. Etwa hundert Schritt weiter wichen die Büsche rechts zurück, und ein riesiges abschüssiges, weißgrünes Tal mit ein paar verstreuten Häuschen darauf breitete sich aus.

Sascha rannte auf die Wiese, um mit beiden Händen weiße Narzissen zu pflücken, und brachte mir einen gewaltigen, unerträglich intensiv duftenden Strauß, und mit der allen Kindern eigenen Zerstörungsfreude lief er wieder hin, um die wundervollen jungen, saftprallen Blumen, die ihm so sehr gefielen, zu zertrampeln und abzurupfen.«

Der Abschnitt endet sehr traurig: »Felder mit Narzissen gibt es nur noch wenige, weil das Vieh die Blumen im Heu nicht mag.«

Tolstoi hatte sich diesen Weggefährten dessen Schwäche wegen gewählt, damit er unterwegs um ein anderes Wesen besorgt sein konnte. Er schrieb:

»Meiner Überzeugung nach ist in jeden Menschen eine nicht nur moralisch, sondern sogar physisch unbegrenzte Kraft eingepflanzt, auf der aber ein furchtbarer Bremsklotz lastet, die Liebe zu sich selbst oder vielmehr das Denken an sich selbst, das Potenzen zum Schwinden bringt. Sobald sich der Mensch jedoch von diesem Klotz losreißt, wird er allmächtig. Gern würde ich sagen, das beste Mittel, sich davon loszureißen, sei Liebe zu anderen Menschen, leider aber wäre das unzutreffend. Allmacht wurzelt in Vorsatzlosigkeit, Potenzschwäche in Gedanken an sich selbst, vor denen man Rettung suchen kann in der Liebe zu anderen Menschen, im Schlaf, im Trunk, in der Arbeit usw.; jedoch vergeht das ganze Menschenleben auf der Suche nach diesem Vergessen. – Woher kommt die Kraft bei Hellsehern, Mondsüchtigen, Tobsüchtigen oder von Leidenschaften Beherrschten, bei Müttern, Menschen und Tieren, die ihre Jungen verteidigen? Weshalb ist man nicht fähig, ein Wort richtig auszusprechen, sowie man daran denkt, es ja richtig auszusprechen? Weshalb ist die entsetzlichste von Menschen füreinander erdachte Strafe die ewige Kerkerhaft? Eine Haft, die dem Menschen alles nimmt, was ihn bewegen könnte, sich selbst zu vergessen, die ihn mit endlosen Gedanken an sich selbst allein läßt?«

Dieser zutiefst philosophische Abschnitt eröffnet uns mancherlei, er zeigt aber auch, wie stark sich Tolstoi von Rousseau unterscheidet. Rousseau denkt ständig an sich selbst, ist stolz auf sich und seine Laster, er versteht sich als Lehrer der Menschen, schreibt ihnen Lebensregeln vor, leidet aber keineswegs unter seiner Abgeschlossenheit; ihn quält, ohne daß er es weiß, das ewige Eingekerkertsein in sich selbst. Viel ließe sich über ihn sagen, vieles, was ihm zum Ruhme gereichte, allerdings auch, daß er die Gefangenschaft in sich selbst, in die viele bedeutende Schriftsteller unserer Zeit geraten sind, vorweggenommen hat, eine Gefangenschaft, die von Freud fast zum philosophischen System erhoben wurde.

In seiner Jugend streifte Rousseau durch die Alpen, durch die gleichen Orte, die nach ihm Tolstoi betrat. Er genoß seine Jugend und seine Einsamkeit bei der Wanderung.

Vorausgesetzt, die Heldentat wurde tatsächlich vollbracht, können wir sie bewundern. Jedenfalls ist sie so beschrieben, daß die Menschen einen einsamen Mann vor sich sehen müssen, der das süße Weh seiner Einsamkeit genießt.

Tolstoi wanderte bewußt durch die gleichen Stätten, mit einem Schwachen als Weggefährten. Nicht aus Mitleid, nicht aus einer äußeren Notwendigkeit heraus, sondern um zu erstarken.

Er ist gesellschaftsbewußt und sozial veranlagt. Dieses Wunder an gesellschaftlichem Gespür verdankt er der auf dem Lande verbrachten Kindheit, seinen Feldzügen als Freiwilliger, den Nächten am Biwakfeuer mit den Soldaten, dem gemeinsamen Abschleppen von Gebirgsgeschützen. Auch die kaukasischen Wälder hatte er nicht allein durchstreift, Nikolai und Jepischka waren bei ihm. Damals war er der Jüngste gewesen.

Tolstoi und Sascha waren vierzehn Tage unterwegs. Die Wanderung war schwierig und mühevoll; sie bekamen viel zu sehen, fuhren in Booten, kletterten über Felsen, tranken, müde gelaufen, Quellwasser wie die Gemsen.

Tolstois Notizbücher und Tagebücher sind voll von Landschaftsbeschreibungen, die plastisch und präzise sind wie nie zuvor. An einer Stelle finden wir die Notiz: »17/29. Mai. Gesnais-Interlaken. 29. Mai. Glattes Bett. Offiziere lärmen ... Ankunft in Char-de-Côte –. In Wissbourg. Heilquellen besucht. Düsterer Zauber. Sascha behauptet, die Landschaft harmoniere nicht, die Châteaus seien nicht hübsch. Zu Fuß von Wimmis bis Spiez, arme Fischer, Sascha gerührt vom Anblick eines Zwerges. Mit dem Boot bis Neuhaus, bezaubernde Wasserfälle, Grotten, Schlösser.«

Ich vermute, mit »die Landschaft harmoniere nicht« ist die Rousseaus gemeint, die poetisch charakterisierte Berglandschaft, die ein Mann hundert Jahre zuvor erschaffen hatte.

Ich weiß nicht, wie sich herausstellte, daß Sascha sich an Rousseau erinnerte. Möglich, daß *Die neue Heloise* in Clarens, das darin beschrieben ist, ständig griffbereit dalag. Vielleicht trug Tolstoi das Buch auch bei sich und zeigte es Sascha.

Er wanderte auf den Spuren Rousseaus, aber sein Weg wich von dem seines großen Vorgängers ab.

Von den Ufern des Genfer Sees nahm Tolstoi eine neue Beziehung zu Jasnaja Poljana und zu seinen Bauern mit; jetzt war es nicht mehr sein Anliegen, den Kindern Lesen und Schreiben beizubringen, jetzt wünschte er, zusammen mit ihnen und in Sorge um sie über die Bergmassive der Zeit zu steigen, glücklich und mächtig zu werden, weil er nicht mehr an sich selbst zu denken brauchte.

Sein Gedankenflug am Genfer See war außerordentlich hoch. Er fand neue Lösungen für Probleme des Schulunterrichtes und des Kosakentums und blieb dabei derselbe, uns vertraute Tolstoi. Um ihn herum waren dieselben Menschen, erhalten blieben die Beziehung zu Alexandrine Tolstaja, halb die eines Sohnes, halb eines Verliebten, die Überlegungen über die Bedeutung der Kunst, die feste Überzeugung, daß die westliche Zivilisation nicht ohne weiteres angenommen werden konnte.

Aber die Vergangenheit ließ sich auch nicht ohne weiteres aufgeben.

Die Beziehung zwischen Tolstoi und Alexandrine blieb beiden Seiten immer unverständlich. Beide wollten sich nicht ganz aussprechen, um sich nicht zu entzweien. Unverständlich blieb auch Tolstois Beziehung zu seiner Schwester.

Am 1. August neuer Zeitrechnung bekam Tolstoi einen Brief von Bruder Sergej und schrieb in sein Tagebuch: »Mascha und Valerian haben sich getrennt. Diese Neuigkeit erwürgte mich.«

Maria Nikolajewna, die geliebte, bezaubernde und angeblich häßliche Schwester, trennte sich von einem Ehemann, der sie zur ersten

Sultanin seines Harems machen wollte. Mascha war eine echte Schwester Tolstois, begabt, mit einem individuellen Schicksal, das keineswegs einfach war. Ihr Mann nährte, während er zärtliche Worte zu ihr sprach, versteckten Haß gegen sie.

Turgenjew verliebte sich immer wieder in sie. Es hieß, er habe ihr seine Erzählung *Faust* gewidmet, doch enthält das Werk keine Widmung. Überhaupt ist die Beziehung zwischen Maria und Turgenjew immer noch unklar und konnte nicht geklärt werden, weil Turgenjew im Irrgarten seiner französischen Beziehungen steckte. Die Nachricht von Marias Ehetrennung wog schwer, doch war Tolstoi gerade intensiv beschäftigt. Am 4. August notierte er unterwegs: »Hitze, Staub, bin allein. Die Zukunft lächelt mir immerfort zu. Nur laß das Forcieren, das Prahlen, und sprich nicht darüber.«

Jung, stolz und welterfahren kehrte er heim. Machte einen Abstecher nach Dresden. Die Sixtinische Madonna »erregte ihn sofort stark«. Er besuchte Geschäfte, kaufte Noten und Bücher, kehrte erneut in die menschenleeren Kunstgalerien zurück, schritt an Bildern vorüber. Alles ließ ihn kalt bis auf die Madonna.

Seine Heimfahrt führte über Berlin, und er staunte über die Sittenlosigkeit auf offener Straße. In Stettin stellte sich heraus, daß ihm ein Taler für das Dampferbillett fehlte. Zufällig kam Pustschin daher und half ihm aus der Patsche.

Die Reise von Stettin nach Petersburg dauerte drei Tage. Das Schiff schaukelte zwar, doch Tolstois Nachtruhe blieb unbeeinträchtigt. Am 11. August sah Tolstoi Petersburg und die hohe, noch immer holzverkleidete Kuppel der Isaakskathedrale wieder.

Der nächste Tag setzte ein mit einem nebligen, taufeuchten, blaugrauen Morgen. Birken grüßten freundlich.

Er wohnte bei Nekrassow, beobachtete Awdotja Panajewa, bedauerte Panajew und Nekrassow, wünschte sehnlich Ruhe für Nekrassow, las Saltykow. Reiste heim. »Die Armut der Menschen und die Leiden der Tiere sind erschreckend«, notierte er in Pirogowo, auf dem Gut der Schwester.

Er kehrte nach Jasnaja Poljana zu seinen armen und mißtrauischen Bauern zurück, grübelte über den Tod nach: »Immerfort habe ich das Gefühl, daß ich bald sterben muß. Bin zu faul, detailliert zu schreiben, möchte alles in flammenden Linien zeichnen.«

Er las in der *Ilias.* Machte sich Sorgen um die Schwester, die ohne Begleitung zu Turgenjew auf das Gut Spasskoje-Lutowinowo fuhr.

Ihm war sehr schwer ums Herz.

Und er schrieb an den *Kosaken.*

Der Westen hatte einen reiferen Tolstoi nach Hause entlassen. Er war nicht nur von Homer entzückt, er wollte über die *Ilias* zum Verständnis dessen gelangen, was er im Kaukasus gesehen hatte.

Homer war für ihn zweifach mit einem patriarchalischen Dasein verbunden, er las die *Ilias* während der Arbeit an den *Kosaken* und rief sich Homer und Herodot ins Gedächtnis, als er in den Steppen Baschkiriens weilte.

Die bäuerliche oder halbnomadische Lebensweise der Baschkiren war für ihn reine Poesie, das Alltagsleben im Westen empfand er als antipoetisch und unsittlich. Er kehrte aufs Dorf zurück mit klarem Blick für dessen Rückständigkeit, empfand es aber als poetische Vergangenheit, die er idealisierte.

Er war zurückgekehrt, als in Rußland das Alte im Untergang begriffen war, am Vorabend der Bauernreform. Lenin schrieb in seinem Essay *L. N. Tolstoi und die moderne Arbeiterbewegung:*

»Nach 1861 begann dieses alte, patriarchalische Rußland unter dem Einfluß des Weltkapitalismus rasch der Zerstörung anheimzufallen. Die Bauern hungerten, starben dahin, wurden ruiniert wie nie zuvor, sie flüchteten in die Städte und überließen ihren Boden seinem Schicksal. Dank der ›billigen Arbeit‹ der ruinierten Bauern wurden verstärkt Eisenbahnen, Fabriken und Werke gebaut. In Rußland entwickelte sich das große Finanzkapital, der Großhandel und die Großindustrie.

Eben diese rasche, harte, jähe Zerstörung aller alten ›Säulen‹ des alten Rußlands war es, was in den Werken des Künstlers Tolstoi und in den Anschauungen des Denkers Tolstoi seine Widerspiegelung fand.

Tolstoi war ein vorzüglicher Kenner des dörflichen Rußlands, des Gutsbesitzer- und Bauernlebens. Er gab in seinen künstlerischen Werken Abbilder dieses Lebens, die zu den besten Schöpfungen der Weltliteratur gehören. Die jähe Zerstörung aller ›alten Säulen‹, des dörflichen Rußlands schärfte seine Aufmerksamkeit, vertiefte sein Interesse für alles, was sich rings um ihn her abspielte, führte zu einer Wende in seiner gesamten Weltanschauung.«

Pläne für Familienglück

Kurz vor den Dreißigern sollte Tolstoi heiraten. Anspruchsvoll, dabei inkonsequent war er auf der Suche nach einer Frau zum Verlieben, doch das wollte ihm nicht glücken.

Der Gedanke an eine Heirat als Vertragsakt kam ihm in den verschiedensten Varianten, schon als Jüngling hatte er außer vom großen Spielgewinn davon geträumt, sich in die Gesellschaft einzuführen und, so es glückte, ein reiches Mädchen zu heiraten. Es klingt für einen Mann wie Tolstoi eigentümlich, aber die gleichen Wünsche hegte auch seine Tante, eine gute Frau von integrer Wesensart. Die Zeiten hatten sich geändert. Tolstoi war erstarkt, reifer geworden. Jetzt wünschte er, sich zu verlieben, sich eine Frau untertan zu machen, wünschte, sich selbst die Geschichte der Liebe zu erzählen, sie nach einer Vorlage aufzubauen.

Am längsten dauerte seine Romanze mit Valeria Wladimirowna Arsenjewa, der jungen dunkelhaaren Waise vom Nachbargut Sudakowo. Sie war wohlhabend, aber nicht reich, kultiviert und eine Musikliebhaberin.

Tolstois Briefe an sie sind mentorhaft und tragisch. Valeria hat sechzehn Briefe von ihm durchgestanden, bis zum Rand voll Moralpredigten, die sie überhaupt nicht mochte.

Offenherzig wie sie war, erzählte sie Tolstoi mancherlei genauso, wie Lew Nikolajewitsch später alles Sofja Andrejewna erzählte und ihr seine Tagebücher vorlegte.

Wir kennen nicht sämtliche Briefe der Arsenjewa, aus den wenigen aber spricht zarte Sorge um den Mann.

Er indessen wünschte das Menschenwesen, mit dem er leben wollte, umzukrempeln, ohne ganz zu erfassen, wie schwierig das ist.

Für die Briefe legte er sich einen erdachten Namen zu: Chrapowizki, Schnuffel. Er schrieb sozusagen im Namen eines halbverschlafenen, selbstzufriedenen Gutsbesitzers in mittleren Vermögensverhältnissen.

Der eigentümliche, belehrende Tenor der Korrespondenz wurde noch dadurch betont, daß bei der Arsenjewa eine Gesellschafterin und Busenfreundin namens J. Vergani wohnte. Manchmal gingen die Briefe an beide Frauen.

Ganz offensichtlich wurde vorausgesetzt, daß auch die anderen Briefe der Gesellschafterin vorgezeigt wurden, die hin und wieder als Schiedsrichterin fungieren mußte, wenn sich aus Forderungen künftiger liberaler Haushaltsführung Konflikte ergaben.

Tolstoi war in seiner Beziehung zur Arsenjewa sehr weit gegangen, hatte das Mädchen der Tante, dem Bruder, Freunden vorgestellt, sechzehn Briefe an sie geschrieben und einen Roman, verlor sich dann aber in der Analyse und in Ausreden und verzichtete auf eine Heirat.

Manche Briefe gestaltete er in Form von Dialogen zwischen einem »dummen Menschen« und einem »guten Menschen«.

Er liebte nicht, während er schrieb.

»Glauben Sie mir, nichts auf der Welt ist mühelos, nicht einmal die Liebe, das herrlichste, natürlichste aller Gefühle.«

»Uns steht die ungeheure Arbeit bevor, einander verstehen zu lernen und Liebe und Achtung füreinander zu wahren.«

Tolstoi sucht das Mädchen und sich selbst zu überzeugen: »Der gute Mensch ist voll und ganz geneigt, Sie mit stärkster, zärtlicher, ewiger Liebe zu lieben.«

Der Beginn des Satzes ist aus Verlegenheit französisch abgefaßt.

Tolstoi verlangt von seiner Braut Verständnis und Gesinnungsgleichheit.

Sie müßten beide auf dem Lande leben und den Bauern zu Glück verhelfen.

Er verlangt von ihr Arbeit und Selbstaufgabe. In den Briefen nennt er die künftigen Ehegatten, also sich und Valeria, die Schnuffels und beschreibt deren Leben so: »Herr Schnuffel wird seine langjährige Absicht verwirklichen, worin Frau Schnuffel ihn sicherlich unterstützen wird, nämlich seine Bauern soweit wie möglich glücklich zu machen, er wird schreiben, lesen und lernen und Frau Schnuffel einiges beibringen und sie ›Puppelchen‹ nennen. Frau Schnuffel wird sich mit Musik und Lektüre befassen und, die Vorhaben des Herrn Schnuffel teilend, ihm bei seinem wichtigsten Werk zur Seite stehen. – Ich stelle sie mir vor als kleine Vorsehung für die Bauern, wie sie in einem Popelinkleid mit ihrem brünetten Köpfchen zu ihnen in die Katen geht und sich tagtäglich in dem Bewußtsein bewegt, eine gute Tat vollbracht zu haben, und nachts aufwacht in dem Gefühl, mit sich zufrieden zu sein, und im Wunsche, es möge bald hell werden, damit sie von neuem leben und Gutes tun könne, wofür sie immer mehr, bis ins Unendliche vergöttert wird von Herrn Schnuffel.«

So schrieb Tolstoi nächtelang bis zum Morgengrauen, ein Idyll schaffend, das gespeist war von nebelhaften Wunschträumen des späten Gogol und von Erinnerungen an die tugendhafte Gutsherrin aus Rousseaus *Neuer Heloise.*

Der Rousseau-Roman war damals fast hundert Jahre alt, die Bauernidylle darin aber und das Bild der tugendsamen Gutsherrin waren nach wie vor Utopien. Die Utopie des alten Romans wurde immer irrealer.

Tolstoi verfährt strenger als sein Genfer Kollege der Feder. Die Julie in Rousseaus Roman ist sinnlich und mutig, sie verletzt die allgemeinen Moralgesetze, indem sie einen Mann liebt, der außerhalb ihrer Kreise steht.

Die Valeria in dem neuen Roman sollte über jeden Verdacht erhaben sein, und an ihre frühere Gefühlsaufwallung zu einem Musiker denkt Tolstoi mit immer stärkerem Verdruß. Die positiven Programme der beiden Werke aber entsprechen einander.

In der *Neuen Heloise* erzieht Julie die Kinder und spricht mit den Bauern in der Absicht, ihnen das Verbleiben im Dorf zu erleichtern: »Ausgehend von dieser Regel ist man in Clarens, noch mehr in Étange bestrebt, das Leben der *paysans* so angenehm wie möglich zu gestalten, niemals jedoch versucht man, ihnen beim Verlassen ihres Standes behilflich zu sein.«

Madame Julie de Wolmar hält es für notwendig, »insonderheit zu verhindern, daß der glücklichste Stand von allen, der Bauernstand, sich im freien Staate zugunsten anderer Stände zahlenmäßig verringere«.

Tolstoi entwarf seiner Braut ein ausführliches Bild vom gemeinsamen Leben nach der Heirat – hauptsächlich auf dem Lande, zuweilen in einer bescheidenen Stadt, wie sie sparsam leben würden, um Auslandsreisen machen zu können, damit sie nicht im Provinziellen versauerten. Aufgerechnet waren bereits sämtliche Hüte, die die junge Gattin erwerben könnte; erläutert wurde, daß ein Hut eine bestimmte Umgebung verlange: manchmal verbiete es sich, einen Hut zu kaufen, weil dazu die entsprechende Umgebung fehle. Tolstoi erklärte, was Flügeladjutanten sind und wie strohdumm diese Leute sind. Schon machte er in Begleitung seines Freundes Djakow Besuche bei seiner Braut, war eifersüchtig auf einen Mann namens Mortier.

In einem Brief vom 8. November 1856 taucht der Name Mortier in den überraschendsten Kombinationen auf. Zuerst heißt es: »Ich bin so schwach, daß ich geneigt bin, zu glauben, Sie seien niemals in Mortier verliebt gewesen«, vorher aber erwähnt er, ihm sei mitgeteilt worden, die Arsenjewa habe einen Musikanten in sich verliebt gemacht und sogar im Briefwechsel mit ihm gestanden. Später ist die Rede von ihrer Verliebtheit in Mortier, dann von einem Schreiben an Mortier, weiter von einer Neigung zu Mortier, davon, daß Mortier ein unangenehmer Mensch sei, daß sie mit Mortier den *Werther* gelesen habe. Es wird gefragt, ob sie Mortier je geliebt, ob er ihr die Hände geküßt habe, es ist die Rede von einem Traum Tolstois, worin er die beiden einander hatte küssen sehen.

Der Name Mortier wiederholt sich in vierzehn verschiedenen Kombinationen. Das gleiche spielt sich in den folgenden Briefen ab.

Vermutlich hatte Tolstoi unrecht, denn zwei Jahre später, am 7. Januar 1858, notierte er, vielleicht bereuend und die Schuld auf den anderen schiebend: »Mortier, der gemeine Hund, hat mit den Briefen Geschichte gemacht.«

Nachklänge der vergangenen Leidenschaft müssen demnach lebendig geblieben sein.

Die Hochzeit war bereits abgesprochen, als Tolstoi Hals über Kopf abreiste, fast schon ausriß.

Die seltsame Liebesromanze und Tolstois wetterwendisches Benehmen seiner offiziell anverlobten Braut gegenüber bereiteten Tante Jergolskaja großen Kummer. Tolstoi war genötigt, sich zu rechtfertigen.

An die Arsenjewa schrieb er bereits aus dem Ausland; vorher hatte er bei der Tante angefragt, wie es ihren Nachbarinnen, der Arsenjewa und ihrer Gesellschafterin, gehe und ob sie »dem gewaltigen Missetäter Verzeihung gewährt« hätten.

Später schrieb er den Kurzroman *Familienglück,* eine Fortsetzung der Arsenjewa-Geschichte, worin ein Mann, von einer Frau fasziniert, diese nicht umzuerziehen vermag, sie aber heiratet. Die beiden werden nicht glücklich.

Botkin fand Gefallen an dem Roman, andere Leser verhielten sich kalt und ironisch, es hieß, er rieche nach überständigen Pensionsfräuleins.

Tolstoi selbst schrieb reuevoll über dieses Werk.

Tolstois amouröse Zweifel

1

In Erinnerung an seine Amouren schrieb Tolstoi 1851: »Ich war niemals verliebt in Frauen. – Das einzige starke Gefühl, das der Liebe ähnelte, überkam mich, als ich dreizehn oder vierzehn war.«

Weiter heißt es: ». . . Aber ich möchte gern glauben, daß es Liebe war . . .« In der Jubiläumsausgabe finden wir im Band 46 auf Seite 237 von den Redakteuren in korrekten eckigen Klammern das Wörtchen »nicht« dazugesetzt.

Tolstoi aber schreibt, daß es Liebe *war.* Allerdings fährt er erstaunt fort: ». . . weil das Objekt ein dickes Stubenmädchen war (allerdings ein sehr hübsches Gesichtchen).« »Ich möchte gern glauben«, schrieb Tolstoi, weil er hoffte, zur Liebe fähig zu sein.

Das Liebesobjekt war das Stubenmädchen Mascha, das er später in *Knabenjahre* beschrieben hat. Noch später vermerkte er, er müsse das erotische Element in der Beschreibung mildern, verwischen. (»Mascha anständiger darstellen.«) Das Kapitel »Mascha« wurde gekürzt.

Die Liebe endete damit, daß der Held der *Knabenjahre,* vielleicht sogar der Autor selbst, dafür sorgte, daß Mascha Wassili, den sie liebte, heiratete.

Das Poetische in Tolstois Erinnerungen an Mascha verflocht sich vermutlich mit der Beschreibung des Gottesdienstes an einem frühlingshaften Ostertag auf dem Dorf.

Mascha verwandelte sich in Katjuscha Maslowa und lieh ihr ein paar Merkmale ihrer Figur.

Tolstoi bekannte in seinem Notizbuch im Juni 1856: »Oft sehnte ich mich nach dem Leben eines Ackerbauern, nach ewigem Werken, ewiger Natur, und merkwürdigerweise mischte sich ständig animalische Wollust in diese Träume: ein strammes Weibsbild mit hornrauhen Händen, straffen Brüsten und nackten Beinen, das ständig vor meinen Augen arbeitete.«

Hier geht es weniger um Erotik als vielmehr um Lebensweise, um Arbeit.

Olenin in der Staniza und Tolstoi auf dem Dorfe wollten beide dasselbe: aus ihrer Gesellschaftsschicht ausbrechen.

Wenn Olenin seine Mariana nicht heiraten kann, muß er die Staniza verlassen. Wenn er sie heiraten kann, muß er in Starogladkowskaja bleiben, muß werden wie Lukaschka und ihm die Frau ausspannen. Lukaschka wiederum ist verpflichtet, es ihm heimzuzahlen.

Die Geschichte mit Lukaschkas Flucht in die Berge glückte nicht, weil mit ihr Olenins neues Leben begann.

Ich verrate schon vorab, daß *Die Kosaken* nicht deshalb unvollendet geblieben sind, weil Tolstoi plötzlich in Geldnot geriet, sondern weil er es nicht schaffte, Olenin ein Leben in der Staniza aufzubauen.

Die Lösungen der Erzählung wechselten.

Varianten tauchten auf, worin Mariana die Frau des Offiziers wird, während Lukaschka (Kirka) in die Berge flieht. Doch an dieser Stelle wollte die Geschichte nicht gelingen. »Die Flucht in die Berge klappt nicht« (12. April 1858); »bei der Flucht in die Berge will es nicht vorangehen. Daher wenig geschrieben« (13. April).

Der gesamte zweite Teil des geplanten Romans ist ja auch nie erschienen.

Es zeigte sich: Olenin konnte weder Marianas Mann werden noch seine Liebe zu ihr bezwingen.

2

Ein anderes, ein großes Gefühl überkam Tolstoi nach seiner Rückkehr aus dem Kaukasus. Er verliebte sich in Axinja Basykina. Damals arbeitete er an den *Kosaken* und ließ seine Liebe in das Werk einfließen.

A. F. Jefremow erwähnt in seiner Publikation *Das volkshafte Element in der Sprache von L. Tolstois »Kosaken«,* das Idiom der Bergkamm-Kosaken sei im Verlaufe des Schaffensprozesses teilweise von Sprachelementen durchsetzt worden, die typisch sind für die Gegend um Tula.

Tolstoi war in eine Bäuerin verliebt und konnte demzufolge kein adliges Fräulein heiraten. Es folgen Aufzeichnungen:

14. Januar 1858: »Alexandrine Tolstaja ist gealtert und in meinen Augen keine Frau mehr.«

19. Januar: »Die Tjutschewa beschäftigt mich ständig. Ärgerlich ist um so mehr, daß das keine Liebe ist und keinen Reiz hat.«

26. Januar über die Tjutschewa: »Kalt, kleinlich, aristokratisch.« Ebenda: ». . . die Tschitscherina ist lieb.«

9. Februar: »Ein Abend bei Valeria [Arsenjewa – V. Sch.]. Sie ist nicht übel.«

Und über Axinja: »Ein wundervoller Pfingsttag. Welkende Faulbaumdolden in rindenrauhen Arbeitshänden . . . Sah Axinja nur ganz kurz. Sehr reizvoll. Wartete all die Tage vergeblich. Heute, im großen, alten Walde, die Schwiegertochter, ich Idiot . . . Ich bin verliebt wie noch nie im Leben. Kann keinen anderen Gedanken fassen. Quälerei. *Morgen alle Kraft.*«

Er möchte sich von Axinja lösen.

Er steht im dreißigsten Lebensjahr. Er denkt an die Tjutschewa: »Ich wäre fast bereit, mich ohne Liebe ganz ruhig mit ihr zu vermählen, aber sie begegnet mir gezwungen und kalt.«

Er speiste am 17. September bei der Familie Bers. »Liebreizende Mädelchen!«

Der Winter kam. Tolstoi fuhr auf Bärenjagd.

Am 21. Dezember erlegte er einen Bären.

Am 22. Dezember fiel ihn eine angeschossene Bärin an und hinterließ ihm fürs Leben eine Narbe im Gesicht.

Darüber stehen im Tagebuch ganze zwei Zeilen.

Am 1. Januar 1859 notierte er: »Dieses Jahr muß ich heiraten – oder es wird nie was daraus.«

Er muß heiraten, nur will die Liebe nicht zu ihm kommen.

Am 16. Februar notierte er einen Traum. Er hatte sich verirrt: »Sah im Traum – Erdbeeren, eine Allee, erkannte sie sofort, obgleich nie gesehen, und Tschapysh in frischem Eichenlaub ohne ein einziges trockenes Zweiglein oder Blättchen.«

Am 9. Mai: »*Familienglück* erhalten. Eine schandbare Scheußlichkeit. Entdecke, daß mich alles widerwärtig kalt läßt. An Axinja kann ich nur mit Widerwillen denken.«

Am 9. Oktober: »Treffe mich nach wie vor *ausschließlich* mit Axinja.« Am gleichen Tage schrieb er: »War bei den Lwows; bei jeder Erinnerung an diesen Besuch könnte ich aufjaulen. Ich hatte mir gesagt, dies sei der letzte Versuch zu einer Heirat, aber auch das ist Kinderei.«

Die Frau, die er in seinem Kreis zu finden wünschte, gab es nicht und konnte es wahrscheinlich nicht geben. Zum Scheitern verurteilte Versuche, deren Aussichtslosigkeit noch durch die Arbeit an den *Kosaken* verstärkt wurde. Der Autor suchte gleichzeitig nach Lösungen für sein Schicksal und das von Olenin.

Am 13. Oktober 1859 notierte er: »Axinja war da.«

Am 26. Mai 1860: »Sie ist nirgends zu finden – habe gesucht. Das sind nicht mehr die Empfindungen eines Rehbocks, sondern die eines Ehemannes seiner Frau gegenüber. Seltsam, versuche die frühere Übersättigung wieder heraufzubeschwören und kann es nicht.«

Die Leidenschaft zu Axinja schlug sich nieder in den Werken *Ein Idyll* und *Tichon und Malanja.*

Wieder folgten Eintragungen über seine Liebe zu Axinja.

In *Tichon und Malanja* sind Liebeskonflikte menschlich einfach gelöst. In Tolstois Leben ist alles so verworren, daß er ins Ausland reist, um zu sehen, wie man dort lebt und was man dort die Kinder lehrt. Seine Traumgesichte aber reisen mit ihm.

Am 23. August 1860 schrieb er: »Träumte, ich hätte mich als Bauer verkleidet und meine Mutter erkenne mich nicht mehr.«

Er wünschte, sein Leben zu ändern, ohne die Welt zu verändern, einzig dadurch, daß er sich selbst änderte. Sein Entschluß war, das Gefüge der Welt zu verändern, ohne das Leben umzugestalten.

Ins Ausland

Der Weg in den Westen war weit, der Westen selbst aber schien ihm nahe.

Zuweilen träumte Tolstoi in französischer Sprache. In Deutschland wurde er für einen Deutschen gehalten. Die westliche Literatur war ihm vertraut, außerdem kannte er den Westen und westliche Soldaten aus den Kämpfen um Sewastopol.

Er reiste in den Westen, weil er lernen, nicht konform gehen und streiten wollte.

Nahezu alle Ereignisse in seinem Leben scheinen weniger unerklärbar zu sein als vielmehr verschiedene Erklärungen anzubieten. Er pflegte lange zu überlegen, dann aber blitzschnell Entschlüsse zu fassen, gleichsam ohne auslösenden Anlaß.

In Rußland wurde die Schulreform durchgeführt. Doktor Pirogow befürwortete die Erfahrungen des Schulwesens in Deutschland. Tolstoi wünschte sich eine Schule anderer Art, eine, die der Bauer für sich selbst schaffen sollte, die den Bauern nicht aus dem patriarchalischen Dasein herausreißen würde. Zugleich aber wünschte er, vielleicht sogar unbewußt, eine Schule, die den Schülern poetische Erziehung böte. Er unterrichtete häufig selbst, erzählte aus der Weltgeschichte, gab mit eigenen Worten biblische Mythen wieder, weniger die religiös betonten als die menschlich bedeutsamen. Er lernte von den namenlosen Künstlern des Altertums, von denen ihn Jahrtausende trennten, auf welche Weise die Geschichte Josefs, den seine Brüder verkauften, erzählt werden muß. Josef liebt seine Brüder, er verzeiht ihnen. Und nachdem er sie in eine Zwangslage versetzt hat und sie Benjamin, den jüngsten, in Ägypten zurücklassen und somit ihren Verrat gleichsam wiederholen müssen, zieht er sich in einen Nebenraum zurück und weint.

Thomas Mann, ein Schriftsteller von bedeutendem Format, hat die Josefsgeschichte neu geschrieben und sie mit der Vielschichtigkeit des Romans unserer Tage, mit archäologischer Präzision, mit der Konfrontation psychologischer Feinheiten eines in mancher Hinsicht enttäuschten Deutschen angereichert, doch hat er weniger sich selbst durch die Schlichtheit einer alten Geschichte bereichert als vielmehr die Geschichte durch Erfahrung und Ironie kompliziert.

Tolstoi reiste in den Westen, überzeugt, daß von allem bisher Erlebten das eigentlich Unanfechtbare auf Jasnaja Poljana stattfinde, aber nicht in seinem Hause, sondern auf den Feldern und in den Bauernkaten. Er reiste, um zu streiten und nicht konform zu gehen, er reiste, um einen großen Mann zu treffen, nämlich Alexander Herzen, der jahrzehntelang im Westen gelebt und ebensolange gestritten hatte und nicht konform ging mit der russischen Regierung, aber auch nicht mit dem Westen und den Slawophilen, die da meinten, Rußland sei nicht durch seine Zukunft, sondern durch seine Geschichte geprägt.

Tolstoi reiste ins Ausland, um Fragen zu stellen, Vergleiche zu ziehen und zu lernen. Er wollte lernen, wie die Rückkehr ins Volk zu bewerkstelligen sei, wie das zu verstehen sei, was sich im Volk vollzog. Er wollte lernen, wie das Leid der Zukunft zu umgehen sei, wie eine Invasion Englands mit seinen Maschinen und Fabriken, seiner Kinderarbeit, seinem Reichtum weniger, seinen Kolonien in

Rußland zu verhindern sei. Er war ein rückwärtsgewandter Utopist, dabei ist dieser Weg am allerunmöglichsten, denn die Zeit bewegt sich ja ausschließlich vorwärts.

Das Patriarchalische der Welt, die Tolstoi hinter sich ließ, war entschwunden. Die sich vollziehende »Bauernbefreiung« war nichts anderes als Bauernberaubung mit Hilfe übertrieben hoher Loskaufgelder für Bauernäcker und durch Abzwacken der wertvollsten, notwendigen Grundstücke. Der Kapitalismus, der sich schon unter Nikolai I. in Rußland eingeschlichen hatte, eroberte jetzt das Land als Räuber. Der Ruin des Altadels vollzog sich auf mannigfache Art und Weise und obendrein beschleunigt, obgleich ihm in der ersten Zeit nach der Bauernbefreiung auf Grund der Loskaufverpflichtungen bedeutende Geldbeträge zuflossen. An die Bauern wurde der Boden zu märchenhaften Preisen weit über dem realen Wert verkauft. Der rasche Ruin der Bauern setzte ein.

Der Dichter A. Feth polemisiert im zweiten Teil seines Buches *Meine Erinnerungen* mit Turgenjew gegen den Literaturfonds: »Ernst zu nehmende Stifter müssen wissen, daß Literatur Vergnügen, Freude, sogar eine gewisse Beihilfe zum täglichen Brot sein kann, aber auch, daß rein literarische Arbeit meistens einen einzelnen Menschen ebensowenig zu ernähren vermag wie der Pro-Kopf-Bodenanteil einen Bauern.«

Das wurde 1872 geschrieben.

A. Feth verstand es, bäuerliche Arbeit auszubeuten, den Bauern, dem kein Ausweg offenstand, in die Zange zu nehmen. Der Bauer war an sein Grundstück gebunden. Daß es ihm unmöglich war, von dem eigenen Stück Land zu leben, schien für Feth ein Axiom darzustellen; die Aussage ist als um so bedeutsamer zu bewerten, als sie ganz nebenbei und unter anderem gemacht wird.

Die Gutsbesitzer paßten sich nur mit Mühe der neuen Situation an. Die Familie Tolstoi war an altväterisches Wirtschaften gewöhnt. Sergej unterhielt eine Parforcejagd und ein Gestüt. Ungebunden, gescheit, weckte er durch seine Unabhängigkeit und sein Leben auf alte Gutsherrenart manchmal den Neid des Bruders Lew.

Maria, die Schwester, schlug sich von einem Geldeingang zum nächsten durch.

Keines der Geschwister Tolstoi war glücklich.

Maria Nikolajewna hatte sich von ihrem Mann getrennt und war in Turgenjew verliebt. Die Liebe der Schwester und die zärtliche Unentschlossenheit Turgenjews, sein Egoismus, seine Unfähigkeit, zu lieben, ärgerten Tolstoi. Die Schwester war sich momentan selbst im unklaren, wie sie ihr Leben einrichten sollte.

Der geliebte Bruder, Weggefährte der Wolgafahrt, der Lew in den Kaukasus gebracht und dort auf seine zerstreute Art erzogen hatte, der neben ihm geschrieben, ihn mit Jepischka bekannt gemacht, der ihm das Jagen, die Selbständigkeit, ein eigenes Leben, die persönliche Freiheit beigebracht hatte, der von aller Welt geliebte Nikolai Nikolajewitsch war unheilbar an Schwindsucht erkrankt.

Kurz zuvor erst war Bruder Dmitri, dessen Leben qualvoll zwischen Religiosität und asketischer Grausamkeit, zwischen Grausamkeit und Verliebtheit in die ehemalige Bordellinsassin verstrickt war, im Elend an Schwindsucht gestorben.

Lew liebte Nikolai, wie ein Sohn seinen Vater liebt.

Die Ärzte schickten Nikolai ins Ausland. Maria wollte ihn begleiten; einmal, weil es nicht anging, den Kranken allein reisen zu lassen, zum anderen, weil auch sie sonst ganz allein geblieben wäre. Lew hoffte, den Bruder im Ausland zu treffen und eine Zeitlang bei ihm zu bleiben. Nikolai reiste, weil er gesund werden wollte, Maria, weil sie daheim nichts zu bestellen hatte und hoffte, Turgenjew zu treffen; Lew, weil er längst Ersehntes sehen wollte.

Er war mit der zeitgenössischen Kunst nicht einverstanden, selbst Turgenjew schien ihm häufig banal. Er glaubte nicht an das, was man Fortschritt nannte. Nach der Lektüre des deutschen Schriftstellers Auerbach, der in seinen Erzählungen das Leben der deutschen Bauern beschreibt, und Goethes *Reinecke Fuchs* trug er ins Tagebuch ein: »Träumte was ganz Ausgefallenes – Gedanken. Meine Religion ist seltsam und die Religion unserer Zeit ist , die Religion des Fortschritts. Wer hat da zum Menschen gesagt, Fortschritt sei etwas Gutes? Er ist nichts als Mangel an Glauben und Bedürfnis nach bewußter Tätigkeit im Gewand des Glaubens. Der Mensch braucht einen Auftrieb ...« Wofür, steht nicht da. Einfach einen Auftrieb und die seelische Fähigkeit dazu.

Lew Tolstoi und Maria mit den Kindern reisten in eigenen Equipagen von Jasnaja Poljana über Tula nach Moskau und Petersburg. In Petersburg trafen sie keine Bekannten an, es war Sommer, und alle Welt war verreist. Tolstoi zeigte seinen kleinen Nichten die soeben zu Ende gebaute Isaakskathedrale mit dem noch frischen Gold der Kuppel; die Bauleute waren gerade fertig, im Innern aber wurde bereits Gottesdienst abgehalten.

Die Kathedrale blitzte marmorn und graniten und verströmte vielfarbige Kälte. Man besichtigte das neue Denkmal Nikolais I. dahinter. Der männlich schöne Zar saß auf einem eleganten, tadellos in Bronze gegossenen, von dem hervorragenden Tierbildner Baron Clodt modellierten Roß. Der in Bronze gegossene Mann, der Rußland in

Fesseln geschlagen hatte, galoppierte auf dem großen Platz neben der Mammutkathedrale dahin und ersetzte wieder einmal – diesmal postum – einen Sieg durch eine Parade.

Ein paar Stunden vor seiner Abreise ins Ausland schrieb Tolstoi an Tante Jergolskaja: »... Große Städte, neue Gesichter, bekannte Leute langweilen mich. Es gibt kein besseres Leben, als mit dem sechsfingrigen Tichon Heu zu machen.«

Am 2. Juli 1860 fuhr die *Preußenadler* mit Tolstoi an Bord von Petersburg nach Stettin.

Die Ostsee war in jenen Sommertagen weißblond. Die Sonne stand lange überm Horizont. Die Wellen waren blaugrau. Die Ufer rückten in die Ferne. Petersburg entschwand. Zu allerletzt versank im weißlichen Blau die goldene Kuppel der Isaakskathedrale. Wie Torflügel öffneten sich die dunklen Uferbegrenzungen. Und da war sie, die flache, graue See, Möwen kreischten einander in ihrem Flug hinter dem Dampfschiff mit der schwarz-weißen preußischen Flagge Neuigkeiten zu.

In der großen, vorerst noch nicht kaiserlichen Stadt Berlin streifte Tolstoi zehn Tage umher. Besuchte einen Handwerkerverein, wo ihm der Fragekasten gefiel. Leute, die irgendwelche Fragen hatten, warfen Zettel in einen Kasten; nachdem er geöffnet worden war, erfolgte die Beantwortung der Fragen. Die deutschen Antworten waren sehr gründlich. Tolstoi besuchte den Verein zweimal und nahm die Satzung und auch ein paar Fragezettel aus dem Kasten mit nach Jasnaja Poljana.

Er suchte deutsche Pädagogen und Gelehrte auf, die ihn wie einen der Ihren behandelten und über das umfassende Wissen des Grafen aus Rußland staunten. Er interessierte sich für landwirtschaftliche Fragen und fand mancherlei Parallelen zwischen den deutschen und den russischen Bauern.

Zum Bruder nach Kissingen reiste er am 12. August und notierte im Tagebuch: »Nikolenka ist entsetzlich schlecht dran. Erschreckend gescheit. Ungetrübt leuchtend. Und möchte gern leben. Aber die Lebenskraft fehlt.«

Bruder und Schwester fuhren in den Süden Frankreichs; Tolstoi reiste allein weiter, besichtigte Gehöfte, staunte über die miserable Verpflegung der Tagelöhner, darüber, wie ähnlich ihre Arbeit der russischen Fron war. Enttäuscht notierte er am 29. August: »Es wird Zeit, daß man aufhört, überraschende Geschenke vom Leben zu erwarten, es gilt, selbständig am Leben mitzuwirken.« Aber wie sollte man das anfangen?

Seinen Bruder traf er dann wieder in Hyères an der französischen

Südküste unweit von Toulon. Nikolai und Lew wohnten in einer Pension, deren Fenster auf den buntschillernden Strand und das blaue Meer hinausgingen, in der Ferne lag eine Insel. Die Schwester hatte in einem anderen Hotel Logis genommen.

»Das hiesige Klima ist wundervoll«, schrieb Tolstoi an Tante Jergolskaja. »Zitronenbäume, Apfelsinenbäume, Lorbeer, Palmen, die den Winter über Laub, Blüten und Früchte behalten. Nikolenkas Zustand ist noch immer der gleiche; doch einzig hier kann er auf Besserung hoffen.«

Das Wetter hielt sich prächtig. Man schöpfte Hoffnung, weil man unterwegs immer wieder Bekannte aus Rußland traf, Kranke, die einen Tag um den anderen herumbrachten, und das jahrelang.

Bis zur letzten Minute hoffte Nikolai. Er tat alles, was zu tun war, selbst. Bemühte sich zu arbeiten, schrieb, befragte Lew nach dessen Plänen, bat, ihm Abschnitte vorzulesen, gab Ratschläge. Doch tat er das alles, so schien es Lew, nicht aus einem inneren Bedürfnis, sondern aus Prinzip. Er wollte nicht aufgeben. Eines Tages durchschritt er das Schlafzimmer und fiel vor Schwäche auf das Bett am offenen Fenster. Als Lew eintrat, sagte Nikolai mit Tränen in den Augen: »Welch ein Genuß das eben war, eine ganze Stunde lang.« Er starb langsam, gelassen, lautlos und qualvoll. Tausendmal zitierte Lew Tolstoi für sich die Worte des Evangeliums: »Laß die Toten ihre Toten begraben«, und der Bibel: »Von Erde bist du genommen, zu Erde sollst du werden.« Er schrieb: »Man kann einen Stein nicht überreden, nach oben zu fallen statt nach unten, wohin es ihn zieht. Man kann nicht über einen Scherz lachen, dessen man überdrüssig ist, man kann nicht essen, wenn man nicht mag. Wozu das alles, wenn doch morgen Todesqualen einsetzen mit allen Widerwärtigkeiten von Gemeinheit, Lüge, Selbstbetrug und enden werden mit Nichtigkeit, mit einer Null für einen selbst. Amüsantes Stückchen. Sei nützlich, sei tugendsam, sei glücklich, solang du am Leben bist – so reden sich die Leute seit Jahrhunderten zu und wir auch ... Die Wahrheit aber, die ich in meinen 32 Lebensjahren erfahren habe, ist, daß die Lage, in die uns irgendwer versetzt hat, der fürchterlichste Betrug und ein Greuel ist, wofür wir (wir, die Liberalen), brächte ein Mensch einen anderen in eine solche Situation, keine Worte fänden.«

Doch glaubte Tolstoi selbst nicht daran. Seine Losung lautete: »›Nehmt das Leben, wie es ist.‹ Aber ja doch! Ich nehme ja das Leben, wie es ist, als ordinärsten, abscheulichsten, verlogensten Zustand.«

Kurz vor seinem Tode kam Nikolai zu sich und sagte leise: »Ja, was ist denn das nur?«

Er hatte den Tod erblickt und flößte seinem Bruder und Freund durch seine ruhige Hinnahme des Sterbens und durch seine Angst davor Entsetzen ein. Er hatte sein Untertauchen in das Nichts erblickt. Lew Tolstoi wollte lernen, die Todesfurcht zu bezwingen, mußte aber den siegenden Tod und den toten Bruder erleben.

Er blieb an der Küste des blauen Meeres. Ging inmitten von Sterbenden durch die Straßen. Schrieb Briefe, in denen er anordnete, feuergeschädigten Bauern Bauholz aus seinem Hain zuzuteilen, und tat das alles mit dem Tod im Gemüt.

Bruder Nikolai wurde eine Totenmaske abgenommen. Lew bestellte eine Büste von ihm. Es mußte weitergelebt werden.

Und das konnte man, vorausgesetzt, man vergaß sich selbst.

Schwester Maria reiste mit den Kindern ab. Sie führte ihr eigenes Leben, und Lew ließ sie reisen, ohne um ihr künftiges Schicksal zu wissen. Er selbst setzte sich zum Schreiben hin. Schrieb an den *Kosaken,* an den *Dekabristen.* Er stritt gegen seine Zeit und schrieb über Jeroschka, die Wälder, die Jagd, die er noch an der Seite des Bruders erlebt hatte, und über die Kosakenfrau, von der er 1854 zum letztenmal Nachricht bekommen hatte. Er wich vor dem Tode zurück in Erinnerungen an jenen gelassenen alten Mann, der lange lebte, weil er verstand, in Frauenaugen zu blicken und zu jagen.

Wenn Jeroschkas Leben zu Ende ginge, würde er sterben wie ein großer alter Baum.

Der Wald würde bleiben.

Tolstoi bei Herzen in London

Tolstoi besuchte eine der ersten Vorlesungen, die Dickens hielt.

Charles Dickens trug einen dunklen Schnauz, kämmte sein Haar nach hinten, kleidete sich bunt und erschien Chesterton, der ihn kannte, als Mann von Miniaturgestalt.

Tolstoi hingegen berichtete von Dickens als einem kräftigen Mann, er hatte ihn groß gesehen und so sechzig Jahre lang in Erinnerung behalten.

Mit Dickens' Augen betrachtete Tolstoi die Stadt London.

Dickens lehrte ihn, Einzelheiten zu sehen und das Wesentliche hervorzuheben; er führte ihm vor, welche Bedeutung in einem englischen Hause dem Zirpen eines Heimchens, dem Brodeln des Teekessels zukam, was Pickwicks Gamaschen bedeuteten, was Micawbers Art, Zitronen zu schälen und auf verschiedene Weise, je nach Stimmung, den Zucker im heißen Wasser zu verrühren.

Wir können uns das damalige London nur schwer vorstellen.

Gontscharow, der das Leben langsam und unbehindert in sich aufnahm, schreibt über das London des vorigen Jahrhunderts:

»Unvergeßlich . . . die Bilder der in Gasflammen lodernden und unübersehbaren Stadt, die sich dem bieten, wenn er sich ihr . . . abends nähert. Die Lokomotive taucht in den glitzernden Ozean aus Licht und rast über Dächer dahin, über elegante Abgründe, wo zwischen buntbemalten und mit Flammenglanz und leuchtenden Farben übergossenen Straßen wie in einem Kaleidoskop ein Ameisenhaufen wimmelt.«

Die Stadt gleißte im gelben Gaslicht und würde uns heute wie ein finsterer Abgrund anmuten. Die Stadt war still. Gontscharow sagte: »Außer dem unvermeidlichen Lärm, den Pferde und Räder verursachen, ist fast nichts zu hören. Die Stadt scheint wie ein lebendes Wesen Atem und Puls anzuhalten. Kein unnützes Geschrei, keine überflüssige Bewegung, von Gesang, Gehopse oder von Kinderstreichen ganz zu schweigen. Alles wirkt berechnet, abgewogen und ausgepreist, als würden auch Stimme und Mimik besteuert wie Fenster und Gummireifen. Die Equipagen rollen in voller Karriere, aber kein Kutscher schreit, denn es hält ja auch kein Passant Maulaffen feil . . . Alles hastet, rennt, keine einzige unbekümmerte Nichtstuergestalt außer der meinigen.«

In der gelb beleuchteten Stadt, wo auch am Tage die Sonne durch einen Rauchfilter dringt und Blattgrün, rauchgetuschte Häuser und den auflasierten schillernden Schmutz der Themse mit ihrem Wald aus Masten bescheint, in dieser Stadt lebte Dickens. Der bunt Gekleidete, laut Sprechende, verblüffend Gestaltende, Details aus dem Dunkel Herausreißende, Menschencharaktere Übertreibende, Lachende, Weinende, Erfindende – er war die Stimme der lautlos hastenden Stadt.

Herzen wohnte in der Vorstadt Putney.

Tolstoi näherte sich dem zweistöckigen Haus, das tief in einem kleinen Hof stand; dahinter ragten dünnbelaubte Bäume: es war März. Über Steinplatten, durchädert von efeudickem Gras, schritt Tolstoi auf das Haus zu. Ließ durch den Diener seine Visitenkarte überreichen. Nach einiger Zeit hörte er rasche Schritte: Herzen kam die Treppe herabgelaufen und erwies sich als mittelgroßer, dicker, energiegeladener Mann mit raschen Bewegungen.

Die flache Schirmmütze in der Hand, betrachtete er den Ankömmling. Tolstoi trug Gehrock und einen neuen Zylinder.

Sie spazierten zusammen durch London und kehrten in der nächstgelegenen Bierstube ein.

»Einen anderen Menschen dieser Art« – erinnerte Tolstoi sich später – »habe ich niemals gesehen. Ogarjow ist ein lieber, guter Mann, aber bei weitem nicht das. Auch Turgenjew hatte das nicht, obgleich Turgenjew ein lieber, charmanter Mensch war«, pflegte er eilig hinzuzufügen.

Wenn Tolstoi von Herzen sprach, erzählte er, er sei im Laufe von anderthalb Monaten tagtäglich, also fünfundvierzigmal, mit ihm zusammengekommen. Tolstoi hatte sich aber nur sechzehn Tage in London aufgehalten, demnach hatte sich die Summe jener Tage in ihrer Bedeutsamkeit, der Schärfe der viele Male neu gedachten Gedanken im Laufe der Zeit verdreifacht.

Er rief sich Herzens Worte ins Gedächtnis: »Wenn doch die Menschen, anstatt die Welt zu erretten, sich selbst erretten, anstatt die Menschheit zu befreien, sich selbst befreien wollten, wie vieles könnten sie für die Errettung der Welt und für die Befreiung der Menschheit tun.«

Erinnerungen gleichen sich auf eine bestimmte Art bei allen Menschen: Man denkt zurück an sich selbst und über sich selbst. Herzens Tochter konnte über Tolstoi nur aussagen, dieser habe mit ihrem Vater über Hahnenkämpfe gesprochen, zugleich aber habe es ein Gespräch über Sewastopol und über ein Soldatenlied gegeben.

Herzen wußte seit langem von Tolstoi, der ihn eigentlich schon während seiner ersten Reise hätte aufsuchen sollen. Turgenjew hatte am 16. Februar 1857 aus Paris an Herzen geschrieben: »Tolstoi wird auch nach England kommen; Du wirst ihn liebgewinnen, er Dich ebenso, wie ich hoffe.«

Tolstoi empfand Herzen als einen alten, aber sehr starken Mann mit selbständigen Gedankengängen. Herzen wiederum empfand Tolstoi als jemanden, der alles im Sturm nehmen mußte.

Beide Männer lernten einander kennen, begreifen und achten, sie fanden aber keine gemeinsame Sprache, obwohl einer den anderen niemals mehr vergaß.

Zu Ogarjow, der gerade unter Depressionen litt, fand Tolstoi noch weniger Kontakt und konnte wenig von ihm lernen. Beide hatten, wie sich herausstellte, einen gemeinsamen Bekannten, den Petersburger Musiker Georg Kiesewetter, jenen Mann, den Tolstoi 1849 zu sich nach Jasnaja Poljana mitgenommen hatte. Ich rufe dem Leser ins Gedächtnis, daß Georg ehemalige Musiker von Großvater Tolstoi zusammengeholt und sowohl ihnen als auch Tolstoi selbst die neue Musik von damals nahegebracht hatte.

Musiker kreuzten Tolstois Lebensweg in Gestalt Georgs (in der Erzählung *Albert*) und des namenlosen Tiroler Sängers, den englische

Touristen in Luzern verspottet hatten. Der Autor nahm beide wahr und setzte sich leidenschaftlich für beide ein, schrieb deshalb so lange an der Erzählung *Albert* (die ursprünglich *Der Geschädigte* hieß), weil er die Schicksale beider als Merkmal des allgemeinen Schicksals empfand, als Merkmale der Kunstfeindlichkeit der kapitalistischen Gesellschaft. Das menschliche Talent wird in dieser Gesellschaft erstickt.

Die Zeit nahm an Bestialität zu, der Künstler hatte sich zu ändern oder unterzugehen.

Tolstoi verteidigte den Künstler. Sterbend hört Albert im Fieberwahn ein Streitgespräch über Ehre und Bedeutung des Künstlers, über dessen Recht auf Stolz.

Tolstoi gab dieses Thema recht bald auf: Die Diskrepanz zwischen Künstler und Welt gehörte zum Prinzip der »l'art pour l'art«; Tolstoi akzeptierte den von den Verteidigern dieser Kunstauffassung angebotenen Ausweg nicht, der besagte, der auf seine Art glückliche Künstler sondere sich von der Welt dadurch ab, daß diese Welt seine Kunst nicht akzeptierte.

Die Verbindung zwischen Kunst und Welt war ihm wichtig.

Tolstois Themenkreis weitete sich. Eine neue Entwicklungsstufe war mit der Entdeckung verbunden, daß nicht nur zwischen Gesellschaft und Künstler ein Widerspruch besteht, sondern allgemein zwischen Gesellschaft und Menschlichkeit.

Er hatte das bereits begriffen, als er, von der ersten Auslandsreise zurückgekehrt, Rußlands Leiden wahrnahm oder, wie er kummervoll an Tante Alexandra Andrejewna schrieb, »die Leiden von Mensch und Tier«. Als er den Verlust an Menschlichkeit wahrnahm.

Worüber sprachen jetzt die verschiedensten Menschen?

Tolstoi reiste an dem Tage aus London ab, als das Manifest der Bauernbefreiung proklamiert wurde. In Brüssel nahm er Aufenthalt und wartete auf Briefe von Herzen mit einer »Einlage«. Auf Herzens Rat hin besuchte er Proudhon.

Dieser schrieb gerade an seiner Arbeit *Über das Kriegsrecht.* Man soll nicht annehmen, Proudhons *Krieg und Frieden* habe Tolstoi die Idee zu seinem *Krieg und Frieden* eingegeben. Schon Herzen hatte einen langen Artikel über Krieg und Frieden veröffentlicht, der in der Zeit, als Tolstoi mit ihm durch London spazierte, eine Neuauflage erlebte. Es ging darin um Cäsarismus, um künftige Kriege, sogenannte Führer und um das Volk, um allgemeines Bewußtsein, das die Geschichte bestimmt; eher noch lagen Herzens Ideen dem Roman Tolstois zugrunde oder hatten zumindest den Impuls dazu gegeben.

Der Brief aus Brüssel gibt Auskunft, worüber Tolstoi und Herzen miteinander sprachen.

Sie machten sich gemeinsam Gedanken über Rußland, über seine Zukunft, über die Dekabristenbewegung. Sie sprachen über den Glauben und die künftige Gesellschaftsordnung, über Herzens Artikel *Robert Owen,* der, wie Tolstoi schrieb, »leider, leider! seinem Herzen nahe, allzu nahe lag«.

»Wahr ist – quand même –«, schrieb er an Herzen aus Brüssel, »was heutzutage nur für einen, der vom Saturn auf die Erde geflogen kommt oder aber für einen russischen Menschen möglich ist. Es gibt viele Menschen, darunter 99 von 100 Russen, die Ihrem Gedanken vor lauter Angst keinen Glauben schenken werden (was ihnen, in Parenthese sei's gesagt, durch den allzu unbeschwerten Ton Ihres Artikels recht leicht gemacht wird. Er scheint sich nur an intelligente und kühne Leute zu wenden). Diese Menschen, d. h. die Unintelligenten und Ängstlichen, werden sagen, es sei besser, den Mund zu halten, wenn man zu Ergebnissen gekommen ist, die aufzeigen, daß der Weg falsch war. Und Sie liefern ihnen die Begründung, dergleichen zu sagen, weil Sie anstelle zertrümmerter Götzen das Leben selbst setzen, die Willkür, das Ornament des Lebens, wie Sie sich ausdrücken. Als Ersatz für große Hoffnungen auf Unsterblichkeit, ewige Vervollkommnung, historische Gesetze etc. wird besagtes Ornament zu einem Nichts, zu einem Hosenknöpfchen anstelle eines Kolosses. Es wäre also besser gewesen, jenen diese Begründung nicht zu liefern. Nichts ›anstelle‹. Nichts, mit Ausnahme der Kraft, die jene Kolosse umgeworfen hat.

Außerdem können diese Menschen – die Ängstlichen – nicht begreifen, daß das Eis knackt und unter den Füßen zerbirst – was ein Beweis ist dafür, daß der Mensch darüberschreitet; und daß das einzige Mittel, nicht einzubrechen, ist, weiterzugehen, ohne stehenzubleiben.

Sie sagen, ich kenne Rußland nicht. Doch, ich kenne mein subjektives Rußland, das ich durch mein winziges Prisma betrachte. Daß die Seifenblase der Geschichte für Sie und für mich geplatzt ist, beweist auch uns beiden, daß wir schon eine neue Blase aufpusten, die wir selbst noch nicht sehen. Und diese Blase ist für mich wohlfundiertes, genaues Wissen über mein Rußland, ebenso klar wie Rylejews Wissen um Rußland seinerzeit im Jahre 25. Wir als Männer der Praxis können ohne das nicht leben.

Wie gefällt Ihnen das Manifest? Ich habe es heute auf russisch gelesen und begreife nicht, für wen es geschrieben sein soll. Die Bauern werden kein Wort davon verstehen, wir werden kein Wort davon glauben. Außerdem mißfällt mir, daß es im Tone einer enormen, dem Volke dargebrachten Wohltat abgefaßt ist, sein Wesenskern aber bietet selbst einem gebildeten Leibeigenen nichts als Versprechungen.

Abgesehen von allgemeinem Interesse, können Sie sich nicht vorstellen, wie interessant für mich sämtliche Informationen sind, die die *Poljarnaja Swesda* über die Dekabristen bringt. Mir kam vor etwa vier Monaten die Idee zu einem Roman, dessen Hauptfigur ein heimkehrender Dekabrist sein soll. Hätte gern mit Ihnen darüber gesprochen, bin jedoch nicht mehr dazu gekommen. Mein Dekabrist soll ein Enthusiast werden, ein Mystiker, ein Christ, der im Jahre 56 mit Frau, Sohn und Tochter nach Rußland zurückkehrt und seine strengen und eine Spur idealistischen Anschauungen dem neuen Rußland als Maßstab anlegt. Sagen Sie mir doch, bitte, was Sie über ein solches Sujet denken, ob Sie es für angebracht und für zeitgemäß halten. Turgenjew habe ich den Anfang vorgelesen, die ersten Kapitel haben ihm gefallen.«

Die Helden des Werkes, Pierre und Natascha Lobasow, kehren nach dem Krimkrieg aus Sibirien nach Rußland zurück und sind offenbar über manches enttäuscht. Dekabristenideen, revolutionäres Gedankengut der Adelskreise und hohe Opferbereitschaft prallen auf Liberale.

Sein Leben lang dachte Tolstoi darüber nach, auf welche Weise die Dekabristen, die dem Volke fernstanden, mit dem Volke zu vereinen wären; er erdachte Geschichten, wie ein adliger Revolutionär oder auch nur ein guter Adliger in ein bäuerliches Milieu gerät und wie der Adlige und die Bauern miteinander leben und schließlich eine gemeinsame Sprache finden.

Andere Kräfte sah Tolstoi nicht. Er reiste heim nach Jasnaja Poljana, wo er unterrichten, sich mit Kindern abgeben, Mursik-Morosow einiges beibringen wollte; er glaubte, wenn er ein paar Dutzend oder tausend Lebensläufe wandelte, würde er die Welt ändern.

Man solle das Leben umbauen, meinte er. Im Entwurf seines Artikels *Über die Volksbildung* heißt es: »Schiebt man einen aufgetrieselten Faden durch ein Nadelöhr, wird der Faden um so weniger hindurchgehen, je mehr man daran zieht. Das Einfädeln gelingt nur, wenn man den Faden herauszieht, neu zusammenzwirbelt und wieder einfädelt.«

Tolstoi sagte zu Proudhon: ». . . soweit es sich aus der Ferne beurteilen läßt, dürfte sich innerhalb der russischen Gesellschaft nunmehr das Bewußtsein herausbilden, daß kein Staatsgebilde ohne Volksbildung von Dauer sein kann.« Proudhon sprang auf und ging ein paar

Schritte durchs Zimmer. »Wenn das wahr ist«, sagte er zu Tolstoi gleichsam neidvoll, »dann gehört euch Russen die Zukunft.«

Die Zukunft gehörte den Russen, weil sie den Faden aus dem Öhr zogen, neu zusammenzwirbelten und ungeteilt einfädelten – also nicht das Schicksal einzelner oder vieler, sondern aller, das Schicksal der Gesellschaftsordnung – und die Welt neu schneiderten.

Herzens Antwort an Tolstoi bestand in Ratschlägen für den Roman. Wir dürfen annehmen, daß zwischen den beiden Männern von russischen Universitäten und Rußlands Jugend die Rede war. Die Zeiten waren unruhig: Die Regierung fürchtete die Studenten, Studiengebühren wurden eingeführt, die Studenten gezwungen, sogenannte Matrikel, Examentestatbücher, auszufüllen. Die Studenten empörten sich und rissen sie in Fetzen. Es gab »Studentenunruhen«, die »blauen Mützen« meuterten. So war es in Petersburg und in der Provinz; etwas gemäßigter ging es in Moskau zu.

Herzen schrieb in der Zeitschrift *Kolokol* in dem Beitrag *Provinzuniversitäten:* »So soll sich denn die Jugend selbständig durchschlagen und selbständig lernen; ein Zuviel an Arbeitsleistung wird ihr das große *Recht auf Undankbarkeit* einbringen, sie wird Petersburg nichts schuldig bleiben und nur sich selbst und den jungen wissenschaftlichen Kräften ihre Bildung zu verdanken haben. Möge sie also den Staub von ihren Füßen schütteln und unseren brüderlichen Rat annehmen – voranzuschreiten, ohne vor Hindernissen Halt zu machen, vorwärts und voran!«

Unmittelbar danach folgte die Anmerkung: »Eines möchten wir den jungen Wissenschaftlern an Provinzuniversitäten empfehlen: Sie sollen in ihrem Landesteil, in ihrer heimatlichen Umgebung bleiben, nicht auf den ersten Ruf hin nach Petersburg oder Moskau übersiedeln. Vielleicht ist das durchaus nicht vorteilhaft, die Zeiten aber sind nicht nach Pro-domo-Wirtschaften.«

Die Studenten lebten in einem Ring aus Militär und Polizei; nicht verhaftete Studenten schlossen sich den verhafteten an und begaben sich mit ihnen in den Arrest.

Just zu dieser Zeit kehrte Tolstoi aus London zurück und schlug einer Gruppe von Moskauer Studenten, die wegen der bewußten Matrikelverweigerung exmatrikuliert worden waren, vor, an der Schule von Jasnaja Poljana als Lehrer zu wirken.

Die Blütezeit der Dorfschule von Jasnaja Poljana

Seinen ersten Schulunterricht gab Tolstoi 1849, wie aus seinem Artikel *Projekt eines Gesamtplanes für die Errichtung von Volksschulen* hervorgeht. Seine Schule war offiziell nicht eingetragen, es handelte sich schlicht um Unterricht, den ein junger Gutsherr den Kindern seiner Leibeigenen gab. Foka Demidowitsch, der alte Hausdiener, half ihm dabei.

Tolstoi hatte den Kaukasus bereist. Die kaukasischen Jahre, der Sewastopolfeldzug und der Aufenthalt in Petersburg waren vorüber.

Tolstoi war im Ausland gewesen, hatte die Stätten besucht, wo seinerzeit Rousseau gelebt und von einem neuen System der Menschenerziehung geträumt hatte. Gegen Ende der Auslandsreise hatte Tolstoi über die Volksbildung nachzudenken begonnen. Überlegungen solcher Art tauchen in seinen Tage- und Notizbüchern neben Gedanken über die künftige politische Ordnung in Rußland auf und laufen parallel zum ständig anwesenden Themenkreis um *Die Kosaken* und die *Kaukasische Erzählung,* um Mariana und Kirka (später Lukaschka). Es folgen ein paar Beispiele.

Am 23. Juli (neuer Zeitrechnung) 1857 legte Tolstoi sich in Stuttgart nach einem Besuch des Schlosses schlafen und dachte über zwei Bücher nach: über *Die Kosaken* und ein zweites Vorhaben, dem es nicht beschieden war, verwirklicht zu werden: *Fernes Feld.* »Beim Lesen läßt sich großartig nachdenken. Der Kosak – urwüchsig, frisch, wie eine biblische Überlieferung – und das ferne Feld sind zwei völlig verschiedene Dinge – lebendigste Komik, konzentrieren – Typen, sämtlich scharf gezeichnet.«

Ich will versuchen, das an dieser Stelle unterbrochene Zitat zu kommentieren.

Hier wird das Thema *Kosaken* als hochgestimmtes, lyrisches Vorhaben aufgefaßt, später sollte Tolstoi es mit der *Ilias* und der Bibel in Verbindung bringen. *Fernes Feld* behandelt ein alltäglichen, quasi ein Dickenssches Thema.

Weiter im Zitat (zu Beginn bitte ich zu beachten, daß Tolstoi Merkmale hervorhebt): »Sah den Halbmond großartig von rechts. Das Wichtigste ist, mir kam gebieterisch und deutlich der Gedanke, bei mir im Dorf eine Schule für die gesamte Umgebung einzurichten, und ich stellte mir ihre *Wirksamkeit* in dieser Generation vor. Das Wichtigste ist ewige Wirksamkeit.«

Wenden wir uns nun den Notizbüchern zu. Nach einer Eintragung vom 20. Juli über die abgeschlossene und höchstwahrscheinlich nicht erstmalige Lektüre der *Neuen Heloise,* nach Anmerkungen zum

Fernen Feld, folgt eine Notiz aus Stuttgart, die sich zeitlich mit der Tagebuchnotiz zu den *Kosaken* deckt: »Er ist nicht verschämt, er ist urwüchsig.« Nächste Notiz: »Der Sozialismus ist klar, logisch und, wie es scheint, ebenso unrealisierbar wie einst die Dämpfe [Dampf als Triebkraft – V. Sch.]. Man muß seine Kraft steigern, wenn man einem Hindernis begegnet, man darf nicht zurückweichen.«

Der Gedanke an eine Schule stieß zusammen mit kompositorischen Überlegungen über einen Roman von einem jungen Mann, der im Kosakenmilieu gelebt hat und von einer Umgestaltung der Gesellschaft träumt.

Die Eröffnung einer Schule war alltäglich und bislang durchaus zulässig: gutherzige Gutsherren, häufiger noch mildherzige Gutsherrinnen pflegten den Dorfkindern oft Lesen und Schreiben beizubringen. Bei Tolstoi jedoch wurde die Schulgründung zum Ausnahmefall, weil er damit enorm wichtige, grundlegende Probleme seiner und der kommenden Zeit aufwarf.

Seine Gedanken kreisten ständig um seine literarischen Helden, um Teint und Augenfarbe seiner Mariana, gleichzeitig dachte er stets an seine Schule.

Er denkt über Kunstprobleme nach, über die Beziehungen Rußlands zum gesamten klassischen Erbe des Westens, und zugleich über seine Schule.

Er hört aus dem Gewöhnlichen Ungewöhnliches heraus.

Sein Leben erscheint klugen und liberal gesinnten, hochgebildeten Freunden als allzu simpel, schließlich spricht er selbst ja recht einfach davon.

Im Februar 1860 liegt er dem Dichter A. A. Feth in den Ohren, unweit von Jasnaja Poljana ganz schnell einen Grundbesitz, am besten einen mittelgroßen, zu erwerben und aufs Land zu ziehen. Zugleich berichtet er, Turgenjews Roman *Vorabend* gelesen zu haben, und fügt hinzu: »Hier meine Meinung: Geschichten schreiben ist an sich schon zwecklos, ganz besonders für Leute, die traurig gestimmt sind und nicht genau wissen, was sie vom Leben wollen.«

Es folgt eine lange Auseinandersetzung über Literatur, die sich hier natürlich nicht zitieren läßt; Tolstoi selbst schiebt sie beiseite: »Momentan ist anderes nötig. Nicht wir müssen lernen, wir müssen den Marfutkas und Taraskas wenigstens ein bißchen von dem, was wir wissen, beibringen.«

Eine Woche später traf von dem hochmütig-gescheiten B. M. Tschitscherin ein Brief ein, geschrieben im Ton des Älteren an einen Jüngeren, ein Aufruf zum Lernen, zum Kennenlernen der Antike, eine Mahnung, ja daheim keine Wurzeln zu schlagen.

Tolstois Antwortbrief verbrannte die Brücken zwischen ihm und dem Manne, der bis dahin als sein intimer Freund gegolten hatte: »Wenn Dein Brief bezweckt hat, mich zu einer Antwort aufzustacheln, so ist sein Zweck erfüllt. Er hat mich sogar erbost. Lässig und mild-freundlich erteilst Du mir Ratschläge, *wie ein Künstler sich zu entwickeln habe, wie segensreich die Wirkung Italiens sei, die Denkmäler, der Himmel* usw., lauter abgedroschene Binsenwahrheiten, *wie schädlich doch die Untätigkeit auf dem Lande sei – im Schlafrock, daß ich mich verheiraten und hübsche Geschichten schreiben solle usw.* So kleinlich und nichtig mir Deine Tätigkeit auch erscheinen mag, ich würde Dir dennoch nicht mit Ratschlägen kommen. Ich weiß, daß ein *Mensch* (d. h. ein Wesen, das in Freiheit lebt) in jedem Gegenstand, jedem Gedanken sein Eigenes, niemandem sonst Sichtbares erblickt, und nur das allein kann ihn bis zur Selbstaufgabe an ein Werk binden.«

Ich bedauere, den Brief nicht gänzlich wiedergeben zu können. Tolstoi schreibt zum Beispiel: Glück sei es, zu empfinden, daß das, was Qual zu sein scheine – Mühe, Arbeit –, zum eigentlichen Wesen des Lebens geworden sei.

Das Wichtigste für ihn ist, »den Boden zu pflügen, die Jugend zu lehren, ehrlich zu sein«.

Der Brief schließt: »Was ich eigentlich tue? wirst Du fragen. Nichts Besonderes, nichts Ausgeklügeltes, ich arbeite an einem Werk, und das ist für mich ebenso natürlich wie die Luft zum Atmen, und von dieser Höhe sehe ich zugleich, muß ich gestehen, oftmals in frevelhaftem Stolz recht gern auf Euch übrige hinab.«

Die letzten Zeilen dann gelten der Landschaft um Jasnaja Poljana und bestehen aus ein paar konventionellen Floskeln: »Tantchen hat Dich schrecklich gern. Bruder Nikolai ist auf Bärenjagd gefahren. Leb wohl, schreibe so bald wie möglich.«

Tolstoi kehrte von der Auslandsreise mit einer ganzen Welt eigenständiger und radikaler Gedanken zurück. Er wollte das Leben des Volkes und sein eigenes verändern, und zwar durch praktische Arbeit und deren Propagierung. Seine Entschlüsse entsprangen der totalen Ablehnung der Gesellschaftsordnung, die sich nach und nach in ganz Rußland durchsetzte. Er lehnte den bürgerlichen Fortschritt schon als Begriff ab, negierte ihn konsequent und restlos. 1862 veröffentlichte er als Antwort auf Äußerungen des bekannten Pädagogen Markow einen Artikel, *Der Fortschritt und die Definition der Bildung.* In der Polemik sagte er sich ohne Zögern von westlichen Analysen los, deren Fakten gleichsam ablehnend: »Hier, wo die Rede auf Fakten kommt, empfinde ich es als notwendig, Europa in Ruhe zu lassen und über

Rußland zu sprechen, das mir eingehend bekannt ist.« Er behauptet, an den Fortschritt von Adel, Kaufmannsstand und Beamtentum zu glauben. Er spricht davon, daß die Fortschrittler sich aus Pächtern, adligen Schriftstellern, Studenten, stellungslosen Beamten und Fabrikarbeitern zusammensetzen. Bauern, Fabrikarbeiter in Lohn und Brot und Beamte in Amt und Würden seien keine Fortschrittler. Sich selbst zählte er zu den Leuten in Amt und Würden und daher zu den Nichtfortschrittlern. Er stellt sich gegen die Telegraphie, gegen den Buchdruck. Zwar lehrt er an seiner Schule Lesen und Schreiben, zitiert jedoch zustimmend Dal, der verkündet hatte, Kenntnis des Lesens und Schreibens verderbe Leute aus dem Volke. Er spricht sich gegen die These aus, solches Elementarwissen sei lediglich deshalb verderblich, weil es nur als Ausnahmeerscheinung auftrete, und seine Schädlichkeit werde aufgehoben, sowie es zur Allgemeinregel geworden sei. »Eine Vermutung, womöglich eine geistreiche, aber eben nur eine Vermutung.«

In dem Artikel *Der Fortschritt und die Definition der Bildung* wirft Tolstoi umfassende Probleme auf. Er war als Antwort an den Pädagogen Markow verfaßt, der von damals üblichen liberalen Positionen aus gegen Tolstois Glauben an den Fortschritt und die bereits nahende Prosperität der ganzen Menschheit polemisiert hatte.

Tolstois Erwiderung ist vielseitig: er greift zu einem Buch des englischen Historikers Macaulay, das unter der russischen konservativen sowie liberalen und von der Prosperität des Westens faszinierten Intelligenz populär war.

Er zieht aus dem dritten Kapitel des ersten Teiles eine präzise, allerdings verfremdete Bilanz: »An bedeutsamen Fakten existieren nur folgende: 1.) Die Bevölkerungszahlen stiegen in einer Weise, daß die Malthustheorie notwendig wird. 2.) Ein Heer gab es nicht – jetzt hat es enorme Ausmaße angenommen; das gleiche gilt für die Flotte. 3.) Die Zahl der kleinen Grundbesitzer hat sich verringert. 4.) Die Städte haben den größten Teil der Bevölkerung an sich gerissen. 5.) Der Boden ist von Wäldern entblößt. 6.) Löhne und Gehälter sind auf das Doppelte gestiegen, alle Preise ebenfalls, und die Bequemlichkeiten des Lebens haben sich vermindert. 7.) Die Besteuerung der Armen stieg auf das Zehnfache. Es gibt mehr Zeitungen, die Straßenbeleuchtung wurde verbessert, Kinder und Ehefrauen werden weniger geschlagen, die englischen Ladys schreiben bereits ohne orthographische Fehler.«

Tolstoi kann für die Rechtschreibung englischer Ladys kein Interesse aufbringen und antwortet Macaulay vom Gesichtspunkt eines »Bauern aus Jasnaja Poljana, Gouvernement Tula«.

Die Erfindung des Telegraphen interessiert ihn nicht, weil dieser nur der gebildeten Klasse diene. Das Volk höre lediglich das Summen der Drähte und werde mit dem ungerecht strengen Gesetz über Beschädigungen telegraphischer Anlagen belästigt. Der Draht befördere ein Telegramm: ». . . Ich, eine russische Gutsherrin, wohnhaft in Florenz, habe meine Nerven, Gott sei Dank, gestärkt, umarme meinen Göttergatten und bitte um ehebaldigste Übersendung von 40.000 Franken.«

Es folgen Gegenargumente ernsthafterer Art.

Tolstoi hatte seinerzeit die Ansicht vertreten, die Bauern hätten zwar selbstverständlich ein Recht auf Freiheit, der Boden jedoch gehöre ihm. Jetzt trat diese Ansicht eines Adligen in den Hintergrund. Tolstoi schreibt: »Ich möchte fragen, warum der Prozeß der Bauernbefreiung bei der Verfügung vom 19. Februar verharrt, die das tägliche Leben der Bauern verbessert oder verschlechtert – erwiesen ist das noch nicht –, indem sie ihnen Viehweiden und Waldparzellen raubt und ihnen neue Verpflichtungen auferlegt, die sie nicht erfüllen können. Ich möchte fragen: Warum ist der Fortschritt im Buchdruck bei der Verfügung vom 19. Februar stehengeblieben? Jeder weiß, daß die gleichmäßige Aufteilung des Bodens unter den Bürgern ein unbezweifelbarer Segen ist. Warum bringen dann in der Presse nur Leute, die als verrückt gelten, und sonst kein Mensch eine solche Bodenaufteilung zur Sprache?«

Tolstoi ist gegen die Eisenbahn, gegen Fabriken; er steht auf dem Standpunkt des patriarchalischen Bauerntums und spricht das auch deutlich aus.

»Ich muß mich auf die Seite des Volkes stellen, weil es erstens mehr Volk gibt als Gesellschaft und weil deshalb vorausgesetzt werden muß, daß der Löwenanteil der Wahrhaftigkeit auf seiten des Volkes liegt; zweitens aber, und das ist das Wichtigste, weil das Volk ohne eine Gesellschaft von Fortschrittlern leben und seine sämtlichen menschlichen Bedürfnisse wie Arbeit, Frohsinn, Liebe, Denken, Schaffen von Kunstwerken (Iliaden, russischen Liedern) befriedigen könnte. Fortschrittler ohne Volk hingegen wären nicht existenzfähig.«

Tolstois Kritik ist gewichtig und zielt auf den Wesenskern ab. Ihre Achillesferse ist, daß sich ihm die Stadt lediglich als Sammelsurium von Herrschaften darstellt. Er verficht utopisch eine Welt als Ansammlung von Dörfern, die durch ihre tägliche Arbeit ihre sämtlichen Bedürfnisse befriedigen. Dieses Idealbild Tolstois hinkt etwa hundertfünfzig Jahre hinter der Zeit her, in der er selbst und die Bauern von Jasnaja Poljana lebten.

Loskaufzahlungen, Parzellen, Weideverbote aber waren ständig im

Gespräch, und die Gendarmen, die bald darauf eine Razzia auf Jasnaja Poljana durchführten, hatten schon den richtigen Riecher. Nur zwei Fehler unterliefen ihnen: 1.) Sie suchten nach Proklamationen, während Tolstois Gedanken nicht in Proklamationen enthalten waren, sondern in pädagogisch-politischen Artikeln. 2.) Sie wollten Gedanken verhaften, Gedanken aber lassen sich nicht verhaften.

Die an der Haussuchung Beteiligten suchten nach Proklamationen, die mit der Bahn angeliefert worden sein sollten. Tolstois Gedankengut kam aber nicht in Gestalt von Proklamationen auf die Welt und war nirgendwoher entlehnt. Tolstoi war gegen Eisenbahnen, weil die Bauern keinen Anlaß zur Eile hatten, Eisenbahnen hingegen Wälder vernichteten, Arbeitskräfte banden und die Pferdezucht auf den Nullpunkt gebracht hätten.

Konsequent bekannte Tolstoi sich zur Ansicht des patriarchalischen Bauern, der zunächst seine Situation für besonders gesichert und begreifbar hielt und sie nicht verändern wollte, ohne zu verstehen, daß Veränderungen ungefragt stattfinden. Tolstois Ideal war überholt, seine Welt hielt sich selbst für unbeweglich. Was das Leben bewußt verändert, galt als verderblich, denn der natürliche Zustand der Menschheit wurde für ewig gehalten.

Fragen wir uns: Was betrachtete Lew Tolstoi als das Wichtigste, was wollte er im Augenblick tun?

Er eröffnete im Seitengebäude des zerfallenen großen Hauses eine Schule. Dorthin kamen Kinder aus den umliegenden Dörfern. Er engagierte elf Studenten als Lehrer. Zur selben Zeit wurde er zum Friedensrichter gewählt. Er erreichte, daß im gesamten Kreis Schulen eröffnet wurden, die Schule auf Jasnaja Poljana hielt er jedoch für die wichtigste. Er schrieb Skizzen über sie, deren Titel gleichsam die Sewastopoler Skizzen wiederholen. Es sind ebenfalls Beschreibungen von Schlachten, die Tolstoi in Namen der Unantastbarkeit des Dorfes dem seiner Meinung nach falschen Fortschritt lieferte. Eine Skizze trägt den Titel *Die Schule auf Jasnaja Poljana im November und Dezember.*

Die *Sewastopoler Erzählungen,* in denen dem Ort der Handlung die Angabe des Monats folgt, waren erst unlängst erschienen. Höchstwahrscheinlich wählte Tolstoi absichtlich parallele Titel, um hervorzuheben, daß der Kampf an der wichtigsten Front weiterging.

Die Beschreibung der Schule setzt mit einer sehr kurzen, aber genauen Landschaftsbeschreibung ein. »Unter dem Schutzdach der Vortreppe hängt eine kleine Glocke mit einem Bindfaden am Klöppel; unten im Vorraum stehen Barren und Reck (Gymnastik), im oberen Vorraum eine Hobelbank. Treppenstufen und Vorräume sind mit

Schnee oder Schlamm vollgestapft; hier hängt auch der Stundenplan.« In keiner anderen Beschreibung einer Lehranstalt dürfte eine vollgestapfte Treppe als Errungenschaft erwähnt worden sein. Für Tolstoi ist sie Beweis für das Unoffizielle, Unbürokratische seiner Schule.

»Auf dem Lande steht man bei Licht auf. Schon lange sind die erleuchteten Schulfenster zu sehen, und eine halbe Stunde nach dem Läuten tauchen aus dem Nebel, dem Regen oder den schrägen Herbstsonnenstrahlen auf den Hügeln (zwischen Schule und Dorf liegt eine Schlucht) dunkle kleine Gestalten auf, paarweise, zu dritt oder einzeln.« Die Kinder kommen aus eigenem Antrieb. Und sie lernen nach selbstgewählter Thematik. Schülerporträts werden gezeichnet, kindliche Prügeleien beschrieben, weil ihnen, wie Tolstoi meint, eine Vorstellung von Gerechtigkeit zugrunde liegt.

Beschreibungen des Schulunterrichts gleiten immer wieder in künstlerische Erzählweise ab. Zuerst wird zur Landschaft hingeführt, dann wird die Landschaft verwertet. Man liest im Unterricht Gogols *Wij.* »Die Schlußszenen wirkten sehr stark und regten ihre Phantasie an«, sagte Tolstoi über die Kinder. »Ein paar von den Jungen versuchten, die Hexe darzustellen.« Nach der grausigen Geschichte gingen die Jungen mit dem Lehrer in den Wald. Am wichtigsten war Tolstoi der zehnjährige Fedka, »eine zartbesaitete, empfindsame, poetische Draufgängernatur«. Der Beschreibung nach könnte es Lew Tolstoi selbst sein, der eine zweite, andersgeartete Kindheit erlebt.

Die Kinder streifen durch den Wald. Die Waldmitte wird ängstlich gemieden, aber die Lichter des Dorfes verschwinden schon in der Ferne. Tolstoi erzählt den Kindern von Abreken, Kosaken, von Hadschi Murat. Die Kinder umdrängen ihn, fassen nach seinen Händen.

In der Schule zu Jasnaja Poljana erzählte Tolstoi vom Jahr 1812 und, wie wir sehen, ausführlich und für seine Zuhörer aufregend auch von Hadschi Murat, dessen Geschichte er erst vierzig Jahre später niederschrieb.

Beim Erzählen kontrollierte der Künstler sich selbst, berechnete, was für die Kunst notwendig war, was gestrichen werden konnte. Er trug den Kindern auf, selbst Geschichten zu schreiben. Wassili Morosow, von Tolstoi in der Skizze Fedka genannt, und Ignat Makarow (Sjomka) schrieben eine Geschichte über das Sprichwort »Mit dem Löffel fährt er dir Futter ein, mit dem Löffelstiel pikt er ins Auge rein«. Ein Sprichwort für eine Geschichte vorzugeben war üblich für die alte Schule. Tolstoi beschreibt zwei Jungen. Das erste Kind, Makarow, ist ein Rationalist, ihm kommt es auf die Komposition an, in ihr soll das Wesentliche zutage treten, die Geschichte soll klar sein.

Fedka hingegen ist ein Künstler reinsten Wassers, er läßt sich von Einzelheiten, die er ganz deutlich vor sich sieht, hinreißen. Darüber schrieb Tolstoi die Skizze *Wer sollte bei wem das Schreiben lernen: die Bauernkinder bei uns oder wir bei den Bauernkindern?* Fedka wählt auf Anhieb ein Sujet, das sich durch das vorgegebene Thema als Beispiel anbietet: einen Bauern, der einen Bettler ins Haus eines gewissen Onkel Timofej einlädt. Sjomka ist bemüht, die Geschichte mit genauen Einzelheiten anzureichern: »Der einzige Vorwurf, den man ihm machen könnte, wäre, daß er mit den Details nur einen Augenblick der Gegenwart umriß, ohne eine Verbindung zur emotionalen Aussage der Erzählung zu schaffen.« Sjomka ist eine Art Naturalist, allerdings von hoher Qualität. Fedka wiederum verwendet nur solche Einzelheiten, die seinen Helden charakterisieren. Es genügt ihm nicht, den zerrissenen Mantel oder das zerlumpte Hemd zu beschreiben, er sieht durch die Kleider »den dürren, vom getauten Schnee durchnäßten Körper des Alten«. Fedka gestattet es nicht, Worte umzustellen, er ist, wie ein Schriftsteller sagen würde, streng in punkto Korrektur und redigiert mit aller Akribie. Fedka gibt Einzelheiten, die weniger das Leben zeigen als es vielmehr zufällig erfassen. Als ein Gevatter in die Beschreibung hineinkommt, berichtet Fedka, dieser habe einen abgetragenen Weiberpelz an. Tolstoi fragte: »Warum denn gerade einen Weiberpelz?« Fedka erwidert: »Dann wird's ähnlich.« Tolstoi fragt weiter: »Hätte man auch sagen können, er hatte einen Männerpelz an?« Fedka besteht auf seiner Version. »Nein, lieber einen Weiberpelz.«

In der ärmlichen Bauernkate herrscht ein heilloses Durcheinander, ». . . kein einziger besitzt ein bestimmtes Kleidungsstück, kein Gegenstand hat seinen bestimmten Platz«. Das Weiberpelzchen, das der schmalbrüstige Mann überzieht, wird nicht zufällig erwähnt, sondern aus künstlerischer Notwendigkeit.

Tolstoi schließt seine Beschreibung des kindlichen Kunstschaffens so: »Ich hatte das unklare Gefühl, als hätte ich auf verbrecherische Weise das Werken der Arbeitsbienen, das dem Auge eines Sterblichen verborgen ist, in einem Bienenstock aus Glas belauscht; mir war, als hätte ich die reine, urständige Seele des Bauernkindes verdorben.«

Weiter behauptet er: »Der Mensch wird vollkommen geboren – ein großes Wort, ausgesprochen von Rousseau, ein Wort, das so fest und wahr bleibt wie ein Stein. Zur Welt gekommen, ist der Mensch das Urbild von Harmonie, Wahrhaftigkeit, Schönheit und Güte.«

Tolstoi kannte seinen Rousseau, kannte ihn umfassend und wußte auch, wie vieles unerfüllt, unverwirklicht war von dem, was Rousseau, ein Mann von sehr präziser Voraussicht, erträumt hatte. In dem

Roman *Die neue Heloise* schreibt Rousseau im zweiten Brief an Mylord Edouard: »Der Mensch ... ist ein viel zu edles Geschöpf, als daß er schlicht und einfach als Werkzeug anderer Menschen dienen könnte, man sollte ihn nicht für irgendwelche Arbeiten einsetzen, ohne zu fragen, ob sie ihm gefallen, denn nicht die Menschen sind für die Arbeitsplätze geschaffen, sondern die Arbeitsplätze für die Menschen; und um sie gerecht zu verteilen, muß nicht nur Sorge getragen werden, daß jeder Mensch mit der Arbeit betraut wird, für die er sich am besten eignet, sondern es muß auch darüber nachgedacht werden, welche Arbeit am besten für einen Menschen taugt, damit er anständig und glücklich ist. Niemandem ist es gestattet, eine Menschenseele dem Vorteil anderer Leute zuliebe zu vernichten, einen Menschen in eine Kanaille zu verwandeln, nur weil er als Diener für vornehme Herrschaften benötigt wird.«

Der Mensch darf weder Sklave noch Diener anderer Menschen sein, davon war Tolstoi überzeugt.

Bevor wir darangehen, das kindliche Bewußtsein umzuwandeln, müssen wir zu begreifen suchen, ob unser eigenes Bewußtsein etwas Harmonisches, Verpflichtendes und Beneidenswertes ist.

»Meist übersehen die Erzieher, daß das Kindesalter das Urbild der Harmonie ist, und sie setzen sich die Entwicklung des Kindes, die sich völlig unabhängig nach unveränderlichen Gesetzen vollzieht, zum Ziel.«

Man darf keinen Menschen gegen seinen Willen verändern. Man darf einen Menschen nicht in eine Stadt verpflanzen, damit er dort zum Diener, Badewärter oder Droschkenkutscher wird. Die Jungen, die Tolstoi kennenlernte, waren bereits harmonisch und talentiert. Darum sagte er auch: »Das Kindesalter ist das Urbild der Harmonie.«

Er staunte selbst über seinen Erfolg und erschrak sogar davor, weil er nicht wußte, was er mit seiner Entdeckung anfangen sollte.

»Ich ängstigte und freute mich zugleich, mir ging es wie einem Schatzsucher, der plötzlich auf blühenden Zauberfarn stößt: Ich freute mich, weil sich mir auf einmal, ganz unerwartet, jener Stein der Weisen offenbarte, den ich zwei Jahre lang vergeblich gesucht hatte – die Kunst, andere zu lehren, ihre Gedanken zum Ausdruck zu bringen; ich ängstigte mich, weil diese Kunst neue Forderungen weckte, eine ganze Welt von Wünschen, die dem Lebensmilieu meiner Schüler so gar nicht entsprachen, wie es mir im ersten Augenblick schien.«

Arbeit mit einzelnen Menschen, Erfolg dabei rufen augenblicks den Gedanken an »nicht entsprechendes Milieu« hervor.

Fedka (Wassili Morosow) hätte umkommen können, und er ist

schließlich umgekommen, der Schatz versank wie im Märchen in der Erde, weil Tolstoi die Beschwörungsformel nicht wußte – die Mittel zur Veränderung der sozialen Ordnung nicht kannte. Was von Fedka übrigblieb, sind Zitate in dem Artikel und Tolstois Beschreibung von Minuten der Inspiration dieses Jungen.

»Fedka, im neuen weißen Pelzchen mit schwarzem Fellbesatz, saß tief im Sessel, ein Bein über das andere geschlagen, das dichthaarige Köpfchen in die eine Hand gestützt, die andere Hand spielte mit einer Schere. Seine großen schwarzen Augen mit dem unnatürlichen, ernsthaften, erwachsenen Glanz blickten irgendwohin ins Weite; die unregelmäßig gezeichneten Lippen, wie zum Pfeifen geformt, hielten offensichtlich ein Wort zurück, das, in der Phantasie zurechtgeschliffen, ausgesprochen werden wollte. Sjomka stand vor dem großen Schreibtisch, einen großen weißen Schaffellflicken auf dem Rücken (Wanderschneider waren eben im Dorf gewesen), mit gelöstem Gürtel und Strubbelkopf, kritzelte schiefe Zeilen und stupste die Feder fortwährend ins Tintenfaß. Ich wuschelte Sjomkas Haar durcheinander, und sein dickes, breitwangiges Gesicht mit dem verstrubbelten Haar war, als er schreckdumme, verschlafene Augen auf mich richtete, derart komisch, daß ich laut herauslachte, die Kinder aber blieben ernst. Fedka berührte, ohne die Miene zu verziehen, Sjomkas Ärmel, damit er weiterschrieb. ›Warte‹, sagte er zu mir, ›gleich‹ (Fedka sagt du zu mir, wenn er aufgeregt und von etwas hingerissen ist), und er diktierte noch ein paar Sätze.«

Lebensharmonie in der Kunst hatte Tolstoi wohl wahrgenommen, er konnte jedoch nicht zu ihr zurückkehren, weil nichts im Leben wiederkehrt.

Damals pflegte er zu sagen, ein Fräulein heiraten hieße sein eigenes Grab schaufeln. Ein Jahr später heiratete er Sofja Andrejewna, und das half ihm, große Werke zu schreiben.

In der Schule von Jasnaja Poljana, in den kleinen rosa und hellblau getünchten Räumen war Tolstoi zwar nicht hundertprozentig im Recht, dafür aber glücklich. Er festigte nichts, was nicht überdauern konnte. Er konnte das auch nicht, und man gestattete es ihm nicht.

Er sprach mit Schulkindern über Rußlands Glorie in alten Zeiten, erzählte, wie 1812 die ausländischen Heere geschlagen worden waren, und vermerkte dabei, wie die Kinder ihm folgten: »Allein die Erinnerung an den Krimkrieg hat uns alles verdorben. ›Warte‹, sagte Petka und schüttelte die Fäuste, ›laß mich nur erst groß sein, dann werd ich's ihnen zeigen!‹«

Das war echter Patriotismus, kindlicher Auffassung zugänglich, und er ließ Tolstoi begreifen, was ihn zu *Krieg und Frieden* trieb.

Er glaubte zunächst, sich hinter der Gemarkung von Jasnaja Poljana vor dem stählernen Rußland abschirmen zu können. Er lehrte russische Geschichte, der Priester gab Religionsunterricht, aber er hatte ja außerdem elf Studenten hergeholt, und die unterrichteten alle nach seiner Anleitung.

Gemeinhin wird Tolstois Worten entnommen, der Plan zu *Hadschi Murat* sei entstanden, als der Schriftsteller auf einem aufgebrochenen Feld eine geknickte, aber noch weiterblühende Distel erblickt habe; Disteln heißen dortzulande Tatarenkraut. Von den Rädern eines Leiterwagens zerbrochen, kämpfte das Tatarenkraut mitten im umgepflügten Acker um sein Dasein und erinnerte Tolstoi an Hadschi Murat.

Wahrscheinlicher ist, daß Tolstoi dieses Thema niemals aus den Augen verloren hat. Er hielt die Zeit, als er an seiner Dorfschule unterrichtete, für eine der freudvollsten seines Lebens. Eines Winterabends ging er mit drei Jungen in den Wald; Sjomka war dabei, »ein Junge von etwa zwölf Jahren«, kraftstrotzend ging »er vorneweg und schrie und ließ Jubelrufe erschallen«. Pronka, »ein kränklicher, sanftmütiger und außerordentlich begabter Knabe« aus armer Familie, kränklich, wie Tolstoi sagt, »vermutlich vor allem aus Mangel an Nahrung«. Und der Junge ging mit, den Tolstoi in der Skizze als Fedka figurieren läßt, ein enorm talentierter Junge, der Schriftsteller hätte werden müssen. Der Schnee lag hoch, der Pfad war kaum zu sehen, die Lichter des Dorfes verschwanden. Die Kinder spielten das, wovor sie Angst hatten, sie sprachen von Wölfen, von Räubern, und da fing Lew Tolstoi wieder einmal an, von Hadschi Murat zu erzählen. »Sjomka ging voraus, machte mit seinen großen Stiefeln lange Schritte und ließ seinen kräftigen Oberkörper gleichmäßig hin- und herschwingen. Pronka versuchte zuerst mit mir Schritt zu halten, Fedka jedoch machte sich auf dem schmalen Pfad so breit, daß er, der sich vermutlich seiner Armut wegen stets jedem unterwarf, nur an den spannendsten Stellen an unsere Seite lief, auch wenn er dabei bis zu den Knien im Schnee einsank.«

Die Kinder klammerten sich an Tolstoi aus unbewußter und in ihrem Alltag seltener Zärtlichkeit. Man wanderte lange, die Richtung wechselnd: »Hier und dort sanken wir auf dem wenig befahrenen Weg im lockeren Schnee ein, das weiße Dunkel schwebte gleichsam vor unseren Augen auf und ab.«

Tolstoi erzählte vom Tod des Hadschi Murat, wie er dagestanden hatte, von Feinden umringt, und gesungen: »... der Wind rauschte in den kahlen Wipfeln der Espen, bei uns war es windstill im schützenden Wald. Ich schloß meine Erzählung damit, daß der umzingelte

Abrek ein Lied anstimmte und sich auf die Spitze seines Dolches stürzte. Alle schwiegen. ›Warum hat er denn ein Lied angestimmt, als er umzingelt war?‹ fragte Sjomka. ›Hast doch gehört – er hat sich zum Sterben bereit gemacht!‹ antwortete bekümmert Fedka. ›Ich denke mir, er hat ein Gebet angestimmt!‹ bemerkte Pronka. Alle stimmten ihm zu.«

Das gruselige Gespräch ging weiter: »Fedka blieb plötzlich stehen. ›Wie sagten Sie doch gleich, wie das war, als Ihre Tante erstochen wurde?‹ erkundigte er sich. Er hatte noch nicht genug Schrecknisse vernommen.«

Awdotja Maximowna, geborene Tugajewa, die Frau von Fjodor Iwanowitsch Tolstoi, einem Vetter Lews, wurde 1861, also ein Jahr vor dem Gespräch im Walde, von ihrem leibeigenen Koch erstochen.

Man wanderte weiter. Reif rieselte von den Ästen auf die Mützen. »Lew Nikolajewitsch«, sagte Fedka (ich dachte, er würde wieder von der Gräfin anfangen), »wozu lernt man singen? Ich denke so oft wirklich, was soll das Singen eigentlich?«

Das Schweigen der anderen Jungen bewies Tolstoi, daß die Frage berechtigt war. Ein Lied ist das, womit Hadschi Murat stirbt. Ein Lied ist, was Fedka vertraut ist, denn er besitzt eine wundervolle Stimme und ist sehr musikalisch. Und weiter ging das Gespräch darum, wozu es Kunst gebe.

Wahrscheinlich hat Tolstoi gerade damals mit *Hadschi Murat* angefangen, hier liegt ja der Kern der Thematik. Im Bild der Distel, die auf umgebrochenem Herrschaftsfeld gewachsen ist und allein inmitten der schwarzen, von gedungener Arbeitskraft umgepflügten Erde blüht und sich selbständig bewahrt hat, liegt ein Erinnern an das Gespräch im Wald und vielleicht im mitklingenden Widerhall ein Erinnern an das Sterben der Tante, an Gräßliches, Geheimnisvolles, an die Beziehung zum Volk.

Tolstoi persönlich lehnte die Politik ab, konnte aber nicht außerhalb der Politik stehen. Er sah, daß die Studenten besser und interessierter unterrichteten als die Seminaristen; er hatte sie bewußt als Lehrer ausgewählt. Das aber war aktuellste Politik.

Nach den Unruhen an der Universität Petersburg wurden dreihundert Studenten in der Peter-Pauls-Festung und in der Festung Kronstadt festgesetzt. Die Universität wurde geschlossen. Unruhen brachen aus unter den Studenten von Moskau, Kasan und Kiew. Die Meuternden wurden teils mit Verbannung, teils mit Exmatrikulation bestraft. Nach der Schließung der Universität stand in der Nummer 110 des *Kolokol* vom 1. November 1861: »Wo aber sollt ihr bleiben, ihr jungen Männer, die man aus der Wissenschaft ausgesperrt hat?

Wollt ihr es wissen? Hört genau zu – dieweil Finsternis zum Glück das Hören nicht behindert: Von allen Seiten unserer gewaltigen Heimat, vom Don und vom Ural, von der Wolga und vom Dnjepr schwillt das Stöhnen an, erhebt sich Murren – das ist das Anfangsgebrüll der Meereswoge, die zum Sieden kommt und mit Stürmen schwanger geht nach einer furchtbar ermüdenden Windstille. *Ins Volk! Zum Volk!* Dort ist euer Platz, ihr Vertriebenen der Wissenschaft!«

Im Zuge der Observation ehemaliger Studenten kam die III. Abteilung nach Jasnaja Poljana.

Turgenjews Zwist mit Tolstoi

Tolstois Schwester Maria Nikolajewna machte ihn mit Turgenjew bekannt. Aber noch vor der persönlichen Begegnung hatte Tolstoi seine Erzählung *Der Herzschlag* Turgenjew gewidmet. Turgenjew hatte die Widmung mit dem ersten Brief vom 9. Oktober 1855 beantwortet. Er wünschte Tolstoi baldigste Wiederkehr aus dem Kriege und brachte die Hoffnung zum Ausdruck, ein persönliches Kennenlernen möge für beide Seiten nicht ohne Nutzen sein.

Doch schon die ersten Begegnungen brachten Zerwürfnisse mit sich.

In Turgenjews Brief vom 8. Dezember 1856 lesen wir nicht vom Zwist, sondern von einem Versöhnungsversuch: »Mir bleibt nur, Ihnen meine Hand zu bieten über eine Kluft hinweg, die längst schon zu einem kaum merklichen Spalt geworden ist, und auch den wollen wir nicht mehr erwähnen, es lohnt nicht.«

Vorher, im September des gleichen Jahres, hatte Turgenjew in einem anderen Brief geschrieben:

»Außer den sogenannten literarischen Interessen – ich bin davon überzeugt – haben wir wenig Berührungspunkte; Ihr ganzes Leben ist auf die Zukunft gerichtet, mein Leben stützt sich gänzlich auf die Vergangenheit ... Daß ich Ihnen folge, ist unmöglich, ebensowenig könnten Sie hinter mir hergehen ...«

Zu jener Zeit war Turgenjew wesentlich berühmter als Tolstoi, er hatte bereits in ganz Europa einen Namen. Unentwegt verfolgte und förderte er Tolstois Entwicklung, zugleich aber bedeutete ihm Tolstoi, wie wir aus Briefen ersehen können, Belastung und Unannehmlichkeit. Tolstoi pflegte später über Turgenjew zu sagen, er komme ihm vor wie ein Springbrunnen mit importiertem Wasser: man fürchte dauernd, er könne jeden Augenblick versiegen.

Als intoleranter, der Zukunft zugewandter, die Vergangenheit revidierender und sich ständig verändernder Mensch empfand er Turgenjew als zu wenig eigenständig, als quasi allzu ausländisch. Turgenjews Landschaftsbeschreibungen entzückten ihn jedesmal, er hielt sich selber nicht für fähig, etwas annähernd so Gutes zu schreiben, zugleich aber ärgerte er sich über ihn. Als er Bunins Werke und dessen Landschaftsbeschreibungen las, machte er Bunin viele Jahrzehnte später anstelle Turgenjews Vorwürfe, indem er meinte, dies sei ja alles schön und gut, doch zu welchem Zweck sei die Geschichte eigentlich geschrieben?

Außer dem tiefgreifenden Meinungsstreit existierte allerdings ein persönlicher Zwist. Zwischen Turgenjew und Lews Schwester Maria bestand eine Liebesaffäre. Maria erwirkte die Scheidung – die sie nicht eingereicht hatte, um Turgenjews Frau zu werden. Sie erhielt ihre Freiheit, und ihr Bruder hegte die Hoffnung und zweifelte nicht im geringsten daran, daß Turgenjew die Schwester heiraten werde, denn er hatte zu ihr von seiner Liebe gesprochen, vielleicht auch zu Tolstoi selbst. Turgenjew aber, wie Tolstoi zu behaupten pflegte, liebte nicht, sondern liebte das Lieben, und zur Zeit hatte er ein Verhältnis mit der Viardot, die ihn weniger liebte als ihm vielmehr gestattete, in ihrem Hause zu wohnen. Die Ausgaben für Haushalt und Lebensführung der Madame Viardot wurden ebenso wie die ihres Ehemannes von Turgenjew bestritten.

Turgenjew hatte eine Tochter, eine illegitime, wie es damals hieß. Er bemühte sich, ihr eine gute Erziehung angedeihen zu lassen, sie unterzubringen, doch erwies sich seine Erziehung als Mißerfolg. Er verheiratete sie mit einem französischen Aristokraten, versorgte sie mit Geld und mußte mitansehen, wie ihr Mann die Mitgift seiner Frau verpraßte und vertat.

Turgenjews Verhalten, obgleich es das durchaus übliche und ehrenwerte Verhalten eines russischen Edelmanns war, ging Tolstoi gegen den Strich. Turgenjew war ein gutherziger, anständiger Gutsherr, er gab seinen Bauern die Freiheit, ohne sie zu ruinieren. Später, während der Hungersnot, als Tolstoi verschiedene Güter inspizierte, stellte er fest, daß Turgenjews ehemalige Leibeigene besser gestellt waren als andere Bauern. Doch damit greifen wir vor. Vorläufig sind wir bei einer Beleidigung, noch dazu bei einer nicht richtig ausgesprochenen.

Tolstoi und Turgenjew begegneten sich im Frühjahr 1861 auf dem Gut des Dichters Feth, im Dorf Stepanowka.

Feth beschreibt in seinen Erinnerungen die Begegnung so:

»Am Morgen, zu unserer gewohnten Zeit, also um acht Uhr, begaben sich die Gäste ins Speisezimmer, wo meine Frau den Platz oben am Tisch neben dem Samowar innehatte und ich mich in Erwartung des Kaffees am anderen Ende niederließ. Turgenjew nahm zur Rechten der Hausfrau Platz, Tolstoi zu ihrer Linken. Im Wissen um die Bedeutung, die Turgenjew dazumal der Erziehung seiner Tochter beimaß, erkundigte sich meine Frau, ob er mit der englischen Gouvernante zufrieden sei. Turgenjew erging sich in Lobeshymnen über die Gouvernante und erzählte unter anderem, die Gouvernante habe mit englischer Gewissenhaftigkeit die Bitte an ihn herangetragen, eine Geldsumme zu bestimmen, über die seine Tochter zu wohltätigen Zwecken verfügen dürfe. ›Jetzt‹, sagte Turgenjew, ›verlangt die Engländerin, meine Tochter solle abgetragene Kleidungsstücke von armen Leuten holen, sie eigenhändig stopfen und flicken und den Eigentümern zurückbringen.‹

›Und das halten Sie für gut?‹ fragte Tolstoi.

›Natürlich, das macht die Wohltäterin mit der bitteren Not vertraut.‹

›Ich aber meine, daß ein aufgeputztes Mädchen, das schmutziges, stinkendes Lumpenzeug auf ihrem Schoß hält, unaufrichtig Theater spielt.‹

›Ich bitte Sie, nicht so zu sprechen!‹ rief Turgenjew mit geblähten Nasenflügeln.

›Warum sollte ich nicht aussprechen, wovon ich überzeugt bin?‹ entgegnete Tolstoi.

Bevor ich noch Zeit hatte, Turgenjew zuzurufen: ›Hören Sie auf!‹ sagte er, bleich vor Wut: ›Dann zwinge ich Sie durch eine Beleidigung, zu schweigen!‹ Damit sprang er vom Sitz, griff sich mit beiden Händen an den Kopf und schritt aufgeregt ins Nebenzimmer. Kurz darauf kehrte er zurück und sagte, zu meiner Frau gewandt: ›Um Himmels willen, vergeben Sie mir meinen widerwärtigen Ausfall, den ich zutiefst bereue.‹ Mit diesen Worten ging er.«

Auch Tolstoi fuhr ab. An der nächsten Poststation angekommen, schickte er den Diener nach Nikolskoje, um Pistolen und Munition zu holen, und sandte Turgenjew seine Forderung: »Ich hoffe, Ihr Gewissen hat Ihnen bereits gesagt, in welches Unrecht Sie sich mir gegenüber und besonders in den Augen Feths und seiner Frau gesetzt haben. Daher wollen Sie mir einen Brief zukommen lassen, den ich an die Feths senden kann. Sind Sie jedoch der Ansicht, mein Ansinnen sei ungerechtfertigt, so lassen Sie es mich wissen. Ich warte in Boguslaw. *L. Tolstoi.*« Hiernach sandte er Turgenjew einen zweiten Brief, eine Forderung zum Duell mit tödlichem Ausgang. Darin bat er ihn, mit einem Gewehr am Waldrand zu erscheinen; er äußerte den

Wunsch, sich regelrecht zu schießen. Turgenjew entschuldigte sich. Tolstoi sandte an Feth einen gereizten Brief und bat, ihn an Turgenjew weiterzuleiten »mit der gleichen Zuverlässigkeit, mit der Sie dessen reizende Aussprüche an mich weitergeben, ungeachtet meiner mehrfachen Bitten, dies zu unterlassen«.

Damit reißt der Briefwechsel ab. Später hat jemand Turgenjew davon in Kenntnis gesetzt, Tolstoi habe angeblich jemandem eine Abschrift des gesagten Briefes gezeigt. Tolstoi fühlte sich vor den Kopf gestoßen und schrieb einen sehr seltsamen Brief: »Mein Herr! Sie bezeichnen in Ihrem Briefe mein Benehmen als *ehrlos,* außerdem haben Sie mir gegenüber persönlich geäußert, Sie würden *mir ein paar in die Fresse hauen,* ich aber bitte Sie um Entschuldigung, bekenne mich schuldig und trete von meiner Forderung zurück. 8. Oktober 1861. Jasnaja Poljana.« Dieser Brief wurde unlängst unter den Papieren Annenkows gefunden.

Turgenjew antwortete, er habe den Brief vernichtet. In Wirklichkeit war er kleinmütig genug, ihn aufzubewahren.

Tolstoi verhielt sich in diesen ganzen Zwistigkeiten bald gereizt, bald ironisch. Eines Tages erlauschte er eine Unterhaltung zwischen Tante Jergolskaja und einer der Frauen auf Jasnaja Poljana. Die Nacht war angebrochen, der Mond schien. Die Frau fragte: »Was machen die auf dem Mond jetzt eigentlich?«

Die Jergolskaja gab in autoritativem Ton Auskunft: »Die tanzen wahrscheinlich, da oben ist es doch kalt.«

Tolstoi schrieb ins Tagebuch: »Als ich das hörte, ging mir ein Licht auf, welche Dummheit wir beide, Iwan Sergejewitsch und ich, gemacht hatten.«

Mit anderen Worten, er hatte das Gefühl, die ganze Duellgeschichte sei ebenso bodenlos dumm wie das Gespräch über die Menschen auf dem Mond und deren Gewohnheiten.

1878 schrieb er an Iwan Sergejewitsch Turgenjew, er hege keinerlei Feindseligkeit ihm gegenüber. »Geb's Gott, daß es bei Ihnen genauso ist. Um die Wahrheit zu sagen, im Wissen, wie gütig Sie sind, bin ich fast überzeugt, daß Ihr feindseliges Gefühl mir gegenüber noch früher verraucht ist als das meine. Ist es so, dann lassen Sie uns bitte einander die Hand reichen und verzeihen Sie mir restlos alles, was ich mir Ihnen gegenüber habe zuschulden kommen lassen. Es ist für mich so natürlich, von Ihnen nur Gutes im Gedächtnis zu behalten, weil es von diesem Guten in bezug auf mich so viel gegeben hat.«

Man versöhnte sich wieder. Turgenjew kam zu Besuch nach Jasnaja Poljana. Sofja Andrejewna hinterließ darüber eine Notiz, aus der hervorgeht, daß die Versöhnung sehr rührend ausgesehen haben muß.

Sie schreibt: »Turgenjew ist stark ergraut, sehr friedfertig, er bezauberte uns alle durch seine Beredsamkeit und bildhafte Darstellung simpelster und zugleich auch erhabener Gegenstände. So beschrieb er die Christusfigur von Antokolski so, als hätten wir sie leibhaftig vor uns, dann berichtete er von seinem Lieblingshund, Pegasus, mit der gleichen Kunstfertigkeit. Bei Turgenjew wird jetzt seine Schwäche, ja sogar eine kindliche, naive Charakterschwäche deutlich sichtbar.«

Eine echte Versöhnung kam dennoch nicht zustande. Die beiden Schriftsteller hatten einander sehr gern, aber jeder lebte auf seine Art, oder, wie Turgenjew in einem seiner letzten Briefe an Tolstoi gereizt schrieb: »Auch Sie wissen, daß sich jeder Mensch auf seine Art und Weise schneuzt, und Sie dürfen mir glauben, ich schneuze mich am liebsten wie ich es sage, und nicht anders.«

Dem höflichen und traditionsgebunden denkenden Turgenjew fiel es schwer, eine Bekanntschaft auf solche Art aufrechtzuerhalten. Tolstoi brachte es fertig, seinen Gesprächspartner durch seine Direktheit und durch das Erspüren seiner schwachen Stellen zur Weißglut zu bringen. Andererseits waren beide Schriftsteller Adlige und noch dazu Gutsnachbarn. Sie führten das gleiche Leben, konkurrierten miteinander nicht nur im Bereich der Literatur, sondern auch mit ihren Gärten und Parks, und beide Parks waren – jeder auf seine Art – sehr schön. Sie waren wie zwei Pferde aus dem gleichen Stall und dabei grundverschieden, weil sie sich in ihrer Ideologie und in ihrer literarischen Handschrift so weit voneinander entfernt hatten, daß einer den anderen reizte.

Turgenjew liebte Tolstoi als Schriftsteller immer mehr, schätzte ihn immer höher, kämpfte immer eifriger um dessen Ruhm. Tolstoi aber erkannte Turgenjew, seinen Zeitgenossen, zwar an, behandelte ihn jedoch mit ungerechtfertigter Ironie.

Sommer 1862

1. Abreise nach Samara

In Untersuchungen wird häufig zu beweisen versucht, ein Schriftsteller habe ein bestimmtes Buch gelesen, und das habe seine Ansichten umgestürzt.

Zuweilen schreiben wir Biographien in einer Weise, als schritte der Beschriebene sein Leben wie einen Korridor ab und sähe nur sich selbst als Schatten an der Wand; manchmal fassen wir den Rahmen etwas weiter: als lebte der Betreffende nur in seiner Wohnung und sähe nur seine Angehörigen.

Auch die ungelesenen Bücher sind in der Welt geboren, in der man lebt, und manchmal begegnen uns verblüffende, dabei unvermeidliche Übereinstimmungen.

Der Artikel, den in Gogols Erzählung *Das Porträt* ein käuflicher Journalist über Tschertkow schreibt, erinnert an jenen von Faddej Bulgarin über den Maler Sarjanko. Außerdem könnte man annehmen, Gogol habe den brillanten, allgemein anerkannten, künstlerisch jedoch oberflächlichen Maler und dessen Schicksal gekannt. Bulgarins Artikel aber erschien später als *Das Porträt,* und Gogol hat ihn gleichsam vorweggenommen. Lafargue verbreitete bekanntlich Marx' Ansicht darüber, wie Balzac in seinen Helden die Abenteurer aus der Ära Napoleons III. voraussah.

Seit August 1861 arbeitete Tolstoi intensiver als Friedensrichter im Kreis Krapiwna. Das Amt war schwierig, die Bauern und noch mehr die Gutsbesitzer leisteten Widerstand.

Nicht genug, daß ein Bauer für das ihm zugeteilte Land ein bedeutendes Loskaufgeld entrichten und sich verpflichten mußte, weitere zwei Jahre beim Gutsherrn zu arbeiten, wurde das Land in einer Art und Weise aufgeteilt, daß der Bauer sich in einer Falle sah; Wald, Weide, Viehtränke wurden abgeschnitten und dem Grundbesitz der Herrschaft zugeschlagen. Wollte er bis zur nächsten Ernte ausreichend Brotgetreide im Hause haben und sein Vieh weiden lassen, war er gezwungen, vom Gutsherrn Land zu pachten und den Pachtbetrag abzuarbeiten. Die Fronarbeit wandelte sich in Pachtabarbeitung; die Landzuteilung band den Bauern an den Gutsherrn, folglich mußte der Adel den Bauern das Land so zuteilen, daß sie sich in neuer grausamer Sklaverei wiederfanden. Der Bauer war in einer derartigen Zwangslage, daß er, wie Tolstoi viele Jahre später schrieb, »nicht wußte, wo er den Auslauf für ein Huhn hernehmen sollte«.

Die Bauern widersetzten sich so entschlossen, daß man zur Durchführung der »Verfügung« häufig Militär anforderte. Das Land durchlebte eine revolutionäre Situation, die sich auf die Stimmung im Adel auswirkte.

Später schrieb W. I. Lenin über diese Zeit: »Die geschlossenste, gebildetste und an die Ausübung der politischen Macht am meisten gewöhnte Klasse, der Adel, offenbarte mit aller Bestimmtheit das Bestreben, die absolutistische Macht durch Repräsentativkörperschaften zu beschränken.«

Der Kongreß der Friedensrichter des Gouvernements Twer im Dezember 1861 und danach die Außerordentliche Adelsversammlung von 1862 wandten sich an Alexander II. mit einer Adresse, worin von »Prinzipien des Ständeausgleichs« und von der Unumgänglichkeit eines »mittels staatlicherseits getroffener Maßnahmen« sanktionierten, unverzüglichen Rückkaufes der Bauernparzellen die Rede war. Auch wurde darin eine »Versammlung gewählter Vertreter des ganzen Volkes ohne Standesunterschiede« vorgeschlagen.

Dreizehn Friedensrichter aus dem Gouvernement Twer wurden festgenommen, in die Peter-Pauls-Festung eingeliefert und nach fünf Monaten Haft zu zwei Jahren Gefängnis verurteilt; sie fielen später unter die Amnestie anläßlich des »hochfeierlichen Namenstages Ihrer Majestät der Kaiserin«.

Im Februar 1862 gab Lew Tolstoi eine Erklärung folgenden Inhalts ab: In Anbetracht dessen, daß seine Tätigkeit auf Widerstand stoße, sehe er keine Möglichkeit, weiterhin als Friedensrichter tätig zu sein. Sein Amt wurde »aus gesundheitlichen Gründen« dem rangältesten Kandidaten übertragen.

Am 12. Mai reiste Tolstoi mit seinen Schülern Wassili Morosow und Jegor Tschernow sowie dem alten Diener und Kampfgefährten von Sewastopol, Alexej Orechow, nach Moskau.

Im Kreml übernachtete er mit den Kindern in der stickigen Wohnung der Familie Bers; Jegor und Wassja schliefen in der guten Stube auf dem Fußboden hinter einem »laubgesägten Wandschirm«. Die blutjunge Sonja Bers blickte die Dorfjungen bereits mit Eifersuchtsaugen an, sie empfand das Volk als Nebenbuhler.

Dann fuhr man nach Twer: »Wir reisten dritter Klasse Personenzug.« Lew Tolstoi wußte selbst noch nicht, wohin die Reise ging, nach Burguruslan, einer Kreisstadt im Gouvernement Samara, oder noch weiter, zum Elton, dem Salzsee im Gouvernement Astrachan.

Hauptziel, vielleicht auch ein Vorwand war es, in den Steppen eine Heilkur mit Kumys zu probieren.

Tolstoi hatte damals Angst vor Tuberkulose. Vor seinen Augen war erst kürzlich Bruder Nikolai in Südfrankreich an Tuberkulose gestorben. Vorher – ebenfalls an Tuberkulose – sein Bruder Dmitri.

Zugleich hatte Lew offenbar die Absicht, den Ober- und Mittellauf der Wolga kennenzulernen. Zwischen Saratow und Astrachan kannte er sie ja schon, seit er Ende Mai 1851 mit Nikolai in den Kaukasus gereist war.

Nicht ohne Schwierigkeiten wurden in Twer die Dampferkarten besorgt.

Am 20. Mai notierte Tolstoi: »Auf dem Dampfer. Es ist, als würde ich neu zum Leben und zum Erkennen des Daseins geboren . . . Erinnerung von Moskau ab. Werde verfolgt vom Gedanken an den Unfug des Fortschritts. Mit Klugen und Dummen, mit Alten und Kindern spreche ich über das eine. Die Jungen sind prächtig. Wassja ist reizend. Tschernow ein wenig schlechter. Bei den Bers geht es ungebundener zu, man hat mich ein bißchen in die Freiheit entlassen.«

Man hatte ihn nur für kurze Zeit entlassen, mit der Freiheit war es für ihn schon damals vorbei.

Die Wolga führte Hochwasser, die Ansiedlungen am linken Ufer, im Sommer durch Wiesen dem Fluß entrückt, standen jetzt hart am Wasser, einzelne Siedlungen am rechten Ufer hockten auf ihren Hügeln wie auf Inseln.

Nachdem die Wolga in den gewaltigen Mooren der Wolchow-Wälder, jener stillen Gegenden, wo möglicherweise einstmals die Wolkonski geherrscht, Kraft und Fülle gespeichert hatte, eilte sie, beladen mit sämtlichen Schneelasten der Waldaihöhen, zum Kaspischen Meer. Zwischen Twer und Jaroslawl reichte der Wasserspiegel bis an die Steilhänge aus dicken Lehm- und Kieselerdschichten. Hinter Jurjewskoje-Powolshskoje wuchsen die Ufer in die Höhe, bis Kostroma noch waldlos, dann kamen weitläufige Lindenwälder, die sich bis Makarjewo und zur Swijaga hinzogen. Bei Fokino blühten in den berühmten Gärten die Apfelbäume, hinter Sura kamen Eschenwälder. Der Fluß trug Tolstoi und die Kinder nach Süden und beschleunigte die Ankunft des Frühlings. Alte Eichenhaine am Admiralitätsamt tauchten auf. Der Fluß wurde breiter und breiter.

Nachts kam man nur schwer vom Deck. Der Fluß in seiner Ausdehnung schien mit unzähligen Sternen an den Grund genagelt, durch die Spiegelbilder der Sterne hindurch lief, ohne sie anzutasten, schäumendes Rauhsilber.

Morgens wirkten die Lichter am Ufer gegen das Grün himbeerrot.

Der Dampfer eilte, geräuschvoll gen Süden, dem Frühling zu.

Arbeiter, Pilger, Mönche, Bauern mit Tragsäcken, Tataren und sämtliche Völkerschaften vom Ufer der großen Wolga wechselten einander auf dem Schiff ab.

Und der Fluß wurde immer breiter.

Man machte für kurze Zeit in Kasan Station: Tolstoi logierte im Hause des schnauzbärtigen alten Obersten Juschkow, reiste nach Samara, beschloß, nach Karalyk zu fahren.

In Karalyk begann er mit seiner Kumyskur. Sie wohnten alle Mann in einer großen weißen Jurte, einer ehemaligen Moschee, sahen den Pferderennen der Baschkiren zu, lernten das Schwimmen in der Nacht, staunten über den Steppenhimmel, der bis zur Erde herunter von Sternen überstreut war.

Tolstoi war in die Welt der *Ilias* geraten.

Vier Wochen lang bekam er keine Post von daheim; zuerst war er schreibfaul, dann fragte er an, was die Studenten machten.

Ringsumher erstreckten sich Steppen, sie wirkten so, wie Herodot sie einst beschrieben hatte: Viehherden wanderten darüberhin, ungemähtes Gras stand, die Steppe durchlebte die letzten Jahre ihrer Unberührtheit.

Tolstoi war ruhigen Gemütes.

2. In den baschkirischen Steppen

Einstmals, nach dem Pugatschow-Aufstand, waren Baschkiren, die an den Kämpfen von Pugatschows Verbündetem, Salawat Julajew, teilgenommen hatten, nach Karalyk verbannt worden. Der Aufstand war längst Geschichte. Er lebte nur noch in Liedern fort.

Fünfzig Jahre zuvor waren bogenbewehrte baschkirische Reiter mit russischen Regimentern in Frankreich gewesen und hatten gegen Napoleon mitgekämpft. Im fernen Frankreich hatte man die berittenen Baschkiren ihrer Bogen wegen »Amors« getauft.

Aber auch das war Geschichte und lebte nur noch in Liedern.

Die baschkirischen Regimenter waren demobilisiert, die baschkirische Erde ringsherum beschnitten. Schon Aksakows Großvater hatte von baschkirischen Ältesten Land gekauft. Die Steppe war jedoch noch immer weit und groß.

Die baschkirischen Steppen sind gebuckelt, gewellt, durchschnitten von Schluchten mit dahinrieselnden Bächen und Steppenflüssen, die von weitem aussehen wie Ketten aus hellblauen Perlen auf grünen Fäden. Der Faden ist ein schmaler, buschumstandener Fluß, die blauen Perlen sind faßrunde Wasserpfuhle. Hundert Jahre zuvor war die Gegend einige hundert Werst in der Runde mit grauzottigem Reihergras bewachsen gewesen; da aber die Wurzeln dieser Pflanze nicht absterben, handelte es sich nicht nur um uraltes, sondern um tausendjähriges Reihergras. Herrlich ist die Steppe im Frühjahr, besonders an den Flüssen und Seen. In guten Jahren wurde dort mehr und besseres Heu geerntet als auf den Schwemmwiesen. An den Hügelhängen wachsen taubenblauer Salbei, niedriger silbergrauer Wermut, Bohnenkraut und Rispenfarn.

Die Luft war weich und heilsam. Jedes Frühjahr bezogen die Baschkiren mit ihren abgemagerten, mit verfilzten Fellfetzen bedeckten Gäulen und blökenden, verschmutzten Schafen ihre Nomadenlager in der Steppe, die Steppe nahm sie auf, und alles änderte sich vollkommen.

Das Reihergras stand hoch, der wilde Pfirsich blühte, die Feldakazie auch; ihr folgte die Erdbeerblüte, da ging es aber schon auf den Sommer zu. Dann reiften die wilden Kirschen.

Im Frühjahr schimmerten die blühenden Kirschbäume wie weiße Inselchen mit darüber hinbrummenden geschäftigen Bienen, die niemals zusammenstießen. Das Gold der Bienenleiber legte sich auf das rosige Silber der Kirschblüten, zum Sommer hin dunkelte das Kirschlaub nach, das Reihergras wurde blaugrau-violett. Wer nicht gewohnt war, darüberhin zu schauen, konnte geradezu schwindelig werden vom unentwegten Geschaukel der Reihergraswellen.

Im Frühjahr kamen die baschkirischen Nomadenhirten, stellten flache, rund abgeplattete Filzzelte auf, Schafherden überstreuten die Steppe. Muttertiere lammten im Gras. In der Ferne weideten Herden wiehernder Pferde, noch weiter weg bewegten sich als seltsame schwarze Punkte spitze Baschkirenmützen.

Zuweilen kamen sie näher, die sicheren Reiter auf ihren nimmermüden Paßgängern. Manchmal ritten sie gut hundert Werst weit zum Nachbarlager, um Hammelfleisch zu essen und Kumys zu trinken. Niemals war so ein Nomadenlager verschmutzt; sowie die Grasdecke niedergetreten war, zog man weiter. Das zerknickte Gras blieb in Gestalt runder heruntergedrückter Scheiben zurück, später begrünten sich die Scheiben, und die Gegend sah lustig und schmuck aus wie zuvor.

Drüben, am Horizont, führte ein Leithengst seine Stuten, selbständig leitete er seinen Harem von einem Weideplatz zum anderen, brachte ihn zur Tränke und wählte den Platz für die Nachtruhe aus.

Man führte ein freies Leben, in den Jurten duftete es nach Kumys, sogar die alten Arbeiter, die kein eigenes Vieh besaßen, gerieten ins Träumen.

Im Augenblick war genug zu essen da, zum Winter würde der alte Arbeiter seine alte, vollgefressene Stute heimtreiben und schlachten, und im Hause würde Fleisch sein.

Im langen Hemd, gegürtet mit einer Quastenkordel, kraushaarig, bärtig, einem Kosaken ähnlich, zwei lustige Halbwüchsige an seiner Seite, wanderte Tolstoi umher, streifte durch die Steppe, ritt, ging auf die Jagd. Zwanzig Schüsse konnte man in der Stunde abgeben, wenn die Strichzeit der Vögel war. Man glaubte, es gäbe überhaupt keine Zeit mehr, nur einen Wechsel von Farben. Die Zeit konnte grün sein oder gelb oder weiß, sie veränderte sich, ohne sich von der Stelle zu bewegen, sie wiederholte sich nur.

Lew Tolstoi war hier mäßig im Essen, trank aber viel Kumys. Er war stillvergnügt, ruhig, der Husten hatte aufgehört, das Gespenst der

Schwindsucht, die Bruder Nikolai und Bruder Dmitri dahingerafft hatte, war von ihm gewichen.

Er hatte Lust, für immer zu bleiben oder aber Jasnaja Poljana nur als eine Art Winterlager aufzusuchen.

Er wollte recht bald wieder hierher zurückkehren, tat es aber erst zehn Jahre später, als sich alles verändert hatte, als die Steppe zusammengeschrumpft, alles enger und magerer geworden war, als die Nomadenlager zu verschwinden begannen und die Viehherden kleiner wurden.

Tolstoi suchte die Windstille, brachte aber selbst Wind mit und nahm persönlich teil an den gewaltigen Veränderungen, die unserer Erde nicht sofort zum Schmucke gereichen.

Zunächst war er glücklich, Pflichten hatte er keine. Er lehrte Morosow, in der schnellen Strömung der kalten Flüsse zu schwimmen, er ging auf die Jagd, er ritt und war nahe daran, seinen eigenen Namen zu vergessen.

Doch der Herbst nahte, die Vögel begannen sich zu sammeln, am Himmel riefen schon die Kraniche.

Die Vernichtung der Schule

1

Was geschah zur selben Zeit in Rußland?

Im Mai 1862 lag in Petersburg nach mehreren Feuersbrünsten Besorgnis in der Luft.

In den aus Holz gebauten Städten Rußlands brannte es häufig: eine Moskauer Straße heißt noch heute Palicha, die Gebrannte, nach einer berühmten Feuersbrunst.

In *Krieg und Frieden* verneint Tolstoi bei der Aufklärung der Ursachen für die Massenbrände in der von Napoleon besetzten Stadt Moskau die Möglichkeit von Brandstiftungen und behauptet, eine unbeaufsichtigte Stadt aus Holz müsse zwangsläufig dem Feuer zum Opfer fallen.

Der Sommer war trocken und heiß gewesen, die Brände in Petersburg setzten am 16. Mai ein, am 22. und 23. Mai loderten sie auf der Ochta- und auf der Jamskaja-Straße.

Ende Mai geriet der Apraxin-Hof in Brand; ein großes Stück zwischen der Tschernyschew- und der Apraxin-Gasse brannte ab. Weil die Zeiten vorher schon unruhig gewesen waren, kamen Gerüchte in

Umlauf, die verschiedenartigsten sogar, so hieß es zum Beispiel, ein General sei aufgetaucht, der durch die Stadt streiche und sich mit dem Rücken an Zäunen scheuere. Wenn er fortgehe, stehe der Zaun in Flammen.

Häufiger noch konnte man das Gerücht hören, es seien Studenten, die Brände legten.

Vom General, der angeblich Flecke an Mauern hinterließ, sprach man eine Weile und hörte dann wieder auf. Von den Studenten wurde beharrlicher geredet. In der *Sewernaja Ptschela* Nr. 157 stand unverblümt, die Brände hingen mit der letzten Proklamation zusammen. Standgerichte für Brandstifterprozesse wurden gebildet, die Zeitschriften *Sowremennik* und *Russkoje Slowo* sowie von den slawophilen Presseorganen Aksakows *Den* mußten ihr Erscheinen einstellen. Gleichzeitig wurde die Abteilung Studentenhilfe beim Literaturfonds geschlossen, ebenso der Schachklub. Neue provisorische Presseverordnungen wurden erlassen, die nicht nur lange vorher formuliert, sondern bereits am 12. Mai, als noch kein Mensch an Brände dachte, von allerhöchster Seite bestätigt worden waren.

Die Besorgnis wuchs. Im Sommergarten brach eine vermutlich von Taschendieben absichtlich ausgelöste Panik aus; mit den Schrei »Es brennt!« rissen Gauner Damen die Ohrgehänge ab.

M. P. Pogodin schrieb einen Artikel über die Brände und beschuldigte Polen und Studenten der Brandstiftung. Vorher hatte er sich mit A. A. Krajewski, dann mit Kokorew beraten, beide hatten ihm geschrieben, die Untersuchungskommission habe keinerlei Fakten, die für Brandstiftung sprächen, gefunden. Man hatte lediglich ein Frauenzimmer aufgetrieben, das aus persönlicher Rache den Laden einer Nachbarin in Brand gesteckt hatte; auch ein Lehrer namens Viktorow hatte gestanden, in betrunkenem Zustand die Schule in Luga angezündet zu haben. Kokorew hatte Pogodin über dessen Frau schriftlich mitgeteilt, die Brandstiftungen existierten lediglich in den Klatschereien.

Eine Menge Einzelheiten hierzu finden wir in L. Pantelejews *Erinnerungen,* sie sind in dem Artikel *Aus Erinnerungen der sechziger Jahre* dargelegt.

W. I. Lenin greift in seiner Schrift *Die Verfolger des Semstwos und die Hannibale des Liberalismus* auf Pantelejews Erinnerungen zurück:

»Die Untersuchungskommission deckte keinerlei Zusammenhang zwischen den Feuersbrünsten und der Politik auf. Stolbowski, ein Mitglied der Kommission, erzählte Herrn Pantelejew, wie es ihm in der Kommission gelang, die wichtigsten falschen Zeugen zu entlarven, die anscheinend einfach Werkzeuge der Polizeiagenten waren. Es besteht also ein sehr schwerwiegender Grund zu der Annahme, daß die Gerüchte, wonach Studenten die Brandstifter gewesen sein sollen, von der Polizei in Umlauf gesetzt wurden. Also auch mitten in der Epoche der großen Reformen war es gang und gäbe, die Unwissenheit des Volkes zur Verleumdung von Revolutionären und Oppositionellen auf das niederträchtigste auszunützen.«

Gerüchte, Panik, Provokationen waren politische Kampfmittel, sie waren Kampfwaffen, zugleich aber auch eine Folge der erspürten Unsicherheit der Gesamtlage. Die revolutionäre Situation war für jedermann fühlbar geworden. Man versuchte durch Provokationen die Ziele der Revolution ihres Sinngehaltes zu berauben und den Verhaftungen den Anschein von Rechtmäßigkeit zu verleihen.

Lew Tolstoi fuhr währenddessen auf dem Dampfer dahin, erholte sich in den Steppen bei Samara, wetteiferte mit den Baschkiren im Stabziehen, freute sich, im gesamten Steppengebiet nur einen einzigen Mann zu wissen, der ihm an Kraft gleich war; inzwischen aber wurde Jasnaja Poljana von Fahndungsbeamten umstellt und die Schule demoliert.

Wege, von den Menschen seit uralten Zeiten nach eigenem Wunsch und Willen gebahnt, führen stets über Wasserscheiden und münden in Flußfurten. Menschliche Schicksalsläufe münden in gleicher Weise auf einer breiten Fahrstraße.

Und so gelangte Lew Tolstoi, der der Politik auswich, immer wieder ins Zentrum der Politik. Das ist festzuhalten, wenn man von der Razzia auf Jasnaja Poljana und von den Übergriffen der betrunkenen Gedarmen liest.

2

Was geschah auf Jasnaja Poljana, als Lew Tolstoi abwesend war?

Tolstois Schule und die Zeitschrift standen unter ständiger Beobachtung. 1906 war ein Auszug aus der Julinummer der Zeitschrift *Wsemirny Westnik* als Sonderdruck erschienen: »Dossier (1862, Expedition 1, Nr. 230) der III. Abteilung Seiner Kaiserlichen Majestät Höchsteigener Kanzlei betr. Angel. Graf Tolstoi. Nach Originalen aus dem Archivmaterial des Polizeidepartements (St. Petersburg).«

Die Informationen dieser Veröffentlichung sind später durch Igo Iljinskis Artikel *Zur Haussuchung der Gendarmerie auf Jasnaja Poljana 1862* ergänzt worden. Da diese Schrift u. a. eine Analyse der erstgenannten Publikation enthält, soll sie Gegenstand unserer weiteren Betrachtung sein.

Der Schrift vorangesetzt war die Vorbemerkung von *Aus unveröffentlichten Notizen Makovickýs:* »Wer Biographien politisch aktiver russischer Männer zu schreiben wünscht, braucht nur im Archiv der III. Abteilung nachzuschlagen. Die Gendarmen haben ausführlich geschrieben. Worte von L. N. Tolstoi in einer Unterhaltung über Herzen und Ogarjow, notiert von D. P. Makovický am 6. 11. 1906.«

Das äußerliche Fundament des Dossiers bilden Berichte eines Spitzels, des »Spezialisten für kleine Taschendiebstähle« Michail Iwanowitsch Schipow, eines ehemaligen Instmannes des Fürsten Dolgorukow. Bevor er jedoch der III. Abteilung Material lieferte, lag dort schon welches über den Grafen Tolstoi vor. Die Bespitzelung setzte bei dem Studenten Sokolow ein, der unter Polizeiaufsicht stand und von auswärts nach Tula gekommen war. Gendarmerieoberst Muratow war von Kavalleriegeneral Perfiljew von der Notwendigkeit, den Studenten genau zu beobachten, in Kenntnis gesetzt worden. Zur selben Zeit traf Informationsmaterial von einem Gendarmen des Gouvernements Moskau, Wojejkow, ein, der autoritativ, ernsthaft und ziemlich desorientiert mitteilte: »Der Artillerieoffizier a. D. Tolstoi, ein sehr kluger Mann, könnte an der Moskauer Universität studiert haben und fällt außergewöhnlich durch seine liberale Gesinnung auf; gegenwärtig befaßt er sich sehr eifrig mit der Verbreitung elementarer Schulkenntnisse unter den Bauern, zu welchem Zwecke er auf seinem Gut Schulen errichtet und Studenten als Lehrer engagiert hat, insonderheit solche, die, jedwelchen Zufälligkeiten ausgesetzt, die Universität verlassen haben ... Darunter befindet sich der hierorts ansässige Student Alexej Sokolow, welcher zur Zeit wegen Beteiligung an der Herausgabe und Verbreitung verschiedener verbotener antireligiöser Schriften unter Polizeiaufsicht steht.«

Die ganze Angelegenheit dürfte eine Lappalie gewesen sein, für die Zeitumstände aber war sie typisch. Tolstoi hatte seinen Fuß auf vermintes Gelände gesetzt.

Als Lehrer an seiner Schule fungierten tatsächlich Studenten, die nach den Unruhen an den Universitäten exmatrikuliert worden waren. Lew Tolstoi, dem später eine Verbindung zu Herzen vorgeworfen wurde, war bei Herzen gewesen, hatte Briefe von ihm erhalten und besaß eine Photographie von ihm.

Tolstoi rechnete sich zu den Antinihilisten und sah keinerlei Verbindung von seiner Person und Tätigkeit zu Herzen; vom Standpunkt der Gendarmen aus jedoch mußte ein ehemaliger Friedensrichter, der wegen Unstimmigkeiten mit dem Adel seines Kreises sein Amt niedergelegt hatte, unbedingt Nihilist sein; außerdem war seine Schule verdächtig.

Der Geheimagent Schipow umschlich die Schule und Tolstois Haus, stellte fest, daß es darin ein gewölbebedecktes Zimmer und einen Geheimkeller gab; wir wissen, daß das von dem alten Haus, das auf Abriß verkauft wurde, übriggeblieben war. Anschließend überfielen Gendarmen in mehreren Troikas Jasnaja Poljana. Eine Haussuchung begann und dauerte zwei Tage, den 6. und 7. Juli.

Jewgeni Markow, ein Lehrer am Tulaer Gymnasium und bereits erwähnter Kontrahent Tolstois, der sich wochenlang auf Jasnaja Poljana aufzuhalten pflegte und von Maria Nikolajewna gerufen worden war, schreibt über die Haussuchung:

»Wir fahren in den Hof ein . . . und sehen, daß sich dort eine ganze Invasion abspielt! Posttroikas mit Schellengeschirr, Bürgerfuhren, der Kreispolizeichef, Landkommissäre, Amtsmänner, Zivilzeugen und, um das Bild abzurunden, auch noch Gendarmen. Der Oberst der Gendarmerie kam zur unsäglichen Verblüffung der Bauern an der Spitze der gesamten dräuenden Expedition mit Klingklang, Gelärm und Geknatter vor Lew Nikolajewitschs friedliches Haus vorgefahren. Uns läßt man mit Ach und Krach ins Haus. Die armen Damen liegen halb ohnmächtig da. Rundherum ist alles voller Wächter, alles ist durcheinandergewühlt, sämtliche Behältnisse sind geöffnet und umgeworfen (Schubläden, Schränke, Kommoden, Truhen, Schatullen). Im Pferdestall ist man dabei, mit Stemmeisen den Fußboden aufzubrechen; aus den Teichen im Park versucht man die verbrecherische Druckerpresse mit einem Netz herauszufischen und fängt doch nur unschuldige Karauschen und Krebse. Es versteht sich, daß in der unglückseligen Schule erst recht das Unterste zuoberst gekehrt wird.«

Die Studenten wurden im Seitenflügel isoliert, die Gendarmen teilten sich in Trupps auf und klopften sorgfältigst sämtliche Wände im Hause ab. Geheimnisse kamen nicht zutage.

Als Tolstoi zurückkehrte, war er höchst erregt, empört und wollte sogar emigrieren. Für einen Schriftsteller war damals der Gedanke an die Emigration mit Herzens Standpunkt verbunden, Tolstois Überlegungen jedoch gingen von einer anderen Einstellung aus.

Rein zufällig war er einem unmittelbaren Zusammenprall mit den Gendarmen entgangen. Die Razzia auf Jasnaja Poljana, der Räuberüberfall mit den Troikas, die Haussuchung unter Alkoholdämpfen, das Durchschnüffeln von Tagebüchern und Briefen – all das war in seiner Anwesenheit geschehen, er hatte alles nur aus Berichten erfahren.

Er schrieb über den Überfall in mehreren Briefen an Alexandrine Tolstaja. Im Brief vom 7. August 1862 spricht er von seiner Absicht, zu emigrieren, sich zu »expatriieren«. »Zu Herzen gedenke ich nicht zu fahren. Herzen ist ein Wesen für sich, ich bin eins für mich.« Aber er schreibt ganz so, wie es im *Kolokol* steht: »Ich habe auch nicht die Absicht, mich zu verstecken, ich werde laut und deutlich verkünden, daß ich mein Gut verkaufe, um aus Rußland auszuwandern, wo man eine Minute vorher nicht weiß, ob man mich, meine Schwester, meine Ehefrau und meine Mutter nicht in Ketten legt und auspeitschen läßt. Ich fahre weg.«

Hier geht es nicht um Tolstois Familie. Zu jener Zeit wurde auf Moskaus Straßen bereits geprügelt, und Tolstoi wußte davon; was ihm geschehen war, war zeittypisch.

Am 12. Oktober 1861 um 12 Uhr mittags wurden Studenten der Moskauer Universität auf der Straße verprügelt, auf dem Twersker Platz trieben Polizei und Gendarmen Studenten mit Nagaikas auseinander.

Tolstoi schrieb einen Brief an den Zaren und erhielt keine Antwort.

In seinem Brief an Alexandra Andrejewna wird einige Male der Name Herzen erwähnt. Tolstoi schrieb über die Studenten: »Jeder kam mit Herzen-Manuskripten im Koffer und mit revolutionären Ideen im Kopfe an, und *jeder* ohne Ausnahme verbrannte acht Tage später die Manuskripte, vertrieb die revolutionären Ideen aus seinem Kopfe, gab den Bauernkindern Religionsunterricht, lehrte sie beten und teilte Exemplare des Evangeliums als häusliche Lektüre aus. Das sind Tatsachen. Alle elf Mann taten dies ausnahmslos, und nicht etwa einer Vorschrift, sondern der eigenen Überzeugung folgend. Ich verpfände meinen Kopf dafür, daß im Jahre 1862 kein zwölfter Student dieser Art zu finden ist.«

Tolstoi hatte recht: Er hatte seine elf Studenten dazu gebracht, ihre Überzeugung zu ändern, einen zwölften aber gab es in Rußland nicht. Zugleich hatte Tolstoi jedoch auch unrecht, weil er in Wirklichkeit von Herzen gekommen war und Dunjascha Orechowa, das Zimmermädchen, gerade noch Zeit gehabt hatte, etwas aus dem Fenster ins Gras zu werfen, nämlich die Aktentasche, in der sich wahrscheinlich Herzens Briefe und Photographien mit Widmungen befanden. Irgendwelche Dokumente wurden bei der Haussuchung beiseite gelegt und vom gleichen Zimmermädchen aus der Mappe des Gendarmen geholt.

Wenn das auch nicht heißt, daß Tolstoi und Herzen zu jener Zeit die gleichen Gedanken hatten, so erwiesen sich doch beide objektiv ebenso wie Tolstois Schule als Feinde des Regimes. Tolstoi war Friedensrichter gewesen und hatte sein Amt gewissenhaft versehen, indem er die Bauern in Schutz nahm. Er mußte dabei sehr listig zu Werke gehen, denn die Bauern wurden betrogen, und sämtliche Adligen, Tolstois Nachbarn, haßten ihn.

Einmal schrieb er an seine Tante, es sei nicht möglich, sich in seinem Hause einzuschließen und der einzige Gute unter lauter Schlechten zu sein. Fünf Jahre zuvor hatte er geschrieben: »Ich muß lachen, wenn ich daran zurückdenke, daß ich glaubte, und Sie, wie's scheint, glauben, man könnte sich eine glückliche, anständige Kleinwelt einrichten und darin geruhsam, ohne Irrtümer, ohne Reue, ohne Wirrnisse leise vor sich hin leben und schön langsam und akkurat immer nur lauter gute Taten tun. Lächerlich! *Es geht nicht,* Großmütterlein! Genauso wie es *nicht geht,* ohne Bewegung, ohne Gliederarbeit gesund zu bleiben. Um anständig zu leben, muß der Mensch gewaltsam wider den Stachel löcken, sich verheddern, aus der Haut fahren, Irrtümer begehen, Dinge anfangen und aufgeben, wieder neu anfangen und wieder aufgeben und ewig kämpfen und entbehren. Geruhsamkeit aber ist seelische Gemeinheit.«

Fürwahr, das ging nicht. Ja, aber was tat Tolstoi, der es sehr schwer hatte? Er war sich über seine Lage im klaren, als er den ersten Brief erhalten hatte und an Alexandrine Tolstaja schrieb: »Alle die Potapows, Dolgorukows, Araktschejews und Revelins gehören doch sämtlich zu Ihren Freunden.«

Auf dem gleichen Briefbogen steht, man suche bei ihm Proklamationen von Herzen, »die ich verachte, die mich so anöden, daß ich keine Geduld aufbringe, sie zu Ende zu lesen. Tatsache ist, einmal lagen bei mir alle die entzückenden Proklamationen und auch der *Kolokol* eine Woche herum, und ich habe alles zurückgegeben, ohne es gelesen zu haben.«

Briefe werden zuweilen nicht allein deshalb geschrieben, damit der Empfänger sie liest, sondern auch, damit man sie auf der Post liest und damit sie anderen gezeigt werden. Tolstoi hatte Schiffbruch erlitten bei dem Versuch, seine eigene Welt, sein Idyll für sich aufzubauen, ein unberührtes Stück bäuerlicher Welt innerhalb der Gemarkungen von Jasnaja Poljana zu erschaffen.

Er hatte seinen Schülern erzählt, er wolle ein Bauernmädchen heiraten, und in den Freistunden suchten die Kinder eine Braut für ihn aus und berieten untereinander: Würde es Gerede geben, würde man über den Grafen lachen, der soweit ruiniert sei, daß er zum Bauernlümmel wurde?

Die Jungen waren die reinsten Kinder, auch Tolstoi war kindlich naiv, als er mit ihnen über seine Pläne sprach. Kindlich war er auch, als er hoffte, Seine Majestät Alexander II. würde sich bei ihm entschuldigen; er verheimlichte sogar, daß eine solche Entschuldigung nicht erfolgt war.

In den Erinnerungen von T. A. Kusminskaja finden wir die Behauptung, der Zar habe sich »durch seinen Flügeladjutanten bei Lew Nikolajewitsch entschuldigen lassen«.

Wir wissen, daß Tolstoi sich beim Zaren beschwert hatte, daß er in seinen Briefen an Alexandrine Tolstaja um persönliche Aushändigung seiner Beschwerde gebeten und Versuche unternommen hatte, dem Zaren persönlich einen Brief einzuhändigen. Am 23. August 1862 notierte er: »Habe dem Monarchen einen Brief übergeben lassen.«

In einer Schrift von I. Iljinski heißt es, Seine Majestät habe bereits am 23. Juli einen Auszug aus einem Rapport von Durnowo über die Haussuchung auf Jasnaja Poljana gelesen. Weiter wird mitgeteilt: »Endlich liegt bei der III. Abteilung ein ›Bescheid‹ vom 31. August 1862 zur Bearbeitung vor; es handelt sich um eine kurze Darlegung der Umstände im Fall Tolstoi nebst ›Erwägungen‹ der III. Abteilung betreffs einer ›heute eingegangenen alleruntertänigsten Beschwerde des Grafen Tolstoi über die Durchführung einer Haussuchung in seinem Hause bei den dortselbst wohnhaften Personen‹. Dies muß jener Bescheid sein, über den Fürst Dolgorukow Zar Alexander II. im Zusammenhang mit Tolstois Beschwerde Meldung erstattete. In Beantwortung der Beschwerde ›könnte für möglich erachtet werden‹, wie es in den ›Erwägungen‹ heißt, dem Grafen Tolstoi *mündlich* über den Chef des Gouvernements Tula zu erklären, die Haussuchung sei hervorgerufen worden einerseits durch Verdachtsmomente gegen junge Leute, ›die unter der Aufsicht der Regierung stehen‹, von welchselben einige ohne ordnungsgemäße Aufenthaltsbewilligungen dortselbst wohnhaft seien, andererseits durch enge Beziehungen zwischen den Besagten und Tolstoi sowie durch die Gründung von Schulen ›aus unerfindlichen Gründen auf den Gütern des Grafen Tolstoi‹. ›Die Umstände sind sämtlich allzu wichtig‹ – so heißt es in den ›Erwägungen‹ –, ›als daß sie gegenwärtig unbeachtet bleiben könnten.‹«

Demnach hatte die III. Abteilung auf Tolstois Beschwerde hin immerhin eine Erklärung abzugeben beabsichtigt. Wie der alleruntertänigste Bericht des Fürsten Dolgorukow aufgenommen wurde, ist nicht bekannt; nach seinem Schreiben vom 7. November 1862 an den Gouverneur von Tula zu urteilen, bestand »der allerhöchste Wille« lediglich darin, Tolstoi keinen weiteren Strafmaßnahmen zu unterziehen, wenn die in seinem Hause wohnhaften, ihm nahestehenden Personen auch, wie gesagt, nicht im Besitze »ordnungsgemäßer Aufenthaltsbewilligungen waren und eine Person verbotene Schriften verwahrt hatte«.

»Über dergestalt allerhöchsten Willen« den Gouverneur von Tula »in Kenntnis setzend« und »*ihm anheimstellend,* von höchstdemselben dem Gr. Tolstoi aus Anlaß einer persönlichen Begegnung Mitteilung zu machen«, fügte der Gendarmeriechef von sich aus hinzu, Tolstoi hätte, wäre er »persönlich bei der Haussuchung zugegen gewesen, sich höchstwahrscheinlich davon überzeugen können, daß die Stabsoffiziere des Gendarmeriekorps bei aller Schwierigkeit der ihnen auferlegten Dienstaufgaben bemüht sind, diese mit jener Delikatesse zu erfüllen, die eine unabdingbare Voraussetzung ihres Ranges darstellt«.

So also schätzte das »allerhöchste Machtinstrument« solch eine »miese Geschichte« ein. Folglich bekam Tolstoi, ungeachtet dessen, daß sein Brief durch den Flügeladjutanten Scheremetjew übergeben worden war, keinerlei Genugtuung. Die Aktionen Dolgorukows waren also von höchster Stelle sanktioniert worden.

Die Schule war demoliert und erholte sich nicht mehr. Der Lebensweg, den Tolstoi sich ausgesucht hatte, erwies sich als verboten – was natürlich kein Zufall war.

Sinn und Bedeutung der Juli-Haussuchung auf Jasnaja Poljana bestehen, wenn wir sie im Zusammenhang mit der allgemeinen Situation in Rußland betrachten, in folgendem: Tolstoi forderte Genugtuung, schrieb an den Zaren und erhielt keine Antwort. Die einzige Wiedergutmachung – von der er aber nie erfuhr – war, daß der erfolglose Detektiv Schipow in Arrest geriet und sein Name in Polizeiakten nicht mehr aufschien.

Die Gutsnachbarn und Gutsbesitzer, die Tolstois Amtsausübung als Friedensrichter vor den Kopf gestoßen hatte, waren hochzufrieden; der Aufrührer hatte seine Strafe bekommen.

Bald danach heiratete Tolstoi und schloß, beeinflußt von eigenen Entschlüssen und den Vorhaltungen seiner jungen Gattin, die Schule. Ihm schien, die unterrichtenden Studenten verfolgten sein Flitterwochenglück mit neidischen Blicken.

Was aber geschah mit seinen Schülern?

Wassili Morosow versuchte in Tula als Droschkenkutscher zu arbeiten. Er selbst schrieb über sich: »Die ersten Jahre meines Stadtlebens waren sehr schwer. Da ich keine Stellung fand, verlumpte ich. Ich hungerte, fror, kroch unter, wo es sich bot . . . Und es kam zum Äußersten. Ich sollte beim Stehlen mitmachen. Aber ich sagte mir: Lieber Hungers sterben.«

Morosow dachte an Selbstmord: er wollte sich in den Fluß stürzen und betrachtete es als ein Wunder, daß er am Leben blieb.

Er besuchte Lew Tolstoi auf Jasnaja Poljana. Der große alte Mann erkannte seinen ehemaligen Schüler wieder und zeichnete sogar, um ihn zu trösten, dessen Stimme zusammen mit der seinen auf dem Phonographen auf, den Edison ihm geschickt hatte.

Im Dezember 1884 erschien auf Jasnaja Poljana ein ehemaliger Soldat und bat um Arbeit. Tolstoi wies den Mann kalt ab. »Aber er sagte mir, er sei mein ehemaliger Schüler aus der ersten Schule, Sjomka Bogutscharowski«, schrieb Tolstoi an seine Frau. – »Er war einer von meinen besten Jungen. Und jetzt noch ist er, glaube ich, ein anständiger Mensch. Ich habe in dem Soldatengesicht jenen Knirps von früher wiedererkannt, den blitzgescheiten Bengel mit den Sommersprossen und dem lieben Lächeln, und ich habe ziemlich lange mit ihm gesprochen.«

Er brachte den ehemaligen Soldaten als Verwalter auf dem Gut in Samara unter. Die Erinnerungen hatten ihm sehr wohlgetan.

Sofja Andrejewnas Antwort auf den Brief lautete: »Deine Beschreibung der Dorfkinder, des Volkslebens etc., Eure Märchen und Plaudereien, all das ist wie zu Zeiten der Schule in Jasnaja unverändert geblieben. Schade ist nur, daß Du *Deine* eigenen Kinder so wenig liebgewonnen hast; wären sie Bäuerinnenkinder, sähe es wohl anders aus.«

Sie schreibt nicht etwa »Bauernkinder«, sie schreibt »Bäuerinnenkinder« und meint Kinder einer Bäuerin. Sie ist eifersüchtig auf eine Frau, sollte aber besser auf das Dorf eifersüchtig sein.

Die anderen Schüler hatten sich in alle Winde zerstreut. Einer, Fokanow, blieb auf Jasnaja Poljana und hob als alter Mann die Grube aus, in der Lew Nikolajewitsch Tolstoi begraben liegt. Später wurde er dort als Grabpfleger eingesetzt.

Der Versuch, auf Jasnaja Poljana ein Wunder zu wirken, war Tolstoi mißlungen. Er hatte die verblüffende Begabung des Volkes gesehen und auch seine gewaltigen künstlerischen Möglichkeiten, er hatte gesehen, daß sein Vorhaben für das Volk verständlich sein könnte, aber er konnte nichts für das Volk tun, ohne die Grundlagen des Staates umzuformen. Eine zufällige Anzeige und eine zufällige Razzia von Polizisten und Gendarmen gehörten zur Lebensstruktur des Reiches, in dem Tolstoi lebte. Er trat den Rückzug an, tat es halbbewußt, indem er Schriftsteller wurde, indem er sich endgültig »in das Zimmer unter den Gewölben« zurückzog, er ging für lange Zeit, hörte jedoch nicht auf zu kämpfen, zumal das Leben selbst sich seiner zum Kämpfen bediente.

Im September des gleichen Jahres (am 7.), also acht bis vierzehn Tage nach dem bewußten Vorkommnis, schrieb Tolstoi an seine »liebenswerte Freundin Alexandrine«:

»Was bin ich doch für ein glücklicher Mann, daß ich Freunde wie Sie habe! Ihr Brief hat mir so viel Freude und Trost gebracht...« Weiter folgt ein Satz über einen Gendarmen, über die Zensur und ... »als drittes hauptsächliches Unglück oder auch Glück, Sie mögen darüber nach engem GutdOnken urteilen: ich alter zahnloser Trottel habe mich verliebt.«

Ja, er hatte sich verliebt, endlich einen Hort für sein Verliebtsein gefunden, ein Menschenwesen erwählt, zu dem er bekennende Worte sprechen, dem er die kürzlich erst so unzart von groben Gendarmenhänden zerblätterten Tagebücher zeigen konnte.

Tolstoi hatte sich in Sofja Andrejewna Bers verliebt, ein Mädchen von achtzehn Jahren, und sie geheiratet. Er hatte sich ins Althergebrachte zurückgezogen – das war notwendig; er hatte entweder tatsächlich schießen oder den Rückzug antreten müssen, ja, aber er mußte doch schreiben und sich dafür bewahren.

Somit wurde das Ende der Schule letztlich durch die Hartnäckigkeit der jungen Frau beschleunigt.

Sie war eifersüchtig auf alles und nicht nur auf die Bäuerin, die Tolstoi geliebt hatte.

Am 16. Dezember 1862 schrieb Frau Tolstaja in ihr Tagebuch: »Wenn ich ihn umbringen und dann einen neuen, genau den gleichen Mann erschaffen könnte, ich würde es mit Freuden tun.«

Aber sie wollte ja nicht »genau den gleichen Mann« neu erschaffen, sondern einen ihr, der ganzen Familie Bers ähnlichen. Einen konventionellen.

Man verlangte von Tolstoi, er solle ein Gutsbesitzer wie alle anderen werden.

Er bewirtschaftete wie alle anderen seinen Besitz, versuchte, Land hinzuzukaufen; in seinem Tagebuch aber notierte er am 13. August 1865: »Die weltweite volksgemäße Aufgabe Rußlands ist, den Gedanken einer gesellschaftlichen Struktur ohne Landbesitz in die Welt zu tragen.«

»Die Kosaken«

Das Vorhaben, eine »kaukasische Erzählung« zu schreiben, begleitete Tolstoi ein Jahrzehnt seines Lebens. Zu diesem Vorhaben kehrte er aus verschiedenen Anlässen zurück.

In Genf notierte er am 14. (2.) April 1857: »Ich muß alles umschreiben. Zu wenig Verbindung zwischen den Personen.«

Am 15. April: »Werde die Sache in allerkürzester Form darstellen. Bis jetzt ist alles furchtbar unmoralisch.«

17. April: »Wie es aussieht, habe ich den *Flüchtling* endgültig überdacht.«

18. April: »Wie es aussieht, ist der *Flüchtling* ganz fertig. Morgen geht es los.«

Auf Jasnaja Poljana, im August, tauchte er ein in Sorgen um die Wirtschaft und um Schwester Maria und Turgenjew. Er schrieb: »Ich habe Angst vor allen beiden.« Aber der *Kosak* verließ ihn nicht. Er suchte Halt bei Homer, wie er früher im Kosakenlied Halt gesucht hatte.

Tagebuchnotiz vom 15. August 1857: »Den ganzen Tag nichts. Die *Ilias* gelesen. Das ist was! Wundervoll!«

Am 16. August: »Die *Ilias*. Gut, aber auch nicht mehr.«

Die Inspiration lastete auf ihm, und so setzte er seine Notiz vom 16. August fort: »Bin zu faul, Details mitzubeschreiben, möchte alles in feurigen Strichen zeichnen.«

Am 17. August: »Soeben die *Ilias* gelesen und mich bruchstückweise um die Wirtschaft gekümmert ... Die *Ilias* zwingt mich, den *Flüchtling* ganz und gar umzudenken.«

Am 18. August: »Schlimm! Ehe man sich's versieht, ist man schon wieder eingebrochen. Die *Ilias* gelesen ... mit meiner ›Kaukasischen‹ bin ich ganz und gar unzufrieden. Kann ohne Idee nicht schreiben. Die Idee aber, das Gute – das Gute in jeder Sphäre, ebenso wie die Leidenschaften allüberall, wie der Urzustand gut ist – reicht nicht.«

Diese Notiz enthält die Zusammenfassung und Widerlegung der Schlußzeilen aus Puschkins *Zigeuner.*

Ende August werden die Aufzeichnungen zur *Ilias* fortgesetzt. Tolstoi zweifelte seit langem, die Zweifel wurden durch die *Ilias* nur verstärkt.

Nikolai Tolstoi hatte wunderschöne *Jagdgeschichten aus dem Kaukasus* geschrieben, Lew Tolstoi aber schuf ein wahrhaft großes Buch.

Olenin und Jeroschka begegnen einander wie Aleko und der alte Zigeuner bei Puschkin. Sie suchen die Wahrheit, und wenn sie sie auch nicht finden, lehnen sie wenigstens die Unwahrheit ab. Die Helden durchstreifen nicht nur den Wald, sondern auch das Leben selbst und decken dabei dessen Widersprüche auf.

Lew Tolstoi scheint zu begreifen, daß er als Gutsbesitzer das Dasein des Volkes nicht umgestalten kann, er begreift Jeroschka, wenn der zu ihm sagt, auch die Religion der Selbstvervollkommnung könne das Dasein weder umgestalten noch zu seinem Verständnis beitragen.

Der Urkosak Jeroschka ist kein frommer Mann, er glaubt an nichts. Höchstens an die Liebe; seine Liebe ist egoistisch, aber nicht blind.

An die Frau, an die Familie der Bergkamm-Kosaken mit mehreren Frauen und an die Frau, die dem Geliebten alles hingibt, glaubt er. An die Sünde glaubt der Alte nicht: »Sünde? Was ist Sünde?« antwortet der Alte entschieden. »Auf ein hübsches junges Weib ein Auge zu werfen, soll Sünde sein? Mit ihr spazierenzugehen? Oder sie zu lieben, soll Sünde sein? Ist das bei euch so? Nein, mein Guter, das ist keine Sünde; das ist das Heil. Gott hat dich gemacht, Gott hat auch das junge Weib gemacht. Alles hat er, unser Vater, gemacht. Also ist's auch keine Sünde, ein junges Weib anzusehen. Dazu ist es ja gemacht, daß es geliebt wird und man seine Freude dran hat. So sehe ich's, mein Guter.«

Der Herrgott macht dem Alten keine Sorgen. »Ich denk mir, das ist alles bloß Schwindel«, fügte er nach einer Schweigeweile hinzu.

»Was ist Schwindel?« fragte Olenin.

»Na, was die Katecheten sagen . . . Du krepierst . . . es wächst Gras auf deinem Grab, weiter ist da nichts . . .«

Für Tolstoi ist Jeroschka die Enträtselung des Kosakentums, das er zu jener Zeit als recht bemerkenswerte Erscheinung innerhalb der Geschichte Rußlands empfand. Doch Jeroschka lebt in seiner Staniza als Spottobjekt, die Kinder verulken ihn. Er gehört zur Vergangenheit.

Tolstoi liebt an der Staniza das, was bereits daraus entschwindet, wenngleich er sieht, daß dort reiche Kosakenfamilien leben mit Nogaierknechten und Kosakenältesten, die den Verwandten ihre Gärten wegprozessieren.

Die Zeit Jeroschkas und sein Ruhm sind Vergangenheit.

Olenin entwickelt im Walde Jeroschkas Gedanken und verbindet sie auf verblüffende Weise mit den Ansichten der Menschen seines Kulturkreises, die behaupten, Leidenschaften und Laster seien nichts als menschliche Eigenschaften, entstellt durch eine unharmonische Ordnung.

Die Utopisten strebten eine neue Harmonie des Menschen an. Wie sie ist der junge Held der Erzählung *Die Kosaken,* Dmitri Olenin, in seinen Reflexionen ein Philosoph. Nahezu das gesamte XX. Kapitel enthält Gedanken über das Glück, das dem Menschen widerfährt, wenn er sich voll und ganz als Teil der Natur empfindet.

Olenin überlegt im Walde: Mir fehlt also nichts zu meinem Glück!

Und auf einmal erblickt er gleichsam ein neues Licht: »Was Glück ist, jetzt weiß ich es«, sagt er zu sich selbst, »Glück besteht darin, für andere zu leben. Und das ist so klar. Dem Menschen ist das Glücksbedürfnis eingegeben; folglich ist es legitim. Es auf egoistische Art und Weise befriedigen, also auf der Suche nach Reichtümern, Ruhm, Komfort, Liebe für sich selbst sein, hieße eventuell Umständen begegnen, die die Befriedigung solcher Wünsche ausschließen. Folglich sind solche Wünsche illegitim, nicht aber das Bedürfnis nach Glück.«

Dies alles scheint uns nahezu unverständlich und kompliziert. Tolstoi bedurfte in jenen Jahren dessen, was dazumal als Harmonie bezeichnet wurde, eines Glücks ohne Widersprüche. Die Welt um ihn herum war offensichtlich glücklos, und es mußte eine neue Harmonie, das verbriefte Recht auf Glück, geschaffen werden.

Die Auffassung vom Glück zieht die Notwendigkeit sozialer Reformen nach sich. Einfach leben darf man nicht, man muß auf andere Art leben. Olenin flieht aus Moskau, aber nicht vor seinen Gläubigern, wiewohl er Schulden hat; er flieht vor der Pseudozivilisation, im Koffer einen modischen Anzug nebst unbezahlter Rechnung des französischen Schneiders. Ein Flüchtling ist er jedoch nicht. Dort bleiben, wo er war, kann er nicht.

Im Konspekt zu den *Kosaken* heißt es über Olenin: »Abreise aus Moskau, seine Situation in den höheren Kreisen, seine seltsame Entwicklung, typisch für die Ära Nikolais I. Ablehnen ist schwer, zustimmen verbietet sich, er möchte leben.«

Aber noch läßt sich das Leben verändern. Versuchte es Tolstoi auf die gleiche Weise wie Herzen und die Petraschewzen?

Geben wir offen zu, daß Olenin Tolstoi recht nahesteht. Besonders klar wird das, wenn man die Kapitel liest, die in der Ichform geschrieben sind.

Ein Fragment, das in der Jubiläumsausgabe als Variante Nr. 23 erscheint, trägt die Überschrift *Mariana.* Am Beginn werden Tolstois Weg durch Kisljar und sein Rang gezeigt: Alles wird Olenin zugeschrieben. »Im Jahre 1850, am 28. Februar, wurde dem Kollegienregistrator an der Deputiertenversammlung zu T., Dmitri Andrejewitsch Olenin, eine Anweisung auf Postpferde für eine Fahrt in eigener Angelegenheit von Moskau nach Kisljar, Gouvernement Stawropol, ausgestellt...«

Es folgt eine kurze Beschreibung der Abreise Olenins aus Moskau, vom Portal des Hotels Chevalier; er fährt in Begleitung von Wanjuschka. »Versammlung zu T.« bedeutet zweifellos Deputiertenversammlung zu Tula. Im Ergebnis zahlreicher Änderungen wechselt der Held der Erzählung mehrmals seinen Namen; als er schließlich den Nachnamen Olenin erhält, gelangt er in den Besitz von Tolstois Personalpapieren. Wenngleich es im Text heißt, er reise im Range eines Junkers, fährt er dennoch, wie auch Tolstoi, als Volontär: Er hat einen Zivilpaß.

Die Reise ist nicht zu Ende; Tolstoi reiste mit neuen Begleitpapieren weiter.

Die Staniza Starogladkowskaja veränderte ihn.

Die Liebe zu der kraftstrotzenden Schönen namens Mariana erscheint als konfliktbestimmendes Motiv.

Ursprünglich beschreibt Tolstoi eine Liebe, die zwar nicht glücklich, aber von Erfolg gekrönt ist. Der Offizier lebt mit dem Kosakenmädchen, kauft ihr ein Haus, will zum alten Glauben übertreten beziehungsweise wartet darauf, daß sie den griechisch-orthodoxen Glauben annimmt, aber der Ehemann kehrt zurück und bringt den Offizier um.

Das alles ist spannend erzählt; Tolstoi schrieb mehrere Entwürfe, alle unterhaltsamer, belletristischer, handlungsreicher als die später veröffentlichte Erzählung.

Doch das Meer umbrandet das Schiff und drückt gegen die eisernen Borde.

Die Liebe kam, über die wir sehr wenig wissen, obgleich jene junge Frau aus der Staniza – ob sie nun Mariana hieß oder Sina oder Zobelchen – von Tolstoi geliebt wurde. Je tiefer der Schriftsteller die Liebe analysiert, desto näher kommt er sich selbst, desto autobiographischer wird die Erzählung.

Olenin ist ein kluger Mann, er ist belesen, träumt von Gerechtigkeit, kennt die russische Literatur. Er hat eine eigene Biographie, ein eigenes Verhältnis zur Welt, aber es ergibt sich, daß die Staniza einen solchen Menschen nicht akzeptiert. Der junge Belezki ist begreiflich: ein hübscher junger Herr, der in ein Kosakenmädchen verliebt ist, aber kurz vor seiner Abreise steht. Olenin hingegen, der sich nach den Bergen, nach der großen Liebe und einem neuen Leben sehnt, ruft bei Jeroschka nur Mitleid hervor, denn er ist in der Staniza ungeliebt und fremd.

Jeroschka ist ein Überbleibsel der Vergangenheit. Olenin strebt in die Zukunft. Dem einen wird die Zuneigung abgesprochen, der andere hat sie noch nicht erworben.

Nun müssen wir das Allerbitterste über Tolstoi sagen.

Er dürfte die Molostwowa kaum geliebt haben, er mißtraute Katja, der Zigeunerin, und hatte wenig Liebe für sich selbst übrig, wenn er auch bereits an sein Talent und seine Kraft glaubte. Schon damals wußte er, daß ein Bauernjunge selbständiger, lebenstüchtiger war als ein Knabe aus adligem Hause.

Um die späteren Worte Sofja Andrejewnas zu zitieren: Er liebte »Bäuerinnenkinder«.

In der Staniza liebte er, schickte sich an, glücklich zu sein, sehnte sich danach, für immer dort zu bleiben. Zehn Jahre lang schrieb er an dem Roman über ein Paradies, in dem er gelebt hatte und an das er liebevoll zurückdachte, ständig suchte er nach einer Möglichkeit, in diesem Paradies zu bleiben.

Er schenkte seinem Olenin sein eigenes Sehnen nach Mariana, mal ließ er sie reich, mal arm sein; er wußte von vornherein, daß Olenin einen Nebenbuhler besaß; er dachte sich aus, Mariana würde den orthodoxen Glauben annehmen; er räumte ein, Olenin könne zum Altglauben übertreten.

Und keines dieser Vorhaben wollte gelingen.

Der Roman wuchs, ein Entwurf für eine Trilogie lag vor, Szenen, die in Tiflis, wo Tolstoi gewesen war, spielten, waren vorgesehen. Olenin ist in dieser Stadt erfolgreicher als Tolstoi, denn er hat Verbindungen zur Hautevolee. Damals verwirklichte Tolstoi in seinen Romanentwürfen seine Sehnsüchte nach Verbindungen zur Aristokratie.

Der Roman lief parallel zu Tolstois Leben.

Kirka, Olenins Nebenbuhler, flieht ins Tschetschenengebiet, wird zum Abreken, kehrt in die Staniza zurück und begeht einen Mord; er wird hingerichtet. Mariana bringt Olenin, der keinerlei Schuld trägt, um, und möglicherweise nimmt der in sie verliebte Soldat die Schuld auf sich.

Doch dieser Roman wurde nicht geschrieben, weil Tolstoi Realist war; einen Platz für die Fortsetzung des Romans gab es auf dieser Welt nicht, das wäre sonst ein Roman über den Zufall gewesen.

Der Schluß mit den Morden wurde nicht verwirklicht, auch die Utopie wurde nicht realisiert.

Der Roman wechselte seine Titel: *Der Flüchtling, Der flüchtige Kosak, Die Kosaken.*

Der alte Casanova und lebenserfahrene Mann, Andrej Jewstafjewitsch Bers, fand an den *Kosaken* kein Gefallen und ließ das seinem Schwiegersohn Tolstoi durch seine Tochter ausrichten. Er war der Ansicht, der Autor kenne die Wirklichkeit nicht gut genug.

»Muß wohl zu kurze Zeit in der Staniza zugebracht haben, zu wenig, um eine Mariana gründlich zu studieren, außerdem weiß Gott allein, ob sie vom sittlichen Standpunkt wert ist, studiert zu werden. Ich meine, die sind doch alle über einen Leisten geschustert. Ihr Nervensystem entspricht voll und ganz ihren Muskeln und ist zarten und edlen Gefühlen ebenso unzugänglich, wie es ihre Berge sind.«

Die Arzttochter Tatjana Bers (verehelichte Kusminskaja) fand den Brief so bemerkenswert, daß sie ihn unter dem Titel *Briefe des Vaters* in ihrem Buch *Mein Leben daheim und auf Jasnaja Poljana* erwähnt.

Die Kosaken waren für die Familie Bers ebendeshalb eine fernliegende, ketzerische Angelegenheit, weil darin die Liebe eines Adligen zu einer Bäuerin vorkommt.

Das Buch rief in Sofja Andrejewna Eifersucht hervor.

Ihre Eifersucht war selektiver Natur; vermutlich begriff sie, auf wen sie eifersüchtig sein mußte. Auf Valeria Arsenjewa ist sie nicht eifersüchtig. Sie schreibt: »Seine Briefe an V. A. neu durchgelesen. Eine Jugendaffäre, er hat nicht sie geliebt, sondern die Liebe und das Familienleben ... Und als ich die Briefe durch hatte, wollte keine Eifersucht bei mir aufkommen, es war, als ginge es nicht um ihn und gar nicht um die V., sondern um eine Frau, die er hätte lieben sollen, eher um *mich* als um die V.«

Auf die Gräfin Alexandra Andrejewna Tolstaja, die Hofdame, war Sofja Andrejewna auch nicht eifersüchtig, wenngleich sie eine Affäre vermutete. Die Eifersucht kam später, als Sofja in Abwesenheit ihres Gatten dessen Briefschaften ordnete und Alexandras Briefe mit den Antworten Tolstois verglich, doch selbst da war die Eifersucht respektvoll.

Die Gattin anerkannte sozusagen die aristokratische Überlegenheit der Hofdame.

Ihre Aufzeichnung vom 17. Oktober 1863 lautet:

»Ich wollte, ich könnte ihn ganz und gar umfassen, ihn begreifen, damit er zu mir sei, wie er zu Alexandrine war, dabei weiß ich, daß das nicht geht, und es kränkt mich nicht, ich gebe mich zufrieden damit, daß ich dazu zu jung, zu dumm und zuwenig poetisch bin. Um aber so zu sein wie Alexandrine, muß man, abgesehen von angeborenen Gegebenheiten, älter sein und kinderlos und sogar unvermählt. Es würde mich nicht kränken, wenn die beiden ihren Briefwechsel in der gleichen Art weiterführten, ich wäre nur traurig, wenn sie annähme, die Gattin Ljowas sei zu nichts anderem fähig, als sich mit Kinderkram und Alltagsdingen zu befassen. Ich weiß, ich könnte so eifersüchtig sein wie ich wollte, eifersüchtig auf seine Seele, Alexandrine ließe sich nicht aus seinem Leben streichen, das muß auch nicht sein – sie hat eine gute Rolle gespielt, zu der ich nicht fähig bin ... Ich würde sie gern näher kennenlernen. Ob sie mich seiner für würdig befinden würde?«

Hier wird kein Summierstrich gezogen. Ihr Gefühl zu Mariana und zu Axinja ist ganz anders.

Am 20. März 1865 schreibt Sofja Andrejewna: »Heute schrak ich wieder einmal zusammen beim Lesen einer Kritik über *Die Kosaken* und in Erinnerung an den Roman; ich weiß, ich bin der Grenzstrich für alles, für Leben, Liebe, Jugend, das alles gab es bei den Kosakenmädchen und anderen Frauen.«

Ihr Verhalten zu Axinja ist geprägt von blindem Haß und von Selbstmord- oder Mordgedanken.

Am 16. Dezember 1862, nachdem sie Tolstois Tagebuchaufzeichnungen vom 10.–13. Mai 1858 gelesen hatte, notierte sei: »Ich glaube, eines Tages tue ich mir was an vor Eifersucht. ›Verliebt wie nie zuvor!‹ Und nichts als ein dickes Weib mit weißer Haut, schauderhaft. Ich habe geradezu mit Wonne den Dolch und die Flinten betrachtet. Der eine Stoß fällt einem leicht, solange kein Kind da ist.«

Diese Krankheit verließ sie nicht mehr.

In einer Aufzeichnung vom 14. Januar 1863 aus Moskau heißt es:

»Habe heute einen häßlichen Traum gehabt. Zu uns kamen in einen seltsamen riesigen Garten unsere Dorfmädchen und Weiber aus Jasnaja, aber alle angezogen wie Damen. Eine nach der anderen tauchte von irgendwoher auf, zuletzt kam Axinja in einem schwarzen Seidenkleid. Ich richtete das Wort an sie, und mich überkam eine solche Wut, daß ich irgendwoher ihr Kind holte und anfing, es in Stücke zu reißen – Beine, Kopf, alles riß ich ab, und ich war wie toll vor Zorn. Ljowa kam, ich sagte ihm, sie würden mich nach Sibirien schicken, er aber sammelte Beine und Arme und alle Teile auf und sagte, das sei nicht schlimm, es sei ja nur eine Puppe. Ich sah hin, und wirklich: kein Körper, nur Füllsel und Leder. Und das hat mich richtig geärgert.«

Diese Aufzeichnung ist kein Zufall, solche entfesselten Haßgefühle überkamen Sofja Andrejewna nicht nur im Traum.

Eheschließung mit einem Fräulein

Im damaligen Kreml, der alten Festung der in Acht und Bann lebenden Stadt, wohnte hinter stillen, katzenkopfgepflasterten kleinen Höfen Andrej Jewstafjewitsch Bers, ein Arzt mit recht gutgehender Praxis.

Die Vielecke der Höfe waren grasüberwuchert, aber gut ineinandergepaßt, drüberhin schritten Offiziere auf dem Weg ins Ordonnanzhaus, in die Hauptwache zum Arrest.

Nach den Erinnerungen von Tatjana Kusminskaja könnte der Eindruck entstehen, die Wohnung der Familie Bers im Kreml sei recht komfortabel gewesen. Salon-Aufführungen, auch Soireen sollen dort stattgefunden haben. Das Gedächtnis spielte Tatjana einen Streich.

In realen und genauen Aufzeichnungen weiß sich Sofja Andrejewna zu erinnern: »Eines Abends trat ich behutsam zur Mutter hinter die Trennwand, in ihr Schlafzimmer.«

Eines Tages beklagte sich Tolstoi in einem Gespräch mit Iwakin, dem Hauslehrer seiner Kinder, darüber, daß die Menschen des ausgehenden 19. Jahrhunderts sich an Luxus zu gewöhnen begännen. Bei dieser Gelegenheit erinnerte er sich an vergangene Zeiten:

»Früher lebte zum Beispiel die Familie Bers [gemeint ist sein Schwiegervater] wie eine ganz gewöhnliche Beamtenfamilie, wie sie heute nicht mehr leben würde. Die gesamte Wohnung bestand aus einem komischen Flur, die Eingangstür führte vom Treppenhaus direkt ins Eßzimmer, das Arbeitszimmer des Familienoberhauptes war ein Kämmerchen, die Fräulein Töchter schliefen auf seltsamen, verstaubten, durchgesessenen Sofas, der heutige Engländer *Mister water-closet* hieß dazumal noch gut russisch. Heute wäre das alles undenkbar. Unausdenkbar, daß die Kranken zu ihrem Arzt über eine wackelige Stiege gelangten und gelegentlich auch herunterstürzten, unausdenkbar, daß im Zimmer ein Kronleuchter hing, gegen den selbst ein Patient von mittlerer Größe stieß, so daß er sich, wenn er nicht auf der Stiege stürzte, zumindest am Kronleuchter den Kopf einrannte – das alles gilt heutzutage als unmöglich, und darin eben liegt der Luxus.«

In seinem niedrigen Sprechzimmer saß der blauäugige Hausherr, streng und anspruchsvoll, gewöhnlich mit einem schwarzen Sammetschlafrock bekleidet. Im Alter, nachdem man ihm eine silberne Luftröhre mit Öffnung eingesetzt hatte, ließ er sich einen Vollbart stehen.

Er war ein ansehnlicher und welterfahrener Mann.

Geboren 1806, tat er als Militärarzt Dienst im Moskauer Ordonnanzhaus oder der Hauptwache, die als Arrestgebäude für straffällig gewordene Offiziere diente.

Durch Tatjana, seine Jüngste, wissen wir, daß der Urahn, Iwan Bers, Rittmeister in der österreichischen Armee gewesen und als Instrukteur des neuen Armeereglements nach Petersburg kommandiert worden war. Er diente einige Jahre und fiel in der Schlacht bei Zorndorf. Der Mädchenname seiner Frau ist unbekannt. Sein Sohn Jewstafi erbte das mütterliche Vermögen und ehelichte eine gewisse Wulfert, laut Tatjana Bers ein vermögendes Mädchen aus guter Adelsfamilie.

Jewstafi selbst wurde Apotheker. Der Brand von Moskau 1812 beraubte ihn seiner Habe, er geriet in Gefangenschaft, kehrte in die russische Armee zurück und erhielt eine Entschädigung von 3000 Rubel in Banknoten. Von hier an gewinnt die Geschichte deutliche Umrisse.

Der Apotheker ließ seine beiden Söhne an der Moskauer Universität Medizin studieren. Andrej Jewstafjewitsch reiste nach Abschluß seiner Studien mit Turgenjews Mutter ins Ausland; zwei Jahre blieb er in Paris. Der junge Arzt war hübsch. Im Endergebnis brachte W. P. Turgenjewa eine Tochter zur Welt, die den Namen Bogdanowitsch-Lutowinowa erhielt.

Bers erfreute sich einer gutgehenden Arztpraxis, galt lange Zeit als

»großer Casanova« und als Mann mit freiem Zugang zu vielen Häusern; 1845 erhielt er den Titel eines Kollegienassessors und war damit geadelt, außerdem fungierte er außeretatmäßig als Theaterarzt an Moskaus Bühnen.

Sein Hauswesen wurde bescheiden und beamtenhaft patriotisch geführt.

Während des Krimkriegs trugen die Arzttöchter Mäntel aus Militärtuch mit Militärknöpfen; diese Mäntel wurden, wie Sofja Andrejewna in ihren Memoiren schreibt, auf russisch »patriotische Mäntel« genannt. Sie waren eine Art Opfer, dargebracht von der halbdeutschen Familie auf dem Altar des Vaterlandes.

Sofja und Tatjana äußern sich in ihren Erinnerungen achtungsvoll, aber nur kurz und verschleiert über die Familie Bers.

Lang und ausführlich wird der mütterliche Stammbaum dargelegt; hierzu erwähnt Tatjana Kusminskaja in ihrem Buch *Mein Leben daheim und auf Jasnaja Poljana* allein in zwei Kapiteln lauter Majestäten und Grafen. Das zweite Kapitel trägt die Überschrift: *Mein Urgroßvater mütterlicherseits, Graf P. W. Sawadowski.*

Der Anfang des Kapitels lautet: »Meine Mutter stammte aus einem alten Adelsgeschlecht. Sie war die Tochter von Alexander Michailowitsch und der Fürstin Koslowskaja, geborene Gräfin Sawadowskaja.« Die Fürstin Koslowskaja hatte ihren Mann verlassen und sich Islenjew zugewandt.

Die Kinder galten als unehelich. Die Geschichte dieser Familie lag in gewisser Weise der ersten Fassung von *Kindheit* zugrunde. Die schiefe Lage der Familie war längst Vergangenheit. Ljubow Alexandrowna heiratete 1842 A. J. Bers; innerhalb von zwanzig Jahren war eine Familie gewachsen, und die Bitterkeit vermuteter sozialer Ungleichheit hätte sich gelegt haben können. Dennoch erinnerte man sich der vornehmen Verwandtschaft, und die Töchter hielten sich für erniedrigt.

Später schrieb Tolstois Sohn Sergej Lwowitsch über seine Mutter: »Die frühe Ehe meiner Mutter und ihre halbaristokratische Herkunft blieben nicht ohne Einfluß auf das weitere Leben unserer Familie.« Er berichtet in seinen *Skizzen der Vergangenheit,* die Mutter habe sich anfangs dem Willen ihres Gatten voll und ganz untergeordnet; als er aber seine Weltanschauung änderte, konnte sie ihm nicht mehr folgen. »Infolge ihrer halbvornehmen Herkunft schätzte sie die sogenannte Hautevolee ganz besonders ...«

Lew Tolstoi mit seinen langjährigen Beziehungen zu den Islenjews, die ja Gutsnachbarn seines Vaters waren, befriedigte als Bräutigam den verletzten Stolz der Familie Bers.

Man kultivierte sogar die Legende, er sei als Kind in Sofjas Mutter verliebt und auf die damals Zehnjährige eifersüchtig gewesen.

N. N. Gussew führt den sehr überzeugenden Nachweis, daß es sich dabei um eine Legende handelt; allerdings hatten die Bers mit den Tolstois in Moskau Bekanntschaft von Haus zu Haus gepflegt, sie waren freundliche, aufmerksame und großzügige Gastgeber bei vornehmem Besuch.

Die Fräulein Bers waren durch ihr Alter mobilisiert, sie galten, wie man damals zu sagen pflegte, für heiratsfähig.

Ein Apothekersohn machte Sofja seinen Antrag und erntete aristokratische Entrüstung. Das begabte Mädchen dichtete bereits, man widmete ihr Verse. Ihr Repetitor, Wassili Iwanowitsch Bogdanow, der Autor des bekannten Liedes vom Knüppelchen, das mit den Worten beginnt »Viele Lieder hörte ich in meiner Heimat«, schrieb Liebesgedichte für sie und küßte ihr eines Tages die Hand. Sie wischte die Hand mit einem Tuch ab und beschwerte sich bei der Mutter über den Studenten.

Sie war verlobt mit Mitrofan Andrejewitsch Poliwanow, einer zwanzigjährigen Waise aus guter Familie. Die beiden jungen Leute galten als verlobt, doch mit der Hochzeit sollte wegen der allzu großen Jugend des Bräutigams noch gewartet werden.

Für Tolstoi war die älteste Tochter, Lisa, vorgesehen. Sie war ein gescheites Fräulein mit guter Bildung, das in der Zeitschrift *Jasnaja Poljana* zwei Skizzen, *Mohammed* und *Luther,* veröffentlicht hatte.

Lisa führte später eine unglückliche Ehe, hatte auch kein Glück in Liebesaffären und schrieb über Finanzprobleme.

Die gesamte Familie verhielt sich Tolstois Besuchen gegenüber gespannt und wohlwollend.

In seinem Tagebuch finden wir Seite für Seite Erwähnungen der Familie Bers. So am 6. Mai: »Vergaß, ein schöner Tag bei den Bers, aber Lisa *wage ich nicht zu heiraten.*« 22. September: »Lisa Bers ist für mich eine Versuchung; es darf aber nicht sein – Berechnung allein genügt nicht, und das Gefühl fehlt.«

Lisa war sehr gebildet. Unter den Schwestern entbrannte ein Konkurrenzkampf. Sofja teilte ihrer jüngsten Schwester Tanja mit, sie schreibe eine Erzählung.

»Was denn bloß für eine! dachte ich. Sie hatte schon immer gute Aufsätze geschrieben. Und ihre Erzählung interessierte mich ungemein.«

Sie ist ganz offensichtlich familiär angelegt: Sie enthält zwei Hauptfiguren, einen Dublizki und einen Smirnow. Der erstere ist mittleren Alters und, wie Tanja notierte, von »wenig anziehendem Äußeren«.

Tolstoi hatte die Erzählung selbst gesehen, und hier stand: »Von außergewöhnlich wenig anziehendem Äußeren.« Er war voller Energie, gescheit, »mit wechselhaften Lebensansichten«.

Smirnow hingegen ist jung, etwa dreiundzwanzig, ein Mann mit großen Idealen, von zuverlässiger, ruhiger Wesensart, er ist vertrauensvoll und macht Karriere.

Außerdem gibt es eine Natascha, ein dünnes, munteres junges Mädchen. Dublizki wendet sich nicht Sinaida zu, sondern Jelena, einem jungen Mädchen mit großen schwarzen Augen, also Sofja selbst. Sofja ist großherzig. Sie zieht Vergleiche zwischen Dublizki und Smirnow, letzterer sagt ihr mehr zu. Zugleich aber ist sie von Dublizki gefesselt und nimmt als Folge schwieriger Erlebnisse um ein Haar den Nonnenschleier, gleich der Heldin in Turgenjews *Ein Adelsnest* (der Roman erschien 1859).

Die Erzählung endet damit, daß Jelena die Heirat zwischen Sinaida und Dublizki ermöglicht und einige Zeit später Smirnow heiratet.

Tatjana Kusminskaja, deren Buch ich diese Inhaltsangabe entnehme, schließt das Kapitel *Sonjas Erzählung* mit den Worten: »Jammerschade, daß meine Schwester die Erzählung verbrannt hat, denn darin trat ganz plastisch ein Keim der Familie Rostow zutage: die Mutter, Vera und Natascha.«

Die Autorin übertreibt auch in diesem Punkt.

Es war nämlich so, daß die Wölfe satt und die Schafe heil bzw. untergebracht sein sollten, aber hübsch der Reihe nach. So hatten die Eltern entschieden. Lew Tolstoi jedoch verliebte sich in Sofja. Er war aus dem Gleichgewicht gebracht und notierte am 23. August 1862 flüchtig und zusammenhanglos: »Ich habe Angst vor mir selbst, daß auch das jetzt nur Liebeswunsch ist und nicht Liebe. Ich bemühe mich, ausschließlich ihre Schwächen zu sehen, und dennoch . . . Das reine Kind. Es sieht so aus als ob.«

Sonja gab Tolstoi ihre Erzählung zu lesen.

Notiz vom 26. August: »Bin zu den Bers gegangen [nach Pokrowskoje – V. Sch.], zu Fuß, schön ruhig und gemütlich. Mädchengelächter. Sonja war ungut, vulgär war sie, aber unterhaltsam. Gab mir eine Erzählung zu lesen. Welche Energie der Wahrheit und Einfachheit. Die Unklarheit quält sie. Ich hab alles ohne Herzklopfen gelesen, ohne Anzeichen von Eifersucht oder Neid, jedoch ›außergewöhnlich wenig anziehendes Äußeres‹ und ›mit wechselnden Lebensansichten‹ kränkte mich ganz schön. Nun bin ich beruhigt. Das alles ist nicht über mich. Arbeit und lediglich Befriedigung der Bedürfnisse.«

Greifen wir zu den Notizen vom 28. August: »Ich bin vierunddreißig. Aufgestanden mit gewohnheitsmäßiger Traurigkeit... Ein bißchen gearbeitet, vergebens an Sonja mit Buchstaben geschrieben.«

Wichtig ist hier das Wort »vergebens«.

Es folgen Einzelheiten über Tagesablauf und Abendbeschäftigung. Zum Schluß der Aufzeichnungen heißt es: »Du miese Visage, laß den Gedanken an die Ehe fahren, deine Berufung sieht anders aus, und vieles ist dir dafür gegeben.«

Das lange Gespräch zwischen zwei Verliebten mit Hilfe von Anfangsbuchstaben kennen wir aus *Anna Karenina.*

Sofja Andrejewna Tolstaja berichtet im Tagebuch von einer ähnliche Szene:

»Ich war schon in der Tür, als Lew Nikolajewitsch mich rief. ›Sofja Andrejewna, warten Sie einen Augenblick!‹ – ›Was ist?‹ – ›Lesen Sie einmal, was ich Ihnen jetzt schreibe.‹ – ›Schön‹, gab ich mein Einverständnis. – ›Aber ich schreibe nur die Anfangsbuchstaben, die Worte müssen Sie erraten.‹ – ›Wie denn? Das ist doch unmöglich! Na gut, schreiben Sie.‹ Lew Nikolajewitsch putzte mit einer Bürste sämtliche Kreidezahlen vom Spieltisch, nahm die Kreide und begann zu schreiben. Wir waren beide sehr ernst und sehr erregt. Meine Augen hingen an seiner großen roten Hand, und ich spürte, daß all meine besten Kräfte und Fähigkeiten, meine ganze Aufmerksamkeit auf dieses Stückchen Kreide, auf die Hand, die es hielt, konzentriert waren. Wir sprachen beide kein Wort. ›I. J. u. d. B. n. G. e. m. a. l. a. m. A. u. a. d. U. v. G.‹, schrieb Lew Nikolajewitsch. ›Ihre Jugend und das Bedürfnis nach Glück erinnern mich allzu lebendig an mein Altsein und an die Unmöglichkeit von Glück‹, entzifferte ich. Mein Herz klopfte stark, in den Schläfen hämmerte es, mein Gesicht brannte – ich stand außerhalb der Zeit und des Bewußtseins alles Irdischen: Mir war, als könnte ich alles, begriffe alles, umfaßte in diesem Augenblick alles Unumfaßbare. ›Jetzt noch etwas‹, sagte Lew Nikolajewitsch und begann zu schreiben. ›I. I. F. h. s. ü. m. u. I. S. L. e. f. A. V. S. u. I. S. T. m.‹ – ›In Ihrer Familie hält sich über mich und Ihre Schwester Lisa eine falsche Ansicht. Verteidigen Sie und Ihre Schwester Tanja mich‹, las ich rasch und ohne zu stocken nach den Anfangsbuchstaben. Lew Nikolajewitsch wunderte sich nicht einmal darüber.«

(Der Ort der Handlung ist Iwizy, das Gut der Islenjews im Gouvernement Tula, fünfzig Werst von Jasnaja Poljana entfernt.)

Danach ging jeder seine Wege.

Auch T. Kusminskaja schreibt darüber und weist darauf hin, das »Gespräch« habe in Iwizy in ihrer Gegenwart stattgefunden.

Lesen wir aber aufmerksam den an Sofja gerichteten (nicht abgesandten) Brief vom 9. September 1862, gewinnen wir ein anderes Bild von den Ereignissen. Tolstoi schrieb tatsächlich Anfangsbuchstaben, nur wurden sie nicht entziffert.

In diesem Brief vom 9. September, der elf Tage nach dem »Buchstabenschreiben« entstand, werden die Buchstaben als unentziffert erläutert: Zuerst wird berichtet, Tolstoi sei in Lisa nicht verliebt, dann ist von Sofjas Erzählung die Rede. Weiter heißt es: »Zweite Erläuterung der in Iwizy geschriebenen Worte ... oder etwas Ähnliches. Der Sinn stimmt tatsächlich. Mich überkommt Trübsinn, wenn ich gerade Sie sehe, weil Ihre Jugend mich allzu lebendig an mein Altsein und an die Unmöglichkeit des Glückes erinnert. Das wurde ebenfalls vor der Lektüre der Erzählung geschrieben, die mich auch infolge jener poetisch *ausgezeichnet* formulierten Forderungen an die Jugend und infolge des Mich-Erkennens in der Gestalt des Dublizki vollständig ernüchterte, so daß ich an die Erzählung und an Sie nicht nur ohne Bedauern oder verwehten Neid auf P. oder künftigen Neid auf jenen, den Sie lieben werden, zurückdenke, sondern freudig und gelassen, wie man Kinder betrachtet, die man liebhat. Traurig stimmt mich nur, überhaupt etwas angerichtet und mich selbst in Ihre Familie verstrickt zu haben, so daß ich mich deshalb des schönsten Genusses, wie ich ihn seit langem nicht mehr empfand, berauben muß, nämlich Ihr Haus zu besuchen.«

Der Brief schließt überraschend: »Ich verlange, ebenso geliebt zu werden, wie ich zu lieben imstande bin. Das aber ist unmöglich. *L. Tolstoi.*«

Schlußfolgerungen aus dem Brief: »Ich werde aufhören, Ihr Haus zu besuchen, Sie und Tanjalein mögen meine Verteidiger sein.«

Aber Tolstoi besuchte ungeachtet dieses Briefes und der unentzifferten Anfangsbuchstaben weiterhin das Haus der Familie Bers.

Sonja Bers sah, was Tolstoi am 28. August schrieb, mühte sich, es zu verstehen, war jedoch nicht vom Allbegreifen der Liebe durchdrungen. Tolstoi formte aus dieser Szene ein anderes Bild der Liebesinspiration, wo Menschen einander im Fluge verstehen. Die Szene ist in *Anna Karenina* beschrieben. Die *Aufzeichnungen aus der Vergangenheit* schrieb Sofja Andrejewna 1893 mit *Anna Karenina* als Vorlage – was mit ihr geschehen war, wird aus dem Tagebuch ihres Mannes und dem Roman verständlich.

Wo liegen die Unterschiede zwischen Tolstois Aufzeichnungen und den Erinnerungen der Sofja Andrejewna und der Tatjana Bers?

Tolstois Aufzeichnungen gehören in das Jahr 1862. Die Erinnerungen der Sofja Andrejewna zum selben Gegenstand erschienen im ersten Band der *Tagebücher der Sofja Andrejewna Tolstaja von 1860 bis 1891* (1928) unter dem Titel *Die Heirat L. N. Tolstois;* sie wurden

1912 geschrieben und sind die zweite Variante ihrer Tagebuchaufzeichnung vom 8. Februar 1893.

Das gleiche gilt für die Aufzeichnung von T. Kusminskaja in dem Buch *Mein Leben daheim und auf Jasnaja Poljana,* das 1904 bis 1916 geschrieben wurde. Es stützt sich laut Aussage der Kusminskaja auf Tagebücher, die, wie auch bestimmte Briefe, verbrannt sind.

Sofja Andrejewnas Tagebücher sind wie die Memoiren Tatjana Andrejewnas doppeldeutig: Tatjana Bers schreibt über Dinge, von denen sie Kenntnis erhielt, als sie bereits Tatjana Kusminskaja hieß. Später werde ich berichten, daß Lew Tolstoi die Gestalt seiner Natascha Rostowa bereits in den *Dekabristen* skizziert hatte, dort, wo mit dem alten Dekabristen dessen ebenfalls gealterte Gattin zurückkommt: Es ist jene Natascha, die wir aus dem Epilog zu *Krieg und Frieden* kennen. Gewisse Züge der Tatjana Bers sind auf die junge Natascha Rostowa übertragen; sie diente als Modell zur Romanillustration: Tolstoi machte den Maler Baschilow auf sie aufmerksam. Das soll jedoch nicht heißen, daß Tatjana das Urbild für Nataschas Charakter gewesen sei, daß Tolstoi bereits damals, als er mit der Familie Bers noch nicht verbunden war, die sechzigjährige Natascha vorausgeahnt habe und in dem kleinen Mädchen schon die Ehefrau eines Dekabristen sah.

Tagebücher, geschrieben nach Tagebuchaufzeichnungen, sind keine Dokumente, um das Leben zu erschließen. Das wechselseitige Belauern darf nicht außer acht gelassen werden.

Lew Tolstoi war in Sonja Bers verliebt und in seine Gattin Sofja Andrejewna.

Fast ein Jahr später, am 18. Juni 1863, schrieb er in sein Tagebuch: »Ich muß hinzufügen, für sie – sie wird es lesen – für sie schreibe ich nichts, was nicht wahr wäre, doch treffe ich unter mancherlei, was ich für mich allein nicht schreiben würde, meine Wahl.«

Zwischen der überprüften allgemeinen Wahrheit der Kunst und der vereinzelten Wahrheit, die man einem nahestehenden Menschen sagt, gibt es einen Unterschied. Wenn das Leben eines Menschen bereits in der Kunst gestaltet ist, der Mensch aber weiterlebt, eifersüchtig ist auf die Darstellung und ebenso gut und tief veranlagt sein möchte, wie über ihn geschrieben wurde, so wiederholt er in seinen Aufzeichnungen und Bewegungen das, was das Kunstwerk über ihn aussagt.

Doch ich schweife vom Thema ab. Kehren wir in die Kremlwohnung der Familie Bers zurück. Die drei Töchter bildeten zwei Parteien, Sonja und Tanja auf der einen, Lisa auf der anderen Seite. Die Mutter ließ sich auf keine Dispute mit Tolstoi ein und schien mit seiner Wahl einverstanden zu sein. Der Vater zog sich in sein Arbeitszimmer zurück, als hätte Tolstoi irgendwo lange Finger gemacht. Nichts war geklärt.

»Lisa scheint mich in aller Gelassenheit als ihren Besitz zu betrachten. Mein Gott! Wie wäre sie doch in Schönheit unglücklich, wenn sie meine Frau wäre«, schrieb Tolstoi.

Am 17. September kommt alles ans Tageslicht: der Bräutigam, Champagner, Lisa küßt Lew Tolstoi. Am nächsten Tage das Diner, eine Aussprache mit dem Vater, das Ehepaar Bers spricht mit Poliwanow.

Vor der Hochzeit gewährt Tolstoi der jungen Sonja Bers Einblick in seine Tagebücher. Von ihm aus gesehen, grenzt das an Grausamkeit. Sonja, bereits öffentlich als seine Braut deklariert, kann ihrem gräflichen Bräutigam nicht mehr aufkündigen. Der Einblick ist verfrüht, das junge Geschöpf kann den Inhalt der Tagebücher nicht begreifen, wenn es sich ihn auch genau und für lange Zeit merkt.

Vorwürfe wegen der Vergangenheit des Mannes setzten ein, triftige Eifersuchtsgründe kamen auf. Tolstoi hatte seiner Braut eine allzu schwere Last aufgebürdet.

Die Hochzeitsvorbereitungen gingen weiter. Die Familie Bers verhielt sich abwartend: Wohl war die älteste Tochter übergangen worden, aber immerhin eine der Töchter unter die Haube gebracht. Sonja plagten Zweifel; sie hatte sich bereits an den Gedanken gewöhnt, sich als Poliwanows Braut zu betrachten, doch ging die Entwöhnung ziemlich rasch vor sich. Die alte Liebe diente nur noch als Thema für Tagebuchaufzeichnungen, wenn Sofja Andrejewna einmal mit ihrem Gatten besonders unzufrieden war.

Was Doktor Andrej Jewstafjewitsch Bers anging, so äußerte er seinen Unmut darüber, daß Tolstoi nicht Lisa heiratete, durchaus realistisch: er versagte Sonja die Mitgift.

Die Mutter beschaffte mit Mühe 300 Rubel, die Sofja Andrejewna gleich in den ersten Ehetagen für Geschenke auf Jasnaja Poljana verwenden mußte.

Tolstoi bestand darauf, die Hochzeit außerordentlich schnell, am 24. September, will sagen acht Tage nach der Verlobung, zu feiern. Die Mutter weinte hinter dem laubgesägten Wandschirm, der ihren Schlafwinkel von dem kleinen, in der Familie als Salon bezeichneten Raum trennte.

Tolstoi notierte: »Am Tage der Hochzeit – Angst, Mißtrauen und Fluchtwunsch. Feierlichkeit der Trauungszeremonie.«

Sofja Andrejewna notierte: »Vater fühlte sich nicht wohl. Ich ging zu ihm ins Arbeitszimmer, um Abschied zu nehmen, er schien begütigt und gerührt.«

Die Kirche war pompös beleuchtet; Mitglieder des Hofchores sangen. Nur wenige Gäste versammelten sich in der Wohnung der Bers. Ein Sechsgespann aus Postpferden wurde vor eine kleine, nagelneue Dormeuse gespannt, die Tolstoi kurz zuvor erworben hatte. Die Mittel hierzu stammten von dem Verleger Stellowski, der guten Autoren für billiges Geld die Editionsrechte abkaufte und die Texte raumsparend in zwei Spalten auf großen Buchseiten setzen ließ.

Auf das vordere Pferd setzte sich ein Vorreiter.

Sofja Andrejewna berichtet: »Der Herbstregen goß unaufhörlich, in den Pfützen spiegelten sich trübe Straßenlaternen und die soeben angezündeten Laternen der Kutsche.«

Lew Tolstoi schlug die Wagentür zu.

»Die Pferde trappelten ungeduldig mit den Hufen, das erste Paar mit dem Vorreiter zerrte vorwärts . . . Die Pferde platschten durch die Pfützen davon, wir fuhren. Ich drückte mich in eine Ecke, ganz entkräftet vor Erschöpfung und Leid, und weinte ohne aufzuhören. Lew Nikolajewitsch schien sehr verwundert, sogar verdutzt und unzufrieden.«

Sie passierten Kamenny Most.

Die Straßenlaternen wurden immer seltener, die Häuser immer niedriger.

Als sie Moskau verlassen hatten, wurde es ringsum dunkel, still und weit.

Daß außerhalb der Stadt keine Straßenlaternen waren, verblüffte Sofja Andrejewna.

Durch den Regenvorhang hindurch dunkelten Fichtenwälder.

Sofja Andrejewna weinte.

Das Sechsgespann schaukelte und zerrte die Kutsche tief in die fremde, ungemütliche Finsternis hinein.

Bis zur Station Birjuljowo wechselten die Jungvermählten kaum ein Wort.

Tolstoi notierte: »Sie ist verweint. In der Kutsche. Sie weiß um alles, und das ist natürlich. In Birjuljowo.«

Birjuljowo war eine Poststation auf der Straße nach Serpuchow. Das adlige junge Paar erhielt große Fürstenzimmer zugewiesen, deren Möbel mit rotem Halbsamt bezogen waren; man servierte Tee. Die junge Gräfin fand darin ein wenig Trost, aber sie reiste in eine fremde Welt, auf ein Dorf, nicht in die Sommerfrische. Jasnaja Poljana hatte sie schon gesehen, konnte sich jedoch keine Vorstellung davon machen.

Am zweiten Reisetag tauchte gegen Abend hinter einem wehrgequerten, wie ein nächtlicher Spiegel funkelnden unbekannten Fluß ein Garten mit einem ärmlichen, alten, hohen Gartenhäuschen zwischen entlaubten Bäumen auf.

Im Dämmer blinkten weiße Türmchen.

An den offenen Türen des Hauses standen Menschen mit Laternen, die einen schwachen gelben Schein verströmten. Spärliche gelbliche Fensterflecke schimmerten am Hause, das verloren zwischen weißstämmigen Birken und dicken, rauhrindigen Ulmen stand.

In der Tür wartete Sergej Nikolajewitsch, noch jung, schmuck gekleidet, bärtig und elegant, mit Brot und Salz, auch Tatjana Alexandrowna stand da mit einer Ikone der Mutter Gottes in dunkelgoldenem Rahmen.

Sofja Andrejewna raffte mit beiden Händen ihren Rock, sank in die Knie und küßte das Heiligenbild. Großäugige, schöne gelbe Hunde betrachteten still die neue Hausgenossin.

Der riesige Garten gilbte, die Erbsensträucher schimmerten rot, in den Alleen lagen Laubteppiche; sie raschelten nicht, weil es feucht war.

Das Haus war gut geheizt, die Fenster standen offen, Tolstoi liebte es so.

Er notierte: »Nacht, schwerer Traum. Nicht sie.« Am 25. September: »Auf Jasnaja. Früher Morgen, Kaffee – peinlich. Die Studenten sind verlegen. Spaziergang mit ihr und Serjosha. Mittagessen. Sie ist allzu dreist geworden. Nach dem Essen geschlafen, sie hat geschrieben. Unerhörtes Glück. Und wieder schreibt sie jetzt neben mir.«

Am 26., 27., 28., 29., 30. September: »Ich liebe sie noch genauso, wenn nicht noch mehr. Kann nicht arbeiten. Heute gab es eine *Szene.* Ich war traurig, weil bei uns alles genauso ist wie bei anderen.«

Sofja Andrejewna verbrachte ihr ganzes Leben auf Jasnaja Poljana. Sie war die Frau, die hier ihr Nest baute und darin Tolstois Werk umhegte.

Er hatte den Lebenslauf gewählt, den er benötigte, und die Frau, deren er bedurfte, war Sofja Andrejewna Bers.

Gut nur, daß die junge Hausfrau erst an der Schwelle des Alters hinter den Sinn der Notiz »nicht sie« kam.

Tolstoi pflegte zu sagen, das Leben müsse nicht verändert werden, man müsse sich selbst geschmeidig kneten, um sich an das Leben anzupassen. Er suchte nach einem Kompromiß und war zu keinem fähig.

Sofja Andrejewna verstand es, einmal die Gattin eines Genies geworden, ihm ein gewöhnliches Leben aufzubauen, sie vermochte allerdings nicht, für sich selbst ein gewöhnliches Glück zu erringen.

Lew Tolstoi schuf gigantische Kunstwerke, war aber unzufrieden mit sich, weil er nicht mit dem Leben kollidiert war, es nicht verändert hatte.

Zunächst fand er sich mit dem Leben ab, wie ein Bauer sich mit einem Mißerfolg, einer Mißernte abfindet, indem er sich anpaßt, sich bescheidet. Die Wahrheit überrumpelte ihn zwanzig Jahre später, zur Zeit der größten Erfolge. Er begriff, daß er verkehrt lebte. Es war zu spät, das Leben zu ändern; ihm schien, jede Veränderung müsse bei der eigenen Seele, bei der eigenen Biographie einsetzen, seine Biographie aber band ihn in Gestalt seiner großen Familie an Händen und Füßen.

»Der Teufel«

N. K. Gudsi stellt in seiner Schrift *Die Geschichte der Niederschrift und der Drucklegung der Erzählung »Der Teufel«* fest: »Ende der achtziger und Anfang der neunziger Jahre war Herr Tolstoi intensiv mit der Arbeit an Kunstwerken sowie teilweise mit Artikeln zum Thema der geschlechtlichen Liebe befaßt.«

In diese Zeit fällt *Die Kreutzersonate* und ihr Nachwort, damals begann seine Arbeit an der Konewsker Erzählung – *Auferstehung,* an *Vater Sergius,* ebenso der Artikel *Beziehungen zwischen den Geschlechtern* und *Die Geschichte Frederix* (1889).

Es ist genau zu unterscheiden zwischen der Kette der Ereignisse, die im Kunstwerk vermittelt werden, und der Beziehung des Autors zur Welt – sie liegt dem Kunstwerk zugrunde und bestimmt mit Hilfe stilistischer und kompositorischer Verfahren die Kette der Ereignisse.

Ich schreibe dies in einem biographischen Buch und verletze damit die zeitliche Reihenfolge, weil es den Leser interessieren dürfte, wie die ersten Jahre von Tolstois Familienleben abliefen; künstlerisch setzte Tolstoi das weniger in *Krieg und Frieden* und *Anna Karenina* als vielmehr in einer späten Erzählung um.

Im Kunstwerk existiert die Vergangenheit anders als andere Erscheinungen menschlichen Bewußtseins. Die Archäologen kennen ein Verfahren, Lebensepochen der Urmenschen zu bestimmen: mit Hilfe der Blütenpollen im Torfboden. Sie vermodern nicht, sie sind Denkmäler von verschwundenen Völkern, Bäumen, wechselnden Waldbeständen, Zeugen der Versteppung.

Menschlicher Schmerz, menschliche Irrtümer und Erfolge werden quasi unsterblich, wenn sie in den Zeilen eines Manuskriptes konserviert werden.

Frederix, dessen Name ursprünglich den Titel der Erzählung bildete, hat wirklich gelebt, in Tula, als Untersuchungsrichter, er hatte ein Verhältnis mit der Bäuerin Stepanida Munizyna, deren Ehemann als Droschkenkutscher in Tula arbeitete; später heiratete er ein Mädchen aus einer intelligenten Familie, die ihn mit ihrer Eifersucht auf Stepanida quälte. Drei Monate nach der Eheschließung tötete Nikolai Frederix Stepanida während des Dreschens mit einem Revolverschuß in den Leib. Er kam vor Gericht, wurde als geistesgestört bezeichnet, und bald darauf fand man ihn unweit von Tula vom Zug überfahren auf den Gleisen.

Frederix war kurzsichtig; bei Tula herrschte in jenen Tagen Frost, sein Kopf war mit einem Baschlyk vermummt, daraus schloß man, er habe den ankommenden Zug nicht wahrgenommen.

So sieht die Kette der Ereignisse aus, die dem Werk zugrunde liegt und scheinbar lückenlos übernommen wurde.

In der Erzählung tötet der Held Stepanida während des Dreschens; in einer anderen Version begeht er Selbstmord. Er trägt den Namen Irtenjew, also fast den gleichen wie der Held aus *Kindheit.*

Olenin, Nechljudow, Lewin, Irtenjew – all das sind Namen, die mit Tolstois Biographie zusammenhängen. Der Name Irtenjew scheint die Kette zu schließen.

Es ist erstaunlich, daß Tolstoi das Manuskript des *Teufels* nicht daheim aufbewahrte; er hatte es Tschertkow gegeben und hielt es sorgfältig geheim. Anfangs war bei Tolstoi daheim überhaupt nichts verblieben, aber auch Tschertkow bewahrte das Manuskript nicht in seinem Hause auf, sondern bei seiner Mutter in Petersburg.

Beim Abschreiben hielt man sich streng an die Regeln der Konspiration. Tolstoi bekam eine Kopie und bewahrte sie in seinem Arbeitszimmer unter dem Wachstuchbezug des alten Sessels auf, wo er noch andere Dinge vor seiner Familie versteckte.

Im Frühjahr 1909 entdeckte Sofja Andrejewna das Manuskript, was eine schlimme Szene zur Folge hatte; Tolstois Aufzeichnung über seine Frau lautet: ». . . die alte Hefe begann in ihr zu gären, und ich hatte Schlimmes auszustehen. Ging in den Garten. Begann einen Brief an sie zu schreiben, den sie nach meinem Tode bekommen sollte, schrieb nicht zu Ende, ließ es sein . . .«

Solange Tolstoi jung war, pflegte er, wie er selbst sagte, Zerwürfnisse mit seiner Frau mit Küssen zu kitten. Eine wenig zuverlässige Reparatur. Als alter Mann brach er in Tränen aus, auch seine Frau weinte. »Und beiden wurde wohl ums Herz.«

Jedoch das Manuskript wurde erst nach Tolstois Ableben in Druck gegeben. Der letzten Fassung gab der Autor den Titel *Der Teufel.*

Ein Vorkommnis, das einem Nikolai Nikolajewitsch Frederix zugestoßen war, hätte Sofja Andrejewna kaltgelassen. Etwas anderes brachte sie aus dem Gleichgewicht: die Pollen einer abgeblühten Blume, die das Manuskript enthielt. Es war die Liebe zu einer Frau und das Enttäuschtsein vom Familienleben. Das war es, was Sofja Andrejewna sechsundvierzig Jahre später verbitterte.

Ich erwähnte bereits Tolstois Liebe zu Axinja, der Frau, von der er sich mit solcher Anstrengung gelöst hatte. Aus der Erzählung *Tichon und Malanja* wissen wir, wie sie sich kleidete, wie sie durchs Dorf schritt, wie sie die Strahlendste von allen war, die Wohlgestalteste, die Begehrteste.

Lew Tolstoi liebte sie mit der gleichen Glut, wie der Held aus dem *Teufel,* Irtenjew, seine Stepanida liebt. »Ich glaubte, ich hätte sie genommen, indessen hatte sie mich genommen, sie nahm mich und ließ mich nicht mehr los ... Ich betrog mich selbst, als ich heiratete ... Seit ich mit ihr zusammen war, beherrschte mich ein neues Gefühl, das echte Gefühl eines Ehemannes.«

Wir kennen diese Worte bereits, sie führen uns zurück zu Tolstois Tagebuchnotiz vom 26. Mai 1860: »Kein Rehbock-Gefühl mehr, sondern das eines Ehemannes zu seiner Frau.«

Sofja Andrejewna wußte nach ihrer Heirat um diese Liebe ihres Gatten. Als sie als sehr junge und schöne Frau in das verwahrloste Gutshaus gezogen war, ordnete sie an, die Fußböden zu scheuern. Bauernweiber aus dem Dorf kamen, einige zeigten der jungen Hausfrau die dielenwischende Axinja und sagten, vermutlich aus Bosheit, das sei »das Liebchen vom Herrn«. Sofja Andrejewna schreibt davon mit Bitterkeit in ihrem achtbändigen Manuskript *Mein Leben.*

Der Gedanke daran ließ sie niemals los. Ihre oben auszugsweise angeführte Aufzeichnung vom 16. Dezember 1862 schließt mit den Worten: »Ich bin wie verrückt. Fahre spazieren. Kann sie sofort zu sehen bekommen. So sehr also hat er sie geliebt. Könnte ich doch sein Tagebuch und seine Vergangenheit verbrennen.«

Tolstois Eintragung vom 13. Juni 1909 im Notizbuch lautet: »Hab auf die bloßen Füße geblickt, mich an Axinja erinnert, daran, daß sie lebt und, wie es heißt, Jermil mein Sohn sein soll, und ich bitte sie nicht um Vergebung, bekenne mich nicht als Sünder, bereue keineswegs jene Stunde und wage es sogar, andere zu verurteilen.«

Tolstoi irrte. Jermil war Axinjas Ehemann, ihr Sohn hingegen hieß Timofej. Und der Sohn, der Lew Tolstoi sehr ähnlich war, diente später als Kutscher, und Tolstois Kinder behandelten ihn in aller Schlichtheit als ihren Bruder.

Tolstois Notizen waren nicht mehr präzise, er war alt geworden;

trotzdem ist sein Gedächtnisbild konkret: Er sieht die barfüßige, geliebte Frau vor sich, als er seine eigenen bloßen Füße erblickt.

Das Vorkommnis, das er zu vergessen, durch Gebete auszulöschen trachtete, war gegenwärtig für immer.

Über seine Jugend pflegte Tolstoi verschieden zu berichten.

Als Birjukow in seiner Tolstoibiographie einen Auszug aus N. P. Sagoskins Beitrag *Graf L. N. Tolstoi und seine Studentenjahre* brachte, der besagte, daß »das Tantchen Polina Iljinitschna und auch die unmittelbare Umgebung des Jünglings seine von Geburt an gutartige Natur verdarben, seinen Verstand, seine Seele und sein Herz demoralisierten« etc., schrieb Tolstoi an den Rand des Manuskriptes: »Ganz im Gegenteil, ich bin meinem Schicksal sehr dankbar, daß ich meine früheste Jugend in einem Milieu verbracht habe, wo ich von Jugend an jung sein durfte, ohne vor unzumutbare Probleme gestellt zu werden, und ein zwar müßiges, luxuriöses, aber kein böses Leben lebte.«

N. N. Gussew schreibt in einem Buch *Lew Nikolajewitsch Tolstoi. Materialien zur Biographie von 1828 bis 1855:* »Diese Bemerkung Tolstois ergibt sich aus dem Wunsch, seine Antipathie gegen die spätere Beteiligung der Studentenschaft am politischen Kampf auszusprechen, und bringt seine wahre Ansicht über die Juschkows und die sie umgebende Gesellschaftsschicht nicht zum Ausdruck.«

Gussews Bemerkungen klingen recht kategorisch. Offensichtlich nimmt er an, Tolstoi protestiere in Wahrheit gegen die Juschkows – doch schreibt Tolstoi eine Seite zuvor in den Anmerkungen: »Ich fühlte keinerlei Protest, sondern war sehr gern fröhlich in der immer sehr guten Gesellschaft von Kasan.« Die Worte »war fröhlich« stehen anstelle des ausgestrichenen »tanzte«.

Mit der am politischen Kampf beteiligten Studentenschaft sympathisierte er eher.

Anfang 1862 sprach er in einem Moskauer Hotel auf der Lubjanka-Straße mit einer Gruppe Studenten, die an den Unruhen wegen der Einführung der Testate beteiligt gewesen waren. Die Unruhen hatten politischen Charakter angenommen. Wohl wies Tolstoi die Studenten auf die Fruchtlosigkeit solcher Unruhen hin, lud sie jedoch ein, an seiner Schule als Lehrer zu wirken.

In seinen Briefen verglich er sie mit den Seminaristen und bezeichnete sie als die besseren Lehrer.

Jedenfalls können wir nicht derart kategorisch sagen, Tolstoi habe sein Mißfallen über die revolutionäre Studentenschaft zum Ausdruck bringen wollen, weder in den sechziger Jahren noch in späteren Zeiten.

Wir dürfen auch nicht glauben, er habe Abstriche an seinen Erinnerungen vorgenommen oder sich gänzlich von ihnen losgesagt. Er lebte von seinen Erinnerungen, sie waren Fleisch und Blut seiner Kunstwerke, sie bedrängten ihn immer wieder aufs neue, sie stritten mit ihm, und er wiederum verteidigte sie im Streit mit seinen Anhängern.

Er hat seine Zuneigung – besser: Liebe – zu jener Frau nie vergessen, und Sofja Andrejewna war sich darüber klar; das verfolgte sie bis in den Traum, und sie zerfetzte im Traum ein fremdes Kind, in dessen Inneren sich Watte statt Fleisch fand, sie freute sich, dieses Verbrechen nur im Traum begangen zu haben, es erbitterte sie, daß die Rache nicht vollzogen wurde.

Aber selbst das verwundete sie nicht so tief wie die Entdeckung, daß ihr Mann im *Teufel* die Geschichte seiner Heirat ganz anders erzählte als in *Anna Karenina;* daß er das Vorgefallene mitleidslos analysierte und seine Verlogenheit entschleierte.

Der Teufel ist die Geschichte von der Verlogenheit der Ehe.

Der Autor beginnt seine Erzählung mit der Schilderung eines jungen Mannes, der seine Gutswirtschaft ordnet. Er geht ein Verhältnis ein mit einer Frau, die mit einem in der Stadt arbeitenden Bauern verheiratet ist; ihre Zusammenkünfte spielen sich im Wächterhäuschen und in der Orangerie ab – solche Orangerien gab es auf größeren Gütern, in Jasnaja Poljana war sie vom ehemaligen großen Gutshaus übriggeblieben. Jewgeni ist ein gutartiger Mensch, weichherzig, wirtschaftlich und kurzsichtig wie Tolstoi selbst; er merkt nicht, wie verliebt er in Stepanida ist. Inzwischen reift für ihn die Notwendigkeit einer Heirat heran. »Warum Jewgeni Lisa Annenskaja zur Gattin wählt, ist nicht zu erklären, so wie niemals erklärbar ist, warum ein Mann die eine und keine andere Frau wählt.«

Nicht erklärbar ist, warum Lisa sich in Jewgeni verliebt, während ihm Lisas Augen gefallen.

»Die sinnfällige Erklärung dieser Augen aber war: Schon zu ihrer Pensionatszeit verliebte die fünfzehnjährige Lisa sich in sämtliche anziehenden Männer und war nur glücklich und temperamentvoll, wenn sie verliebt war. Und diese Verliebtheit verlieh ihren Augen jenen besonderen Ausdruck, der Jewgeni derart fesselte.

In diesem Winter war sie in zwei junge Männer zugleich verliebt, sie errötete und war erregt, nicht nur, wenn diese das Zimmer betraten, nein, schon wenn nur deren Namen genannt wurden. Nachdem die Mutter ihr aber angedeutet hatte, daß Irtenjew ernsthafte Absichten zu hegen scheine, steigerte sich ihre Verliebtheit in ihn so sehr, daß sie zu den beiden vorigen Männern nahezu gleichgültig wurde . . .«

Der Roman entwickelt sich folgendermaßen: Nachdem Irtenjew um ihre Hand angehalten, »war sie stolz auf ihn und zu Tränen gerührt über ihn, über sich selbst und ihre Liebe, sie zerfloß und zerschmolz vor Liebe zu ihm«.

Seiner Stepanida brachte Irtenjew eine andere Art Liebe entgegen; er suchte ihre Fußspuren im Gras. Und das war wirkliche Liebe.

Wenn Lew Tolstoi genau wie der Held seines *Teufels* in der Schule seinen Schülern und Lehrern gegenüber zu äußeren pflegte, »ein Fräulein heiraten heißt sich selbst das ganze Gift der Zivilisation aufladen«, heiratete er dennoch wie der Held seiner Erzählung das »Fräulein« Sofja Andrejewna, oder er hätte eine andere Frau derselben Gesellschaftsschicht geheiratet, und sein Unglück und ihr Unglück waren vorausbestimmt und durch keine Anstrengung des großen Mannes korrigierbar.

Er wünschte sich anzupassen. Er war jung, und sie war jung. Sie paßten sich an für Wochen und Jahre, er aber war nicht imstande, in ein Leben hineinzuwachsen, dem er bereits entwachsen war. Mit dem »Teufel« konnte er nicht fertig werden.

Die Erinnerung an Vergangenes blieb in Form von Reue und Träumen.

Außerdem lebte sie weiter auf dem ungewöhnlichen Lebensweg, auf dem schwierigen, bitteren, verschlungenen Gang zur Bauernschaft, zum Volke, das verständlich war in seinem Gestern und Heute, nicht aber in seinem Morgen.

Ein Idyll

Birjukow bezeichnet das Leben des jungen Ehepaars Tolstoi als »Idyll von Jasnaja Poljana«; allerdings erwähnt er Minuten der Enttäuschung.

Allzu großes Vertrauen sollten wir den persönlichen Aufzeichnungen nicht entgegenbringen, denn Sofja Andrejewna und möglicherweise auch Lew Tolstoi schrieben vor allem, wenn sie sich zankten und aneinander litten.

Überhaupt sollte man Erinnerungen und Tagebücher mit viel Vorbehalten behandeln, sofern man die Wahrheit zu erfahren wünscht, und nicht über Streitigkeiten entscheiden, die der Tod längst getilgt hat.

Tolstois Tagebücher nehmen mit den Kommentaren dreizehn Bände der Jubiläumsausgabe ein. Wir dürfen sie nicht beiseite schieben, wenn wir uns ihrer aber bedienen, müssen wir auch die Bücher berücksichtigen. Bücher sind des Schriftstellers Ziel, Tagebücher sein Bekenntnis. Vor allem aber werden Tagebücher sehr häufig geschrieben, um gelesen zu werden; das hatte Puschkin festgestellt, als er über die extrem offenherzigen Tagebücher Rousseaus sprach.

Tolstois Tagebücher wurden von seiner Frau gelesen, so wie er die ihren las: Das war ein eigenartiges Zwiegespräch zweier Menschen, die füreinander kein Verständnis aufbringen konnten. Dieses Zwiegespräch brachte beide zur Verzweiflung. Später, am 26. März 1865, schrieb Sofja Andrejewna in ihr Tagebuch: »Ljowa liebt es auf poetische Art, in Einsamkeit zu leben und zu genießen; vielleicht ist das deshalb so, weil die Poesie seines Wesens zu schön ist und weil er zuviel davon hat und nichts aufgeben möchte. Das brachte auch mich dazu, mein gesondertes kleines Seelenleben zu führen. Er schreibt gerade irgend etwas, ich kann es hören, wahrscheinlich auch Tagebuch. Ich lese es schon fast gar nicht mehr. Sowie man einander liest, wird man unaufrichtig.«

Das bedeutet, Tolstois Tagebuchaufzeichnungen sind, insbesondere nach seiner Heirat, keine Selbstgespräche mehr.

Das Wohngebäude von Jasnaja Poljana war nicht ärmlich, aber verwahrlost und unkomfortabel. Erst später ließ Sofja Andrejewna das Seitengebäude, das vom alten Haus übriggeblieben war, vergrößern, was den Baukomplex seiner Symmetrie beraubte, ihm jedoch einen gewissen Komfort verlieh.

Wir pflegen die Alltagskultur des russischen Adels im allgemeinen übertrieben darzustellen. Der Adel ließ sich in seinen Gutshäusern nieder, nachdem er unter Katharina II. vom Militärdienst befreit worden war, in den sechziger Jahren des neunzehnten Jahrhunderts aber begann er die Gutshäuser aufzugeben.

Wir dürfen uns die Einrichtung eines Adelsgutshauses nicht nach unseren Museen vorstellen, wo die künstlerisch wertvollsten Gegenstände aus reichen Gutshäusern zusammengetragen sind.

Tolstois Hauswesen war einfach, das Mobiliar zusammengestoppelt, die nachgedunkelten Spiegel waren rein zufällig aus dem Vaterhause übernommen.

Tolstoi warf sich selbst ständig unangebrachten Luxus vor, wobei er nahezu unbewußt von bäuerlichen Lebensstandardsvorstellungen ausging. Der Park war sehr ausgedehnt, das Haus vielräumig, von vielen Menschen bewohnt, aber schlicht, und Parkettboden gab es nur in zwei Räumen. Von unserem heutigen Standpunkt aus war die Einrichtung auf Jasnaja Poljana recht dürftig.

Das Haus ließ sich gut heizen; im ersten Stock waren die Zimmerdecken ziemlich hoch, doch waren sämtliche Räume spartanisch eingerichtete Durchgangszimmer.

Tolstoi selbst war in seinen Gewohnheiten ein spartanischer Mensch. Er schlief mit einem Lederkissen unter dem Kopf. Sofja Andrejewna hatte Bettlaken und Kopfkissen ins Haus mitgebracht und dem Hausgesinde bestimmte Schlafplätze zugewiesen. Vorher hatten die Leute ihre Schlaffilze ausgebreitet, wo es gerade kam.

Der Garten um das Haus war herrlich. Der Hausherr ging viel zu Fuß, fuhr häufig aus und entführte seine junge Angetraute sofort zu einem Spaziergang von gut fünfzehn Kilometern, dann brachte er sie auf einem Bauernwagen zu seinem Bruder. Obgleich eine Kutsche da war, kam es ihm einfach nicht in den Sinn, von einem Dorf ins andere mit der Kutsche zu fahren.

Außerdem gab es für die Kutsche weder Pferde noch halbwegs passendes Geschirr.

Doch das ist natürlich unwesentlich. Tolstoi hatte unüberlegt und himmelhoch jauchzend geheiratet. Auf Jasnaja Poljana kursierte die Legende, aufgezeichnet vom Lehrer Peterson, Tolstoi habe bereits seine Hochzeit mit der Nachbarin Arsenjewa angesetzt gehabt und vor der Trauung die Flucht ergriffen, vielmehr sei er zur eigenen Hochzeit nicht erschienen.

Bei seiner Hochzeit mit der Bers-Tochter kam er zu spät zur Trauung, obgleich er es mit der Eheschließung so eilig gehabt hatte. Man hatte ihm kein gestärktes Hemd bereitgelegt. Später beschrieb er einen solchen Vorfall in *Anna Karenina.*

In dem nicht sehr großen, schlecht beleuchteten Haus gewöhnte sich Sofja Andrejewna an Hausfraueneinsamkeit und übte sich in Eifersucht.

Sie war eifersüchtig, langweilte sich, las, lernte Klavier klimpern, Gurken einlegen.

Lew Tolstoi las andere Bücher, schickte sich an, zu schreiben, schwankte, wenn es schien, er müsse schneller und ohne viel nachzudenken schreiben. Er sprach vom Volk, plauderte mit Bauernjungen; er war zu Hause in diesem Dorf, ihm ersetzten Sonne und Mond über dem Dorf voll und ganz die städtischen Laternen.

Sofja Andrejewna schrieb am 23. November 1862 in ihr echtes Tagebuch, das keine später hinzuerdachten Eintragungen enthält: »Er ist mir widerlich mit seinem ewigen Volk. Ich spüre es: entweder *ich,* d. h. ich solange ich die Familie vertrete, oder das Volk und diese heiße Liebe L.s zu ihm. Das ist Egoismus. Wenn schon. Ich lebe für ihn, er ist mein Leben, ich will, was er will, sonst fühle ich mich hier beengt und ersticke, und heute bin ich fortgelaufen, weil mir alles und jedes widerlich war. Das Tantchen und die Studenten und N. P. und die Wände und das Leben, und ich hätte fast laut herausgelacht vor Freude, als ich allein und heimlich aus dem Hause lief. L. war mir nicht widerwärtig, aber ich fühlte plötzlich, daß er und ich auf verschiedenen Seiten stehen, d. h. sein Volk kann mich nicht so *ganz* beschäftigen wie ihn, wiederum kann ihn meine Person nicht so *ganz* beschäftigen wie er mich. Ganz einfach. Und wenn ich ihn nicht beschäftige, wenn ich eine Puppe, wenn ich nur *Ehefrau* bin, nicht *Mensch,* dann kann ich so nicht leben und will es auch nicht. Natürlich hab ich keine Aufgabe, aber das ist doch nicht von Natur aus so, ich weiß nur noch nicht, und vor allem bin ich nicht davon überzeugt, was meine Aufgabe ist.«

Das Wort »Puppe« muß im Hause Jasnaja Poljana offensichtlich vielfach gebraucht worden sein, vielleicht viele hundert Male. Im folgenden Jahr schrieb Lew Tolstoi am 23. März im Brief an Tatjana Bers, seine Frau, also Tanjas Schwester Sonja, habe sich in eine Porzellanpuppe verwandelt: Sonjas Beine seien aus Porzellan und stünden auf einem grün bemalten Porzellanuntersatz, Sonjas Hemd sei ebenfalls aus Porzellan, und sie spreche, ohne den Mund zu öffnen. Alles an der Puppe sei naturgetreu und aus Porzellan. Sie sei ein Nippesfigürchen von der Kommode, klein und winzig, und könne hinter Lews Krawatte sitzen. Weiter heißt es in dem Brief: »Gestern blieb sie allein. Ich trat ins Zimmer und sah, wie Dora (das Hündchen) sie in eine Ecke schleppte, mit ihr spielte und sie beinahe kaputt machte. Ich verprügelte Dore und steckte Sonja in meine Westentasche und trug sie in mein Arbeitszimmer. Nun habe ich übrigens ein Holzkästchen bestellt und es mir jetzt aus Tula mitbringen lassen, es ist außen mit Saffianleder bezogen und läßt sich zuschnallen, innen ist es mit himbeerrotem Samt ausgeschlagen, mit einer formgerechten Vertiefung, wo Sonja mit Ellbogen, Rücken und Kopf genau hineinpaßt und nicht mehr zerbrechen kann. Von oben decke ich sie mit Wildleder zu.«

Man zeigte dem alten Doktor Bers den Brief, er wunderte sich und mußte an E. T. A. Hoffmann denken mit seinen Puppen, mit den in Puppen verwandelten Menschen, auch an Ovid mit seinen Metamorphosen.

Ich meine, das Hündchen Dora könnte uns auf die Spur zu diesem Vorkommnis führen. Lemuel Gulliver, jener Chirurg, der später Kapitän wurde, geriet nach seiner Fahrt ins Land Liliput zu den guten Riesen auf die Insel Brobdingnag, wo er sich mit Bienen herumraufte und über Schnecken stolperte. Eines Tages »lief ein kleiner weißer Setter, der einem der Gärtner gehörte und zufällig in den Garten geraten war, unweit der Stelle vorüber, wo ich [Gulliver – V. Sch.] lag. Als er mich gewittert hatte, nahm er mich ins Maul, brachte mich seinem Herrn und legte mich behutsam und schwanzwedelnd vor ihm nieder«.

Die Puppe, die vom Hündchen fortgetragen wird, ist eine Liliputanerin, eine Zwergin im Hause Tolstois, die nicht nur neben ihm zur Zwergin geworden, sondern es auch war im Vergleich zu den anderen Menschen im Dorf. Der Mann trug seine Frau in seiner Tasche bei sich, nicht einmal in der Rocktasche, sondern in der Westentasche. Aber die arme Puppe, die die städtische Kommode verlassen hatte, litt, fiel zu Boden und zerbrach.

Tolstoi fügte seinem Brief hinzu: Kammerdiener »Alexej sagt, man könne sie mit Bleiweiß und Eiweiß kleben«.

Arme Puppe, sie litt starke Schmerzen, besaß ein Menschenherz und hatte Einblick in Tolstois Tagebücher. Sie freute sich, wenn ihr Mann außer Haus war, obgleich sie ihn liebte.

Lew Tolstoi schrieb am 18. Juni 1863 in sein Tagebuch: »Wo bin ich geblieben, jener, den ich selber liebte und kannte, jener, der zuweilen ganz nach außen tritt und mich selber freut und erschreckt. Ich bin klein und nichtig. Und so bin ich, seit ich die Frau geheiratet habe, die ich liebe. Alles, was in dieses Buch geschrieben wurde, ist nahezu Schwindel – Unaufrichtigkeit. Der Gedanke, daß sie auch hier über meiner Schulter mitliest, stört mich und verdirbt mir meine Wahrheit.«

Sofja Andrejewna aber antwortete im selben Jahr am 31. Juli, vielmehr, sie schrieb einen Aufschrei an sich selbst nieder: »Wie oft mag er tief im Herzen gedacht haben: Wozu habe ich nur geheiratet?, und wie oft mag er laut ausgesprochen haben: Wo ist der geblieben, der ich einmal gewesen bin?«

Doch die Zeit heilt Wunden – vielmehr, sie ersetzt sie durch Narben. Die Zeit schenkte Sofja Andrejewna Kinder und dämpfte das Nichtverstehen zwischen den Ehegatten. Nicht sofort und auch nicht gänzlich. Das Ende kennen wir. Lew schrieb Bücher, Sonja verschaffte ihm Ruhe, er wurde ein vielbeschäftigter Mann, und die junge Frau schrieb: »Er ist kalt, nahezu ruhig, stark beschäftigt, jedoch unfroh beschäftigt, ich aber bin niedergeschlagen und böse.«

Lew Tolstoi schreibt an einem Buch. Die Gattin liest das Werk des Gatten und ist eifersüchtig. Sie notiert am 20. März 1865: »Ich fühle mich Ljowa gegenüber wie ein pestverseuchter Hund. Aber ich behindere ihn nicht, schon weil er selbst keinerlei Notiz von mir nimmt. Ich leide, ich bin für ihn nicht mehr da. Doch in mir lebt noch immer das gleiche, alte, starke, eifersüchtige Gefühl für ihn. Ich bin wohl unfolgsam gewesen.«

Der große Mann wuchs und entfernte sich.

Die Inspiration überkam Tolstoi. Er notierte: »Heute hat mich der Mond nach oben getragen, aber *wie* das geschehen ist, weiß niemand.«

Er wähnte, sich an Sofja Andrejewna fortgegeben, ja gänzlich an sie aufgegeben zu haben; vorwurfsvoll sagte er: »Alles fortgegeben, nicht etwa nur das bei Dusseau und Mätressen verbummelte Junggesellenleben wie andere, die geheiratet haben, sondern die ganze Poesie der Liebe, die Gedankenwelt und das Wirken im Volke eingetauscht gegen die Poesie des häuslichen Herdes, der Eigensucht allem gegenüber, was nicht zur Familie gehört, und anstelle all dessen mit Sorgen von Dorfkneipenniveau entschädigt, um Kinderpuder, Einkocherei, mit Brummigkeit als Zugabe und unter Verzicht auf alles, was das Familienleben erhellt, ohne Liebe, ohne stilles und stolzes Familienglück.«

Jedoch hatte er sich nicht für Kinderpuder fortgegeben, und womöglich bestand seine Eigenart darin, daß er nur fähig war, sich allen Menschen in seinem Schaffen hinzugeben.

Er liebte das Zimmer mit den Gewölben und dem vergitterten Fenster. Schwere Ringe, gleichsam für Ketten gedacht, hingen von der Decke. Einstmals waren Räucherschinken daran aufgehängt worden. Der Raum, in dem er schrieb, war eine Speisekammer gewesen; der Tisch war niedrig, davor stand ein Stuhl mit kurzgesägten Beinen: Lew Tolstoi war kurzsichtig, trug jedoch keine Brille.

Über sein Glück auf Jasnaja Poljana schrieb er an Tante Alexandra Andrejewna: »Erinnern Sie sich, einmal schrieb ich Ihnen, daß Menschen irren, wenn sie ein Glück erwarten, das ohne Arbeitsmühen, ohne Täuschungen, ohne Leid daherkommt, so daß alles gleichförmig und glücklich abläuft. Ich irrte damals. Es gibt ein solches Glück, und ich erlebe es nun schon das dritte Jahr. Und es wird mit jedem neuen Tag gleichförmiger und tiefer. Und das Material, aus dem es gemacht ist, ist sehr schön – Kinder, die sich (pardon) anmachen und brüllen, eine Frau, die das eine stillt, das andere laufen lehrt und mir alle Augenblicke vorwirft, ich sähe nicht, daß beide am Rande des Grabes stünden; auch gehören dazu Papier und Tinte, mittels deren ich Ereignisse beschreibe, und auch Empfindungen von Menschen, die es niemals gegeben hat. Dieser Tage wird die erste Hälfte des ersten Teiles des Romans *Das Jahr 1805* erscheinen.«

Und am selben Tage schrieb er an Feth und bezeichnete sich selbst als gefesselten Prometheus und gefangenen Simson.

Der Schluß des Briefes ist fast ein Fanfarenstoß. Tolstoi spricht davon, daß er zu einem Großen heranwachse und noch größer werden würde: »Aber was weiter kommt – scha-limm, scha-limm!!! Schreiben Sie mir, was man an den Ihnen bekannten verschiedenen Stellen reden wird, hauptsächlich aber, wie es auf die Masse wirkt. Wahrscheinlich wird es unbemerkt vorbeirutschen. Ich erwarte das und wünsche es. Bloß kein Geschimpfe, Schimpfereien behindern bloß die Bewegung jener langen Wurst, die sich aus uns, den Nichtlyrikern, so dick und mühsam herausdrängt.«

Er spricht bewußt lässig über seinen entstehenden Roman, weil er sich als Sieger fühlt, und die Ketten, die ihn an Jasnaja Poljana fesseln, scheinen ihm jetzt aus Gold.

»Leinwandmesser«

Heutzutage kennen Kinder, ob sie nun in Städten oder in Kolchosen und Sowchosen geboren werden, kaum daß sie sprechen gelernt haben, die verschiedenen Automarken, dies ist ein »Wolga«, das ein »Moskwitsch«, das ein neuer Lkw aus dem Automobilwerk in Minsk.

Sie ziehen Spielzeugautos hinter sich her, noch bevor sie sprechen gelernt haben.

Aber die Autos kommen nicht auf ihrem Nachbarhof zur Welt.

In den Zeiten, als Tolstois Kinder Pferdchen spielten, kamen Pferde bei ihnen daheim zur Welt, sie gehörten zur Familie, und man kannte sie noch besser, als wir heute die Autos kennen.

Lew Tolstoi hat ausgerechnet, daß er annähernd sieben Jahre seines Lebens im Sattel auf dem Rücken eines Pferdes zugebracht hatte; im Gouvernement Samara wollte er aus veredelten Steppenpferden eine neue Rasse züchten.

Die Brüder Tolstoi prahlten in ihren Briefen, schon vom Pferd gefallen zu sein; vom Pferderücken zu fallen galt als Merkmal der Mannbarkeit.

Unendlich viele Pferde waren Tolstoi während seiner langen Reisen in den Kaukasus und zurück und auf seinen zahllosen Fahrten nach Moskau unter die Augen gekommen.

Pferd, Wagen, das Klirren des Geschirrs waren ihm ebenso vertraut, wie einem Menschen von heute sein Auto, das er nicht nur fährt, sondern dessen Motor er viele Male auseinandergenommen und wieder zusammengesetzt hat.

Das braucht nicht einmal bewiesen zu werden, doch sollten wir daran denken, daß Vergleiche zwischen einem Menschen- und einem Pferdeleben für Tolstoi altgewohnte Dinge waren. Wenn er zu Alexandrine Tolstaja von seinen Arbeitspflichten spricht, bezeichnet er sie als sein Geschirr. Die Literatur ist auch eines. Ebenso die Arbeit in der Schule. Heiraten wollte er nicht, weil die Ehe ihm ein »fünftes Geschirr« wäre. Daher dürfen wir das Thema von *Leinwandmesser* nicht als reines Buchthema betrachten.

Pferde liefen dazumal nicht nur auf Buchseiten und wurden nicht nur im Zirkus vorgeführt; sie dienten nicht nur als Modelle für historische Paradedenkmäler.

B. M. Eichenbaum sammelte für sein Buch *Lew Tolstoi* eine Menge Material über Pferdethematik der sechziger Jahre. Der Analyse der Urgeschichte von *Leinwandmesser* ist ein ganzes Kapitel von dreiundzwanzig Seiten gewidmet. Die Entstehungsgeschichte beginnt am 31. März 1856 mit einer Notiz in Tolstois Tagebuch nach der Vollendung der *Zwei Husaren:* »Ich habe Lust, die Geschichte eines Pferdes zu schreiben.« Weiter schlußfolgert Eichenbaum: »Das Vorhaben entstand vermutlich unter dem Einfluß der Bekanntschaft Tolstois mit A. A. Stachowitsch, dem Besitzer eines großen Gestüts im Gouvernement Orjol und Begründer der Rennstallgesellschaft zu Petersburg.«

M. A. Stachowitsch, der Bruder des Rennstallbesitzers, war Schriftsteller und hatte vor, eine Erzählung über einen berühmten Orlowtraber, der zu Beginn des Jahres 1800 in Moskau 200 Sashen in dreißig Sekunden gelaufen war, zu schreiben. Das Pferd war als Schecke geboren, diese Fellfarbe aber war nicht das »Hemd« für Orlowtraber, die Apfelschimmel sein mußten. Darum wurde das Pferd kastriert, denn es hätte, ungeachtet seiner großartigen Rennleistung, die Rasse verdorben.

Stachowitsch schreibt (ich zitiere nach Eichenbaum): »Das Schicksal dieses hervorragenden Pferdes brachte meinen verstorbenen Bruder auf die Idee, eine Erzählung unter dem Titel *Die Abenteuer eines Scheckenwallachs* zu schreiben, und er erzählte mir die Fabel: Ein steinreicher Moskauer Kaufmann erwirbt Leinwandmesser auf einer von Chrenow veranstalteten Auktion [hier eröffnete sich ein weiteres Feld für Beschreibungen der Lebensweise dieser ersten besessenen Liebhaber von Orlowwallachen, für die sie viele Tausende zahlten]; dann geht das Pferd in den Besitz eines tollkühnen Husarenoffiziers des Zaren Alexander Pawlowitsch über, der den berühmten Schecken dem ebenso berühmten Leiter eines Zigeunerchores, Ilja, schenkt. Leinwandmesser geht auch vor dem Wagen der Zigeunerin Tanuscha, die A. S. Puschkin mit ihrem Gesang entzückte, gerät an einen flotten Räuberhauptmann und an der Schwelle seines Alters, vom Leben schon erheblich mitgenommen, an einen Dorfpopen, von diesem vor die Egge eines Bauern und stirbt schließlich unter dem Sattel eines Pferdetreibers.« Weiter weiß A. Stachowitsch sich zu erinnern: »1859 oder 1860 reisten Lew Nikolajewitsch und ich mit Postpferden von Moskau nach Jasnaja Poljana. Unterwegs erzählte ich ihm das Sujet der *Abenteuer eines Scheckenwallachs*, der Geschichte, die mein verstorbener Bruder nicht mehr vollenden konnte, und ich hatte das Gefühl, als hätte meine Erzählung das Interesse des Grafen geweckt.«

Hier will sich nicht alles zusammenfügen. Stachowitsch schrieb präzise, er habe das Tolstoi 1859 oder 1860 auf einer Fahrt mit Postpferden auf dem Wege von Moskau nach Jasnaja Poljana erzählt. Tolstois Notiz hingegen, »Ich habe Lust, die Geschichte eines Pferdes zu schreiben«, stammt aus dem Jahre 1856.

Außerdem heißt es anderswo, Tolstoi habe beim Anblick eines bejahrten Wallachs Turgenjew die Geschichte des Pferdes erzählt, worauf Turgenjew lachend gesagt haben soll: »Irgendwann einmal sind Sie, Lew Nikolajewitsch, ein Pferd gewesen.« Demnach existierte das Thema bereits vor dem Gespräch mit Stachowitsch. Außerdem wäre Stachowitsch mit seinen genauen Kenntnissen von Pferdestammbäumen kein Irrtum unterlaufen, indessen hieß das Pferd in Tolstois erster Variante nicht »Leinwandmesser« – »Cholstomer«, sondern »Gertenmesser« – »Chlystomer«, und das wurde erst später, 1885, korrigiert, wie M. A. Stachowitsch, der Sohn des Mannes, dem Tolstoi fünfundzwanzig Jahre vorher begegnet war, meinte.

Das Schwierige an der ganzen Sache ist: Als Sofja Andrejewna die Frühvariante der Erzählung abschrieb und ihr den Untertitel »Experiment phantastischer Art des Jahres 1861« gab, strich Tolstoi die ungeschickte Formulierung, setzte an ihre Stelle eine Widmung an Stachowitsch und fügte eigenhändig die Fußnote hinzu: »Das Sujet stammt von M. A. Stachowitsch, dem Autor der Erzählung *Nachtweide,* und wurde durch dessen Bruder, A. A. Stachowitsch, dem Autor weitergegeben*.«

Vor allem sei hier wiederholt: Vergleiche und Parallelen aus dem »Pferdeleben« sind typisch für Tolstois Schaffensperiode Anfang der sechziger Jahre. So bezeichnet er Tatjana Bers in einem Brief zu ihrem achtzehnten Geburtstag als seinen »Satteljungen«, weil sie neben ihm zu reiten pflegte. Indessen sollten wir darüber nachdenken,

* Sofja Andrejewnas Einfügung mit der Betonung der Jahreszahl 1861 bedeutet m. E., daß Tolstois Honorarverzicht bei Werken, die nach 1881 geschaffen waren, für dieses Werk nicht galt und die Familie die Autorenrechte hierfür besaß. Eine neue Variante von *Leinwandmesser* erschien 1885.

weshalb Tolstoi in diesem Falle ein pferdebezogenes Bild verwendet haben mag.

Vermutlich erzählte der junge Stachowitsch 1885 tatsächlich seines Onkels Pferdegeschichte, als er Tolstoi gegenüber seine Erinnerung auffrischte, Tolstoi aber hatte diese schon früher zu einem anderen Zweck gebraucht. Seine Pferdegeschichte sollte nicht kundtun, daß Pferde und Menschen ihre Glanzzeiten und ihre Lebensläufe haben. In der ersten Variante von *Leinwandmesser* sind Londoner Moden erwähnt. Serpuchowskoi trägt Schuhe mit »merkwürdigen fingerdicken Sohlen, womöglich sehr bequem zum Laufen auf dem Londoner Pflaster, jedoch nicht geeignet für die laubgepolsterten Wege des russischen Dorfes«.

Unzweifelhaft haben wir es mit Londoner Reminiszenzen zu tun.

Im März 1861 schrieb Tolstoi aus Brüssel an A. Herzen; er bezeichnete den *Polarstern* als großartiges Buch und fügte hinzu, dies sei die allgemeine Ansicht.

Er schreibt: »Sie sagen ständig – ›her mit der Polemik‹. Was für eine Polemik soll es denn sein? Ihr Artikel über Owen ist – leider, leider! – meinem Herzen nahe, allzu nahe. Die Wahrheit ist – *quand même* – etwas, das heutzutage nur für einen auf der Erde herabgeflogenen Saturnbewohner oder aber für einen russischen Menschen erreichbar ist.«

Um welchen Saturnbewohner handelt es sich? Um einen der Helden von Voltaires philosophischer Erzählung *Micromégas,* der vom Sirius auf die Erde geflogen kommt und zusammen mit einem Saturnbewohner diese mißtrauisch und von oben herab besichtigt, denn beide kosmischen Touristen sind Riesen.

Betrachtung des Herkömmlichen vom Gesichtspunkt des Außergewöhnlichen ist bei Voltaire häufig. So wird bei ihm das vorrevolutionäre Leben in Frankreich von einem Huronen beschrieben, einem »Naiven«. Der Hurone ist ein mutiger und tugendsamer Mann, der jedoch den Lebensrelativitäten dieser Welt nicht zu folgen vermag.

Tolstoi geht weiter.

»Der russische Mensch«, schreibt er an Herzen, »kann sich zu dieser Zeit als universeller, alles begreifender Kritiker erweisen, eben als jemand, der aus dem Kosmos geflogen kommt. Der russische Mensch jener Zeit ist ein Neuling auf dem Erdball, ein Erstentdecker auf dem Gebiet von Geschichte und Soziologie.«

Ein Pferd benötigte Tolstoi nicht, um dessen Schicksal zu beschreiben, sondern um bereits 1861 die Welt mit großen, fremden, ungläubigen Augen, quasi mit Pferdeaugen zu betrachten. Mißtrauen ruft beim Pferd vor allem das Eigentumssystem hervor, wobei es sich im Jahre 1861 noch über die Leibeigenschaft wundert. Der Wallach spricht zu den Pferden, die sich um ihn scharen: »Es gibt Menschen, die andere Menschen ihr Eigentum nennen, dabei sind diese Menschen stärker, gesünder und geschickter als ihre Besitzer.« Dieser Abschnitt wurde in der Variante von 1885 weiterentwickelt: »Es gibt Menschen, die andere Menschen ihr Eigentum nennen, dabei haben sie diese nie gesehen, und ihre einzige Beziehung zu ihnen besteht darin, daß sie ihnen Böses antun.«

Eine andere Stelle lautet: »Und die Menschen sind vor allem dann glücklich, wenn sie das ausschließliche Recht erhalten, einen Gegenstand als ihr Eigentum zu bezeichnen.« In der Variante von 1885 ist die Tirade des Wallachs bereits mit moralisierenden Tönen angereichert, sittliche Forderungen klingen an: »Und die Menschen streben in ihrem Leben nicht danach, zu tun, was sie für gut befinden, sondern danach, so viele Dinge wie möglich als *ihr Eigentum* zu bezeichnen.«

Leinwandmesser, ein Rassepferd außergewöhnlich edlen Geblüts, gerät in die Situation eines Arbeitstieres und findet sich mit seiner Lage ab; der Wallach empfindet Mitleid mit dem Pferdetreiber auf seinem Rücken, obgleich dieser schief im Sattel sitzt und Leinwandmesser Schmerzen bereitet. Der Wallach überlegt, daß der Alte, wenn er erst zu rauchen anfängt, couragierter wird und des Pferdes Schmerzen durch seinen ungeschickten Reitsitz zunehmen werden: »Na wenn schon, laß ihn in Gottes Namen, für mich ist es nichts Neues, zu leiden, damit andere ihren Spaß haben. Ich habe sogar angefangen, eine Art Pferdevergnügen daran zu entdecken. Soll er sich doch aufplustern, der Arme. Er tut sich ja nur groß, solange er allein ist und niemand ihn sieht, soll er ruhig seitlings auf mir hocken.«

Der Wallach in seiner Altersgebrechlichkeit ist herrlich und abstoßend zugleich. Das Rassige seiner Erscheinung ist ihm verblieben, etwas Majestätisches ist sichtbar im »Ausdruck der Selbstsicherheit und Gelassenheit bewußter Schönheit und Kraft«.

Die anderen Pferde verhalten sich feindlich zu ihm, es sind Tiere von gutem, aber nicht erlesenem Geblüt, sie verachten und quälen das gealterte Lebewesen, das sie nicht anerkennen. Es ist eine Art König in der Verbannung. Ein Außenseiter unter seinesgleichen.

Tolstois wenig erfreulicher Kaukasusaufenthalt, seine Bemühungen um die Adelsbestätigung, die lange Pechsträhne, der Stolz, der aus seinem Kraftbewußtsein erwuchs, die Einsamkeit auf Jasnaja Poljana, die Querelen mit den Nachbarn, die den kauzigen, auf seiten der Bauernschaft stehenden Grafen hassen – alles finden wir in *Leinwandmesser* wieder. Alles ist in die Struktur der Erzählung eingebaut.

Lew Tolstoi ist ein Mann von Adel, ein genialer Mensch, aber ein »Schecke« im Leben und in der Literatur; seine ausgefallene »Fellfärbung«, seine ungewöhnliche Stellung in der Welt, sein Außenseitertum fanden keine Anerkennung.

Darum ist die Erzählung so traurig und dem Autor so wichtig.

In der ursprünglichen Variante, genauer, in der ursprünglichen Struktur der Erzählung sind sowohl der erste Besitzer des Pferdes, der gealterte Aristokrat Serpuchowskoi, als auch die Leute, die er besucht und bei denen er sich ein wenig aufdringlich als Gast einlädt, sympathische Erscheinungen – sie vertreten das ehemalige Gutsherrentum.

Serpuchowskoi ist ein Spieler, ein tollkühner Husar, der sein Vermögen verschleudert hat, aber noch immer versteht, sich zu kleiden. Die Leute, die er als Gast aufsucht, erscheinen im Zwielicht. Die Frau des Hauses ist mit freundlicher Ironie gezeichnet: »Auf dem Kopf große, goldene, irgendwie ausgefallene Nadeln im dichten, nicht gänzlich eigenen, jedoch wunderschönen blonden Haar. An Armen und Händen ein wenig zu viele Armreifen und Ringe, jedoch sämtlich von erlesener Schönheit.« Die Gouvernante des Hauses trägt einen außergewöhnlich schwierigen englischen Namen, und die des Englischen unkundigen Herrschaften sprechen ihn verkehrt aus. Die ungehobelte Prahlsucht der Gastgeber, Serpuchowskois wenig adrette Greisenhaftigkeit, wie er so mit einem unausgezogenen Stiefel auf dem Bett schläft, sein gewaltiger Wanst treten erst später, 1885, auf, als Tolstoi zu endgültigen Schlüssen darüber gelangt ist, was sein eigenes früheres Leben und das der Leute seines Kreises bedeutet.

Serpuchowskois unsauberer Körper wird später mit Abscheu beschrieben. Tolstoi erzählt, wie man diesen unsauberen Körper in einen Sarg mit Quasten an den vier Ecken stopft, an einen abgesonderten Platz führt, dort alte, verfaulende Knochen ausbuddelt und genau dorthin »den faulenden, von Würmern wimmelnden Leib in neuem Uniformrock und blankgeputzten Stiefeln« legt.

Der Tod Leinwandmessers hingegen wird zu einem majestätischen Verlöschen; er ist bis zuallerletzt von Nutzen, sein Fleisch wird nicht von Hunden gefressen wie ursprünglich vorgesehen; eine Wölfin bringt Stücke davon ihren Welpen und sättigt damit ihre geliebten Jungen.

Leinwandmessers Leben ist bis zum Schluß nutzvoll, er hat großmütig, vernünftig gelebt, erkennt seinen Herrn und wiehert ihm zu. Der Herr erblickt in ihm nichts als einen Anlaß, sich hervorzutun, er erkennt an dem alten Klepper weder die einmalige Fellzeichnung noch den unerhört kräftigen Körperbau wieder.

In der ersten Variante des Werkes stehen seine charakteristischen

Merkmale für den Kummer über die Loslösung von seinesgleichen und ihre herablassende Verachtung.

In der zweiten Variante nimmt Tolstoi als Bewohner einer anderen Epoche das nichtige, sinnlose Vegetieren kleiner Lebewesen, deren Prahlerei mit ihrem Reichtum und ihrer falschen Liebe unter die Lupe.

Der zweite *Leinwandmesser* ist ein Abschied vom alten Hause, von dem sich der Hausherr unter Schmerzen gelöst hat.

Das alte Pferd ist eine Art Jeroschka, der vom Leben der Herrschaft sagt, es sei durch und durch unaufrichtig, und der unter den Pferden neue Wahrheiten predigt.

Tolstoi bedient sich eines Wortschatzes, der vor seiner Zeit gebräuchlich war. Er greift nach literarischen Konstruktionen, die vor ihm existiert haben, indessen setzt er uns mittels alter Mitteilungsverfahren von neuen Lösungen in Kenntnis.

Der erste *Leinwandmesser* ist in der Periode von *Krieg und Frieden* entstanden. Die gewaltige Epopöe ließ dem Autor vermutlich keine Zeit, zu Ende zu denken, was schon so nahe vorgezeichnet war. Und was in der ersten *Leinwandmesser*-Fassung nicht zu Ende gelöst ist, war es zunächst auch nicht in *Krieg und Frieden.*

Tolstoi unternahm den Versuch, die Erzählung, damals noch unter dem Titel *Gertenmesser,* an den Grafen Sollogub, den Autor der berühmten Skizze *Der Reisewagen,* zu senden, der damals als Schriftsteller zwar noch bekannt, aber schon fast vergessen war.

Im Mai 1863 teilte Tolstoi Feth mit: »Jetzt schreibe ich an der Geschichte eines Scheckenwallachs, bis zum Herbst werde ich sie wohl veröffentlichen.« Aber die Arbeit blieb zwanzig Jahre liegen, ehe sie umgearbeitet wurde.

Sollogub wohnte einer Verlesung der Erzählung im engsten Kreis bei, bei der auch Tatjana Bers zugegen war; man plauderte hinterher darüber, und Tatjana äußerte eine selbstverständlich keineswegs verbindliche Ansicht, die jedoch ablehnend war. Dies veranlaßte Sollogub, einen außerordentlich liebenswürdigen Brief mit einer Moralpredigt abzusenden:

»Ihre reizende *belle-sœur,* liebwerter Graf, hat recht. Sie hat nicht ausgesprochen, was sie selbst nicht begriff, jedoch erriet sie es aus weiblichem Instinkt heraus, der vor allem zurückschreckt, was Schamgefühl und zartes ästhetisches Empfinden verletzt. – Bereits das Wort Wallach ist unangenehm wie die Worte Eunuch oder Kastrat. Es deutet direkt auf die Zeugungsorgane hin. Worte wie Zitzen, Säuglinge, die Darstellungen des Entmannungseingriffs und besonders die Bilder der Paarung zwischen der Stutenmama und dem Deckhengst könnten bei Mitarbeitern eines Gestüts noch durchgehen, ein uneingeweihtes Publikum dürfte das Gesicht verziehen ... Ihr Talent ist das der feinen Analyse und der Grazie im Detail ... Hätte Pissemski Ihren Beitrag geschrieben, wäre ein Elaborat entstanden, das keine Frau hätte lesen und keine Druckerei in Auftrag nehmen können – doch wäre es plastisch unflätig und bis zu einem gewissen Grade künstlerisch geworden. – Bei ihnen hat es sich von dem einen Ufer gelöst, ohne am anderen angekommen zu sein.«

W. Sollogub liefert eine Menge guter Ratschläge. Die Hälfte des einen Ratschlages erwies sich später als akzeptiert, nämlich dies: »Geben Sie dem Beitrag als Titel den *Namen* des Wallachs, und nennen Sie ihn nicht Erzählung, sondern Fabel. Solch ein Titel wäre etwas Neues im Bereich der Prosa.«

Weiter folgen Ratschläge, deren Tolstoi nicht bedurfte: »Die Beschreibung des Pferdeknechts, der Nacht auf der Koppel, der sommerlichen Natur, der verschiedenartigen Pferdephysiognomien etc. bleiben, wie sie sind, und können sogar noch etwas vervollständigt werden. – Der Pferdeknecht beginnt am Feuer zu schnarchen, zwei, drei Pferde können nicht einschlafen. – Die Erzählung setzt ein.«

Die Geschichte »erwähnt das Ungemach, das den Wallach wegen seines gescheckten Fells ereilt, nur andeutungsweise«. Die Erzählung besteht aus »Porträts seiner verschiedenen Besitzer ... Der Schluß. Die Physiognomien der lauschenden Pferde. – Das Morgenrot glüht auf. Der Pferdeknecht erwacht, zündet seine Tabakspfeife an und beginnt zu fluchen. Ende. Das wäre, wie mir scheint, ein Werk auf vier Säulen: Einleitung, Schürzung des Knotens, Bericht und Schluß. Was man auch sagen mag, die Rhetorik hatte ihren Sinn, und das Gesetz der Symmetrie wiederholt sich in der Natur allüberall. Infolgedessen ist es ein Gesetz des Schönen.«

Rhetorik bleibt de facto niemals im Recht, denn sie reißt längst erkaltete Spuren auf; Dinge, die sich nicht mehr verwirklichen lassen, Spuren, worauf zu wandeln nicht lohnt, weil sie niemals zur Jagdbeute führen.

Lew Tolstoi bedurfte keiner Übergänge, um seine Geschichte zu lenken, er brauchte nicht zu verschweigen, was als unanständig galt, und keine unpersönliche Landschaft als Abschluß seiner Skizze hinzuzufügen, wie sie der junge Turgenjew hätte beschreiben können, wäre er weniger begabt gewesen und hätte er sich seinen Weg nicht aus eigener Kraft geebnet.

Tolstoi war hier etwas anderes wichtig: Er hatte ein Gespür dafür, wie dem verprügelten Kutscher »die Tränen schmeckten«; diese

Stelle hielt er für die gelungenste der ersten Variante seiner Geschichte.

Zunächst wurde die Arbeit beiseite gelegt.

Auf Jasnaja Poljana war es ruhig, sämtliche Wege zum Hausherrn schienen zugewuchert, mit Ausnahme der Hauptverbindungsstraße, auf der die Menschen an Jasnaja Poljana vorbeifuhren. Der Hausherr hatte sich in eine große Arbeit vergraben.

Sein einziger Knappe, sein einziger Verbündeter war er selbst.

Dritter Teil

Der Aufbau von »Krieg und Frieden« und die Welt seiner Helden

1

Krieg und Frieden ist, wie allgemein angenommen wird, 1860 konzipiert, zumindest begonnen worden. Im März 1861 teilte Tolstoi A. Herzen mit: »Mir ist vor etwa vier Monaten die Idee zu einem Roman gekommen, dessen Held ein zurückkehrender Dekabrist sein soll.«

Diese Mitteilung beruht auf dem erhalten gebliebenen Fragment der Erzählung von einem Dekabristen, der nach Moskau zurückkehrt. Durch mehrere Kettenglieder ist die Erzählung mit *Krieg und Frieden* und seinen handelnden Personen verbunden. Ich erinnere an den gealterten Pierre und dessen Gattin Natalja als Helden des Fragmentes.

Dann wurde die Arbeit an dem Thema unterbrochen: In der Schule zu Jasnaja Poljana erzählte Tolstoi den Schülern von Napoleons Invasion im Jahre 1812 und lieferte dabei eine geraffte, künstlerisch umgesetzte Darlegung der Ereignisse, die in seiner Auslegung bei den Kindern patriotische Begeisterung auslösten.

Die frischen Eindrücke der Erzählung animierten zu Heldentaten: »Die Schewardino-Redoute oder die Malachowhöhe sollten uns mal unter die Finger geraten, wir würden sie zurückerobern.«

Die geschichtliche Thematik umfaßt den Krimfeldzug und das Jahr 1812. Ich erinnere daran, daß Tolstoi in der Einleitung zu den *Dekabristen* ein großes Panorama entrollte, worin der Sieg von 1812 und die Niederlage von 1855 erwähnt wurden.

Am 23. Februar 1863 teilte Sofja Andrejewna ihrer Schwester mit, Tolstoi habe einen neuen Roman begonnen. Das gleiche erfahren wir aus den Erinnerungen der Kusminskaja. Am 8. März teilte Tolstoi seiner Schwester Maria kurz mit: »Ich schreibe an einem Roman!« Dies geht auch aus einem Brief an Alexandrine Tolstaja hervor. Tolstoi schreibt, er fühle sich unbeschwert und arbeitsfähig: »Diese Arbeit ist ein Roman aus der Zeit von 1810 bis in die zwanziger Jahre, und er beschäftigt mich voll und ganz seit dem Herbst.« Das Thema hatte ihn in seinen Bann gezogen, und er konnte von nichts anderem mehr sprechen.

Präzise Konspekte und Charakteristiken der handelnden Personen entstanden; ständig wurde deren Verhalten zu Napoleon gezeigt, mit anderen Worten, sie wurden nicht nur im persönlichen Bereich, sondern auch in ihrer Beziehung zum Grundkonflikt der Epoche gezeichnet.

Wir sehen, daß Tolstoi sich lange nicht entscheiden konnte, wann sein Roman einsetzen sollte. Zuerst wollte er offensichtlich mit dem Jahr 1811 beginnen, dann ging er bis 1805 zurück.

Die skizzierten Helden ändern ihre Wesensart, der Autor geht mit ihnen allmählich immer freier um, und so manch ein Charakter erfährt Abstriche: die Hofdame Anna Pawlowna Scherer, ursprünglich als ideale und aufrichtige, über ihre gesellschaftliche Stellung erhabene Frau angelegt, verwandelt sich in eine erfahrene, redselige und unaufrichtige Dame, die in ihrem Salon einflußreiche Gäste empfängt, in die kleinkarierte Partnerin des Fürsten Wassili Kuragin.

Andere Helden gewinnen an Tiefe – ihre inneren Widersprüche werden sichtbar. Sie werden plastischer, verständlicher, der Leser kann sie von verschiedenen Seiten betrachten.

Man nimmt an, daß die erste Version der Charakteristik Kutusows nicht von Tolstoi selbst stammt. Hier heißt es: »Hatte es denn nicht Tausende von Offizieren gegeben, die während der Kriege Zar Alexanders gefallen und unvergleichlich mutiger, anständiger und gutherziger gewesen sind als der lüsterne, fuchsschlaue und ungetreue Kutusow?« Literaturforscher vertreten die Ansicht, daß Kutusow hier vom Standpunkt der ihm feindlich gesinnten Hautevolee charakterisiert wurde.

Dies dürfte kaum zutreffen, denn in einem Entwurf heißt es, Fürst Andrej »... reiste nach Bukarest und überraschte Kutusow auf dem Ball, als dieser gerade einer Moldauerin das Schuhband knüpfte«.

Kutusow verhält sich auch in Borodino, unmittelbar vor der Schlacht, nachdem er dem Popen mit dem Kreuz begegnet ist, durchaus nicht als idealer Held ohne Sünde.

»›So, das wär's wohl‹, sagte Kutusow beim Unterzeichnen des letzten Schriftstücks, erhob sich schwerfällig, glättete die Falten seines gedunsenen weißen Halses und wandte sich mit aufgeheiterter Miene zur Tür.

Die Popenfrau, der das Blut ins Gesicht gestiegen war, packte die Schale, die sie, obwohl lange bereitgehalten, dennoch nicht rechtzeitig überreicht hatte. Und sie präsentierte sie Kutusow mit tiefer Verneigung.

Kutusows Augen verengten sich; er lächelte, griff der Frau ans Kinn und sagte: ›Welch liebliches Kind! Habe Dank, mein Herz!‹

Er holte aus der Tasche seiner weiten Hose ein paar Goldmünzen und legte sie auf die Schale.

›Na, wie geht es dir denn so?‹ sagte er und schritt zu dem Raum, der für ihn requiriert worden war. Die Popenfrau, Lächelgrübchen im rotwangigen Gesicht, folgte ihm in die Kammer. Der Adjutant trat zum Fürsten Andrej hinaus auf die Vortreppe und lud ihn zum Frühstück ein; eine halbe Stunde später wurde Fürst Andrej erneut zu Kutusow beordert.«

Kutusow ist kein Idealheld. Seine Charakterzüge, von Tolstoi bereits in der Konzeptionsphase festgelegt, bleiben erhalten. Jedoch sind sie lediglich eine Seite seines Charakters. Die Generallinie dieses Charakters drückt sich dadurch aus, daß der Heerführer es verstand, sich dem Willen des Volkes unterzuordnen, nachdem er dessen Empfindungen erkannt und die Stimmung der Armee erfaßt hatte.

Die Arbeit am Buch verlief ohne Unterbrechung, das Werk erfuhr Veränderungen, es gab Stadien mit verschiedenen Titeln: *Drei Zeitläufe, Ende gut, alles gut,* und schließlich erhielt es den Titel *Krieg und Frieden.*

Die Szene zu Beginn des Romans in Madame Scherers Salon ermöglichte es, die Situation in Europa vom Standpunkt verschiedener Vertreter der Hautevolee mit wenigen Strichen zu charakterisieren.

Der Dialog zwischen Fürst Andrej und Pierre enthält eine Selbstanalyse der beiden Männer; er entwickelt die Konflikte der Helden. Bei Pierre ist es die uneheliche Herkunft, bei Andrej die mißlungene Ehe und der ungestillte Drang, eine Rolle von historischer Bedeutsamkeit zu spielen.

Als wahre Konflikte im Leben dieser Helden aber erweisen sich andere Dinge.

2

Über umstrittene Fragen des Aufbaus von *Krieg und Frieden* kann nur entschieden werden, wenn wir zunächst festhalten, daß der Begriff der »Einheitlichkeit« eines Kunstwerkes nicht endgültig klar ist.

Wenn ein Roman von Puschkin oder Tolstoi im Laufe vieler Jahre entsteht, wenn der Autor sich selbst verändert und Krisen durchmacht, wenn er zu einer neuen Lebensauffassung gelangt, wenn die Weltsituation sich während der Entstehung des Romans ändert, haben wir es logischerweise mit keiner statischen Einheit, sondern mit der Einheit eines künstlerischen Prozesses zu tun.

Einheitlichkeit eines Kunstwerkes bedeutet Einheitlichkeit der Erkenntnis des sich verändernden Gegenstandes.

Wir wollen uns hüten, anzunehmen, jemand habe zuerst alles erkannt, dann durchdacht und sich hinterher hingesetzt und geschrieben. Der Schaffensprozeß besteht im Erkennen, und dies wiederum bestimmt den Gestaltungsprozeß. Hinter dem Zufälligen der Schicksale in *Krieg und Frieden* steht die Notwendigkeit verständigen Schreibens. Tolstoi wußte sich der Notwendigkeit unterzuordnen.

Das Werk beruht keineswegs auf einem von Anfang bis zum Ende abgeschlossenen Autorenmanuskript. Die Vielzahl der Vorworte und Anfänge zeugt von Bemühungen, die Umstände genau zu bestimmen, wie die neuen Einsichten gewonnen werden.

Die Grenzen des Romans haben sich verschoben, die Periodisierung der Geschehnisse hat sich verändert.

Der Autor beginnt seine Arbeit dort, wo der alte Dekabrist Pierre und dessen Gattin Natalja nach Moskau zurückkehren.

Er war auf das Thema gestoßen, nachdem er aus Sewastopol, der dem Feind überlassenen Stadt, zurückgekehrt war; er suchte nach den Wurzeln des Mißerfolges und überprüfte den Mißerfolg anhand vorangegangener Siege.

Er besaß sein Leben lang ein sicheres Zeitgefühl, so daß er kalendarische Angaben mit Hilfe chronologisch präziser Details in sein Werk einmeißeln konnte; zugleich aber ließ er die Bedeutung der Zeit gleichsam unberücksichtigt. Daher datierte er im Manuskript einzelne Szenen um, ohne sie zu ändern.

Das ist eine typische Eigenart seiner Arbeitsweise. Immer wieder wollte er ein Werk schreiben, worin ein Adliger mit einem Bauern auf gleicher Stufe steht. Motivierung der Geschehnisse war die Verbannung des Adligen.

Die erste, noch ungenaue Verwirklichung eines solchen Vorhabens war die Gefangenschaft eines künftigen Dekabristen; ein Hochgeborener kommt, gefangengenommen, mit Soldaten zusammen.

Später versuchte Tolstoi, das gleiche Geschehnis zu Zeiten Peters I. zu zeigen, zu welchem Zweck er Adelsstammbäume durchforschte. Dann verschob sich die Handlung in die Epoche Nikolais I. und Alexanders II. Tolstoi dachte in absoluten Kategorien, eine Zeitspezifik existierte für ihn, der die Psyche eines patriarchalischen und von Grund auf konservativen Bauern besaß, überhaupt nicht.

Obzwar man Tolstoi späterhin vorwarf, er habe innerhalb der dargestellten Epoche Elemente des Dekabristentums übersehen, wird die gesamte Zeitspanne des Krieges aus dem Blickwinkel eines Nachfahren der Dekabristen betrachtet; ständig wird versucht, auf die

Frage, was hätte getan werden müssen und weshalb das Volk den Dekabristen nicht gefolgt war, eine Antwort zu finden.

Tolstoi negiert häufig im Endergebnis die Kausalkette der Ereignisse, die romanhaften Lösungen der Konflikte und die Abrundung der Fabel, die bis dahin für den Roman als verbindlich galten. Er sagt sich los vom Roman »mit Schürzung des Knotens, sich ständig zuspitzender Spannung und einer glücklichen oder auch unglücklichen Lösung, die das Interesse für die Geschichte zerstört.«

Er hält weder Tod noch Hochzeit für eine Lösung und bemüht sich um die geschichtliche Lösung eines Ereignisses. Darum bestimmt das Geschichtliche die Aktionsfabel.

Der Ideenfluß, der die Schicksalsläufe der Menschen mitreißt, entstand bei ihm erst während des Schreibens.

Die militärphilosophischen Betrachtungen flossen in den Roman *Krieg und Frieden* erst im Verlauf der Arbeit ein. Ihre Rolle ist in den verschiedenen Schreibphasen jedesmal anders.

Die strategischen und taktischen Entscheidungen Kutusows, sein Rückzugsplan, den er nach der Kapitulation der österreichischen Armee faßt, Bagrations Schläue, mit Murat zu verhandeln, seine Entscheidung, die Franzosen anzugreifen, die Bedeutung der Anwesenheit des obersten Kriegsherrn auf dem Schlachtfeld, Tuschins Entscheidung, ein Dorf zu beschießen, um eine Feuersbrunst zu entfachen – alle diese willensbedingten Entscheidungen werden zu Beginn der Arbeit am Roman als Aktionen mit bestimmten Ergebnissen in den Plan einbezogen.

Die Idee, den Krieg als ein Elementarereignis zu betrachten und Kutusow als einen Heerführer, der der historischen Notwendigkeit unterworfen ist, sind Schlußfolgerungen aus der zweiten Hälfte des Romans.

Selbstverständlich unterscheiden sich die Kriege von 1805 und 1812 ihrem Wesen nach: Zielstellungen und Orte der Handlung sind verschieden. Trotzdem verglich Tolstoi ihre Ergebnisse nicht und traf keine endgültige Entscheidung, wenn er dieser auch recht nahe kam.

Er löste sich konsequent von den üblichen Romanformen. Beispielsweise ist in der Endfassung eine Jagdszene erhalten, an der ein adliger Kleingrundbesitzer teilnimmt, der mit der gleichen Präzision wie die Hauptfiguren gezeichnet ist.

In den Entwürfen erscheint dieser Adlige auf dem Schlachtfeld bei Borodino, wo er Verwundete aufliest. Er verschwindet, weil er in der Korrektur gestrichen wird. Was in der bisherigen Kunst Gesetz war, ist für Tolstoi überflüssig.

In der ersten redigierten Fassung des Manuskripts rettet Pierre in

Moskau einen verrückten Italiener, den jungen Freimaurer des Hochgrades Poncini, vor der Erschießung. Die Freimaurerzeichen helfen, wenn auch nicht sofort, dem gefangenen Pierre. Poncini sucht nach ihm. Später gerät er bei Nikolai Rostow in Gefangenschaft. Der wohlgestalte junge Mann, dessen Augen denen Nataschas ähnlich sind, fädelt eine edelmütige Intrige ein: Er schließt aus Pierres Erzählung auf dessen Liebe zu Natascha und stiftet eine glückliche Ehe. Dieser Romanheld mitsamt seiner edelmütigen Intrige ist verschwunden, und an seine Stelle trat ein anderer, Ramballe, der mit der Liebesintrige nichts zu tun hat.

Tolstoi gab die künstlerischen Prinzipien des alten Romans auf, in dem die Helden mehrfach zusammentrafen und diese wiederholten Begegnungen das Kernstück der Romankomposition waren. In der Endfassung bewegt sich der Roman auf historischem Boden im Kraftfeld der sich wandelnden Ansichten des Volkes.

Die Vermögenszerrüttung des alten Grafen, seine Verarmung, wird gleichsam aufgehoben. Die Rostows verarmen endgültig nicht nur infolge von Nikolais Spielverlust, sondern auch, weil Natascha beschließt, die Habe von den Wagen abladen zu lassen, um Verwundete mitnehmen zu können.

Die Empörung des Fürsten Andrej über Nataschas Treubruch wird gleichsam getilgt durch das allgemeine Leid bei Borodino, wo Anatol ebenso wie Andrej schwer verwundet wird.

Ohne vorherige Absprache, ohne jede Vorbereitung, nur durch Veränderung der Beziehungen auf beiden Seiten tritt Natascha an das Lager des fieberglühenden Andrej, und alle Dinge sind in der neuen Lösung offenkundig einfach.

Zwischen Pierres Gefangenschaft und dem Brand von Moskau besteht eine Verbindung; die Feuersbrunst wird ursprünglich durch Dolochow verursacht, der Pierre Besuchow trifft und ihm die Präsentation bestätigt. Dieser Passus wurde gestrichen.

In der Endfassung brennt Moskau nieder wie eine verlassene Heimstatt, wie russische Städte im Sommer ohne jeden Brandstifter abbrannten.

In der ursprünglichen Fassung rettet Pierre das Kind nicht nur, er trägt es auch lange Zeit auf den Armen. Dies Kind, dem seine Sorge gilt, erhält ihm das Leben.

Tolstoi griff hier seine Skizze von der Wanderung mit dem kleinen Jungen über die Alpen wieder auf. Pierre sollte sich selbst vergessen, und er tat es in Sorge um das Kind, das er zufällig gerettet hatte. Das wurde gestrichen.

3

Der Mann, der den Roman *Krieg und Frieden* begann, war stolz, unverträglich, er meinte und betonte sogar, er sei Aristokrat und kenne kein anderes Leben, das aristokratische Leben sei ihm vertraut, und die Gefühlsbereiche eines Seminaristen, »der zum zweihundertsten Male zur Prügelstrafe geführt wird«, könnten ihm keinerlei Interesse abgewinnen.

Leider wurden nicht nur Seminaristen verprügelt, in allen Kadettenanstalten, darunter auch im Pagenkorps, wurde gezüchtigt, und zuweilen sogar zweimal täglich, sofern ein Kadett nach der ersten Abstrafung keine genügend forsche und stramme Haltung annahm. Höchstwahrscheinlich kam man auch dort auf die Zahl zweihundert.

Damit beginnt einer der unzähligen Romananfänge, und er wurde zu Recht verworfen. Jedoch wollte Tolstoi den Aristokraten Andrej Bolkonski nicht nur zum Helden seines Romans, sondern ebenso wie Pierre zum Sprachrohr einer neuen, philosophischen begründeten Kriegstheorie machen. Mit dem Blick des Russen, der Voltaire gut kannte und noch besser die Werke eines Alexander Herzen, der Belletristik, Publizistik und Philosophie vereinte, führte Tolstoi im Verlauf des Schaffensprozesses die eigene Stimme in den Roman ein und übernahm damit als Autor die Verantwortung für die Art und Weise, wie die Probleme der Geschichte und des Krieges gelöst wurden.

Den Ausgang des Krieges bestimmen Menschen wie der unauffällige Dochturow und wie Timochin, der wagemutige Teilnehmer am Sturm auf Ismail und alte Kamerad Kutusows, der trotz all seiner Heldentaten Hauptmann geblieben ist. Ein Timochin nützt dem Krieg mehr als ein Andrej Bolkonski oder ein Nikolai Rostow, dessen Mut kein einziges Mal den Ausgang einer Schlacht beeinflußt.

Den Krieg entscheidet der bescheidene Tuschin. In seinem Roman *Ende gut, alles gut* wollte Tolstoi Tuschin als Halbaristokraten zeichnen, der von Hauslehrern erzogen worden und in Fremdsprachen beschlagen ist, zusammen mit seinen Brüdern tausend Leibeigene besitzt und innerhalb seiner unmittelbaren Umgebung in bezug auf Herkunft am höchsten steht.

Tuschin besaß möglicherweise Züge und Gewohnheiten Nikolai Tolstois, jedoch erwies sich solch ein Prototyp als untauglich. Der Autor löschte alle Spuren von Vornehmheit bei dieser Figur. Gerade ihn behandelt Andrej Bolkonski als einen Mann anderen Geblüts mit Herablassung.

Tuschin ist ein Mann der neuen Zeit, neuer Bildung, er nimmt von Bolkonskis Behandlung keinerlei Notiz: Er fühlt sich nicht gekränkt, denn er ist mit Kriegführen beschäftigt und strebt nicht nach militärischer Karriere.

Er ist jener Typ des gebildeten Artillerieoffiziers, wie er Tolstoi in Sewastopol begegnet war.

Der Übergang von der Lösung, alles sei gut, was gut ende, zu der Lösung von *Krieg und Frieden* bildet die Schwelle zu der Lösung, daß Pierres Leben gut ist, obgleich es mit Zwangsarbeit endet.

Die Geschichte selbst drang ein in den Roman, der die stolze Unverrückbarkeit eines bienenschwarmgleichen Exklusivlebens aufzeigen sollte, und sie kam mit dem Getöse des künftigen Aufstandes.

4

Das Auf und Ab des Entstehungsprozesses von *Krieg und Frieden* spiegelt sich in der Geschichte seines Druckes und seiner Neuauflagen.

Unter dem Titel *Das Jahr 1805, ein Roman von Graf L. N. Tolstoi* erschien der erste Teil der Urfassung in zwei Nummern des *Russki Westnik* 1865 und 1866.

Ich befasse mich nicht mit Textologie und bin kein Fachmann, sehe mich jedoch zu einer Anmerkung genötigt; 1866 redigierte Tolstoi den bereits gedruckten Text und begann mit der Niederschrift des gesamten Romans, wobei er sämtliche Sujetlinien miteinander verband. Das fertige Werk war von relativ geringem Umfang. Erhalten geblieben ist ein Manuskript von 363 beidseitig beschriebenen Blättern, was 726 Seiten entspricht: 28 Seiten fehlen, sie wurden vermutlich herausgerissen, anderswo eingeklebt und sind, weil beim Abschreiben gestrichen, nicht erhalten. Zu 90 Prozent ist das Manuskript in Band 13 und 14 der Jubiläumsausgabe eingegangen.

Ausgelassen wurde, was nach Ansicht der Redakteure dem endgültigen Text nahekommt. Das war keine gute Entscheidung.

Teile eines Buches existieren nicht gesondert, sondern innerhalb der Struktur des Gesamtwerkes. Es hätte sich gelohnt, noch 10 Prozent des Papierkontingents dazuzugeben, die Variante des Werkes ungekürzt zu veröffentlichen und sie durch eine möglichst zutreffende Auslegung der fehlenden Seiten zu ergänzen. Auf diese Weise wäre uns das künstlerische Denksystem des Autors sichtbar gemacht worden.

Die Mitarbeiter, die ihren Instruktionen folgten, begriffen damals, daß *Krieg und Frieden* ein geschlossenes Ganzes darstellt. Die Rohfassung jedoch betrachteten sie nicht als Ganzes, sondern als Konglomerat von Einzelstücken. Indessen verlieren all diese Stücke ihren

Sinn, wenn hier fehlt, was Tolstoi als »Labyrinth der Verstrebungen« bezeichnet. Es bietet sich nur ein Ausweg: Bei aller Achtung des bereits Geleisteten sollte man die erste Romanfassung vollständig herausgeben.

Der Roman *Ende gut, alles gut* erreicht nicht die geniale Höhe von *Krieg und Frieden,* enthält aber auch wundervolle Kapitel, die ausschließlich innerhalb des Ganzen verständlich werden; obendrein können war darin Tolstois Schaffensweg ablesen. Wahrscheinlich wird die Edition in der Weise realisiert werden wie kürzlich die akademische Ausgabe der *Kosaken.*

Über Prototypen

Spricht man von Prototypen, muß man wissen, wie sich der Schriftsteller künstlerisch in das gemeinsame Wirken von Generationen einschaltet und einen Ausweg findet, weil er begreift, was andere nicht vollends begriffen haben. So kann es durchaus vorkommen, daß etwas, das wir als Prototyp bezeichnen, dem Werk weit vorausgeeilt ist. Zuweilen verwirklicht die Realität gleichsam Dinge, die der Autor vorausgeahnt, berechnet hat. Die Realität erweist sich als Entdeckung dessen, was errechnet, konstruiert worden ist. Lafargue erwähnt in seinen Erinnerungen an Karl Marx dessen Ansicht über Balzac:

»Er schätzte Balzac so hoch ein, daß er vorhatte, eine Untersuchung über dessen bedeutendstes Werk, die *Menschliche Komödie,* zu schreiben, sobald er seinen Aufsatz über politische Ökonomie abgeschlossen hätte. Balzac war nicht nur Chronist seiner Gesellschaft, er erahnte in seinem Werk Figuren, die sich unter Louis Philippe noch im Embryonalzustand befanden, um erst nach dem Ableben Balzacs, unter Napoleon III., zu voller Entfaltung zu gelangen.«

K. A. Timirjasew schreibt in seinem Artikel *Die Entwicklung der Naturwissenschaft in den sechziger Jahren* über Turgenjew, der den Basarow-Typ geschaffen hat: »Bereits in den fünfziger Jahren in einem ›jungen Provinzarzt‹ eine der bedeutendsten Strömungen des russischen Denkens, die sich bald darauf tatsächlich als produktiv erwies, zu erahnen – so weitsichtig war bislang kein einziger russischer Schriftsteller.«

In einer Anmerkung hierzu heißt es: ». . . Er erahnte den künftigen Botkin, Setschenow und die gesamte machtvolle Bewegung der russischen Wissenschaft überhaupt.«

Der Schriftsteller spiegelt die Wirklichkeit wider und will sie genau darstellen. Er läßt seine eigene Biographie, seine Lebenserfahrung in sein Werk einfließen, er erschließt die ihn umgebende Welt, aber er baut seine Kunstwelt auf neue Weise und befreit sie von allem Zufälligen.

Es geht hier um die eigentlichen Grundlagen des Schaffensprozesses, aber auch um die Gründe für so manches Fehlurteil über einen Autor.

Lew Tolstoi saß in seinem Arbeitszimmer auf Jasnaja Poljana, scheinbar abgeschnitten von der ganzen Welt, und schrieb an einem Roman, der später den Titel *Krieg und Frieden* erhielt.

Zunächst gab es weder einen Titel noch ein festgelegtes Genre, das Werk war kein Roman und wurde auch keiner. Es wurde der Krieg und der Friede, es wurde eine ganze Welt, und ihr Schöpfer war Tolstoi.

Sofja Andrejewna wünschte, ihr Gatte möge über sie oder zumindest über ihre Familie schreiben. Die Angehörigen waren drauf und dran, in den Roman wie in eine vor dem Haus wartende Kutsche einzusteigen. Die ganze Familie wollte Platz nehmen, alle, einschließlich M. Poliwanows, des abgewiesenen Freiers.

Sofja Tolstaja schreibt am 11. November 1862 an ihre Schwestern: »Mädchen, ganz unter uns, bitte um Diskretion: Ljowa wird uns vielleicht beschreiben, wenn er fünfzig geworden ist.«

Ein Genrebildchen aus den wortreichen, durchaus nicht taktvollen, jedoch amüsanten Niederschriften T. A. Kusminskajas: in einem Brief an Poliwanow beschreibt sie, wie Tolstoi Ende 1864 im Familienkreis seinen Roman vorlas:

»Von den Rostows hieß es, sie seien lebende Menschen, nun, und wie vertraut sie mir sind! Boris erinnert in seinem Äußeren und seiner Lebensmanier an Sie. Vera ist ganz echt Lisa. Ihre gemessene Haltung und ihr Benehmen uns gegenüber sind genau getroffen, d. h. mehr ihr Benehmen Sonja, nicht mir gegenüber. Die Gräfin Rostowa erinnert sehr an Mama, besonders mit mir zusammen. Als von Natascha gelesen wurde, sah ich, wie Warenka (Perfiljewa) mir listig zuzwinkerte, ich glaube aber, niemand hat das bemerkt. Doch jetzt werden Sie lachen: Meine große Puppe, die Mimi, ist in den Roman geraten. Wissen Sie noch, wie wir Sie mit der Puppe getraut haben und ich darauf bestand, daß Sie ihr einen Kuß geben, Sie aber keine Lust dazu hatten und Mimi an die Tür hängten und ich Sie bei Mama verpetzte? O ja, Sie werden im Roman vieles, sehr vieles wiederfinden. Pierre hat allen am wenigsten gefallen, mir aber am meisten. Ich mag solche Leute. Die kleine Fürstin erntete viel Lob bei den Damen, man bekam aber nicht heraus, wer Ljowa dazu als Modell gedient hat ... An der Damenseite des Tisches sagte Warenka, nachdem Ljowa die Beschreibungen gelesen und viele Namen genannt hatte, plötzlich ganz laut: ›Mama, Maria Dmitrijewna Achrossimowa, das sind ja Sie, sie erinnert zu sehr an Sie.‹ – ›Ich weiß nicht, ich weiß nicht, Warenka, mich zu beschreiben lohnt doch nicht‹, sagte da Nastassja Sergejewna.«

Solcher Familienklatsch überzeugt mich nicht. Mich überzeugt es nicht einmal, wenn Lew Tichomirow in seinen Memoiren schreibt, als im Hause Koptews, eines Tulaer Gutsherrn, *Krieg und Frieden* vorgelesen wurde, habe die alte Kinderfrau der Koptews in den Romanhelden Bekannte des Hauses erkannt und gesagt: »Das ist der und der.«

Ich glaube es nicht! Ich glaube weder Tichomirow noch der Kinderfrau.

Nehmen wir nur Natascha Rostowa. Man sagt, Tatjana Kusminskaja sei der Prototyp der Natascha. Davon haben wir nichts: wir kennen die Kusminskaja nicht, und wäre das der Fall, könnten wir sie nicht so begreifen wie Tolstoi sie, einem Ondit zufolge, begriffen hat.

Hinweise auf Adaptionen sind ebenso wie solche auf Prototypen ihrem Wesen nach widersprüchlich.

Was herauskommt, ist: Natascha wurde einem englischen Roman entlehnt und zugleich nach der Schwägerin gemalt.

Hier vermißt man jede Logik.

Hinzu kommt, daß Tolstoi andere Arbeitsverfahren entwickelt hat. In seinen Entwürfen zu *Dekabristen* beschreibt er die Rückkehr des alten Dekabristen Pierre mit dessen Ehefrau Natalja. Der Dekabrist hat sich stark verändert und ist ein gutmütiger, schwacher, leicht ehrgeiziger Greis geworden, der gern trinkt. Aber das ist Pierre, und seine Frau ist Natascha.

Der Dekabrist kehrt in der Zeit nach dem Krimkrieg nach Moskau zurück. Morgen wird er neue Menschen treffen, heute fährt er mit seinem Sohn ins Dampfbad. Er kommt heim, und seine Frau (Natalja) spricht zu ihm wie stets die altgewohnten Worte, er sei so sauber, daß er »sogar leuchte«.

Der Roman über den Dekabristen blieb unvollendet und unveröffentlicht, die Szene aber ist erhalten. In *Krieg und Frieden* sagt Natascha, als sie Pierre nach seiner Gefangenschaft wiedersieht, zu Maria:

»Er ist so rein und glatt und frisch, als käme er eben aus dem Bad, verstehst du? Moralisch aus dem Bad ... Und der Rock so kurz und das Haar geschoren, wirklich ganz genau wie nach dem Bad ... wie Papa früher.«

Die Übereinstimmung ist kein Zufall.

Eine Szene aus einem großen ungeschriebenen Roman wurde niedergeschrieben als Szene eines neuen Romans.

Der Satz vom Bad blieb, er wurde in *Krieg und Frieden* zwar zur Metapher, könnte jedoch der Erinnerung an den befriedeten, gealterten Dekabristen entsprossen sein.

Tolstoi setzt mit der Gestalt der Dekabristenfrau ein, die ihrem Mann nach Sibirien folgt und dort ein anderes Leben kennenlernt, und gelangt so zur Figur der Natascha.

Alle genannten Charakterzüge können auf einen Nenner gebracht werden: auf die schwer zu beantwortende Frage nach Tolstois Beziehung zum Volk.

Bevor wir Pierre und Natascha als junge Menschen kennenlernen, die nicht wissen, daß sie einander liebgewinnen werden, existierten beide in Tolstois Bewußtsein bereits als alte Heimkehrer aus Sibirien.

Unmöglich, sich vorzustellen, der Autor hätte ein junges Mädchen als Prototyp gewählt und mit deren Beschreibung als alte Frau eingesetzt. Indessen sehen wir in der allerersten Szene bereits Abschnitte, die später in *Krieg und Frieden* Verwendung finden.

Die Hinweise der Kusminskaja sind widersprüchlich. Einerseits spricht sie von Vorfällen aus ihrer eigenen Biographie, die Ähnlichkeit mit dem Lebenslauf der Tolstoi-Heldin aufweisen, andererseits erwähnt sie im gleichen Buch *Mein Leben daheim und auf Jasnaja Poljana* Mrs. Braddons Roman *Aurora Floyd*.

Lew Tolstois Worte: »Tanja, erkennst du dich wieder in diesem Roman?« Ihre Antwort: »In der *Aurora?* – aber natürlich. Ich möchte nicht so sein.«

Die Kusminskaja selbst hatte den Roman der Braddon nicht gelesen, aber man hätte in der russischen Übersetzung, die 1870 in St. Petersburg erschien, tatsächlich den Prototyp der Natascha entdecken können. Solche Gegenüberstellungen ließen sich, wie gesagt, bis ins Unendliche weiterführen, doch das wäre ein überflüssiges und schädliches Spiel, das nichts mit der Realität zu tun hätte.

Vom 3. Mai 1865 datiert ein Antwortbrief Tolstois an Luisa Iwanowna Wolkonskaja. Luisa war für den Briefschreiber keine Fremde, in seiner Jugend hatte er sie häufig besucht und, nachdem er ihr Heim kennengelernt hatte, die *Geschichte des gestrigen Tages* geschrieben.

Auch hier gibt es keinen Prototyp, weil die ganze Geschichte auf einem Monolog des Autors basiert.

Dies der Inhalt des Briefes an die alte Bekannte und Verwandte:

»Hocherfreut, liebste Fürstin, über den Zufall, der Sie veranlaßte, sich an mich zu erinnern, beeile ich mich, zum Beweis meiner Freude zu tun, was für Sie unmöglich ist, nämlich Ihre Frage zu beantworten.

Andrej Bolkonski ist niemand, wie übrigens alle Personen beim Romanschreiber, der weder Personenbeschreiber noch Memoirenverfasser ist. Ich würde mich der Veröffentlichung meiner Bücher schämen, bestünde meine ganze Arbeit darin, ein Bildnis zu malen, Recherchen anzustellen, mir Einzelheiten zu merken. Ich will mich bemühen, auszudrücken, wer mein Andrej ist. Für die Schlacht bei Austerlitz, die beschrieben wird, mit der ich meinen Roman begonnen habe, benötigte ich einen glänzenden jungen Mann, der in der Schlacht fällt; für den weiteren Verlauf des Romans brauchte ich nur den alten Bolkonski und seine Tochter; weil es aber unschicklich ist, eine Person zu beschreiben, die keinerlei Verbindung zum Romanablauf hat, habe ich mich entschlossen, besagten glänzenden jungen Mann zum Sohn des alten Bolkonski zu machen. Später interessierte er mich, und ich erfand im weiteren Romanverlauf eine Rolle für ihn, so daß ich ihn begnadigte und ihn nicht mehr sterben, sondern nur schwer verwundet werden ließ. Somit haben Sie, liebste Fürstin, die absolut wahrheitsgetreue, wenn auch gerade deshalb unklare Erläuterung über die Person Bolkonskis.«

So äußert sich der reife und bereits zur Analyse seines Schaffensprozesses fähige Tolstoi.

Demnach lehnt Tolstoi Prototypen als solche ab.

Trotzdem schrieb Sofja Andrejewna als echte Priesterin der Prototypentheorie auf die Rückseite eines Bildnisses von Luisa Iwanowna, dies sei der Prototyp der Lisa Bolkonskaja, der Ehefrau des Romanhelden Andrej Bolkonski.

Was sie dabei dachte, ist leicht verständlich. Andrej Bolkonski muß Wolkonski sein, Luisa Wolkonskaja ist dessen Gattin Lisa Bolkonskaja; die Anfangsbuchstaben decken sich. Wir haben die Wahl, wem wir glauben wollen, Lew Tolstoi oder Sofja Andrejewna.

Ich glaube Lew Tolstoi.

Im zweiten Band seiner Untersuchung *Lew Tolstoi* behauptet B. M. Eichenbaum, *Krieg und Frieden* sei aus der Memoirenliteratur hervorgegangen, es sei Familienliteratur. Damit bekräftigt er die Ansichten Poliwanows, Tatjana Kusminskajas und Sofja Andrejewnas durch seinen eigenen Namenszug.

Ich bin mit Eichenbaum ebensowenig einer Meinung, wie ich es früher war; vielmehr nehme ich an, Lew Tolstoi hat sich in das Zimmer unter dem Deckengewölbe verkrochen und die Tür hinter sich abgeschlossen, um sich vor Prototypen zu retten.

Hinzu kommt, daß selbst ein Werk von so ausgeprägten Memoirencharakter wie *Die Kinderjahre Bagrows des Enkels,* das Tolstoi sehr schätzte, nicht nur dem Interesse der Epoche an Memoiren entspricht, sondern auch als Ergebnis des bereits entwickelten Familienromans entstanden ist. In Rousseaus *Bekenntnissen* sind die Erfahrungen des englischen Romans verarbeitet. Will man sein Herz erkennen, muß man über gewisse anatomische Kenntnisse verfügen. Heute ist es bereits Usus geworden, anzunehmen, der erbitterte stolze Pechvogel General Wolkonski, der Erbauer des alten Herrenhauses, könne nicht der Prototyp des alten Fürsten sein: seine gesellschaftliche Stellung, sein Lebenslauf waren von ganz anderer Art.

Feldmarschall Kamenski, den Eichenbaum als Prototyp nennt, ist ebenso unbrauchbar: er stammte nicht aus dem Beamtenadel und war ein ichbezogener, eitler Feldherr, ein Theoretiker, Widersacher Napoleons, den er verblüffte, als die beiden einander in einer von Kamenski vorbereiteten militärischen Stellung begegneten.

Was Kutusow betrifft, so hat er selbstverständlich ebenso wie Napoleon existiert: wenn wir jedoch beide als Romanfiguren analysieren wollen, dürfen wir Tolstoi, seine Weltanschauung und die Rolle, die er seinen Romanhelden zuweist, niemals aus dem Blickfeld verlieren.

Sofja Andrejewna sah in der lebenden Luisa Iwanowna die Witwe des Romanhelden Andrej Bolkonski.

Wenn wir Napoleon und Kutusow neben Natascha Rostowa, neben sämtliche Rostows und Kuragins stellen, müssen wir sie alle innerhalb des analytischen Systems des Autors betrachten, in dem historische Figuren den erdachten Figuren gleichgestellt sind.

Tolstois Ansichten und Erkundungen

1

Die psychologische Analyse – die »Dialektik der Seele« – ist bei Tolstoi von besonderer Art. Er zieht eine Trennungslinie zwischen den echten Motiven menschlichen Handelns und deren logisch-verbaler Begründung.

Diese Art Analyse entstand bereits zu der Zeit, als *Kindheit* niedergeschrieben wurde, und zuallerst wurde sie in der *Geschichte des gestrigen Tages* aus der Analyse von Traumbildern entwickelt. Der Psychologie des Traumes, der »die Ursachen verfälscht«, wandte sich Tolstoi dann in den sechziger Jahren wieder zu.

In den *Kosaken* und besonders in *Krieg und Frieden* werden Lösungen – nach unserer heutigen Terminologie – nicht mit eigenständigem Bewußtsein begründet, sondern mit der Notwendigkeit des

Seins im weitesten Sinne des Wortes. Menschen, die nach »verbalen Lösungen« trachten, verachtet Tolstoi; das ersieht man an Napoleon, Rostoptschin und Speranski.

Wenn er »historische Aussprüche« Napoleons zitiert, fügt er hinzu: »Hieraus folgt einzig, daß Worte rein gar nichts bedeuten und eine Sache nicht bezeichnen können. Diese Worte wurden ebenso unvermeidlich und unwillkürlich gesprochen, wie man atmet, ißt und schläft. Die scheinbare Merkwürdigkeit besteht einzig darin, daß wir auf vernünftige Weise zu erklären wünschen, was auf unvernünftige Weise getan wird.«

Der Versuch, das Wesen des »unvernünftigen« historischen Prozesses zu erfassen, fordert Tolstoi Jahre intensiver Arbeit ab. Wie die besten seiner Zeitgenossen kam er der Lösung nahe, konnte sie jedoch nicht formulieren; er ersetzte die allgemeinen Entwicklungsgesetze der Menschheit durch ein gemeinschaftliches »Bienenschwarm«-Verhalten der Bauernschaft, die er für die Gesamtmenschheit ansah.

Präziser, aber auch nicht restlos begriff N. A. Tschernyschewski in seinen Überlegungen über die Kriegsursachen historische Gesetze, als er die Erfahrungen des Jahres 1812 und die des Sewastopoler Feldzuges zusammenfaßte. Während seiner Haft in der Peter-Pauls-Festung brachte er das Kunststück fertig, Kingsleys Buch über den Krimkrieg frei nachzuerzählen und mit Kommentaren zu versehen. Das Manuskript entstand 1862. Ich zitiere einen Abschnitt daraus, weil darin Tolstois Gedanken aus *Krieg und Frieden* gleichsam vorweggenommen sind.

»›Sie‹ oder ›er‹ sind schuld, daß es zu einem so schrecklichen Krieg, ausgelöst durch Nichtigkeiten, kommen konnte – so lautet die allgemeine Ansicht. Mir ist dies schon immer unsinnig erschienen. Ich wollte mich auch in dieser Frage nicht von meiner Überzeugung lossagen, nämlich davon, daß Launen und Fehler, Leidenschaften und Schwächen einzelner Personen keineswegs den Ablauf großer Ereignisse stark beeinflussen können, daß ein Faktum von der Größenordnung der Schlacht bei Sewastopol durch Willensakte einzelner weder erzeugt noch beseitigt werden konnte ... Weder Napoleon noch seine Marschälle, auch nicht deren russische Gegenspieler erscheinen mir als die Hauptkräfte, die innerhalb des Faktums Krieg von 1812 wirksam wurden.«

Tolstoi begann bereits in den Jahren des Sewastopolfeldzuges zu begreifen, was um ihn herum geschah; freilich glaubte er noch, an der Niederlage seien lediglich einzelne dumme Generäle schuld gewesen, vor allem aber der Zar, und sofort nach dem Tode *dieses* Zaren würden für Rußland gute Zeiten kommen.

Seinen eigenen Weg zur Erkenntnis von Lebensgesetzen beschritt er auch dann noch, als er mehr als zwei Jahre an seinem Buch geschrieben hatte und meinte, bereits viel geschrieben zu haben.

Und wie es immer geht, die schroffsten Klippen im Buch lagen noch vor ihm, wenngleich der Roman *Das Jahr 1805* als Teilstück von *Krieg und Frieden* später fast unverändert geblieben ist.

Der Schriftsteller mühte sich unentwegt voran, selbst dann, als er sich bei einem Sturz aus dem Sattel den Arm gebrochen und für einige Zeit, für ein paar Stunden jedes Zeitgefühl verloren und geglaubt hatte, er sei irgendwann vor langer Zeit geritten, vor langer Zeit vom Pferd gestürzt.

Bald schon diktierte er wieder weiter seinen Roman. Ein Kräuterweiblein aus dem Dorf hatte ihm den Arm eingerichtet, der später von Moskauer Ärzten behandelt wurde, mit geringem Erfolg übrigens, eine Operation und Massagen wurden notwendig.

Auch in dieser Zeit diktierte Tolstoi weiter sein Buch, wobei er, den kranken Arm stützend, im Zimmer auf und ab wanderte und manchmal kurz anwies: »Streich das aus.«

Während der Niederschrift eines Buches werden Tausende von möglichen Lösungen bedacht, daraus müssen Hunderte, später Dutzende ausgewählt werden. Bücher entstehen durch Niederschreiben und Ausstreichen, wobei man sich müht, eine Lösung herbeizuführen.

Hinter dem Autor liegt ein Stück seines Lebensweges. Er kennt früher geschriebene Bücher, frühere Lösungen, er kennt erprobte Verfahren der Lebensdarstellung. Die Arbeit ging weiter.

Im *Russki Westnik* wurde 1866 der zweite Teil des Romans *Das Jahr 1805* veröffentlicht. *Krieg und Frieden* war schon im Entstehen. Im Mai 1866 lag bereits die Erstfassung vor, Pierre heiratet Natascha, Andrej Bolkonski und Petja Rostow überleben, Hélène Kuragina liegt im Sterben.

Gut wird, was gekonnt gebaut, dann niedergerissen und erneut aufgebaut wird, was nicht nach fertigen Mustern, sondern wahrheitsgetreu endet.

Gut wird, was durch Überwinden von Hindernissen entsteht. Lew Tolstoi zerbrach seinen alten Roman wie einen falsch verheilten Arm und schrieb ihn immer wieder neu, eine Variante nach der anderen. Er stellte die Bestandteile des Romans in ein neues Bezugssystem. Die althergebrachten, schablonenhaften Verknüpfungen der Handlungslinien wie zufällige Begegnungen, rechtzeitig eintretende Todesfälle und die »Auferstehung« der Hauptthelden taugten nicht für die Entschlüsselung historischer Abläufe.

Tolstoi schrieb mit seinen großen, unleserlichen Schriftzügen eine Variante nach der anderen. Bald diktierte er in Eile, aber ohne Erregung, bald gebot er: »Streich das aus« und fachte sein inneres Feuer an, um auf Grund neuer Einsichten die gesamte alte Struktur verändern zu können.

Überlegungen zum Thema Krieg tauchen einmal als Aussprüche der Helden auf, dann wieder als Abschweifungen, ein andermal gruppierte Tolstoi sie zu speziellen Kapiteln über militärtheoretische Fragen oder ließ sie weg, so zum Beispiel in der Ausgabe von 1873. Ständig und unentwegt jedoch entwickelte er sein eigenes Verfahren, einen Gesamteindruck durch die Wiedergabe von Einzelheiten zu vermitteln.

Darum nahm er die *couleur locale** des Details so wichtig.

Turgenjew kritisierte Tolstoi am 13. (26.) Februar 1868 in einem Brief, den er aus Baden-Baden an P. Annenkow schrieb. Es heißt dort unter anderem: »... Tolstoi verblüfft den Leser durch eine Stiefelspitze Alexanders, das Lachen Speranskis, er zwingt einen, anzunehmen, er wisse *alles* darüber, wenn er sogar zu solchen Lappalien vorgedrungen ist, dabei kennt er ja einzig diese Lappalien.«

Über das Jahr 1812 wußte Tolstoi außerordentlich viel. Es waren ja erst fünfzig Jahre seit den gewaltigen Schlachten vergangen, er kannte Menschen, die unmittelbar an den Schlachten und dem gesamten Feldzug beteiligt gewesen waren und traf sich häufig mit ihnen, außerdem kannte er die ganze offizielle sowie die Memoirenliteratur, die russische, die französische, und eine Unmenge von kleineren Büchern, die genaue, unmittelbare Details enthielten – sie waren auf den heißen Spuren der Ereignisse aufgezeichnet worden und beeindruckten die Menschen der damaligen Zeit. So verwertete er zum Beispiel die *Erinnerungen eines Augenzeugen an den Aufenthalt der Franzosen zu Moskau im Jahre 1812 nebst einer Darstellung des Brandes.* Das Buch war anonym erschienen, geschrieben hatte es A. Rjasanzew. Tolstoi entlieh daraus mancherlei Details: Raubzüge der Franzosen in den Häusern, das Abreißen von Ohrringen bei Frauen, die Rettung eines Kindes aus den Flammen, wobei er nicht die Ereignisse selbst, sondern nur bestimmte Züge der Ereignisse benutzte. Er verwendete die Metonymie als Kunstmittel, das heißt, er griff ein Teilstück heraus, damit der Leser, dem Teilstück vertrauend, das Ganze als Realität ansah. Sein Schreibverfahren wiederholte das menschliche Sehen, das ja auch zuerst das Detail wahrnimmt.

Als er in einer Tagebuchnotiz Andersens Märchen *Des Kaisers*

* Lokalkolorit, gilt seit Walter Scott als Voraussetzung des historischen Romans.

neue Kleider lobte, erwähnte er, der Kunst obliege es, nachzuweisen, daß der Kaiser nackt sei. Wollte er das Jahr 1812 zeigen, wie es wirklich war, das Spontane daran, den Volkscharakter, die Größe der vom Volk vollbrachten Tat, wollte er sich von festen Vorstellungen lösen, mußte er das Schlachtfeld von Borodino bis in die letzte Einzelheit als Realität vor sich sehen.

Einsam, von allen isoliert, tief in die Vergangenheit versunken, bemüht, mit Hilfe der Vergangenheit Gegenwärtiges zu begreifen, hatte er das Tagebuchschreiben aufgegeben und rüstete sich zur Reise auf das Schlachtfeld bei Borodino, wo Bauern aus diesem und den benachbarten Dörfern Hunderte von Jahren die Felder gepflügt und Getreide geerntet hatten, wo Gras gemäht und Heu gemacht wurde, wo fünfzig Jahre vor der Niederschrift des Romans Franzosen, die auf Moskau marschierten, und Russen, die ihre Heimatstadt verteidigten, miteinander kämpften.

2

Die Zeit schien reif für Verhandlungen über die Drucklegung.

1867 reiste Lew Tolstoi deshalb nach Moskau, zugleich aber wollte er das Schlachtfeld von Borodino besichtigen. Er überredete seine Frau, ließ seine erkrankten Kinder daheim und reiste ab.

Am frühen Morgen des 23. September erreichte er den alten Kreml, erblickte die schmalen Gäßchen, die winzigen dreieckigen Höfe, die langgestreckten Paläste und die ruhigen, breitschultrigen, vielköpfigen Kremlkathedralen.

Er benötigte einen Weggefährten für die Reise nach Borodino, doch war alle Welt unabkömmlich, und so reiste er mit Sofja Andrejewnas zwölfjährigem Bruder Stepan Andrejewitsch Bers, damals natürlich Stjopa gerufen.

Die ersten zehn Werst der Reise boten keine Schwierigkeiten, weiter jedoch führte die alte verlassene Fahrstraße nach Moshaisk über Knüppeldämme. Hinzu kam, daß die Reisenden Proviant und Wein in Moskau vergessen hatten und nur Stjopa ein Körbchen mit Trauben bei sich hatte.

Innerhalb von vierundzwanzig Stunden wurden hundert Werst zurückgelegt. Man nahm Quartier im Erlöserkloster zu Borodino, das die Witwe von General Tutschkow an der Stelle, wo er gefallen war, hatte errichten lassen. Seine Äbtissin war eine Bekannte Tolstois.

Zwei Tage lang schritt Lew Tolstoi das Feld ab, wo ein halbes Jahrhundert zuvor auf beiden Seiten 200.000 Menschen gegeneinander gekämpft und auf beiden Seiten 100.000 Soldaten gefallen waren. Alles hatte sich verändert: die Katen dienten nicht mehr als Hinterhalt, die Flechtzäune waren keine Hindernisse mehr für die Kavallerietruppen, keine Deckung für die Infanterie, auf den Äckern wuchs wieder Roggen, die alten Gräber zeichneten keine Fleckenmuster mehr auf das Feld, das Erdreich war umgepflügt, umgegraben und eben.

Zwei Tage lang wanderte der Schriftsteller umher, suchte Augenzeugen der Schlacht, brachte in Erfahrung, daß ein alter Soldat, der als Wächter von einem der Borodino-Denkmäler angestellt gewesen war, kürzlich gestorben war. Er wanderte umher und schaute. Stjopa spielte währenddessen im Kloster mit dem Hund jenes alten Soldaten.

Tolstoi wußte aus Büchern gut über alle Stätten um Borodino Bescheid, dennoch machte er sich unterwegs Notizen; die ersten Aufzeichnungen mußte Stjopa auf einen breiten Papierstreifen schreiben. Der Schriftsteller hielt literarische Arbeit für etwas Leichtes und meinte, jeder könne dabei helfen. Stjopa schrieb: Kutusow kam zur Truppenschau nach Zarewo-Saimistsche, fuhr nach Stariza und Subzow. Er schrieb, daß am 23. September – vor fünfundfünfzig Jahren – schönes Wetter gewesen war und »das Dorf Gorki ein hochgelegener Punkt« ist. Solche lakonischen Notizen gibt es acht Stück.

Dann begann Tolstoi selbst zu schreiben; in seinen Aufzeichnungen finden wir Beschreibungen von Menschen und Details.

So notierte er z. B.: »Konownizyn trägt den Militärmantel mit einem Schal gegürtet und einen altrussischen Helm.« Und: »Die Ferne ist 25 Werst weit sichtbar. Wälder, Gebäude und Hügel im Osten werfen schwarze Schatten. Die Sonne geht links hinten auf. Den Franzosen scheint die Sonne in die Augen.«

Nach vielerlei Änderungen blieb im Roman eine einfache, überzeugende Beschreibung: »Die Sonne ging hell auf und schoß ihre schrägen Strahlen Napoleon direkt ins Gesicht, der unter der schirmenden Hand die Pfeilschanzen abspähte. Rauch zog flach über die Schanzen, es schien, als bewegte sich der Rauch, dann wieder sah es aus, als bewegten sich die Truppen.«

»Kutusows Kinn«, die Kleidung der russischen Generäle – all das bezeichnet man in der Poesie als Metonymie – sind ein Teil für das Ganze, oder ein bewußt gewählter Teil. Konownizyn ist während der Schlacht nicht schmuck gekleidet. Kutusows Bild wirkt wie ein Schnappschuß, nichts von heldischer Haltung oder Adlerblick. Er wirkt widerborstig, er überlegt, wartet ab.

Tolstoi wußte über das historische Material gut Bescheid; daheim besaß er eine Galerie von Porträts aus dem Winterpalais zum Thema

1812, diese Porträts waren bis dahin in sechs großen Bänden erschienen. Er besaß Bücher von Michailowski-Danilewski und die *Feldzugaufzeichnungen eines Artilleristen,* die unter den Initialen I. R. erschienen waren; ihr Autor war Ilja Radoshizki, der später als Angestellter in der Tulaer Waffenfabrik arbeitete.

Radoshizki war ein mutiger und gescheiter Artillerieoffizier, bescheiden wie Tuschin, ein Held aus *Krieg und Frieden,* auch konnte er schreiben. Es folgt ein Bild der Schlacht von Borodino, das ich hier natürlich nur bruchstückweise wiedergebe:

»Das Flüßchen Kolotscha floß, linker Hand aus einem großen Wald tretend, vor der Kampflinie dahin, machte einen Bogen an der rechten Flanke und mündete in die Moskwa; die Anhöhen an ihrem rechten Ufer auf unserer Seite waren ziemlich steil und beherrschten das linke Ufer; die Chaussee Smolensk–Moskau überquerte die Kolotscha beim Dorf Borodino, nahezu im Zentrum der Stellungen. Der hohe Hügel auf unserem Ufer schien für den Oberbefehlshaber zur Beobachtung des gesamten Schlachtfeldes geradezu prädestiniert. Von hier aus zog sich eine Kette von Anhöhen zur linken Flanke, rundete sich bis zum Rande des großen Waldes, der unsere gesamte Flanke und unser Hinterland deckte. Hier, auf dieser nahezu sieben Werst langen Strecke vom Walde bis zur Kolotschamündung standen die russischen Truppen nebst Reserven, in drei Linien angeordnet. Auf den Anhöhen entlang der gesamten Front waren als Deckung für die Artillerie Gräben gezogen; Landwehrmänner arbeiteten unter unseren Augen Tag und Nacht daran.«

Das riesige Feld war mit Denkmälern geschmückt; das Kloster stand dort, Wälder und Strauchwerk umgaben die Denkmäler, das Feld schien zusammengeschoben, verkleinert. Die Sonne zog schwarze Waldschatten darüber.

Tolstoi schritt über Reste von eingeebneten Redouten und Schanzen, die ihm als ehemaligem Artilleristen und Mitverteidiger von Sewastopol wohl vertraut waren. Möglich, daß ihm dabei das Gespräch zwischen Figner, einem berühmten Partisanen, und Ilja Radoshizki in den Sinn kam. Figner hatte gesagt, Napoleon werde sich mit geballter Militärmacht auf die linke Flanke stürzen. Es sei hinzugefügt, daß Kutusow in einem Bericht an den Zaren ebenfalls die Schwäche der linken Flanke erwähnte.

Radoshizkis Beschreibung ist wahrheitsgetreu und genau, und vielleicht baute Tolstoi seine hervorragende Beschreibung der Schlacht bei Borodino darauf auf; auch gab er dabei einem Gedanken Ausdruck, der von vielen Autoritäten des Militärwesens akzeptiert wird, nämlich, daß Napoleon schon am 24. September 1812 die Kolotscha überquerte und unsere linke Flanke, die Schewardino-Redoute, einnahm, doch waren seine Truppen bereits durch harte Schläge der Unseren geschwächt, so daß es am 25. September zu keinem Kampf mehr kam, dieser fand dafür am 26. in eiligst hergerichteten russischen Stellungen statt. Auch Radoshizki erwähnt den Bau der Stellungen durch Landwehrmänner: »Moskauer Landwehrleute beendeten die Aufschüttungen an den Batterien.«

Durch Napoleons Initiative kam es somit zu einer Wende im Kampf, die Dispositionspläne wurden durchkreuzt. Daher zeichnet Tolstoi den Kampfplan im Roman nach eigenen Überlegungen.

Die Schlacht erstand vor seinem Blick, er änderte bereits gefundene Lösungen, entfaltete seine Beschreibung, führte Pierre mit dessen Unverständnis für die Kampfabläufe ein. Nach Moskau zurückgekehrt, schrieb er: »Ich bin sehr zufrieden, sehr – mit meiner Reise und darüber, wie ich sie durchgestanden habe, ohne genügend Schlaf und vernünftiges Essen. Der Herrgott möge mir nur Gesundheit und Ruhe schenken, dann beschreibe ich die Schlacht bei Borodino, wie sie noch niemand beschrieben hat.«

Zwei Tage wanderte Lew Tolstoi umher und mühte sich, Vergangenes heraufzubeschwören. Auf der Rückreise erwischte er ein Dreigespann mit mächtigen Rössern und einem Riesen von Kutscher, der im Nu die Chaussee erreichte und das leichte Gefährt mit verhängten Zügeln dahinsausen ließ. Nebel lag auf dem Herbstlaub, hoch droben strahlte ein hellblauer Mond und beleuchtete den Nebel und wolkenähnliche, gelbblaue Birkenwipfel. Der Nebel sank von den Bäumen, legte sich flach auf die Chaussee, der Schatten des Kutscherriesen und des Fahrgastes und die hüpfenden Pferdekopfschatten glitten rasch über die Nebeldecke.

Der Wagen sauste durch den löchrigen Himmelsnebel. Tolstoi merkte, daß Stjopa sich fürchtete, und fragte den Jungen, was er sich für sein Leben wünsche.

Stjopa sagte: »Mir tut es sehr leid, daß ich nicht Ihr Sohn bin, Lew Nikolajewitsch.«

Lew Nikolajewitsch wußte um die Liebe, die Kinder ihm entgegenbrachten, daher wunderte ihn die Antwort nicht. Er erwiderte, den Blick auf die Schatten gerichtet, die auf der linken Straßenseite entlanghuschten und die Nebelschwaden verdeckten: »Und ich, Stjopa, ich möchte, daß die anderen mich begreifen. Die Historiker beschreiben die Dinge verkehrt, nur vom Äußeren her, aber um zu begreifen, muß man den inneren Aufbau der Lebenserscheinungen erraten.«

Die Schüler an der Schule zu Jasnaja Poljana, Platon Karatajew und Nikolai Rostow

Im Jahre 1862 befaßte sich Tolstoi mit Pädagogik und gewann eine Überzeugung, die sich mit einem Gedanken Rousseaus deckte: daß in einem Kind Elemente des vollendeten, unbeschädigten Menschen wohnen.

In dem Artikel *Wer soll bei wem schreiben lernen: Bauernkinder bei uns oder wir bei Bauernkindern?* versuchte er, für sich selbst zu klären, wessen Selbstbewußtsein stärker sei, das seine oder das eines Bauernkindes.

In einer Variante des Artikels heißt es: »Stellen Sie sich eine vollkommene, mathematisch zuverlässige, lebende, sich durch eigene Kraft entwickelnde Kugel vor. Ihre sämtlichen Teile wachsen durch eigene, den anderen Teilen maßgerechte Kraft. So eine Kugel ist ein Musterbeispiel der Vollkommenheit, doch muß sie bis zu einer ihr vorgegebenen Größe wachsen, und dies inmitten einer unübersehbaren Menge ebensolcher, genauso frei wachsender Kugeln ... Die Aufgabe besteht darin, diese Kugeln auf ihre Höchstgröße zu bringen, ohne ihre ursprüngliche Form zu verletzen ... Die ursprüngliche Form kann nur durch Gewalt verletzt werden.«

Seine Traumvorstellung vom freien Menschen sah Tolstoi in den Bauernkindern verwirklicht, die noch nicht durch Gewalt verkrüppelt waren. Die bäuerliche Welt erschien ihm als Vereinigung frei wachsender, ihre ursprüngliche Form wahrender Lebewesen.

Für das Ideal der bäuerlichen Welt hielt er damals das Kosakentum. Auch hier geriet er in Widersprüche, denn er war ja selbst Gutsherr und wollte ein guter Gutsherr sein, während das Kosakentum eine Gesellschaft ohne Gutherren war. Einen Menschen mit unbehindertem Entwicklungsweg hätte er gern in Jeroschka gesehen, doch war Jeroschkas Welt zerstört, und die Kosaken um ihn herum waren keine echten Kosaken mehr. Man prozessierte gegeneinander, nahm einander die Gärten weg, das Kosakentum war Vergangenheit geworden. Vergangenheit war das patriarchalische Bauerntum, und das schon lange.

Tolstoi meinte, *»unser Ideal liegt hinter uns, nicht vor uns«.*

Platon Karatajew ist ein Teil dieses Ideals.

Diese Figur schuf Tolstoi in der Endphase der Arbeit am Text; im Entwurf finden wir weder Karatajew noch jemanden, hinter dem wir Karatajew vermuten könnten. Pierre in seiner Gefangenschaft ist einsam; er schützt das Kind, das er aus den Flammen gerettet hat.

Karatajew wird durch eine knappe und dichte Beschreibung in den Roman eingeführt. Er lebt zunächst in zwei Kapiteln, in Episoden um Pierres Gefangenschaft und später, im nächsten Buch, in der Beschreibung des Franzosenrückzuges aus Moskau in noch einigen Kapiteln.

Er stammt aus einer wohlhabenden Bauernsippe mit zahlreichen männlichen Erwachsenen.

»Unser Stammhof ist ein reiches Anwesen, Ackerboden ist viel da, die Bauern und auch unser Familienhof haben ein gutes Leben, dem Herrgott sei's gedankt. Der Bauer, was unser Vater ist, hat selber die Sense geschwungen. Gut haben wir gelebt.«

Als Platon wegen unerlaubten Holzschlagens anstelle seines Bruders zu den Soldaten eingezogen wurde, geriet die wurzelfeste Familie nicht ins Wanken.

»Da komm ich auf Urlaub, verstehst du. Ich guck – die leben ja noch besser als vorher. Arbeitshände die Fülle auf dem Hof, die Weiber werken alle daheim, zwei Brüder schaffen auswärts.«

Bei Karatajew strebt alles zum Besseren. Den Krieg nimmt er nicht zur Kenntnis und spricht nicht von ihm.

Der Frontsoldat der russischen Armee um 1800 war isoliert vom Bauerntum und mußte im Kampf über viele Felder und durch viele Länder marschieren.

Über den russischen Soldaten um 1812 wurde von Ausländern außerordentlich viel geschrieben. Ich möchte hier zwei Exzerpte anführen: »Der Russe stirbt furchtlos just an der Stelle, die ihm vom Befehlshaber zum Sterben anbefohlen ist.«

Er ist ein standhafter, kraftvoller, frontgewohnter Soldat.

»Die Russen sterben in den Schlachten, und ihre Bataillone bitten nicht um Pardon . . .«

Wenn wir annehmen, Platon Karatajew sei mit einundzwanzig zum Militärdienst eingezogen worden und diente bereits dreißig, jedenfalls mehr als fünfundzwanzig Jahre, muß er in den achtziger Jahren des 18. Jahrhunderts Soldat geworden sein. Er ist somit ein Mann mit reicher Fronterfahrung.

Dennoch ist er bei Tolstoi weniger Soldat als vielmehr Bauer, wenngleich wir aus seinen Erzählungen über weit zurückliegende Feldzüge, an denen er teilgenommen hat, entnehmen können, daß er über fünfzig sein muß.

Karatajew ist ein Bauer in Gefangenschaft, wie Pierre ein Herr in Gefangenschaft ist.

Die Gefangenschaft versetzt Karatajew in die patriachalische dörfliche Lebensweise zurück.

Hier haben wir es mit Flüssigkeitstropfen zu tun, die entsprechend Tolstois Gedankengang ihre echte Kugelform annehmen.

»Die Bedeutung von Worten, einzeln aus dem Redefluß genommen, begriff er nicht und konnte er nicht begreifen. Jedes seiner Worte und jede seiner Handlungen waren Ausdruck einer für ihn unerschlossenen Tätigkeit, die sein Leben war. Jedoch hatte sein Leben in seinen eigenen Augen als Einzelleben keinerlei Sinn. Es hatte nur Sinn als Teilchen eines Ganzen, das er ständig spürte.«

Tolstoi behauptet, Karatajew habe »nur ungern über seine Soldatenzeit gesprochen, obwohl er nicht klagte und häufig erklärte, noch nie gezüchtigt worden zu sein«.

Karatajew wirft mit Freuden alles Aufgesetzte, Soldatische von sich, und »er kehrte ohne eigenes Dazutun zur früheren bäuerlichen Lebensweise zurück.«

»Soldat auf Urlaub – Hemd raus aus'm Leibriemen«, pflegte er gern zu sagen.

Karatajews Sprache ist frei von jedem Soldatenjargon.

Tolstoi betont: »Die Redensarten, die so oft in seiner Sprache vorkamen, waren nicht die größtenteils unanständigen und frechen, wie sie Soldaten im Munde führen.«

Es fällt schwer, zu glauben, daß ein Mann, der dreißig Jahre in Gefechtsbereitschaft zugebracht, in Feldzügen jenseits der Heimatgrenzen und in fest zusammengeschweißten russischen Regimentern gedient hat, trotzdem nichts Militärisches angenommen hat und in solchem Grade Bauer geblieben ist.

Dementsprechend spricht Karatajew in Sprichwörtern, die er selbst nicht wahrnimmt und nicht einmal zu wiederholen vermag.

Nebenbei bemerkt, Tolstoi hatte alle diese Sprichwörter aus Büchern.

»Die wesentlichste Besonderheit seiner Sprache bestand in ihrer Unmittelbarkeit. Er überlegte offensichtlich niemals, was er soeben gesagt hatte, auch nicht, was er gleich sagen würde, daher war die Raschheit und die Genauigkeit seiner Formulierungen von ganz besonderer, unwiderlegbarer Überzeugungskraft.«

Karatajew konnte alles machen, zwar »nicht sehr gut, aber auch nicht schlecht«.

Er sang gern, jedoch »nicht so, wie es Sänger tun, die wissen, daß man ihnen zuhört«.

Was Platon Karatajew spricht, ist gleichsam gereinigt und verallgemeinert, sozusagen bereits gedruckt. Dadurch entsteht in der Beschreibung jener besondere »Geist der Einfachheit und Wahrhaftigkeit«.

Während der Niederschrift von *Krieg und Frieden* befaßte sich Tolstoi viel mit Folklore, mit russischen Bylinen, mit dem Studium von Sprichwörtern. In seiner Bibliothek stand Buslajew, ein tiefschürfender, jedoch tendenziöser Forscher, der die Stagnation der Folklore übertrieb. In seinen *Historischen Abrissen* heißt es: »Während der epischen Periode gab es keinen einzigen Schöpfer eines Mythos, einer Sage oder eines Liedes. Der poetische Schwung war all und jedem eigen . . .« An anderer Stelle heißt es: »Alles lief wie eh und je, wie es seit Menschengedenken üblich war . . . Selbst minutenkurze Herzensregungen, Freude und Leid wurden weniger im Aufwallen einer persönlichen Leidenschaft ausgedrückt, sondern mittels alltäglicher Gefühlsäußerungen bei Hochzeiten – in Hochzeitsliedern, in Klagegesängen bei Beerdigungen, die, in längst vergessenen Zeiten ein für allemal verfaßt, ständig fast unverändert wiederholt wurden. Für eine Einzelpersönlichkeit gab es aus solch einem geschlossenen Kreis kein Entweichen.«

Buslajew schreibt weiter: »Das gesamte Denken unserer Vorfahren beschränkte sich auf die Sprache. Sie war nicht nur äußerer Ausdruck, sondern wesentlicher Bestandteil jenes unteilbaren sittlichen Wirkens eines ganzen Volkes, an dem jede Person zwar lebendigen Anteil nimmt, jedoch noch nicht aus der dichten Masse des Volksganzen heraustritt.«

Der Forscher übertreibt und idealisiert hier das, was Tolstoi als »Bienenschwarmelement« im Volke bezeichnet.

Dabei besitzt Folklore durchaus ihre Tendenz, das formulierte später W. I. Lenin, als er sagte, Folklore drücke Hoffnungen und Sehnsüchte des Volkes aus; Folklore sei nicht nur Geschichtserfahrung, sie sei auch Zukunftsvorgefühl.

Die Taten des Bylinenhelden Ilja Muromez sind weder harmlos noch neutral, Ilja ist ein »alter Kosak«, das erklärt alles.

Karatajews Weisheit ist Ausdruck der kindlichen Demut, der Tolstoi an seiner Schule nicht begegnet war.

Die Schule auf Jasnaja Poljana war von Gendarmen zerstört worden, der Polizeiüberfall hatte aber künftige Ereignisse lediglich vorweggenommen: Tolstoi hatte, wie wir aus seinem Brief an A. A. Tolstaja wissen, bei sich bereits die wilden Triebe abgeschnitten und sich umgepflanzt wie einen Apfelbaum, er wollte – wie es üblich war – als Adliger leben. Auf der Suche nach Glück im herkömmlichen Sinne hatte er geheiratet. Er wollte sein wie alle Welt, er wollte kein »Schecke« sein wie Leinwandmesser, er wollte Gutsherr sein, Aristokrat, auf eigenem Herrensitz wohnen, von niemandem abhängig sein.

Das war Abtrünnigkeit.

Beim Schreiben, voranschreitend in der Analyse, kam Tolstoi zur Darstellung von Pierres Gefangenschaft.

Als Gefangener wird Pierre einfach, macht sich frei von familiären Fesseln, vom Besitz, lernt Platon Karatajew kennen. Seine Erkenntnis bringt Tolstoi in die widerspruchsvolle Form eines Traums.

Die Wirklichkeit dringt in den Traum ein und enträtselt auf ihre Weise, was im Traum gegeben ist. Die Lösung ist grausam.

Im Traum sieht Tolstoi Platon Karatajew so, wie er Bauernkinder in seiner Schule sah.

Vorgänge der Wirklichkeit vereinen sich mit Traumbildern. Pierre denkt: ... das Leben ist alles. Das Leben ist Gott. Alles wechselt seinen Platz und bewegt sich, und diese Bewegung ist Gott. Und solange es Leben gibt, gibt es die Wonne der Selbsterkenntnis der Gottheit. Das Leben lieben, Gott lieben. Am schwersten und am wonnigsten ist es, dieses Leben in den eigenen Leiden zu lieben, in der Schuldlosigkeit dieser Leiden.

Karatajew! muß Pierre plötzlich denken.

Und auf einmal sieht Pierre seinen längst vergessenen, sanftmütigen alten Geographielehrer aus den Schweizer Schuljahren wie leibhaftig vor sich. »Warte«, sagt dieser. Und er zeigt Pierre einen Globus. Der ist lebendig, eine lebende, sich bewegende Kugel ohne Maß. Ihre gesamte Oberfläche besteht aus dicht aneinandergepreßten Tropfen, und die Tropfen bewegen sich und wechseln ihren Platz, verfließen miteinander, teilen sich in mehrere. Jeder Tropfen ist bestrebt, auseinanderzufließen, den größtmöglichen Raum einzunehmen, andere aber, die das gleiche erstreben, pressen sich dagegen, vernichten zuweilen den einzelnen Tropfen, verschmelzen zuweilen mit ihm.

»Das ist das Leben«, sagt der kleine alte Lehrer.

Das war der Traum. Karatajew fließt auseinander und verschwindet.

»Vous avez compris, mon enfant«, sagt der Lehrer.

»Vous avez compris, sacré nom«, schreit eine Stimme.

Im Traum hieß es: »Hast du das verstanden, mein Kind?«

Die Wirklichkeit sagte: »Hast du das verstanden, verdammt noch mal?«

Es stellt sich heraus: Platon Karatajew ist erschossen worden, sein lilagraues Hündchen ist in Pierres Besitz übergegangen.

Das Erwachen ist grausam, auch wenn Tolstoi dieses Erwachen und das Verschwinden Karatajews akzeptiert.

Im Roman gibt es noch einen zweiten Bauern, den Partisanen Tichon Stscherbaty, der seinen Gutsherrn getötet hat und sich dann als

Held erweist, sogar in den Augen von Wassili Denissow. Seiner Haltung nach ist dieser Mann eine Art Pugatschow, er bleibt mehr oder weniger eine Randfigur.

Platon Karatajew wird von Tolstoi ohne Abstriche akzeptiert, dennoch wird Pierre am Romanschluß Dekabrist. Seine Befreiung, zu der er paradoxerweise durch die Gefangenschaft gelangt, wodurch er die ungeliebte Gattin und seine Schuldgefühle los wird, diese Befreiung findet ihr Ende; in seiner neuen Familie aber wird Pierre zum Dekabristen, was Karatajew nicht gutgeheißen hätte.

Es gibt im Roman eine Szene, wie im Dorf Bogutscharowo eine Bauernrebellion ausbricht, zu der Nikolai Rostow rechtzeitig eintrifft: dem »Rädelsführer« versetzt er einen Schlag und bringt damit alle anderen zum Gehorsam zurück. Auf diese Weise wird er zum Helden und zum Befreier Maria Bolkonskajas.

Jetzt gerät Nikolai Rostow mit Pierre aneinander. Nikolai hört mißmutig Pierres Worte über einen künftigen neuen Bund:

»Der Bund braucht nicht geheim zu sein, vorausgesetzt, die Regierung akzeptiert ihn. Er ist der Regierung keinesfalls feindlich gesinnt, sondern ein Bund echter Konservativer. Ein Bund von Gentlemen im wahrsten Sinne des Wortes. Nur, damit nicht ein Pugatschow auftaucht, um meine und deine Kinder zu meucheln, und damit Arkatschejew mich nicht in eine Militäransiedlung schickt, nur dafür kämpfen wir Hand in Hand, einzig für das allgemeine Wohl und die allgemeine Sicherheit.«

»Ja, aber als Geheimbund wäre er feindlich und schädlich und würde nur Böses hervorbringen.«

»Warum denn? Hat vielleicht der Tugendbund, der Europa gerettet hat (damals wagte man noch nicht zu denken, Rußland habe Europa gerettet), irgendeinen Schaden angerichtet? Der Tugendbund ist eine Vereinigung von Tugend; also Liebe, gegenseitige Hilfe; das, was Christus am Kreuz gepredigt hat ...«

Hierauf erwidert Denissow: »Na weißt du, Bruderherz, zu den Wurstmachern mag ja ein Tugendbund passen, ich begreif das nicht und sprech's nicht mal aus ... Alles ist häßlich und scheußlich, einverstanden, bloß wozu einen Tugendbund, wenn's einem so, wie's ist, nicht gefällt. Von mir aus kann's *bunt,* sogar kunterbunt losgehen mit dem Aufstand, ich bin euer Mann!«

Nikolai übersieht Pierres Lächeln und Nataschas Lachen, womit beide Denissows Worte quittieren. Er sagt: »... Wenn Arkatschejew mir befehlen sollte, mit einer Schwadron, den Säbel blankgezogen, gegen euch loszureiten, keine Sekunde würde ich zögern. Dann könntest du über mich urteilen, wie du willst.«

Nicht nur mit Worten tritt Nikolai Rostow als erklärter Feind Pierres auf. Leute wie er sind hingegangen, haben auf die Dekabristen eingeschlagen und sie zerschlagen.

Der Sohn Andrej Bolkonskis hört das Gespräch, später, im Traum, sieht er ein Panorama, worin Tolstoi seine Auffassung vom Dekabristenaufstand zeichnet:

»Er sah sich selbst und Pierre in Helmen, wie sie in der Plutarch-Ausgabe abgebildet waren. Er und Onkel Pierre schritten an der Spitze eines gewaltigen Heeres. Das Heer bestand aus schrägen weißen Linien, diese füllten die Luft den Spinnfäden gleich, die im Herbst durch die Luft schweben und die Desales ›le fil de la Vierge‹ nennt. Vor ihnen lag der Ruhm, er sah genauso aus wie jene Fäden, nur war er ein wenig kompakter. Sie beide, er und Pierre, schwebten schnell, leicht, froh ihrem Ziel immer näher. Plötzlich wurde die Kraft der schiebenden Fäden schwächer, und sie verwirrten sich, die Glieder der Fliegenden wurden schwer. Onkel Nikolai Iljitsch blieb in strenger, drohender Haltung vor beiden stehen.

›Habt ihr das gemacht?‹ sagte er und wies auf die zerbrochenen Siegellackstangen und Schreibfedern. ›Ich habe euch lieb, aber Arkatschejew hat es befohlen, und ich werde den ersten umbringen, der sich weiter vorwärts bewegt.‹«

Entsetzen erfaßt den Knaben Nikolenka, er spürt die Vernichtung Pierres, der zugleich Fürst Andrej ist. Er fühlt »... Schwäche aus Liebe: Er kam sich kraftlos, knochenlos und dünnflüssig vor. Der Vater liebkoste und bedauerte ihn, Onkel Nikolai Iljitsch aber schob sich immer näher und näher heran. Entsetzen erfaßte Nikolenka, und er erwachte.«

Der Knabe erwacht mit Worten der Liebe zum Vater und zu Pierre: »Ja, ich werde etwas tun, womit sogar *er* zufrieden wäre.«

Damit endet der Roman *Krieg und Frieden*. Das Werk schließt mit dem Versprechen des Jünglings, zu kämpfen.

Tolstoi gelangte über die Beschreibung der Rückkehr eines Dekabristen nach Moskau zu dem gewaltigen Werk und schloß es ab mit Worten eines Jünglings, eines Altersgenossen von Herzen.

Aus der Zeit der Romanniederschrift sind uns keine Tagebücher überkommen. Die Epopöe selbst ist ein Tagebuch.

Die Schwester Sofja Andrejewnas

Die Töchter des Arztes Andrej Bers sind wiederholt beschrieben worden.

Jelisaweta galt als langweiliges Mädchen, aber von guter Bildung. Späterhin schrieb und veröffentlichte sie Schriften für das Volk sowie eine Untersuchung über den Kurs des russischen Rubels. Sonja und Tanja kamen gut miteinander aus und ähnelten einander, sie waren begabt, kokett und unpoetisch. Über Sonja Bers, seine künftige Gattin, schrieb Tolstoi am 8. September 1862: »Sie hat für mich gar nichts von dem, was es bei anderen immer gegeben hat und gibt – nichts stilisiert Poetisches und Reizvolles, dennoch zieht es mich unwiderstehlich zu ihr hin.«

Sonja war kokett und anziehend. »Am Abend schenkte sie mir lange keine Notiz. In mir kochte alles. Sonja umhüllte sich mit dem Wirkstoff Tatjanin aus Bersens Charmeküche, und das gab mir neue Hoffnung. In der Nacht gingen wir spazieren.«

Bereits in *Kindheit, Knabenjahre* und *Jugendzeit* hatte Tolstoi Besonderheiten in der familiären Ausdrucksweise, einen eigenständigen Familienjargon hervorgehoben. Tanja Bers lieferte den Terminus für eine festgelegte Manier der Koketterie.

Jung, flink, wechselhaft, mühelos in ein fremdes Leben eingehend, befähigt, sich selbst zu vertrauen und eigene Erlebnisse auf verschiedene Weise wiederzugeben, war die belesene Tatjana zudem begabt – sie war hochmusikalisch und hatte eine herrliche Altstimme.

Über ihr Privatleben unterrichten uns ihre Memoiren, die sie erst als alte Dame schrieb, wobei sie weitgehend literarische Quellen verwertete.

In ihrem Buch *Mein Leben daheim und auf Jasnaja Poljana* verwertet sie nicht nur Erinnerungen Sofja Andrejewnas, sondern kommentiert auch auf komplizierte Art und Weise Lew Tolstois Werke. Ihre Beobachtungen von Lebenserscheinungen und ihre Charakteristiken erweisen sich zuweilen als Zitate.

Sie war von Kowalewski und Anatoli Schostak umschwärmt worden. Mit Schostak will sie sich im Wald geküßt haben, und man raunte sich angeblich Worte zu, die sehr an das erinnern, was Anatoli Kuragin zu Natascha Rostowa sagt.

Da außer den beiden sonst niemand im Walde zugegen war, konnte Tolstoi von diesen Worten nicht wissen, eher könnte Tatjana sie aus *Krieg und Frieden* entnommen haben. Sie kannte die Epopöe in vielen Varianten, dann sie hatte oft genug nach Tolstois Diktat geschrieben.

Dessenungeachtet existierte Anatoli Schostak zweifellos, jedoch die Charakteristik, die ihm die Memoirenschreiberin gab, entnahm sie, was übrigens anderweitig nachzulesen ist, den Erinnerungen der Nagornowa *Das Original der Natascha Rostowa in ›Krieg und Frieden‹*, die 1916 erschienen.

Selbstverständlich könnte die Nagornowa auch Aussagen von Tatjana Bers aufgezeichnet haben, doch setzt die Verfasserin die Charakteristik in Anführungszeichen, womit sie ihre Erinnerungen zur objektiv begründeten, allgemeinen Ansicht abstempelt: »Er war selbstsicher, schlicht, keineswegs verlegen. Er liebte die Frauen und fand auch Anklang. Er verstand es, sich ihnen unkompliziert, zärtlich und mutig zu nähern. Auch wußte er ihnen zu suggerieren, daß aus der Intensität einer Liebe bestimmte Rechte abzuleiten seien und die Liebe der höchste Genuß sei.«

Vermutlich besteht ein Zusammenhang zwischen der Charakteristik des Anatoli Schostak und der des Anatoli Kuragin, aber letztere hatte Tolstoi früher geschrieben, noch vor Schostaks erfolglosem Besuch auf Jasnaja Poljana.

Großen Raum nehmen in den Erinnerungen von Tatjana und Sofja Bers Tanjas Beziehungen zu dem ältesten Bruder Tolstois, Sergej, ein.

Sergej verbrachte fast sein ganzes Leben auf seinem Gut, ging auf die Jagd, führte ein etwas archaisches Leben, hielt an Bräuchen des alten Adels fest. Er verhielt sich als Bruder untadelig, besaß die Fähigkeit, Mißverständnisse durch persönliche Aussprachen beizulegen, und hat oft genug Bruder Lew als jungen Mann aus finanzieller Bedrängnis gerettet. Die letzten Jahre verbrachte er auf seinem Gut, jagte und las englische Romane, nachdem er die Sprache als Autodidakt erlernt hatte.

Seine Bekanntschaft mit Tatjana datierte aus frühen Zeiten. Der Altersunterschied zwischen beiden betrug mindestens zwanzig Jahre. Anfangs behandelte er Tatjana wie ein kleines Mädchen.

Er sah gut aus, war ruhig, außerordentlich unabhängig und gefiel Tatjana. Ich glaube, er selbst traf keinerlei Anstalten, eine Romanze anzufangen; die Berichte, die wir aus Briefen kennen, klingen zwar poetisch, sagen jedoch eindeutig aus, daß da ein bereits gealterter Mann neben einem jungen Mädchen, seiner Schwägerin, saß.

Schon seit fünfzehn Jahren war Sergej Tolstoi mit Maria Schischkina, jener Zigeunerin, die er als ganz junges Mädchen von ihrer Sippe losgekauft hatte, verheiratet. Er hatte Kinder von ihr, die Ehe aber war nicht rechtskräftig.

Es gab Zeiten, da Lew Tolstoi meinte, der Bruder müsse sich eine Brücke für einen eventuellen Rückzug frei halten, und halb im Scherz behauptete, Sergej müsse eine Generalstochter heiraten. Sergejs Familienleben war für niemanden ein Geheimnis, denn Bruder Lew war ständiger Gast in seinem Hause.

Aber dann kam es zu einer langwierigen Liebesgeschichte, das »Tatjanin« aus Bersens Charmeküche begann zu wirken. Vermutlich wurde alles durch die Koketterie des jungen Fräuleins ausgelöst. Sergej dürfte häufig zärtliche Worte zu ihr gesprochen haben. Einmal wartete er mit ihr in einem stillen Zimmer seines Gutshauses ein Gewitter ab, Tanja fürchtete sich davor und hatte den Schwager um seine Anwesenheit gebeten.

Das Wort »Liebe« könnte gut und gern von den Lippen des herben, unerfahrenen Mannes gehuscht sein, wenn auch nicht an jenem Gewitterabend.

Tatjana Bers war ein beharrliches Mädchen.

Tolstoi schrieb am 1. Januar 1864: »Wie ich Eure Zukunft sehe? Du möchtest es wissen. Ich sehe sie so. Serjosha hat versprochen, in zwei Tagen zu uns zu kommen, und ist bis jetzt noch nicht da. Wir haben erfahren, daß Mascha niederkommt, doch schon vorher war ich in großer Sorge.«

Er suchte die Schwägerin zu überzeugen: »In meinem Herzen, *ich sage es Dir so aufrichtig wie vor meinem Herrgott,* wünschte ich: *ja,* befürchtete aber: *nein.*«

Begegnungen fanden statt. Tanja ritt mit Schwager Lew auf die Jagd. Lew besuchte häufig seinen Bruder auf Pirogowo, an das ihn viele Erinnerungen banden und wo es eine gute Jagd gab.

Am 9. August 1864 notierte Tolstoi über einen Sonntag in Pirogowo: »Wir nahmen die alte Straße. Vier Werst weiter rannte ich in ein Moorloch und tat einen Fehlschuß auf eine Schnepfe. Dann, unweit von Pirogowo, bei den Ikonsker Weilern, erlegte ich eine Schnepfe und eine Doppelschnepfe dazu. Tanja und ein Haufen Dorfjungen waren zugegen und quiekten laut.«

Die Jagd ging weiter. Tolstoi durchschritt die berühmten Sümpfe von Pirogowo mit seiner Hündin Dorka, die er liebte, weil sie keinerlei Zeichen von Egoismus ihm gegenüber an den Tag legte.

Tolstoi nächtigte in einem Seitenflügel, später notierte er: »Zwischen Serjosha und Tanja war irgend etwas, ich sehe es an bestimmten Anzeichen, und es ist mir sehr wenig angenehm. Nichts als Kummer kommt dabei heraus, Kummer für alle. Gutes auf gar keinen Fall.«

Doch die Begegnungen im Garten auf Jasnaja Poljana fanden weiterhin statt, und Tatjana sang am Flügel des Hauses Piecen von Feth.

Lew Tolstoi lauschte und machte sich Sorgen.

Das schöne junge Mädchen, eine gute Reiterin, gefiel Sergej Tolstoi, sie berauschte ihn mit dem Wein ihres Jugendreizes. Bis dahin war die Jagd fast seine einzige Beschäftigung gewesen. Aus Rippen erlegter Wölfe fertigte er Einfassungen für die Blumenbeete seines verwahrlosten Gutes. Er hatte Zigeunerlieder geliebt, liebte sie aber nicht mehr.

Tatjana lag verschiedenen Leuten mit der Frage in den Ohren, ob zwei Brüder zwei Schwestern heiraten dürften. Das kanonische Recht verbot das; eine Trauung konnte nur beiden Paaren gleichzeitig gestattet werden, weil sie ja vor der kirchlichen Zeremonie noch nicht als Verwandte galten. Man könnte einen einsichtsvollen Geistlichen ausfindig machen, der die Trauung vornahm, ohne viel zu fragen. Die geschlossene Ehe hätte in einem solchen Falle nicht aufgehoben werden können.

Die Dinge schienen auf eine Hochzeit hinauszulaufen, da stellte Sergej im April 1864 seine Besuche plötzlich ein. Lew Tolstoi schrieb dem Bruder einen Brief. In den ersten zwei Absätzen verweigerte er ihm das brüderliche Du, dann griff er die Anrede wieder auf. Der Brief handelte hauptsächlich von Tatjana und davon, daß in Lews Hause über Sergej nichts gesprochen werde, was nicht auch in dessen Gegenwart gesagt werden könne.

Noch vorher, am 1. Januar 1864, hatte Lew Tolstoi an Tatjana geschrieben, es war ein Warnbrief. Darüber schrieb er Ende Januar auch seiner Schwester Maria. Aus dem Brief geht klar hervor, daß mit einer Heirat nicht zu rechnen sei, Sergej liebe seine Frau und seine Kinder. Jedoch wurde weiterhin versucht, Sergej als Freier zu behandeln.

Lew Tolstoi teilte der Schwester mit, Serjosha sei drauf und dran gewesen, zu ihr ins Ausland zu reisen, vermutlich, um den Verwicklungen zu entgehen. Aber da kam Mascha nieder, und Sergej blieb. Alles war durcheinandergeraten. Tolstoi schrieb über Sergej: »Er und Tanja haben sich ineinander verliebt, und zwar, wie es aussieht, sehr ernsthaft.«

Am Schluß des Briefes steht über ihn selbst: »Ich schreibe an einem Roman aus den Jahren um 1812.«

Seiner Überzeugung nach mußte Familienleben unkompliziert sein, Treue mußte verlangt werden, zwei Menschen mußten nach reiflicher Überlegung zusammenkommen, ein Mann hatte seine Gattin aus dem ihm entsprechenden gesellschaftlichen Kreis zu wählen, und nun war um ihn herum nichts als Wirrnis. Er wollte den Bruder von dessen unangetrauter Gattin lösen, schickte seiner Schwester Geld von ihrem geschiedenen Mann, er wußte, sie hatte einen anderen Gatten, und teilt ihr im Februar überraschend mit: »Möge Gott Dir das allerschönste Glück bescheren, nicht bedingt durch äußere Umstände, sondern durch innere Übereinkünfte des Seelenzustandes: durch Liebe, Strenge sich selbst gegenüber und Ehrlichkeit in den Lebensverhältnissen.«

Er war ehrlich, er überprüfte im Roman hundertfach seine Ehrlichkeit, indem er zwischenmenschliche Beziehungen immer wieder umbaute, gleichzeitig schrieb er der Schwester über den Bruder: »Ich habe Dir von seinem Geheimnis geschrieben (bitte, erwähne es nicht in deinen Briefen). Er hat Angst, man könnte es bei ihm zu Hause lesen.« Weiter heißt es: »Er liebt seine Mascha, fühlt sich ihr und den Kindern gegenüber verpflichtet, und er liebt dort und wird wiedergeliebt.« Zugleich aber verlangte er, Sergej solle Tanja heiraten, weil er nun schon zwölf Tage lang als ihr Bräutigam galt.

Tatjana Bers hatte ein Vielliebchenherz.

Für sie schwärmte ihr schöner, hochgewachsener Cousin Alexander Michailowitsch Kusminski, ihr gefielen mancherlei Bekannte Lew Tolstois, auch Lew selbst schätzte sie als älteren Freund; Sergej wurde mit aller Aufrichtigkeit eines echten Irrtums zum Ehemann auserkoren.

Am 9. Juni 1865 notierte Sofja Andrejewna: »Vorgestern hat sich für Tanja und Serjosha alles entschieden. Sie sind verlobt. Sie zusammen zu sehen ist eine reine Freude, und über ihr Glück freue ich mich mehr als damals über meines. Sie ergehen sich in den Alleen, im Garten, ich spiele eine Art Beschützerinnenrolle, was mir selbst lustig und verdrießlich vorkommt. Serjosha wurde mir Tanjas wegen lieb, und überhaupt ist das alles wundervoll. Die Hochzeit ist in zwanzig Tagen oder später.«

Aber da kam die Nachricht, daß Mascha Schischkina niederkomme. Sergej reiste heim und kam nicht wieder, nachdem er schriftlich mitgeteilt hatte, die Hochzeit mit Tanja werde nicht stattfinden.

Sofja Andrejewna notierte:

»Nichts ist daraus geworden, Serjosha hat Tanja hintergangen. Er handelte wie der letzte Schuft...« Weiter folgen Aufzeichnungen: »Sie hat ihn sehr geliebt, er aber betrog sie, wenn er sagte, er habe sie lieb... Dabei waren sie schon zwölf Tage lang Braut und Bräutigam, sie küßten sich, und er wiegte sie in Sicherheit, raspelte das übliche Süßholz und baute Luftschlösser. Ein ausgemachter Schuft. Und ich sage das aller Welt, und meine Kinder sollen es wissen, damit sie nicht so handeln wie er, wenn sie die ganze Geschichte erfahren haben.«

Die Sache drohte publik zu werden; Gerüchte kamen auf, die

Mutter der Zigeunerin wolle sich an den Bischof wenden mit einer Beschwerde über den illegitimen Ehestand der Tochter.

Tanja schrieb an Sergej einen rührenden Verzichtsbrief. Eine Kopie davon erhielten die Eltern.

Der Kummer der alten Bers nach Erhalt dieses Briefes war, wie es in Romanen heißt, unbeschreiblich.

Sergej Tolstoi lehnte eine Heirat rundweg ab, und am 25. Juni 1865 schrieb Lew an den Bruder:

»Ich kann nicht umhin, Dich wenigstens zu einem Bruchteil an jener Hölle teilhaben zu lassen, in die Du nicht nur Tanja, sondern die ganze Familie, mich eingeschlossen, gestürzt hast.«

Das Mädchen erkrankte, man schickte sie ins Ausland. Eine Zeitlang nährten ihre Nächsten die Absicht, sie mit einem reichen, kürzlich verwitweten Herrn namens Djakow zu verheiraten; später wurde sie Kusminskis Frau.

Während der Hochzeitsvorbereitungen geschah etwas, das die Familie Bers als rührend empfand.

»Meine Schwester hat sich mit A. M. Kusminski verlobt, den sie schon als Kind liebgehabt hat. Da er aber ihr Vetter ersten Grades ist, mußte ein Priester gesucht werden, der sie traute.

Ganz unabhängig von den beiden entschloß sich Sergej Nikolajewitsch, mit Maria Michailowna eine rechtmäßige Ehe einzugehen, und fuhr ebenfalls zum Priester, um den Tag der Trauung festzusetzen. Etwa vier bis fünf Werst vor Tula trafen sich auf schmalem, einsamem, wenig befahrenem Feldweg zwei Wagen. In dem einen, einem Kabriolett, saß meine Schwester Tanja mit ihrem Verlobten Sascha Kusminski, ohne Kutscher, im anderen, einer Kutsche, Sergej Nikolajewitsch. Sie erkannten einander, waren sehr überrascht und zutiefst erregt, wie mir beide später erzählten. Ohne ein Wort grüßte man sich durch Kopfneigen, und jeder fuhr seiner Wege.

Das war der Abschied zweier einander innig liebender Menschen, und das Schicksal hatte sein Spiel mit ihnen getrieben, als es eine solch ungewöhnliche, unerwartete Augenblicksbegegnung unter den unwahrscheinlichsten romantischen Umständen arrangierte.«

Das Leben in jenem Arbeitszimmer, wo ein gewaltiges Buch geschrieben wurde, lief auf eigenen Bahnen dahin. Was nebenan unsicher, mit Vorbehalt und in Briefen an einflußreiche Verwandte entschieden wurde, was noch kompromißhaft und unentschlossen war, wurde hier viele Male durchgesiebt, viele Male neu entschieden und schließlich einer endgültigen Lösung zugeführt.

Das Verhältnis zwischen den Ehegatten war damals gut: Sofja Andrejewna half ihrem Mann, es schien, als hätte sie begonnen, ihn zu verstehen, schon gefiel ihr *Krieg und Frieden,* die Kriegsszenen freilich ausgenommen; das Buch gefiel ihr demnach in vereinfachter Form.

Lew Tolstoi überwarf sich mit seinem Bruder. Er schrieb ihm einige scharfe Briefe, versöhnte sich aber dann wieder mit ihm, unbeabsichtigt und liebevoll. Das häusliche Klima verschlechterte sich allerdings: Tolstoi konnte sehr böse werden.

Sofja Andrejewna war schwanger, sie saß in ihrem Zimmer auf dem Fußboden bei der Kommode und sortierte Stoffreste. Tolstoi trat ins Zimmer und sagte:

»Warum sitzt du auf der Erde? Steh auf!«

»Gleich, ich räume nur alles auf.«

»Ich habe gesagt, steh auf, sofort!« donnerte er sie an und ging ins Arbeitszimmer.

Sofja Andrejewna, gekränkt, ging ihrem Mann nach, um zu klären, warum er so geschrien habe. Tatjana, deren Zimmer neben dem der Schwester lag, hörte plötzlich im unteren Stockwerk Geschirr scheppern und jemand schreien: »Geh fort! Geh fort!«

Tatjana trat ins Arbeitszimmer. Sofja war nicht mehr da, auf dem Fußboden lagen Scherben und das Barometer, das sonst an der Wand hing. Tolstoi stand mitten im Zimmer, er war blaß, und seine Lippen bebten. Auf Sofjas leise Frage »Ljowa, was ist dir?« hatte Tolstoi das Kaffeetablett auf den Fußboden geschleudert und dann das Barometer von der Wand gerissen.

Tatjana schließt ihren Bericht wie folgt: »So konnten Sonja und ich nie begreifen, was solche Wut in ihm ausgelöst hatte. Wie soll man auch das vielschichtige Auf und Ab begreifen, das sich in der Seele eines anderen abspielt?«

Streitigkeiten, Anerkennung, ein Kauf und das Grauen von Arsamas

Der Erfolg von *Krieg und Frieden* bei den Lesern war sehr groß, wenn die Kritik das Werk auch nicht sofort anerkannte.

M. de Pozlais, ein ziemlich bekannter Kritiker, äußerte sich folgendermaßen: »Betrachten wir unvoreingenommen den Roman des Grafen Tolstoi, finden wir ihn bei weitem nicht vollendet. Er erinnert weniger an die Romane von Walter Scott oder Dickens, die ebenso üppig mit Szenen und Personen versehen, jedoch korrekt und harmonisch komponiert sind, als vielmehr an jene mittelalterlichen Mysterienspiele und Minneerzählungen, wo sich unzählige Episoden übereinandertürmen und Personen wechseln wie in einer Laterna magica, zuweilen, unbekannt wozu, auftauchen und, unbekannt wohin, verschwinden . . .«

Tolstois Roman konnte die zeitgenössischen Kritiker gerade deshalb nicht befriedigen, weil der Autor der Literatur neue Aufgaben stellte; er hatte eine neue Bauweise und eine neue Lebensauffassung verwirklicht.

Die neue Erscheinung wurde vom alten Standpunkt aus kritisiert. Hier einige Zitate aus Artikeln der Jahre 1868 bis 1870.

»Der Hauptmangel des Romans des Grafen L. N. Tolstoi besteht darin, daß er bewußt oder unbewußt gegen künstlerische Grundgesetze verstoßen und die Grenzen der Möglichkeiten poetischen Schaffens verletzt hat. Der Autor bemüht sich nicht nur, die Geschichte zu bewältigen und sich untertan zu machen, sondern führt mit der Selbstzufriedenheit eines vermeintlichen Siegers fast schon theoretische Traktate und somit Elemente des Häßlichen in ein Kunstwerk ein, das heißt Lehm und Ziegelsteine neben Marmor und Bronze.«

»Der Irrweg des Grafen Tolstoi besteht darin, daß er in seinem Buch der Beschreibung historischer Ereignisse sowie der Charakteristik historischer Persönlichkeiten einen allzu breiten Raum zuweist. Das zerstört das künstlerische Gleichgewicht im Werk, die Einheit des Ganzen.«

Fürst Wjasemski stritt mit Tolstoi im *Russki Archiv* als Teilnehmer des Krieges von 1812 und auch als Kritiker. Was er zu sagen hatte, war nicht eben originell: »Beginnen wir damit, daß es beim Lesen des erwähnten Buches schwerfällt, zu entscheiden, ja sogar zu erraten, wo die Geschichte aufhört und der Roman einsetzt und umgekehrt.«

Vordem hieß es in Nummer 13/1868 der Zeitschrift *Syn Otetschestwa:* »Überhaupt muß gesagt werden, daß in diesem Band [gemeint ist Band IV – V. Sch.] der historische Teil das eigentlich Romantische überschattet, so daß die Handlung des Romans mit den Passionen, Leiden und Beziehungen der handelnden Personen kaum einen Schritt vorankommt.«

Daher behaupten der Rezensent der Zeitung *Golos* (Nr. 11/1868) und Burenin in den *Petersburgskije Wedomosti* (Nr. 24/1868) einstimmig, L. Tolstois Werk sei kein Roman.

Aussagen dieser Art verfestigten sich nach dem Erscheinen der Bände V und VI noch mehr; niemand schien auf die Frage zu kommen, ob Tolstoi überhaupt einen *Roman* hatte schreiben wollen.

Tolstoi befreite die Kunst von veralteten Orientierungen. Die Irrfahrten des Odysseus führten diesen von Insel zu Insel. Vor Kolumbus segelte man an den Meeresufern entlang. Kolumbus' Entscheidung bestand darin, die Ufer zu verlassen und quer über den Ozean zu segeln.

Die Sterne und der Kompaß gewannen neue Bedeutung.

In alten Romanen trennten sich die Helden und begegneten einander wieder. Jetzt bestand die Einheit des literarischen Werkes nicht darin, daß stets von den gleichen Menschen die Rede war. Wenn der Autor Schicksale verschiedener Menschen, Kriege, Feuersbrünste, den Wiederaufbau von Städten zeichnete, so verfolgte er einzig das Ziel, die Beziehung zwischen einem beliebigen Menschenschicksal und der gesamten Geschichte der Völker zu erfassen, und hielt das Ganze durch seine Lebensauffassung zusammen.

Turgenjew, der damals anders schrieb, akzeptierte Tolstois Schaffensweg und seine Bücher nicht sofort.

Dennoch dürfen wir uns nicht etwa vorstellen, die beiden Autoren stünden lediglich diametral gegeneinander. Tolstois *Sewastopoler Erzählungen* und manche andere hätten ohne Turgenjews Leistung kaum geschrieben werden können.

Die *Aufzeichnungen eines Jägers* verbindet einzig ein müßiger Mann, der als Jäger durch Wald und Steppe streift, ohne irgendwelche Abenteuer zu suchen. Das wirklich Neue besteht darin, daß Menschen der Arbeit, Bauern, die vordem nur im Hintergrund gezeigt wurden, fast als Bestandteil der Landschaft, nun als Hauptfiguren auftreten und ihre Schicksale miteinander konfrontiert werden. Der Jäger selbst tritt fast gar nicht in Erscheinung. Sein Begleiter Jermolai wird viel häufiger beschrieben.

Geschichten werden erzählt, deren Erzähler selbst nur minimal sichtbar wird, die Verbindung der Ereignisse scheint zufällig, ist aber sozial begründet.

Nach einigen ablehnenden Bewertungen von *Krieg und Frieden* kam Turgenjew später zu einer neuen Einschätzung, er wurde Tolstois Propagandist im Westen, und dies lange vor der Aussöhnung mit seinem alten Freund, mit dem ihn Verständnis und Neid verbanden.

Das Werk war vollendet. Es stand im Blickfeld des Autors. Auf Jasnaja Poljana war trügerische Stille eingekehrt. Noch machte sich der Autor Sorgen, ihm schien, man versage ihm die Anerkennung. Er überschätzte das Urteil Nikolai Strachows, weil dieser als einer der ersten das Werk als großen Wurf bezeichnet hatte. Nicht Strachow und nicht die Kritiker, sondern die Leser haben die Anerkennung des Romans entschieden. Allüberall wurde von dem Roman gesprochen, überall wurde er gelesen, zwei Auflagen waren in einem damals unerhörten Tempo vergriffen, und vier Jahre später, 1873, erschien die dritte, wesentlich überarbeitete Auflage.

Der Erfolg hatte den Weg nach Jasnaja Poljana gefunden.

Ist eine große Schlacht vorüber, wird nicht sofort erkennbar, wer eigentlich der Sieger ist. Jetzt war die Stille des Sieges da.

Wieder war Sofja Andrejewna dabei, das Haus auszubauen.

Tolstoi wurde gütiger, milder, gewann Selbstvertrauen und wurde noch selbständiger. Er versöhnte sich mit dem Bruder und begann sich für die Legitimierung der drei Kinder einzusetzen, die Sergej von Mascha, seiner zum Verdruß der Bers-Familie endlich angetrauten Frau, hatte.

Es galt, die Zukunft der heranwachsenden Nichten, der Töchter Maria Nikolajewnas, der liebenswerten, selbstlosen, törichten Frau, die mit Sofja Andrejewna nicht besonders gut auskam, zu sichern. Bis dahin lebten die vier Töchter ohne alle Rechte, sie stammten aus zwei Ehen ihrer Mutter, die nur ein kleines Gut besaß. Tolstoi hatte seinen Nichten den Spitznamen »Zephiroten« gegeben. Dieses Wort hat etwas Luftiges und Aufrührendes an sich. Es war rein zufällig entstanden und nicht von Tolstoi erdacht. Eine Nonne aus dem Tulaer Kloster, Maria Nikolajewnas Patin, erzählte einmal bei einem ihrer Besuche auf Jasnaja Poljana, in der Zeitung habe gestanden, nach Amerika seien seltsame Wesen geflogen gekommen, halb Mensch, halb Vogel. Sie ließen Gesang ertönen und hießen Zephiroten. Fürst W. Odojewski, ein russischer Romantiker, hatte sich diese Zephiroten ausgedacht und darüber am 1. April 1861 in der Zeitung *Sewernaja Ptschela* eine Scherzinformation drucken lassen.

Tatjana Bers zählte ebenfalls zu den Zephiroten. Lew Tolstoi und Sofja Andrejewna hatten ihre Zephiroten sehr lieb.

Tolstoi notierte am 9. August 1864: »Ich machte einen Kurzbesuch [bei Sergej auf Pirogowo – V. Sch.], aß ein Mittagsmahl mit ranziger Butter und wollte wieder fahren, als Serjosha erschien. Er wußte gar nicht, daß wir da waren, er hatte mit sämtlichen Zephiroten eine Spazierfahrt gemacht und war hier vorbeigekommen.«

Sofja Andrejewna behauptete allerdings, ihr Gatte habe nicht nur die Kinder Marias und Tatjana »Zephiroten« genannt, sondern auch seine Frau.

Die Zephiroten brachten Leben ins Haus. Tolstoi sah sich in der Lage, jeder seiner Nichten 10.000 Rubel zu überschreiben, das war eine außerordentlich große Summe, gespendet von einem Manne, der einmal zehn Rubel für einen nennenswerten Betrag, einen Tausender für ein bedeutendes Darlehen gehalten hatte.

Vordem hatte Tolstoi vom Ankauf neuer Güter nur träumen können. Seine Besitzungen hatten sich ausschließlich durch Erbanteile nach dem Tod seiner Brüder vergrößert. Einmal freilich hatte er vom Staat einen Hain erworben und freute sich, daß die Nachtigallen darin nicht mehr dem Fiskus, sondern ihm selbst gehörten; es war eine unbedeutende Anschaffung.

In seinen Jugendjahren hatte er beim Kartenspiel seinen Besitz verschleudert, Wald verkauft und sein Gutshaus auf Abriß veräußert. Nun war die Zeit für Erwerbungen gekommen.

Später beschwor er in den unvollendeten *Aufzeichnungen eines Wahnsinnigen* diese Zeit wieder herauf, wahrheitsgetreu und ohne sich zu schonen.

»Ich machte mir, wie es ja auch sein muß, sehr viele Gedanken um die Vergrößerung unseres Vermögens; mich beseelte der Wunsch, es auf die klügste Art, besser als andere Leute, zu mehren ... Ich wollte einen Kauf in der Weise tätigen, daß der Gewinn, den das Gut oder der Wald abwerfen würde, den Kaufpreis deckte und ich das Gut somit umsonst bekäme. Ich suchte einen Dummen, der nichts von den Dingen verstand, und einmal schien es, als hätte ich einen gefunden. Im Gouvernement Pensa wurde ein Gut mit großem Waldbestand angeboten.«

Hier legte sich Tolstoi quasi selbst Rechenschaft ab und enthüllte die Dinge genau, abschreckend und alltäglich: Er berichtete, wie er mit seinem Diener, einem gutmütigen Mann von heiterer Wesensart, dorthin gereist war. Die Reise fand 1869 statt, darüber existiert ein Brief an Sofja Andrejewna, woraus hervorgeht, daß Tolstoi sich schon damals als Versehrter fühlte, wenngleich er um die Tiefe der Wunde und um die Ursache des Unheils nicht wußte.

Der Brief beginnt mit Fragen, was daheim geschehen sei – ihm schien, es sei ein Unglück passiert. »Schon den zweiten Tag martert mich Unruhe. Vorgestern übernachtete ich in Arsamas, und da geschah mir etwas Außergewöhnliches. Es war zwei Uhr nachts, ich war entsetzlich müde, sehr schläfrig, weh tat mir nichts, plötzlich aber überfielen mich Schwermut, Angst, Entsetzen, alles so schlimm, wie ich es nie zuvor erlebt hatte. Genaueres über diese Empfindungen erzähle ich Dir später; aber solch eine Qual habe ich noch nie durchgemacht, und Gott verhüte, daß sie irgend jemand jemals durchmachen muß.«

Am folgenden Tag brach die Schwermut erneut über ihn herein.

Hinzugefügt sei: Viele Jahre später berichtete Tolstoi von dieser Schwermut, nachdem er sie besser begriffen hatte. Man war in der Stadt angelangt, alles schlief, die Schellen am Gefährt bimmelten, die Häuserfronten warfen das Getrappel der Pferdehufe mit seltsamem Widerhall zurück; die Häuser waren eigenartig groß und weiß; das Wirtshaus war weiß, und alles zusammen wirkte sehr traurig. Flott und fröhlich zerrte Sergej Arbusow alle nötigen Gepäckstücke aus dem Wagen. Tolstoi fand sich in einem »Gastzimmerchen« wieder: »Ein quadratisches, sorgfältig weißgetünchtes Zimmerchen. Ich weiß noch, wie sehr ich darunter litt, daß das Zimmer ausgerechnet quadratisch war. Es gab nur ein Fenster mit einem Vorhang davor, einem roten. Einen Tisch aus karelischer Birke und ein Sofa mit geschweiften Armlehnen.«

Tolstoi konnte nicht einschlafen. Er glaubte, vor jemand zu fliehen, und konnte nicht begreifen, wovor er floh. »Ich bin immer bei mir, und ich bin es selbst, der mich so quälend belastet. Ich bin da, ich bin ganz vorhanden. Kein Gut zu Pensa, überhaupt kein Gut der Welt kann meinem ›Ich‹ etwas dazufügen oder wegnehmen. Ich aber, ich habe mich schrecklich satt, finde mich unerträglich, bin mir eine Last.«

Er fragte sich: »Woher kommt diese Schwermut, wovor fürchte ich mich? – Vor mir – antwortete unhörbar die Stimme des Todes –, ich bin hier. Mich überlief es eiskalt.«

Er versuchte, das Entsetzen abzuschütteln. Der Tod hatte nicht in seiner Nähe zu sein, und er dachte auch nicht, daß er gleich sterben müsse, er spürte sein Recht auf das Leben und zugleich eine Art sich vollziehenden Tod.

Er schrieb: »Ich entdeckte einen kupfernen Leuchter mit einer Kerze, die ich anzündete. Das rote Licht der Kerze und ihre Länge – sie war ein wenig kürzer als der Leuchter – sprachen das gleiche zu mir. Im Leben gibt es nichts, es gibt den Tod, ihn aber darf es nicht geben.«

Er begann angestrengt zu überlegen: Es hatte doch nichts Unfrohes gegeben, er dachte an den bevorstehenden Kauf, an seine Frau, ». . . aber all das zerrann zu nichts«.

Auf ihm lastete Schwermut, eine Übelkeit, wie sie einen überfällt, bevor man sich übergeben muß, aber es war eine geistige Übelkeit, er fühlte ». . . Entsetzen, rotes, weißes, quadratisches«.

Er versuchte zu beten.

Am nächsten Tag schien es, als wäre nichts gewesen. Ein Käufer fuhr, das Gut zu besichtigen – der Wald war gut, jedoch betrachtete der Käufer den Wald und die Zimmer im Gutshaus und den neuen, kandelabergleich gleißenden kupfernen Samowar wie etwas Fremdes, es war, als erledigte er ein aufgetragenes Arbeitspensum, indem er so tat, als hätte er die Absicht, zu kaufen. Die Schwermut kam wieder, wurde immer stärker. Abermals versuchte Tolstoi zu beten – solche Versuche wurden zur Gewohnheit, halfen aber nicht. Einmal war er auf der Jagd in einen größeren Wald geraten, er lief auf Skiern über tiefen Schnee, der den Windbruch zu Boden drückte, und plötzlich hatte er das Gefühl, in die Irre gelaufen zu sein: »Bis zum Wohnhaus, bis zu den anderen Jägern war es weit, zu hören war nichts. Ich war erschöpft, schweißgebadet. Stehenbleiben hieße erfrieren. Weitergehen – Kräfte einbüßen. Ich rief ein paarmal, alles blieb stumm. Niemand gab Antwort. Ich ging zurück. Wieder nichts. Ich sah mich um. Ringsumher nichts als Wald, nicht auszumachen, wo Osten war und wo Westen. Ich ging wieder zurück. Die Beine wurden mir schwer. Ich erschrak, blieb stehen, und genau das gleiche Entsetzen wie in Arsamas und in Moskau packte mich, nur hundertmal schlimmer.«

In den *Aufzeichnungen eines Wahnsinnigen* erwähnt Tolstoi, er habe angefangen, die Bibel zu lesen – das half wenig, mehr half das Evangelium und noch mehr die Heiligenlegenden, Geschichten über fast gewöhnliche Menschen, die sich jedoch im Glauben bewährt haben.

Er lebte sein Leben wie alle Welt. Wieder fuhr er, ein Gut zu erwerben. Einen Wald gab es bei diesem Besitz nicht, doch die Gelegenheit war günstig. »Besonders günstig war, daß der Boden in Bauernhand lediglich aus Gemüseschlägen bestand. Mir wurde klar, die Bauern mußten unentgeltlich, einzig für das Weiderecht, die Felder des Gutsherrn abernten, und so war es auch. Ich wertete alles richtig, und es gefiel mir nach alter Gewohnheit. Aber auf der Heimfahrt fragte ich eine alte Frau nach dem Weg und sprach ein wenig mit ihr. Sie berichtete mir von ihrer Not. Ich kam heim, fing an, meiner Frau von den Vorzügen des Besitzes zu berichten, und schämte mich plötzlich. Mir wurde scheußlich zumute.«

In der Erzählung geschieht alles plötzlich und schnell, jedoch wurde die Erzählung 1884 geschrieben, das Entsetzen aber 1869 erlebt. In den fünfzehn Jahren war allerlei geschehen. Tolstoi tätigte Käufe, erwarb trotz alledem Grund und Boden, viel und billig, kaufte von Baschkiren ein Gut im Gouvernement Samara. Wie sich das abspielte, werde ich später erzählen.

Einst hatte Tolstoi nach Zänkereien mit seiner Frau, die er bestimmt liebte, das Zerwürfnis mit Küssen gekittet, wohl wissend, daß das kein zuverlässiger Kitt war – er bröckelte wieder ab. Das Entsetzen über die Ungerechtigkeit der Welt kittete er nun mit Lektüre der *Vita Sanctorum* und mit Gebeten. Dieser Kitt hielt hinreichend gut, der Rost jedoch, der das Leben darunter zerfraß, wurde immer stärker und drang durch die Kitt- und Farbschicht. Zunächst gab es fast so etwas wie Glück: ein großes Hauswesen, heranwachsende Kinder, eine Apfelbaumplantage, einen bereits hochaufragenden Birkenhain, Ruhm, den man sogar verachten durfte, und eine unübersehbare Menge literarischer Pläne: Ein Roman über Peter I. erschien ihm als gut gewähltes Thema, weil darin Rußlands große Zeit entschlüsselt wurde. Außerdem das *Alphabet,* bereits 1868 geplant, ein Jahr vor dem Entsetzen in Arsamas. Das *Alphabet* sollte alles enthalten: Arithmetik, Physik, Geschichte, Geographie, Literatur. Alles für »Bauernkinder und Zarenkinder« gleichermaßen lesbar. Alles sollte für alle Zeiten in dieses *Alphabet* Eingang finden, es sollte Tolstois Denkmal werden, Niederschlag seiner gesamten Lebensarbeit, Wiedergeburt seines Erfolges in der Schule auf Jasnaja Poljana, Erinnerung an seine Jugend und Experiment einer Literatur neuer Art. Der Autor wollte ganz Rußland umgestalten und setzte damit beim *Alphabet* an, das er selbst zu schreiben und selbst herauszugeben gedachte.

Das Buch sollte so werden, daß es sogar für Robinson als Lektüre und Mittel zur sittlichen Vervollkommnung ausreichen würde, wenn er auf seiner einsamen Insel kein anderes Buch besäße.

Es war eine notwendige und scheinbar geruhsame Arbeit.

Jedoch der Mann, der daran schrieb, spürte Entsetzen.

Weißes, rotes, quadratisches, und das ließ sich nicht mit Gebeten oder mit Sorgen um die Herausgabe des *Alphabets* totschlagen, auch nicht mit Korrekturen oder der Suche nach einer guten Schriftart für den altslawischen Textteil oder mit den Stunden, in denen Tolstoi den Kindern Romane von Jules Verne vorlas und sie mit selbstverfertigten Zeichnungen bebilderte.

Das Leben ging weiter. Tantchen Tatjana Alexandrowna vergreiste zusehends, sie zog aus ihrem Zimmer im ersten Stock neben dem Salon, der später Empfangszimmer wurde, in ein kleines Parterrezimmer im Anbau, nachdem sie Tolstoi erklärt hatte: »Ich ziehe hierher, weil ich euch durch meinen Tod das schöne Zimmer oben nicht verleiden will.«

Das Alte schied aus dem Leben, und zwischen dem Tod und Lew Tolstoi verschwand gleichsam der Trennstreifen von alten Menschen, die ihn einst erzogen hatten.

Das Haus war voll von Kindern: Sergej wurde zehn, Tatjana war acht, Ilja sechs, Ljowa, der jüngste Sohn, drei Jahre, Maria zwei Jahre alt.

Während man sich noch herumstritt, ob man mit fünf Kindern in die Steppe um Samara reisen könne, wurden es sechs. Eigentlich war das Glück im Hause eingekehrt.

Der Vater brachte den älteren Knaben schon das Reiten bei, er setzte sie ohne Sattel auf den Pferderücken, damit sie das Gleichgewicht halten lernten. Sie ritten auf einer Satteldecke, die mit einem Riemen festgeschnallt war.

Am 22. Juni reiste die ganze Familie mit dem deutschen Hauslehrer, mit Stjopa Bers, mehreren Kinderfrauen und Sergej Arbusow zum neuerworbenen Herrensitz im Kreis Busuluk, Gouvernement Samara. Bis Nishni nahm man die Eisenbahn, von dort einen Dampfer. Tolstoi schaute – die Wolga war verändert, verziert mit gelben Sandbänken, verborgen hinter den Rauchschwaden der Schleppdampfer, die Lastkähne hatten sich vermehrt, der Lärm der Raddampferschaufeln hatte sich verstärkt.

Eine Kalesche war vorausgeschickt worden. Sie erinnerte an Großmamas Gefährt, das in den Nußhain gerollt worden war, damit sie persönlich Nüsse pflücken konnte.

Die Kalesche war sechssitzig und ein Geschenk S. S. Urussows, eines alten Freundes von Lew Tolstoi. Sie wurde von sechs Pferden gezogen – vier gingen nebeneinander, zwei davor, auf einem der ersten saß ein Vorreiter. Auf dem Dach des Wagens standen altertümliche Reisekoffer; der Kutschbock war so breit, daß drei Personen darauf Platz hatten. In der Kalesche reisten die Frauen mit den kleineren Kindern, die anderen fuhren in Wagen mit geflochtenen Körben, die auf langen Stangen ruhten.

Die Reiseroute betrug 120 Werst.

Man hatte die Wolga hinter sich gelassen, nun kam die Steppe mit Reihergras, Quecke, Wermut und Majoran; braunweißliche Trappen stelzten oder flogen darüber hin, in der Luft schwebten weißgeschnäbelte Königsadler.

Lautlos ihre Räderspur bahnend, rollte die an weite Reisen gewöhnte Kalesche dahin, drunten im Gras zirpten Grashüpfer, das Herz wurde leicht und frei.

Sofja Andrejewna stillte in der Kalesche den jüngsten Sohn, Petja.

Man hielt Rast in Gehöften, wohnte in Katen, in Scheuern, in Verdeckwagen. Man lebte mühsam, wenn auch ungebunden und frei.

»Das Alphabet«

Innerhalb der Weltgrenzen für Leser des *Alphabets* gibt es nur Bauern und Herren. Beide leben nebeneinander. Die Bauern fristen ein hartes Dasein. Die Gegenstände ringsum sind ihnen vertraut, ebenso vertraut ist mancherlei, worüber für gewöhnlich nicht geredet wird, doch muß das Vertraute verallgemeinert werden – was ich bedeutsamer finde als ein Werturteil.

Tolstoi nahm durchaus nicht an, Kinder müßten nur das wissen, was er ihnen zuerst in seiner Schule vermittelt hatte und jetzt im *Alphabet* mitteilte. Er wollte den russischen Kindern beibringen, zu sehen und zu verallgemeinern, weil er meinte, »Wissenschaft« sei »nichts als Verallgemeinerung von Einzelheiten«.

»Die Aufgabe der Pädagogik besteht infolgedessen darin, den Verstand zur Verallgemeinerung zu bringen . . .«

Wichtig sind Verallgemeinerungen, ». . . die nicht voraussehbar sind. Durch diese unvorhergesehenen Verallgemeinerungen wird die Wissenschaft bereichert«.

Daher griff er zu Fabeln, verwendete nur wenige historische Aufzeichnungen, obendrein solche von alltäglicher, streng realistischer, zuweilen sogar naturalistischer Art, die die Rezensenten verblüfften und bekümmerten.

Auf den ersten Seiten des *Neuen Alphabets,* unter den Leseübungen für Kinder, lesen wir: »Flöhe sind klein, Brauen sind schwarz.«

Das steht als etwas Alltägliches und bar jeden Werturteils da, daher mißfiel es.

Das Alphabet wurde von Tolstoi selbst und von anderen für Neuauflagen viele Male überarbeitet. Es mußte eine offizielle Empfehlung des Buches für Bibliotheken und Schulen erwirkt werden. Am 26. Juli 1891 notierte Sofja Andrejewna: »Den ganzen Tag Korrekturbogen vom *Alphabet* gelesen. Es ist vom wissenschaftlichen Komitee nicht befürwortet worden, weil es Wörter enthält wie: Läuse, Flöhe, Teufel, Wanzen, auch weil Fehler darin vorkommen, und außerdem empfiehlt das Komitee, Geschichten auszulassen: vom Fuchs und den Flöhen, vom dummen Bauern und noch andere, womit Ljowa sich nicht einverstanden erklärt hat.«

Für Tolstoi ist das Alltag, der zwar oftmals mißfällt, jedoch noch nicht umgeformt ist.

Das dritte Buch des *Alphabets* (1872) enthält eine Geschichte von Mäusen, die zweihundert von Tolstoi gepflanzte junge Apfelbäume benagt haben. Daneben eine mit der Überschrift *Die Wanzen;* beide Geschichten beginnen mit dem Wort »Ich«.

Von den Apfelbäumen wird erzählt, als handelte es sich um Menschen – jammerschade, daß sie vier Jahre lang gewachsen waren und dann alle mit Ausnahme von neun Stück eingingen. Das alles ist sehr schön erklärt: »Die Rinde ist für die Bäume dasselbe wie die Adern für die Menschen: In den Adern fließt das Blut durch den Menschen – und durch die Rinde steigt der Saft in den Baum und gelangt in die Äste, Blätter und Blüten.«

Von Wanzen wird fast ohne Verdruß gesprochen. Ein Mensch läßt sich mit ihnen in einen aussichtslosen Kampf ein. Der Autor stellt in einem Gasthof das Bett mitten ins Zimmer und unter alle vier Bettfüße Holzschüsseln mit Wasser und denkt, wobei er die Wanzen meint: Jetzt habe ich euch überlistet. Aber die Wanzen lassen sich von der Decke auf ihn herabfallen. Der Herr zieht seinen Pelz über und geht auf den Hof, nachdem er bei sich gedacht hat: Euch kann man nicht überlisten.

Solche Geschichten machten den Kritikern Kummer, sie fanden, das Leben sei allzu simpel gezeichnet und es passiere zuwenig in diesem anspruchslosen, unschönen Dasein. Außerdem betrübte und verwunderte die Kritiker, daß *Das Alphabet* keine Arbeiten anderer Autoren enthielt, weder von Gogol noch von Turgenjew. Vom Leben anderer steht wenig darin; es gibt eine Geschichte über Eskimos, auch über Neger, aber keine über Europäer.

Was in diesen Bänden vorgeht, ist überaus einfach und nicht neu: Sie enthalten Fabeln von Äsop, nur in vereinfachter Form. Neues figuriert in Gestalt der Eisenbahn und der Elektrizität. Die Geschichte von der Eisenbahn ist sehr interessant, sie scheint dem Buch als Ganzem zu widersprechen. Ihre Überschrift lautet *Geschwindigkeit erzeugt Kraft,* darunter steht: »Eine wahre Begebenheit«.

Die Eisenbahnstrecke bei Jasnaja Poljana war erst kürzlich in Betrieb genommen worden, noch staunten die Leute über die Lokomotiven, die sozusagen magerer waren als die von heute und daher höher schienen.

Die Geschichte beginnt so: »Einmal fuhr ein Zug sehr schnell die Schienen entlang. An einem Übergang aber stand ein Pferd vor einer schwerbeladenen Fuhre auf dem Gleis. Der Bauer trieb das Pferd an, doch das Tier konnte die Fuhre nicht von der Stelle rücken, weil ein Hinterrad abgesprungen war. Der Schaffner schrie dem Lokomotivführer zu: ›Halt an‹, aber der hörte nicht auf ihn. Er hatte blitzschnell überlegt, daß der Bauer Pferd und Wagen weder weitertreiben noch wenden, auch daß der Zug so schnell nicht zum Stehen gebracht werden konnte. Er bremste also nicht, sondern ließ den Zug mit allerhöchster Geschwindigkeit fahren und prallte mit Volldampf auf das Gefährt. Der Bauer rannte beiseite, die Lokomotive aber schleuderte Wagen und Pferd wie einen Holzspan von der Strecke und sauste weiter, ohne daß der Aufprall sie auch nur erschüttert hätte.«

Der Lokomotivführer erläutert, so sei zwar das Pferd überfahren und der Wagen in Stücke gerissen worden, hätte er aber auf den Schaffner gehört, wären sie beide ums Leben gekommen und hätten sämtliche Fahrgäste umgebracht.

Die Moral des Lokomotivführers erinnert an Tolstois Gespräch mit

Herzen: Wenn die Eisdecke knackt, kann man sich nur retten, indem man schneller weitergeht.

Die Geschichte *Geschwindigkeit erzeugt Kraft* richtet sich gegen Feigheit und Unentschlossenheit.

Tolstoi selbst war ein mutiger Mann. Von Gut zu Gut fuhr man, die Brücken nicht achtend, im Sommer durch die Furten der Flüsse, im Winter und im Frühjahr über Eisdecken, die zuweilen recht brüchig waren; bei Eisgang setzte man im Boot über die Flüsse.

Es geht nicht nur um Mut, es geht um Entschlußkraft und um die Einschätzung der Geschwindigkeit. Wenn es heißt, man solle schneller gehen, ergeben sich Fragen:

Wohin soll man gehen?

An welches Ziel soll man schnell gelangen?

Was soll man erreichen wollen?

Aber hier beginnt die Idylle.

Im *Alphabet* leben die Menschen auf dörfliche Art, sie gehen nirgendwohin, der Eisenbahnzug taucht überraschend auf; wäre er nicht, könnten die Menschen leben, den Acker bestellen, sich eine Kuh halten, weinen, wenn die Kuh eingeht, alt werden, Kinder großziehen.

Das Buch erzählt von einer simplen, unveränderlichen Moral. Die Stadt kommt so gut wie gar nicht vor, nur in einer Geschichte, die Tolstoi nach der Erzählung eines seiner Schüler neu geschrieben hat. Sie heißt *Wie ein Junge davon erzählt, daß man ihn nicht in die Stadt mitnahm.*

Ein Junge bittet darum, in die Stadt mitgenommen zu werden, man nimmt ihn nicht mit, er schläft vor Kummer ein und träumt von der Stadt. Dann geht er hinaus spielen, und der Vater kommt aus der Stadt zurück.

Schiffe kommen im *Alphabet* vor; eine Geschichte erzählt von einem kleinen Kapitänssohn, der einem Affen nachjagt und dabei so hoch klettert, daß er nicht wieder hinunter kann. Der Vater legt die Flinte auf ihn an und zwingt ihn so, ins Wasser zu springen. In einer anderen Geschichte baden Kinder, ein Hai schwimmt an sie heran; als ein alter Artillerist eine Flosse des Raubtieres neben seinem Sohn erblickt, tötet er den Hai mit einem Kanonenschuß.

Das alles sind Geschichten über verblüffende Vorkommnisse, die vom Mut der Menschen und von ihrem Erfolg erzählen.

Die Schiffe sind natürlich Segelschiffe, und es sind alles beinahe Fabeln, obgleich jede Begebenheit aus dem Leben gegriffen ist.

Die Menschen gehen ihrer bäuerlichen Arbeit nach, und die Beispiele von der Struktur der Materie reichen eigentlich nur bis zur

Struktur eines Baumes – es wird erläutert, warum eine Radnabe aus Birke, nicht aber aus Eiche gefertigt wird: damit sie nicht splittert.

Das Dorf ist von Feldern umschlossen, und die Zeit scheint stillzustehen. *Das Alphabet* enthält Geschichten aus der Landeschronik, Bibelstellen, es gibt eine Geschichte über Jermak, über ein Gespräch zwischen Peter I. und einem Bäuerlein und eine, in der erzählt wird, wie Bauern verlassene Habe aus der brennenden Stadt Moskau schleppen.

Die Geschichte ist statisch, sie wird irgendwo außerhalb der Felder gemacht und läßt die Felder unberührt.

Die Erzählung vom Artilleristen, der den Kanonenschuß abfeuert, und die von Tolstoi nacherzählten Bylinen stehen auf gleicher Ebene und spielen irgendwo in derselben Zeit.

Diese Welt kennt keinen »Lokomotivführer«.

Geschwindigkeit gibt es hier nicht.

Das Leben ist patriarchalisch, langsam und dadurch stark. Tolstoi hätte ebensogut schreiben können »Stillstand erzeugt Kraft«. Eine solche Geschichte fehlt hier, doch hatte der Autor zu jener Zeit vor, eine Zeitschrift mit dem Titel *Der Unzeitgenosse* herauszugeben.

Außerdem enthält *Das Alphabet* eine Erzählung über Pugatschow: Dieser fällt in ein Dorf ein, die Herrschaft flieht, die kleine Tochter der Herrschaft wird als Bauernkind verkleidet, Pugatschow findet Gefallen an dem Kind und schenkt ihm ein Zehnkopekenstück.

Pugatschow hat wohl existiert, was es aber mit ihm auf sich gehabt, weshalb er gegen die Herrschaften gekämpft hat, wird nicht gesagt: Erwähnt wird lediglich, daß es Bauern gegeben hat, die ein Herrschaftskind vor ihm verbargen.

Herrschaften führen Krieg, fahren auf Schiffen, legen Gärten an und gehen auf die Jagd, ihre Kinder lernen reiten, damit sie später auf die Jagd gehen und Krieg führen können. Es wird berichtet, wie vier Brüder – und die Brüder Tolstoi waren ja vier – reiten lernen, das alte Roß Woron schlagen, um ihre Kühnheit zu beweisen, wie ein alter Erzieher einen Jungen, der das alte Pferd quält, beschämt.

Zahlreich sind die Jagdgeschichten. Sieben Geschichten hintereinander nur über den Bullenbeißer Bulka. Bullenbeißer nannte man kräftige Hunde, die zur Jagd auf Großwild verwendet wurden. Als der Herr in den Kaukasus reiste, sperrte er Bulka, der ihn auf der Bärenjagd immer begleitete, ein. Der Hund zertrümmerte eine Fensterscheibe und lief dem Herrn nach und holte ihn ein. Das ist sehr gut beschrieben: »Auf der ersten Poststation wollte ich gerade ins nächste Gefährt umsteigen, als ich auf der Straße plötzlich etwas Schwarzes, Glänzendes auf mich zukugeln sah. Es war Bulka mit seinem Kupferhalsband, er sauste, was das Zeug hielt, zur Poststation. Er stürmte zu mir, leckte mit der Zunge meine Hand und streckte sich im Schatten unter dem Wagen aus.«

Dann wird erzählt, wie Bulka mit einem Keiler kämpft, auch wie er sich mit einem Wolf anlegt, wie er sich mit anderen Hunden anfreundet und auf deren Beziehung zum Herrn eifersüchtig ist.

Die Hundegeschichten sind ausführlich geschrieben, unterscheiden sich aber im Erzählstil von den anderen. Sie enthalten keine Belehrungen und stecken voll genau beobachteter Details.

Man sollte meinen, Tolstoi hätte in den *Kosaken* von Bulka erzählen wollen; als Olenin durch den Wald geht, heißt es, ein Hund laufe vor ihm her, dessen Rücken von unzähligen darauf klebenden Mückenleibern einen violetten Farbton annimmt. Jedoch wird Bulka hier nicht erwähnt. In den *Kosaken* werden große Probleme gelöst. Im *Alphabet* erscheint Bulka als Bestandteil des Alltags, als Teil des Alltagslebens von Tolstoi. Der Herr im *Alphabet* erwähnt den Kaukasus und Bulka, um nicht an Jeroschka denken zu müssen.

Außer Bulka kommt der Hund Drushok vor, der mit einem Wolf kämpft. Es gibt die lange, sehr langsame, ruhige Erzählung *Leidenschaft oft Leiden schafft.* Darin geht es um Bärenjagd, um einen Winterwald, um ein Nachtlager im Walde auf Tannenzweigen. »Ich hatte so fest geschlafen, daß ich ganz vergessen hatte, wo ich eingeschlafen war. Ich sah mich um – o Wunder! Wo bin ich? Seltsame weiße Gewölbe über mir und Säulen, ganz weiß, und alles mit Geglitzer bestreut. Ich schau hoch – da seh ich weiße Bogen und zwischen den Bogen so eine Kuppel, schwarz wie Rabengefieder, und bunte Lichter brennen darauf. Ich sehe mich um, und mir fällt ein, daß wir ja im Wald sind und ich die Bäume im Schnee mit dem Reif drauf für Prachtgewölbe gehalten habe und die Sterne, die am Himmel zwischen dem Geäst glitzern, für Lichter.

In der Nacht ist Reif gefallen: auf den Ästen liegt Reif und auf meinem Pelz auch, und Demjan ist über und über bereift, und von oben rieselt Reif.«

Im Winter 1858 machte man eine Bärin aus, und Tolstoi fuhr auf die Jagd. Mit seinen zwei Flinten wartete er auf seinem Platz auf die Bärin, versäumte es aber, den Schnee ringsum festzutrampeln. Er pflegte immer alles auf seine Weise zu tun und fand für alles neue Lösungen.

Feth erzählt die Begebenheit so: »Nachdem die Jäger, jeder mit zwei geladenen Flinten, längs der Lichtung im schachbrettartig von Ausholzungen durchfurchten Wald Aufstellung genommen, wurde ihnen empfohlen, den tiefen Schnee um ihre Füße im Kreis festzutrampeln, um möglichst große Bewegungsfreiheit zu erlangen. Lew Nikolajewitsch jedoch erklärte, nachdem er, fast bis zum Gürtel im Schnee, den ihm zugewiesenen Platz eingenommen hatte, das Festtrampeln für überflüssig, es gehe darum, den Bären zu erschießen, nicht sich mit ihm zu messen.«

Die Treiber gingen los; die Bärin stürmte plötzlich auf Tolstoi zu; er gab einen Schuß ab, dann einen zweiten, er traf, konnte aber die zweite Flinte nicht mehr packen und trat im tiefen Schnee fehl, die Bärin wälzte sich auf ihn und biß ihn am Kopf. Er zog den Kopf zwischen die Schultern, um seine Pelzmütze in den Fang des Tieres zu schieben.

Der Vortreiber Astaschkow, speziell auf Bären ausgebildet, rannte herbei, versetzte der Bärin einen Rutenhieb und rief nicht allzu laut: »Was machst du denn? Was machst du?«

Das Tier erschrak und lief davon. Es wurde am nächsten Tag erlegt. Tolstoi hatte einen Wangenriß unter dem linken Auge und Hautabschürfungen an der linken Stirnseite.

Feth beteuert, Tolstoi habe, als er sich erhoben hatte und verbunden wurde, gesagt: »Was wohl Feth dazu sagen wird?«

Feth ist ein bedeutender Dichter; den Vorfall aus der Vorweihnachtszeit des Jahres 1858 aber erzählte er sich selbst zum Lobe: wie gut er doch alles vorausgesehen habe und wie durch die Nichtbeachtung seiner Warnung fast ein Unglück geschehen wäre.

Vierzehn Jahre danach berichtet Tolstoi ruhig und abschreckend darüber. Der Hauptheld ist Demjan, und wichtig ist dabei nicht die Gefahr, sondern die Jagd. »Demjan aber kam, ohne erst sein Gewehr zu ergreifen, nur mit einer Rute in der Hand den Pfad entlanggerannt und schrie: ›Sie zerfleischt den Herrn! Sie zerfleischt den Herrn!‹ Noch im Laufen brüllte er den Bären an: ›Du verrücktes Vieh! Was machst du bloß? Laß ihn los! Laß ihn los!‹

Der Bär gehorchte, ließ ab von mir und lief davon. Wie ich mich erhob, war der Schnee so voll Blut, als hätte man einen Hammel geschlachtet, und über meinen Augen hing das Fleisch in Fetzen, aber in der ersten Aufregung tat es nicht weh.

Mein Freund kam angerannt, die Leute sammelten sich um uns, besahen meine Wunde, befeuchteten sie mit Schnee. Ich hatte die Wunde ganz vergessen und fragte: ›Wo ist der Bär, wo ist er hingelaufen?‹ Auf einmal hieß es: ›Da ist er! Da!‹ Und wir sahen den Bären wieder auf uns zugelaufen kommen. Wir die Flinten gepackt, aber keiner kam zum Schuß, schon war das Tier vorbeigerannt.« Weiter wird ausführlich erzählt, wie dieser Bär erlegt wird.

Ein ganzer Abschnitt aus drei Geschichten ist Beschreibungen vom Holzfällen vorbehalten. Ein Gutsherr legte sich einen Garten an und verdarb unbeabsichtigt die Natur, er wollte dürre Äste und Wildwuchs auslichten und sah eine mächtige Pappel, zwei Armlängen dick, von jungen Pappeln umgeben. Der Gutsherr wollte dort ein heiteres Plätzchen anlegen, die alte Pappel erschien ihm unter dem Jungwuchs zu ersticken. Er ließ die jungen Pappeln schlagen, worauf der alte Baum vertrocknete. Die jungen Bäume waren des alten Kinder, die in ihm wurzelten, er war bereits drauf und dran, ihnen seine Kraft zu schenken; ein Mensch mischte sich ungeschickt ein, der Pappelalte ging sinnlos zugrunde.

Auch einen Faulbaum ließ der Gutsherr sinnlos fällen. Man schlug eine Kerbe in den Stamm, stemmte sich dagegen. »Da war es, als schrie einer, es ächzte im Inneren des Baumes; wir legten uns ins Zeug, und da war's, als weinte es im Baum, es splitterte, und der Baum fiel. Der Stamm war an der Kerbe gerissen, er legte sich mit Ästen und Blüten auf das Gras und erzitterte, bevor er erstarb.

›Äh, ist das ein Prachtstück!‹ sagte ein Bauer. ›Jammerschade drum!‹ Mir aber tat der Baum so leid, daß ich schnell zu den anderen Arbeitern ging.«

Die dritte Geschichte heißt *Wie Bäume wandern.* Wieder lichtete ein Gutsherr am Teich seinen Garten aus, entdeckte einen Faulbaum und erinnerte sich, daß dieses Stück Garten schon einmal gelichtet worden war, der Baum aber war groß und dick. Es stellte sich heraus, daß der Faulbaum unter einer Linde hervor, wo er zu ersticken gedroht hatte, dorthin gekrochen war, jedoch hatte er die alte Wurzel bereits abgeworfen, »sich mit einem Ast in den Boden gekrallt und aus dem Ast eine Wurzel getrieben«. Somit schiebt sich der Mensch als Störenfried in fremdes Leben und hindert die Bäume an ihrer Existenz.

Lew Tolstoi liebte das patriarchalische Leben, die duftenden Steppen um Samara, die Abhänge der Hügel, die Weiden, auf denen Pferdeherden umherstapften, das kerngesunde, gelassene Volk der Baschkiren, ebenso liebte er das Dorf. Weil er das Leben der Baschkiren begreifen wollte, las er alte Bücher und kam zu dem Schluß, daß die Baschkiren den Skythen ähnelten, die einst der griechische Historiker und Geograph Herodot erwähnt hat. Tolstoi wollte schlichter, weniger schön und nur über das Wesentliche und Einfache schreiben. Dieser Wunsch und das Wissen um die Baschkiren, die ihre althergebrachte Lebensweise unverändert beibehalten hatten, regten ihn an, sich mit dem Altgriechischen zu beschäftigen.

Die Literatur der Griechen, die Einfachheit der antiken Erzählweise half ihm, sein *Alphabet* zu schreiben.

Aber nachdem er die Baschkiren beobachtet hatte, kaufte er ihnen Land ab, vielmehr, er tätigte einen Zweitkauf, einen recht preiswerten dazu, zahlte zehn Rubel pro Deßjatine.

Ein Jahr später stellte er fest, daß alles verändert war, keine Weiden existierten mehr, die Steppe war beackert, Bauern lebten dort, und dann kam eine Hungersnot.

Tolstoi liebte das Patriarchalische, trug jedoch als Gutsherr selbst dessen Zerstörung in sich, daher ist *Das Alphabet* ein Buch über das alte Dorf, das im Verschwinden war.

Was danach kommen würde, war unbekannt.

»Geschwindigkeit erzeugt Kraft«, aber Tolstoi war gegen Geschwindigkeit, weil er nicht wußte, wohin und wozu er fahren sollte.

Die umfangreichste Geschichte im *Alphabet* ist *Der Gefangene im Kaukasus.* Tolstoi wäre bei der Festung Grosnaja um ein Haar von Tschetschenen gefangengenommen worden; vielen russischen Offizieren war es so ergangen, nur mit Mühe und gegen hohe Lösegelder konnten ihre Familien sie freikaufen. »Ein Russe unter Tschetschenen« ist das Thema des Poems *Der Gefangene im Kaukasus* von Puschkin. Tolstoi verwendet den gleichen Titel, berichtet jedoch auf ganz andere Weise. Bei ihm ist der Gefangene ein russischer Offizier, ein armer Adliger, ein Mann, der seine Hände überall zu gebrauchen weiß. Er ist fast schon kein Herr mehr. In Gefangenschaft gerät er, weil ein anderer, ein vornehmer Offizier, mit seinem Gewehr davongeritten ist, ohne ihm zu Hilfe zu kommen, und danach selbst in des Gegners Hände gerät.

Shilin, so der Name des Gefangenen, versteht, warum die Tschetschenen den Russen keine Sympathien entgegenbringen. Die Tschetschenen sind ihm fremd, jedoch nicht feindlich gesinnt, sie achten ihn, weil er tapfer ist und eine Uhr reparieren kann. Ihn befreit schließlich nicht die Frau, die in ihn verliebt ist, sondern ein kleines Mädchen, das Mitleid mit ihm hat. Er versucht auch, seinen Kameraden zu retten, nimmt ihn mit, der aber ist weder tapfer noch energisch. Shilin schleppt den anderen, Kostylin, auf den Schultern, die Flucht wird aber entdeckt, und später flieht Shilin allein.

Tolstoi ist stolz auf diese Geschichte. Es ist ein großartiges Stück Prosa, ruhig dahinfließend, ohne jedes Schmuckwerk und sogar ohne die sogenannte psychologische Analyse. Menschliche Interessen kollidieren, wir sympathisieren mit Shilin, der ein herzensguter Mensch ist, was wir über ihn erfahren, genügt uns, übrigens will er selbst auch nicht viel über sich wissen.

Außer Leseübungen und Kurzgeschichten enthält das *Alphabet* Arithmetik und Hinweise für Lehrer.

Das Buch entfesselte hitzige Dispute. Tolstoi selbst äußerte sich hierzu in einem Artikel in den *Otetschestwennyje Sapiski.* Der Sinn seines Beitrages ist: Pädagogen nähmen gemeinhin an, ein Kind könne bei der Einschulung noch nicht denken, und sie brächten ihm erst das Denken und Rechnen bei. Indessen können Kinder bereits vom Spiel her längst rechnen, sie sind schon in das Leben eingetreten. Die Bücherweisheiten und die Buchgespräche, die ihnen von Pädagogen beigebracht werden, führten nicht vorwärts, sondern zurück.

Tolstoi war der Ansicht, logisches Überlegen und das Beim-Namen-Nennen von Dingen seien nicht das Wesentliche und Notwendigste, sondern überhaupt unnötig. Er verteidigte einen anderen Typ Mensch. Daher geht es in dem Beitrag *Über die Volksbildung* nicht nur um das Abc, sondern um den Typ von Zivilisation, den man Kindern aufzwingen wollte.

Er pflegte zu sagen, das Wichtigste sei die Kenntnis der Sprache – der lebenden und der altslawischen, die tote Sprache sei notwendig für das Verständnis der lebenden – und der Arithmetik als Grundlage der Mathematik. Hierin hatte er vollkommen recht.

Unrecht hingegen hatte er, wenn er den gesamten Fortschritt als unwahr betrachtete, wenn er ihn aufhalten wollte, wo doch Geschwindigkeit vonnöten war.

Tolstoi meinte, sein *Alphabet* sei zu Tode gehetzt worden, er reagierte äußerst schmerzlich auf ablehnende Rezensionen. Zu seinen Lebzeiten aber wurde das Buch ungeachtet des hohen Preises – es kostete zwanzig Kopeken – achtundzwanzigmal überarbeitet und aufgelegt. Sofja Andrejewna besorgte persönlich den Vertrieb.

Mironow, ein alter Buchhändler, erzählte mir, wie er als Lehrling in der Nikolskaja-Straße in einer Buchhandlung, die hauptsächlich Volksliteratur vertrieb, tätig war. Der Junge wurde in die Chamowniki-Gasse zu Tolstoi geschickt. Schuppentore führten in einen dunklen Garten, man öffnete sie und schleppte verschnürte Bücherstapel heraus. Die Bücher wurden nicht stückweise, sondern nach Gewicht verkauft, wieviel Exemplare auf ein Pud gingen, war bekannt. Der Junge hatte das Geld für ein Pud *Alphabet* bei sich.

Manchmal half Tolstoi, der ja bereits alt war, dem Jungen, *Das Alphabet* vom Boden zu heben und sich auf den Kopf zu laden: er unterwies ihn, wie der Packen am leichtesten zu tragen sei. Von der Chamowniki-Gasse bis zur Nikolskaja-Straße war es sehr weit, eine Fahrt mit der Pferdebahn aber war teuer.

Wieder im Gouvernement Samara

Nach intensivem Studium des Griechischen reiste Tolstoi im Juni 1871 zu altvertrauten, geliebten Stätten, in die baschkirischen Steppen; er ließ sich in einem Dorf am Karalyk-Fluß, einem Nebenfluß des Irgis, 152 Werst von der Kreisstadt Nikolajewsk, nieder.

Seine Ankunft brachte ihm keine Freude: »Ich schreibe Dir nur ein paar Worte, weil ich müde bin und mich nicht ganz wohl fühle. Müde bin ich, weil ich soeben die letzten 130 Werst bis Karalyk hinter mich gebracht habe. Die Baschkiren haben mich alle wiedererkannt und freudig begrüßt; jedoch nach allem zu urteilen, was ich seit dem heutigen Abend gesehen habe, steht es bei ihnen nicht mehr so gut wie früher. Ihr bestes Land hat man ihnen weggenommen, sie haben angefangen, Ackerbau zu treiben, und die meisten verbleiben in den Winterquartieren, nomadisieren nicht mehr.«

Was hatte sich in Baschkirien während der vergangenen zehn Jahre geändert?

Die Baschkiren waren auch vorher kein reines Nomadenvolk gewesen; bevor sie ihre Sommerfahrten antraten, brachten sie die Saat in die Felder, sie lebten aber von Viehzucht.

Allmählich bevölkerten sich die baschkirischen Steppen, der Boden ging in den Besitz russischer Gutsherren über.

S. T. Aksakow berichtet in *Eine Familienchronik* von seinem Großvater, dem er in seinem Buch den Namen Bagrow gegeben hat. Dieser Bagrow hat keine Lust, weiter im Gouvernement Simbirsk zu leben. »Seit einiger Zeit hörte er des öfteren von einem Protektorat in der Gegend um Ufa, von unermeßlichen Weiten besten Bodens, von Grundstücken, großen freien Räumen mit einer unbeschreiblichen Fülle von Wild und Fisch und sämtlichen Früchten der Erde, von Möglichkeiten, ganze Gebiete mühelos und für lächerlich geringe Summen zu erwerben. Die Fama wollte wissen, es genüge, ein Dutzend Leute des Kartobynsker oder Karmalinsker Stammes zu Gast zu laden, ihnen zwei bis drei fette Hammel zu schenken, die sie auf ihre Art schlachten und zubereiten, einen Eimer Wein und mehrere Eimer gegorenen baschkirischen Starkmet zu spendieren, dazu ein Faß Bauernbier, und das Geschäft sei perfekt: ein unbestreitbarer Beweis dafür, daß die Baschkiren schon vor Zeiten keine strenggläubigen Mohammedaner waren. Allerdings, hieß es, dauere eine solche Bewirtung unter Umständen eine oder auch ganze zwei Wochen . . .«

Die Bewirtung war nicht kostspielig. Hinterher wurde der Vertrag geschlossen. Der Boden wurde nicht vermessen, nur die Grenzen des Areals wurden festgelegt, zum Beispiel: »Von der Mündung der Konlyjelga bis zur vertrockneten Birke am Wolfspfad, von dort geradeaus bis zur großen Wasserscheide, von dort bis zu den Fuchsbauten«, usw. Innerhalb dergestalt festgelegter Feldraine »lagen manches Mal 10.000 bis 20.000, auch 30.000 Deßjatinen Ackerboden. Und für diese gewaltigen Flächen zahlte man lächerliche hundert Rubel (in Geld, selbstverständlich) und gab Geschenke im Werte von hundert Rubel, Extrabewirtungen nicht gerechnet.«

1832 waren die Baschkiren als Eigentümer aller Ländereien anerkannt worden, ». . . welchselbe ihnen heute unstreitig angehören«. Eine ziemlich mehrdeutige Regierungsverordnung. In Baschkirien lebten viele Russen, Bauern, die zu neuen Äckern geflohen waren, aus Polen zurückgekehrte Altgläubige, Molokanen*, die sich religiösen Verfolgungen entzogen; auf einmal gab es Gutsbesitzer.

Den Baschkiren war gestattet, Land zu verkaufen, unter der Bedingung, daß sie zwischen 40 und 60 Deßjatinen pro Seele behielten.

1869 wurde die Landzuteilung für die Neuzugezogenen, d. h. für Bauern, die sich mit Einverständnis der ansässigen Bevölkerung hier ansiedelten, geregelt. Im Endergebnis erhielten sie so gut wie gar kein Land, statt dessen entbrannte der berühmt gewordene Prozeß um den Raub baschkirischen Bodens, der 1881 mit einer ergebnislosen Senatsrevision endete.

Anspielungen darauf finden wir in *Anna Karenina:* Karenin ordnet Unterlagen, um einen Bericht in die vorgeschriebene, nach seiner Ansicht streng gesetzmäßige, bürokratische Form zu bringen.

Die Ländereien wurden vermessen, und es wurde vorausgesetzt, daß Zugezogenen je 15 Deßjatinen zugeteilt würden, 15 weitere Deßjatinen sollten jeweils als Reserve bleiben. Außerdem sollte ein Fonds freier Erbländereien gebildet und von den Baschkiren je nach Entscheid ihrer Dorfversammlungen verkauft werden. Vorgesehen war auch die Gründung einer Verwaltung der Landreserven, die dem Ministerium für Staatseigentum zwar unterstellt, jedoch nicht übereignet werden sollten.

Ich schreibe diese ziemlich lange Geschichte nieder, weil sie, wenn auch nicht unmittelbar – zum Glück –, in Beziehung zu Tolstois Angelegenheiten steht.

Das Reserveland sollte künftig Zuziehenden vorbehalten bleiben.

1871 jedoch wurden Richtlinien für den auktionsfreien Verkauf staatlichen Grundbesitzes erlassen. Erwerbsberechtigt waren Beamte

* Religiöse Sektierer, die kein Fleisch aßen.

außer Dienst für 150 bis 500 Deßjatinen; aktive Beamte durften zwischen 500 und 2000 Deßjatinen erwerben.

Solche Bodenareale waren »besonders verdienten« Leuten vorbehalten.

Aber auch diese Richtlinien über die Ausmaße des Landbesitzes wurden nicht befolgt. Das Land wurde nicht vermessen, die Grenzen nach wie vor durch natürliche Markierungen bestimmt, die manches Mal bis zu 10.000 Deßjatinen umgrenzten. Der Landraub erfaßte das Gebiet um Orenburg, das Gouvernement Ufa und, wie wir noch sehen werden, teilweise das Gouvernement Samara.

Jedermann erhielt Land, vom Generalgouverneur von Moskau und dem Gouverneur von Samara bis zur Hebamme im Staatsdienst.

Auf diese Weise wurden sämtliche Landreserven im Gouvernement Orenburg und 360.000 Deßjatinen im Gouvernement Ufa verkauft. Bester Boden nebst Anlegestellen an den Flüssen Belaja, Ufa und Sima, auch Forste mit Bauholz, gerieten in den Ausverkauf.

Eine Deßjatine herrlichen Bodens erwarb der Erstkäufer für sechzehn, auch für acht Kopeken; selbstverständlich gewährten die Banken Darlehen in zehnfacher Höhe des eigentlichen Kaufpreises, der Einfachheit halber wurde die Rückzahlung in Raten auf 37 Jahre festgelegt.

Auf diese Weise war bald weit mehr als eine Million Deßjatinen veräußert.

Die Käufer beeilten sich, zumindest einen Teil ihres Erwerbs zu erhöhtem Preis weiterzuverkaufen. Eine nie dagewesene, unwahrscheinliche Geldschneiderei setzte ein. Eine annähernde Vorstellung über die Verkaufspraktiken gewinnen wir aus Tolstois Erzählung *Wieviel Erde braucht der Mensch:* Auch hier wird Land innerhalb natürlicher Grenzen abgesteckt, jedoch ist hier der Käufer kein Beamter, sondern ein reicher Bauer. Die Baschkiren verloren in kürzester Zeit ihren gesamten Boden, Neuzugezogene begannen bei den neuen Gutsbesitzern Land zu pachten, sämtliche Relationen verschoben sich.

Wenden wir uns erneut Tolstois Briefen zu: »Seit ich hier bin, überfällt mich tagtäglich um sechs Uhr abends, einem Wechselfieber gleich, *Schwermut,* körperliche Schwermut, die ich nicht besser wiedergeben kann als mit dem Vergleich, daß Körper und Seele sich trennen wollen.«

Tolstoi wohnte mit Stepan Bers in einem Zelt, das er dem Mulla abgemietet hatte, dieser war in eine kleinere Jurte nebenan gezogen. Der Fußboden war entsprechend der Sommerzeit mit Reihergras ausgelegt, anstelle des üblichen Schaffelles führte ein buntbemaltes Holztürchen ins Freie, in der Mitte ragte eine Öffnung, die bei schlechtem

Wetter mit einem Schaffell bedeckt werden konnte, direkt in den Himmel.

Man trank viel Kumys. Während der Trinkkur sollte auf Mehlspeisen und Gemüse verzichtet werden, Fleisch war erlaubt, ungesalzenes jedoch wurde vorgezogen. So ernährten sich die Kumyskurgäste, deren es dort viele gab. Die gewöhnliche Speise der Baschkiren waren Salama, Teigstückchen, in Wasser gekocht, sowie Gersten- und Roggenmehlsuppe. Sie kannten auch andere Speisen wie Beschbarmak – gekochter Teig mit Fleisch, Kaimak –, gedämpfte Dickmilch mit saurer Sahne, Plow und ähnliches. Doch selbst die Salama war in armen Jurten selten geworden.

Tolstoi gewöhnte sich allmählich an die neuartige Lebensweise; an eine neue Situation muß man sich immer erst gewöhnen, und es war klar, daß sich das Leben der Menschen hier änderte.

Tolstoi erholte sich jetzt von den Büchern, vom Griechischen. Ende Juni schrieb er aus Karalyk an seine Frau: »Neu und interessant ist vieles: die Baschkiren, die nach Herodot riechen, auch die russischen Bauern und die Dörfer, besonders entzückend durch die Einfachheit und Gutherzigkeit der Menschen. Ich habe für 60 Rubel ein Pferd gekauft, nun reiten wir beide, Stjopa und ich. Ich schieße Enten, von denen ernähren wir uns. Jetzt waren wir auf Trappenjagd und haben sie, wie immer, nur verscheucht, und auch bei einem Wolfsbau mit Welpen, wo ein Baschkire einen Welpen gefangen hat. Ich lese Griechisches, jedoch sehr wenig. Mir fehlt einfach die Lust dazu. Eine Kumyskur hat bisher noch niemand besser beschrieben als der Bauer, der neulich zu mir sagte: *Wir leben hier auf Sommerweide* wie die Pferde ...

Ich stehe um sechs oder sieben Uhr auf, trinke meinen Kumys, wandere zum Winterquartier, wo die anderen Kurgäste wohnen, plaudere ein bißchen, komme zurück, trinke mit Stjopa Tee, dann kommt ein wenig Lektüre, ein Spaziergang im bloßen Hemd durch die Steppe, immer wieder ein paar Schluck Kumys, ich esse ein Stück gebratenes Hammelfleisch, dann reiten oder gehen wir auf Jagd, und abends geht es, fast bei anbrechender Dunkelheit, zu Bett ...«

Früher Morgen. Über der Jurtenöffnung stehen noch die Sterne, der Himmel rundum wird langsam heller.

In dem riesigen Nomadenzelt liegt Lew Tolstoi weich auf seinem hölzernen Bettgestell, unter ihm ein Heupolster mit einer Filzdecke darüber, mehr nicht. Stepan Bers liegt auf einem Federbett auf dem Fußboden, Iwan in einer Ecke auf seinem Lederrock.

Es dämmert. In der hinteren Ecke steht ein großes, geschnitztes Büfett aus Nußbaum, ein städtisches Möbelstück.

Die Hühner werden als erste wach – es sind ihrer drei –, dann erhebt sich Iwan, geht hinaus und setzt über dem offenen Feuer Teewasser auf; drin erwacht Lew Tolstoi, mit ihm der schwarze Setter Werny. Iwan bringt den Tulaer Samowar. Tolstoi trinkt hintereinander drei Tassen Tee mit Milch und geht mit dem Hund hinaus. Der Horizont färbt sich rosig. Der Stern über dem Sonnenaufgang wird langsam blau.

Tolstoi besteigt den Falben mit den hölzernen baschkirischen Steigbügeln und reitet davon, die teure Jagdflinte quer vor sich überm Sattel. Ruhig und ohne Hast schnuppert der schwarze Setter die Morgenluft.

Pferdeherden traben die Berghänge herab – Tausende von Rössern; in Grüppchen kommen die Stuten mit ihren Fohlen.

Stille. Die Steppe duftet nach Gräsern und Blumen. Nichts als Steppe ringsumher. Tolstoi reitet gemächlich.

Die Steppen sind Wiesenland, grasbestanden ziehen sie sich bis zur Kama, zur Belaja, rostrot behaucht schieben sie sich längs des Ural-Bergkammes nach Süden und steigen wieder an bis zum Irbit und Ischim, nach Omsk und Kolywan.

Tolstois Ziel ist ein ferngelegener See; vor ihm und hinter ihm, rechts und links dehnen sich endlose Steppen, Tausende Werst weit bis zum Schwarzen Meer, bis Odessa, über die Krim bis nach Sewastopol, der altvertrauten Stätte.

Die Sonne geht auf. Sofort wird es wärmer. Des Reiters schräger Schatten schmiegt sich an die Steppe. Steppe ringsumher, sie dehnt sich bis zum Kaukasus, bis zum trüben Terek.

Steppe ringsumher – bis nach Ungarn zieht sie sich, es ist, als sei das ganze Leben bisher nur in der Steppe verlaufen, verritten worden, auf einem Leiterwagen verfahren.

Und es ist Tolstoi, als wäre Jasnaja Poljana mit den Waldstreifen und Forsten, mit der alten Waldgrenze nichts als der Rain dieser Steppe, und dahinter käme nichts mehr.

Was sind da schon Revolutionen, was sind Nihilisten – davon mag es drei oder vier geben, die Steppe hingegen sind Milliarden Deßjatinen. Und sie dehnt sich weiter, bis zur Wüste Gobi.

Weich schreitet das Pferd über das unberührte Gras; die Sonne steigt höher, blau ist der Himmel, blaugrün des Reihergras, silbergrau, breite Streifen reifenden Weizens drängen sich hinein, unter den Pferdehufen liegt bis zu zwanzig Handspannen tief fette Schwarzerde, Millionen und aber Millionen Deßjatinen.

Die Farben wechseln ins Bräunliche, ins Hellere, Wüstenboden kommt, dann wird der Farbton wieder dunkler.

Reihergras und Weizen, dort aber, wo das Silbergrau aufhört und der Weizen an Brachland grenzt, wächst anderes Reihergras, die Tyrsa.

Und die Steppe überdeckt damit ihre Wunden.

Gut wäre es, hier Land zu kaufen ... Und Lew Tolstoi kehrt zu seiner Jurte zurück, die angefüllt ist mit heißer Trockenheit, dort hält er Rast, ißt mit den anderen ohne Besteck Hammelfleisch aus der großen Holzschüssel, trinkt Kumys, setzt seinen breitrandigen Strohhut auf und reitet wieder in die Steppe hinaus.

Die Steppe liegt unter der Last der Sonne. Hitze.

Bei solcher Hitze legen sich die Trappen ins Gras und verstecken nur ihre Köpfe. Man kann sie umfahren, umreiten, man kann sie greifen, sie sind sonnenfaul und lassen den Hund ganz dicht an sich heran.

Keine Beute der Welt kann so herrlich sein wie eine Trappe. Sie wiegt bis zu einem Pud, ihr Kopf ist aschfarben, die Ohrenöffnungen sind unverschlossen, die Beine stramm, bei den Hähnen hängen beidseits des Kopfes zausige Bärte wie bei alten Männern, um das Kinn aber, den Hals entlang, ziehen sich dünne Badersträhnen.

Trappen sind wachsame Vögel, sie fürchten den Menschen und mögen keine aufgebrochenen Äcker. Sergej Aksakow ist fürwahr ein berühmter Weidmann, eine Trappe aber hat er noch nie erlegt.

Zur Mittagszeit bringt Lew Tolstoi in seine Jurte, wo Iwan bereits den Grasteppich erneuert hat, eine schwere Trappe mit. Er ist ermüdet, schreibt seinen Brief zu Ende.

Schön ist es, beim Schreiben wieder aufleben zu lassen, was man gesehen hat, schön auch, seine Vorhaben mitzuteilen. Der Boden wird hier angeboten von Nikolai Pawlowitsch Tutschkow, dem Sohne des Generalgouverneurs von Moskau, er hat ihn als Ehrengabe bekommen. »Es würde zu weit führen, wollte ich erzählen, wie und was, jedenfalls ist die Erwerbung recht günstig. Bei guter Ernte kann sich das Gut innerhalb von zwei Jahren bezahlt machen. Es sind 2500 Deßjatinen, verlangt werden sieben Rubel pro Deßjatine. Nach dem Ankauf müßte man mit einem Aufwand von etwa 10.000 rechnen.«

Tolstoi beabsichtigte nicht, Land direkt von Baschkiren zu erwerben, daher überzahlte er beträchtlich. Er schrieb: »Der Gewinn hier übertrifft den unsrigen um das Zehnfache, Arbeit und Mühe macht es zehnmal weniger. Zum Erwerb eines Gutes hier verlockt am meisten die Einfachheit und Ehrlichkeit, die Naivität und Klugheit des hiesigen Volkes.«

Weiter wurde mitgeteilt, man hätte in die Orenburger Steppe fahren können, dort komme der Boden auf drei Rubel pro Deßjatine, und ein befreundeter Pope berichte, auch er besitze Land. Bald jedoch traf Sofja Andrejewnas Antwortbrief ein. Sie war dafür, sich näher bei Jasnaja Poljana anzukaufen, äußerte jedoch gleichzeitig Besorgnis: Man fordere dort 90.000 Rubel und setzte recht knappe Zahlungsfristen.

Sich im Gouvernement Samara anzukaufen, war verlockend, aber auch gefährlich, und immer schien es nicht genug an Erworbenem zu sein.

In ihrem Brief vom 10. Juli schrieb Sofja Andrejewna: »Was soll ich Dir zum Kauf eines Gutes in der dortigen Gegend sagen? Kaufen wir nur 2500 Deßjatinen zu sieben Rubel, so wolltest Du doch selbst nichts Kleines haben, Du wolltest großen Landbesitz. Hier hingegen gäbe es nur welchen für 17.500 Rubel. Ist Deine Sache dort günstig, so habe ich gar keine Meinung dazu. Aber zu einem Leben inmitten der Steppe, ohne einen einzigen Baum im Umkreis von Hunderten Werst, kann einen nur äußerste Notwendigkeit zwingen, freiwillig würde kein Mensch dorthin übersiedeln, noch dazu mit fünf Kindern.«

Sergej Arbusow suchte Sofja Andrejewna zu überreden, sich mit dem Kauf einverstanden zu erklären, er malte ihr die Steppe in paradiesischen Farben aus.

So flossen Tage und Wochen dahin, schon wurden die Trappen wachsamer, sammelten sich zu großen Scharen und rüsteten zum Abflug. Winde begannen zu wehen, und die Grenzen der Nächte schoben sich auseinander, und schon zeigte sich, daß die Ernte miserabel war. Nacht legte sich über die Steppen mit glücklosen Sternen, die sich tief zur Erde hinabsenkten.

Über die Sterne schritten Karawanen, sie kamen aus den kirgisischen Steppen in die baschkirischen und zogen von dort nach Astrachan.

Die Sterne waren für sie wie Meilensteine, die kein Schnee zuwehte.

Der Herbst brach an und mit ihm die Zeit der Jahrmärkte.

Lew Tolstoi ließ sich auf dem Jahrmarkt sehen, zu Kauf und Verkauf Angereiste riefen ihn, entrollten Teppiche, legten ihm weiche Sitzkissen hin, schlachteten für ihn einen Hammel.

Er trank und speiste, verteilte Geschenke und wurde mit Edelrössern beschenkt. Ein Jahrmarktsvergnügen war es, sich mit einem Kissen im Nacken einem Kraftmenschen von Baschkiren, auch er mit einem Kissen im Nacken, gegenüber auf die Erde zu setzen, ein Seil wurde über beider Nacken geworfen. Die Fußsohlen fest gegeneinander gestemmt, verklammerte man sich mit den Händen, und selten gelang es einem, den Leutnant a. D., den Adelsmann aus Krapiwna und großen Schriftsteller Lew Nikolajewitsch Tolstoi zu sich herüberzuziehen und vom Boden zu heben.

Er trank seinen Kumys, war keinmal betrunken. Ihm war leicht ums Herz wie einem Roß ohne Halfter. Ringsumher lagen Steppen.

Man munkelte von einer Teuerung für Hirse und Korn. Und man rechnete jetzt ausschließlich in Bargeld ab, nicht mehr in Köpfen junger Hammel.

Der Landkauf war für Tolstoi beschlossene Sache. Es gefiel ihm, daß sich in den Steppen alles nur langsam veränderte, Korn und Hirse hingegen gedachte er ja zu verkaufen, nicht zu kaufen.

Die Zeit war reif, nach Jasnaja Poljana zurückzureisen, die Gattin zur Übersiedlung zu bewegen, das *Alphabet* zu Ende zu schreiben.

Neue Pläne

Die Welt spiegelt sich in der Kunst nicht wie in einem Spiegel wider. Die Phantasie betrachtet, vergleicht und bewertet. Der Gegenstand wird bedacht und gestaltet.

Tolstoi trug sich zu jener Zeit nicht nur mit verschiedenen Vorhaben, seine Vorhaben liefen in verschiedene Richtungen, dennoch existierten sie nebeneinander, lösten sich aber durchaus nicht ab, sondern veränderten einander und flossen in ein und demselben Strom: der Schriftsteller suchte ein neues System, eine neue künstlerische Einheit.

Präzise und streng trennte er Kunst und Wissenschaft. In seinem Notizbuch steht unter dem 21. Februar 1870: »Der Verstand drückt Gesetze von Notwendigkeiten aus, d. h. sich selbst. Das Wesen ist nur durch die Kunst ausdrückbar, also ebenfalls durch das Wesen. Folglich gibt es keine verstandesmäßige Kunst.«

Hier wird nicht behauptet, Kunst sei ohne Sinn, es wird behauptet, das Wesen der Kunst spiegle durch seine Struktur das Wesen des Lebens wider. Später äußerte Tolstoi, als er in einem Brief an N. N. Strachow über *Anna Karenina* sprach, zornige Verwunderung über Kritiker, die da »heute schon begreifen und in einem Feuilleton auszudrücken vermögen, was ich sagen will ...«.

Anna Karenina ist eine Verkettung von Bildern und Gedanken, und nur dieses Labyrinth von Verkettungen drückt in der Kunst jenes Wesen des Lebens aus, das der Künstler vermitteln will.

Das Wesen der Kunst läßt sich jedoch aus dem Wesen des Lebens heraus begreifen; folglich läßt sich auch die Fahrtrichtung des Schiffes »Kunst« bestimmen.

Zunächst beherrschte den Schriftsteller nur das Gefühl der Freiheit in der Themenwahl. Puschkins Frage nach dem Ziel blieb offen.

Uns sind Aussagen Sofja Andrejewnas überkommen, naive Aussprüche aus dem Heft *Meine verschiedenen Notizen zum Nachschlagen.* Das Interessante daran ist, daß hier das »geistige Leben« Tolstois festgehalten ist. Es heißt zum Beispiel darin: »Jetzt wäre es gut, anzufangen. *Krieg und Frieden* ist fertig, nichts Ernsthaftes bisher geplant.«

Vielerlei beschäftigte Tolstoi nach Beendigung von *Krieg und Frieden.* Ständig arbeitete er zunächst am *Alphabet.* Ein anderes Vorhaben war ein historischer Roman über die Zeit Peters I.

Der historische Roman sollte die Erfahrungen von *Krieg und Frieden* fortsetzen, jene gewaltige Erfahrungssumme, die eine neue literarische Form hervorgebracht hatte.

Es schien, als müsse ein neues historisches Thema gefunden werden, um die Erfahrungen umzusetzen – das jedenfalls meinte Tolstoi. Aber nicht der Plan eines historischen Romans beschäftigte Tolstoi. Er wollte auch nach Charakteren aus der Folklore einen Gegenwartsroman schreiben.

Für das *Alphabet* hatte er Märchen und Bylinen gelesen und kam dabei auf den Gedanken, in einem neuen Roman Charaktere russischer Recken zu verarbeiten. »Besonders gut gefiel ihm Ilja Muromez. Er wollte ihn als gebildeten, sehr gescheiten Mann aus dem Bauernstande darstellen, der die Universität besucht hat.«

Das Vorhaben war von Anfang an voller Widersprüche: epischer Charakter, zeitgenössische Verhältnisse, bäuerliche Herkunft des Helden und intellektuelle Arbeit.

Danach versuchte Tolstoi sich im Drama, er fand lobende Worte für Shakespeare und sprach Goethe jedes Talent als Dramatiker ab.

Unter dem 15. Februar 1870 steht, er habe begonnen, Ustrjalow zu lesen, ein Buch über die Geschichte Peters des Großen: »Die Figuren Peters und Menschikows interessieren ihn sehr. Von Menschikow sagte er, ein typisch russischer, ungebrochener Charakter, ein solcher konnte nur aus dem Bauernstande kommen.«

Auf Ilja Muromez wurde verzichtet; für Menschikow käme aus den Bylinen höchstens ein Aljoscha Popowitsch in Betracht. Die Widersprüche eines Bauern, der, an Ilja Muromez erinnernd, Universitätsbildung erhält und in das große politische Leben eintritt, führen uns zurück zu Gesetzen bestimmter Widersprüche, deren Tolstoi sich bei der Wahl eines Themas häufig bediente.

Dann taucht für kurze Zeit als Thema Mirowitsch auf, der Offizier, der Ioann Antonowitsch zu befreien versuchte. Als Säugling von Anna Ioannowna zu ihrem Thronfolger bestimmt und bereits zum Kaiser ausgerufen, lebte er sein Leben lang hinter Kerkermauern und wurde, als man ihn zu befreien versuchte, getötet.

Am 24. Februar fand zwischen Tolstoi und Feth ein Gespräch statt, bei dem Feth Tolstoi nachwies, daß ihm Dramatik nicht liege, und so verzichtete Tolstoi darauf, ein Drama zu schreiben. Weiter wird Sofja Andrejewnas Notiz undeutlich: »Jetzt, heute früh, schrieb er mit seiner engen Schrift einen ganzen Bogen rundum voll. Die Handlung beginnt in einem Kloster, wo ein großer Volksauflauf ist und wo Personen vorkommen, die später zu Hauptpersonen werden sollen.«

Vermutlich ist eine Szene im Troizko-Sergijewski-Kloster gemeint: Peter flieht aus dem Dorfe Ismailowo, weil er ein Attentat auf sein Leben fürchtet. Peter und die Regentin Sofia werden konfrontiert, Figuren der Bojaren skizziert. Breit ausgemalt wird ein Vergleich mit einer großen Waage, deren Schalen nahezu auf gleicher Höhe stehen und dann durch Verlagerung der Belastung plötzlich auseinanderstreben. Es wird versucht, zu zeigen, wie eine Anhäufung von Einzelentscheidungen verschiedener Menschen sich plötzlich in eine historische Notwendigkeit verwandelt. Diese Gedanken wurden in *Krieg und Frieden* nicht bis zu Ende ausgesprochen.

Die Klosterszene mit dem jungen Peter ist ungewöhnlich aussagekräftig und erfinderisch geschrieben.

Der Bojar Schaklowity wird gefoltert, der Vorgang spielt sich im Klosterhof ab. Am Hoftor brüllen Zugochsen: man läßt sie nicht an den gewohnten Ort, und ihr machtvolles Gebrüll wird von den Mönchen als Geschrei des am Pfahl Gefolterten ausgelegt.

Tolstoi zeigt die Folter nicht unmittelbar, verstärkt aber die Wirkung, indem er Details in neue Zusammenhänge setzt. Er erwähnt Peters Körperlänge nicht direkt, zeigt jedoch sein verzerrtes Gesicht auf gleicher Höhe mit dem gepfählten Bojaren. Der Autor konfrontiert zweierlei Emotionen: Angst und Schmerz, Angst, verstärkt durch Schmerz, der die Angst verschlingt, des Zaren Angst, die beinahe in Irrsinn umschlägt.

Daneben wird das angenehme Leben der Zarin Natalja und das von Peters Gattin Jewdokija gezeigt, ein Leben, das nicht eo ipso, sondern vor dem Hintergrund von Folterangst und Triumph existiert.

Dieser Auftakt wurde belassen.

Geplantes und Ausgeführtes gab es die Menge. Die Grundkollision aber, die erst Jahre später verwirklicht wurde, war noch nicht gefunden: die Frau aus der höchsten Gesellschaft, die sich verliert. Eine Kollision ermöglicht es, die Figuren – alte Bekannte des Autors – um eine Situation zu gruppieren.

Eine Eintragung vom 9. Dezember 1870: »... über einen Mann, der Rußland durchwandert, die Idee von einem dem Bauernstand entstammenden Manne, der Bildung erworben hat«, gleich daneben eine fast autobiographische Aufzeichnung: »Und hier nun wieder, gleich am Beginn, den er mir heute vorlas, die Idee von einem genialisch gescheiten Manne, einem Stolzen, der andere belehren möchte und aufrichtig wünscht, nützlich zu sein, und dann, nach einiger Zeit der Wanderungen durch Rußland, der Begegnungen mit einfachen Leuten, die wahrhaften Nutzen bringen, nach verschiedenen Kämpfen, zu dem Schluß kommt, daß sein Wunsch, Nutzen zu bringen, wie er es versteht, ein fruchtloses Unterfangen ist, und der Übergang zur Befriedung von Verstand und Stolz, zum Begreifen des einfachen, wahren Lebens, und dann der Tod.«

Wahrscheinlich besteht ein Zusammenhang zwischen dieser Thematik und der Gestalt des Ilja Muromez, nur fehlt hier ein Hinweis auf die Herkunft des Mannes, und die Gestalt wirkt, meine ich, autobiographisch. Tolstoi wurde von Verlangen nach dem Schreiben gemartert, er las die »Lesemenäen«* und war höchstwahrscheinlich der erste Mensch in ganz Rußland, der sie als Kunstwerk betrachtete.

Anfang Januar 1873, nachdem er zu dem Schluß gekommen war, sein *Alphabet* sei ein »schrecklicher Mißerfolg«, begann er erneut Material aus der Epoche Peters I. zusammenzutragen; zunächst leistete er mosaikfeine Arbeit beim Auswählen von Details der damaligen Lebensweise.

Am 31. Januar 1873 teilte er mit: »Die Maschine ist fertig, nun muß sie in Bewegung gesetzt werden.«

Wieder haben wir es mit einem Versuch zu tun. Tolstoi beginnt mit der Beschreibung der Schlacht bei Asow. Sämtliche Figuren sind erdacht, neu erfunden: es gibt jetzt keine Fürsten mehr, auch nicht die Zarenmutter Natalja Kirillowna, die Wirrnis unter den Bojaren ist entfallen. Zarentruppen fahren von Woronesh den Don abwärts nach Tscherkassk. Es folgen Beschreibungen der Menschen. Peter bricht in Gelächter aus und verliert seinen Hut, der ins Wasser fällt. Der Ruderer Stschepotew, charakterisiert als Nachkomme von Popensöhnen, als armer Adliger, springt ins Wasser und apportiert Peters Hut. An

* Lesebücher religiösen Inhalts, die im 16. Jahrhundert in Rußland weit verbreitet waren.

Menschikow liefert er ihn nicht ab, er führt mit dem Zaren ein scherzhaftes, fast gleichmütiges Gespräch, worauf das Schicksal dieses Mannes, der ebensogut Aljoscha Popowitsch heißen könnte, eine Wendung nimmt. Er bleibt auf dem Schiff des Zaren.

Dieser Stschepotew ist ein Pendant zu Menschikow. Es ergibt sich, daß sich ein Mann halbbäuerlicher Herkunft plötzlich an der Seite des Zaren wiederfindet. Die Kollision sollte wahrscheinlich verwertet werden, um die Aufnahme einer anderen, großen Kollision vorzubereiten.

Weshalb aber gab Tolstoi die Schürzung des Knotens im Troizko-Sergijewski-Kloster auf und ersetzte sie durch eine andere, die sich während der Schlacht bei Asow ergibt?

Was in der ersten Variante beschrieben war, konnte eigentlich noch nicht als Schürzung gewertet werden, sondern vielmehr als Exposition: Eine Situation wurde auf dramatische Weise geschildert, ein Konflikt lag in der Vergangenheit, ein weiterer zeichnete sich zwischen den Bojarengruppen ab. Betont wurde dies damit, daß Schaklowity, vom Pfahl herabgelassen, neidvoll das Gezänk der Bojaren beobachtet. Golizyn weiß seine eigene Clique hinter sich, außerdem hat er einen Verwandten, einen Bruder, in Peters Lager. Der Übergang zur Schlacht bei Asow wirft das Problem Volk in stark zugespitzter Form auf. Das Volk tritt in Gestalt des Heeres und der Ruderer, später in Gestalt von Kosaken auf. Die Wälle der Festung Asow wurden von Donkosaken erstürmt. Peters Flotte gewann nicht das offene Meer, die Türkenflotte wurde durch Kosakenboote zerschlagen.

Das Romanvorhaben sollte als Zusammenprall zwischen Peter und dem Volk realisiert werden. Die historischen Quellen, die Tolstoi kannte – Gordons Tagebuch, Ustrjalows Buch –, lieferten ihm hierzu lückenloses Material. Als Wichtigstes aber können wir Tolstois Aufzeichnungen aus dem Jahre 1870 werten, wo das Thema Kosakentum und Staat direkt und genau aufgeworfen wird.

Das Problem des Kosakentums war damals hart umstritten, darüber und über Stepan Rasin schrieb Kostomarow, der für die Kosaken eintrat. Auf der Gegenseite stand Solowjow, der die Kosaken verurteilte, sie für die Urheber der »Zeit der Wirren« hielt und für »Leute, die sich harter Arbeit, staatlicher und gesellschaftlicher Aufsicht entziehen und anfangen, üblem Gewerbe nachzugehen« sowie »auf fremde Kosten lebend, d. h. Eigene und Fremde auszuraubend, sich dem Müßiggang zu ergeben«.

Solowjow hielt 1872 über Peter I. öffentliche Vorlesungen, deren Gedankengut in den bereits erschienenen Bänden seines Geschichtswerkes enthalten war, und gegen diese Ideen polemisierte Tolstoi.

Am 4. April 1870 notierte Tolstoi: »Lese in Solowjows Geschichte. Will man ihm glauben, so muß es in Rußland vor Peters Zeiten nichts als Unflat gegeben haben: Grausamkeit, Raub, Eintreibung, Ungehobeltheit, Dummheit, Unfähigkeit, irgend etwas zu vollbringen. Die Regierung trat als Verbesserer auf. – Und die Regierung ist bis in unsere Zeit gleichermaßen widerwärtig geblieben. Da liest man nun diese Geschichte und kommt unwillkürlich zu dem Schluß, daß Rußlands Geschichte sich auf eine Menge von Widerwärtigkeiten aufbaut.

Wie konnten dann aber eine Menge von Widerwärtigkeiten ein gewaltiges, geeintes Reich erzeugen?

Schon das allein genügt als Beweis, daß nicht die Regierung Geschichte gemacht hat.«

Unter »Eintreibung« verstand man im alten Rußland des Herausprügeln von Steuern aus der Bevölkerung: säumige Zahler wurden auf offener Straße mit Stockhieben auf die Waden abgestraft, man schlug sehr lange auf sie ein. Die Regierung war ein Gewaltregime. Tolstoi stellte Fragen: »Wer aber hat denn gearbeitet, die Zobel und Füchse gefangen, mit denen ausländische Gesandte beschenkt wurden? Wer hat Brokat und Tuche hergestellt, wer eigentlich die Regierung ernährt?

Weshalb schloß sich das ukrainische Kosakentum – ein Bogdan Chmelnizki – nicht dem Königreich Polen und nicht den Türken an, sondern Rußland?«

Tolstoi hatte eine andere Geschichtsauffassung, und er wußte, mit wem er Peter I. bei Asow konfrontieren würde.

Vom 2. April 1870 stammt eine kurze Aufzeichnung in seinem Notizbuch: »Die gesamte Geschichte Rußlands ist von Kosaken gemacht. Nicht ohne Grund bezeichnen uns die Europäer als Kosaken. Das Volk will ein Volk von Kosaken sein. Unter der Regentin Sofia zog Fürst Golizyn in den Krimfeldzug, bedeckte sich mit Schmach, die Krimtataren wiederum baten Palej um Pardon, und 4000 Kosaken waren es, die Asow eroberten und auch hielten, jenes Asow, das Peter mit solchen Mühen eingenommen und wieder verloren hatte.«

An dieser Stelle entsteht ein Widerspruch bei Tolstoi selbst. Er schrieb im Jahre 1865, das russische Volk lehne Landbesitz ab, und Proudhons Ausspruch »Eigentum ist Diebstahl« beruhe auf Wahrheit.

»*La propriété c'est le vol* – ist eine größere Wahrheit als die der englischen Verfassung, und zwar seit das Menschengeschlecht existiert. Das ist eine *absolute* Wahrheit, aber es gibt auch relative Wahrheiten, die sich daraus ableiten, quasi als Beigaben. Die erste dieser relativen Wahrheiten ist die Ansicht des russischen Volkes über Besitz. Das russische Volk lehnt das stabilste, von Arbeit unabhängigste Eigentum ab, das mehr als jedes andere das Recht anderer Menschen auf Eigentumserwerbung einengt, nämlich den Grundbesitz. Diese Wahrheit ist kein Wunschtraum, sondern eine Tatsache, die sich in Bauerngemeinden, in *Kosaken*gemeinden manifestiert, eine Tatsache, die vom Gelehrten ebenso verstanden wird wie vom russischen Bauern, der da sagt: Mag man uns nur unter die Kosaken einschreiben, dann sind Grund und Boden frei. Diese Idee hat Zukunft. Ausschließlich darauf kann sich eine russische Revolution gründen.«

Tolstoi kannte das Kosakentum von Grund auf, für ihn war das keine Utopie, und er glaubte nicht daran, daß das bereits Vergangenheit war. Ein Widerspruch aber war, daß der Mann, der *Die Kosaken* geschrieben hatte und gegen Landbesitz auftrat, zweimal, zuerst von Tutschkow, dann von Bistrom, im Gouvernement Samara insgesamt mehr als 6000 Deßjatinen Grund und Boden erwarb.

»Anna Karenina«

Es ist schwierig, in den häufig umgemodelten Fassungen eines Kunstwerkes eine Kontinuität in der Niederschrift von Varianten bestimmen zu wollen, wenngleich das die einzige Möglichkeit ist, sie zu erforschen.

Manuskriptvarianten in der Reihenfolge des abgeschlossenen Werkes zu betrachten, hieße einen falschen Weg beschreiten. Das noch nicht existente künftige Kunstwerk würde damit gleichsam vorausgesetzt und als bereits existent angenommen.

Der Lebenslauf eines Kunstwerkes ist indessen sehr kompliziert und in die Summe der Lebenskenntnisse, selbst in die Absichten des Künstlers nicht vollständig eingebunden.

Poeten und Prosaiker verwenden den Ausdruck »Muse«. Über Musen schrieb Tolstoi an den Freund Feth.

Feth war Geschäftsmann, der Ankauf und Tausch von Landgütern betrieb; sein Gut Stepanowka war einem mit Leckereien behäuften Teller vergleichbar. Mitten auf dem Teller stand ein kleines massives Gebäude, darin wohnte der Hausherr, ein dicker Offizier a. D. mit kurzem Kavalleristenschritt.

Feth umschritt sein Haus, und bei jeder Runde entdeckte er zumindest einen Kopekengewinn.

Er war ein Gutsherr neuer Prägung, initiierte neue Wirtschaftsmethoden, investierte dabei Geld des Kaufherrn Botkin und versuchte sich in neuartigen kaufmännischen Regeln; eigentlich war er ein noch ausgeprägterer Bourgeois als Botkin und zugleich ein großer Dichter. Sein Familienleben war von seiner wohlhabenden, unschönen Gattin und von einem minutiösen Anstandskult geprägt.

Tolstoi schrieb: »Ein Poet nimmt das Beste aus seinem Leben und steckt es in sein Werk. Daher ist sein Werk herrlich und sein Leben häßlich.«

Tolstoi suchte poetische Lösungen im Leben.

Feth, der gewiefte Geschäftsmann, Autor der Memoiren *Meine Erinnerungen,* worin Briefe Turgenjews und Tolstois ungenau zitiert werden, schrieb wundervolle Gedichte, als deren Verfasser man sich einen Ulanenoffizier a. D., der zeitaufwendig und raffiniert seine adlige Abstammung nachzuweisen suchte, nur schwer vorstellen kann.

Seine Gedichte sind poetisch und leben gleichsam von Erinnerungen an Poesie, an die gewaltige russische Poesie, die dem Dichter half, das Poetischste aus dem Leben auszusondern; der Mensch Feth hingegen wollte kein Poet sein und war ständig bemüht, nachzuweisen, daß er Schenschin hieße und legitimer Sohn eines Gutsherrn sei.

Ich weiche vom Thema ab und wende mich Feth zu, weil dieser gewandte und unterwürfige Tolstoi-Nachbar in den poetischen Seiten seines Wesens dem Schöpfer der *Anna Karenina* sehr nahestand. Er und N. N. Strachow waren in den siebziger Jahren Tolstois engste Freunde. Freilich besaß Tolstoi größeren Weitblick als sie beide.

Es galt, den heutigen Tag des heutigen Menschen zu entscheiden.

Tolstoi nahm an, die Geschichte schreite nicht vorwärts, er glaubte, Dörfer stünden ewig und Steppen lägen ewig da, und alles, was außerhalb von Dorf und Nomadenlager existiere, sei nichts als Chimäre.

Krieg und Frieden hatte er schreiben können, da das Buch von der jüngeren Vergangenheit handelt. Die Geschichte der Väter, die Lebensweise von Bauern und Adligen waren ihm verständlich; seine Neigung zum Archaischen tritt vorerst noch schwach zutage, dient ihm aber als Nachweis der Authentizität.

Die Arbeit an der Geschichte Peters I. erwies sich als überaus schwierig: die Dinge lagen mehr als anderthalb Jahrhunderte zurück und entzogen sich seinem Verständnis. Ständig versuchte Tolstoi die Geschichte in seine Nähe zu rücken, indem er den Handlungsbeginn in sein Jasnaja Poljana, wie es vor 170 Jahren ausgesehen hatte, verlegte:

»Wo heute drei Verkehrswege das Land von Jasnaja Poljana durchschneiden, einer davon alt, 30 Sashen lang und nach Araktschejews Plan von Weiden gesäumt, der andere gepflastert, an dessen Bau ich mich erinnere, der dritte die Bahnstrecke Moskau–Kursk, von wo fast unaufhörlich Pfiffe, Rädergeratter und stinkender Steinkohlenrauch zu mir herüberdringen – dort verlief früher, vor 170 Jahren, einzig die Kiewer Landstraße, und selbst die war nicht angelegt, sondern nur ausgefahren und veränderte sich je nach Jahreszeit, besonders am Waldstreifen entlang, der dazumal noch nicht ausgelichtet war und wo die Straße bald hier, bald dort verlief.«

Tolstoi spricht von großen Veränderungen, doch waren die von ihm aufgezählten unwesentlich und ohne Ausnahme nachteilig.

Das bäuerliche Leben war leicht: »Wachen gab's wenig, und für einen Krug Wodka konnte einer Bäume fällen, so viel er wollte. Heutzutage ist die Getreideernte schlecht, sogar auf Stalldung, fürs Vieh mangelt's an Futter auf den Feldern, auch hat man begonnen, den Viehbestand zu lichten – mancher Acker ist unbestellt, das Bauernvolk verzieht sich in die Stadt als Droschkenkutscher und Handwerker, dazumal aber ist Brotgetreide gewachsen, wo du auch hinspuckst, ohne Stalldung, besonders dort, wo ehemals Wald gestanden hat, und Bauer und Gutsherr hatten Brot die Menge. Futter fürs Vieh gab's so viel, daß zwar Bauer und Gutsherr reichlich Vieh hielten, das Weideland aber niemals ganz abgeweidet, die Wiesen nie völlig abgemäht wurden.«

Die Geschichte wird hier als ein Prozeß verstanden, der die Natur zum Niedergang führt. Tolstoi war in die Steppen zu Herodot gegangen, zu den Baschkiren, die er als Nachfahren der Skythen betrachtete. Ihm bereitete es Genuß und Freude, zu sehen, daß die Geschichte in den Steppen nichts verändert hatte. Doch die Geschichte lebte in Tolstoi selbst, er war ein Teil von ihr, und er führte sie ein in die Steppen um Samara, sie schritt an seiner Seite als Ruin der Nomaden und Bauern. Damals träumte er davon, mit den Nomaden und den Bauern fortzuziehen, weit fort an den Rand des gewaltigen Landes; er glaubte, die Geschichte stehe dort unverrückbar still.

In die Steppen um Samara drang die Geschichte ebenso ein wie hinter die Ausholzungen bei Tula, als Zerstörung des patriarchalischen Daseins, als Notwendigkeit, auf andere Weise zu wirtschaften, und gleichzeitig als Unmöglichkeit, das Wirtschaftssystem zu verändern. Der Hunger kam, Tolstoi sah ihn mit eigenen Augen und beschrieb ihn genau, mit einem Realismus, der anderen unerreichbar war.

Das Leben ging seinen Gang. Das war Geschichte; als das Stabilste betrachtete Tolstoi Familie, Heim und Sittlichkeit. Wer die Familie zerstörte, war ein Feind, der mußte vernichtet und der Lächerlichkeit preisgegeben werden. Preisgegeben vor allem deshalb, weil es solche Feinde, seiner Ansicht nach, nur wenige gab.

Sie waren Nihilisten, sie lebten mit den Frauen anderer Männer oder mit Mätressen; die Mätressen waren unglückliche Frauen, und Lew Tolstoi sah mit eigenen Augen, wie sich 1872 die Oberstentochter Anna Stepanowna Sykowa, von Eifersucht gemartert, unter einen Eisenbahnzug stürzte. Ihr Geliebter, A. N. Bibikow, hatte der Gouvernante seines Sohnes einen Heiratsantrag gemacht. Anna Stepanowna nahm ein Bündel mit Sachen, etwas Leibwäsche und ein Kleid, fuhr damit nach Tula, kehrte dann nach Jassenki, eine Bahnstation, fünf Werst von Jasnaja Poljana, zurück. Hier warf sie sich unter einen Güterzug und wurde hinterher seziert. Tolstoi sah sie in der Kaserne von Jassenki mit haarlosem Schädel, den ganzen Körper entblößt und zerschnitten. Darüber schrieb Sofja Andrejewna unter der Überschrift *Weshalb die Karenina Anna heißt, und was ihn auf den Gedanken eines solchen Selbstmordes gebracht hat.*

Diese Geschichte aber spielt im allzu Privaten, hier mußte tiefer geschürft werden. Der Schriftsteller mußte sich die gesamte Geschichte seiner Zeit näherrücken.

Die Gedanken eines Menschen und die der Gesellschaft erfahren eine Art kreuzweiser Bestäubung. Themen verschmelzen miteinander; ein Mann, der zu schreiben beginnt und anfängt, Umgang mit den Musen zu pflegen, schaltet sich in die Telefonzentrale des gesamten menschlichen Denkens ein; wenn er den Hörer abnimmt, hört er den Lärm der Epoche.

Man schrieb Februar 1870. Das Haus auf Jasnaja Poljana lag tief im Schnee vergraben. Tolstoi arbeitete am Roman über Peter I. Zeitungen oder Zeitschriften kamen nicht ins Haus. Sofja Andrejewna notierte: »L. sagt, er mag keine Kritiken lesen. ›Puschkin wurde durch Kritiker unsicher, es ist besser, man liest sie nicht.‹«

An Puschkin, dessen Prosa er früher nicht mochte, weil er sie als karg und von Einzelheiten entblößt und als überholt empfand, mußte Tolstoi nun denken.

Er schrieb die Geschichte des Kampfes zwischen Peter und der Regentin-Halbschwester Sofia, er sammelte Informationen, überlegte, wie die Exposition am einfachsten und klarsten zu gestalten sei, aber ihm kamen auch andere Gedanken. »Gestern Abend sagte er mir«, schrieb Sofja Andrejewna, »ihm schwebe ein bestimmter Frauentyp vor, eine verheiratete Frau der großen Welt, die sich verliert. Er sagte, seine Aufgabe sei, aus der Frau ein Geschöpf zu machen, das nur bejammernswert ist, aber keine Schuld trägt, und kaum sei er auf diesen Typ verfallen, hätten sämtliche Personen und früher schon im Geist vorgezeichneten männlichen Figuren sofort ihre Plätze gefunden und sich um diese Frau herum gruppiert. ›Jetzt ist mir alles klar geworden‹, sagte er. Gestern hat er sich entschlossen, einen längst erdachten Gebildeten aus dem Bauernstande zum Verwalter zu machen.«

Wann mag ihm die Idee für *Anna Karenina* gekommen sein? 1870, als Tolstoi an eine Sünderin dachte, die ihren Platz innerhalb der Gesellschaft verloren hat, oder an dem Tage, als er in der Kaserne auf dem Tisch den sezierten Frauenleib erblickte?

Bislang gab es nur ein Nirgendwann und noch keine Verbindungen, noch waren die Musen nicht erschienen.

Was es gab, waren Fragmente einer Aufgabe, »vertraut von alters her, die Früchte seiner Träume«. Jemand überlegt, doch sind seine Überlegungen nicht ungebunden, sie sind der Welt untergeordnet, denn er selbst ist in die Welt eingebaut. Dieser Jemand schreibt, aber das Buch will nicht werden, obwohl alles vorbereitet ist.

Bereit lag eine Vielzahl von Redewendungen, über die Kostüme herrschte Klarheit, über sommerliche, winterliche, mit der Konstruktion der Stammbäume war begonnen worden, das Schiff der poetischen Inspiration jedoch wurde urplötzlich in eine andere Richtung fortgetragen, und die Ladung mit dem für einen historischen Roman aufbereiteten Material wurde fast ohne Bedauern an Land zurückgelassen.

Das geschah am 19. März 1873. Sofja Andrejewna notierte: »Gestern abend sagte L. plötzlich zu mir: ›Weißt du, ich habe anderthalb Bogen vollgeschrieben, und ich glaube, es ist gut geworden.‹ Weil ich annahm, es gehe um einen neuen Versuch, etwas aus der Zeit Peters des Großen zu schreiben, habe ich nicht besonders darauf geachtet. Dann aber erfuhr ich, daß er angefangen hatte, einen Roman über eine Privatgeschichte aus der Gegenwart zu schreiben. Seltsam, wie er darauf gestoßen ist. Serjosha lag mir ständig in den Ohren, ich solle ihm etwas geben, was er der alten Tante vorlesen könne. Ich gab ihm *Die Erzählungen Belkins* von Puschkin. Dann aber erwies sich, daß die Tante eingeschlafen war, und weil ich keine Lust hatte, das Buch in die Bibliothek zurückzutragen, legte ich es aufs Fensterbrett im Salon. Am nächsten Morgen beim Kaffee griff L. nach dem Buch und las es erneut mit Begeisterung. Zuerst entdeckte er in diesem Teil (Annenkow-Ausgabe) kritische Bemerkungen und sagte: ›Ich lerne viel von Puschkin, er ist mein Vater, ich muß von ihm lernen.‹«

Tolstoi glaubte, er könnte die Arbeit am Peter-Roman fortsetzen, und schickte sich an, sogleich weiterzuschreiben. »Am Abend las er verschiedene Abschnitte und fing unter Puschkins Einfluß an zu schreiben. Heute hat er weitergearbeitet, und er sagt, er sei mit seiner Arbeit zufrieden.«

Die Arbeit ging rasch voran. Am 4. Oktober 1873 notierte Sofja Andrejewna: »Der Roman *Anna Karenina,* im Frühjahr begonnen, wurde damals sofort entworfen. Den ganzen Sommer über, den wir im Gouvernement Samara verbracht haben, hat er nicht geschrieben, jetzt feilt er daran, verändert viel und führt den Roman weiter.«

Am 25. März schrieb Tolstoi an N. N. Strachow:

»Nun will ich von mir erzählen, aber, bitte, unter strengster Diskretion, weil vielleicht gar nichts aus dem wird, was ich Ihnen sagen möchte. Nahezu die gesamte Arbeitszeit des letzten Winters nahm mein Peter in Anspruch, das heißt, ich beschwor Geister aus jener Zeit, und plötzlich – etwa vor einer Woche – fing Serjosha, mein Ältester, an, *Juri Miloslawski* zu lesen, und das mit Begeisterung. Ich fand, es sei noch zu früh, las das Buch mit ihm zusammen, dann brachte meine Frau *Die Erzählungen Belkins* von unten herauf, weil sie meinte, damit etwas für Serjosha gefunden zu haben, merkte aber natürlich, daß es zu früh dafür sei. Irgendwann nach der Arbeit griff ich zu dem Puschkinband und habe ihn wie jedesmal (ich glaube, zum siebenten Mal) ganz durchgelesen, ohne mich losreißen zu können, und es war, als läse ich es ganz neu. Nicht genug damit, es war, als hätte er alle meine Zweifel zerstreut. Nicht nur früher von Puschkin, sondern von keinem anderen Buch war ich, glaube ich, jemals so entzückt. *Der Schuß, Ägyptische Nächte, Die Hauptmannstochter.* Dort gibt es auch einen Abschnitt *Die Gäste versammelten sich auf der Datsche**. Unwillkürlich, ungewollt, nicht wissend wozu und was daraus wird, überlegte ich mir Personen und Ereignisse, machte weiter, dann änderte ich selbstverständlich, und auf einmal fügte sich alles so prächtig und prall, daß ein Roman herausgekommen ist, dessen Rohfassung ich heute beendet habe, ein sehr lebendiger, lebensvoller und in sich abgeschlossener Roman, mit dem ich sehr zufrieden bin und der, wenn Gott mir Gesundheit schenkt, in zwei Wochen fertig sein und gar nichts gemein haben wird mit all dem, womit ich mich ein ganzes Jahr herumgeschlagen habe. Wenn ich ihn fertig habe, bringe ich ihn als Einzelausgabe heraus. Aber ich möchte sehr gern, daß Sie ihn lesen.

Würden Sie wohl die Korrekturarbeit auf sich nehmen, um ihn dann in Petersburg drucken zu lassen?«

Dieser Brief ist voll Exaltation. Abgesandt wurde er nicht – Tolstoi wollte nicht alles erzählen. Am 30. März schrieb er an P. D. Golochwastow, der ihm Material für den Roman über Peter I. zugesandt hatte. Bemerkenswert ist, daß dieser Brief ebenfalls nicht abgeschickt

* Hier irrte Tolstoi. Der Titel lautet: *»Die Gäste trafen sich auf der Datsche.«*

wurde. »Sie werden es nicht glauben, daß ich mit einer schon lange nicht mehr empfundenen Begeisterung in der letzten Zeit nach Ihnen *Die Erzählungen Belkins* gelesen habe, zum siebenten Male in meinem Leben. Ein Schriftsteller darf nicht aufhören, dieses Juwel zu studieren. Diese erneute genaue Lektüre hat auf mich eine starke Wirkung ausgeübt. Ich arbeite jedoch überhaupt nicht an dem, was ich eigentlich vorhatte.«

Beide Briefe wurden bewußt zurückgehalten. Im April teilte Tolstoi Strachow folgendes mit: ». . . Ich hatte Ihnen sofort geantwortet, den Brief jedoch nicht abgeschickt, und nun sind zwei Wochen vergangen. Nicht abgeschickt wurde der Brief, weil ich darin einiges über mich geschrieben habe, wofür die Zeit noch nicht reif war, und das hat sich denn auch bestätigt. Irgendwann einmal schicke ich Ihnen den Brief oder gebe ihn Ihnen zu lesen . . .

Von mir, d. h. von meinem eigentlichen Ich, schreibe ich jetzt nicht, damit dieser Brief nicht wieder zurückbehalten werden muß. Ich bin dabei, eine Verpflichtung zu erfüllen, die irgendeine allerhöchste Weisung mir auferlegt, ich quäle mich dabei und empfinde bei dieser Qual eine Fülle – nicht an Freude, wohl aber an Lebenszweck.«

Drei Tage später schreibt Tolstoi an Golochwastow: »Ist es schon lange her, daß Sie Puschkins Prosa wieder einmal gelesen haben? Tun Sie mir die Freude und lesen Sie alle *Erzählungen Belkins* von Anfang an. Jeder Schriftsteller sollte sie immer wieder studieren. Ich hab das kürzlich getan und kann Ihnen gar nicht sagen, welch wohltuenden Einfluß diese Lektüre auf mich gehabt hat.«

Tolstoi lernte von Puschkin, wie er sagt, »die harmonische Genauigkeit bei der Verteilung der Gegenstände«.

Er spürte, daß er den Roman sehr schnell beenden könnte. Am 11. Mai 1873 schrieb er wiederum an Strachow; jetzt meinte er, das Geheimnis, das er bisher verschwiegen hatte, lüften zu dürfen.

»Ich schreibe an einem Roman, der absolut nichts Gemeinsames mit Peter hat. Ich schreibe schon über einen Monat daran und habe die Rohfassung fertig. Dieser Roman – und es ist wirklich ein Roman, und zwar der erste in meinem Leben – hat meine Seele stark ergriffen, er beherrscht mich vollkommen, obwohl mich in diesem Frühjahr philosophische Fragen sehr beschäftigen. In dem Brief an Sie, den ich nicht abgeschickt habe, schrieb ich von diesem Roman und davon, wie ich darauf kam, unwillkürlich und dank dem göttlichen Puschkin, der mir ganz zufällig in die Hand geriet und den ich mit neuer Begeisterung ganz durchlas.«

Doch nicht Puschkin allein wurde zu Tolstois Muse.

Das Leben formte sich neu, Stadt und Dorf veränderten sich, die alte Sittlichkeit geriet in Widerspruch zur neuen Lebensweise.

In Frankreich wurden Romane geschrieben über den Liebhaber als traurige, aber für eine Frau unvermeidliche Erscheinung. Die Feindschaft Altgewohntem gegenüber verschärfte sich. Russische Geschworenengerichte entschlossen sich zu überraschenden Freisprüchen, ein Anzeichen dafür, daß die alte Sittlichkeit ins Wanken geraten, eine neue hingegen noch nicht vorhanden war.

In Frankreich schrieb der begabte Alexandre Dumas fils nach dem Stück *Die Kameliendame* (1852), worin die selbstlose Liebe einer Gefallenen gezeigt wird, ein neues Drama mit dem Titel *Die Frau des Claudius* (1873), worin der Ehemann seine ungetreue Gattin tötet. Das Stück erschien mit einem langen Vorwort des Autors. Vorher, 1872, hatte Dumas das Buch *Der Mann – die Frau* herausgegeben, in dem Überlegungen zu der Frage angestellt werden, ob man eine untreue Gattin töten oder ihr vergeben solle.

Am 1. März 1873 schrieb Tolstoi an T. A. Kusminskaja: »Hast Du *Der Mann – die Frau* gelesen? Mich hat das Buch beeindruckt. Von einem Franzosen hätte ich ein solches umfassendes Verständnis für den Begriff Ehe und für die Beziehungen zwischen Mann und Frau an sich nicht erwartet.«

Das Fundament in Tolstois neuem Werk bilden eine neue Situation und die *Unmöglichkeit* ihrer Lösung.

Der Autor sucht nach Wegen zur Überwindung des Konfliktes, Puschkins Prosa, das in sich geschlossene Fragment *Die Gäste trafen sich auf der Datsche* lieferten ihm die erste Beschreibung einer solchen Situation sowie den Stil der Beschreibung. Puschkins Manuskript bricht unvollendet ab. Der Konflikt bleibt ungelöst.

Dumas fils griff zur konventionellen, traditionellen Lösung eines solchen Konfliktes, daher erregte der französische Dramatiker Tolstois Interesse.

In der Urfassung des Werkes, das später den Titel *Anna Karenina* erhielt, bewilligt der Gatte der Gattin, die ihn betrogen hat, die Scheidung. Aber er wird zum »Gespenst«, zum »abgemagerten, gebeugten Greise, der vergeblich versucht, auf seinem faltenzerknitterten Gesicht strahlendes Opferglück auszudrücken«.

Tolstoi versucht, die französische Konfliktlösung anzuwenden.

»Einmal ging er [der Gatte, der in die Scheidung eingewilligt hatte – V. Sch.] ins Missionskomitee. Man sprach über Eifersucht und Gattinnenmord. Michail Michailowitsch [so heißt der künftige Karenin – V. Sch.] stand langsam auf und fuhr zu einem Waffenhändler, lud die Pistole und fuhr zu ihr.«

Die Worte »zu ihr« stehen über dem ausgestrichenen Wort »heim«.

Die geschiedenen Ehegatten können einander nicht helfen. »Unsere Verbindung ist nicht abgebrochen«, sagt Michail Michailowitsch. »Ich habe schlecht gehandelt. Ich hätte ihr verzeihen und sie fortjagen sollen, aber ich hätte das heilige Sakrament nicht mit Füßen treten dürfen . . .«

Der Schuß unterblieb. Tolstoi hatte bereits in der Erstfassung den Selbstmord der Frau als einzig möglichen Ausweg gewählt.

Puschkin warnte vor Pseudolösungen, er lenkte das Interesse auf die Frau selbst, nicht auf ihre Schuld.

Puschkin erwies sich für Tolstoi als Muse, er verhalf ihm durch die präzise Wiedergabe eines Schicksals zu einer anderen Struktur des Werkes, worin Altes als Neues auftritt, jedoch so, daß es zur vollendeten Wahrheit wird.

B. M. Eichenbaum formulierte diesen Gedanken in seinem Buch *Lew Tolstoi. Die siebziger Jahre* wie folgt: »Die Ähnlichkeit zwischen dem ersten Entwurf zu *Anna Karenina* und Puschkins Fragment beschränkt sich nicht auf die einleitenden Worte: der gesamte Entwurf ist eine Art Variation des Puschkinthemas. In Puschkins Fragment (wie bei Tolstoi) versammeln sich Gäste um einen runden Tisch am Samowar und bereden das auffallende Benehmen der jungen Frau Sinaida Wolskaja: ›Sie ist entsetzlich flatterhaft . . .‹ – ›Flatterhaft? Das ist ein viel zu mildes Wort. Sie führt sich unverzeihlich auf.‹ – ›Sie hat viel Gutes an sich und viel weniger Übles, als man glauben sollte. Aber sie wird an ihren Leidenschaften zugrunde gehen.‹ Die letzte Bemerkung klingt wie ein Motto zu Tolstois künftigem Roman, wie eine Anspielung darauf. Mit diesem Ausschnitt ist in der Annenkow-Ausgabe, Band 5, ein anderer abgedruckt, der sich auf das gleiche Vorhaben bezieht und mit den Worten beginnt: ›An einer Ecke des kleinen Platzes stand vor einem kleinen Holzhaus eine Karosse.‹ Tolstoi muß zweifellos auch diesen Abschnitt gelesen haben. Spuren davon finden wir in *Anna Karenina* wieder. Der Abschnitt enthält eine Eifersuchtsszene: Sinaida wirft ihrem Geliebten, Valerian Wolodski, Gefühlskälte vor und spricht Verdächtigungen aus; Valerian entgegnet gereizt: ›So, so: schon wieder diese Verdächtigungen! Wieder diese Eifersucht! Bei Gott, das ist unerträglich!‹ Der Abschnitt endet mit Valerians Abreise: ›Valerian hörte ihr schon nicht mehr zu. Er strich den längst übergestreiften Handschuh straff und spähte ungeduldig aus dem Fenster. Sie schwieg mit verdrießlicher Miene. Er drückte ihre Hand, sprach ein paar nichtssagende Worte und rannte aus dem Zimmer wie ein munterer Schüler aus der Klasse. Sinaida trat ans Fenster, sah seine Kalesche vorfahren, ihn Platz nehmen und abfahren. Lange stand sie am gleichen Fleck, die heiße Stirn gegen die vereiste Scheibe gepreßt. Endlich sprach sie laut: ‚Nein, er liebt mich nicht!‘ Sie läutete, befahl, die Lampe anzuzünden, und setzte sich an den zierlichen Schreibtisch ...‹ Diese Szene diente Tolstoi als eine Art Konspekt für die Beschreibung des letzten Zerwürfnisses zwischen Anna und Wronski: ›Sie trat ans Fenster und sah, wie er, ohne hinzusehen, nach seinen Handschuhen griff... Dann nahm er, ohne noch einmal zu ihren Fenstern hinaufzublicken, im Wagen seine gewöhnliche Haltung ein, schlug ein Bein übers andere und verschwand, die Handschuhe überstreifend, um die Ecke.

‚Er ist fort! Alles ist aus!‘ sprach Anna zu sich selbst, während sie noch am Fenster stand. ‚Nein, das darf nicht sein!‘ rief sie, schritt durch das Zimmer und läutete energisch ... Sie setzte sich hin und schrieb ...‹ und so weiter.«

Puschkins Werke kannte man damals nur wenig. Tolstois Hinwendung zu Puschkins Prosa registrierend, kam man zu der Ansicht, der Autor habe offensichtlich *Die Erzählungen Belkins* gelesen. N. K. Gudsi weist im Band 20 der Jubiläumsausgabe als erster darauf hin, daß *Die Erzählungen Belkins* keinen solchen Anfang enthalten. Tolstoi hatte ein späteres Prosawerk von Puschkin gelesen, die Tradition aber hatte Puschkins Prosa mit den *Erzählungen Belkins* zu einem Ganzen verschmolzen, und im Endergebnis brachten nicht nur Sergejenko und Sofja Andrejewna die Dinge durcheinander, sondern dieser Irrtum blieb lange Zeit unentdeckt.

Wie nun sieht die erste, mit praller Handlung einsetzende Geschichte aus, die später zum Roman *Anna Karenina* wurde?

Die Suche nach dem Erstbeginn währte ziemlich lange. In der Jubiläumsausgabe steht unter Nr. 1: »Prolog. Sie heiratet unter glücklichen Vorzeichen. Sie fährt die Schwägerin (abholen) trösten und begegnet Gagin.«

Diese Variante kommt der endgültigen Romanfassung ziemlich nahe: dort gibt es die Ankunft einer Frau, die die Schwierigkeiten ihrer Schwägerin beilegt. Als erste Variante gilt sie, weil sie (nach dem Prolog) mit einem Satz beginnt, der ganz deutlich an den Anfang des Puschkinfragments anklingt: Die Gäste versammelten sich gegen Wintersende, sie warteten auf die Karenins und sprachen über sie. Sie erschien und führte sich im Umgang mit Gagin (später Wronski) ungehörig auf.«

Jetzt, nach dem Erscheinen der Arbeit von W. Shdanow *Aus der Entstehungsgeschichte des Romans ›Anna Karenina‹*, veröffentlicht im *Sammelband von Jasnaja Poljana* (Tula, 1955) gilt als Anfang (und N.

Gudsi erklärte hierzu sein Einverständnis), was vordem unter Nr. 3 (Manuskript-Nr. 4) publiziert worden ist.

Hier heißt die Heldin Tatjana Stawrowitsch. »Das Gespräch verstummt nicht. Man spricht über Stawrowitsch und dessen Frau, und selbstverständlich in gehässiger Weise, sonst könnte das Thema ja nicht Gegenstand eines heiteren und gescheiten Gespräches sein.«

Das Ehepaar Stawrowitsch tritt ein.

»Tatjana Sergejewna in einem gelben Kleid mit schwarzem Spitzenbesatz, einen Blumenkranz im Haar und mit dem größten Dekolleté aller anwesenden Damen.

Es war in ihrer Kleidung und im raschen Gang etwas Herausforderndes, Dreistes, aber auch etwas Schlichtes und Geruhsames in ihrem schönen Gesicht mit den lebendigen Farben, den großen schwarzen Augen und den gleichen Lippen und dem gleichen Lächeln wie bei ihrem Bruder.

›Da sind Sie ja endlich‹, sagte die Hausfrau, ›wo waren Sie denn?‹

›Wir sind noch zu Hause vorbeigefahren, ich mußte ein Billett an Balaschow schreiben. Er wird hierherkommen.‹

Das fehlte noch, dachte die Hausfrau.

›Michail Michailowitsch, möchten Sie Tee?‹

Michail Michailowitschs Gesicht, weißhäutig, glattrasiert, gedunsen und faltig, verzog sich zu einem Lächeln, das gekünstelt gewirkt hätte, wäre es nicht so gutmütig gewesen, und er begann etwas zu murmeln, das die Hausfrau nicht verstand, worauf sie ihm auf alle Fälle eine Tasse reichte. Er breitete säuberlich die Serviette auf den Knien aus, richtete sein weißes Halstuch, zog einen Handschuh aus und begann schlucksend zu schlürfen.«

Tatjana sitzt da, »derart nach vorn gebeugt, daß ihre Schulter aus dem Kleid hervortritt«, sie spricht »laut, ungehemmt, fröhlich«. Balaschow erscheint, der künftige Wronski. Er ist fast so groß wie Tatjana. »Sie ist schlank und zierlich, er schwarz und grobschlächtig.« Balaschow ist fünfundzwanzig Jahre alt, Tatjana dreißig; Stawrowitsch ist fast ein Greis mit zarter Gesundheit. Tatjana ist keine Dame der großen Welt: »Man empfängt sie, weil sie das Salz in unserer nüchternen Gesellschaft ist.« Das Gespräch zwischen Tatjana und Balaschow zieht sich in die Länge, derlei galt als ungehörig: »Von diesem Tage an erhielt Tatjana Sergejewna keine einzige Einladung mehr zu Bällen und Abendgesellschaften der großen Welt.«

Soweit der Anfang des Romans. Nihilisten spielten darin mit, die die Ansicht vertraten, alles habe seine Richtigkeit. Tatjanas Gatte war ein Ideal von Mann, der sofort auf die Scheidung einging und später das Kind, dessen Vater er nicht war, großzog. Er empfing den Liebhaber seiner Frau in seinem Hause. Charakterisiert wird Tatjana so, daß an einer Stelle unverblümt ausgesprochen wird: »Sie ist eine widerwärtige Person.« Sie hat schlechte Manieren: sie beißt auf ihrer Perlenkette herum und plaudert allzu laut.

Im weiteren sollte sich, wie wir bereits wissen, alles ändern, Karenin verlor seine Liebenswürdigkeit und wurde aus einem Gelehrten zu einem Bürokraten, Anna zu einer Dame von glänzender Abstammung – zur Fürstin aus dem Geschlecht der Rjurikowitsch, zur wunderschönen, sehr wohlerzogenen Frau, Wronski zum brillanten Aristokraten, er war nun kein leicht kauziger junger Kosakenoffizier mehr, dem Zutritt zu höheren Gesellschaftskreisen gewährt wird. Dennoch verschwanden die ersten knappen Umrisse und die ersten Eigenschaften der Helden keineswegs, sie wurden nicht völlig aufgehoben, sie gingen als Elemente des Widerspruchs in den Roman ein.

Von Puschkins Erbe blieb die überhöhte Strenge des Themas: Die Ereignisse vollziehen sich nach geschlossener Ehe, außerdem geht es nicht um einen Galan, sondern um die große Liebe. Die Frau wird nicht beim Betrug ertappt, sie selbst berichtet dem Gatten davon. Sie verläßt ihren Mann.

Der Roman wurde geschrieben, als ihr Schicksal schon vorausgesagt war; der Handlungsablauf zog sie gleichsam auf die Eisenbahnschienen. Aber dieses vorausentschiedene Leben war im Hauptsächlichen noch nicht entschieden. Warum wohl?

Wieso geschieht Vorausgesagtes, Erratenes in Wirklichkeit?

Mit zwei Männern zu leben – mit dem Gatten und mit dem Liebhaber – ist nicht möglich. Dazu ist sie nicht fähig, auch der Liebhaber möchte das nicht.

Der Schriftsteller fordert von seiner Heldin Treue. Er beobachtet ihren Gatten, und dieser verändert sich unter seinem Blick immer mehr. Ein Petersburger Beamter, ein Karriere machender Bürokrat, ein Fremdling, weniger Bücherwurm als Papierassel, ein Amtsmensch, eine sklerotische Zeiterscheinung.

Dieser Alexej Alexandrowitsch ist aber auch sehr unglücklich, denn er ist gutherzig. Und da bietet sich eine hundertfache Auswahl von Lösungen an, das Ab- und Einschleifen setzt ein, die Helden aber sind mit den angebotenen Schicksalsläufen nicht einverstanden.

Vordem hatte Tolstoi eine Menge Bücher über Eifersucht gelesen. Ihm stand bevor, selbst Bücher über Eifersucht zu schreiben, doch Eifersucht lebt nicht nur in Büchern. Das Buch von Dumas fils gefiel dem Schriftsteller plötzlich sehr gut, dort wird die Angelegenheit sehr einfach gelöst: »Töte sie, töte die ungetreue Gattin« – sie ist eine Verbrecherin.

Diese Lösung ist seit langem erprobt. Man versuchte sie nicht nur damit zu begründen, daß der Ehemann Vorstand des Hauswesens sei, daß Macht und Vermögen in seinen Händen lägen, sondern auch mit dem traditionsgemäß im Bewußtsein eingewurzelten Regulativ, daß für die Frau Treue obligatorisch sei, für den Mann hingegen nicht.

Es gibt die Religion, die Treue verlangt, es gibt einen Gott, dem die Verantwortung für die Lösung auferlegt werden kann, es gibt ein ungenau gemerktes Bibelwort: »Mein ist die Rache, spricht der Herr.«

Hier ist alles widersprüchlich, wie religiöse Normen einander überhaupt zu widersprechen pflegen. »Vergilt Böses mit Gutem«, doch wird der Herrgott bestrafen, was du vergibst, folglich ist Vergebung ebensoviel wie Vergeltung. Aber brauchen denn Alexej Karenin und Alexej Wronski eine Vergeltung und den Tod Annas, und wird denn das Anliegen, das dem Roman zugrunde liegt, benötigt, und existiert denn überhaupt, was im Roman behauptet wird, nämlich Kittys und Lewins Glück?

Lew Tolstoi ist widersprüchlich, weil er in die alte Zeit gehört, weil seine Ideale in der Vergangenheit angesiedelt sind, außerdem aber, weil er menschlich ist, menschliche Ideale aber allem voranstehen.

Er scheint seiner Anna Treue zu Karenin abzuverlangen und zwingt sie zugleich, an ihre Beziehung zu dem Mann, an das, was zwischen den Eheleuten als Liebe bezeichnet wird, mit Abscheu zu denken. Karenin ist kein schlechter, sondern ein verkorkster Mensch, jedoch ist er, menschlich gesehen, kein Mann für Anna, und bei Tolstoi kommt das durchaus plausibel zum Ausdruck.

Anna schämt sich ihrer schiefen Lage als Geliebte, als ungetreue Ehefrau, aber sie ist glücklich, und ihr Glück ist die Wonne eines Ausgehungerten, der ißt.

Die wahre, menschliche Sittlichkeit steht im Widerspruch zum religiösen Epigraph, und nicht Gott ist es, der Anna unter die Räder des Zuges wirft, Menschen tun es, die gleichen Menschen, die Tolstoi haßten.

Das Porträt

Im September 1873 kehrte Tolstoi aus Samara nach Jasnaja Poljana zurück und schrieb an A. A. Feth:

»Ich fange an zu schreiben, d. h. besser gesagt, ich bringe einen angefangenen Roman zu Ende. Die Kinder lernen, die Frau ist geschäftig, sie unterrichtet die Kinder, ist guter Hoffnung und leidet dadurch ständig unter Unpäßlichkeiten. Bei mir sitzt schon seit einer

Woche der Maler Kramskoi herum und malt jeden Tag an einem Porträt von mir für die Tretjakow-Galerie, und ich sitze ihm Modell und plaudere und suche ihn vom Petersburger Glaubensbekenntnis abzubringen und zum echten Glauben zu bekehren. Ich habe mich dazu hergegeben, weil Kramskoi selbst angereist kam und weil er sich bereit erklärte, sehr billig ein zweites Bild für uns zu malen, und weil meine Frau mich dazu überredet hat.

Für mich aber ist der Mann interessant, weil er ein unverfälschter Typ der neuesten Petersburger Richtung ist, wie er sich nur in einer sehr gut veranlagten Malernatur äußern kann. Er ist jetzt dabei, beide Bilder zu vollenden, er kommt jeden Tag und hindert mich am Arbeiten.«

An einem frühen Morgen wanderte Kramskoi auf schmalem Waldpfad nach Jasnaja Poljana.

Aus dem Laub der Bäume lugten viele rote Knäuel aus Herbstblättern. Die Vögel waren fort. Stille ringsum.

Im Wald sah er eine Senke. Irgendwann einmal hatte man hier nach Erz gegraben, und der Boden war abgesackt. In der Senke lag wie ein getöteter Mensch eine Eiche, die Äste weit ausgebreitet.

Auf dem Wege in ein unbekanntes Haus, und besonders in eines, das man von vornherein respektiert, ist man immer sehr in Sorge und überlegt, was man sagen soll, malt sich aus, was man wohl zu sehen bekommen würde.

Der Maler kannte *Krieg und Frieden* gut, er stellte sich Lew Tolstoi nach Photos vor, er vermutete einen großen, starken, sehr ruhigen Mann an der Grenze des Lebensabends vorzufinden. Von des Grafen Gattin hatte er sich nach Versen von Feth und dem Hörensagen ein annäherndes Bild gemacht. Dem Hörensagen traute er nicht recht, die Verse kamen ihm unterwegs in den Sinn:

> Mag dornig stechen mich des Lebens Prose –
> Doch bin dem Licht erneut ich offen
> Durch dich, du heller Stern, du Rose,
> Der Liebe Spätrot zu erhoffen.

Linkerseits tauchten zwei schlanke weiße Türme auf, sie flankierten die Einfahrt zum Gutshaus von Jasnaja Poljana. Hinter den Türmen rauschte gelbblättrig eine Birkenallee, mit Tannen durchsetzt, die sich kräftig reckten und die Birken überwuchern wollten. Weiter schimmerte rot ein Park mit Ahornbäumen, dahinter ein nicht allzu großes weißes Haus, offensichtlich ein Anbau. Am Hause Blumenbeete, buntgefleckt mit Wicken, Kapuzinerkresse und schwerköpfigen Dahlien, an hohe Stangen gebunden. Hochstammrosen die Menge. Die Erde war wassergetränkt und schwarz. Die Blumen gediehen und schienen gleichsam farbenfroh und lustig zu riechen. In der Ferne ein anderes Häuschen, auch davor Blumen – auch wieder Hochstammrosen. Der Garten war belebt von vielen Frauen und Kindern. Irgendwo klickten Krocketbälle, drin im Haus wurde Klavier gespielt.

Auf dem offenen Balkon stand ein gedeckter Teetisch. Auf dem frischen Tischtuch gelbe Butter, weiches Röstbrot, leicht angebräunte Herbstgurken, Äpfel. Ein gelber Tulaer Samowar, in dem sich alles spiegelte.

Ein buntes, unruhiges Bild.

Im stillen Arbeitszimmer mußte Kramskoi ziemlich lange auf den Hausherrn warten. Eine der Türen führte zum Garten. An den Wänden hingen Hirschgeweihe und Radierungen in schmalen Holzrahmen.

Eine altertümliche, bequeme, lederbezogene Polsterbank stand da. Auf einem Tisch lagen Manuskripte mit vielen Streichungen, beschrieben mit großen unleserlichen Buchstaben ohne Federdruck. Am Tisch stand ein Sessel mit kurzgesägten Beinen. Er sah aus, als kniee er vor dem Tisch.

Kramskoi wartete.

Tolstoi trat ein; überdurchschnittlich groß, braungebrannt, fünfundvierzigjährig, grauäugig, fast stutzerhaft gekleidet und trotz des Bartes jugendlich wirkend. Neben dem Sessel mit den kurzgesägten Beinen nahm er sich aus wie ein Riese.

Kramskoi erriet, daß er kurzsichtig war und keine Brille trug; er arbeitete also, den Kopf tief über das Manuskript gebeugt.

Seine Augen aber wirkten nicht kurzsichtig, der Blick war sehr ruhig, überhaupt nicht unstet.

Das Gespräch begann sofort mit einer Ablehnung. Tolstoi sagte, er sei außerordentlich beschäftigt, er schreibe an einem Roman. Und er habe einen weiteren Roman vor, der von bäuerlichen Umsiedlern handeln solle.

Die Ablehnung brachte der Hausherr gemächlich, ohne Eile vor, als nützte er die Gelegenheit für sich selbst, aufzuzählen, was er zu schreiben und zu tun habe. Und außerdem, setzte er hinzu, jage ihm allein der Gedanke, Modell zu sitzen, Angst ein.

Kramskoi antwortete:

»Ich respektiere die Gründe, die Euer Durchlaucht bewegen, die Sitzungen abzulehnen, viel zu sehr, als daß ich darauf bestünde. Und muß selbstverständlich die Hoffnung, Ihr Bildnis zu malen, ein für allemal aufgeben. Aber wie auch immer, Ihr Bildnis gehört in die Galerie.«

»Wie das?«

»Ganz einfach. Ich werde es natürlich nicht malen. Niemand von meinen Zeigenossen wird es tun. Gemalt werden aber wird es. Ich arbeite gerade an Bildnissen berühmter Männer Rußlands. Gribojedow male ich nach farbigen Zeichnungen, die der Galerie aus seiner Zeit überkommen sind. Dann werden wir Leute suchen, die Gribojedow gekannt haben, herumfragen, ob die Darstellung ihm ähnlich ist. Das gleiche wird mit Ihrem Bildnis geschehen, man wird bedauern, daß es nicht rechtzeitig gemalt worden ist.«

Mit raschen Schritten trat eine Dame von etwa sechsundzwanzig Jahren ein, hübsch, mit großen Augen und frischen Farben. Ihre Unterlippe schob sich beim Lächeln ein wenig vor. Ihre Kleidung war streng gehalten, sie trug eine helle, weite Bluse, einen schwarzen Rock ohne Gürtel; sie war schwanger, sie war jung.

Lew Nikolajewitsch stellte den Künstler seiner Gattin vor. Sofja Andrejewna nahm Platz, ordnete ihre weite Bluse und betrachtete den Maler lässig durch ein Lorgnon.

Sie war äußerst kurzsichtig.

Die Unterhaltung setzte von neuem ein.

Der Tenor des Gesprächs war, daß Tolstoi nichts verstehe und sich ständig irre. Die Entscheidung liege bei ihr, Sofja Andrejewna, doch werde sich sich nicht sofort entscheiden.

Kramskoi hatte lange Zeit als Photograph gearbeitet, eine Menge Retuschierarbeiten ausgeführt, eine Menge Bildnisse geschaffen, Kirchenkuppeln ausgemalt und war mittlerweile gewohnt, sich von Kundengesprächen nicht ermüden zu lassen. Jetzt wurde seine Lust, das Bildnis zu malen, immer stärker, je länger er Tolstoi betrachtete.

Er machte einen Vorschlag:

»Wie wäre es, wenn ich das Porträt male und es vernichte, wenn es Ihnen nicht gefällt?«

»Wir kennen Ihre Arbeiten, Monsieur Kramskoi«, sagte Sofja Andrejewna. »Das Porträt wird uns bestimmt sehr gut gefallen, aber was ist, wenn es uns leid tut, es fortzugeben?«

»Nehmen wir also an«, sagte Kramskoi, »daß die Übergabe des Bildes an die Galerie von des Grafen gutem Willen abhängt – mag es dann ruhig in ihrem Haus bleiben.«

Tolstoi erwiderte:

»So geht es nicht. Das Porträt wird von Herrn Tretjakow bezahlt.«

Sofja Andrejewna fand einen Ausweg:

»Könnten Sie nicht für Herrn Tretjakow eine Kopie von unserem Bild anfertigen?«

»Eine genaue Kopie«, antwortete Kramskoi, »wäre völlig undenkbar, sogar wenn der Autor selbst sie malte. Ich gedenke zwei Porträts zu malen, und Sie suchen sich das aus, das Ihnen gefällt.«

»Gut«, sagte Sofja Andrejewna. »Wir benötigen das Porträt für unsere Kinder, und wir honorieren Sie: ein Betrag von zweihundert oder zweihundertfünfzig Rubel dürfte, denke ich, angemessen sein?«

Kramskoi pflegte für ein Porträt niemals weniger als tausend Rubel zu nehmen. Farben, Leinwand und Spannrahmen kosteten allein fünfzig. Aber er war fest entschlossen, das Bild zu malen, merkte, daß Tolstoi sich an seine Arbeit setzen wollte und er sofort werde aufbrechen müssen.

»Ich fange morgen mit der Arbeit an«, sagte er.

»Gut«, sprach Tolstoi mit leiser, energischer Stimme, indem er sich in seinem Arbeitssessel niederließ und den Kopf tief über das Manuskript beugte.

Sofja Andrejewna begleitete Kramskoi bis in den Flur. Sie war zufrieden, weil sie viel über den Maler gehört hatte. Wohl kam ihr der Gedanke, er könnte ihrem Gatten einiges an Zeit nehmen, doch war sie auch der Ansicht, ihr Ljowa habe immer genügend Zeit, sie habe es schwerer; einmal durch die Schwangerschaft, und außerdem hatte sie ein Brustkind zu entwöhnen.

Im Garten war es heiß, in der dichten Lindenallee spazierten irgendwelche bunt gekleideten Damen durch das harte Gestrichel der Schlagschatten.

Aus der Küche tönte Messergeklapper, aus dem Walde kam eine Gruppe junger Menschen mit Badetüchern.

Kramskoi ging, den Hut in der Hand, die Stirn mit dem Taschentuch wischend.

Die Sitzungen begannen schon am nächsten Morgen.

Tolstoi saß am Tisch in seinem blaugrauen Kittel mit dem weichen weißen Umlegekragen. Er blickte interessiert auf den Maler.

»Ich schreibe gerade«, sagte er, »über einen Maler. In meinem Roman wird ein Künstler vorkommen, ich werde ihn Pawlow oder Michailow nennen, er soll in Rom leben, arm sein und schon lange an einem Christusbild malen ... Er ist nicht sehr gebildet, liest aber viel.«

Kramskoi warf eine rasche Vorskizze auf die Leinwand und hörte zu.

»Michail Petrowitsch Botkin«, fuhr Tolstoi fort, »hat mir von einem Maler namens Iwanow erzählt und mir Hunderte seiner

Skizzen gezeigt. Sie sind mir verständlich. Mir scheint, Iwanow hat von den Dingen sozusagen eine Hülle nach der anderen gelüftet, Hüllen, die verhinderten, daß die Dinge völlig sichtbar wurden. Er war bemüht, beim Lüften dieser Hüllen die Gegenstände selbst nicht zu beschädigen.«

»Wahrscheinlich arbeitet jeder Künstler auf diese Weise«, antwortete Kramskoi. »In einem Bild gibt es immer einen Gegenstand – das Modell.«

»Beim Porträt«, sagte Tolstoi, »einverstanden, aber im Roman oder in einem Bild wollen wir weder uns selbst noch unsere Bekannten darstellen. Meine Frau, Sonja, die denkt sich das so, und Tanja, ihre Schwester, auch. Sie glauben, ich beschreibe sie, und sie würden sich auf der Stelle darum zanken, wer von ihnen beiden Natascha Rostowa ist und wer Kitty. Ich weiß aber, Iwanow zum Beispiel hat weder das Modell kopiert noch die Landschaft bei Rom abgemalt, er malte Allgemeingültiges. Ich habe auch mein Jasnaja Poljana nie beschrieben, obwohl ich ohne diesen Besitz mein Rußland womöglich nicht so gut begriffen hätte. Wenn ich in der Ferne einen Wald sehe, weiß ich zwar, daß darin Bäume stehen mit den gleichen Blättern wie die in meiner Nähe, aber ich würde die Blätter selbst nicht beschreiben.«

Kramskoi hörte zu. Im allgemeinen pflegen Leute, die Modell sitzen, sich zu langweilen und während einer solchen Sitzung Selbstgespräche zu führen.

Diesmal war das anders. Der Künstler antwortete:

»Alexander Andrejewitsch Iwanow hat die Kunst der ganzen Welt verändert. Bei uns lebt jetzt ein anderer Maler, ein ganz junger, er heißt Fjodor Alexandrowitsch Wassiljew. Kürzlich habe ich einen Brief von ihm bekommen. Was er macht, ist in solchem Grade eigenständig und steht derart außerhalb der gewohnten Kunstbewegung, daß ich nicht einmal sagen könnte, ob es gut es. Es ist nicht voll und ganz gut, dafür aber genial.«

Tolstoi erwiderte, ohne sich an dem Wort »genial« zu stoßen:

»Wie lebt er denn? Gibt es viel Überflüssiges um ihn herum?«

»Er lebt in einer fieberhaften Zerfahrenheit, es treibt ihn ständig, irgendwohin zu fliehen, etwas zu tun, sich von etwas zu befreien. Eine Menge zufälliger Freunde und Frauen, und absolutes Vagabundenleben.«

»Ich habe ein Haus mit so vielen Frauen darin, die ständig in Gesprächen über ihre Angelegenheiten stecken, daß ich zuweilen von mir selbst im weiblichen Geschlecht denke: ich bin eine Erwachende, oder ich war eine Arbeitsame; das kommt davon, weil ich immerzu

Frauengerede in den Ohren habe. Man kann im Leben sehr leicht aus dem Gleis geraten.«

Er schwieg eine Weile, dann fügte er hinzu: »Im Garten ist es kühl, die Damen tragen leichte Kleider, beim Küchenhaus kurbeln sie die Eismaschine, die Bauern aber verarmen zusehends. Der Boden bringt nichts mehr, doch das sieht kein Mensch, obgleich man dazu kein Genie sein muß. Sie sehen nicht, daß über unseren Köpfen der Dekkenbalken glimmt. Sie wollen es nicht sehen.«

»Ein Schriftsteller hat einmal gesagt, jedem Menschen sei es gegeben, richtig zu sehen, und jeder Mensch werde sozusagen als Genie geboren. Man muß sich aber wundern, wie wenig Genies es gibt.«

»Wer hat denn das gesagt?« fragte Tolstoi interessiert.

Mit glühenden Wangen trat Sofja Andrejewna ein. Und sagte:

»Wir haben Chinaäpfel eingekocht. Haben Sie die Untermalung fertig?« Sie warf einen Blick auf die Leinwand und fügte sofort hinzu:

»Dieses Porträt behalten wir, Ljowa.«

»Morgen fange ich das andere an«, sagte Kramskoi, »eins in größerem Format. Dieses kann so lange trocknen. Dann können Sie wählen.«

»Bald werde ich für Sie einen Anke-Kuchen backen lassen«, sagte die Gräfin. »Das ist ein Butterkuchen nach Art des Hauses, die Familie Bers hat ihn sich ausgedacht. Mit sehr viel Butter. Er wird für besondere Ehrengäste gebacken.« Anke war ein Freund von Sofja Andrejewnas Vater. Ein Geheimrat, und mußte ausgerechnet durch einen Kuchen berühmt werden.

Die Sitzungen gingen weiter.

Man gewöhnte sich im Hause Tolstoi an den Künstler. Der Hausherr plauderte viel mit ihm. Kramskoi merkte, Tolstoi hatte es offenbar nicht eilig mit den Sitzungen. Das Schreiben schien ihm Schwierigkeiten zu bereiten, er schien zu grübeln, nach neuen Lösungen zu suchen.

Das zweite, große Porträt war, wie Kramskoi sich ausdrückte, auf die Beine gebracht. Die Gräfin verkündete mit Bestimmtheit:

»Etwas Besseres als dieses zweite kann kein Mensch malen.«

Der Maler nahm sich erneut das erste Porträt vor. Beide Bilder versprachen sehr eindrucksvoll zu werden, wenngleich sie noch nicht ausgearbeitet, zunächst nur mit sicherer und entschlossener Hand untermalt waren. Die Ähnlichkeit aber war bereits verblüffend.

Das Wetter änderte sich, der Garten wurde lichter, die Wälder bei Jasnaja Poljana kleideten sich in fleckiges Bunt.

An einem Regenmorgen Ende September erschien Kramskoi später als gewöhnlich.

Tolstoi erwartete ihn in einem ungepolsterten Armstuhl am Nordfenster im großen Saal. Der Maler stellte das große Bildnis auf, begann zu arbeiten, legte den Pinsel wieder beiseite.

»Was ist denn, Lew Nikolajewitsch, macht das Wetter Sie traurig? Das Wetter ist gut, da kommt die Herbstsaat besser ins Grün, der Regen wird heute nicht lange anhalten.«

»Und warum sind Sie traurig? Reicht das Licht nicht?«

»Ein Kollege ist mir gestorben, Lew Nikolajewitsch«, sagte Kramskoi und unterließ dabei die Anrede »Graf«, »Fjodor Wassiljew ist tot. Ich habe ihn zwar erst vor fünf Jahren kennengelernt, und er war auch viel jünger als ich, aber ich habe von ihm gelernt, und dieser Mann hat für den Großfürsten läppische Paravents bemalt, immer hat er gehofft, einflußreiche Leute würden sich für ihn einsetzen, er brauchte dringend Fürsprache, er war ein Mann in ungeklärten Verhältnissen.«

»Gehen wir spazieren, Iwan Nikolajewitsch, es hat aufgehört zu regnen.«

»Er war«, fuhr Kramskoi fort, »ein Künstler mit einem unmöglichen, geradezu prophetischen Höhenflug.«

Die Männer gingen in den Garten.

Sie gingen lange Zeit mit festem Schritt nebeneinander.

Die reingewaschenen Birkenstämme blinkten blendend. Unten, hinter der Wiese, schimmerte blau der ruhig strömende, gleichsam dickflüssige, stahlfarbene Fluß.

»In meinem Roman«, sagte Tolstoi, »wird eine Frau unter Eisenbahnrädern sterben und einem Manne seine Reue hinterlassen. Ich habe gesehen, wie sie seziert wurde, hier unweit der Koslowja-Lichtung, in einem Schuppen an der Bahnstrecke, nicht weit von Ihrem Landhaus.«

Kramskoi schritt über die bunte Laubdecke auf dem Parkweg und schwieg.

»Ich werde über einen Mann schreiben«, fuhr Tolstoi fort, »der sich seinen Nächsten gegenüber schuldig gemacht hat, der bereut, aber nichts tun kann. Warum leben wir so? Da war nun Ihr Freund . . .

»Halten Sie mich für schuldig?«

»Ich spreche weder von Ihnen noch von mir, Iwan Nikolajewitsch. Schön, nehmen wir mich. Ich bin ein bekannter Schriftsteller, ein Gutsbesitzer, na gut, ich kann mir noch mehr Land kaufen und berühmt werden wie Turgenjew.«

Tolstoi blickte zu den Eichen, die ihm unendlich vertraut waren aus seiner Kindheit, aus den Seiten seiner eigenen Prosa, und fragte sich selbst: »Wozu?«

»Ich bemühe mich, nicht so zu denken, Lew Nikolajewitsch.«

»Ich spreche nicht von mir. Da lebt der Gutsbesitzer Lewin, er zieht seine Kinder groß und pflanzt Apfelbäume, er hat eine junge Frau, die läuft mit dem Schlüsselbund herum und kocht Konfitüre. Ja, wozu denn? Er glaubt, es gibt nur einen Ausweg, nämlich, sich die ganze Dummheit des üblen Streiches, den man ihm gespielt hat, klarzumachen und zu überlegen, daß es Dinge gibt wie Wasser oder ein Messer, eine Flinte, einen geräumigen Platz unter Waggonrädern.«

»Sie sind doch gläubig, Lew Nikolajewitsch?«

»Ich spiele einen Gläubigen und spreche Worte, die ich auswendig gelernt habe. Ich beuge mich der Überlieferung. Wenn die Überlieferung mir sagt, daß ich einmal im Jahr Wein zu trinken habe, der als Blut des Herrn bezeichnet wird, tue ich auch das, und an bestimmten Tagen esse ich eben Kohl.«

»Wassiljew«, sagte Kramskoi, »hat nicht einmal eine Familie gehabt, auch keinen Paß, kein Heim. Solche Leute haben es besonders schwer, sie haben nichts, woran sie sich festklammern können.«

»Lewin aber«, fuhr Tolstoi fort, »lebt weiter im vollen Begreifen der Bösartigkeit und Sinnlosigkeit des Lebens; das ist ein Ausweg, den die Schwäche wählt. In der Seele aber hat sich das Unterste zuoberst gekehrt und läßt sich nicht zurechtfügen.«

»Aber Sie schreiben doch!«

»Ich schreibe, aber es will nicht so recht gelingen.«

»Behindert man Sie?«

»Ich meine, ein Künstler, der mit Tönen, Linien, Farben, Worten, sogar mit Gedanken umgeht, fühlt sich in einer grauenvollen Situation, wenn er aufhört, an die Bedeutsamkeit des gedanklich Auszuprägenden zu glauben – das ist es, was ihn behindert.«

»Wovon hängt das ab?«

»Liebe ist Besorgtsein, Glaube Gelassenheit, mal ist er da, mal fehlt er. Ich bin jetzt besorgt. Wenn es nicht vorangeht mit dem Schreiben, suche ich Geschäftigkeit und Arbeit; streite mich mit Pädagogen herum, nehme mir vor, mein *Alphabet* umzuarbeiten, denke nach, sitze Modell.«

»Sie denken über Trauriges nach, Lew Nikolajewitsch.«

»Ich liebe ebenso wie mein Jasnaja Poljana die Steppen um Samara, dort aber ist jetzt Hungersnot.«

»Ich hab's in der Zeitung gelesen.«

»Ich habe hingeschrieben, mich mit Sofja Andrejewna beraten, daß die Obrigkeit nicht zürnt und gestattet, zu helfen.«

»Bei uns am Oskol sieht es auch schlimm aus.«

»Mißernten, Ausverkauf von Vieh, verkleinerte Saatflächen, die

Bauern verlassen das Land, die Weiber bleiben daheim bei der Sichel und kriegen für einen Tag schwerster Arbeit vielleicht zehn Kopeken. Die Preise sind gefallen – es ist nichts da, wofür gezahlt werden könnte.«

»Was glauben Sie, Lew Nikolajewitsch«, fragte Kramskoi, »Sie verstehen doch eine Menge von diesen Dingen – was wird kommen?«

»Die Regenfälle werden aufhören – die Ernte wird kommen... Und ich werde irgendwann meinen Roman zu Ende bringen.«

»Wir alle warten darauf, Lew Nikolajewitsch.«

»Ich tu's auch, ich kaufe Land; zweitausend Deßjatinen im Gouvernement Samara, dann habe ich einem Windhund noch weitere viertausend abgeknöpft. Aber dem Leben sitzt die Axtschneide direkt an der Wurzel. Das Brot wird immer knapper, die Steppe haben sie mit dem Pflug zerfetzt, rund um Jasnaja Poljana hat das eiserne Dampfroß die Wälder vernichtet, und ich schreibe, wälze alles um und um, bekomme nichts wieder zusammen. Sie dagegen – gut sind meine trübsinnigen Porträts geworden. Heute kam ich in aller Herrgottsfrühe in den Saal, habe Ihre beiden Arbeiten nebeneinander aufgestellt, habe sie mir angesehen, zwei Männer und beide ähnlich. Schön. Bloß ein Bild von Ihnen, *Christus in der Wüste,* das verstehe ich nicht, und ich habe mich gefragt: Ist das überhaupt Christus?«

»Ich bin nicht überzeugt, daß es Christus ist. Aber ich kann so ein Bild nicht anders malen. Porträts male ich. Tja, jetzt möchte ich ein Bild malen: *Gelächter.* Christi Gesicht, und rings um ihn Leute, die vor Lachen fast platzen. Ganz verschiedene. Und ich bin unzufrieden.«

»Womit sind Sie unzufrieden?«

»Das werden alles Porträts werden, lauter Köpfe. Ein Zentrum aber, Christus nämlich, fehlt. Auch für Iwanow war er kein Zentrum, und da ist sein Bild auseinandergefallen.«

»Ja, ich erinnere mich an Ihr Bild. Ein kalter Morgen, eine steinige Wüste, da hockt ein Mensch und grübelt. Nur, warum ist das Christus, warum sitzt da Gott? Muß das sein?«

»Ich glaube nicht an die unbefleckte Empfängnis, aber nach der damaligen menschlichen Logik, besonders der orientalischen, mußte ein außergewöhnlicher Mensch auf außergewöhnliche Weise zur Welt kommen. Daran ist nichts Schlechtes.«

»Das haben Sie gut gesagt, aber herablassend.«

Das rote Ahornlaub auf dem Weg wich blassen Lindenblättern.

Kramskoi ging drüber hin, sah zu Boden, schritt schneller aus und sagte:

»Das bewußte Bild hat folgendermaßen angefangen: Einmal bin ich in einer weißen Nacht in Petersburg herumgestromert. Keine Schatten, alles hell und rund, Säulen und Denkmäler und Turmspitzen. Auf der Uferstraße vor dem Senatsplatz saß auf einer Steinbank ein Mann, lange Haare, ein Plaid um die Schultern. Er wandte sich bei meinen Schritten nicht um, er war in tiefe und ernsthafte Gedanken versunken. Ich ging so vor mich hin, dachte meine eigenen Gedanken. Wanderte umher, sann über Kunst nach, darüber, daß ich ein Bild malen wollte, dabei brauchte ich, der Sohn einer Kosakenfrau und eines Schreibers, eigentlich viele Tausender im Jahr, damit meine Kinder wie alle Welt leben könnten. Ja, da nagelt man sich eben an fremde Kuppeln und pinselt Götterfiguren Zehennägel an. Ich bin also herumgewandert und habe mir gedacht, die Kunst wird die Wahrheit erst dann beherrschen, wenn sie sich den Menschen unentgeltlich hingibt, wenn wir sagen können: Wir sehen unentgeltlich, wir malen unentgeltlich, wir schenken unentgeltlich weg.«

»Schön wär's ja.«

»Ich ging also und überlegte. Hab mir angesehen, wie Suworow dasteht und mit seinem Schild die Kaiserkrone und die so absolut fremde Papsttiara deckt.

Und ging wieder zur Uferstraße. Der Mann saß immer noch dort. Die Sonne kam schon hinter seinem Rücken hoch, die Falten seines Plaids hatten sich nicht verändert. Er hatte die Nacht nicht wahrgenommen. Man kann nicht sagen, daß er überhaupt nicht aufnahmefähig für Empfindungen gewesen wäre – er hatte angesichts der Morgenkälte die Ellbogen enger an den Leib gezogen. Ich ging dicht an ihm vorüber. Seine Lippen wirkten vertrocknet, verklebt vom langen Schweigen. Er schien um zehn Jahre gealtert; trotzdem ahnte ich, da ist ein Charakter, der die Kraft aufbringt, wenn er sich erst einmal entschlossen hat, jedes Hindernis zu stürzen. Beim Malen mühte ich mich, mir diesen Menschen ins Gedächtnis zurückzurufen, und als er dann gemalt war, spürte ich Befriedigung.«

»Aber eine Lösung gibt es heute nicht.«

»Ohne das Suchen danach kann es heute auch kein Rußland geben.«

»Was also wird weiter sein?«

»Ich kenne die Fortsetzung nicht.«

»Ich glaube nicht an Tschernyschewski«, antwortete Tolstoi, »besonders nicht an seinen Roman. Und auch an den Roman, an dem ich jetzt schreibe, glaube ich nicht ganz. Ich möchte ihn nur beendet haben und Freizeit für eine andere Sache gewinnen. Ich wollte über Peter schreiben, den Zaren – ich glaube nicht an ihn. Aber nicht weil ich keinen Respekt vor ihm hätte, habe ich bis jetzt den Roman über ihn nicht geschrieben. Ich habe Angst vor dieser ganzen Geschichte, und ich habe keinen Respekt vor ihr und auch nicht vor dem Glaubensbekenntnis Petersburger Art.«

»Wovor haben Sie denn Respekt?«

»Vor der weiten Wildnis um Samara mit ihren Ackersleuten, vor den Baschkiren, über die Herodot hätte schreiben können. Vor Bauern, über die Homer hätte schreiben müssen, was ich nicht fertigbringe. Sogar Griechisch habe ich gelernt meinem Homer zuliebe. Der Mann singt und brüllt, und alles ist echt. In die Steppen zieht Ruhe ein.«

»Und wie steht es um Ihren Roman, Lew Nikolajewitsch?«

»Ich weiß nicht. Eins stimmt: Anna wird sterben, sie wird ihren Tribut an die Rache zahlen müssen. Sie wollte das Leben auf ihre Art überdenken.«

»Wie aber soll man denken?«

»Man muß sich bemühen, in dem Glauben zu leben, den man mit der Muttermilch aufgesogen hat, ohne Hoffart des Verstandes.«

»Also an die Kirche glauben?«

»Sehen Sie, wie rein der Himmel geworden ist? Er ist blau. Man muß glauben, daß dieses Blau ein kompaktes Gewölbe ist. Wenn nicht, muß man an die Revolution glauben.«

Tolstoi ging mit schweren Schritten. An einem Busch verblühender roter Rosen stand Sofja Andrejewna, eine Blüte an ihre weite Bluse gesteckt.

Die Gräfin lächelte dem Gatten und dem Maler scheu und glücklich entgegen.

»Ich habe mir die Porträts angesehen«, sagte sie. »Lew Nikolajewitsch ist natürlich auch sehr zufrieden. Ich weiß nicht einmal, für welches wir uns entscheiden sollen. Vielleicht raten Sie uns, das große zu behalten, dazu würde sich bei uns ein Rahmen finden. Na, was seid ihr beiden denn so lange bei dem feuchten Wetter herumspaziert?«

»Ach, ich habe mich mit Iwan Nikolajewitsch unterhalten, habe versucht, ihn zu beruhigen, ihm zugeredet, daß er sich vom Petersburger Glaubensbekenntnis abwendet und zu meinem bekehrt.«

»Sie sollten auf Ljowa hören, Iwan Nikolajewitsch, er ist ein glücklicher und ausgeglichener Mensch. Kommen Sie, der Anke-Kuchen steht schon auf dem Tisch!«

Arbeit am Roman

Empfangen läßt sich eine neue Arbeit leicht, gebären schwer. In der Freude des Beginnens und den Schwierigkeiten des Umdenkens, in der schmerzhaften Ablösung vom eigenen Ich liegt ein gewaltiger Widerspruch.

Tolstoi schrieb im Februar 1874 an Strachow: »Ich kann einen Kreis nur zeichnen, wenn ich ihn zuerst schließe und dann die Unregelmäßigkeiten des Anfangs korrigiere.«

Aber der Kreis wollte sich nicht runden.

Monate vergingen. Die Jahreszeiten wechselten.

Der Herbst des Jahres 1875 kam. Dörflerinnen stapften barfüßig über die nasse Erde. Die Gnädige unter ihrem Dach fror. Tolstois Gemüt war verfinstert. Schwäche bedrückte ihn. Zuviel Weiberröcke um ihn herum, dazu kam die Ausweglosigkeit des Lebenslabyrinths.

Sofja Andrejewna hinterließ in ihrem Tagebuch eine plastische Beschreibung dieser Lebensepoche auf Jasnaja Poljana. Am 12. Oktober 1875 schrieb sie: »Das allzu abgeschiedene Leben auf dem Lande wird mir schließlich unerträglich. Trübsinnige Apathie, Gleichgültigkeit allem und jedem gegenüber, und heute, morgen, Monate, Jahre – immer ein und dasselbe ... Ich bin eng und mit den Jahren immer enger mit Ljowa verbunden, und ich spüre, daß er, vor allem er, mich in diesen schwermütigen, apathischen Zustand hineinzieht. Es schmerzt mich, ich kann es nicht mit ansehen, wie er jetzt ist. Trübsinnig, schlaff, sitzt er ohne Aufgabe, ohne Arbeit herum, ohne Energie, ohne Freude, ganze Tage, ganze Wochen, und es sieht aus, als hätte er sich mit diesem Zustand abgefunden. Das ist eine Art von moralischem Tod, ich aber will so etwas bei ihm nicht, und er selbst kann nicht lange so leben.«

Mit dem Satz des Romans *Anna Karenina* als Einzelausgabe war im März 1874 begonnen werden. Zunächst wurde der erste Teil gesetzt, der zweite währenddessen ins reine geschrieben. Das Setzen wurde im Juni des Jahres gestoppt. Tolstoi schrieb an Strachow, er habe die Drucklegung verschoben, weil er zurzeit von pädagogischer Arbeit voll und ganz beansprucht sei.

Ende Juni 1875 starb Tatjana Alexandrowna Jergolskaja einen sanften Tod.

Im Sterben erkannte sie fast niemanden mehr. Nur Tolstoi erkannte sie immer, ihre Miene hellte sich auf, sie bewegte die Lippen, im Bemühen, den Namen Nikolai Iljitschs auszusprechen; kurz vor ihrem Ende verwob sie Lew Tolstoi bereits untrennbar mit dem Mann, den sie ihr Leben lang geliebt hatte.

Im Haus war man mit seinen eigenen Angelegenheiten befaßt: Sofja Andrejewna litt unter ihrer Schwermut. Sie fragte sich, wer in der ländlichen Einöde ihre Kinder erziehen sollte, wen die Verantwortung für deren Leiden und Mißerfolge träfe.

Tolstoi schien gleichgültig, erloschen, von seinen Plänen erzählte er ihr nichts.

Die Drucklegung der neuen Romanfassung begann für die ersten vier Nummern des *Russki Westnik* 1875. Dort wurden der 1. und der 2. Teil vollständig, vom 3. Teil die ersten zehn Kapitel veröffentlicht.

Danach setzte eine lange Pause ein.

1876 erschienen Kapitel des 3. Teiles, worin erzählt wird, wie Lewin sein Gut bewirtschaftet und selbst mäht; wie Karenin das Untreuebekenntnis seiner Gattin überlebt, wie er seinen Dienst weiterhin versieht und Angriffe des anderen, feindlich gesinnten Ministeriums abwehrt; über Annas Verhältnis zu Wronski und wiederum über gutswirtschaftliche Vorhaben, Zweifel und Mißgeschicke Lewins.

Vorfrühlingszeit. Tolstoi schrieb in seinem Arbeitszimmer, die Türen beider Nebenzimmer waren verschlossen, damit er nicht gestört würde. Draußen lag blauer Frühjahrsschnee. Um die Baumstämme herum war er in Mulden eingesunken, die Schatten der Bäume auf der Schneedecke leuchteten frühlingsblau.

Alexandrine Tolstaja, deren Wohlwollen dem Schriftsteller gegenüber durch dessen Erfolge aufgefrischt worden war, schrieb ihm einen Trostbrief. Sie, die Hofdame, hatte von ihm eine kurze Mitteilung über die Todesfälle im Hause erhalten und nahm das zum Anlaß eines Versuchs, den Freund zum offiziellen Glauben zu bekehren.

Der Winter war grausam gewesen. Von den weißen Türmen zum dunklen, stillen, schneeverwehten Haus zogen sich Kufenspuren städtischer Schlitten.

Ärzte kamen angefahren. Das ganze Haus mühte sich krampfhaft, nicht an die Todesfälle zu denken.

Es starb Pelageja Iljinitschna Juschkowa, Tolstois Tante väterlicherseits. Nach dem Tode ihres Mannes hatte sie zunächst in der Einsiedelei von Optina, danach im Nonnenkloster zu Tula gelebt, 1874 war sie nach Jasnaja Poljana gezogen und hatte das Nonnenhabit, die demütigen Verneigungen und das Gebaren einer alten Dame der Gesellschaft beibehalten.

Das Haus war angefüllt mit der Arbeit des Hausherrn, die unterbrochen und wieder neu begonnen wurde, nach Realisierung drängte, und mit der stillen, hoffnungslosen, um das Morgen nicht wissenden Verzweiflung Sofja Andrejewnas.

Tolstoi schrieb am 8. März 1876, um Haltung ringend, an Alexandrine: »Meine Kinder starben auf folgende Weise: Nach fünfen, die heute noch leben (Gott möge sie uns bewahren), war der sechste, Petja, ein strammer Junge, den meine Frau sehr lieb hatte. Mit einem Jahr wurde er eines Abends krank, gegen Morgen dann, gerade war meine Frau von ihm gegangen, rief man mich, er starb. An Bräune. Der nach ihm kam, ein reizendes Kind (mit ein paar Monaten schon zeigte es wundervolle, liebenswerte Anlagen) erkrankte, ebenfalls mit einem Jahr, an Kopfwassersucht. Und heute noch ist es schmerzlich, sehr schmerzlich, an die entsetzliche Woche seines Hinsterbens zu denken. Diesen Winter lag meine Frau auf den Tod krank. Es begann mit Keuchhusten. Dabei war sie schwanger. Sie schwebte in Lebensgefahr und brachte vorzeitig eine Tochter zur Welt, die nur ein paar Stunden lebte und die wir erst viel später vermißten, als die Mutter außer Gefahr war. Kaum war meine Frau wieder aufgestanden (sie war keine sechs Wochen gelegen), legte sich unsere liebe Tante Pelagaja Iljinitschna Juschkowa, ein munteres altes Frauchen, das kurz zuvor im selben Jahr aus dem Kloster zu uns gezogen war, hin und verschied unter schrecklichen Qualen. Seltsam, aber der Tod der achtzigjährigen Frau wirkte auf mich wie noch kein Sterben zuvor. Es schmerzt mich, sie verloren zu haben, mich schmerzt der Verlust dieser letzten Erinnerung an die versunkene Generation meines Vaters, meiner Mutter, mich schmerzen ihre Qualen, jedoch birgt dieser Tod noch etwas anderes, das ich Ihnen nicht beschreiben kann und später irgendwann einmal erzählen werde.«

Das zweite verstorbene Kind, Nikolai, wird nicht mit Namen genannt, von der Tochter heißt es, man habe sie erst später vermißt; der Brief ist voll Verzweiflung. Er schließt mit einer Äußerung über die Heldin des Romans: »Meine Anna hängt mir zum Halse heraus, ich mühe mich mit ihr ab wie mit einem Ziehkind, das sich als übel veranlagt erweist, aber sagen Sie zu mir nichts Schlechtes über sie, wenn Sie es dennoch wünschen, dann schonend, immerhin habe ich sie adoptiert.«

Annas Name steht hier neben dem des verstorbenen Sohnes, er scheint die Hingeschiedenen zu verdrängen. Das Schreiben an Alexandrine Tolstaja wurde irrtümlich in einen an S. S. Urussow adressierten Umschlag gelegt, die Tolstaja erhielt den Brief an Urussow, der nicht erhalten geblieben ist; alles war durcheinandergeraten im Hause auf Jasnaja Poljana.

Aber das Leben mußte weitergehen, ein Frühling würde kommen, die Felder würden ergrünen, auch die Steppe. Tolstoi würde in die Steppe hinausfahren und im Herbst an seiner *Anna Karenina* schreiben.

Wenige Tage, nachdem der Brief an A. Tolstaja abgegangen war, schrieb Tolstoi an Feth: »Hätten Sie vielleicht einen Hengst, alt und überhaupt nicht allzu teuer, von arabischem Blut, als Reitpferd, und außerdem vielleicht ein Stütchen, zwei-, drei- oder vierjährig, ebenfalls zu mäßigem Preise? Den Hengst brauche ich zum Decken kirgisischer Stuten, die Stuten bzw. die Stute zum Vergnügen, zum Zureiten.«

Der Brief schließt so: »Bei uns ist alles beim alten. Das Befinden meiner Frau hatte sich verschlechtert. Jetzt ist es erträglich. Ich träume noch immer davon, meinen Roman bis Sommersanfang zu beenden, fange jedoch an zu zweifeln.«

Der nächste Brief ist wiederum an die Tolstaja gerichtet und enthält eine Anfrage betreffs des Evangelistenpredigers Grenwill Redstock. Vermutlich benötigte Tolstoi dessen Charakterbeschreibung für den Roman.

Neben seinen Qualen, seinen Bemühungen, den Sinn des Lebens zu begreifen, läuft das Spiel mit der Religion.

»Wie herrlich Sie mir den Redstock beschrieben haben. Ohne das Original zu sehen, spürt man, daß das Bildnis geradezu lächerlich genau getroffen ist.«

Die Religion der Quäker mit den Frauen in schlichten Kleidern, mit ihren religiösen Bankiers tauchte in Rußland neben der offiziellen Religion und den jüdischen Bankiers auf.

Tolstois Religion ist ein Streitgespräch ohne endgültige Antwort auf reale Fragen. Er verschanzt sich hinter der Religion, wie man sich hinter vorgehaltener Hand vor einer Explosion zu schützen sucht; die Geste ist sinnlos, aber ein Ertrinkender freut sich ja schon über einen Strohhalm.

»Mir macht es Freude, so zu denken, weil ich mich viel gequält und viel gearbeitet habe und tief in meinem Herzen weiß, daß diese Arbeit und diese Qualen das Beste von allem sind, was ich auf dieser Welt ausrichte. Eine solche Tätigkeit muß belohnt werden. Wenn nicht die Befriedung im Glauben, so ist das Bewußtwerden einer solchen Arbeit bereits Lohn an sich. Jene Theorie eines Heils aber, das auf einen Menschen im Englischen Klub oder auf einer Aktionärsversammlung herniedersinkt, ist mir schon immer als töricht, sogar unmoralisch erschienen.«

Die Suche nach Lösungen zieht sich durch den Roman: dort sind alle Qualen niedergelegt, daher beantwortet der Schriftsteller die Frage nach dem Sterben der Kinder im selben Brief, wo er über seinen Roman schreibt. Er schont seine Anna mitten in der grausamen Welt des Leidens.

Mit dem Glauben jedoch will es sich nicht recht fügen: »Ich befinde mich mit meinen Forderungen des Verstandes und mit den Antworten, die die christliche Religion bietet, in der Situation zweier Hände, die sich aneinander legen möchten, deren Finger sich aber gegeneinander stemmen.«

Das erinnert sowohl an die Irrgeste eines Menschen, der seine Motorik für einen Augenblick lang nicht beherrscht, als auch an den Versuch, etwas zu ergreifen, das hinter einer Glasscheibe ist.

Der Roman wurde im Widerrufen der ersten Lösungen geschrieben, im Suchen nach Ursachen für Unglück und Schuld. Unausweichlich ergab sich, daß Wronski die Pistole auf sich selbst richtete: Das gewohnte Moralsystem Wronskis und seines Kreises war verworfen. Am 23. April 1876 erinnert sich Tolstoi in einem Brief an N. Strachow des zurückgelegten Weges: »Das Kapitel, worin Wronski nach der Begegnung mit dem Ehemann seine Rolle akzeptiert, hatte ich schon lange niedergeschrieben. Ich fing an, daran zu korrigieren, und Wronski richtete, vollkommen unerwartet für mich, jedoch ganz offensichtlich, die Waffe auf sich selbst. Nun erweist sich das für den weiteren Verlauf der Handlung als organische Notwendigkeit.«

In den ersten Romanfassungen ist Wronski ein Freund des Mannes, der Lewin heißen sollte. Wronski und Lewin sind zwei Versuche, die Lebensumstände der damaligen Zeit einer Lösung zuzuführen; die Lebensregeln beider Männer mußten schließlich einen jeden von ihnen zum Selbstmordversuch und zu Todesgedanken führen.

Anna mußte unter Eisenbahnrädern sterben.

Tolstoi mußte nach Auswegen aus dieser Welt suchen, wie ein Geblendeter, die Wände abtastend, nach einem Ausgang sucht.

Aus gutem Grund entstand der Roman mit Unterbrechungen; die Arbeit wurde nicht nur unterbrochen, Tolstoi suchte nach neuen Lösungen, wobei einem mitunter der Atem wegbleibt. Dann hört das Herz des Romans auf zu schlagen.

Stockungen beim Schreiben einzelner Kapitel sind nichts anderes als Akkumulationen von Lösungen und Konfrontationen von Verkettungen. Im Roman, der an widersprüchliche Zeitströme angeschlossen ist, geraten die großen Handlungslinien und die in kleine Kapitel verpackten privaten Vorkommnisse miteinander in Konflikt.

Gerüchte über den Romanschluß kamen in Umlauf. Alexandrine Tolstaja fragte an, ob Anna tatsächlich unter einem Eisenbahnzug sterben würde. Sie erklärte das für abgeschmackt.

Die Lösung lag, als das Buch begonnen wurde, bereits fertig vor; präzisiert wurden nicht die Geschehnisse, sondern die Beziehungen der Helden untereinander und die Bedeutung der Geschehnisse.

Das spezifische Gewicht der handelnden Personen wurde herausgeschält, ihr realer Wert erschlossen. Anna Karenina macht auf ihrem Lebensweg einen Fehltritt und stirbt daran, so jedenfalls wurde zunächst behauptet.

Eine wundervolle Frau, die der Stolz ihrer Zeit hätte sein können, stirbt, weil sie liebt, und auch, weil sie den Mann, der ihres Opfers würdig gewesen wäre, nicht findet. Diese Lösung deutet sich am Schluß an.

Wronski gerät als Adjutant an einen kerngesunden, prosperierenden ausländischen Prinzen. Irgendwie durch seine Liebe verändert, fragt er sich, ob er wohl diesem Rindvieh ähnlich sei.

Wronski ist durchaus kein Rindvieh, doch steckt in seiner Liebe viel von der Geradlinigkeit eines Stieres, über die Stschedrin sich heimlich amüsiert hat. Der Spott fand den Weg bis zu Tolstoi. Man lachte neben dem alten Ziegelhaus auf Jasnaja Poljana, auf dem Viehhof standen eine weiße Kuh und ein schwarzer Bulle im Stall, traditionsgemäß hießen sie Anna und Wronski.

Aber das war nur eine Antwort auf den Spott.

Anna besitzt nicht weniger Lebensgefühl im Sinne des Autors als Lewin. Am plastischsten kommt das zum Ausdruck, als Anna ihrem Tod entgegenreist.

Eine Frau wird nicht mehr geliebt und verliert dadurch die Verbindung zum Leben.

Anna liebt, ist aber nicht in der Lage, zu verlassen, was sie die große Welt nennt, weil Wronski ohne diese Welt nicht leben kann. Die Vergeltung kommt, als Anna, um den Liebsten zu behalten, einen Logenplatz in der Oper benötigt, damit Wronski seinen Platz in der großen Welt neben ihr behält.

Wäre sie aus diesem Theater gegangen, hätte sie es verlassen, wäre sie gerettet gewesen; der Autor selbst aber kann seinen Platz auf Jasnaja Poljana nicht verlassen, er selbst ist ein Gefangener der Familie, des Wohlstandes, des Ruhms.

Annas Glück hält Tolstoi nahezu geheim. Es scheint dem Roman zu widersprechen. Doch das Belustigende, das die Karenina zu sehen bekommt, als sie ihrem Sterben entgegenfährt, hätte sie Wronski gern erzählt, folglich hat sie auch vorher schon manches erzählt, folglich hat sie verstanden, vorauszusehen, was liebend erzählt werden kann.

Wohingegen sie jeder Gedanke an das, was zwischen ihr und Karenin als Liebe bezeichnet wurde, erschauern läßt.

War Anna Karenina ausschließlich unglücklich?

Tolstoi beschreibt ihre Liebe als Unglück, zugleich aber versucht er, Anna selbst in seinen Kreis zu ziehen. Sie ist sein Adoptivkind, am Grabe seiner Kinder bittet er um Milde für sie.

Hoch über allen anderen steht einsam diese Frau, weil sie wahrhaft liebt. Der Autor hatte sie verurteilen wollen, es gelang ihm aber nicht. Man sollte meinen, ihre Liebe zu Wronski sei ein Unglück und eine Schande: »Sie fühlte sich so sehr als Verbrecherin, in einem solchen Maße schuldig, daß ihr nur blieb, sich zu erniedrigen und um Verzeihung zu bitten; in ihrem Leben aber hatte sie nun niemanden mehr außer ihm, und so richtete sie ihre Bitte um Vergebung auch an ihn. Bei seinem Anblick spürte sie physisch ihre Erniedrigung und konnte nicht weitersprechen ... Die Scham angesichts ihrer seelischen Blöße lastete schwer auf ihr und übertrug sich auf ihn ...«

Und doch ist es Liebe. Und Anna spricht.

»Ich soll unglücklich sein?« sagte sie, sich ihm nähernd und ihn mit verzücktem Lächeln anblickend, »ich bin wie ein Hungriger, der zu essen bekommt. Vielleicht friert er, sind seine Kleider zerrissen und er schämt sich, aber er ist doch nicht unglücklich. Ich soll unglücklich sein? Nein, das hier ist mein Glück ...«

»Mein ist die Rache, spricht der Herr«, sagt Lew Tolstoi und blickt gen Himmel, aber der Himmel ist für Tolstoi nichts als ein leerer Raum.

Für Lewin gibt es keinen Prototyp, er ist nicht Tolstoi, denn er wäre ein Tolstoi ohne die Kraft der Analyse, ohne Genie. Lewin aber besitzt eine Sehergabe, die aus Liebe erwächst. Er sieht die gleißende Welt der Eisbahn, wo Kitty Schlittschuh läuft, er sieht die Schönheit der bäuerlichen Arbeit, die Schönheit des Winters zu der Stunde, da er zu lieben beginnt und da Kitty von ihrer Liebe zu ihm spricht.

Was zwischen Lew Tolstoi und Sofja Andrejewna nicht glücken wollte, glückt bei Lewin. Tolstoi schrieb Buchstaben, damit die Liebste die Worte erriete, damit beider Gedanken ins gleiche Flußbett strömten; es erwies sich als »umsonst«.

Ein Brief mußte geschrieben werden, worin alles zu Ende gesprochen und mit einem Signum versehen wurde.

Kitty begreift alles, also schenkt der Autor seinem Lewin das Glück einer Weltsicht, wie sie für Dichter wie Puschkin, Tjutschew, Feth erreichbar war. Für Feth freilich nur in Momenten, wenn er beim Rundgang durch sein Gehöft nicht nach der bewußten Kopeke ausspähte und das Wort »Silberrubel« nicht so zärtlich aussprach, als hätte er ihn bereits in der Tasche.

Lewin sieht den Winter mit den Augen des Poeten.

Nur bei der Arbeit und auf der Jagd, ja auch in ekstatischen Liebesmomenten spürt er, daß das Leben wundervoll ist.

»Und was er damals alles sah, das sah er später niemals mehr. Besonders die Kinder, die zur Schule gingen, die blaugrauen Tauben, die vom Dach auf den Gehsteig flatterten, die Milchbrötchen, mehlbestreut, die eine unsichtbare Hand im Schaufenster auslegte, rührten ihn. Die Brötchen, die Tauben und die beiden Knaben waren unirdische Geschöpfe. Zur selben Zeit geschah es, daß ein Knabe zu einer Taube lief und lächelnd zu Lewin aufblickte, die Taube ihre Flügel aufknattern ließ und davonflatterte, zwischen den in der Luft zitternden Sonnenstäubchen gleißend, aus dem Ladenfenster eine Wolke von Frischbrotduft fuhr, Milchbrötchen in die Auslage geschoben wurden. Das alles war so unsagbar schön, daß Lewin vor Freude das Lachen und das Weinen überkam.« Er bezahlte die Verzückung mit Enttäuschung.

Anna bezahlt ihre Sehergabe mit Todesempfindungen. Tolstoi sollte beim Schreiben der *Auferstehung* selbst die zornige Verzückung der Negation durchmachen, wenn er die Welt deutlich und mit Schande bedeckt und die Hoffnung auf eine andere Welt sehen würde.

Die Menschen im Roman teilen sich in solche, die die Welt sehen, und solche, die sie nicht sehen. Die wahre Weltrealität, die das Glück zu erschließen vermag, lernt Lewin wohl kennen, jedoch nur, als er verliebt ist.

Anna fährt zum Sterben und sieht die Welt gleichsam entblößt, bar der gewohnten Bindungen, und sie verflucht die Welt.

Niemals wird Karenin die Welt sehen können, obwohl er gutherzig ist, denn sein gutes Herz ist blind. Nur das Unglück reißt ihn zeitweilig aus seinem künstlichen Leben heraus.

»Sein ganzes Leben verlebte und arbeitete Alexej Alexandrowitsch dienstlich in Sphären, die mit Reflexen des Lebens zu tun hatten. Und immer, wenn er mit dem wirklichen Leben zusammenprallte, wich er ihm aus. Jetzt empfand er ähnlich einem Menschen, der ruhig eine Brücke über einen Abgrund passiert und plötzlich merkt, daß die Brücke entzwei ist und er vor einem Wasserstrudel steht. Dieser Wasserstrudel war das Leben selbst und die Brücke das künstliche Leben, das Alexej Alexandrowitsch bisher gelebt hatte.«

Die Brücke zerbrach, und Karenin fing an, Fehler zu machen, sogar falsch zu sprechen. Er sagte »dulchgemacht« statt »durchgemacht«, und Anna glaubte ein paar Augenblicke lang an seinen Schmerz.

Der Fehler in der Aussprache war lange vor der letzten Romanfassung bedacht. Möglicherweise war das der Wesenskern des echten Karenin, zu dem er in einer anderen Umgebung geworden wäre.

»Eine Minute wohl schwieg er und betrachtete immer mit der gleichen trübsinnigen Miene das Kind; plötzlich aber bewegte ein Lächeln sein Haar und die Stirnhaut und überzog sein Gesicht, und er verließ ebenso still das Zimmer.«

Karenins Lächeln schiebt gewissermaßen ein Hindernis beiseite.

Aber das Hindernis richtet sich sehr bald wieder auf.

Im Geschäftlichen und in seiner Beziehung zur Welt ist Karenin ein toter Mann.

Karenin liebt Anna nicht, vielleicht sieht er weder sie noch seinen Sohn, er schiebt an die Stelle lebender Menschen erdachte Figuren und spricht mit dem Sohn wie mit einem erfundenen Jungen. Auch Rußland existiert für ihn nicht. Es ist ein Kanzleimensch, ein besonderer Typ des Menschen im Futteral*.

Über Karenins Arbeit berichtet Tolstoi: »Jetzt beabsichtigte Alexej Alexandrowitsch zu fordern: ... daß eine weitere Gelehrtenkommission einberufen würde, um die Ursachen dieser freudlosen Lage von Nichtrussen zu untersuchen, und zwar: a) vom politischen, b) vom administrativen, c) vom ökonomischen, d) vom ethnographischen, e) vom materiellen und f) vom religiösen Gesichtspunkt aus; 3. daß vom feindlichen Ministerium Informationen angefordert würden ... 4. schließlich, daß vom Ministerium eine Erklärung angefordert werde, weshalb dieses, wie aus den dem Komitee unter den Eingangsnummern 17015 und 18308 mit den Eingangsdaten 5. Dezember 1863 und 7. Juni 1864 zugeleiteten Informationen ersichtlich, dem Sinngehalt des organischen Grundgesetzes, Bd. ... § 18 nebst Zusatzparagraph 36 diametral entgegengesetzt handelte. Belebende Röte überzog Alexej Alexandrowitschs Gesicht, während er mit rascher Hand seine Gedanken im Entwurf niederschrieb.«

Die Daten sprechen dafür, daß das erwähnte Dokument über Nichtrussen, das Karenin dem feindlichen Ministerium zum Tort entwarf, ein Bericht über den Raub baschkirischen Bodens sein soll. Die Steppe jedoch und die Menschen darin sind Karenins Blick hinter den Zahlen eines Rundschreibens verborgen. Er ist ein toter Mann, und er tötet.

Den Bürokraten, den Bankier und den Kleinbürger betrachtet Tolstoi als die drei Hauptfeinde.

Nahezu mit gleichem Haß wie den hohen Beamten Karenin zeichnet er den Bankhai Bolgarinow, er verachtet Stiwa Oblonski, weil der zu Bolgarinow geht, um sich vor ihm zu verbeugen. Karenins seelenloser Eifer in der »Kommissionssitzung vom 2. Juli« gleicht der irren und gleichmütigen Bosheit, mit der er Anna unterdrückt. Er hat

* Anspielung auf Tschechows 1898 geschriebene Erzählung *Der Mensch im Futteral.*

»eine durchdringende, kindliche, spöttische Stimme«, er ist kein Mann, und obgleich ihn Eifersucht quält, bedient er sich im Gespräch mit seiner Frau der Kanzleisprache: »Was ich benötige, ist: daß ich diesem Menschen hier nicht begegne und daß Sie sich in einer Weise verhalten, daß weder der *Gesellschaft* noch *den Dienstboten Veranlassung gegeben wird,* Ihnen etwas vorzuwerfen ... daß Sie ihn meiden ... Dafür werden Sie die Rechte einer ehrbaren Ehefrau genießen, ohne deren Verpflichtungen zu unterliegen.«

Tjutschew schrieb die Worte:

Vermöchten doch lebend'ge Schwingen
Der Seele, die da überm Niedern schwebt
Von der Gewalt hinfort sie rettend bringen,
Die im Plebejischen und Abgeschmackten lebt.

Der Aufbau des Romans

Die Unbeständigkeit moralischer Normen, deren Verletzung zu Konflikten führt, verlangte einen entsprechenden Aufbau des Romans, die Anerkennung der Heldin, eine für sie außergewöhnliche Situation und auch die Wiedergabe eines der Zeit gemäßen Verhaltens ihr gegenüber.

Ursprünglich begann der Roman mit einem offenen Anfang: Wir waren Zeugen des Gesprächs zwischen der Karenina und dem in sie verliebten Mann, und wir erfuhren, daß beide seitdem keine Einladungen mehr aus der großen Welt erhielten.

Die Handlung entspann sich vehement und glitt der tragischen Lösung zu.

Während Tolstoi analysierte, was um ihn herum geschah, kam er zu einer anderen Exposition und konstruierte eine Art verschlüsselten Anfang.

Stepan Arkadjewitsch wacht aus einem angenehmen Traum auf, der ihm singende Frauen in Gestalt kleiner Karaffen vorgegaukelt hat. Das alles war äußerst amüsant. Vollends wach geworden, läßt Stepan Arkadjewitsch die Beine vom Sofarand herab und findet seine Pantoffeln nicht; folglich hat er nicht in seinem Schlafzimmer, sondern im Arbeitszimmer geschlafen; folglich hat es einen Ehezwist gegeben. Er kehrt in die Wirklichkeit zurück, aber für ihn ist das eine Lappalie, sie birgt kein Drama, nur Unannehmlichkeiten.

Lew Tolstoi schrieb den Roman in kleinen, drei bis vier Seiten langen Kapiteln. Jedes Kapitel enthält ein abgeschlossenes Thema und spielt an einem bestimmten Ort.

Was aber soll Stepan Arkadjewitschs Erwachen auf dem saffianledernen Sprungfedernsofa?

Der schuldig gewordene Ehemann verhält sich alltäglich und zugleich amüsiert-überheblich gegenüber dem Ehebruch des Mannes.

Die Karaffendamen sind natürlich Stepan Arkadjewitschs Partnerinnen, sie sind in der Nähe von Essen und Trinken angesiedelt und ganz und gar alltäglich; beim Gedanken an sie tritt ein fröhlicher Glanz in seine Augen.

Das zweite Romankapitel spielte ursprünglich am gleichen Ort wie das erste, es kommen weitere Personen hinzu, das Thema wird ein wenig verändert. Im ersten Kapitel wurde das Verhalten des Mannes zu seinem Ehebruch behandelt, in den folgenden Kapiteln das Verhalten des Hauses zum Betrug des Vaters und Hausherrn an der Gattin. Sämtliche Personen des Hauses stehen auf seiten Stepan Arkadjewitschs.

Von Kapitel zu Kapitel untersucht der Autor das Leben im Labyrinth der Verkettungen. Er zertrümmert das Leben gleichsam in einzelne voneinander isolierte Momente.

Im neunten Kapitel findet die Begegnung zwischen Lewin und Kitty auf der Eisbahn des Zoologischen Gartens statt. Alles ist festlich und ein wenig spielzeughaft: »Saubere Leute, deren Hüte im Sonnenlicht glänzten, wimmelten am Eingang und auf den freigefegten Wegen, zwischen den Häuschen im russischen Stil mit ihren geschnitzten Firstbalken; die alten, krausen Birken des Gartens, deren Zweige unter der Schneelast herabhingen, sahen aus wie in neue, feierliche Meßgewänder gehüllt.«

Kittys Mutter empfängt Lewin kühl, aus Höflichkeit sucht Kitty die Herzlosigkeit der Fürstin wiedergutzumachen. Ihr Lächeln ermutigt Lewin, und er fährt mit Stepan Arkadjewitsch ins Restaurant »Anglija«.

Das zehnte Kapitel: Gespräch zwischen Lewin und Oblonski im Restaurant; neben dem entscheidenden Gespräch über Lewins Verliebtheit in Kitty zeichnet sich eine zweite Linie der Analyse ab – Stadt und Land. Die Gegenüberstellung erfolgt anhand der Speisekarte und des Preises für das Diner.

Fürst Oblonski, ein erfahrener Feinschmecker, verliest die Speisekarte auf russisch; der den Herrschaftsinteressen exaltiert ergebene tatarische Kellner versucht, französische Speisenbezeichnungen einzuflechten. Die Lebensweise wird von Oblonski bestimmt, der Lakai dient der Lebensweise.

Nach beendetem Mittagmahl verzichtet Lewin bereits auf den Versuch, seinen Anteil an der Zeche mit ländlichen Preisvorstellungen zu vergleichen.

Wronski ist als Bräutigam eine glänzendere, beneidenswertere Erscheinung als Lewin, so daß Kitty und ihre Mutter ihn auserkoren haben. Ein Antrag aber ist noch nicht erfolgt.

Da erscheint Anna Arkadjewna, vom Bruder herbeigerufen, sie soll alles ordnen, alle Menschen miteinander aussöhnen. Nun ist sie nicht mehr die bereits füllige, sinnliche Frau, sondern eine aristokratische Schönheit in hervorragender gesellschaftlicher Position. Sie kommt als gutherziges, innerlich aufrichtiges Wesen angereist und versöhnt die Ehegatten.

Sie wird auf der Höhe gezeigt, von der sie später heruntersteigen wird.

Anders eingeführt und zugleich zugespitzt wird Annas Schuld Kitty gegenüber.

Die starke Anna zerstört auf nahezu spielerische Weise Kittys Illusionen. Die Begegnung zwischen Kitty und Wronski findet vor dem Hintergrund eines Balles statt. Kitty weiß, daß das Samtbändchen um ihren Hals entzückend wirkt, und ist selbst in ihrer scheuen Art entzückend. Lässig und mühelos überblendet Anna Karenina den Reiz ihrer Aufmachung, sie ist nicht entzückend, sie ist wunderschön, sie siegt ohne Anstrengung über das Mädchen, das Lewin abgewiesen hat.

Als starke Persönlichkeit weckt sie ungewollt Wronskis Leidenschaft und zerbricht, ohne es zu wünschen, das sich andeutende Glück der schwachen Kitty.

Sie kehrt zu Mann und Sohn nach Petersburg zurück. Im Eisenbahnabteil liest sie einen englischen Roman.

»Der Romanheld hatte sein englisches Glück, den Titel eines Baronets und einen Landbesitz, schon nahezu erreicht, und Anna wünschte bereits an seiner Seite auf diesen Besitz zu reisen, als sie plötzlich fühlte, dieser Mann müßte sich schämen, und sie sich auch.« Die Realität der zwischenmenschlichen Beziehungen dringt in die relativierte Welt des englischen Romans ein.

Der Zug fährt durch Schneegestöber.

Wronski erscheint.

Die Leidenschaft zerstört Annas Leben. Das Thema Leidenschaft ist mit der Eisenbahn verkettet, mit Eisenbahnrädern, die Anna zermalmen werden. Die Eisenbahn ist für Tolstoi ein Symbol der Dinge, die ins Leben eindringen und schlummernde Leidenschaften wecken.

Anna wird schuldig, nicht weil sie liebt, sondern weil sie ihre Liebe der Gesellschaft entgegensetzt und zugleich darauf besteht, daß die Gesellschaft sie akzeptiere. Der Stab über Anna wird gebrochen durch den »Affront«, der ihr angetan wird, als sie im Theater erscheint und Damen der »anständigen« Gesellschaft nicht neben ihr zu sitzen wünschen.

Innerhalb einer moralisch ungeordneten Gesellschaft, inmitten von Familientrümmern spricht Tolstoi, den Namen Gottes beschwörend, von himmlischen Strafen für das Weib, das sich nicht dazu verstehen wollte, mit zwei Männern, mit dem Gatten und dem Liebhaber, zu leben. Der Autor verteidigt nicht das Übliche, sondern das Superübliche, die Familie, für die man seine Freiheit opfert, die Familie, die er selbst zu schaffen wünscht. Seine Sehnsucht nach einer Frau, die jeden Gedanken begreifen, Liebesworte schon am Anfangsbuchstaben erraten kann, wird im Roman befriedigt. Kitty begreift alles, mit ihr wird alles erreicht und gefestigt.

Im Leben war Tolstoi genötigt, alles bis zu Ende auszuschreiben und in verständlicher, dokumentarischer Form der Empfängerin zuzusenden.

In den ersten Niederschriften ist erhalten, wie klein Kitty sich als Persönlichkeit neben Anna ausnimmt. Aber auch in der Endfassung verliebt sich Lewin beinahe in Anna. Tolstoi war sozusagen halb und halb in seine Heldin verliebt.

Anna ist tatsächlich die Frau, die alles begreift.

In der Szene, wo sie mit Kindbettfieber darniederliegt und alle von ihrem Tod überzeugt sind, verzeiht Alexej Karenin Alexej Wronski. Diese Szene hebt Karenin auf eine höhere Stufe. Höher noch als beide Männer aber steht Anna. Sie begreift ihren Gatten neu und sieht den Menschen in ihm. Wronski unternimmt einen Selbstmordversuch. Karenin hält die Position der menschlichen Würde nicht durch und verschanzt sich hinter der Religion.

Anna allein bezahlt für die Schuld beider Männer.

Sie liest das Buch von Betrug und Übel allein zu Ende.

Tolstoi hatte begonnen, die Geschichte einer Familie zu schreiben, die zugrunde geht, weil die Frau ihre familiären Pflichten verletzt, denn er bekämpfte das, was er für Nihilismus hielt. Er drang ins Innerste des Dramas ein, als untermauerte er sein Hauswesen auf Jasnaja Poljana damit sozusagen philosophisch.

Anna Karenina hat Schuld auf sich geladen. Karenin ist zunächst frei von Schuld, er ist ein Heiliger. Wronski ist schuldlos. Die Frage nach seiner Schuld wird vom Autor gar nicht aufgeworfen, er handelt ja wie alle Welt, indem er ein Verhältnis mit einer Dame der Gesellschaft unterhält. Eher noch wird ihm vorgeworfen, daß er Kitty den

Hof macht, ohne ernste Absichten zu hegen. Der Roman wächst sich aus: Es ergibt sich, daß Anna keinerlei Schuld trifft, auch daß Karenin unter Umständen keine Schuld zu treffen braucht, denn er ist fähig, die üblichen Moralvorstellungen sekundenlang zugunsten nachsichtiger Güte zu zerbrechen. Die Welt jedoch, auch die Gesellschaft, beide sind stark, unzerstört, wenn auch attackiert durch Lewins Bruder Nikolai. Nikolai stirbt. Der andere Bruder, der Liberale, begreift rein gar nichts. Doch es existiert eine Welt mit eigenen Sittlichkeitsbegriffen: das umgekrempelte Rußland, die Wirtschaft, die Frage nach sozialer Neuordnung. Ein Gespräch im Heu findet statt, das Dostojewski 1877, stark berührt, in seinem *Tagebuch eines Schriftstellers* erwähnt. Die soziale Neuordnung erweist sich im Vergleich zur privaten Geschichte als wichtiger.

Anna Karenina kommt um, Wronski reist fort, um zu sterben. Lewin rekonstruiert sich den alten Herrgott, um innerhalb der alten Welt weiterleben zu können.

Sämtliche ineinander verschränkten Linien sind streng abgemessen. Sie beherrschen nicht nur den Leser, sondern gleichermaßen auch den Autor, der sich der Kraft der Verschränkungen fügt, so wie sich ein Wissenschaftler den in speziellen Versuchen gewonnenen Fakten beugt.

Während der Niederschrift des Romans, genauer, zu Beginn des Niederschreibens, hielt Tolstoi Lewins Verhalten für richtig, er wollte dessen Familie und Wirtschaft mit einem Motto aus der Bibel stützen; aber Lewin selbst ist ja nicht gläubig. Er möchte lediglich seine relativierten Kompromißlösungen durch Religion abschirmen. Er untermauert seine Lebensweise durch kirchliche Glaubenssätze, beziehungsweise er möchte, wie aus seinen Tagebüchern ersichtlich, das Leben nicht mehr umbiegen, er macht sich selbst biegsamer und weicher.

»Und nun schien ihm, als gäbe es keine einzige Religion, die das Wichtigste, den Glauben an Gott, an das Gute als einzige Bestimmung des Menschen verletzte. Jeder Religion könnte der Glaube im Dienst der Wahrheit anstelle der Not unterstellt werden.«

Überraschend ist die Wortwahl: Lewin spricht von »unterstellen«, das bedeutet die Austauschbarkeit des einen Glaubens durch einen anderen, damit die Religion als solche akzeptiert werden kann, und so bleibt der Glaube lediglich ein Versuch.

Lewin blickt zum Himmel empor und überlegt: »Weiß ich etwa nicht, daß dort oben unendlicher Raum ist und keineswegs ein rundes Gewölbe? Aber auch wenn ich meine Augen noch so sehr zusammenkneife und noch so angestrengt blicke, ich kann ihn nur als Rundung, als begrenzt sehen, und trotz meines Wissens um den unendlichen Raum bin ich zweifellos mehr im Recht, wenn ich ein festes blaues Gewölbe sehe, als wenn ich mich anstrenge, über das Gewölbe hinauszublicken . . . Sollte das Glaube sein? dachte er und fürchtete sich, seinem Glück zu trauen.«

Was bedeutet dieses »Augenzusammenkneifen«, das Lewin beschäftigt? In einem der ersten Romankonzepte heißt es über die Karenina: »Sie war fähig zu vergessen, das war es. Während der ganzen letzten Honigmonde blickte sie, gleichsam aus zusammengekniffenen Augen, auf ihre Vergangenheit, die sie nicht vollständig und in aller Tiefe, sondern nur oberflächlich zu sehen wünschte. Und sie verstand es, sich ihrem Leben in einer Weise anzupassen, daß es ihr gelang, ihre Vergangenheit wirklich nur oberflächlich zu sehen.«

Leidenschaft, die an Verzweiflung grenzt, öffnete ihr die Augen. Reale Notwendigkeiten zwangen Lewin, die Welt, die durch Religion nicht erneuert werden konnte, neu zu sehen. Annas Untergang ist in den sechs letzten Kapiteln des siebenten Teiles beschrieben. Es ist fast ein Monolog, nur durch Begegnungen Annas mit Kitty und Dolly unterbrochen. Nichts kann Anna retten außer Wronskis Rückkehr. Aber er kehrt nicht als der zurück, den sie liebt. Schon ist alles überflüssig geworden, außer dem einen: ihn zu bestrafen.

Wronski geht davon, ohne sich durch Drohungen ängstigen zu lassen, er belügt Anna, wie sie selbst einst Karenin belogen hat. »Sie hörte seine Schritte durch das Arbeitszimmer und das Speisezimmer hallen. Vor dem Salon blieb er stehen. Aber er lenkte seine Schritte nicht zu ihr, er gab nur den Befehl, in seiner Abwesenheit den Hengst an Woitow abzuliefern. Dann hörte sie, wie der Wagen vorfuhr, die Tür geöffnet wurde und er wieder hinausging. Nun betrat jemand den Flur und lief nach oben. Es war der Kammerdiener, der die vergessenen Handschuhe holte.«

Wronski nimmt im Wagen Platz, ohne zum Fenster hinaufzublicken. Er fährt davon. Anna schickt ihm ein Billett, jedoch erfolglos. Sie fährt zu Kitty, die sie beinahe nicht empfängt. Eine Antwort auf das Billett kommt nicht. Anna kehrt nach Hause zurück. Sie steigt immer tiefer zu ihrem Tod hinab. Sie überdenkt ihr ganzes Leben von Anfang bis zum Ende, sie überschlägt es.

Die Welt, die sie erblickt, ist widerwärtig, zerfallen, sie hat keine Bedürfnisse mehr; dennoch unternimmt sie den Versuch, Wronski nachzufahren. Ihr innerer Monolog und vereinzelte Eindrücke von der Welt folgen. Angewidert blättert sie in den letzten Seiten ihres Lebensbuches, sie sieht schmutziges Speiseeis und tierisches Verhalten der Menschen zueinander.

Der Bahnhof.

Ein einfacher Mann mit Schirmmütze, der Anna irgendwie bekannt vorkommt, geht am Zugfenster vorüber und bückt sich zu den Rädern hinunter. Anna erinnert sich an ihren Traum. Sie verläßt den Zug, man überreicht ihr den Brief ihres Geliebten. »Bedauere außerordentlich, daß das Billett mich nicht erreichte. Bin um 10 Uhr zurück«, lauten Wronskis flüchtig hingeworfene Zeilen.

Sie muß eiligst der Erniedrigung entfliehen.

Raschen, leichten Schrittes steigt Anna auf die Schienen hinab. »Dorthin! sagte sie zu sich selbst, den Blick auf den Schatten des Wagens, auf den mit Kohlenstaub vermengten Sand zwischen den Bahnschwellen gerichtet. Dorthin, genau in die Mitte, damit strafe ich ihn und rette mich vor allen und vor mir selbst.«

Der Autor bremst den Handlungsablauf, indem er den logischen Gehalt des wahnsinnigen Entschlusses wiedergibt und die zwecklose Zweckmäßigkeit der Bewegung fixiert. Anna läßt sich auf die Schienen hinab und kniet nieder, wobei sie eine Stellung einnimmt, als wollte sie sich sogleich wieder erheben.

Das Ende tritt ein.

»Das Männlein hantierte, undeutlich vor sich hin murmelnd, weiter am Eisen herum. Und die Kerze, die ihr beim Lesen des Buches, angefüllt mit Unruhe, Betrug, Leid und Übel, geleuchtet hatte, flammte heller auf als je zuvor, überstrahlte alles, was vordem im Dunkel gelegen hatte, knisterte, wurde trübe und erlosch für immer.«

Vielleicht haben wir es hier mit jener schrecklichen Kerze aus Arsamas zu tun, die das quadratische weiße Grauen des Alltäglichen beleuchtet hatte. Lewin sucht das Grauen durch Geschäftigkeit und Glaubensgespräche zu überwinden.

N. D. Wolkow inszenierte *Anna Karenina* am Moskauer Künstlertheater. Festgestellt sei, daß alles bei der Inszenierung entfallen ist, was W. I. Lenin im Roman als besonders bedeutsam wertete; die Beschreibung, wie in Rußland alles umgekrempelt worden ist und nur eben erst Gestalt annimmt. Das entfiel, weil Lewin mit seiner ganzen Geschichte voll von Mißwirtschaft und Versuchen, ein Gerechter zu sein, ohne auf seinen Landbesitz zu verzichten, ebenfalls entfiel. Primär hatte Tolstoi seine *Anna Karenina* als Geschichte vom Fall einer Dame der Gesellschaft angelegt, ohne die gesamte Breite der Problematik zu entfächern, allmählich jedoch erwies sich, daß die Sittlichkeit der Reichen gestorben war und sich nicht mehr in Form einer bedingungslosen Sittlichkeit anbieten ließ.

Der Roman beginnt: »Alle glücklichen Familien ähneln einander, jede unglückliche Familie ist unglücklich auf ihre Art.«

Weiter wird vom Unglück der Familie Oblonski berichtet, bald aber erfahren wir auch, daß die Familie Karenin ebenfalls unglücklich ist. Annas Versuch, mit Wronski eine Familie zu gründen, schlägt fehl.

Es taucht die Frage auf, ob Lewins Familie glücklich ist, also ob Lewin und Kitty glücklich sind.

Lewin und Kitty heiraten, sie bekommen Kinder, aber wenn Kitty glücklich ist, so nur deshalb, weil sie kein großes Licht ist, wie der Autor selbst schreibt. Jedenfalls ist sie jung. Sie kennt ihr eigenes Schicksal nicht. Lewins Familie ist auf ihre Art unglücklich, und dieses Familienunglück hilft uns, die Biographie des Autors zu verstehen.

Tolstoi schreibt über Lewins Leben:

»Das aber war nicht nur unwahr, es war der grausame Spott einer bösen Macht, einer widerwärtigen, einer, der man sich nicht unterwerfen durfte.

Man mußte von dieser Macht loskommen. Und das stand jedem frei. Es galt, dieser Abhängigkeit vom Bösen Einhalt zu gebieten. Dazu gab es nur ein Mittel – den Tod.

Und der glückliche Familienvater, der gesunde Mann Lewin, war dem Selbstmord einige Male so nah, daß er alle Schnüre versteckte, um sich nicht daran zu erhängen, und es vermied, ein Gewehr bei sich zu tragen, aus Furcht, sich damit zu erschießen.

Lewin aber erschoß sich nicht und erhängte sich nicht und lebte weiter.«

Einige Worte über Tolstoi und die Religion

Tolstois Religionsauffassung zu verstehen ist deshalb schwierig, weil er den Wörtern »Religion« und »Gott« zu verschiedenen Zeiten, manchmal aber auch zu gleicher Zeit unterschiedliche Bedeutungen beimaß.

In seiner *Beichte* heißt es: »Ich wurde getauft und erzogen im griechisch-orthodoxen christlichen Glauben. Man lehrte ihn mich von Kind an und während meiner ganzen Knabenzeit und Jugend. Als ich aber mit achtzehn Jahren die Universität nach dem zweiten Studienjahr verließ, glaubte ich bereits nichts mehr von alledem, was man mir beigebracht hatte.«

Sein eigener Kommentar dazu lautet, daß er auch bis zu seinem achtzehnten Lebensjahr nicht geglaubt, sondern lediglich zu den Dingen, die man ihn lehrte, »Vertrauen« gehegt habe.

Religiöse Gewohnheiten aber, ja sogar religiöse Gefühlsseligkeit bei bewußter Abkehr von der Glaubenslehre waren bei ihm nicht mit direkter Negation verbunden. In seinem Negieren ist er vorsichtig, er redet um Probleme, die er nicht zu berühren wünscht, herum.

Während seines Aufenthaltes im Kaukasus folgte er seiner Gewohnheit, alles ordnen zu wollen, und klärte für sich selbst Fragen des traditionellen Glaubens, betete jedoch zugleich zu Gott, ihn nicht in Versuchung zu führen.

Im Juni 1853 stellte er Überlegungen über sein Verhalten an: »Ich danke dir, mein Herrgott, für diese Stimmung und bitte dich, festige sie bei mir.«

Im Juli des gleichen Jahres hingegen schrieb er: »Ich kann mir selbst die Existenz Gottes nicht beweisen, ich finde keinen einzigen sachlichen Nachweis, und mein Verständnis ist nicht unumgänglich notwendig. Leichter und einfacher ist es, die ewig währende Existenz der ganzen Welt mit ihrer unfaßbar herrlichen Ordnung zu begreifen als ein Wesen, das diese Welt geschaffen haben soll.«

Auf Betrachtungen über kirchliche Dogmen verzichtete er, weil er nicht gegen den Glauben der Vorfahren streiten wollte.

Dennoch sind bei ihm das Anflehen Gottes und Dankbarkeitserklärungen an ihn eng der Negierung benachbart.

In ihm lebt ein anderer Glaube, der nicht der Welt, die er sieht, wohl aber einer Welt, die er schaffen möchte, entspricht. Entstehungszeit und Ort dieses Glaubens können wir fixieren: Sewastopol im März 1855. Nikolai I. war gestorben, die Truppen leisteten dem neuen Herrscher den Eid; Tolstoi notierte: »Gewaltige Veränderungen erwarten Rußland. Wir müssen arbeiten und Mut fassen, um an diesen wichtigen Minuten im Leben Rußlands teilzuhaben.«

Tolstoi freute sich, daß M. D. Gortschakow, der ihn protegierte, anstelle von Menschikow eingesetzt wurde; er verfaßte ein Projekt über die Umformung der Armee, nahm das Abendmahl und notierte:

»Gestern brachte mich ein Gespräch über Göttliches und den Glauben auf einen großen, gewaltigen Gedanken, dessen Verwirklichung ich mein ganzes Leben weihen könnte. Dieser Gedanke ist: die Gründung einer neuen Religion, die der Menschheitsentwicklung entspricht, einer Religion Christi, jedoch gesäubert vom Glauben und von allem Geheimnisvollen, einer praktischen Religion, die keine künftige Seligkeit verheißt, aber irdische Seligkeit schenkt.«

Das war die Idee einer Glaubensreformation; sie starb und erstand später in neuem Gewand. Tolstoi brachte sie nicht in Zusammenhang mit einer schroffen Änderung der Lebensordnung, sondern mit einer Bewußtseinsreform, es war eine liberale Idee.

Seine künstlerische Lebenswahrnehmung schloß eine liberale Deutung aus.

Der Fall von Sewastopol, die Mitarbeit am *Sowremennik,* die Enttäuschung über Botkin, Tschitscherin, Drushinin, das Landleben, die Arbeit mit Bauernkindern an der Schule änderten nicht nur den Menschen Tolstoi, sondern auch seine religiösen Überzeugungen.

Den Religionsunterricht an der Schule erteilte ein Geistlicher. Tolstoi erzählte den Kindern Bibelstellen, die Kinder nahmen sie auf als rührende Berichte von spannenden Ereignissen. Am liebsten hörten sie die Geschichte von Josef, den seine Brüder in die Sklaverei verkauft hatten.

Über Tolstois Tante zweiten Grades, Alexandrine, habe ich bereits geschrieben. Vermutlich hatte es zwischen dem Neffen und der um nur neun Jahre älteren Tante eine Romanze gegeben, denn später schrieb Tolstoi bekümmert, Alexandrine sei gealtert und wirke auf ihn nicht mehr als Frau.

Im Briefwechsel gab Tolstoi Alexandra Andrejewna vielerlei Namen, er nannte sie Alexandrine, Sascha. Zugleich aber redete er sie und ihre Schwester, Jelisaweta Andrejewna, mit Großmama an.

Gräfin Alexandra Andrejewna war Hofdame bei der Prinzessin Maria Nikolajewna, der Tochter des Zaren Nikolai I., später Erzieherin der Tochter Alexanders II. Tolstoi schrieb 119 Briefe an sie und verhielt sich freundschaftlich zu ihr. Seine Briefe sind ehrlich und aufrichtig. Ihre Briefe haben einen Stich ins Moralisierende; sie kritisierte seine Werke auf Grund der Lebensregeln ihrer Kreise. Sie war außerordentlich religiös.

Am 1. Mai 1858 schrieb Tolstoi der religiösen Frau einen langen Brief, worin er zunächst seine Erzählung *Drei Tode* kommentiert; das Briefgespräch beginnt mit einer Analyse des Eigentumsgefühls, das Tolstoi damals sehr interessierte.

Er hatte vom Staat gerade eine ziemlich große Waldparzelle erworben, was ihm Schwierigkeiten einbrachte, weil er daraufhin Zahlungen stornieren mußte. Der Wald war gekauft. Ich möchte nur daran erinnern, daß in der Erzählung *Drei Tode* zum Schluß vom Sterben eines Baumes die Rede ist.

»Gestern fuhr ich in den Wald, den ich gekauft habe und nun schlagen lasse, und dort saß junges Grün an den Birken und Nachtigallen lebten da, und es interessierte sie überhaupt nicht, daß sie jetzt nicht mehr staatliches Eigentum sind, sondern meins, und daß auch sie gefällt werden. Man fällt sie, und sie werden neu wachsen und sich um nichts und niemanden kümmern.«

Dann setzt ein scheinbar religiöses Gespräch ein: »Ich weiß nicht, wie ich dieses Gefühl wiedergeben soll – man schämt sich um seiner Menschenwürde willen und wegen der Willkür, mit der wir derart prahlen, der Willkür, eingebildete Trennungslinien zu ziehen, und der Rechtlosigkeit, die uns um keines Sandkorns Größe irgendwo etwas zu verändern gestattet, nicht einmal bei einem selber. Sämtliche Gesetze, die man nicht begreift, aber überall spürt, tragen diese hemmende Trense, überall ist ER.«

Wir könnten meinen, dieser ER sei der Gott der Christen, doch Tolstoi fährt fort: »Genau das ist der Punkt, wo sich mein Widerspruch und Ihre Ansicht über meine Erzählung treffen. Sie sollten sie nicht vom christlichen Gesichtspunkt aus betrachten. Mein Gedanke war der: Drei Lebewesen sterben – eine Dame, ein Bauer und ein Baum.«

Die Dame ist kläglich und widerlich, weil sie lügt, und das Christentum – hier lenkt Tolstoi ein, indem er in Klammern die Worte »wie sie es begreift« folgen läßt – bietet der Dame für das Problem Leben und Tod nicht die geringste Lösung.

»Der Bauer stirbt gelassen, gerade weil er kein Christ ist. Er hat Geburten und Sterbefälle mitangesehen, Roggen gesät und gemäht, hat alte Leute sterben, Kinder zur Welt kommen sehen, er blickt geradezu und direkt auf das Leben. Der Baum stirbt gelassen, anständig und in Schönheit.«

Was hat das alles mit Christentum zu tun? Tolstoi antwortet, in ihm sei christliches Gefühl, daneben gebe es jedoch etwas anderes: »Das Gefühl für Wahrheit und Schönheit ... Wie sich das vereinbart, will und kann ich nicht auseinandersetzen; Katze und Hund sitzen jedoch im selben Verschlag, und das ist positiv.«

Dieses Vorhandensein zweier unklarer, unvereinbarer Elemente in ein und derselben Seele ist typisch für Tolstoi. Wenn wir an seinen Vergleich anknüpfen, so hat sich die Katze an ihren Aufenthaltsort gewöhnt, sie lebt dort aus Gewohnheit. Tolstois Weltauffassung ist die des Bauern, seine ideale Stellung innerhalb der Welt ist die des Baumes. Nicht umsonst schrieb er außer der Erzählung *Drei Tode* für sein *Alphabet* drei Geschichten über sterbende Bäume, die nicht sterben wollen. Und an der äußersten Grenze seines Lebens vergleicht er in Augenblicken höchster Inspiration seinen Hadschi Murat mit einer Steppendistel, die, von einem Wagenrad niedergewalzt, sich dennoch aufrichtet und weiterlebt.

Diese Weltempfindung hatte Tolstoi sich im Kaukasus zu eigen gemacht und blieb ihr lange Zeit treu; Areligiosität war bezeichnender für ihn als Religiosität. Religion war für ihn eine Art Zugeständnis an die Furcht, etwas zu Ende auszusprechen. Er schrieb an die erwähnte

Hofdame der Zarin Maria Fjodorowna, an seine »Großmama« zweiten Grades A. A. Tolstaja, im Grunde jedoch an sich selbst:

»Als Kind glaubte ich inbrünstig, sentimental und unüberlegt, später, mit vierzehn, begann ich über das Leben an sich nachzudenken, stieß dabei auf die Religion, die zu meinen Theorien nicht passen wollte, und hielt es natürlich für verdienstvoll, sie abzubauen. Ohne sie konnte ich gut zehn Jahre in Ruhe leben. Alles eröffnete sich mir klar und logisch, alles ließ sich einordnen, und für Religion war kein Raum da. Dann kam eine Zeit, wo alles offen dalag, das Leben keine Geheimnisse mehr barg, aber anfing, seinen Sinn zu verlieren. Zu der Zeit, während ich im Kaukasus lebte, war ich einsam und unglücklich. Ich begann so sehr nachzudenken, wie ein Mensch nur einmal im Leben die Kraft zum Nachdenken aufbringt. Ich besitze noch Notizen aus jener Zeit, und als ich sie jetzt wieder durchlas, konnte ich nicht begreifen, wie jemand einen derartigen Grad geistiger Exaltation erreichen kann, wie es bei mir damals der Fall war. Das war eine ebenso qualvolle wie gute Zeit. Niemals, weder vorher noch nachher, habe ich einen solchen gedanklichen Höhenflug erreicht, ohne dabei *dorthin* zu spähen, wie zu jener Zeit, die zwei Jahre andauerte. Und alles, was ich damals entdeckte, wird für alle Zeit meine Überzeugung bleiben. Ich kann nicht anders. Zwei Jahre geistiger Arbeit ließen mich eine simple alte Sache entdecken, die ich jedoch weiß wie kein anderer, nämlich, daß es Unsterblichkeit gibt, auch Liebe, und daß man für den anderen leben muß, um das ewige Glück zu finden. Diese Entdeckungen verblüfften mich durch ihre Ähnlichkeit mit der christlichen Religion; anstatt selbst weiter auf Entdekkungen zu gehen, suchte ich im Evangelium, fand aber wenig.«

Tolstoi war religiös, was er aber als Religion bezeichnet, ist seine Weltauffassung, die die üblichen Vorstellungen von Eigenem und Fremdem beiseite schob.

Er schrieb an die Frau, die für ihn kein Verständnis aufbringen konnte: »Bei mir macht das Leben die Religion, nicht die Religion das Leben.«

Die Hofdame schrieb etwas, das mit den üblichen Vorstellungen bei Hofe zusammenhing, außerdem mit mancherlei anderem, was Tolstoi im selben Brief als Unsinn bezeichnet.

Tolstoi ist ein einsamer Mann. Er schreibt: »Sie lachen über Natur und Nachtigallen. Für mich ist die Natur der Wegweiser zur Religion. Jede Seele geht ihren eigenen Weg, einen unbekannten, nur spürbar tief in ihrem Inneren.«

Die Nachtigallen konnten Tolstoi nicht retten, weil sie in seinem eigenen Wald sangen, in einer Natur, die laut Kaufbrief ihm gehörte.

Die Vögel wußten nichts von ihm, und sie waren selbstverständlich nicht seine Leibeigenen, dafür aber ihm zeitweilig Verpflichtete, wie man die Bauern nach der Befreiung von der Leibeigenschaft zu bezeichnen pflegte. Keine Religion konnte Tolstoi helfen, selbst die von Dogmen und Wundern gereinigte nicht, die er sich selbst schuf, weil sie sich zwischen ihn und all die Dinge stellte, die er zu begreifen suchte.

Die Nachtigallen sollten wiederkommen, sie sollten singen im *Hadschi Murat,* wenn sich der Held, von Kugeln durchbohrt, erhebt, um seine Heldentat zu Ende zu führen, aus allen Kräften zu kämpfen, nichts anderes im Sinn als seine Heldentat, wenn Hadschi Murat sich aufrichtet wie ein sturmgebeugter Baum. Gemetzelt fällt er, da aber fangen Nachtigallen an zu schlagen – keine im Tschetschenengebiet nistenden, keine von Rußlands kaiserlichen Gnaden – nein, Nachtigallen, vom Künstler geistig erfaßt, Nachtigallen der Rechtfertigung, die zur Heldentat führt, selbst wenn diese Heldentat im Dunkel geschieht.

In der Erzählung *Vater Sergius* sollten Nachtigallen, Käfer, ja die ganze Natur den Mönchsglauben des Eremiten negieren.

Lewin in *Anna Karenina* ist nahe daran, diese Religion anzunehmen. Der lebenserfahrene Fjodor Michailowitsch Dostojewski jedoch verhielt sich dem Glauben des gescheiten Gutsbesitzers gegenüber zu Recht mißtrauisch.

Anna Karenina ist ein außerordentlich komplizierter Roman, und mag Lewin dem Autor noch so nahe erscheinen, es gibt zwischen dem, was der Roman ausdrückt, und dem Moralkodex, den Lewin für sich aus allen Geschehnissen gewinnt, kein Gleichheitszeichen. Lewin weicht vor der Breite und Tiefe der sich auftürmenden Probleme zurück. Als Zeuge der Begeisterung für den Krieg, der die Befreiung der Slawen zum Ziel haben soll, denkt er sich das Seine, schweigt aber dazu. Worüber er schweigt, ist dies: »Er wollte noch hinzufügen, wenn die öffentliche Meinung ein untadeliger Richter sein soll, warum sind dann Revolution und Kommune nicht ebenso legitim wie die Slawenbefreiung?«

So schweigt er also, im Heu dann muß er bereits über den Sozialismus sprechen; zunächst setzt er lediglich die Religion als Waffe gegen das Kommende ein.

In seiner Rezension zur ersten Ausgabe des vorliegenden Buches hielt N. N. Gussew mir zu Recht vor, Tolstois Beziehung zu Kosnyschew sei komplizierter und seine Vorhaltungen seien tiefschürfender. Im Rohmanuskript kommt das wie folgt zum Ausdruck: »Wofür verurteilst du Kommunisten und Sozialisten? Würden diese denn nicht mehr und schlimmere Mißbräuche aufzeigen, als es das bulgarische Gemetzel ist? Begründen denn diese Leute und die großartigen Geister, die in gleicher Richtung wirken, ihr Tun nicht mit umfassenderen und vernünftigeren Argumenten, als es der serbische Krieg ist? Euch bekümmert die Unterdrückung der Slawen – jene aber bekümmert die Unterdrückung des halben Menschengeschlechtes.«

Als Tolstoi später das, was in Rußland vor sich ging, anders verstand, versuchte er mit Hilfe des christlichen Gedankens, sich dem Übel nicht zu widersetzen, sein Abseitsstehen vom Kampf zu bewahren. Vorerst ging es ihm um die Verteidigung der Religion an sich.

Lewin in *Anna Karenina* ist gezwungen, vor seiner Trauung die Beichte abzulegen und das Abendmahl zu nehmen: Er kommt damit einer Art Verpflichtung nach, bemüht, den alten Geistlichen, der ihm ins Gewissen redet, nicht vor den Kopf zu stoßen. Beide verhalten sich höflich und voll verborgener Überheblichkeit zueinander.

Gegen Ende des Romans möchte Lewin leben, ohne seine Lebensgrundlagen zu verändern, er möchte bei Kitty und dem Kind bleiben, das gerade geboren worden ist, auf dem Gut, das schon dem Großvater gehört hat; er sucht ein neues Gleichgewicht in der Religion, die den Abstand zwischen ihm und den Bauern verringern soll.

Er versucht, seine Hoffart aufzugeben. Sein Glaube ist nicht das Suchen eines Denkers, sondern die Arbeit eines Menschen, der Begriffe gegeneinander abschirmt (sie einander unterstellt) und sich auf Kompromisse einläßt.

Nachdem er derart geglaubt hat, macht er dennoch eine Phase der Verzweiflung durch.

Vorerst räsoniert er: »Weiß ich etwa nicht, daß Sterne nicht wandern können? – fragte er sich, den Blick auf den leuchtenden Fixstern gerichtet, der seinen Abstand zum höchsten Zweig einer Birke bereits verändert hat. Aber ich bekomme es nicht fertig, mir angesichts der Bewegung der Sterne vorzustellen, daß die Erde sich dreht, deshalb bin ich im Recht, wenn ich sage, Sterne können wandern.«

Mit solchen Gedanken wehrt sich Lewin gegen den Selbstmord und das Entsetzen, doch meint er, den Gedanken entfliehen zu können, wie man ja auch Bienen entfliehen kann, damit sie einen nicht behindern. Er glaubt an Gott, den es nicht gibt, wie an das Himmelsgewölbe, aber beide, Lewin und Tolstoi, wissen: Man mag die Augen noch so sehr zusammenkneifen, der Himmel als Bild, als Eindruck existiert, und so beendet er die Analyse.

Dieser Glaube birgt sehr viel Unsicherheit, ein Schritt noch, und der Glaube schwindet, und Kopernikus triumphiert.

Gott gehört zur Landschaft, ist Teil der sichtbaren wahrnehmbaren Welt. »Bei jedem Blitzaufleuchten verschwanden mit der Milchstraße auch die hellen Sterne, sowie aber der Blitz erloschen war, tauchten sie, wie von treffsicherer Hand hingeschleudert, an der gleichen Stelle wieder auf.«

Im Endergebnis gelangt Lewin zu einer Art Gleichgewicht, allerdings erst, als er seine religiösen Überzeugungen als zerbrechliches Gebilde behandelt. Es sind weniger Überzeugungen als vielmehr umsichtig bewahrte Irrtümer, die nicht durch das Denken, sondern mit Hilfe eines Vergleichs aufrechterhalten werden.

Weshalb der Roman »Anna Karenina« mehr ist als ein Familienroman

W. I. Lenin schreibt in *L. N. Tolstoi und die moderne Arbeiterbewegung:* »Tolstois Haupttätigkeit fällt in jene Periode der russischen Geschichte, die durch zwei Wendepunkte, die Jahre 1861 und 1905, begrenzt wird. Während dieser Periode durchdrangen Spuren der Leibeigenschaft, ihre direkten Überbleibsel von oben bis unten das gesamte Wirtschaftsleben (besonders im Dorf) und das gesamte politische Leben des Landes.«

Die Bauern betrieben auf »den alten, im Jahre 1861 zugunsten der Gutsbesitzer beschnittenen Bodenanteilen aus der Zeit der Leibeigenschaft ihre veraltete primitive Wirtschaft. Andererseits aber lag der Ackerbau in den Händen von Gutsbesitzern, die in Zentralrußland den Boden durch Bauernhände, mit dem primitiven Bauernpflug, mit dem Bauernpferd bearbeiten ließen – als Entgelt für die ›abgetrennten Bodenstücke‹, für die Nutzung von Wiesen, Tränken usw. Es handelte sich im Grunde genommen um die alte Leibeigenenwirtschaft.«

Genau zu dieser Zeit bewirtschaftete Konstantin Lewin sein Gut, er gab Bauern Wiesen zum Heumachen, jeden dritten Schober durften sie als Arbeitsentgelt behalten, die beiden anderen bekam jeweils Lewin. Genau zur gleichen Zeit strebte er danach, seine Wirtschaft und die der Bauern zu ordnen, dicht neben ihm jedoch brillierte Wronski mit seiner Wirtschaftsführung auf europäische Art, veräußerte Stiwa Oblonskis Waldschläge an einen Kaufmann und suchte eine Position in einer Bank; Karenin redete im Komitee, den Kopf seitwärts geneigt, über Fehler eines anderen Ministeriums in Sachen Nichtrussen.

Es kam die Zeit der Angst vor dem Kommenden, das da mit nie gesehener Geschwindigkeit anrückte. Man fürchtete sich vor verschiedenen Dingen, ganz verschiedene, einander unähnliche Menschen fürchteten sich.

In *Anna Karenina* erscheint Wronski im Traum ein Bauer als furchterregender Steuereinnehmer: »... Klein von Wuchs, verschmutzt, mit zerzaustem Bart hantierte er gebückt an irgend etwas herum und redete plötzlich seltsame Worte in französischer Sprache.«

Auch Anna Karenina hat einen Traum: »... Ich sehe, daß dieser Bauer mit dem zerzausten Bart klein ist und schrecklich. Ich will davonlaufen, aber er steht, über den Sack gebeugt, und kramt mit beiden Händen darin.«

Der Bauer im Traum spricht Französisch mit rollendem R. »Schmieden muß man das Eisen, zerstampfen muß man es, zerdrücken ...«

»Geschwindigkeit erzeugt Kraft« – darüber war sich Tolstoi im klaren.

Aber die Geschwindigkeit zerstampfte und zerdrückte nicht nur Eisen, sondern Tolstois ganze Welt.

Das Eisen wurde weich vom raschen Lauf der Geschichte.

Die Zeit war voller Spannungen, und die Menschen hatten nur das Wichtigste im Sinn.

Saltykow-Stschedrin schrieb 1869:

»Beim Roman (zumindest wie er bisher beschaffen war) handelt es sich vorwiegend um ein Werk über familiäre Belange. Sein dramatischer Gehalt keimt innerhalb der Familie, tritt nicht aus ihr heraus und endet auch dort. Ob positiv (im englischen Roman) oder negativ (im französischen Roman), jedenfalls spielt die Familie stets die Hauptrolle.

Dieses anheimelnde, erwärmende, gut zur Geltung kommende Moment, das dem Roman seinen Inhalt gegeben hat, verflüchtigt sich vor aller Augen. Das Drama beginnt andersgeartete Motive zu fordern; es keimt irgendwo im leeren Raum und endet auch dort. Solange dieser Raum nicht ausgeleuchtet ist, wird alles darin kalt, finster und unbewohnt erscheinen. Perspektiven werden nicht sichtbar; das Drama scheint dem Zufall geopfert. Einer wird verletzt, ein anderer stirbt den Hungertod – läßt sich denn eine solche Lösung überhaupt als Lösung bezeichnen? Das Drama als solches existierte jedoch zweifellos und lieferte Beispiele eines wesentlich bemerkenswerteren Kampfes, als es ihm im früheren Roman gab. Kampf um unbefriedigtes Selbstgefühl, um beleidigtes und erniedrigtes Menschentum und schließlich Existenzkampf – das alles sind Motive, die legitim durch den Tod aufgelöst werden können. Schließlich ist es ja vorgekommen, daß ein

Mann starb, weil seine Liebste ihren Liebsten küßte, und kein Mensch fand es widersinnig, daß solch ein Tod als Lösung des Dramas bezeichnet wurde. Mit um so mehr Recht könnte man annehmen, daß ebensogut auch andere, nicht minder komplizierte menschliche Attribute Inhalt eines recht umfangreichen Dramas sein könnten. Wenn man sich ihrer bislang unzureichend und unsicher bedient hat, so nur, weil das Feld, worauf sie sich bekämpfen, allzu knapp ausgeleuchtet wird. Aber es existiert, es ist da, und es klopft recht beharrlich an die Pforten der Literatur. In diesem Falle kann ich mich auf den größten aller Künstler Rußlands berufen, auf Gogol, der schon längst hellsichtig erkannt hatte, daß der Roman den Rahmen der familiären Belange sprengen würde.«

So entstand der russische »Antiroman«.

In Tolstois Roman werden nicht nur Liebesgeschichten geschildert, es wird auch ausführlich über die wirtschaftlichen Schwierigkeiten des Landes berichtet. Auf zunächst seltsam anmutende Weise sind hier Fehlschläge in der Liebe mit Geschichten über Fehlschläge eines Grundbesitzers vereint. Doch bereits Fourier verknüpfte die Problematik der Familie mit der des Grundeigentums zu einem einzigen Knoten.

Gegen Schluß seines Buches *Der Ursprung der Familie, des Privateigentums und des Staates* macht Friedrich Engels die Anmerkung: »... Schon bei Fourier gelten Monogamie und Grundeigentum als Hauptkennzeichen der Zivilisation, und ... er nennt sie einen Krieg des Reichen gegen den Armen. Ebenfalls findet sich bei ihm schon die tiefe Einsicht, daß in allen mangelhaften, in Gegensätze gespaltenen Gesellschaften Einzelfamilien (les familles incohérentes) die wirtschaftlichen Einheiten sind.«

Tolstoi hatte im Leben einen guten Blick für die Verknüpfung dieser beiden Erscheinungen, für den echten, die Gesellschaft quälenden Antagonismus. Lewins wirtschaftliche Tätigkeit ist nicht einfach ein Detail, sie erschließt das Kernstück des Romans.

W. I. Lenin schrieb in dem Artikel *L. N. Tolstoi und seine Epoche:*

»Durch die Worte, die er K. Lewin in *Anna Karenina* in den Mund legt, hat L. Tolstoi überaus prägnant zum Ausdruck gebracht, worin die russische Geschichte in diesem halben Jahrhundert gipfelte.

Unterhaltungen über die Ernte, über Einstellung von Arbeitern u. a. m., die, wie Lewin wußte, als etwas sehr Ordinäres galten, ... erschienen Lewin jetzt als allein wichtig. ›Vielleicht war das nicht wichtig unter der Leibeigenschaft oder ist es unwichtig in England. In beiden Fällen sind die Verhältnisse selbst fest umrissen; aber bei uns jetzt, wo dies alles umgekrempelt worden ist und eben erst Gestalt gewinnt, ist die Frage, wie diese Verhältnisse sich gestalten werden, die einzig wichtige Frage in Rußland.«, dachte Lewin.«

Probleme der Einstellung von Arbeitern und des Grundeigentums verflechten sich in Tolstois Roman mit Familiengeschichten der Karenina und Lewins, und beide Themenkreise bedingen einander.

An Lewins Seite stirbt dessen Bruder Nikolai, ein kranker, schwindsüchtiger, haltloser Mensch, der von der Gründung eines Artels träumt.

»›Du siehst also‹, – fuhr Nikolai Lewin fort, vor Anstrengung die Stirn runzelnd und nervös zuckend. Ihm fiel es offensichtlich schwer, zu überlegen, was zu sagen und zu tun sei. – ›Du siehst also . . .‹ Er wies in eine Ecke des Zimmers auf seltsame, in Stricke eingebundene Eisenbarren. ›Siehst du das da? Das ist der Beginn einer neuen Aufgabe, die wir lösen wollen. Es geht um ein Produktionsartel . . .‹

Konstantin hörte fast gar nicht zu . . . Er sah, dieses Artel war nichts anderes als ein Rettungsanker gegen die Selbstverachtung. Nikolai Lewin fuhr fort:

›Du weißt, das Kapital drückt auf den Arbeiter, unsere Arbeitsleute, die Bauern, tragen die ganze Last der Arbeit und sind so gestellt, daß sie selbst bei größter Arbeitsleistung von ihrer Lasttier-Situation niemals loskommen können. Jeder Gewinn aus ihrem Arbeitslohn, der es ihnen ermöglichen könnte, ihre Lage zu verbessern, ihnen Freizeit und infolgedessen Bildung geben könnte, alle Überschüsse ihres Lohnes werden ihnen von den Kapitalisten weggenommen. Und die Gesellschaft ist so eingerichtet: Je mehr sie arbeiten, um so mehr gewinnen Kaufleute und Grundbesitzer, sie aber bleiben für immer und ewig Arbeitsvieh. Und diese Verhältnisse müssen verändert werden‹, schloß er und blickte seinen Bruder fragend an.«

Die Gesellschaft, in der Nikolai Lewin lebt, die Frau, die er aus einem Bordell freigekauft hat, um sie zu seiner Lebensgefährtin zu machen, seine Freunde, alles erinnert uns an die revolutionären Demokraten jener Zeit. Konstantin Lewin glaubt, nicht zuzuhören; in Wirklichkeit hört er Nikolais Worte recht gut; später, als er selbständig zu denken begonnen hat, will er ein Buch schreiben, das auf einen Hieb sämtliche Probleme lösen und »nicht nur eine Umwälzung innerhalb der politischen Ökonomie bewirken, sondern diese Wissenschaft vollständig vernichten und den Grundstein für eine neue Wissenschaft von den Beziehungen des Volkes zum Boden legen soll . . .«

Gerade die Gespräche in Nikolais Zimmer, denen Konstantin Lewin so unaufmerksam zu folgen schien, halfen Tolstoi, die Gesetze des neuen Lebens zu begreifen. Dieser Dialog ist ein Selbstgespräch des Autors. Nach dem Gespräch sitzt Lewin im Zug – und hier erscheint das Wort, das wir im Gespräch selbst nicht zu hören bekommen haben, das Wort »Kommunismus«:

».. . Des Bruders Äußerungen über den Kommunismus, die er damals auf die leichte Schulter genommen hatte, zwangen ihn jetzt zum Nachdenken. Er hielt eine Umgestaltung der ökonomischen Bedingungen für ein Hirngespinst, spürte jedoch ständig die Ungerechtigkeit seines Überflusses im Vergleich zur Armut des Volkes und entschied: Um sich vollständig im Recht zu fühlen, würde er, der auch vorher fleißig gearbeitet und kein luxuriöses Leben geführt hatte, ab sofort noch fleißiger arbeiten und sich noch weniger Luxus leisten. Und das alles schien ihm so mühelos ausführbar, daß er die ganze Reise in angenehmsten Träumereien verbrachte.«

Doch alles erweist sich als nicht so einfach, und als Nikolai kurze Zeit darauf den Bruder auf dessen Besitz besucht, mokiert er sich über Lewins neueste Passion:

».. . Nikolai provozierte den Bruder erneut, seinen Plan darzulegen, und begann, diesen nicht nur zu kritisieren, sondern ganz bewußt mit dem Kommunismus zu vermengen.

›Du hast einen fremden Gedanken aufgegriffen, aber du hast ihn entstellt und willst ihn am falschen Ort ausprobieren.‹«

Lewin rechtfertigt sich, allerdings vergeblich, denn er lehnt ja Eigentum, Kapital und Erbrecht nicht ab.

»›Das ist es ja eben, du hast einen fremden Gedanken aufgegriffen, ihn um alles beschnitten, was seine Kraft ausmacht, und willst einen überzeugen, es sei etwas Neues‹, sagte Nikolai und zuckte zornig zusammen in seinem Halstuch.«

Lewin ist ein strenger Brotherr, er berechnet den Arbeitern jedes Stück Brot, er verweigert ihnen an schweren Arbeitstagen Verpflegungszulagen. »Er wußte, Arbeiter waren für möglichst niedrigen Lohn zu dingen, sie aber in Fron zu nehmen, indem man ihnen Vorschußgelder unter ihrem Wert zahlte, war zwar gewinnbringend, doch nicht empfehlenswert. Man konnte den Bauern bei Futtermangel durchaus Stroh verkaufen, wenn man sie auch bedauerte; Ausspann und Kneipe hingegen mußten, obgleich sie Gewinn brachten, beseitigt werden. Holzschlagen war so streng wie nur möglich zu ahnden, aber für Bauernvieh, auf Herrengrund getrieben, Geldstrafen einzuheben ging nicht an . . .«

Es folgen weitere, ebenso relativierte, aber harte Regeln.

Demnach macht eine reine Leibeigenen- und Wucherwirtschaft sich bezahlt. Der Gutsnachbar erzählt:

»... Meine Wirtschaft garantiert, daß das Geld für die Herbststeuer bereitliegt. Da kommen sie, meine Bäuerlein: Väterchen, Wohltäter, rette, hilf! Na, sie sind ja meine Nachbarn, die Bauern, sie tun einem leid. Na, da gibt man ihnen was fürs erste Drittel, bloß man sagt dazu: Denkt dran, Jungens, ich hab euch geholfen, da müßt ihr auch einspringen, wenn Not am Mann ist – bei der Haferaussaat oder der Heumahd oder der Roggenernte, na, da einigt man sich eben über die Abgabe...«

Lewin jedoch bedient sich, wenngleich das gewinnbringend wäre, nicht solcher Methoden der Arbeitskraftgewinnung. Zugleich aber sieht er, daß es sich für den Bauern nicht auszahlt, auf Herrengrund gewissenhaft zu arbeiten:

»... Seine Interessen waren ihnen nicht nur fremd und unverständlich, sie standen in fatalem Widerspruch zu ihren eigenen gerechtfertigten Interessen.«

Lewin möchte seine Arbeitsleute zu Teilhabern seiner Gutswirtschaft machen und gedenkt sogar ein Buch darüber zu schreiben. Zunächst jedoch vergibt er Wiesen an die Bauern für jeden dritten Heuschober und vergrößert damit seinen Anteil; vorher bekamen sie die Hälfte des Heus.

»Heuer hatten die Bauern sämtliche Wiesen für den dritten Schober genommen, und jetzt war der Dorfälteste melden gekommen, daß die Wiesen geräumt waren...«

Tolstoi erzählt außerordentlich poetisch, wie die Bauern nach der Mahd am Gutsherrn vorüberziehen. Dieser hätte sich ihnen gegenüber eigentlich im Recht fühlen müssen, weil sie ihn beschwindeln und das Heu nicht fachgerecht schobern, doch er fühlt etwas anderes.

»Die Frauen nahten mit Gesang, und ihm war, als schöbe sich eine Gewitterwolke, gesättigt mit Frohsinnsdonner, auf ihn zu. Die Wolke schob sich heran, erfaßte ihn, und der Heuschober, auf dem er lag, und die anderen Schober und die Fuhren und die ganze Wiese mit dem fernen Feld, alles geriet in Bewegung und in flutendes Schwanken im Takt dieses wilden, übermütigen Liedes mit seinen Aufschreien, gellenden Pfiffen und Kreischern. Lewin war neidisch auf diesen gesunden Frohsinn, wünschte sich an der Äußerung solcher Lebensfreude zu beteiligen. Aber er konnte nichts tun und mußte liegen bleiben und schauen und lauschen. Als das Volk mit seinem Gesang seinen Augen und Ohren entschwunden war, erfaßte ihn drückende Schwermut ob seiner Einsamkeit, seines physischen Müßiggangs, seiner Feindseligkeit dieser Welt gegenüber...«

Lewin ist kein Wucherer, dennoch stützt sich seine Wirtschaft einzig darauf, daß die Bauern keine eigenen Wiesen besitzen und gezwungen sind, zu Lewins Gunsten Heu zu machen und sich ihm billig als Knechte zu verkaufen.

Neu ist im Roman nicht nur das genaue Gefühl dafür, daß Grundbesitz eine überlebte Erscheinung war, sondern auch die Unsicherheit, die Lewin überkommt.

In seinem Versuch, sich vor dieser Unsicherheit zu retten, wollte Tolstoi zu seinem Kinderglauben, zum »Glauben der Kirche« zurückkehren. Später wünschte er sich eine neue Religion, er strebte danach, »die Pfaffen mit behördlicher Bestallung zu ersetzen durch Pfaffen aus sittlicher Überzeugung«.

Er mußte »entweder sein Leben so auslegen, daß es ihm nicht als bösartiger Spott eines Satans vorkam, oder sich erschießen«.

Lewin tut weder das eine noch das andere. Anna Karenina begeht Selbstmord, damit aber wird die Kollision des Romans keineswegs beendet.

Der Himmel ist ein leerer Raum. Die Welt blüht gleich einer Linde, sie ist hell und klar, man sehnt sich nach ihr, darin zu leben aber ist nicht möglich. Die Wahrheit darin ist gestorben, und Tolstoi ist der erste in der gesamten Weltliteratur, der das aufzeigt.

Die Gesellschaft stößt Anna aus. Kitty, die einst Lewin zugunsten des besseren Bräutigams, Wronski, abgewiesen hat (wenngleich sie vielleicht Lewin liebte), wünscht Anna nicht zu empfangen, weil diese Karenin verlassen hat, um mit Wronski zu leben.

Das Neue im Roman entdeckte Dostojewski, der begriff, wie wichtig für Tolstoi, für die gesamte russische und die Weltliteratur die Gespräche über Gerechtigkeit und über die zukünftige Gesellschaftsordnung sind, die Tolstois Helden auf dem Heuboden miteinander führen.

Dostojewski baute seine Überlegungen zum Roman in sein *Tagebuch eines Schriftstellers* (2. Kapitel, Februar 1877) ein. Zuerst hebt er die Szene zwischen Wronski und Karenin am Krankenbett Annas hervor, dann heißt es: »Danach zog sich der Roman erneut in die Länge, und dann begegnete ich, und das war erstaunlich für mich, im sechsten Teil einer Szene, die den ›Tagesereignissen‹ genau entspricht und dabei, das ist das Entscheidende, weder aufgepfropft noch tendenziös ist, sondern dem künstlerischen Anliegen des Romans entspringt.«

In seinem Brief vom 24. August 1873 an N. Strachow teilt Tolstoi mit, er habe vor, einen Roman »im unbeschwertesten Stil« zu schreiben, und sei davon zutiefst begeistert. Den Empfänger des Briefes verblüffte der Roman aber durch seinen strengen, sogar unwirschen Ton.

Hier sehen wir den üblichen Widerspruch zwischen Liebe und Kunst. Romane beginnen anders, als sie sich später entwickeln.

Beengt vom unwissenden, verarmenden Dorfdasein, wollte Tolstoi sich in ein erleuchtetes Zimmer zurückziehen und erzählen, wie man innerhalb seiner Kreise leben sollte, er wollte den Trugschluß derer entlarven, die das Leben umzugestalten wünschten. Und er begann, gleich dem Maler Michailow, den er beschrieb, vom Gegenstand, den er zu sehen wünschte, Hülle um Hülle zu entfernen, um das Wesen des Gegenstandes freizulegen.

Karenin erwies sich weniger als betrogener Ehemann denn als Toter, der zwischen sich und dem wahren Leben Paragraphen und Akten auftürmt. Er wacht erst auf, als er zu leiden beginnt, doch auch vor dem Leid zieht er sich zurück in einen erdachten Glauben an einen erdachten Gott.

Lewin zieht sich aufs Land zurück und beginnt zu arbeiten, er flieht vor der Welt des Bürokraten Karenin, verbleibt aber als Besitzer von Grund und Boden, den andere für ihn bearbeiten, in der Welt der Ungerechtigkeit.

Er kommt zu seiner Freizeit, darf seine Kitty lieben, kann seine Kinder großziehen, glücklich jedoch wird er nicht, und dann beginnt er sich mit engverkniffenen Augen einen Gott auszudenken, unterstellt veralteten religiösen Gewohnheiten neue Begriffe und schirmt sich mit ihrer Hilfe vom Leben ab.

Das Leben aber geht weiter, und die Gutsherren auf der Jagd reden in der Bauernscheune von sozialer Ungerechtigkeit. Stiwa Oblonski ist bereit, zu leben und sich mit dieser Ungerechtigkeit abzufinden, weil ihm das nützt; Lewin will keine Ungerechtigkeit und versucht, sich zu rechtfertigen.

Dostojewski, als erster auf dieses Gespräch aufmerksam geworden, weist in seinem *Tagebuch eines Schriftstellers* darauf hin, daß Tolstoi hier die Grundlage aller Grundlagen berührte und eine der wichtigsten damaligen Gegenwartsprobleme anschnitt. »Jeglicher Erwerb, der der zugrunde liegenden Arbeitsleistung nicht entspricht, ist unehrlich«, zitiert er Lewins Worte. Lewin möchte schuldlos bleiben. Dostojewski erinnert sich an sein eigenes Leben, an Saint-Simon, an Fourier, an Menschen, die irgendwann erstmalig das gleiche sagten.

Späterhin erinnerte Dostojewski in seiner Rede über Puschkin an Aleko aus Puschkins *Zigeunern,* an Jewgeni Onegin und an alle russischen Wanderer zwischen den Welten.

Er ging den gleichen Weg, den Tolstoi beschritt, nachdem er im Kaukasus *Die Zigeuner* gelesen hatte. Es stellte sich heraus, daß dieser Weg unvermeidlich war.

Dostojewski versuchte, für die soziale Ungerechtigkeit eine neue russische religiöse Lösung zu finden. Das versuchte auch Tolstoi. Von diesem Suchen wird noch zu sprechen sein.

Die Familien rings um Anna Karenina und das Heim ihres Autors

Die Schuld der Anna Karenina ist für Tolstoi ein schwieriges Problem. Im 20. Kapitel des 7. Teiles kommt Stepan Arkadjewitsch auf der Suche nach einem neuen Posten nach Moskau. Er begegnet der Fürstin Mjagkaja, die, als die Rede auf Anna kommt, die Situation wie folgt einschätzt: »Sie hat getan, was alle außer mir tun, aber verheimlichen, sie aber wollte nicht betrügen und hat wundervoll gehandelt.«

Die Scheidung kommt nicht zustande, weil der vom Grafen Bessubow adoptierte hellsehende Ausländer in echter oder vorgetäuschter Trance Karenin den Rat gibt, sich auf keine Scheidung einzulassen.

Dies ist eine der vergessenen Motivationen, die in den ersten Romanfassungen fehlt. Sie ist auch nicht das Hauptmotiv. Tolstoi lehnt die Möglichkeit und die Zweckmäßigkeit einer Scheidung selbst für Anna rundweg ab: Der Sohn, Serjosha, würde sowieso wissen, daß seine Mutter die Frau zweier Männer ist, und Wronski würde sowieso nicht durch Liebe, sondern durch Pflichtgefühl – wenn auch auf andere Weise ausgedrückt – an Anna gebunden bleiben.

Das Geheimnis ist aufgedeckt. »Das Sakrament der Ehe« wird ausführlich und feierlich dargelegt. Der Gottesdienst rührt Lewin, Kittys Bewußtsein erreicht er in anderer, mehr alltäglicher Deutlichkeit.

»Und aus diesem Blick schloß er, daß sie dasselbe begriff wie er. Aber dem war nicht so; sie begriff die Worte des Gottesdienstes fast gar nicht und hörte während der Trauung nicht einmal hin. Sie war nicht fähig, hinzuhören und zu verstehen: so mächtig war das einzige Gefühl, das ihre Seele voll erfüllte und immer stärker wurde: das Gefühl der Freude über den Abschluß dessen, was bereits seit anderthalb Monaten in ihrem Herzen abgeschlossen war und was sie während dieser ganzen sechs Wochen gefreut und gequält hatte.«

Tolstoi ergeht sich gerührt in der Beschreibung der Hochzeit, etwa so wie ein Schiffbrüchiger, noch aufgewühlt, die Insel beschreiben würde, die er mit Müh und Not schwimmend erreicht hat.

Die »lächelnden Lippen«, die Lewin während der Trauung küßt, sind rührend beschrieben.

Rings um Jasnaja Poljana aber lebte manch getrautes und manch ungetrautes Paar. Tolstois Bruder Sergej Nikolajewitsch lebte zwölf Jahre mit der Zigeunerin N. M. Schischkina und hatte Kinder von ihr, ohne eine rechtmäßige Ehe mit ihr einzugehen; Bruder Dmitri Nikolajewitsch hatte ein Verhältnis mit einer Frau, die er sich aus einem Bordell geholt hatte; Schwester Maria Nikolajewna lebte nach ihrer Trennung von W. P. Tolstoi in bürgerlicher Ehe mit dem Vicomte Victor de Kleen. In der Familie Bers gab es außer den komplizierten Familienverhältnissen der Großmutter Sofja Andrejewnas, S. P. Koslowskaja-Sawadowskaja, neben außerehelichen Beziehungen des Vaters A. J. Bers (die wir bereits erwähnten) mißglückte Ehen, die in Scheidungen endeten, wie die erste Ehe der Schwester Sofja Andrejewnas, Lisa Bers, und die ihres Bruders Alexander.

Fest fundiert war in Tolstois gesamter Umgebung nur seine eigene Familie. Was nun die im Roman erdachten Beziehungen angeht, so ist Lewins Familie festgefügt. Dolly lebt mit einem Ehemann, der sie betrügt, Anna Kareninas Freundinnen in der Hautevolee betrügen ihre Männer, Wronskis Mutter hat nach Lewins Aussage in ihrer Jugend mit allen und jedem geschlafen. Wir wissen, daß sie am Anfang des Romans den innigen Wunsch hegt, ihr Sohn möge ein Verhältnis mit einer brillanten Dame der höchsten Gesellschaft eingehen, weil das den Charakter eines jungen Mannes forme.

Annas Freundinnen betrügen ihre Männer. In der ersten Romanfassung redet die gleiche Gesellschaft, die sich vom Geplauder zwischen der Karenina und Gagin schockiert fühlt, ständig über familiäre Mißgeschicke anderer Leute: ». . . Über diese Personen wird gelästert, sonst wäre ja nichts zu sagen gewesen, denn glückliche Völker haben keine Geschichte.«

Tolstoi begann die Endfassung seines Romans mit den Worten: »Alle glücklichen Familien ähneln einander.« Vorher hatte er gesagt, glückliche Völker hätten keine Geschichte, folglich wären glückliche Familien außergeschichtlich, eine Legende.

Um über Annas Treubruch sprechen zu können, mußte im Hintergrund eine glückliche Familie stehen. Man hätte vermuten können, Lewins Familie sei dazu geeignet, aber Lewin träumte von Selbstmord. Somit konnte nur von Kittys Glück die Rede sein.

Tolstoi hätte gern den glückhaften Hintergrund erweitert, darum begann er noch eine Schwester Kittys und deren Familie zu beschreiben.

Natalie heiratet einen Mann namens Lwow.

Beide Namen, Lwow und Lewin, haben ihren Ursprung im Namen Lew. Damit verdoppelt sich gleichsam Tolstois Familie.

Wohl ergaben die Geschichte von Kittys Leidenschaft zu Wronski und Lewins schwierige Situation eine echte Handlungslinie, aber die Lwows gleiten einfach durch die Maschen des Gedächtnisses. Ohne im Buch selbst nachzuschlagen, könnte man höchstens über sie aussagen, daß ihre Kinder krank waren, mehr bleibt nicht haften.

Eisblumen

Ein Adelshaus, insbesondere ein Gut war ein selbständiger Machtbereich, in den die Staatsmacht nur selten und dann respektvoll einzudringen pflegte.

Beim Einstellen einer Arbeitskraft, beim Engagieren eines Hauslehrers fragte der Adlige ihn nicht nach Führungszeugnissen, er wählte die Menschen nach eigenem Ermessen.

Der Erzieher des jungen Grafen Stroganow erwies sich später als Mitglied des Konvents, als Bürger Roms, und sein Zögling nahm, als er nach Frankreich kam, leidenschaftlich an der Revolution teil.

Herzens Erzieher erwies sich als emigrierter Revolutionär, der seinem Zögling klarmachte, daß die Revolution Ludwig XVI. zu Recht hingerichtet habe, weil der König das Volk verraten hatte.

Auch aus Petersburg und Moskau Vertriebene fanden ab und zu ein bitter schmeckendes Asyl auf Herrensitzen.

Auf Golizyns Gut verbarg sich Iwan Krylow als Erzieher der jungen Fürstensöhne, nachdem er gegen Ende der Regierungszeit Katharinas II. vor dem Pogrom geflohen war.

Erziehungsprobleme, wie sie in *Anna Karenina* behandelt wurden, standen vor dem Autor auch im praktischen Leben.

Auf dem Herrensitz des Grafen Tolstoi wuchsen Kinder heran. Zuerst unterrichtete sie der Hausherr selbst. Er las ihnen Jules Verne vor und erfuhr aus den utopischen Romanen, daß die Welt im Begriff war, sich spürbar zu verändern.

Er las ihnen auch Romane von Alexandre Dumas vor und ließ dabei aus, was er für schädlich hielt.

Innerhalb Rußlands tobten harte Kämpfe um Probleme der Kindererziehung. Karenin vertritt im Roman reaktionäre Kräfte. Er sagt im Hause der Oblonskis: »Ich glaube, man muß einfach anerkennen, daß der eigentliche Prozeß des Studiums sprachlicher Formen besonders segensreich auf die geistige Entwicklung wirkt. Außerdem kann nicht geleugnet werden, daß der Einfluß klassischer Schriftsteller höchst moralisch ist, während sich mit dem Unterricht in den Naturwissenschaften unglücklicherweise jene schädlichen und falschen

Lehren verbinden, die die Sprache unserer Zeit bilden.« Schwierige Lehrprogramme an den Schulen sollten das Heranwachsen einer demokratischen Intelligenz unterbinden und als Mittel zur Bändigung der Jugend dienen.

Die Frauenfrage und die Frage der klassischen Bildung verschmolzen später zu einer einzigen Frage und führten zur Bekämpfung der Nihilisten.

Nihilisten treten im Roman nicht auf, doch das Leben selbst konfrontiert Lewin mit der Negierung des Lebens und weckt in ihm die Sehnsucht nach Flucht oder Tod.

In *Anna Karenina* wird die alte Welt im Zustand der Defensive gezeigt. Aber außer Karenin glaubt in dieser Welt kaum jemand daran, im Recht zu sein.

Karenin hat recht, »er hat immer recht«, wie Anna mit Abscheu und Entsetzen sagt.

Viele hielten den Kampf nicht durch, viele gingen unter.

Mefodi Nikiforowitsch Katkow, der Bruder des bekannten russischen Reaktionärs und Redakteurs der *Moskowskije Wedomosti,* Michail Nikiforowitsch Katkow, schloß am 11. September 1874 auf den Mitverleger der *Moskowskije Wedomosti,* Pawel Michailowitsch Leontjew, einen besonders eifrigen Verteidiger des klassischen Bildungssystems und Direktor des Lyzeums, das den Namen des Kronprinzen Nikolai II. trug. Als Philologe war Leontjew eine hoffnungslos veraltete Erscheinung, er bewog den Minister für Volksbildung, D. Tolstoi, zum Kampf gegen das »Geschwür des Materialismus« mit Hilfe des Studiums der griechischen Grammatik und Mythologie.

Mefodi Katkow war kein Revolutionär, er versuchte aber, sich für seine gemarterten Kinder zu rächen.

Einige Zeit später erzählte Tschechow, wie Eltern ihre Kinder zu verschreckten Wesen machten, indem sie sie schlugen und zwangen, die endlose, unsinnige Belastung der damaligen Schule durchzustehen.

Aristokratenkinder waren von dieser Marter befreit, weil ihnen Schulen verschiedenen Privilegierungsgrades, auch Lehranstalten wie etwa die für »Rechtswissenschaft«, die nicht sonderlich wissenschaftlich war und kein Griechisch betrieb, zur Verfügung standen.

Tolstoi wollte seine Kinder an der Universität immatrikulieren.

Auf Jasnaja Poljana erschienen Erzieher, Gouvernanten, Französinnen, Deutsche, Engländer, Lehrer für Russisch, Griechisch und Religion. Das Bildungssystem, das dort einzog, hatte sehr wenig mit dem gemein, was der Hausherr in der Zeitschrift *Jasnaja Poljana* predigte. Die Leitung lag in den Händen Sofja Andrejewnas. Sie wünschte, daß ihre Kinder nicht schlechter dran seien als andere Sprosse aus aristokratischen Kreisen; es zog sie nach Moskau. Hauslehrer betrachtete sie als Kompromißlösung. Staatsexamina flößten ihr eine Art frommen Respektes ein, und sie hätte selbst Griechisch gelernt, wenn es die Kinder gefördert hätte. Sogar das langjährige Familienfaktotum, Agafja Michailowna, pflegte an Examenstagen eine Kerze vor dem Heiligenbild anzuzünden.

Aber jeder Weg, den ein Außenstehender nach Jasnaja Poljana einschlug, war gefährlich.

Die Lehrer der ehemaligen Dorfschule nahmen an Studentenunruhen teil, lasen Herzen. Der gescheite Peterson, Tolstois Lieblingslehrer, ehemals Schullehrer in Pensa, war sogar Mitglied des Zirkels um Karakosow.

1877 beschäftigte sich Tolstoi gemeinsam mit seinem Sohn Serjosha mit dem Griechischen und übersetzte mit ihm zusammen Xenophons *Anabasis.* Aber Sergej war weniger begabt als der Vater, er war ein Durchschnittskind. Außerdem beherrschte Tolstoi selbst die Schulgrammatik des Griechischen nicht, er hatte die Sprache ja beim Studium der Werke Homers erlernt.

Er brauchte Menschen. Ihm fehlten ein Russischlehrer und ein Verwalter für das Gut bei Samara. Die Hebamme aus Tula, die Sofja Andrejewnas jüngeren Kindern zur Welt geholfen hatte, vermittelte. Es kamen Wassili Iwanowitsch Alexejew und Alexej Alexejewitsch Bibikow, zwei junge Männer aus verarmten Gutsbesitzerfamilien.

Alexejews Vater, ein pensionierter Offizier, hatte ein Bauernmädchen geheiratet; der Ehe entsprossen acht Kinder. Er leitete sein Hauswesen nach dem *Domostroi* und der Dienstordnung aus der Ära Nikolais I.

Sein Sohn Wassili schaffte es, an der mathematischen Fakultät der Petersburger Universität immatrikuliert zu werden. Er lebte ärmlich, studierte fleißig, hatte kühne Gedanken.

Er schloß sich einem revolutionären Zirkel der Volkstümler* an und lehrte an Arbeiterschulen. Bald schon wurde klar, daß man das in Rußland nicht tun durfte, sein Universitätsstudium jedoch konnte Alexejew beenden.

Nach dem Abschlußexamen erhielt er den Posten des Direktors einer technischen Lehranstalt mit einem Jahresgehalt von 2000 Rubel. Die Schüler mochten den jungen Direktor gern, seine materielle Lage war glänzend.

* Russ.: Narodniki

In jene Zeit fällt seine nähere Bekanntschaft mit dem Volkstümler A. K. Malikow, der Gefängnis und Verbannung hinter sich hatte und danach Verkünder des Gottesmenschentums geworden war. Das war eine mythische Lehre, die soziale und internationale zwischenmenschliche Beziehungen mittels christlicher Ethik zu veredeln suchte. Um die Möglichkeit eines Lebens nach der neuen Ethik zu begründen, wurde beschlossen, eine neue soziale Lebensordnung auszuprobieren.

Eine Studentin stellte Geld zur Verfügung, junge Leute reisten nach Amerika und erwarben eine Farm in Kansas. Fünfzehn Russen, darunter Malikow und Alexejew sowie dessen Bruder, gründeten dort eine Kommune. Das erste Jahr war von Erfolg gekrönt, im nächsten gab es eine Mißernte; die Kommune, inzwischen durch Streitereien belastet, fiel auseinander.

Nach der Enttäuschung in Amerika kehrte Wassili Alexejew mit seiner Frau Jelisaweta Alexandrowna, die seinetwegen mit ihren beiden Kindern ihren Mann Malikow verlassen hatte, nach Rußland zurück. Ohne einen schriftlichen Nachweis politischer Zuverlässigkeit jedoch konnte Alexejew keinen Staatsposten bekommen, er mußte hungern. Nach Jasnaja Poljana kam er allerdings nur ungern. Er war mittelgroß, schmalschultrig, blond und blauäugig, wirkte schüchtern und wohlerzogen, verstand es aber, sich zu äußern und zu behaupten.

Er nahm Quartier in einer Gesindekate und kam zum Unterrichten ins Herrenhaus. Tolstois Kinder gewannen ihn lieb, er verstand sich auch gut mit dem Hausherrn, der anfing, ihn zum orthodoxen Glauben zu bekehren. Lew Tolstoi selbst hielt sich damals in seinem Bemühen, sich mit Hilfe der Religion von seinen Zweifeln freizumachen und dem Volk näherzukommen, für streng orthodox.

Eines Tages saßen Hausherr und Hauslehrer vor einem vereisten Zimmerfenster. Sonnenstrahlen drangen durch die Eisblumen. Alexejew hatte mancherlei erlebt und verstand es, mit verschiedenen Menschen eine gemeinsame Sprache zu finden. Er sagte, er begreife nicht, wie Tolstoi als Graf, als aufrichtiger und gebildeter Mann fähig sei, in die Kirche zu gehen, zu beten, zu fasten. Tolstoi hörte ihn an und wies dann zum vereisten Fenster.

»Wir erblicken nur das Bild der Sonne auf den Eisblumen dort, aber wir wissen auch, daß hinter den Eisblumen irgendwo die ferne, echte Sonne steht, die Quelle des Lichtes, das dieses Bild sichtbar macht. Für das Volk ist die Religionsausübung nur so ein Bild, ich aber sehe weiter und erblicke die eigentliche Lichtquelle oder weiß zumindest, daß es sie gibt. Diese unterschiedliche Einstellung zu den Dingen behindert unseren Umgang miteinander jedoch nicht, wir betrachten beide das Bild der Sonne, nur durchdringt es unser Verstand jeweils bis in verschiedene Tiefenschichten.« Tolstoi unterhielt sich häufig mit Alexejew, die beiden Männer wurden Freunde.

In seiner Tolstoibiographie (die Tolstoi sehr aufmerksam durchgesehen hat) behauptet P. Birjukow, Tolstoi sei von Alexejew, der später einer der ersten Tolstoianer war, beeinflußt gewesen.

Einige Jahre darauf wurde Alexejew auf Verlangen Sofja Andrejewnas entlassen: ihr mißfiel sein Einfluß auf ihren Mann (er hatte diesem geraten, einen Brief an den Zaren wegen der Hinrichtung der Märzaufständischen zu schreiben); Alexejew übersiedelte auf Tolstois Gut bei Samara.

Alexej Alexejewitsch Bibikow, ein Freund Alexejews und Malikows, galt wie diese als Nihilist. Er war untersetzt, stark, ansehnlich, trug ein Wams, hohe weiche Stiefel, einen Vollbart und sah aus wie ein Bauer. Seiner Herkunft nach war er der Sohn eines ziemlich reichen Gutsbesitzers, hatte an der Universität Charkow die naturwissenschaftliche Fakultät absolviert und wirkte als Friedensrichter; nach Karakosows Attentat verbüßte er eine sechsmonatige Festungshaft, lebte acht Jahre in der Verbannung und erhielt dann die Genehmigung, auf dem eigenen, nicht sehr großen Gut Maly Kon im Gouvernement Tula zu leben, allerdings ohne Ausreiserecht. Bibikow verschenkte seinen Grund und Boden fast gänzlich an die Bauern, heiratete ein Bauernmädchen und verließ dieses später wegen einer anderen Frau, mit der er mehrere Kinder hatte. Die Polizeiaufsicht über ihn wurde später gelockert, er erhielt das Recht, an einem abgelegenen Ort des Gouvernements Samara zu leben.

Zur Gesellschaft der Nihilisten auf Jasnaja Poljana stieß alsbald eine überraschende Person.

Tolstoi suchte in Moskau einen Erzieher und brachte im Januar 1878 einen Franzosen mit, der sich Nief nannte.

Sergej Lwowitsch Tolstoi berichtet, dieser Mann habe einer vornehmen französischen Familie entstammt und sei vielleicht sogar ein Vicomte gewesen. Nief war an der Pariser Kommune beteiligt gewesen und hatte sich, um der Verhaftung zu entgehen, unter falschem Namen in Rußland verborgen.

Wer dieser Franzose in Wirklichkeit war, muß Tolstoi gewußt haben, denn sein Sohn Sergej Lwowitsch wußte es auch.

Eines Tages brachte der Schüler Sergej das Gespräch mit seinem Pädagogen auf den deutsch-französischen Krieg. Der Halbwüchsige wollte den Lehrer herausfordern.

»Die Franzosen waren vielleicht gut! Einen Bürgerkrieg zu einer Zeit anzufangen, wo die Deutschen bei Paris standen.«

Der Kommunarde erwiderte gelassen: »Ich verbiete Ihnen, über diesen Augenblick in der Geschichte Frankreichs zu sprechen.«

Nief unterhielt sich gern mit Lew Tolstoi, lieh sich französische Bücher von ihm und stöberte in der Bibliothek des Hauses Proudhons Schrift *Über die Gerechtigkeit in Revolution und Kirche* auf, die der Graf bereits 1860 mitgebracht hatte.

Der Franzose blieb so lange auf Jasnaja Poljana, bis für die Kommunemitglieder die Amnestie verkündet wurde, dann reiste er nach Tunis.

Bruchstücke der Revolution reizten Tolstoi durch ihre Inkongruenz mit dem gewöhnlichen Leben.

Er pflegte zu sagen, Wanderer ersetzten dem Volk die Zeitungen, sie brächten Neuigkeiten, die den einfachen Mann interessierten.

Bibikow, Alexejew, später auch Nief waren Wanderer, die der unruhige Hausherr auf Jasnaja Poljana aufnahm. Er tat es, weil er selbst dabei war, einen anderen Weg zu gehen, weil er aus dem Kreis, in dem er lange und stets zweifelnd gelebt hatte, ausbrechen wollte.

Wege und Straßen rings um Jasnaja Poljana

Winters und sommers ritt Tolstoi häufig aus.

Morgens arbeitete er, trank Kaffee, dann trat er aus dem Haus, raffte mit geübter Hand die Pferdemähne am Widerrist mit den Zügeln zusammen, stieg in den Steigbügel, warf ein Bein über den Pferderücken und saß leicht und elastisch auf.

Kramskoi sagte, Tolstoi zu Pferde sei der schönste Mann von allen, die er gekannt habe.

Er ritt zehn, fünfzehn Werst, durchquerte steil abfallende Schluchten, zwang das Pferd, über Bäche zu setzen, bückte sich geübt, wenn ein tiefsitzender Ast den verwucherten Waldpfad versperrte.

Holz wurde in jenen Jahren in einem mehrjährigen Turnus geschlagen. Es gab ganze Wälder, die noch nie eine Axt gesehen hatten.

Die Eichen waren nicht besonders dickstämmig, aber groß. Gewachsen in unausgelichtetem Waldesdickicht, kämpften sie siegreich gegen andere Bäume wie Espen, Linden, Birken, reckten sich in die Höhe und spreizten hoch oben am Himmel, grünen Wolken gleich, ihre Zweige.

Dort, wo Eichen geschlagen worden waren, wucherte dichtes Unterholz: Linden, Ahorn, Rüster, durchwachsen mit Nuß- und Schneeballsträuchern. Hier hausten Marder, Dachse, Hasen, Füchse;

vor kurzem hatte es auch noch Wildziegen gegeben, irgendwo abseits zogen schwerleibige Elche umher und brachen mit ihren gewaltigen Schaufeln die Äste.

Lew Tolstoi kannte sämtliche Wege und Pfade im Wald. Er ritt aus dem Dickicht auf Lichtungen und erkannte alte Stätten in neuer Gestalt.

Es heißt, nach Tolstois Heirat habe Axinja eines Tages seinen Weg gekreuzt und sei auf einen Stein gestiegen, damit der Herr sie sähe. Tolstoi erkannte von weitem den wohlvertrauten, hausgewebten bunten Rock und ritt hin. Beide waren nun sozusagen gleich groß, er im Sattel, sie auf ihrem Stein. Worüber sie sprachen, wie sie schwiegen, darüber kursierten im Dorf Jasnaja Poljana verschiedene Geschichten.

Das Frühjahr war für Waldritte eine unwegsame Zeit. Dann wanderte Tolstoi zu Fuß die Chaussee oder die dreißig Sashen breite Straße entlang, auf der das Vieh getrieben wurde und die am Einfahrtstor von Jasnaja Poljana vorüberführte.

Unter Katharina II. hatte man die Straßenränder mit Birken bepflanzt. Bevor die Chaussee gebaut wurde, fuhren hier Bauernwagen, Kaleschen, Korbwagen, Kutschschlitten und offene Schlitten vorbei, zogen Warentrecks ihres Weges. Man befuhr die Straße mit eigenen und mit Mietpferden. Puschkin war hier entlanggefahren, die Leiche des in Taganrog verstorbenen Zaren Alexander I. hatte man darauf überführt. Aus einer Laube am Rande des Gutes hatte Lew Tolstois Mutter, die geborene Fürstin Wolkonskaja, den Leichenzug beobachtet.

Beidseits der Straße hatte man schwerfällige ukrainische graue Ochsen nach Moskau zum Schlachthaus getrieben. Kürzlich war das durch ein Verbot unterbunden worden, es hieß, das Vieh verbreite Seuchen. Vielleicht hatten Eisenbahner das Verbot durchgedrückt, um zusätzliche Ladung zu bekommen. Die fiskalischen Bodenstreifen längs der Straße belegten Gutsbesitzer mit Beschlag und verpachteten sie an Bauern. Der Boden war gut gedüngt.

Damals, nach der Befreiung, nannten die Bauern ihre Gutsherren Landfresser. Turgenjew erzählt, die Bauern hätten einen Gutsbesitzer, der ihnen ständig ihre Äcker beschnitt, eingefangen und gezwungen, acht Pfund Schwarzerde aufzuessen, woran er starb.

Das Leben war von der Straße auf die Chaussee abgewandert, diese wurde häufig repariert. Zusammengekrümmt hockten Straßenarbeiter darauf und hielten zwischen den lappenumwickelten Füßen Steine geklemmt, die sie mit schweren Hämmern zu Schotter zerklopften. Auf der alten Straße fuhr es sich geruhsamer.

Lew Tolstoi bezeichnete die Straße als die große Welt. Hier traf er Menschen. Nacherzählungen und Fragmente seiner Straßengespräche füllen manche Seite seiner Notizbücher.

Säcke mit Habe auf dem Rücken, die Füße in hanfgeflochtenem Schuhwerk, schleppten sich Pilger und Wanderer von Moskau nach Kiew, von Kiew nach Moskau. Sie gingen schweren Schrittes dahin, übernachteten gruppenweise in Ausspannen, die verwaist waren und jetzt auch weniger zahlungskräftigen Quartiernehmern offenstanden, sie legten bis zu dreißig Werst am Tag zurück und erzählten meistens das gleiche, sprachen von der Verarmung.

Boden war knapp, die Viehweiden waren beschnitten, in den Dörfern herrschte Hunger. Viehsterben, die Menschen verbitterten und wanderten ab in die Stadt.

Alte Männer schlichen dahin, Kämpfer von Sewastopol, älter als Lew Tolstoi, denn bei Infanterie und Marine diente man damals lange Jahre; Matrosen erzählten, wie Leute übers Kanonenrohr gelegt und mit Mausern geprügelt worden waren, wie sie im Sturm Segel gesetzt hatten, sie zeigten auf Bäume und Glockentürme, um zu erläutern, wie hoch die Wellen gewesen waren.

Soldaten erzählten vom Spießrutenlaufen. Am meisten aber klagten sie über die neuen Zeiten. Die Flüsse verflachten, wurden vom Sand gelb, ergrauten schneller als Männerbärte. Das Vieh in den Dörfern starb schneller aus, als Menschenkräfte schwanden.

Das Land verarmte. Unbehaustes Wandervolk nahm immer mehr zu. Die Bissen, die man Bettlern zusteckte, wurden immer karger, die Straße verödete.

Tolstoi sagte, nur wenige seien dazumal aus Frömmigkeit auf Pilgerfahrt gewesen; sie pilgerten im Frühjahr in verschiedene Richtungen, nach Kiew und nach Solowki, ins Troiza-Kloster, zur Einsiedelei von Optina und zu Tichon Sadonski. Sie wanderten. Unterwegs konnten sie sich wenigstens umschauen.

Über seine religiösen Zweifel schrieb Tolstoi nun nicht mehr an Tante Alexandrine, die Vertreterin der Orthodoxie in der Hautevolee. Er beklagte sich bei N. W. Strachow über den Kampf zwischen Vernunft und jenem Vorurteil, das man Überlieferung nennt, er beklagte sich, daß durch die Überlieferung die Gesetze des Gewissens zerstört wurden.

»Auch ich esse an bestimmten Tagen Weißkohl, an anderen Tagen Fleisch, wenn aber die Überlieferung (die verkrüppelt ist durch vernunftbedingte Kämpfe gegen verschiedene Ausdeuter) sagt: Lasset uns alle beten, auf daß so viele Türken wie möglich erschlagen werden, oder wenn sie sogar sagt, einer, der nicht glaube, sei von echtem Blut und so weiter, dann lasse ich mich nicht vom Verstand leiten, sondern von der zwar unklaren, aber unbeirrbaren Stimme des Herzens und sage: Diese Überlieferung ist falsch. Folglich schwimme ich in Unsinnigkeiten umher wie ein Fisch im Wasser und füge mich nur dann nicht, wenn die Überlieferung ihrerseits mir vernunftbegründete Handlungen liefert, die mit jener grundlegenden Unsinnigkeit klarer Erkenntnis, eingelagert in meinem Herzen, nicht übereinstimmen.«

Tolstoi sollte noch viele Kämpfe gegen die Überlieferung, ja sogar gegen das eigene Herz bestehen.

Zu jener Zeit schoß Vera Sassulitsch auf General Trepow, auf dessen Befehl der Revolutionär Bogoljubow (Archip Jemljanowitsch) ausgepeitscht worden war. Die Geschworenen sprachen sie frei.

Auf die Worte Alexandrines, der Hofdame Seiner Kaiserlichen Majestät, »Politik ist schwarz wie die Tinte unseres liebwertesten Aksakow«, erwiderte Tolstoi: ». . . Ich aber meine, sie ist rot wie das Blut des widerwärtigen Trepow.«

Mancherlei hatte sich bereits geklärt.

Das Osterfest nahte. Zu dieser Zeit pflegte man auf Jasnaja Poljana streng zu fasten, besonders nach Aschermittwoch und während der Karwoche.

Die Gräfin Sofja Andrejewna richtete sich nach den Vorschriften, sie zwang das Gesinde, ihre Gäste und die Kinder, Fastengerichte zu essen. Ihr fiel auf, daß ihr Gatte sich in letzter Zeit theologische Bücher vorgenommen hatte und im Evangelium las. Sie glaubte, »ohne Christentum« sei es »weniger aufregend«, und äußerte das auch im Brief an ihre Schwester, und sie war ungehalten, weil sie voraussah, daß ein neues Buch geschrieben werden würde, vermutlich für einen kleinen Leserkreis.

Sonnenblumenöl war damals wenig im Gebrauch, gekocht wurde mit Lein-, Hanf- und Nußöl. Jeder im Hause aß Fastenspeisen, nur W. Alexejew und der französische Hauslehrer nicht. Man plazierte beide Männer nebeneinander und servierte ihnen streng und akkurat ein bescheidenes Mahl.

Am Ostersamstag wurden alle Fensterscheiben festlich poliert. Die Sonne beschien die alten, mehrmals mit ungelenker Hand restaurierten Familienbildnisse und das neue Tolstoiporträt von Kramskoi.

Der Flügel im Leinenüberzug spiegelte sich im trüben Trumeau, der noch aus dem alten Hause stammte. Draußen gleißten schon frühlingshaft feuchte Gartenpfade zwischen Bäumen, die noch kahl waren, aber bereits mit ihren Knospen den blauen Himmel sprenkelten. Durch die hohen, nach Südosten gelegenen Fenster beleuchtete die Sonne den Mittagstisch, die Glaskrüge mit Kwas, die randvollen Teller mit Salzgurken und Kohl.

Alexejew und Nief bekamen ihre dürftigen Frikadellen serviert; der Lakai stellte die Platte aufs Fensterbrett. Tolstoi sagte zu seinem Sohn: »Iljuscha, gib mir mal eine Frikadelle herüber!«

Der Sohn tat, wie ihm geheißen. Tolstoi aß mit Genuß. Von Stund an rührte er keine Fastenspeisen mehr an. Sofja Andrejewna ließ ihn gewähren, sie wußte, der Gatte hatte einen schwachen Magen.

Verzweigungen im Wurzelwerk des gleichen Themas

Im Herbst 1864 ritt Tolstoi das unruhige Pferd Maschka. Er machte einen Hasen aus, jagte hinterher, fiel vom Pferd und verrenkte sich den Arm, der so unglücklich eingerenkt wurde, daß man zum Chloroform greifen mußte.

In der Chloroformnarkose phantasieren die Menschen, sie weinen, schimpfen, sprechen über ihr Geheimstes, am häufigsten darüber, was sie unzufrieden und besorgt macht.

Man beschloß, Tolstoi in Chloroformnarkose zu operieren. Tatjana Kusminskaja schreibt in ihren Erinnerungen: »Man hantierte lange an ihm herum. Schließlich sprang er vom Sessel hoch, blaß, mit offenen Augen und ziellosem Blick, warf das Beutelchen mit dem Chloroform von sich, schrie laut in seinem Narkosewahn: ›Meine Freunde, so kann man nicht leben ... Ich denke ... ich habe mich entschlossen ...‹, und sprach nicht zu Ende.«

Bei Tolstoi überblendete häufig ein Thema das andere, das dann später neuerlich auftauchte.

Sein hauptsächlichstes und aufwühlendstes Thema war sicherlich die Frage, wie er zum Volke finden könne.

Von wo sollte er hingelangen?

Aus einem wohlbestellten, berühmt gewordenen Haus.

Eine Eiche hat es schwer, sich vom Fleck zu rühren. Sie muß ihre Krone durch Gehölz zwängen und ihre Wurzeln aus der Stätte reißen, an der sie zur Welt kamen, die Erde durchflochten und sie veränderten. Ein Mensch hat es noch viel schwerer. Er muß das Zimmer verlassen mit der Polsterbank, worauf er selbst und seine Kinder zur Welt gekommen sind. Eine Welt verlassen, die er selbst erzeugt und beschrieben hat. Eine Welt, von der er selbst die Hüllen der Lüge und Gewohnheit weggezogen hat.

In Haus und Wirtschaft war alles auf lange Lebensdauer eingerichtet; Wälder wurden gepflanzt und gehegt.

Sofja Andrejewna betrachtete den Wald als Mitgift ihrer Töchter.

Die Töchter reiften heran, die Wälder wuchsen, die Töchter wurden mühelos immer wohlhabender, es galt lediglich, ihre Reichtümer zu bewahren.

Am Haus wurden Umbauten vorgenommen.

Eine große Apfelplantage war angelegt worden und gewachsen, Bienenstöcke wurden aufgestellt, sie beherbergten Hunderte von Bienenvölkern. Güter für die Söhne wurden gekauft, Tolstoi ging auf in Kaufgeschäften.

Zugleich aber wünschte er fortzugehen; noch wußte er nicht, was ihn eigentlich dazu verleitete, am Leben hinderte.

Es hinderte ihn aber jenes Neue, das die Dörfer verarmen ließ, es hinderte ihn, daß die Flüsse versandeten, das Vieh abmagerte, die Dorfkaten einfielen, das Volk in Trübsinn und Wut verfiel.

Die Schwarzerdesteppen um Samara waren in gewissem Grade auch Grund für das Fortgehen aus dem verarmten Zentralrußland.

Dort lebten Baschkiren und Bauern, die nie Leibeigene gewesen waren. Man behandelte Tolstoi dort nicht als Herrn, eher als wohlhabenden Gutsbesitzer. Lew Tolstoi betrat freie Böden und machte die Bauern durch Kaufbriefe zu Leibeigenen. So nannte man damals die mit dem Reichsstempel versehenen Landbesitzurkunden.

Durch die Steppen zogen Pferdeherden, beschützt von bösartigen Hengsten, zum Herbst hin wurden diese friedlicher und den Rössern ähnlich, die auf Jasnaja Poljana vor dem Pflug gingen.

Aber es gab eine Menge Pferde, allein in Baschkirien, hieß es, an die sechshunderttausend. Die Steppe war weit, dahinter gab es Kalmücken, Kirgisen, Viehherden, wieder Steppen, Wüsten, noch weiter weg lagen Berge, dorthin stiegen sommers die Pferdeherden aus den ausgedörrten Steppen.

Alles war so weit und ruhig, daß es schien, als wäre man gar nicht daheim. Lew Tolstoi bat seine Frau, zu ihm zu kommen, bestand jedoch nicht allzusehr darauf; für sie nämlich war das Leben in der Steppe eine Belastung. Keine Geschäfte, keine Kaufläden, keine Bekannten, Pferde ohne Zaumzeug, Tulpen, die nicht auf Blumenbeeten wuchsen.

Wenn Tolstoi die Gefangenschaft Pierres in *Krieg und Frieden* beschreibt, gestaltet er im Grunde ebenfalls einen Herrn, der sich aus seiner gewohnten Lebenssphäre zu einfachen Bauern begibt.

Freilich war dieses Fortgehen durch Gewalt bedingt. Bereits 1876 hatte der Schriftsteller die Absicht gehabt, einen neuen Roman zu schreiben; darüber gibt es Notizen Sofja Andrejewnas. Er hatte zu ihr gesagt: »Wenn ein Werk gut gelingen soll, muß man seinen Grundgedanken lieben. So liebe ich in *Anna Karenina* den *Familiengedanken;* in *Krieg und Frieden* habe ich den *Volksgedanken* infolge des Krieges von 1812 geliebt; und jetzt ist mir vollkommen klar, daß ich in meinem neuen Werk den Gedanken des russischen Volkes im Sinne der *besitzergreifenden Kraft* lieben werde.« Und diese Kraft sieht er verkörpert in dem unaufhörlichen Zug russischer Umsiedler in neue Landstriche im Süden Sibiriens, auf neue Äcker im Südosten Rußlands, an die Ufer der Belaja, nach Taschkent usw.

»Mannigfaltige Kunde ist von allen Seiten von den Umsiedlern zu hören. So verbrachten wir z. B. den vergangenen Sommer in Samara und fuhren eines Tages beide zu den Kosaken, die etwa 20 Werst von unserem Gut leben. Wir begegneten einem ganzen Treck, mehreren Familien, Kindern, alten Leuten, und alle waren sie guter Dinge. Wir hielten an und fragten einen Alten: ›Wohin des Weges?‹ – ›Na, aus dem Gouvernement Woronesh zu neuen Landstrichen. Unsere Leute sind schon längst weg zum Amur, jetzt haben sie von dort geschrieben, und da fahren wir eben auch hin.‹«

Dies hat Lew Nikolajewitsch damals stark berührt und sehr interessiert.

»Damit haben wir also, wie ich verstanden habe«, meint Sofja Andrejewna, »den Grundgedanken des neuen Werkes, und um den Gedanken gruppieren sich Fakten und Typen, die für ihn selbst noch keine klare Gestalt angenommen haben.«

Das Thema der Umsiedlung in weite Fernen ist ganz real: Als Przewalski tief im Herzen der asiatischen Wüste den Nor-See und den wandernden Fluß Tarim erforschte, entdeckte er in Gegenden, wo Wildpferde lebten, Ruinen einer russischen Siedlung.

Tolstois Thema aber war nicht nur das der fortziehenden Bauern, sondern auch das seines eigenen Fortgangs aus dem Hause zu den Bauern.

Bereits Nechljudow in *Der Morgen eines Gutsbesitzers* träumte davon, sein Los gegen das eines seiner Bauern, des Fuhrmanns Iljuschka, zu tauschen. In Nechljudows Träumereien ist dieser Iljuschka allerdings nur im Schlaf frei und glücklich.

Das Traumgesicht entsprang dem Neid auf einen Mann, der für seinen Broterwerb eine weite Wanderschaft antritt.

In *Anna Karenina* ist es Lewin, der sich quält und den Bauern ihre Arbeitswelt neidet, Kittys Hauswesen aber ist so bruchsicher, daß der Tod eine leichtere Lösung zu sein scheint als der Weggang.

1875 erwuchs in den Steppen um Samara ein neues Thema, die

Flucht zu den Umsiedlern, weit, weit weg, dorthin, wo die Bauern freier waren und der Herr kein Herr mehr sein mußte.

Tolstoi bereitete sich Jahre um Jahre auf den neuen Roman vor, er lernte, die Welt mit neuen Augen zu sehen. Er begann Tagebuchaufzeichnungen über Naturbilder zu machen. Ich vermeide das Wort »Landschaft« und gebrauche statt dessen das falsche Wort »Bild«: Es sind Aufzeichnungen, wie die Natur sich den Augen eines Ackersmannes darstellt, eine Natur, die ständig neue Aufgaben stellt, vorwurfsvoll mahnt und warnt.

Zu jener Zeit hatte der Schriftsteller noch nicht wieder mit dem Tagebuchschreiben begonnen. Er schrieb die Aufzeichnungen in sein Notizbuch.

Am 8. Mai 1877 versah er seine Notiz mit einer genauen Erläuterung des Zwecks, dem sie dienen sollte.

Die Notizen schienen ein neues Zaumzeug für seine Arbeit zu werden.

»Zum *Folgenden* nach *Anna Karenina.* Bauern. Richten Pflugschare, kaufen Eggen. Biegen Eggenzähne. Pflügen. Erstes Pflügen, feucht. Fohlen laufen, mit dem Schweif wedelnd, auf dünnen Beinen den Pflügen hinterdrein.

Gras ist gewachsen. Man fährt zur Nachtweide. Weiber holen Gras. Küken. *Die Glucke ist tot, Kummer.* Einer versäumte das Pflügen, Keimlinge. Der Graswuchs läßt sich nicht durchkämmen. Färsen. Lämmer.«

Notizen in dichter Aufeinanderfolge, nicht immer läßt sich ihr künftiger Platz im Sujet ausmachen, aber er zeichnet sich bereits ab.

Natur und Frühjahr werden als Ergebnis vorangegangener Arbeit bewertet. »Der Alte geht im Mai – Ende Mai – den Haferschlag prüfen, das Feld sieht aus wie eine Bürste. Bei Sonnenuntergang schimmert das Grün gelb, die Stengel lila. Ach Gott, schlecht gepflügt.«

Weiter geht es offensichtlich um denselben Mann: »Der Alte hat schon lange nicht erlebt, daß der Roggen vor dem 20. Mai wuchs – mattgraue Halmknoten, buschig gewachsen, lang, die Griffel ragen in die Höhe wie Mützchen.«

Notizen solcher Art, durchflochten mit Bemerkungen über die Selbständigkeit von Frauen, darüber, wie Roggen im Vergleich zum Hafer aussieht, wie ein frischgewaschener Bauer nach der Mahd heimgeht und wie unbewegtes, gleißendes schwarzes Wasser stillsteht oder wie gedengelte Sensen probiert werden, finden wir massenweise.

Diese umfassende Vorbereitungsarbeit zog sich vom Jahr 1877 ins Jahr 1878, unterbrochen durch Aufzeichnungen über Religion und

Dekabristen. Eins löst das andere ab, und alles waren Ackerfurchen für ein und dieselbe Saat.

Tolstoi berichtet, wie Bauern unter dem Druck des Neuen fortgehen und dabei Althergebrachtes, Unverändertes, Patriarchalisches bewahren; jedoch formt sich Neues und wird auf verschiedene Weise begründet: Einmal ist es Peter I. oder die Zeit der Dekabristen, dann wieder die ganz nahe liegende Zeit von Perowskis Chiwa-Feldzug, als Schneestürme in der Steppe das russische Heer aufrieben. In den erhalten gebliebenen Entwürfen zum Roman über Peter I. verlegt Tolstoi die gesamte Handlung in die Nähe von Jasnaja Poljana. Alles geschah in unmittelbarer Nähe, wenn auch nicht heute.

Ein Fürst wird geboren, gleichzeitig sein Diener, ein bäuerliches Findelkind.

Die Erzählung verläuft in zwei Strömen, die sich irgendwo am Rande der Welt vereinen, dort, wo der Herr aufhört, Herr zu sein, wie auch Pierre sich in Gefangenschaft vom Grafentum freimacht.

Um diese Geschichte sich selbst näherzurücken, sie aus eigenem Blickfeld zu sehen, fragte Tolstoi Bekannte nach der Geschichte seiner Vorfahren aus, erkundigte sich nach dem listigen Pjotr Andrejewitsch Tolstoi, dem ersten Grafen, der später auf die Solowki verbannt wurde.

Er suchte nach Verbannten und Verschollenen aus dem Geschlecht der Gortschakows. Er suchte nach Lücken in der Geschichte der Adelsgeschlechter, stöberte Aufzeichnungen über verschwundene Menschen auf, in der Annahme, sie irgendwo am Rande der russischen Welt bei den Bauern zu finden.

Am meisten suchte er die Zeit um den Perowski-Feldzug ab; diese Epoche war nicht weit entfernt. Der Feldzug schien eben erst stattgefunden zu haben. Lew Tolstoi befragte in seinen Briefen auch Alexandrine Tolstaja.

»Der Gedanke ist seltsam und wohltuend zugleich, daß die Zeit, deren ich mich erinnern kann, die dreißiger Jahre, bereits Geschichte sind. Man glaubt geradezu, zu sehen, wie die Figuren auf diesem Bild zu schwanken aufhören, alles immer stabiler wird in seiner feierlichen Ruhe von Wahrheit und Schönheit.«

Die Ruhe aber war nur Illusion.

Illusion war auch, jemand könne schreiben, ohne auf Nikolai I. zornig zu werden. Dieser Herrscher fand letzten Endes im *Hadschi Murat* sein wahrheitsgetreues Abbild.

»Längst schon gärt in meinem Kopfe der Plan für eine Erzählung, die im Gebiet um Orenburg zur Zeit des Perowski-Feldzugs spielen soll. Jetzt habe ich einen ganzen Haufen Material aus Moskau mitgebracht. Ich weiß selbst nicht, ob es möglich ist, W. A. Perowski zu beschreiben, auch nicht, ob ich ihn beschreiben würde, wenn es möglich wäre; aber alles, was ihn betrifft, interessiert mich schrecklich, und ich muß Ihnen sagen, diese Person ist mir als historische Persönlichkeit und als Charakter sehr sympathisch. Was Sie und seine Verwandten wohl dazu sagen würden? Ob Sie und seine Anverwandten mir wohl Unterlagen, Briefe überlassen würden, in der festen Überzeugung, daß niemand außer mir sie lesen wird, daß ich sie zurückerstatte, ohne sie abzuschreiben und etwas daraus zu veröffentlichen? Ich möchte ja nur einen tieferen Blick in dieses Mannes Seele werfen.« So schrieb der Schriftsteller Anfang 1878 an Alexandrine.

Der Generaladjutant Wassili Alexejewitsch Perowski gehörte zu Alexandrines engerem Bekanntenkreis.

In Briefen trafen Informationen ein. Neben dem Namen Perowski scheint der Name eines entfernten Verwandten des Fürsten Gortschakow auf.

»Ich wende mich mit einer Bitte an Sie: Existiert vielleicht eine, wenn auch ganz kurze Biographie von Lew Alexejewitsch Perowski? Ich benötige Angaben darüber, wo er gedient und wo er zwischen 1816 und 1833 gelebt hat. Vor allem aber müßte ich unbedingt wissen, wann, wie und wo er Katerina Wassiljewna Uwarowa (die Witwe von Dmitri Petrowitsch Uwarow), geborene Fürstin Gortschakowa, geheiratet hat. Daß ihre Ehe mit ihm sehr unglücklich war und daß sie 1833 gestorben ist, weiß ich, doch jede Einzelheit über seine Heirat und über die Beziehungen der Eheleute wären mir sehr kostbar.«

Informationen über die geächteten Gortschakows holte sich Tolstoi von überall her zusammen.

Er schrieb an N. N. Strachow:

»Die Sache ist die: Fürst Nikolai Iwanowitsch Gortschakow, mein Urgroßvater, der 1811 verstarb, hatte drei Söhne: Michail, Wassili* (Generalmajor, vermählt mit einer Stromilowa; von ihm stammt die Tochter Katerina, verheiratet mit einem Uwarow und mit Perowski) und Alexander. Einer dieser Gortschakow-Söhne stand irgendwelcher Übeltaten wegen vor Gericht und wurde nach Sibirien verbannt ... Ließe sich vielleicht ein Dossier darüber ausfindig machen?«

Die Suche bereitet große Schwierigkeiten.

Tolstoi schrieb an den Onkel I. A. Tolstoi:

* Wassili Nikolajewitsch Gortschakow (geb. 1771) sollte die Hauptfigur eines schriftstellerischen Vorhabens mit dem Titel *Arbeitende und Beladene* werden; ein erhalten gebliebenes Fragment trägt das Datum »1879, 15. Januar«.

»Ich benötige für meine Arbeit Informationen über meinen Großonkel, Fürst Gortschakow, Sohn des Nikolai Iwanowitsch Gortschakow, der, wie mir bekannt, irgendwelcher Übertretungen wegen vor Gericht gestanden hat, degradiert und nach Sibirien verbannt wurde. Wie dieser Großonkel hieß, weiß ich nicht; mir ist nur soviel bekannt, daß es einer der drei Brüder meiner Großmutter war, und diese hießen Michail, Wassili und Alexander.«

Auch nach anderen Menschen um Tolstoi wurde gesucht, nach Leuten, die urplötzlich verschwunden waren. In einem Brief an P. N. Swistunow erkundigte sich Tolstoi nach einem Helden, F. A. Uwarow, und dessen Gattin*.

Tolstoi suchte nach Fluchtwegen und sammelte Erinnerungen über Fluchtwege.

Seine Welt brach zusammen, als das patriarchalische Dorf zusammenbrach, als die alte, kürzlich noch feste und wohlverständliche Lebensordnung auseinanderfiel, als die unvernünftige, jedoch altgewohnte Gutsbesitzerwelt unterging: aus dieser Welt mußte er fliehen. Fortgehen, sich verlieren – das wurde Tolstois Thema, und es zeichnete sich immer deutlicher ab.

In den neuentstandenen Werken gehen sämtliche Helden, die am Leben bleiben wollen, fort.

Der Zar Alexander geht fort und wird zum Einsiedler Fjodor Kusmitsch. Tolstoi sollte Informationen darüber sammeln und den Großfürsten Nikolai Michailowitsch ausforschen, ob der Legende Glauben zu schenken sei und wer der Einsiedler Fjodor Kusmitsch sei, wenn nicht der Zar selbst. Könnte er am Ende zum Beispiel Uwarow sein?

In der Erzählung *Vater Sergius* geht Fürst Kassatski fort, zuerst in ein Kloster, danach zieht er als Pilger durchs Land. Er verläßt die Welt, weil er beleidigt ist und stolz. Die schlimmste Versuchung ist für ihn, als er, ein alter Mann schon, auf der Landstraße steht und Leute im Kabriolett über ihn reden; man spricht französisch, und er kann sich nicht ins Gespräch einschalten und ihnen sagen, wie meilenweit er sich von diesen Menschen entfernt hat.

* Fjodor Alexandrowitsch Uwarow (geb. 1789) – Oberst, Teilnehmer der Napoleonkriege, Kamerad des Dekabristen M. S. Lunin im Garderegiment der Kavallerie, vermählt mit dessen Schwester Jekaterina Sergejewna. Am 7. Januar 1827 verließ er sein Heim in Petersburg, um niemals zurückzukehren. Alles Suchen erwies sich als fruchtlos. Von offizieller Seite wurde erklärt, Uwarow habe sich in der Newa ertränkt; das glaubt auch seine Gattin, man munkelte aber, er sei ins Ausland oder nach Sibirien geflohen.

Der Bauer Kornej Wassiljew geht fort und läßt seine imponierende Kulakenwirtschaft im Stich.

Selbstmord vortäuschend, flieht Fedja Protassow und verbirgt sich im städtischen Lumpenproletariat.

Katjuscha Maslowa nachreisend, geht Fürst Nechljudow fort.

Der Sohn eines Dorfschmiedes, der ehemalige Bauer Hadschi Murat, flieht vor dem Tyrannen Schamil zu dem Tyrannen Nikolai I. Zu ihm will nach dem Spießrutenlauf der Soldat Awdejew fliehen, doch ihn verwundet eine verirrte Kugel und bewahrt ihn vom Weg des Unrechts.

Hauptthema ist das Verlassen einer Welt, deren Irrsinn entlarvt ist, der Weg zum Bauerntum oder wenigstens ins städtische Lumpenproletariat.

In *Hadschi Murat* hat der Held kein Fluchtziel vor Augen, er wird als Vertriebener gezeigt, der die Wahrheit nicht kennt, jedoch stolz im Kampf für Gerechtigkeit untergeht.

In der Absicht, den Hof Nikolais I. zu beschreiben, wollte Tolstoi im Perowski-Roman niemanden beschuldigen, er wollte Shukowski als lichtumflossene Gestalt darstellen.

In *Hadschi Murat* ist der Haß gegen die Gewalt, verkörpert in Nikolai I., das Herzstück der Beschreibungen.

Schon längst hatte Tolstoi den Fehler in Solowjows *Geschichte* und damit den Fehler jeder bürgerlichen Geschichtsschreibung begriffen. Dort werden Kriege und Verbrechen beschrieben, dabei bleibt völlig unverständlich, was die Menschen eigentlich essen, woher jene Zobel und Füchse stammen, die die Geldsäcke einander als Geschenk präsentieren. Wer schuf die materiellen Werte? Wer förderte die freundschaftlichen Beziehungen unter den Völkern, und weshalb vereinigte sich die Ukraine plötzlich mit Rußland?

Tolstoi begriff: Die Geschichte eines Volkes ist die Geschichte der Werktätigen. Für ihn ist es die Geschichte der Bauernschaft. Er möchte erzählen, auf welche Weise das gewaltige Reich entstand, wie Bauern bis zum Stillen Ozean wanderten und unermeßlich weite Felder aufbrachen.

Aber er wollte dabei sich selbst, sein Schicksal mit in diese große Geschichte hineinschreiben, und ständig versuchte er, zu berichten, wie ein verbannter Adliger sich unter Bauern wiederfindet und mit ihnen lebt, dennoch ist er ein Verbannter, ein Mensch ohne die Rechte seines Standes. Ein Adliger muß, will er sich unter Bauern wiederfinden, aufhören, Adliger zu sein.

Tolstoi behandelt ein und denselben Konflikt in verschiedenen Epochen, und es gelingt ihm nicht, ihn niederzuschreiben. Er ist nicht fähig, sozusagen in jene Geschichte einzudringen, deren Notwendigkeit er voll anerkennt.

Was wir Tolstois Flucht nennen, ist nichts anderes als seine Heimkehr in jene Welt, deren Existenz er als die einzig legitime betrachtete.

Vierter Teil

1881 – das Jahr des Umbruchs

1

Sommer auf Jasnaja Poljana.

Tolstoi notierte am 6. Juli 1881 im Tagebuch:

»Die ökonomische Revolution ist nicht das, was sein kann. Muß aber zwangsläufig kommen. Erstaunlich, daß sie noch nicht da ist.

Die Kurossenkowa hat entbunden, Entzündung. Und kein Brot. Anissja Morosowa war hier.

Schwindsüchtiger Bauer aus Stschekino. Kein Brot.«

Er hielt eine Bauernrevolution für unausweichlich, für moralisch gerechtfertigt. Doch sie war für ihn die Rückkehr zum patriarchalischen Leben. Er spürte die Unmöglichkeit einer solchen Rückkehr und mühte sich, diese Unmöglichkeit mit Hilfe der Religion zu überwinden.

Bis 1881 war Tolstoi eine kraftvolle Persönlichkeit, die alles verändern wollte. Ein unermüdlicher Kämpfer, behauptete er oftmals, was früher eines Beweises bedurft hätte.

Umfassend und genau kannte er das dörfliche Rußland, er begriff dessen Brüchigkeit, sah, daß Veränderungen notwendig, zugleich aber unmöglich waren. Sein damaliges Lebensgefühl kommt Dostojewskis Wort über die »Unmöglichkeit des Unausweichlichen« nahe, womit die soziale Revolution gemeint war.

Dostojewski schlug sich mit Widersprüchen von Unausweichlichkeit und Unmöglichkeit, in der Annahme, es gäbe keinen Ausweg (mit Ausnahme eines zweifelhaften – Demut und Leiden).

Tolstoi glaubte, bereits einen Weg zur Überwindung des Unmöglichen gefunden zu haben; er richtete sich in seinem Denken nach Karatajews Sprichwort: »Unterwirf dich dem Unglück, dann unterwirft es sich dir von selbst«, und er wollte das Böse durch Nichtwidersetzen überwinden. Auf dem Lande geboren, einzelne isolierte Wirtschaften, von denen jede für sich existenzfähig wäre, im Blick, dachte er an die Umwandlung eines jeden einzelnen: er wollte eine neue Welt erschaffen, indem er die Bestandteile der alten veränderte. Er hielt sich mit kräftigen Händen am alten Hakenpflug fest, pflügte die Erde auf althergebrachte Weise, verstand es jedoch, sie auch auf neue Weise umzubrechen, wenngleich er nicht wußte, was auf dem Acker gesät war.

Er kannte die Welt umfassend, aber nicht vollständig. In Korolenkos Aufsatz *Lew Nikolajewitsch Tolstoi* finden wir in dem Abschnitt über die Vielzahl der handelnden Personen in den Romanen des Schriftstellers die Bemerkung: »Allerdings weist die außerordentlich reichhaltige Sammlung eine wesentliche Lücke auf: sie werden darin vergeblich nach dem ›Mittelstand‹ suchen, der Intelligenz, den Angehörigen freier Berufe, dem Städter, sei er Beamter mit Monatsgehalt, Büroangestellter, Buchhalter, Kassierer einer Privatbank, Handwerker, Fabrikarbeiter, Mitarbeiter einer Zeitung, Technologe, Ingenieur, Architekt . . .«

Hier werden acht Berufe von Kopfarbeitern aufgezählt, nur einmal erwähnt der Autor jedoch den »Handwerker« und nur einmal den »Fabrikarbeiter«.

Über Schuster und Lumpenproletariat der Städte hat Tolstoi geschrieben. Fabrikarbeiter aber erwähnt er lediglich, ebenso wie Korolenko. Man disputierte damals über die Bedeutung des Kapitalismus für Rußland. Für Korolenko als Volkstümler war der Fabrikarbeiter in Rußland eine zufällige Erscheinung. Gewicht besaßen für ihn Bauern und Intelligenz. Er nahm an, für Tolstoi seien »zwei Pole des leibeigenen Rußlands wesentlich: der Landadel und der Bauer. Uns als städtische Rasnotschinzen, deren Leben sich zwischen diesen beiden Polen bewegt, sieht der große Künstler nicht, er will von uns nichts wissen und will auch nicht mit uns rechnen.«

Korolenko betrachtet den städtischen Rasnotschinzen als potentiellen Revolutionär, der das Volk befreien soll.

An eine solche Revolution glaubte Tolstoi nicht.

Einen Menschen aus dem Mittelstande jedoch kannte er gut.

Sofja Andrejewna war die Tochter eines Arztes aus dem Dienstadel; ihre Ideale waren ausnahmslos Ideale des städtischen Beamtenadels.

Die neuartigen Ideen ihres Gatten akzeptierte sie keineswegs.

Sie wollte sein, was sie am Traualtar geworden war: Gräfin und Gutsherrin.

An der Seite des Schriftstellers lebte eine siebenunddreißigjährige, gesprächige, energische Frau, die trotz häufiger Geburten ihre Schönheit bewahrt hatte, ihrem Gatten treu ergeben, jedoch ohne das geringste Verständnis für ihn war, die Frau, die ständig danach trachtete, sich selbst zu demonstrieren, stets bemüht, ihre Notwendigkeit für den gräflichen Gatten, ihre Vollwertigkeit nachzuweisen. Ganz erfüllt vom Denken und Trachten für sich, für die Familie des Grafen Tolstoi, für deren Werte. Ihre Kinder pflegten scherzend zu erzählen, ihre Mutter habe beim Einkauf einiger Meter Kattun Zeit gefunden, dem Ladenbesitzer in Tula ihren gesamten Lebenslauf zu erzählen. Zu Beginn der achtziger Jahre war sie eine von den Erfolgen des Gatten, vom Familienleben, von Wohlstand und Berühmtheit befriedigte Ehefrau, jedoch fürchtete sie um ihren Mann, ängstigten sie seine kühnen Gedanken, seine Fähigkeit, zu streiten, die Widersprüchlichkeit seiner Entschlüsse.

Die Zeiten waren hart. Zwischen dem Schuß Karakosows und der Bombe Sheljabows fanden sich Zar und Revolutionäre in einem unbegreifbaren Krieg; Sofja Andrejewna, die Halbadlige, die von Vornehmheit träumte, sehnte sich nach einem Leben in Moskau, malte sich aus, wie sie, die als Tochter eines schlichten Arztes von dort fortgezogen war, wiederkommen würde als titelgeschmückte Gattin eines berühmten Mannes, Mutter einer »bildschönen Familie«. Sie sehnte sich nach einem guten Platz im alten Leben, das sie für sich als das einzig Mögliche erachtete, und sie wünschte das nicht nur für sich. Ihr Mann war erfolgreich; sie fragte sich, aufrichtig verwundert, was ihn eigentlich unzufrieden machte.

Er hingegen begann 1881 die Arbeit an einem Buch mit dem Titel *Aufzeichnungen eines Christen;* darin erwähnte er seine »Beichte«; im Manuskript ist die Bemerkung »Hätte mich um ein Haar aufgehängt« ausgestrichen.

Er hätte sich um ein Haar aufgehängt, nachdem er elf Bände seiner Werke geschrieben hatte, darunter einen Roman, flüchtig bezeichnet als Geschichte, »wie eine Dame einen Offizier liebt«, und einen anderen »über Rußlands Größe«.

Er bemühte sich, ein Christ zu werden.

Menschen, die sich Christen nannten, gab es dazumal viele in der vornehmen Welt.

Englische Prediger wie Lord Redstock kamen ins Land gereist und gewannen russische Schüler aus der allerhöchsten Aristokratie.

Diese Art Christentum erheischte wohl Glauben, aber keine Veränderung der Lebensbedingungen.

Der Führer des neuen Christentums war Paschkow, ein Kavallerieoberst.

Tolstois Christentum war in mancherlei Hinsicht anders. Lange Zeit wollte er gern glauben, jedoch auf alte Art, lange Zeit hielt er an der Orthodoxie fest. So klammert sich ein Mensch, der am Rande eines Abgrundes hängt, mit blutig gerissenen Händen an dornige Heckenrosengezweig.

Bemerkenswert wird er jedoch nicht durch seine Art Glauben, sondern durch seinen Unglauben: Er löste die verkrampften Hände, denn er hatte die Hoffnung auf den altbewährten Halt verloren.

In seiner Jugend hatte er Voltaire und Hume gelesen. Er wußte, wie überzeugend sie beide das Christentum ablehnten; er selbst war jahrzehntelang ein Ungläubiger, der gelegentlich altgewohnte, obligatorische kirchliche Riten vollzog. Glaube und Unglaube lebten, wie er selbst in einem Brief an Alexandrine schrieb, in seiner Seele wie Hund und Katze im selben Verschlag.

Der große Schriftsteller war in die Welt der Literatur eingetreten, ohne seine Lebenserfahrungen zu vergessen oder zu negieren, ohne zu vergessen, was er auf dem Lande gesehen hatte. So war er auch als Freiwilliger in den Militärdienst getreten. Er glaubte an die Erde, an den ganz gewöhnlichen Lehmboden, der auf Jasnaja Poljana gepflügt wurde, und daran, daß eine Ernte reifen würde, wenn man diesen Boden pflügte und darauf säte. Er glaubte an die gewöhnliche Vernunft, an die Vernunft des Bauern, des Arbeitsmenschen, und betrachtete die Welt durch die offene Tür einer Bauernkate, wenngleich er selbst ein Herrenhaus bewohnte, das Sofja Andrejewna später so lange Zeit zu einem stadtähnlichen Heim umzugestalten versuchte.

Die Kunst, mit Hilfe von Sprichwörtern Allgemeingültiges auf neue Weise auszudrücken, war bei ihm kein Merkmal des Adels, sondern des Bauern.

Wenn er von Liebe, Arbeit, Krieg sprach und sich auf einen weiten Weg begab, maß er alle Dinge nach Spann und Fuß.

Für ihn war der Bauer der jüngsten Vergangenheit ein Allmensch, der immer da war und immer da sein würde.

Schon 1879 war er zu Kirchenmännern, Bischöfen, zum Metropoliten Makari, dem Herausgeber des Buches *Dogmatische Theologie,* gereist. Jetzt schlug er gierig und mißtrauisch das einst so berühmte Buch auf.

Er wollte an einen Gott glauben, der den Menschen Glück, ein geruhsames Leben im Dorf, Arbeit, Ernten, Liebe gewährleistete. Das Buch *Dogmatische Theologie* sprach in relativierter, bewußt schwerverständlicher, verkrampfter Ausdrucksweise von Sakramenten und Dogmen, Tolstoi aber wollte das Geheimnis der Wahrheit lüften.

Die Theologen sprachen von der Entstehung der Glaubenslehre und ersetzten Beweise durch Geschichte. Tolstoi jedoch wollte ja nicht Geschichte entwirren, er wollte sein Denken dem jener Menschen angleichen, die um ihn herum auf dem Dorf aufgewachsen waren.

Man sprach zu ihm von der Dreifaltigkeit Gottes, dabei zerbrökkelte die raffinierte, auf Disputen, Kompromissen, ungenau angewandten Termini, bewußten und unbewußten Fälschungen errichtete Konstruktion, stürzte beim Lesen ein, denn es las ein Schriftsteller, der an den genauen Gebrauch des Wortes gewöhnt war. Er wiederholte die altertümlichen Worte, horchte in sie hinein, die großen, schon behaarten Ohren geneigt, und er hörte das Wort lügen, geriet in Zorn, und seine Urteile waren von allen Urteilen, die Kirchenmänner je zu Gehör bekommen hatten, die schärfsten.

Zunächst staunte er nur: »Ich hatte bisher nicht angenommen, die Lehre könnte verlogen sein; ich fürchte mich, das anzunehmen, denn eine einzige Lüge in der Lehre mußte die ganze Lehre zerstören.« Bald schon packte ihn Entsetzen, als er sah, daß die ». . . sogenannten ketzerischen Schriften Voltaires, Humes . . .« nicht ». . . eine solche unbezweifelbare Überzeugung absoluter Ungläubigkeit« zu erzeugen vermochten, »wie ich sie in bezug auf die Herausgeber von Katechismen und Theologien empfand«.

Man sprach zu ihm in verworrenen Worten, die sämtlich auf die Erhaltung der Unwahrheit gerichtet waren.

Tolstoi erwiderte den Theologen: »Geht doch auch ihr zu eurem Vater, dem Satan. Ihr, die ihr die Schlüssel zum Himmelreich an euch genommen habt und selbst nicht hineingeht und es anderen verschließt.«

Beflügelt von gewaltigem Zorn, von Bitterkeit und voll Verachtung für das Althergebrachte, begann er, eine neue Theologie aufzutürmen. Er setzte seinen ganzen Scharfsinn und seine ganze analytische Kraft ein, um ein von Wundern befreites Evangelium zu erzählen, die Dinge so zu deuten, als wären die Wunderlegenden das Ergebnis einer ungenauen Übersetzung.

Hier dürfte angebracht sein, an W. I. Alexejew zu erinnern, den vom utopischen Sozialismus Enttäuschten. Ich zitiere P. Birjukow, weil dessen Angaben von Tolstoi persönlich überprüft worden sind:

»Wir erwähnten bereits die Anwesenheit des Lehrers W. I. im Hause L. Tolstois, eines Mannes, der aufmerksam und liebevoll den religiösen Prozeß, der sich in L. Tolstoi vollzog, verfolgte, teils Tolstoi kurze Zeit beeinflußte und teils selbst von ihm stark beeinflußt wurde.

Nachdem W. I. die Bearbeitung des Evangeliums gelesen hatte, war er erschüttert von dem neuen, sich ihm eröffnenden Sinn der Lehre Christi. Der erste und unmittelbare Wunsch W. I.s war, dies herrliche Werk für sich abzuschreiben und mitzunehmen, um seinen Freunden die neuartigen Gedanken nahezubringen, denn seine Aufenthaltsfrist in L. Tolstois Haus lief ab. In Erwägung des Umfanges der Arbeit und der ihm verbleibenden Zeit sagte sich W. I., daß er das gesamte Evangelium nicht mehr werde abschreiben können, und so beschloß er lediglich, die Übersetzung der eigentlichen Evangeliumstexte zu kopieren. Als er damit fertig war, übergab er die Arbeit L. Tolstoi, der die Texte erneut las und redigierte und ein neues Vor- sowie Nachwort zu der Abschrift schrieb. Auf diese Weise entfloß der Feder L. Tolstois ein neues Werk mit dem Titel *Kurze Auslegung des Evangeliums,* das von allen seinen religiösen Werken fast die größte Verbreitung fand und dem Leserpublikum und der Kritik unter dem Titel *Tolstois Evangelium* bekannt ist.«

Das war ein Evangelium ohne Wunder und ohne Weissagungen, entstanden in einer Zeit größter Enttäuschung. Der Christus in diesem Evangelium schien aus dem Bilde Kramskois herausgetreten zu sein.

Tolstoi meinte, eine Auferstehung sei nicht nur unmöglich, sondern auch sinnlos, es lohne sich nicht, aufzuerstehen, lediglich um das wenige zu sagen, was Christus nach seiner sogenannten Auferstehung zu den Jüngern gesprochen habe. Dieses Werk aus Tolstois Feder ist traurig und realistisch.

W. G. Korolenko hat ein paar zusammengeheftete Blätter aus einem Notizbuch hinterlassen. Das gesamte Manuskript besteht aus zwei Fragmenten, geschrieben während seiner Verbannung in Jakutien (1881–1882); es ist eine Art Rezension des *Evangeliums* durch einen Zeitgenossen:

»Das *Evangelium* von Tolstoi ist ein glänzender Roman aus dem Leben Christi, geschrieben nicht nur von einem kontemplativen Künstler; es ist ein Bild, entworfen von der Hand eines exaltierten Malers, und welch ein atemberaubendes Bild! Denken wir nur an jenen kritischen Augenblick, als die ungläubigen Heiden die Bitte an Christus richten, ihnen die Wahrheit zu verkünden. Christus ist verwirrt. Er ist ein Mensch. Er spürt, daß der triumphale Sieg in diesem Kampf sich ihm zuneigen will ... Überlegungen über Zeit und Bedingungen eines historischen Augenblicks erfordern Opportunismus und Kompromisse. Und nach solch natürlichem, menschlichem Schwanken gibt er der höheren Idee der ewigen Wahrheit den Vorzug.

›Ich habe euch geboten‹, spricht er ein andermal zu seinen Jüngern, ›keine Vorräte mitzunehmen, keine Waffen zu tragen [das ist in der Nacht nach dem Abendmahl, als Judas fortging, um Christus der Rache der herrschenden Partei preiszugeben]. Jetzt aber, in tiefster Traurigkeit, spreche ich anders. Nehmt Vorräte an euch – wir werden uns verbergen, nehmt Waffen mit, wir werden uns verteidigen.‹ Dies ist der Aufschrei eines Mannes, die Rebellion des Fleisches gegen Forderungen des Geistes, entfacht gegen das unausweichliche Ergebnis eines Kampfes, um einer Idee willen und gerichtet gegen die triumphierende Macht. Jesus betet in der Finsternis der Leidensnacht, er ruft die Kraft der großen Idee herbei, mit Bitterkeit wirft er den Jüngern ihre Schwäche vor: ›Ich brauche Halt und Stütze, brauche Ermutigung, ich suche sie bei euch, ihr aber seid mutlos!‹ Er ist allein mit der erdrückenden Not, allein kämpft er in der Finsternis der Leidensnacht und siegt. ›Es ist entschieden‹, spricht er zu den Jüngern, ›in mir ist Ruhe.‹ – ›Er hat zwei Versuchungen überwunden‹, so interpretiert Tolstoi, ›die Versuchung der Furcht und die Versuchung des Widerstandes.‹«

Tolstois Glaube und sein Gott sind natürlich Religion, weil seine Analyse mit diesem Schlußargument endet. Später pflegte er zu sagen, die Formel *l'art pour l'art* sei ebenfalls eine Berufung auf Gott, denn danach höre jede Analyse auf, und der Kreis sei geschlossen.

Tolstois Behauptungen enthielten nicht viel Neues, die Kraft der Zerstörung darin aber war unendlich groß. Es sah die Unlogik der Welt, nahm dem Wort seine verfälschende Bedeutung; er glaubte nicht daran, was unter dem Wort verstanden werden sollte, er bog die Bedeutung des Wortes gerade und entzog der Welt die verfälschende Logik.

Seine Kritik war im Grunde keine religiöse; in seinem Bemühen, die Welt zu erfassen, ging er vom alten Dorf als der einzigen Basis aus, er wünschte sich die Äcker dieses Dorfes fruchtbarer, die Katen stabiler, die Familien friedlich, die Menschen satt; sein Ideal lag in der Vergangenheit, und vom Boden der Vergangenheit aus zerstörte er Zeitbedingtes, das zwar existierte, jedoch zerstört werden mußte.

Später warf Korolenko dem Schriftsteller vor, er sehe nicht die Heldentat der Intelligenz, die, ». . . dem von den Philistern geblendeten Simson gleich, das Gebäude erschütterte, das über ihrem Kopf zusammenstürzen mußte«.

Tolstoi selbst glich dem biblischen Simson, er erschütterte und zerstörte das gleiche Gebäude.

Der dörfliche, hölzerne, strohgedeckte Tempel Tolstois aber war seiner Ansicht nach unzerstörbar, er stand überall auf der Welt.

Tolstoi glaubte nicht an den Terror, er lehnte ihn ab, weil er ja nicht von den Bauern ausging, sondern von der Intelligenz; doch er verstand die Empörung der Revolutionäre.

Er überwand die Versuchung der Furcht, aber nicht die des Nichtwiderstehens. Immer wieder zerschlagene Bauernaufstände, Rebellionen von Menschen, die, für ein paar Wochen vereint, erneut demütig wurden und zu ihren Pflugscharen zurückkehrten, ließen den

Gedanken aufkommen, daß Widerstand unmöglich sei. Als Weggenossen wählte er sich Menschen, deren Widerstand erfolglos gewesen war.

Man führte ihn mit Fragen in Versuchung, was er denn tun würde, wenn ihm ein »wilder Zulu« überfiele oder wenn er zusehen müßte, wie eine Mutter ihren Sohn zu Tode prügelte. Er erwiderte, auch hier habe man sich nicht einzumischen, den Zulu könnte man sowieso nicht besiegen, er müsse umerzogen werden, die Mutter aber, die zur Mörderin ihres Kindes würde, habe man zu bedauern.

Wer solche Fragen an ihn richtete, meinte nicht die Mutter, die am eigenen Kind zur Mörderin wurde, auch nicht den Zulu, sondern die Selbstherrschaft: der »Zulu« diente als Deckname für die Zensur.

Tolstoi suchte seinen Weg und löste sich dabei von seinen Nächsten, wurde für sie unverständlich und im Kreise der Literaten zu einer skurrilen Erscheinung.

Bereits 1880 schrieb Dostojewski während der Festlichkeiten zu Puschkins Ehren an seine Frau: »Von Lew Tolstoi hat auch Katkow bestätigt, er sei, wie man höre, ganz und gar verrückt geworden.«

2

In W. I. Lenins »Philosophischen Heften« lesen wir in den Konspekten zu Hegels *Vorlesungen über die Geschichte der Philosophie* Hegels Gedanken: »Dieser (der gesunde Menschenverstand) ist die Denkweise einer Zeit, in der alle Vorurteile dieser Zeit enthalten sind.« Lenins Randbemerkung lautet: »Gesunder Menschenverstand – Vorurteile seiner Zeit.«

Tolstoi kämpfte gegen den gesunden Menschenverstand seiner Zeit.

Das untergehende patriarchalische Bauerntum durchlitt derart zugespitzte Kollisionen, daß eine Menge Sinnlosigkeiten der Welt entdeckt und aufgedeckt wurden, die mit seinem durch Gesetze, Tagespresse und Polizei gefestigten »gesunden Menschenverstand« das Bauerntum angriff.

Tolstoi wurde nicht etwa irrsinnig, sondern gesundete vom Irrsinn des Alltagslebens. Wie ein Genesender lernte er wieder gehen und sprechen.

Das Erkennen des Lebensirrsinns vollzog sich unter Schmerzen, so wie einem die erneute Durchblutung erfrorener Hände Schmerz bereitet.

Die vernünftige Trägheit des Alltags und des gesunden Menschenverstandes aber wirkte weiter: man rüstete auf Jasnaja Poljana zur Übersiedlung nach Moskau.

Tolstoi widersetzte sich nicht; er betrachtete die Übersiedlung als unvermeidliches Übel und sah keinen Ausweg außer Geduld und Gewährenlassen.

Längst schon wartete Rußland auf die Revolution, was aber stattfand, waren lediglich Bauernunruhen; Terroristenaktionen waren nicht dazu angetan, das Volk zu mobilisieren.

Der Zar und sein Schicksal weckten auf Jasnaja Poljana keinerlei Mitgefühl, um Seiner Majestät Gesundheit machte man sich dort keine besonderen Sorgen.

Sergej Lwowitsch Tolstoi schreibt in seinen Erinnerungen:

»Eines Abends las Vater in den Zeitungen die Nachricht vom Attentat A. K. Solowjows auf den Zaren Alexander II. und begann sie für M. Nief ins Französische zu übersetzen. Bei dem Satz ›Doch der Herrgott bewahrte seinen Gesalbten‹ hielt er inne, weil ihm das französische Wort für ›der Gesalbte‹ nicht einfiel. ›Mais Dieu conservait son ... son ...‹, sprach er und suchte nach dem richtigen Wort.

›Son sang-froid‹*, scherzte überraschend M. Nief, worauf wir alle unwillkürlich in helles Gelächter ausbrachen.«

Am 1. März 1881 wurde Alexander II. Opfer eines Attentats. Auf Jasnaja Poljana erfuhr man davon am 2. März durch einen Betteljungen, einen kleinen Italiener, der sich ins Herrenhaus verlaufen hatte. Er sagte:

»Es steht schlecht, niemand gibt etwas, der Zar ist umgebracht worden.«

»Was, wann, von wem umgebracht?« verhörte man den Jungen.

Doch der wußte nichts Näheres. Am Abend des 2. März kamen die Zeitungen.

Die Märzbriefe Tolstois aus dem Jahre 1881 geben keinerlei Auskunft über sein Innenleben, wir können aus ihnen nur ersehen, wie er zu jener Zeit schwieg. Das Schweigen wurde unterbrochen durch einen mehrseitigen Brief, den er an den neuen Zaren, Alexander III., richtete und worin der Haß der Revolutionäre auf Alexander II. als ein »schreckliches Mitverständnis« bezeichnet wird. Zugleich aber heißt es:

»Was sind Revolutionäre? Menschen, die die bestehende Ordnung der Dinge hassen, sie für übel befinden und Grundlagen für eine künftige Ordnung der Dinge, die besser sein wird, im Auge haben. Indem man sie umbringt, sie vernichtet, kann man sie nicht bekämpfen. Wichtig ist nicht ihre Anzahl, wichtig sind ihre Gedanken. Will man gegen sie antreten, braucht man geistige Mittel. Ihr Ideal ist allge-

* Frz.: seine Kaltblütigkeit.

meiner Wohlstand, Gleichheit und Freiheit. Wer gegen sie ankämpfen will, muß ihnen ein Ideal entgegensetzen, das höher steht als das ihre und es zugleich in sich einschließt. Franzosen, Engländer, Deutsche bekämpfen sie gegenwärtig, aber ebenso erfolglos.«

Initiator des Schreibens dürfte Wassili Iwanowitsch Alexejew gewesen sein, vermutlich war es auch seine Idee, den Brief dem Zaren durch Pobedonoszew zukommen zu lassen. Pobedonoszew hatte ja seinerzeit Alexander Kapitonowitsch Malikow geholfen. Dieser Bauernsohn hatte die Universität absolviert, als Untersuchungsrichter gearbeitet und war 1866 in Zusammenhang mit dem Fall Karakosow verhaftet und später verbannt worden; 1874 wurde er in einer Propagandasache, in die sechsunddreißig Gouvernements verwickelt waren, zur Verantwortung gezogen (»Der Prozeß der 193«) und emigrierte schließlich mit Tschaikowski, Alexejew und Orlow nach Amerika, wo ihre revolutionäre Gruppe eine Ackerbaukolonie zu gründen beabsichtigte. Die Kolonie zerfiel. Malikow wurde zum Schöpfer der neuen Lehre vom Gottesmenschentum.

Am 18. Mai 1881 notierte Tolstoi ein Gespräch mit seinen Angehörigen: »Erzählte gestern, daß Malikow mehr für die Regierung tue als ein ganzes Gendarmerierevier.«

Auf zynische Weise war sich Pobedonoszew darüber im klaren.

Damit läßt sich vermutlich auch erklären, daß Malikow begnadigt wurde. Später sagte er sich von seiner versöhnlerischen Stimmung los.

Das Gespräch zwischen W. L. Alexejew und Tolstoi fand im geheimen und hinter verschlossenen Türen statt, Sofja Andrejewna aber belauschte es. Was daraufhin geschah, erzählt Alexejew selbst:

»Plötzlich geht die Tür auf, die Gräfin kommt hocherregt hereingestürzt und sagt zornerfüllt, mit erhobener Stimme, wobei sie auf die Tür weist, zu mir: ›Wassili Iwanowitsch, was reden Sie da! Wäre nicht Lew Nikolajewitsch zugegen, der Ihrer Ratschläge nicht bedarf, sondern mein Sohn oder meine Tochter, ich würde Ihnen auf der Stelle die Tür weisen.‹

Ich war sprachlos über diesen Auftritt der Gräfin, sagte aber dann: ›Gehorsamster Diener, ich gehe . . .‹«

Beim Mittagessen entschuldigte sich Sofia, doch die Situation im Hause hatte sich so zugespitzt, daß Lew Nikolajewitsch klein beigab. Alexejew reiste auf das Gut bei Samara.

Eine neue Utopie kam auf: Es ging darum, das Gut dort so zu führen, daß der Gewinn zur Unterstützung armer Bauern verwendet werden könnte. Daß das eine Illusion war, merkte Tolstoi recht bald. Was er auf seinem Jasnaja Poljana sah, ließ ihn nicht zur Ruhe kommen.

Zu jener Zeit schrieb er an den *Aufzeichnungen eines Christen;* das Buch beginnt als eigenartige Autobiographie mit einem Gespräch über den Glauben; urplötzlich keilen sich genaue Berichte über das Alltagsleben der Bauern auf Jasnaja Poljana hinein. Zweifellos reale Menschen treten auf: der ehemalige Artillerist Larion, ein begabter Mann mit einer zunächst glücklichen Hand, der später Gericht, Gefängnis und Bettelarmut kennenlernte. Neben ihm geht sein Nachbar namens Konstantin zugrunde; dieser händigte Tolstoi seine Lebensbeschreibung ein, die so beginnt: »Das Leben eines dörpflichen Mannes. Den einsahmen Kostjuscha des Nohtleidenden.«

Der »dörpfliche Mann« berichtet von seinem Untergang:

»Un bliben uns Kinder nuhr zwei, aber sie heulet auch iredhalben tagteglich, das hungerig Schiksal auf uns getrofen, das bei unz kein Stük Brod nich außreichent schon sofile Jare. Ich, Kostjuscha, durchmachte Nöhte hab aber kreftig Noht nich gekant. – Jezunt Abgelumbt jedwede Tag. Un komt auch for das Bastschue zerflehderd. Un Schefte foll Schnee, jedewede Nacht kan nich außhalten, huste, spuke. Waß meine Bein sint kenn keine Ruh meer: so Schmerzen wo weil sehr stark kalt abgekrigt. Lebe ein Reich Leben wie keinem nich wünsch: nacket und bloß kein Schu kein Gewant. Kelt und Hunger die Scheuer voll. Will indes denken an anno achzig: nichts zu beisen wenn ich aufpast zu Rechte Zeit, ein Tag auch zwei. Richt die Nase kein Brod leidest an hunger die ganze nacht Noht.«

Um Tolstois Haus herum zerbröckelte in jenen Jahren die bäuerliche Landwirtschaft. Ich werde später ein paar Stellen aus dem Tagebuch von 1881 zitieren.

Arme Leute kamen nicht nur zu ihm nach Jasnaja Poljana, sie krochen geradewegs über das offene Feld zu ihm, das Dorf meidend, um nicht von Hunden zerrissen zu werden.

»Dmitri Kusmitsch Tschugunow kam zum zweitenmal gekrochen. Kriecht wie ein Insekt auf den Vorderextremitäten. Rasiertes Gesicht, Schnauz, unangenehm. Ich habe mich an Dickmilch überfressen. Wollte ihn loswerden. Begann eifrig, dem Mann ins Gewissen zu reden, wozu 55 Rubel für Katenbalken. Wie sich herausstellte, ist er verheiratet, hat zwei Kinder. Seit drei Jahren an den Beinen gelähmt (böser Blick, bei den Steinen). Die Kate zerfallen.«

Dieser Mensch ging zugrunde, weil er auf der Chaussee Schotter geklopft hatte. Nicht nur er ging zugrunde, das ganze Dorf tat es, das Leben verrann wie Wasser aus einem undichten Faß.

Am 28. Juni 1881 notierte Tolstoi:

»War bei Konstantin. Liegt seit acht Tagen krank, Seitenschmerzen, Husten. Jetzt Galle im Blut. Kurnossenkow saß voll

Galle. Kondrati ist an der Galle gestorben. Die Armen sterben an der Galle! ›Vor Trübsinn‹ sterben sie.

Die Frau mit Mastitis, drei kleine Mädchen, kein Brot. Um vier Uhr nachmittags noch nichts gegessen. Die Mädchen gingen Beeren suchen, aßen. Der Ofen geheizt, damit es nicht so leer ist im Haus und das Neugeborene keinen Schluckauf bekommt.«

Ein episches Bild der Not: Im Ofen brennt Feuer, es ist leer, doch werden die Kinder glauben, daß es Essen geben werde. Nur durch solchen Betrug kann die Mutter die Verzweiflung ihrer Kinder in diesem sterbenden Dorf eine Stunde lang aufhalten.

»Bei uns ein gewaltiges Diner mit Champagner. Die Tatjanamädchen feingemacht. Alle Kinder haben Gürtel zu fünf Rubel. Man speist, währenddessen fährt schon der Wagen mitten durch Bauernwagen mit arbeitsgemartertem Volk voraus zur Picknickstelle.«

Was soll man denn tun? fragte Tolstoi. Zunächst glaubte er noch an Wohltätigkeit und erlebte selbstverständlich eine Enttäuschung; er glaubte nicht an die Möglichkeit einer Revolution, genauer, er hatte Angst vor ihr.

Seine Idee, dem Bösen nicht zu widerstehen, festigte sich. Notwendig wäre, die Waffen niederzulegen, sich nicht auf die Gewalt zu verlassen, auf die Wahrheit zu hoffen, die Menschen davon zu überzeugen, das Böse nicht zu verteidigen. Das Böse ist nur stark durch Unverständnis, es vergeht, sowie die Menschen seine Ohnmacht begriffen haben.

Tolstoi erkannte und entschlüsselte Menschen so schnell, wie er ein dünnes Buch las, er bezauberte und enttäuschte, er verstand sich aufs Vergessen.

Auf Alexejew und Bibikow, Männer, die ihm viele Jahre und viele Hoffnungen geschenkt hatten, verzichtete er nur schwer und nicht sofort, erst nach langen Unterhandlungen mit seiner Frau. 1883 löste er sein Gut bei Samara auf. Für Alexejew und Bibikow war das ein harter Schlag. Bibikow hatte inzwischen auf Tolstois Grund und Boden gebaut und mußte seine Baulichkeiten im Stich lassen. Alexejew hatte von ihm Land gepachtet, ihm fiel es schwer, wegzuziehen. Zuerst trat er bei einem Bekannten Tolstois als Hauslehrer in Dienst, diente dann als Kontrolleur bei der Bahn, arbeitete danach als Inspektor an einer landwirtschaftlichen Gewerbeschule und als Direktor an einer Handelsschule.

Längere Zeit vermochte kaum einer an Tolstois Seite zu schreiten. Viele gingen fort von ihm, denn sein Weg war außergewöhnlich, und als Weggefährte war er unzuverlässig.

Wenige blieben, darunter Chronisten und Menschen, die Verwandtschaft, alte Freundschaft und Herkunft mit ihm verband. So einer war Konstantin Islawin, der Jugendfreund, durch den er das erste Mißgeschick erlitten hatte. Tolstoi brachte ihm Mitgefühl entgegen, gab ihm Essen und Trinken, sofern Sofja Andrejewna nicht da war, bemühte sich um Arbeit für ihn, borgte ihm seinen Gehrock, damit er Katkow oder jemand anderen aufsuchen und um Arbeit bitten konnte. Der Gehrock war neu und wenig getragen: Tolstoi pflegte Kittelblusen zu tragen. Kostja Islawin mit seinem Geschwätz über Aristokratismus war für ihn eine Erholung. Er war jemand, dem er Speise und Trank geben konnte.

Helfen konnte er auch einem verbitterten kinderreichen Bettelweib, dem man im Dorfe den Spitznamen Diebs-Ganka gegeben hatte; helfen konnte er Alexander Petrowitsch Iwanow, Leutnant a. D., einem Trinker mit frechem Mundwerk, der Tolstois Manuskripte abschrieb; das war wohl auch alles.

Wenige Schriftsteller gibt es auf der Welt, die so viele mannigfaltige Vertreter des Menschengeschlechtes zu sehen bekommen und so gern mit ihnen gesprochen haben.

Durch Tolstois Seele wanderten wie eine Straße, eine Meeresroute entlang Hunderttausende menschlicher Schicksale, sofern wir Briefe ebenfalls als Begegnungen rechnen wollen.

Beschuldigen wir also den großen Mann nicht, ein ungetreuer Freund gewesen zu sein. Die Menschen um ihn mußten wechseln.

Nur die Weggenossen seines Alters wurden nicht ausgewechselt, weil der Tod kam.

Dem Manne Wassili Iwanowitsch Alexejew war Tolstoi herzlich zugetan, er schrieb ihm lange Zeit freundschaftliche Briefe.

Nach ihrer Trennung schrieb Tolstoi im November 1882, er sehe ihn im Traum, vermisse ihn und »beneide ihn liebevoll« um sein schweres Schicksal. Er beklagte sich bei dem Freund tiefbekümmert über seine Familie.

Doch die Zeit verging, Menschengesichter wechselten, auch Schmerzen und Bindungen. Die Zeit forderte Verzichte.

Bei der Liquidierung des Gutes bei Samara wurde auf Tolstois Anordnung der Boden an die Bauern verpachtet. Damals schrieb er an Sofja Andrejewna, die Hälfte der Schulden, die die Bauern bei ihm hatten – etwa 5000 Rubel –, könne man »in den Schornstein schreiben«.

Nun wünschte er, das Pachtgeld solle zur Unterstützung notleidender Bauern verwendet werden. Im Juni 1884 schrieb er an Alexejew und Bibikow:

»Ich bitte Euch beide, ein wachsames Auge darauf zu haben, daß der Boden in festgelegter Folge bearbeitet und das Geld fristgerecht entrichtet wird. Ich hoffe, Ihr beide werdet, weder der eine noch der andere, die Erfüllung meiner Bitte nicht ablehnen. – Um Euch diese Angelegenheit zu erleichtern, sage ich noch folgendes: Ich habe längst schon beschlossen, daß dieses Geld – der Pachtzins für den Boden – zugunsten der Bevölkerung der Dörfer, die den Boden pachten, verwendet wird, als Hilfe für Notleidende, für Schulen, für Institutionen, die eine Winterverdienstmöglichkeit vermitteln (ein Gedanke, der mich in letzter Zeit stark beschäftigt). Und dies ... wird geschehen, sowie ich dabei nicht mehr auf Hindernisse durch meine Familie stoße. Ich hoffe, daß noch zu erleben ... Wenn Gott will, werden diese Zahlungen vernünftig verwendet werden.«

Aber Lew Tolstoi brachte es nicht fertig, seinen Entschluß seiner Gattin gegenüber durchzusetzen.

Hier ein Brief vom Dezember 1884:

»Lieber Wassili Iwanowitsch, Ihr Brief klingt traurig, dabei brauchte es nicht zu sein ... Sie schlafen. Das erste und Wichtigste – unser äußeres Leben ist immer und lückenlos widerwärtig, wie der Akt des Zeugens widerwärtig ist, sofern unsere Leidenschaft ihn nicht mit besonderem Licht überstrahlt. So steht es auch um das materielle Leben – es ist schrecklich und widerwärtig, angefangen vom Essen und vom Stuhlgang bis zum Verlangen, andere Menschen für sich arbeiten zu lassen.«

Im nächsten Brief heißt es:

»Das gleiche bezieht sich auf Ihre Verpflichtung gegenüber dem Grund und Boden, der als ›mein‹ bezeichnet wird. Sie wissen ebensogut wie ich, daß all mein Land und Besitz eigentlich meine und fremde Sünden sind, die mich verlockt haben und nun versuchen, mich zu verwirren.«

Zur selben Zeit verlangte Sofja Andrejewna in ihren Briefen, die Pachtgelder sollten pünktlich eingezogen und an sie abgesandt werden.

Im Dezemberbrief schrieb Tolstoi sehr traurig: »Der ganze Jammer ist, daß wir, die wir das Eigentum ablehnen, uns selbst belügen.«

Er kapitulierte.

Seiner Familie bot er vergeblich folgenden irrealen Plan an:

»Auf Jasnaja leben. Die Einkünfte von Samara den Armen und den Schulen um Samara nach Maßgabe ihrer Zahler und mit deren Kontrolle überlassen. Die Einkünfte von Nikolskoje (nach Überantwortung des Bodens an die Bauern) ebenso. Uns, d. h. mir, der Frau und den kleinen Kindern, zunächst die Einkünfte von Jasnaja Poljana belassen, zwischen zwei- und dreitausend ... Den drei erwachsenen

Kindern anheimstellen, ob sie vom Armenanteil der Gelder aus Samara oder Nikolskoje den nächstfolgenden Teil für sich behalten oder, dortselbst lebend, dazu beitragen wollen, daß besagte Gelder für gute Werke verwendet werden, oder aber ob sie, bei uns mitwohnend, uns unterstützen wollen. Die Kleineren so erziehen, daß sie sich daran gewöhnen, weniger vom Leben zu verlangen. Sie sollen lernen, wozu sie Lust verspüren, jedoch nicht nur Wissenschaft, sondern Wissenschaft und Arbeit. Nur so viele Dienstboten halten, wie notwendig sind, um uns dabei zu helfen, uns zu ändern und uns ihre Arbeit zu lehren, aber auch das nur so lange, bis wir ohne sie auskommen. Nicht mehr getrennt wohnen, sondern die Männer in einem, die Frauen und Mädchen in einem anderen Zimmer. Ein Raum soll als Bibliothek für geistige Beschäftigung dienen, ein anderer als gemeinsames Arbeitszimmer. Unserem Verwöhntsein könnte Rechnung getragen werden durch ein Extrazimmer für Schwache. Außer unserer und der Kinder Ernährung und ihrem Studium – Arbeit, Wirtschaft, Unterstützung durch Brotgetreide, medizinische Behandlung, Unterricht. Sonntags Speisung der Bettler und Armen, auch Vorlesen und Gespräche. Lebensweise, Nahrung, Kleidung, alles vom Einfachsten. Alles Überflüssige: Flügel, Möbel, Kutschen verkaufen, fortgeben. Nur solche Wissenschaften oder Künste pflegen, an denen jedermann teilhaben kann. Jeden, ob Gouverneur oder Bettelmann, gleich behandeln. Nur ein Ziel: Glück, eigenes und für die Familie, im Wissen, daß dieses Glück darin besteht, sich mit wenigem zufriedenzugeben und anderen Gutes zu tun.«

»Was herauskommt, ist Mittelmaß«

Er wollte jeden anhören, jeden sozusagen vor das Angesicht des Gewissens bringen.

Anfang 1881 pilgerte Tolstoi mit dem Diener Arbusow und dem Lehrer Winogradow aus Jasnaja Poljana zu Fuß zur Einsiedelei von Optina. Er ging von Dorf zu Dorf, um herauszufinden, was das Volk unter Glauben verstand, um zum letztenmal zu prüfen, was sich Rechtgläubigkeit nannte.

Über diese Wanderung schrieb er ein zehnseitiges Tagebuch.

Der alte Mann in Bastschuhen sah die Welt mit den Augen eines Pilgers. Bauern erzählten von Auspeitschungen, vom Militärdienst, von Verbrechen. In der Einsiedelei von Optina wurden die Pilger schlecht aufgenommen, sie wurden in einem verwanzten Raum mit einem schnarchenden Fremden untergebracht.

Im Klosterladen gab es kein einziges Exemplar des Evangeliums zu kaufen, nur allerlei klostereigene, schlecht und oberflächlich zusammengeschmierte Heftchen.

Durch einen Mönch, einen ehemaligen Leibeigenen der Familie Tolstoi, wurde im Kloster ruchbar, wer der alte Mann in Bastschuhen war. Alles änderte sich: Man führte Lew Tolstoi zum Prior Juvenal persönlich, zu dem vorzudringen einem einfachen Sterblichen unmöglich war. Juvenals Zelle bestand aus vier Zimmern, ausgelegt mit Knüpfteppichen zwecks weicher Gebetsverrichtung. Der Mönch Juvenal war arrogant, wußte in der Heiligen Schrift nur ungenau Bescheid, sprach von Unterwerfung unter die weltlichen Mächte. Das Himmelreich, wie er es sich vorstellte, war ein Spiegelbild Rußlands mit Generälen, Gouverneuren und Landgütern. Dabei hatte Juvenal ehemals an der Michailow-Artillerieschule studiert. Er glaubte, vor der Welt ins Kloster geflohen zu sein, dabei lebte er dort wie ein Offizier in Einquartierung. Man ging zum altehrwürdigen Ambrosius, der von einer Menschenmenge erwartet wurde. Die Besucher befragten Ambrosius nach Alltäglichem: Ob eine Kneipe eröffnet werden dürfe, ob eine Reise nach Jerusalem ratsam sei, ob man einen Mann, der bei einer Taufe im Suff gestorben sei, ins Totengedenkgebet aufnehmen könne. Man saß zwei Stunden herum, es war sehr langweilig. Nach dem Empfang bei Ambrosius brachte man Tolstoi in ein erstklassiges Hotel, wo sämtliche Räume mit Samt ausgeschlagen waren. Nur ein einziger Mönch im Kloster verblüffte Tolstoi durch seine Schlichtheit und Naivität: Pimen, der vor gottgefälligen Pilgerinnen mit geraffter Kutte quer durch den Garten ausriß und während religiöser Dispute auf seinem Stuhl einzunicken pflegte.

In Moskau war Sofja Andrejewna währenddessen emsig dabei, das Haus mit Möbeln auszustatten und mit Wärme zu versorgen.

Sie war auf ihre Art im Recht, wenn sie das Nest für die große Familie bereitete. Im Unrecht war sie nur insofern, als die Kinder infolge väterlicher Unaufmerksamkeit und mütterlicher Unvernunft zu unguten, egoistischen Wesen heranwuchsen. Sie wunderte sich, wieso der Sohn Ilja mit dem Lakaien trank und keine Lust zum Studium zeigte. Sie wunderte sich über Sergejs Herzenskälte, hoffte aber ständig, wenigstens ihre Kleinen würden zu besseren Menschen heranwachsen.

Inzwischen reiste Tolstoi auf das Gut bei Samara zur Kumyskur, traf dort Alexejew und lernte A. S. Prugawin kennen, einen seriösen Forscher, der sich mit Sektierer- und Raskolnikitum befaßte. Mit ihm und Alexejew fuhr er zu den Molokanen, die den Militärdienst verweigerten und sich dafür Verfolgungen aussetzten; sie lebten in fernen Steppengegenden, man verbannte sie an gefährliche Orte im Kaukasus, aber sie lebten gut, auf Kulakenart, wie wir heute sagen würden, denn sie hielten sich Knechte.

Am 20. Juli notierte Tolstoi: »Sonntag. Betstunde bei den Molokanen. Hitze. Sie wischen sich den Schweiß mit Tüchlein ab. Kräftige Stimmen, die Nacken braun, rauh wie Reibeisen, Verneigungen, Mittagsmahl: 1. kalte Vorspeise, 2. Brennesselsuppe, 3. gekochter Hammel, 4. Nudeln, 5. Nüsse, 6. gebratener Hammel, 7. Gurken, 8. Nudelauflauf, 9. Honig.«

Es war ein sattes Leben, Tolstoi schien solch betonten Überfluß nicht zu verurteilen. Gleich daneben notierte er, daß ein Molokane mit einer Magd prozessiere.

Er war sich selbst nicht endgültig im klaren, was er eigentlich von seiner Familie verlangen sollte. Am 2. August schrieb er an seine Gattin: »Du reist heute nach Moskau. Du glaubst nicht, wie sehr mich die Reue quält, weil Du über deine Kräfte arbeitest und ich Dir so wenig (so gar nicht) geholfen habe. Wenigstens dafür war das Kumystrinken gut, daß es mich gezwungen hat, von dem Gesichtspunkt abzulassen, von dem aus ich unwillkürlich, von meiner Sache begeistert, alles betrachtet habe. Jetzt sehe ich die Dinge anders.«

Das war nicht der erste Brief dieser Art. Bereits Ende Juli hatte er geschrieben: »Wenn ich wiederkomme, werde ich mit Dir arbeiten, und nicht nur, um Dir etwas abzunehmen, sondern mit Lust. Du tust mir sehr leid, und Du fehlst mir sehr.«

Am 6. August streute er sich unmißverständlich Asche aufs Haupt: »Nichts kann die Unmöglichkeit eines Lebens für ein Ideal klarer beweisen als das Leben Bibikows mit Familie und das von Wassili Iwanowitsch. Beide sind großartige Menschen, mit all ihren Kräften, mit all ihrer Energie streben sie nach dem Allerbesten, nach einem gerechten Leben, das Leben aber und die Familien zerren nach ihrer Seite, und was herauskommt, ist Mittelmaß. Als Außenstehender sehe ich, wie dieses Mittelmaß, wenn es auch ein gutes ist, weit entfernt ist von ihrem Ziel. Auf sich selbst übertragen, lernt man sich mit dem Mittelmaß begnügen. Dasselbe Mittelmaß herrscht auch bei den Molokanen, dasselbe Mittelmaß im Leben des Volkes, besonders hierzulande. Möge der Herrgott uns nur zu Euch allen, die Ihr wohlbehalten seid, wohlbehalten zurückbringen, und Du wirst sehen, was für ein artiges Kind ich, ganz in Deinem Sinne, sein werde.«

Die Suche nach einer ständigen Wohnstatt und die Suche nach dem Sinn des Lebens

Die Trägheit des alten Lebens blieb erhalten.

Schon als die älteren Kinder heranwuchsen, hatten die Tolstois beschlossen, nach Moskau umzuziehen. Sergej, der Älteste, wurde daheim auf die Universität, Ilja und Lew wurden auf das Gymnasium vorbereitet. Die Tochter Tatjana war fast achtzehn, es wurde Zeit, sie in die große Welt einzuführen; sie mußte auf Bällen tanzen und Theater besuchen, um irgendeinen Mann kennenzulernen, ihren künftigen Bräutigam. Eins wußte man von ihm bereits genau: er würde aus bestem Hause und wohlhabend sein.

Als Halbwüchsige hatte Tatjana sich das Schlüsselbein gebrochen, der Vater war selbst mit ihr nach Moskau zum besten Chirurgen gereist, den er befragte, ob nach dem Verwachsen auch nichts zurückbleiben, ob sich keine Verdickung bemerkbar machen würde, wenn das junge Mädchen in Balltoilette bei hellem Kerzenlicht auf dem Parkett der Adelsversammlung in Moskau zum Tanz erscheinen werde.

Tolstoi sprach mit seinen Kindern wenig, er schrieb und schwieg sich daheim aus; doch bereits 1877 beklagte er sich bei Nikolai Strachow, wie scheußlich doch sei, was die Geistlichen den Kindern in den Katechismusstunden beibrächten.

Das Auseinanderstreben zwischen dem Hausherrn und der Familie machte sich daheim bemerkbar. Im stillen Hause auf Jasnaja Poljana schien es eigentlich nicht aufzufallen, doch von Tag zu Tag glomm es mehr im Gebälk, und es begann brenzlig zu riechen. Vorerst jedoch loderte noch keine Flamme auf.

Diesmal hatte Tolstoi nachgegeben. Der Beschluß, nach Moskau zu übersiedeln, war gefaßt.

Von Tula nach Moskau sind es nicht ganz 200 Werst.

Tula selbst erinnerte an die Moskauer Vorstädte.

Tolstoi mochte Tula nicht, nur ungern hielt er sich dort auf. Das einzig Gute an Tula war für ihn, daß dort die Zigeuner schöner sangen als in Moskau.

Moskau war damals keine Hauptstadt wie Petersburg, es war eine Adelsstadt. Mancherlei, was sein Leben dem in alten Gutshäusern ähnlich machte, war erhalten. Kaufleute hatten schon längst Adelsvillen gemietet, Fabriken waren gebaut worden, dennoch war manches Althergebrachte in der Stadt geblieben.

Lange hatte Sofja Andrejewna, die Frau mit dem raschen Gang und dem Sensationshunger, nach einem Wohnhaus in Moskau gesucht. Im Juli 1881 schrieb sie: »Die Häuser, die zum Verkauf stehen, sind entweder riesig groß, an die 100.000, oder klein, etwa 30.000, Mietwohnungen sind teuer und unkomfortabel; außerdem schrecklich kalt, und ich weiß niemanden, wo ich mich beraten könnte.« Ein Haus am Arbat in der Chlebny-Gasse stand für 26.000 Rubel zum Verkauf, was Sofja Andrejewna Anlaß zur Sorge gab: ». . . Ich bin überzeugt, mit diesem Haus stimmt etwas nicht, der Kaufpreis ist gar zu niedrig und das Haus gar zu komfortabel. Morgen werde ich mich in Kramläden umhorchen, bei Anwohnern und anderwärts, und wenn ich Zustimmendes höre, müssen wir es nehmen.« Es gab noch ein weiteres Haus, aber ». . . ohne Waschküche und verdächtig, was Wärme betrifft«.

Zu suchen und sich in Kramläden umzuhorchen, war nicht leicht; Sofja Andrejewna war außerdem gerade schwanger. Aber da fand sie im Stadtbezirk Pretschistenka in der Deneshny-Gasse ein Haus, das ehemals der Fürstin Wolkonskaja gehört hatte. Der Kaufpreis betrug 36.000, der jährliche Mietzins ohne Möblierung 1550 Rubel.

Die Gegend war gut. Mit vielen soliden Häusern, entweder ganz aus Holz oder Holz auf Steinfundament, schöne Gebäude, geschmückt mit Säulen im Stil der Adelsvillen.

Im Hause befand sich ein großes Zimmer mit Fenstern zum Hof. Sofja Andrejewna bestimmte es zum Arbeitsraum für Tolstoi. Der Raum brachte den Hausherrn später zur Verzweiflung, weil er zu geräumig und übertrieben luxuriös war. Die Gattin begann, eine »Unmenge von Möbeln, Geschirr, Lampen« einzukaufen, die Dielen mit wärmendem Filz auszulegen, im Bemühen, es dem Gatten in allem recht zu machen.

Die Söhne Ilja und Lew sollten in ein Gymnasium eingeschult werden; man zog Erkundigungen über die Aufnahmebedingungen ein. Wie sich herausstellte, forderte das staatliche Gymnasium eine elterliche Bestätigung über die »Zuverlässigkeit« der Söhne.

Tolstoi loderte vor Empörung: »Ich kann eine derartige Bestätigung nicht einmal für mich selbst ausstellen. Wie sollte ich sie für meine Söhne geben?«

Unweit des ehemaligen Wolkonski-Hauses befand sich das Privatgymnasium Lew Iwanowitsch Poliwanows, wo ein alter Bekannter der Tolstois aus Tula, Jewgeni Lwowitsch Markow, als Lehrer tätig war. Nach einer leichten Prüfung bei Poliwanow wurden Tolstois Söhne trotz bereits kompletter Schülerzahl bereitwillig aufgenommen.

Tochter Tanja kam in eine Kunstschule.

Am 5. Oktober notierte Tolstoi im Tagebuch:

»Ein Monat ist verstrichen, der qualvollste meines Lebens. Der Umzug nach Moskau. Ohne Unterlaß richtet man ein. Wann wird man zu leben anfangen? Alles geschieht nicht, damit gelebt werden kann, sondern weil es sich so gehört. Die Ärmsten! Und kein Leben.

Gestank, Steine, Luxus, Bettelarmut. Laster. Eine Ansammlung von Bösewichtern, die das Volk berauben, sie haben Soldaten und Richter zusammengeholt, um ihre Orgien zu schützen, und man praßt. Das Volk hat nichts weiter zu tun, als, die Leidenschaften dieser Leute ausnützend, ihnen das Geraubte wieder zu entlocken. Ehemalige Bauern sind darin am geschicktesten. Die Weiber sind daheim geblieben, die Männer reiben Parkettfußböden und Leiber in den Badeanstalten ab, arbeiten als Droschkenkutscher.«

In Tolstois Augen lebten in der Stadt Herren, sprich Adlige, daneben, von ihnen unterdrückt und sie bedienend, Parkettbohnerer, Droschkenkutscher und Badehelfer; Arbeiter sah er nicht.

Zu jener Zeit überprüfte er wieder einmal das alte Leben; er traf sich erneut mit Feth, disputierte mit ihm über das Christentum, beantwortete Strachows Fragen anläßlich der *Briefe über den Nihilismus.*

Jetzt behandelte er den alten Freund mit Ironie. Strachow beharrte damals auf Rechtgläubigkeit, Selbstherrschaft und Volkstümlichkeit, auf jener offiziellen Triade also, auf der, gleich den drei Walen aus der Legende, das zaristische Rußland ruhen sollte.

Er behauptete, Bösewichter hätten zwanzig Jahre lang Jagd auf den gutherzigen Zaren gemacht und ihn umgebracht. Tolstoi schrieb:

»Es gibt keine Bösewichter. Was es gab und gibt, ist der Kampf zweier Urelemente, und wenn man den Kampf vom moralischen Standpunkt aus betrachtet, so kann man nur überlegen, welche der beiden Seiten weiter vom Guten und von der Wahrheit abweicht; den Kampf außer acht lassen kann man nicht.«

Er redete Strachow ins Gewissen: »Das ist doch derart dumm, daß man sich schämt, dem etwas entgegenzuhalten. Ich könnte behaupten, daß ich Strachow und seine Ideale kenne, weil ich weiß, er besucht täglich die Bibliothek und trägt einen schwarzen Hut und einen grauen Paletot. Und weil Strachows Ideale folgende sind: der Gang zur Bibliothek und der graue Paletot und sein Strachowismus. Zwei rein zufällige, ganz und gar äußerliche Formen, nämlich Selbstherrschaft und Rechtgläubigkeit plus Volkstümlichkeit, die nun schon überhaupt nichts besagen will, werden als Ideale hingestellt.«

Tolstoi wußte: Bei genauerem Nachdenken mußte das Entgegengesetzte von dem herauskommen, was Strachow über die Nihilisten schrieb. »Jene waren Bösewichter; indes erwiesen sich die gleichen

Bösewichter als die einzigen Gläubigen. Zwar glaubten sie verkehrt, aber immerhin waren sie die einzigen Gläubigen, die ihr Leibesleben für das himmlische, d. h. ewige, opferten.«

So suchte er nach der Wahrheit und lehnte ab, was vordem als annehmbar erschienen oder unbemerkt geblieben war.

Tolstoi und Sjutajew

Tolstoi verstand sich als Vertreter des Volkes, als einer, der das Leben zwar von unten her, aber richtig betrachtete. Er mußte sich einen Lehrmeister aus dem Volk suchen. Er wollte vom Volk lernen. Damals glaubten viele, das Sektierertum verkörpere die besten Sehnsüchte der Bauernschaft.

Von Sjutajew erfuhr Tolstoi durch A. S. Prugawin. Der Glaube der Molokanen und Sabbatarier* befriedigte Tolstoi nicht, diese Leute beriefen sich ständig auf die Bibel, sie »duckmäuserten«, wie er von ihrem Denksystem zu sagen pflegte.

Er suchte vor allem keine Religion, er suchte Ethik. Er hoffte, sie bei den Bauern zu finden, diese durften jedoch nicht durch wörtliche Auslegungen von Bibel und Evangelium infiziert sein.

Die Nachricht über Sjutajew erfreute ihn.

Prugawins Bericht über diesen Mann lautete wie folgt: Er und sein Sohn hatten den Militärdienst verweigert und waren, nachdem sie die Haft abgesessen und in ihr Dorf zurückgekehrt waren, zu Ackersleuten geworden.

Im Spätherbst 1881 reiste Tolstoi nach Torshok, einer kleinen Stadt unweit von Twer, um Sjutajew aufsuchen.

Er suchte einen Gerechten. In Moskau hatte er einen gefunden, den Bibliothekar Nikolai Fjodorowitsch Fjodorow, doch war das ein einsamer Mann mit einem phantastischen, einmaligen Lebensweg und einem irrealen Ideal – der physischen Auferstehung der Toten. Sjutajew hingegen predigte ein Heiligenleben im Diesseits.

Was erschloß sich Tolstoi bei Sjutajew?

Der Mann lebte mit seinen Söhnen in einer einzigen großen Familie. Er hütete die Dorfherde, hatte dieses Amt freiwillig übernommen, weil er ein Herz für das Vieh besaß und behauptete, von anderen Hirten werde die Herde nicht gut versorgt, er aber führe sie an gute Weideplätze und sei darauf bedacht, daß die Tiere ausreichend gefüttert und getränkt würden.

* Anhänger einer Sekte, die den Samstag statt des Sonntags feierte.

Vermutlich brachte ihm das Hirtenamt eine gewisse Geldsumme ein, die ihm half, seine Wirtschaft zu führen; obwohl noch die Naturalwirtschaft vorherrschte, war Bargeld in den achtziger Jahren bereits zur Notwendigkeit geworden. Alles in Sjutajews Familie war Gemeingut, sogar die Truhen der Frauen.

Tolstoi bemerkte, daß Sjutajews Schwiegertochter ein Schultertuch trug; in der Absicht, innerhalb der Familienkommune eine Grenzlinie zwischen Gemeinsamem und Persönlichem zu ziehen, erkundigte er sich: »Gehört dir denn das Tuch?«

Die junge Frau erwiderte: »Das grade nicht ... das Tuch ist nicht meins, es ist Mutters, meins hab ich verlegt, weiß nicht wohin.«

Über Familieneigentum in einer ungeteilten Bauernsippe hätte sich viel sagen lassen, doch Tolstoi verstand die Antwort so, daß es hier nichts Eigenes gab und auch nicht danach gesucht wurde.

Kirchliche Riten und all das, was von der orthodoxen Kirche als Sakrament bezeichnet wird, lehnte Sjutajew ab. Als er seine Tochter verheiratete, feierte er die Hochzeit, indem er am Abend die Seinen versammelte, ein paar mahnende Worte zu dem jungen Paar sprach, ihm das Brautlager richtete, das Licht löschte und den Raum verließ.

Sjutajew fuhr Tolstoi zurück zum Gutshaus der Bakunins, wo der Schriftsteller, im eigenen Bauernwagen angekommen, logierte. Man fuhr lange, weil Sjutajew es ablehnte, die Peitsche zu gebrauchen und die Pferde anzutreiben.

Während der Fahrt unterhielten sie sich und verplauderten sich so, daß sie die Zügel vergaßen, von der Straße abkamen und das Gefährt umkippte.

Tolstoi war außerordentlich beeindruckt von dieser Begegnung. In einem Brief an Engelgardt schrieb er: »Da haben Sie einen Bauern, einen Analphabeten, sein Einfluß auf die Menschen indes, auf unsere Intelligenz ist größer und bedeutender als der sämtlicher russischen Gelehrten und Schriftsteller, aller Puschkins und Belinskis zusammengenommen, angefangen bei Tredjakowski, bis in unsere Zeit.«

Ende Januar 1882 besuchte Sjutajew Tolstoi in Moskau und wohnte in dessen Wohnung in der Deneshny-Gasse. In Moskau behandelte man ihn als Propheten und Wundertier.

Damals arbeitete Tolstoi gerade an der allgemeinen Volkszählung mit, ging mit Aktenmappe und Notizblock von Haus zu Haus, schrieb Namen, Alter und Berufe der Leute auf. Man hatte ihm gesagt, die Statistik als Wissenschaft benötige diese Angaben. Er aber wollte das Leben sehen. Er hatte sich die Gegend an der Dorogomilowski-Brücke am Arbat gewählt, dort standen ärmliche Häuser, die seither im Zuge der Straßenverbreiterung abgerissen worden sind. Die

Häuser im Stadtteil Chamowniki zwischen der Uferdurchfahrt und der Nikolski-Gasse hießen alle zusammen das Rshanow-Haus oder die Rshanow-Festung. Hier lebten heruntergekommene Menschen, viele, die ihre Stellungen verloren hatten, Frauen des horizontalen Gewerbes, auch kleine Händler. Tolstoi kannte von früher her die Armut auf dem Dorf, jetzt lernte er die städtische Armut kennen. Er wollte diesen Menschen helfen, sie satt machen, ihnen eine Stelle verschaffen, mußte jedoch einsehen, daß sein Vorhaben ». . . nicht nur darin bestehen kann, tausend Menschen satt zu essen zu geben und sie zu kleiden, wie man tausend Hammel füttern und unter ein Dach treiben kann, sondern darin, den Menschen Gutes zu tun. Als ich begriff, daß jeder von diesen tausend Menschen ein ebensolcher Mensch ist wie ich, mit den gleichen Leidenschaften, Verlockungen, Verirrungen, mit den gleichen Gedanken, den gleichen Fragen, erschien mir mein Vorhaben plötzlich dermaßen schwierig, daß ich meine ganze Machtlosigkeit spürte.«

Nachdem er diese Machtlosigkeit empfunden hatte, wandte er sich an Sjutajew, der noch bei ihm wohnte.

Er zeichnete das Gespräch mit seinem Logiergast auf:

»Ich saß bei meiner Schwester, Sjutajew war zugegen, und die Schwester wollte allerlei über meine Beschäftigung wissen. Ich erzählte, und wie es immer geht, wenn man seiner Sache nicht recht traut, voller Begeisterung, Feuer und Beredsamkeit, was ich machte und was dabei herauskommen könnte. Ich sprach mich ganz aus: wie wir alle die Not in Moskau im Auge behalten, wie wir Waisen und Greise versorgen, verarmte Dörfler aus der Stadt herausholen, wie wir Lasterhaften den Weg zur Besserung erleichtern würden, daß es, sofern die Sache in Gang käme, in Moskau keinen Menschen mehr gäbe, dem nicht geholfen würde. Die Schwester stimmte mir zu, und wir redeten. Während des Gesprächs warf ich hin und wieder einen Blick auf Sjutajew. Weil ich seine christliche Lebensführung und die Bedeutung, die er der Barmherzigkeit beimaß, kannte, erwartete ich seine Zustimmung und drückte mich in einer für ihn verständlichen Weise aus; ich sprach zur Schwester, richtete mich aber mehr an ihn. Er saß unbeweglich in seinem kurzen, mit Eichenrinde dunkel gegerbten Halbpelz da, den er wie alle Bauern draußen wie in der Stube trug, und schien uns nicht zu hören, sondern seinen eigenen Gedanken nachzuhängen. Seine kleinen Augen waren glanzlos, der Blick gleichsam nach innen gekehrt. Als ich mich ausgeschwatzt hatte, wandte ich mich an ihn mit der Frage, was er darüber dächte.

›Das ist doch leeres Stroh‹, sagte er.

›Wie denn das?‹

›Na ja, Ihr ganzes Vorhaben ist eine taube Nuß, und es kommt gar nichts dabei heraus‹, wiederholte er überzeugt.

›Wieso denn nicht? Warum denn eine taube Nuß, wo wir doch Tausenden oder wenigstens Hunderten unglücklicher Menschen helfen? Ist es denn schlecht, wenn wir nach dem Wort des Evangeliums den Nackten kleiden, den Hungrigen speisen?‹

›Ich weiß, ich weiß ja, bloß Sie tun nicht das Rechte. Kann man denn so helfen? Du gehst die Straße lang, einer bettelt dich um 20 Kopeken an. Die gibst du ihm. Ist denn das ein Almosen? Du mußt ihm ein geistiges Almosen geben, mußt ihn lehren; so aber, was hast du ihm denn schon gegeben? Bloß etwas, das eigentlich heißt: ‚Laß mich in Ruh'.‹

›Was weißt du denn schon‹, sagte ich, ›von diesen Hungrigen und Frierenden gibt es in Moskau, denke ich, gut 20.000. Und in Petersburg und in anderen Städten?‹

Er lächelte.

›20.000! Und wieviel Bauernhöfe gibt es allein in unserem Rußland? Kommt eine Million zusammen?‹

›Schön, und?‹

›Und?‹ Seine Augen begannen zu leuchten, und er wurde munter. ›Nu, wir holen sie uns. Ich bin kein reicher Mann, aber zwei nehme ich auf der Stelle. Da hast du den Jungschen in deine Küchendienste genommen; ich hab ihm angeboten, zu mir zu kommen, er wollte nicht. Laß ihrer zehnmal so viele sein, wir bringen sie allesamt bei uns unter. Du nimmst wen, ich nehme welche. Wir gehen dann auch zusammen auf Arbeit; er wird sehen, wie ich arbeite, wird lernen, wie man leben muß, und dann sitzen wir zusammen um eine Eßschüssel am Tisch, und er hört ein gutes und gescheites Wort von mir und auch von dir. Das wär ein Almosen; eure Gemeinschaft ist leeres Stroh.‹

Dieses schlichte Wort erschütterte mich, und ich mußte einfach einsehen, wie recht er hatte.«

Es ging bei weitem nicht nur um städtische Wohltätigkeit.

Die Stadt war nach Ansicht des sterbenden Dorfes das Übel an sich. In den Augen Sjutajews war die Stadt Sünde und Unruhe. Sein Sohn I. W. erzählte einmal, wie Vater Wassili Kirillowitsch mit ihm aus Wyschni Wolotschok heimgezogen war.

»An der Ausspannung stehen Pferdefuhrwerke. Wir gehen hinein, wo man Tee trinken kann. Da sitzen Bauern, an die sieben Mann. Wir bestellen unseren Tee. Vater fragt: ›Woher seid ihr, gute Leute?‹

Die Bauern sagen, aus dem Dorf Gorki. Da fragt Vater die Bauern: ›Geht's in die Stadt, ihr Lieben?‹

›Ja, in die Stadt, Korn verkaufen.‹

Da sagt Vater: ›Das ist nicht gottgefällig, was ihr da tun wollt, Korn wollt ihr dort verkaufen, die Stadt verbreitern, dabei müssen die Städte vernichtet werden, ihr bringt was, andere bringen was, und die Kaufleute hecken bloß noch mehr. Die Kaufleute spazieren durch die Stadt, reiben sich die Hände, warten auf euch. Fahrt ihr kein Korn in die Stadt, lassen andere es auch bleiben, gibt's kein Brot in der Stadt, müssen sich die Kaufleute auf den Acker begeben und mit eigenen Händen drauf werken, wie's der Herrgott geboten hat . . .‹«

So begann auch Tolstoi zu denken. Er kam zu dem Schluß, die Not lasse sich nur durch Beseitigung der Stadt überwinden.

Sjutajews Worte schenkten ihm durch ihre Schlichtheit neue Hoffnung, obzwar dieser Mann natürlich nicht sein Mentor für seine Lebensführung war noch sein konnte. Dafür erregte Sjutajews Aufenthalt im Hause des berühmten Schriftstellers die Aufmerksamkeit der Obrigkeit, so daß auf Anordnung des Generalgouverneurs, Fürst W. A. Dolgorukow, zuerst ein Rittmeister der Gendarmerie und dann ein Kanzleibeamter des Generalgouverneurs bei Tolstoi vorsprachen. Der Hausherr empfing sie schroff und weigerte sich, mit ihnen zu reden. Sjutajew verließ Moskau.

Nach Sjutajews Tod zogen seine ältesten Söhne in die Stadt; sie waren Marmorarbeiter. Sjutajews Gemeinde erwies sich als eine patriarchalische Bauernfamilie, die mehr durch des Oberhauptes persönlichen Einfluß als durch seine religiösen Predigten zusammengehalten worden war. Die Sjutajewsche Lebensweise mit den »gemeinsamen Schultertüchern« war lediglich ein Idyll, das ein beharrlicher Mann geschaffen hatte. Nur ein Sohn, Iwan, der an den Vater und an Tolstoi glaubte, unternahm den Versuch, auf dem Lande zu bleiben. Nachdem er zweieinhalb Jahre Haft im alten Gefängnisbau auf einer kleinen, kalten Insel an der Newaquelle durchgestanden, zweieinhalb Jahre aus dem Fenster der Kasematte die stille Festung Schlüsselburg mit ihren trüben Lichtern, die kalte, träge Newa oder Schneestürme auf dem kalten Eis betrachtet, fünf Monate Irrenhaus hinter sich gebracht und anderthalb Jahre dem ständigen Druck von oben, den Fahneneid zu leisten, widerstanden hatte, wurde er mit dem dörflichen Leben kaum noch fertig, reiste nach Petersburg und arbeitete als Gehilfe im Verlag Tschertkows, der Tolstois Bücher herausbrachte. Hier hielt er es jedoch nur ein Jahr aus und kehrte dann in sein Dorf zurück. Wie er dort weitergelebt hat, weiß ich nicht; aber er besaß einen Bauernhof.

Die Menschen, die, Sjutajews Rat folgend, aufs Dorf gezogen wären, hätten nichts anderes werden können als Knechte.

Sjutajews Traum war, im Dorf zumindest die Hühner gemeinsam zu halten, damit die Bäuerinnen die Hände frei bekämen und sich nicht mehr zankten, doch dachte er sich die Sache so: »Wenn es dann Herbst wird, geben wir den Eigentümern alles zurück: Die Hühner wären vollzählig da und die Küken und die Eier auch.«

Irgendwo in weiter Ferne schwebte auch die Idee vom gemeinschaftlichen Leben. Zugleich jedoch setzte Sjutajew auf den Zaren. W. W. Rachmanow schreibt dazu:

»Im Sommer 1888 kam Sjutajew auf den Gedanken, beim Zaren Alexander III. vorzusprechen und ihn zu bitten, er möge ›zum Wohle des Volkes anordnen, das Evangelium entsprechend der Auffassung Sjutajews auszudeuten‹. Mir ist bekannt, daß Sjutajew, in Petersburg angekommen, N. S. Leskow aufsuchte, der sich bemühte, ihm diesen Schritt auszureden. Sjutajew jedoch hörte nicht auf ihn und ging. Am Schloßportal wurde er arretiert und zwangsweise Richtung Heimat abgeschoben. ›Sie haben mich nicht vorgelassen‹, erzählte er. ›Hätten sie mich vorgelassen, sähe es jetzt anders aus!‹«

Wie wir sehen, beziehen sich diese Träumereien auf das Jahr 1888, aber die Hoffnungen auf den Zaren überlebten Sjutajew, und sogar Tolstoi schrieb aus Gaspra einen Brief an Nikolai II., worin er Seine Majestät zu überreden suchte, den Boden den Bauern zu geben.

In Lenins Schrift *Lew Tolstoi im Spiegel der russischen Revolution* heißt es, selbst während der Revolution von 1905 habe nur der kleinere Teil der Bauernschaft zumindest annähernd organisiert gekämpft, »und nur ein ganz geringer Teil hat sich mit der Waffe in der Hand erhoben, um seine Feinde niederzusäbeln, um den Zarenknechten und Verteidigern der Gutsbesitzer den Garaus zu machen. Der größere Teil der Bauernschaft jammerte und betete, räsonierte und träumte, schrieb Petitionen und entsandte ›Fürbitter‹ – ganz im Geiste Lew Nikolajewitsch Tolstois!«

Die Ehegatten

Es fällt schwer, sich vom Leben Tolstois in jener Zeit nach den düsteren, verkrampft exaltierten Aufzeichnungen Sofja Andrejewnas ein Bild zu machen; es wird ja behauptet: Wenn wir im Traum stets die gleichen Bilder sähen und wenn Träume einander kontinuierlich oder konsequent folgten, würden wir sie für Realität halten. Unglücklicherweise waren die Kollisionen zwischen Sofja Andrejewna und Lew Tolstoi nicht nur kontinuierlich, sondern auch logisch, denn sie entsprangen nicht den Charakteren der beiden, sondern ihrer Lebensweise. Sofja Andrejewna war im Hause gleichsam die Vertreterin der realen Welt und ihrer Anforderungen. In der ersten Zeit war sie nicht nachtragend. Man stritt sich. Sie erträumte sich den Tod und malte sich aus, wie man ihr Ableben bedauern würde. Dann ging sie in den Wald, suchte ein paar Stunden mit den Kindern Pilze und beruhigte sich völlig.

Aber es kommt zu einer neuen Kollision, und da könnte es uns fälschlicherweise scheinen, als hätte es außer diesen Dingen im Leben des Ehepaares nichts gegeben.

Sofja Andrejewna strebte nach Moskau, weil sie dort das gleiche Leben führen wollte wie andere Adelsfamilien in den Wintermonaten. Selbstverständlich nahm sie an, sie würde ganz eng an der Seite ihres Mannes leben. Aber ihr Mann litt, anstelle des pompösen Arbeitszimmers im Hause nahm er sich im Seitenflügel zwei kleine Kammern, wanderte zum anderen Ufer der Moskwa, sägte dort Holz, schlenderte durch Moskau, beteiligte sich an der Volkszählung und erzählte, heimgekehrt, von Dingen, die Sofja Andrejewna Sorge bereiteten. Sie war nicht hartherzig, sie erklärte sich durchaus bereit, armen Leuten zu helfen – mäßig allerdings und nur solchen, die in ihren Gesichtskreis gerieten.

Tolstoi jedoch erzählte nach seinen Besuchen in Nachtasylen und Armenvierteln, bewohnt von Leuten, die im Leben Mißerfolg gehabt hatten, daß diese Menschen sich vor der Volkszählung fürchteten und ebensowenig glaubten, nicht festgenommen und abgeschoben zu werden, wie Hasen Hunden nicht glauben würden, wenn diese behaupteten, heute hätten sie nicht die Absicht, sie zu jagen und zu töten, sondern nur zu zählen und aufzuschreiben.

Scheue, durchfrorene, kranke Asylinsassen mit undefinierbaren Lumpen auf dem Leib, hoffnungslos verschreckte Menschen, die sich nach einem wärmenden Schluck Heißgetränk und ein wenig Schlaf sehnten, zwangen zum Nachdenken über das gesamte Leben.

Tief betroffen war Sofja von Berichten über sechzehn-, vierzehn-, sogar zwölfjährige Dirnen. Von diesem Übel sprach man auf den Polizeirevieren nahezu heiter. Das Allerschlimmste jedoch war, daß die Frauen, die sich verkauften, genauso gelassen über ihre Lage sprachen wie Leute aus Sofja Andrejewnas Bekanntenkreis von ihrem Einkommen oder ihren Gütern.

Sie war bereit, sich zu entsetzen, jedoch nur für kurze Zeit. Ihr Entsetzen war mit Verachtung gepaart – sie nahm an, es handele sich um eine ganz andere Art von Menschen, die anders hungerten, anders froren, anders schliefen. Dadurch wurde sie zu einer Fremden für ihren Mann, der das Menschliche in jedem sah und sich daher mitverantwortlich dafür fühlte, daß Menschen unter so schauerlichen Bedingungen lebten.

Wir dürfen uns Sofja Andrejewna nicht als schlechten Menschen vorstellen; sie war Durchschnitt, begabt, energisch, fleißig. Aber sie verhielt sich zu anderen, wie andere es taten, sie akzeptierte die Welt ungeteilt, mit ihrer ganzen Grammatik und ihrem Vokabular und korrigierte nur, was sich ihr als Zufallsfehler darstellte.

Sjutajew fand ihr Wohlgefallen auch nur insofern, als er das Wohlgefallen anderer erregte. In ihrem Brief vom 30. Januar 1882 an die Schwester lesen wir (ich zitiere nach Birjukow):

»Gestern hatten wir einen formvollendeten Abend: Fürstin Golizyna und ihre Tochter mit Ehemann waren da, die Samarina nebst Tochter, Mansurow junior, die Chomjakowa, die Swerbejews usw. usf. Solche Abende sind äußerst langweilig. Hilfe wurde uns durch die Anwesenheit eines Bauern, des Raskolniks Sjutajew, von dem momentan ganz Moskau spricht und der überall vorgeführt wird; er predigt überall. Über ihn ist in *Russkaja Mysl* ein Artikel von Prugawin erschienen. Er ist in der Tat ein bemerkenswerter alter Mann. So fing er an, im Arbeitszimmer zu predigen; alles kam aus dem Salon herüber, und damit fand unsere Abendgesellschaft ihren Abschluß.«

Weiter wird berichtet, daß Repin zusammen mit Tochter Tatjana im Arbeitszimmer an einem Bildnis Sjutajews arbeite, und ringsumher sind die gesamte Hautevolee und die Nihilisten, und »wen nicht alles ich zu Gesicht bekomme«.

In der Aufzählung steht die Golizyna an erster Stelle, vermutlich, weil sie den Fürstentitel trägt: das alles wirkt nichtig. Urplötzlich stellt sich heraus, daß Sjutajew mehr ist als eine Sensation für die große Welt*, daß in den Abendstunden Gendarmen Interesse für Tolstois Haus bekunden, daß ein Kampf sich abzuzeichnen beginnt. Die Gattin wünscht vor allem, der Gatte möge sich aus diesem Kampf heraushalten.

Sie war von einer Sicherheitsmanie besessen.

Tolstoi wünschte nicht nur, den Menschen schlechthin zu helfen, er drang mit ihrem Schicksal in eine Welt ein, die nach Ansicht der Seinen ausschließlich ihnen selbst vorbehalten war, in die Welt der Reichen. Er schrieb nicht über persönliches Ungemach einzelner, das hätte sich noch ertragen lassen, nein, er sprach ständig von einem System zwischenmenschlicher Beziehungen, zog Vergleiche zwischen dem Leben der Prostituierten und dem, das ihn umgab.

* Porträts von ihm wurden am Kusnezki Most verkauft.

Er war gegen die Ordnung, die ihn umgab, obwohl er nicht fähig war, sie zu zerstören.

Einem Kranken gleich, der nicht weiß, wie er sich betten soll, um endlich einschlafen zu können, floh er aus Moskau nach Jasnaja Poljana und wieder zurück nach Moskau. Auf dem Lande fühlte er sich etwas wohler, dort aber erhielt er Briefe aus Moskau:

»Mein Kleiner kränkelt immerfort, er ist mir so lieb und tut mir so leid, Du und Sjutajew könnt es Euch erlauben, vor allem Eure *eigenen* Kinder nicht liebzuhaben, wir hingegen, die einfachen Sterblichen, bringen das nicht fertig, ja, vielleicht wünschen wir es auch gar nicht, uns zu verkrüppeln und unsere Unliebe *zu niemandem* mit einer Liebe *zur ganzen Welt* zu rechtfertigen.

Ich dachte, heute Post von Dir zu bekommen, doch Du hast Dir gestern nicht die Mühe gemacht, mir zu schreiben und mich Deinetwegen zu beruhigen. Übrigens, je unruhiger ich bin, um so besser. Um so schneller schmilzt meine Kerze dahin, die ich jetzt mit sehr starker Flamme brennen zu lassen gezwungen bin.«

Zur gleichen Zeit schrieb Tolstoi an seine Frau, um die Kollision zu erklären: »Das Hauptübel der Stadt ist für mich und für alle denkenden Menschen (worüber ich nicht schreibe), daß man ununterbrochen gezwungen ist, entweder zu disputieren, falsche Urteile zu widerlegen oder aber sich mit ihnen ohne Widerspruch einverstanden zu erklären, was noch schlimmer ist. Disputieren aber und Widerlegen von Lappalien und Lügen ist die allermüßigste Beschäftigung und nimmt kein Ende, weil Lügen in unendlicher Vielzahl da sein können und da sind.«

Vorher hatte Tolstoi geschrieben:

»Ich genieße mit Wonne die Stille. Bittsteller meide ich. Ich habe sehr große Lust, zu schreiben, was ich mir vorgenommen habe.

Hier im Hause wird geheizt, Tantchens Zimmer. Ich ziehe erst um, wenn die Luft ganz warm und leicht geworden ist. Bleibe so lange, wie mir danach ist und je nachdem, was Du schreibst . . .«

Das alte Haus war still und kalt. Im geheizten Zimmer tranken Maria Afanassjewna und Agafja Michailowna Tee und plauderten leise miteinander.

Tolstoi wartete auf die Versöhnung und dürstete danach.

Seinen Brief beantwortete Sofja Andrejewna auf ihre Art, gerührt und friedfertig:

»Wieso das Stadtleben zu *Disputen* zwingt – das begreife ich nicht. Wer hat schon Lust, zu predigen und Leute zu überzeugen? Es ist nichts als Unerfahrenheit und Dummheit, derlei zu tun, und man sollte es dem unerfahrenen und naiven Sjutajew überlassen.«

Das ist die Stimme eines Menschen, der es fertigbrachte, sich über nichts zu wundern.

Sofja Andrejewna hielt das normale Leben der Menschen ihres Kreises für ewig. Das Leben von Menschen außerhalb dieses Kreises betrachtete sie als etwas weit Entferntes und für sich ohne jeden Belang. Tolstois Gedankengänge hielt sie für zufällig und kauzig. Neunundzwanzig Jahre lang hatte sie, freilich ziemlich ungeduldig, darauf gewartet, daß ihr Lew Nikolajewitsch endlich so werden würde wie sie.

Lew Nikolajewitsch aber lebte in Moskau zwar nach wie vor an ihrer Seite, jedoch abgesondert von ihr. Er sah sein Moskau, ein ganz spezielles Moskau. Am 27. März 1884 schrieb Tolstoi an W. Tschertkow:

»Am selben Morgen erschien der Mann, der für mich abschreibt, ein gewisser Lieutenant Iwanow. Ein verlorener und – wundervoller Mensch. Er nächtigt im Asyl. Er kam in heller Aufregung. ›Bei uns ist etwas Schreckliches geschehen: In unserem Haus wohnte eine Wäscherin. Zweiundzwanzig Jahre alt. Sie konnte nicht arbeiten – Geld für die Schlafstelle hatte sie keins. Die Wirtin warf sie hinaus. Sie war krank und hatte sich schon lange nicht mehr sattgegessen. Sie ging nicht. Man holte den Bezirksgendarmen. Der führte sie hinaus. ‚Wo soll ich denn hingehen?' sagt sie. Er sagt: ‚Verrecke, wo du willst, ohne Geld kann keiner wo wohnen.' Und setzte sie auf die Kirchentreppe. Am Abend wußte sie nicht wohin und ging wieder zur Wirtin, schaffte es aber nicht mehr bis in die Wohnung, fiel im Torweg um und war tot.‹ Ich bin aus einem Privathaus hingegangen. Im Keller der Sarg, im Sarge eine fast unbekleidete Frau, ein Bein im Kniegelenk gebeugt, starr. Wachskerzen brennen. Ein Diakon spricht eine Art Totenmesse. Und ich bin aus reiner Neugier hingegangen. Ich schäme mich, das zu schreiben, schäme mich, zu leben. Daheim wurde eine Platte mit Stör – als fünfter Gang – für nicht frisch befunden. Spreche ich über diese Dinge zu den Menschen, die mir nahestehen, zeigen sie Unverständnis – wozu darüber reden, wenn man es nicht ändern kann.«

In seiner Schrift *Was sollen wir denn tun?*, die vielerlei Beispiele enthält, ist alles weniger kraß dargestellt. Offensichtlich hatte Tolstoi versucht, seinen Artikel durch die Zensur zu schleusen.

Er baute den Artikel auf der schmerzlichen Verwunderung eines Mannes angesichts des eigenen Lebens auf.

Tolstoi sah die unglückselige, hungernde, reiche, lasterhafte Stadt Moskau, die für zerstörte Menschenleben mit kleiner Münze zahlte. Nach dem hungernden Dorf lernte er eine hungernde Stadt kennen.

Das Leben aber ging weiter.

In der Bibel heißt es: Feinde eines Menschen sind jene, die in seinem Hause wohnen. Das ist nicht wahr. Der Mensch überträgt auf seine Hausgenossen seine Scheu, seine eigene Unentschlossenheit: sie sind seine Rechtfertigung und sein Untergang, sofern er das Leben nicht umgestaltet.

Der Fleiß oder der Triumph des Landmanns

1

Unglückliche Städter auf stabile Landwirtschaften aufzuteilen, also zu tun, was Sjutajew Tolstoi vorgeschlagen hatte, war ein Ding der Unmöglichkeit. Stabile Wirtschaften waren bereits zu Kulakenhöfen geworden, darüber hatte Engelgardt, der Sohn eines bekannten Publizisten, gesellschaftlichen Funktionärs und Kenners dörflicher Belange, bereits ausführlich an Tolstoi geschrieben.

Michail Alexandrowitsch Engelgardt (1861–1915) war wegen seiner Beteiligung an Studentenunruhen aufs Land verbannt worden; dort sah er, was sich tatsächlich abspielte, und sprach aus, was er sah, und nicht das, was ihm von dritter Seite souffliert wurde.

Er sah den Zerfall der Dorfgemeinden.

»Gegenwärtig ist die Situation bekanntlich die: Die Masse der Bauernschaft ist den schwersten ökonomischen Bedingungen ausgesetzt – Land besitzen sie wenig, die Steuern sind hoch, dicht daneben liegen unermeßliche Bodenflächen brach. Die ständige Bettelarmut, der ewige Zwang, um jeden Bissen Brot zu kämpfen, lassen dem Bauern keine Zeit, sich zu besinnen, um sich zu schauen, sich selbst die Frage nach dem Sinn des Lebens zu stellen. So verhärtet sich sein Gemüt bis zur Grausamkeit: was bedeuten ihm andere, wenn er nur selbst am Leben bleibt! Es entwickeln sich egoistische Neigungen, während vor seiner Nase unaufgebrochene Ackerflächen liegen, ein leckerer Bissen; jeder denkt: Glückt es mir, ein Stück Land zu pachten oder zu kaufen, bin ich ein Herr. Und wirklich, den geschicktesten, gescheitesten, begabtesten Individuen gelingt es, Land zu erschnappen und sich die restliche Masse der Bauern als Knechte untertan zu machen. So kommt es, daß Leute, die beileibe nicht vom Schlag Kolupajews sind, Leute sozusagen mit göttlichem Funken, sich als Ausbeuter aus der Dorfgemeinschaft aussondern, und die Bauerngemeinden zerfallen. Unser Bauer hat sich noch nicht zum bewußten Bourgeois gewandelt, zu einem Menschen, der auf dem Eigentumsprinzip wie auf einem Steinfundament klebt und den man mit keiner Stange davon lösen kann; denoch betrachtet er die Dorfgemeinschaft nicht als einzig gerechte und vernünftige Ordnung, sonst wäre er längst zur gemeinschaftlichen Bodenbearbeitung übergegangen. Er sieht in der Knechtswirtschaft nichts Übles: ›Schufte dich krumm wie ich, dann wirst du ein reicher Mann; ich habe mein Hab und Gut durch meiner eigenen Hände Arbeit erworben, nicht durch Diebstahl, nicht durch Raub . . .‹«

Engelgardt nahm an, der Zerfall der alten Bauerngemeinde sei durch Propaganda zu verhindern, und dazu müsse man das Sektierertum einsetzen. Darum schrieb er an Tolstoi, den er für den rechten Mann hielt, das Sektierertum neu auszulegen.

Engelgardts Brief ist reine Utopie.

Mit Hilfe des Sektierertums konnte man das Dorf nicht verändern, weil es ja selbst durch den Zerfall der Dorfgemeinschaft erzeugt wurde und dabei archaisch war.

Stark berührt uns in Tolstois Antwort an Engelgardt die Einsamkeit, unter der er zu jener Zeit litt. Er spricht zu dem Fremden wie zu einem nahen Bekannten. Folglich wußte er in seinem Hause niemanden, mit dem er hätte sprechen können.

Diese Einsamkeit mag später das außergewöhnliche Verhältnis zu Tschertkow bewirkt haben; denn Tschertkow verstand sich aufs Zuhören und aufs Antworten im gleichen Tonfall und wurde zu Tolstois engstem Freund.

Engelgardts Brief hat, um einen Ausdruck Tolstois zu gebrauchen, dessen Herz »entfrostet«. Seine Antwort datiert von Ende 1882 oder Anfang 1883 und beginnt tragisch:

»Sie werden es kaum glauben, jedoch können Sie es sich überhaupt nicht vorstellen, in welchem Maße ich einsam bin, in welchem Grade das, was mein eigentliches ›Ich‹ ausmacht, von allen, die mich umgeben, verachtet wird.«

Der Brief ist im Drucktext der Jubiläumsausgabe zwölf Seiten lang. Und voll gelassener und trauervoller Feststellungen, nicht Klagen.

Tolstoi schreibt vom Alkohol, der seinen achtzehnjährigen Sohn, vermutlich Ilja, ins Laster gezogen habe. Er schreibt und tröstet sich dabei mit Texten aus dem Evangelium. Hinter den vielen Worten verbergen sich reales Leid und die Ratlosigkeit angesichts der Frage, wie das Leben verändert werden könnte.

Tolstoi setzt anstelle von Explosionen, Schüssen und Druckereien den Glauben an Christus, die Lossagung vom Eid, vom Militärdienst.

Er möchte daran glauben. Christentum ist für ihn gleichbedeutend mit fünf der zehn Gebote.

Diese fünf Gebote hatten schon damals, als sie zu den zehn in Stein gemeißelten Geboten Mose zählten, nichts zu ändern vermocht. Tolstoi reduzierte sie.

Fünfmal »Du sollst nicht«. Aber was sollte man?

»Du sollst« bezieht sich offensichtlich auf Haus, Dorf, Acker, Arbeit und eine Gleichheit, die darin besteht, daß alle die gleiche Arbeit verrichten. Wasser tragen, Stuben aufräumen und pflügen. Daher wurde für Tolstoi ein Manuskript von T. M. Bondarjow zur Offenbarung. Er erfuhr davon durch einen Artikel von Gleb Uspenski, der 1884 in Nr. 11 der Zeitschrift *Russkaja Mysl* unter dem Titel *Mit eigener Hände Arbeit* eine Auslegung der Lehre Bondarjows veröffentlichte. Von solchen Hoffnungen und deren Aufgabe soll nunmehr die Rede sein.

2

In Gleb Uspenskis Artikel ist die Rede von einem sibirischen Bauern, der die Ansicht vertritt, kornerzeugende Schwielenarbeit sei die Grundlage des Lebens. Tolstoi begann nach dem Namen des Bauern zu forschen und erfuhr, daß es sich um einen Timofej Michailowitsch Bondarjow aus der Minussinsker Gegend handelte. Tolstoi suchte und fand dessen Manuskript und nahm mit dem fernen Gesinnungsgenossen briefliche Verbindung auf. Mitte Juli 1885 schrieb er:

»Kürzlich hat man mir Ihr Manuskript zugestellt, eine gekürzte Auslegung Ihrer Lehre. Ich hatte früher Auszüge daraus gelesen, und diese beeindruckten mich dadurch tief, daß alles wahr ist und gut ausgedrückt; nach dem Lesen des Manuskriptes jedoch war meine Freude noch größer. Was Sie aussprechen, ist heilige Wahrheit, und was Sie geäußert haben, wird nicht als Schall und Rauch vergehen; es wird das Unrecht der Menschen entlarven.«

Im ganzen schrieb Tolstoi neun Briefe an Bondarjow, der neunte traf den Adressaten nicht mehr unter den Lebenden.

Tolstoi beabsichtigte, Bondarjows Manuskript zu publizieren, doch machte die Zensur ihm einen Strich durch die Rechnung. Erfolglos blieb der Versuch, es im *Russkoje Bogatstwo* unterzubringen, auch in der *Russkaja Starina* gelang es nicht, die Zeitschrift *Russkoje Delo* druckte es 1888 (Nr. 12 und 13), doch wurde die Auflage konfisziert.

Schließlich erschien die Schrift im Ausland, auf französisch, 1890 in Paris, englisch 1896.

Tolstois Vorwort zu Bondarjows Manuskript erschien (zensurgerecht abgefaßt) im Band XIII der Tolstoi-Gesamtausgabe (Moskau 1890).

Bondarjow selbst hatte vorher seine Arbeit in verschiedenen Richtungen an verschiedene Obrigkeitsadressen versandt.

Ihr Inhalt sei kurz wiedergegeben: Die gesamte Menschheit soll den Boden beackern, wenn alle das täten, ein jeder wenigstens vierzig Tage im Jahr, würde jeder Not ein Riegel vorgeschoben, weil jeder Müßiggang aufhören würde.

Bondarjow meinte, alle müßten den Boden bearbeiten, aber jeder für sich. Er begriff nicht, warum sein Rat nicht angenommen wurde. Und so wandte er sich um Hilfe an den Zaren und dessen Diener.

1883 sandte er sein Manuskript an den Innenminister; in dem beigefügten Gesuch hieß es:

»... Ich habe bis zu 250 Fragen erfunden und niedergeschrieben unter dem Titel *Der Triumph des Landmanns.* Das ist eine dermaßen starke und nutzbringende Heilkur, daß, brächte man sie jedem Menschen zur Kenntnis, alle sich innerhalb von höchstens vier Jahren, ohne Schwieriges auf sich zu nehmen und ohne alle Kräfte anzuspannen, von der schweren Not und von unerträglicher Armseligkeit befreiten würden; der Tor würde zum Klugen, der Faule zum Fleißigen, der Trunkenbold zum Enthaltsamen, der Arme zum Reichen, der Obdachlose zum festverwurzelten Hausherrn, der Übeltäter zum ehrlichen Menschen, und es würde über sie wie auch über ihren Tisch der Ostersonntag kommen, und ohne jegliches Hemmnis oder Starrheit würde das gesamte Weltall zu einem einzigen Gottesglauben verschmelzen.«

Bondarjows Gedankengänge waren außerordentlich archaisch, und sie wurden aus einer Quelle gespeist, die von der Kirche als »Altes Testament« bezeichnet wird. Archaisch war auch das Verbreitungsverfahren, das Versenden des Manuskriptes an Regierungsstellen. Auch an den Zaren wurde ein Manuskript gesandt, mit der Bitte, den Aufsatz unter dem Titel *Arbeitsamkeit und Müßiggang* drucken zu lassen. Die Zeit verging: Bondarjow wurde benachrichtigt, daß »eine geneigte Zustimmung nicht erfolgt sei, auf Grund mangelnder Begründung seines Ansuchens«.

Tolstoi suchte Bondarjow zu überzeugen, daß das Versenden des Manuskriptes an hochgestellte Persönlichkeiten der Sache nicht dienlich sei: »Ob der Minister Ihr Manuskript erhalten hat, konnte ich nicht in Erfahrung bringen, es wäre aber auch zwecklos, das zu versuchen, denn aller Wahrscheinlichkeit nach hat er es nicht einmal gelesen, sondern irgendwohin in seine Kanzlei geworfen; und hätte er es gelesen, hätte er nur darüber gelacht.«

Er versuchte, Bondarjow zu erläutern, was ihm zuweilen selbst unverständlich wurde: daß gesetzlich vorgeschriebene Arbeitsamkeit für Müßiggänger nichts bringt. Weiter heißt es in dem Brief:

»Ich frage mich: Wie konnte es geschehen, daß die Menschen ein solches Urgesetz vor sich und anderen geheimhalten?

Wie haben sie es fertiggebracht, sich seiner Erfüllung zu entziehen? und ich antworte darauf: Einige Menschen haben Macht über andere bekommen (Saulus' Wahl zum König), einige von ihnen bewaffnet und sich untertan gemacht. Und diese Leute – Obrigkeit, Soldaten – sind die ersten Verletzer dieses Urgesetzes. Sie rissen alles Brot und später alles Geld an sich, und so brauchten sie für ihren Broterwerb nicht zu arbeiten.«

Tolstoi war sich im klaren: Über das Innenministerium oder gar über den Zaren war nichts auszurichten, und man brauchte es gar nicht erst zu versuchen. Doch seine eigenen Illusionen hatten große Ähnlichkeit mit den Träumen Bondarjows.

Beide Männer quälten sich im Kreis der gleichen Probleme. Bondarjow meinte, die Menschen begriffen einfach nicht, wie sie leben sollten. Man brauche ihnen die Dinge nur ordentlich zu erklären und sie zu überzeugen, damit sie ihr Leben änderten.

Aber Tolstoi selbst hat sein Leben lang Menschen ins Gewissen geredet und Dinge erläutert und gemeint, die Welt würde durch Meinungen gelenkt. Sie könne man ändern, wodurch die Welt verbessert werden würde.

Am 4. Mai 1886 schrieb er an seine Frau von Hungersnot und von Bauernkindern, die ohne einen Bissen Brot zu Bett gingen. »Mit Saatgut, mit Brot denen auszuhelfen, die darum bitten, ist möglich, doch das ist keine Hilfe, es ist ein Tropfen auf den heißen Stein, außerdem verbietet sich solche Hilfe von selbst.«

Womit also helfen?

»Nur mit einem: einem guten Leben. Das ganze Übel kommt nicht daher, daß die Reichen die Armen ausgeplündert haben. Das ist nur ein kleiner Teil der Ursache. Die Ursache ist, daß Reiche, weniger Wohlhabende und Arme wie Tiere leben, jeder für sich, jeder für seine Interessen, jeder den anderen tretend. Daher kommen Leid und Armut.«

Über Bondarjow schrieb Tolstoi an alle seine Freunde. Nachdem er von der Redaktion der *Russkaja Mysl* Bondarjows Manuskripte erhalten hatte, suchte er W. S. Lebedew zu überzeugen, das gesamte Geistesleben Rußlands habe »mit seinen Universitäten, Akademien, Büchern und Zeitschriften nichts Entsprechendes an Bedeutsamkeit, Kraft und Klarheit hervorgebracht wie das, was die beiden Bauern,

Sjutajew und Bondarjow, äußerten. Es handelt sich dabei weder um einen Spaß noch um ein reizvolles Stück bäuerlicher Literatur, es ist ein Ereignis nicht nur im Leben des russischen Volkes, sondern in dem der gesamten Menschheit«.

Semjon Afanassjewitsch Wengerow erbat von Tolstoi eine Notiz über Bondarjow. Der Schriftsteller gewährte ihm die Bitte und schrieb: ». . . Bondarjows Aufsatz . . . wird sämtliche Schriften, die in diesem Lexikon beschrieben sind, überleben und stärkeren Einfluß auf die Menschen ausüben als alle diese Schriften zusammengenommen.«

Weiter schrieb er: ». . . Kein Mensch tut, was Bondarjow leistet, indem er die broterzeugende Arbeit als religiöses Grundgesetz des Lebens anerkennt. Und er tut das . . ., weil er ein genialer Mensch ist.«

3

Bondarjow berichtet über sich selbst:

»Ich bin im Gebiet Nowotscherkassk des Gutsherrn Tschornosubow leibeigener Sklave gewesen, auf dem Buckel welchselben der Gutsherr gesessen und geritten und die Trense in meinen Mund geklemmt, und getrunken habe ich den Becher der Not, des Kummers, Leides und Seufzens bis zur Neige . . . wofür er mich der Zauberei und Hexerei beschuldigt und mich im selben Jahre zu den Soldaten fortgegeben im 37. Jahre meines Lebens, und bin ich ausgemergelt durch Kargkost, Arbeit täglich und nächtlich, ein allzu bejahrter Mann schon sogar nach damalig Nikolaischen Gesetzen für die 25 Dienstjahre; vier kleine Kinder, das fünfte unter dem Gürtel verblieben mit der Mutter, selbfünft bei äußerst Armut in desselben Herrn tigerisch Krallen. Und war Fürsprach und Schutz von keiner Seite und von nirgendsher. Doch auch Gott, wie man siehet, hatte sich zu jenen Zeiten hinter einer Wolke verborgen, daß nicht erreichte ihn unser Gebet.«

In dem Bauern Bondarjow vereint sich Archaisches mit für uns Unbegreiflichem. 1906 edierte der Posrednik-Verlag sein Buch *Der Triumph des Landmanns oder Arbeitsamkeit und Müßiggang.*

Bondarjows Manuskripte sind erfüllt vom Stolz des arbeitenden Menschen, des Landmanns.

»Als Arbeitsmann bin ich so: wenn mit der Sense gutes Getreide gemäht wird, solches, daß zwei gute Arbeitsleute kaum nachkommen mit dem Garbenbinden für einen Mäher, komme ich, ungeachtet meiner 65 Jahre, ganz allein nach und arbeite dabei sauber, und meine Garben sind fest . . .

Aus allem von mir Gesagten wird sichtbar, wie bei euch in der vornehmen Klasse der höchste Rang der des Generals ist, so ist es bei unsereins der des verdienten Landmanns.

. . . Nun hast du, Leser, gesehen, wer ich bin. Habe ich nicht das Recht, zu sprechen und zu schreiben über Arbeitsamkeit und Müßiggang? Ein unbestrittenes Recht dazu habe ich, darum eben spreche ich.«

Bondarjow war ein religiöser Sektierer, der einerseits am Buchstaben der Bibel festhielt, andererseits die Bibel frei ausdeutete. Beim Militär war er der Sekte der Sabbatarier beigetreten, die jüdische Bräuche pflegten, und hatte sich David Abrahamssohn genannt, war dann in den Kreis Minussinsk, ins Dorf Judino, geraten, wohin Sabbatarier verbannt wurden. Dort las er in der Bibel erneut das Buch der Richter, die Geschichte von einem Volk, das ohne Herrscher lebte, von einer Zeit, da jedermann pflügte und das Land bebaute. Die Legende vom patriarchalischen Leben schien dem verbannten Bauern eine Kunde aus einem Paradies der Schwielenarbeit zu sein, und er begann mit seinen Versuchen, ein solches Paradies neu aufzubauen, das vor dreitausend Jahren existiert haben mag, was aber sehr verschwommen aufgezeichnet ist.

Die Bibel wurde von Bondarjow umgedeutet; für ihn war der heiligste Mann in der Bibel Kain als erstgeborener Mensch, denn Adam und Eva waren ja nicht geboren, sondern erschaffen. Kain setzte als erster seinen Fuß auf den Acker, er war ein Ackersmann, wie es im 4. Kapitel der Genesis heißt. Sein Geschlecht erfand unter anderem die Kunst des Schmiedens. Bondarjow schrieb an Dušan Makovicky:

». . . Der erstgeborene Kain ist der Heiligste aller Heiligen und der Gerechteste aller Gerechten. Ich meine das nicht sinnbildlich, sondern wörtlich, wenn ich sage, daß Gott Kain von seiner Schuld freigesprochen hat.«

Im Dorf Judino baute sich Bondarjow eine gute Landwirtschaft auf, die er später aufgab; er lebte auf seinem eigenen Bauernhof in einer kleinen Kate, gleichsam als Vertriebener. Die verbannten Bauern ringsum wurden reich und verstanden ihren bäuerlichen Propheten nicht mehr, der rebellische Dinge aussprach.

»Oh, mit welch schrecklichen Missetaten und mit welch Barbareien ist doch voll die schöne Welt! Über ganz Rußland haben sie die ganzen fruchtbaren, an Gewässern gelegenen Böden, Wiesen, Wälder, fischreichen Flüsse und Seen, all das . . . den Menschen geraubt und . . . für ewige Zeit fortgegeben. Und die Menschen wurden dem Hunger- und Kältetod geopfert.«

Einsam, mißachtet, lebte Bondarjow unter seinen Dorfgenossen; er hockte am niedrigen Tisch auf niedriger Bank; zuerst schrieb er auf Papierfetzen über die Schwielenarbeit, schrieb allüberall, auf dem Feld, unterwegs, daheim; dann begann er, weil er nicht daran glaubte, daß geschriebene Worte ihre Leser erreichen, die Worte in Stein zu meißeln: er besorgte sich große Platten überaus harten Kalksteins und meißelte lange Jahre mahnende Worte, gerichtet an die Nachkommen, ein.

Er erzählte den Menschen, die nach langen Jahrzehnten zu seinem Grabe kommen würden, von seiner Einsamkeit, nannte sein Leben »ein an Leid überreiches und des großen Beweinens würdiges«. Außerdem war in die Steine gemeißelt:

»So schrieb ich an die alleroberste Regierung bei meinen Lebzeiten: Wie wohl erkennst du mich, o Regierung, mich, Bondarjow... Ich aber erkenne mich... als treuen Sachwalter ohne jegliches Falsch für die Seligkeit der ganzen Welt ohne Unterschied von Rang, Glauben und Herkunft, d. h., ich suche nach der Möglichkeit, womit und wie sie sich befreien können von schwerster Not, und ist dies ein Tun von größter Wichtigkeit, nicht augenblicks, nicht sofort, nicht jedwedem ist gegeben, es zu schaffen, womit er befreit würde von diesem Laster... Alle großen Denker aller Jahrhunderte konnten bei all ihrem Bemühen nicht solch Möglichkeit erzwingen. Was kannst du ihm tun, wie erlösest du ihn von schwerster Bettelnot? Gib ihm einen Rubel und zwei, hundert und tausend Rubel, und er wird sie in kurzer Zeit ausgeben, wird der Bettelmann, der er war, bleiben. Ist er etwa ein Trunkenbold? Nein, ein Enthaltsamer ist er, doch gibt es keine Maßnahme, ihn zu erlösen von genanntem Übel, als da ist die Bettelnot. Ja, wozu denn lebe ich, Sachwalter, der sie von der Armut erlöset, und wozu denn lebt ihr, die ihr Regierende seid und die Menschen lenket zu allen Segnungen der irdischen Welt? Ja, bist du, alleroberste Regierung, denn nur fähig, gesunde Schafe zu hüten, als da sind Gutsbesitzer und solche nach deren Bilde, schwache Schafe aber dem Fraße blutgieriger Tiere zu überantworten?«

Bondarjow glaubte, daß der Mensch der Zukunft, der noch tief in Armut steckte, »nicht doppelte, nicht dreifache, nein, zehnfache Arbeitslust empfinden wird... und all das arbeitsame Tun wird ihm mühelos erscheinen, Müdigkeit wird solch ein Mensch nicht verspüren...«.

Weiter meißelte er in seine Steine, er habe zweiundzwanzig Jahre lang um Gehör gebeten und liege nunmehr im Sarge wie reifer Weizen, der zur rechten Zeit gemäht und nicht für eine neue Aussaat geeignet sei.

Seine Ausdrucksweise ist zuweilen verschleiert. Er war ein kraftvoller Utopist, aber seine Utopie wurzelte ganz und gar in der Vergangenheit. Umsonst meißelte er in seinen Grabstein die Worte an seine künftigen Leser:

»... Ich werde nicht zu Euch kommen, Ihr aber werdet alle zu mir kommen.«

In der Dolgo-Chamownitscheski-Gasse

Lew Tolstoi war es nicht gegeben, in kleinen Dingen selbständig zu handeln. Sofja Andrejewna hatte gute Gründe, ihm zu schreiben, er sei selbst schuld: »Warum hast du mir so viel Freiheit gelassen?«

Zuweilen wünschte er, jemand möge an seiner Stelle Entscheidungen fällen und die Verantwortung auf sich nehmen. Doch über Allgemeingültiges, Einheitliches, über Lebensprinzipien entschied er selbst.

Eine Tagebuchaufzeichnung vom Dezember 1882 lautet:

»Wieder in Moskau. Wieder entsetzliche Seelenqualen durchlitten. Mehr als einen Monat. Aber nicht fruchtlos.«

Die Aufzeichnung ist ziemlich lang, ich zitiere ein paar Abschnitte:

»Betrachtet man die Früchte des Guten, hört man auf, es zu tun, mehr noch – indem man es betrachtet, verdirbt man es, wird eingebildet darauf und mutlos. – Erst dann wird, was man getan hat, zu etwas wahrhaft Gutem, wenn man nicht mehr da ist, um es zu verderben. Bereite es aber weiter vor. Säe nur, säe, im Wissen, daß nicht du, *Mensch,* ernten wirst. Der eine sät, der andere erntet. Du, Mensch, du, Lew Nikolajewitsch, wirst nicht ernten. Wenn du anfängst, nicht nur zu ernten, sondern auch zu jäten, verdirbst du den Weizen.«

Mit dem Jäten der Saat ist wahrscheinlich gemeint, alles zu Ende zu bringen, von sich selbst zu verlangen, nicht nur auf Dinge hinzuweisen, sondern auch deren Ausführung zu erreichen.

Tolstoi suchte in Moskau das dörfliche Gehöft, und das bedeutete bereits Nachgeben, denn es war gleichbedeutend mit dem Aufrechterhalten der Lebensweise.

Er suchte das Dorf in der Stadt.

M. N. Sagoskin schrieb in seinen Skizzen *Moskau und die Moskauer:*

»Sie werden in Moskau die getreuesten Muster unserer simplen dörflichen Lebensweise finden, Sie werden ganze Gehöfte dörflicher Gutsbesitzer aufstöbern, mit Viehkoppeln, Obstgärten, Gemüsegärten und anderen Attributen der Landwirtschaft. Ein Freund von mir, P. N. F-w., bewohnte auf Grund eines Mietvertrages das Haus eines Herrn K. in der Basmannaja-Straße. Ich selbst habe den Vertrag gelesen. Unter anderem heißt es dort, dem Mieter würde das uneingeschränkte Nutzungsrecht über das gesamte Gartengrundstück beim Hause eingeräumt, *Heumahd* und *Fischfang* ausgenommen.«

Die Skizzen stammen aus den vierziger Jahren, das von Tolstoi 1882 erworbene Haus mit dem alten Garten jedoch war 1808, schon vor dem Brand von Moskau, erbaut worden, es gehört somit ins Moskau der Vorbrandzeit, der Zeit vor Gribojedow.

Tolstoi selbst entdeckte im April ein Gehöft in der Dolgo-Chamownitscheski-Gasse, Nummer 15, das einem I. A. Arnaútow gehörte. Im Juli wurde der Kaufbrief unterzeichnet. Die Gasse liegt unweit des Nowodewitschi-Klosters. Tolstoi fand Gefallen an der einsamen Lage des Hauses und an dem verwahrlosten, fast zwei Hektar großen Garten.

Im Garten standen Linden, Ulmen, Ahorn, Birken, weißer und lila Flieder. Es war dort still, friedlich, die Bäume rauschten so gar nicht wie in der Stadt. Es war – und das stellte jeder fest, der Tolstoi damals besuchte – wie in einem Vorortgutshof; Gutsbesitzer lebten in Moskau wie auf ihren Landsitzen, sie schleppten ihr Anwesen mit wie die Schnecke ihr Haus.

Das Haus war klein für die große Familie. Acht Kinder, die älteren, Sergej, Tatjana, Ilja und Lew, die jüngeren – Maria, Andrej, Michail und Alexej, und dazu noch all die Dienstboten und Hauslehrer!

Man beschloß, das Haus auszubauen. Gutsbesitzer hatten viel übrig fürs Bauen und Anbauen, für Überlegungen, wie ein Bodengeschoß unter Dach anzubringen war, ohne das Dach zu beschädigen; sie scheuten sich nicht, die Symmetrie zugunsten eines komfortablen Lebens zu stören.

Das Parterre blieb unverändert, im ersten Stock wurden drei hohe Räume mit Parkettböden eingebaut, zu denen eine Paradetreppe hinführte. Für sich wählte Tolstoi unveränderte niedrige Räume im alten Bau. Hinein gelangte man aus dem Salon, drei Stufen führten hinunter wie in einen Keller. Ein Haus der Inspiration, des Schaffens und der Kompromisse entstand.

Tolstoi betrat das Haus in der Dolgo-Chamownitscheski-Gasse als kräftiger Vierundfünfzigjähriger.

Zum letztenmal suchte er das Haus im September 1909 auf.

Lange Zeit lebte er hier; er schrieb hier *Über die Volkszählung in Moskau* (1882), *Was sollen wir denn tun?* (1882–1886), *Der Tod des Iwan Iljitsch* (1882–1886), *Die Macht der Finsternis* (1886), *Früchte der Bildung* (1886–1890), *Die Kreutzersonate* (1887–1889), *Volkserzählungen* (1882–1887), *Auferstehung* (1889–1899), *Herr und Knecht* (1894–1895), *Was ist Kunst?* (1897), *Der lebende Leichnam* (1900) und *Hadschi Murat* (1896–1904). Man muß jedoch sagen: Den eigentlichen Kern seines letzten großen Erzählwerkes schrieb er in Gaspra zwischen zwei schweren Erkrankungen.

Um das Gesicht des Mannes zu rekonstruieren, der das Haus einrichtete, möchte ich ein verbales Porträt von I. J. Repin anführen, der mit Tolstoi in diesem Hause im April 1884 Bekanntschaft schloß: »Mutwillig mit einer Axt zurechtgeschlagen, ist es dermaßen reizvoll modelliert, daß einem, hat man es einmal gesehen mit seinen groben, simplen Zügen, sämtliche anderen Gesichter langweilig vorkommen.«

Weiter analysiert Repin Tolstois Gesicht fachgerecht als Porträtmaler, er erwähnt die Brauenbögen, die großen, tiefsitzenden Ohren, den breiten, kühn gezeichneten Mund mit den energischen Mundwinkeln, die unter einem Löwenschnauz versteckt sind. Die Mundlinie fest und schön geschlossen.

»Äußerlich hat er die Manieren eines Militärs, eines *Artilleristen* sogar. Der Körperbau: Knochen als Fortsetzungen der Gelenkköpfe mit sichtbaren Sehnenansätzen; die trotz der langen Fingerglieder großen Arbeitshände waren *›motorisch‹*, mit außergewöhnlich markanten Gelenken, ein bäuerliches Merkmal: bei Aristokraten sind die Finger *dünner* als die Phalangen . . . Die Haut terrakottafarben. Ihr fehlten sämtliche Merkmale des Aristokratismus: Transparenz, Weißtöne, bläuliches Geäder.«

Das Moskauer Haus war für Tolstoi eine Last, dennoch wohnte und arbeitete er lange darin und wurde hier alt.

Mit Unterbrechungen durch Reisen nach Jasnaja Poljana verbrachte er hier achtzehn bittere, arbeitsreiche Jahre.

Um- und Anbau setzten ohne Schwierigkeiten ein. Tolstoi dispensierte die Gattin und kümmerte sich persönlich um alles. Sie schrieb in ihren Briefen von Luftklappen und Öfen, erinnerte daran, daß die Geländerpfeiler dichter eingefügt werden müßten, damit kein Kind hindurchfallen könne, sie schrieb, wann die Dielen gestrichen werden müßten, damit man nicht in den Herbst geriet. Tolstois Hausgenossen waren der Sohn Ilja und der gealterte Konstantin Alexandrowitsch Islawin. Einst war dieser Mann Tolstois Mentor gewesen, ihm als Musterbeispiel der Eleganz erschienen; er war ein ausgezeichneter Musikkenner, ein großer Liebhaber des Zigeunergesanges; später war er mit Tolstoi verwandt geworden, als Bruder ihrer Mutter war er Sofja Andrejewnas Onkel. Jetzt war er ein Pechvogel, verarmt, ein Müßiggänger. Nicht einmal einen gültigen Ausweis besaß er.

Er war ein »unehelich Geborener«, als zum Kaufmannsstande gehörig eingetragen, den Ausweis hätte ihm die kaufmännische Verwaltung ausstellen müssen, was er aber als ehrenrührig betrachtete. Lange Zeit hatte er sich als Aufenthaltsgenehmigung einer Bescheinigung bedient, die ihm durch Beziehungen vom Adelsmarschall des Kreises Jepifan, W. D. Obolenski, ausgestellt worden war; nun setzte sich Tolstoi für ein gleiches Dokument vom Vorsitzenden der Kreisverwaltung von Krapiwna, A. N. Bibikow, ein. Eigentlich hätte es doch ganz gleichgültig sein müssen, auf Grund welchen Papieres ein alter unbehauster Mann, der niemandem zur Last fiel, existierte.

Kostenka spielte Klavier, erzählte allerlei Histörchen aus der Hautevolee, gab gute Ratschläge, erläuterte dem Sohn Ilja, daß das gelbe Parkett mit den schwarzen Streifen, das im Salon gelegt wurde, »das allerschickste« sei. Man lebte ohne Hausfrau, ohne Köchin; das Mobiliar stand in einem Raum aufeinandergetürmt, man kochte Fleisch und Grütze, führte ein ungebundenes Robinsonleben. Sofja Andrejewnas Briefe atmeten Neid auf das unbeschwerte Männerdasein, sie schrieb mancherlei Ermahnungen und war eifersüchtig auf das gute Einvernehmen zwischen Gatten und Onkel.

Außer Kostenka wohnte hier noch ein Mensch, der eine Lebenshavarie hinter sich hatte, der Leutnant a. D. Alexander Petrowitsch Iwanow. Durch Suff heruntergekommen, lebte er ständig in Nachtasylen. Er besaß eine gute Handschrift. In den Asylen hauste eine ganze Menge Abschreiber; die gute Handschrift war die letzte Habe eines intelligenten Menschen. An der Handschrift erkennt zum Beispiel die Frau eines Lords ihren verschollenen Gatten in dem schönen alten Dickens-Roman *Bleak House.* Dann sucht sie das Grab des Gatten und entdeckt einen verwilderten Bengel, den letzten Freund ihres Mannes, der mit einem Besenstiel durch die Umfriedung auf das gesuchte Grab zeigt. Aus dem Grab läuft eine Ratte heraus.

Nach Alexander Petrowitsch suchte niemand, und er lebte noch lange, aber Tolstoi hing an ihm ebenso wie an Kostenka und an seinem Kutscher Larion. Alexander Petrowitsch spielte bei ihm die Rolle des Danteschen Vergil, eines Führers ohne Lorbeerkranz, ohne jahrhundertealten Ruhm durch das Inferno von Moskau, der ihm keinerlei Vorwürfe machte, sondern lediglich die Frage stellte: »Was soll man denn tun?«

Das von Dante beschriebene mittelalterliche Inferno galt als Schöpfung des Satans. Das von Tolstoi besichtigte Moskauer Inferno war offensichtlich eine Schöpfung der Menschen, der gleichen, die in den Paraderäumen seines Hauses als Gäste weilten.

Dort ließ sich Alexander Petrowitsch nicht blicken. Häufig hielt sich der heruntergekommene Mann, der sich vor nichts und niemandem fürchtete, in den Räumen des Hausherrn auf.

Als Privaträume reservierte sich Tolstoi zwei Zimmer, ein Arbeitszimmer und ein Kabinett. Im Arbeitszimmer standen ein mit Ölfarbe gestrichener Waschtisch aus Blech und ein Eimer, die übliche ärmliche Waschgelegenheit jener Zeit. Im selben Raum schusterte der Hausherr, hier gab es einen Eisenständer, Hammer, Raspel und Schusterpinnen. Neben dem Tisch am Fenster stand ein Armsessel aus Buchenholz, auf dem ungestrichenen Arbeitstisch ein Zinnlämpchen. Gleich daneben ein kleiner Petroleumofen mit einem Abzugsrohr, das aus dem Fenster ragte; hier kochte sich Tolstoi seine Haferflocken und wärmte sein Schusterpech.

Das Kabinett ist ein Eckzimmer, ziemlich geräumig, etwa zwanzig Quadratmeter. Darin ein Tisch aus Nußholz, nach der damaligen Mode mit einem niedrigen, kleinen Geländer versehen, damit die Bücher beim Weglegen und die unzähligen Manuskriptseiten und Abschriften beim Beiseiteschieben nicht hinabfielen. Auf dem Tisch eine traditionelle Schreibgarnitur, unbenutzt, denn Tolstoi tauchte seine Schreibfeder unmittelbar ins Tintenfläschchen. Hier standen außerdem zwei Sessel, zwei Stühle und eine Polsterbank mit Lehne, alles mit dunkelgrünem Wachstuch, einer Lederimitation, bezogen.

Die Stubendecken sind niedrig, zweidreiviertel Meter.

Der Schriftsteller lebte im eigenen Hause gewissermaßen als Untermieter. Man konnte zu ihm über die Hintertreppe und durch die Mägdekammer gelangen, falls im Salon Besuch war.

Die Räume waren passend ausgestattet, ganz nach seinem Geschmack.

Vor dem Schreibtisch stand ein Sessel mit abgesägten Beinen; wie wir bereits wissen, war Tolstoi kurzsichtig, setzte bei der Arbeit jedoch keine Brille auf, sondern beugte sich tief über das Manuskript.

Als Wladimir Iljitsch Lenin am 6. April 1920 das Dekret über die Überführung von Tolstois Moskauer Haus in Staatseigentum unterzeichnete, sagte er, die Gestalt des Hauses müsse erhalten bleiben, und auch im Hause sei alles zu belassen, wie es gewesen sei. Die Massen sollten wissen, wie Lew Nikolajewitsch »in zwei Stockwerken« gelebt habe. Er selbst habe das in seinen Werken wiedergegeben.

Dieses Haus mit seiner Unterteilung hatte der Schriftsteller nicht für sich gebaut, wohl aber nach seinem Geschmack eingerichtet.

Er beaufsichtigte die Fußbodenleger, die Ofensetzer, er sorgte dafür, daß Kellerräume für die Winteräpfel aus Jasnaja Poljana eingerichtet wurden. Sein Einfall war es, die Treppen mit Tuch auszulegen. Sofja

Andrejewna war es zufrieden, da das Material auf Jasnaja Poljana vorhanden war und man es nicht zu kaufen brauchte.

Es wurde ein Haus des Kompromisses und der Versöhnung, eine Heimstatt »in zwei Etagen«.

Tolstoi kaufte in der Sucharewka Möbel zusätzlich zu denen, die Sofja Andrejewna angeschafft hatte; wohlfeil erworben, bildeten sie ein Sammelsurium, das die Räume denen auf Jasnaja Poljana ähnlich machte.

Tolstoi freute sich an seinem Garten. Pferdeställe und Seitenflügel waren renoviert, die Fußböden, wenn auch verspätet, gestrichen. In der Diele standen Truhenbänke und Garderoben aus Eschenholz, an die Türen des Einbauschrankes wurde in großen schiefen Buchstaben mit weißer Farbe das unheilträchtige Wort »Petroleum« gemalt.

Petroleum war eine Neuheit, man hatte Angst davor und verstand nicht, damit umzugehen.

Trotzdem heizte man in der Diele in gefährlicher Nähe des Petroleums den Samowar, denn das war Gutsbesitzertradition.

Die Räume der übrigen Familie waren mit verschiedenartigen Möbeln ausgestattet. Es gab eine Menge billiger »Wiener« Möbelstücke mit geschwungenen Beinen. Im oberen Stockwerk liegt ebenfalls Parkett. Im Salon steht ein guter Flügel. Tatjana Lwowna wurde Malerin, Bilder tauchten auf und eine Gipsbüste des Antinoos. Nach Moskauer Begriffen der damaligen Zeit war es ein mittelmäßig ausgestattetes Haus.

Immerhin trug der Lakai im Parterre weiße Handschuhe.

An Tolstois Zimmer grenzten Dienstbotenkammern und der Vorratsraum.

Luxus, dessen Tolstoi sich beschuldigte, war nicht vorhanden. In diesen neuerbauten Räumen des alten Moskau schuf Tolstoi seine neuen Werke und eine neue Religion.

Mancherlei Berichte über sein Leben in diesem Hause sind im Umlauf. Hier hat er lange gelebt und sich bemüht, »vierspännig« zu leben; er beschäftigte sich mit Schreiben, mit körperlicher Arbeit, mit geistiger Arbeit und mit dem Umgang mit Menschen.

Jede einzelne der vier Sielen war lastend. Er fuhr Wasser für den gesamten Hausbedarf heran, hackte Brennholz, schusterte Stiefel. Darüber machte Feth sich lustig, und wie es scheint, war das die Ursache dafür, daß sich die Wege der beiden Freunde endgültig trennten. Feth hatte aus einem von Tolstoi gefertigten Paar Stiefel eine Sehenswürdigkeit machen wollen und sich eine schriftliche Bestätigung erbeten, die auswies, wer die Stiefel hergestellt hatte; Tolstoi schrieb bekümmert darüber, dieser Mann habe seinem Herzen einst nahegestanden.

In dem Essay *Der große Pilger* schrieb W. Korolenko:

»In S. N. Kriwenkos Skizzen *Einsiedeleien der Kultur* finden wir eine giftige Bemerkung darüber, daß L. N. Tolstoi angefangen habe, zu pflügen und Stiefel zu schustern, ›nachdem andere Leute das Ihre abgepflügt und abgeschustert hatten‹. Die Wahrheit ist, daß Tolstoi stets zur vereinfachten Lebensweise strebte, daß ihn alles Unmittelbare unwiderstehlich anzog . . . Jetzt haben sich diese instinktiven Bestrebungen vertieft und stabilisiert. Und als andere Leute das Ihre abgepflügt hatten, fand er sich auf verlassenem Acker wieder . . .«

Mit den »anderen« sind die Volkstümler gemeint.

Lew Tolstoi hatte mit dem Schustern und Pflügen begonnen, als jene bereits das Ihre abgepflügt und abgeschustert hatten. Jedoch waren seine »Sielen«, seine Sorgen allgemeine Sorgen: die Frage, wie man im kieloben treibenden Rußland leben, wie man es anstellen sollte, schuldlos zu bleiben, was man der Gewalt entgegensetzen sollte.

Tolstoi meinte, man müsse in erster Linie das eigene Leben vereinfachen, weniger für sich beanspruchen, sich selbst bedienen, sich nicht für zu gut halten, seinen Nachttopf hinauszutragen, und sich dazu bequemen, sein Zimmer selbst aufzuräumen. Er wagte nicht, das Leben seiner Familie umzugestalten, obgleich er mit dem Romanautor Pjotr Boborykin, als dieser ihn besuchte, über Proudhon sprach. Boborykin meinte leichtsinnigerweise, Proudhon hätte es durchaus fertiggebracht, die Lebensweise seiner Familie zu ändern. »Er würde sich nicht damit herausreden, daß er keinerlei Vergewaltigung seiner Nächsten wünsche, er würde diese im Gegenteil zwingen, auf die Nutzung irdischer Güter, die sie nicht selbst erworben haben und deren sie sich ohne jede Gegenleistung bedienen, zu verzichten; er würde ihnen verbieten, nicht nur sein Vermögen aufzubrauchen, sondern auch ihr Erbe, weil er es als usurpiert und gestohlen betrachtete.«

Laut Boborykin gab Tolstoi ihm recht, dennoch dürfte der populäre Romancier kaum im Recht gewesen sein. Proudhon war seiner Lebensweise nach ein französischer Bauer; wenn er Mittag aß, setzte sich seine Ehefrau nicht zu ihm, sondern bediente ihn stehend. Jedoch ist Proudhon nicht deshalb berühmt und nicht dadurch zum Schrecken für viele Leute in Frankreich und in Rußland geworden. Veränderung eines Privatlebens unter Einbeziehung der Familie verändert nicht die Weltordnung, sie ist lediglich eine Art Kloster, eine Art Mauer um die Betreffenden.

Das eigene Zimmer auszufegen ist leichter als die Welt zu verändern.

Tolstoi beschränkte sich vorläufig darauf, sein Zimmer aufzuräumen und zu verändern, und ließ die Räume seiner Kinder unangetastet; doch beschrieb er die Ungerechtigkeiten der Welt mit solcher Präzision und veränderte sich selbst so sehr, daß er zum lebenden Vorwurf für seine Zeit wurde.

Es war, als klopfte er im nach 1881 erstickenden Rußland an alle Türen mit den Worten: Schlaft nicht, das Gebälk eures Hauses brennt schon, euer Schicksal glimmt. Die Vergeltung kommt. Neben euch leben Unglückliche, und ihr habt sie ausgeplündert.

Tagtäglich schrieb er an einem Traktat in einer Art Tagebuchform. Der Titel lautet: *Was sollen wir denn tun?* Es berichtet vom Leben der Menschen in Moskau, wie sie vor Hunger verwildern und wie gleichgültig sich andere, satte Menschen ihnen gegenüber verhalten.

In seinem Haus mitten im Garten fand Tolstoi keine Ruhe. Um das Haus herum standen kleine Fabriksgebäude; das nächst gelegene war eine Strumpfwirkerei, ein anderes eine Seidenweberei, ein drittes eine Parfümfabrik, ein viertes eine Brauerei, und auf jedem Dach heulten Sirenen. Sie heulten hartnäckig; um fünf Uhr morgens, um acht Uhr, was eine halbe Stunde Verschnaufpause bedeutete, um zwölf Uhr zum drittenmal, zu einer Stunde Mittagspause, das vierte Sirenenzeichen um acht Uhr verkündete den Feierabend.

Der Mann, der gewohnt war, am Morgen die Hähne den aufziehenden Tag willkommen heißen zu hören, den ersten, zweiten und dritten im Wechselruf, lauschte nun auf den Wechselruf der Fabriksirenen.

Unter ihrem Geheul brach der Morgen an. Sie begannen ihren Wechselsang dicht neben Tolstoi, dann schrien die weiter entfernten los. Der Morgen lugte in die kleinen Fenster seines Kabinetts, die Sirenen, übertönt vom Großstadtlärm, heulten; die Sonne zog um die Hausecke und schien von der anderen Seite durch die Bäume; der Abend kam, der Himmel hinter den Bäumen rötete sich; die Sirenen heulten.

Das Schustern und Wasserfahren war keine Hilfe. Tolstoi zog das Wasserfaß durch die Viertel der winterlichen Stadt von der Wasserpumpe oder vom Eisloch im Fluß; er sah Armut, Grobheit und Trunkenheit. Die Sirenen aber rechneten ihm die Schuld auf.

»Man kann das Heulen hören und sich dabei nur vorstellen, daß es der Zeitbestimmung dient: Aha, die Sirene, also Zeit für einen Spaziergang, man kann damit aber auch verbinden, was wirklich der Fall ist, nämlich: beim ersten Signal um fünf Uhr morgens müssen Männer und Frauen, die im feuchten Keller häufig auf dem Fußboden schlafen, sich im Finstern erheben, zum Fabrikbau voll Maschinengedröhn hasten und sich an die Arbeit stellen, deren Zweck und Nutzen für sich sie nicht absehen, und so arbeiten sie, oftmals bei Hitze und Luftmangel, im Schmutz, mit allerkürzesten Verschnaufpausen eine Stunde, zwei, drei, zwölf und mehr Stunden hintereinander. Sie schlafen ein und erheben sich wieder und wieder und setzen die gleiche, für sie sinnlose Arbeit fort, zu der allein ihre Not sie zwingt.«

Die Sirenen jaulten. Tolstoi meinte, die Menschen brauchten nur die Stadt zu verlassen, aufzuhören, das zu produzieren, was er als Luxus bezeichnete. Lediglich der Brauerei verzieh er ihre Existenz, weil Bier vielleicht den Wodka verdrängen konnte. Die anderen Betriebe stellten, wie er meinte, ausschließlich Luxusdinge her; die fernen, drohenden Sirenen der Werke, wo Eisen gegossen, Lokomotiven gebaut, Schienen gewalzt wurden, hörte er nicht.

Nach Jasnaja Poljana reiste er zwar mit der Bahn, mochte aber keine Wagen mit fremden Städtern darin und wanderte daher dreimal zu Fuß von Moskau nach Jasnaja Poljana.

Der Bericht Boborykins, der viel schriftstellerte, interessant und achtsam aufzeichnete, dürfte auch in dieser Beziehung reizvoll sein.

Zu jener Zeit suchte Tolstoi von *Anna Karenina* und *Krieg und Frieden* loszukommen und schrieb keine Belletristik. Boborykin erzählt:

»Als ich mein Bedauern betreffs des strengen Verbots, das er sich selbst auferlegt hatte, äußerte, erwiderte er ungefähr so: ›Wissen Sie, woran mich das erinnert? Daran, daß einer gealterten Französin ihre ehemaligen Verehrer immer wieder versichern: ‚Nein, wie entzükkend Sie doch Ihre kleinen Couplets gesungen und Ihre Röckchen gehoben haben!‘‹ Dabei gebrauchte er vor dem Wort ›Französin‹ ein deftiges russisches Wörtlein.«

Lew Tolstoi war der Ansicht, an die Geschichte, in der erzählt wird, wie Anna Karenina ihren Wronski liebt, lohne es sich nicht, Zeit zu verschwenden. Er schien zu vergessen, daß der gleiche Roman die Geschichte des ungeordneten Seelenlebens Lewins enthält und auch Dispute über den Sozialismus, daß darin von einem Rußland berichtet wird, in dem das Unterste zuoberst gekehrt ist und das so gar nicht ins Lot kommen kann.

Tolstois Lebensweise und sein Predigen gerieten zueinander in Widerspruch.

Die Tagebücher sind voll von Gesprächen über den Kompromiß. Der Mittelweg, von dem er auch zu seiner Frau sprach, ist der Weg des Kompromisses.

Jedoch belebte der Schriftsteller tagtäglich auf künstlerische Weise das Unwahre im Leben der Menschen, und jeden Tag ließen er und seine Familie dieses Unwahre zur Realität werden. Die Lebensweise eines Gutsherrn, der mit seiner Familie den Winter in Moskau verbrachte, stand im Widerspruch zu seinen Worten.

Seiner Anordnung folgend, hatte man die Treppen im Hause mit billigem Tuch ausgelegt. Seine Kutschpferde trugen zur Winterszeit Decken. So war es üblich in Tolstois Kreisen. In seiner Schrift *Was sollen wir denn tun?* schreibt er davon, daß wir Dielen und Pferde mit Tuch bedecken, während neben uns Menschen nackt und bloß umherlaufen. Er richtete seine Vorwürfe nicht nur gegen andere, nein, auch gegen sich selbst. Er baute an seinem Haus, beaufsichtigte die Ofensetzer, kaufte Möbel und schuf die übliche Atmosphäre eines wohlhabenden Mannes.

Zugleich aber arbeitete er an einem Buch, das er wenig später vollendete: *Der Tod des Iwan Iljitsch.*

Dieser Iwan Iljitsch brachte ebenfalls sein Leben in Ordnung, er mietete eine Wohnung und hing Portieren an die Fenster. Ein zufälliger Stoß weckte die in ihm schlummernde Krankheit. Er erkrankte an Krebs, und als er im Bett lag, zog sein vergangenes Leben an ihm vorüber. Er schritt auf den eigenen Spuren zurück; so geht jemand, der einen verlorenen Gegenstand sucht; der verlorene Gegenstand war das Leben.

Jemand singt oder ruft, ferne Berge werfen den Klang zurück, das Echo widerspricht, zurückkehrend, dem später Ausgesprochenen.

Tolstois Gewissensecho revidierte sein Leben. Die Zimmer seines Hauses waren nicht nur mit wohlfeilen Gegenständen, sondern auch mit Reue ausgestattet.

Noch ein paar Worte zu dem alten Haus.

Es hatte einen breiten Treppenaufgang und eine sehr schmale Hintertreppe. Gleich einer altertümlichen Adelsequipage mit ihren Fächern und Gepäcktaschen war es voll von Zimmern und Kämmerchen, voll von Dienstboten und Kindern.

Hier wohnte der Sohn als Student, die Tochter als Schülerin der Kunstschule, hier lebten Gymnasiasten und Kleinkinder.

Hier starben zwei Söhne Tolstois: Alexej mit fünf Jahren und Iwan mit sieben. Iwan wurde am 31. März 1888 in diesem Hause geboren. Tolstois Freunde saßen unten bei den Kindern; die Entbindung fand oben im Salon statt. Leise kam Tolstoi die Treppe herunter, verweint, doch froh sprach er: »Aber es war sehr schrecklich.«

Er holte Birjukow zur Wöchnerin hinauf, als wollte er mit der tapferen Haltung der Mutter prahlen, der Frau, die ihre Leiden ohne den geringsten Schrei, ja sogar ohne ein Stöhnen ertragen hatte.

Sofja Andrejewna lag im Salon auf der Polsterbank, bis zum Hals zugedeckt, die Augen strahlend: Neben ihr zappelte ein eingewickeltes rotes Menschlein.

Die Geburt des letzten Sohnes veränderte mancherlei in Tolstois Leben. Er glaubte, ein Mensch sei in die Welt getreten, der später seine Sache zu Ende führen werde, obgleich dem Säugling noch nichts Besonderes anzusehen war. Aber schon wurde im Hause das Unterste zuoberst gekehrt, die Zimmerordnung verändert. Tochter Tatjana zog in die obere Etage, Tochter Maria in ein bescheidenes Zimmer, das an eine Gouvernantenkammer erinnerte. Tolstois Kabinett blieb im oberen Stockwerk, der Schlafraum aber wurde nach unten verlegt.

In einem Durchgangszimmer standen hinter einem Wandschirm die Betten der Ehegatten, mit Überdecken, die Sofja Andrejewna gehäkelt hatte. Am Fenster zusammengewürfelte Möbel, eher ärmlich als fein, und ein sehr hübscher Nähtisch, ein Geschenk Tatjana Jergolskajas an Sofja Andrejewna.

Hinter den Flügeltüren lag ein recht großes, karg möbliertes Zimmer, darin standen das Bett des Kindes und das der Kinderfrau. Ihre Kleider hingen an der Wand, ein Vogelbauer mit einem Zeisig am Fenster, ein ärmliches Tischchen und Wiener Stühle vervollständigten das Mobiliar. In diesem Zimmer wohnte die späte Liebe der Ehegatten in Gestalt des Kindes Iwan Lwowitsch Tolstoi, der als Erbteil Jasnaja Poljana zugeschrieben erhielt, weil man im Hause Tolstoi die Ansicht vertrat, Jasnaja Poljana müsse dem Jüngsten gehören; denn es gehörte ja auch Lew Nikolajewitsch als jüngstem Sohn Nikolai Iljitschs.

Wanja war ein zartes Kind, er kränkelte viel. Er war das dreizehnte Kind Sofja Andrejewnas. Seine Eltern waren alt. Iwan Lwowitsch war das einzige von allen Kindern, das schon bei Lebzeiten des Vaters sein Erbteil zugesprochen bekam, die Mutter war als Sachwalterin eingesetzt.

Der Tod des siebenjährigen Kindes ging über die Kräfte der Mutter, sie zerbrach daran. Danach schleppte sie nur noch an ihrem Leben und wußte nicht mehr, wie sie leben sollte.

Wanja starb am 23. Februar 1895 um elf Uhr abends an Scharlach. Das Leid über den Tod band die Eltern für eine gewisse Zeit erneut aneinander.

W. G. Tschertkow. Die Bekanntschaft

Über das Wie und Wann des Auftauchens von W. G. Tschertkow in Tolstois Haus berichtet Pawel Birjukow in seiner Tolstoibiographie ausführlich, aber nach Worten von Tschertkow selbst.

In der Ausdrucksweise fällt die gelassene Arroganz auf. Tschertkow besteht auf der Selbständigkeit seiner geistigen Entwicklung, auf seiner anfänglichen Unabhängigkeit von Tolstois Predigermahnungen.

Nach meinem Dafürhalten ist er im Recht, Tolstoi und Tschertkow darf man nicht vermengen.

Pawel Birjukow suchte Tolstoi als Autor von *Anna Karenina* und *Krieg und Frieden* auf. Tschertkow hatte vor, Tolstois Haus als Religionsreformator zu betreten, um mit dem Hausherrn, als einem anderen Reformator, einen Block zu bilden.

»Nicht nur meine geistige Geburt, nein, auch der wichtigste Wendepunkt meines Lebens vollzog sich bereits vor meiner Bekanntschaft mit Lew Nikolajewitsch beziehungsweise mit einigen seiner religiösen Schriften. 1879 faßte ich den Entschluß, den Militärdienst zu quittieren, reichte indes auf Wunsch meines Vaters ein Gesuch um einen Urlaub von elf Monaten ein, den ich in England verbrachte. Dann diente ich das Jahr 1880 – wiederum auf den nachdrücklichen Wunsch meines Vaters – in der Gardekavallerie und reiste genau am 1. März auf das elterliche Gut im Gouvernement Woronesh, einmal zwecks Annäherung an die uns ernährende bäuerliche Bevölkerung, zum anderen, um eine Tätigkeit in deren Interesse aufzunehmen. Dort verbrachte ich mehrere Jahre hintereinander, wobei ich gelegentlich meine Eltern in Petersburg besuchte. Und während dieser Reisen bekam ich bei Begegnungen mit Gesprächspartnern immer häufiger zu hören, Tolstoi, der Autor von *Krieg und Frieden,* habe begonnen, genau die gleichen Ansichten zu predigen, wie ich sie zum Ausdruck brachte. Dies weckte in mir selbstverständlich das Bedürfnis, ihn persönlich kennenzulernen, was ich Ende 1883 in Moskau anläßlich einer Durchreise auch tat.

Als ich ihm meine übliche Frage vorlegte und er mir daraufhin aus dem vor ihm auf dem Tisch liegenden Manuskript *Worin besteht mein Glaube?* seine vom christlichen Standpunkt ausgehende kategorische Ablehnung des Militärdienstes vorzulesen begann, empfand ich, weil mir bewußt wurde, daß die Zeitspanne meiner geistigen Einsamkeit endlich abgeschlossen war, eine derartige Freude, daß ich, versunken in meine eigenen Gedanken, den weiteren Fragmenten, die er mir vorlas, nicht mehr zu folgen vermochte und erst wieder zu mir kam, als er nach den letzten Zeilen seines Buches mit besonderem Nachdruck die Worte ›Lew Tolstoi‹ aussprach.

Soweit mir bekannt ist, hatte auch er in mir den ersten Gesinnungsgenossen gefunden. Verständlich, daß die unter solchen Umständen sofort zwischen uns aufkeimende enge geistige Bindung für uns beide ganz besondere Bedeutung erlangen mußte: für ihn im Sinne der Wertung und Stützung all dessen, was er in sich selbst für das Beste und Höchste hielt, durch einen anderen Menschen, für mich aber außerdem in der Hinsicht, daß ich in seiner Person eine unersetzliche Hilfe für meine weitere innere Entwicklung gewann.«

Tschertkow hebt hervor, daß er Tolstoi »auf der Durchreise in Moskau« aufgesucht habe. Er erklärt sogar, er habe von Tolstois neuartigen Ansichten durch Gesprächspartner erfahren, die sich vor allem darüber verwundert zeigten, daß Tolstoi »genau die gleichen Ansichten zum Ausdruck bringe«, die er, Tschertkow, selbständig gewonnen habe.

Der Gardekavallerist zeichnete sich nicht eben durch Bescheidenheit aus; seine Vorgänger sieht er einfach nicht.

Wladimir Grigorjewitsch Tschertkow wurde zum Führer dessen, was später Tolstoianertum genannt wurde.

Weitere Informationen über diesen Mann entnehmen wir Band 85 der Jubiläumsausgabe, in der Meinung, er habe sie selbst überprüft (Tolstois Briefe an ihn hat er selbst auf die einzelnen Bände verteilt).

Tschertkows Eltern gehörten zu den höchsten Kreisen der Petersburger Aristokratie, die Beziehungen zum Hofe unterhielt. Ein Vertreter der Sippe, Alexander Dmitrijewitsch Tschertkow, war Archäologe, Historiker und Gründer einer Familienbibliothek, auf die später bei der Herausgabe des *Russki Archiv* zurückgegriffen wurde. Die Mutter stammte aus der Dekabristenfamilie Tschernyschew. Ihr Familienleben war unglücklich; im Ausland lernte sie Jünger von Lord Redstock, dem Begründer der Evangelistenlehre, kennen und wurde für ihr ganzes Leben zur strengen Evangelistin. Anläßlich eines Aufenthaltes von Lord Redstock in Petersburg vermittelte sie dessen Bekanntschaft mit W. A. Paschkow, dem Gatten ihrer Schwester, einem Obersten der Gardekavallerie, einem Mann von außerordentlich hoher gesellschaftlicher Stellung. Paschkow unterstützte die Gründung einer russischen Evangelistenorganisation, der »Paschkower«.

W. G. Tschertkow wuchs in einer Atmosphäre religiöser Interessen auf, aber wie es im Band 85 der Jubiläumsausgabe heißt – offensichtlich auf Grund von Tschertkow selbst stammender Informationen –, »war ihm durch eine schwere Erkrankung, hervorgerufen durch einen Sonnenstich auf der Jagd in der Steppe bei Woronesh, anstrengende geistige Beschäftigung strengstens untersagt. Daraufhin trat er als Freiwilliger in ein Regiment der Gardekavallerie ein und wurde in Kürze zum Offizier befördert«.

Große Möglichkeiten standen ihm offen. Der Familie Tschertkow gehörten reiche Güter und viele Leibeigene; einer davon war, nebenbei bemerkt, Anton Pawlowitsch Tschechows Großvater.

W. G. Tschertkow versuchte, im Regimentsklub Lesungen zu veranstalten, stieß jedoch bei den Vorgesetzten auf Widerstand; als rangjüngster Offizier vom Dienst wurde er in Militärlazaretten Zeuge, wie Kranke grausam behandelt wurden. Er faßte den Entschluß, den Dienst zu quittieren, und tat es 1879 nach Beendigung des Krieges gegen die Türkei.

Elf Monate verbrachte er in England. Danach diente er ein weiteres Jahr, reiste auf sein Gut Lisinowka, und in »seinem großen Dorf Lisinowka, das etwa 5000 Einwohner zählte, begann er das Handwerk zu fördern, indem er dort eine Handwerksschule gründete ..., was den Bauern zusätzliche Einnahmen brachte«.

Mit einer solchen Vergangenheit im Gepäck erschien Tschertkow, der Aristokrat und schwerreiche Mann, im Dezember 1883 bei Tolstoi. Vorher hatte er dem Schriftsteller einen Brief zu verschiedenen religiösen Fragen geschrieben.

Der Brief wird verständlicher, wenn man weiß, daß ein Paket mit Büchern und Zeitschriften mitgesandt wurde: »In der Anlage übersende ich Ihnen noch ein Exemplar des *Expositor* wegen des Artikels über die Auferstehung Christi, der mich stark gefesselt hat. Ich wünschte, Sie teilten mein Interesse, wenngleich ich längst nicht sicher bin, daß der Artikel Ihnen zusagen wird.«

Tolstois Antwort klingt wohlwollend, aber ironisch:

»Das über die Auferstehung gefällt mir nicht. Je häufiger man das zu beweisen versucht, um so mehr Zweifel kommen auf. Nun, und die Beweisführungen, wie z. B. Aufrichtigkeit der Augenzeugen, die es nicht gab, sind gar zu schlecht; die Hauptsache aber, was sollen hier Beweise? Daran, daß es Unannehmlichkeiten gibt, wenn ich meine Unterhosen verkehrt anziehe, glaube ich; und ich kann mich von diesem Glauben nicht freimachen ... Die Wahrhaftigkeit dieses Glaubens gedenke ich allerdings keinem Menschen zu beweisen ... Ihre Empfehlung aber, über die Auferstehung zu lesen, hat mich betrübt. Interessiert Sie diese Frage tatsächlich?«

Tschertkow schrieb an seine Mutter über die Eindrücke, die die ersten Begegnungen mit Tolstoi bei ihm hinterlassen hatten: »... In unseren persönlichen Vorstellungen von Gott gehen wir, wie es scheint, beträchtlich auseinander.«

Ich halte sowohl Tschertkows Behauptung über die Selbständigkeit seiner Denkweise als auch seine Vorstellungen vom eigenen geistigen Wachsen als Parallelerscheinung zur Entwicklung von Tolstois Geisteshaltung für Trugschlüsse.

Tschertkow war ein guter und vernünftiger Organisator und ein guter Propagandist, jedoch propagierte er durchaus nicht lückenlos das, was Tolstoi propagierte.

Tolstoi belegte seine Lehre stets mit Tatsachen aus dem Leben Rußlands. Seine negativen Charakteristiken existenter Dinge besaßen enormen propagandistischen Wert. Er trat entlarvend gegen die gesamte Lebensordnung auf. Nicht ohne Grund begeisterte er sich für Herzen und hielt diesen sowohl für den talentiertesten als auch für den wichtigsten russischen Schriftsteller. Während Tschertkows Auslandsaufenthalt riet er diesem ständig, sich bei seiner verlegerischen Tätigkeit an Herzen zu orientieren. Herzens entlarvende Kraft lebte in Tolstoi neu auf, die Bedeutung von Tolstois Wort, handschriftlich oder durch Einfuhr von Ausgaben aus dem Ausland verbreitet, ging weit über die Predigt einer erneuerten Religion hinaus. In seinen Negationen zeigte sich die ganze Kraft seiner künstlerischen Sicht.

Tschertkow predigte Religiöses. Reichte Tolstoi an Herzen heran, so war Tschertkow ideologisch dem Regimentsobersten der Gardekavallerie Paschkow verbunden. Mit Tschertkow zusammen, von diesem eingeführt, trat P. Birjukow in Tolstois Leben.

Pawel Iwanowitsch Birjukow wurde zu einem seiner engsten Freunde und seinem ersten Biographen. Er entstammte einer Adelsfamilie aus der Gegend von Kostroma, wurde zunächst im Pagenkorps erzogen, danach an einer Marineschule und an der Marineakademie ausgebildet. Vom Militärdienst enttäuscht, quittierte er diesen nach seiner Bekanntschaft mit Tschertkow, arbeitete eine Zeitlang als Angestellter am physikalischen Zentralobservatorium und leitete später gemeinsam mit Tschertkow den Posrednik-Verlag. Er arbeitete mit Tolstoi zusammen in Hungersnotgebieten. 1897 verbannt, lebte er in England, später in der Schweiz.

In Tolstois Haus nannte man ihn Pascha und liebte ihn sehr.

Tschertkow und sein Freund Birjukow waren Tolstoianer neuen Typs, die sich zu den alten Tolstoianern gesellten und damit jene ablösten, die aus den zerschlagenen Volkstümlerorganisationen hervorgegangen waren. Tschertkow selbst hielt sich für den ersten Tolstoianer.

Was ließ Tolstoi die Nähe Tschertkows suchen, weshalb wohl maß er dessen Wirken und Freundschaft so großen Wert bei?

Beide, Tschertkow und Birjukow, standen ihm, was Abstammung

und Geburt anbelangt, nahe. In der ersten Zeit brachte man Tschertkow in Tolstois Familie Wohlwollen entgegen, er war ja nicht »verdächtig«. Die Männer, die Tolstoi als seine Lehrmeister betrachtete, Sjutajew und Bondarjow, waren in weiter Ferne.

Tschertkow befaßte sich mit der Festigung des Tolstoianertums. Seine fast schon krankhafte Leistungsfähigkeit, seine europäische Genauigkeit und sein Mangel an Begeisterungsfähigkeit beeindruckten Tolstoi in den Jahren der Verzweiflung sehr stark und unterwarfen ihn förmlich Tschertkows Einfluß. Die größe Bedeutung für Lew Nikolajewitsch erlangte Tschertkow in Tolstois letzten fünf Lebensjahren.

Zum Verhältnis zwischen Tschertkow und Sofja Andrejewna ist zu sagen, daß sie anfangs von ihm begeistert war; ihre Briefe geben uns Auskunft darüber, wie Tschertkow in den Augen von Tolstois Hausgenossen erschien.

Im Winter 1885 reiste Sofja Andrejewna nach Petersburg, um sich um die Drucklegung des 12. Bandes der Werkausgabe zu kümmern. Sie machte sich Sorgen wegen der Zensur. Anläßlich eines Besuches bei Jekaterina Nikolajewna Schostak, einer entfernten Verwandten, im staatlichen adligen Mädchenpensionat sah sie die Zarin: ». . . Ich war sehr aufgeregt, bewahrte aber Haltung.« Das alles war durchaus dazu angetan, ihr Selbstgefühl zu stärken.

Während ihres Aufenthaltes in Petersburg traf sie auch Tschertkow: »Heute habe ich Tschertkow gesehen, er will morgen wiederkommen. Er hat mir hier sehr gut gefallen; er ist so unkompliziert, freundlich und anscheinend lustig.«

Es ergab sich fast ein Familienidyll.

Im März desselben Jahres 1885 schrieb Sofja Andrejewna aus Moskau an ihren Gatten, der mit Urussow auf die Krim gereist war: »Habe heute einen ganz reizenden Brief von Tschertkow bekommen.«

Einige Zeit darauf, im Herbst, war Tschertkow Gast auf Jasnaja Poljana. Auch dort gefiel er allen sehr als Mann von Welt. Er wurde freundlich aufgenommen. Er war mit Birjukow gekommen. In einem Brief an Fürst Urussow schrieb Tolstoi:

»Erst gestern sind Tschertkow und Birjukow abgereist. Sie waren für drei Tage gekommen . . . Er hat mir sehr in meinen Familienangelegenheiten geholfen. Er hat unser weibliches Personal beeinflußt. Und vielleicht hinterläßt dieser Einfluß seine Spuren. Mich indes hat er angespornt, für das Volk zu schreiben – Themen gibt es eine Unmenge, ich weiß gar nicht, was ich wählen soll.«

Darüber schrieb er mehrere Male. Am 19. August teilte er seiner Gattin mit:

»Tschertkow ist mit Birjukow von heute früh bis in die Nacht hiergeblieben... Ich habe ihn gebeten, mit Dir die Subskription abzusprechen und Dich durch Sytin, der über alles Bescheid weiß, zu unterstützen. Sie sind beide sehr nett, und wie es scheint, vertragen sie sich mit allen und sind unkompliziert.«

Am 20. August berichtet Tolstoi über Tschertkows Erfolg in der Familie: »Unsere Gäste sind fort. Tschertkow hat gefallen und guten Einfluß auf die Mädchen ausgeübt. Die Tournüren sind wieder abgelegt, allerlei gute Pläne werden geschmiedet.«

Eines sei noch hinzugefügt: Tschertkow gab Tolstoi häufig gute Ratschläge für sein Schaffen. So empfahl er, das Ende der Erzählung *Die Kerze* durch Verzicht auf den Tod des Gutsverwalters zu entschärfen. Später empfahl er freundlich und beharrlich, die Charakteristik der Revolutionäre in *Auferstehung* kritischer zu zeichnen. Er war auch der Initiator des Nachworts zur *Kreutzersonate.*

Er organisierte nicht nur den Posrednik-Verlag für das Volk, er wollte auch um Tolstoi eine Art Organisation ins Leben rufen. Eine Zeitlang dachten die Tschertkow-Anhänger sogar an einen Kongreß der Tolstoianer, doch äußerte sich Tolstoi dazu ironisch: »Und mich wählt ihr dann zum General und laßt irgendwelche Kokarden anfertigen?«

Offensichtlich machte er sich damit über die Heilsarmee lustig, die damals in England und Amerika prosperierte.

Wir wollen uns davor hüten, sämtliche Irrwege Tolstois auf Tschertkows breite Schultern zu laden, aber daran, daß die *Volkserzählungen* so trocken geschrieben sind und für Tolstoi beim Schreiben eine Art Verbotszone errichtet wurde, trägt er immerhin die Schuld.

In Tolstois künstlerischen Schriften gab es komplizierte gedankliche Kombinationen, gab es das, was der Schriftsteller selbst als »Labyrinth von Verkettungen« zu bezeichnen pflegte. Er erforschte das Leben, erprobte verschiedenartige künstlerische Verfahren und kam schließlich zu dauerhaften, menschlich wertvollen Lösungen. Manches Mal schöpfte er seine Begabung nicht voll aus, mißachtete sie, um direkt und hart wie Tschertkow zu sprechen.

Vielleicht erklärt das zum Teil, daß Tolstois *Volkserzählungen* trotz einzelner Erfolge im Volke selbst nicht Fuß zu fassen vermochten. Tolstoi selbst kehrte beim Erklären von Lebenserscheinungen in *Auferstehung* und *Hadschi Murat* zum »Zusammenklang von Tönen und formalen Bildern« zurück, und dies nicht nur »zum persönlichen Vergnügen«.

Wir müssen den Willen Tolstois, der Tschertkow so große Achtung bezeugte, respektieren; wer jedoch Tschertkows Briefe über das Nichtwidersetzen lesen will, muß sich selbst Gewalt antun.

Die Volkserzählungen

In den Entwürfen zu einem Artikel aus den Jahren 1862–1863 schrieb Tolstoi: »... Schon lange werden bei uns in Europa Bücher geschrieben, um das Volk Arbeit und Demut zu lehren (was die Belehrenden auf den Tod nicht leiden können), während das Volk wie eh und je nicht liest, was wir wünschen, sondern was ihm gefällt: Es liest Dumas, die *Lesemenäen, Das verlorene Paradies, Korobejnikow auf Reisen,* Franzyl Venzian, Jeruslan, den *Englischen Mylord* – und es erarbeitet sich auf eigenen Wegen seine moralischen Überzeugungen.«

Bereits damals machte sich Tolstoi Gedanken, welche Bücher man für das Volk herausgeben solle; er meinte, das Volk müsse bekommen, was es verlange: »Das alles haben wir einzig deshalb geschrieben, um den Kritiker nicht irrezuführen, der, was sehr gut möglich ist, in unseren Büchern Umarbeitungen des Jermak mit Gesang und Tanz oder des englischen Mylords George entdeckt.«

Tolstoi glaubte, das Volk sei unbeweglich und schließe in diese Unbeweglichkeit das wahre System von Sittlichkeit und von Normen ästhetischer Bewertungen ein.

Lange Zeit später, in den achtziger Jahren, hielt er in einer Moskauer Privatwohnung eine Rede über Volksbuchausgaben. Er sprach 1883 in der Wohnung von Mitrofan Pawlowitsch Stschepkin, einem Publizisten und Semstwovertreter.

Mitrofan Pawlowitsch war auch der Organisator jener Volkszählung von 1882, an der Tolstoi mitarbeitete und bei der er so viel zu sehen bekam.

Wladimir Nikolajewitsch Marakyjew, der 1882 die Verlagsfirma *Narodnaja Biblioteka* gründete, gehörte ebenfalls zum Kreis um Stschepkin. Marakyjew äußerte in einer Rede auf dem Landlehrerkongreß: »Bei den besten unserer Autoren dürfte sich in der Tat kaum viel finden lassen, was dem Volke zusagt. Es wäre doch seltsam, wenn wir vergäßen, daß unsere Schriftsteller ihre Werke unter dem Einfluß krankhafter gesellschaftlicher Erscheinungen geschaffen haben, die dem Volke unverständlich sind. Die Volksmassen begreifen lediglich *reale Ideale von Ewigkeitswert,* nur dic Wahrheit ist ihrem Verständnis zugänglich. Merkwürdig muten daher die Klagen der Zeitungsschreiberlinge an, daß das Volk *Shukowski, Anna Kare-*

nina, Ein Adelsnest nicht kenne – Werke, die wir als gut bezeichnen, deren Wert für das Volk aber gleich Null ist.«

Vor diesem Gremium, das auch N. I. Storoshenko, A. N. Wessjolowski und I. I. Janshul einschloß, hielt Tolstoi die erwähnte Rede. Das Konzept der Rede ist uns aus dem Archiv von M. P. Stschepkin überliefert. Die Rede ist recht interessant durch ihre Zersplitterung. Tolstoi sprach über die Primitivität und Dummheit kirchlicher Editionen, über die Wertlosigkeit der Editionen Paschkows. Der aristokratische Oberst und Verwandte Tschertkows predigte das Heil durch den Glauben: Man brauche lediglich an Christus zu glauben, leben dürfe man, wie man wolle.

Tolstoi behauptete, Schriftsteller seien Ignoranten, sie wüßten nur, was ein Häuflein anderer Menschen erdacht habe. Was aber hätten sie erdacht?

»Wir bieten dem Volke Puschkin und Gogol, nicht nur wir allein: Die Deutschen bieten Goethe und Schiller, die Franzosen Racine, Corneille, Boileau, als sei damit schon alles ausgeschöpft, und das Volk greift nicht danach.«

Er sagte, man müsse die richtige Nahrung für das Volk ausfindig machen: »Wenn wir sie gefunden haben, wird jeder Hungrige danach greifen.«

Die Vorhaben waren außerordentlich umfangreich; es ging darum, Bücher für Millionen Hungrige, das heißt besondere Bücher zu schaffen.

Es mußte unverzüglich Verständliches und sittlich Wertvolles für das Volk geschrieben werden. Ob man sehr begabt sein müsse, um Einfaches und Verständliches zu schreiben, hatte Tolstoi noch nicht entschieden, und er empfahl in einem Brief an ein paar junge Damen aus Tiflis, die anonym seinen Rat erbeten hatten, was für das Volk zu tun sei, sie sollten die Bücher für das Volk verbessern, die Volksbilderbogen und andere Literatur neu redigieren.

Er wußte, der ehemalige leibeigene Knecht Matwej Komarow hatte zu Zeiten Katharinas II. das Buch geschrieben *Die ausführliche und wahrhafte Geschichte des russischen Gauners, berühmten Diebes, Räubers und Geheimagenten der Moskauer Polizei Wanka Kain nebst einer Aufzählung all seiner Spitzeldienste und geheimen Ermittlungen, sowie einem Bericht von seiner verrückten Heirat und den zahlreichen Gaunereien, die er mit seinen Spießgesellen im Lande verübt hat,* außerdem *Die Geschichte von den Abenteuern des englischen Mylord George* geschrieben und war damit zum Volksautor geworden, und seine Bücher wurden vom Volk gelesen, obwohl sie, Tolstois Ansicht nach, schlecht geschrieben und unmoralisch waren.

Tolstoi faßte den Entschluß, diese Bücher durch verbesserte alte Literatur im Stile der Volksbilderbogen, durch eigene Märchen und Umarbeitungen der *Lesemenäen* zu verdrängen.

Als guter Organisator übernahm Tschertkow die Gründung eines entsprechenden Verlages und fesselte Tolstoi auf diese Weise für immer an sich. Sobald Sytin als hervorragender Kenner des Marktes für Volksliteratur federführend die verlegerische Arbeit übernahm, fanden die Bücher guten Absatz.

Matwej Komarows Werke konnten sie allerdings nicht verdrängen, wiewohl Tschertkows Posrednik-Verlag einen eigenen Mylord George gewissermaßen als Komarow-Imitation herausbrachte; sein Verfasser, eine gutmütige Seele, erzielte damit weder die verblüffende Wirkung, noch besaß er jenen über den realen Lebenshorizont hinausschauenden Blick, mit dem Komarow die Leser fesselte. Komarows *Englischer Mylord George* erschien bis 1917 in der alten unredigierten Textfassung.

Insgesamt schrieb Tolstoi zweiundzwanzig Volkserzählungen, darunter einige in der Art von Bildergeschichten wie *Die Versuchung Jesu Christi, unseres Herrn* (zu dem Bild von N. Gay *Das heilige Abendmahl*). Das Werk besteht aus fünfunddreißig Paragraphen des XIII. Kapitels aus dem Johannes-Evangelium, die am oberen Rand des Bildes von Gay abgedruckt werden sollten. Unten stand die Erläuterung des Bildes. Sein hauptsächlicher Sinn besteht laut Tolstoi darin, daß Jesus ein Beispiel der Feindesliebe demonstriert und den Verräter Judas vor dem Zorn der Jünger rettet.

Viele Volkserzählungen sind umgearbeitete Heiligenlegenden. Besonders interessant ist *Das Märchen von Iwan dem Dummkopf.* Es ist von A bis Z ein Tolstoimärchen. Iwan der Dummkopf ist ein Bauer, Semjon der Krieger – ein adliger Militär, der Dickwanst Taras – ein Kaufmann und der alte Teufel, der Kopfarbeiter, der Iwan zu verführen sucht, ist ein Vertreter der Intelligenz.

Das Märchen von Iwan dem Dummkopf entlehnt nichts aus der Folklore. Diese lieferte lediglich die Dreizahl der Brüder und die Sympathie zum letzten und jüngsten, der als Dummkopf gilt.

Im Volksmärchen sind alle drei Brüder ihrer sozialen Lage und ihren Wünschen nach gleich, sie sind Bauern und streben sämtlich nach Glück, das märchengerecht durch Heirat mit der Zarentochter erlangt wird.

Tolstoi meint mit dem Ältesten, Semjon dem Krieger, das Kommißunwesen, den Nikolaischen Drill mit seinen entpersönlichten, einander wie Kornähren gleichenden, wie Garbenregimenter marschierenden Soldaten.

Der zweite Bruder, Taras der Dickwanst, in einigen Manuskripten auch Taras der Kulak genannt, versinnbildlicht die kapitalistische Gesellschaftsordnung, die Macht des Geldes. Dieses Geld erhält Iwan der Dummkopf durch Zerreiben von Eichenblättern.

Kommißunwesen und Militärstaat, Geld und Kaufmannsstaat sind die beiden Versuchungen des Teufels für die Bauern. Für Iwan den Dummkopf ist das alles fremd und unnütz. Soldaten bedeuten für ihn Musik und Gesang, Goldmünzen nichts als Plättchen zum Schmücken von Dorfmädchen. Einzig Schwielenarbeit erkennt er an. In diesem Falle ist Schwielenarbeit Erzeugung von Brot.

Wie im Volksmärchen kuriert Iwan der Dummkopf die Königstochter, und diese gewinnt ihn lieb. Sie ist eine demütige Frau; als der Gatte, Herrscher über ein Königreich, Bauer bleibt, wird auch sie zur Bäuerin. Der alte Teufel vermag die Bevölkerung in Iwans Reich nicht zu verführen, keiner ist gewillt, für ihn zu arbeiten. Tolstois Bauern setzen dem Geld und den Soldaten den Verzicht auf Widerstand und die Vergebung entgegen.

Als die älteren Brüder keine Könige mehr sind, beginnt Iwan der Dummkopf sie, wie Sjutajew empfohlen hatte, zu ernähren. Mit Kopfarbeit können Dummköpfe nichts erreichen, sie arbeiten mit den Händen und mit dem Buckel.

So geschah es auch im Märchen. Es wurde auf Schnellpressen gedruckt, mit Hilfe neuer Maschinen broschiert, mit der Bahn transportiert; Veränderungen aber bewirkte es nicht, die Schwielenarbeit wurde dadurch nicht leichter.

Tolstoi schrieb auch das Märchen *Die Kerze;* seine Entstehungsgeschichte ist interessant, zunächst aber soll der Inhalt mitgeteilt werden. Es beginnt mit einem Motto: »Ihr habt gehört, daß da gesagt ist: ›Auge um Auge, Zahn um Zahn.‹ Ich aber sage euch, daß ihr nicht widerstreben sollt dem Übel.«

Dann folgt eine Einführung: »Es geschah zur Zeit der Feudalherrschaft. Der Gutsherren gab es mannigfaltige. Manche dachten an ihre Todesstunde und an Gott und hatten ein Herz für die Menschen, aber auch reißende Hunde gab es, ihrer soll noch ganz anders gedacht werden. Am allerschlimmsten jedoch waren jene Herren, die einst selber Leibeigene gewesen waren und sich aus Schmutz zu den Mächtigen gesellt hatten. Die machten den Menschen das Leben am allerschwersten.«

Die Einführung ist natürlich richtig, allerdings wird hier die Verantwortung auf die Vollstreckenden verlagert. Einer von ihnen befiehlt den Bauern, am Ostermontag den Acker zu pflügen. Diese weigern sich, doch lebt unter ihnen der gottesfürchtige Pjotr. Er befestigt eine Kerze für fünf Kopeken am Pflug und beginnt seine Furchen zu ziehen. Er dreht den Pflug und schüttelt die Pflugschar ab, die Kerze aber verlischt nicht. Die anderen Bauern schimpfen und sagen über den Verwalter: »Daß ihm doch der Wanst aufplatze und die Eingeweide herausquellen.«

Den Verwalter schreckt keine Drohung, das Wunder mit der Kerze aber, die nichts zu löschen vermag, beeindruckt ihn. Er reitet aufs Feld, um zu sehen, wie das zugeht. Er sieht Pjotr, wie er pflügt und ein Lied singt. Der Verwalter langweilt sich und reitet nach Hause. Er steigt ohne fremde Hilfe vom Pferde, öffnet selbst das Hoftor und will wieder aufsitzen. Da scheut das Pferd, und der Verwalter prallt mit dem Bauch auf eine spitze Zaunlatte: »Und er schlitzte sich den Bauch auf und stürzte zu Boden.«

Anders als die meisten Volkserzählungen basiert *Die Kerze* nicht auf Auszügen aus biblischen Schriften und den *Lesemenäen,* sondern auf Folklore.

Die Erzählung rief bei Tschertkow sofort achtungsvolle, aber nachdrückliche Proteste hervor.

Das Märchen als Ganzes gefiel ihm wohl, der Vorfall mit dem Verwalter aber betrübte ihn, und es begann ein friedfertiger, gelassener, hartnäckiger Briefwechsel.

Tschertkow behauptete, die Erzählung hebe ihr eigenes Motto wieder auf. Der Verwalter finde ja den Tod, nicht der Wunsch Pjotrs werde erfüllt, sondern jener der erbosten Bauern. Die Kerze stehe für sich, die Rache ebenfalls. Tschertkow schrieb:

»Dieser schreckliche Tod des Verwalters, ausgerechnet in dem Moment, wo er sich des Triumphes des Guten über das Böse bewußt wird und sich unterlegen vorkommt . . ., das alles erinnert mich entsetzlich an die Geschichte aus dem Alten Testament von dem Propheten, der Todesrache übt an den Kindern, die ihn ausgelacht haben . . . Und wer auch immer diese Erzählung liest, sei es einer, der unsere Ansichten voll und ganz teilt, oder einer, der mit ihnen lediglich sympathisiert, wird finden, die Erzählung ist wunderbar in Form und Inhalt, nur der Schluß verdirbt alles.« (Brief vom 7. November 1885.) »Ich weiß nicht, was Sie von meinem Vorschlag halten . . . jedoch . . . wäre es ängstlich und wenig gewissenhaft meinerseits, würde ich keinen weiteren Versuch unternehmen, Sie zum Einverständnis zu bringen, eine der Form nach geringfügige, dem Wesen nach mir äußerst wichtig scheinende Änderung des Schlusses vorzunehmen.«

Tschertkow schreibt in einschmeichelndem Ton, die Änderung des Schlusses wäre seiner Meinung nach geringfügig. Tolstoi erwidert am 11. November 1885: »Ich . . . habe angefangen zu schreiben und einen anderen Schluß geschrieben. Aber das alles taugt nichts und kann nichts taugen. Die ganze kleine Geschichte ist mit dem Ausblick auf diesen Schluß geschrieben. Sie ist von A bis Z grobschlächtig, sowohl in der Form als auch im Inhalt, und so habe ich sie gehört, so sie verstanden, und anders kann sie nicht sein – wenn sie nicht verlogen sein soll.«

Tolstoi blieb bei seiner Ansicht, aber er hörte auf den Rat. Er baute das Märchen um; alles endete nunmehr glücklich; der Verwalter bereute; der Titel des Werkes lautete nun: *Die Kerze oder wie ein guter Bauer einen bösen Verwalter überwältigt.*

In dieser Form erschien die Erzählung 1886 bei Posrednik. Zur gleichen Zeit kam aber der XII. Teil der Werke des Grafen Tolstoi heraus, der Literatur der letzten Jahre enthielt, und hier lautete der Titel *Die Kerze,* und der Verwalter starb auf der Lattenspitze.

Die Weltauffassung, die Tolstoi in seinen Volkserzählungen vertritt, ist nicht zufällig entstanden, dennoch ist sie unrichtig. Genie und Aufrichtigkeit bewahrten Tolstoi letztlich nicht vor Kompromissen und Widersprüchen.

Er begeisterte sich an Homer, Herodot, Voltaire, Rousseau, Sterne, Puschkin, Tjutschew, Lermontow, Tschechow und an Hunderten von Büchern anderer Autoren, die er hier akzeptierte, dort ablehnte, und er bemühte sich, in kurzer Zeit eine andere Art Kunst zu finden oder zu schaffen.

Die Unmöglichkeit eines solchen Vorhabens ist ebenso offensichtlich wie die zweier verschiedenartiger Lösungen für die Erzählung *Die Kerze.* Tolstois Trugschluß bestand darin, daß er meinte, das Volk benötige besonders einfache, primitive, eingängige geistige Kost, Homer sei nichts für das Volk, sondern nur etwas für Tolstoi, und Tolstoi selbst sei nichts für das Volk, ausgenommen die Volkserzählungen, *Der Gefangene im Kaukasus* und *Das Alphabet.*

Alles das ist unrichtig. Tolstoi hat nicht recht daran getan, Komarow zu sanktionieren und sich selbst abzulehnen.

Er akzeptierte die Geschichte nicht, dabei veränderte die Geschichte im Ergebnis von Arbeit und Heldentaten ständig die Grenzen für das Verständnis und die Zugänglichkeit seines Werkes.

Und W. I. Lenin schrieb in seiner Schrift *L. N. Tolstoi:*

»Der Künstler Tolstoi ist selbst in Rußland nur einer verschwindenden Minderheit bekannt. Damit seine Werke wirklich zum Gemeingut aller werden, ist Kampf und noch einmal Kampf gegen eine Gesellschaftsordnung notwendig, die Millionen und aber Millionen zu Unwissenheit, Unterdrückung, Zwangsarbeit und Elend verurteilt, ist der sozialistische Umsturz notwendig.«

Die Liebe und der Tod der Liebe

Wir wissen, daß die Kunst das Leben widerspiegelt. Manchmal aber meinen wir, die Kunst widerspiegele reale Vorfälle.

Das aber stimmt nicht. Die Kunst spiegelt das Leben nicht als Spiegelbild wider, nicht unaufhörlich; sie gestaltet das Leben, indem sie die Welt auf Grund der Erfahrung vorangegangener Generationen untersucht. Häufig macht sie im Prozeß des Widerspiegelns sichtbar, was sich dem Blick, der einen Gegenstand unmittelbar betrachtet, entzieht.

Die Kunst verfügt über ein eigenes Zeichensystem, mit dessen Hilfe sie das Leben und die Erfahrung der Menschheit wiedergibt.

Die Kunst spiegelt das Leben wider, das durch die Arbeit der Menschheit erkannt wird. Und ein Mensch, der zur Kunst berufen ist und das erlebt hat, was als Inspiration bezeichnet wird, löst sich häufig aus dem gewohnten Lebensweg, weil er seine Gepflogenheit für Gepflogenheiten der Menschheit aufgibt; er schöpft aus der Erfahrung der Welt, um sein eigenes Leben neu zu entscheiden.

Daher sollten wir nicht annehmen, Tolstoi habe in der *Kreutzersonate* einen Eifersuchtskonflikt zwischen sich und seiner Frau dargestellt, einen Fall der Untreue seiner Gattin oder zumindest seinen persönlichen Verdacht. Häufig wird angenommen, die *Kreutzersonate* beziehe sich auf ein Vorkommnis, das sich auf Jasnaja Poljana und in Moskau zwischen Sofja Andrejewna und Sergej Iwanowitsch Tanejew, dem großen russischen Musiker, Komponisten und Theoretiker, zugetragen und Tolstois Eifersucht entfacht habe.

Zur Klärung des Verhältnisses zwischen Biographie und Kunstwerk kurz ein paar Worte über diese Kollision im Hause Tolstois.

In der ersten Hälfte der neunziger Jahre weilte Sergej Iwanowitsch Tanejew als ein Bekannter unter anderem häufig als Gast im Hause der Tolstois in der Moskauer Dolgo-Chamownitscheski-Gasse. Im Frühjahr 1895 mietete er sich in einem Seitenflügel des Gutshofes auf Jasnaja Poljana ein, weil er einen Sommersitz bei Tula suchte. Er wohnte dort mit seiner alten Kinderfrau und seinem Schüler Juli Pomeranzew, verfaßte musiktheoretische Schriften, spielte Klavier, schwamm, machte mit den jungen Leuten Spaziergänge, spielte Tennis und mit Lew Tolstoi Schach. Tanejew führte ein Tagebuch, so daß wir wissen, wie er gelebt hat. Frauen vermochten ihn überhaupt nicht zu begeistern.

Sofja Andrejewna durchlitt gerade großen Kummer, über den Tod ihres Jüngsten. Sie ging auf in der Musik, besuchte Konzerte, lauschte auf Jasnaja Poljana Tanejews Klavierspiel, und es war, als übertrüge sie ihre Liebe zur Musik und ihre Verzweiflung auf den Komponisten.

1904 schrieb sie ihm einen Brief mit einer Liebeserklärung. Der Komponist vernichtete das Schreiben.

Tolstoi mochte Tanejew nicht sehr, er meinte, dieser nähme in seinem Hause die Position eines »allgemeinen Hätschelkindes« ein. Das Wort »allgemein« zeugt von der Verzauberung der gesamten Familie.

Die Kreutzersonate berührt Fragen von Liebe und Ehe, Fragen nach der Bedeutung der Kunst in der damaligen Gesellschaft, bezieht sich jedoch auf kein bestimmtes Vorkommnis im Leben der Tolstois.

Überhaupt läßt sich nur schwer bestimmen, wann die Idee zu einem Kunstwerk entsteht und wann der Konflikt. Der Ehebruch der Frau, der Gedanke, Ehebruch sei mit dem Tod zu sühnen, diese Dinge sind sehr alt, wir finden sie unter anderem bereits in den Entwürfen zu *Anna Karenina.*

Ein Werk mit dem Titel *Der Mörder seiner Frau* zu schreiben, hatte Tolstoi schon lange vorgehabt, und es existiert eine Niederschrift auf zwei halben Bogen Schreibpapier, zu Vierteln gefaltet. Aus der Art des Papiers, seinem Druck, dem Wasserzeichen glaubt man schließen zu können, daß die Niederschrift aus der zweiten Hälfte der sechziger Jahre stammt. Ein Mann tötet seine Frau, stellt sich freiwillig und findet selbst im Gefängnis keine Ruhe. Im Gefängnis behandelt man ihn zuvorkommend, weil er von Adel und Rittmeister a. D. ist, sein Kammerdiener weint, den Mörder quält seine Unfähigkeit, das Geschehene zu begreifen.

Ich beabsichtige nicht, sämtlichen Verwandlungen dieses Themas nachzugehen, weil es im Grunde weniger die Eifersucht als vielmehr das Leben eines Ehepaares betrifft; über die Ehe aber hat Tolstoi viel und kummervoll geschrieben.

Der Konflikt in der *Kreutzersonate* ist ebenfalls nicht auf Eifersucht aufgebaut. Es geht um Unfreiheit, Unverständnis, um ständiges Sichmessen-Wollen. Der Ehemann spricht von einer Hundeausstellung und erwähnt den Hund, der mit einer Goldmedaille ausgezeichnet wurde; die Frau korrigiert ihn, es sei eine Ehrenurkunde gewesen. Es ist gar nicht ihr eigener Hund, aber Zank löst er trotzdem aus.

Bei dem Mann entspringt der Zank der Vorstellung, daß die Frau sich ihm zu beugen habe. Die Frau wehrt sich, bald durch kleinliche Streiterei, bald durch Betrug.

Das Leben der alternden Sofja Andrejewna war durchaus nicht leicht, es verströmte im Planen von Speisen, die der alte Hauskoch tagtäglich zubereitete; Speisekarte um Speisekarte, Suppe um Suppe,

Rechnung um Rechnung. Gewiß, es gab noch Tolstois Manuskriptblätter, unnahbar, sich wiederholend, sich ändernd, abschweifend. Sie mochte sie nun nicht mehr und weigerte sich geradezu, sie abzuschreiben, weil darin die Regierung und die rechtgläubige Kirche kritisiert wurden.

Es gab Feths Gedichte, fünf oder sechs Stück; es gab Liebe, die rauhe, bäuerliche, unerschöpfliche, unbegreifliche Liebe Tolstois.

Es gab die Wohnung in der Dolgo-Chamownitscheski-Gasse und den Frühling auf Jasnaja Poljana. Sie mochte das Dorf nicht, sie mochte den Frühling nicht.

Es gab auch Freude, es gab Kinder, verschieden geartete, sie wurden zur Welt gebracht, unter Schmerzen gestillt, sie wuchsen heran, lernten, wurden frech.

Der Gatte trauerte in seinem Arbeitszimmer und schrieb, er ließ seine Trauer in den breiten Strom der Arbeit einfließen, und die Trauer wanderte in die weite Welt. Er trauerte im Wald, wenn er auf seinem raschen, kurzsichtigen, schreckhaften und dreisten Pferd Delir auf Waldpfaden dahinritt.

Sofja Andrejewna trauerte allein.

Erst nachdem die *Kreutzersonate* vervielfältigt, herausgegeben und mit einem Nachwort versehen war, erschien auf Jasnaja Poljana Tanejew, der dort zwei Jahre im Seitenflügel lebte (1895–1896).

Jetzt wurde Tolstoi von Eifersucht geplagt. Seine Gattin verstand nichts von Musik, gab sich aber dem Traum von Musik hin wie einem anderen Leben, einem Leben nur für sich selbst.

Die *Kreutzersonate* kann kein Ausdruck der späteren Geschichte mit Tanejew sein. Andere Vorkommnisse, die für Tolstoi direkter Anlaß für Eifersucht gewesen wären, finden wir zu jener Zeit ebenfalls nicht.

Ich glaube, der Mord an der Ehefrau ist nicht das Wesentliche im Konflikt der Erzählung. In dieser Beziehung dürfte sie kaum die Thematik des *Mörders seiner Frau* aus den sechziger Jahren fortsetzen.

Die *Kreutzersonate* ist die Geschichte von der Ehe als Gefangenschaft.

Im September 1889 notierte Tolstoi den Gedanken des Helden der Erzählung: »Ich habe ihr zwanzigmal den Tod gewünscht, habe mich nach Freiheit gesehnt.«

Der Mord an der Ehefrau ist die Verwirklichung einer alltäglichen Sehnsucht nach Freiheit, die Enthüllung der tiefinnersten Kriminalität der Beziehungen.

In der Erzählung *Der Tod des Iwan Iljitsch* sind Mann und Frau einander fremd. Der Sterbende vermag nur beim Diener Gerassim Mitgefühl zu wecken. Nach seinem Tod spricht die Frau seelenruhig über ihre Pension; hier trifft sie nun wirklich keinerlei Schuld wegen Ehebruchs. Sofern es hier überhaupt Schuld geben kann, ist sie schuld am Tod der Liebe.

Wie das Buch geboren wurde

Außer der Macht des Kapitals, die Tolstoi als Macht des Geldes darstellte, existierte eine weitere Macht, die es zu besiegen galt, die Macht des Fleisches: Liebe und Eifersucht. Dieses Thema nahm der Schriftsteller nicht sofort in Angriff.

Beim Durchlesen der Rohmanuskripte können wir häufig feststellen, wie schwierig es ist, die Entstehungszeit einer Idee zu bestimmen. Die Bruchstücke tauchen scheinbar unkorrigiert auf, sie werden umadressiert und miteinander vereinigt.

Manchmal läßt sich lediglich anhand des Titels aufspüren, woran der Schriftsteller gedacht hat. Manchmal läßt sich die Verflechtung von Anfängen, Versuchen und Notizen nicht entwirren, weil nicht sichtbar wird, wo der Autor den Schluß gesetzt, was er ausgewählt hat.

1888 hörte Tolstoi in seinem Moskauer Hause die Kreutzer gewidmete Beethovensonate; es spielte der Geiger J. Ljasotta, begleitet von Sergej Tolstoi.

Unter den Zuhörern saßen der Maler I. Repin und der Schauspieler Andrejew-Burlak. Man beschloß, den Eindruck, den die Musik gemacht hatte, mit den Mitteln der drei Kunstgattungen zu reproduzieren. Repin fand keinen Anfang, Andrejew-Burlak starb im Mai 1888. Tolstoi schrieb die erste Variante der *Kreutzersonate.* In der Jubiläumsausgabe umfaßte dieser Entwurf siebzehn Seiten, ein Schauspieler könnte sie demnach in einem Zug vorlesen.

Der Form nach ist das Werk ein Monolog, angereichert mit unwichtigen Repliken der Zuhörer. Die Hauptfigur, Posdnyschew, spricht über Eifersucht; zuerst erzählt er von einem anderen Mann, dann gibt er zu, selbst derjenige zu sein, der seine Frau umgebracht hat.

Dem Fragment fehlt die umfassende Verallgemeinerung der späteren Varianten. Die gesamte Schuld ist auf den Mann konzentriert. Er heiratet, damit »im Hause anstelle von Staub und Langeweile Liebreiz, Grazie, Anmut, Schönheit und Genuß herrschen«.

Statt dessen »geschah, was immer geschieht, nämlich etwas in der

Art, was Sie empfinden würden, wenn Sie sich Komfort zulegten, einen Sessel am Kamin zum Ausruhen, und plötzlich kippt der Sessel die Beine nach oben und meldet Wünsche an – was für welche? – ein wenig spielen, ein wenig verschnaufen. Sie wundern sich, wieso ein Sessel etwas für sich wünschen kann. Es ist doch nur ein Sessel. Sie stellen ihn wieder auf die Beine und möchten sich darin niederlassen, er aber beharrt auf seinen Ansprüchen. Sehen Sie, dasselbe passiert jedem. Und da fangen Zank und Streit an.«

Die Frau verliebt sich schließlich in einen anderen und erstrahlt geradezu in ihrer Liebe. »Sie erstrahlt, wie man nur vor animalischer Liebe erstrahlt.« Der Mann ersticht die Frau mit einem Dolch. Sterbend fleht sie um Vergebung. Den Mann ». . . sprechen sie frei, die Schweine«. Der Monolog endet: »›Erst auf ihrem Totenbett überkam mich die Liebe zu ihr. Und wie! Herrgott, wie sehr hab ich sie geliebt.‹

Er schluchzte.

›Nein, sie trifft keine Schuld. Wäre sie am Leben, ich würde nicht ihren Körper und ihr Gesicht lieben, ich würde sie ganz und gar lieben und ihr alles verzeihen. Und wenn ich sie liebte, gäbe es doch gar nichts zu verzeihen.‹«

Das Labyrinth der Lebensverkettungen durchforschend, erblickte Tolstoi gemeinhin immer, was er für Laster und Verbotenes, jedoch machtvoll Menschliches und Richtiges hielt. Besonders deutlich wird das in *Auferstehung.*

Von sämtlichen Büchern, in denen Tolstoi über Liebe oder darüber, was von den Menschen als Liebe bezeichnet wird, geschrieben hat, ist die *Kreutzersonate* das hoffnungsloseste. Poetisch sind daran der Titel und die Idee, daß die Musik im Menschen Gelüste weckt, die vordem unterdrückt worden sind. Leidenschaft, aus Musik geboren, ist jedoch widerwärtig: Die Musik ist verbrecherisch, weil nicht getan werden darf, wozu sie treibt. In der Erzählung heißt es:

»Und darum ist Musik so entsetzlich, darum wirkt sie zuweilen so furchtbar. In China ist Musik eine staatliche Angelegenheit. Und so muß es auch sein. Kann man denn zulassen, daß jeder, der es gerade wünscht, einen anderen oder gar viele unter Hypnose setzt und dann mit ihnen nach Belieben verfährt? Und vor allem, daß der erste beste sittenlose Hergelaufene als solch ein Hypnotiseur auftritt?

Dabei ist solch ein schauerliches Mittel jedermann wahllos in die Hand gegeben. Da wäre zum Beispiel die Kreutzersonate, das erste Presto. Ja, darf man denn dieses Presto im Salon vor dekolletierten Damen spielen? Erst wird es gespielt, dann wird applaudiert, und dann wird Eis gegessen und über den neuesten Klatsch geredet.

Solche Werke dürften nur unter bestimmten bedeutenden Umständen gespielt werden, und wenn die Notwendigkeit besteht, bestimmte, dieser Musik entsprechende wichtige Taten zu vollbringen. Man müßte sie spielen und dann das tun, wozu die Musik einstimmt.«

Folglich ist Musik nicht notwendig. Der Marsch, von dem Posdnyschew spricht, weckt den Wunsch zum Schreiten, und man schreitet ja auch nach Marschmusik; die Musik Beethovens hingegen weckt andere, sehr komplizierte Wünsche. Musik entfesselt Wünsche – Leidenschaften, darum wahrscheinlich ist sie überhaupt unnötig. Lew Tolstoi aber liebte Musik sehr und konnte ohne sie nicht leben.

Er war eifersüchtig auf die Musik, wie die Poesie auf die Prosa der Ehe eifersüchtig ist.

Die Kreutzersonate ist, wie gesagt, nicht nur eine Erzählung über Eifersucht, sondern über die bürgerliche Ehe, und der Autor hat eine Zeitlang vorgehabt, sie umzuändern. Eine Variante, worin die Eifersucht fehlt, ist uns nicht überkommen, doch hat es einen Versuch gegeben, den Konflikt ohne Mord zu lösen. Am 20. September 1889 schrieb Tolstoi im Zusammenhang mit seiner Arbeit an der Erzählung in sein Tagebuch: »Wenig geschrieben.« Tags darauf heißt es: »Wenig geschrieben. Habe mich endgültig entschlossen, umzuändern, der Mord ist überflüssig.« Am nächsten Tag schrieb er: »Befaßte mich mit der *Kreutzersonate,* die schon gar keine *Kreutzersonate* mehr ist. Alles will sich dahin neigen, daß der Mord ganz simpel durch einen Zank ausgelöst wird. Habe die Geschichte vom Ehemann, der Selbstmord beging, und der Ehefrau, die ihre Kinder umbrachte, gelesen, und das bestärkte mich noch mehr.«

Das Auf und Ab in der Entstehung und Drucklegung der *Kreutzersonate* hat N. K. Gudsi, dessen Materials ich mich bediene, detailliert untersucht. Er weist auch auf die Quelle der Notiz hin: In Odessa hatte sich ein Lehrer namens Sause erhängt, die Ehefrau hatte danach ihre drei Kinder erstochen und sich vom dritten Stock hinabgestürzt. Tolstoi hatte davon in der Nr. 38 der Zeitung *Nedelja* vom 17. September 1889 gelesen.

Am 4. Juli 1889 notierte er in sein Tagebuch: »Heute morgen und gestern abend viel und klar über die *Kreutzersonate* nachgedacht. Sonja schreibt sie ab, es regt sie auf, gestern nacht hat sie von der Enttäuschung der jungen Frau gesprochen, von der Sinnlichkeit der Männer, die anfangs befremdend ist, vom fehlenden Mitgefühl Kindern gegenüber.«

Sofja Andrejewna warf Tolstoi häufig vor, er liebe seine Kinder nicht. Sie war damit im Unrecht. Tolstoi rechtfertigt sich im selben Fragment gleichsam vor allen Ehefrauen:

»Sie ist ungerecht, weil sie sich zu rechtfertigen sucht, um aber die Wahrheit zu begreifen und auszusprechen, muß man bereuen. Die gesamte Dramatik der Erzählung, die mir die ganze Zeit vorher nicht glücken wollte, habe ich jetzt klar im Kopf. Er hat sie zur Sinnlichkeit erzogen. Die Ärzte haben ihr verboten, Kinder zu gebären. Sie ist wohlgenährt, herausgeputzt, und dann sämtliche Verlockungen der Kunst. Wie sollte sie da nicht straucheln? Er muß spüren, daß er sie selbst soweit gebracht hat, daß er sie schon vorher umgebracht hat, als er sie zu hassen begann, daß er nach einem Vorwand gesucht und sich darüber gefreut hat.

Ja, gestern bestätigten mir Bauern, Hysterie *gebe es nur bei Weibern,* nicht bei Jungfern. Folglich ist, was aus geschlechtlichen Exzessen erwächst, legitim.«

Der Mord aus nichtigem Anlaß, allerdings mit einem vorher bereitgelegten Damaszenerdolch, der Gedanke an Ehebruch nebst biblischen Zitaten von Weiberschläue, Erinnerungen an das Weib des Uria, das dem Gatten beiwohnen wollte, um eine mögliche Schwangerschaft vom Liebhaber zu vertuschen, alle die Winkelzüge und Verdächtigungen sind nichts als Realisationen des simplen Wunsches, die Freiheit zu gewinnen. Weshalb sonst bezeichnen Katholiken in Italien den Gattinnenmord als »Scheidung auf italienisch«?

Der Mann tötet seine Frau, weil er sich gleichsam für seine Unfreiheit rächt; weil er gezwungen ist, aufzubegehren.

Tolstois Analysen der Ehezwiste sind quasi Rekonstruktionen seiner Tagebuchaufzeichnungen. Zunächst beschrieb er eine Frau, die dem Manne überlegen ist und dann zur Offensive übergeht. Die Frau ist unterdrückt, und sie wünscht zu herrschen, dem Mann die Unterdrückung heimzuzahlen. »Aha, ihr wollt, daß wir nichts als Objekte eurer Sinnlichkeit seien, gut, dann werden wir euch auch als Objekte der Sinnlichkeit unterjochen«, sagen die Frauen.

Eigenarten weiblicher Kleidung werden häufig erwähnt. »Daher diese ekelhaften Jerseys, diese Betonungen des Gesäßes, diese entblößten Schultern und Arme, die fast schon entblößten Brüste.«

Tolstoi zieht Vergleiche zwischen der Kleidung »von Damen der höchsten Gesellschaft« und der von Prostituierten. Später wiederholt Posdnyschew: »Ja, auf diese Jerseys und Locken und Gesäßwülste bin ich ja auch hereingefallen.«

Alexandrine Tolstaja berichtet in ihren Erinnerungen von der Verbreitung der *Kreutzersonate* und der *Macht der Finsternis,* sofort nachdem diese in Manuskriptform bekanntgeworden waren. »Kaum vorstellbar, was sich abspielte, zum Beispiel als die *Kreutzersonate* und die *Die Macht der Finsternis* bekannt wurden. Noch nicht zum

Druck freigegeben, wurden diese Werke bereits in Hunderten und Tausenden von Exemplaren abgeschrieben, sie gingen von Hand zu Hand, wurden in sämtliche Sprachen übersetzt und allüberall mit enormer Leidenschaftlichkeit gelesen; zuweilen schien es, als lebte das Publikum, alle persönlichen Sorgen vergessend, nur für die Literatur des Grafen Tolstoi ... Selbst wichtigste politische Ereignisse vermochten nur selten alle Welt derartig machtvoll und ausschließlich in ihren Bann zu ziehen.«

Während die Erzählung entstand, gab Tschertkow, der um die Publikumsdispute wußte, unablässig gute Ratschläge, recht weitgehende sogar; als Redakteur wünschte er sich die Reflexionen vom Monolog getrennt, und die Moral des Werkes sollte frontal wirken. Zugleich legte er Tolstoi ein Manuskript der Erzählung vor, »mit Anmerkungen betreffs der Stellen, die hervorgehoben werden sollten«, und bestand auf einem Nachwort.

Die Dispute gelangten bis in Regierungskreise. Es gibt Hinweise darauf, daß Alexander III. Gefallen an der Erzählung gefunden habe, die Zarin hingegen schockiert gewesen sei.

J. G. Oxman entdeckte in J. M. Feoktistows Archiv einen Brief von Pobedonoszew über die *Kreutzersonate* (vom 26. Februar 1890). Dieser ordentliche Geheimrat und Staatssekretär schrieb vertraulich an seinen Freund:

»Was soll ich Ihnen sagen, höchst ehrenwerter Jewgeni Michailowitsch? Ich habe die ersten beiden Hefte gelesen, mir wurde speiübel, es schien mir widerwärtig, bis an die Grenzen des Zynismus. Dann las ich weiter (alles auf einmal zu lesen tut einem in der Seele weh), und die Idee wurde klarer. In nur drei Anläufen habe ich alles gelesen – und bin nachdenklich geworden.

Ja, ich muß zugeben, alles, was hier niedergeschrieben wurde, ist die reine Wahrheit, klar wie ein Spiegel, wiewohl ich das gleiche ganz anders geschrieben hätte. So aber, wie es bei ihm dasteht, ist es zwar ein Spiegel, jedoch einer mit Blasen, und daher gibt es Zerrbilder. Zugegeben, der Autor spricht im Namen eines kranken, gereizten, von Haß auf alles, was ihm Leides angetan hat, durchdrungenen Mannes, aber jeder spürt, daß die Grundidee die des Autors ist. Und was auffällt, ist das nahezu lückenlose Negieren. Ein positives Ideal stellt der Autor so gut wie gar nicht heraus, wenngleich er hier und da kurz eines aufleuchten läßt.

Es ist ein Werk von gewaltiger Aussagekraft. Und wenn ich mich frage, ob es verboten werden sollte im Namen der *Sittlichkeit,* bekomme ich es nicht fertig, das zu bejahen. Die vereinigten Stimmen jener, denen das Ideal wert und teuer ist, die das Werk unter der Hand läsen und sagten: ›Das ist ja alles wahr ...‹, würden mich der Lüge bezichtigen.«

Der altüberkommene Ruf »Töte sie!«, einst eine der Quellen für die Idee von *Anna Karenina,* später verworfen, wenn auch durch Annas Selbstmord ersetzt, tauchte von neuem auf.

Der Schriftsteller schwankte; er kam nicht sofort zu dem Schluß, daß der Ehebruch tatsächlich vollzogen wurde. Einmal gibt er der Frau die Schuld, dann wieder der Eifersucht des Mannes. Das Buch ist randvoll von Verzweiflung, es enthält die Schlußfolgerungen von bitteren Überlegungen des Autors, der in sein Notizbuch schrieb:

»Die Frauen werden durch Wollust erniedrigt. Sie zahlen mit gleicher Münze zurück, daher ihre Macht ...

Während der Schwangerschaft marterte ich ihre Nerven durch Ansätze von Eifersucht, dann, weil sie das Kind nicht stillen konnte, der Versuch zu töten.«

Es existiert eine Notiz: »›Die Mohrin als Zarin‹, d. h. die Unterdrückte in Gestalt einer untergebenen Negerin als Herrscherin.«

Und noch eine Notiz: »Wahre Marter und ein Eisbär am Schluß.« Der Eisbär steht für ein Bild, das in Tolstois Familie zur Definition einer fixen Idee gebraucht wurde. Um das Glück der Märchenbrüder zu erreichen, hieß Nikolai Tolstoi als Knabe seine Brüder sich in eine Ecke stellen und nicht an einen Eisbären denken. Das Thema vom Eisbären stammt aus *Das Leben und die Ansichten des Tristram Shandy* von Sterne und steht für irgendeinen Nonsens, der sich ständig ins Denken einschleicht, nur weil er verboten ist. Für Tolstoi existierte jedoch der Eisbär: »Damit die Marter ende, war Mord erforderlich. Ihre Eitelkeit, jedoch bis zu der Grenze, die da heißt: Ergötzt euch und beneidet mich.«

Ein Mann mit Bordellerfahrungen hat an seiner Seite eine ihm untergebene Frau und glaubt ihr kein einziges Wort.

Die Erzählung wurde im Manuskript gelesen. Es gibt acht Varianten. Tolstois Töchter diskutierten darüber; sie sagten, es gebe keine zwei schlechten Mädchen und keine einzige glückliche Familie.

Wir sollten uns nicht darüber wundern, daß Tolstoi, der während der Niederschrift der »Kreutzersonate« ein religiöser Mann war und behauptete, ein Mann dürfe nur eine Frau haben und die erste, mit der er schlafe, müsse für alle Zeiten seine Ehefrau werden, als Ehemann ein Eigentümer war. Denken wir an die Zehn Gebote Mose, die Tolstoi so einfach erschienen, besonders dort, wo es, wie zum Beispiel im 5. Buch Mose heißt: »Laß dich nicht gelüsten nach deines Nächsten Weib. Du sollst nicht begehren deines Nächsten Haus, Acker, Knecht, Magd, Ochsen, Esel noch alles, was sein ist.« Worte, verkündet auf dem Berge Sinai unter Donner, Flammen, Rauch und Posaunenschall.

Das ist ein Gebot vom Eigentum, das nicht gefährdet werden darf. Während der Niederschrift der *Kosaken* und des *Idylls* war Tolstoi freier und sein Leben weniger belastet.

Tolstoi sucht eine Stütze bei Herzen

Was Tolstoi unter dem Druck der Reaktion tun konnte, war nicht klar. Er fuhr fort zu schreiben und Briefe zu beantworten, die immer uninteressanter wurden. Auch seine Antworten wurden zu Schablonen, häufig beschränkte er sich auf den Hinweis, welche seiner bereits erschienenen Bücher man lesen solle.

Oft jedoch entdeckte er Kraftreserven in sich. Er steigerte mit Zorn und beißender Ironie Herzens Wirkungskraft, indem er die Selbstherrschaft untergrub, ihre Ungesetzlichkeit und Zufälligkeit, die Nichtigkeit dessen aufzeigte, was als Eid und als Legitimität der Macht bezeichnet wird.

Tschertkow schaffte es nicht, Tolstoi umzumodeln oder auch nur seine Macht geheimzuhalten.

Herzens Kraft erschloß sich Tolstoi schon frühzeitig, und er machte sie sich zu eigen.

Viele Male kehrte er zu Herzen zurück.

In einem Brief an den Maler N. N. Gay schrieb er am 13. Februar 1888:

»Die ganze letzte Zeit lese ich Herzen und denke oft an Sie. Was für ein wunderbarer Schriftsteller! Und unser russisches Leben der letzten zwanzig Jahre sähe ganz anders aus, wäre dieser Schriftsteller nicht vor der jungen Generation verborgen worden. So aber wurde aus dem Organismus der russischen Gesellschaft mit Gewalt ein sehr wichtiges Organ entfernt.«

Seine Liebe zu Herzen verband Tolstoi mit Ideen des patriarchalischen Bauerntums.

Am 9. Februar des gleichen Jahres schrieb er einen Brief an Tschertkow, worin er vorschlug, mit der Drucklegung seiner in Rußland verbotenen Werke im Ausland zu beginnen:

»Bondarjows Artikel und das Vorwort möchte ich jetzt im Ausland drucken lassen ... Ich lese Herzen, bin hellauf begeistert und bedauere schmerzlich, daß seine Schriften verboten sind; einmal steht der Autor als künstlerischer Schriftsteller wenn nicht höher, so doch bestimmt auf gleicher Höhe mit unseren besten Autoren, zum zweiten, wäre er nach den fünfziger Jahren in Fleisch und Blut der jungen Generationen eingegangen, gäbe es bei uns keine revolutionären Nihilisten. Will man die Unhaltbarkeit revolutionärer Theorien nachweisen, braucht man nur bei Herzen nachzulesen, wie jede Gewalt durch genau die Sache geahndet wird, für die sie eingesetzt wurde.«

Herzen wäre höchst verwundert gewesen, wenn er Gelegenheit gehabt hätte, Bondarjows Schrift zu lesen und zu erfahren, daß Tolstoi ihn für Bondarjows Verbündeten hielt.

Laut Tolstoi war Herzen wichtig als ein Mann, der gegen »westeuropäische Revolutionstheorien« ankämpfte, dies ist Tolstois Auslegung. Er wollte Herzen zu seinem Weggenossen machen. Aber gerade in der späten Phase seines Schaffens übernahm er Elemente von Herzens künstlerisch-publizistischer Methode und führte durch seine Kritik Herzens Werk weiter.

»Herzen ... hat mit seiner Begeisterung für die westliche Philosophie Hegels und für westeuropäische Revolutionstheorien angefangen, sich letztlich aber dem Leben des russischen Volkes in der Dorfgemeinde zugewandt und darin die Rettung gesehen. Ich glaube, für Rußland ist es ein großes Unglück, daß Herzen nicht hier gelebt hat und daß seine Schriften an der russischen Gesellschaft vorübergegangen sind. Hätte er in Rußland gelebt, so hätte sein Einfluß, wie ich glaube, unsere revolutionäre Jugend vor vielen Irrtümern bewahrt«, sagte Tolstoi.

Er lernte bei Herzen gegen Selbstherrschaft und Gewalt ankämpfen.

Er folgte Herzens Spuren. Das stellte er manchmal deutlich fest.

Er schrieb den Artikel *Dschingis-Khan mit Telegrafen* (später wurde der Titel geändert in *Es ist Zeit zu begreifen*). Die erste Version stammt aus Herzens Brief an Alexander II. (anläßlich des Buches von Baron Korf), der 1857 in der Zeitschrift *Kolokol* abgedruckt wurde. »Würde bei uns aller Fortschritt *ausschließlich* in der Regierung vollzogen, gäben wir der Welt ein nie gesehenes Beispiel einer Autokratie, die bewaffnet wäre mit allem, was die Freiheit erarbeitet hat ... Das wäre etwas Ähnliches wie Dschingis-Khan mit Telegrafen, Dampfschiffen, Eisenbahnen, mit Carnot und Monge in seinem Stab ...«

Als betagter Greis las Tolstoi erneut Herzen. Er las aus dem *Kolokol* vor, war hingerissen von der Beschreibung der Parade, die Nikolai I. abnahm. »... Die Beschreibung der Heerschau in Anwesenheit des Kaisers von Österreich und Nikolais I. ..., die Lew Nikolajewitsch immer wieder in Entzücken versetzten, las er in meiner Gegenwart mehrmals laut vor ...«, heißt es in den Erinnerungen von A. B. Goldenwejser.

Herzens Werke wurden von Tolstoi nicht nur gelesen, sie wirkten auch auf die Schreibweise seiner im Gedächtnis des Volkes am tiefsten verankerten publizistischen Schriften. Diese Schreibweise zeichnet sich aus durch Genauigkeit in künstlerischen Detail, Konkretheit, publizistisches Pathos und umfassende Verallgemeinerung.

Der Artikel »Was sollen wir denn tun?« und die Erzählung »Der Tod des Iwan Iljitsch«

In dem zweistöckigen Hause in der stillen Moskauer Gasse und in dem anderen zweistöckigen Hause inmitten des stillen Parkes auf Jasnaja Poljana lebte man schlecht.

Zu dem Aufsatz *Was sollen wir denn tun?,* der sich zu einem ganzen Buch auswuchs, existiert ein Motto. Darin heißt es über Christus: »Und das Volk fragte ihn und sprach: Was sollen wir denn tun? Er antwortete und sprach zu ihnen: Wer zwei Röcke hat, der gebe dem, der keinen hat, wer Speise hat, tue auch also.«

Zu realisieren war das nicht. Die Reichen, die Tolstoi zu Gesicht bekam, besaßen scheinbar nur Unteilbares: eine halbe Fabrik, ein halbes Dampfschiff, die Hälfte einer Eisenbahn lassen sich nicht verschenken, und selbst die Kleider der Reichen waren so geschneidert, daß sie nicht teilbar waren. Das alles begriff Tolstoi recht gut und beschrieb es auch.

»Trüge ein reicher Mann gewöhnliche Kleidung, die lediglich seinen Leib vor Kälte schützte – Halbpelz, Pelz, Filz- und Lederstiefel, Wams, Hose und Hemd –, so benötigte er sehr wenig Kleidung, und er könnte, wenn er sich zwei Pelze anschaffte, nicht umhin, einen zu verschenken an jemanden, der keinen einzigen besitzt; aber ein reicher Mann läßt sich Kleider machen, die sämtlich aus Einzelstücken bestehen und nur für bestimmte Anlässe passend und daher für einen Armen ungeeignet sind. Je reicher jemand ist, um so schwieriger wird es, Zugang zu ihm zu finden, um so mehr Türhüter stehen zwischen ihm und den Minderbemittelten, um so unmöglicher wird es, einen Armen über Teppiche zu geleiten und in atlasbezogenen Sesseln Platz nehmen zu lassen.

Das gleiche gilt für Transportmittel. Der Bauer auf seinem Leiterwagen oder Schlitten müßte sehr hartherzig sein, um einen Fußgänger nicht ein Stück Weges aufsitzen zu lassen – Platz und Möglichkeit sind ja vorhanden. Je pompöser aber eine Equipage ist, um so ferner rückt die Möglichkeit, jemand mitzunehmen. Man sagt ja geradezu, die feinsten Equipagen seien Egoisten.«

Ein anderes Leben war herangereift; Tolstoi erzählte ausführlich davon, konnte jedoch nicht alles drucken lassen.

Neben ihm im Zimmer des Sohnes Sergej waren zwei Frauen an der Arbeit: »Eine hagere, gelbhäutige, ältlich wirkende Frau von etwa dreißig Jahren im übergeworfenen Umschlagtuch bewegte sehr hastig ihre Finger über dem Tisch und zuckte nervös wie in einem Anfall. Ihr schräg gegenüber saß ein kleines Mädchen und machte ebenfalls etwas und zuckte ebenso. Beide weiblichen Wesen schienen am Veitstanz zu leiden. Ich trat näher und sah mir an, was sie machten. Sie hoben den Blick zu mir und fuhren genauso konzentriert in ihrem Tun fort. Vor ihnen auf dem Tisch sah ich losen Tabak und Zigarettenhülsen. Sie stopften Papirossy. Die Frau zerrieb den Tabak zwischen den Handflächen, legte ihn ins Stopfröhrchen, zog die Hülse darüber, schob das Röhrchen durch und warf die Zigarette dem Mädchen zu. Dieses rollte Papier, schob es ein, warf die Zigarette beiseite, griff nach der nächsten. Das alles geschah mit einer Schnelligkeit und einer Anstrengung, die nicht zu beschreiben sind.«

Hier wurden im Auftrag von Sergej Iwanowitsch und mit Vaters Geld für zwei Rubel fünfzig Kopeken pro Tausend Papirossy gestopft. Sergej führte ein sattes Leben, er spielte Klavier, stand um zwölf Uhr mittags auf, rauchte, und die Frau und das Mädchen mußten zu Maschinen werden, um ihm seinen Raucherbedarf zu liefern.

So beschrieb Tolstoi sein eigenes Heim. Sofja Andrejewna lehnte sich dagegen auf, mit der Begründung, er brächte Schande über das Haus. Die Regierung verbot die Drucklegung des Buches, das sowieso nichts geändert, die Menschen aber in Staunen versetzt hätte. Es zerstörte Hergebrachtes, vergällte das Leben. Aber Lew Tolstoi tat noch mehr.

Er schrieb zu jener Zeit an der Erzählung *Der Tod des Iwan Iljitsch.*

Anlaß dazu lieferte ein Fall aus dem Leben: Ein Gerichtsbeamter, ein Bekannter Tolstois aus Tula, starb an Krebs.

Indessen schrieb Tolstoi nicht vom Tode des Iwan Iljitsch, sondern vom Leben des Iwan Iljitsch. Die Handlung beginnt damit, daß Menschen vom Tode des Mannes erfahren, der ihr ständiger Partner im Kartenspiel war. Sie gehen in dessen Wohnung, erblicken einen gewöhnlichen Entschlafenen, den Tolstoi wie folgt beschreibt: »Der Tote lag da, wie Tote immer daliegen, besonders schwer. Auf Totenart mit den Gliedmaßen im Sargpolster eingesunken, den Kopf für immer ins Kissen geduckt, ließ er seine wächserne gelbe Stirn mit den gelichteten, eingesunkenen Schläfen und seine hervorspringende, gleichsam auf die Oberlippe drückende Nase in die Luft ragen.«

Das Gesicht des Toten ist ansehnlich und schön, es enthält eine Art

Vorwurf und Mahnung an die Lebenden, und das empfand ein anwesender Amtskollege des Entschlafenen als »ungehörig oder zumindest als ihn selbst nicht berührend«.

Was wir Spannung nennen, fehlt hier ganz und gar. Wir wissen von vornherein, daß Iwan Iljitsch tot ist. Er ist gestorben, bevor wir ihn kennenlernen. Erzählt wird weniger vom Schrecken des Todes als vom Schrecken des Lebens. Iwan Iljitsch starb, während er seine Wohnung einrichtete, herumlief, um Sachen einzukaufen, und sich freute, eine Wohnung zu bekommen, wie alle Welt sie besaß; er hatte eine Tochter, die er verheiraten wollte, und einen Sohn, einen Gymnasiasten mit Augenringen, um deren Herkunft der Vater wußte, eine mollige Frau und Dienstboten. Aber das Leben war sinnlos, und die Sinnlosigkeit dieses Lebens erinnert sehr an die Sinnlosigkeit des Daseins in der Dolgo-Chamownitscheski-Gasse Nr. 15.

Ständig sind wir dabei, uns einzurichten, ständig haben wir vor, zu leben, wenn wir aber anderes, Großes nicht erreichen, kommen wir mit dem Leben selbst nicht zu Rande, und der Tod wird nicht nur schmerzvoll, sondern zur Krönung eines bis zum Superlativ sinnlosen Daseins.

So beginnt auch das 2. Kapitel: »Das vergangene Leben des Iwan Iljitsch war das simpelste und gewöhnlichste und schauderhafteste.«

Tolstoi schrieb zu jener Zeit über Simples, Gewöhnliches und Schauderhaftes, dies und nichts anderes war sein wesentlichstes Tun, obwohl er gerne Sittenlehren geschrieben, die politische Ökonomie überprüft, die *Lesemenäen* umgestaltet hätte. Aber nein, sein Schicksal war, die Nacht zum Tag zu machen und den Leuten zu zeigen, daß sie inmitten ihrer Nacht vernünftig und schauderhaft lebten.

Er begann die Erzählung in den Jahren 1881–1882. 1884 jedoch schrieb Sofja Andrejewna an ihre Schwester Tanja: »Dieser Tage las Ljowa uns einen Abschnitt aus einer Erzählung vor, die er geschrieben hat, ein bißchen düster, aber sehr schön ... Als Titel hat er uns genannt: *Der Tod des Iwan Iljitsch.*«

Das Werk wurde 1886 abgeschlossen.

Wie jedesmal mußten Dispute darüber einsetzen, wo das neue Werk gedruckt werden sollte und wie – kostenlos oder gegen Honorar.

Wir wollen bei den Disputen zwischen Tolstoi und seiner Frau nicht die schwächere Seite, also Sofja Andrejewna, verurteilen. Der Gatte dachte eben anders, er wußte auch um seine eigene Schuld.

Am 27. Oktober 1889 sandte man ihm ein Buch zu, und er schrieb aus diesem Anlaß: »Der Biograph kennt den Schriftsteller und beschreibt ihn! Ich selbst aber kenne mich nicht, habe keine Ahnung.

Mein ganzes langes Leben hindurch ist es nur selten vorgekommen, daß mir dies oder jenes aus mir selbst sichtbar wurde.«

Die Biographie eines Schriftstellers läßt sich nicht lückenlos und absolut vollständig niederschreiben, und man soll dies beim Schreiben im Auge behalten.

Der Schriftsteller sieht sich selbst während des Schreibens, während er sich von sich selbst, von der Erinnerung an sich frei macht, sich in Wirklichkeitserscheinungen, die er erforscht, einreiht, diese miteinander konfrontiert, sie verallgemeinert, eine neue Erklärung für sie findet und sie in neue Beziehungen stellt.

Innerhalb der Familie Tolstois spielten sich unterschwellige, für beide Seiten aussichtslose Kämpfe ab.

Was in anderen Familien alltäglich, unvermeidlich, sogar wünschenswert erschien, wurde vom Hausherrn als verbrecherisch angesehen. Er lebte als Sehender unter Blinden.

Unter seinen *Volkserzählungen* gibt es eine mit dem Titel *Der Patensohn.* Ein Sünder, der seine Seele retten will, wandert durch die Welt, um zu sehen, wie der Mensch seine Seele retten kann, und er weiß, daß alles, was er zu sehen bekommt, Gleichnisse sind. Er sieht, ein Kalb läßt sich nicht mit Gewalt aus dem Stall treiben, denn dabei würde Korn zertrampelt werden; mit einem guten Wort kann man es herauslocken, dann »freuen sich die Bauern, und das Weib freut sich und das Kalb freut sich«. Einen Tisch kann man mit einem schmutzigen Wischtuch nicht sauberkriegen, das Tuch muß zuvor ausgespült werden. Faßreifen lassen sich nicht biegen, wenn nicht zuvor der Ständer befestigt wird, damit die Reifen Halt haben. Fehlt das Abstützen, wird sich der Reifen trotz allen Dämpfens nicht biegen, man wird sich nur mit ihm zusammen im Kreise drehen.

Tolstoi versuchte, mit Güte auf seine Familie einzuwirken, er versuchte, sein Herz zu reinigen, aber die Reifen zu biegen gelang ihm nicht, weil sich die Stütze selbst, die er in den Ständer schlug, damit der Reifen feststehe, mitbewegte.

Er wünschte sich, daß das Leben einer Familie oder einer Bauerngemeinde gereinigt würde. Vermutlich hängt auch diese Illusion mit dem Zerfall der Dorfgemeinde zusammen: es hatte Zeiten gegeben, da jeder Bauernhof für sich existieren konnte.

Die Tolstoianer schlossen sich später zu Gemeinden zusammen und bemühten sich um ein sündenfreies Leben. Die Gemeinden hielten sich zwei, drei Jahre, dann fielen sie auseinander, sie konnten nicht sittlich einwandfrei bleiben inmitten einer Gesellschaft, die ihre Grundsätze nicht änderte. Sie konnten das Flußbett der Geschichte nicht verlassen. Tolstoi brachte zuweilen Verständnis dafür auf und schrieb an seine Jünger, sie sollten keine »Klöster neuer Art« bauen; er setzte auf die Umgestaltung der Welt, glaubte, sie würde stattfinden, weil er oder ein anderer Lehrer alle Welt bewegen würde, Gutes zu tun.

Er selbst war sich bewußt, daß der Sieg einer neuen Gesellschaftsordnung eine weltweite Angelegenheit sein würde; ausgedrückt hat er das in Worten, die den familiären Alltag betreffen. So schrieb er am 17. Oktober 1886 an Tatjana Kusminskaja:

»Bei uns steht alles zum besten, und es ist sehr ruhig. Aus Briefen ersehe ich, daß es bei Euch ebenso ist und in ganz Rußland und in Europa auch. Aber verlaß Dich ja nicht auf diese Ruhe. Der verstohlene Kampf gegen den Anke-Kuchen findet nicht nur kein Ende, er verstärkt sich, und hie und da ist bereits das Grollen des Erdbebens zu hören, das den Kuchen in Stücke reißen wird. Mich erhält einzig mein Glaube am Leben, daß nicht der Kuchen ewig ist, sondern des Menschen Vernunft.«

Er wollte das Leben durch Überzeugung umgestalten und gestaltete in erster Linie sich selbst um; nach Erfüllung dieser Aufgabe hoffte er, die Menschen umzuformen; nur, wie sollte das angepackt werden? Man mußte lehren, Nachfolger haben, Bücher herausgeben.

A. M. Kalmykowa, eine gescheite und einflußreiche Frau, die in der Volksbildung tätig war, ließ Tolstoi ihr Manuskript *Der griechische Lehrer Sokrates,* eine Sokrates-Biographie, zukommen. Die Kalmykowa war ein reger Mensch, sie wirkte im Komitee zur Beseitigung des Analphabetentums, in der Freien Ökonomischen Gesellschaft zu Petersburg, an Volks- und Sonntagsschulen, im Posrednik-Verlag; später schloß sie sich den Marxisten an, gab die Zeitschrift *Natschalo,* später *Shisn* heraus, half mit bei der Herausgabe der *Iskra* im Ausland. 1900 wurde sie aus Petersburg verbannt, reiste ins Ausland, wo sie persönlichen Umgang und Briefwechsel mit Wladimir Iljitsch Lenin pflegte.

Sie gehörte zu denen, die den Anke-Kuchen ablehnten.

Tolstoi bezeichnete das Buch *Das Leben des Sokrates,* woran sie schrieb, als eine ausgezeichnete Arbeit und begann ihr dabei zu helfen. Das veranlaßte ihn, erneut Bücher über griechische Philosophie zu lesen. Viele Passagen im Manuskript der Kalmykowa wurden umgeschrieben, die Charakterisierung des Sokrates zum Demokratischen hin geändert. Der reale historische Sokrates war Bildhauer, Tolstoi machte aus ihm einen Steinmetzen, einen Arbeiter. Sein Sokrates kämpft gegen die Sklaverei, gegen die Ausbeutung des Menschen durch den Menschen, dagegen, daß ». . . jedermann nur daran dachte, wie er den anderen zurechtbiegen und auf ihm reiten könne«.

Er fügte in das Buch *Das Leben des Sokrates* ein Kapitel ein: *Wie man in der Familie leben soll.*

»Als Sokrates begann, sich von seiner Steinmetzarbeit loszureißen, um auf den Marktplatz zu gehen und das Volk zu lehren, war seine Frau gekränkt, sie meinte, es würde zu Einbußen kommen; als sich jedoch viel Volk um Sokrates sammelte, tröstete sie sich, denn sie dachte: Fürs Belehrtwerden zahlen die Leute gut, Lehrer leben im Wohlstand, also werden auch wir so leben. Sokrates aber dachte anders, nämlich: Ich kann keine Bezahlung für meine Lehren annehmen, denn ich lehre, was die Stimme Gottes zu mir spricht, ich lehre Gerechtigkeit. Wie könnte ich wohl dafür Geld nehmen? Obwohl viel Volk sich versammelte, um ihn zu hören, forderte er von niemandem Geld. Was nötig war, um seine Familie zu erhalten, erwarb er durch sein Gewerbe, auch wenn es nur für das Notwendigste reichte. Der Ehefrau des Sokrates erschien ein ärmliches Leben als Last und Schande. Oftmals haderte sie mit ihrem Mann, weil er für seine Lehren kein Geld verlangte. Manchesmal kam es zu Tränen und Vorwürfen und bösen Worten. Das Weib des Sokrates – sie hieß Xanthippe – war von aufbrausender Art. Geriet sie in Zorn, zerfetzte und schleuderte sie umher, was ihr unter die Hände geriet.«

Diese überlieferten Zeilen sind ein autobiographisches Geständnis. Lew Tolstoi verdiente sein Geld mit literarischer Arbeit, doch gab es eine Teilung: die vor 1881 entstandene Belletristik wurde honoriert und in die Werkausgabe aufgenommen, die *Volkserzählungen* und die Publizistik hingegen unterlagen im Druck keiner Beschränkung und wurden nicht honoriert, seine Manuskripte im *Posrednik* und die redaktionelle Arbeit bekam Tolstoi nicht bezahlt.

Die Flammen des Familienzwistes um den Anke-Kuchen schlugen immer höher. Man begriff nicht, weshalb man in dem einen Haus keinen Anke-Kuchen essen durfte, in anderen Häusern jedoch literarische Arbeit verkauft und Geld dafür eingenommen werden konnte.

Die Auflage der *Volkserzählungen* war klein, mit Publizistik war nichts zu verdienen, folglich konzentrierte sich der Familienkampf auf neue Werke der Belletristik. So seltsam das auch anmuten mag, aber die größte Empörung und Feindseligkeit löste in Tolstois Haus des Schriftstellers Rückkehr zur Belletristik, genauer, deren Drucklegung aus.

In seinen Anforderungen an die Familie war Tolstoi zaghaft. Fragen, wo und wovon die Familie leben sollte, was mit dem Gut zu geschehen habe, was die Kinder lernen sollten, blieben offen. Handeln mußte Sofja Andrejewna; Tolstoi stritt, indem er Repliken lieferte und in seiner Etage wohnte. Die Aufzeichnungen im Tagebuch häuften sich. Tolstoi haderte mit der Gattin und dem ältesten Sohn Sergej, der ein gutgearteter, gebildeter, durchschnittlicher Adliger seiner Zeit war.

Am 4. (16.) Juni 1884 notierte Tolstoi: »Zu Serjosha sagte ich, jeder müsse die Last ziehen, und all sein Überlegen sei wie bei vielen anderen nur Drückebergerei: ›Ich ziehe mit, wenn andere ziehen.‹ ›Ich ziehe, wenn es sich voranbewegt.‹ ›Es kommt von selber von der Stelle.‹ ›Nur nicht ziehen müssen.‹ Darauf sagte er: Ich sehe nicht, daß jemand zieht. Und von mir, daß ich nicht ziehe. Ich rede angeblich nur. Das hat mich schmerzlich gekränkt. Ganz die Mutter, böse und gefühllos. Es hat sehr weh getan. Wäre am liebsten sofort weggegangen. Aber das alles ist Schwäche. Nicht für Menschen, für Gott. Tue, wie du meinst und kannst, für dich, nicht um etwas zu beweisen. Aber es ist entsetzlich schmerzhaft. Selbstverständlich bin ich schuld, wenn es mir weh tut. Kämpfe, lösche das auflodernde Feuer, fühle aber, daß es die Waagschale stark geneigt hat. Und in der Tat, wozu brauchen sie mich? Wozu alle die Qualen?«

Das häusliche Leben wollte und wollte nicht funktionieren, weil keine Entscheidungen getroffen wurden. Tolstoi versuchte, die Familie umzuerziehen; er ging mit den Kindern zu den Bauern, um ihnen zu helfen. Der Reiz des Neuen lockte die Kinder zunächst, es auszuprobieren, später gingen sie nicht mehr mit.

Tolstoi aber fuhr mit seinen aussichtslosen Versuchen fort. Am 23. Juni (5. Juli) morgens schrieb er: »... Ohne auf die Leute zu warten, mit Blochin gearbeitet.« Blochin war jener Bauer, der, an Größenwahn erkrankt, glaubte, ein vornehmer, reicher Mann und Würdenträger zu sein. Tolstois Vorschlag, zu arbeiten, erschien ihm komisch. »Er sagt: ›Das wird sehr schwer sein. Die Bauern müssen das alles in Ordnung bringen. Um die Zeit totzuschlagen – ist das ja möglich.‹ Er ging durch den Park, in den Alleen gefiel es ihm, er brach in Gelächter aus. ›Tja, ja! Großartig zum Spazierengehen.‹ Spaß beiseite, worin ist dieser Mann denn verrückter als alle meine Familienangehörigen?«

Und Tolstoi fuhr fort mit seinen Anstrengungen. Er schrieb: »Nach dem Krocket räumten alle zusammen das Teegeschirr fort und *belustigten* damit die Leute.« Seine Sache kam nicht voran.

Bauern taten ihre nicht erst ersonnene Arbeit. In den Banken aber klapperten adrette Kommis mit den Rechenbrettern, befeuchteten die Finger am Schwamm und zählten Geld. Adelsgeld, Kaufmannsgeld.

Die Sache war hoffnungslos, weil sie auf gegenseitigem Unverständnis basierte. Tolstoi stellte der Gattin eine uneingeschränkte Vollmacht für die Edition seiner vor 1881 geschriebenen Werke aus.

Sie hielt sich für berechtigt, die Einkünfte daraus für sich und die Familie zu verwenden. Die Güter warfen einen bescheidenen Gewinn ab. Die Apfelbaumplantage wurde verpachtet, nicht nur den Bauern war der Durchgang untersagt, sogar Tolstois Angehörige konnten den Garten nicht betreten, um einen Apfel zu pflücken.

Geld läßt sich gern zählen, also wurde es gezählt, mit einem Gummiband umschnipst und auf der Bank eingezahlt, wobei man bemüht war, möglichst hohe Zinsen herauszuschlagen.

Die Entfremdung von den Angehörigen nahm immer mehr zu. Tolstoi schrieb: »Zuviel ungesäuerter Teig, das Hefestück will nicht aufgehen. Ich spüre das ständig an meiner Mascha.«

Einen Menschen isoliert emporzuheben, ihn umzuformen, ohne das Leben um ihn herum zu verändern, vermag keine noch so gute Hefe.

Am 18. Juni 1884 schrieb Tolstoi, er habe gemäht und gebadet: »Bin erfrischt und fröhlich zurückgekommen, plötzlich setzte es seitens meiner Frau sinnlose Vorwürfe wegen der Pferde, die ich nicht benötige und bloß loswerden wolle. Ich sagte nichts, aber mir wurde furchtbar schwer ums Herz. Ich ging weg und wollte ganz fortgehen, aber ihre Schwangerschaft zwang mich, auf halbem Wege nach Tula umzukehren.«

Er kehrte zurück: Auf dem Hausbalkon spielten zwei bärtige Männer Karten – die beiden ältesten Söhne, Sergej und Ilja.

Wären sie Bauern gewesen, hätten sie schon selbst Familie gehabt und sich längst um ihre eigene Wirtschaft gekümmert.

Tolstoi wollte über seinen Kummer hinwegschlafen, der Schlaf aber stellte sich nicht ein. Gegen drei Uhr nachts kam die Gattin und weckte ihn: »Verzeih mir, die Geburt hat angefangen, vielleicht sterbe ich daran.« Die Geburt setzte ein, die Tochter Alexandra kam zur Welt, Freude und Glück blieben aus.

Tolstoi schrieb: »Wenn jemand unsere Lebensangelegenheiten lenkt, so möchte ich ihm Vorwürfe machen. Das Leben ist allzu schwer und allzu grausam.«

Am 4. Juli meinte er, seine Qualen seien für niemanden von Nutzen, und es sei für ihn an der Zeit, von seinem Gut fortzugehen. Und wieder blieb er. Und in der Nacht vom 11. zum 12. konnte er »bis fünf Uhr vor Schwermut nicht schlafen«, und wieder blieb er.

Danach entschloß er sich, seine Frau zu bevollmächtigen, in allen wirtschaftlichen Belangen selbst zu entscheiden. Vorher notierte er: »Der Bruch mit meiner Frau läßt sich nicht mehr als stärker bezeichnen, sondern als vollständig.«

Sofja Andrejewna aber ahnte nichts davon, sie glaubte, dem Gatten gehe es nicht gut, weil er sich an den vegetarischen Speisen den Magen verdorben habe, und wies den Koch an, seiner vegetarischen Suppe heimlich Fleischbrühe zuzusetzen. Sie meinte, das werde helfen.

Kollisionen und Szenen fanden in Gegenwart der Kinder statt. Beide Ehegatten verloren die Selbstbeherrschung; Sofja Andrejewna wollte ihrem Mann auf ihre Weise helfen. In Tolstois Märchen *Iwan der Dummkopf* bringt der Teufel dem Dummen, der ihn auf die Heugabel spießt, bei, aus Eichenblättern Gold zu reiben und aus Korngarben Soldaten zu machen. Soldaten brauchte Sofja Andrejewna nicht, sie war eine treue Untertanin Seiner Majestät, die russische Armee genügte ihr. Geld hingegen brauchte sie immer. Sie schrieb dem Gatten von den Druckbogen der Werkausgabe, sie werde aus diesen Bogen wie Iwan der Dummkopf Gold im Überfluß zusammenreiben, damit er sich mit Wohltätigkeit befassen könne.

Sie reiste erneut nach Petersburg, sprach mit Dostojewskis Witwe, Anna Grigorjewna, die ihr einen Stein von der Seele nahm, indem sie ihr erläuterte, wie hoch die Kosten der Herausgabe seien, wo man Papier kaufen könne, auf welche Weise die Kommissionsanteile der Buchhandlungen sich beschneiden ließen; auch erzählte sie, sie habe innerhalb von zwei Jahren 37.000 Rubel Reingewinn erzielt. Das war damals außerordentlich viel. Und da brach die bare Münze in Tolstois Familie ein. Sofja Andrejewna richtete ein Kontor ein, hängte ein Schild aus, bestellte Briefbogen mit dem Kopf des eigenen Verlages; auf Zeitungsinserate hin begannen Umschläge mit Geldeinlagen einzugehen. Der Geldstrom erwies sich als stark und floß ständig. Die Söhne wußten davon. Sie erbaten Geld, stellten sofort neue Ansprüche.

Jene Xanthippe, an die Sofja Andrejewna nur ungern dachte, war viel beschäftigt gewesen, hatte emsig ihr Haus versorgt, Leinen gewebt, Wolle gesponnen und für ihren Mann gekocht. Sofja Andrejewna schneiderte für ihren Mann und die Kinder. Außerdem befaßte sie sich mit Verlagsangelegenheiten, mit Korrekturen, Kostenberechnungen und mit der Auswahl der Schrifttypen.

Ständig gab es Reibereien zwischen den Ehegatten.

Das Alltagsleben kennt Dramen, die eigens ausgedacht wirken. *Der Tod des Iwan Iljitsch* ist der traurige Bericht von einem Manne, der sich zugrunde richtete, indem er lebte wie alle Welt und tat, als wäre er glücklich. Aber die Erzählung war außerdem ein Manuskript und somit geeignet, gedruckt, verschenkt zu werden. Möglich, daß Tolstoi die Bitternis dieses Buches mildern wollte, indem er es der Gattin zum Geburtstag schenkte. Sie pflegte zu äußern, es sei für sie jedesmal eine große Freude, wenn Lew Nikolajewitsch schöne Literatur schreibe. Über das Geburtstagsgeschenk freute sie sich. Endlich widmete sich der Gatte wieder seiner Arbeit. Zudem hatte das Manuskript auch finanziellen Wert, man konnte es ja drucken; erschiene es, bevor es in die Werkausgabe hineinkam, in einer Zeitschrift, würde der finanzielle Gewinn geringer sein.

Als Tolstoi seine Erzählung *Herr und Knecht* der Zeitschrift *Sewerny Westnik* zur Verfügung stellte, loderte Sofja Andrejewna in sinnloser Eifersucht. Als Redakteurin wirkte dort Ljubow Gurewitsch, doch war Sofja Andrejwna nicht auf die Frau, nicht in eigener Sache eifersüchtig, nein, sie war zutiefst empört, weil ihren Kindern zugunsten eines anderen Unrecht geschah. Sie rannte, etwas Geld in der Hand, nichts als den Morgenrock über dem Hemd, auf die winterliche Straße hinaus, hastete durch die Gasse, fuhr zum Bahnhof und kam dann mit einer Erkältung wieder heim.

Bei Zerwürfnissen rannte sie immer wieder, mangelhaft bekleidet, in den Garten oder sogar auf die Straße, die Straßen aber waren dazumal wenig belebt, die Gräfin allgemein bekannt, und es war recht peinlich. All das waren Druckmittel gegen den Mann, es zeugte aber auch von echtem Leid.

Sofja Andrejewna war ein hysterisches Frauenzimmer; so nannte man im Volke die Weiber, die vom schweren Leben außer Rand und Band geraten waren und in der Kirche vor aller Ohren ihre familiäre Unbill, ihr Leid, ihre Schande hinausschrien.

Das »Nachwort«

Die Welt, in der Lew Tolstoi in seinem Hause in der Dolgo-Chamownitscheski-Gasse lebte, schloß eine glückliche Ehe aus, denn eine Ehe war untrennbar verknüpft mit Besitz, dieser aber zerstörte nach Ansicht des Hausherrn die Reinheit menschlicher Beziehungen. Es sei zugestanden, daß es um Tolstoi herum keine glücklichen Ehen gab; wie ich bereits bei der Analyse von *Anna Karenina* sagte, waren sämtliche Ehen um die Tolstoifamilie unglücklich. Just zu jener Zeit schrieb Tolstoi in seiner üblichen und doch unwahrscheinlichen Konsequenz das Nachwort zur *Kreutzersonate,* worin er erklärte, es dürfte überhaupt keine Ehen geben, das Ideal sei Ehelosigkeit. Das Weiterbestehen des Menschengeschlechts werde dadurch gewährleistet, daß die Menschen dem Ideal zuwiderhandelten.

Vom 9. November 1889 stammt eine Aufzeichnung, die Probleme der Ehe und des Eigentums unmißverständlich verknüpft.

Hier wird die Schuld dem Manne zugemessen, der die Frau ökonomisch versklavt. Haß gegen die Frauen und Vorwürfe werden mit Hilfe des Ehebruchmotivs eingeführt.

Die Eifersucht Posdnyschews unterscheidet sich historisch von der Eifersucht Othellos.

Othello ist, wie Puschkin sagt, von Natur aus nicht eifersüchtig, sondern leichtgläubig. Posdnyschew ist ein Eigentümer, er hat seine Frau nach seinem Willen erzogen: nicht die Liebe hat aufgehört, sondern sein Eigentum ist ihm entwendet worden. Tolstois Aufzeichnungen enthalten Monologe seines Helden, des Eigentümers.

Das Schreiben des *Nachwortes* fiel dem Schriftsteller schwer, er mußte sich gleichsam dazu zwingen. Er schrieb nach Punkten: »Ich wollte sagen, *›erstens‹, ›zweitens‹, ›drittens‹*«, und so bis fünftens. Jedoch auch nachdem alle Punkte beantwortet sind, geht das Selbstverhör weiter.

Im Punkt 1 wird behauptet, Geschlechtsverkehr sei nicht notwendig, im Gegenteil, »Enthaltsamkeit ist möglich und weniger gefährlich und der Gesundheit weniger abträglich als Nichtenthaltsamkeit . . .«. Diese Behauptung richtet sich an die Männer. Es wird vom Nutzen der Enthaltsamkeit gesprochen.

Punkt 2: Die fleischliche Liebe sei »keine . . . poetische erhabene Seligkeit im Leben . . .«.

Drittens heißt es, es sollten keinerlei Verhütungsmittel verwendet werden.

Punkt 4 behandelt die Kindererziehung. Hier heißt es, durch falsche Erziehung werde die Sinnlichkeit der Kinder angefacht; dann wird die Behauptung wiederholt, daß »Putz, Lektüre, Theatervorstellungen, Musik, Tanz, süße Speisen, die gesamte Lebensatmosphäre, angefangen bei Bildchen auf Verpackungen bis hin zu Romanen, Erzählungen und Poemen, diese Sinnlichkeit noch mehr anfachen . . .«

In Punkt 5 heißt es, es sei nicht gut, daß alles, was mit der fleischlichen Liebe zusammenhänge, »zum erhabenen poetischen Ziel menschlichen Strebens erhoben werde, was durch die gesamte Kunst und Poesie unserer Gesellschaft bewiesen wird . . .«

Im ganzen Nachwort wird die Poesie der Liebe abgelehnt, ebenso die Kunst, sofern sie mit der Liebe zusammenhängt.

Weiter wird behauptet: »Eine christliche Ehe gibt es nicht und hat es nie gegeben . . .«.

Tolstoi sagt, die Moral werde tatsächlich sowohl außerhalb als auch innerhalb der Ehe verletzt, die sogenannte christliche Gesellschaft sei noch unmoralischer als die nichtchristliche.

Ein Ausweg sei die Keuschheit. Es sei nicht zu befürchten, daß völlige Keuschheit zum Aussterben des Menschengeschlechtes führe, denn absolute Keuschheit sei ein unerreichbares Ideal.

Man müsse sich darauf verstehen, das Ideal als Kompaß zu verwenden, »legitimen Genuß« gebe es nicht, »der erste Sündenfall« sei als »der einzige« zu betrachten, als »Eintritt in den unlösbaren Ehebund«.

Ehepaare müßten »mit vereinten Kräften die Verhinderung von Versuchungen, die Selbstreinigung und die Abkehr von der Sünde anstreben . . .«.

Spricht N. Fjodorow vom Erlangen der Unsterblichkeit, ja mehr noch, von der Auferstehung der Väter als den Idealen der Wissenschaft, so spricht Tolstoi vom Ideal der Reinheit als »vollständiger sexueller Enthaltsamkeit . . .«

Über diese superirreale Utopie schrieb er im Nachwort zur *Kreutzersonate* poetisch und bildhaft: »Einem Menschen, der unweit des Ufers schwimmt, könnte man zurufen: ›Orientiere dich an der Anhöhe dort, an der Landzunge, an dem Turm‹ usw.

Aber es kommt die Zeit, da sich Schwimmer vom Ufer entfernen und zu ihrer Orientierung nur noch unerreichbare Himmelskörper dienen müssen und können sowie ein richtungweisender Kompaß. Und beides ist uns gegeben.«

Die Sehnsucht nach einem Kompaß ist verknüpft mit dem Verzicht auf das Fortbestehen jener Menschheit, die diese Sehnsucht selbst geschaffen hat. Geschichte akzeptierte Tolstoi nicht; Armut und Laster in seinem Blickfeld, überwand er die Fesseln familiärer Beschränkungen, löste sich vom eigenen Ich und steuerte, sich mutig nach den Sternen orientierend, ins Vakuum der Vernichtung.

Das Schicksal von Utopien ist zuweilen ironisch. Das Nachwort erschien in Band XIII der Werkausgabe zusammen mit der *Kreutzersonate,* und um die Publikationsrechte für dieses Nachwort bemühte sich Sofja Andrejewna, die Frau mit dem gesunden Menschenverstand, die für die finanziellen Belange ihrer Familie kämpfte.

Sofja Andrejewnas Liebesgeschichte

Einen Ehebruch hat es nicht gegeben. Nur die Sehnsucht nach einer romantischen Liebe, Eigentumsgefühle dem Gatten gegenüber.

Sofja Andrejewna wußte nicht, daß Tanejew sich für Frauen überhaupt nicht interessierte; vermutlich wußte das auch Tolstoi nicht. Einerseits respektierte er Tanejew, wenngleich er ihn als Musiker nicht mochte, andererseits verachtete er in ihm den Stadtmenschen, war eifersüchtig auf ihn und schämte sich für seine Frau.

Sofja Andrejewna aber begriff nicht, daß sie nicht geliebt wurde. Zuweilen glaubte sie, Tanejew habe Furcht vor Tolstoi oder wolle ihn schonen. Sie besuchte sämtliche Konzerte, bemüht, einen Platz im Parkett neben Tanejew zu ergattern, er aber flüchtete vor ihr.

Sie schrieb Briefe voller Empörung. Tanejew erwiderte höflich, ein Musiker sei berechtigt, seinen Platz im Konzert nach eigenem Ermessen zu wählen.

Eines Tages notierte Sofja Andrejewna, auf der Straße habe eine Zigeunerin zu ihr gesagt: »›Ein blonder Mann liebt dich, aber er traut sich nicht; du bist eine vornehme Dame, hast eine Position, bist kultiviert, gebildet, er liegt nicht auf deiner Linie ... Gib 1 Rubel 60, ich sprech den Liebeszauber für dich ... Einen Zauber sprech ich, und er wird dich lieben wie ein Ehemann.‹ Mir wurde unheimlich zumute, und ich hatte große Lust, mir das Zaubermittel geben zu lassen.«

Sofja Andrejewnas Sehnsüchte waren verworren und widersprüchlich. Sie sehnte sich nach einer anderen Liebe, lebte aber zugleich für ihren Besitz, meinte, jeder von ihrem Gatten beschriebene Bogen sei Eigentum der Familie.

Eifersucht und Eigentum prallten aufeinander.

Tolstoi beabsichtigte, dem *Sewerny Westnik* die Einführung zu einem Übersetzungsbeitrag zu liefern. Damals plagte Sofja Andrejewna die Eifersucht, verschärft durch den Kampf um ihre Selbständigkeit. Sie sagte von Tolstoi: ». . . Seine Beziehung zur Gurewitsch ist mir ebenso unangenehm wie ihm meine Beziehung zu Tanejew. Ich habe ihn angesehen und entsetzliche Angst bekommen. Seine jüngst sehr buschig gewordenen, dichten Brauen hingen über bitterbösen Augen, seine Miene war leidend und häßlich.«

Ihren Traum von Tanejew mochte sie keinesfalls aufgeben. Sie reiste nach Kiew, traf sich danach mit ihrer Schwester Tatjana, fuhr dann nach Selistsche zur Familie Maslow. Die Gegend dort mit ihren Brjansker Mischwäldern aus Fichten und Eichen und dem Nawlja-Fluß war anmutig. Hier weilte Tanejew als Gast. Er spielte Schubert und Händel. Am nächsten Tag wurde ein Ausflug in den Wald unternommen, man photographierte Sofja Andrejewna in einer uralten hohlen Linde, dann kehrte sie nach Moskau zurück. Lew Tolstoi loderte vor Wut. Er schrieb einen Bogen Papier voll, den er mit der Überschrift *Ein Dialog* versah; es war ein Brief, den er an Sofjas Schwester Tatjana abzusenden gedachte: »Heute nacht fand ein Gespräch statt und eine Szene, die noch viel stärker auf mich wirkte als ihre letzte Reise. Zur Charakterisierung des Gesprächs muß ich sagen, daß ich an diesem Tag gegen zwölf Uhr nachts von einem Achtzehn-Werst-Ritt zurückgekommen war, den ich zwecks Besichtigung von Maschas Gut unternommen hatte. Ich will damit nicht etwa sagen, das sei für mich eine Belastung gewesen, es war ein Vergnügen, aber immerhin war ich ein wenig müde, nachdem ich etwa 40 Werst geritten war und an diesem Tage nicht geschlafen hatte. Immerhin bin ich siebzig.«

Er hoffte, die Dinge würden sich – wie die Schwägerin beteuerte – von selbst lösen. Doch die Gattin setzte zum Gespräch an:

»Hast du über . . . mit Tanja gesprochen?«

»Ich? Ja.«

»Oh. Was hat sie denn gesagt?«

Und es begann ein langes Gespräch, das Tolstoi, wie üblich, aufzeichnete. Es wurde ein fünfseitiger Dialog. Tolstoi forderte Antwort, äußerte Vorwürfe der Reise wegen, sprach von der Verliebtheit seiner Frau. Diese wurde gereizt.

Das Gespräch endete wie folgt: »Du bist bösartig, du bist ein Tier. *Und ich werde gute und liebe Männer lieben, aber nicht dich. Du bist ein Tier.*«

Dann drohte sie, wenn Tolstoi seine *Auferstehung* drucken ließe, würde sie ihre Erzählungen veröffentlichen.

Darauf folgte ein hysterischer Anfall, begleitet von Gerede, das Tolstoi nichts Neues sagte. Er küßte sie auf die Stirn. »Sie konnte lange Zeit nicht durchatmen, dann begann sie zu gähnen, zu seufzen und schlief ein und schläft jetzt noch immer.«

Es muß gesagt werden, daß nichts passiert war, einen Ehebruch hatte es nicht gegeben; was es wirklich gab, war eine von ihrem Leben, den zwischenmenschlichen Beziehungen unbefriedigte Frau; Sehnsucht gab es und Grimm.

Der eben erwähnte Dialog geriet in Sofja Andrejewnas Hände. Sie zimmerte sich in ihrem Tagebuch eine Rechtfertigung. »Ich kann mich nicht recht besinnen, was mit mir geschehen ist, jedenfalls hat es mit einer Art Erstarrung geendet.« Weiter heißt es, sie habe sechsunddreißig Stunden im Bett verbracht. Die Aufzeichnung endet: »Jetzt habe ich an den Tisch gestoßen, und das Bild von Lew Nikolajewitsch ist hinuntergefallen. Genauso stürze ich ihn mit meinem Tagebuch von dem Piedestal, das er sein Leben lang so sorgfältig für sich aufgerichtet hat.«

Bedauerlicherweise war das Tagebuch zur Veröffentlichung bestimmt.

Tolstoi war ein Fremder für die Frau, die ihn nur anfallsweise zu lieben vermochte.

Das Haus wurde immer mehr unterhöhlt. So geschieht es mit einem guten Holzhaus, dessen Fundament ohne Luftlöcher gebaut ist: der Schwamm nistet sich ein, er wächst auf den Balken, er näßt und weint, breitet sich immer mehr aus, dringt in den Holzkern, zernagt ihn so lange, bis die Balken zu Futteralen werden, gefüllt mit Mulm. Das Haus muß einstürzen. Ergreifen Sie schleunigst die Flucht aus einem solchen Hause.

Tolstoi konnte das alte Leben nicht verlassen, wenn er die Gattin mit sich nahm. Er veränderte nichts. Das altgewohnte Leben lief weiter: Sofja Andrejewna gab Bücher heraus, die Söhne brauchten Geld. Die benötigten Summen wurden immer beträchtlicher. Unabhängigkeitsgefühle kamen auf, das hartnäckig verteidigte Recht auf ein Durchschnittsdasein. Die Söhne spielten Karten und wählten ihre Pferde nach der Fellfärbung.

Die bare Münze und ihre Bekämpfung

Das Leben um Jasnaja Poljana veränderte sich: Die Dörfer verarmten, alle illusionären Träumereien, man könne mittels Schule oder Predigt ein Inselchen des alten Dorfes am Leben erhalten, zumindest um Jasnaja Poljana, und es dann ausweiten – all das verflüchtigte sich.

Das Leben lief in den alten Bahnen weiter, doch hatte dieses Alte sich bereits verändert.

Tolstoi hatte schon vorher seine Werke selbst veröffentlicht.

Das brachte geringe Einnahmen. Er gab seine Bücher Verlegern, man schloß mit ihm räuberische Verträge, es war, als verspielte er seine Sachen. Aber die Zeiten waren anders geworden: Die Berühmtheit des Schriftstellers war gewachsen, der Büchermarkt selbst hatte sich verändert, auch die Anzahl der Leser, so daß die Edition der Tolstoi-Werke ein ziemlich umfängliches Unternehmen wurde.

Sofja Andrejewna schaltete sich in die ökonomischen Belange ein; sie glaubte, damit ein Ventil für ihre Energien gefunden zu haben, durch ihre Arbeit die Familie reich zu machen und alle zu befriedigen. Die Kinder würden reich werden, ihr Lew Nikolajewitsch würde den Armen helfen können und endlich anfangen, Kunstwerke zu schreiben, die ewig veröffentlicht werden würden. Von Literatur verstand sie nicht allzuviel; als ihr Sohn Lew seine ersten Erzählungen geschrieben, in der Zeitschrift *Rodnik* veröffentlicht und dafür einmal zwanzig, ein andermal fünfundsechzig Rubel kassiert hatte, war sie hocherfreut – nicht etwa über das erste selbstverdiente Geld des Sohnes, sondern darüber, daß im Hause, wenn es den Hausherrn einmal nicht mehr gab, die künstlerischen Interessen und Gespräche fortbestehen würden. Über den Qualitätsunterschied zwischen den Arbeiten des Sohnes (der unterdurchschnittlich schrieb) und den Werken ihres Gatten war sie sich nicht allzusehr im klaren. Sie hatte ja selbst Lust, zu schreiben, gedruckt zu werden. Sie hielt auch sich für ein unterdrücktes Talent und hatte in dieser Beziehung recht.

Tschertkow und Birjukow erreichten dank ihrer Aktivität, daß sie einen Konkurrenten bekam, den Posrednik-Verlag. Die nach 1881 entstandenen Werke Tolstois durfte drucken, wer wollte, das Erstdruckrecht aber erhielt Posrednik, ein Verlag ohne kommerzielles Profil, doch bestand Tschertkow auf seinem Privileg des Erstdrucks, während Sofja Andrejewna das Privileg für die Werkausgabe anstrebte. Anfänglich waren die Kollisionen zwischen den beiden noch mild, dann kam es zu wahren Tragödien. Tolstoi bemühte sich qualvoll um neue Lösungen und verwandelte diese in Kunstwerke. Um ihn herum wütete der Kampf um die bare Münze.

Der Teufel, Vater Sergius, Der gefälschte Kupon, Hadschi Murat und andere Arbeiten erschienen. Die Werke sollten eigentlich das Licht der Welt nicht erblicken. Der Autor fürchtete sich vor ihnen. Er hatte sich entschieden, *Hadschi Murat* überhaupt nicht herauszugeben, er konnte mit *Es gibt keine Schuldigen in der Welt* nicht zu Rande kommen, denn dieses Werk bedeutete das Eingeständnis, daß die Revolutionäre im Recht, die Reichen hingegen schuldig und sich ihrer Schuld lediglich nicht bewußt waren; aber es bedeutete auch bares Geld, das innerhalb der Familie Gier, unglaubliche Querelen und Quälereien erzeugte.

Doch das alles lag vorerst in der Zukunft, war erst im Entstehen. Zunächst war Sofja Andrejewna voll beschäftigt. Im Hause herrschte relative Ruhe.

Die verlegerische Tätigkeit tröstete sie zunächst. Es gab viel Arbeit. Man kann sich schwer vorstellen, daß fast der einzige Redakteur und Korrektor der zwölfbändigen Ausgabe die Frau war, die einer riesigen Familie die Wirtschaft führte, die Buchhaltung des Verlages besorgte und sich um die Subskriptionen kümmerte. Der Gerechtigkeit halber muß zugestanden werden, daß die Fuhre, vor die sie sich gespannt hatte, außerordentlich schwer war.

Aber sie arbeitete mit Lust. Später schrieb sie an ihre Tochter, sie habe sich in die Arbeit versenkt, wie Bauern sich vor Kummer in die Kneipe verziehen.

Sie verfiel der Arbeitssucht, sie glaubte, nicht mehr geliebt zu werden.

Tolstois Tagebücher waren wie seine Briefe nicht dazu gedacht, von jedermann gelesen zu werden. Trotzdem wurden sie zu Bekenntnissen, in die alle und jeder Einsicht hatten. Der Schriftsteller fertigte Auszüge an, strich aus, das Gestrichene aber wurde aufgehoben, seine Briefe wurden abgeschrieben, seine Tagebücher kopiert, Stenotypistinnen fertigten Kopien der intimsten Dokumente an und gaben Geheimes gewissenhaft und uneigennützig preis.

Es ist schwierig und irgendwie peinlich, über Tolstois familiäre Angelegenheiten zu schreiben. Er hinterließ Spuren seines Leids, und Sofja Andrejewna schrieb alles auf. Es könnte der Eindruck entstehen, daß es bessere Menschen als Lew Tolstoi gebe. Dem ist nicht so, sie sind lediglich weniger bewußt, gewissenloser als er, beides im buchstäblichen Wortsinn.

Wir dürfen nicht glauben, die Herausgabe seiner Werke sei gegen seinen Willen geschehen. Die Herausgabe erforderte ja gewisse Geldmittel für die ersten Anschaffungen, für Papier, für den Satz; Tolstoi half, die Mittel aufzutreiben, indem er von Stachowitsch Geld borgte. Im November 1885 schrieb er an seine Frau: »Das Geld von Stachowitsch haben wir bekommen, den Wechsel ihm ausgehändigt, heute fährt Serjosha damit los. Stachowitsch hat keine 8 Prozent genommen, sondern nur, was er für die Papiere bekam, das sind 240 Rubel weniger als 8 Prozent.«

Bei der Herausgabe erreichte Sofja Andrejewna nach vielen Mühen und natürlich mit Wissen Tolstois, daß seine Schrift *Was sollen wir denn tun?* von der Zensur für den 12. Band zugelassen wurde.

Zur selben Zeit inserierte sie, der Band 12 könne nur von Subskribenten der neuen Tolstoi-Ausgabe erworben werden. Jetzt konnte der Leser nicht den Band 12 erwerben, um ihn der alten Salajew-Ausgabe von 1880 hinzuzufügen. Das führte zu Unwillensäußerungen aus Leserkreisen.

Sofja Andrejewna ließ zunächst dreitausend Exemplare drucken, doch wurden sofort weitere zwanzigtausend notwendig. Es stellte sich heraus, daß eine neue Leserschaft entstanden war, neue Leser eines anderen Rußland mit einem neuen Interesse für Tolstoi.

In die Verteilung der eingegangenen Geldbeträge mischte sich der Schriftsteller nicht ein. Er schrieb an seine Frau lange Briefe, die er nicht vollendete. Vor seiner Reise zu den Olsufjews ließ er einen der Briefe in Moskau zurück. Der Kopf des Originals trägt einen Vermerk Sofja Andrejewnas: »Ein nicht ausgehändigter und nicht abgesandter Brief Lew Nikolajewitschs an seine Frau«. Der Brief wurde weder ausgehändigt noch unterschrieben. Er umfaßt nahezu zehn Druckseiten.

Er enthält Hinweise auf Auszüge aus der *Beichte,* ohne daß sie zitiert würden: »Geschrieben habe ich dies: Seite 56, 57, 58, 59, die Seiten sind angestrichen.« Neben dem Brief muß offensichtlich das Buch gelegen haben, das Elpidin 1884 im Ausland herausgebracht hatte. Der Brief wirkt gequält, artikelhaft, nicht sehr persönlich; er sanktioniert Tolstois Lehre und ist gleichzeitig eine Beichte, ein Bekenntnis vor sich selbst.

Dem Lebensstrom zu entschlüpfen war schwierig, fast unmöglich. Kinder wuchsen heran, die dem Vater fremd waren. Zuweilen meinte Tolstoi, schuld sei seine Frau, die die Wende, die sich in ihm vollzogen hatte, als »etwas Unnatürliches, Zufälliges, Provisorisches, Phantastisches, Einseitiges« betrachtete.

Am 20. Dezember 1885 sandte sie an die Schwester einen Brief, in dem sie von einer unerwarteten Begebenheit berichtet, die sich am 18. Dezember abgespielt hatte. Lew Tolstoi weinte, setzte zum Gespräch an, wich in Trostversuche aus, trotzdem brach das Unheil unerwartet über sie herein, es erreichte nicht das Bewußtsein der fleißigen Frau mit den raschen Bewegungen und dem rauschenden Seidenrock. Sie meinte: »Es ist etwas geschehen, das schon oft geschehen ist: Ljowa ist in äußerst nervöser und trüber Stimmung. Eines Tages sitze ich und schreibe, er kommt herein; ich blicke auf und sehe ein schreckliches Gesicht. Bis dahin haben wir wundervoll zusammengelebt, nicht ein unangenehmes Wort ist gesprochen worden, also wirklich nichts, gar nichts. ›Ich bin gekommen, um dir zu sagen, daß ich mich von dir scheiden lassen will, so kann ich nicht leben, ich fahre nach Paris oder nach Amerika.‹«

Sofja Andrejewna begann die Reisetruhe zu packen, um zu den Kusminskis zu fahren.

Tolstoi weinte.

Das Entsetzlichste ist, dergleichen geschah weder zum ersten noch zum letzten Male. Dergleichen war von Dauer, und es hörte niemals auf.

Tolstoi sagte sich, echte Türen zur Lösung von Problemen öffneten sich »nur nach innen«, das betreffe alle Probleme und geschehe jederzeit; nach außen öffneten sich Türen nur zu Strudeln, zu Abgründen, die »Tür nach innen« indes öffnete sich nicht, sie war durch Vernunft verbarrikadiert. Sofja Andrejewna lebte ja wie alle Welt.

Im Märchen von *Iwan dem Dummkopf* sagt die Frau des Dummkopfes laut Tolstoi, der ihr, die auch eine Dumme ist, damit ein Lob ausstellt, von sich als Ehefrau: »Wohin die Nadel zieht, geht auch der Faden mit«, und sie zieht ihrem Mann nach ins einfache Leben.

Tolstoi war entzückt von Tschechows Erzählung *Herzchen:* Eine Frau wird die Gattin eines Theaterunternehmers und begeistert sich für Operetten, später wird sie von einem Holzhändler geheiratet und träumt nachts von Brettern und Bohlen; dann wird sie die Geliebte eines Tierarztes und redet ausschließlich von Tierkrankheiten; sie erzieht einen Jungen und denkt nur an Schularbeiten, und ihre Gedankengänge sind die eines Gymnasiasten aus der dritten Klasse.

Tolstoi meinte, Tschechow habe die Frau, in der Absicht, sie zu erniedrigen, außerordentlich gepriesen; Tolstoi sah in diesem »Herzchen« das Ideal einer Frau. Er hatte sich geändert, seine Frau aber und die Familie hätten sagen sollen: »Wohin die Nadel zieht, geht auch der Faden mit«, und sich mit ihm ändern sollen. In diesem Mann lebte die alte Zeit als widerhallendes Echo; er liebte die Musik und Jasnaja Poljana mit den alten Bäumen und dem Fundament des Vaterhauses. Das alles lebte in seinem Bewußtsein, doch brennender und herzensnäher war etwas anderes – das Leid und das Auseinanderbrechen der patriarchalischen bäuerlichen Lebensweise. Veränderungen in Tolstois Bewußtsein bewirkte auch die russische Revolution, die das Bewußtsein des Volkes änderte und dem Schriftsteller die Unmöglichkeit eines Kompromisses zeigte. Sie war vorerst noch Zukunft, jedoch existierte bereits eine Spannung der Erdkruste als Vorbote eines Erdbebens, es existierte die Unzufriedenheit im Volk, noch nicht von jedermann bis ins letzte begriffen, noch von Illusionen verdeckt.

Sofja Andrejewna war eine Durchschnittsfrau mit gesundem Menschenverstand, will sagen, mit einer Summe von Vorurteilen ihrer Zeit. Eine Zukunft existierte für sie nicht. Sie hielt Güter, Titel, das Recht auf Landbesitz, auf literarisches Eigentum für ewig und begegnete Tolstois Gewissenszweifeln abfällig.

Unter ein und demselben Dach lebten Menschen mit grundverschiedenem Selbstbewußtsein.

Sofja Andrejewna war der Arbeit überdrüssig, sie war in die Lage einer ständig Schuldigen gekommen. Sie hatte sich schuldig gemacht vor ihrem Mann, weil sie seine Gedanken in Bargeld verwandelte. Sie hatte sich vor den Söhnen schuldig gemacht, weil es ständig an Bargeld mangelte.

Sie war in die Situation einer ständigen »Geißel Gottes« geraten. Jeder stellte Forderungen an sie, kein Mensch begriff, daß sie keineswegs »arbeiten« spielte und nicht bloß umherhastete, sondern tatsächlich arbeitete und den Kopf voll hatte. Zuweilen schloß sie sich so von der Außenwelt ab, daß sie jede Vorstellung vom Raum verlor.

Im Oktober 1885 machte sie Einkäufe in der Sucharewka, dann besorgte sie Bücher, danach begab sie sich noch auf den Smolensker Markt: »In all dem Hasten und Jagen versank ich in Gedanken, und plötzlich ging mir auf, daß ich dreimal hin- und zurückgegangen war, Gott weiß wozu und wohin, und völlig vergessen hatte, wo ich war. Ich bekam furchtbare Angst, verrückt zu werden, und um mich zu kontrollieren, fing ich ein Gespräch mit einem Hausierer an. Dann setzte ich mich in die Pferdebahn und kehrte rasch nach Hause zurück. Da begriff ich, daß ich ganz geschäftig herumgelaufen war, in der Vorstellung, ich *täte etwas.* Dabei gab es schon lange nichts mehr zu besorgen.«

Dem Suchen ihres Mannes begegnete sie mit der Gelassenheit der Ablehnung, ohne die Stärke und den Grund des Ablehnens zu sehen. Dabei wurde ja auch sie mit all ihrer Geschäftigkeit, allerdings inkonsequent, abgelehnt.

Sie sah im Großen nur das Kleine und stritt über Lappalien.

Lew Tolstoi wollte zusammen mit seiner Familie Bauernarbeit verrichten. Sofja Andrejewna gestattete ihm, zu mähen, den Töchtern, Heu zu rechen; Mist zu fahren aber untersagte sie.

Man lebte im Haus in mehreren Stockwerken gegenseitigen Mißverstehens. Die Töchter zog es allerdings zum Vater hin, freilich jede auf andere Art. Sohn Sergej führte das Leben eines Beamten. Ilja verschwand tagelang zur Jagd oder zu Trinkgelagen, Andrej bummelte und hatte Liebesaffären, Lew war eifersüchtig auf des Vaters literarischen Ruhm, und allen miteinander fehlte eine Stütze für ihre Entscheidungen.

Tolstoi glaubte, erst müsse das Bewußtsein verändert werden, damit dieses das Sein verändere. Mochte es auch eine Weile dauern. Zuerst würde das Kienholz aufflammen, dann würden die Scheite brennen. Mit Hilfe seiner Töchter begann er für arme Bauern Katen zu bauen.

Mascha und Tanja stampften mit bloßen Füßen Lehm. Es sollten unbrennbare Katen werden, etwa solche, wie sie der junge Nechljudow ihm *Morgen eines Gutsbesitzers* mit Hilfe seiner Leibeigenen baut. Die Kate, die Tolstoi eigenhändig baute, brannte dennoch ab; aber es kam nicht nur auf ihre technischen Qualitäten an, sondern darauf, daß diese Arbeit nach den Worten Blochins, des Dorfirren von Jasnaja Poljana, der sich einbildete, ein großer Herr mit höchsten Titeln zu sein, vielmehr nur »zum lustvollen Zeitvertreib« gut gewesen war.

Tolstoi glaubte, die Menschen seiner Umgebung und sogar er selbst seien diesem Blochin ähnlich.

Blochins Wahnvorstellungen unterschieden sich von der Situation in der Familie Tolstoi dadurch, daß deren Privilegien durch den Zufall ihrer Geburt, der ihnen Gesetzesschutz garantierte, abgesichert waren. Die Befreiung mußte dadurch kommen, daß die Menschen aufhörten, an den Unfug von Privilegien zu glauben.

Die Mehrheit mußte aufhören, der Minderheit zu dienen. Aber von der Mehrheit gewannen nur einige wenige das notwendige Bewußtsein, und diese wenigen kamen um.

Den einheitlichen Beschluß einer Mehrheit, die das Alte ablehnt, bezeichnen wir als Revolution. Revolution aber ist Gewalt, und Gewalt akzeptierte Tolstoi nicht.

Der Bau von Katen, das Lehmkneten mit den Füßen und stundenlanges Grasmähen, wobei Tolstoi sich mit den Bauern gleichstellte, führten keineswegs zum Sieg der Schwielenarbeit.

Tolstois Tragödie entstand nicht innerhalb seines Hauses, aber sie trat dort in Erscheinung. Es war schon möglich, sich vom Besitz loszusagen, alle Habe zu verschenken, in eine Bauernkate zu ziehen. Tolstoi aber wußte über den dörflichen Lebensstandard gut Bescheid; sich von allem lossagen hätte auch geheißen, auf trockenes Stroh für ein Nachtlager verzichten, weil die Not grenzenlos war.

Es war, als schüttete man Wasser in ein Faß ohne Boden.

Ein Mittel gegen solch ausswegloses Leid war nur die Umgestaltung des gesamten Daseins.

Zunächst lebte Tolstoi mit Kompromissen.

Sofja Andrejewna beim Zaren Alexander III.

1

Im März 1891 ging Sofja Andrejewna auf Reisen, um sich um die Freigabe des 13. Bandes der Werkausgabe zu bemühen. Zuerst suchte sie das Zensurkomitee auf, wo sie von Feoktistow kühl empfangen wurde.

Im Laufe des Gespräches ergab sich, daß Feoktistow nicht einmal das Inhaltsverzeichnis des 13. Bandes kannte, aber beteuerte, die Kapitel *Was sollen wir denn tun?* seien verboten. Tatsächlich aber waren diese Kapitel bereits für den 12. Band der Gesamtausgabe zugelassen worden und dort auch erschienen.

Sofja Andrejewna ließ sich kurz im Theaterkomitee sehen, um sich nach Tolstois Stücken zu erkundigen. Es ging um *Früchte der Bildung.* Wsewoloshski als Direktor der kaiserlichen Bühnen stellte Bedingungen: Sie solle zum Beispiel eine Bescheinigung beibringen, daß die Stücke nicht auf Privatbühnen aufgeführt würden. Es gelang Sofja Andrejewna mit ihrer Energie und ihrer Verve, einen zustimmenden Bescheid zu erwirken.

Das Wichtigste aber blieb die Audienz beim Zaren. Am Hofe trug man gerade Trauer, so daß sich die Angelegenheit in die Länge zog.

Am 13. April erfuhr Sofja Andrejewna von Stachowitsch, daß sie um halb zwölf Uhr zur Audienz in das Anitschkow-Palais gebeten sei.

Im schwarzen Kleid, Trauerkrepp am schwarzen Spitzenhut, fuhr die Tolstaja kurz nach elf Uhr am kaiserlichen Palais vor. Der Torhüter wußte nichts von der Audienz, dafür erschien ein Diener, »ein junger, würdig aussehender Mann in gold und rot leuchtendem Gewand«, mit dem Bescheid, man habe sich bereits nach der Gräfin Tolstaja erkundigt, und lief davon, um Meldung zu erstatten. Sein Lauftempo war sozusagen etikettebedingt, er lief ja, einen Auftrag auszuführen. Die Tolstaja war so verwirrt, daß sie ihm hinterherlief, bis ihr der Atem stockte. Minutenlang glaubte sie, augenblicks auf diesem häßlichen grellgrünen Teppich sterben zu müssen. Der Diener verschwand. Die Tolstaja begab sich in den Empfangssalon, setzte sich, immer noch atemlos, löste unter dem Mieder unauffällig die Korsettschnüre, ging ein paar Schritte auf und ab, weil sie sich erinnerte, wie abgehetzte Pferde hin und her geführt werden, setzte sich wieder und überlegte, wie wohl ihre Kinder die Nachricht von ihrem Tode aufnehmen würden.

Da erschien der Diener wieder und verkündete: »Seine Majestät lassen Ihre Erlaucht, die Gräfin Tolstaja, bitten!«

Alexander III. kam der Gräfin bis zur Tür entgegen, reichte ihr die Hand, entschuldigte sich, daß er sie habe warten lassen.

Für Sofja Andrejewna bedeutete das den Gipfel ihres gesellschaftlichen Aufstiegs. Sie beschreibt den Zaren wie folgt: »Er ist sehr groß: Seine Majestät ist beinahe dick, jedoch kernig und offensichtlich kräftig ... Er erinnerte mich ein wenig an Wladimir Grigorjewitsch Tschertkow, besonders durch seine Stimme und seine Art zu sprechen.«

Über Tschertkow wurde getuschelt, er sei ein Sohn Alexanders II.*

Sofja Andrejewna hatte sich ihre schlichte, aber schlaue Rede vorher zurechtgelegt.

Zu jener Zeit träumte Tolstoi von einem neuen großen Roman, in den seine alten Pläne von auf neue Ländereien Umgesiedelten sowie von einem verbannten Adligen aufgenommen werden sollten, und hatte begonnen, *Auferstehung* zu schreiben. Die Gattin hegte die

* Tschertkows Mutter war Hofdame bei Alexander II.

Hoffnung, Lew Nikolajewitsch werde zur künstlerischen Arbeit zurückfinden, konnte sich aber kein Bild davon machen; in ihrem Optimismus meinte sie naiverweise, das Werk müsse Seine Majestät vom Inhalt her zufriedenstellen.

Sie war eine naiv ergebene Untertanin aus der Familie eines Beamten von Verdienstadel. Sie und ihre Schwestern hatten während der letzten Regierungsjahre Nikolais I. »patriotische Paletots« aus grobem Tuch getragen. Ihr Herz steckte auch jetzt in der Hofrobe einer patriotisch gesinnten Dame.

Sie sagte: »Euer Majestät, in letzter Zeit bemerke ich bei meinem Manne die Neigung, in der früheren Weise zu schreiben. Kürzlich erst sagte er: ›Ich bin so weit von meinen religiös-philosophischen Arbeiten abgerückt, daß ich etwas Künstlerisches schreiben kann, und in meinem Kopfe entsteht etwas in Form und Umfang von *Krieg und Frieden.*‹ Die Vorurteile gegen ihn werden jedoch immer stärker. So hatte man zum Beispiel den 13. Band zuerst konfisziert, jetzt befand man es für angebracht, ihn drucken zu lassen, *Früchte der Bildung* war verboten, jetzt erging Order, das Stück auf den kaiserlichen Bühnen aufzuführen. *Die Kreutzersonate* ist verboten...«

Später schrieb Sofja Andrejewna: »Darauf sagte Seine Majestät zu mir: ›Aber sie ist doch so geschrieben, daß Sie sie vermutlich Ihren Kindern nicht zu lesen geben würden.‹

Ich sagte: ›Leider ist die Form der Erzählung allzu extrem, der Grundgedanke aber ist folgender: Das Ideal ist immer unerreichbar; wenn äußerste Keuschheit als Ideal gesetzt ist, werden die Menschen nur im Eheleben ihre Reinheit bewahren.‹«

Zwei Menschen spielten einander Komödie vor.

Alexander III. war Zar von Beruf und beherrschte sein Handwerk; er wußte sich durchaus zu erinnern, daß Tolstoi den Artikel *Nikolai Palkin** geschrieben hatte, daß diese Schrift nicht nur seinen Großvater desavouierte, sondern den Thron ins Wanken brachte. Doch war der Schriftsteller ein sehr starker Gegner, und was Tolstoi darstellte, wußte Alexander III. besser als Sofja Andrejewna.

Die Gräfin sprach: »Wie glücklich wäre ich, wenn es möglich wäre, die *Kreutzersonate* für die Werkausgabe freizugeben. Das wäre ein ganz offensichtlicher Gnadenbeweis Lew Nikolajewitsch gegenüber und könnte ihm ein großer Ansporn in seiner Arbeit sein.«

Im Tagebuch der Tolstaja ist vor das Wort »könnte« mit anderer Tinte geschrieben »wer weiß«.

»Seine Majestät sagte darauf, milder gestimmt: ›Ja, in der Werkaus-

* *Nikolai Stockschwingel.*

gabe kann man sie drucken lassen, nicht jeder ist in der Lage, sie zu kaufen, und eine große Verbreitung dürfte somit ausgeschlossen sein.«

Während der Unterhaltung drückte der Zar sein Bedauern darüber aus, »daß sich Lew Nikolajewitsch von der Kirche abgekehrt habe.«

Darauf antwortete Sofja Andrejewna: »Ich kann Euer Majestät versichern, daß mein Mann weder im Volke noch sonstwo jemals etwas predigt; er hat niemals etwas zu den Bauern gesprochen und verbreitet, nicht nur nichts aus seinen Manuskripten, er ist sogar oft verzweifelt, daß andere sie verbreiten. So hat zum Beispiel einmal ein junger Mann ein Manuskript aus der Mappe meines Mannes gestohlen, hat etwas aus seinem Tagebuch abgeschrieben und zwei Jahre später angefangen, das zu lithographieren und zu verbreiten.«

Den Namen des Betreffenden nannte sie nicht.

»Seine Majestät wunderten sich und brachten Empörung zum Ausdruck.«

Auf die Frage des Zaren, wie sich die Kinder zur Lehre des Vaters stellten, antwortete sie: »›Sie können zu den hochmoralischen Regeln, die der Vater predigt, nicht anders stehen als mit größter Hochachtung; ich erachte es aber für notwendig, sie im kirchlichen Glauben zu erziehen, bereite mich mit den Kindern im August durch Fasten und Kirchenbesuch auf das Abendmahl vor, aber in Tula, nicht auf dem Lande, weil man aus unseren Priestern, die unsere geistigen Väter sein sollten, Spione gemacht hat, die uns fälschlich denunziert haben.‹

Darauf sagte Seine Majestät: ›Ich habe davon gehört.‹ Dann erzählte ich, daß unser Ältester Landrat ist, der zweite Sohn verheiratet und Landwirt, der dritte Student, und daß alle anderen zu Hause sind.«

2

Verlassen wir jetzt, wie es in alten Romanen heißt, unsere Helden und erzählen, was der Grund für ihr Gespräch war, das heißt, was zu dem Entschluß des Zaren, die Audienz zu gewähren, beigetragen haben mag.

Die Gründe dürften Sofja Andrejewna nicht völlig klar gewesen sein, wohl aber Alexander III., der in ihrer Person so etwas wie seine Stellvertreterin in der Familie Tolstoi sah.

Am 8. Mai 1890 veröffentlichte die *Nowoje Wremja* einen Auszug aus dem alleruntertänigsten Rechenschaftsbericht des Oberprokurors beim Heiligen Synod. Der Veröffentlichung war eine Einführung vorangestellt, die sie zum offiziellen Dokument machte: »Im alleruntertänigsten Rechenschaftsberichte des Herrn Oberprokurors beim Hl. Synod für das Jahr 1887 begegnen wir folgenden interessanten Zeilen bezüglich des Grafen L. N. Tolstoi.«

Das Dokument sei hier gekürzt zitiert:

»Im Jahre 1887 war Graf Tolstoi vorwiegend in Moskau wohnhaft, nicht aber auf Jasnaja Poljana wie in den nächstvorangegangenen Jahren, somit verfügte er über weniger Zeit denn zuvor für seine persönliche Einflußnahme auf die Bauern von Jasnaja Poljana. Zudem haben sich seine Beziehungen zu den erwähnten Bauern wesentlich geändert. Zwar pflügte und mähte er gleichwie die Bauern, leistete gelegentlich auch Armenhilfe durch eigenhändige Arbeit, so z. B. deckte er Katen mit Stroh, verschmierte Öfen usf., bemüht, derartige Arbeiten vorzugsweise an Feiertagen auszuführen; jedoch verfügte er über keine Möglichkeiten mehr, den Bauern im gleichen Maße wie vordem geldliche bzw. materielle Hilfe aus seinem eigenen Gut zukommen zu lassen, da seine älteren Söhne seine Verschwendungssucht einzuschränken und Fehltritte der Bauern gegen sein Eigentum zu ahnden begannen und den Bauern bereits nicht mehr gestatten, auf seinem Gut Raubbau zu treiben [. . .]

Gegenwärtig besteht das Hauptpropagandamittel der Ideen Tolstois im unentgeltlichen Verteilen kleiner Ausgaben der hierorts bekannten Firma Posrednik.« (*Nowoje Wremja,* 8. Mai 1890).

Der Mitteilung folgte ein Dementi.

Im *Tolstoi-Jahrbuch* (1913) erzählt Sergej Tolstoi dessen Entstehungsgeschichte.

Die Zeitungsnotiz wurde von den Söhnen zur Kenntnis genommen. Das Dementi war eine Idee von Ilja und Lew. »Bruder Lew schrieb sogar einen Entwurf.«

Was aus diesem Entwurf geworden ist, erwähnt Sergej Tolstoi nicht, er fährt fort:

»Ich habe damals den unten angeführten Brief aufgesetzt und mich entschlossen, ihn in der Tagespresse erscheinen zu lassen. Aber wie und wo? Nachdem ich mir sagte, *Nowoje Wremja* würde ihn am ehesten publizieren, begab ich mich zu A. S. Suworin. Er empfing mich und sagte ganz offen, er würde mein Dementi gern bringen, wenn er nicht um das Fortbestehen der *Nowoje Wremja,* die bereits zweimal gewarnt worden war, fürchten müßte.

›Oder wir machen es so‹, sagte Alexej Sergejewitsch zu mir, ›ich werde bei Konstantin Petrowitsch [Pobedonoszew] persönlich anfragen, ob er irgendwo Gründe sieht, die gegen den Abdruck Ihres Dementis sprechen.‹

Ich ließ meinen Brief bei Suworin und ging, in der Überzeugung, er würde nicht abgedruckt werden. Indes erschien er zu meinem Erstaunen kurz darauf in *Nowoje Wremja.* Ob A. S. Suworin sich an Pobedonoszew gewandt hat oder nicht, ist mir nicht bekannt.«

Das Dementi war vermutlich kollektiv abgefaßt oder zumindest unter den Brüdern abgestimmt worden. Höchstwahrscheinlich erschien es nach einer Absprache mit Pobedonoszew; Suworin war vorsichtig.

Etwas am Wortlaut mußte Pobedonoszew befriedigt haben. Hier ist er:

»Sehr geehrter Herr Redakteur! In *Nowoje Wremja* erschien am 8. Mai ein Auszug aus dem alleruntertänigsten Rechenschaftsbericht des Herrn Oberprokurors beim Hl. Synod für 1887, der sich auf die ›Verbreitung der Weltanschauung und der moralischen Überzeugungen des Grafen L. N. Tolstoi in der Gemeinde Kotschakowo‹ bezieht und worin wir unter anderem lesen konnten, Graf Tolstoi ›verfüge über keine Möglichkeit mehr, den Bauern im gleichen Maße wie vordem Hilfe aus seinem eigenen Gut zukommen zu lassen, da seine älteren Söhne seine Verschwendungssucht einzuschränken und Fehltritte der Bauern gegen sein Eigentum zu ahnden begannen und den Bauern bereits nicht mehr gestatten, auf seinem Gut Raubbau zu treiben‹.

Indem wir feststellen, daß unser Vater lediglich solche Hilfe als wirksam anerkennt, die durch *persönlich geleistete Arbeit* gewährt wird, eine derartige Ansicht aber jede Verschwendung ausschließt (was ersichtlich ist sowohl aus seinen Schriften als auch aus dem Rechenschaftsbericht des Herrn Oberprokurors, wo es heißt, Graf Tolstoi habe den Armen gelegentlich ›durch eigenhändige Arbeit‹ Hilfe zukommen lassen), indem wir weiterhin alles andere im Rechenschaftsbericht unerwähnt lassen, erachten wir, die ältesten Söhne des Grafen L. N. Tolstoi, es für unsere Pflicht, presseöffentlich zu erklären, daß wir es uns niemals erlauben würden, unseres Vaters Verschwendungssucht einzuschränken – wozu wir nicht im geringsten berechtigt sind, daß wir darüber hinaus jede Einmischung unsererseits in seine Handlungsweise für respektlos erachten.

Wir geben der Hoffnung Ausdruck, daß die Zeitungen, die den Auszug aus dem alleruntertänigsten Rechenschaftsbericht des Herrn Oberprokurors veröffentlicht haben, sich der Publikation des vorliegenden Schreibens nicht widersetzen werden.

Mit vorzüglicher usw.

Die ältesten Söhne des Grafen L. N. Tolstoi

Sergej, Ilja, Lew Tolstoi.«

Der Rechenschaftsbericht des Oberprokurors trug provokatorische Züge. Laut zaristischer Gesetzgebung konnte ein »Verschwender« nach Eingabe der Angehörigen unter Kuratel gestellt werden. Der Bericht rief die Erben quasi zu entsprechenden Aktionen auf.

Die Drohung war real, die Attacke gut durchdacht.

Vermutlich wünschte die Regierung, die Vorwürfe der Weltöffentlichkeit von sich abzulenken, indem sie Forderungen der Familie als Schutzschild vorschob, oder sie wollte die Familie zu einer Art Aufsichtspersonal über Tolstoi machen.

Die Söhne gingen auf die Provokation nicht ein, doch wird in ihrem Dementi der *arbeitsbezogene* Charakter der väterlichen Wohltätigkeit hervorgehoben. Trotz der aufrichtigen Erklärung ihres Respektes gegenüber dem Vater wird dessen Wirken durch die Hervorhebung bereits quasi eingeschränkt.

Das Dementi kam Tolstois Verzicht auf seinen Besitz zuvor, es mag ihn auch dazu bewogen haben.

Bei aller Loyalität dem Vater gegenüber wird darin bescheinigt, daß die Familie Tolstoi nicht unterstützte, sondern sich lediglich »nicht in seine Handlungsweise einmischte«. Das schien Grund genug, das Schreiben zu veröffentlichen.

Die Kunde von wirtschaftlichen Kollisionen zwischen ungenannten Personen und Bauern, die »auf seinem [Tolstois – V. Sch.] Gut Raubbau betrieben«, entsprach ebenfalls den Tatsachen; solche Kollisionen nahmen ständig zu.

Der alleruntertänigste Rechenschaftsbericht des Oberprokurors beim Heiligen Synod enthielt eine weitere Passage, die von *Nowoje Wremja* nicht veröffentlicht wurde, von P. Birjukow jedoch in seiner *Biographie L. N. Tolstois* angeführt wird:

». . . Die Schädlichkeit L. N-tschs wird paralysiert durch den zuverlässigen Status der Familie L. N-tschs, die seitens der Gräfin im Geiste der Rechtgläubigkeit geleitet wird und die L. N-tsch an seiner Geheimpropaganda hindert.«

In der *Nowoje Wremja* sind diese Worte ausgelassen, ebenso im Dementi der Söhne, die sich an den Wortlaut des veröffentlichten Auszugs hielten.

Sofja Andrejewna wird im Dementi nicht erwähnt.

Die Regierung empfing in ihrer Person nicht nur die nette Dame, sondern auch ihre potentielle Verbündete.

Sofja Andrejewna dementierte das nicht.

3

Kehren wir in den kaiserlichen Empfangssalon zurück.

Die Unterhaltung verlief in allergünstigster Stimmung.

Der Zar erkundigte sich nach der Gesundheit der Kinder; die Auskunft, der Jüngste habe die Windpocken, veranlaßte ihn zu dem Hinweis, das sei ungefährlich, solange das Kind sich nicht erkälte.

Sofja Andrejewna sonnte sich im kaiserlichen Wohlwollen.

Alles verlief äußerst wohlanständig. Auf die Frage des Zaren nach der *Kreutzersonate* sagte Sofja Andrejewna, Lew Nikolajewitsch werde die Erzählung nicht umarbeiten, weil sie ihm »widerwärtig geworden« sei.

Außerdem kam die Rede darauf, daß Tolstoi starken Einfluß auf die Jugend ausübe. Hierauf erwiderte die Gräfin: »Das sind fast alles Leute, die sich auf dem falschen Wege politischen Übels befunden haben, und Lew Nikolajewitsch hat sie zum Boden bekehrt, zur Gewaltlosigkeit, zur Liebe. Und wenn sie auch nicht in der Wahrheit stehen, so doch jedenfalls auf seiten der Ordnung.«

Die Unterhaltung ging weiter. Der Zar erkundigte sich nach Tschertkow, dem Sohn Grigori Iwanowitschs und Jelisaweta Iwanownas, die beide dem Hofe nahestanden. Sofja Andrejewna begann Tschertkow zu verteidigen.

»Tschertkow haben wir schon seit mehr als zwei Jahren nicht gesehen. Er hat eine kranke Frau, die er nicht allein lassen kann. Der Boden, worauf Tschertkow und mein Mann einander fanden, ist zuerst [dieses Wort ist mit einer anderen Tinte eingefügt] kein religiöser, es ist ein anderer gewesen.«

Und hier berichtete Sofja Andrejewna, Tolstoi habe »Tschertkow den Gedanken eingegeben, die Volksliteratur zu verändern, ihr eine sittliche und erzieherische Richtung zu geben«.

Sie bat den Zaren sogar, selbst als Zensor der Werke Tolstois zu fungieren. Die unvorsichtige Frau bereitete Tolstoi Puschkins Schicksal; die Zeiten hatten sich geändert, und das Dossier über Tolstoi hatte schon keinen Platz mehr in der Privatkanzlei Seiner Kaiserlichen Hoheit, wenn Alexander III. auch huldvoll erklärte: »Ich würde mich sehr freuen; senden Sie seine Werke unmittelbar an mich zur Prüfung.«

Dann fügte er hinzu: »Keine Sorge, es kommt alles in Ordnung.«

Danach wurde Sofja Andrejewna huldigst zur Kaiserin vorgelassen. Vor den Gemächern der Kaiserin stand »ein bejahrter Lakai mit ausländischem Gesicht und fremdartiger Aussprache ... An der anderen Seite stand ein Neger im nationalen Waffenrock.«

Sofja Andrejewna war in ekstatischer Hochstimmung: sie verwechselte die Begriffe und bezeichnete eine stilisierte Nationaltracht als Waffenrock.

Bei der Beschreibung der Zarin verzichtete die Gräfin nicht auf literarische Glanzlichter: »Grazil, leichtfüßig, beweglich kam die Kaiserin auf mich zu. Der Teint sehr schön, das Haar bewunderungswürdig akkurat frisiert, wie angeklebt, von schönem Kastanienbraun, das Kleid schwarz, aus Wollstoff, die Taille sehr zart, ebenso Hände und Hals . . . Die Stimme überrascht durch kehlige und laute Töne.«

Die Unterhaltung war sehr huldreich. Die Kaiserin hatte bereits gehört, daß man dem Grafen Manuskripte stahl und ohne seine Einwilligung veröffentlichte.

Dann kam das Gespräch auf die Kinder.

Am 18. April 1891 schrieb Tolstoi ins Tagebuch: »Sonja ist vor etwa drei Tagen zurückgekommen. Unangenehm war ihr Bitten um gut Wetter bei Seiner Majestät und ihr Bericht an ihn, daß man mir meine Manuskripte stehle. – Und ich konnte mich zuerst nicht beherrschen, habe mit Antipathie gesprochen, aber dann zog das Unwetter vorüber.«

Es schien nur so, als wäre es vorübergezogen.

Dieser Besuch gab Sofja Andrejewna Selbstsicherheit, und die Audienz mag erheblich zur Verschärfung der Kollisionen innerhalb der Familie Tolstois beigetragen haben.

Landaufteilung. Der Brief über den Verzicht auf literarisches Eigentum

Lew Tolstoi war in eine ausweglose Lage geraten. Jasnaja Poljana, Gut und Dorf, existierten in seinem Bewußtsein als Gegenwart und Vergangenheit. Die Vergangenheit schien ihm zuweilen wichtiger, wirklicher; er schrieb selbst darüber in seinen Tagebüchern – die Erinnerungen säuberten gleichsam die Vergangenheit, poetisierten sie.

In den Erinnerungen lebte das patriarchalische Dorf mit seinen großen, ungespaltenen Familien, mit den alten Männern, die ihre Söhne und Enkel regierten, mit fröhlichen Fuhrleuten, mit unterwegs gesungenen Liedern.

Nechljudow im *Morgen eines Gutsbesitzers* hat dies alles schon nicht mehr gesehen oder nur im Traum.

Gegen Ende des Jahrhunderts ging das Dorf zugrunde. Die Bauernbefreiung vollzog sich unter unmöglichen Bedingungen: Das den

Bauern zugeteilte Land war beträchtlich über dem realen Wert taxiert worden, zu einem höheren Preis, als bezahlt werden konnte, wenn man auf dem zugeteilten Stück Land arbeitete. Das Stück Land glich nicht dem Boden, auf dem der Bauer früher als Zugtier vor seinem Pflug gegangen war. Das Land war verstümmelt durch Bodenabschnitte, und zwar in solcher Weise, daß der Bauer ohne den Herrn nicht auskommen konnte; wollte er auch nur eine Junghenne frei laufen lassen, mußte er den Herrn kniefällig um Erlaubnis bitten.

Die Landstriche, auf die der Bauer hätte ziehen können, waren inzwischen weggeräubert oder für einen armen Landmann unerreichbar geworden: Tausende Werst unwegsamen Geländes und ebensoviele Werst Hunger auf diesem Weg lagen dazwischen. Das war ein schlimmer Weg für ein Bauernpferd, es war, als hätte man den Bauern Böden angeboten, die zu bearbeiten einer Zuchthausstrafe gleichkam, ohne ihnen technische Hilfsmittel mitzugeben.

Lew Tolstoi träumte von der Vergangenheit, er glaubte an die Vergangenheit, aber er lebte in der Gegenwart. Seine Ablehnung der Geschichte, seine Vorstellung von der Unbeweglichkeit der Welt machten ihn unglücklich. Schon sprach er »ins Telefon«, erhielt Telegramme aus aller Welt; Moskau bekam elektrisches Licht, die Photographie kam auf, man begann von der Luftfahrt zu reden. In wissenschaftlich-phantastischen Romanen wurde von einer Welt gekündet, die wir heute bereits hinter uns gelassen haben. In einem Roman von Jules Verne sauste eine Kugel durch den Kosmos, in der zwei Amerikaner flogen, begleitet von einem Franzosen, einem fröhlichen und furchtlosen Weggefährten.

Tolstoi hatte seinen Kindern schon früher, um sich im Französischen zu üben, aus Jules Verne vorgelesen und selbst Zeichnungen zu den Texten gemacht.

Für ihn teilte sich das Leben ein in das, was sein sollte, und in das, was war.

Es gab die Verarmung und den Fortschritt. In Rußland hielt der Kapitalismus Einzug, den die Volkstümler nicht wahrhaben wollten und den Tolstoi auf andere Art ablehnte; Lenin schrieb sein Buch *Die Entwicklung des Kapitalismus in Rußland,* weil er erkannte, daß der Kapitalismus da war, und wußte, daß er vorübergehen würde.

Die Welt raste in die Zukunft, in die kosmische Zukunft. Tolstoi sah den Zerfall, den Sittenverfall, die Armut und behauptete, den Blick aus der Vergangenheit ins Heute gerichtet, das Morgen würde als das Gestern kommen. Ein Moment ist ein Augenblick, ein Windzug. Man kommt nicht dazu, wahrzunehmen, wie ein Moment vergeht. Viele Menschen können nicht sehen, sie kneifen die Augen zusammen wie Anna Karenina, wie Lewin, wie die Gräfin Alexandrine Tolstaja, des Schriftstellers alte Freundin, Hofdame und Erzieherin der Zarenkinder.

Tolstoi konnte die Augen nicht zusammenkneifen, nolens volens schaute er aus offenen Augen auf klar sich darbietende Dinge, bis ihn die Augen schmerzten, und er sah das Widerwärtige des Bestehenden.

Sein Realismus war der eines Bauern, der in die Stadt kommt und dort das Leben, die Vorurteile sieht, die üblicherweise als gesunder Menschenverstand bezeichnet werden.

Tolstois Realismus wurde zum neuen Schritt in der weltweiten Entwicklung der Kunst. Er war notwendig für die Welt, für Rußland, für die russische Revolution.

Tolstoi schärfte seinen Realismus und kämpfte sowohl gegen Shakespeare als auch gegen die Dekadenten. In seinen Augen war Shakespeare ein begabter, erfahrener Schauspieler, der sich aufs Spielen verstand und etwas Seltsames, nie Dagewesenes darstellte, aber in einer hochtrabenden Sprache. Tolstoi warf ihm vor, alle seine Helden sprächen nicht wie Menschen seiner, Tolstois, Zeit und handelten, wie kein Mensch im russischen Dorf handeln würde.

Kunst aber ist ewig, sie entwickelt sich unentwegt weiter, weil sie das Wesen der Erscheinungen in der Verkettung von Begriffen erfaßt. Und das größte aller Wunder, die je von der Menschheit vollbracht wurden, ist die unvergängliche Bedeutung von Kunstwerken, die auf Grund bestimmter Bedingungen entstehen und diese Bedingungen überleben.

Tolstoi lachte über Shakespeares *König Lear.* Das gibt es auf der Welt nicht, meinte er, daß ein König, sich einer seltsamen Ausdrucksweise bedienend, das Königreich unter seinen Kindern aufteilt, von diesen Kindern vertrieben wird und mit seinem Diener im Unwetter umherirrt.

Der sowjetische Schauspieler Michoëls las während des Rollenstudiums zu *König Lear* Tolstois Schrift über Shakespeare und sagte entzückt, Tolstoi habe, obwohl er den *König Lear* ablehnte, selbst dessen Rolle gespielt, indem er seinen Besitz aufgeteilt habe und ins Exil gegangen sei.

Tolstoi hat Shakespeare treffend und mit sicherem Blick charakterisiert, ihn jedoch zu Unrecht abgelehnt, weil er von der Unbeweglichkeit der Geschichte und von ewig bestehenden ästhetischen Normen ausging.

Vor dem Leben zu fliehen ist unmöglich. Die Tolstoianer versuchten, landwirtschaftliche Kolonien zu gründen, Schwielenarbeit zu leisten; Angehörige der Intelligenz pflügten, sagten sich von der

Wissenschaft, von allem Wissen los und schlugen mit ungeschickten Händen Reifen auf Fässer. Einer dieser Böttcher war Iwan Bunin, sein Lehrmeister war der ungeschickte Feinerman, der später Journalist wurde und unter dem Pseudonym Teneromo schrieb.

Professoren ließen ihre Lehrstühle im Stich, gingen fort, um Äcker zu pflügen, und pflügten natürlich schlecht.

Tolstoi selbst traute dieser Sache nicht allzusehr. Er sagte: »Der Rückzug in die Dorfgemeinde, die Gemeinde selbst, ihre Aufrechterhaltung in ihrer ganzen Reinheit, das alles ist Sünde und ein Fehler. Einer allein kann sich nicht reinigen; wenn schon gereinigt werden soll, dann sollen es alle gemeinsam tun; sich isolieren, um sich nicht zu beschmutzen, ist die größte Unreinheit, etwas Ähnliches wie die Reinheit von Damen, die durch die Arbeit anderer ermöglicht wird. Das ist dasselbe, wie etwas vom Rande aus säubern oder auch graben zu wollen, wo es bereits sauber ist.«

Die Kolonien existierten höchstens zwei bis drei Jahre, nicht länger. Die Menschen beschrieben ihre Arbeit wie ein Wunder, was es ja aber nicht war.

Tolstoi notierte 1892: »Habe von Aljochin einen unschönen Brief bekommen. Immerzu will er etwas Außergewöhnliches tun, wo doch das Merkmal echter Arbeit gerade das ›Gewöhnliche‹ ist. Nicht Bocksprünge machen, sondern ziehen.«

A. W. Aljochin, ehemals Gasthörer an der Petrowsker Landwirtschaftsakademie, wollte im Leben mehr erreichen als Tolstoi. Gegen Ende seines Lebens wurde er allerdings Bürgermeister der Stadt Kursk.

Was sollte ein Mann denn tun, wenn ihn Angehörige umgaben, die ihm fremd waren, wenn sie mit ihm stritten – tagtäglich stritten und ihn mit den Augen seiner eigenen Vergangenheit ansahen, dazu noch ihm ähnelten, weil sie seine Kinder waren!

Tolstoi schrieb in sein damaliges Tagebuch, er habe selbst vor Zeiten davon geträumt, der Zar würde ihm die Wälder, die so hübsch um Jasnaja Poljana wuchsen, zum Geschenk machen. Die fernen Landstriche bei Samara aber hatte er nicht im Traum gekauft, sondern der Freiheit, der Poesie zuliebe, doch der Kauf hatte sich in Reichtum verwandelt.

Im Herbst 1890 wurden Bauern beim Holzschlagen erwischt. Der Wald war in den Besitz der Gutsherren übergegangen, und die Bauern schonten das Eigentum des Adels nicht. Sie schlugen zum Beispiel eine Linde, deckten sie mit Laub zu und schleppten sie fort. Oder sie schlugen eine junge Fichte aus der Schonung und verkauften sie zu Weihnachten in Tula, oder auch eine Espe als Stützbalken für ihre

Kate. Sie wurden erwischt, flehten Sofja Andrejewna um Vergebung an, umsonst. Sie kamen vor Gericht, das war eine Routinesache, die mit sechs Wochen Gefängnis endete.

Tolstoi brachte dieser Vorfall darauf, sein Land offiziell seiner Familie zu überantworten. Hatte Sofja Andrejewna mit den schuldigen Bauern als seine Bevollmächtigte gesprochen, würde sie es in Zukunft im eigenen Namen tun.

Sie aber stritt mit ihm in ihrem Tagebuch und meinte, wenn Eigentum Sünde sei, warum solle sie dann die Sünde auf sich nehmen?

Aber ihre Reise nach Petersburg und die Gerüchte, man habe sie in der kaiserlichen Familie sehr gelobt und als schöne und kluge Frau bezeichnet, hoben ihr Selbstbewußtsein. Fische beißen nicht nur auf Köder an, auch auf Blinker. Tolstois Söhne waren liberale oder konservative junge Männer. Ihr Vater und sein Bruder Sergej hatten einst »den hochnoblen Adel von Krapiwna« verachtet, Tolstois Söhne aber baten ihn um eine Vollmacht, damit sie an den Adelswahlen teilnehmen konnten.

Man versammelte sich und beschloß, die Besitzteilung in Windeseile vorzunehmen, so als wäre Tolstoi gestorben oder ins Kloster gegangen.

Seine Notiz über die Aufteilung finden wir unter dem Datum des 18. April 1891. Über die Aufteilung selbst schreibt er wenig, etwa eine drittel Seite, die gesamte Notiz ist zwei Seiten lang. Es heißt, Sofja sei angekommen: »Sie verhält sich zu mir spontan, aber gutmütig, und wenn ich nur immer daran dächte, daß dieses Hemmnis ein Es ist und nicht eine Sie und daß ich nicht böse werden und nicht wünschen darf, daß es anders sein möge.«

Dieses »Es« sind die allgemeinen Umstände, das »Sie« oder »Die« steht für die Gattin und die Familie. Jeder nahm sich seinen Anteil, und alles wurde geteilt, nur Mascha verzichtete. Man sagte ihr, sie verzichte nur mit dem Mund, man beschimpfte sie. Tolstoi schrieb am 17. April 1891 an N. N. Gay:

»Jetzt haben sich alle Kinder versammelt. Ilja wirtschaftet immerzu herum und lebt undiszipliniert, und dazu die finanziellen Kollisionen mit der Mutter, und alle haben beschlossen, das Gut aufzuteilen. Ilja freut sich, die anderen sind gelassen gleichgültig. Mascha sorgt sich, wie sie auf solche Weise verzichten könne, daß ihr Anteil nicht der ihre ist. Ich werde ein Dokument unterschreiben müssen, eine Schenkungsurkunde, die mich vom Eigentum befreit, die Unterschrift wiederum wird ein Abweichen vom Prinzip sein. Und doch werde ich unterschreiben, weil ich, täte ich das nicht, Übles auslösen würde ...

Meine Handschrift ist schlecht, weil ich soeben aus Jassenki komme und an den Händen friere; was ich schreibe, ist nicht schön, weil ich nicht allzu gut gestimmt bin. Aber ich möchte so schnell wie möglich schreiben ...«

Die Kälte war nur Aprilkühle; die Schauer kamen von innen.

Wie bei Besitzaufteilungen in Adelsfamilien üblich, wurden zunächst auf Grund einer Schätzung die Anteile festgelegt und einander angeglichen, dann verlost, um möglichst wenig Streit heraufzubeschwören.

Im ganzen gab es neun Lose. Der Grundbesitz wurde auf 550.000 Rubel geschätzt und auf neun Lose verteilt. Was sich wertmäßig nicht ausgleichen ließ, wurde durch Zuzahlung ausbalanciert. Hier das Ergebnis der Aufteilung:

»1. Sergej Lwowitsch – etwa 800 Deßjatinen Boden beim Dorf Nikolskoje-Wjasemskoje, unter der Bedingung, an Tatjana Lwowna im Laufe eines Jahres 28.000 Rubel, an die Mutter 55.000 Rubel plus 4 Prozent Jahreszinsen innerhalb von 15 Jahren auszuzahlen.

2. Tatjana Lwowna erhielt das Dorf Owsjannikowo und 38.000 Rubel in bar.

3. Ilja Lwowitsch – das Dorf Grinjowka sowie anteilig 368 Deßjatinen vom Gut Nikolskoje-Wjasemskoje.

4. Lew Lwowitsch – das Haus in Moskau, 394 Deßjatinen Boden vom Samaraer Gut beim Dorfe Bobrowno sowie 5000 Rubel, zahlbar im Laufe von fünf Jahren.

5. Michail – 2105 Deßjatinen vom Samaraer Gut, mit der Verpflichtung, 5000 Rubel an Lew auszuzahlen.

6.–7. Andrej und Alexandra – 4022 Deßjatinen Boden im Gouvernement Samara (zu gleichen Teilen), mit der Verpflichtung, an Tatjana Lwowna 9000 Rubel auszuzahlen.

8. Iwan 370 Deßjatinen von Jasnaja Poljana.

9. Sofja Andrejewna – den Rest von Jasnaja Poljana sowie 55.000 Rubel, den Anteil Maria Lwownas.«

Der effektive Wert der Erbteile erwies sich später als ungleich. Wir wissen, daß das Gut in Samara, das Tolstoi für sieben bzw. dreizehn Rubel pro Deßjatine erworben hatte, von den Erben alsbald für 450.000 Rubel verkauft wurde. Somit erhielten Andrej Lwowitsch, Michail Lwowitsch und Alexandra Lwowna je 150.000.

Im Jahre 1900 sagte Tolstoi zu Goldenwejser: »Ich muß jetzt geradezu lachen, wenn ich daran denke, was herausgekommen wäre, wenn ich die Absicht gehabt hätte, meine Kinder gut zu versorgen. Ich habe ihnen damit außerordentlich übel mitgespielt. Sehen Sie sich nur meinen Andrej an. Was stellt er denn schon dar? Er ist völlig unfähig, irgend etwas zu tun. Und nun lebt er auf Kosten des Volkes, das ich einst beraubt habe, und sie fahren fort, es zu berauben. Wie fürchterlich es für mich jetzt ist, alle diese Gespräche mit anhören und all das mit ansehen zu müssen! Das widerspricht so sehr meinen Gedanken und Wünschen, allem, was mein Leben ausmacht... Wenn sie doch nur ein bißchen Mitleid mit mir hätten!«

Das Leben eines einzelnen ist so sehr mit dem Leben der ganzen Gesellschaft verflochten, daß es unmöglich ist, die eigene Linie, den Faden des eigenen Schicksals ohne Gewalt aus dem Gewebe zu lösen. Tolstois Lage war widerspruchsvoll; man beschuldigte ihn, man verlachte ihn, er sagte, diese Erniedrigung sei gut und gesund für ihn, und allmählich erschien in seinen Tagebüchern ein Ausdruck, den Lenin (1908), ohne Tolstois Tagebücher zu kennen, auf ihn anwandte. »Oft kam es mir in den Sinn, und ich schrieb es auch, daß die Narrheit (in Christo), d. h. sich selbst absichtlich übler darzustellen, als man ist, die höchste Eigenschaft der Tugend ist.« So schrieb Tolstoi am 29. Mai 1893.

Das Wort »Narrheit« erscheint auf der gleichen Seite noch einmal: »Die Narrheit, sich absichtlich lasterhaft zu geben, ist zwar für einen selbst nützlich, ich denke jedoch, sie ist ebenso schädlich wie verfaultes Essen; aber eine feststehende schlechte Meinung über einen nicht zu zerstören und sich darüber zu freuen, weil darin einerseits die Befreiung von einer ungeheuren Verführung liegt, andererseits Gottes Wille ins echte Leben hineingezogen wird, ist ganz natürlich und muß getan werden. Dieses Thema muß ich im *Sergius* herausarbeiten. Es lohnt sich.«

Vater Sergius, der zu jener Zeit geschrieben wurde, ist ebenfalls ein Tagebuch Tolstois. Die Idee zur Erzählung bildete sich allmählich heraus und wurde immer tragischer. Zuerst ist da die Frau, die den Fall des Mönches bewirkt; sie ist zwar sinnlich, aber nicht widerwärtig. Tolstoi versuchte ständig, die Welt als Sünde zu verurteilen, er verwünschte die sinnliche Liebe in der *Kreutzersonate* und in *Vater Sergius* und brachte es nicht fertig, die Verlockung der Schönheit von sich zu schieben. Er behielt den *Teufel* im Gedächtnis. Er liebte das Leben, er liebte den Wald, in dem er spazieren ging. An seiner Seite lebte noch der letzte, der geliebte Sohn – Wanja.

Nach der Aufteilung des Landbesitzes mußte über die Autorenrechte entschieden werden.

Man schrieb das Jahr 1891. Tolstoi teilte seiner Frau mit, er schreibe einen offenen Brief an die Zeitungen, in dem er auf seine Autorenrechte verzichte. Sofja Andrejewna schwieg dazu. Ein paar Tage verstrichen. Tolstoi brachte erneut das Gespräch darauf. Die Gattin notierte in ihr Tagebuch: »Diesmal war ich nicht vorbereitet, das erste Gefühl aber war wieder kein gutes, d. h., ich empfand offen die ganze Ungerechtigkeit seines Vorgehens der Familie gegenüber, und ich spürte zum ersten Mal, daß dieser Protest eine erneute öffentliche Schaustellung seiner Uneinigkeit mit Frau und Familie bedeutete. Das regte mich ganz besonders auf. Wir sagten einander eine Menge Unfreundliches. Ich warf ihm Ruhmsucht und Eitelkeit vor, er schrie, ich hinge am Rubel und ihm sei noch keine dümmere und habgierigere Frau begegnet. Ich sagte ihm, daß er mich das ganze Leben erniedrigt habe, weil er nicht gewohnt sei, mit anständigen Frauen umzugehen; er warf mir vor, daß ich mit dem Geld, das ich einnehme, nur die Kinder verderbe... Zu guter Letzt schrie er mich an: ›Geh weg, geh weg!‹ Da ging ich eben.«

Vorerst drehte es sich nur um den Verzicht auf die Autorenrechte für die letzten Werke. Elf Bände seiner Werke verblieben zugunsten der Familie. Zugleich jedoch ging der Streit um die Richtigkeit der Lebensweise, um das Eigentumsrecht für Sofja Andrejewna; Tolstoi hingegen stritt um die »Abschwächung der Wirkung, die die Verkündigung der Wahrheit hätte erzielen können«.

Sofja Andrejewna ging weinend durch den Garten und schämte sich vor dem Wächter, der ihre Tränen sah. Dann setzte sie sich in die Apfelplantage, unterschrieb sämtliche Verlagsinserate mit dem Bleistift, den sie in ihrer Kleidertasche fand; in ihr Notizbuch aber schrieb sie: »... Ich bringe mich um auf Koslowka, weil mich die Unstimmigkeiten in meinem Leben mit Lew Nikolajewitsch aufgerieben haben.«

Schon in ihrer Jugend hatte sie bei Zerwürfnissen an Selbstmord gedacht; nun rannte sie zur Koslowaja-Sperre und erreichte die kleine Brücke, die über eine tiefe Schlucht führte. Sie wäre gern wieder heimgegangen, doch schämte sie sich, umzukehren. Sie sah Alexander Michailowitsch Kusminski kommen. Er wandte sich ihr rein zufällig zu, weil ihn Flugameisen überfielen.

Sofja Andrejewna sagte sich zwar, das sei ein Fingerzeig Gottes, hatte aber noch immer die Absicht, sich zu ertränken. Sie streifte durch den Wald, erschrak dort vor einem Tier, wußte nicht vor was für einem, weil sie kurzsichtig war, und ging wieder heim. So lautet ihre Aufzeichnung vom 21. Juli. Tolstoi hingegen notierte am 22.: »Auch gestern gab es ein Gespräch mit meiner Frau über den Abdruck meines Briefes in den Zeitungen, den über den Verzicht auf die Autorenrechte. Schwer, sich zu erinnern, vor allem aber aufzuschreiben, was sich alles abgespielt hat.« Die nächsten neunzehn Zeilen sind gestrichen. Nur der Schluß der Aufzeichnung ist geblieben: »Ich habe das Gespräch angefangen, weil sie eines Abends, als wir schon am Einschlafen waren, sagte, sie sei einverstanden. Sie tut mir leid.«

Die Zeit zog sich in die Länge. Im August unternahm Tolstoi einen neuen Versuch, den Brief an die Zeitungsredaktionen zu versenden. Es sah aus, als wollte er auf sämtliche Rechte für sämtliche Werke verzichten. Die Angelegenheit schleppte sich hin; da tauchten erschreckende Gerüchte auf, die alsbald zur Realität wurden: Hungersnot brach über Rußland herein.

Im Juli war das Haus auf Jasnaja Poljana voll von Gästen. Repin war da und malte an einem Bild: Tolstoi in seinem Arbeitszimmer. Alexandra Andrejewna Tolstaja, schon recht bejahrt, aber nach wie vor gescheit, weilte zu Besuch. Die Familie behandelte sie mit Respekt. Sie merkte, daß der Mann, den sie lange geliebt hatte, finsteren Gemüts war. Eines Tages sagte sie: »Haben Sie einmal ernsthaft über Ihre Verantwortung Ihren Kindern gegenüber nachgedacht? Sie alle machen auf mich den Eindruck, als irrten sie zwischen allerlei Zweifeln umher. Was gedenken Sie ihnen anstelle des Glaubens, den Sie ihnen höchstwahrscheinlich genommen haben, zu geben?«

Tolstoi verfinsterte sich derartig, daß sie sich beeilte, den Raum zu verlassen.

Die Angelegenheit aber zog sich noch immer hin. Am 16. September 1891 endlich schrieb Tolstoi seinen Verzicht nieder und versandte ihn in nachstehender Form an die Zeitungen:

»Sehr geehrter Herr,

auf Grund der bei mir häufig eingehenden Anfragen betreffs Genehmigung zur Herausgabe, Übersetzung und Inszenierung meiner Werke bitte ich Sie, meine nachstehende Erklärung in Ihrer Zeitung zu veröffentlichen.

Hiermit erteile ich jedem, der es wünscht, das Recht, all meine im Band 12 der Ausgabe von 1886 und die vom laufenden Jahr, 1891, im Band 13 abgedruckten Werke in Rußland sowie im Ausland, in Russisch sowie in Übersetzungen unentgeltlich herauszugeben beziehungsweise zu inszenieren, desgleichen die in Rußland nicht gedruckten Werke, die in Zukunft, d. h. nach dem heutigen Tage, erscheinen könnten.«

Hungersnot

1. Die Zweifel L. N. Tolstois

Die Mißernten, die in Rußland periodisch auftraten, nahmen im Jahre 1891 die Form einer Hungersnot an.

Man kratzte die ausgemergelte, zerpflügte Erde mit dem Hakenpflug auf; das Vieh war ausgestorben, die Felder lagen ungedüngt da. Geerntet wurde selten etwas, eine Ernte war ein Glücksfall und reichte nicht aus, die riesigen Defizite in der Landwirtschaft auszugleichen. Allenthalben ging es beschleunigt bergab.

W. I. Lenin schrieb 1902 in dem Artikel *Anzeichen des Bankrotts:* »Die Raubwirtschaft der Selbstherrschaft beruhte auf der ungeheuerlichen Ausbeutung der Bauernschaft. Diese Wirtschaft bedingte als unvermeidliche Folge die sich von Zeit zu Zeit wiederholenden Hungersnöte der Bauern bald in diesem, bald in jenem Gebiet ... Von 1891 an haben die Hungersnöte, was die Zahl der Opfer betrifft, riesenhafte Ausmaße erreicht, und seit 1897 folgt fast ununterbrochen eine auf die andere.«

Tolstoi war ratlos, was zu tun sei. Er schrieb am 4. Juli an N. S. Leskow. Nachdem er zugab, daß die Hungersnot bereits eingetreten war und sich verschlimmern werde, schrieb er kummervoll: »Wenn Hühner und Küken gefüttert werden und wenn sich dann alte Hühner und Hähne räuberisch vordrängen – das Futter schneller aufpicken und die Schwachen fortjagen –, dann ist es wenig wahrscheinlich, daß ein Mehr an Futter die Hungrigen sättigt. Hierbei muß man sich die fortjagenden Hähne und Hühner als unersättlich vorstellen. Es geht ausschließlich darum – da man die Hühner und Hähne, welche die anderen fortjagen, nicht erschlagen darf –, ihnen beizubringen, mit den Schwachen zu teilen. Solange das aber nicht der Fall ist, wird es immer Hunger geben.«

Wie aber den Starken ohne Gewaltanwendung beigebracht werden sollte, die Schwachen nicht zu unterdrücken, war nicht klar.

Man mußte nicht heilen, sondern gewaltsam verändern. Aber ein Prinzip verbot die Gewalt.

Der Juni 1891 ging zu Ende. Tolstoi notierte:

»Heute ist der 25. Um acht Uhr aufgestanden. Regen, in Strömen. Allein Kaffee getrunken. Ständig Schwäche – obgleich heute ein wenig besser. Noch in der Nacht über das Vorwort zum Vegetarierbuch nachgedacht, d. h. über Enthaltsamkeit, und den ganzen Morgen nicht schlecht geschrieben. Dann spazierengegangen und geschwommen. Jetzt ist es fünf Uhr. Ständig Schwäche. Schlafe schlecht. Und bin mir selbst zuwider bis zum Gehtnichtmehr.«

Eine in Paragraphen unterteilte Überlegung folgt.

»1. Immer noch darüber, daß die materielle Rettung des Lebens – die Rettung von Kindern, Zugrundegehenden, die Heilung von Kranken, die Erhaltung des Lebens von Greisen und Schwachen – nichts Gutes an sich ist, sondern nur eines seiner Merkmale, ebenso wie das Auftragen von Farben auf Leinwand nicht Malerei ist, wenngleich jede Malerei ein Auftragen von Farben auf Leinwand ist. Die materielle Rettung, das Erhalten von Menschenleben sind gewöhnliche Folgen des Guten, aber nicht das Gute selbst. Das Bemühen, das Leben eines von Schwerarbeit gequälten Sklaven, der mit Spießrutenlaufen bestraft wird, zu erhalten, auf daß er seine 5000 Schläge voll erhalte, ist nichts Gutes, wenn es sich auch um das Erhalten von Leben handelt. Etwas Gutes ist es, Gott zu dienen, das aber ist immer nur von Opfern, vom Verlust animalischen Lebens begleitet, wie Licht stets vom Verlust von Brennmaterial begleitet ist.«

Tolstoi möchte nicht zweifeln.

Hier muß von einem alten Freund Tolstois erzählt werden, von Iwan Iwanowitsch Rajewski. Die Freundschaft ging zurück auf die Zeit, als beide Männer sich in den Sälen des Moskauer Turnvereins kennenlernten. Tolstoi war von Natur aus körperlich stark, und er trainierte seine Kraft: bis ins hohe Alter ritt er und turnte sein Leben lang. Er respektierte Kraft, Geschicklichkeit und Mut. Rajewski stammte aus einer Adelsfamilie mit freiheitsliebenden Traditionen; seine Mutter war eine gute Bekannte des Dichters Poleshajew und malte dessen Porträts.

Rajewski selbst war ein friedlicher Gutsbesitzer von legendären Körperkräften, an die man sich in seinem Landkreis noch lange Zeit erinnerte. Er war zwölf Jahre jünger als Tolstoi, dennoch duzten sich die beiden.

Er war ein guter Gesprächspartner und verstand sich aufs Zuhören; die Unterhaltungen zwischen ihm und Tolstoi waren durchaus keine Gespräche zwischen Lehrer und Schüler. In der Zeit der Hungersnot fuhr er nach Jasnaja Poljana und überredete Tolstoi, mit zu ihm zu fahren, um zu sehen, wie es den Bauern ging, und danach einen Artikel über die Hungersnot zu schreiben.

Tolstoi fuhr auf zwei Tage mit zu Rajewski und blieb zwei Jahre fort, nachdem er sich entschlossen hatte, mit dem Freund Garküchen für die hungernden Bauern zu organisieren.

Ein Hemmnis dabei war Sofja Andrejewnas überemsige Energie. Heute gab sie ihr Einverständnis, sich materiell an der Hilfe für die

Hungernden zu beteiligen, und morgen wies sie solch ein Ansinnen in aller Schärfe von sich. Das Geld hatte ja sie.

Tolstois Tochter Maria berichtet in einem Brief an L. F. Annenkowa über Tolstois Absichten, zu Rajewski in das Dorf Begitschowka, Landkreis Dankow, zu reisen:

»Wir hatten bereits einen Teil Lebensmittel und Brennholz usw. bereitgestellt. Mama hatte uns versprochen, zweitausend Rubel dafür zu stiften. Wir hatten uns so sehr über die Möglichkeit gefreut, diesen Menschen wenigstens ein kleines bißchen nützlich zu sein, da trat Mama (wie es bei ihr des öfteren vorkommt) plötzlich den Rückzug an ... Sie quälte sich und Papa und auch uns so sehr, daß sie selbst, die Ärmste, ganz mager und krank wurde ...«

Sofja Andrejewna brachte erneut die Autorenrechte ins Gespräch und erklärte, es sei kein Geld vorhanden; erteilen wir ihr selbst das Wort:

»Als Ljowa seine Erklärung über die Rechte für jedermann auf die Bände 12 und 13 noch nicht publiziert hatte, wollte ich 2000 Rubel für die Hungernden geben, in der Annahme, wir könnten irgendwo, nach Auswahl der Gegend, armen Familien jeweils soundso viel Pud Mehl, Brot und Kartoffeln monatlich ins Haus liefern. – Jetzt weiß ich überhaupt nicht mehr, was ich tun werde. Nach fremder Initiative und bei ständigem Sandstreuen ins Getriebe (die Erklärung) kann man nicht wirksam werden.«

Nicht nur die Gattin mißbilligte es, daß Tolstoi sich in den Kampf gegen den Hunger hineinziehen ließ. Im Oktober schrieb Tochter Tatjana in ihr Tagebuch:

»Morgen reisen wir zum Don. Mich freut diese Reise nicht, und es fehlt mir völlig an Energie. Das kommt davon, daß ich Papas Tun inkonsequent finde und daß es ungehörig von ihm ist, über Gelder zu verfügen, Spenden anzunehmen und von Mama das Geld zu verlangen, das er ihr eben erst gegeben hat.«

Damals wohnte Tolstoi bereits bei Rajewski, arbeitete entschlossen und umsichtig, Ereignisse und künftige Nöte voraussehend.

Er wußte, daß die Hungersnot lange dauern und hoffnungslos werden würde; er schrieb nicht über die Schrecken des Hungers, sondern über das Furchtbarste, über den völligen Niedergang des Dorfes.

Er suchte herauszufinden, wieviel Getreide es in Rußland gab, ob es bis zum Frühjahr reichen würde, wo man welches kaufen könne. Zugleich wurde entschieden, auf welche Weise die Speisungen zu organisieren waren, wo die Garküchen eingerichtet werden sollten.

Hier eine seiner Instruktionen:

»Wählen Sie einen Ort inmitten der bedürftigsten Dörfer, lagern Sie dort Vorräte an Mehl, Kleie, Kartoffeln, Kohl, Rüben, Erbsen, Linsen, Hafermehl, Salz oder zumindest von allem, was möglich ist, dann gehen Sie in eines der Dörfer, suchen Sie in der Mitte des Dorfes, sofern dieses nicht mehr als dreißig bis vierzig Höfe umfaßt, die ärmste Familie aus, vielleicht auch zwei, wenn das Dorf doppelt so groß ist, und machen Sie der Hausfrau den Vorschlag, sie solle, wenn Sie ihr die Lebensmittel liefern, für die Bedürftigsten, für Schwache, Alte, Kinder, oder aber für nicht Alte, jedoch Hungernde, für dreißig bis vierzig Menschen Brot backen und kochen.«

2. Der Entschluß S. A. Tolstajas. Angelegenheiten und Nöte Tolstois

Untätigkeit lag Sofja Andrejewna nicht: Sie schaltete sich sehr energisch in die Hilfsaktionen für die Hungernden ein, nachdem sie am 2. November 1891 einen »Brief an die Redaktion« abgesandt hatte: »Die Wohltätigkeit und die Spenden zugunsten der Hungernden haben solche Ausmaße angenommen, daß man sich fürchtet, diese Frage anzuschneiden. Jedoch ist auch die Heimsuchung des Volkes von weit größerem Ausmaß, als allgemein angenommen wurde. Und nun muß immer noch mehr und mehr gegeben und immer noch mehr und mehr erbeten werden. Meine gesamte Familie befindet sich außer Hause, um sich an den Hilfsaktionen für das notleidende Volk zu beteiligen. Mein Mann, Graf L. N. Tolstoi, weilt mit zwei meiner Töchter zurzeit im Kreis Dankow.«

Es folgt eine Aufzählung der Familienmitglieder. Der Brief schließt: »Gezwungen, mit vier kleinen Kindern in Moskau zu bleiben, kann ich das Wirken meiner Familie lediglich mit materiellen Mitteln unterstützen.«

Über die Hungersnot heißt es: »Meine Familie hat das alles jedoch mit eigenen Augen gesehen.« Weiter: »Und so entschließe auch ich mich, an alle . . . mit der Bitte heranzutreten, meine Familie durch materielle Mittel zu unterstützen.« Es folgen Anschriften: zuerst die Tatjana Lwownas, dann Sergej Lwowitschs, nach ihm Lew Lwowitschs und am Schluß die Moskauer Adresse Sofja Andrejewnas.

Der Brief ist im Stile eines Aufrufs zur Wohltätigkeit verfaßt. Er schließt mit den Worten: »Nicht mir Sünderin obliegt es, allen Dank zu sagen, die auf meine Worte reagieren, sondern jenen Unglücklichen, denen gute Herzen ein Überleben in der Not gewährleisten.«

Jeder Satz des Briefes ist gekonnt und energisch abgefaßt. Auch

Kalkulationen werden beigegeben: bei zweimaliger Speisung pro Tag würden sich die Unkosten plus Heizmaterial zwischen 95 Kopeken und 1 Rubel 30 Kopeken pro Monat bewegen: »Folglich könnte für 13 Rubel einem Menschen bis zur neuen Getreideernte über die Not hinweggeholfen werden.«

Zwischen 3. und 12. November gingen 9000 Rubel ein. Der Aufruf wirkte so stark, weil darin ein nahes und limitiertes Ziel vorgegeben war. Ein solcher Aufruf tat dem allgemeinen Wohlleben keinen Abbruch.

Unter den Spendern milder Gaben befand sich sogar der Oberpriester von Kronstadt, Ioann Sergejew: er schickte 200 Rubel.

Aber die Menschen, die die Hungersnot bekämpften, wurden sofort angefeindet.

Die *Moskowskije Wedomosti* brachte den ironischen Artikel *Die Familie Seiner Erlaucht des Grafen L. N. Tolstoi.*

Dabei ging es natürlich nicht allein darum, die Bedeutung von Sofja Andrejewnas Aufruf herabzusetzen.

Die Regierung war verblüfft vom Ausmaß der Aktivität Tolstois. Er beköstigte die Hungernden ohne jeden Hilfsapparat, ohne Angestellte. Die Speisung wurde zur Sache des Volkes: in vier Kreisen organisierte sich die Bevölkerung. Tolstoi richtete Garküchen in den Katen der Ärmsten ein, weil er wußte, daß die Hausfrauen unter den Augen der Mitdörfler mit aller Hingabe kochen würden.

Es mußte viel gefahren und gelaufen werden. Maria Lwowna erzählte, daß »zwei alte Männer«, Rajewski und Tolstoi, ihrer Wege gingen, in bestem Einverständnis miteinander redeten, einander zulachten und ein großes Werk taten.

Rajewski kehrte im Novembermatsch von der Jepifaner Semstwoversammlung heim. Auf der Suche nach Brot und nach Almosen irrten damals Dorfarme auf den Straßen umher: Kinder, alte Leute.

Rajewski ließ die ausgepumpten Fußgänger in seinem Wagen mitfahren; er selbst stieg ab, um das Pferd zu schonen, besonders wenn es bergauf ging; er bekam nasse Füße, fühlte sich am nächsten Morgen nicht wohl; aber er mußte zur nächsten Semstwoversammlung nach Dankow wieder mit dem Wagen vierzig Werst weit fahren, von dort kehrte er vollends krank zurück.

An R. A. Pissarew, einen Tulaer Gutsbesitzer, der an den Hilfsaktionen teilnahm, schrieb Tolstoi aus Begitschowka: »Lieber Rafail Alexejewitsch! Ich schreibe Ihnen nach dem Diktat von Iwan Iwanowitsch, der an Influenza erkrankt ist und im Fieber liegt und Ihnen jedoch folgendes mitteilen möchte: 1.) daß er alles getan hat, worum Sie ihn betreffs Protopopow gebeten haben.« (Tolstois Freund aus der

4. Bastion von Sewastopol, Nikolai Petrowitsch Protopopow, kaufte damals Roggen für die Hungernden auf.)

Weiter hieß es: »2.) Wir schicken 6000 zur Einzahlung auf das Konto bei der Bank von Rjasan . . . 3.) Den Waggon Roggen, den Sie anbieten, hoffen wir nehmen zu können.

Das alles habe ich nach dem Diktat von Iwan Iwanowitsch geschrieben, jetzt schreibe ich von mir aus: Er liegt schon den vierten Tag im Fieber . . .«

Im Fieber schrieb Iwan Iwanowitsch an seine Frau nach Tula: »Mein liebster Engel! Wirst Du mir verzeihen? Zum erstenmal im Leben habe ich Dir etwas verheimlicht, habe Dir nicht geschrieben, daß ich krank bin.«

Als J. L. Rajewskaja den Brief erhielt, fuhr sie in aller Eile aufs Dorf und fand ihren Mann im Todeskampf vor.

Rajewski starb, Tolstoi führte sein Werk weiter.

Er arbeitete »freudig, jung, begeistert«. Im Gedenken an Rajewski schrieb er an Alexandrine Tolstaja: »Es heißt, in Petersburg glaube man nicht an den Ernst der Lage. Das ist sündhaft. Ich habe bei Rajewski den Seemann Protopopow getroffen, mit dem ich vor 35 Jahren auf der Jasonowschen Schanze in Sewastopol gewesen bin. Ein sehr lieber Mensch, jetzt ist er Amtspräsident und müht sich viel, kauft Getreide. Er sagte äußerst treffend zu mir, daß er ähnlich empfinde wie damals in Sewastopol: ›Man ist nur ruhig, d. h., man hört auf, unruhig zu sein, wenn man etwas tut für den Kampf gegen die Not.‹«

Die Helfer arbeiteten inmitten von Besitzenden, die am Hunger verdienten: Gutsbesitzer verkauften trockenes Kartoffelkraut für fünf Rubel pro Deßjatinenertrag, wobei sie nicht einmal für das Abernten aufkamen.

Tolstoi bemühte sich nicht nur um die Garküchen, sondern auch darum, dem endgültigen Ruin der bäuerlichen Wirtschaften einen Riegel vorzuschieben, den Bauern wenigstens die Pferde zu erhalten. Aber die Regierung fürchtete, es könnte eine mächtige Organisation entstehen und der Westen könnte erfahren, daß Rußland in Not war. Seine Majestät geruhten zu äußern: »In Rußland gibt es keinen Hunger, es gibt nur Ortschaften, die durch eine Mißernte gelitten haben.«

Eine Aufstellung über die Getreidevorräte in Rußland wurde nicht gemacht.

Tolstoi arbeitete ruhig, organisiert, unermüdlich. Er lebte ständig in großer Gefahr; in Schneesturm und Frost mußte er von Dorf zu Dorf fahren; in den Kirchen wurde gegen ihn gepredigt; Typhus grassierte. Repin beschreibt, wie er und Tolstoi über den kaum zugefrorenen Don fuhren. Unter der dünnen Eisdecke sah man das Wasser dahinströmen; leichter Schnee stieg über dem Eis auf; es war, als atmeten die Wuhnen Dampf aus; der Breitschlitten schien über einem Abgrund dahinzufliegen.

3. Zweifel der Regierung

Tolstoi schrieb seinen ersten Artikel über die Hungersnot für die Zeitschrift *Woprossy Filosofii i Psichologii,* ein ziemlich akademisches Blatt unter der Redaktion von Professor Grot. In dem Artikel wurde die Wirtschaft mehrerer Kreise der Gouvernements Tula und Rjasan analysiert sowie das Budget einer Bauernwirtschaft unter Hinweis auf die außerordentlich angespannte Lage. Tolstoi schrieb:

»Das Volk hungert, weil wir allzu satt sind. Wie sollte denn das Volk nicht hungern, wenn es unter den Bedingungen, unter denen es lebt, das heißt bei all den Abgaben, bei all dem Landmangel, bei all der Verwilderung und Verwahrlosung, denen es bewußt ausgesetzt wird, all die entsetzliche Arbeit leisten muß, deren Früchte in den Hauptstädten, den Städten und auf den Landsitzen der Reichen verschlungen werden? So ist die Lage des Volkes stets und ständig. Dieses Jahr hat lediglich infolge der Mißernte gezeigt, daß der Bogen überspannt worden ist.«

Tolstoi spricht von Degeneration der Bevölkerung, von Kindersterblichkeit, davon, daß die privilegierte Klasse »unter das Volk gehen muß, im Bewußtsein ihrer Schuld vor dem Volk«.

Der Artikel ist nicht in der Zeitschrift *Woprossy Filosofii i Psichologii* erschienen. Ein Fragment erschien in der Januarnummer der *Knishki Nedeli,* wo die Zensur die Fahnenabzüge lange Zeit zurückhielt und ständig neue Korrekturen verlangte. Tolstoi übergab die Abzüge dem Übersetzer Dillon für einen Druck im Ausland, wovon er sich Spenden erhoffte.

Der Artikel erschien in dänischen, französischen und englischen Zeitungen.

Die *Moskowskije Wedomosti* druckten im Leitartikel Fragmente einer Rückübersetzung aus dem Englischen. Der Artikel unterschied sich weder im Tenor noch im Inhalt von Tolstois früheren Publikationen. Diesmal aber ging es um die internationale Bedeutung des Auftretens von Tolstoi. Die Zeitungen schrien Zeter und Mordio.

»Graf Tolstoi«, schrieb ein reaktionäres Blatt, »befaßt sich mit einer ›höchst wichtigen Frage‹, nämlich, ob die Bauern selbst den Ernst ihrer Lage begreifen und *die Notwendigkeit, rechtzeitig wach zu werden und selbst etwas zu unernehmen;* in Anbetracht dessen, daß kein anderer ihnen helfen kann, denn wenn sie *selbst* nichts unternähmen, ›würden sie bis zum Frühjahr allesamt eingehen wie Bienen ohne Honig‹.

Die Briefe des Grafen Tolstoi bedürfen keines Kommentars; sie sind unverhüllte Propaganda zum Sturz der in der ganzen Welt existierenden sozialen und ökonomischen Ordnung, die seitens des Grafen mit unmißverständlichem Ziel nur Rußland allein zugeschrieben wird. Die Propaganda des Grafen ist die eines extrem entfesselten Sozialismus, die selbst unsere illegale Propaganda in den Schatten stellt.

Kürzlich erhielten wir per Post ein solches abscheuliches illegales Flugblatt, in dem es ebenso wie beim Grafen Tolstoi heißt: ›Die Rettung des russischen Landes liegt bei ihm selbst, nicht bei den Ministern, Generalgouverneuren und Gouverneuren, die Rußland an den Rand des Abgrunds gebracht haben.‹ In demselben Flugblatt wird zudem der unsinnige Gedanke geäußert: ›Die Regierung hat Rußland in die Hungersnot getrieben‹, ebenso wie es beim Grafen Tolstoi heißt, welcher zwar mit den illegalen Agitatoren nichts gemein hat, aber dennoch immer wieder behauptet, die Regierung sei ›der Parasit des Volkes‹, der dessen Säfte aussauge zum eigenen Vergnügen!

Die illegalen Agitatoren jedoch streben, indem sie eine ›Verfassung‹ als Köder benutzen, die Meuterei als Mittel zu dem ihrerseits ersehnten Chaos an, während der Graf ganz offen ein Programm der sozialen Revolution predigt und westlichen Sozialisten ihre abgedroschenen, unsinnigen, auf die unwissende Masse aber stets wirksamen Phrasen nachspricht, von den ›Reichen, die den Schweiß des Volkes trinken und alles verschlingen, was das Volk besitzt und hervorbringt‹!«

Der Artikel in den *Moskowskije Wedomosti* war mehr eine Denunziation als eine Verleumdung.

Indem Tolstoi ein genaues Bild von der Lage auf dem Dorf gab, handelte er unwillkürlich konsequent revolutionär, vielleicht ohne sich im klaren darüber zu sein, daß das bereits Widerstand bedeutete.

Die *Moskowskije Wedomosti* beschuldigten Tolstoi unverblümt der revolutionären Agitation und Propaganda.

Im zweiten Satz des Artikels ist das Wort »Propaganda« durch dreifache Verwendung bewußt hervorgehoben.

Die Gefahr war real. Sofja Andrejewna wurde unruhig.

Tolstoi bekam Briefe: »Du richtest uns alle mit Deinen hitzigen Artikeln zugrunde; wo bleiben denn hier *Liebe* und *Nichtwider-*

setzen? Und Du hast kein Recht, wo Du neun Kinder hast, mich und sie zugrunde zu richten.«

Auch andere Mitglieder der Familie Bers gerieten in emsige Bewegung.

Aus Petersburg schrieb T. Kusminskaja an ihre Schwester:

»... Das Ministerkomitee ist zusammengetreten, und man hat bereits über eine Ausweisung ins Ausland beraten.«

Auch Alexandrine Tolstaja schrieb an Sofja Andrejewna. Tolstoi antwortete der Gattin: »... Ich sehe, sie schlagen einen Ton an, als hätte ich mich irgendwie schuldig gemacht und müßte mich vor irgend jemand rechtfertigen. Einen solchen Ton darf man nicht durchgehen lassen. Ich schreibe, was ich denke und was weder der Regierung noch den reichen Klassen gefallen kann.«

Sofja Andrejewna schrieb an den Innenminister Durnowo, an ihre hochgestellte Bekannte Scheremetjewa, die ihr unlängst zur Begegnung mit dem Zaren verholfen hatte, an den Mitarbeiter des Ministers Plewe, an Alexandrine Tolstaja, an die Kusminskaja; sie reiste persönlich zum Großfürsten Sergej Alexandrowitsch: dieser empfahl Tolstoi, unverzüglich ein Dementi abzufassen.

Die Gattin sandte das Dementi an die *Moskowskije Wedomosti,* die sich über die Agentur Reuter mit den Redaktionen ausländischer Zeitungen in Verbindung setzten, um zu erklären, Lew Tolstoi bestreite die Authentizität des Brieftextes, der am 26. Januar neuer Zeitrechnung veröffentlicht worden war.

Der Übersetzer Dillon begab sich unverzüglich zu Tolstoi nach Begitschowka; er traf den Schriftsteller beim Einrichten neuer Garküchen für die Hungernden an. Laut Dillon soll Tolstoi geäußert haben: »Die Gräfin hat tatsächlich einen solchen Brief geschrieben – in meiner Gegenwart, aber gegen meinen Willen.«

N. Leskow regte sich auf und verfluchte den Gänseflügel, aus dem die Feder stammte, mit der das unglückselige Dementi geschrieben worden war. Tolstoi händigte Dillon am 29. Januar 1892 in Begitschowka einen eigenhändig geschriebenen Brief ein: »Ich habe die Authentizität von Artikeln, die unter meinem Namen erschienen sind, niemals abgeleugnet und niemanden bevollmächtigt, sie zu dementieren.«

Unter Ausnutzung der doppelten Übersetzung von Tolstois Artikel (aus dem Russischen in eine Fremdsprache und zurück ins Russische) und des Fehlens eines publizierten Originaltextes versuchten die *Moskowskije Wedomosti,* Tolstois Gedankengänge unmißverständlich ins Kriminelle zu verdrehen. Nunmehr schrieben sie: »Wir bestehen auf das entschiedenste auf der Echtheit und Authentizität der sozialistischen Gedankengänge des Grafen Tolstoi, die wir in Nr. 22 unserer Zeitung veröffentlicht haben.«

Freilich unter Vorbehalten: »Graf Tolstoi selbst ist selbstverständlich weit davon entfernt, mit seiner Propaganda jemand zum *gewaltsamen* sozialen Umsturz veranlassen zu wollen, doch scheint er offensichtlich nicht zu begreifen, daß die Propaganda *an sich* ohne sein Wollen gerade einen solchen Umsturz vorbereiten könnte.«

Diese Vorbehalte beruhten darauf, daß es der Regierung faktisch unmöglich war, Tolstoi verhaften zu lassen, noch dazu aus einem Anlaß wie seinem Wirken für die Hungernden; darum versuchte die Zeitung, den großen Schriftsteller bloßzustellen.

»Vor uns steht ein anderer Tolstoi – ein unglückseliger alter Mann im Zustand geistigen und sittlichen Verfalls, abgesunken zur Weltanschauung nahezu analphabetisch abgefaßter anarchistischer Blättchen und Broschüren.«

Tolstoi war damals vierundsechzig Jahre alt und stand in neuer Blüte, was wahrscheinlich auch einer ultrareaktionären Zeitung klar war.

Alexandrine Tolstaja behauptete, Graf Dmitri Tolstoi habe bei Alexander III. vorgesprochen mit einem fertigen Bericht zwecks Einlieferung Tolstois in das Gefängnis von Susdal, aber Alexander III. sei vorgewarnt gewesen und habe den Bericht nicht unterzeichnet.

Doch es verhielt sich anders, wie bereits Birjukow festgestellt hat; Dmitri Tolstoi war zum damaligen Zeitpunkt bereits verstorben und kann also nicht mit einem Bericht vorgesprochen haben. Vermutlich hatte die Regierung Tolstoi verhaften wollen und sich nicht dazu entschließen können; dafür war sie nicht stark genug.

Tolstois Verhaftung hätte jeden Vorwurf, den irgendwer dem großen Mann hätte machen können, aufgehoben. Sie wäre nicht nur einem Märtyrertum gleichgekommen, das er bewußt auf sich genommen hätte, sondern der Befreiung von dem, was Tolstoi selbst so bitter als seine Narrheit bezeichnete.

Die Polemik hielt bis März 1892 an. Die Zeitungen traten mit Beschimpfungen und Verleumdungen den Rückzug an. Tolstoi sandte an den *Prawitelstwenny Westnik* ein Schreiben, das die Zeitung nicht brachte. Ich führe hier das Wesentlichste an:

»Ich habe keinerlei Briefe an englische Zeitungen geschrieben. Der Auszug hingegen, der mir zugeschrieben wird und der in den *Moskowskije Wedomosti* kleingedruckt erschien, ist kein Brief, sondern eine (infolge doppelter und allzu freier Übersetzung, zuerst ins Englische, dann ins Russische) stark veränderte Stelle aus meinem Artikel über die *Hungersnot,* der von mir für eine russische Zeitschrift vorgesehen war, von der Zensur jedoch nicht freigegeben und von mir dann, wie gewöhnlich, ausländischen Übersetzern zur uneingeschränkten Verwendung überlassen worden war. Der Passus hingegen, der großgedruckt unmittelbar dem Auszug aus der unrichtigen Übersetzung meines Artikels folgt und für einen von mir angeblich in einem zweiten Brief geäußerten Gedanken ausgegeben wird, nämlich wie das Volk zu handeln habe, um den Hunger zu überwinden, ist von A bis Z erfunden.«

Acht Zeitungen brachten die Richtigstellung.

Fünfter Teil

»Auferstehung«

1. Der Grundgedanke

Die Bäume im Park von Jasnaja Poljana wuchsen in die Breite. Im Frühjahr blühte die gepflegte Apfelplantage, im Sommer füllten sich die gelbgrünen Äpfel mit Saft, zum Herbst hin blauten im Gartengrün die Rauchsäulen der Wächterfeuer, später wurden die Äpfel von den Pächtern mit Wagen abgefahren.

Die Bauern von Jasnaja Poljana ernteten ihre kargen Felder ab.

Tolstois Söhne alterten, erwarben Güter, spielten Karten, liebten ihre Frauen oder ließen sich scheiden.

Die Familien waren nicht glücklich. Viele Aufzeichnungen zeugen von totgeborenen Kindern. Die weltweite Vergiftung hatte auch die Familie Tolstois erfaßt.

Ununterbrochen kamen Besucher angereist, betrachteten Tolstoi, sprachen mit ihm und musterten ihn wie einen Sonnenaufgang aus dem Fenster eines Alpenhotels.

Er hatte die Welt nicht verändert, war aber zu einer ihrer Sehenswürdigkeiten geworden. Der dicke, bärtige, selbstsichere Alexander III., der kein dummer Mann war, in seinen Mußestunden Helikon spielte, Wodka trank und sich vor der Revolution und vor Tolstoi fürchtete, starb.

Ein anderer Zar bestieg den Thron, Nikolai II.; er hatte einen kleinen Kinnbart und die Haltung eines Frontoffiziers. Am Krönungstage verteilten Artelmitglieder in Moskau auf dem Chodynka-Feld Geschenke: Naschwerk und Blechbecher mit aufgedrucktem Zarenadler oder Zarensiegel. Man wußte nicht, daß Moskau schon ein anderes war als unter Alexander III. und II. Die Bevölkerung Moskaus strömte unerwartet und in großer Zahl auf das Feld, die Menschen erdrückten einander, stürzten in schlecht abgedeckte Brunnenschächte; über dem Chodynka-Feld stand als graue Wolke der schweißige Dampf ihres Atems.

Die neue Regentschaft begann mit einer Katastrophe und mit Unverständnis.

Der junge Zar meinte als Antwort auf eine bescheidene Anfrage des Semstwo nach einer Verfassung, dies alles seien »sinnlose Träumereien«. Er bestellte bei einem berühmten Maler ein Gemälde, auf dem er mit wohlanständig gekleideten Amtsbezirksältesten spricht und ihnen erläutert, es werde keinerlei Bodenzuteilungen geben, das Eigentum sei heilig.

Das löste bei Tolstoi Zorn und Bitterkeit aus. Er setzte keine Hoffnungen auf den Zaren, glaubte nicht an eine Revolution, aber daß eine Veränderung kommen mußte, war ihm klar.

»Wieviel Erde braucht der Mensch?« hatte er einst gefragt, die Böden bei Samara und die Gier der Grundbesitzer im Sinn. Der Mensch braucht einen Platz daheim, um sich zum Ausruhen auszustrecken, und Platz auf dem Feld, um den Hakenpflug wenden zu können, braucht er natürlich auch.

Tolstoi wohnte in sonnigen Zimmern im Oberstock und alterte dort. Ringsum wimmelten Tolstoianer. Ein Freund Tolstois, der Arzt Škarvan, ein Slowake, der abgeurteilt, im ungarischen Gefängnis eingekerkert, später nach Rußland entlassen worden war, erzählt von ihnen:

»Ach, diese seine Freunde! Dieser ganze kranke ›Haufe‹! Er hat sich euch gegenüber tadellos verhalten. Ich wage gar nicht, sie zu beurteilen. Mögen sie sein, wie sie wollen, eins jedoch liegt auf der Hand – ihm gegenüber waren sie taktlos, jeder von ihnen wollte ihn korrigieren, sie erteilten ihm Lehren, die Ärmsten! Seine Freunde waren die reinste Strafe für ihn!«

Es waren schwache, absichtlich nachlässig gekleidete Leute. Unter ihnen lebte Tolstoi, der Starke, der Reckturner, der Lebensdurstige. Dunajew erzählte Škarvan, daß Tolstoi eines Tages mit Aljochin Gras mähte. Die Aljochins, zwei Brüder, waren beide fanatische Tolstoianer.

Es geschah beim Heumachen. Tolstoi und Aljochin mähten. »Aljochin warf Tolstoi vor, daß er noch mit seiner Frau zusammenlebe, sagte, er solle sie verlassen, er müsse sie verlassen, dies forderten von ihm das Evangelium und auch die Menschen.«

Hier fügte Škarvan hinzu: »Es sei bemerkt, daß mehr oder weniger alle russischen Tolstoianer so dachten, vom roten Papst Tschertkow bis zur kleinsten Kopistin. Tolstoi verteidigte sich gegen die Ausfälle Aljochins, wie er nur konnte, so lange, bis der Krug seiner Geduld überfloß und er, in dessen Adern auch kein Wasser floß, zu brüllen anfing, die Sense hob und seinen Gegner damit niedermachen wollte.«

Tolstoi hat Aljochin nicht niedergemacht, er schleuderte die Sense von sich, ließ sich mit dem Antlitz auf die Erde fallen und brach in Tränen aus.

Für Tolstoi, den sein Ruhm vor Gewalt, seine Frau vor geschäftlichem Kleinkram, seine Freunde vor der ganzen Welt abschirmten, war das Leben eine Last. Sogar Škarvan, ein gescheiter, wenn auch naiver Mann, merkte, daß er, nachdem er Tolstoi verlassen hatte und auf Tschertkows Fragen Antwort gab, zum Spitzel wurde.

Doch auch er begriff nicht, wie verzweifelt Tolstoi war. Er notierte: »Bei aller Ernsthaftigkeit scherzte Lew Nikolajewitsch auch gern einmal und spielte gern mit Kindern. Einmal warteten wir vor der Schranke auf einen Zug, der kommen sollte. In irrer, unaufhaltsamer Fahrt näherte sich der Schnellzug, und als er nur noch einige Meter entfernt war, lief Lew Nikolajewitsch über die Schienen. Wir alle dachten, er sei nicht mehr am Leben, aber als der Zug vorüber war, sahen wir Lew Nikolajewitsch lachend drüben auf der anderen Seite der Strecke stehen und uns zunicken. Tschertkow gefiel dieser Scherz ganz und gar nicht.«

So scherzen keine glücklichen Menschen, so scherzen keine Philosophen, keine Führer einer Bewegung, so scherzen keine zufriedenen, gottgläubigen Menschen.

So fordern Verzweifelte ihr Schicksal heraus.

Außerdem erprobte Tolstoi wohl seine Kräfte, sich am Risiko verjüngend.

Als Birjukow Tolstois Biographie schrieb, riet ihm der Schriftsteller, Kunstwerke als biographisches Material zu betrachten.

Das soll nicht heißen, daß einzelne Episoden aus dem *Morgen eines Gutsbesitzers,* den *Sewastopoler Erzählungen* oder *Anna Karenina* Spiegelbilder von Ereignissen aus dem Leben des Autors sind. Richtiger ist, anzunehmen, daß die Gedanken und Entscheidungen seines Autors im Kunstwerk deutliche Spuren hinterlassen. Das ist Gold, aus goldhaltigem Sand herausgewaschen, es ist ein Logbuch, worin erzählt wird, wie schwierig die Seereise war, die unternommen wurde, um Entdeckungen zu machen.

In Briefen pflegt man sich unwillkürlich vor dem Menschen, an den man schreibt, zu verbergen. Briefe an verschiedene Empfänger sind auf verschiedene Weise durch Reflexe, die vom Empfänger ausgehen, gefärbt. In seinen Tagebüchern erzog Tolstoi sich selbst; seine Tagebücher erinnern an altertümliche Klassenbücher, worin Fehltritte von Schülern aufgeschrieben wurden. Diese Tagebücher wurden von Sofja Andrejewna gelesen, abgeschrieben, sie wurden von Tschertkow gelesen und bei ihm kopiert.

Im Kunstwerk trennt sich der Mensch von seinem Heute, von Zufälligem, er vergleicht Tatsachen miteinander und erlangt zuweilen echtes Wissen über einen Gegenstand.

Der Roman *Auferstehung* entstand 1889–1890, 1895–1896, 1898–1899, das heißt mit Unterbrechungen innerhalb von drei Jahren.

Ursprünglich lautete sein Titel *Eine Koni-Novelle:* Im Juni 1887 erzählte A. F. Koni in Tolstois Gegenwart von einem Geschworenen, der während einer Gerichtsverhandlung in einer des Diebstahls angeklagten Prostituierten die Frau wiedererkannte, die er einst verführt hatte. Die Frau hieß mit Nachnamen Oni, war eine Dirne billigsten Ranges, von Krankheit verunstaltet. Der junge Mann bat um Sprecherlaubnis; man brachte die Frau aus dem Kerker: sie war ein tief gesunkener Mensch. Aber der Verführer hatte sie einst geliebt; er faßte den Entschluß, sie zu heiraten, und bemühte sich darum. Seine gute Tat blieb unvollendet: die Frau starb im Gefängnis.

Eine solche Situation ist tragisch. Sie enthüllt das Wesen der Prostitution und erinnert entfernt an Maupassants Novelle *Le port,* Tolstois Lieblingserzählung, die er übersetzt und mit dem Titel *Françoise* versehen hat. Ein Matrose geht nach großer Fahrt an Land, findet im Hafen ein Bordell, nimmt sich eine Frau und erkennt in ihr erst, als sie beginnt, ihn auszufragen, ob er auf See einen bestimmten Matrosen getroffen habe, und ihm ihren eigenen Namen nennt, seine Schwester.

Tolstoi fand Interesse an der Situation: Er bat Koni, ein kleines Buch für den Posrednik-Verlag zu schreiben. Koni versprach es, tat es aber nicht.

Einige Zeit später bat Tolstoi ihn, ihm das Thema zu überlassen.

Er begann die Lebenslage zum Konflikt zu gestalten; das Werk kostete ihn mehrere Jahre schriftstellerischer Arbeit und elf Jahre Nachdenken.

Zunächst war Tolstoi tief beeindruckt von der Entschlußkraft, die der junge Mensch aufgebracht hatte, um seine Schuld zu sühnen. Der Held des Romans sollte ein Tolstoianer werden.

Bemerkenswert ist, daß Tolstoi in keinem seiner Werke (ausgenommen das unvollendete schwache Theaterstück *Und das Licht leuchtet in der Finsternis*) einen Tolstoianer gezeichnet hat. Hier wurde Tschertkow der Prototyp für Nechljudow.

N. N. Strachow gibt in einem Brief an Tolstoi vom 22. August 1895 seinen Eindruck von der Erstfassung wieder:

»Welche Form sie auch immer erhält, sie wird die Geschichte Tschertkows werden, und wenn Sie die Figur und ihr Innenleben träfen, wäre das wunderbar. Vorläufig jedoch bleibt das Gesicht des

Helden bläßlich und völlig allgemein. Welche Macht in Ihrer Erzählung! Diese großherzigen Sehnsüchte der Jugend, die häusliche Ausschweifung, die Hingabe an ein inhaltsloses Leben, die öffentliche Ausschweifung, das Gericht, das Erwachen des Gewissens und die jähe Hinwendung zu einem neuen Leben – wie wichtig sind doch alle diese Punkte der Erzählung.«

2. Die Verwandlung eines literarischen Einfalls

Gleichsam unwillkürlich entfernte sich Tolstoi immer mehr von seiner ursprünglichen Idee und verlagerte ihr Zentrum.

Am 5. November 1895 schrieb er in sein Tagebuch: »Bin jetzt spazieren gewesen und habe ganz klar begriffen, warum es bei mir mit der *Auferstehung* nicht vorangeht. Ich habe es falsch angepackt ... ich habe begriffen, daß ich mit dem Leben der Bauern anfangen muß, daß sie der Gegestand sind, das Positive, das andere ist Schatten, ist Negatives. Und dasselbe habe ich von der *Auferstehung* begriffen.«

Katjuscha Maslowas Weltauffassung wurde zum Zentrum des Romans. Ihre Gestalt wird emporgehoben. An einem Frühlingstag kommt aus einem schmutzigen, stinkenden Gefängnis unter Bewachung eine Frau in plumpen Schuhen – wir wissen nur ihren Namen. Wir können uns zu ihr verhalten, wie ein Passant es tut: Hier wird eine Verbrecherin von zwei Soldaten mit gezogenem Säbel vorübergeführt. Die Frau schritt über die Pflastersteine »auf ihren des Gehens entwöhnten Füßen in plumpen Sträflingsschuhen, und sie blickte auf ihre Füße und mühte sich, so leicht wie möglich aufzutreten«.

Sie geht an einer Mehlhandlung vorüber, »vor der, sich wiegend, von niemandem belästigte Tauben umherwackelten, und die Arrestantin hätte einen blaugrauen Täuber fast mit dem Fuß angestoßen; der Täuber flatterte auf, flog mit knatterndem Flügelschlag dicht am Ohr der Arrestantin vorüber und umfächelte sie mit einem leichten Windhauch. Die Arrestantin lächelte und seufzte dann tief, als sie sich erneut ihrer Lage bewußt wurde«.

Die Frau wird charakterisiert durch ihren Gang, der ungeschickt ist und gleichsam wackelnd, man quält sie, man führt sie, die Tauben aber quält niemand, und sie werden einzig mit den Worten »sich wiegend« charakterisiert.

Der Flug der Taube fegt gleichsam den Staub von Katjuschas Gesicht. Sie ist selbst eine Taube. Dann setzt die Analyse ihres Lebenslaufes ein und bildet das zweite, mit vielen Zahlen durchsetzte Kapitel. Ihren Untergang bewirkte in erster Linie das Geld.

Das dritte Kapitel ist Nechljudow gewidmet. Katjuschas Geschichte wird weiterhin im 12., 13., 14., 15., 16., 17. und 18. Kapitel erzählt. Die Geschichte wird hier weniger fortgesetzt als vielmehr von verschiedenen Aspekten her untersucht.

1898 schrieb Sofja Andrejewna in ihr Tagebuch: »Es quält mich auch, daß Lew Nikolajewitsch, der siebzigjährige alte Mann, der genußvoll wie ein Feinschmecker eine leckere Speise verzehrt, Verführungsszenen zwischen dem Stubenmädchen und dem Offizier beschreibt.«

Sie hatte unrecht mit ihrer Charakteristik des Werkes. Die Liebe zwischen Nechljudow und Katjuscha ist verbunden mit dem Frühlingsblühen der Erde, mit noch unvollständigem Begreifen der Liebenden, was sie zueinander treibt, mit Fliederbüschen und dem überraschenden Kuß. Katjuschas »Fehltritt« wird zusammen mit dem frühen Lenz und dem aufbrechenden Eis des Flusses gezeigt.

In seinen Artikeln und Tagebüchern äußerte Tolstoi die Ansicht, Liebe gebe es überhaupt nicht, der Geschlechtsakt sei dermaßen widerwärtig, daß er mit einem geliebten Menschen nicht vollzogen werden könne; er bestritt restlos eine wie immer geartete Poesie der Liebe, die er als bösartige Ausgeburt der Pseudokunst betrachtete. Doch Katjuschas Liebe besang er zweifach, einmal als erstes Erwachen und zum anderen als Liebestragödie. Beides geht nebeneinander her. Jedoch noch mehr emporgehoben wird die Liebe dadurch, daß nicht der religiös eingestellte Nechljudow aufersteht, sondern nur Katjuscha, die Liebende.

Nechljudow und Tolstoi hätten Katjuscha gern das Evangelium in die Hände gegeben; sie verzichtet aber und sagt, sie habe es schon gelesen. Religiöse Gefühle spielen in den Beziehungen Katjuschas zu Nechljudow weder eine tragische noch eine lyrische Rolle. Die Religion bleibt im Prolog und im Epilog auf Nechljudow beschränkt. Dieser ansehnliche, beleibte Mann von wohlgenährter Frische ruft bei Katjuscha Haß hervor, es ist, als kennte sie seine geheimsten Gedanken, genauer, als hätte Tolstoi sie ihr erzählt, um sie vor Betrug zu bewahren.

Im 18. Kapitel betet Nechljudow, in seine Augen traten »gute und ungute Tränen; gute, weil es Tränen der Freude waren über das Erwachen jenes geistigen Wesens in seinem Inneren, das all die Jahre dort geschlummert hatte, ungute, weil es Tränen der Rührung waren über sich selbst, über die eigene Tugend«.

Im 48. Kapitel spricht Katjuscha, die betrunken ist, mit Nechljudow. Dieser sagt, er würde alles für sie tun.

»›Geh fort von mir. Ich bin eine Zuchthäuslerin, du aber bist ein

Fürst, und du hast hier nichts zu suchen‹, rief sie jedoch darauf, völlig verwandelt durch ihren Zorn, und entriß ihm ihre Hand. ›Du willst dich durch mich retten‹, sprach sie weiter, bemüht, rasch alles auszusprechen, was in ihrer Seele hochkam. ›Du hast dich in diesem Leben an mir ergötzt, jetzt willst du mich auch im Jenseits für deine Erlösung gewinnen! Widerlich bist du mir, mit deiner Brille und mit deiner ganzen feisten, ekligen Fresse! Geh fort, geh, du!‹ schrie sie und sprang mit energischer Bewegung auf.«

Ich glaube an keinerlei Prototypen.

Katjuscha Maslowa schreit diese Worte nicht nur dem dick werdenden, Alexander III. ähnlichen aristokratischen Tschertkow ins Gesicht, nein, sie sagt sich los vom Tolstoianertum, von der Süße der Ruhmestat der Tolstoianer, die auf Selbstüberhebung gegründet ist.

Sie hat Nechljudow geliebt und liebt ihn noch immer. Jewgeni Dmitrijewitsch Poliwanow, ein großartiger Linguist, der in Japan gelebt hat, erzählte mir, Tolstois *Auferstehung* sei ins Land der aufgehenden Sonne als Oper gekommen, habe sich zum Lied gewandelt und dem Volk das neue Wesen der Liebe gezeigt. Katjuscha Maslowa lebt bis heute im Bewußtsein des Volkes. Es kommt nicht darauf an, daß sie eine Prostituierte gewesen ist, sondern darauf, daß sie auf den Geliebten verzichtet, weil sie ihn liebt und keines Opfers bedarf, weil sie sich für stärker hält als ihn.

Der Roman ist nicht asketisch. Die Szene, in der Nechljudow sich Katjuschas bemächtigt, hat einige französische Verleger gestört. Als an erotische Szenen gewohnte Literaturkenner strichen sie diese poetische Szene, die bei Tolstoi mit dem Eisgang, mit dem Mond, der drohend über der Erde hängt, verbunden ist.

3. Was Tolstoi erkannte, als er Katjuscha erblickte

Katjuschas Liebe bildet das Zentrum der *Auferstehung,* doch ist es durchaus keine Geschichte von einem Reichen und Starken, der einen Schwachen und Armen beleidigt. Die Situation des Werkes – das erste Gewahrwerden des darin entwickelten Widerspruchs – finden wir in Tolstois Notizbuch von 1857: »Stolz und Verachtung eines Menschen, der ein übles monarchisches Amt ausübt, anderen gegenüber« erinnern an den Stolz und die Selbständigkeit einer Prostituierten.

Dieses Thema entwickelt Tolstoi in seinem Essay *Was sollen wir denn tun?,* dessen erster Titel lautete: *Wie ich lebe.* Indem Tolstoi den sittlichen Zustand von Moskaus untersten Schichten analysierte, interessierte er sich weniger für deren Niedergang als vielmehr für die Ähnlichkeit zwischen ihrem Selbstbewußtsein und dem sittlichen Zustand der sogenannten Hautevolee. Die Menschen leben unter entsetzlichen, erniedrigenden Bedingungen, betrachten ihre Lage jedoch als normal, sogar als achtbar. Tolstoi schreibt über eine Dirne:

»Diese Frau, die gleich der Witwe aus dem Evangelium alles, was sie besaß, für die Kranke geopfert hatte, hielt wie ihre Berufskolleginnen die Stellung eines arbeitenden Menschen für niedrig und verachtungswürdig. Sie war dazu erzogen worden, ein Leben ohne Arbeit zu führen, ein Leben, das von ihrer Umgebung als für sie natürlich betrachtet wurde.«

Nechljudow möchte Katjuscha retten, diese jedoch hält ihre Lage für normal.

Im 14. Kapitel staunt Nechljudow: »Vor allem aber wunderte ihn, daß die Maslowa sich nicht nur ihrer Lage nicht schämte – nicht der einer Verhafteten (dafür schämte sie sich), sondern der einer Prostituierten –, sondern sogar zufrieden damit und nahezu stolz darauf zu sein schien. Indessen konnte das ja nicht anders sein. Jeder Mensch muß, um tätig sein zu können, seine Tätigkeit für wichtig und gut halten. Und wie die Lage eines Menschen auch sein mag, er wird sich deshalb unbedingt eine Ansicht über das Menschenleben als solches zurechtzimmern, die ihm erlaubt, seine Tätigkeit für wichtig und gut zu halten.«

In Gedichten erhellt ein überraschender Reim eine ganze Strophe. Indem Tolstoi die anfängliche Selbstsicherheit der Maslowa zeigt, enthüllt er, was falsch ist am feierlichen Strophenbau der damaligen, scheinbar festgefügten Gesellschaft.

Tschechow meinte, das Uninteressanteste in *Auferstehung* sei die Geschichte der Katjuscha, interessant sei alles, was Nechljudow sehe. Nechljudow aber sehe das, was Tolstoi zeigen wollte, als er dessen Schicksal mit Katjuschas kreuzte. Nechljudows Welt werde von Katjuscha ausgeleuchtet, und dieses Licht sei unbarmherzig. Nechljudow und die Menschen seiner Umgebung seien Schattengestalten.

Das hat Tolstoi selbst entschieden.

Im 28. Kapitel sitzt Nechljudow nach der Gerichtsverhandlung in seinem Arbeitszimmer und denkt an seine Mutter: »Erfüllt von dem Wunsch, eine gute Erinnerung an sie in sich wachzurufen, betrachtet er ihr Bildnis, das 5000 Rubel gekostet hat und von einem berühmten Maler gemalt worden ist. Sie ist dargestellt in einem schwarzen Samtkleid mit entblößtem Busen. Der Künstler hat offensichtlich den Busen, den Zwischenraum zwischen den Brüsten und Schultern und Hals in ihrer blendenden Schönheit mit besonderer Sorgfalt gemalt.

Das ist ganz und gar schändlich und widerwärtig. In dieser Darstellung einer Mutter als halbentblößte Schönheit ist etwas Abstoßendes und Schändliches.«

Die gesamte Umgebung Nechljudows, der ganze Gerichtshof, das Haus des Generalgouverneurs, die Damen der großen Welt, die mit Nechljudow plaudern, das Stück, das er im Theater sieht – alles steht in Verbindung zur Maslowa, jedoch nicht zu Katjuscha Maslowa, sondern zu der anderen, der an die Prostitution gewöhnten Frau, die im Bordell unter dem Namen Ljubow geführt wurde.

Tschertkow war bekümmert darüber, daß Tolstoi die Revolutionäre, die von Etappe zu Etappe ziehen, jene Menschen, die Katjuschas Stimmung verändern, mit derartiger Hochachtung dargestellt hat. Er schrieb ihm am 24. Februar in seinem und im Namen seiner Frau einen diplomatisch gehaltenen Brief: »Es gibt da einen Punkt, worüber Galja und ich schon lange unseren Eindruck im Zusammenhang mit dem Inhalt der Erzählung äußern wollten; uns freut sehr, und es rührt uns, daß Sie die ›politischen‹ Häftlinge so sympathisch darstellen und hervorheben, denn das dürfte eine ganze zahlreiche und aufrichtige Menschenschicht für Sie gewinnen . . .« Weiter folgen Ratschläge, wie negative Züge zu verstärken seien.

Tolstoi änderte einiges im Romantext: Er wertete die Gestalt Nowodworows ein wenig ab, begann abfällig über die Liebesbeziehungen der Revolutionäre untereinander zu sprechen; im großen und ganzen jedoch wurde die Welt des politischen Häftlings, die Welt des Arbeiters, der auf dem Weg zur Zwangsarbeit einen Band des *Kapitals* von Karl Marx im Leinwandbeutel mit sich führt, nicht in die entlarvende Linie eingeschlossen. Der Roman zeichnet keine Welt der Auferstehung, sondern eine Welt des Lebens.

Katjuscha Maslowa, ins Leben zurückgekehrt und poetisch geworden, bildet mit dieser Welt ein einheitliches Ganzes; sie harmoniert mit ihren Menschen.

Sie hat die hundert Rubel vergessen, die Nechljudow ihr vor seiner Abreise zugesteckt hat. Aber dieses Geld war die erste Bezahlung, die sie für Liebe empfing, und somit der Beginn ihrer Prostitution. Sie verzeiht ihm, sie verzeiht ihm ihr schweres Leben, ihre Erniedrigung, das Gefängnis, die Gerichtsverhandlung, den Weg zur Zwangsarbeit; ihre Auferstehung vollzieht sich als Wiedererwachen der Liebe und ist damit antireligiös und sittlich.

Es siegen die Liebe, der Fluß, der Mond – das Leben besiegt die *Kreutzersonate.*

Für Nechljudow konnte Tolstoi keine Art der Auferstehung erfinden.

Zunächst nahm er an, Nechljudow werde Katjuscha heiraten, beide würden nach England auswandern, Nechljudow werde sich mit Religionspredigten befassen, Katjuscha im Gemüsegarten arbeiten.

Eine Lösung dieser Art war unnatürlich, für niemanden brauchbar, zumal hierfür die Auswanderung aus Rußland nötig gewesen wäre, und das war ein deutlicher Hinweis auf ihre Unnatürlichkeit.

Später teilte Tolstoi Sofja Andrejewna mit, Nechljudow werde Katjuscha nicht heiraten. Die Gattin war hocherfreut, ohne zu begreifen, daß dies nicht geschah, weil Nechljudow höher stand als Katjuscha, sondern weil sie höher stand als er und weil sie ihn nicht brauchte.

Sie braucht ihn nicht, obwohl sie ihn liebt; er muß in ihrer Erinnerung bleiben, weil sie dadurch gereinigt wird. Aber Katjuscha verläßt nicht nur das Bordell, sie verläßt auch die Lebensordnung, die in Tolstois Augen einem Bordell gleichzusetzen ist. Nicht jeder darin verkauft Liebe, aber jeder verkauft die Wahrheit.

Der Schriftsteller berichtet über dieses Leben gelassen und aufmerksam, ohne jedoch dessen Terminologie zu gebrauchen; tut er es, so ist es parodistisch gemeint: zum Beispiel zählt er die vielen unverständlichen Paragraphen auf, die Katjuscha, der Unschuldigen, Zwangsarbeit einbringen.

Das Bordell wird überhaupt nicht beschrieben, die Inhaberin aber vor Gericht als ein Mensch gezeichnet, der nicht schlechter ist als andere: sie spricht gut von Katjuscha, sie gibt ihr Geld. Andere Verhandlungsteilnehmer – der dumme Staatsanwalt, der ungeschickte Rechtsanwalt, die eitlen, in sich selbst verliebten Geschworenen, die Beisitzer, die ausschließlich an ihre Privatangelegenheiten denken – sie alle sind in Tolstois Augen Prostituierte.

Der Autor verändert den Sinn von Wörtern, indem er sie aufeinanderprallen läßt. Er sagt, der Vorsitzende habe den Geschworenen ihre Rechte und Pflichten erläutert.

»Ihre Rechte bestanden nach seinen Worten darin, daß sie den Angeklagten durch den Vorsitzenden Fragen stellen, Papier und Bleistift benutzen und die Beweisstücke betrachten durften. Ihre Pflicht war, kein Fehlurteil, sondern ein gerechtes Urteil zu fällen.«

Die Worte über Gerechtigkeit sind an den Satz über Bleistift und Papier angefügt; damit wird gezeigt, daß diese Art von Gerechtigkeit kleinlich und falsch ist.

Die Beschreibung des Gottesdienstes dürfte vermutlich zu den Vorwänden gehören, die zu Tolstois Exkommunikation führten. Man sprach von Gotteslästerung in der Beschreibung der Kirchenzeremonie, man verhinderte deren Abdruck in Rußland, sogar in Übersetzungen wurde sie ausgelassen. Dabei erwächst sie voll und ganz aus

Tolstois künstlerischer Manier, aus seiner künstlerischen Methode und hängt eng zusammen mit dem Wesen seiner Weltauffassung, mit seiner Herzensbiographie.

Seine Fähigkeit, die Welt zu erkennen, führte ihn zur Ablehnung der üblichen Auffassung.

Tolstoi lästert Gott nicht, das heißt, es ging ihm keineswegs darum, die religiösen Gefühle anderer zu verletzen, aber er ersetzte religiöse Termini, griechische oder veraltete Worte durch Formulierungen von direkter Bedeutung ebenso, wie er das bei Beschreibungen von Kriegshandlungen oder Opernaufführungen machte. Die Welt zerfällt in gleicher Weise, wie sie vor den Augen Anna Kareninas, die ihrem Tod entgegenfährt, in Stücke zerbröckelt. Sie zerfällt, weil sie tot ist und ausschließlich durch Lüge zusammengeleimt.

Auferstehen kann diese Welt nur bei einer vollständigen Wiederherstellung der Menschlichkeit, der Begriffe »Liebe«, »Arbeit«, »Gleichheit«, nicht aber durch die Religion, nicht einmal durch eine erneuerte.

Die Hauptschuld der Freunde Nechljudows, genauer, die jenes Kreises, dem er durch Geburt angehört, besteht in Tolstois Augen darin, daß diese Menschen nicht nur fremde Arbeit ausbeuten, sondern sich auch für moralisch unanfechtbar halten. Sie meinen, Reichtum und Titel gehörten ihnen ebenso wie dem Vogel sein Federkleid.

Diese Welt ist tot und kann selbst durch Abbitte nicht auferstehen. Das ist der Grund, weshalb Tolstoi keinen zweiten Teil der *Auferstehung* zu schreiben vermochte.

Dostojewski hat über die Rebellion des Einzelgängers Raskolnikow geschrieben. Wir erkennen, daß Raskolnikow nicht berechtigt war, zu töten, aber wir wissen nicht, was er statt dessen hätte tun sollen. Und da gibt Dostojewski ihm das Evangelium in die Hand.

Sonja Marmeladowa überreicht ihm wortlos den Band. Raskolnikow meint, Sonjas Überzeugungen müßten zu den seinen werden: »Doch hier beginnt bereits eine neue Geschichte, die Geschichte der allmählichen Erneuerung eines Menschen, die Geschichte seiner allmählichen Wiedergeburt, des allmählichen Übergangs von einer Welt in eine andere, die der Bekanntschaft mit einer neuen, bislang vollständig unbekannten Wirklichkeit. Das könnte das Thema einer neuen Geschichte bilden – unsere jetzige Geschichte aber ist zu Ende.«

Dreiunddreißig Jahre später vollendete Tolstoi seine *Auferstehung.* Katjuscha Maslowa geht mit den politischen Häftlingen in ein neues Leben, indem sie Nechljudow, dessen Opfer sie verschmäht, zuwiderhandelt. Nechljudow bleibt allein zurück. Er greift zum Evangelium. Das 28. und letzte Kapitel der *Auferstehung* enthält dreiunddreißig Zitate aus dem Evangelium. Nechljudow fährt mit demLesen fort. Er sagt: »Das also ist die Frage meines Lebens. Kaum ist die eine Frage beendet, beginnt eine andere.«

»Mit dieser Nacht begann für Nechljudow ein ganz neues Leben, weniger deshalb, weil er in neue Lebensbedingungen eintrat, als deshalb, weil alles, was ihm fürderhin geschah, eine für ihn ganz andere Bedeutung gewann. Womit diese neue Periode seines Lebens endet, wird die Zukunft zeigen.«

Das ist die lückenlose Wiederholung einer mißglückten Lösung, denn weiter pflegen Autoren nicht zu schreiben.

Die Duchoborzen und »Auferstehung«

Was ein Mensch für sich allein denkt, kann keine direkte Enträtselung und keine Begründung seines Tuns sein. Am klarsten zeigte Tolstoi das in seinen literarischen Werken: Er zog einen Trennungsstrich zwischen den Überlegungen eines Menschen, seiner Selbstrechtfertigung, seinem Versuch, das eigene Handeln logisch zu begründen, und den wahren Ursachen seines Handelns.

Menschen, die an ihre eigene Logik glauben, sind die verdorbene Hélène und Berg, der bornierte Deutsche, doch auch deren Taten werden letztlich nicht durch ihre persönliche Logik erklärt. Für sich selbst gedachte und hoffte Tolstoi, eine strenge Begründung seines Tuns zu finden. Eine solche Begründung war für ihn seine religiöse Konstruktion, obwohl er für sich selbst nicht entschieden hatte, wer Gott, an den er sich gelegentlich wandte, eigentlich war, obwohl er notierte, Beten sei Autosuggestion, obwohl er Gorki ein Manuskript zeigte, worin stand: »Gott – das ist mein Wunsch.«

Auferstehung hatte als streng logisch überprüftes Werk mit Bilanzen einzelner Episoden abgefaßt werden sollen.

Ein Mann hat ein Verbrechen begangen: Er hat ein Mädchen verführt und diese erste Frau, die er besessen hat, nicht geheiratet. Die Frau geht zugrunde, der Mann jedoch bereut, er tut das ganz bewußt, nachdem er die wahre Religion gefunden, sein Leben umgestaltet hat und »auferstanden« ist. So sieht die logisch begründete Idee aus.

Aber der Frühling, in dem Nechljudow Katjuscha geliebt hat, ist schöner als die Auferstehung, derzufolge Nechljudow, der immer noch schöne, doch bereits füllige und selbstzufriedene Mann, bereut und über seine Reue gerührt ist.

Die Geschichte der Liebe erweist sich als stärker denn die Geschichte der Reue.

Tolstoi schenkte die *Auferstehung* den Duchoborzen*. Er überließ ihnen nicht nur das Honorar im Inland, sondern auch die Einnahmen aus Übersetzungen. Die Gelder sollten durch englische und amerikanische Quäker, die Tolstoi ideologisch nahestanden, übermittelt werden. Da aber kam es zu einem seltsamen Mißverständnis: Die Quäker sympathisierten zwar stark mit Tolstoi und respektierten ihn sehr, aber sie waren ja Quäker und somit Puritaner, und 1901 erhielt der Schriftsteller von dem Quäker John Bellhows einen tadelnden Brief. Bellhows war nach der Lektüre des Romans zu dem Schluß gelangt, nicht an dessen Verbreitung teilhaben zu können, und lehnte die Entgegennahme der Übersetzungshonorare ab.

Besonderen Unmut äußerte er über die Verführungsszene.

Tolstoi erwiderte dem Quäker: »Weiter kann ich sagen, daß ich das Buch schrieb mit einem Herzen voller Haß gegen die Begierde, und eines der Hauptanliegen meines Buches war es, meinen Ekel zum Ausdruck zu bringen. Sollte mir dies nicht gelungen sein, bedauere ich es sehr und bekenne mich schuldig, wenn ich bei der Szene, von der Sie schreiben, so wenig Umsicht gezeigt habe, daß sie einen so schlechten Eindruck auf Sie ausüben konnte.«

Auferstehung wurde gegen Tolstois Willen zu einem Buch der Liebe. Daher wurde sie in der westlichen Welt recht verschiedenartig aufgenommen. Nach P. I. Birjukow soll ein Quäker in England nach der Lektüre der Szene von Katjuschas Fehltritt das Buch sogar verbrannt haben. In Amerika wurde das 17. Kapitel, worin Katjuschas Fehltritt geschildert wird, ausgelassen.

Gestrichen wurden in einzelnen westlichen Ausgaben auch die Ausfälle gegen Religion und Armee sowie die Gespräche über Landbesitz. Die Verkettung der Szenen, das Labyrinth der Gedanken, das Tolstoi als ein Mittel zur Analyse des Lebens diente, war für den westlichen Leser unannehmbar. Ich erwähnte bereits, daß der Schriftsteller die Szene von Katjuschas Verführung mit gewichtigen poetischen Mitteln gestaltete. Die Parallelismen aus der Natur sind Mittel des Volksliedes – der machtvolle Frühling, das berstende Eis auf dem Fluß, der Mond am Himmel; die Liebe ist umgeben von einer grausamen und herrlichen Welt.

Die abgewiesene, vergessene Liebe ist ein typischer Charakterzug in Nechljudows Welt. Sein Verrat, sein Vergessen und das die Welt beherrschende Geld richten Katjuscha zugrunde, ihr Schicksal aber ist

* Religiöse Sekte, die die kirchlichen Riten ablehnte.

eine Art Muster für die gesamte Unaufrichtigkeit der Welt. Katjuscha bildet das Zentrum des Romans, auch sie ist schuldig, aber sie allein stellt ihre wahre Liebe wieder her und zeigt die Verlogenheit der Welt.

Was die letzten Kapitel angeht, wo Nechljudow im Evangelium liest, so behauptete Tolstoi zwar, er habe dieser Kapitel wegen das gesamte Werk geschrieben; doch irrte er hier einfach, denn er kannte, als er sein Werk begann, diese Kapitel noch nicht. Außerdem sind diese Kapitel nicht wirksam, sie beschließen den Roman, nachdem Katjuschas Schicksal bereits von ihr selbst entschieden worden ist: Sie schlägt die Ehe mit Nechljudow aus, und sie tut das von sich aus, ohne vorher im Evangelium zu lesen, während das Schicksal Nechljudows, das dem Leser erklären könnte, was die im Evangelium gelesenen Kapitel dem Manne Nechljudow bedeuten, nicht beschrieben wird; es reißt ab, und selbst wenn Tolstoi erwähnt hat, er habe die Absicht, über das weitere Schicksal Nechljudows zu schreiben, so hat er das doch nicht getan.

Beim Ankauf der Verlagsrechte für die Übersetzung des Romans forderten amerikanische Verleger von Tolstoi einen Konspekt an. Tschertkow, der als Vermittler fungierte, gab seine Einwilligung, vermutlich, weil er annahm, in *Auferstehung* werde dargestellt, was ursprünglich vorgesehen gewesen war und was ihn vom ideellen Gehalt her voll und ganz zufriedenstellte.

Aber Tolstoi lehnte das Ansinnen schroff ab. Er schrieb: ». . . Konspekte sind für mich etwas Unfaßbares . . ., weil der erste Teil niedergeschrieben ist, der zweite aber, bevor er gedruckt ist, nicht als endgültig geschrieben betrachtet werden und ich ihn verändern kann und die Möglichkeit der Änderung bewahren will. Meine Empörung gegen Konspekte und Vorabdrucke zeugt daher nicht von Stolz, sondern von Besinnung auf meine schriftstellerische Berufung, die das geistige Wirken, das Schreiben, keinen anderweitigen praktischen Überlegungen unterordnen kann. Hierin liegt etwas Abscheuliches und mich in der Seele Empörendes.«

Tolstois Empörung war nicht von dem Vorfall selbst ausgelöst worden, Konspekte oder besser Pläne stellte er ja auf, aber für sich allein; später entfernte er sich von seinen Plänen und fand andere Lösungen. Ein Fixieren des Geplanten hätte Verzicht auf Schaffensfreiheit geheißen.

Zu Erkenntnissen gelangte Tolstoi im Ergebnis der künstlerischen Arbeit. Zwar war er geneigt, anzunehmen, Erkenntnisse seien ihm ein für allemal von der Religion vorgegeben, und die Wahrheit von Religion und Kunst stimme überein. Doch es stellte sich heraus, daß die

Religion keine Möglichkeit zuließ, auch nur den geplanten Lebensablauf der Helden in einem Kunstwerk vorauszusehen.

Tolstoi hatte auf die Autorenrechte für seine nach 1881 erschienenen Bücher verzichtet. Damit hatte er sich, ich wage es auszusprechen, einen Kranz aus lebendem Schlehdorn aufgesetzt.

Die Stacheln auf diesem Schlehdorn wuchsen mit jedem neuen Kunstwerk. Er litt um den *Tod des Iwan Iljitsch,* um *Herr und Knecht,* um seinen Artikel *Was ist Kunst?;* für die anderen Artikel interessierte sich seine Familie weniger.

Sie werden fragen, ob Tolstoi denn wenig Kunstwerke geschrieben habe. Er hatte Angst davor, er suchte nach Vorwänden, um sie nicht schreiben zu müssen. Er wollte den Duchoborzen helfen, und die Notwendigkeit, zu Geld zu kommen, als Motivierung der Notwendigkeit, zu schreiben, half ihm *Auferstehung* vollenden und in gewisser Weise auch bei Kontroversen mit der Familie. Duchoborzen und Molokanen lebten entweder friedlich in fernen Randgebieten Rußlands oder eroberten seelenruhig Ödland oder waren neuen Verfolgungen ausgesetzt; man nahm ihnen ihre Kinder, man verfolgte sie, weil sie Waffen vernichteten, man siedelte sie um, sie waren gezwungen, ihr Vieh für den zehnten Teil seines Wertes zu veräußern; schließlich faßten sie den Entschluß, auszuwandern. Mehr als siebentausend Menschen wollten das Land verlassen. Für die Überfahrt und die ersten Anschaffungen benötigten sie Geld. Jede Familie verfügte über etwa hundert Rubel, was Tolstoi veranlaßte, mit Hochdruck zielstrebig zu schreiben und mit dem Verleger Adolf Marx, der den Roman für die Zeitschrift *Niwa* erwarb, zu feilschen; er feilschte auch mit ausländischen Verlagen.

Es wurde der Versuch einer Geldsammlung für die Auswanderer unternommen. Die Antwort darauf war ein zweimonatiges Verkaufsverbot der Zeitung, die den Aufruf veröffentlicht hatte.

Tolstoi versandte zwanzig Briefe an reiche Leute mit der Bitte um Hilfe. Der großzügigste Spender war er selbst. Ein Brief darüber ist an Tschertkow gerichtet und enthält eine Art Entschuldigung:

»Da es sich nun erwiesen hat, wieviel Geld immer noch für die Auswanderung der Duchoborzen fehlt, gedenke ich folgendes zu tun: Ich habe drei Erzählungen liegen: *Irtenjew, Auferstehung* und *Vater Sergius* (in letzter Zeit habe ich mich mit ihm beschäftigt und den Schluß ins unreine geschrieben). Diese möchte ich zu den günstigsten Bedingungen an englische und amerikanische Zeitungen verkaufen ... und den Erlös für die Auswanderung der Duchoborzen verwenden. Die Erzählungen sind in meiner alten Manier geschrieben, die ich jetzt nicht mehr gutheiße. Wenn ich sie verbessere, bis ich damit zufrieden bin, werde ich niemals fertig. Verpflichte ich mich aber, sie einem Verleger zu geben, bin ich gezwungen, sie erscheinen zu lassen, wie sie sind. So ist es mir auch mit meiner Erzählung *Die Kosaken* ergangen. Ich kam nie zu Ende damit. Aber dann verspielte ich Geld und übergab sie, um die Schuld zahlen zu können, der Redaktion des *Russki Westnik.* Der jetzige Fall ist wesentlich legitimer. Die Erzählungen sind, wenn sie auch meinen jetzigen Anforderungen an die Kunst nicht entsprechen – sie sind ihrer Form nach nicht allgemein zugänglich –, ihrem Inhalt nach doch nicht schädlich und können den Menschen sogar nützlich sein, und daher, meine ich, wäre es gut, sie so teuer wie möglich zu verkaufen und jetzt schon, ohne meinen Tod abzuwarten, zu drucken und das Geld dem Auswandererkomitee der Duchoborzen zu übermitteln.«

Tolstoi pflegte zu sagen, früher sei das Volk mit Ketten gefesselt gewesen, jetzt sei es umsponnen mit zwirnsfeinen Fäden, wie die Liliputaner sie nahmen, um Gulliver zu fessen. Er selbst war auf diese Weise gefesselt.

Er wollte schreiben, wollte, daß seine Werke erschienen, wollte das schreiben, was er dachte, das aber verhinderten tausend nichtige Ursachen. Sofja Andrejewna glaubte zu wissen, daß ihr Gatte nicht das Richtige tue, und während sie seinen Artikel abschrieb, »arbeitet er an der *Auferstehung,* an dem Roman, der mir verhaßt ist«.

Am 12. September 1898 schrieb sie allerlei Nichtigkeiten auf: von Gästen, von einem Lakaien, der sich in eine Schneiderin verliebt habe, von der Köchin, die ins Krankenhaus gebracht wurde; weiter schrieb sie: »L. N. las uns gestern die Geschichte vor, an der er momentan arbeitet, die *Auferstehung.* Ich hatte sie früher schon gehört, er sagte, er habe sie umgearbeitet, aber sie ist immer noch dieselbe.«

Sofja Andrejewna wollte den Gatten überführen, daß er am Gespinst seines Ruhmes webe, daß er ein Heuchler sei. »Und indem er seine bildschönen Empfindungen beschrieb und den Menschen davon erzählte, war er selbst ganz gerührt über sich, aber er lebte auf alte Art und Weise weiter, er liebte süße Speisen und das Veloziped und sein Reitpferd und die fleischliche Liebe.«

Tolstoi wiederum warf der Gattin mangelndes Verständnis für die Duchoborzen vor. Sie erwiderte: »Und wenn es darum geht, mit Geld zu helfen, dann nur den eigenen, demütigen, Hungers sterbenden Bauern, nicht aber diesen hoffärtigen Revolutionären, den Duchoborzen.«

Zwei einander Nahestehende zankten sich, verwundeten einander mit den scharfen Fäden, die sie aneinander banden.

Sofja Andrejewna log ungewollt und wahnwitzig:

»Ich kann es mit meinem Kopf und meinem Herzen nicht fassen, daß diese Geschichte, nachdem L. N. auf die Autorenrechte verzichtet und das in der Zeitung veröffentlicht hat, jetzt, wer weiß warum, für enormes Geld an die *Niwa* verkauft werden soll, an Marx, und das Geld nicht den Enkeln zukommen soll, die kein Weißbrot haben, und nicht den notleidenden Kindern, sondern den uns völlig fernstehenden Duchoborzen, die ich beim besten Willen nicht lieber haben kann als meine Kinder. Dafür aber wird die ganze Welt erfahren, welchen Anteil Tolstoi an der Duchoborzen-Hilfe nimmt, und die Zeitungen und die Geschichte werden darüber berichten. Die Enkel und die Kinder aber können ja ruhig weiter Schwarzbrot essen.«

Die Kinder und die Enkel besaßen ein Vermögen von mehr als einer halben Million Rubel Wert und Verlagsrechte über elf Bände der Werkausgabe, Weißbrot hingegen kostete vier Kopeken das Pfund, und sie hätten sich einen ganzen Güterzug voll Weißbrot kaufen können.

Am folgenden Tage weinte Sofja Andrejewna und wünschte, in Eintracht zu leben.

Die Menschen waren in das Gewebe eines absterbenden Lebens hineingeflochten. Lew Tolstoi war nicht fähig, diese Fäden zu entwirren, und verfilzte sich selbst darin. Er forderte alle Welt auf, Schwielenarbeit zu leisten, alle sollten den Boden pflügen; da besuchte ihn ein Finne, ein zufällig reich gewordener Landwirt aus Amerika, und berichtete, daß in Amerika nur zehn Prozent der Menschen den Boden pflügten, und Brot gebe es reichlich. Tolstoi war äußerst verblüfft darüber. Über den Besucher sagte er: »Sehr unscheinbar, hat aber eine Menge Interessantes erzählt, viel mehr als die verfeinerten Amerikaner.«

Man benutzte Pflüge, die einen Sashen in der Breite umbrachen. Tolstoi notierte: »Was soll das heißen? Wohin soll das führen? Das ist über alle Maßen wichtig, ich bin mir allerdings über die ganze Bedeutung noch nicht klar.«

Die Insel der bäuerlichen Utopie, wohin Tolstoi die Menschen rief, war verschwunden, war aufgepflügt. Tolstoi glaubte, Betriebe und Fabriken stellten lediglich Luxusgegenstände her, Luxusdinge nur für Frauen. Er hielt nicht den Achtstundentag für wichtig, sondern die Rückkehr aller zum Boden. Aber der Boden brauchte nicht alle. Eine andere Wahrheit war zur Notwendigkeit geworden, ein anderes Leben, und Tolstoi wollte sich zu diesem Leben durchkämpfen und konnte es nicht. Er wollte arbeiten, er wollte schreiben. So schrieb er an Tschertkow:

»Zuweilen scheint es mir, daß *Auferstehung* viel Gutes, viel Brauchbares enthält, manchmal aber scheint mir, ich gäbe mich nur meiner Leidenschaft hin...« Und weiter: »Ich bin momentan faktisch nicht in der Lage, mich mit etwas anderem als der *Auferstehung* zu beschäftigen. Wie eine Kanonenkugel, die sich mit immer größerer Geschwindigkeit der Erde nähert, bin ich jetzt, wo es schon fast dem Ende zugeht, ich kann an nichts, nein, nicht daß ich nicht kann – ich kann an anderes denken, und ich tue es auch, ich möchte aber an nichts anderes denken als daran.«

Er grübelte über das Leben, über Katjuscha Maslowa, über sich selbst als jungen Mann, über die Stadt, die Revolutionäre, und er rechtfertigte sich vor sich selbst damit, daß er ja Geld spendete. Er flog dahin in seiner langsamen Arbeit, dumpf dröhnend wie eine Kanonenkugel.

Er glaubte, kurz vor dem Ende des Fluges zu stehen, dabei befand er sich erst im Aufstieg.

Am 12. Oktober 1889 wurde der Vertrag mit dem *Niwa*-Verleger Adolf Marx unterzeichnet; Tolstoi erhielt einen Vorschuß von 12.000 Rubel.

Um den Duchoborzen die Ausreise aus Rußland zu ermöglichen, bedurfte es nicht nur finanzieller Mittel; große Mühe war nötig, ebenso Reisebegleiter. Als Begleiter entsandte Tolstoi seinen Sohn Sergej und Leopold Antonowitsch Sulershizki, den Maler, Sänger und künftigen Regisseur, einen Mann, begabter als ein Vogel, denn ein Vogel singt ständig ein und dasselbe Lied, Sulershizki jedoch schuf seine Lieder selbst.

Er lockerte die Langeweile auf Jasnaja Poljana mit Scherzen und Zigeunerliedern auf, ohne Furcht vor Tolstoi und voll Verständnis für ihn. Im Hause Tolstoi nannte man ihn Suler. Gorki schrieb über ihn: »Was wird er morgen machen? Vielleicht wird er eine Bombe werfen, vielleicht auch in einen Chor von Kneipensängern eintreten. In ihm stecken Energien für drei Menschenleben. So viel Lebensfeuer, daß er vermutlich Funken schwitzt wie überhitztes Eisen.«

Tolstoi behandelte Sulershizki liebevoll, warf ihm jedoch seinen Traum von Freiheit vor, auch daß er nicht mit dem Leben und den Menschen verbunden sei.

Sulershizki lebte im Kaukasus und bemühte sich dort um Charterschiffe für die Überfahrt der Duchoborzen. Er traf überraschend auf Jasnaja Poljana ein. Hier war ein Bekannter der Familie, ein Jurist, gerade damit beschäftigt, die *Auferstehung* hinsichtlich der Prozeßordnung zu überprüfen. Tolstoi hatte bereits all seine Kenntnisse darin investiert und verlangte immer wieder neue Präzisierungen. Er hörte Suler an, bat ihn, in den Kaukasus zurückzufahren, und gab ihm seinen Sohn Sergej mit, einen anständigen, vernünftigen und sprachkundigen Mann. Ein Brief an den Fürsten Golizyn wurde aufgesetzt. Sulershizki war bereits aus Tiflis verbannt; die Obrigkeit haßte sämtliche Bemühungen um die Duchoborzen, fürchtete sich aber vor Tolstoi, respektierte ihn in gewissem Grade und wünschte nichts sehnlicher als die Ausreise der Duchoborzen.

Mitte November erreichten Sulershizki und Sergej Tolstoi in einer mondhellen Nacht den Flecken Skra bei Batumi. Die Sektierer hausten in Erdhütten und riefen einander mit Kosenamen: Aljoscha, Wassja; auch kleine Kinder riefen ihre Eltern so; größer geworden, nannten sie den Vater »Erzeuger« oder »Alterchen«, die Mutter »Kinderfrau«. Leute im wehrdienstfähigen Alter waren nicht darunter, sie bekamen keine Ausreiseerlaubnis. Es waren Frauen, Greise, betagte Leute und ein fast hundertjähriger Greis, der ehemalige Soldat und Sewastopolkämpfer Grischa Bokowoi.

Die Männer waren groß von Wuchs und schnauzbärtig, die Frauen trugen Kasachs und Mützchen, die Farben Rot und Blau herrschten in ihrer Kleidung vor.

Alle waren erschöpft und sehnten den Tag der Abreise herbei, doch zog sich die Angelegenheit in die Länge.

Der 8. Dezember war in Batumi ein warmer, sonniger Tag. Im Hafen legte die kaiserliche Jacht *Dershawa* an, mit der Kaiserin-Witwe Maria Fjodorowna an Bord. Fürst Golizyn fuhr hin, sie zu begrüßen. Sergej Tolstoi gelang es, dem Fürsten den bewußten Brief auszuhändigen, so daß die Angelegenheit schließlich endgültig entschieden werden konnte. Sulershizki begann mit der Einschiffung der Duchoborzen auf der *Gurow*. Die Plätze wurden verlost; die Hälfte der Plätze war ganz und gar finster, Licht drang dort nur durch Luken ein, sofern diese geöffnet waren, die Schiffsreise aber sollte fast vier Wochen dauern. Die Plätze waren verteilt und mit Kreide gekennzeichnet. Die Duchoborzen standen auf dem Oberdeck und stimmten langgezogene Psalmen an, Adsharen mit ihren Baschlyks auf dem Kopf gaben den Auswanderern das Geleit.

Das Dampfschiff stach in See und nahm Kurs auf das ferne »Kanadien«, wo die Menschen eine andere Sprache sprachen, man mit breiten Pflugscharen pflügte und die Auswanderer auf engem Raum leben würden. Das Dampfschiff fuhr über den unendlichen Ozean einem gewöhnlichen Leben entgegen.

Sergej Tolstoi charterte einen zweiten Dampfer und stattete ihn mit Schlafpritschen aus. Die Hochgebirgsmatten, lange Jahre von den Duchoborzen bewohnt, vereinsamten.

Der Beginn eines Jahrhunderts

1

Der Anbruch des 20. Jahrhunderts wurde in den Städten prahlerisch gefeiert.

Ein neues Jahrhundert begann, das letzte vor dem Ende des zweiten Jahrtausends der europäischen Ära.

Die Städter meinten, es sei an der Zeit, Bilanz zu ziehen; jetzt, da sie die Städte gepflastert hatten und Ballonflüge durchführten, mit der Eisenbahn und in Automobilen reisten und telefonierten, sei der Triumph des gesunden Menschenverstandes zu erwarten.

Die Zeitungen brachten Zeichnungen zur künftigen Technik; Ballons mit Flügeln, Autos und Flugzeuge, die recht wenig Ähnlichkeit mit den echten künftigen aufwiesen. Im fernen Afrika schossen Engländer auf Buren, Buren auf Engländer. In China bekämpften Imperialisten Volksaufstände. Über die Meere fuhren, einander überholend, riesige Dampfschiffe. Auf den Dampfschiffen wurde Musik gemacht. Sie glitten durch Nebel, prahlerisch, machtvoll, manchmal sanken sie auch.

In der Welt wisperten bereits Funksender der drahtlosen Telegrafie, es gab Diapositive, die dazumal mit gutem Grund als »Nebelbilder« bezeichnet wurden, hüpfende, schwarze, ins Unbekannte rennende Bilder des Kinematographen lösten auf den grauen Filmleinwänden die Diapositive ab.

Die Zahl der Straßenlaternen in den Städten wuchs, der Himmel über den Städten färbte sich nachts rosa; im rosa Nachtnebel verschwanden über den Städten die Sterne.

Rauchsäulen mehrten sich. Winters färbte sich der Schnee in Rußlands Städten schwarz. Die Welt veränderte sich vehement und traurig.

Die Zeit schien beschleunigt dahinzueilen. Eine Erfindung löste die andere ab, auch Ereignisse und Kümmernisse kamen und gingen in rascher Folge. Immunisierende Impfungen gegen Krankheiten kamen auf. Die Auflagen von Büchern und ausländischen Zeitungen stiegen.

Rund um Jasnaja Poljana wuchsen die Bäume, Gäste kamen noch häufiger. Tolstoi war noch immer der Ansicht, alle Menschen sollten auf dem Lande leben, und 98 Prozent der Bevölkerung Rußlands seien Bauern.

Er erkannte die Zeit nicht richtig. Das große Schiff seiner Utopien versuchte mit dem Heck voraus in die Vergangenheit zu segeln, der

Wind aber blähte die Segel zum Bug, zur Zukunft, zum Unverständlichen, Fremdartigen und Feindlichen. Ich wollte sagen, zum Unverstandenen.

In vielem jedoch begriff Tolstoi mehr als andere Leute. Er schrieb, es würde zu Kriegen von derartiger Gewalt kommen, daß sie den Untergang von 99 Prozent der Erdbevölkerung bewirkten könnten, selbst das aber könne den Wahnsinn der Reichen nicht eindämmen.

Zugleich jedoch schrieb er in seine Tagebücher tagtäglich die gleichen Beschwörungen vom Nichtwiderstreben und daß der Mensch für seine Seele leben müsse. Der Mann, der die gemeinsame Seele der Völker aufgezeigt, der nachgewiesen hatte, daß das Kraftfeld gemeinsamen Seins das Denken des einzelnen bestimmt und wie wenig so ein Einzelgedanke bedeutet, derselbe Mann behauptete, der Gedanke könne das Sein verändern. Dieser Mann wollte das Leben verändern, indem er es von seinem Landbesitz aus lenkte, wo Frauen dem großen Alten den Gehorsam verweigerten.

Das neue Jahrhundert setzte mit Kriegen ein. Man kämpfte auf den Philippinen und im Transvaal. Es waren Kriege von neuartiger Abscheulichkeit. Tolstoi sagte: »Kriege der Amerikaner und Engländer innerhalb einer Welt, wo schon Gymnasiasten den Krieg verurteilen, sind entsetzlich.«

Am 13. Januar 1900 erschien in seinem Haus in Chamowniki W. A. Posse, Literat und Verleger der Zeitschrift *Shisn dlja wsech,* in Begleitung des jungen Schriftstellers Alexej Maximowitsch Peschkow, der gerade unter dem Namen Maxim Gorki berühmt geworden war. Im Hause der Tolstois hatte man auf Gorki gewartet. Zuerst begrüßten Sofja Andrejewna und die Töchter die Ankömmlinge, dann trat Lew Nikolajewitsch aus dem Schlafzimmer, ein großes Wolltuch um die gebeugten Schultern. Um seine Gesundheit stand es nicht zum besten, er schien sogar kleiner geworden zu sein. Seine große Hand fühlte sich bei der Begrüßung heiß an. Posse fragte:

»Na, wie fühlen Sie sich, Lew Nikolajewitsch?«

»Gut, gut«, antwortete Tolstoi, »immer näher dem Tode, das ist gut, es wird schon Zeit.«

Alexej Maximowitsch, hochgewachsen, blauäugig, mit langem Schnauzbart und breiten Schultern, war ein wenig verlegen, hüstelte und fuhr sich mit seiner großen Hand über das dichte blonde Igelhaar. Zuerst drehte sich das Gespräch um Politik, um Literatur. Tolstoi sagte, sich selbst ironisierend, er freue sich unwillkürlich über die Siege der Buren, wenn er auch wisse, daß es Sünde sei: sowohl die Buren als auch die Engländer begingen jenen Massenmord, den sie als Krieg bezeichneten.

Während des Gesprächs warf Tolstoi ab und zu einen Blick auf Gorki. Der holte eine Papirossa hervor, riß ein Streichholz an, hielt jedoch plötzlich inne, weil er an der Wand die Inschrift gewahrte, worauf stand: »Bitte nicht rauchen.«

»Nicht doch, lassen Sie sich von der Inschrift ja nicht stören. Rauch nur, wenn du Lust hast«, sagte Tolstoi.

Gorki zündete seine Papirossa an und fragte:

»Lew Nikolajewitsch, haben Sie meinen *Foma Gordejew* gelesen?«

Foma Gordejew war sein erstes größeres Werk.

Tolstoi antwortete:

»Ich habe angefangen, es zu lesen, konnte es aber nicht zu Ende bringen, hab es nicht geschafft. Mächtig langweilig haben Sie sich das ausgedacht. Nichts dergleichen hat es je gegeben und kann es auch gar nicht.«

»Fomas Kindheit habe ich mir aber, glaub ich, nicht ausgedacht«, erwiderte Gorki.

»Nein, alles ist ausgedacht. Seien Sie mir nicht böse, aber es gefällt mir nicht. Sie haben da eine Erzählung geschrieben: *Jahrmarkt in Goltwa.* Die hat mir sehr gut gefallen. Einfach und wahr. Das kann man sogar zweimal lesen.«

Weiter äußerte Tolstoi, das Werk habe ihn an Gogol erinnert, und er habe wieder einmal bedauert, wie wenig Humor es doch »bei uns« gebe.

Dann kam das Gespräch auf Gorkis Erzählungen *Warenka Olessowa* und *Sechsundzwanzig und eine.*

Warenka Olessowa entdeckt, daß ein junger Mann sie beim Baden belauscht, und verprügelt ihn.

Über dieses Gespräch mit Lew Tolstoi schrieb Gorki in seiner Skizze *Lew Tolstoi:*

»Am Abend meiner ersten Bekanntschaft mit ihm führte er mich in sein Arbeitszimmer – es war in Chamowniki –, hieß mich ihm gegenüber Platz nehmen, und begann über *Warenka Olessowa* und über *Sechsundzwanzig und eine* zu sprechen. Sein Ton bedrückte mich, ich wurde sogar verlegen – so unverblümt und schroff war seine Rede, als er nachzuweisen suchte, ein gesundes junges Mädchen habe kein Schamgefühl. ›Wenn ein junges Ding über fünfzehn ist und gesund, möchte es umarmt und abgetastet werden.‹«

Ein paar Zeilen davor bemerkt Gorki: »Mir hat sein Urteil über Frauen schon immer mißfallen, darin war er übermäßig ›volkstümlich‹, und etwas Gekünsteltes klang durch seine Worte, etwas Unaufrichtiges und zugleich sehr Persönliches.«

Gorki konnte Tolstois Tagebücher nicht kennen, weil diese zu jener Zeit noch nicht erschienen waren. Aber er erriet, woran Tolstoi dachte.

Im Januar 1900 schrieb Tolstoi nach seiner Begegnung mit Gorki Bemerkungen hierzu ins Notizbuch und ins Tagebuch. Die Aufzeichnung vom 16. Januar ist ausführlich, es heißt darin, man müsse die Wollust unterdrücken; sofern dies nicht gelinge, müsse man heiraten und mit der Frau zusammen Kinder großziehen. Es folgen sechs verschiedene Varianten, eine immer schlechter als die vorangegangene. Die siebente besteht aus mehreren Varianten. »Am schlimmsten ist es, mit seiner untreuen, unmoralischen Frau zusammenleben zu müssen.« Darauf heißt es: »Dieses Blatt muß ich herausreißen.« Doch auch der ursprüngliche Text ist erhalten: »Das Schlimmste ist, eine physisch keusche, aber unmoralische Frau zu heiraten und mit ihr das Leben zu verbringen.« Diese Variante ist auch im Notizbuch erhalten geblieben. Die Notiz wurde vermutlich unmittelbar nach dem Gespräch mit Gorki eingetragen, hier klingt die Kränkung an, von der Gorki gesprochen hat.

2

Tolstoi lebte in Moskau, wie W. I. Lenin sagte, »in zwei Etagen«. Er lebte mit seiner Familie und seinen engsten Bekannten zusammen, aber er lebte auch abgesondert von ihnen.

Zu den Folgen dieser Situation gehörte, daß Tolstois Werke bei ihrem Erscheinen den Menschen seiner Umgebung seltsam vorkamen, sie widersprachen dem, was der Autor ihrer Meinung nach zu denken und zu schreiben hatte.

Sehr aufschlußreich ist es, diesen Umstand anhand seines Stückes *Der lebende Leichnam* zu verfolgen. Der Autor selbst betitelte sein Werk im Tagebuch *Der Leichnam;* da steht unter dem 29. Dezember 1897: »Über Hadschi Murat nachgedacht. Gestern jedoch fügte sich den ganzen Tag über die dramatische Komödie *Der Leichnam.*«

Die folgenden zwei Jahre war der Schriftsteller mit *Auferstehung* beschäftigt.

Am 2. Januar 1900 notierte er: »Fuhr, um mir *Onkel Wanja* anzusehen, und war empört. Hatte vor, ein Drama zu schreiben, *Der Leichnam,* habe den Plan entworfen.«

Danach kommen Aufzeichnungen über den *Leichnam* dicht hintereinander.

15. August: »Am *Leichnam* geschrieben – beendet, es zieht mich immer tiefer hinein.«

Einen Abschluß gab es nicht. Das Suchen ging weiter.

Mehrere Varianten, zum Teil blendend in ihrer wahrhaftigen Unmittelbarkeit, wurden verworfen.

Am 7. September steht im Tagebuch: »Fedja spricht: Aber vielleicht habe ich mir geirrt? Na, was getan ist, ist getan. Tragt es nur hin.«

Diese Replik finden wir in der Endfassung nicht mehr.

Das Thema nimmt sofort eine andere Gestalt an, die Flucht aus einem verlogenen Dasein in ein wahres Leben, und sei es um den Preis des Todes, des Verzichtes auf alles. Damit kommt es sofort zu einer neuen Lösung, wie Dialoge zu bauen sind, in denen Gedanken nicht zu Ende ausgesprochen werden, wo aber ein lebendiges Gespräch mit Unterbrechungen wiedergegeben wird; und sofort ergibt sich die Vorstellung einer Dramatik mit vielen Episoden, aber ohne Akte.

Das Tagebuch zeigt, daß Tolstoi seine Arbeit am *Leichnam* gleichsam als Polemik gegen Tschechow aufgefaßt hat.

Er stritt gegen Tschechow, und er ging an dessen Seite und entdeckte für die Dramatik einen neuen künstlerischen Weg.

Der literarischen Form nach ist *Der lebende Leichnam* das schärfste Werk Tolstois. *Früchte der Bildung* und *Macht der Finsternis* sind in traditioneller Manier geschrieben, beides sind klassische Dramen in fünf Akten. *Der lebende Leichnam* ist das Werk eines Mannes, der sich auf Tschechows Erfahrung stützte, der zwar mit Tschechow nicht konform ging, dessen Erfahrung aber berücksichtigte.

In dem Artikel *Der lebende Leichnam in Wirklichkeit* betont A. F. Koni: »Die einen sehen im *Lebenden Leichnam* eine völlig neue Erscheinung in der dramatischen Kunst, andere vergleichen die rasch aufeinanderfolgenden dramatischen Kurzszenen fast schon mit einem Filmstreifen.«

Ziemlich mittelmäßige Kunstkenner behaupteten, Tolstoi habe damals starkes Interesse für die Drehbühne geäußert.

Somit verfügen wir über zahlreiche Hinweise, daß Tolstoi vor allem rein künstlerische Probleme zu überwinden hatte. Das gleiche schreibt auch Goldenwejser in seinem Buch *In Tolstois Nähe.* Tolstoi habe das Abrupte im realen Gespräch erwähnt, das Nicht-zu-Ende-Gesprochene in Repliken, und gemeint, diese Elemente müßten in der Dramatik angewendet werden.

N. W. Dawydow, der Vorsitzende des Moskauer Kreisgerichtes, betont in seinem Buch *Aus vergangenen Zeiten* ausdrücklich die bis ins Detail gehende Übereinstimmung zwischen der Geschichte, die im Drama gestaltet wird, und dem Fall eines heruntergekommenen Mannes, der in dem Wunsch, seine Ehefrau von sich zu befreien, zum vorgetäuschten Selbstmord griff. Der erwähnte Artikel von Koni enthält ein paar skeptische Bemerkungen zu diesem Umstand. Koni spricht vorsichtig vom berühmt gewordenen Fall Gimer und meint, diesem »komme jedenfalls eine gewisse Rolle in der Entstehung des *Lebenden Leichnams* zu«.

Es stellt sich heraus, daß Daydow den Fall ungenau wiedergegeben hat. Koni verallgemeinert die Ungenauigkeit so:

»In den letzten Jahren liefert die experimentelle Psychologie Versuchsverfahren für die Bewertung objektiver Wahrheitstreue von Zeugenaussagen und kommt zu dem Schluß, daß das menschliche Erinnerungsvermögen nach Ablauf einer gewissen Zeitspanne zwischen Ereignis und Äußerung in den meisten Fällen an konkreter Genauigkeit einbüßt und bestrebt ist, die entstandenen Lücken mit Vorstellungen auszufüllen, die bei aller Gewissenhaftigkeit der Wirklichkeit absolut nicht entsprechen. In solchen Fällen schwenkt das menschliche Denken unbemerkt vom diffusen ›So könnte es gewesen sein‹ zum definitiven ›So müßte es gewesen sei‹ und zum entschiedenen ›So war es‹.«

Wir unsererseits können über den Bereich der Literatur sagen: Wer ein literarisches Werk gelesen hat und sich an sogenannte Prototypen erinnert, ergänzt die Lebensgeschichte der Prototypen mit Hilfe des literarischen Werkes, er gleicht Prototyp und Werk einander an, in der Meinung, es sei so gewesen, weil es so hätte sein müssen.

Tolstois Fedja Protassow ist ein hochgebildeter, wohlsituierter Mann und Kunstliebhaber; vor dem Untersuchungsrichter erscheint er im Gehrock und spricht mit dem Beamten in herausforderndem Ton; die Familie seiner Frau besteht aus wohlsituierten Halbaristokraten. Der Mann, der in Protassows Frau verliebt ist, ist ein Aristokrat mit Familiennamen Karenin und Vornamen Viktor, seine Mutter heißt Anna, zwar Anna Dmitrijewna, nicht Arkadijewna wie die Karenina im Roman, aber hier taucht das Thema der Unmöglichkeit einer Scheidung wieder auf. Diese Anna gehört zu dem Gesellschaftskreis, der bereits in *Anna Karenina* dargestellt ist.

Einen Fall Gimer hatte es gegeben, nur war es dabei um andere Dinge gegangen.

Jener Gimer, über den Dawydow berichtet, war ein heruntergekommener Mann von mäßigen Geistesgaben. Er ließ sich von seiner Frau den Mietzins geben, borgte von ihr kleine Geldsummen. Der Mann, den Gimers Frau Jekaterina liebte, war ein Bauer, der beabsichtigte, später mit ihr zusammen auszuwandern.

Wir wissen, daß Tolstoi, als das Stück fertig vorlag, von Leuten aufgesucht wurde, die ihn baten, es nicht zu veröffentlichen. Zuerst erschien Gimers Sohn, dann Gimer selbst. Die Untersuchung war nämlich niedergeschlagen worden; Jekaterina Gimer, der Bigamie angeklagt, war nicht verbannt worden, sie verbüßte ein Jahr Haft als Arzthelferin. Folglich hatte Tolstoi vom Fall Gimer wohl gehört, den Mann selbst aber erst kennengelernt, als das Stück bereits geschrieben war, und erst da erfuhr er Genaueres.

Die Ähnlichkeit zwischen dem Fall und dem Werk ist gering. Sie wurde sozusagen hineingelesen von Leuten, die das Stück gesehen, von irgendwelchen Zusammenhängen mit dem Gerichtsfall läuten gehört hatten und die Geschichte veränderten. Nichts anderes will Koni sagen.

In Tolstois Umgebung hielt man das Stück für mißlungen. Koni bemerkt in seinem Artikel: »... Mich dünkt, es besteht wenig Anlaß zur Freude darüber, daß *Der lebende Leichnam* veröffentlicht und inszeniert wurde, bevor die schöpferische Hand des Autors das Stück endgültig abgeschlossen hatte.«

Es gab sogar Dispute, ob Tolstoi das Stück wirklich selbst geschrieben habe. Dazu äußerte sich K. I. Arabashin, der sich für die Authentizität des Werkes einsetzte:

»Es sind Zweifel an der Authentizität des Stückes aufgetaucht, und bei aller unbestreitbaren Integrität der Madame Kindjakowa, die da erklärt, auf der Bühne werde nicht das Stück gespielt, das L. N. Tolstoi geschrieben habe, müssen diese Zweifel und Verdächtigungen als völlig unbegründet bezeichnet werden.«

Arabashin beruft sich auf das Manuskript, das von handschriftlichen Anmerkungen Tolstois wimmelt.

Zur Erläuterung der Ursachen, die die Drucklegung verhinderten, führt Arabashin die Ansicht Alexandra Lwownas an: »Lew Nikolajewitsch lernte die echten ›Helden‹ des Prozesses kennen, und die ›Wirklichkeit‹ erwies sich als unter dem Niveau der Erwartungen, die er in sie gesetzt hatte.«

Teneromo (Feinerman) behauptete: »Tolstoi ist unangenehm berührt gewesen von der Ähnlichkeit mit dem Roman *Was tun?,* den er total vergessen hatte; hierbei vergleicht er sich mit einem Tiger, der seine Beute fahren läßt, wenn der erste Ansprung mißlungen ist.«

Details über Gepflogenheiten von Tigern kennen wir nicht; sprechen wir hingegen von Tolstoi, so versuchte er gewöhnlich, Erdachtes viele Male genau niederzuschreiben. Hinzu kommt, daß ihn die Ähnlichkeit mit dem Romam *Was tun?* nicht verblüffen konnte, weil der Roman im Drama selbst erwähnt wird.

Wir zitieren den Dialog zwischen Mascha und Fedja:

Mascha: »Hast du *Was tun?* gelesen?«

Fedja: »Ich glaube, ja.«

Mascha: »Ein langweiliger Roman, nur eins ist sehr, sehr schön. Er ... dieser, wie hieß er doch, Rachmatow, tut kurzerhand, als hätte er sich ertränkt. Und du kannst doch auch nicht schwimmen, wie?«

Fedja: »Nein.«

In der Wiedergabe durch die Zigeunerin ist die Schürzung des Knotens in *Was tun?* ungenau, der Name der handelnden Person ist falsch, das Wesentliche aber ist genau getroffen. Ein gutartiger, sittlich hochstehender Mann simuliert einen Selbstmord, um seine Frau von sich, dem Ehemann, zu befreien.

Tolstois Zeitgenossen, darunter auch Professor Jewgeni Anitschkow, zogen Parallelen zwischen dem Roman *Was tun?* und dem *Lebenden Leichnam* auch in bezug auf weitere Details beider Werke.

Das Wesen des Dramas besteht nicht darin, daß Tolstoi die tragische Geschichte des mißglückten Selbstmordversuchs eines Mannes beschreiben wollte. Nein, der Autor erzählte seine geliebte Geschichte von der Flucht aus dem Leben. Diese Flucht nimmt hier die Form eines Namensverlustes an. Solche Fabeln gab es damals oft genug, zum Beispiel verlor man den Namen mittels eines falschen Passes. Darauf fußt Achscharumows Roman *Der fremde Name.*

In Tolstois literarischen Werken jener Periode wird auf vielfältige Art und Weise der Wunsch des Autors ausgedrückt, nicht mehr er selbst zu sein, sich aus den verlogenen Lebensverpflichtungen herauszureißen. Den Gedanken der Flucht aus dem Leben finden wir im *Vater Sergius,* in den *Nachgelassenen Aufzeichnungen des Mönches Fjodor Kusmitsch,* auch in *Kornej Wassiljew* und nun im *Lebenden Leichnam.* Die Begründung für das Fortgehen ist jedesmal eine andere, aber immer eine positive: jedesmal ist es ein guter Mensch, der da geht, und er geht, weil das Leben, das er gelebt hat, verkehrt und schlecht war.

Tolstoi hat das Stück nicht vollendet.

Nicht der gleiche Umstand, der ihn zwang, *Hadschi Murat* und mancherlei anderes nicht erscheinen zu lassen, also nicht das Problem der Autorenrechte, war es, was ihn veranlaßte, das Manuskript beiseite zu legen.

Über seine Dramatik war anders verfügt worden, die Gelder, die für *Früchte der Bildung* und *Macht der Finsternis* hereinkamen, galten als sein persönliches Eigentum, auch nach der Vermögensteilung. Es waren die Gelder, die er verschenkte.

Wir kommen der Wahrheit am nächsten, wenn wir annehmen, der *Lebende Leichnam* sei von Tolstoi nicht zur Aufführung freigegeben worden, weil in diesem Falle seine künstlerische Praxis im Widerspruch zu seiner künstlerischen Theorie stand. Betrachten wir Tolstois theoretische Schriften, insbesondere sein *Vorwort zu den Werken Guy de Maupassants* (1894) oder *Was ist Kunst?,* so erkennen wir, daß in beiden Arbeiten eine recht interessante Theorie aufgestellt wird, in die sich aber Tolstois Schaffen nicht recht fügen will. In Gesprächen pflegte er für seinen *Gefangenen im Kaukasus* und die *Volkserzählungen* eine Ausnahme zu machen. Das Tagebuch enthält die Bemerkung, der *Leichnam* würde vielleicht gelesen werden und einen guten Eindruck hinterlassen. Aber der *Leichnam* widerspricht in seiner Ideologie den Sujetlösungen und der Figurengestaltung der Kunsttheorie Tolstois und der Moral der Tolstoibewegung, und er deckt sich tatsächlich mit dem, was Tschernyschewski in seinem Roman als Lebensnorm anbietet. Nur wußte Tolstoi nicht, was zu tun war, wenn man sich einmal aus der alten Lebensordnung gerissen hatte, aber nicht den Acker bearbeiten wollte. Hier hingegen kommt alles überraschend. Der positive Held ist ein Säufer, das Scheidungsproblem wird ganz anders gelöst, als der Autor der *Kreutzersonate* es sich seinerzeit vorgestellt hatte. In gewissem Maße hatte Tolstoi Anna Karenina für schuldig gehalten, weil sie eine Familie zerstörte. Fedja Protassow aber ist ein Held, weil er seiner Frau die Freiheit schenkt.

Der lebende Leichnam wurde nach Tolstois Ableben am Moskauer Akademischen Künstlertheater und am Alexander-Theater aufgeführt. Entsprechend einer vertraglichen Vereinbarung zwischen dem Theater und dem Herausgeber der postumen Werke Tolstois erschien der Text des Stückes ungekürzt in einer Nummer der Zeitung *Russkoje Slowo.* Der Text füllte die gesamte Nummer, es blieb nur Platz für Telegramme. Das Problem des *Lebenden Leichnams* verflocht sich mit der Frage der Autorenrechte. Die Erben gaben den *Leichnam* ohne Lösegeld nicht frei: sie kassierten von Sytin, dem Herausgeber der Zeitung, ein hohes Honorar.

3

Eine »Sünde des Materialismus« existierte wirklich.

Man kann es einrichten, daß Uhrzeiger die Zeit anzeigen, die man wünscht, nur müssen sie dazu von ihrer materiellen Basis, vom Mechanismus, von der Uhr selbst, gelöst werden.

Dann lassen sich die Zeiger feststellen, und man hat entweder ewigen Mittag oder ewigen Abend, eine Bewegung der Zeit aber ist nicht mehr da.

Jedoch kann man auch einer schlechten Uhr beibringen, ihre Angaben zu kontrollieren und zu korrigieren. Von der materiellen Welt losgelöste Zeiger sind wertlos.

Den Winter 1901 verbrachte Tolstoi in Moskau. Er hatte sogar die Absicht, eine Kunstzeitschrift herauszugeben, doch gab es Proteste seitens der Tolstoianer mit Tschertkow als Wortführer. Man argumentierte, eine solche Zeitschrift erfordere Beziehungen zum Leben, auch Geldausgaben, dabei gebe es in England Leute, die bereits ohne Geld lebten, und das als ganze Familien, und einer lebe sogar in einer fremden Stadt*.

Was besagter Mann in dieser Stadt tat, war unbekannt. Aber Tolstoi hörte sich die Argumente zu Ende an und fügte sich. Er entschuldigte sich in einem Brief bei Tschertkow und erwähnte die Ursachen der Verlockung:

»... Sehr stark hat mich bestochen, daß mich das dazu bewogen hätte, Kunstwerke zu schreiben, die ich nun nicht schreiben werde, außerdem, daß das ungeheure Material, die vielen Dinge ethischen Charakters, die ich zugesandt bekomme, zum Strauß gebunden, den Menschen hätten dienlich sein können. Indes bin ich doch froh, daß nichts daraus geworden ist, zumal ich, wie es aussieht, abgeschlossen habe, besonders was Kunstwerke angeht, und weil es bestimmt allerlei Unangenehmes geben würde und weil die Beteiligten, wie Sie schreiben, unwillkürlich in häßliche Kompromisse hineingezogen werden würden.

Über das Leben ohne Geld habe ich alles aufmerksam gelesen und durchdacht.«

Natürlich hatte Tolstoi unrecht mit seiner Behauptung, er habe mit Kunstwerken abgeschlossen. Betrachten wir die jetzt erschienenen Tagebücher aus jener Zeit, so wird allein im Band 53 neunundzwanzigmal die Arbeit an *Hadschi Murat* erwähnt, seine künstlerische Arbeit ging ununterbrochen weiter.

Der Schriftsteller konnte sich von einem Leben, mit dem er durch seine künstlerische und philosophische Auffassung verbunden war, nicht losreißen. Soeben hatte er *Auferstehung* vollendet, ein Werk, das sowohl in das Leben des Tages als auch in das Leben des Jahrhunderts eindringt.

Seine *Auferstehung* sagte zur zaristischen Kirche, an deren Spitze der Beamte Pobedonoszew in seiner Parademontur und Bischöfe in ihren Goldgewändern standen: »Ihr seid tot.«

Durch *Auferstehung* verschärfte sich der Kampf um Tolstoi.

Am 22. Februar 1901 erschien im kirchlichen Presseorgan *Zer-*

* Ohne Geld lebte auch Tschertkow im Hause seiner Mutter, der Millionärin.

kownyje Wedomosti zur allgemeinen Kenntnisnahme ein Beschluß des Synods, worin Lew Tolstoi zum Feind der Kirche deklariert und außerdem mitgeteilt wurde, daß er von dieser Kirche exkommuniziert sei. Die Exkommunikation vollzog sich auf ziemlich unfeierliche Weise mit spürbarer Unsicherheit und trug deutliche Züge eines Kompromisses; sie war weniger ein verhängter Kirchenbann als vielmehr eine Trennung von der Kirche und wurde folgendermaßen verlautbart:

»Auch in unseren Tagen erschien mit Gottes Willen ein neuer Verkünder einer Irrlehre, Graf Lew Tolstoi, ein weltbekannter Schriftsteller, Russe von Geburt, griechisch-orthodoxen Glaubens durch die hl. Taufe und durch Erziehung, und erhob sich selbiger Graf Tolstoi, der Verlockung seines hoffärtigen Verstandes unterliegend und sich erfrechend, gegen den Herrgott und seinen Christus und gegen dessen heiliges Eigentum . . .«

Weiter hieß es, Tolstoi bestreite, daß es ein Leben nach dem Tode gebe, er lehne die Sakramente ab und habe sich nicht entblödet, »das höchste aller Sakramente, die heilige Eucharistie, zu beschimpfen«.

Die Eucharistie ist das Abendmahl. Hier geht es um ein bestimmtes Kapitel des Romans *Auferstehung.*

Die Exkommunikation ist nicht ohne Diplomatie formuliert: »Viele seiner Nächsten denken, den Glauben hütend, mit Herzeleid daran, daß er am Ende seiner Erdentage ohne Glauben an Gott und den Herrn, unseren Erlöser, verbleibt, nachdem er sich losgesagt hat von den Segnungen und Fürbitten der Kirche und von jeglichem Umgange mit derselben.«

Es folgen die Unterschriften der bischöflichen Kirchenfürsten.

Tolstoi bezeichnete im Tagebuch seine Exkommunikation als »merkwürdig«.

Sie kam für alle außerordentlich überraschend. Sofja Andrejewna beantwortete die Exkommunikation persönlich am 24. März in der Presse und erwähnte dabei verächtlich die angedrohte Untersagung einer christlichen Beisetzung, die in der Veröffentlichung enthalten war. »Wenn es eine Drohung sein soll, dann gegen wen oder was? Sollte ich wirklich für die Einsegung meines Mannes und für die kirchliche Gebetsverrichtung für seine Seele keinen Priester mit Anstand ausfindig machen können, der angesichts des wahren Gottes der Liebe die Menschen nicht fürchtet, oder eben einen ohne Anstand, den ich zu diesem Zwecke mit einer bedeutenden Summe bestäche?«

Tolstoi reagierte auf die Exkommunikation nicht sofort und sehr ruhig. »Ich begann damit, daß ich meine Rechtgläubigkeit mehr als meinen Frieden liebte, dann liebte ich das Christentum mehr als meine Kirche, jetzt aber liebe ich die Wahrheit mehr als alles in der

Welt. Und bis auf den heutigen Tag deckt sich für mich die Wahrheit mit dem Christentum, wie ich es verstehe.«

Tolstoi erhielt Tausende von zustimmenden Briefen; ein Telegramm aus Kiew trug mehr als tausend Unterschriften von Studenten des dortigen Technikums. Arbeiter einer Glasfabrik sandten ihm einen Block aus Glas mit eingegossenen Goldbuchstaben:

»Sie teilen das Los vieler großer Menschen, die ihrem Jahrhundert vorauseilten, hochzuverehrender L. N'tsch. Auch früher hat man sie auf Scheiterhaufen verbrannt, in Kerkern und in der Verbannung verfaulen lassen. Sollen doch die Pharisäer und Erzpriester Sie exkommunizieren, wovon und wie sie wollen. Die russischen Menschen werden stets stolz auf Sie sein und Sie für ihren Großen, Teuren, Geliebten halten.«

Das Geschenk der Arbeiter liegt noch heute auf Jasnaja Poljana in Tolstois Arbeitszimmer.

In einer ambulanten Kunstausstellung hing ein Porträt Tolstois. Das Bild wurde mit Blumen geschmückt; als es entfernt wurde, legte man die Blumen an die Stelle, wo es gehangen war. Auf den Straßen empfing man Tolstoi mit Ovationen, die Droschke, in der er saß, wurde von jungen Menschen umringt und angehalten.

W. I. Lenin schrieb 1910: »Der Heilige Synod hatte Tolstoi aus der Kirche ausgestoßen. Um so besser, diese Tat soll ihm angerechnet werden in der Stunde der Abrechnung des Volkes mit den Beamten in Kutten, den Gendarmen in Christo, den finsteren Inquisitoren, die die Judenpogrome und die anderen Schandtaten der zaristischen Schwarzhunderterbande unterstützt haben.«

Die Jahre vergingen. Tolstoi alterte, arbeitete am meisten von allen, erkannte am meisten und arbeitete auf neue Weise. Das Alte existierte im Neuen, es verbraucht sich nicht nur, es wird vom Neuen beleuchtet, es sieht dem Neuen entgegen und baut daran mit.

Das Haus wurde leer und leerer. Die Töchter Tatjana und Maria verließen das väterliche Heim. Die Eltern durchlitten einen Seelenschmerz, wie sie, die beiden alten Tolstois, ihn seit Wanjas Tod nicht erlebt hatten. Ihre Tanja ging aus dem Hause, sie zog ein graues Kleid an, setzte einen grauen Hut auf und fuhr mit einem ganz gewöhnlichen, wohlsituierten alten Ehemann davon. Tolstoi notierte in seinem Tagebuch, er sei seit zwanzig Jahren dabei, seine Meinung von den Frauen zu verringern, jetzt, nach Tanjas Eheschließung, sei sie noch geringer geworden.

Als aber seine Tanja zu Besuch heimkehrte, lachte er glücklich, freute sich und sagte einmal ums andere: »Sie ist wieder da!«

Ein feuchter Herbst zog ins Land. Grußbotschaften und Beschimpfungen trafen auf Jasnaja Poljana ein. Tolstoi arbeitete weiter am *Hadschi Murat.* Ihn dünkte, es sei ganz leicht, den Roman zum Abschluß zu bringen, wenn man ihn nur nicht mehr störte.

Am 7. Mai 1901 notierte er die Worte: »Der Tod, der so unwahrscheinlich erschien, wird immer wahrscheinlicher, und nicht nur wahrscheinlicher, sondern unbezweifelbarer.« Und gleich danach: »Sah im Traum den Typ eines alten Mannes, den mir Tschechow vorweggenommen hat. Der Alte war ganz besonders gut, weil er fast ein Heiliger war, dabei aber ein Saufkopf und Schandmaul. Ich habe zum erstenmal die Aussagekraft begriffen, die Typen durch mutig aufgelegte Schatten gewinnen. Das werde ich bei Hadschi Murat und bei Maria Dmitrijewna machen.«

Der Gedanke einer neuen, bislang unerreichten Meisterschaft kommt Tolstoi immer wieder.

Im Winter erkrankte Tolstoi; der Winter war lau und feucht, alle Welt schlich schlaff und trübsinnig einher; selbst Andrej Lwowitsch, der von einer Hundeausstellung zurückkam, machte keinen Lärm und prahlte nicht. Tolstoi wurde von Malaria geschüttelt: Fieberschauer überliefen ihn, das Leben war ihm zur Last geworden, denn er vermochte nicht, sich aus der Fahrtrinne eines zuerst aufgeweichten, dann festgefrorenen Weges herauszureißen.

Ende Januar richtete Sofja Andrejewna die Hochzeit des jüngsten Sohnes, Mischa, aus. Es wurde ein pompöses Fest im Stile der Hautevolee, der Kirchenchor des Tschudowski-Klosters sang, mitten im Flor von Blüten und herausgeputzten Damen strahlte Großfürst Sergej Alexandrowitsch, der eigens zur Hochzeitsfeier gekommen war, vermutlich, um den großen alten Mann zu sehen.

Der Großfürst gab sich Sofja Andrejewna gegenüber besonders liebenswürdig, in der Menge war man entzückt von der Jugendlichkeit der Bräutigamsmutter.

Die Jungvermählten fuhren nach Jasnajas Poljana.

Im Frühling reiste Tolstoi selbst dorthin und erkrankte wieder; man verschrieb ihm Chinin und Koffein.

P. S. Ussow als sein Arzt riet, ihn in den Süden zu bringen und ihm altersgemäße Lebensbedingungen zu schaffen, damit er weder Aufregungen noch Arbeitszwängen ausgesetzt sei. All das zu realisieren war schwierig.

Tolstoi hatte sein 73. Lebensjahr vollendet. Er wußte, zwei Leben sind niemandem beschieden. Morgens schrieb er, dann durchstreifte er den Garten, ritt in den Wald. Abends saß er mit seinen Angehörigen zusammen.

Sofja Andrejewna, energisch und rasch von Entschluß, regelte sämtliche Angelegenheiten persönlich, wußte aber noch nicht, wo sie ein Sommerhaus für den Kranken mieten sollte. Man erinnerte sich an die Gräfin Panina, die ein Gut bei Jalta besaß, und beschloß, sich an sie zu wenden, ob sie eventuell das Landhaus vermieten würde. Ihre rasche Antwort besagte, daß sie mit allergrößter Freude ihr Gut der Familie Lew Nikolajewitschs zur Verfügung stelle und der Verwalter bereits diesbezügliche Anordnungen erhalten habe. Vom Ministerium für Transport und Verkehr lag eine Genehmigung vor, einen bequemen Wagen an einen Zug nach eigener Wahl anzuhängen, um bis Sewastopol zu reisen beziehungsweise den Wagen bei Bedarf vom Zuge abzukoppeln und auf Bahnstrecken darin zu wohnen.

Tolstois Gesundheitszustand verschlechterte sich. Aber wie eh und je war er gewissenhaft im Beantworten seiner Post, und Leute, die von ihm Anwortbriefe erhielten, konnten sich vermutlich vom Zustand ihres Briefpartners kein Bild machen.

Es lag bereits ein Geheimerlaß des Innenministeriums vor, im Falle von Tolstois Ableben keinerlei demonstrative Reden, Handlungen und Manifestationen zuzulassen.

Der 5. September war als Abreisetag vorgesehen. Man hüllte Tolstoi in einen Pelz, setzte ihn in eine Kutsche, und so ging es zunächst nach Tula. Es war eine herbstliche Nachtfahrt; vom Herrenhaus zur Chaussee war die Birkenallee mit Fackeln beleuchtet. Gegen zehn Uhr abends erreichte man Tula und setzte Tolstoi sofort in den bereitstehenden Eisenbahnwagen. Tolstoi litt an Atemnot, er fieberte hoch. Ein Ärztekonsilium entschied, es sei besser, den Kranken im bequemen Wagen in den Süden zu bringen, als durch unwegsames Gelände nach Jasnaja Poljana zurückzukehren. Niemand schlief; der Wagen wurde an den Nachtzug angehängt.

Am Morgen in Kursk war das Wetter warm und trocken. Telegrafisch wurden auf dem Bahnhof in Charkow drei Flaschen Milch bestellt.

Man erreichte Charkow und mußte feststellen, daß die Station von einer großen Menschenmenge überflutet war; die telegrafische Milchbestellung hatte erraten lassen, daß Tolstoi unterwegs war: die Zeitungen hatten bereits über seine Erkrankung geschrieben. Die Menge lärmte nicht, nur wurde Tolstoi gebeten, sich am Fenster zu zeigen. Er tat es mit Mühe.

Die Reise ging weiter. Im Lauf des Vormittags wurde es ganz warm, sogar heiß; zu beiden Seiten der Bahnstrecke blaute der Siwasch. Tolstoi bat, man möge die Fenster herunterlassen, holte sein Notizbuch hervor und begann zu arbeiten.

In Simferopol kaufte man Weintrauben und fuhr weiter.

Tolstoi erkannte die Orte wieder, an denen er sich während der Belagerung von Sewastopol aufgehalten hatte.

In Sewastopol selbst wurde er von einer nicht allzu großen Menschenmenge und vielen Polizisten erwartet.

Es zeigte sich, daß man lange auf ihn gewartet und bereits an seiner Ankunft gezweifelt hatte.

Man besichtigte die Stadt und die Buchten. Tolstoi erinnerte sich an die Überfahrten unter Beschuß, an das Übersetzen auf Pontonbrücken, die mit langen Algenzotteln bewuchert waren.

Der Polizeiminister ließ einen Konvoi aus den Equipagen ausrichten, nahm im ersten Gefährt Platz und stürmte voran zum Hotel, seinen Eifer demonstrierend und bereit, ungesetzliche Ansammlungen auseinanderzutreiben. Man übernachtete in Sewastopol.

Die Abreise erfolgte am nächsten Morgen in aller Frühe.

Es war warm, duftete nach Wermut, allmählich wuchs die Steppe empor. Die Spuren der großen Belagerung waren von trockenem Gras und Niederwald nahezu geglättet und verschluckt.

Tolstoi war erregt, stieg wiederholt aus und betrachtete von der Chaussee aus die Anlagen der Redouten.

Gemächlich wand sich der Weg durch gilbende Wälder. Der Krimhimmel blaute aus voller Kraft. Die Fahrt ging aufwärts gen Baidary, und hier, hinter dem Tor, bot sich die Aussicht auf die Südküste, die Schlucht und das Meer, das dalag, als stiege es bergan. Geruhsame Adler flogen langsam über der Schlucht dahin, ohne Rücksicht auf den Polizeimeister. Das Gelb der Krimsteppe wurde abgelöst von dem bläulichen Burgunderrot der herbstlichen Buchenwälder; weiter unten schimmerte es grün.

Man fuhr lange die kurvenreiche Straße entlang. Man überholte Kremser mit Herren und Damen, die mit Ach und Oh die Schönheiten der Krim bewunderten.

Das Haus der Gräfin Panina in Gaspra stand an der oberen Straße, dicht am Fuße des Ai-Petri. Hinter dem Haus ragten die Berge empor wie eine Wand. Gleich daneben lagen ein kleines Tatarendorf mit 500 Einwohnern und die Ruinen der alten Festung Gaspra Issar. Das Haus, im Stile eines schottischen Schlosses aus Naturstein erbaut, besaß zwei Türme. Solch ein Bauwerk finden wir in Illustrationen zu Jules Vernes *Die Kinder des Kapitän Grant.* Der ganze große Bau war völlig umflochten von Glyzinien, die in den Stein eingewachsen waren und bereits das Dach erreicht hatten.

In einem Brief an seinen Bruder beschreibt Tolstoi das alles begeistert und ein wenig ironisch:

»Gaspra und das Gut der Panina und das Haus, wo wir wohnen, ist das Höchste an Komfort und Luxus, worin ich je im Leben gewohnt habe. Da hast Du nun die Einfachheit, in der ich leben wollte. Also, wie soll ich es Dir beschreiben: die Einfahrt in den Park auf einer Allee, gesäumt mit Blumen, Rosen und anderen, alles in Blüte, und mit Rabatten, die zum Hause führen, das Haus mit zwei Türmen und einer Hauskapelle. Vor dem Haus ein Rondell mit Girlanden aus Rosen und den seltsamsten schönen Gewächsen. In der Mitte ein Marmorspringbrunnen mit Fischchen und einer Statue, aus der Wasser fließt. Im Hause hohe Räume und zwei Terrassen: die untere ganz in Blumen und Pflanzen, mit Schiebetüren aus Glas, und darunter der Brunnen. Und durch die Bäume ein Blick auf das Meer. Oben eine Terrasse mit Säulen, gut vierzig Schritt lang, mit gefliestem Fußboden, und unten Schluchten, Bäume, Parkwege, Häuser, Schlösser und ein gewaltig weiter Blick auf das Meer. Drin im Hause alles erstklassig: Türriegel, Örtchen, Betten, Wasserleitung, Türen, Möbel. Ebenso das Seitengebäude, ebenso die Küche, ebenso der Park mit Wegen und wundervollen Pflanzen, ebenso der Weingarten mit allen möglichen schmackhaften Tafelsorten.«

Tolstoi war auch erstaunt darüber, daß der Rasen bewässert wurde und es Marmortreppen gab und »überall ringsum reiche Leute sitzen und allerlei Großfürsten, die über zehnmal größeren Luxus verfügen«.

Er selbst wohnte auf Jasnaja Poljana und in Moskau in Zimmern mit abgescheuerten, gestrichenen Dielen.

Hier staunte er über alles und bat Sofja Andrejewna, die Tochter Tatjana und Boulanger, der ihn begleitete, sich ja vorzusehen und die großen Vasen, die die Ecken des Hauses schmückten, nicht zu beschädigen.

Der Abstieg von Gaspra hinunter zum Meer war lang und beschwerlich; der Weg führte an mächtigen Zedern mit schirmartig gespreizten Ästen vorüber; die Bäume sahen aus, als wären sie nicht aus Samenkörnern gewachsen, sondern aus kostbaren Mineralien geschnitten.

Unten verlief der »Horizontalpfad«, der die Schlösser der Großfürsten mit der Zarenresidenz in Liwadija verband. Der gräfliche Verwalter hatte sich um die Erlaubnis bemüht, daß Tolstoi diesen höchsterlauchten Pfad begehen durfte; später wurde ihm dies Sonderrecht wieder entzogen. Der Weg verlief oberhalb der Weingärten, bog um scharfgratige Felsen und war mit dem goldenen Bunt des Herbstes geschmückt.

Noch tiefer lagen eine weitere Chaussee, herabgestürzte Felsbrocken und das mächtige, Tolstoi so vertraute Meer.

Ende September 1901 suchte Tschechow vor einer Geschäftsreise nach Moskau Tolstoi in Gaspra auf. Er schrieb darüber an A. M. Peschkow:

»Vor meiner Abreise aus Jalta war ich bei Lew Nikolajewitsch und habe ihn gesprochen; die Krim gefällt ihm überaus gut, weckt in ihm eine ganz kindliche Freude, aber sein Gesundheitszustand hat mir nicht gefallen. Er ist stark gealtert, und seine Krankheit ist in erster Linie die Vergreisung, die schon von ihm Besitz ergriffen hat. Im Oktober werde ich wieder in Jalta sein, und sollte man Ihnen die Reise dorthin gestatten [Gorki lebte damals in Verbannung in Arsamas, er war erkrankt, und seine Freunde bemühten sich um eine Reiseerlaubnis nach Jalta für ihn – V. Schl.], so wäre das großartig. Jalta ist im Winter wenig bevölkert, keiner fällt einem auf die Nerven, keiner hindert einen am Arbeiten – das zum ersten, zum zweiten aber leidet Lew Nikolajewitsch merklich unter mangelndem Umgang mit Menschen, und wir könnten ihn besuchen.«

Im November kehrte Tschechow nach Jalta zurück.

Tolstois Gesundheitszustand verschlechterte sich. Sein Vorhaben, einen Brief an den Zaren zu schreiben, wurde zu einem weiteren fruchtlosen Versuch. Er schrieb an den Zaren, man müsse dem Volk Land geben, niemand dürfe seines Glaubens wegen verfolgt werden und überhaupt könne nicht ein Mensch allein ein großes Land regieren; im Endresultat werde es von Zufallspersonen und sehr schlecht regiert.

Diesen Brief zu übergeben erbot sich Großfürst Nikolai Michailowitsch, ein Mann mit guter Erziehung.

Später äußerte Tolstoi selbst, er habe an einen Mann, der sich mit den Zähnen an seiner Position festklammerte, geschrieben, er möge helfen, einen schweren Balken zu heben.

Die Sonnentage des zauberhaften Krimherbstes waren herrlich. Tolstoi logierte im Parterre in einem Raum neben dem Gesellschaftszimmer, mit Fenstern nach Westen und Süden, durch eine gedeckte Veranda vor den Sonnenstrahlen geschützt.

Eines Tages erging er sich auf dem Besitz der Fürstin Woronzow, deren herrliches Haus einen eigenartigen architektonischen Zentauren bildete: die den Bergen zugewandte Seite war im Stil eines englischen Schlosses erbaut, die dem Meere zugewandte hingegen in dem einer mohammedanischen Moschee. Auf dem Marmorportal prangte eine arabische Inschrift in Goldbuchstaben: »Reichtum kommt von Gott.«

Marmorne Löwen lagerten gelassen auf den Absätzen der zum Meer führenden Treppe, als beschützten sie den Weg zu dem von Gott garantierten Reichtum.

Tolstoi spazierte durch die verdunkelten Gemächer des Schlosses, betrachtete auf den Familienbildnissen der Woronzowa Menschen, die er in seiner Jugend zwar gekannt, jedoch nur von weitem gesehen hatte.

Er schrieb am *Hadschi Murat.*

Sein Gesundheitszustand bereitete jedermann Sorgen.

Tschechow schrieb am 17. November 1901: »Meine liebe Frau, die Gerüchte über Tolstoi, die Euch erreichten und die von Krankheit und sogar vom Tode sprechen, sind völlig unbegründet. Auffallende Veränderungen seines Zustandes gibt und gab es nicht, bis zum Sterben hat es allem Anschein nach noch gute Weile. Zugegeben, er ist schwach, wirkt kränklich, aber es gibt kein einziges Symptom, das bedrohlich wäre, kein einziges außer dem Greisenalter. Glaube Du keinem Wort. Sollte, Gott behüte, etwas passieren, benachrichtige ich Dich durch ein Telegramm. Ich bezeichne ihn im Telegramm als ›Großpapa‹, sonst könnte es Dich womöglich nicht erreichen.«

Briefe wurden geöffnet und gelesen, so daß Tschechow über Tolstoi vorsichtig und knapp schrieb.

Aber die Krankheit des alten Mannes war noch unklar.

Urplötzlich versperrte man ihm auf Grund irgendwelcher hochwichtiger Erwägungen den Zarenpfad unterhalb von Gaspra. Nun ritt er auf einem lammfrommen Tatarenpferdchen auf der unteren Chaussee dahin, umgeben von dicken, mit Waldreben berankten Steinmauern, dahinter waren Zypressen, Schlösser, Minarette und Blumen. Eines Tages ritt er seinen unteren Pfad entlang. Gorki berichtet darüber:

»An einem heißen Tage überholte er mich auf dem unteren Wege; er ritt in Richtung Liwadija; er saß auf einem kleinen, ruhigen Tatarenpferd. Mausgrau, weich, zottig, mit seinem leichten, pilzartigen weißen Filzhut erinnerte er an einen Gnomen.«

Tolstoi ritt gemächlich. Gorki ging, mit dem Alten plaudernd, neben dem Steigbügel. Das Gesprächsthema war typisch für Tolstoi. Es ging um Gott, um die Familie.

»An der Grenze zum Gut des Großfürsten A. M. Romanow standen auf dem Pfad dicht nebeneinander plaudernd drei Romanows: der Besitzer von Ai-Todor, Georgi und noch einer – ich glaube, Pjotr Nikolajewitsch aus Djulber, alles kernige, kräftige Männer. Die Straße war versperrt durch einen Einspänner, ein Reitpferd stand quer dabei; Lew Nikolajewitsch konnte nicht vorüberreiten. Er heftete einen strengen, fordernden Blick auf die Romanows. Diese aber hatten sich schon vorher abgewandt. Das Reitpferd trampelte ein wenig auf der Stelle und ging ein paar Schritte beiseite, um Tolstois Pferd den Weg freizugeben.

Nach zwei Minuten Schweigen sagte Tolstoi: ›Haben mich erkannt, die Blödköpfe.‹

Und eine Minute später: ›Das Pferd hat begriffen, daß man Tolstoi den Weg freizugeben hat.‹«

Er brachte den Romanows gelassene Verachtung entgegen, dennoch stand ihm Großfürst Nikolai Michailowitsch mit den ruhigen, gewohnheitsmäßig ausladenden Bewegungen eines Gardeoffiziers in gewissem Grade nahe. Er bezeichnete ihn in seinen Briefen an Tschertkow sogar als »Ihr Freund«: Tschertkow und der Großfürst waren einander in jungen Jahren begegnet. Jedoch machte sich Tolstoi längst nichts mehr aus der Nähe dieser Menschen, die ihm in seiner Jugend, als es ihn zu den Gortschakows hinzog, so sehr zugesagt hatten. Jetzt war das Pferd in seinen Augen achtenswerter als die Verwandten des Zaren.

Gorki und Tschechow waren ihm unvergleichlich verständlicher als die Aristokratie.

Tschechow liebte er zärtlich, eifersüchtig und anspruchsvoll. Er wollte sich nicht recht in seine Vorstellungen von Kunst einfügen.

Ein Jahr zuvor, am 13. Mai 1900, hatte Tolstoi notiert: »Kunst, Poesie, ›Für die Gestade ferner Heimat‹ usw., Malerei, insbesondere Musik bewirken die Vorstellung, ihr Ursprung sei etwas Übergewöhnliches, Schönes, Gutes. Dabei ist dort rein gar nichts. Es ist nichts als ein Zarenornat, der nur schön ist, wenn der Zar des Lebens, das Gute, ihn trägt.«

In Klammern ist hinzugefügt: (»Irgendwie ist es nicht gelungen, aber es steht nun einmal da.«)

Tolstoi verlangte von der Poesie, daß sie unmittelbar gut sei. Puschkins Treue zur Liebe war in seinen Augen noch kein Gutes, weil es eine Liebe zum Ich, zur Welt war. In den Konspekten (Notizbuch) steht es klarer da: »Kunst [Musik], Poesie – Tschechow, Malerei insbesondere [Poesie] Musik [Zigeunermusik] geben uns die Vorstellung, daß etwas Wundervolles, Poetisches, Gutes dort ist, wo die Kunst erzeugt wird. Dabei ist dort rein gar nichts. Es ist nichts als ein Zarenornat, der bezaubernd ist, wenn der Zar des Lebens, das Gute, ihn trägt.«

Tschechow fand bei Tolstoi seinen Platz nicht nur neben der Musik, sondern auch neben dem Zigeunergesang. Zugleich aber auch neben Puschkin, neben dem Leben, das für sich selbst Zar ist.

Tolstois und Tschechows Kunst legt dem Leben keine Gewänder an, sondern erläutert es, weist nach, daß das unverdorbene Leben als solches schon Gutes und Schönes ist. Tolstoi begriff das, als er seinen *Hadschi Murat* schrieb, das Volkslied begreift das auch, aber Tolstoi in seiner Widersprüchlichkeit wollte ein Dogma in einen Zarenornat der Kunst kleiden, und das behinderte selbst ihn, den Kraftvollen.

In Gaspra sprach er viel über Tschechow. Gorki notierte: »Sie zum Beispiel«, er wandte sich an Tschechow, »Sie sind Russe! Ja, sehr, sehr Russe!«

Gütig lächelnd, legte er seinen Arm um Anton Tschechows Schulter, dieser wurde verlegen und fing an, in seinem Baß irgend etwas von seiner Datsche und von Tataren zu erzählen.

Er liebte Tschechow, und immer, wenn er ihn ansah, war es, als streichelte er dessen Gesicht mit seinem Blick, der in solchen Momenten fast zärtlich war. Eines Tages schritt Tschechow mit Alexandra Lwowna einen Parkweg entlang, und Tolstoi, damals noch krank und in seinem Sessel auf der Terrasse sitzend, reckte sich gleichsam den beiden nach und sprach halblaut: »Ach, ist das ein lieber, wundervoller Mensch: bescheiden, leise wie ein Fräulein! Und er geht wie ein Fräulein. Einfach zauberhaft!«

Um Tolstoi versammelten sich Familienmitglieder und Tolstoianer. Es ging lärmvoll und betriebsam zu.

Tschechow sagte, er glaube nicht daran, daß Tolstoi unglücklich sei.

Über Tolstois Krimaufenthalt sind Aufzeichnungen Gorkis erhalten, woraus ich ein paar Fragmente anführen möchte. Die Aufzeichnungen sind sehr schön, und jeder, der Tolstoi begreifen will, sollte sie von A bis Z lesen.

»Er stellte gern schwierige und hinterhältige Fragen.

›Was denken Sie über sich selbst?‹

›Lieben Sie Ihre Frau?‹

›Was meinen Sie, ist mein Sohn Lew begabt?‹

›Gefällt Ihnen Sofja Andrejewna?‹«

Sofja Andrejewna flößte Gorki Hochachtung ein. Er schrieb: »Wenn ich mich nicht irre, hatte sich in Gaspra Tolstois gesamte Familie versammelt: Kinder, Schwiegersöhne, Schwiegertöchter. Mein Eindruck: Es gab dort sehr viel hilflose und kranke Menschen. Ich konnte deutlich sehen, in welchem Strudel giftigster ›Kleinigkeiten des Lebens‹ Mutter Tolstaja umherwirbelte, im Bestreben, die Ruhe des Kranken und seine Manuskripte zu hüten, ihre Kinder gut zu situieren, die lärmende Aufdringlichkeit ›aufrichtig mitfühlender‹ Besucher, berufsmäßiger Zuschauer abzuwehren und ja jedermann mit Speise und Trank zu bewirten. In diesem Strudel blendenden Alltagsstaubes raste sie von morgens bis abends umher mit nervös gebleckten Zähnen, die gescheiten Augen wachsam verkniffen, verblüffend in ihrer Unermüdlichkeit, ihrem Geschick, überall alles zur rechten Zeit zu tun, jedermann zu beruhigen, das Mückengewimmer kleiner, miteinander unzufriedener Leute zu unterbinden.«

An seiner Atemnot keuchte und gurgelte Suchotin, der Ehemann Tatjana Lwownas, trübsinnig und erfolglos suchte Sergej Tolstoi nach Preferencepartnern.

Tolstois Gesundheitszustand verschlechterte sich.

Jedermann forderte von Sofja Andrejewna Zuwendung und Fürsorge. Was den Sohn Lew Lwowitsch angeht, so ähnelte er stark dem Vater als jungem Mann, hatte aber einen erstaunlich kleinen Kopf.

Er schrieb selbst ununterbrochen, stritt mit dem Vater, korrigierte ihn; als Gegenstück zur *Kreutzersonate* schrieb er die Erzählung *Chopin-Nocturne,* worin eine Frau, die der Ehemann umbringen will, am Leben bleibt; statt ihrer wird eine Puppe beerdigt, die Frau aber geht ins Kloster. Er schrieb die unwahrscheinlichsten Dinge, ausnahmslos gegen Tolstoi gerichtet und entlarvend. Man druckte ihn in *Nowoje Wremja;* gleich daneben erschienen Feuilletons von Burenin, worin dieser Lew Lwowitsch der Lächerlichkeit preisgab, indem er ihn »Tiger Tigrowitsch Wickelkind-Nuckelsaug« nannte. Immerhin war Lew Lwowitsch bereits 32 Jahre alt.

Wieder genesen, schrieb Tolstoi seinem Sohn einen Brief; er litt unter dessen Nichtigkeit, war gekränkt über ihn und wünschte dennoch, sich mit ihm auszusöhnen. Der Sohn erhielt den Brief, ging ins Nebenzimmer, riß den Umschlag auf, las das Schreiben, wobei er mißbilligend den kleinen Kopf schüttelte, legte Brief und Umschlag aufeinander, zerriß beides in winzige Fetzen und warf sie in den Papierkorb.

Das Schicksal strafte ihn grausam. Nach der Revolution wanderte er nach Amerika aus und spielte an der Schwelle des Alters in Filmen die Rolle Lew Tolstois. Er brauchte fast gar keine Maske, der Kopf wurde durch eine unterpolsterte Perücke vergrößert.

Am 22. November 1901 schrieb Tschechow an seine Frau: »Tolstoi ist gesund, seine Temperatur ist normal, und vorläufig liegt nichts vor, was besonders erschreckend wäre, ausgenommen das Greisenalter natürlich.«

Am 9. Dezember sprach Tschechow mit Tolstoi »durch das Telefon«.

Tolstoi besuchte im Dezember Gorki. Das Wetter war warm, der Gast brachte eine großblütige rosaviolette Feldblume mit und berichtete, die Mandelbäume schickten sich an zu blühen.

Neujahr 1902 feierte man in Gaspra. Der Verwalter der Gräfin Panina, ein Deutscher namens Klaßen, brachte Veilchen. Tolstoi spielte mit ihm, Goldenwejser und dem Sohn Sergej Karten.

Bald danach erkrankte er ernstlich.

Das Wetter auf der Krim wurde unangenehm: Schnee fiel und blieb lange liegen.

Die Stimmung im Hause war abwartend und belastend. Geschickt und rücksichtsvoll pflegte die Gattin Lew Nikolajewitsch. Gorki kam, Sulershizki, der Arzt Bertenson reiste an; man befürchtete, Tolstoi könnte sterben. Tolstoi fragte nach Sonja, zeigte sich besorgt, ob sie geschlafen, gegessen habe, schlummerte wieder ein.

Man spritzte ihm Kampfer.

In Fieberträumen sprach er: »Sewastopol brennt.« Einmal, als Boulanger Wache hielt, tauchte er aus dem Schlummer auf und fragte: »Graf oder Fürst?«

Später erläuterte er, Woronzow, der Statthalter im Kaukasus, sei Graf gewesen und habe danach den Fürstentitel erhalten, er, Tolstoi, fürchte, ihn in seinem Manuskript fälschlicherweise als Fürst bezeichnet zu haben, und bat, man möge Erkundigungen einziehen.

Als es auf den Februar zuging, wurde sein Zustand scheinbar ganz und gar hoffnungslos. Tolstoi selbst war ruhig und bat: »Rätselt nicht in der Zukunft herum, ich tue es auch nicht.«

Mehrere Ärzte waren um ihn: Altschuller, der Landarzt Wolkow, Sawizki und Amasasp Organdshanjan.

Der Kranke war in trüber Stimmung. Sofja Andrejewna verlangte nachdrücklich, er solle Fisch und Huhn essen statt Mohrrüben. Sie war überzeugt, das ganze Unheil käme von der vegetarischen Kost. Tolstoi fieberte, dennoch schrieb er seinen Brief an Nikolai II. zu Ende und sandte ihn ab; es war ein gemildeter, für den Zaren jedoch noch immer etwas zu schroffer Brief.

Aus Petersburg kamen Ende Januar die Ärzte Bertenson und Stschurowski. Sofja Andrejewna war weich gestimmt; sie notierte am 26. Januar: »Mein Ljowa stirbt ... Und ich habe begriffen, daß auch mein Leben nicht in mir bleiben kann ohne ihn ... So viel Liebe, so viel Zärtlichkeit habe ich ihm geschenkt, aber wie viele meiner Schwächen haben ihn betrübt! Vergib mir, o Herr! Dieser Tage las er irgendwo: ›Es krächzt das Alterchen, es hustet das Alterchen, fürs Alterchen ist's Zeit unters Leinentuch.‹ Danach brach er in Tränen aus und fügte hinzu: ›Ich weine nicht, weil ich sterben muß, sondern wegen der künstlerischen Schönheit ...«

Man spritzte ihm Morphium und gab ihm Champagner zu trinken. Dann kam die Entzündung zum Durchbruch. Das Fieber sank.

Sofja Andrejewna notierte am 10. Februar, Tolstoi habe seinem Sohn Lew einen Versöhnungsbrief gesandt. Weiter heißt es: »Meine Seele ist aufgestört durch allerlei Annoncen über Konzerte, über Aufführungen von Werken S. I.s, und gierig wie ein Hungernder nach Nahrung war ich auf Musik und auf die Musik Tanejews, die mit ihrer Tiefe so stark auf mich gewirkt hatte.«

Danach trat eine erneute Verschlechterung ein; man erfuhr davon in der Hauptstadt. Sofja Andrejewna erhielt einen Brief des Petersburger Metropoliten Antonius, der ihr ins Gewissen redete, sie möge Lew Tolstoi so weit bringen, daß er sich mit der Kirche aussöhne. Sie sagte zu ihrem Gatten: »Wenn Gott den Tod schickt, soll man sterben, nachdem man sich mit allem Irdischen und auch mit der Kirche ausgesöhnt hat.« Tolstoi erwiderte: »Von einer Aussöhnung kann keine Rede sein. Ich sterbe ohne die geringste Feindseligkeit oder Erbitterung, was aber ist schon die Kirche? Wie kann es eine Aussöhnung mit einem derart vagen Gegenstand geben?«

Tolstoi befahl seiner Frau, den Brief keinesfalls zu beantworten. Später erfuhr man, daß in der Hauskapelle ein Priester wartete mit den Sakramenten und dem Auftrag, zum Sterbenden vorzudringen oder im äußersten Falle nach dessen Ableben mit dem Abendmahlskelch aus seinem Zimmer zu treten und zu verkünden, der große Sünder habe sich mit dem Herrgott ausgesöhnt und sei nach der Absolution gestorben.

Draußen war es neblig, unterhalb von Gaspra tutete auf dem Meer ein Dampfer. Tolstoi balancierte zwischen Leben und Tod, zwischen Munterkeit und Schwermut. Endlich besserte sich sein Zustand.

Der Frühling des Jahres 1902 kam. Die Bäume grünten, Pfirsichblüten gingen auf und fielen ab, Espen überschütteten die Erde mit dem roten Schnee ihrer Blütenblätter.

Blauer Schaum blühender Glyzinien umfloß das Mauerwerk des Panin-Schlosses.

Am 2. April 1902 schrieb Tschechow an das Akademiemitglied N. P. Kondakow:

»L. N. Tolstoi geht es besser, das ist nicht zu bezweifeln, die Krankheit (Lungenentzündung) ist vorüber; aber er ist schwach, sehr schwach, erst kürzlich fing er an, im Sessel zu sitzen, vorher hatte er nur gelegen. Gehen wird er nicht so bald. Ich war vorgestern bei ihm, und er schien mir rekonvaleszent, aber sehr alt, nahezu gebrechlich. Er liest viel, sein Kopf ist klar, seine Augen sind außergewöhnlich gescheit.«

Im April reiste Sofja Andrejewna nach Jasnaja Poljana, um nach der Apfelplantage und der Wirtschaft zu sehen. Sie kehrte zurück nach Gaspra, und da ergab sich, daß Tolstois Gesundheitszustand sich verschlechtert hatte: eine neue Krankheit hatte ihn befallen, die nach einiger Zeit als Bauchtyphus diagnostiziert wurde. Seelisch war er zutiefst niedergeschlagen. Er selbst sagte zu seiner Frau: Ich bin müde, furchtbar müde, ich wünsche mir den Tod.«

Anfang Juni begann sich sein Zustand zu bessern, schon spazierte er, auf einen Stock gestützt, im Garten umher. Er war demütig und nachgiebig, begann wieder zu schreiben.

Man rüstete zur Rückkehr nach Jasnaja Poljana.

Tolstoi genas langsam. Sofja Andrejewna glaubte, sein Leben sei abgeschlossen; ein anderes würde beginnen – das eines Greises. Sie empfand Müdigkeit, unterbrochen von zärtlichen Erinnerungen, sie glaubte, ihr Lew Nikolajewitsch würde fortan das Leben eines Greises führen, warm eingepackt vom Sofa zum Sessel wechseln, um seinen Brei zu löffeln. Tschechow verfolgte aufmerksam Tolstois Krankheitsverlauf, er war ja selbst Arzt und ein guter dazu. Er glaubte an keine vollständige Genesung. Nach Tschechows Ansicht konnte Tolstoi noch ein paar Jahre leben, aber ebensogut plötzlich sterben. Er lebte noch acht Jahre und überlebte Tschechow.

Am 25. Juni faßte Tolstoi den Entschluß, nach Jasnaja Poljana zurückzukehren. Bis Sewastopol wollte er, um dem Gerüttel einer Wagenfahrt zu entgehen, mit dem Dampfer *Heiliger Nikolaus* fahren. An Bord erwartete ihn Kuprin. Der Morgen war heiter, die See unruhig. Tolstoi kam im offenen Zweispänner. Zuerst erschien ein Bein in einem hohen Wasserstiefel. Der Fuß suchte auf Altmännerart das Trittbrett, dann stieg der Fahrgast gemächlich aus. Tolstoi trug seinen etwas zu kurzen Tuchmantel und einen abgewetzten steifen Hut auf dem grünlichgrauen Greisenhaar.

Kuprin als Schriftsteller mochte er. Dieser trat auf ihn zu. Tolstoi drückte ihm die Rechte mit seiner großen, kühlen, steifen Greisenhand und sprach zu ihm mit müder Greisenstimme.

Hinter Tolstoi kam Maxim Gorki; die Menschen – samt und sonders – lüfteten die Hüte.

Tolstoi schritt geruhsam dahin, ermuntert von der See, vom Wind, von den Menschen, vom Hochziehen des Laufstegs. Das zweite und dritte Abfahrtssignal erklang. Von der Anlegestelle in Jalta stach der gedrungene, plumpe Frachtdampfer in See. Tolstoi saß in einem Sessel auf dem Oberdeck. In Sewastopol wurde er von einem Boot übernommen und zum Bahnhof gefahren. Bis zur Abfahrt des Zuges blieben noch etwa vier Stunden.

Tolstoi wünschte, sich in dem kleinen Bahnhofsgarten auszuruhen. Er war sehr erschöpft. Aber eine Dame kam heraus und sagte: »Der Garten gehört dem Bahnhofsvorstand.«

Boulanger erwiderte, leicht mystifizierend: »Gestatten Sie dem Kranken, sich ein wenig zu erholen.«

»Gehen Sie weiter, gehen Sie«, sagte die Dame, »sonst rufe ich den Aufseher.«

»Lassen Sie nur«, sagte Tolstoi, »wir wollen ihr keine Unannehmlichkeiten machen, ich kann weggehen.«

Man stieg in den Wagen. Ringsherum sammelten sich Menschen, Gedränge entstand. Etwa fünf Minuten vor Abfahrt des Zuges erschienen zwei Damen und ließen den Schaffner kommen. Die ältere sagte:

»Ich möchte um Verzeihung bitten. Er war heute bei uns im Garten. Ich habe zu ihm gesagt, dort dürfe man sich nicht aufhalten. Aber ich konnte mir doch nicht denken, daß es Tolstoi persönlich war.«

Das zweite Abfahrtszeichen ertönte.

»Wir haben einen Blumenstrauß aus unserem Garten gepflückt. Übergeben Sie ihn ihm und bitten Sie in meinem Namen um Verzeihung.«

Der Zug fuhr ab. Es fuhr der erschöpfte Tolstoi. Es fuhren die Blumen.

Im Herbst kam der Schriftsteller S. J. Jelpatjewski nach Jasnaja Poljana, der in Jalta Tolstoi als Arzt gepflegt hatte. Er traf den Hausherrn nicht an. Tolstoi war wie gewohnt spazierengegangen. Die Dämmerung sank herab, man machte Licht, da schlug im Parterre eine Tür zu.

Jelpatjewski saß im ersten Stock, im großen Salon. Man sagte Tolstoi, daß er Besuch habe. Er lief die Treppe hinauf und rief dem Arzt schon von den Stufen aus zu: »Guten Tag!«

Dann erst erschien die vertraute Gestalt, mit dem grauen Haar, dem zweigeteilten Bart.

»Na, machen Sie mal eine Kniebeuge!« sagte er, in den Salon eintretend.

Jelpatjewski begriff nicht sogleich, was Tolstoi wollte.

»So«, sagte dieser, ging rasch und gekonnt in eine fast bodentiefe Kniebeuge und sprang leicht und elastisch wieder hoch.

»Wer kann schon mit Ihnen mit, Lew Nikolajewitsch?« sagte der Arzt.

Tolstoi war zufrieden, weil er ohne Atemnot die Treppe heraufgelaufen war, der Doktor längst nicht so gut wie er die Kniebeuge gemacht hatte und er zu jener Zeit am *Hadschi Murat* schrieb und am Ende angelangt war.

»Hadschi Murat«

Am 26. Juli 1902 notierte Sofja Andrejewna im Tagebuch: »Lew Nikolajewitsch ist gesund trotz 12 Grad Wärme, Regen und Nässe. Er hat den ganzen Abend Karten gespielt, mit Vergnügen Musik gehört. Morgens schreibt er an seinem Roman *Hadschi Murat,* und ich freue mich darüber.«

Aufzeichnungen über seine Arbeit setzten ein. Unter dem 9. August steht: »Er schreibt am *Hadschi Murat.* Heute kam die Arbeit, wie es scheint, nicht recht voran, er hat lange Patiencen gelegt, ein Zeichen angestrengter Geistesarbeit und daß alles nicht recht klar ist.«

So gehen die Aufzeichnungen Wochen um Wochen. Lew Nikolajewitsch sei gesund, er reite und schreibe am *Hadschi Murat.* Nichts auf der Welt hätte eigentlich seine ausgeglichene Stimmung gefährden sollen, indessen gab es allerlei Mißhelligkeiten im Hause. Man hatte die Urheberrechtsgeschichten nicht vergessen. Zwar hatten sich in Gaspra die betrübten Angehörigen versammelt, aber diese waren schließlich auch die Erben. In Gaspra hatte Maria Lwowna – Tolstois Lieblingstochter – auf seine Bitte hin einen Auszug aus dem Tagebuch angefertigt. In diesem Schriftstück stand folgendes:

»Mein Testament wäre annähernd wie folgt. Solange ich kein anderes geschrieben habe, ist es wie folgt.

1.) Man beerdige mich dort, wo ich sterbe, auf dem billigsten Friedhof, sofern es in einer Stadt geschieht, und im billigsten Sarg, wie Bettler beerdigt werden. Man lege keine Blumen, keine Kränze nieder, man halte keine Reden. Sofern möglich, keinen Priester, keine Aussegnung. Sollte das aber denjenigen, die mich beerdigen, unangenehm sein, mögen sie mich wie üblich mit Aussegnung bestatten, aber möglichst billig und einfach.

2.) Man veröffentliche keine Mitteilungen über meinen Tod in den Zeitungen und schreibe keinerlei Nachrufe.

3.) Meine Papiere übergebe man zur Durchsicht und zum Ordnen meiner Frau, W. G. Tschertkow, Strachow und meinen Töchtern Tanja und Mascha (die Streichungen stammen von mir selbst. Die Töchter sollen sich damit nicht befassen), also denjenigen von diesen Personen, die am Leben sein werden. Meine Söhne schließe ich von diesem meinem Auftrag aus, nicht, weil ich sie nicht geliebt hätte (ich habe sie, Gott sei es gedankt, in letzter Zeit immer mehr und mehr geliebt), und ich weiß auch, daß sie mich liebhaben, aber sie verstehen meine Gedankengänge nicht vollständig, sie haben sie nicht verfolgt, und sie können ihre eigenen Ansichten hegen über Dinge, und infolgedessen könnten sie bewahren, was nicht bewahrt werden sollte, und aussondern, was bewahrt werden sollte. Die Tagebücher meines früheren Junggesellenlebens bitte ich nach Auswahl dessen, was des Erhaltens wert ist, zu vernichten, ebenso wie ich bitte, aus den Tagebüchern meines Ehelebens alles zu vernichten, dessen Veröffentlichung irgend jemandem unangenehm sein könnte... Die Tagebücher meines Junggesellenlebens zu vernichten bitte ich nicht, weil ich etwa wünschte, mein schlechtes Leben vor den Menschen geheimzuhalten: Mein Leben war auf die übliche Weise scheußlich, vom weltlichen Standpunkt aus, es war das Leben prinzipienloser junger Männer, sondern weil diese Tagebücher, in denen ich nur niedergeschrieben habe, was mich durch Erkenntnis des Sündhaften quälte, einen fälschlich einseitigen Eindruck hinterlassen und darstellen...

Übrigens mögen meine Tagebücher bleiben, wie sie sind. Zumindest wird aus ihnen ersichtlich, daß ich ungeachtet aller Banalitäten und Nichtswürdigkeiten meiner Jugend doch nicht von Gott verlassen war und wenigstens an der Schwelle meines Alters begonnen habe, ihn zumindest ein wenig zu begreifen und zu lieben.

Was meine anderen Papiere betrifft, bitte ich diejenigen, die sich mit dem Ordnen befassen, nicht alles zu drucken, sondern nur, was den Menschen nützlich sein könnte.

Das alles schreibe ich nicht, weil ich etwa meinen Papieren eine große oder überhaupt eine Bedeutung zumesse, sondern weil ich von vornherein weiß, daß man in der ersten Zeit nach meinem Tode meine Werke drucken und darüber räsonieren und ihnen Bedeutung beimessen wird. Wenn sich das schon so ergeben hat, so mögen meine Schriften den Menschen nicht zum Schaden gereichen.

4.) Die Verlagsrechte für meine früheren Werke: die zehn Bände und *Das neue Alphabet,* bitte ich meine Erben, der Gesellschaft zu überlassen, d. h. auf die Autorenrechte zu verzichten. Jedoch ist dies nur eine Bitte, keineswegs eine Verfügung. Tut Ihr es, ist es gut. Gut wäre es auch für Euch, tut Ihr es nicht – ist das Eure Sache. Folglich könntet Ihr es nicht tun. Daß meine Werke in diesen letzten zehn Jahren zum Verkauf gelangten, war die größte Belastung meines Lebens.«

Sofja Andrejewna nahm Tolstois häusliches Testament gelassen auf, weil es keinen offiziellen Charakter trug und im Grunde kein Testament, sondern ein weiteres Gespräch über das Gewissen war.

Sie dachte an ihre Kinder, sie führte deren Geschäfte auch damals, und sie hatte schon früher, als sie auf Grund von Vollmachten Verträge mit Druckereien abschloß, sich Kollisionen mit Artelmitgliedern aussetzte, Land erwarb und veräußerte, recht gut gewußt, wie ein formgerecht aufgesetztes und zur Einhaltung verpflichtendes

Schriftstück aussah. Daher schob sie Tolstois während seiner tödlichen Krankheit unterzeichneten Brief einfach beiseite. Sie glaubte, die Gefahr sei vorüber; Tolstoi war beschäftigt: er schrieb ja am *Hadschi Murat.*

Es war sogar recht bequem, daß Tolstoi diese Dinge geschrieben hatte. Sein bedrohlicher Entschluß war eigentlich so gut wie verwirklicht, wenn auch nicht in obligatorischer Form, und zu einer reizenden Kauzigkeit geworden, die man belächeln konnte.

Tolstoi unterschrieb dieses Vermächtnis. Sofja Andrejewna erfuhr davon erst wieder auf Jasnaja Poljana und war empört. Ihrer Ansicht nach war Maria Lwowna nicht berechtigt, sich in die Erbschaftsangelegenheiten einzumischen, da sie ja bei der Vermögensaufteilung auf ihren Anteil verzichtet, ihn aber bei ihrer Eheschließung doch noch angenommen hatte. Es kam zum Streit. Maria Lwowna und ihr Mann äußerten, sie würden das Schriftstück nach Tolstois Tod veröffentlichen.

Sie wollten beide Jasnaja Poljana verlassen. Am 23. Oktober notierte Sofja Andrejewna: »Ich habe mich mit Mascha ausgesöhnt, sie bleibt im Seitenflügel auf Jasnaja Poljana wohnen, und ich freue mich sehr darüber. Alles ist wieder gut und friedlich.«

Weiter folgt eine Aufzeichnung über Tolstois erneute Erkrankung und über *Hadschi Murat.*

»Es ist Herbst, ein unerträglich dreckiger, kalter und nasser Herbst. Heute hat es geschneit.

Lew Nikolajewitsch hat seinen *Hadschi Murat* beendet, heute haben wir ihn gelesen: streng-epischer Charakter, sehr gut ausgeführt, eine Menge Künstlerisches, dennoch ist man wenig berührt. Allerdings haben wir erst die Hälfte gelesen, morgen lesen wir es zu Ende.«

In den folgenden Tagen fehlt jede Aufzeichnung darüber, ob das Buch zu Ende gelesen wurde.

Es ist schwierig, die Entstehungsgeschichte eines Kunstwerkes zu klären. Wahrscheinlich weiß nicht einmal der Autor selbst restlos, wie das Thema geboren und mit Sinn erfüllt wurde, wie der Grundkonflikt entdeckt und später verändert und wie das Thema umgebaut wurde, als es sich mit realen Einzelheiten vollsog.

P. I. Birjukows nachstehende Mitteilung bezieht sich auf die Jahre 1905/1906:

»Ich erinnere mich, daß ich ihn schon in seinen letzten Lebensjahren, als ich biographisches Material zusammentrug und mich an ihn um Erläuterungen wandte, bat, sich die Umstände seiner letzten Reise in die Einsiedelei von Optina ins Gedächtnis zurückzurufen. Ich wußte, er war damals bei seiner Schwester im Schamordino-Kloster zu Gast gewesen, und ich fragte ihn, womit er sich damals beschäftigt habe.

Total verlegen, flüsternd, damit es niemand höre, rückte er nahe zu mir und sagte mit aufleuchtenden Augen: ›Ich habe am *Hadschi Murat* geschrieben.‹ Er sagte das im Ton (Sie verzeihen die vulgäre Ausdrucksweise) eines Schulbuben, der seinem Mitschüler erzählt, er habe ein Törtchen gegessen. Er erinnert sich an den Genuß und schämt sich, das einzugestehen.«

Die Dorfjungen Sjomka, Pronka und Fedka hätten Tolstoi verstanden, weil sie damals im Walde, als sie von Furchterregendem und Heroischem sprachen, ihren großen Freund gefragt hatten, wozu es Lieder gebe.

Tolstoi hatte das Lied von Hadschi Murat laut angestimmt, während in seinem Lande die unverständliche, gleichsam gegen ihn streitende erste russische Revolution anrückte. Er schrieb den *Hadschi Murat,* nachdem er vom Burenkrieg der Engländer, von neuen Kriegen, die wir jetzt als imperialistische bezeichnen, erfahren hatte. Er hatte erneut begriffen, wofür Hadschi Murat gekämpft hatte, er schrieb eine wahre Geschichte, wie am Kriege Schuldlose, den Rücken voller Narben von alten Prügelschlägen, wie russische Soldaten, darunter Menschen, die von der Flucht in die Berge träumen, hingehen und Horchposten beziehen, wie über ihnen die Sterne glühen, die gleichen Sterne, die dem Krieger aus dem Bauernstande, Hadschi Murat, leuchten, dem Manne, der als Knabe das eigene Spiegelbild nur vom Boden einer blankgeputzten Schüssel her kannte und später zum Heerführer wurde.

Drei Titel trug die Erzählung: *Hadschi Murat, Die Distel* und *Ghassawat. Die Distel* sollte eine Geschichte werden von einem Mann, der stachelig seine Unabhängigkeit verteidigt und bis zum Untergang kämpft. *Ghassawat* ist in Tolstois Interpretation der Krieg der Bauern um ihren Boden, um das Recht, keine Steuern mehr zu zahlen, um das Recht, das zu essen, was man erarbeitet hat. *Ghassawat* bedeutet in Tolstois Lesart nicht Religionskrieg, sondern Krieg um Bauernrechte. Hadschi Murat erzählt von der Predigt des Mulla Mohammed:

»Zu Beginn lebte der Mulla Mohammed. Ich habe ihn nicht zu Gesicht bekommen. Er war ein heiliger Mann, ein Murschid. Er sagte: ›Mein Volk! Wir sind nicht Mohammedaner, nicht Christen, nicht Götzenanbeter. Das wahre mohammedanische Gesetz ist: Ein Mohammedaner kann sich nicht Ungläubigen fügen. Ein Mohammedaner kann keines anderen Sklave sein und darf an niemanden Steuern zahlen, nicht einmal an einen Mohammedaner.‹«

Am 4. April 1897 notierte Tolstoi in sein Tagebuch: »Habe gestern sehr schön über *Hadschi Murat* nachgedacht – darüber, daß darin vor allem der Betrug, der jeglichem Glauben innewohnt, zum Ausdruck kommen muß. Wie wäre der Glaube gut, gäbe es nicht diesen Betrug.«

Hadschi Murat ist in der Geschichte kein Mohammedaner, kein Christ, kein Götzenanbeter – er ist ein Kämpfer um die Freiheit der Bauern.

Ihm steht kein Weg offen. Sein Weg bei Schamil bedeutet Ruhm und Ehre, aber nicht Bauerntum, sondern eine andere Art Tyrannei. Sein Weg bei Nikolai bedeutet Geld und Ehre, aber die Russen zertrampeln die Bauernfelder. Schamil wird ein ebensolcher Tyrann wie Nikolai, und vom Tyrannen Schamil flieht Hadschi Murat zum Tyrannen Nikolai; ihm entgegen läuft auf der Flucht vor dem Tyrannen Nikolai ein russischer Soldat und freut sich über die Zufallskugel, die ihn von der Schuld, nämlich vom Verrat, genau an der Heimatgrenze erlöst, er freut sich, daß das tödliche Geschoß von Tschetschenen abgefeuert wurde.

Darüber berichtete Tolstoi mehrmals in den Vorvarianten.

Es ist schwierig, Gesetze künstlerischen Schaffens zu enträtseln, denn Berührungen zwischen Wirklichkeit und Kunst sind nicht räumlich festgelegt; es ist kein Aufeinanderprall zweier Kugeln, es ist ein Magnetfeld, das seine Linien ändert, ohne daß sie sich berühren, es ist Energie, die sich in Materie verwandelt, und es ist Wirklichkeit.

Tolstoi genoß die Rückkehr nach Jasnaja Poljana, zu den Wäldern, die er einst mit den Dorfkindern, seinen damaligen Schülern, durchstreift und wo er ihnen von Hadschi Murat erzählt hatte. Die Jungen ergötzten sich an ihrer Angst; so als hätten sie gerade darüber gelesen, unterhielten sie sich mit Tolstoi über die Ermordung seiner Tante, sie durchlebten bei allem Mitgefühl jedoch nicht die Angst der Tante, sondern des Kochs, der die Tante seines Herrn erstochen hatte und danach in seiner Furcht durch den Wald geirrt war.

Tolstoi schrieb an seinem Buch.

Immer wieder kehrte er zu den gleichen Dingen zurück, überprüfte Altes, bereits Geschriebenes, brachte es fertig, sich durch die vielen Manuskripte und Varianten nicht irritieren zu lassen, was ein Merkmal für Genialität sein dürfte.

Am 22. Juli 1902 nahm er die Arbeit an *Hadschi Murat* in Angriff, zwei Tage darauf, am 24. Juli, notierte er im »Tischkalender«: »Den gesamten *Hadschi Murat* überprüft.« Tags darauf: »*Hadschi Murat* mit seiner Geburt anfangen lassen«, und am selben Tage las er sämtliche alten Manuskripte von neuem durch und notierte: »Altes durchgesehen. Viel Brauchbares.«

Eine der Varianten enthält dies:

»Im Jahre 1812 kamen im Chanat Awarien, im Aul Chunsach in ein und derselben Nacht zwei Frauen nieder: die Chanfrau Pachu-Biké und die Frau eines Bergbauern, die schöne Fatima. Pachu-Biké kannte Fatima und hatte sie vorher überredet, als Amme in ihre Dienste zu treten. Fatima nährte Chan Omar bis zum Abstillen, ihr Junge aber starb. Doch dafür lebte sie seit jener Zeit in der nächsten Umgebung der Chanfrau, sie litt keine Not mehr, und ihre beiden älteren Jungen, Osman und Hadschi Murat, wurden mannbar im Hause des Chans, sie spielten und übten sich als Dshigiten an der Seite der Chansöhne.«

Dieser Anfang deckt sich mit dem eines Buches, das unvollendet blieb, *Sich Abplagende und Belastete.* Dort hieß es:

»Kapitel 1. Der junge Fürst und sein Diener wurden zur gleichen Zeit geboren.«

Das waren Anfänge von Romanen, die von Kollisionen zwischen einem Bauern und einem Herrn handeln. Die Kollision wurde immer wieder verlagert, von den Steppen um Samara in die Gegend bei Chiwa, in die Steppen an der chinesischen Grenze.

Es ist Tolstois ewiges Thema.

Hadschi Murat wird als Bauer geboren. Seine Mutter besteht auf ihrem Recht, das Kind zu stillen, der Chan fordert sie als Amme an, doch sie gibt den Säugling selbst dann nicht fort, als sie mit dem Dolch geschlagen wird.

Tolstoi selbst schrieb darüber ein Lied, das in den letzten Romanvarianten nicht mehr enthalten ist:

»Eine einzige Sonne scheint am Himmel, eine einzige Freude strahlte im Herzen von Patimat – es ist der schwarzäugige Hadschi Murat. Die Wolken wollen dem Volke die Sonne nehmen. Aber die Sonne treibt sie auseinander und schickt Regen zur Erde. Hadschi Murat liegt blutübergossen an seiner Mutter Brust, aber die Brust nährt Hadschi Murat, nicht das fremde Junge, und es sinkt nicht die Sonne hinter die Berge im Herzen von Patimat.«

In *Hadschi Murat* ist das Thema von der gleichzeitigen Geburt eines Herrensohnes und seines Dieners verändert. Ein Bauernsohn wird geboren, und um seinetwillen tritt seine Mutter nicht in die Dienste des Herrn.

Der Sohn wächst heran und beginnt zu kämpfen: er hat kein Glück, er wird geschlagen und verhaftet, er muß in den Abgrund springen, aber er unterwirft sich nicht.

In Tolstois Darstellung der Kämpfe Hadschi Murats finden wir die Worte: »So ist's recht, so muß es sein.«

Als Tolstoi nach jahrzehntelangen Zerwürfnissen, Kompromissen und Geduldproben aus Jasnaja Poljana fortging und nachts auf der harten Holzbank des verräucherten, vom Schein aus engen Laternen leuchtender Kerzen erhellten Eisenbahnwagens in die Freiheit floh, ohne zu wissen wohin, war er sicherlich zufrieden; er ging in den kalten Windfang, um Luft zu schnappen. Vertraute Stätten glitten vorüber, denen er Abschiedsgrüße sandte, Novemberwind wehte, die Räder ratterten – Räder rattern immer, was man wünscht.

Damals ratterten sie, glaube ich: So ist's recht, so muß es sein.

Es gab viele Varianten in Tolstois großer Erzählung; das Gefühl, daß der Kämpfende im Recht war, blieb immer erhalten und erstarkte. *Hadschi Murat* ist die Bauerngeschichte, die Tolstoi sein Leben lang hatte schreiben wollen.

1878 ließ er einen Bauern und einen Herrn aufeinanderprallen; dazu steht in Sofja Andrejewnas Heft mit dem Titel *Verschiedene Notizen von mir zum Nachschlagen* eine Anmerkung.

Irgendwo in Sibirien oder in Samara leben verbannte Bauern, zu ihnen gerät ein Dekabrist; dargestellt wird »ein einfaches Leben im Zusammenprall mit einem hochgestellten«. Tolstoi fügte hinzu: »Nun, zum Beispiel, die Geschichte des 14. Dezember betrachten, ohne jemanden zu verurteilen, weder Nikolai Pawlowitsch noch die Verschwörer, sondern sie alle verstehen und nur beschreiben.«

In *Hadschi Murat* lernte Tolstoi bei der Kollision einfachen Lebens mit höchstem Leben Nikolai Pawlowitsch verurteilen und entlarven; das Übel der Macht, der Tyrannei entwickelte sich zu den wichtigsten Themenkreisen der Erzählung. Um es gestalten zu können, wandte der Schriftsteller Jahre der Arbeit auf und las Tausende von Buchseiten.

In *Hadschi Murat* zeigt er einen Feind: es ist ein Feind der Bauern, Feind der Gebirgsbewohner, er hindert sie, auf seinem Feld den Mais abzuernten, es ist der Feind der russischen Bauern, die er martert, indem er sie in den Kaukasus schickt.

Für die gewaltige Tragödie der Bauernrevolutionen, das Drama, das weder in Asien noch in Nordafrika, weder in Südafrika noch in Südamerika seinen Abschluß gefunden hat, brachte Tolstoi viel Verständnis auf; der Bauer kämpft an der Seite des Bey oder des Radscha oder eines anderen Anführers mit einem pompösen Namen und wird erneut zum Sklaven.

Als Künstler mit enormer Erfahrung flicht Tolstoi in seinen Roman vom unbeugsamen Bergbauern poetisch die Liebe ein. Der alte Kommandant, Offizier, aber einfacher Mann, der Parallelen aufweist zum alten Hauptmann Chlopow aus dem *Überfall,* dieser Kommandant hat eine Frau, die man in der Festung die »Hauptmannstochter« nennt. Tolstoi möchte nur Gutes über sie aussagen. Diese Maria Dmitrijewna liebt ihren rauchgeschwängerten, nach zwölf Uhr mittags regelmäßig nach Wein riechenden, pockennarbigen, stumpfnasigen Iwan Matwejewitsch. Vermutlich hat sie sich in ihrer Jugend nicht allzu streng an den Moralkodex gehalten. Darüber spricht Tolstoi mild und liebevoll: »Wie ihre Vergangenheit auch gewesen sein mag, jetzt war sie die treue Gefährtin des Majors und umsorgte ihn wie eine Kinderfrau.«

Sie protegiert Butler, einen jungen Offizier, der seine gesamte Barschaft im Kartenspiel verloren hat. Beide gehen in der Nähe der Festung spazieren.

»Der Mond schien so hell, daß sich bei dem Schatten, der am Wege ging, ein Schein um den Kopf mitbewegte.«

Voll zärtlichen und reinen Mitgefühls liebt Maria Dmitrijewna auch Hadschi Murat.

Sie ist menschlich anziehend, sie gefällt Butler und auch Hadschi Murat.

»Ihm gefiel ihre Schlichtheit und die besondere Schönheit des ihm fremden Volkstums und auch ihre Zuneigung zu ihm, die sich unbewußt auf ihn übertrug.«

Im Mondlicht begegnet sie zwei Reitern, dem Offizier Kamenew und einem Donkosaken mit zwei Quersäcken am Sattel.

»Kamenew nahm einen Beutel aus den Händen des Kosaken und griff hinein.«

Der Kopf Hadschi Murats wird Maria Dmitrijewna vorgewiesen. »›Das ist er‹, sagte Kamenew, während er einen Menschenkopf herausholte und ihn ins Mondlicht hielt. ›Erkennen Sie den?‹

Es war ein Kopf, glattrasiert, mit markanten Stirnknochen und einem kleinen, gestutzten schwarzen Kinnbart und einem ebensolchen, Schnurrbart, das eine Auge offen, das andere halbgeschlossen; der Schädel wies Spuren von Säbelhieben auf, war jedoch nicht ganz gespalten; verkrustetes, schwarzes Blut bedeckte die Nase. Der Halsstumpf war mit einem blutigen Handtuch umwickelt. Trotz aller Kopfwunden wirkten die blau angelaufenen Lippen kindlich gutherzig.«

Maria Dmitrijewna geht weg von dem ihr so lieben, abgehackten Kopf, von diesem Zeichen des Krieges.

In den handschriftlichen Varianten bringt sie ihren Mann weg aus der Festung, nachdem sie ihn gezwungen hat, seinen Abschied zu nehmen. So bringt man ein Kind fort von der Stätte, wo ein Verbrechen geschehen ist.

Tolstois Erzählung basiert nicht auf einem spannenden Vorkommnis, sondern auf der Analyse von Lebensbeziehungen.

Wir wissen im voraus, daß Hadschi Murat getötet werden wird. Als sein heldenhafter Widerstand und der seiner Naib beschrieben wird, ist uns gegenwärtig, daß man Maria Dmitrijewna seinen abgehackten Kopf schon gezeigt hat. Dennoch stehen wir auf seiner Seite beim Widerstand gegen die Gewalt. Es geht nicht um Kämpfe zwischen Russen und Bergvölkern. Gegen Hadschi Murat kämpfen Milizionäre aus den Reihen der Bergvölker, sie sind seine Feinde, Menschen, die sich für ein anderes Schicksal entschieden haben. Hier kämpft Recht gegen Unrecht, und Tolstoi versteht es, die erhabene Schönheit des Rechtes zu zeigen und dieses Recht mit Hilfe seiner Kunst zu bekräftigen.

Der poetische Triumph Hadschi Murats wird von langer Hand vorbereitet.

»Vor dem Morgengrauen ging Hadschi Murat erneut in den Vorraum, um Waschwasser zu holen. Im Vorraum war noch lauter und häufiger als am Abend zuvor das vormorgendliche Schlagen der Nachtigallen zu hören. Aus dem Zimmer seiner Mitkämpfer aber drang gleichmäßiges Zischen und Kreischen, wie es das Schleifen von Eisen am Stein verursacht, dort wurden Dolche geschärft. Hadschi Murat schöpfte Wasser aus dem Faß und war schon an seiner Tür, als er im Zimmer der Muriden neben dem Schleifgeräusch Hanefis helle Stimme vernahm, der ein Hadschi Murat bekanntes Lied sang. Hadschi Murat blieb stehen und lauschte.«

Hamsat stirbt: »Bevor Hamsat aber starb, erblickte er Vögel am Himmel und schrie ihnen zu: ›Ihr Zugvögel, fliegt zu uns nach Hause und sagt unseren Schwestern und Müttern und Jungfrauen, daß wir alle gestorben sind für das Ghassawat. Sagt ihnen, unsere Leiber werden nicht in Gräbern liegen, gierige Wölfe werden unsere Gebeine davonschleppen und kahlnagen, und schwarze Raben werden unsere Augen auspicken.‹

Mit diesen Worten endete das Lied, und zu diesen letzten, in traurigen Tönen gesungenen Worten gesellte sich die muntere Stimme des fröhlichen Chan Mahoma, der zum Schluß des Liedes laut schrie: ›La ilaha illa Allah‹ und durchdringend aufkreischte. Dann wurde alles still, und wieder war vom Garten her nur noch das Schlagen der Nachtigallen zu hören und das gleichmäßige Zischen und manchmal auch Pfeifen der rasch über den Stein gleitenden Dolchklingen hinter der Tür.«

Alles wird mit dem Lied und dem Nachtigallengesang vorausgesagt; der Vogelgesang verschmilzt mit dem Geräusch der Waffen, die vor dem Kampf geschärft werden, der Nachtigallengesang begleitet es weiterhin. Ein Kampf wird kommen, ein hoffnungsloser Kampf.

Hadschi Murat bleibt als letzter auf dem Plan; sich verteidigend, richtet er sich, an einen Baum geklammert, auf. Auch jetzt noch jagt er dem Feind Schrecken ein. »Plötzlich aber zuckte er zusammen, taumelte vom Baum weg und stürzte wie eine von der Sense getroffene Distel aufs Gesicht und rührte sich nicht mehr.«

Tolstoi behütet den Leichnam des Helden, indem er ihn mit Poesie umgibt: »Die Nachtigallen, während der Schießerei verstummt, fingen wieder an zu schlagen, zuerst eine ganz in der Nähe, dann andere in der Ferne.«

Die Jungen im Wald von Jasnaja Poljana hatten von Tolstoi wissen wollen, wozu es Lieder gebe. In *Hadschi Murat* beantwortet Tolstoi diese Frage; er sagt, Lieder gebe es, damit der Mensch ernsthaft lebe, sich nicht ergebe, damit er kämpfe bis zum letzten Blutstropfen, selbst wenn er ganz allein übriggeblieben sei.

Er schließt seine Erzählung mit den Worten: »Und dieser Tod kam mir beim Anblick der überfahrenen Distel mitten im frisch aufgebrochenen Acker wieder in den Sinn.«

Die Revolution

1. Anbruch einer neuen Zeit

Während der Vollendung des *Hadschi Murat* war Tolstoi unschlüssig, ob er ihn bei Lebzeiten erscheinen lassen sollte. Er fürchtete Dispute über Eigentumsrechte, hatte Angst vor Sofja Andrejewnas Zorn, die eifersüchtig darauf bestand, daß die für Kunstwerke einfließenden Gelder der Familie zukämen, den Söhnen und Töchtern, die in ihren Augen immer noch ihre Kleinen waren. Sie sah Lew Lwowitschs Glatze und fand sie rührend. Der Pechvogel Lew, der ruhelose Andrej und der finstere Sergej waren für sie kleine Kinder.

Außerhalb von Jasnaja Poljana veränderte sich das Leben. Der Hausherr jedoch, der das Leben kannte, der Briefe in 26 Sprachen erhielt und Zeitungen las, glaubte, das Leben verändere sich nicht oder verändere sich falsch, und bald schon würde ein anderes Leben beginnen, ein gutes, schönes, gerechtes.

Der Staat würde verschwinden, die Menschen würden aufhören,

Kriege zu führen, weil niemand mehr einem Einberufungsbefehl Folge leisten würde, die Menschen würden keine Prozesse mehr führen, weil das Gericht an sich schon ein Unding sei: wieso könnten Geschworene einen Menschen schuldig sprechen oder für unschuldig erklären, wenn er ihnen nichts getan hat? Beleidiger und Beleidigte müßten sich untereinander besprechen und versöhnen, weil beide schuldig seien.

Die Tagebuchaufzeichnungen wurden immer kategorischer.

»Zuerst nahm ich an, die Menschen könnten gut miteinander leben unter Beibehaltung der technischen Einrichtungen und der Lebensformen, unter denen die Menschheit gegenwärtig lebt; jetzt aber habe ich mich überzeugt, daß das unmöglich ist. Ein gutes Leben ist mit den heutigen technischen Vervollkommnungen und Lebensformen unvereinbar. Ohne Sklaven gäbe es keine Theater mehr, keine Konditoreien, keine Equipagen, überhaupt keine Luxusgegenstände, aber auch kaum all die Eisenbahnen und Telegrafen. Hinzu kommt, daß die Menschen seit Generationen derart an das künstliche Leben gewöhnt sind, daß sämtliche Stadtbewohner für ein wahres Leben schon untauglich geworden sind. Sie begreifen das nicht und wollen es nicht begreifen.«

Städte würde es wahrscheinlich nicht geben, auch keine Eisenbahnen, die »moderne Technik« würde es nicht mehr geben, weil sie ja unter Druck geschaffen worden sei, nicht zum eigenen Wohle der Menschen. Die Städte würden zerfallen gleich Geschwülsten, die bei glücklicher Genesung zurückgingen. Und es würde ruhige, glückliche Dörfer geben, die über das ganze Land Rußland herrschten. Das könne jedoch nicht durch politischen Kampf erreicht werden, weil politischer Kampf ja Gewalt sei. Tolstoi war überzeugt, das russische Volk sei reif genug, um ohne Regierung zu leben. Keine Regierung, auch eine parlamentarische nicht, sei besser als die zurzeit vorhandene, weil auch eine neue Regierung im Dienste der Reichen, der Advokaten und Fabrikanten stehen würde.

Müßiggänger, Liberale, für die Politik ein Mittel zur Aufrechterhaltung des Müßigganges sei, verachtete Tolstoi.

Eine Regierung fand er überflüssig, die Freisetzung des Bodens hingegen, die kommen müsse, glaubte er dennoch am leichtesten durch einen Zarenerlaß bewerkstelligen zu können. Der junge, verwirrte Zar mit seiner Angst vor seinen Verwandten könne ja trotz alledem ein Gesetz erlassen zur Freisetzung des Bodens durch Einführung einer einheitlichen Grundsteuer; bei einer solchen Steuer wäre Privateigentum an Grund und Boden, wäre Großgrundbesitz nicht mehr einträglich und würde unmöglich werden.

Was dabei herauskam, waren logische Fehlschlüsse: Eine Regierung sei überflüssig, ein Akt der Regierung hingegen notwendig: die Bodenrevolution nämlich, der man sich widersetzen werde; das Widersetzen aber müsse bekämpft werden, Gewalt jedoch sei kein Kampfmittel. Das Kampfmittel sei die Überzeugung.

Der Zar, die Minister, Gouverneure und Henker, sie alle verdienten Mitleid, sie seien ja allesamt Opfer der bestehenden Gesellschaftsordnung. Nur, wie sollte man sie retten? Das war die Frage.

Lew Tolstoi war kein kauziger Phantast.

Lew Tolstoi war ein Utopist. Seine Utopie war in die Vergangenheit gerichtet. Es war eine Utopie des Absterbenden. Da standen die Bauernkaten, obgleich ihre unteren Balkenlagen angefault waren; da wurden Felder gepflügt, wenn auch nur schlecht mit dem Hakenpflug; da existierten Gemeinden mit neu aufgeteiltem Boden, doch war das alles nur Schein, denn innerhalb der Gemeinden selbst gab es landlose Bauern und solche mit minimalem Landanteil sowie Kulaken, die eigene Knechte besaßen und Land verpachteten.

Rußland schaffte seine Illusionen aus der Welt.

Die Regierung, grausam, scheinbar mächtig, wurde zur Illusion, zum Relikt der Geschichte; eine Illusion war auch das Kriegspotential Rußlands. Eine Illusion, die nur noch von einer Minderheit der Intelligenz geteilt wurde, war es, daß Rußland sich als reines Agrarland erneuern könnte.

2. Lew Nikolajewitsch lebte in der Vergangenheit

Einst hatte Tolstoi von dem alten Fürsten Bolkonski erzählt, der nicht begreift, was während Napoleons Überfall in Rußland geschieht. Der Fürst ist alt, aber nicht verrückt, natürlich leidet er an Altersverkalkung; er behauptet Irreales und spürt zugleich unklar, daß Reales existiert.

Tolstoi wußte über die Alterspsyche bereits gut Bescheid, als er selbst noch jung und kerngesund war, er verstand diese Psyche, und das Alter hätte keine Macht über ihn gewonnen, wäre sein Bewußtsein nicht von Millionen Bauern bestimmt worden, von jenen unzufriedenen, verarmten Hofbesitzern, die dennoch glaubten, das Alte werde bleiben, es lasse sich verbessern.

Tolstoi begriff die Wechselbeziehungen der Kräfte nicht, wie so viele andere Menschen seiner Zeit. Arbeiter, aufgewiegelt vom Provokateur Gapon, zogen am 9. Januar zum Zaren, um sich über die Unterdrückung zu beschweren, auf daß Seine Majestät die Fabriksbesitzer zur Räson bringe.

Sie wurden beschossen. Das Straßenpflaster färbte sich rot von Blut. Rußland wogte aufgewühlt. Aufgewühlt war auch Tolstoi, aber er begriff nicht, wozu der Zar eine Abordnung von Petersburger Arbeitern empfangen sollte: »Was kann die Stimme von Petersburger Arbeitern für den Staat bedeuten ...?« Arbeiter tranken doch täglich ihren Tee, trugen Lederstiefel und lebten nicht schlechter als Dorfälteste. Wieso also protestierten sie und nicht die Bauern?

Außerdem waren das doch nur wenige Menschen, sie waren eine Zufallserscheinung, im neuen Rußland des Bauerntums, im regierungslosen Rußland würde es sie nicht mehr geben.

Dabei waren es recht viele, und sie lebten an Tolstois Seite. Die Flammen der Hochöfen von Kossaja-Gora waren aus den Fenstern von Jasnaja Poljana deutlich zu sehen. Die verkehrt vorausgesagte Zeit schritt voran, ohne sich um die Voraussagen zu kümmern. Uhren schlugen, Tolstoi aber konnte die Schläge nicht zählen, wie das zuweilen im Traum geschieht.

Man schläft am Abend ein, man hat sein Tagewerk vor sich, die Uhr schlägt sechsmal, man hört es und denkt, es ist sechs Uhr morgens, ich wollte zeitig aufstehen.

Die Ära des Imperialismus brach an. Am 27. Januar 1904 begann der russisch-japanische Krieg. Zwischen dem 22. und 27. Januar gibt es keine Aufzeichnungen im Tagebuch.

Am 27. Januar heißt es: »Bin eben spazierengegangen und habe nachgedacht: 1.) Krieg und Hunderte von Überlegungen, warum Krieg ist, was er bedeutet, was daraus werden wird und dergleichen. Und jedem steht bevor, außer den Überlegungen, was der Krieg der ganzen Welt antun wird, auch zu überlegen, wie *ich, ich, ich* mich zum Kriege verhalten soll.«

Dreimal steht da das Wort »ich«, und das dritte ist dreimal unterstrichen.

Dieses »ich« ist nicht Tolstoi selbst, sondern jedermann, jeder einzelne, beeinflußt von seinen moralischen Überzeugungen. Wichtig ist für jeden eins: »Keinen Krieg führen, anderen beim Kriegführen nicht helfen, sofern man sie nicht davon abhalten konnte.«

Abhalten aber könnte man sie nur durch Überlegungen.

Am nächsten Tag redigierte Tolstoi seine Erzählung *Der gefälschte Kupon,* deren Thema ist, daß eine an und für sich unbedeutende Tat eines Gymnasiasten, der eine Ziffer auf einem Kupon fälscht, eine ganze Kette von Unglücksfällen nach sich zieht; es ist eine Novellenkette über Verbrechen, die durch einen Kupon, also durch Geld bewirkt werden. Die Erzählung sollte mit allgemeiner Vergebung enden.

Am 2. Februar: »Arbeite am *Kupon,* über den Krieg zu schreiben will mir nicht gelingen.«

Dann schreibt er über den Krieg den großen Artikel *Kommt zur Vernunft!*

Im Alter sammelte Tolstoi Aussprüche großer Männer, gab Sammelbände heraus wie *Der Lesezirkel* und *Für alle Tage.* Er meinte, ein einzelner, aus Zusammenhängen gegriffener Gedanke sei einheitlicher, abgerundeter, ihm schien, gesammelte Gedanken quetschten sich gegenseitig gleich Beeren einer Weintraube, die noch prall sind, aber nicht mehr ganz rund. Er meinte, man müsse mit moralischen Überzeugungen auf die Menschen einwirken; somit sei der Gedanke das Wichtigste und Wirksamste. In seinen Artikeln wurden derartige Aussprüche zu Mottos.

Der Artikel *Kommt zur Vernunft!* ist in vier Kapitel geteilt. Vier Mottos sind dem ersten Kapitel vorangestellt, zu Beginn werden Evangelium und Bibel, später Molinari und Maupassant zitiert.

Das zweite Kapitel beginnt ebenfalls mit vier Mottos: aus Voltaire, Anatole France, Letourneau und Swift. Die Arbeit enthält zwölf Kapitel. Dem 11. sind vier Mottos vorangestellt, im 12. Kapitel fehlen sie gänzlich.

Der Krieg entbrannte immer stärker, die Menschen gingen in die Schlachten wie Wanderheuschrecken, die Wasserläufe über die Leichen ihrer Ertrunkenen überqueren. Der Krieg wurde um fremdes Land geführt, um »Pachtland«, um eine Konzession. Im Artikel sind Briefe eingestreut, die erzählen, wie Reservisten, zum Morden einberufen, verabschiedet werden. Am Schluß steht das Datum, 8. Mai 1904.

Die Mottos – Gedanken weiser Köpfe – schienen alle das gleiche auszusagen: Der Krieg kann besiegt werden, sobald den Menschen bewußt wird, daß der Krieg ein Übel ist. Aber die Geschichte ging ihren Weg weiter, und man konnte sich vor ihr nicht hinter alten Büchern verbarrikadieren, auch nicht hinter den allerklügsten.

Die alte Theorie Tolstois vom Widersetzen durch Nichtwidersetzen verlor nun sogar in seinen eigenen Augen an Stabilität. Er sah, wie die Japaner die auf den Krieg unvorbereitete russische Armee überrannten.

In seinem Märchen *Iwan der Dummkopf* lernen Soldaten und Bauern einander verstehen, weil sie die gleiche Sprache sprechen. Wenn man aber auf Widerstand verzichtete, würden dann nicht die Japaner oder die Deutschen Rußland erobern?

In Tolstoi erwachten patriotische Erinnerungen und patriotische Bitternis, besonders nachdem Port Arthur gefallen war.

Am 30. Januar 1905 sagte er: »Mascha griff mich an, weil ich gesagt hatte, es wäre besser gewesen, Port Arthur in die Luft zu sprengen, als es den Japanern auszuliefern ... Wer sich über Niederlagen freut, muß direkt gegen die Regierung auftreten, nicht auf Umwegen über Menschenverluste.«

Im Februar stellte Tatjana Kusminskaja ihm die Frage: »Was denn, hätten wir deiner Meinung nach Port Arthur nicht aufgeben sollen?«

»Ich bin selbst beim Militär gewesen. Zu unserer Zeit wäre das nicht passiert. Da hieß es, und wenn wir alle sterben, aufgegeben wird nicht.«

In der gleichen Weise sprach er mit dem Sohn Ilja: »Schlecht ... Vom militärischen Standpunkt aus darf man so nicht handeln.«

Das alte Rußland existierte nicht mehr. Tolstoi hatte als Freiwilliger im Kaukasus gekämpft, vom Georgskreuz geträumt; sein Sohn Andrej zog als Freiwilliger in den russisch-japanischen Krieg. Für den Sohn des berühmten Mannes fand sich ein Platz im Stabswaggon, er reiste wie ein Offizier, nicht wie ein einfacher Soldat. Er erhielt das Georgskreuz und wurde vom Kriegsdienst befreit, weil ein Pferd ihm einen Hufschlag versetzt hatte.

Der Krieg benötigte ihn nicht, er benötigte nur seinen Namen.

Tolstoi schwor in seinen Tagebüchern, Patriot zu sein. Und sein Patriotismus war volksverbunden und aufrichtig.

Andrejs Rückkehr vom Kriegsschauplatz kam einer Kapitulation gleich, war ein Zeichen von Schwäche und Niederlage.

Das alte Rußland war nicht mehr.

3. Das Jahr 1905

Tolstoi hielt eine Revolution der Städter nicht nur für überflüssig, sondern auch für unmöglich, er hielt jede Revolution für unmöglich, denn er stützte sich auf historische Erfahrungen.

In seinem Vorwort zum Artikel Tschertkows *Über die Revolution* schreibt er über »Zerstörung der Gewaltordnung«:

»Um aber diese Gewaltordnung zu zerstören, bedarf es vor allem bestimmter Mittel; notwendig ist zumindest eine annähernde Wahrscheinlichkeit für den Erfolg einer solchen Zerstörung.

Nicht der kleinste Bruchteil einer solchen Wahrscheinlichkeit ist vorhanden.«

Er fährt fort mit einer Analyse: »Der Versuch der Revolution vom 14. Dezember vollzog sich unter den allergünstigsten Bedingungen des zufälligen Interregnums und der Zugehörigkeit der Mehrheit aller Mitglieder zum Militärstande, und was kam dabei heraus? Sowohl in

Petersburg als auch im Tulaer Gebiet wurde der Aufstand ohne die geringste Mühe von regierungstreuen Truppen niedergeworfen, und Nikolais grobe, dumme, die Menschen verderbende dreißigjährige Regentschaft begann.«

Es folgen Analysen nichtadliger Revolutionen und der Nachweis, daß auch sie erfolglos waren. Tolstoi empfiehlt, mit »vernünftiger Überzeugung« zu kämpfen.

In seinen Augen entspricht das Bild Petersburgs von 1904 dem Bilde der Stadt, das er sich von ihr fünfzig Jahre zuvor gemacht hatte.

Jedoch war Petersburg schon zu Beginn unseres Jahrhunderts nicht nur von der Newa durchschnitten, sondern auch von einer geschlossenen ziegelroten Reihe von Werken. Diese Reihe wurde durch Schlösser und Villen lediglich auf dem kleinen Areal zwischen der Nikolai- und der Litejny-Brücke unterbrochen.

Am Meerbusen lag der Hafen; hinter der Litejny-Brücke zogen sich beiderseits der Newa die Betriebe Dutzende von Kilometern hin, das Newadelta war ebenfalls mit Betrieben dicht bebaut. Die Vorstädte Petersburgs waren sämtlich Fabrikgebiete. Aber von dieser neuen Kraft wußte Tolstoi so gut wie nichts.

Farbe, Luft und Volk der Hauptstadt hatten sich verändert.

In den Aufzeichnungen von Dušan Makovický aus Jasnaja Poljana steht, was Tolstoi am 12. Januar 1905 sagte: »Man kann von der Regierung nicht verlangen, daß sie ihre Machtpositionen aufgibt: sie wird es nicht tun. Was bleibt, ist eine von zwei Möglichkeiten: entweder die Vernichtung von Regierungspersonen, Mord und Terror in einer Weise eingesetzt, daß die Regierung auseinanderläuft, dann tritt Anarchie ein; oder Selbstvervollkommnung jedes einzelnen Menschen. Und nur das zweite Mittel wäre wirksam.«

Tolstoi wies darauf hin, daß konstitutionelle Monarchien ebensowenig wie Republiken das Bodenproblem gelöst hätten, dabei sei es doch das Hauptproblem. »Das Volk wartet darauf, daß der Zar den Gutsbesitzern, ebenso wie er ihnen die Leibeigenen weggenommen hat, auch den Boden wegnimmt.«

An die Revolution glaubte Tolstoi nicht, weil er sie nicht kannte; an die Dekabristen glaubte er. »Die Dekabristen waren gläubige, selbstaufopfernde Menschen, ich achte sie immer mehr und mehr«, sagte er zu Birjukow.

Je weiter die Revolution voranschritt, je deutlicher zutage trat, daß das Volk Tolstois Weg nicht akzeptierte, um so nachdrücklicher beharrte Tolstoi auf seiner Ansicht. Er betäubte seine Zweifel, indem er in seinen Tagebüchern immer das gleiche wiederholte und von dem sprach, was er für ewig hielt: von Gott, vom Bewußtsein.

Die Zeit gewann an Tempo, während Tolstoi in der Vergangenheit lebte und diese zum Anlaß für seine Vorwürfe an die Gegenwart nahm. Am 24. Januar 1905 äußerte er sich über die Dekabristen: »Es waren Menschen von besten Qualitäten, es war, als hätte jemand über einen Haufen Kehricht mit Eisenspänen darin mit einem Magneten gestrichen, und der Magnet hätte die Späne herausgezogen. Die bäuerliche Volksschicht wurde von diesem Magneten nicht berührt.« Weiter spricht er von den Dekabristen als von einer »organiserten Kraft« und stellt sie im Unterbewußtsein in Gegensatz zur neuen Revolution.

Pestel aber war nicht mehr; die Dekabristen waren alle längst gestorben. Tolstoi redete mit Gespenstern.

Er gab das Zeitunglesen auf: »Ich glaubte, das Abgewöhnen würde mir schwerfallen. Nachdem ich aber den Entschluß einmal gefaßt hatte, nicht mehr zu lesen wie ehemals nicht mehr zu rauchen, hat es mir sogar wohlgetan.«

Für Tolstoi sind die Revolutionsjahre mit erneuter Lektüre der Werke Herzens verbunden, mit der Rückkehr zu seiner Idee, einen Dekabristenroman zu schreiben.

Aber da kam der Eisenbahnerstreik, und Aufstände brachen aus.

Tolstoi erkannte wohl, daß die Revolution stattfand, dennoch äußerte er, es könne keine Revolution geben.

Ein Korrespondent der Pariser Zeitung *Le Matin* gibt Tolstois Worte wieder. Wir können uns selbstverständlich nicht durchweg auf die Übersetzung verlassen, doch stammt sie immerhin von Makovický, der Tolstoi gut kannte:

»Das russische Volk denkt an keinerlei Revolution. Allerdings waren Revolutionen Ende des 18. und in der ersten Hälfte des 19. Jahrhunderts möglich. Gegenwärtig jedoch verfügen die Regierungen über allzu viele Repressionsmittel, als daß die Möglichkeit bestünde, sie als Regierungen zu stürzen. Seht nur, in den Hauptstädten wurde sogar das Straßenpflaster durch Asphaltdecken ersetzt; wie wollt ihr denn da Barrikaden bauen?«

Inzwischen aber fand die Revolution statt, und Barrikaden wurden gebaut.

Der Aufstand auf dem Panzerkreuzer *Potjomkin* erschütterte Tolstoi zutiefst.

Tolstois Schwanken ist keine Alterskauzigkeit, sondern der unverbrauchte Zunder aus althergebrachtem Vertrauen des Volkes in den Zaren, den es nicht als einen Gefangenen einer bestimmten Gruppe, nämlich der besitzenden Klasse, betrachtete, sondern als einen frei entscheidenden Mann.

Tolstoi war rasch enttäuscht, bitter enttäuscht. Seine mitleidlose Kritik am Leben und das Fehlen einer Stütze für eine Umgestaltung des Lebens reflektierten wie Spiegel das Bäuerliche der russischen Revolution.

Die Menschen seiner Umgebung waren gewöhnliche Leute, ängstlich, liberal aus Furcht. Die Tochter Alexandra, eine Anhängerin Tschertkows, sagte bei einem Spaziergang in den Alleen von Jasnaja Poljana zu Makovický: »An diesen Birken werden sie uns aufhängen.«

Tschertkow reagierte geschickt mit Schweigen. Wahrscheinlich verstand er die Revolution als schwierigen Weg der Annäherung an die englische Gesellschaftsform.

Jedoch was Tolstoi daheim aussprach, was von den Tolstoianern aufgezeichnet wurde, und überdies wahrscheinlich ungenau, weil sie ungehalten darüber waren, daß das Leben vorüberglitt und immer weniger Menschen Jasnaja Poljana aufsuchten – all das bestimmt keineswegs Tolstoi Bedeutung für die russische Revolution.

Nicht oder nur wenig bestimmend waren seine Äußerungen gegenüber unaufmerksamen, eiligen Korrespondenten ausländischer Blätter, Leuten, die nach Sensationen dürsteten und danach gierten, Außergewöhnliches zu hören.

Bestimmend war, daß er jahrelang dem Volk beigebracht hatte, das Wesen des Lebens zu erkennen. Er hatte nicht nur festgestellt und nachgewiesen, daß der Kaiser nackt war. Er hatte lange Zeit und deutlich genug vom Volk als dem rechtmäßigen Eigentümer von Grund und Boden gesprochen.

Seine nach Henry George aufgestellten Pläne für eine Bodenreform fanden keine Gegenliebe. Die Bauern brauchten sie nicht, zumal die Loskaufzahlungen fast abgeschlossen waren.

So hoch der Grund und Boden auch taxiert wurde, selbst dieser Wucherpreis wurde gezahlt.

Andere Dinge waren im Gespräch: der gesamte Grund und Boden im gesamten gewaltigen Rußland. Auf das Ideal, die Rückgabe des gesamten Bodens an die Werktätigen, hatte Tolstoi hingewiesen. Das wurde auch von den liberalen, sich den Kadetten anschließenden Werktätigen verstanden und sogar von den Landpfäfflein. Das Ideal wurde zum bewußten Glaubensbekenntnis.

4. Die Tolstoianer

Schon 1904 ermöglichte eine Amnestie anläßlich des Jubelfestes der Thronfolgergeburt Pawel Birjukow die Rückkehr aus der Genfer Emigration.

Nach der Revolution von 1905 gewährte das Manifest vom 17. Oktober eine gewisse Religionsfreiheit; die Registrierung von Sektengemeinden wurden erlaubt, sofern der Antrag mindestens fünfzig Unterschriften aufwies.

Birjukow und ein kleiner Kreis Gleichgesinnter faßten den Entschluß, einen Antrag auf Registrierung einer Tolstoianergemeinde zu stellen. Ich zitiere wörtlich, weil es mir schwerfällt, den Gedankengang des Tolstoianers nachzuvollziehen:

»Mir wurde vorgeschlagen, besagten Antrag in der festgelegten Form abzufassen, was zu tun ich mich auch beeilte. Die Schwierigkeit und Verantwortungsfülle eines solchen Dokumentes bestanden darin, daß der Forderung nach Kürze und Klarheit der Darlegung nachzukommen war und zugleich die wichtigen Grundlagen genannt werden mußten, die unsere Beziehung zu den Behörden ein für allemal bestimmten.

In Anbetracht der Wichtigkeit des Vorhabens wagte ich, Lew Nikolajewitsch um Rat anzugehen. Mit der ihm eigenen Weisheit und Güte begriff er die enorme Bedeutung dieses Aktes und redigierte den Antrag eigenhändig. Das handschriftliche Original übergab ich zur Aufbewahrung dem Tolstoimuseum zu Petrograd, hier füge ich eine Kopie des Hauptteils bei. Am Anfang des Antrags standen die formalen Antworten auf Fragen nach Sitz, Zusammensetzung, Bezeichnung der Gemeinde etc., danach folgte eine kurzgefaßte Darlegung der Grundanschauungen mit den Korrekturen L. N'itschs.

Er schuf nahezu eine Neufassung meiner Darlegung, und mit seinen Korrekturen lautete diese wie folgt:

›Wir, die Unterzeichneten, Mitglieder der Gemeinde *Freie Christen,* vereinigen uns auf dem Boden allgemeiner Grundlagen der Christenlehre, indem wir als ihr Wesen die Lehre von der Liebe erkennen, die wir nicht nur den uns Liebenden, sondern auch unseren Feinden entgegenbringen. Politischen Zielen fernstehend, überläßt es unsere Vereinigung, die zusammengeschlossen ist in der Einheitlichkeit von Glaubensdingen, dem Gewissen jedes einzelnen ihrer Mitglieder, wie er sich der existierenden Ordnung und den machtausübenden Behörden gegenüber verhält, hinwiederum beinhaltet die aus unserem Glauben entspringende Beziehung zur Regierung die vollständige Unterordnung unter alle ihre Verfügungen, sofern diese in keinem Widerspruch zu den Grundforderungen der christlichen Lehre von der Liebe zu Gott und zum Nächsten stehen.«

Eine Registrierung fand nicht statt, weil es nicht gelang, fünfzig Unterschriften zusammenzubringen. Das Tolstoianertum als Massenerscheinung fand mit der Revolution sein Ende.

Tschertkow kehrte zurück, ein gealterter Mann in schwarzen Handschuhen, die er nie ablegte. Er litt an einem Hautekzem. Die schwarzen Handschuhe taten seiner pastoralen Erscheinung keinen Abbruch, sie verstärkten sie sogar noch. Möglich, daß Tolstois gespannte Aufmerksamkeit Tschertkow gegenüber, der ständige Umgang, den er nach der Revolution mit ihm pflegte, damit zusammenhing, daß Tschertkow ein Überbleibsel des Tolstoianertums war und gelassen bereits nicht mehr Existierendes sanktionierte.

Späterhin lehrte die Reaktion Tolstoi ein neues Verhalten zu den Dingen, die sich in Rußland vollzogen hatten.

Er trat zum Kampf an gegen die Reaktion. Das Ergebnis war sein Weggang aus dem Gutshof des Kompromisses, aus seinem geliebten und verhaßten Jasnaja Poljana.

»Russische Bauern.« »Ich kann nicht schweigen.«

Im Jahre 1908 gab die Genossenschaft Gohlicke und Wilberg, der beste Kunstverlag jener Zeit, der hervorragende Reproduktionen herstellte, den Bildband *Russische Bauern* von N. Orlow heraus.

Orlow war ein wenig bekannter Künstler, den Tolstoi, weil er seinen Anschauungen sehr nahestand, unterstützte.

Orlow verbrachte mit seiner Frau und seinen neun Kindern jeden Sommer im Dorf Jasnaja Poljana. Er war ein fröhlicher, gütiger Mann und ein guter Kenner des Dorfes. Das Vorwort zu seinem Bildband stammt von Tolstoi. Über dieses Vorwort äußerte Lenin, es enthalte die schlechtesten Züge des Tolstoianertums. Es beginnt folgendermaßen:

»Die Herausgabe eines Bandes mit Bildern von Orlow ist eine großartige Sache. Orlow ist mein Lieblingsmaler, und er ist es, weil der Gegenstand seiner Bilder mein Lieblingsgegenstand ist. Dieser Gegenstand – das russische Volk – ist das echte russische Bauernvolk, nicht jenes, das Napoleon besiegt, andere Völker erobert und sich untertan gemacht hat, nicht jenes, das unglücklicherweise so schnell gelernt hat, Maschinen und Eisenbahnen und Revolutionen und Parlamente mit allen möglichen Unterabteilungen von Parteien und Richtungen zu machen, sondern jenes demütige, arbeitsame, christliche, friedfertige, geduldige Volk, das alles, wovon es jetzt so gequält und demoralisiert wird, selbst hervorgebracht hat und nun auf seinen Schultern trägt.«

Tolstoi stellt im Vorwort nicht nur das russische Volk, das »Maschinen und Eisenbahnen und Revolutionen« macht, eben dieser Revolution gegenüber, sondern auch noch dem Volk, »das Napoleon besiegt hat«.

Demnach wäre anzunehmen, das auf den Bildchen Orlows dargestellte Volk sei das echte russische Bauernvolk, jenes hingegen, das in *Krieg und Frieden* dargestellt ist, sei nicht das echte, sondern ein Volk, das Tolstoi nicht liebte.

Tolstoi ging in seiner Ablehnung der Revolution bis zur Selbstverleugnung. Aber im selben Jahr schrieb er seinen großen Artikel *Ich kann nicht schweigen,* der wie folgt beginnt:

»Sieben Todesurteile: zwei in Petersburg, eines in Moskau, zwei in Pensa, zwei in Riga. Vier Hinrichtungen: zwei in Cherson, eine in Wilna, eine in Odessa.

Und das in jeder Zeitung. Und das nicht seit einer Woche, einem Monat, einem Jahr, sondern schon seit Jahren. Und es geschieht in Rußland, in jenem Rußland, wo das Volk jeden Verbrecher für einen Unglücklichen hält und wo das Gesetz bis in die jüngste Zeit keine Todesstrafe kannte.

Ich erinnere mich, wie stolz ich darauf einst Europäern gegenüber war, und nun gibt es schon das zweite, dritte Jahr unausgesetzt Hinrichtungen, Hinrichtungen und noch einmal Hinrichtungen.«

Tolstoi schrieb in diesem Artikel über den Terror der Konterrevolution. Er schrieb, was alle Welt aus den Zeitungen wußte und tagtäglich bestätigt bekam. Dennoch erschütterte sein Artikel die Welt.

Er arbeitete daran vom 13. Mai bis zum 15. Juni 1908. Auszüge daraus druckten mehrere Zeitungen, die deshalb umgehend bestraft wurden. Laut *Russkoje Slowo* ließ ein Zeitungsverleger in Sewastopol die Nummer seines Blattes mit Auszügen aus *Ich kann nicht schweigen* an die Mauern der Stadt kleben. Der Artikel erschien gleichzeitig in lettischer Sprache und wurde im August in vollem Wortlaut in einer illegalen Druckerei zu Tula gedruckt. Nachdrucke erschienen in der ganzen Welt, in Deutschland brachten ihn 200 Zeitungen gleichzeitig.

Was beeindruckte daran die Welt so nachhaltig?

Es ist ein Stück Publizistik, geschrieben mit der ganzen Kraft eines genialen realistischen Künstlers. Tolstoi schreibt nicht schlechthin von Hinrichtungen, er zeichnet sie und alle ihre Einzelheiten wie ein

Mensch, der mit weit aufgerissenen Augen die Dinge in ihrer Gesamtheit und zum erstenmal erblickt. Er berichtet, wie zwölf Menschen gehenkt wurden:

»Zwölf Ehemänner, Väter, Söhne, zwölf von jenen Menschen, auf deren Güte, Fleiß und Schlichtheit allein das russische Leben sicher ruht, wurden ergriffen, eingekerkert, in Fußfesseln geschmiedet. Dann band man ihnen die Hände auf den Rücken, damit sie sich nicht an den Strick, an dem man sie aufhängen wird, klammern können, und führte sie unter den Galgen. Ein paar der gleichen Bauern wie die zum Hängen verurteilten, nur bewaffnet und in guten Stiefeln und sauberen Uniformen, begleiten mit dem Gewehr in der Hand die Verurteilten. Neben den Verurteilten geht in Brokatgewand und Epitrachelion ein Mann mit langem Haar und einem Kreuz in der Hand. Die Prozession bleibt stehen. Der Leiter der ganzen Geschichte spricht etwas, ein Sekretär verliest ein Papier, und nach dem Verlesen sagt der Mann mit dem langen Haar zu den Menschen, die von anderen Menschen gleich darauf mit Stricken erdrosselt werden sollen, etwas von Gott und Christus. Sofort nach diesen Worten ergreifen die Henker – es sind mehrere, einer könnte ein derart kompliziertes Werk nicht bewältigen –, nachdem sie die Strickschlingen, auf daß sie sich besser zuziehen, mit Seife eingerieben haben, die in Eisen Geschmiedeten, ziehen ihnen Leichengewänder über, führen sie auf das Galgengerüst und legen ihnen die Strickschlingen um den Hals.«

Weiter wird berichtet, wie ganz Rußland durch Hinrichtungen demoralisiert wurde. In den achtziger Jahren hatte es in ganz Rußland einen einzigen Henker gegeben; 1908 machte sich ein Krämer, der sein Geschäft heruntergewirtschaftet hatte, erbötig, als Henker zu fungieren, und die hundert Rubel, die er jeweils für einen Gehenkten kassierte, halfen ihm, sich zu sanieren. Später begannen die Henker untereinander zu konkurrieren und sich gegenseitig zu unterbieten. Es gab einen, der für nur fünfzig Rubel den Delinquenten henkte.

»Am Vorabend der Hinrichtung erschien beim Organisator der von der Regierung angeordneten Morde ein Unbekannter, der in einer geheimen Angelegenheit zu verhandeln wünschte. Der Organisator ging zu ihm hinaus. Der Unbekannte sagte: ›Neulich hat euch einer drei Fünfundzwanziger für einen abgenommen. Heut, hör ich, sollen fünf dran sein. Geben Sie Befehl, daß ich sie kriege, ich tu's für fünfzehn Silberrubel, und seien Sie unbesorgt, ich mach's, wie sich's gehört.«

In diesem Artikel sagt Tolstoi mit keinem Wort, daß beide Seiten, das heißt Regierung und Revolutionäre, gleichermaßen schuld seien; er sagt der Regierung, daß die Revolutionäre Risiken eingingen, daß sie an das Legitime ihres Tuns glaubten. Nachdem er das Hinrichtungswerk der Regierung als Handwerk gezeigt hat, entlarvt er die Verbrechen der Regierung:

»So kann man nicht leben. Ich jedenfalls kann so nicht leben, ich kann es nicht, und ich werde es auch nicht.

Deshalb schreibe ich das hier, und ich werde, was ich schreibe, mit all meinen Kräften in Rußland verbreiten, auch außerhalb Rußlands, damit eins von beiden erreicht wird: entweder hören diese unmenschlichen Dinge auf, oder meine Verbindung zu diesen Dingen wird aufgehoben, indem man mich entweder ins Gefängnis bringt, wo ich mir ganz klar bewußt werden könnte, daß all dies Entsetzliche dann nicht mehr für mich getan wird, oder aber, und das wäre das beste von allem (so schön, daß ich von solchem Glück nicht zu träumen wage), man streift mir ebenso wie diesen zwanzig oder zwölf Bauern das Nesselhemd und die Kapuze über und stößt mich ebenso von der Bank, damit ich durch mein Gewicht den eingeseiften Strick um meine alte Kehle zuzerre.«

Er erklärt der Regierung:

»Ihr sagt, das sei das einzige Mittel, das Volk zu beruhigen und die Revolution zu ersticken, aber das ist eine offenkundige Lüge. Offensichtlich ist, daß ihr, wenn ihr die Forderungen nach primitivster Gerechtigkeit für das gesamte russische Ackerbauernvolk, die Beseitigung des Eigentums an Grund und Boden, nicht erfüllt, sondern es im Gegenteil weiter sanktioniert und das Volk und die leichtfertigen, erbosten Menschen, die den gewaltsamen Kampf mit euch aufgenommen haben, auf jede erdenkliche Weise reizt, die Menschen auch nicht beruhigen könnt, indem ihr sie quält und martert, indem ihr Frauen und Kinder verbannt, einkerkert und henkt. Denn sosehr ihr euch auch bemüht, in euch selbst die dem Menschen innewohnende Vernunft und Liebe zu ersticken, sie leben in euch, und ihr braucht euch nur zu besinnen und nachzudenken, um zu erkennen, daß ihr, wenn ihr handelt, wie ihr es jetzt tut, nämlich teilhabt an diesen entsetzlichen Verbrechen, die Krankheit nicht heilen werdet, sondern nur verschlimmert, weil ihr sie noch tiefer in den Organismus hineintreibt.«

Die machtvolle Schrift erschütterte die Welt und hatte unabsehbare Folgen.

Der indische Revolutionär Tarakchandra Das schrieb Tolstoi am 24. Mai 1908 aus Amerika:

»Ihre moralische Kraft schwächte selbst die autokratische Macht der russischen Regierung, die stets alles Fortschrittliche verfolgt hat – sie ist eingeschüchtert durch Ihr Wirken und gezwungen, sich mit Ihnen auszusöhnen und zu schweigen.

Das russische Volk ist in der Tat versklavt, doch ist es nicht das am schlimmsten unterdrückte Volk, wenn man seine Existenzbedingungen mit der Situation der Völker Indiens vergleicht. Sie kennen die Geschichte aller Völker der Welt, und Sie wissen, in welcher Versklavung wir leben. In Sir William Digbys Buch *Aufblühendes Britisch-Indien* wird unwiderlegbar festgestellt, daß in Indien innerhalb von zehn Jahren, von 1891 bis 1900, neunzehn Millionen Menschen verhungerten, während in den letzten 107 Jahren, von 1793 bis 1900, in der ganzen Welt durch Kriege lediglich fünf Millionen umgekommen sind. Sie hassen den Krieg, aber der Hunger in Indien ist schrecklicher als jeder Krieg. Man hungert dort nicht aus Mangel an Lebensmitteln, der Hunger wird hervorgerufen durch Beraubung des Volkes und durch die Verheerungen, die die britische Regierung im Lande anrichtet. Ist es etwa keine Schande, daß Millionen Menschen in Indien hungern, während englische Händler Tausende Tonnen Reis und andere Nahrungsmittel aus Indien ausführen?

Indiens Bevölkerung leidet schwer. Die Politik Britanniens in Indien ist eine Bedrohung für die gesamte christliche Zivilisation.

Sie haben Rußland mit Ihrem publizistischen Auftreten eine ungeheure Wohltat erwiesen. Wir flehen Sie an, sofern Sie nur Zeit dafür erübrigen können, einen Artikel zu schreiben und Ihre Meinung über die traurige Lage Indiens zum Ausdruck zu bringen.«

Tolstoi begann eine Antwort aufzusetzen, für die er ein halbes Jahr benötigte. 413 handschriftliche und redigierte maschinengeschriebene Seiten sind erhalten geblieben.

Während der Niederschrift erhielt er einen weiteren Brief von einem Angehörigen der indischen Intelligenz, dem nach Kanada emigrierten Lehrer Girja Kumar. Ich führe einen Auszug aus dem Brief an:

»Sie sind als Russe geboren, doch gehört Ihnen die ganze Welt. Sie sind ein großer Mann, und Ihre Größe zeigt sich in Ihrer Sorge um die Unglücklichen. Glauben Sie mir, die Völker Indiens werden noch schlimmer unterdrückt als das russische Volk. Mit der Hoffnung auf ihre Hilfe schließe ich mich mit herzlichen Wünschen den Gratulationen anderer zu Ihrem 80. Geburtstag an und flehe Sie im Namen meiner Landsleute an, ihnen zu helfen, soweit dies möglich ist.«

Tolstoi schrieb seinen berühmten *Brief an einen Inder,* der, obgleich es darin heißt, Gewalt könne kein Volk befreien, von den englischen Behörden in Indien sofort verboten wurde.

Ein Widerhall erreichte ihn in Gestalt eines Schreibens von Mahatma Gandhi.

»Ich nehme mir die Kühnheit«, so beginnt Gandhi seinen Brief,

»Sie darauf aufmerksam zu machen, was sich seit nunmehr fast drei Jahren in Transvaal (Südafrika) abspielt. In dieser Kolonie leben etwa 13.000 Bürger Britisch-Indiens. Diese Menschen leiden bereits seit vielen Jahren unter verschiedenerlei Beschränkungen ihrer Rechte. Das Vorurteil gegen Farbige, in bestimmter Beziehung auch gegen Asiaten überhaupt ist in diesem Lande sehr stark ausgeprägt. Sofern es Asiaten betrifft, erklärt es sich aus dem kommerziellen Konkurrenzkampf. Das Vorurteil erreichte seinen Höhepunkt vor drei Jahren, als ein Gesetz eingeführt wurde, das speziell für Asiaten gedacht ist und das, wie ich und viele andere meinen, darauf abzielt, diejenigen, gegen die es gerichtet wurde, zu erniedrigen und ihrer Menschenwürde zu berauben.«

Tolstoi vermerkte in seinem Tagebuch am 24. September 1909: »... habe von einem Inder aus Transvaal einen wohltuenden Brief bekommen.«

Gandhi schrieb mehrmals an Tolstoi und sandte ihm sein Buch *Die Autonomie Indiens,* das in der Bibliothek von Jasnaja Poljana erhalten ist. Er veröffentlichte auch Tolstois *Brief an einen Inder* und schrieb dazu das Vorwort.

Der *Brief an einen Inder* unterscheidet sich von anderen Artikeln Tolstois unter anderem dadurch, daß sein Autor hier nicht zu beweisen sucht, daß die von den Engländern unterdrückten Inder und die Engländer als Unterdrücker gleichermaßen Schuld trügen, während er in einem Brief an eine polnische Frau gerade nachweist, daß die Deutschen, welche die Polen in polnischen Gebieten unterdrückten, und die Polen mit ihrem Haß auf die Deutschen gleichermaßen sein Mitleid weckten.

Im *Brief an einen Inder* spricht Tolstoi von einer anderen Schuld des Volkes: Ein hochbegabtes Volk von zweihundert Millionen lasse es zu, daß ein kleiner Kreis von Leuten, die ihrer kulturellen Entwicklung und ihren physischen und moralischen Kräften nach weit unter ihm stünden, es unterdrücke. Er sagt, die Menschen müßten sich in ihrem Bewußtsein »von den Bergen von Blödsinn frei machen, die ihnen im Augenblick die Wahrheit versperrten«.

Man müsse den religiösen und wissenschaftlichen Aberglauben fortwerfen, man müsse begreifen, daß nicht die Engländer die Inder versklavten, sondern die Inder selbst es täten, indem sie die Befehle der Engländer ausführten. Tolstoi sagt:

»Widerstrebt nicht dem Übel, aber werdet auch nicht selbst zu Mittätern des Übels, der Gewalttaten, die von Verwaltungsbehörden, Gerichten, Steuereinnehmern und hauptsächlich vom Heer verübt werden, und niemand auf der Welt wird euch versklaven.«

Tolstoi entrollte ein Programm der zivilen Gehorsamsverweigerung. Im patriarchalischen Indien mit seinen noch nicht vollends zerfallenen Dorfgemeinden, mit einer Bevölkerung, die den Eroberern die Stirn bot, half er dem Volk, die Schlacht zu gewinnen und sich zu befreien.

»Lew Tolstoi als Spiegel der russischen Revolution«

Den achtzigsten Geburtstag Tolstois feierte das offizielle Rußland mit lautem Geknatter heuchlerischer Phrasen. Den Mann, der viel gelitten, viel durchgemacht hatte, versuchte man als einen Menschen hinzustellen, dem Schwanken und innere Widersprüche unbekannt seien.

Die schändlichsten Lobpreisungen waren die der Liberalen.

W. I. Lenin polemisierte in der Zeitung *Proletari* gegen M. Newedomski, der in seinem Bericht über die europäischen Verehrer Tolstois geschrieben hatte: »Als was für eine majestätische, machtvolle, aus lauterem, reinem Metall gegossene Figur steht doch dieser Tolstoi vor uns, die lebendige Verkörperung eines einheitlichen Prinzips.«

Lenin erwiderte darauf zornig: »Uff! Schön geredet – und doch ist alles Unwahrheit. Nicht aus lauterem, nicht aus reinem und nicht aus Metall gegossen ist Tolstois Figur. Und ›alle diese‹ bürgerlichen Verehrer haben sein Andenken *gerade nicht* wegen der ›Ganzheit‹, gerade wegen der Abweichung von der Ganzheit ›durch Erheben von den Plätzen geehrt‹.«

Lenin konnte Tolstois Tagebücher nicht kennen, doch erkannte er die Widersprüche des Schriftstellers in seinen Kunstwerken und in seiner Publizistik, er erkannte ihren historischen Ursprung, ihre Konkretheit, er erkannte darin einen Spiegel der russischen Revolution und die Voraussage ihres Sieges. Selbst scharfe Worte Lenins über Tolstoi wie »ein Gutsbesitzer, der sich als Narr in Christo gefällt« gewinnen für uns einen anderen Klang, weil der Schriftsteller selbst die Worte »Narrheit in Christo« in seinen Tagebuchaufzeichnungen wiederholt gebraucht. Er wußte um die Zwiespältigkeit der Lage, in der er sich befand, er suchte nach anderen Worten als die, die er aussprach, aber er bemühte sich, die Widersprüche durch den Glauben an seinen abstrakten, tolstoianischen Gott zu verkitten, einen Glauben, dem er nicht immer treu blieb.

Lenin schrieb: »Aber die Widersprüche in den Anschauungen und Lehren Tolstois sind keine Zufälligkeiten, sie sind vielmehr Ausdruck jener widerspruchsvollen Bedingungen, unter denen sich das russische Leben während des letzten Drittels des 19. Jahrhunderts abspielte. Das patriarchalische Dorf, gestern erst von der Leibeigenschaft befreit, wurde dem Kapital und dem Fiskus zur restlosen Ausplünderung überlassen. Die alten Grundpfeiler des bäuerlichen Lebens, Grundpfeiler, die sich tatsächlich Jahrhunderte hindurch gehalten hatten, gingen ungewöhnlich schnell in die Brüche. Nun sind die Widersprüche in Tolstois Anschauungen nicht unter dem Gesichtspunkt der modernen Arbeiterbewegung und des modernen Sozialismus zu beurteilen (eine solche Würdigung ist natürlich notwendig, aber sie genügt nicht), sondern vom Gesichtspunkt jenes im patriarchalischen russischen Dorf unweigerlich laut werdenden Protestes gegen den hereinbrechenden Kapitalismus, gegen den Ruin der Masse und ihre Vertreibung von der Scholle. Tolstoi ist lächerlich als Prophet, der neue Rezepte zur Rettung der Menschheit erfunden hat – und ganz erbärmlich sind daher die ausländischen und russischen ›Tolstoianer‹, die ausgerechnet die schwächste Seite seiner Lehre zum Dogma erheben wollen. Tolstoi ist groß, soweit er die Ideen und Stimmungen zum Ausdruck bringt, die zur Zeit des Anbruchs der bürgerlichen Revolution in Rußland unter den Millionenmassen der russischen Bauernschaft aufkamen. Tolstoi ist originell, weil die Gesamtheit seiner Anschauungen, als Ganzes genommen, gerade die Besonderheiten unserer Revolution als einer *bäuerlichen* bürgerlichen Revolution zum Ausdruck bringt. Unter diesem Blickwinkel betrachtet, sind die Widersprüche in Tolstois Anschauungen ein wirkliches Spiegelbild jener widerspruchsvollen Bedingungen, unter denen die Bauernschaft in unserer Revolution ihre historische Tätigkeit aufnahm.«

Der Haß gegen das Alte spricht aus sämtlichen vorrevolutionären Werken Tolstois; doch schon als junger Mann, während er im Kaukasus lebte, erkannte er in den Terek-Kosaken freie Bauern ohne Gutsbesitzer, er wollte selbst werden wie sie, wollte ein Kosakenmädchen heiraten. Später, nach seiner Rückkehr nach Jasnaja Poljana, wollte er wiederum eine Bäuerin heiraten, auf Jasnaja Poljana ein Reservat alten patriarchalischen Bauerntums schaffen – und war nicht imstande, seine Absichten zu verwirklichen.

Lenin schrieb dazu:

»Tolstois Lehre ist unbedingt utopisch und ihrem Inhalt nach reaktionär in der wahrsten und tiefsten Bedeutung dieses Wortes. Hieraus folgt jedoch keineswegs, daß diese Lehre nicht sozialistisch wäre, noch daß sie keine kritischen Elemente enthielte, die wertvolles Material zur Aufklärung der fortgeschrittenen Klassen zu liefern vermögen.

Es gibt Sozialismus und Sozialismus. In allen Ländern mit kapitalistischer Produktionsweise gibt es einen Sozialismus als Ausdruck der Ideologie derjenigen Klasse, die die Bourgeoisie abzulösen berufen ist, und es gibt einen Sozialismus entsprechend der Ideologie derjenigen Klassen, die von der Bourgeoisie abgelöst werden. Der feudale Sozialismus beispielsweise ist ein Sozialismus der letztgenannten Art, und der Charakter eines solchen Sozialismus wurde schon längst, vor mehr als sechzig Jahren, von Marx zusammen mit anderen Arten des Sozialismus eingeschätzt.

Weiter. Kritische Elemente sind der utopischen Lehre L. Tolstois ebenso eigen, wie sie vielen anderen utopischen Systemen eigen sind. Man darf jedoch nicht die tiefgründige Bemerkung von Marx vergessen, daß die Bedeutung der kritischen Elemente im utopischen Sozialismus ›im umgekehrten Verhältnis zur geschichtlichen Entwicklung‹ steht. Je mehr sich die Tätigkeit der gesellschaftlichen Kräfte entfaltet, die dem neuen Rußland ›Gestalt geben‹ und eine Erlösung vom sozialen Elend der Gegenwart bringen, je bestimmteren Charakter die Tätigkeit dieser gesellschaftlichen Kräfte annimmt, desto rascher verliert der kritisch-utopische Sozialismus ›allen praktischen Wert, alle theoretische Berechtigung‹.«

Tolstoi wollte in ein Leben eintreten, das am Verschwinden war. Er wollte vorwärtsgehen, indem er sich rückwärts wandte. Jedoch nicht er allein hegte solche Wünsche. Die Bauernschaft fürchtete sich vor der Zukunft. Sie erkannte, welches Leid, welche Verarmung Seine Majestät der Kupon, das Kapital, die Städte über sie brachten. Die Stadt stülpte sich vor den Augen der Bauernschaft nach außen und entrollte sich zu Trödelmärkten, Bettelarmut und Rechtlosigkeit. Aber die Bauernschaft erkannte klar die Ungerechtigkeit ihrer Lage und lernte hassen und protestieren. Die Revolution zeigte dem russischen Volk, daß der Zar wie der Kaiser in Andersens Märchen »nackt« war. Tolstoi erinnerte sich gern an dieses Märchen.

Tagebücher und Briefe: eine Art Vorwort zu den letzten Kapiteln dieses Buches

1

Die Revolution zog nicht vorüber wie ein Gewitter, von dem man nicht weiß, wann es sich wiederholen wird, sondern wie ein Tag, von dem bekannt ist, daß er wiederkehrt.

Tolstoi wartete auf eine zweite Revolution, die die Bodenfrage lösen sollte: die bereits vergangene hielt er nicht für eine richtige Revolution.

Sergej Nikolajewitsch, Tolstois Bruder, starb, seine Verzweiflung schwermütig unterdrückend. Er litt an Gesichtskrebs. Lew Tolstoi besuchte ihn und war gerührt, als der Bruder zu ihm sagte: »Mein lieber Freund.«

Die Brüder Tolstoi mochten sich, behandelten einander aber streng. »Mein lieber Freund« waren für sie die liebevollsten Worte.

Es starb Maria Lwowna. Sie hatte Kranke auf Jasnaja Poljana behandelt und war selbst erkrankt. Tolstoi saß an ihrem Sterbebett und hielt bis zum letzten Augenblick ihre Hand. Sie war tot, seine Mascha, die Frau voller Charme, die schön singen, zuweilen schön aussehen konnte, die treue Freundin ihres Vaters, die selbstlose Frau. Die Frau, der es nie beschieden gewesen war, glücklich zu sein.

Es war, als würden im Hause bereits Bilanzen gezogen. Das Haus war voller Leute, aber es waren alles Bekannte. Freunde gab es keine.

Möglich, daß Tschertkow mit seinen schwarzen Handschuhen ein Freund war. Der Mann mit dem kühlen Verstand und der festen Hand.

Sofja Andrejewna überstand eine schwere Operation; während sie operiert wurde, ging Tolstoi in den Wald, nachdem er angeordnet hatte, wenn alles gut abgelaufen sei, möge man zweimal die Hausglocke läuten.

Die Glocke hing in Jasnaja Poljana an der alten Ulme neben dem Balkon; man läutete damit zum Mittagessen.

Damals wurde sie geläutet: Sofja Andrejewna hatte die Operation überlebt. Sie war gealtert, kümmerte sich aber weiterhin um die Wirtschaft, stellte Speisefolgen auf, sorgte sich um Kinder und um Enkel, redete von der Vergangenheit und war nicht beleidigt, wenn man ihr nicht zuhörte.

Sie wachte über das Vermögen der Kinder und die Gesundheit ihres Gatten.

Manchmal erwachte sie voll überraschender Energie, dann schien es ihr, als sei es vorbei mit dem Altwerden, aber das war die Euphorie der Hysterie.

Tschertkow stellte ein Tolstoi-Archiv zusammen und verlangte, die Tagebücher, jene »Wachstuchhefte«, worin Tolstoi sein Leben aufzeichnete, sollten in das Archiv eingehen. Die Wachstuchhefte sind voller Zweifel, Vorwürfe und Entschuldigungen.

Diese Tagebücher waren nicht allein aus Tolstois eigenem Willen entstanden; in seinen Jugendtagen war es unter jungen Leuten üblich, sich selbst zu analysieren und mit Freunden von geheimsten Dingen zu sprechen. Im Kreis um Stankewitsch übte man sich ständig in Selbstkontrolle und rüstete zu etwas Neuem.

In gleicher Weise beichten die Helden der *Jugendzeit* einander und werfen sich wechselseitig ihre Bekenntnisse vor.

Alle Unglücklichen im Haus waren unglücklich auf ihre Art. Das Haus Tolstoi war voll durchsichtigen Unglücks; seine Bewohner sagten, sie lebten in einem Glashaus.

Im Jahr 1908 bereitete man sich auf ein Jubiläum vor: am 28. August sollte Tolstoi achtzig Jahre alt werden. Seinen Geburtstag feierte er stets, er maß diesem Tag Bedeutung bei und war tief gekränkt, wenn jemand ihn vergaß.

Vorher ließ er in Zeitungen mitteilen, er bitte darum, das Jubiläum nicht zu feiern.

Der Sommer brach an. Tolstoi erwachte frühmorgens fröhlich wie ein Kind, arbeitete, saß lange mit Sofja Andrejewna am Teetisch, machte dann auf seinem leichtfüßigen Delir seinen gewohnten Spazierritt.

Er ritt durch den Obstgarten, überquerte den Graben am Gartenrand, gelangte auf die Straße und ritt direkt durch den Wald über dichtes Gras in die dunkle Schlucht. Das hohe Gras umflocht die Beine des treuen Delir. Tolstoi ritt dahin, zwischen Zweigen hindurch, drückte sich in den Sattel, schob dann wieder die Zweige mit der Hand fort. Er erreichte den Eichenwald: vorzeiten hatte man hier nach Eisenerz gegraben und den Wald unterhöhlt. Vor etwa siebzig Jahren war der Waldboden eingebrochen, hohe Eichen waren ins Wasser gestürzt und nur noch an den Kronen zu erkennen.

Ahornbäume standen hier. Sanft raschelten Espen mit ihren Blättern. Delir setzte mühelos über kleine Flußläufe.

Der Wind teilte Tolstois Bart. Er ritt dahin. Woran er dachte, wissen wir nicht; er fühlte sich wie vierzig, er sah den Himmel und das Leben um sich und freute sich darüber.

2

Wenn wir über Tolstois Leben berichten, verwenden wir seine Tagebücher, die Sofja Andrejewnas, deren spätere Aufzeichnungen, die wie Rechtfertigungen wirken, Tagebücher der Kinder und Briefe Tolstois.

Die Tagebücher des Schriftstellers sind ebensolche biographische Dokumente wie literarische Werke mit Sujetfragmenten und Landschaftsbeschreibungen. Literarisch Aufbereitetes und das Leben selbst existieren in ihnen nebeneinander.

Neue Themen sind zuweilen mit Traumaufzeichnungen verflochten. In einem Brief an Tschertkow wird der Anfang von *Vater Sergius* fast wie ein Traum erzählt.

In puncto Erbschaftsangelegenheiten geriet Tolstoi in eine extrem schwierige Lage: Sein Leben lang hatte er sein Werk, sein Schicksal vom allgemeinen Weltschicksal zu isolieren versucht. Er bemühte sich, das Weltgewissen mit den Spänen seines Schicksals zu entzünden. Zugleich aber bemühte er sich, dem Übel nicht zu widerstreben, freiwillig Kompromisse zu schließen, selbst dann, wenn sie ihm den Vorwurf »Narr in Christo« einbrachten.

Um zu zeigen, wie Tolstois Nichtwidersetzen aussah, führe ich eine nahezu anekdotische Begebenheit an. Ein Kaufmann aus Tula, der sich für einen Jünger Tolstois hielt, pflegte ihm sehr schlechte selbstgemalte Bilder zu schenken; er brachte sie, fertig gerahmt, daher und hängte sie selbst an die Wand. Tolstoi meinte, sie dürften nicht heruntergenommen werden, weil das bereits ein Widersetzen wäre.

Und so blieben sie denn hängen.

Das Alltagsleben der Familie war noch schwieriger.

Tolstoi hatte eine harte Jugend hinter sich, aber er sah es gern, wenn seine Töchter im eleganten Damendreß zu Pferde saßen; gewissenhaft und betont schrieb er in seine Tagebücher, seine Loblieder auf die Armut seien nicht aufrichtig.

Er mochte das Heim der Tatjana Lwowna Suchotina, ein geräumiges, komfortables, ruhiges Haus, er mochte das Gut der Olsufjews. Jasnaja Poljana war ihm einerseits eine Qual, andererseits aber sein Heim, eine Art Muschel, in der er gewachsen war.

Doch dieses Haus geriet immer mehr in Widerspruch zu dem, was Tolstoi dachte, aber auch zu dem, was er erlebte. Man konnte die Bilder, die ein anderer an die Wand hängte, dranlassen, aber an den Bildern außerhalb des Hauses, die von lebendigen Menschen dargestellt wurden, konnte man nicht vorbeisehen. Im Hause wohnten Wächter; sie hatten sich in der Diele hinter einer Trennwand eingerichtet, das Haus roch nach Polizei und billigem Tabak. Ein Wächter verprügelte einen Bauern, der im Teich gefischt hatte, und beteuerte, jener sei mit dem Schleppnetz in den herrschaftlichen Abschnitt geraten. Der Mann wurde verprügelt und festgenommen, später nach Absprache mit Sofja Andrejewna freigelassen. Auf den Nachbargütern gab es keine Wächter.

Man konnte nicht weggehen aus dem Leben, sich nicht verstecken. Einst hatte Tolstoi einen Brief an seine Freundin Alexandrine geschrieben, in seiner Seele wohnten Glaube und Unglaube nebeneinander wie Hund und Katze in einem Verschlag.

Das von der Revolution wachgerüttelte Gewissen war beunruhigt und ertrug die gewohnte Lebensordnung schlecht.

3

In seinem Frühwerk *Jugendzeit* berichtet Tolstoi am Schluß des Kapitels *Meine Freundschaft mit Nechljudow,* wie die beiden Helden Nikolenka und Dmitri beschließen, einander die Wahrheit zu sagen.

Nach einem Zank machen sie einander Vorhaltungen und werfen sich gegenseitig ihre schamlosen Bekenntnisse an den Kopf. Am Schluß des Kapitels heißt es: »Dahin also brachte uns unser Prinzip, *einander alles zu sagen, was wir fühlten, und einem Dritten niemals etwas über uns zu erzählen.* Die Leidenschaft der Aufrichtigkeit riß uns zu den schamlosesten Bekenntnissen hin, wobei wir, zu unserer Schande sei es gestanden, Vermutungen und Sehnsüchte für Wünsche, für Gefühle ausgaben, wie zum Beispiel das, was ich ihm soeben gesagt hatte; und diese Bekenntnisse lockerten nicht nur unsere Beziehung, sie dörrten das Gefühl selbst aus und trennten uns; jetzt plötzlich hinderte ihn die Eitelkeit an einem völlig nichtigen Bekenntnis, und wir bedienten uns in der Hitze des Gefechtes der Waffen, die wir einander vordem selbst geliefert hatten und die uns furchtbar schmerzhaft trafen.«

Auch in Tagebüchern wurden flüchtige Gedanken durch Bekenntnisse vervollständigt und zu Ende gedacht. Die Schreiber verhielten sich zu sich selbst wie zu Helden von literarischen Werken, die für Außenstehende geschrieben werden.

Tolstois Tagebücher sind dokumentarisch, aber in solchem Grade analytisch, daß man sie als romanhaft bezeichnen kann.

Oft verleumdet Tolstoi darin sich selbst, indem er Absichten zur letzten Klarheit führt. Sofja Andrejewnas Vorwürfe waren eigentlich weniger an ihren Gatten gerichtet als vielmehr an die Helden seiner Werke, deren Handlungen bereits nicht mehr zufällig sind.

Sofja Andrejewnas Tagebuchaufzeichnungen sind aufrichtig, aber nicht dokumentarisch. Sie erinnert sich an Dinge und interpretiert sie nach ihrem Wunsch.

Sie äußert sich, indem sie anstelle eines Beziehungssystems ein anderes setzt; so bedient sie sich zum Beispiel des alltäglichen Liebesvokabulars, wenn sie ein Drama, dem ökonomische Beziehungen zugrunde liegen, nacherzählt.

Wie Sofja Andrejewna die Erzählung *Der Teufel* las, beschrieb Tolstoi in seinem Tagebuch am 13. Mai 1909.

»Beim Frühstück war Sofja fürchterlich. Wie sich herausstellte, hatte sie den *Teufel* gelesen, die alte Hefe stieg wieder in ihr hoch, und ich hatte es sehr schwer. Ich ging in den Garten. Fing an, einen Brief an sie zu schreiben, der ihr nach meinem Tode übergeben werden soll, schrieb ihn aber nicht fertig, ließ es sein; vor allem, weil ich mich fragte: wozu?, wurde mir bewußt, daß nicht vor Gott, der Liebe wegen. Dann um vier Uhr sprach sie alles aus, und ich habe sie, Gott sei Dank, mild gestimmt, habe selbst losgeheult, und uns wurde beiden wohl ums Herz.«

Den Worten »Gott« und »für Gott« begegnen wir in Tolstois Tagebüchern ständig und ziemlich oft verbunden mit Zweifeln. Gott ist ein Merkmal für Allgemeines, Notwendiges, Bestimmendes.

Der Entwurf des Briefes »aus dem Grab heraus« ist im Notizbuch erhalten.

Das Wesentlichste daraus sei hier angeführt: »Vergib mir das, vergib mir auch, wofür ich mich während unseres ganzen Lebens und besonders in der ersten Zeit vor Dir schuldig gemacht habe. Dir habe ich nichts zu vergeben, Du warst, wie Deine Mutter Dich geboren, eine treue, gute Frau und gute Mutter. Aber eben deshalb, weil Du so warst, wie Deine Mutter Dich geboren hat, bist Du auch so geblieben und wolltest Dich nicht ändern ... Du hast anderen Menschen viel Böses angetan und bist selbst immer tiefer gesunken und in die bejammernswerte Lage geraten, in der Du jetzt bist.«

Tolstoi sammelte seine Manuskripte nicht. Ein Teil des Manuskripts von *Auferstehung* wurde beim Transport einer Polsterbank in einen Graben geworfen und dort durchaus nicht sofort entdeckt; den *Teufel* jedoch hob er auf.

Er war bereits ein alter Mann, seine Liebe aber lebte weiter in der Niederschrift; sie konnte genauso lebendig sein wie die Erzählung.

Wie steht es um Sofja Andrejewnas Eifersucht?

Selbst als alte Frau war sie, um die übliche Ausdrucksweise zu gebrauchen, eifersüchtig.

Am 13. April 1909 schrieb sie »ein neues Kunstwerk Lew Nikolajewitschs, das er eben niedergeschrieben hat«, ab.

»Das Thema sind Revolutionäre, Hinrichtungen und der Ursprung alles dessen. Es hätte interessant sein können. Aber wieder die gleiche Manier – Beschreibungen des bäuerlichen Lebens. Der Genuß eines *kraftvollen* Frauenleibes mit sonnenbraunen Mädchenbeinen, das, was ihn einst so sehr verlockte; dieselbe *Axinja* mit den glänzenden Augen, die, fast unbewußt jetzt, da er achtzig Jahre alt ist, erneut aus der Tiefe seinen Erinnerungen und Empfindungen vergangener Jahre hochsteigt. Das alles wirkt auf mich peinlich. Und höchstwahrscheinlich wird im weiteren die Revolution poetisiert, denn L. N. sympathisiert, sosehr er sich auch hinter dem Christentum verschanzt, zweifellos mit ihr, er haßt alles vom Schicksal Hochgestellte und jede Obrigkeit.«

Man sollte meinen, das sei bei ihr echte Eifersucht. Wir sind imstande, klarzustellen, um welche Erzählung es sich handelt – um die unvollendete Geschichte *Wer sind die Mörder? Pawel Kudrjasch.* Die Erzählung steht im Band 37, Seite 293. Hier wird von einem gutartigen und geistig entwickelten jungen Burschen berichtet, der in der Stadt zum Revolutionär und Expropriateur wird. Dort hat er eine Braut, die im Entwurf tatsächlich Axinja heißt. Aber sie ist keine kraftvolle Frau, sondern ein bräutliches Mädchen, lediglich der Name trifft zu.

In welchem Punkt aber deckt sich Sofja Andrejewnas Verhalten jener alten Geschichte gegenüber mit ihrer früheren Eifersucht? Sofja Andrejewna denkt in Eifersuchtsbegriffen, sie scheint unter Eifersucht zu leiden, dabei dreht sich ihr Denken um die Revolution und um Tolstois Haß gegen alles »vom Schicksal Hochgestellte und jede Obrigkeit«. Ihrer Meinung nach geht es weder um eine Liebesgeschichte noch um Eifersucht, sondern um eine Auseinandersetzung mit der Revolution. Außerdem um die Eigentumsfrage, und Axinjas Name taucht durchaus nicht zufällig auf.

Zu jener Zeit beabsichtigte der Literaturfonds zu Ehren seines 50. Gründungstages einen Sammelband herauszugeben und den *Teufel* darin aufzunehmen. Das Manuskript fand Sofja Andrejewna in ein Sesselpolster eingenäht.

Die Erzählung bewirkte einerseits Eifersucht, außerdem aber suchte die Gattin nachzuweisen, daß die Erzählung, da sie *vor 1881* geschrieben worden sei (was nicht stimmte), literarisches Eigentum der Familie sei und nur in der Werkausgabe erscheinen dürfe, damit der Erlös der Familie Tolstoi zuflösse.

Das teilte Tschertkow Tolstoi in einem Brief am 19. Juni 1909 mit. Tolstois Antwort ist unwirsch, undeutlich und eher eine Art Selbstgespräch: »Enttäuschend, sogar unangenehm, was da über meine Schreibereien vor und nach irgendeinem Jahr steht. Und wenn alle Schreibereien zum *Teufel* gehen, Hauptsache, sie rufen keine unguten Gefühle hervor.«

Der *Teufel* war kein Element der Eifersucht mehr, sondern ein Teil des Eigentums, ebenso wie die Eifersucht auf Tschertkow.

Sofja Andrejewna war fünfzehnmal von Tolstoi schwanger gewesen, sie war jahrelang eifersüchtig auf Frauen, sie kannte Tolstois Tagebücher auswendig, schrieb sie ab, hütete sie, ihre Eifersucht auf Männer aber setzte erst 1909 ein, als Tolstoi einundachtzig wurde.

Ihre Eifersucht auf Männer und Frauen basierte auf einer anderen Fehde mit ihrem Mann, der Fehde um das Leben, darum, wie die alte Lebensweise, die Tolstoi unmißverständlich ablehnte, aufrechtzuerhalten sei.

In dieser Fehde steht Tschertkow Sofja Andrejewna viel näher, als anzunehmen wäre, auch bei ihm geht es um das Eigentum, um das seiner Firma, des Posrednik-Verlags.

In dem langen Brief vom 11. August 1910 schreibt er an Tolstoi über das Recht des Erstabdrucks:

»Vor die schwierige Entscheidung gestellt, wem in solchen Fällen der Vorzug zu geben sei, und im Wissen, daß sich mit solchen Bitten keine der Unterstützung besonders bedürftigen, sondern nur die unternehmungslustigsten und mutigsten Institutionen und Personen an Sie wenden, hatten Sie sich kurz entschlossen, den gesamten Gewinn aus den Erstausgaben Ihrer Schriften ausschließlich dem von uns beiden eben gegründeten Volksverlag *Posrednik,* der für seine Entwicklung materieller Mittel bedurfte, zu überlassen. Seitdem haben Sie alles Neugeschriebene zwecks Drucklegung nach meinem Dafürhalten und im Interesse des *Posrednik* mir in die Hände gegeben und alle, die Sie um literarische Mitarbeit angingen, an mich verwiesen.«

Die Herausgabe wohlfeiler Bücher war für *Posrednik* ein Verlustgeschäft. Belletristische Werke, die Tschertkow nicht sehr schätzte, sollten das Defizit decken.

Tschertkow war reich, aber es ging ihm um die Firma.

Die Tschertkowleute hinderten Tolstoi, eine Zeitschrift herauszugeben, weil dazu Papiere unterschrieben, Geschäftsbeziehungen mit Regierungsstellen hätten angebahnt werden müssen, und das hätte geheißen, die Regierung anzuerkennen. Das Testament jedoch beschloß Tschertkow als legitimes Dokument, nicht als interfamiliäre Verfügung zu behandeln: es sollte in formaljuristisch festgelegten Formulierungen nach sämtlichen Gesetzesregeln in Anwesenheit befugter Zeugen aufgesetzt werden.

Solch einen Kompromiß konnte Tschertkow leicht eingehen, für Tolstoi hingegen erwies sich das als schwer.

Nachdem Tolstoi gefragt hatte, ob es sich denn lohne, »meine Gedanken mit Hilfe von allerlei solchen Mitteln zu verbreiten«, die Gedanken anderer Lebenslehrer lebten schließlich auch weiter, erwiderte F. A. Strachow als Abgesandter Tschertkows, Christus habe es »in der Tat nicht nötig gehabt, sich um die ungehinderte Verbreitung seiner

Lehre zu sorgen. Warum wohl? Weil er geschrieben, aber auf Grund der damaligen Verhältnisse kein Honorar erhalten hat. Sie jedoch schreiben und haben für Ihre Schriften Honorar bezogen, und nun bekommt es Ihre Familie.«

Diese simple Geschichte ist offensichtlich unverfälscht wiedergegeben. Wir ersehen daraus, daß sich die Tschertkowleute ebenso wie Sofja Andrejewna uneingeschränkt auf die damaligen juristischen Auffassungen stützten. Der Streit zwischen Tschertkow und Sofja Andrejewna war ein Streit Gleichgesinnter.

Die Dispute fanden öffentlich statt, und zwar mit Absicht.

Sofja Andrejewna unternahm nicht nur Versuche, vor den Augen der Leute Selbstmord zu begehen, sie legte auch ihr Vorhaben, aus dem Hause zu fliehen, in einer Notiz nieder, mit der Überschrift *Die Fakten lassen sich an Ort und Stelle überprüfen.*

Sie schrieb in der Nacht vom 24. zum 25. Juli 1910 in ihr Tagebuch eine Mitteilung, die quasi aus künftigen Zeitungen stammen sollte (sie wurde nicht realisiert):

»Im friedlichen Jasnaja Poljana geschah ein außergewöhnliches Ereignis. Sofja Andrejewna verließ ihr Heim, das Haus, in dem sie 48 Jahre lang ihren Mann mit Liebe umsorgt, ihm ihr ganzes Leben geopfert hatte. Der Grund ist, daß der altersgeschwächte Lew Nikolajewitsch voll und ganz unter den verderblichen Einfluß des Herrn Tsch . . . w geraten ist, jeglichen eigenen Willen eingebüßt und es zugelassen hat, daß Tsch . . . w Sofja Andrejewna gegenüber grobe Worte gebrauchte und sich ständig geheim mit ihm beriet.

Nachdem sie einen Monat lang einer Nervenerkrankung, die es notwendig machte, zwei Ärzte aus Moskau zu berufen, zum Opfer gefallen war, konnte sie die Anwesenheit des Tsch . . . w nicht mehr ertragen und verließ ihr Haus, das Herz voll Verzweiflung.«

Die Tschertkowleute ließen nicht locker. Sie kopierten Dokumente, schrieben Gespräche auf, bereiteten Bücher vor, führten Prozesse, gingen zu Enthüllungen und Offensiven über.

Der zweite Band der Tagebücher A. B. Goldenwejsers, *In der Nähe Tolstois,* ist ein komplettes Gerichtsverfahren gegen Sofja Andrejewna mit Zeugenaussagen und aktenkundigen Beweisen.

Herbst 1909. Moskau – Krekschino – Moskau

Neun Jahre lang war Tolstoi nicht in Moskau gewesen. Tschertkow war die Einreise ins Gouvernement Tula polizeilich untersagt, Tolstoi jedoch wollte ihn sehen, also mußte er Jasnaja Poljana zeitweilig verlassen.

Die Tschertkow auferlegten Beschränkungen waren zwar kränkend, aber doch nur minimal: er durfte überall in ganz Rußland leben, nur nicht im Gouvernement Tula und insbesondere nicht auf Jasnaja Poljana. Darum lebte er entweder an der Grenze zwischen den Gouvernements Tula und Kaluga oder auf dem Gut seines Stiefvaters, des Gardeobersten a. D. und vornehmen religiösen Sektierers W. A. Paschkow in Krekschino, Landkreis Swenigorod.

Der Weg nach Krekschino führte über Moskau.

In Tolstois Moskauer Hause erwartete man den Hausherrn nicht. Die Sonne schien durch verstaubte Fensterscheiben.

Sergej Lwowitsch, der den Vater empfangen sollte, verspätete sich.

Tolstoi legte sich im oberen Salon hin.

Goldenwejser erschien, brachte Mittagessen mit und wärmte es auf einem Petroleumkocher.

Er berichtete, im Musikaliengeschäft Zimmermann würde eine Novität angeboten, ein elektrisches Klavier Marke *Mignon*. Auf einer Art Band seien von berühmten Pianisten gespielte Stücke aufgezeichnet, die das Instrument genauestens wiedergebe.

Man beschloß, am nächsten Morgen mit einer Droschke in das Geschäft auf dem Kusnezki Most zu fahren.

Tolstoi war lange Zeit von Moskau fern gewesen, und alles, was er sah, beeindruckte ihn: die hohen Häuser, die Straßenbahnen, der Verkehr. Entsetzt betrachtete er die veränderte Stadt und bekam laut Goldenwejser »auf Schritt und Tritt seinen langjährigen Haß gegen die Zivilisation bestätigt«.

Die Firma Zimmermann organisierte einen feierlichen Empfang; Tochter Alexandra Lwowna erhielt ein Blumengebinde.

Die Firma hatte einen Photographen kommen lassen, der eine Gruppenaufnahme machte.

Die Firma war zufrieden über den Besuch und gab später eine illustrierte Beschreibung als Reklame für ihr elektrisches Klavier heraus.

Das Instrument wurde nach Krekschino ausgeliehen, solange sich Tolstoi dort aufhielt.

In Moskau wurden Straßenbahnschienen gelegt, die Straßen waren aufgerissen. Man besichtigte das erst kürzlich enthüllte Gogoldenkmal am damaligen Arbat-Tor. Die Bildhauerarbeit Andrejewskis gefiel Tolstoi, obwohl ihm gesagt worden war, man schimpfe sehr über sie.

Am nächsten Tag reiste man auf der damaligen Brjansker Bahnstrecke nach Krekschino unweit Moskaus.

Paschkows Heim war ein großer zweistöckiger Ziegelbau im Stile eines englischen Landhauses aus dem 19. Jahrhundert. Der Park war ebenfalls im englischen Stil angelegt: große Haine mit Baumgruppen inmitten weitläufiger Rasenflächen, die im Gegensatz zu russischen Gutsanlagen nicht durch Lindenalleen verbunden waren. Wären die Bäume zwischen den Rasenstücken keine Birken gewesen, hätte es auf Paschkows Gut sehr wenig Russisches gegeben.

Die Birken gilbten, der Rasen war mit hellgelben Blättern bedeckt.

Tolstois Reise zu Tschertkow hatte geschäftliche Gründe: er beabsichtigte, das Testament zu unterzeichnen, damit die Autorenrechte für seine nach 1881 erschienenen Werte juristisch fundiert der allgemeinen Nutzung überlassen werden konnten.

Zunächst lebte man auf Krekschino friedlich. Lehrer und Musiker besuchten Tolstoi, er durchstreifte die Umgebung und sprach mit Bauern, Tschertkow und ein Photograph, ein Engländer mit fuchsrotem Schnauzbart, machten Aufnahmen von ihm.

Am 13. September kam Sofja Andrejewna, begleitet von der Tochter Alexandra, nach Krekschino. Sie war wegen einer Verletzung am Bein nicht ganz gesund. Sie kam, um ihren Gatten zu sehen, ihren Namenstag, an dem im Kalender am 17. September alter Zeitrechnung die Namen Vera, Nadeshda, Ljubow und Sofja verzeichnet sind, mit ihm zusammen zu verbringen und über Geschäftliches zu sprechen.

Tolstoi war nervös. Die Gattin hoffte, er werde sein altes Testament nicht bestätigen, so daß die Kinder uneingeschränkte Erben bleiben würden.

Auch jetzt war Geschäftliches zu regeln: Der Proswestschenije-Verlag bot eine außerordentlich hohe Summe für die Überlassung der Rechte. Zunächst hatte Sofja Andrejewna angenommen, sie könne die Angelegenheit allein regeln, mußte jedoch alsbald erfahren, daß ihre von Tolstoi ausgestellte Vollmacht sie zwar berechtigte, mit der Druckerei und mit Buchhandlungen zu verhandeln, nicht aber, die Rechte auf die Werkausgabe zu veräußern. Die Söhne brauchten Geld: außer Sergej verdiente fast keiner welches. Michail war fast noch ein Kind, Ilja beschäftigte sich ausschließlich mit der Jagd, Andrej hatte sich von seiner ersten Frau scheiden lassen, die Frau des Gouverneurs von Tula, der Vater von sechs Kindern war, entführt, sein Gut der ersten Frau überlassen und lebte vom Gehalt eines Beamten »zur besonderen Verwendung«, obendrein spielte er Karten. Lew lebte im Ausland, befaßte sich bald mit Bildhauerei, bald mit Malerei, verbrauchte viel und verdiente nichts.

Der Proswestschenije-Verlag bot für die Werkausgabe Tolstois immerhin eine Million Rubel, doch Sofja Andrejewna konnte den Vertrag nicht unterschreiben. Sie versuchte abwechselnd mit stürmischen Szenen und Zärtlichkeiten den Widerstand des Gatten zu brechen. In späteren Tagebuchaufzeichnungen – 1910 – schrieb sie unverblümt, die Todesdrohung sei ihre Waffe.

Auf dem Hause zu Krekschino lasteten Spannungen. Sofja Andrejewna saß krank und liebevoll-lauernd in ihrem Zimmer.

Ihr Namenstag wurde feierlich begangen, ein Streichquartett war engagiert worden, es spielte Werke von Mozart, Beethoven und Glasunow.

Danach erging sich Tolstoi im Garten. Ein paar Dutzend Schritte hinter ihm schritt Tschertkow: angeblich, um ihn nicht in seinen Überlegungen zu stören. Wenn Tolstoi ausfuhr, begleitete ihn jedesmal einer seiner Freunde, der dann von Tschertkow ausgefragt wurde, was Lew Nikolajewitsch gesprochen habe. Die Worte eines großen Mannes sind natürlich interessant, vermutlich aber geht dauernde Überwachung auch einem großen Mann auf die Nerven. D. P. Makovický, ein besonders enger Freund des Schriftstellers, hatte sich sogar aus weißem Karton Kärtchen zurechtgeschnitten, die er in der Jackettasche trug, und die Hand in der Tasche, notierte er, was Tolstoi sprach, mit einem Bleistiftstummel. Die Aufzeichnungen sind erhalten und auch interessant, aber aus ihnen spricht nicht nur Tolstoi, sondern auch Makovický, und sie wirken stickig.

Der Namenstagsabend verging, der 18. September brach an. Die Musiker reisten ab. Tolstoi verabschiedete sie freundlich, dann photographierte Tschertkow ihn und die Kinder von Andrej Tolstoi, Sonja und Ilja.

Darauf zog Tolstoi sich zurück, um zu arbeiten. Er schrieb jeden Morgen und pflegte sein Tagesprogramm strikt einzuhalten.

Die Freunde befürchteten, Sofja Andrejewna könnte aufstehen und dahinterkommen, daß etwas vorbereitet wurde.

Aber da trat Tolstoi aus seinem Zimmer. Man führte ihn in einen kleinen Raum, wo alle schon warteten. Er setzte sich an den Tisch, überflog den aufgesetzten Text, griff zur Feder und unterschrieb. Danach unterschrieben als Zeugen A. B. Goldenwejser, A. B. Kalatschew und Sergejenko junior. Sofja Andrejewna kam herunter, in ganz guter Stimmung. Tolstoi wünschte noch einmal das elektrische Klavier zu hören, man ließ es spielen.

Dann verließ man das Haus, aber draußen warteten bereits Photographen und Kameraleute mit ihrem lärmenden Apparat auf dem hohen Dreibein, das damals aus unerfindlichem Grund »Kamel« genannt wurde.

Tolstoi zog sich in den Wald zurück.

Diesmal schöpfte Sofja Andrejewna keinen Verdacht.

Man reiste nach Moskau. Dort übernachteten die Tolstois.

Die Freunde kamen nachgereist und teilten Tolstoi mit, daß das feierlich unterzeichnete Testament ungültig sei: nach den damaligen Gesetzen war es nicht statthaft, ein Vermögen an »niemanden« zu vererben, dies aber hatte Tolstoi getan. Er hatte einfach testamentarisch auf die Autorenrechte für seine nach 1881 erschienenen Werke verzichtet. Murawjow als Advokat erläuterte, eine andere Form für das Testament müsse gefunden werden. Man beschloß, es zugunsten der Tochter Alexandra aufzusetzen, damit sie mit Tschertkow zusammen die Editionen der allgemeinen Nutzung übergeben könne.

Tolstoi war nervös.

Im Haus läutete das Telefon, ständig wurde angefragt, wann Tolstoi Moskau zu verlassen gedächte. Sofja Andrejewna beschuldigte Tschertkow, er habe etwas von einer Abreise um elf Uhr am Vormittag verlauten lassen. Tschertkow wiederum beschuldigte sie der gleichen Aussage.

Als der offene Kutschwagen mit Tolstoi, Sofja Andrejewna, der Tochter Alexandra und Tschertkow das Tor des Hauses in der Dolgo-Chamownitscheski-Gasse verließ, stand draußen bereits eine kleine Menschenmenge, alle zogen vor Tolstoi die Mützen und Hüte.

Das Gefährt bog nach rechts ab, überquerte den Subowski-Boulevard; die hohen dichten Baumkronen wurden schon gelb. Weiter ging es die Pretschistenka entlang, vorüber an einstöckigen verputzten Holzhäusern mit Vorgärten und Adelsvillen aus Stein; sämtliche Fenster waren schwarz von Menschen, die Tolstoi sehen wollten. Das Moskauer Katzenkopfplaster dröhnte.

Man überquerte den Boulevard-Ring, rechter Hand schimmerte schneeweiß die gewaltige Christus-Erlöser-Kirche mit ihren fünf goldenen Zwiebeltürmen. Durch das Borowizki-Tor fuhr man in den stillen Kreml, vorüber an den alten Kathedralen. Hinter der Moskwa und den ziemlich niedrigen Kokorew-Lagerhäusern standen inmitten grüner Gärten und Gemüseschläge die Holzhäuser des Stadtbezirks Samoskworetschje und die hohen alten Gotteshäuser.

Die Kutsche bog nach links ab. Sofja Andrejewna betrachtete die Kathedralen, Häuser und Plätze des Kreml, wo sie ihre Jugend verbracht hatte; man passierte Iwan den Großen, die dunkelkupferne

Kuppe der gewaltigen Zarenglocke und verließ den Kreml durch das Spasski-Tor. Rechter Hand leuchtete bunt wie ein blühender Strauch die Basilius-Kathedrale, wieder kam eine Brücke und wieder der Fluß mit Lastkähnen.

Vom Richtplatz aus folgten viele Augen Tolstoi.

Man fuhr die Iljinka entlang, am Geschäftsviertel Torgowyje Rjady vorüber und gelangte auf die Marossejka. An roten Ziegelmauern prangten Moskaus schwarzgoldene Schilder, mattgolden blinkten die Kirchenglocken.

Droschkenkutscher standen vom Bock auf, lüfteten den Hut und verbeugten sich, als Tolstoi vorüberfuhr.

Auf den Gehsteigen verneigten sich Geistliche, auf den Plattformen der Pferdebahn beugten sich Menschen übers Geländer und schauten auf Tolstoi. Immer mehr Menschen überfluteten die Trottoirs.

Moskaus Straßenpflaster dröhnte. Man erreichte die Sadowaja. Hier hatte sich eine Menschemenge versammelt.

Neben dem Gefährt lief an Tolstois Seite lange Zeit eine begeisterte rotwangige Studentin mit, schwenkte ihr Strohhütchen, weinte und rief etwas, dann blieb sie stehen und lächelte freudig.

Wieder waren die Fenster schwarz von Menschen, blinkten Schilder an den Häusern. Aus den Fenstern begrüßten die Leute Tolstoi.

Der riesige Platz vor dem Kursker Bahnhof war voller Menschen, die meisten waren Schüler.

Der offenen Kalesche folgten Droschken mit Doktor Berkenhejm, Sergejenko, mit Korrespondenten verschiedener Zeitungen und vielen anderen.

Auf dem Platz, heißt es, seien 10.000 bis 15.000, vielleicht auch 20.000 Menschen gewesen.

Als die Kalesche am Rande des Platzes auftauchte, ertönten Schreie. Jeder zog die Mütze. Der Weg zum Bahnhof war unpassierbar. Tolstoi stieg aus. Die Menge schrie: »Hoch, hoch, Lew Tolstoi! Es lebe der große Kämpfer!«

Wie wir wissen, hatte Tolstoi 1908 seine Schrift *Ich kann nicht schweigen* publiziert. Der Mann, der das Nichtwidersetzen predigte, war, ohne es zu wissen, zum großen Kämpfer und Beschützer des Volkes geworden.

Er stand auf dem Platz. Die riesige Fläche vor ihm war gesprenkelt mit Blau und Grün: Studenten der Universität und der Petrow-Rasumow-Landwirtschaftsakademie schwenkten ihre Mützen.

Tolstoi schritt an der Seite Tschertkows voran, begleitet von der Tochter Alexandra und Sofja Andrejewna. Tschertkow war hochgewachsen, stämmig, Alexandra kräftig wie ein Mann und etwas größer als Tolstoi.

Die Menge bemühte sich, Tolstoi zum Bahnhof durchzulassen, man bildete Ketten, die aber immer wieder zerrissen wurden.

Die Menge machte Tolstoi freiwillig Platz. Er ging durch die enge lange Gasse, Sofja Andrejewna am Arm; den Vater behütend, schritt Alexandra gelassen dahin. Hinter den dreien kam Tschertkow im weißen Panamahut, ihm folgte A. P. Sergejenko, gebückt trug er den Koffer mit Tolstois Manuskripten.

An den Stufen zur Bahnhofshalle ballte sich die Menschenmenge zusammen. Tschertkow bohrte sich hinein. Wieder bildeten sich Ketten, wieder rissen sie. Immer wieder rückte die Menge nach vorn. Auf einmal öffnete jemand ein Fenster des Bahnhofsgebäudes. Ein Teil der Menge stürzte hin, so daß Tolstoi und seine Begleiter das Bahnhofsgebäude betreten konnten.

Im riesigen Bau dröhnte die aufgeregte Menge. Viele Tausende erregte, rufende, strahlende Menschen: Studenten, Arbeiter, Studentinnen, Damen, Militärs, sogar ein paar Geistliche. Über die Köpfe hinweg wurden Blumensträuße in weißem Papier und hellblauen Schleifen weitergereicht. Die Menschen sprangen im Bahnhofsgebäude auf die Polsterbänke, auf die Fensterbretter.

Kein Eisenbahner, kein Gendarm war zu sehen.

Im Gewühl schimmerte Tschertkows weißer Panama. Tschertkow bohrte sich durch die Menge wie ein Rammbock und war sich in diesem Augenblick seiner Bedeutsamkeit und Notwendigkeit bewußt.

Tolstoi schritt hinter ihm. Um ihn herum bildeten sich Ketten, die erneut zerfielen. Neben ihm schritt Sofja Andrejewna, hochrot, mit glänzenden, glücklichen, aufgeregten Augen und verbeugte sich leicht nach rechts und links.

Tolstoi stieg in den Wagen. Die Begleiter hasteten durcheinander und wollten allerlei wissen: »Wo ist das Gepäck? Wo ist die karierte Plaidhülle? Wo ist der Koffer? Fahren wir alle im selben Wagen?«

Tolstoi nahm am Fenster Platz. Sein Gesicht drückte weder Erschöpfung noch Unzufriedenheit aus.

Möglich, daß er traurig war.

Die Gattin wiederholte entzückt ein Mal ums andere: »Wie Zaren ... wie Zaren haben sie uns verabschiedet!«

Zum Fenster herein drang das Dröhnen der tosenden Menge: »Hurra! Er lebe hoch!«

»Wie Zaren«, sagte Tolstoi. »Das bedeutet, daß wir schlechte Menschen sind.«

Tschertkow sagte in gelassenem und überlegtem Ton: »Ich glaube,

Lew Nikolajewitsch, es wäre gut, wenn Sie ans Fenster träten und sich von der Menge verabschiedeten.«

»Nun, warum nicht«, entgegnete Tolstoi, erhob sich leicht, ging auf den Gang hinaus und trat zum Fenster.

Das Dröhnen und Lärmen verzehnfachte sich. Tausende Arme winkten mit Taschentüchern, Schirmmützen flogen in die Luft.

Tolstoi nahm seinen Hut ab und sagte, sich nach allen Seiten verbeugend: »Ich danke! Ich danke für die guten Gefühle!«

»Ruhe! Ruhe!« schrie es in der Menge. »Er spricht!«

Tolstoi sagte mit plötzlich gefestigter Stimme: »Ich danke! Nie hätte ich solche Freude erwartet, solche Mitgefühlsäußerung von seiten der Menschen. Vielen Dank!« rief er mit fester Stimme.

»Ihnen sei Dank!« brüllte die Menge.

Man schrie: »Hurra! Hoch, hoch!«

Der Zug fuhr an.

Wie hypnotisiert folgte die Menschenmenge dem Zug. Man rannte bereits nebenher. Der Zug rollte immer schneller, die meisten blieben zurück und schrien hinterher, einzelne Gruppen aber rannten noch immer nebenher und riefen »Hurra!« und »Hoch!«

Tschertkow saß erschöpft auf seinem Polstersitz und wischte sich mit dem Taschentuch den Schweiß von Gesicht, Hals und Ohren.

Tolstoi schrieb später in einem Brief: »Diese Verabschiedung hat in mir die alte Wunde der Eitelkeit erneut aufgerissen.«

Ein paar Stunden später, schon nach der Ankunft auf Jasnaja Poljana, fiel Tolstoi in eine tiefe Ohnmacht, die zwei Stunden anhielt.

Winter, Frühling und Sommer 1910

Auf Jasnaja Poljana lebte man wie immer. Das Haus war voller Menschen; später sagte Sofja Andrejewna, wenn sie sich über Geldschwierigkeiten beklagte, daß sie für Tolstois Geld achtunddreißig Menschen verpflegen mußte. Ihre Angestellten zählte sie dabei nicht mit. Hier lebten die Söhne mit ihren Frauen, die geschiedenen Frauen der Söhne, Kinder der Söhne, Enkel der Söhne, andere Verwandte und Gnadenbrotempfängerinnen. Das Haus wimmelte von Menschen, die gewohnt waren, daß man ihnen ihr Essen servierte, alles nachräumte, die Betten machte. Man führte ein schlichtes, aber müßiges Leben mit einer Menge kleinlicher Sorgen, das viel Geld verschlang. Das Leben rollte ab wie aufgezogen, und kein Mensch außer Tolstoi merkte es.

Er litt. Am 17. Februar 1910 schrieb er ins Tagebuch: »Bekam einen rührenden Brief von einem Studenten aus Kiew, der mich überzeugen möchte, aus meinem Hause in die Armut zu gehen.«

Landstreicher zogen durch Jasnaja Poljana nach Moskau.

Sie gingen ohne Ziel, ohne Hoffnung auf Arbeit. Aus Moskau trieb man die Armen per Schub heim an ihren Wohnort, man nannte sie »Spiridon Kehrt-um-Marsch«. Die Dörfler nahmen die Wandernden über Nacht auf, wenn ihr Weg sie durch Jasnaja Poljana führte. Der Gemeindediener verteilte sie auf die Häuser; er führte sie weder zum Popen noch zum Küster, auch nicht zum Krämer. Tolstois Haus kam natürlich keinem Menschen in den Sinn, das Haus hinter den weißen Türmen, wohin eine Allee führte, wo winters reinweiße Schneewehen lagen und die gefegten Wege säumten, das Haus, vor dessen Eingang im Frühjahr Krokusse, im Sommer Rosen blühten.

Die Füße in zerfetzten Schuhen, den Leib in Lumpen gehüllt, folgten die Landstreicher dem Gemeindediener in die Bauernkaten. Die Bewohner hatten ein Herz für die Leute, sie gaben ihnen am Abend ein Stück Brot und heißes Wasser, das über die schon viele Male gebrühten Teeblätter gegossen worden war.

Ein Landstreicher erzählte: »Nirgendwo gibt's zu essen. Überall Zäune. Keine Arbeit. Wer seine Arbeit verliert, kriegt nie wieder welche.«

Am Morgen zog er weiter.

Tolstoi sah solche Menschen und sprach mit ihnen.

Im Winter kam einer der Söhne vor das Herrenhaus gefahren, ein bärtiger, wohlgenährter Mann. Der Schlitten war mit einer Bärenfelldecke ausgelegt. Drei Pferde hintereinander im Gespann, auf daß die Fahrt flott über schmale Winterwege ging. Der Kutscher, ein Bild von einem Mann, gut gekleidet, wohlgenährt, die geschickten Arme zu den Pferden gereckt.

Der rotwangige, lächelnde Herr knöpfte eigenhändig die Bärendecke auf, stieg aus, begrüßte die Mutter.

Armut und Reichtum traten hier auf dem Dorf offen zutage. Kein anderer als Lew Tolstoi hatte den Reichtum seiner Söhne geschaffen. Kein anderer als er hatte nichts für das Dorf ausgerichtet. Es hatte eine Schule gegeben auf Jasnaja Poljana, aber das lag lange Zeit zurück. Die Schüler waren erwachsen, er, Tolstoi, war zurückgeblieben mit dem Bewußtsein der Widerwärtigkeit seines Daseins inmitten von Menschen, die arbeiteten, um gerade eben dem Hunger- und Kältetod zu entgehen.

Was zu tun sei, wußte nicht nur Tolstoi nicht.

Er wurde in einer Aprilnacht wach und notierte: »Um fünf Uhr aufgewacht und immerzu gegrübelt, wie herauskommen, was tun? Und ich weiß es nicht. Gedachte zu schreiben. Auch Schreiben ist widerlich, wenn man in diesem Leben bleibt. Mit ihr reden? Fortgehen? Nach und nach verändern?« Er konnte nichts anfangen. Er konnte nichts verändern.

»Ein irrsinnig schöner Frühling. Jedesmal wieder traut man seinen Augen nicht. Kommt all die Schönheit tatsächlich erneut aus dem Nichts?«

Für Tolstoi war der Frühling ein Wunder.

Es war schwer. Neben dem großen Park, worin herrliche, nutzlose Bäume wuchsen, grünte der Rasen, blühten Blumen, das Dorf aber war arm, es fehlten Ziegel für Schornsteine. Aus Ziegelhütten ragten Eisenrohre, die von irgendwoher aus der Stadt stammten. Die Ziegelhütten waren mit Strohdächern gedeckt. Auch den Ziegeln verdankten die Dörfler keine Freude, keine Wohlhabenheit.

Das Dorf verarmte.

Am 10. April notierte Tolstoi: »Welch große Sünde habe ich begangen, indem ich den Kindern das Vermögen gegeben habe! Jedem habe ich Schaden zugefügt, sogar den Töchtern. Ganz klar sehe ich das jetzt.«

Zur selben Zeit schrieb Sofja Andrejewna in ihr Tagebuch: »Daheim. Ein bezaubernder Frühlingstag mit Sonne. Abends Gewitter. Bin überall herumgelaufen, habe den Frühling genossen. Weiße Krokusse blühen auf der Wiese und kleine gelbe Feldblumen, und Tanja hat ein aufgeblühtes Lungenkräutlein gefunden. Am Tage hat es kurz geregnet. Hafer wurde nicht viel ausgesät, nur auf dem Hügel. Bin müde.«

Dann blühten die Veilchen. Die Apfelplantage, der riesige, von Tolstoi gepflanzte Obstgarten, der zu den größten Europas gehörte. Die Bienen erwachten zum Leben. Schwarz-golden brummten sie in den weißlichrosa Blütenkelchen.

Tolstoi sah gern zu, wie eine Biene von einer Blume zur anderen flog, den Honig aus zwölf Blüten sammelte und fortflog.

Er sah gerne, wie Bäume wuchsen und einander ablösten. Er hatte eine Birkenallee angepflanzt, später setzte man junge Tannen dazwischen. Die Tanne wächst in den ersten fünf Lebensjahren wie ein Mensch. Eine zweijährige Tanne ist wie ein zweijähriger Knabe, eine dreijährige wie ein dreijähriger, und so geht es bis zum fünften Lebensjahr, dann sammelt die Tanne Kräfte und wird zum schnellwachsenden Baum. Die Birken umflochten zuerst die kleinen Tannen, kämpften gegen sie an, aber die Tannen wuchsen einträchtig, fingen an, die Birken zu bedrängen, und schon führte von Jasnaja Poljana hinab zur Chaussee eine Tannenallee, die die Birken mit den aufbrechenden Blüten gleichsam gefangengenommen hatte und sie mit den Jahren vermutlich ablösen würde.

Der Frühling war da, wieder ein Frühling! Der alte Mann geriet in helles Entzücken.

Am 1. Mai beobachtete er auf der Chausee ein Automobilrennen. Der allgegenwärtige Kameramann Drankow mit seinem leichten Holzapparat Marke *Pathé* kam gerade noch rechtzeitig herbeigelaufen, um folgende Szene zu filmen: Lew Tolstoi, wie er, die linke Schulter ein wenig angehoben, im gegürteten Mantel dahinschreitet. Er sieht aus, wie wir ihn heute von Hunderten von Bildern kennen. So, als wäre er noch heute am Leben. An ihm vorüber flitzten komische kurze Autos mit senkrechten Steuerrädern; man meint, sie rollten nicht vor fünfzig, sondern vor zweihundertfünfzig Jahren, so sehr haben sie sich inzwischen verändert.

Aus eigenem Antrieb oder eines Defektes wegen hielt ein Fahrer an. Tolstoi trat zu ihm. Der Fahrer öffnete die Kühlerhaube und zeigte dem Schriftsteller den Motor der Neuheit.

Tage vergingen und brachten Kummer. Längst schon waren die Apfelblüten auf die Wege gefallen. Die Linden blühten. Achmed aus Daghestan, der berittene Waldhüter im Tscherkessenrock, den Sofja Andrejewna angestellt hatte, brachte am 4. Juli einen an die Riemenpeitsche gebundenen rothaarigen Alten, Prokofi Wlassow, zum Balkon des Herrenhauses. Tolstoi kannte Wlassow, er war sein ehemaliger Schüler, ein Lieblingsschüler sogar. Ihm hatte er vom Krieg 1812 erzählt und davon, wie Shilin, der russische Offizier, aus tscherkessischer Gefangenschaft zu den Seinen flieht, auch von Hadschi Murat hatte er ihm erzählt.

Zu demselben Prokofi Wlassow hatte Tolstoi auch den französischen Journalisten Déroulède geführt, als dieser kam, um über die russisch-französische Allianz zu sprechen.

Prokofi war nicht eigentlich gegen die Franzosen, doch fragte er sich, wozu man Krieg führen müsse, wo es doch auf der Welt so viel Arbeit gab und wo sein, Prokofis, Heu noch nicht von der Wiese herunter war, die Getreideernte aber schon bevorstand.

Der Franzose betastete mit seinen gepflegten Fingern Prokofis hanfleinenes Hemd und erläuterte, wie Russen und Franzosen die Deutschen von zwei Seiten in die Zange nahmen.

Auf ironische Weise tat Prokofi, als verstünde er die Überheblichkeit des Franzosen nicht. Er hatte am eigenen Fell und am Hanfleinenhemd erfahren, wo Verbrechen herkommen. Nun stand er gefesselt vor Tolstoi, weil er in dessen Wald Holz für einen Balken geschlagen hatte – seine Scheune drohte umzufallen, er brauchte Stützbalken.

Tolstoi notierte in sein Tagebuch: »Mir wurde furchtbar schwer ums Herz, dachte geradezu daran, fortzugehen.« Und am Morgen des 5. Juni schrieb er erneut, er halte ein Fortgehen nicht für unmöglich.

Im Hause war es unruhig. Der Hausherr alterte unter Besorgnissen. Abends saß er, gähnend, die weiße Nachtmütze auf dem Kopf, am Fenster: der Tag hatte ihn müde gemacht. Die Zeitgrenze seines Lebens zeichnete sich bereits ab, und die Erben machten sich Sorgen, wie es weitergehen sollte; sie äußerten es nicht eben freundlich. Tolstoi hatte das ständige Beobachtetwerden satt. Seine Tagebücher wanderten zu Tschertkow. Seine Tagebücher wurden von Sofja Andrejewna durchgesehen.

Da besorgte er sich ein kleines privates Tagebuch, das er im Stiefelschaft bei sich trug. Im ganzen großen Hause war kein Ort, wo er es hätte verstecken können.

Einmal erlitt er einen Ohnmachtsanfall. Sofja Andrejewna umsorgte ihn, zog ihn aus, bejammerte ihn.

Sie streifte seine Stiefel ab und entdeckte das Büchlein. Selbstverständlich las sie es. Und so erfuhr man im Hause, daß es irgendwo ein Testament gab. Und dies, wo ständig Verleger erschienen und baten, ihnen die Werkausgabe zu verkaufen. Das Haus würde nahezu eine Million Rubel bekommen, die zumindest zeitweilig sämtliche materiellen Probleme lösen, alle im Haus sättigen und gewährleisten würde, daß alles weiterlief wie bisher; aber nein, der alte Mann, der so lange am Leben blieb, mußte sich etwas Neues einfallen lassen.

Tolstoi wurde verhört und behelligt. Die Söhne begriffen, wenn der Vater nicht deutlich »nein« sagte, hieß das »ja«, folglich gab es ein Testament. Eigentlich hätte er zur Tochter Tatjana oder zu Olsufjew, auch ins Kloster zu Maria Nikolajewna reisen können, um dort die Zeit zu überbrücken, oder aber ins Dorf. Er suchte den Bauern M. P. Nowikow, einen alten Bekannten, auf, fragte ihn, ob ein wenn auch kleines, so doch sauberes, warmes Häuschen zu mieten sei. Nowikow riet ihm davon ab, sein Leben zu verändern.

Inzwischen kam eine Flut von Briefen herein. Rußland hatte sich verändert, das Volk hatte erfahren, wie sehr es übervorteilt worden war.

Alles, was die Gewalt früher als Maskierung benutzt hatte, den Ornat des Zaren, die Krone, die goldenen Kirchenkuppeln, die Besitzdokumente, die Zäune, die Wächter, alles war geblieben, nur eindeutiger geworden.

Tolstoi begriff, daß das Volk für etwas Neues reif geworden war, und er begrüßte das. Er erkannte selbst, daß die Welt, in der er lebte, eine verlogene Welt war, daß es nicht anging, abzuwarten, bis sie sich veränderte. Es ging nicht an, sich von dieser Welt loszuschreiben mit Dokumenten, die das Vermögen auf den Namen eines anderen übertrugen, denn außer dem Besitz gab es ja noch die Nutznießung, und er, Tolstoi, hatte sich nicht sehr weit entfernt von den Leuten, die einfach in ihren alten Häusern saßen und den lieben Gott einen guten Mann sein ließen.

Die ruhig vor sich hinlebten.

Das Testament wird rechtskräftig gemacht

Schwierig, zu verstehen, aus welchem Grunde die Unterzeichnung des Testaments derart kompliziert und Tolstoi gegenüber so hartherzig realisiert wurde.

W. G. Tschertkow war ein Mann von englischer Schule und an die Präzision der englischen Prozeßordnung gewöhnt. Die übrigen Tschertkowleute um Tolstoi waren eifrige, aber unverständige Menschen. Nachdem Tolstoi in Krekschino sein Testament unterzeichnet hatte, fanden drei Beratungen mit dem Anwalt Murawjow statt. Es stellte sich heraus, daß alles verkehrt gemacht worden war. Man beschloß, das Testament erneut unterzeichnen zu lassen. Dazu begab man sich wiederum zu Tolstoi.

Der alte Mann war zwar besorgt, aber munter. Weil sein Heim ihn belastete, ritt er täglich seine fünfzehn, zwanzig Kilometer.

Er wählte steile Pfade, fürchtete keine Steigungen, wo er sich am Rist des Pferdes festhalten mußte, um nicht zu fallen. Er genoß das Reiten und genierte sich zugleich deswegen. Er sah, daß den Bauern Pferde zum Pflügen fehlten, während er, der alte Gutsherr, sich zum Vergnügen ein Pferd hielt. Eines Tages ordnete er an, seinem Delir die Eisen abzunehmen und ihn zur Herde hinauszuschicken. Später redete man ihm so lange zu, bis er seine Ritte wieder aufnahm. Sie waren seine einzige Freude, sein einziges Vergnügen, die einzigen Stunden, in denen er allein und für sich nachdenken konnte.

Tolstoi war alt geworden. Nur im Sattel fühlte er sich nicht wie zweiundachtzig, sondern wie vierzig.

Ende Oktober 1909 kam F. A. Strachow nach Jasnaja Poljana und erzählte Tolstoi von seinen Schwierigkeiten. Er wies den Text für ein neues Testament vor, der vom Anwalt aufgesetzt worden war.

Da Tschertkow es ablehnte, juristisch als Erbe nominiert zu werden, wurde die Tochter Alexandra als Alleinerbin eingesetzt und beauftragt, die Angelegenheiten des literarischen Eigentums nach dem Tod des Schriftstellers zu regeln.

Von Jasnaja Poljana zurückgekehrt, berichtete Tschertkow, Tolstoi habe überraschend den Wunsch geäußert, nicht nur seine nach 1881 verfaßten Werke der allgemeinen Nutzung zu übergeben, sondern überhaupt alles, was er je geschrieben hatte. Das war für Tschertkow neu und überraschend.

Früher hatte Tolstoi selbst hin und wieder im Scherz geäußert, seine alten Arbeiten seien nichts als Geplauder eines alten Gauklers vor seinem Gauklerzelt, sie dienten unter anderem dazu, die Leute an einen Ort zu locken, wo sie dann etwas völlig anderes zu sehen bekämen. In sozusagen offiziellen Gesprächen äußerte er, das wichtigste von allem, was er geleistet habe, seien seine Artikel und seine religiösen Belehrungen.

Das Jahr 1881 war für ihn eine Art Wasserscheide, eine Art Umwandlung. Was vor 1881 seiner alten adligen Familie gehört hatte, sollte danach der ganzen Menschheit, die sich religiös wandeln sollte, gehören.

Natürlich war das nicht die Wahrheit. Leben und Schaffen Tolstois sind kontinuierlich verbunden.

Über Dinge, die er im Alter aussprach, hatte er bereits nachgedacht, als er den *Morgen eines Gutsbesitzers* schrieb. Zwischen den *Kosaken* und *Krieg und Frieden* gibt es keinerlei Bruch. Lewin in *Anna Karenina* quälen die gleichen Zweifel, die Tolstoi in seiner *Beichte* niedergeschrieben hat.

Hinzu kommt, daß der Schriftsteller auch nach 1881 fortfuhr, große Kunstwerke zu schreiben. Allerdings bemühte er sich, sie mit einer Moralpredigt abzuschließen wie *Die Kreutzersonate* und *Auferstehung;* allein *Hadschi Murat* beginnt und endet poetisch.

Die Verkündung des neuen Willens ist das Ergebnis seiner erneuten Erkenntnis der Tatsache, daß er eine ungeteilte, einsame Persönlichkeit war, es ist die Anerkennung seines künstlerischen Schaffens.

Das hängt auch damit zusammen, daß er jetzt wieder den Wunsch verspürte, *Kunstwerke* zu schreiben, damit erwachte auch sein früheres Verhalten zu seinem Schaffen zu neuem Leben.

Seit dem Winter 1909 dachte er über eine neue künstlerische Form nach. Kurz vor seinem Tode legte er seine Hoffnungen, ein neues Werk zu schaffen, schriftlich nieder: »O wie schön könnte das sein! Und wie es mich anzieht! Was für ein großes Werk könnte das werden! Und eben denke ich es mir zurecht, ohne jeden Gedanken an die Folgen, die ja jedes echte Werk haben muß, also auch ein echt künstlerisches. O wie schön könnte das sein.«

Es ist die Sehnsucht nach einem »echten Kunstwerk« und ohne unmittelbares Bedenken der Schlußfolgerungen, der »Folgen«, es ist die Begeisterung, die der Befreiung vorangeht.

Tolstoi schrieb Entwürfe, erdichtete Neues und schrieb unerhört klar, reif, sogar jugendlich.

Um die neue Willenserklärung Tolstois voranzutreiben, bat Tschertkow A. B. Goldenwejser, mit F. A. Strachow den Schriftsteller am 1. November zu besuchen.

Tolstoi schloß alle Türen in den Nebenräumen, las den Wortlaut des Testaments sehr aufmerksam durch, staunte über die leblose Sprache des juristischen Dokuments. Den Text schrieb er selbst ab, sogar ohne Verbesserungen, was ihm voll und ganz gelang. Als Zeugen unterschrieben Goldenwejser, dann Strachow, der ein paar Minuten später eintraf. Man fürchtete die ganze Zeit, Sofja Andrejewna könnte hereinkommen. Schließlich war das Testament unterzeichnet, und Goldenwejser verbarg es in seiner Aktenmappe.

Doch damit war die Angelegenheit noch nicht erledigt. Tolstoi wünschte in das Testament aufzunehmen, daß er im Falle des Ablebens seiner Tochter Alexandra seine Tochter Tatjana Suchotina als Erbin einsetze. Hierzu mußte ein neues Testament aufgesetzt werden. Das geschah am 17. Juli 1910.

Doch auch in dieses Dokument schlich sich ein Fehler ein: die letzten Zeilen, die über die Zeugen der Testamentsunterzeichnung aussagten, waren nicht von Tolstoi selbst geschrieben. So sah es vom juristischen Standpunkt aus, als wäre das Testament nicht von A bis Z in Gegenwart des Erblassers niedergeschrieben worden.

Ein weiteres Testament entstand.

Der Bericht über die Unterzeichnung des letzten Testaments ist erhalten geblieben; er ist derart dramatisch, daß ich ihn, wenn auch gekürzt, anführen möchte.

Es geschah am 22. Juli 1910. Im Gutshaus von Teljatinki erschien zu Pferde der Pianist A. B. Goldenwejser und teilte mit, Tolstoi befinde sich auf einem Spazierritt und halte sich im Augenblick im alten Hegewald nahe dem Flecken Grumant auf, wo er die Zeugen erwarte, um den neuen Testamentstext zu unterzeichnen. Er bitte, man möge Anatoli Radynski, den er scherzhaft »Obristensohn« zu nennen pflegte, und Aljoscha Sergejenko, den er von Kind an kannte, mitbringen.

Man sattelte die Pferde. Drei Männer galoppierten zu Tolstoi.

Man nahm den kürzesten Weg durch einen Birkenwald am Bach entlang. Man suchte Tolstoi und entdeckte ihn nicht gleich. Man ritt weiter und erblickte den Alten auf seinem Delir, in weißem Hut und weißem Hemd; sein weißer Bart wehte im leisen Sommerwind. Der Reiter stand auf einem Hügel und war vor dem Hintergrund des tiefblauen Himmels gut zu sehen.

Man begrüßte sich. Man ritt im Gänsemarsch dahin. Tolstoi ließ sein Pferd in leichtem Trab über ein abgemähtes Roggenfeld laufen, an Schobern vorüber, auf den alten staatlichen Wald zu.

Angekommen, hielt er kurz sein Pferd an, überlegte, in welcher Richtung der Ritt weitergehen sollte, doch wußte er hier Bescheid. Er lenkte Delir auf schmalem Weg direkt in den Wald hinein, verließ dann den Weg und nahm überraschend Kurs mitten in das Waldesdickicht. Das treue, kurzsichtige, lammfromme Pferd, gewohnt, seinen Herrn lange Jahre durch Wälder zu tragen, gehorchte der geringsten Handbewegung seines Reiters, trug ihn unter Zweigen hindurch immer im gleichen Trab, als ginge es einen wohlvertrauten Weg entlang. Die Pferde der Begleiter aber blieben zurück. Die Zeugen beugten ihre Köpfe unter den Ästen oder schoben Zweige beiseite.

Tief im Waldesinnern hielt Tolstoi an einem Baumstumpf und saß ab. Das gleiche taten die Zeugen. Tolstoi setzte sich auf den Baumstumpf, holte einen englischen Füllfederhalter, der damals als »Reservoirfeder« bezeichnet wurde, aus der Tasche und bat um Schreibpapier. Sergejenko hatte Papier und einen Bogen Karton als Unterlage bei sich. Goldenwejser hielt den Entwurf des Testamentes in der Hand.

Ein Bein übers andere geschlagen, saß Tolstoi auf seinem Baumstumpf, legte den Karton mit dem Papier auf ein Knie und begann zu schreiben: »1910, im Juli, am zweiundzwantzigsten Tage . . .« Er bemerkte den Schreibfehler, den er gemacht hatte, indem er »zwanzig« mit einem »t« geschrieben hatte, wollte neu beginnen und griff nach einem leeren Bogen, dann aber lächelte er und sagte: »Ach, sollen sie denken, ich sei Analphabet gewesen.« Und fügte hinzu: »Ich schreibe es in Zahlen daneben, damit es keine Zweifel gibt.«

Es bereitete ihm Schwierigkeiten, auf dem Baumstumpf sitzend, den Entwurf abzuschreiben, so daß Goldenwejser begann, ihm den Wortlaut zu verlesen.

Tolstoi schrieb sorgsam, mit doppelten Trennungszeichen am Ende und am Anfang der Zeilen, wie es in alten Zeiten Brauch gewesen war. Zuerst schrieb er gedrängt, dann sah er, daß reichlich Platz vorhanden war, und begann ausladender zu schreiben. Außerdem setzte er ein Papier mit zusätzlichen Verfügungen auf.

Dann erhob er sich vom Baumstumpf und ging zu seinem Pferd.

»Wie belastend doch all die juristischen Schikanen sind«, sagte er.

Dann sprang er, für einen Zweiundachtzigjährigen außerordentlich gewandt, aufs Pferd.

»Na, leb wohl«, sagte er und streckte Sergejenko die Rechte hin.

Das ganze Ereignis zeichnete er an jenem Tage in seinem Tagebuch mit den Worten auf: »Im Walde geschrieben.«

W. Bulgakow berichtet vom Abend des gleichen Tages, des 22. Juli: Zufällig bekam Tolstoi Besuch von einer Finnin, auch Tschertkow war zugegen.

»Dann gingen wir alle auf die Terrasse Tee trinken, auch Sofja Andrejewna. Sie war in fürchterlicher Stimmung, nervös und unruhig. Dem Gast, nein, allen Anwesenden gegenüber benahm sie sich grob und herausfordernd. Man kann sich denken, wie dies auf uns alle wirkte. Alle saßen gespannt und niedergedrückt da. Tschertkow sah aus, als hätte er ein Lineal verschluckt: er saß sehr gerade da mit steinernem Gesicht. Auf dem Tisch kochte gemütlich der Samowar, als leuchtend roter Fleck prangte auf dem weißen Tischtuch eine Schale mit Himbeeren, die am Tisch Sitzenden jedoch rührten kaum ihre Teetassen an und saßen da, als müßten sie einen lästigen Dienst verrichten.«

Herbst. Jasnaja Poljana

1

Wenn wir Briefe Sofja Andrejewnas an Tolstoi lesen, wird ersichtlich, daß sie ihren Gatten liebte und sogar auf ihre Art zu behüten suchte. Und trotzdem war das, was sich im Hause abspielte, entsetzlich.

Wenn wir Briefe Tschertkows an Tolstoi lesen, wird ersichtlich, daß er ihn hochachtete und keinen andern Stolz, keine andere Position in seinem Leben kannte als die, Tolstois Schüler zu sein. Trotzdem quälte er seinen Mentor. Auch Menschen, die mit Sofja Andrejewna oder mit Tschertkow verbunden waren, taten das Ihre, um Tolstoi zu quälen.

Das Testament war unterzeichnet und wurde ziemlich bald entdeckt; das Heim zerfiel.

Die Söhne quälten den Vater auf ihre Weise.

Andrej war schroff, mitleidslos, von seinen Wünschen geblendet. Er schoß in den Dorfstraßen von Jasnaja Poljana die Hunde ab. Das war keine reizvolle Beute, aber für den Vater ergaben sich daraus Aufregungen und Betrübnis die Menge.

Im *Tagebuch für mich allein* notierte Tolstoi am 29. Juli 1910:

»Andrej gehört einfach zu den Menschen, von denen man nur schwer denken kann, in ihnen lebe eine göttliche Seele (aber es gibt sie, denk daran).«

Andrej besaß eine Seele, vermutlich sogar eine leidenschaftliche, aber er hatte sie 1910 dem Geld verschrieben.

Tolstoi notierte am 27. Juli:

»Andrej kam und fragte, ob es ein Dokument gebe. Ich sagte, ich will nicht antworten. Sehr schwer ums Herz. Ich glaube nicht, daß es ihnen allein um das Geld geht. Es ist fürchterlich. Für mich aber nur gut.«

»Nur gut« schrieb er, weil solche Dinge ihn von der Familie lösten, ihn gleichsam von ihr befreiten.

Über Sofja Andrejewna schrieb er in seinem *Tagebuch für mich allein:* »Ich bin imstande, sie völlig aufrichtig zu lieben, was ich in bezug auf Lew nicht kann.«

Der Sohn Lew war keine krankhafte, wohl aber eine verblüffende Erscheinung.

In Aufzeichnungen vom 2. Februar 1907 gibt Tolstoi seinem Entsetzen über den Sohn Ausdruck. »Staunenswert und bedauerlich – ihn quält Neid auf mich, der in Haß umschlägt.«

Die Unterzeichnung des Testaments legte vor Tolstois Augen das Herz seiner Familie bloß, das Herz von Eigentümern.

Verglichen mit Andrej erwies sich Lew als der Schlechtere. Formal gesehen, gehörte er in den Bereich der Kunst: er war ein schlechter Schriftsteller, ein schlechter Bildhauer, er loderte vor Neid auf seinen Vater und keilte in dessen Tagebuchaufzeichnungen Bemerkungen hinein, wie sehr er den Vater hasse.

Sofja Andrejewna schrieb Briefe an ihren Mann, flehte ihn an, das Testament zu vernichten, drohte mit Selbstmord. Verleger kamen angereist, boten Geld. Es gab aber auch noch Freunde, W. M. Feokritowa, die Stenographin, die mit Alexandra Lwowna befreundet und Tschertkow gefügig war; den Pianisten Alexander Goldenwejser als Vertrauensmann Tschertkows. Alle mengten sich in die Familienangelegenheiten der Tolstois und bewirkten, daß sich das Verhältnis der beiden Ehegatten immer mehr zuspitzte. Ein Familienzwist, der mitstenographiert, wortwörtlich aufgeschrieben und fixiert wird, ist etwas Fürchterliches. Doch genau so wurde es gemacht. Man unterrichtete Tolstoi von dem wahnwitzigen Geschrei der Gattin. Vom 4. September an begann Goldenwejser, ihm Aufzeichnungen von Äußerungen Sofja Andrejewnas zu übermitteln. Sie drohte, sie und ihre Söhne würden Tolstoi für altersirrsinnig erklären lassen. Sie sagte, der

Zar würde Schiedsrichter sein zwischen ihr und Tolstoi. Reden wurden geführt, die nicht einmal gar so wahnwitzig waren, man sprach von Entmündigung. Aber alles das war ja auch dummes Gewäsch und hysterisches Geschrei. Mit der Gewissenhaftigkeit des kleinen Verehrers eines großen Mannes informierte Goldenwejser Tolstoi über das Geschrei. Dieser antwortete:

»Wie schwer es auch ist, das alles zu wissen und zu wissen, daß so viele fremde Menschen darum wissen, das Wissen darum ist mir nützlich. Allerdings ist das, was W. M. schreibt und was Sie darüber denken, stark zum Schlechten hin übertrieben, und der krankhafte Zustand sowie die Vermischung guter Empfindungen mit unguten sind nicht berücksichtigt.«

Jasnaja Poljana zerfiel in zwei Parteien. Zu der einen, angeführt von Tschertkow, gehörten Alexandra Lwowna, Warwara Michailowna Feokritowa und Goldenwejser. Die Gegenpartei bildeten Sofja Andrejewna und die Söhne.

Ganz und gar auf seiten der Mutter stand Andrej; Ilja und Michail hielten sich nur selten auf Jasnaja Poljana auf. Sergej als anständiger Mensch versuchte den Zwist beizulegen; er war nicht geldgierig. Tatjana Lwowna, die Jasnaja Poljana selten besuchte, stand ein wenig abseits und wäre eine gute Vermittlerin zwischen den Gegnern gewesen. Eine Vermittlung aber war unmöglich, weil die Menschen einander nicht zuhörten. Tatjana zankte sich mit Alexandra; die alte Schmidt, eine ehemalige Klassenerzieherin, die unweit von Jasnaja Poljana wohnte und ihren Lebensunterhalt durch Arbeit auf dem eigenen Gemüsefeld verdiente, kam und bat, man möge sich versöhnen; sie wurde hinausgeworfen. All das spielte sich vor den Augen eines sehr alten Mannes ab.

Nun stellen Sie sich einmal vor, was für ein Mensch der zweiundachtzigjährige Tolstoi war.

Zweiundachtzig Jahre sind fast die äußerste Grenze eines Menschenlebens. Bis dahin hatte Tolstoi so viele Bücher geschrieben, so viele Fassungen dieser Bücher geschaffen, so viel gearbeitet, und dies tagtäglich, daß ein Schriftsteller, der lediglich gezwungen würde, sämtliche Fassungen abzuschreiben, an Stenokardie erkranken würde.

Tolstoi war ein begeisterter, unermüdlich arbeitender Mann. Auch mit zweiundachtzig noch war er kräftig, und das führte zur Selbsttäuschung. Er meinte, er sei noch kein Greis. Im Spätherbst, am 27. Oktober, machte er mit Dušan Makovický einen Spazierritt von sechzehn Werst. Man mußte über eine tiefe, wilde Schlucht mit steilen Wänden setzen, er kroch auf allen vieren über einen zugefrorenen Bach und erkletterte das steile Ufer. Er war ein kräftiger Mann.

Er war ein großer Mann, der immer noch seine Vorstellung von der Welt hatte und in gewissem Maße fortfuhr, die Angelegenheiten auf der Welt mitzuverändern. Doch war er auch ein Greis, der abends dasaß, Schach spielte, Musik hörte, Karten spielte und sich an fremde Menschen zu schmiegen suchte, weil sie ihn vor dem häuslichen Gezänk schützten.

2

Inzwischen spitzte sich der Kampf der indischen Patrioten in Transvaal zu. Hunderte indischer Familien saßen im Gefängnis. Darüber schrieb Gandhi am 15. August 1910 an Tolstoi:

»Sehr geehrter Herr, ich bin Ihnen außerordentlich dankbar für Ihren ermutigenden und herzlichen Brief vom 8. Mai d. J. Ich schätze Ihr allgemeines Urteil über meine Broschüre *Indian Home Rule* sehr hoch und werde darauf warten, daß Sie, sowie Sie die dafür finden, sich über meine Arbeit ausführlicher äußern, wie Sie es mir freundlicherweise in Ihrem Briefe in Aussicht stellen.

Kallenbach schreibt Ihnen über die *Tolstoi-Farm.* Mit Kallenbach bin ich seit vielen Jahren befreundet. Ich kann über ihn sagen, daß auch er die meisten der Prüfungen durchgemacht hat, die Sie so bildhaft in Ihrem Traktat *Die Beichte* beschreiben.«

Hinter Gandhi stand das unterdrückte Indien – Dörfer, denen man das Gemeindeland geraubt hatte, verarmte Handwerker. In Indien war die patriarchalische bäuerliche Wirtschaftsweise erhalten geblieben. Indiens Hauptfeind und Unterdrücker war für jedermann sichtbar: der Engländer. Was Tolstoi vom Nichtwidersetzen gesprochen hatte, klang in Indien wie ein Aufruf zur Einigkeit. Die Inder kauften keine englischen Stoffe mehr. In den Dörfern summten wieder die Spindeln der Handwerker, die alten Webstühle traten wieder in Aktion. Die Inder kauften keine englischen Manufakturwaren, kein englisches Salz, sie gewannen ihr Salz selbst aus Meerwasser. Sie isolierten die Engländer im unterjochten Land. So kleben Bienen eine diebische Maus, die in den Bienenstock einbricht, mit Wachs zu.

Gandhis Freund Kallenbach schrieb 1910 an Tolstoi:

»Ohne Ihre Erlaubnis zu erbitten, nannte ich meine Farm *Tolstoi-Farm.* Da ich mich einmal Ihres Namens bedient habe, halte ich es für meine Pflicht, Ihnen das mitzuteilen, und kann zu meiner Rechtfertigung hinzufügen, daß ich mir alle Mühe geben werde, um gemäß den Ideen zu leben, die Sie so furchtlos in die Welt hineintragen.«

Nicht nur die Farm, auch der indische Befreiungsgedanke in seiner

Gesamtheit und der Kampf gegen die Engländer wurde dank Tarakchandra Das und Gandhi, die furchtlos Tolstois Gedanken zu Ende sprachen, durch Tolstois Namen zu einer Einheit.

Der Brief erreichte Jasnaja Poljana im September.

Tolstois langer Antwortbrief an Gandhi schließt folgendermaßen:

»Die Regierungen wissen, wo ihre Hauptgefahr lauert, und sie wachen in dieser Frage mit scharfem Blick jetzt nicht nur über ihre Interessen, sondern über die Frage Sein oder Nichtsein.«

Der Sieg war nahe; die Inder erzielten ihn jedoch erst nach der Revolution, die Tolstoi so hartnäckig ablehnte.

Auch innerhalb seines Hauses versuchte er, durch Nichtwiderstand zu siegen. Dafür fetzte man ihn in Stücke wie eine Beute.

Sofja Andrejewna inszenierte lärmvoll heuchlerische Skandale. Sie rannte hinaus in den Garten, legte sich ins Gras, mit der Drohung, sich zu erkälten, sie blamierte den alten Mann vor den Feldhütern und vor dem ganzen Dorf; die Söhne marterten ihn, indem sie den Genialen für verrückt erklärten.

Man kann sich an einen Menschen von außergewöhnlichem Format so weit gewöhnen, daß man die Vorstellung von seiner wahren Größe verliert. Daheim betrachtete man Tolstoi bereits als einen Greis, der sein Leben zu Ende fristete. Auch in seinen eigenen Augen war er ein Greis, obgleich er mit zweiundachtzig nicht nur ritt, sondern auch versuchte, Gymnastik zu treiben, und bei einem Klimmzug einen Schrank auf sich kippte. Er steckte voll künstlerischer Ideen und las nicht nur die Vorwürfe, die ihm von Lesern zugesandt wurden, er war sogar der Ansicht, die Vorwürfe bestünden zu Recht und er müsse sie mit Taten beantworten.

Man mag nicht über das gesamte Auf und Ab des Familiengezänks berichten, darüber, wie der Sohn Lew den Vater anschrie »wie einen grünen Bengel«, darüber, wie Sofja Andrejewna vor den Augen des Gatten ein Glas mit Opium zum Munde führte und des Nachts zweimal Schreckschüsse aus einer Kinderpistole abgab, um einen Selbstmord vorzutäuschen.

Tolstoi hielt sich für schuldig. Er glaubte, er müsse alle Erben zusammenrufen und ihnen seinen Letzten Willen offen verkünden. Er sagte sogar, Tschertkow habe ihn hereingelegt, indem er an die Testamentsgeschichte derart konspirativ herangegangen war. Tschertkow wurde davon in Kenntnis gesetzt.

3

Tschertkow war Tolstois engster Freund. Ein Schüler, der eifersüchtig danach trachtete, dem Lehrer zu gleichen.

Seine Briefe an Tolstoi sind rein sachlicher Natur. Sein langer Brief vom 11. August 1910 nimmt in Goldenwejsers Buch zwölf Druckseiten ein. Tschertkow hat ihn Goldenwejser zur Veröffentlichung in dessen Tagebuch übergeben. Er ist in Abschnitte gegliedert, eingeschoben sind Äußerungen Sofja Andrejewnas mit Repliken Tolstois.

Tschertkow schrieb an den Schriftsteller über dessen eigene Handlungen, als koordinierte er Zeugenaussagen, und er behauptete, Tolstoi habe die ganze Zeit selbständig gehandelt.

Er wollte bei seinem Mentor mehr erreichen als Sofja Andrejewna bei ihrem Gatten.

Formaljuristisch gehörte Tschertkows großes Vermögen nicht ihm, sondern seiner Mutter. Er wurde nicht ausgezahlt, er unterstand der bigotten Dame, die meinte, wenn man an Christus glaube, könne man als eine Gerechte leben, ohne die Lebensweise zu verändern, und brauche nur das Äußere zu ändern. Tschertkow wünschte nur eins, daß Tolstois nach 1881 erschienene Werke nicht Erbteil der Familie würden.

Ursprünglich ging der Kampf nur darum.

Unmittelbares Interesse an Tolstois Kunstwerken hatte Tschertkow nicht. In der riesigen Korrespondenz zwischen Tolstoi und Tschertkow werden *Krieg und Frieden, Die Kosaken, Anna Karenina* nicht erwähnt; *Der Gefangene im Kaukasus* findet Erwähnung, weil Tschertkow Shilin zu einem völlig positiven Helden zu machen wünschte, einem Mann, der gegen die Gebirgsbewohner, die ihn gefangennehmen, keinerlei Listen anwendet, selbst dann nicht, wenn es für seine Befreiung notwendig ist.

Ursprünglich ging es also nur um Tolstois Spätwerke. Ich erinnere daran, daß N. N. Gussew, Tolstois Biograph und ein ausgezeichneter Kenner seiner Werke, als junger Mann Tolstois Sekretär gewesen war und ihm sehr nahegestanden hatte. Man nahm ihn fest, brachte ihn aus Tolstois Haus fort, und Alexandra Lwowna gab ihm *Krieg und Frieden* mit, damit er es lese. Vorher hatte er es wenig gekannt, weil er annahm, es habe keinerlei religiös-moralische Bedeutung. Damals sah es aus, als hätte Tolstoi, für Außenstehende zumindest, sich ebenso zu *Krieg und Frieden* verhalten.

Tschertkow erinnert zu Beginn des bereits zitierten vielseitigen Augustbriefes an Interessen des Posrednik-Verlages und an Verpflichtungen Tolstois dem Verlag gegenüber.

Danach spricht er von einer für die Firma materiellen Notwendigkeit, *sämtliche* Werke Tolstois aus der späteren Periode zu verlegen. Das hätte Einnahmen ergeben.

»Später wurden die Einnahmen zur Deckung eines übrigens recht unbedeutenden Teiles der außerordentlich bedeutenden Ausgaben für die Verbreitung Ihrer in Rußland nicht genehmigten Schriften in einer für die Leute möglichst zugänglichen Form verwendet.«

Tschertkow erwähnt auch seinen »Anteil an den Ausgaben«.

Dann kommt er auf die Manuskripte zu sprechen: Der Besitz von Manuskripten garantierte das Druckrecht für die Erstausgabe.

Besonders besorgt war Tschertkow um die Tagebücher; sie waren nicht nur Tolstois Autobiographie, sondern enthielten auch Beurteilungen von Menschen seiner Umgebung und enthüllten seine Weltanschauung.

Die Tagebücher befanden sich in Tschertkows Händen. Sofja Andrejewna verlangte die Rückgabe. Tolstoi ließ sie sich zustellen und deponierte sie in der Bank von Tula, damit niemand sie las.

Der Bruch der Geheimhaltung persönlicher Aufzeichnungen belastete ihn.

Erwähnt sei, daß er mehrmals bat, aus den Tagebüchern die unfreundlichen Worte auszumerzen, die sich auf Sofja Andrejewna und die Söhne beziehen. Er riß sogar ganze Seiten heraus, aber sie wurden von Boulanger und von Tschertkow aufgesammelt und sind erhalten geblieben. Das Ausgestrichene wurde fast lückenlos entziffert.

Tolstoi schrieb an Sofja Andrejewna Briefe, worin er widerlegte, was er im Tagebuch aufgezeichnet hatte. Er begriff mehr, als sich während eines Zankes begreifen läßt, das heißt, er begriff die Logik im Wahnwitz der Gattin, und das entwaffnete ihn. Während eines Streits stand er über den Dingen.

Aber die Zeit verging. Im Oktober notierte Tolstoi im *Tagebuch für mich allein:*

»Heute spürte ich ganz stark das Bedürfnis nach künstlerischer Arbeit, und ich sehe, daß es unmöglich ist, sie aufzunehmen, ihretwegen, wegen ihrer Aufdringlichkeit, wegen des inneren Kampfes. Gewiß, dieser Kampf und die Möglichkeit, in diesem Kampfe zu siegen, ist wichtiger als alle möglichen Kunstwerke.«

Wenn Tolstoi »sie« und »ihretwegen« schreibt, meint er, wie mir scheint, seine künstlerische Arbeit und den Kampf gegen Sofja Andrejewna gleichermaßen. Er wollte in diesem Kampf recht behalten, und er traf seine Wahl. Er wollte Schwieriges wählen, und am schwierigsten war, wie ihm schien, dazubleiben.

Sofja Andrejewna liebte wahrscheinlich ihren Lew Nikolajewitsch.

Die Söhne jedenfalls waren stolz auf den Namen Tolstoi, sie hielten sich nicht für Grafen schlechthin, sondern für Söhne des Grafen Lew Nikolajewitsch Tolstoi auf Jasnaja Poljana. Noch sehnlicher aber wünschte die Gattin, jedermann wüßte, daß Lew Nikolajewitsch sie liebte. An ihrem 48. Hochzeitstag bestand sie darauf, daß ihr Mann sich mit ihr photographieren ließ; ein Photo war in solchen Fällen recht und billig, etwas Übliches und Legitimes. Tolstoi steht gerade und streng da und blickt direkt in den Apparat. Seitlich neben ihm die Gattin, eine Dame in tadelloser Haltung, das Gesicht dem Gatten zugewandt. Sie stützt sich mit dem Arm auf ihn – nein, sie hält ihn fest. In ihren Tagebüchern äußert sie Genugtuung darüber, daß alle Welt diese Aufnahme zu sehen bekäme.

4

Tolstois wollte fortgehen. Seit dreißig Jahren wollte er sein Haus verlassen. Eines Tages erschien auf Jasnaja Poljana ein Matrose von der *Potjomkin.*

Tolstoi ging mit ihm spazieren. Er wollte den Mann »zum Verschnaufen« auf Tschertkows Gut unterbringen, doch Tschertkow weigerte sich, den Flüchtigen aufzunehmen. Für Tolstoi war der Matrose so etwas wie ein Bruder, ein Flüchtling, der eine Grenze überschritten hatte, der erzählen konnte, wie man fortging, wie ein Hindernis überwunden wird. Die beiden Männer gingen lange miteinander spazieren.

Tolstoi war sich nicht schlüssig, wohin er fahren sollte; ob er sich in einem Dorf verbergen oder zu Denissenko in die Gegend von Nowotscherkassk fliehen sollte – Denissenko hatte Möglichkeiten, einen Paß zu besorgen; oder sollte er vielleicht zur Schwarzmeerküste fahren, wo es eine Tolstoianerkolonie gab? Wir wissen nicht bis ins letzte, wohin er zu reisen gedachte. Er wurde bewacht. Für ihn gab es keine Nahestehenden. Alexandra Lwowna, mutig, stark, treu ergeben, war physisch dem Vater nachgeraten, charakterlich und psychisch der Mutter. Auch sie war eine Hysterikerin, aber eine ruhige. Und für den Vater war sie die Liebste, die Teuerste unter lauter Fremden!

Den eigenen Leuten mußte man auf die Finger klopfen, mußte sie sogar bedrohen.

Am 21. Oktober notierte Tolstoi im Tagebuch: »Sehr schwer trage ich an meiner Prüfung. Ich muß ständig an Nowikows Worte: ›Mit der Peitsche mal drüberspaziert, schon ist sie viel besser geworden‹ und die von Iwan: ›Nach unserem Brauch geben wir's ihr mit dem Riemen‹ denken, und ich bin mit mir selbst unzufrieden. Nachts an

Abreise gedacht. Sascha hat viel mit ihr gesprochen, ich aber unterdrücke nur mit Mühe das ungute Gefühl.«

Nowikow, ein Bauer, der gut lesen und schreiben konnte, ein Freund Tolstois, hatte eine Verwandte, die unmäßig trank. Nowikow erzählte ohne Hintergedanken, wie ihr Mann sie mit der Peitsche zur Räson gebracht habe.

Als Sofja Andrejewna kreuz und quer durch den Garten rannte, hatte der alte Wächter Iwan zu Tolstoi gesagt: »Nach unserem Brauch geben wir ihr's mit dem Riemen.«

Tolstoi stand in den Augen der einfachen Männer als komische Figur da, ihre Logik hingegen verstand er gut, und er schämte sich nicht, weil er seine Frau nicht prügelte, sondern weil er ein Kerl war, der mit einer Frau, die, wie er selbst sagte, »aus den Zügeln gesprungen war«, nicht fertig wurde.

Am 25. Oktober schrieb er: »Immer noch das gleiche belastende Gefühl. Verdächtigungen, lauernde Augen und der sündhafte Wunsch, sie möge Anlaß geben zum Wegfahren. So schlecht bin ich. Und denke ich ans Wegfahren und an ihre Lage, tut sie mir leid, und ich bringe das auch nicht fertig.«

Die Dinge neigten sich ihrem Ende zu. Nach Jasnaja Poljana kam Natalia Alexejewna Almedingen, Redakteurin der Kinderzeitschrift *Proswestschenije;* sie kam mit dem Vorschlag, Tolstoi solle die Werkausgabe verkaufen. Sofja Andrejewna beruhigte sich. Sie sagte, Lew Nikolajewitsch sei gesund und ruhig. Wenn er sich gereizt zeigte, nahm sie an, an allem sei seine Leber schuld. Sie las der Almedingen ihre Aufzeichnungen über ihre Mädchenzeit und ihre Hochzeit vor. Draußen regnete es bei zehn Grad plus. Sofja Andrejewna ging zwischen den Tannenbäumchen spazieren, die sie einst in Gegenwart ihres kleines Sohnes Wanetschka gepflanzt hatte.

Schnee fiel und taute. Es wurde wieder warm. Der Sohn Andrej kam. Vermutlich führte er Gespräche mit der Almedingen. Sofja Andrejewna freute sich: Andrej war ein Apfel von ihrem Stamm, anders als die Tochter Sascha. Eine neue Offensive stand bevor.

Nachdem Tolstoi sein Haus verlassen hatte, schrieb er:

»Legte mich halb zwölf nieder. Schlief bis gegen drei Uhr. Wachte auf, und wieder, wie in früheren Nächten, hörte ich Schritte und Türenöffnen. In früheren Nächten schaute ich nicht auf meine Tür, jetzt blickte ich hin und sah durch die Ritzen helles Licht im Arbeitszimmer. Rascheln. Sofja Andrejewna suchte etwas, wahrscheinlich las sie. Am Vortag hatte sie gebeten, ja verlangt, ich solle keine Tür abschließen. Ihre beiden Türen standen offen, so daß sie meine geringste Bewegung hören konnte. Tagsüber und in der Nacht mußte sie über alle meine Bewegungen, meine Worte Bescheid wissen und sie unter Kontrolle haben. Wieder Schritte, behutsames Türöffnen, und sie ging vorüber. Ich wußte nicht, warum das bei mir ununterdrückbaren Abscheu und Empörung auslöste. Wollte einschlafen, konnte nicht, wälzte mich etwa eine Stunde, zündete die Kerze an und setzte mich. Da öffnete sich die Tür, und herein kam Sofja Andrejewna, fragte mich ›nach der Gesundheit‹ und wunderte sich über das Licht, das sie bei mir sah. Abscheu und Empörung nahmen zu, ich schnappte nach Luft, zählte den Puls: 97. Konnte nicht liegen und faßte plötzlich den endgültigen Entschluß, wegzufahren. Schrieb ihr einen Brief, fing an, das Notwendigste zu packen, nur weg, weg. Weckte Dušan, dann Sascha, sie halfen mir beim Packen. Ich zitterte bei dem Gedanken, sie könnte etwas hören, eine Szene machen, hysterisch werden, und ohne eine Szene könnte ich dann nicht mehr fort. Nach fünf Uhr war alles schlecht und recht gepackt; ich ging zum Pferdestall, um anspannen zu lassen; Dušan, Sascha, Warja legten die letzte Hand ans Gepäck. Es war so finster, daß man die Hand nicht vor den Augen sah, ich kam vom Weg zum Seitenflügel ab, geriet ins Dickicht, stach mich, rannte gegen Bäume, fiel hin, verlor meine Mütze und fand sie nicht wieder, gelangte mit Müh und Not auf den Weg, ging heim, nahm mir eine Mütze und gelangte mit einer Taschenlampe zum Stall, ließ anspannen. Sascha, Dušan, Warja kamen. Ich zitterte, weil ich auf die Verfolgung wartete. Aber da fuhren wir schon. In Stschekino warteten wir eine Stunde, und ich befürchtete jede Minute, daß sie auftauchen würde. Aber da saßen wir im Abteil, der Zug fuhr ab, und die Angst wich. Mitleid mit ihr stieg auf, aber keine Zweifel, daß ich getan hatte, was sein mußte. Vielleicht irre ich mich, wenn ich mich rechtfertige, aber ich glaube, ich habe nicht mich gerettet, nicht den Mann Lew Nikolajewitsch, sondern das, was zuweilen und zumindest zu einem winzigen Teil in mir ist.«

5

Tolstoi fuhr in der Nacht zum 28. Oktober um fünf Uhr am Morgen von daheim fort.

An Bargeld hatte er 39 Rubel bei sich; Makovický hatte 300 Rubel, das Geld hatte Alexandra ihm noch zustecken können.

Alles spielte sich so ab, wie er es berichtet. Später schrieb ihm Sofja Andrejewna, um sich zu rechtfertigen, sie habe nicht das Testament gesucht, sie habe nur die Mappe berührt, in der Annahme, Tolstois Tagebuch läge darin, und ins Arbeitszimmer sei sie gegangen, weil der neue Hausgenosse, das gelbe Hündchen, hineingerannt sei, sie aber habe es verjagen wollen, da habe sie die Mappe gesehen und sie angefaßt.

Wie nun hatte sich Tolstois Abreise abgespielt?

Am 28. Oktober um drei Uhr morgens erschien Tolstoi im Schlafrock und mit Pantoffeln an den bloßen Füßen bei Makovický, weckte ihn und sagte: »Ich habe mich entschlossen, wegzufahren. Sie fahren mit mir. Ich gehe nach oben, kommen Sie dann, aber wecken Sie Sofja Andrejewna ja nicht. Viel Gepäck nehmen wir nicht mit.«

Makovický kam nach oben. Tolstoi saß angekleidet da, auf dem Tisch lag ein Brief an Sofja Andrejewna:

»Meine Abreise wird Dich betrüben. Das bedauere ich, aber begreife es, und glaube mir, daß ich nicht anders handeln konnte. Meine Lage im Hause wird unerträglich, ist es schon geworden. Abgesehen von allem Schlechten kann ich nicht länger unter den luxuriösen Bedingungen leben, unter denen ich gelebt habe, und ich tue, was alte Leute in meinen Jahren für gewöhnlich tun: sie gehen fort aus dem weltlichen Leben, um in Zurückgezogenheit und Stille ihre letzten Lebenstage zu verbringen.

Bitte, versteh das, und reise mir nicht nach, wenn Du erfährst, wo ich bin. Deine Ankunft würde nur Deine und meine Lage verschlechtern, aber nichts an meinem Entschluß ändern. Ich danke Dir für Dein getreues, achtundvierzig Jahre langes Leben mit mir, und ich bitte Dich, mir alles zu verzeihen, womit ich mich vor Dir schuldig gemacht habe, ebenso wie auch ich Dir von ganzem Herzen alles vergebe, womit Du Dich vor mir schuldig gemacht haben könntest. Ich rate Dir, Dich mit der neuen Lage, in die Dich meine Abreise bringt, abzufinden und keine unguten Gefühle gegen mich zu hegen. Wenn Du mir etwas mitteilen möchtest, kannst Du es über Sascha tun, sie wird wissen, wo ich bin, und läßt mir zukommen, was nötig ist; sagen, wo ich bin, kann sie Dir jedoch nicht, weil ich ihr das Versprechen abgenommen habe, es niemandem zu sagen.

Lew Tolstoi.

28. Oktober.

Mit dem Verpacken und Übersenden meiner Sachen und Manuskripte habe ich Sascha beauftragt.«

Auf dem Umschlag steht: »An Sofja Andrejewna.«

Tolstois Flucht

Zwischen Tolstois Schlafzimmer und dem Schlafzimmer Sofja Andrejewnas lagen drei Türen. Die Gattin pflegte alle drei des Nachts zu öffnen, um zu hören, was ihr Mann tat. Tolstoi schloß alle Türen, ging leise hinaus, weckte den Kutscher, ließ anspannen.

Die Nacht war dunkel, es war feucht und morastig.

Tolstoi half dem Kutscher beim Anspannen. Sie fuhren los. In den Dörfern wurden schon zaghaft Lichter angezündet und die Öfen geheizt. Aus den Schornsteinen stiegen ruhige, in der Höhe zerfließende bläuliche Rauchsäulen in den grauen Morgenhimmel.

Am Dorfausgang lockerten sich bei einem der Pferde die Zügel. Man mußte anhalten. Aus manchen Katen traten schon Bauern.

Das Gefährt fuhr aus dem Dorf auf die Landstraße. Bis dahin herrschte Schweigen, jetzt fragte Tolstoi: »Wo könnten wir hinfahren, um möglichst weit wegzukommen?«

Makovický schlug vor, nach Bessarabien zu reisen, wo Gussarow, ein Moskauer Arbeiter, mit seiner Familie auf dem Lande lebte. Tolstoi kannte Gussarow gut, sagte aber nichts.

Man fuhr nach Stschekino. Die Fahrt dauerte lange.

Schließlich war man am Ziel. Es erwies sich, daß in zwanzig Minuten ein Zug nach Tula, in zwei Stunden einer nach Gorbatschowo fuhr. Tolstoi erkundigte sich beim Büfettier und beim Fahrdienstleiter nach der Verbindung zwischen Gorbatschowo und Koselsk.

Wladimir Korolenko äußerte, Lew Tolstoi sei voll kindlichen Vertrauens in die Welt hinausgegangen. Weder er noch Dušan Makovický dachten an die Möglichkeit, zu lügen, sie hätten ja zum Beispiel eine Fahrkarte bis zu einem Ort lösen können, der weiter als ihr Reiseziel lag. So kam es, daß sie den Verfolgern eine sehr deutliche Spur hinterließen. Einen Augenblick lang wollte Tolstoi in Richtung Tula fahren, weil der Tulaer Zug eher abfuhr; er glaubte, so die Verfolger irreführen zu können. Aber von Tula hätte man wieder zurückfahren müssen. Offensichtlich hatte Tolstoi vor, zu Marja Nikolajewna Tolstaja nach Schamordino zu fahren, folglich hätte die Reise wiederum über Koslowaja-Sperre geführt, wo man ihn kannte. Daher beschloß man, auf dem Bahnhof zu warten.

In Stschekino saßen sie anderthalb Stunden fest. Tolstoi erwartete von Minute zu Minute Sofja Andrejewna.

Um 7 Uhr 55 am Morgen stieg er mit Makovický in den Zug. Makovický wußte nicht, wohin die Reise ging, und fragte auch nicht danach. Nach seinen Worten setzte Tolstoi sich in ein Einzelabteil in der Mitte eines Wagens 2. Klasse. Makovický holte ein Kissen hervor und machte es dem alten Mann bequem. Tolstoi war schweigsam, sehr erschöpft und wortkarg. Makovický verließ das Abteil. Als er nach anderthalb Stunden wiederkam, schlummerte Tolstoi. Der Arzt wärmte Kaffee auf dem Spirituskocher. Man trank ihn gemeinsam. Tolstoi sagte: »Was Sofja Andrejewna jetzt wohl mach? Sie tut mir leid.«

Man erreichte die Station Gorbatschewo.

Tolstoi entschloß sich, von dort dritter Klasse weiterzufahren. Man trug das Gepäck zum Zug Suchinitschi–Koselsk. Dieser Zug war ein gemischter Zug, er führte Güter- und Personenwagen, es gab nur einen Wagen dritter Klasse, und der war überfüllt. Mehr als die Hälfte der Reisenden rauchte. Einige Fahrgäste mit Fahrkarten dritter Klasse, die keinen Platz mehr fanden, gingen in heizbare Güterwagen.

Ein windiger Herbsttag brach an. Tolstoi nahm in einem Mittelabteil des Wagens Platz – Makovický ging wortlos fort, er wollte erreichen, daß noch ein Wagen angehängt würde. Auf der Station war bereits bekannt, daß Tolstoi unterwegs war. Auf die Bitte, der vielen Reisenden wegen einen Wagen anzuhängen, fing der Fahrdienstleiter an, sich unentschlossen und unwillig herauszureden; vermutlich durfte er nicht selbständig entscheiden. Wenige Minuten später jedoch kam der Oberschaffner durch den Wagen und sagte, es würde ein Wagen angehängt. Tolstois Wagen war überfüllt. Viele standen in den Gängen und auf der Plattform. Es wurde das zweite-, kurz darauf das drittemal zur Abfahrt geläutet, aber nichts geschah. Makovický rannte zum Fahrdienstleiter. Man sagte ihm, es sei kein freier Wagen vorhanden.

Der Zug fuhr an.

Makovický beschreibt den Wagen so: »Unser Wagen war der schlechteste und engste von allen, in denen ich je durch Rußland gereist bin. Der Eingang mündete nicht im Längsgang. Jeder, der während des Anfahrens den Wagen betrat, riskierte, sich das Gesicht an der Ecke der leicht angehobenen Rückwand einzuschlagen, die sich genau gegenüber der Türmitte befand und umgangen werden mußte. Die Abteile waren ebenso schmal wie die Abstände zwischen den Sitzbänken, auch für Gepäck war kaum Platz. Die Luft war nikotingeschwängert.«

Vermutlich war Tolstoi in einen der Wagen geraten, wie sie damals als vierte Klasse liefen. Sitzbänke gab es nur an einer Seite. Das Innere war mit trübgrauer Farbe gestrichen. Hob man die oberen Liegebretter an, fügten sie sich aneinander.

Makovický wollte Tolstois Platz mit dem Reiseplaid polstern, aber der alte Mann lehnte ab.

Im Wagen war es stickig heiß. Tolstoi legte die Oberbekleidung ab und blieb im knielangen schwarzen Hemd und hohen Stiefeln. Später zog er den pelzgefütterten Mantel über, setzte die Wintermütze auf und begab sich auf die hintere Plattform. Dort standen fünf Raucher, er mußte auf die Vorderplattform gehen. Dort zog es, aber außer ihm waren nur noch eine Frau mit einem Kind und ein Bauer da. Tolstoi stellte den Mantelkragen auf und setzte sich auf seinen Stock mit dem Klappsitz.

Die Außentür stand offen, draußen war leichter Frost, der Zug fuhr nicht schnell, aber es war windig.

Nach etwa zehn Minuten erschien Makovický auf der Plattform und fragte, ob Tolstoi nicht hereinkommen möchte.

Dieser erwiderte, an Wind sei er gewöhnt.

Er blieb eine Dreiviertelstunde draußen sitzen, dann ging er hinein und legte sich auf die schmale Sitzbank.

Doch da hielt der Zug; ein Strom von Reisenden ergoß sich in die Wagen. Genau Tolstoi gegenüber blieb eine Frau mit Kindern stehen. Er überließ ihnen seinen Platz und legte sich nicht mehr hin, die restlichen vier Stunden Fahrt verbrachte er im Sitzen oder stand ein Weilchen auf der vorderen Plattform.

Im Wagen stritt man sich über Sonderland und Repressalien.

Die Leute erzählten, kürzlich seien Bauern mit Ruten abgestraft worden, weil sie an ihrem Feldrain Bäume geschlagen hätten. Zuerst bekamen sie Prügel, dann ergab sich bei Gericht, daß sie im Recht gewesen waren.

Tolstoi kam zurück von der Plattform und beteiligte sich am Gespräch. Er war erregt und blieb stehen; allmählich sammelten sich Menschen um ihn, Kleinbürger, Arbeiter Angehörige der Intelligenz, eine Gymnasiastin.

Man erreichte die Station Belowo. Hier wurde Tolstoi erkannt, als er den Zug verließ, um Tee zu trinken.

Er kehrte in den Wagen zurück und sprach mit den Bauern; Tamanskaja, die Gymnasiastin, schrieb seine Worte zuerst auf, dann fing sie an, die Bedeutung der Wissenschaft zu verteidigen.

Im Wagen spielte jemand Harmonika, man sang dazu. Der Zug fuhr langsam, für 105 Werst brauchte er 6 Stunden 25 Minuten. Diese langsame Fahrerei an einem kalten Herbsttag auf Rußlands Bahnstrecken trug dazu bei, Lew Tolstoi zu töten. In der Ferne zeigte sich ein blauschimmernder Fichtenwald, der Zug fuhr durch das Shisdra-Flußtal.

Um vier Uhr erreichte man Koselsk. Tolstoi stieg zuerst aus. Makovický und ein Träger schafften das Gepäck ins Bahnhofinnere.

Koselsk war eine stille und selbst nach damaligen Begriffen kleine Stadt mit 5000 Einwohnern. Es liegt an der Bahnstrecke, vorüber fließt durch knieförmige Biegungen die flößbare Shisdra.

Tolstoi kam wieder und sagte, er habe schon einen Fuhrmann zur Einsiedelei Optina gemietet.

Koselsk liegt fünf Kilometer von der Einsiedelei Optina entfernt.

Was mochte Tolstoi bewogen haben, dorthin zu fahren? Er mußte doch unbedingt irgendwo Zeit gewinnen und dabei den Aufenthaltsort wechseln, damit die Gattin ihn nicht finden konnte. Einen Paß hatte er nicht bei sich, außerdem hätte das Vorweisen des Passes mit der namentlichen Eintragung, die ihn als Grafen Lew Tolstoi auswies, unweigerlich zu Menschenansammlungen geführt. Ein Reiseziel gab es nicht, im Klostergasthaus jedoch konnte er, wie er wohl wußte, Logis nehmen, dort wurde nicht nach einem Paß gefragt.

Zwischen dem Kloster und Schamordino lagen 18 Kilometer. In Schamordino aber wohnte Tolstois Schwester, der er freundschaftlich verbunden war, wenngleich sie Nonne gewesen war. Keiner der Tolstois seiner Generation war mehr am Leben, sie war die letzte Verwandte, denn seine Familie auf Jasnaja Poljana hatte er ja verlassen.

Eine zweispännige Droschke fuhr vor, dahinter ein zweiter Wagen für das Gepäck. Die Straße war morastig. In Koselsk angelangt, begannen die Fuhrleute zu beraten, ob sie die Straße entlang oder über die Wiesen fahren sollten, das eine war so schlecht wie das andere. Es war bereits dunkel. Der Mond schien durch Wolkenfetzen.

Sie fuhren in die Klosterumfriedung hinein. Dahinter stießen sie auf neue Schlaglöcher und gegen tiefhängende Zweige.

Die Straße zum Kloster führt zunächst durch Vorstadtwiesen, dort beginnt eine Allee aus alten Weiden. Die Bäume hatten ausgelegt, die unteren Zweige streiften das alte Wagenverdeck. Zwar beschnitt man sie, doch bis zum Herbst wuchsen sie wieder nach. Tolstoi reiste im tiefsten Herbst.

Hinter der Allee floß der herbstlich kalte Fluß dahin. Ans andere Ufer gelangte man auf einer alten, naßglitschigen Fähre mit einem Mönch als Fährmann, einem sehr alten, ruhigen Mann, offensichtlich aus dem Bauernstande.

Der Wagen fuhr auf die Fähre, diese sackte ab. Der Fährmann begann am kalten, nassen Fallgatter zu fingern. Rings um die Fähre quirlte das herbstlich kalte Wasser kleine dünne Eisplättchen umher.

Das Kloster lag mitten im finsteren Wald.

Hinter der Anlegestelle stieg die Straße bergan, das Kloster stand auf einem Hügel. Beidseits der Straße ein alter Obstgarten, die Äpfel waren abgeerntet, das Laub aber noch nicht weggeharkt.

Geweißte Klostermauern. Rechter Hand über den Türmen blinkten trübgolden die Wetterfahnenengel.

Man fuhr durch ein altes Tor beim Wirtschaftseingang. Im Innenhof standen Gasthäuser und Kirchen.

Die Wagen hielten vor einem Gasthaus. Der Gästepater Michail, fuchshaarig, fast schon rot, bärtig und freundlich, führte die Ankömmlinge in ein geräumiges Zimmer mit zwei Betten und breiten Polsterbänken. Tolstoi sagte: »Wie schön!«

Und er setzte sich sogleich zum Schreiben nieder.

Er schrieb einen langen Brief und ein Telegramm, das er mit »Nikolajew« unterzeichnete, brachte selbst das Blatt und den Brief dem Fuhrmann Fjodor hinaus, damit er es absende, und mietete den einen Wagen für den nächsten Tag nach Schamordino zur Schwester.

Dann setzte man sich zu Tee mit Honig. Tolstoi nahm sich für den Morgen einen Apfel mit. Er erkundigte sich, wo er seinen Federhalter über Nacht hinlegen könne, fragte nach dem Datum und schrieb in sein Tagebuch:

»In der Nacht vom 27. zum 28. erfolgte der Anstoß, der mich zu handeln zwang. Und nun bin ich in Optina am Abend des 28. An Sascha einen Brief und ein Telegramm abgeschickt.«

Danach legte sich der Alte zur Ruhe.

Und was geschah währenddessen auf Jasnaja Poljana?

Briefe aus Jasnaja Poljana

Am Morgen erwachte Sofja Andrejewna, kleidete sich an, warf einen Blick in das Zimmer des Gatten – und fand ihn dort nicht.

Sie stieg hinauf ins »Remingtonzimmer« (den Raum mit den Schreibmaschinen, auf denen Tolstois Manuskripte abgeschrieben wurden und wo er seine Briefe diktierte). Auch dort war er nicht.

Sie ging in die Bibliothek. Dort informierte man sie über Tolstois Abreise und übergab ihr seinen Brief.

Sie riß den Umschlag auf, las die Zeile: »Meine Abreise wird Dich betrüben«, schleuderte das Blatt auf den Tisch und rannte davon, vor sich hin flüsternd: »Was soll ich machen?«

»Aber so lesen Sie doch den Brief!« riefen Alexandra und Warwara Michailowna ihr nach.

Doch sie lief und lief. Ihr hinterher rannte W. Bulgakow, Tolstois junger Sekretär.

Sofja Andrejewnas graues Kleid huschte zwischen Baumstämmen

dahin. Sie rannte die Lindenallee entlang, hinunter zum Teich, und verbarg sich hinter den Bäumen. Bulgakow stürzte ihr nach. Dann rannte sie schneller.

Den beiden folgten der Koch, Semjon Nikolajewitsch, und ein Diener.

Sofja Andrejewna bog zur Senke ab und verschwand hinter den Büschen.

An Bulgakow vorüber rannte mit raschelnden Röcken Alexandra Lwowna. Die Mutter war bereits dicht am Teich angelangt, an den Stegen, wo sonst Wäsche gespült wurde. Der Teich war tief, mehrmals schon waren Menschen darin ertrunken. Sofja Andrejewna lief einen Steg entlang. Plötzlich rutschte sie aus und fiel rücklings hin. Sie klammerte sich an die Bretter, drehte sich um und ließ sich ins Wasser rollen. Alexandra Lwowna warf im Laufen ihre warme Strickjacke ab und sprang hinterher.

Bulgakow spähte hinab und sah, wie Sofja Andrejewna, das Gesicht nach oben, Wasser schluckte und hilflos mit den Armen ruderte.

Bulgakow war ein großer Mann, das Wasser ging ihm bis zum Hals. Alexandra Lwowna half ihm. Der Diener eilte hinzu. Mit Mühe hoben sie die schwere, nasse Frau aus dem Wasser und trugen sie ans Ufer. Sie sprach, indem sie kraftlos zu Boden sank: »Laßt mich ein bißchen sitzen. Ich will nur ein wenig sitzen.«

Man legte die Arme über Kreuz und trug sie im Sitzen fort.

Man trug sie ins Haus. In der Tür beauftragte Sofja Andrejewna Wanja Schurajew, zur Bahnstation zu fahren und herauszufinden, wohin Tolstoi Fahrkarten gekauft habe. Dann ging sie sich mit Hilfe von Warwara Michailowna und der Wirtschafterin umziehen. Danach lief sie nach unten.

Sie, die große Desorganisatorin ihres ganzen Lebens, sandte unverzüglich das Telegramm ab: »Komm sofort zurück. Sascha«, das heißt, sie unterzeichnete mit dem Namen der Tochter; Wanja zeigte das Blatt Alexandra Lwowna, nicht aus lakaienhafter Liebedienerei, sondern weil überhaupt jedermann im Hause den Hausherrn liebte, Sofja Andrejewna hingegen nicht. Alexandra aber hatte vom Vater bereits ein Telegramm erhalten und eines an ihn abgeschickt mit der Bitte, nur Telegrammen zu trauen, die mit »Alexandra« unterzeichnet seien.

Auf den Bahnstationen waren die Telegrafen bereits in Aktion. Die Tolstois suchten auf allen Strecken. Wanja kam von der Station Jassenski zurück und erklärte, für den Zug Nr. 9 seien vier Fahrkarten ausgegeben worden, zwei zweiter Klasse nach Blagodatnaja, zwei dritter nach Gorbatschowo.

Alexandra Lwowna ließ telegrafisch Andrej, Sergej und Tatjana kommen.

Zufällig kam aus Owsjannikowo die alte Schmidt und blieb da.

Im Laufe des Tages kam Andrej, gab ein Telegramm an den Gouverneur von Tula auf und versprach der Mutter, gleich am nächsten Morgen den Aufenthaltsort des Vaters ausfindig zu machen.

Tolstois Kinder beratschlagten in seinem Hause, was zu unternehmen sei. Sie waren alle versammelt, außer Lew Lwowitsch.

Mischa, der Jüngste, setzte sich ans Klavier, um zu spielen, und ließ wissen, er sei im großen und ganzen mit allen anderen einverstanden. Möglich, daß ihn eine Art Schüchternheit, nicht nur Gleichgültigkeit dazu bewog.

Die anderen waren erregt.

Den längsten Brief an den Vater schrieb Andrej Lwowitsch. Das Schreiben sollte den Vater mit Hilfe eines angedrohten Selbstmordes seiner Frau zurückholen. Der Brief beginnt so:

»Lieber Papa, nur die allerbeste Empfindung, die ich Dir gegenüber bei unserer letzten Begegnung erwähnte, zwingt mich, Dir meine Ansicht auszusprechen über den Zustand, in dem sich unsere Mutter befindet. Wir, Tanja, Serjosha, Ilja, Mischa und ich, haben uns hier versammelt, und so viel wir auch hin und her beraten haben, es gibt keinen Ausweg außer dem einen, unsere Mutter vor dem Selbstmord zu schützen, zu welchem sie sich, dessen bin ich sicher, letzten Endes und endgültig entschließen wird. Das einzige Mittel ist, sie ständig durch gedungene Leute bewachen zu lassen. Sie widersetzt sich natürlich mit allen Kräften und wird sich, dessen bin ich sicher, niemals fügen. Unsere, der Brüder, Lage ist in diesem Falle unmöglich, denn wir können unsere Familie und unsere Dienstboten nicht im Stich lassen, um ständig bei der Mutter zu sein.«

Daher wurde Lew Tolstoi selbst empfohlen, heimzukehren, damit die Mutter ihren Frieden wiedergewinne.

Der Brief schließt wie folgt: »Was jedoch das betrifft, worüber Du zu mir über den Luxus in der materiellen Welt, die Dich umgibt, gesprochen hast, so meine ich, wenn Du Dich damit bis jetzt abgefunden hast, könntest Du die letzten Jahre Deines Lebens der Familie opfern, indem Du Dich mit den äußeren Umständen abfindest.«

Danach ist wiederum die Rede vom Zustand der Mutter, den man ohne tiefstes Leid nicht mitansehen könnte.

Natürlich war es für Andrej Lwowitsch wenig angenehm, Augenzeuge des Zustandes zu sein, in dem die Mutter sich befand. Dennoch ist der Brief in seiner oberflächlichen Trockenheit ein ganz außergewöhnliches Schreiben.

Der Brief Ilja Lwowitschs klingt besser, doch auch darin wird Tolstoi empfohlen, bis zu seinem Tode auszuharren. Das Schreiben sollte Druck auf den Vater ausüben durch den Bericht von den Leiden der Mutter. Es heißt darin, nach des Vaters Abreise »hat die Mutter nun schon zweimal vierundzwanzig Stunden nichts gegessen und nur am Abend einen Schluck Wasser zu sich genommen. Wie es immer ist, mancherlei ist hier künstlich aufgesetzt, zum Teil auch Sentimentalität, zugleich aber ist auch so vieles aufrichtig, daß es keinen Zweifel darüber geben kann, wie gefährdet ihr Leben ist. Wir fürchten einen gewaltsamen Tod, aber ebenso ein langsames Erlöschen durch Leid und Schwermut. Ich denke so, und wir müssen Dir das sagen, wenn wir ehrlich sein wollen. Ich weiß, wie schwer das Leben hier für Dich gewesen ist. Schwer in jeder Beziehung. Aber Du hast doch dieses Dein Leben als Dein Kreuz betrachtet, und ebenso sahen es die Menschen, die Dich kennen und lieben. Es tut mir leid, daß Deine Geduld nicht ausreichte, Dein Kreuz bis zu Ende zu tragen. Du bist doch 82 und Mama 67, Ihr habt Euer Leben hinter Euch, aber man muß verstehen, gut zu sterben.«

Tatjana Lwownas Brief ist kurz. Über die Mutter schreibt sie, sie sei »bedauernswert und rührend«.

»Sie kann nicht anders leben, als sie lebt. Und wahrscheinlich wird sie sich im Grunde niemals ändern. Aber sie braucht entweder Angst oder Macht. Wir alle werden uns bemühen, ihren Willen zu brechen, und ich denke, es wird zu ihrem Besten sein. Verzeih mir. Leb wohl, mein Freund.

Deine *Tanja.*«

Der Brief des Sohnes Sergej rührte Tolstoi.

Sergej war Durchschnitt, ein Liberaler, der den Darwinismus für ein Lebensgesetz hielt und seine geringfügige musikalische Begabung und seine Universitätsbildung schätzte; innerhalb der Tolstoifamilie jedoch erwies sich der Durchschnittsmensch in schwerer Stunde als bester Mann. Er schrieb an den Vater:

»29. Oktober 1910. Liebster Papa, ich schreibe, weil es Dir wohltun dürfte, unsere (der Kinder) Ansicht zu wissen. Ich halte Mama für nervenkrank und in mancherlei Hinsicht für unzurechnungsfähig und glaube, daß Ihr Euch hättet trennen müssen (vielleicht längst schon), so schwer es auch beiden fällt. Ich denke auch, selbst im Falle, daß Mama etwas zustößt, was ich nicht kommen sehe, brauchtest Du Dir keinerlei Vorwürfe zu machen. Die Lage war ausweglos, und ich meine, daß Du den wahren Ausweg gefunden hast. Verzeih, daß ich so offen schreibe.

Serjosha.«

Tolstoi war von diesem Brief tief gerührt, und er dankte dem Sohn brieflich.

Vielleicht war die Ankunft dieses Briefes der schönste Augenblick während der gramvollen Tage seiner Flucht.

Tolstois Weg führt weiter

Im Kloster erhielt Tolstoi durch Sergejenko Briefe von Tschertkow und Alexandra Lwowna mit Nachrichten aus Jasnaja Poljana. Er arbeitete auch im klösterlichen Gasthaus, diktierte Sergejenko Korrekturen seines Briefes an K. Tschukowski über die Todesstrafe.

Um sechs Uhr abends reiste er mit Makovický und Sergejenko zu seiner Schwester nach Schamordino.

Über den Aufenthalt dort informieren uns Erinnerungen von Jelisaweta Valerjanowna Obolenskaja, der Tochter Maria Nikolajewnas, die gerade bei der Mutter zu Besuch weilte, als Tolstoi und Makovický dort ankamen.

»Am 29. Oktober erzählte uns eine Nonne, die aus der Einsiedelei Optina kam, sie habe dort Lew Nikolajewitsch gesehen, er werde heute bei uns eintreffen. Diese Nachricht erregte uns sehr. Daß er auf die Idee kam, im Herbst, bei schlechtem Wetter über schlechte Wege zu uns zu kommen, erschien uns recht seltsam.«

Eisiger Regen fiel, Lastende, hoffnungslos-rauhe Herbstzeit brach an. In der sechsten Stunde betrat Tolstoi die Diele im Hause seiner Schwester. Um den Kopf hatte er einen braunen Baschlyk geschlungen, sein Bart ragte nach vorn, er wirkte sehr geschwächt.

Maria Nikolajewna sagte: »Ljowa, ich freue mich sehr, dich zu sehen, ich fürchte aber, das bedeutet, daß es bei euch daheim nicht zum besten steht.«

Tolstoi antwortete: »Daheim ist es fürchterlich.«

Er berichtete, daß Sofja Andrejewna sich ins Wasser gestürzt hatte, dann darüber, wie er in der letzten Zeit auf Jasnaja Poljana gelebt hatte. Schwester und Nichte hörten ihm weinend zu.

»Ich bin krank«, sagte Tolstoi.

Er berichtete von seinem letzten Anfall und fuhr fort: »Noch so ein Anfall, dann kommt bestimmt der Tod; ein angenehmer Tod, weil ich gänzlich bewußtlos bin, aber ich wünschte mir, bei Bewußtsein zu sterben.«

Weiter erzählte er, wie oft Sofja Andrejewna nachts in sein Arbeitszimmer kam, um zu stöbern und nach dem Testament zu suchen, und wenn er dann aufwachte, fragte sie nach dem Gesundheitszustand ihres Ljowa.

Tolstoi brach in Tränen aus.

»Sie machte mir etwas vor, und auch ich mußte ihr vormachen, daß ich ihr glaubte, und das war schrecklich.«

»Sie ist krank«, sagte Maria Nikolajewna.

Tolstoi überlegte und erwiderte: »Ja, ja, natürlich; aber was hätte ich denn tun sollen, ich hätte Gewalt anwenden müssen, das aber kann ich nicht, und so bin ich eben fortgegangen; ich möchte das jetzt ausnützen, um mein Leben ganz und gar zu ändern.«

Langsam beruhigte sich der alte Mann und sagte, Makovický und Sergejenko seien im Klostergasthaus zurückgeblieben.

Zu Mittag aß er mit Appetit. Er befragte die Schwester ausführlich nach dem Leben im Kloster, berichtete von Militärdienstverweigerern. Sagte, er gedenke eine Weile in Schamordino zu wohnen, erkundigte sich nach dem Preis eines kleinen Hauses. Bargeld besaß er nur noch ganz wenig, fast alles war für Fuhrlohn draufgegangen.

Tolstoi brach frühzeitig zum Gasthaus auf, nachdem er angekündigt hatte: »Ich mache meinen gewohnten Spaziergang, dann arbeite ich ein bißchen und komme zu euch.«

Am nächsten Morgen kam er nicht.

Jelisaweta Valerjanowna ging zu ihm.

Er lag auf der Polsterbank und las, er sagte, ihm täte nichts weh, er fühle sich nur schwach und könne nicht arbeiten; er sei aber durch das Dorf gegangen, habe sich umgesehen, ob eine Bauernkate zu vermieten sei; vorläufig habe er nichts Passendes gefunden.

Danach erzählte die Nichte, sie habe in den Zeitungen von Tolstois Flucht gelesen, auch habe darin gestanden, daß Sofja Andrejewna Andrej gebeten habe, Tolstoi, koste es, was es wolle, ausfindig zu machen und heimzubringen; folglich könne Andrej jederzeit erscheinen.

Tolstoi regte sich sehr auf und sagte: »Rückkehr bedeutet Tod. Noch eine Szene, dann ist Schluß.«

Er bat, man möge ihm einen Sessel schicken; folglich hatte er noch nicht vor, abzureisen.

Um zwei Uhr mittags kam Jelisaweta Valerjanowna wieder. Sie sprachen über den *Lesezirkel,* über Zeitungen. Fieber hatte Tolstoi nicht. Er aß zu Mittag. Er sagte, er habe vor, das Kloster, die Herberge und die Druckerei zu besichtigen.

Maria Nikolajewna bekam Besuch von Alexandra Lwowna und Warwara Michailowna. Die Gäste brachten schlimme Kunde; just zur gleichen Zeit erschien auch Tolstoi; er geriet in Verwirrung und Erregung.

Wieder wurde ihm berichtet, was sich auf Jasnaja Poljana tat.

Man begann Reisepläne zu schmieden, sprach vom Süden, vom Kaukasus, von Bessarabien.

Tolstoi hörte schweigend zu und sagte dann: »Mir gefällt das alles nicht.«

Man nahm am Teetisch Platz. Alexandra Lwowna fand tröstende Worte: »Lassen Sie den Kopf nicht hängen, liebster Papa, alles ist gut.«

»Nein«, erwiderte der Vater, »gar nicht gut.« Und wiederholte: »Nicht gut.«

Dann ging er mit Dušan Makovický fort.

Als er im Gasthaus aufgesucht wurde, saß er in seinem Zimmer und schrieb an Sofja Andrejewna. Hier sein Brief:

»Ein Zusammentreffen zwischen uns und erst recht meine Wiederkehr sind *jetzt* vollkommen unmöglich. Für Dich wäre es, wie jedermann sagt, im höchsten Grade schädlich, für mich wäre es entsetzlich, denn mein Befinden würde infolge Deiner Aufgeregtheit, Gereiztheit, Deines krankhaften Zustandes jetzt, sofern das überhaupt noch möglich ist, noch schlechter werden. Ich rate Dir, Dich abzufinden mit dem, was geschehen ist, Dich in Deine zeitweilig neue Lage zu schicken, hauptsächlich aber – Dich in ärztliche Behandlung zu begeben.

Wenn Du mich, ich sage nicht, liebst, sondern zumindest nicht haßt, mußt Du Dich wenigstens ein bißchen in meine Lage versetzen. Und wenn Du das tust, wirst Du mich nicht nur nicht verurteilen, Du wirst bemüht sein, mir zu helfen, Ruhe zu finden, eine Möglichkeit für irgendeine Art menschlichen Lebens, mir zu helfen durch die Mühe, die Du Dir gibst, und Du wirst dann selbst meine Rückkehr nicht mehr wünschen. Deine jetzige Stimmung aber, Dein Wunsch und Deine Selbstmordversuche, die offenbar mehr als alles andere vom Verlust Deiner Selbstbeherrschung zeugen, machen mir jetzt eine Rückkehr undenkbar. Alle Dir nahestehenden Menschen, mich und hauptsächlich Dich selbst von den Leiden, die wir durchmachen, erlösen kann niemand außer Dir selbst. Gib Dir Mühe, alle Deine Energie nicht darauf zu richten, daß alles so kommt, wie Du es wünschst – momentan also auf meine Rückkehr –, sondern darauf, Dich selbst, Deine Seele zu befrieden, und Du wirst bekommen, was Du wünschst.

Ich habe zwei Tage in Schamordino und in der Einsiedelei Optina verbracht und reise jetzt wieder. Diesen Brief schicke ich von unterwegs ab. Ich sage nicht, wohin ich fahre, weil ich die Trennung für Dich und für mich als notwendig erachte. Glaube nicht, ich sei fortgegangen, weil ich Dich nicht liebte. Ich liebe Dich, und ich bedauere Dich von ganzem Herzen, aber ich kann nicht anders handeln, als ich handle. Dein Brief – ich weiß wohl, daß er aufrichtig gemeint ist, aber es steht nicht in Deiner Macht, zu vollbringen, was Du gern möchtest. Und es geht nicht um die Erfüllung irgendwelcher Wünsche oder Forderungen von mir, es geht nur um Dein Gleichgewicht, um ein ruhiges, vernünftiges Verhalten dem Leben gegenüber. Solange das aber nicht gegeben ist, ist für mich das Leben mit Dir undenkbar. Zu Dir zurückzukehren, während Du in einem derartigen Zustand bist, hieße für mich das Leben aufgeben. Ich halte mich jedoch nicht für berechtigt, das zu tun. Lebe wohl, liebe Sonja, Gott helfe Dir. Das Leben ist eine ernste Sache, es nach eigenem Ermessen fortzuwerfen, haben wir kein Recht, und es an der Länge der Zeit zu messen, ist ebenso unvernünftig. Vielleicht sind die Monate, die uns jetzt noch zum Leben bleiben, wichtiger als all die gelebten Jahre, und wir müssen sie gut leben.

L. T.«

Die Obolenskaja und Alexandra Lwowna suchten Makovický auf. Der saß über einer Landkarte.

Nach einem Weilchen erschien Tolstoi und sagte, als er Makovický über der Karte erblickte: »Aber ich fahre in keine Kolonie und zu keinem Bekannten, ich fahre ganz einfach in eine Kate zu Bauern.«

Dann unterhielt man sich über Zugverbindungen und Reisetermine. Tolstoi begann zu gähnen und sagte: »Ich bin sehr müde. Möchte schlafen. Der Morgen ist klüger als der Abend. Morgen werden wir weitersehen.«

Jelisaweta Valerjanowna ging nach Hause.

Um fünf Uhr morgens hörte sie die Türklingel. Sie lief zur Tür, in der Annahme, Tolstoi sei erkrankt. Im Vorflur stand Makovický mit einer Lampe in der Hand. Er sagte: »Wir reisen sofort.«

»Was? Warum? Wohin?«

»Lew Nikolajewitsch ist um drei aufgewacht, hat mich geweckt und um Eile gebeten, weil er zum Acht-Uhr-Zug zurechtkommen will, der nach dem Süden fährt. Können Sie mir sagen, wo ich einen Fuhrmann mieten kann?«

Jelisaweta Valerjanowna schickte zum Pferdehof, einen Knecht wecken, der ausrichten sollte, der Klosterkutscher möge anspannen. Es tat ihr leid, die Mama zu wecken, die nach den vielen Aufregungen übermüdet und spät eingeschlafen war. Jelisaweta Obolenskaja rechnete damit, daß eine Stunde verstreichen würde, bis der Wagen so weit wäre.

Als sie mit der Mutter im Gasthaus eintraf, war Tolstoi nicht mehr dort. Er war mit dem Kutscher gefahren, den seine Tochter Alexandra für sich reserviert hatte.

Für die Schwester und die Nichte hatte er ein zärtliches, herzliches Billett hinterlassen: »Meine lieben Freunde, Maschenka und Lisanka. Wundert Euch nicht und verurteilt mich nicht dafür, daß wir abreisen, ohne uns ordentlich von Euch zu verabschieden. Ich finde keine Worte, um Euch, besonders aber Dir, Maschenka, mein Herzblatt, meine Dankbarkeit für Deine Liebe und Anteilnahme an meiner Prüfung auszudrücken. Ich kann mich nicht erinnern, daß ich, der ich Dich immer liebhatte, je solche Zärtlichkeit Dir gegenüber empfunden hätte wie in diesen Tagen, und mit der ich jetzt fortreise.«

Noch ein Weg

Was geschah vor der Abreise aus Schamordino?

Geplant war, bis Nowotscherkassk zu fahren, bei der Denissenko, Maria Nikolajewnas Tochter aus zweiter Ehe, Quartier zu nehmen und zu versuchen, mit Hilfe ihres Mannes, Iwan Wassiljewitsch Denissenko, einen Auslandspaß zu besorgen. Dann würde die Reise nach Bulgarien gehen, gelänge das nicht, so in den Kaukasus.

Tolstoi saß über der Landkarte und studierte sie bei offener Fensterklappe. Er war gehobener Stimmung, schmiedete Pläne. Dann stand er auf und sagte: »Na, jetzt reicht es. Wir brauchen keine Pläne. Morgen sehen wir weiter. Morgen werden wir alles sehen. Ich habe Hunger. Was könnte ich wohl essen?«

Alexandra Lwowna und Warwara Feokritowa in ihrer ständigen Fürsorglichkeit und Emsigkeit hatten Pilze, Eier, Haferflocken und einen Spirituskocher mit und kochten im Nu ein Haferflockengericht. Tolstoi aß, lobte ihre Kochkunst, seufzte und sagte: »Es drückt« – und ging zu Bett.

Am frühen Morgen, genauer, in der Nacht, weckte er alle: »Wir fahren! Schnell, weg!«

Er hatte Angst, Sofja Andrejewna oder Andrej könnten erscheinen.

Es war noch dunkel. Man zündete Kerzen an. Tolstoi trieb zur Eile. Hier eine Aufzeichnung von ihm aus seinem Tagebuch in Astapowo vom 31. Oktober:

»Sascha machte sich Sorgen, man könnte uns einholen, und wir fuhren los. In Koselsk stieß Sascha wieder zu uns, wir setzten uns in den Zug und fuhren ab.«

Auf den Bahnstationen klapperten die Telegrafen, gaben die Wörter einfacher und die Zahlen chiffrierter Telegramme weiter. Auf den Straßen fuhren Detektive, Gendarmen und Korrespondenten sämtlicher Zeitungen.

Die zermarterte Sofja Andrejewna wurde in Jasnaja Poljana von Korrespondenten des *Russkoje Slowo* mit Fragen bestürmt. Die gealterte Frau mit den eingefallenen Wangen stand gern Rede und Antwort, weil *Russkoje Slowo* ein Feuilleton von Wlas Doroschewitsch gebracht hatte, in dem ihr selbst tiefer Respekt gezollt wurde. Die alte Frau rechtfertigte sich vor der Welt.

Tolstoi reiste. Ohne Fahrkarten hatten sie sich um 7.40 Uhr früh in den Zug gesetzt, um 2.34 Uhr erhielten sie auf der Station Wolowo Fahrkarten nach Rostow am Don.

Tolstoi selbst erfuhr bekümmert aus den Zeitungen, wie nach ihm gesucht wurde.

Zwischen vier und fünf Uhr fühlte er Fieberschauer. Seine Temperatur stieg auf 38,1.

Um 5.30 Uhr traf in der Gendarmerieverwaltung eine Meldung ein: Dykin, ein Unteroffizier von der Bahnstation Dankow, gab durch, Tolstoi reise mit dem Zug Nr. 12.

Um 6.35 Uhr abends hielt der Zug Nr. 12 vor einem Bahnhofsgebäude. Durchs Fenster konnte man die Aufschrift lesen: Astapowo. Makovický lief weg, die Abfahrt wurde verzögert, nach kurzer Zeit kam Makovický mit dem Stationsvorsteher zurück. Tolstoi wurde aufgerichtet und angekleidet; von Makovický und dem Vorsteher gestützt, stieg er aus. Die Feokritowa blieb im Anteil und kümmerte sich um das Gepäck.

Das Gepäck wurde hinausgetragen. Der Zug fuhr ab. Alexandra Lwowna ging in das Bahnhofsgebäude und fand den Vater im Damenzimmer sitzend. Er saß in einer Sofaecke und zitterte über und über. An der Tür drängte sich ein Schwarm Neugieriger, immer wieder stürzten Damen in den Raum, richteten vor dem Spiegel unter Entschuldigungen ihre Frisuren und Hüte, beäugten Tolstois Spiegelbild und entschwanden.

Makovický, die Feokritowa und der Stationsvorsteher gingen, ein Zimmer für Tolstoi herzurichten.

Kurz darauf kamen sie wieder, halfen Tolstoi auf und führten ihn, ihn unter den Armen stützend, durch die von Menschen wimmelnde Bahnhofshalle. Jedermann entblößte den Kopf und verneigte sich. Tolstoi dankte, indem er die Hand an die Mütze legte.

In der Wohnung des Stationsvorstehers, in einem Raum, der sonst als Salon diente, war ein Bett mit Sprungfedermatratze aufgestellt, an der Wand lagen die Koffer. Die Feokritowa bezog das Bett. Tolstoi saß im Pelz auf einem Stuhl und fror.

Alexandra Lwowna bemerkte, daß der Vater einer Ohnmacht nahe war.

Er sagte: »Stellt einen Nachttisch ans Bett, einen Stuhl; auf den Tisch bitte eine Kerze, Streichhölzer, die Lampe.«

Er legte sich hin. Sein Gesicht zuckte, Zuckungen liefen auch durch den linken Arm und das linke Bein.

Der Bahnhofsarzt erschien und gab ihm Wein zu trinken. Gegen neun Uhr fühlte sich der Kranke besser. Er lag ruhig da, sein Atem wurde gleichmäßiger und stetiger.

Man maß ihm Fieber: es fiel rasch.

Mitten in der Nacht rief Tolstoi nach Alexandra Lwowna und fragte: »Werden wir morgen fahren können?«

Die Tochter antwortete, es müsse noch einen Tag zugewartet werden.

Der Vater seufzte schwer und sagte nichts. Dann fiel er in Halbschlummer und sprach vor sich hin. Darauf schlief er ein.

Am Morgen zeigte das Thermometer 36,2.

Tolstoi fürchtete sehr, die Zeitungen könnten Nachrichten über seine Erkrankung bringen. Er sandte ein Telegramm an Tschertkow: »Jassenki Tschertkow. Expreß. Gestern erkrankt Passagiere gesehen verließ geschwächt den Zug Fürchte Bekanntwerden Heute besser Fahren weiter Ergreift Maßnahmen. Erbitte Nachricht Nikolajew.« Der ziemlich naive Deckname war ein Einfall Tschertkows.

Alexandra Lwowna sandte ebenfalls ein Telegramm an Tschertkow: »Fahren undenkbar Äußerte Wunsch Sie zu sehen Frolowa.« (Das war ihr Deckname.)

Am 1. November schrieb Tolstoi aus Astapowo einen Brief nach Jasnaja Poljana. Hier der Anfang des Briefes:

»Meine lieben Kinder Serjosha und Tanja,
ich hoffe und bin überzeugt, Ihr macht mir keinen Vorwurf daraus, daß ich Euch nicht kommen ließ. Euch allein ohne Mama kommen zu lassen, wäre für sie eine große Kränkung, ebenso für die anderen Brüder. Ihr beide werdet verstehen, daß Tschertkow, den ich zu mir gerufen habe, mir gegenüber eine Sonderstellung einnimmt. Er hat sein Leben dem Dienst an der Sache geweiht, der auch ich in den letzten vierzig Jahren meines Lebens gedient habe. Diese Sache ist weniger etwas, das mir selbst am Herzen liegt, ich betrachte sie vielmehr – ob zu Recht oder nicht – als wichtig für alle Menschen, darunter auch für Euch . . .«

Dann setzte bei ihm Schüttelfrost ein. Er stöhnte und warf sich unruhig hin und her. Um vier Uhr früh war das Fieber bereits auf 39,8 gestiegen.

Tags darauf kam Tschertkow.

Um acht Uhr traf Sergej Lwowitsch ein. Er sagte dem Vater, er habe in Gorbatschowo zufällig von einem Schaffner erfahren, daß der Vater sich in Astapowo aufhalte. Er sagte, er sei aus Moskau gekommen, die Mutter sei auf Jasnaja Poljana, ein Arzt, eine Krankenschwester und die jüngeren Brüder seien bei ihr. Er küßte dem Vater die Hand.

Als Sergej Lwowitsch ging, sagte Tolstoi zu der Tochter: »Daß er uns gefunden hat! Ich freue mich sehr über ihn. Ich habe ihn sehr lieb. Er hat mir die Hand geküßt!«

Und der alte Mann brach in Tränen aus.

Eine Last war das Leben in der Welt gewesen und auch daheim, wenn er mit seiner Ehefrau sprach, die ihn voller Unruhe liebte und ganz ruhig in ihrem Unverständnis verharrte. Eine Last war das Leben innerhalb der Familie gewesen, doch daß der Sohn des Vaters Hand geküßt und ihn in seinen letzten Lebensstunden nicht zu belehren gesucht hatte, freute den Mann, der sich bewußt war, daß er selbst in mancherlei Beziehung die Gedankengänge der Welt lenkte.

Das Leben ging seinem Ende zu.

Dem Ende zu gingen Qualen und Bedenken. Tolstoi glaubte, durch die fest verschlossene Tür die Blicke einer Frau auf sich zu spüren.

Sofja Andrejewna schrieb am 2. November 1910 um 5.30 Uhr früh auf Jasnaja Poljana:

»Bevor wir uns trennen, vielleicht für immer, möchte ich mich nicht rechtfertigen, ich möchte Dir nur eine *Erklärung* geben für mein Verhalten, das Du mir im Brief an Sascha zum Vorwurf machst.« Der Brief schließt mit den Worten: »Aber Du wärst sowieso fortgefahren, ich habe es vorausgeahnt und hatte entsetzliche Angst.«

In Astapowo versammelten sich Ärzte. Osolin, der Stationsvorsteher, räumte seine Zimmer und zog mit seiner Familie in eine Kammer. Die ganze Welt sprach von Tolstois Flucht, von seiner Erkrankung. Korrespondenten tranken und lärmten im Bahnhofsrestaurant. Telegramme schwirrten durch die Drähte. Man fürchtete, mit der Todesnachricht zu spät zu kommen. Man suchte nach schönen Worten für die Nachricht vom Tode eines der Größten der Welt. Es schrieben Gouverneure, Gendarmen schrieben, man schrieb, ob Tolstoi denn sterben dürfe in einem Bahnhofsraum, der hierfür nicht vorgesehen sei, ob es nicht möglich sei, ihn an seinen Wohnort zu bringen oder in ein Krankenhaus; man hätte ihn gern nach Jasnaja Poljana gebracht, jedoch reichte die Macht dazu nicht aus, denn auf

Astapowo blickte die ganze Welt, und die Züge passierten die Station leise und langsam unter maßvollen Pfeifsignalen.

Tatjana Lwowna kam.

Tolstois Söhne tranken mit den Korrespondenten und waren unruhig.

Am 3. November schrieb Lew Tolstoi die letzten Worte in sein Tagebuch: »So sieht er aus, mein Plan. Fais ce que doit ...* Und alles zum Wohl anderer und vor allem zu meinem Wohl.«

Die Ärzte hatten bereits eine Lungenentzündung festgestellt.

Sofja Andrejewna kam mit einem Sonderzug nach Astapowo, wurde jedoch nicht zum Gatten gelassen; sie wohnte im Wagen.

Die Zeitung *Utro Rossii* meldete am 3. November: »Der Telegraf arbeitet pausenlos. Es kommen Anfragen vom Verkehrsministerium, von der Eisenbahnverwaltung, von den Gouverneuren aus Kaluga, Rjasan, Tambow, Tula. Tolstois Familie wird mit Telegrammen aus ganz Rußland, aus der ganzen Welt überschüttet.«

Tolstois Zustand verschlechterte sich zusehends. Er schlief nicht, aber er verlor immer wieder das einst so klare Bewußtsein und sprach vor sich hin.

In der Nacht zum 4. November setzte er sich im Bett auf und rief mit lauter Stimme: »Mascha! Mascha!«

Das war der Name seiner Lieblingstochter, die 1906 gestorben war.

Am 4. November sandte der Gendarmerie-Unteroffizier Filippow seinem Vorgesetzten ein Telegramm: »Fünf Uhr früh eintreffen Astapowo mit Waffen und Patronen.«

Der Gouverneur von Tambow, N. P. Muratow, telegrafierte an den Gouverneur von Rjasan: »Falls Hilfe zur Aufrechterhaltung Ordnung benötigt, Schutzleute, Wachmänner können entsandt werden aus Lebedjan, Koslow.«

Der amtierende Vizedirektor des Polizeidepartements, N. P. Charlamow, kam inkognito nach Astapowo.

Man erwartete Unruhen. Und überhaupt mußte die Obrigkeit schließlich irgend etwas unternehmen. Den Tod konnte keine Obrigkeit verhindern, Polizisten zu schicken aber war auf alle Fälle nützlich.

Sergej Lwowitsch erinnert sich an den Abend des 6. November:

»Der Vater war unruhig, er stöhnte laut und tief, versuchte, sich im Bett aufzurichten. Ich weiß nicht, wann genau er die Worte sprach: ›Ich gehe irgendwohin, damit mich niemand stört. Laßt mich in Frieden.‹ Schwer, ich möchte sogar sagen schrecklich beeindruckten

* Tue, was getan werden muß.

mich die Worte, die er laut, mit überzeugter Stimme sprach, wobei er sich im Bett aufsetzte: ›Ausreißen, ausreißen muß ich!‹«

Sofja Andrejewna wurde sehr spät zu ihrem Gatten gelassen. Tolstoi bekam keine Luft. Man gab ihm Sauerstoff. Wollte ihm Morphium spritzen, doch er sagte: »Nicht nötig.«

Man spritzte ihm Kampfer.

Er rief Sergej, flüsterte ihm etwas zu. Der Sohn konnte folgende Worte heraushören: »Die Wahrheit . . . liebe viel . . . sie alle . . .«

Die Atmung veränderte sich, sie wurde rasselnd wie eine Säge.

Im Einschlafen sprach Tolstoi: »Ich geh irgendwohin, damit mich niemand stört. Laßt mich in Frieden.«

Man gab ihm zu trinken. Er ergriff sogar selbst das Glas und trank.

Schon hatte er keinen Puls mehr. Die Atmung setzte aus. Doktor Ussow sagte: »Das erste Aussetzen.«

Dann: »Das zweite Aussetzen.«

Eine Agonie trat nicht ein.

Lew Nikolajewitsch Tolstoi starb am Morgen des 7. November (20. November neuer Zeitrechnung) um sechs Uhr fünf Minuten.

Zurück nach Jasnaja Poljana

Dušan Makovický schloß Tolstoi die Augen. Dann erschien in Astapowo Parfeni, der Erzpriester von Tula; er meldete dem Gendarmerierittmeister Sawizki, er komme auf höchstpersönlichen Wunsch Seiner Majestät und im Auftrag des Heiligen Synod, um zu erkunden, ob während Tolstois Aufenthalt in Astapowo Umstände eingetreten seien, die auf den Wunsch des verstorbenen Grafen Tolstoi schließen ließen, seine Irrwege zu bereuen, oder ob zumindest etwas darauf hindeute, daß Graf Tolstoi sich einer Bestattung nach orthodoxem Glaubensritus nicht widersetzt habe.

Am gleichen Tage, dem 7. November, ging eine Meldung an den Stellvertretenden Innenminister, die Mission von Hochwürden Parfeni habe keinen Erfolg gehabt: keines der Familienmitglieder habe eine Möglichkeit gesehen, zu bezeugen, daß der Verstorbene den Wunsch geäußert habe, sich mit der Kirche auszusöhnen.

Parfeni befragte auch Tolstois Sohn Andrej.

Dieser sagte, er sei selbst ein rechtgläubiger Christ und wäre glücklich, wenn der Vater bereut hätte, aber es gebe keinerlei Anlaß, zu behaupten, Tolstoi habe vor seinem Tode seine Überzeugungen geändert.

Immerhin erschien in der ultrareaktionären Zeitung *Kolokol* der Brief eines »Vater Erast« aus Schamordino, worin es hieß, Tolstoi habe vorgehabt, sich in eine Mönchszelle zurückzuziehen und sich auf den Tod vorzubereiten.

Daraufhin erschien in Schamordino A. Ksjunin, ein Korrespondent der *Nowoje Wremja*. Er führte Gespräche mit Tolstois Schwester und anderen Nonnen. Es erwies sich, daß jener »Vater Erast« selbst gar kein Mönch war und in keiner Einsiedelei lebte; Tolstois angebliche Worte hatte er nicht gehört, den Brief hingegen, den *Kolokol* abgedruckt hatte, auf Grund von Gerüchten geschrieben.

Was Tolstoi gesucht habe, als er aus Jasnaja Poljana fortging, wollte Charles Salomon aus Paris von Maria Nikolajewna erfahren. Sie antwortete ihm am 16. Januar 1911:

»Sie möchte wissen, was mein Bruder in der Einsiedelei Optina gesucht hat? Einen Mönch als Beichtvater oder einen weisen Mann, der in Einsamkeit, nur mit Gott und seinem Gewissen gelebt und ihn verstanden und ihm sein großes Leid ein wenig erleichtert hätte? Ich glaube, er suchte weder das eine noch das andere. *Sein Leid war allzu kompliziert; er wollte nichts als zur Ruhe kommen und eine Zeitlang in stiller geistiger Atmosphäre leben* ... Ich glaube nicht, daß er zum orthodoxen Glauben zurückkehren wollte ...«

Die Schwester war sehr bekümmert darüber, daß ihr geliebter Bruder keine Abbitte getan hatte. Sie erbat von ihren Oberen die Erlaubnis, für ihn zu beten, konnte jedoch nicht mitteilen, daß der Bruder seinen Weg geändert hatte.

Lew Nikolajewitsch Tolstois langer Weg war beendet.

Telegramme, eines immer wohltönender als das andere, jagten einander über die Drähte und verbreiteten die Nachricht vom Tode Tolstois. Die Zeitungen der ganzen Welt brachten die traurige Kunde.

In Poltawa trat Korolenko am Morgen hinaus auf die schmutzige Straße, ging bis zur Ecke, der Zeitungsverkäufer gab ihm eine Zeitung und sagte nur ein Wort: »Gestorben.«

Zwei Passanten blieben abrupt stehen. Jeder wußte, wer da gestorben war.

Korolenko schreibt: »Die legendären Titanen türmten Berge aufeinander. Tolstoi bewegte in Wirklichkeit Berge menschlichen Gefühls, die über die Kräfte von Zaren und Eroberern gehen.«

Die Obrigkeit hatte Eile, Tolstoi unter die Erde zu bringen.

Tolstoi lag im Sarg. Am Sarg hielten Eisenbahner Ehrenwache. Einer zeichnete den Profilschatten des Toten nach, den die Lampe an die Wand warf. Dann kamen Bildhauer aus Moskau, um die Totenmaske abzunehmen.

Der Maler Leonid Pasternak kam.

Am Morgen wurden die Türen im Hause der Familie Osolin geöffnet. Die Menschen drängten sich wie ein Strom hindurch.

Später wurde der Eichensarg in einen mit Tannenzweigen geschmückten Güterwagen gebracht.

Am 8. November um ein Uhr fünfzehn Minuten wurden der Güterwagen und ein zweiter Wagen mit 25 Zeitungskorrespondenten an einen Sonderzug gehängt.

In Moskau war es verboten worden, öffentlich Trauer zu bezeigen, außerdem war befohlen worden, auf Blumenläden zu achten, wegen der Aufschriften auf Kranzschleifen. Die Bahnhöfe standen unter Beobachtung. Kein Sonderzug durfte Moskau verlassen. Tausende blieben auf den Bahnhöfen zurück. Dennoch gelangten mindestens fünftausend Menschen nach Jasnaja Poljana; es waren Studenten, Bauern, Angehörige der Intelligenz.

Direkt aus Paris kam Lew Lwowitsch zur Beerdigung nach Jasnaja Poljana.

Ein Korrespondent der *Birshewyje Nowosti* schrieb in der Nr. 12017 vom 11. November 1910:

»Dunkelheit, bis zum Morgengrauen ist es lange hin. Von überallher schwarze Punkte. Einzeln und in Gruppen. Manche schleppen sich schweigend, andere unter leisem Sprechen zur Waldgrenze. Unübersehbare Mengen solcher Punkte sind über das Feld verstreut.

Wir lassen einen Hügel hinter uns, die Lichter der Bahnstation schimmern uns entgegen wie Sterne. Lagerfeuer lodern, viele Lagerfeuer. Rundherum Bauern in Fellkutten, Studenten, Studentinnen. Die Frauen tragen Köfferchen und Taschen mit Wegzehrung über der Schulter.

Auf dem Bahnhof das reinste Tohuwabohu. Keine Möglichkeit, sich zur Telegrafenstation durchzuschlagen. Jugend über Jugend, kein Apfel könnte zu Boden fallen. Überall blaue Studentenmützen. Genau fünftausend Schüler sind aus Moskau gekommen, darunter neunhundertundsechs Universitätsstudenten.

Der Weg nach Jasnaja Poljana ist malerisch. Hügel, Haine, Stege. Der Gesamthintergrund hellgrau, scharf und schwarz hebt sich die Menschenmenge davor ab. Dieser Beerdigung fehlt jeder äußere Glanz. Stellen Sie sich ein Bauernbegräbnis vor, ins Riesenhafte vergrößert. Schon verblaßt der Tag, die Kette der Wartenden wächst und wächst und nimmt kein Ende. Immer mehr Volk kommt mit Sonderzügen.«

Im Herrenhaus auf Jasnaja Poljana sollte ein Polizeitrupp stationiert werden, Sergej Lwowitsch bat aber, das zu unterlassen, so daß nur ein Polizeibeamter im Hause blieb. Man hatte beschlossen, keine Reden halten zu lassen. Durch die eine Tür traten die Menschen ein, gingen am Sarg vorüber und verließen den Raum durch die gegenüberliegende Tür zum Garten.

Um zwei Uhr dreißig Minuten hoben Söhne und Freunde den Sarg auf und reichten ihn an Bauern weiter. Die Bauern trugen zwischen zwei Birkenstangen eine weiße Stoffbahn, auf der geschrieben stand: »Lew Nikolajewitsch, Dein Andenken wird unter den verwaisten Bauern von Jasnaja Poljana niemals sterben.«

Das Grab Lew Nikolajewitschs befindet sich dort, wo er es angeordnet hatte, im Hegewald, den zu schlagen er einstmals untersagt hatte, nahe bei der Schlucht, wo nach der Legende, die er als Kind gehört, das grüne Stäbchen vergraben sein sollte. Fokanytsch, ein ehemaliger Schüler der Schule von Jasnaja Poljana, hatte die Grube ausgehoben; sie war tief, mit steilen Wänden.

Die Menge verharrte ringsum. Als der Sarg hinabgelassen wurde, knieten die Menschen nieder.

Rufe wurden laut: »Polizei, auf die Knie!«

Die Polizisten blieben zuerst zwischen den Knienden stehen; es fiel ihnen aber schwer, so abgesondert und einsam dazustehen, als trügen sie kein Leid. Angst, Schuldgefühl und das Gefühl von Isoliertheit zwangen auch sie, ihre Knie zu beugen.

Es war ein Tag mit Schneefall. Ein trauriger Tag für die ganze Welt.

Ich habe Zeitungsausschnitte aus jener Zeit durchgesehen – sie sind mir aus der Bibliothek des verstorbenen B. M. Eichenbaum überkommen. Das alles erinnert an verhaltenen Lärm und an leises Geflüster. In den Zeitungen behandelte man diesen Tod als eine interessante Neuigkeit. Die *Sankt-Petersburgskaja Gaseta* brachte ein Interview mit Verlegern zu der Frage, ob die Tolstoi-Werkausgabe wohl eine Million Rubel wert sei.

Der Verleger Karbasnikow sagte, eine Million sei eine hohe Summe, die er nicht zahlen würde. Es gab Verleger, die meinten, solch einen Betrag zu investieren lohne sich, und sei es nur der Reklame wegen.

Doch auch in den Zeitungen erklangen lebendige Worte der Trauer.

In Fabriken, an Universitäten wurden Streikbeschlüsse gefaßt. Die Kadettenpartei rief dazu auf, jede öffentliche Ansprache zu unterlassen. Am 11. November erschien ein Erlaß des Stadthauptmanns von Moskau, der Menschenansammlungen und Behinderung von Polizeiaktionen untersagte.

So verfuhr man auch in Petersburg, ebenso in Warschau und in kleineren Städten.

Ich war damals siebzehn Jahre alt. Ich ging zum Newski-Prospekt. Wir wußten, daß Arbeiter aus den Vorstädten mit Fahnen unterwegs zum Newski waren und die Polizei sie nicht durchließ. Schnee lag in Petersburg, soweit ich mich erinnere, nicht. Der Newski war mit Menschen vollgestopft, wie er es seit den Jahren 1905/1906 nicht mehr gewesen war. Der Newski summte. Verschiedene Polizeitruppen waren eingesetzt, zu Fuß und zu Pferde, Gendarmerie, auch Kosaken. Die Polizei versank geradezu in der riesigen Menschenmenge.

Es war ein sonniger Tag. Man demonstrierte mit Fahnen gegen die Todesstrafe. Viele Arbeiter in engen, schlichten Mänteln waren darunter. Die Sonne schien, und die unfestlich gekleidete dichte Menge füllte den Prospekt von der Kirche der hl. Erscheinung bis zur Admiralität. Über die Menge hinaus ragten wie Korken berittene Gendarmen mit ihren aufrecht stehenden, drahtigen weißen Helmbüschen aus Roßhaar. Sie hasteten in der Menge umher, bemüht, die Menschen seitwärts abzudrängen. Es waren viele Gendarmen . . . aber es waren zu wenige, sie flößten keine Furcht ein, sie konnten ja nur die Nächststehenden unter die Pferdehufe reißen. Sie hasteten in der Menge umher. Wenn das Menschenmeer auseinanderflutete, erschien zwischen den schwarzen Mänteln einer lehmigen Sandbank gleich ein Streifen gelben Holzpflasters. Die Menge floß wieder zusammen, und die Sandbank verschwand. Die Polizeipferde trieben die Menschen auf die Bürgersteige, ihre Hufe glitten auf den grauen Steinplatten aus. Der von Menschen schwarze Newski plätscherte, die Menge schrie: »Weg mit der Todesstrafe! Nieder mit der Selbstherrschaft!« Gendarmen waren, um sich vor der Menge zu retten, auf den gußeisernen Sockel des Denkmals Katharinas II. geklettert und drückten sich mit untergeschlagenen Beinen an die Schleppe der Kaiserin.

Gelb schien die Herbstsonne. Wie Disteln, von der Pflugschar verschont, ragten, an gußeiserne schwarze Laternenpfähle geklammert, Redner in schmal geschnittenen Mänteln im Gewühl auf. Sie vervsuchten, die in den Händen zusammengeknüllten roten Fahnen hochzuheben. Der Mann, der sein Leben lang vom Nichtwiderstreben gesprochen hatte, löste durch seinen Tod eine Woge von Widerstand aus. Einige Jahre später erfuhr ich, daß Lenin über diese Demonstration im *Sozialdemokrat* den Artikel *Beginn eines Umschwunges?* publiziert hatte.

Werfen wir einen Blick zurück

Die Größe eines Schriftstellers wird nicht immer sofort wahrgenommen.

An Größe muß man sich gewöhnen, sie in das eigene Leben hineinführen, ihr einen Platz frei machen.

Tolstoi erzählt in den *Kosaken,* wie Olenin zum erstenmal die Berge des Kaukasus erblickt; wiederholen wir für uns jene Lektion von Größe, die Olenin einst zuteil wurde:

»Olenin erblickte etwas Graues, Weißes, Zerklüftetes, aber so sehr er sich auch mühte, er konnte beim Anblick der Berge, von denen er so viel gelesen und gehört hatte, nichts Schönes entdecken. Er dachte bei sich, Berge und Wolken unterschieden sich doch in nichts voneinander, und jene eigentümliche Schönheit schneebedeckter Berge, von der man ihm erzählt hatte, sei genauso ein Phantasiegebilde wie die Musik von Bach und die *Liebe* zu einer Frau – an beide glaubte er nicht –, und er war auf die Berge nicht mehr neugierig. Am nächsten Tag jedoch blickte er, von der Morgenfrische in seinem Wagen in aller Frühe geweckt, gleichgültig nach rechts. Der Morgen war vollkommen klar. Plötzlich gewahrte er etwa zwanzig Schritt entfernt, wie ihm im ersten Moment schien, die blendendweißen Bergmassive mit ihren zarten Umrissen und die bizarre, scharf gezeichnete Luftlinie ihrer Gipfel am weiten Himmel. Und als er die wahre Entfernung begriffen hatte, die zwischen ihm und den Bergen und dem Himmel lag, und die gewaltigen Ausmaße der Berge, und als er die unendliche Schönheit dieser Bergmassive empfand, erschrak er bei dem Gedanken, es könnte ein Trugbild sein. Er schüttelte sich, um aufzuwachen. Die Berge verschwanden nicht.«

Berge werden auf einfache Weise geboren. Sie zerplatzen, schieben sich zusammen und stoßen Schichten von Eruptivgestein nach oben; sie steigen zum kalten Himmel auf, trinken Wolken leer, bedecken sich mit Schnee, werden von der Sonne beschienen, mit blauen Schatten koloriert, gebären Flüsse.

Sie leuchten ins Bewußtsein der Menschen, wenngleich sie auch nur Erde sind, die gleiche Erde, worauf der Mensch wandelt.

Ein großer Mann ist ein einfacher Mann, aber einer, in dem sich die Widersprüche seiner Zeit äußern, die er auf seine Art löst, ein Mann, der die Bruchstellen der Widersprüche nicht glättet, sondern sie gleichsam zuspitzt.

In der Zeit, als die *Toten Seelen* entstanden, schrieb Gogol 1844 an P. Annenkow:

»*Fortschrittliche Menschen* sind nicht solche, die eine Sache sehen, die andere nicht sehen, und sich wundern, daß andere sie nicht sehen; als *fortschrittliche Menschen* können nur die bezeichnet werden, die genau das sehen, was auch andere sehen (alle anderen, nicht nur einige), und, sich auf die Summe des Ganzen stützend und all das sehend, was andere nicht sehen, sich nicht mehr darüber wundern, daß andere nicht das gleiche sehen.«

Die Menschheit sieht in einem Großen sich selbst, emporgehoben und gereinigt. Die Menschheit erzeugt einen Großen mittels ihrer Leiden.

Im Lande ging das Alte zu Ende, die Widersprüche spitzten sich zu; auf den Protest bereitete man sich schon lange vor, ohne daß er zum Ausbruch kam.

Langsam aber erhoben sich die Berge. Tolstoi schrieb 1910:

»Die Revolution hat in unserem russischen Volk bewirkt, daß es plötzlich die Ungerechtigkeit seiner Lage gewahrte. Es ist wie im Märchen von des Kaisers neuen Kleidern. Das Kind, das da sagte, was wahr ist, nämlich daß der Kaiser nackt ist, war die Revolution. Das Volk wurde sich des durchlittenen Unrechts bewußt, und das Volk verhält sich diesem Unrecht gegenüber verschiedenartig (die Mehrzahl leider wütend); jedoch das ganze Volk begreift es bereits. Und dieses Begreifen läßt sich nicht mehr ausmerzen.«

Nackt war nicht nur der Kaiser, entblößt worden war auch das Unrecht des Eigentums an Grund und Boden, des Kommißunwesens, des Beamtentums, der Ehe, der Pseudowissenschaft im Dienste der Reichen. Dieses neue Begreifen erhob sich über die Menschheit und erwies sich als neuer Weg für die Kunst.

»Die Epoche, in der sich ein von den Fronherren bedrücktes Land auf die Revolution vorbereitete, bedeutete dank Tolstoi, der sie genial beleuchtete, einen Schritt vorwärts in der künstlerischen Entwicklung der gesamten Menschheit«, sagte Lenin in dem Artikel *L. N. Tolstoi.*

Verändert hatte sich die Auffassung von der menschlichen Psyche. Früher begründete ein Schriftsteller die Handlungen der Menschen mit ihren Gedankengängen und mit Umwelteinflüssen; Tolstoi legte die Wurzeln der Gedanken bloß, erschloß die Bedingtheit und Widersprüchlichkeit der Gedanken, das, was Tschernyschewski als Dialektik der Seele bezeichnet hatte.

Tolstoi hielt die Welt nicht für unerkennbar, doch er erhöhte das Gewöhnliche, brach es in Stücke, erneuerte die Bruchstellen und lieferte wahre, auf neuer Erfahrung begründete Erkenntnisse; in diesen Erkenntnissen zeigte er Vergangenheit und Gegenwart und riß beiden die Maske des Gewohnten ab. Die Welt erstand in neuer, herrlicher, gereinigter Form.

Berge sind hoch, die Wege auf die Berge ermüdend. An Berge muß man sich gewöhnen. In alten Religionen glaubte man, Berge seien Piedestale der Götter. Auf Bergesgipfeln baute man Tempel.

Als alter Mann fürchtete Tolstoi zuweilen die Widersprüche, die er aufgedeckt hatte, dann wandte er sich in Gedanken Gott zu und verschanzte sich hinter Gott.

Jedoch er selbst mißtraute dem Glauben an Gott und leugnete ihn oftmals.

Am 2. September 1909 schrieb er in sein Tagebuch: »In der Nacht und am Morgen verfiel ich in einen, wie ich glaube, noch nie zuvor erlebten Zustand der Kälte, des Zweifelns an allem, vor allem an Gott, an der Richtigkeit meiner Auffassung vom Sinn des Lebens. Ich mißtraute mir selbst, konnte jedoch jenes Bewußtsein, das mein Leben war und ist, nicht herbeirufen.«

Eine Aufzeichnung vom 18. Dezember lautet: »Immer unverständlicher wird der Irrsinn des Lebens, und offensichtlich ist mein Unvermögen, meine Erkenntnis dieses Irrsinns auszudrücken.«

Am 24. Dezember des gleichen Jahres notierte er: »Sah im Traum eine Negierung Gottes und auch eine Entgegnung auf meine Vorstellung von einer allgemeinen besseren Lebensordnung als Folge des Verzichtes auf Kampf.«

Gorki notierte: »In dem Tagebuchheft, das er mir zu lesen gab, beeindruckt mich tief der seltsame Aphorismus: ›Gott ist mein Wunsch.‹ Heute gab ich ihm das Heft zurück und fragte ihn, was dies bedeute.

›Ein unfertiger Gedanke. Vermutlich wollte ich sagen: Gott ist mein Wunsch, ihn zu erkennen. Nein, das trifft's nicht.‹ Er lachte, rollte das Heft zusammen und schob es in die weite Blusentasche. Seine Beziehungen zu Gott sind recht vage, manchmal aber erinnert mich das an Beziehungen zwischen ›zwei Bären in einer Höhle‹.«

Abstand gewinnen von der Vergangenheit, Streben nach Klarheit, nach vollständiger Klarheit, absolute Lösung vom Vergangenen und Suche nach einem neuen Weg, der dem Volk begreifbar wäre – das bildete Tolstois Größe und hob ihn über den Horizont wie eine Schneeschicht.

Er machte die menschliche Seele erkennbar und entdeckte innerhalb des Alten Neues, das nicht nur wahr war, sondern auch von neuer Schönheit.

Er verließ das Haus seiner Väter, seine Freunde, seine Familie, sagte sich von deren Religion los und kam zu einer neuen Auffassung von der Welt, die er allerdings nicht umzugestalten vermochte, weil das neuen Kampf erfordert hätte.

Er fand sich an der Grenze eines neuen Landes, das er erblickte, aber nicht zu betreten vermochte.

Seine Flucht aus Jasnaja Poljana war keineswegs die Flucht eines alten Menschen in eine fremde, kalte, feuchte Welt.

Es war der Entschluß des Künstlers, das Mitleid mit den Seinen überwindend, einen Trennungsstrich zwischen sich und dem Alten zu ziehen.

Nach Tolstois Tod

Der Winter kam, Schnee fiel auf Rußland, Schnee bedeckte Tolstois Grab. In Toulouse hielt Jaurès eine Rede über Tolstoi.

Gandhi erhielt den letzten Brief des Schriftstellers nach dessen Tode und sandte seine Antwort an Tschertkow.

Das Haus auf Jasnaja Poljana war leer geworden; im Arbeitszimmer, wo die weiße Büste Nikolai Nikolajewitschs stand, lagen silberne Kränze an den Wänden.

Sofja Andrejewna, im schwarzen Kleid mit einem schwarzen Tuch um die Schultern, streifte gebeugt, gealtert durch die leeren Räume und betrachtete sie durch ihr Stielglas. Verwandte besuchten sie. Sie weinte und fragte: »Was war denn das, wie konnte das geschehen?«

Sie ging zum Grab, photographierte den Hügel, zeichnete ihn. Tolstois Gattin war jetzt eine sehr alte Frau, die sich um ihre Enkel sorgte. Sie schrieb endlose Memoiren, rechtfertigte sich, klagte an und konnte sich von ihrer kurzsichtigen Vernunft nicht freimachen. Sie schrieb auch Bittgesuche an den Zaren: »Das Ableben meines Gatten, des Grafen Lew Nikolajewitsch Tolstoi, und sein Testament brachten Unglück über seine zahlreiche Familie, die aus sieben Kindern und fünfundzwanzig Enkeln besteht, und zwar so großes, daß einige meiner Kinder nicht in der Lage sind, ihre Kinder zu erziehen, ja nicht einmal zu ernähren.« Darum bat sie, die Regierung möge Jasnaja Poljana, »Wiege und Grab« des großen Mannes, als Staatseigentum erwerben.

Tolstois Söhne wollten Jasnaja Poljana an die Regierung verkaufen. Der Ministerrat beriet darüber in zwei Sitzungen, am 26. Mai und am 14. Oktober 1911.

Die Erben verlangten zunächst zwei Millionen, später 500.000 Rubel. Von staatlicher Seite war der Besitz auf 150.000 taxiert, in der ersten Sitzung jedoch wurde beschlossen, ihn für 500.000 zu erwerben.

In der zweiten Sitzung gab die Meinung W. K. Sablers, des Oberprokurors beim Heiligen Synod, und des Ministers für Volksbildung, L. A. Kasso, den Ausschlag; beide erachteten es für unzulässig, daß die Regierung ihre Feinde verherrlichte und deren Kinder auf Kosten des Staates bereicherte.

Die Resolution des Zaren Nikolaus II. vom 20. Dezember 1911 lautet: »Erachte den Ankauf des Gutes des Grafen Tolstoi für unzulässig. Der Ministerrat hat lediglich über eine der Witwe auszusetzende Pension zu beraten.«

Daraufhin verkaufte Alexandra Lwowna, gestützt auf Tolstois letztwillige Verfügung, die bereits notariell beglaubigt war, die Rechte auf die Werkausgabe für 280.000 Rubel an Sytin; 120.000 Rubel waren vom Verkauf der drei Bände postumer Werke Tolstois bereits eingegangen. Alexandra Lwowna erwarb 475 Deßjatinen vom Gut Jasnaja Poljana für 400.000 Rubel; 200 Deßjatinen mit der Apfelplantage und dem Park blieben Sofja Andrejewnas Eigentum; außerdem verkaufte sie das Haus in der Dolgo-Chamownitscheski-Gasse für 125.000 Rubel an die Stadtverwaltung.

Sofja Andrejewna äußerte sich schriftlich darüber wie folgt:

»Ich lebe auf Jasnaja Poljana, behüte das Haus mit der Einrichtung, wie sie zu Lebzeiten Lew Nikolajewitschs war, und sein Grab. Habe 200 Deßjatinen mit der Apfelplantage behalten, dazu einen Teil der Anpflanzungen, mit denen wir so liebevoll unsere Besitzungen schmückten. Den Großteil meines Bodenbesitzes (475 Deßjatinen) mit den sorgsam gehegten herrlichen Wäldern habe ich an meine Tochter Alexandra Lwowna verkauft, damit sie diesen den Bauern übergebe.

Verkauft habe ich auch mein Moskauer Haus an die Stadt und meine letzte Ausgabe der Werke des Grafen L. N. Tolstoi und habe die Gelder sämtlich meinen Kindern gegeben. Nur sind es ihrer und besonders der Enkel so viele! Die Schwiegertöchter und mich eingeschlossen, zählt unsere gesamte Familie 38 Personen, und meine Hilfe erwies sich als bei weitem nicht befriedigend.

Meinen tiefstempfundenen Dank bringe ich in meinem Herzen allezeit Seiner Majestät dar für die mir gewährte Pension, mit deren Hilfe ich auskömmlich leben und den Wohnsitz auf Jasnaja Poljana erhalten kann.«

Das schrieb die Gräfin Sofja Andrejewna Tolstaja am 28. Oktober 1913. Sie glaubte, wenngleich die Kinder nur die Hälfte von dem bekommen hatten, was sie hätten erhalten können, wäre Tolstoi nur vernünftig gewesen, habe ihre Vernunft den Wohlstand der Familie gerettet.

Menschen, die Tolstoi gekannt hatten, traten in Artikeln und in Büchern als Verteidiger und als Ankläger auf.

Bekannte und Anhänger Tolstois schrieben Erinnerungen an ihn, und jeder versuchte auf seine Weise, ihn seiner Lebensauffassung nahezubringen.

Wir lesen ihre Schriften, aber wir glauben ihnen nicht immer und nicht in allem.

Vier Jahre später fand die Oktoberrevolution statt. Die Bauern beschlossen, Tolstoi zu Ehren Gut und Wohnsitz Jasnaja Poljana Sofja Andrejewna zur Nutzung zu belassen; der Beschluß wurde durch ein Dekret bestätigt, das Lenins Unterschrift trägt.

Menschen aus Tula kamen zum Grabe Tolstois, und Sofja Andrejewna sah mit Staunen, welchen Respekt sie dem Mann entgegenbrachten, der, wie sie glaubte, nur ihr und ihren Bekannten und Verwandten teuer war.

Sie überlebte ihren Gatten um neun Jahre.

Andrej Lwowitsch starb vor ihr; Lew Lwowitsch emigrierte, später emigrierte auch Alexandra Lwowna.

Lenin schrieb in seinem Artikel *Tolstoi und der proletarische Kampf* am 18. Dezember 1910:

»Durch seinen Mund sprach jene viele Millionen zählende Masse des russischen Volkes, die *bereits* die Herren des heutigen Lebens haßt, jedoch *noch* nicht zum bewußten, konsequenten, bis zu Ende gehenden Kampf gegen sie gelangt ist.

Geschichte und Ausgang der großen russischen Revolution haben gezeigt, daß die Masse, die *zwischen* dem klassenbewußten, sozialistischen Proletariat und den entschlossenen Verteidigern des alten Regimes stand, gerade so und nicht anders beschaffen war. Diese Masse – in erster Linie die Bauernschaft – hat in der Revolution gezeigt, wie sehr sie das Alte haßt, wie unmittelbar sie alle Lasten des heutigen Regimes spürt, wie groß der elementare Drang in ihr ist, diese Lasten abzuwerfen und zu einem besseren Leben zu gelangen.

Gleichzeitig aber hat diese Masse in der Revolution gezeigt, daß sie in ihrem Haß nicht genügend bewußt, in ihrem Kampf inkonsequent, in ihrem Suchen nach einem besseren Leben eng beschränkt ist.

Das große Volksmeer, aufgewühlt bis in die tiefsten Tiefen, hat mit allen seinen Schwächen und allen seinen starken Seiten in Tolstois Lehre Widerspiegelung gefunden.«

In seiner Schule auf Jasnaja Poljana, deren Gebäude erhalten ist, erzählte Tolstoi den Kindern gern biblische Gleichnisse und Mythen.

Ich möchte mit einem solchen Gleichnis schließen.

»Es lebte in alten Zeiten ein Mann, der berühmt war für seine gewaltigen Kräfte. Sein Name war Simson. Das Land, worin er lebte, war ein bäuerliches Land, Zaren gab es dort keine, galt es Krieg zu führen, so wählte das Volk seine Heerführer selbst. In seiner Jugendzeit lebte Simson nicht wie ein Heiliger.

Eines Tages suchte er in der Stadt Gaza eine Hure auf; die Bewohner der Stadt, die Philister, wollten den Recken vernichten, sie verschlossen das Stadttor, um Simson des Morgens zu töten.

Simson schlief bis Mitternacht, zu mitternächtlicher Stunde aber erhob er sich, ergriff das Stadttor mitsamt den beiden Pfosten und Schließblöcken, hob es auf seine Schultern und trug es auf den Gipfel des Berges.

Es ehelichte aber Simson ein Weib aus dem Volke der Philister. Das Weib suchte ihn seiner Kräfte zu berauben, indem es sein Haar in ein Leinengewebe wob und zu nächtlicher Stunde rief: ›Philister über dir!‹

Er erwachte und riß den Webeklotz mitsamt dem Gewebe aus dem Webstuhl.

Als das kluge, ihrem Stamme treu ergebene Weib darauf um die Quelle seiner Manneskraft wußte, ließ sie dem Recken das Haar abscheren, so daß er wurde wie alle Welt. Die Philister stachen ihm die Augen aus und banden ihn in kupferne Ketten, und er mahlte Korn im Gefängnis, das Haar aber wuchs ihm aufs neue. Die ihn der Kraft beraubt hatten, freuten sich; auf dem Dache ihres Tempels stehend, geboten sie, den geblendeten Simson herzuholen.

Der gefesselte Simson aber sprach zu dem Knaben, der ihm als Blindenführer beigesellt war: ›Führe mich zu den Säulen, auf daß ich mich daran lehne. Ich bin müde.‹

Die Menschen hefteten ihre Blicke auf den gefesselten Recken. Sie genossen ihre Vernunft und glaubten, noch Jahrzehnte zu leben und den Gefangenen zu überleben.

Simson stemmte seine Linke und seine Rechte gegen die Säulen und sprach: ›So stirb denn, meine Seele, mitsamt den Philistern!‹

Da stürzte der Tempel auf alle Menschen, die Simson verlacht hatten, weil sie sich außer jeder Gefahr wähnten.«

Das gewaltige Leid, der Zorn und die Hellsicht des Volkes fanden ihren Ausdruck in Tolstois Werken.

Man lehrte ihn Vernunft, er aber gehörte zu denen, die den Tempel des Alten zerstörten.